RDIA
irf.

15 20 24
16 18 21 25 28 29
19 22 23 26 27 30

GESCHICHTE DER STADT ERFURT

HERMANN BÖHLAUS NACHFOLGER · WEIMAR · 16 24

GESCHICHTE DER STADT ERFURT

Herausgegeben
im Auftrag des Rates der Stadt Erfurt
von
Willibald Gutsche

HERMANN BÖHLAUS NACHFOLGER · WEIMAR
1986

Mit 526 Abbildungen

Autorenkollektiv

Willibald Gutsche (Leiter), Horst Benneckenstein, Walter Blaha, Bodo Fischer (Sekretär),
Egon Hennig, Ulrich Heß †, Monika Kahl, Gerhard Krähahn, Erika Langer, Kurt Ludwig,
Werner Mägdefrau, Gitta Müller, Helmut Peinhardt (Bildredaktion), Ulman Weiß,
Rolf Weißenstein.

ISBN 3-7400-0000-7

Erschienen bei Hermann Böhlaus Nachfolger, DDR 5300 Weimar, Meyerstraße 50a
© Hermann Böhlaus Nachfolger Weimar 1986
Lizenznummer: 202 · 140/178/86, E 96/85
Printed in the GDR
Reproduktion, Satz und Druck: Druckerei Fortschritt, Erfurt
Buchbinderische Verarbeitung: VOB Kunst- und Verlagsbuchbinderei Leipzig
Gestaltung: Helmut Becher, Jena
LSV 0265
L.-Nr. 2648
Bestellnummer: 795 755 5
08800

INHALT

VORWORT

In seiner bereits von Aspekten materialistischer Geschichtsauffassung beeinflußten Arbeit „Aufgaben und Probleme der Ortsgeschichte, dargestellt an der Geschichte der Stadt Erfurt", schrieb der spätere kommunistische Reichstagsabgeordnete und antifaschistische Widerstandskämpfer Dr. Theodor Neubauer 1917: „Wer an dem erzieherischen Beruf der Geschichte festhält und wer möchte darauf verzichten? – muß unbedingt die Notwendigkeit einer zusammengefaßten Ortsgeschichte betonen."[1] Diese Aufgabe vermochte die bürgerliche Stadtgeschichtsschreibung nicht zu lösen. Bis zur Befreiung vom Faschismus 1945 entstand nur eine von Carl Beyer und Johannes Biereye verfaßte größere zusammenhängende Darstellung der Geschichte der Stadt Erfurt bis 1664.[2] 1904 in Angriff genommen, erschien sie in mehreren Folgen und wurde erst 1935 abgeschlossen. Der Plan eines zweiten Bandes, der die weitere Entwicklung der Stadt behandeln sollte, scheiterte unter den Bedingungen der faschistischen Diktatur und des Zweiten Weltkrieges.

Nach der Befreiung vom Faschismus ergab sich die Notwendigkeit, die gesamte Geschichte der Stadt auf der Grundlage des historischen Materialismus neu zu analysieren und vor allem auch die bisher vernachlässigten oder ignorierten revolutionären und anderen progressiven geschichtlichen Traditionen Erfurts, insbesondere die Geschichte der örtlichen Arbeiterbewegung, zu erforschen sowie viele andere „weiße Flecke" in der Stadtgeschichtsschreibung zu tilgen. Im Zuge dieser Forschungsarbeit entstanden zahlreiche Studien und Monographien zu spezifischen Problemen der Stadtgeschichte sowie einige erste abrißartige Darstellungen der gesamten Geschichte der Stadt.[3]

Gestützt auf diese Vorarbeiten sowie auf umfangreiche neue Quellenforschungen erarbeitete auf Initiative der Stadtleitung der SED im Auftrag des Rates der Stadt Erfurt ein Autorenkollektiv den vorliegenden Band. Mit ihm wird erstmalig eine umfassende Gesamtdarstellung der Geschichte der Stadt Erfurt von der urgeschichtlichen Besiedlung des späteren Stadtgebietes bis zur sozialistischen Gegenwart vorgelegt. Sie will ein marxistisch-leninistisches Bild der traditionsreichen Vergangenheit Erfurts vermitteln und damit zur Entwicklung und Vertiefung des sozialistischen Geschichtsbewußtseins, der sozialistischen Heimat- und Vaterlandsliebe beitragen, das Interesse aller Bürger, vor allem aber der Jugend, für die Heimatgeschichte wecken und verstärken und neue, weiterführende Forschungen anregen.

Die Gestaltung des Werkes erfolgte – bei gebührender Respektierung der individuellen Handschriften der verschiedenen Autoren – auf der Grundlage

---

[1] Theodor Th. Neubauer, Aufgaben und Probleme der Ortsgeschichte, dargestellt an der Geschichte der Stadt Erfurt, in: Mitteilungen des Vereins für die Geschichte und Altertumskunde von Erfurt, H. 38, Erfurt 1917, S. 75.

[2] Carl Beyer / Johannes Biereye, Geschichte der Stadt Erfurt von der ältesten bis auf die neueste Zeit, I. Bd.: Bis zum Jahre 1664, Erfurt 1935.

[3] Siehe vor allem: Georg Piltz / Fritz Hege, Erfurt. Stadt am Kreuzweg, Dresden 1955, S. 5–67; Fritz Wiegand, Blick in die Geschichte der Stadt Erfurt von ihren Anfängen bis zur Gegenwart, in: Aus der Vergangenheit der Stadt Erfurt, Bd. III, H. 1, Erfurt 1960, S. 4–45; Willibald Gutsche / Kurt Ludwig, Erfurt, Dresden 1962; Fritz Wiegand, Erfurt. Eine Monographie, Rudolstadt 1964; Hans Giesecke, Das alte Erfurt, Leipzig o. J.; Aus der Geschichte Erfurts, in: Fritz Wiegand und Mitarbeiterkollektiv, Erfurt, Leipzig 1974 (neue Ausgabe 1978).

einer einheitlichen Gesamtkonzeption, wobei eine theoretisch-methodologisch fundierte, auf exakter Quellenbasis fußende, konkrete und anschauliche Darstellung angestrebt wurde, die jedem historisch interessierten Leser verständlich ist.

Das Autorenkollektiv dankt allen, die das Werden des Werkes unterstützten und förderten, insbesondere dem Sekretariat der Stadtleitung der SED unter Leitung des 1. Sekretärs der Stadtleitung, Hans Dyballa, sowie dem Sekretär der Stadtleitung Harry Löffel, dem Rat der Stadt Erfurt unter Leitung des Oberbürgermeisters Rosemarie Seibert sowie dem Leiter der Abteilung Kultur beim Rat der Stadt Erfurt, Stadtrat Günter Steppat, und der Direktion des Zentralinstituts für Geschichte der Akademie der Wissenschaften der DDR unter Leitung von Professor Dr. sc. Horst Bartel †. Sein Dank gilt allen benutzten Archiven und deren Mitarbeitern, insbesondere dem Stadtarchiv Erfurt unter Leitung von Archivdirektor Bodo Fischer.

Die Darstellung stützt sich z. T. auf Studien zu spezifischen Problemen von Rudi Bergen † (zu Kapitel XIII), Dr. Kurt Hans Erdmann (zu Kapitel X und XI), Dr. Ludwig Fuchs (zu Kapitel XIV), Christa Gebser (zu Kapitel IV), Dr. Rüdiger Helmboldt (zu Kapitel V, X, XI und XVI), Siegfried Hirschfeld (zu Kapitel XV bis XVIII), Professor Dr. sc. Rudolf Kober (zu Kapitel II und III), Professor Dr. sc. Ruth Menzel (zu Kapitel VI bis IX und XII bis XV), Professor Dr. sc. Heinz Mettke (zu Kapitel II und III), Dr. Helga Möbius-Sciurie (zu Kapitel II und III), Professor Walter Nitsch (zu Kapitel XIV bis XVIII), Siegward Schulrabe (zu Kapitel X) und Fritz Wiegand † (zu Kapitel V) sowie auf Materialien, die Jürgen Schröder (zu Kapitel X und XVIII) und die Arbeitsgemeinschaft „Junge Historiker" der 44. Polytechnischen Oberschule „Heinrich Rau" unter Leitung von Gertrud Tietze zur Verfügung stellten (zu Kapitel X, XV und XVI). Das Autorenkollektiv sagt für diese wertvolle Mitwirkung herzlichen Dank.

Für gutachterliche Hinweise danken die Autoren einem Kollektiv von Parteiveteranen bei der Stadtleitung der SED sowie Professor Dr. sc. Helmut Bleiber, Dr. Gerhard Brendler, Dr. Klaus Drobisch, Dr. Gerd Fesser, Dr. sc. Peter Hübner, Dr. Baldur Kaulisch, Dr. sc. Klaus Mammach, Stefan Oehmig, Dr. Barbara Pätzold, Professor Dr. sc. Joachim Petzold, Professor Dr. sc. Gustav Seeber, Rolf Straubel, Professor Dr. habil. Erika Uitz und insbesondere dem Gesamtgutachter Dr. Hartmut Mehls (alle Zentralinstitut für Geschichte der Akademie der Wissenschaften der DDR, Berlin) sowie Professor Dr. sc. Peter Donat (Zentralinstitut für Alte Geschichte und Archäologie der Akademie der Wissenschaften der DDR). Ihr Dank gilt nicht zuletzt Jenni Röser für die umfangreichen Schreibarbeiten.

Erfurt, im Sommer 1985

Professor Dr. phil. habil.
WILLIBALD GUTSCHE
Leiter des Autorenkollektivs

KAPITEL
I

Die ur- und frühgeschichtliche Besiedlung des späteren Erfurter Stadtgebietes

Von Egon Hennig und Gerhard Krähahn

1.

ALT- UND MITTELSTEINZEITLICHE JÄGER UND SAMMLER UND FRÜHE ACKERBAUERN UND VIEHZÜCHTER DER JUNGSTEINZEIT (ETWA 100 000 BIS 1800 V.U.Z.)

Die Lage Erfurts in einer morphologischen und zugleich geologischen Mulde am Südrand des Thüringer Beckens bot verschiedene natürliche Vorzüge für eine frühe menschliche Besiedlung. Dieses flachwellige Becken wird von Muschelkalkaufwölbungen wie der Fahner Höhe (412 m) im Nordwesten, dem Steiger (343 m) im Süden und dem Ettersberg (478 m) im Nordosten überragt. Bodenbildend sind überwiegend diluviale Löß- und Schwemmlehme, die die Keupersedimente weitflächig überdecken. Dabei handelt es sich weitgehend um Schwarzerden bzw. Schwarzerde ähnliche Bildungen.[1] Die geschützte Lage, die Nähe eines Flusses und der gute Boden bildeten sehr günstige Voraussetzungen für die Ansiedlung von Menschen.

Die früheste Besiedlung des späteren Erfurter Raumes kann zwar nicht durch Hominidenfunde belegt werden, doch kündet ein steinerner Zeuge im Besitz der Ur-und Frühgeschichtssammlung der Erfurter Museen, der als Werkzeug der Altsteinzeit (Paläolithikum) bestimmt wurde[2] und geologisch aus dem Beginn der Würmvereisung stammt, davon, daß bereits um 100 000 v.u.Z. Menschen in diesem Gebiet lebten. Es handelt sich um ein faustkeilähnliches Feuersteingerät, um eine Handspitze, die in einer Kiesgrube (Geraschotter) in Erfurt-Nord gefunden wurde. Es gehört zu den ältesten Universalgeräten der ersten Menschheitsepoche, die u.a. zum Schaben von Fellen, zum Aufschlagen von Kno-

chen und zum Anspitzen von Holzspeeren verwandt wurden.

Die Hersteller solcher Werkzeuge waren, obwohl vom Homo sapiens (Jetztmensch) noch entfernt, eindeutig menschliche Wesen, weil sie durch zielgerichtete Arbeit, die einen Denkprozeß erforderte, Werkzeuge herstellten und weil durch Vergleichsfunde sichere Hinweise für den Gebrauch des Feuers nachweisbar sind – ein wichtiges Kriterium für das Menschsein, im Gegensatz zum Tier, das kein Feuer kennt bzw. herstellen und nutzen kann. Die Nutzung des Feuers war von umwälzender Bedeutung für den Menschen. Sie ermöglichte ihm die Verbesserung seiner Nahrung und bot ihm zugleich Schutz vor extremen Unbilden der Witterung. Damit war der Mensch in der Lage, Gebiete in kälteren Breitengraden zu bewohnen.

Die gesellschaftliche Lebensform auf dieser frühen Entwicklungsstufe der Altsteinzeit war die Horde. Es gab keine wesentlichen Besitzunterschiede. Die Menschen bestritten ihren Lebensunterhalt als nomadisierende Jäger und Sammler und wohnten zumeist in natürlichen Höhlen oder in Zelthütten.

---

[1] Nach freundlicher Mitteilung von Herrn G. Riedel, Erfurt.

[2] Ernst Lehmann, Eine altsteinzeitliche Handspitze aus dem Geraschotter, das erste eiszeitliche Artefakt in der Erfurter Gegend, in: Beiträge zur Geologie von Thüringen, Bd. 7, o. O. 1943, S. 239 ff.

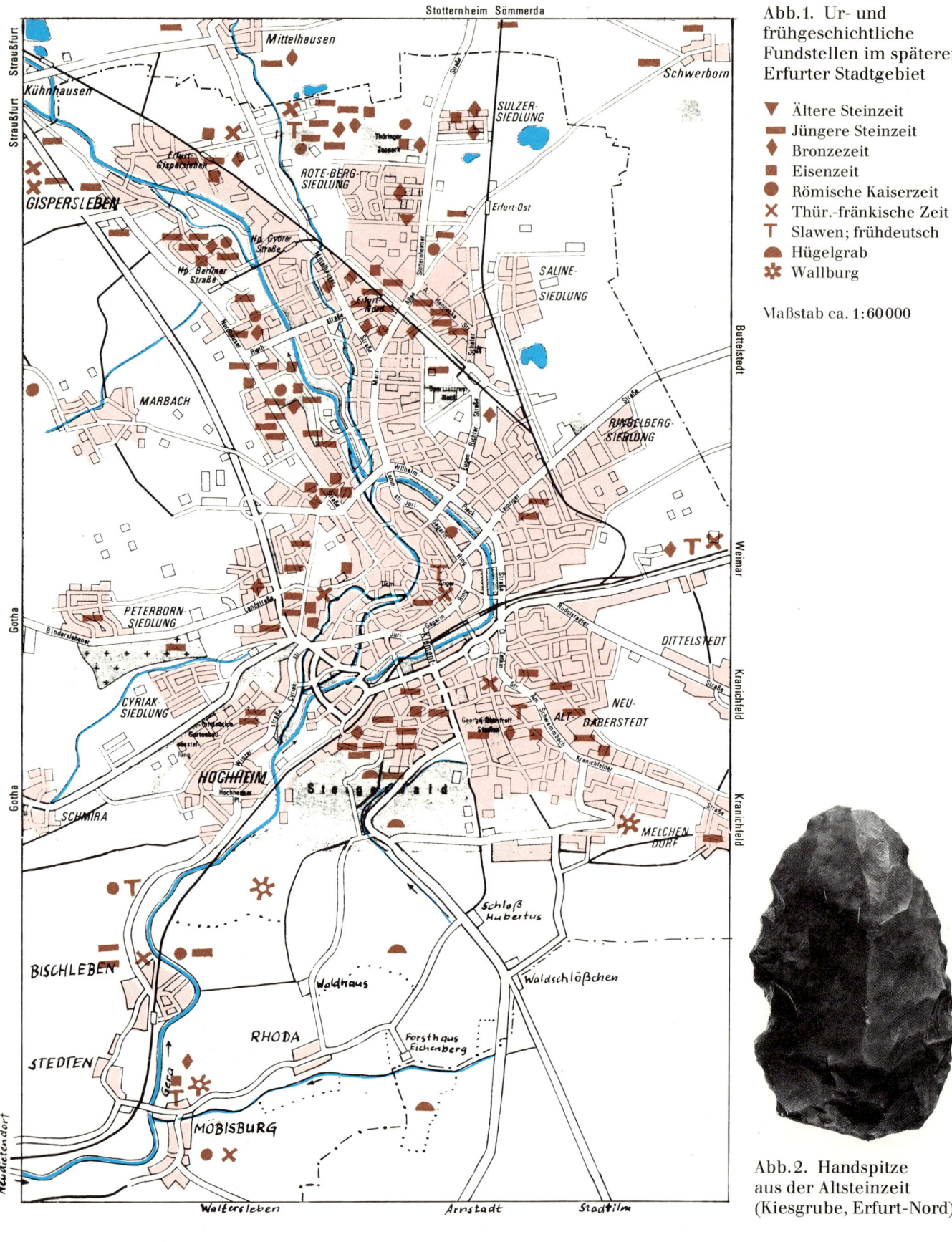

Abb. 1. Ur- und frühgeschichtliche Fundstellen im späteren Erfurter Stadtgebiet

▼ Ältere Steinzeit
▬ Jüngere Steinzeit
◆ Bronzezeit
■ Eisenzeit
● Römische Kaiserzeit
✕ Thür.-fränkische Zeit
T Slawen; frühdeutsch
⬤ Hügelgrab
✳ Wallburg

Maßstab ca. 1:60000

Abb. 2. Handspitze aus der Altsteinzeit (Kiesgrube, Erfurt-Nord)

Die Ernährungsgrundlage bildeten gejagte Tiere[3] sowie gesammelte Wildfrüchte. Die natürliche Arbeitsteilung bestand in der Ausübung der Jagd durch die männlichen Mitglieder der Horde, während die leichteren Arbeiten des Sammelns von Wildfrüchten von Frauen und Kindern ausgeübt wurden.

Die Lebensbedingungen der langen Epoche der Altsteinzeit waren unterschiedlich. In den Warmzeiten (Zwischeneiszeiten) wurde die Fauna bei entsprechender Vegetation von Tieren wie dem Elefanten (elephas antiquus) und dem Merkschen Nashorn (rhinocerus mercii) bestimmt; in den Eiszeiten dominierten das Mammut (elephas primigenius) und das wollhaarige Nashorn (tichorhinus antiquitatis). Sachzeugen sind durch Funde (z.B. aus Erfurt-Nord) belegt.

In der mittleren Steinzeit (Mesolithikum, 8000 bis 5000 v.u. Z.) wurden die Gera-Auen, das spätere Erfurter Stadtgebiet, von mittelsteinzeitlichen Jägern bewohnt und bejagt. Seit dem 12. Jahrtausend v.u. Z. war das Klima allmählich wärmer geworden. Der Pflanzenwuchs hatte sich geändert. Das eiszeitliche Großwild hatte seine Lebensbedingungen verloren und starb aus. Die Jagd richtete sich daher nun auf Mittel- und Kleinwild. Das Fundinventar dieser Zeit besteht vor allem aus kleinen Feuersteingeräten wie Pfeilspitzen, Messern und Klingen. Erstmalig wurde jetzt neben Feuerstein auch Felsgestein (Ge-

röll) zu Werkzeugen verarbeitet. Die Menschen hatten gelernt, geeignete Steine zu schleifen und mit einem eingepickten Schaftloch zu versehen. Die auf diese Art hergestellte Geröllhaue von Erfurt-Bischleben läßt diese Durchlochungstechnik deutlich erkennen.

Kann die mittlere Steinzeit als Übergangsperiode zur allmählichen Seßhaftigkeit der nomadisierenden Jäger und Sammler bezeichnet werden, so treffen wir in unserem Gebiet in der Jungsteinzeit (Neolithikum, etwa 5000 bis 1800 v.u. Z.) ein entwickeltes Bauernvolk an, das Ackerbau und Viehzucht trieb und in festen großen Holzhäusern wohnte. Die natürlichen Umweltverhältnisse im Erfurter Becken begünstigten Ackerbau und Viehzucht. Die Siedlungen dieser Zeit befanden sich zunächst nicht in den Niederungen, weil die Gera-Auen sehr sumpfig waren, sondern vor allem auf den fruchtbaren Löß- und Schwarzerdeflächen am Nordhang des westlichen Steigerwaldes, auf der Hochfläche südwestlich des Petersberges, auf dem Gelände am linken Steilufer der Gera im Norwesten der Stadt und auf dem Westhang des Roten Berges. Die hier entdeckten umfangreichen Siedlungsplätze, Abfallgruben sowie Grabstätten erlauben ziemlich gute Vorstellungen von der Lebensweise der damaligen Bewohner.

Die Lebensform war nun nicht mehr die Horde, sondern die Sippe und Großfamilie. Die Menschen waren nicht mehr abhängig von den Zufällen des Sammel- und Jagdglücks. Sie bauten Getreide (Weizen, Gerste, Hirse) an, zähmten wilde Tiere und hielten sie als Haustiere (Hund, Rind, Ziege, Schaf und Schwein). Durch den Übergang zu Feldbau und Viehzucht (erste große gesellschaftliche Arbeitsteilung) wurde eine geregelte Vorratswirtschaft möglich. Sie wurde noch dadurch begünstigt, daß die Technik der Herstellung von Tongefäßen bekannt und entwickelt war.

Die seßhafte Lebensweise der jungsteinzeitlichen Bevölkerung ist vor allem an den großen hölzernen Wohnhäusern erkennbar, die bis zu 30 m lang waren und einer Großfamilie Platz boten. Sie trugen ein mit Schilf oder Stroh gedecktes Giebeldach. Ihre festen Wände wurden aus Flechtwerk hergestellt und mit Lehm verschmiert. Wir können zu dieser Zeit von den ersten Siedlern mit festem Wohnsitz auf dem Boden des späteren Stadtgebietes sprechen.

Abb. 3. Geröllkeule aus der Mittelsteinzeit (Erfurt-Bischleben)

[3] Egon Hennig, Überlegungen zur Fallgrubenjagd und zur aktiven und passiven Jagd im Altpaläolithikum, in: Ethnographisch-Archäologische Zeitschrift (im folgenden: EAZ), H.1, Berlin 1970, S. 61 ff.

Unweit der Gera entstanden Dörfer, die fast 2000 Jahre lang auf jungsteinzeitlicher Kulturstufe standen und über diese Zeit hinaus weiter bewohnt blieben.

An den archäologischen Funden läßt sich erkennen, wie sich die Menschen langsam, aber stetig materiell und geistig weiterentwickelten. Ihre Erzeugnisse entstanden nicht unvermittelt, sondern durchliefen einen Entwicklungsprozeß. So genügten den Menschen zunächst einfache Feuersteingeräte wie Faustkeil, Schaber und Kratzer auf lange Zeit als Werkzeuge. Sie ließen sich leicht bearbeiten. In der Mittelsteinzeit war der Bedarf an größeren und besseren Werkzeugen so weit gestiegen, daß nach neuen Mitteln und Wegen ihrer Gestaltung gesucht werden mußte, zumal der Feuerstein im mitteldeutschen Raum nicht in solchen Mengen zur Verfügung stand wie im norddeutschen Gebiet.

In der Jungsteinzeit erweiterte sich das Spektrum der Produktionsinstrumente bedeutend. Man brauchte für die Holzarbeiten, die die seßhafte Lebensweise mit sich brachte, entsprechende Holzbearbeitungsgeräte. Mit Steinbeilen und Steinäxten verschiedener Größe wurden Bäume gefällt und verarbeitet. Geräte und Gegenstände des täglichen Bedarfs wurden wahrscheinlich meistens aus Holz oder Knochen hergestellt, zu deren Fertigung die häufig gefundenen kleinen Dechsel und Meißel dienten.[4]

---

[4] Ders., Bericht über die praktischen Versuche zur funktionellen Deutung der neolithischen Steingeräte, in: Archeologickevo rozhledy XVII. Jg, H. 5, Praha 1965, S. 687 ff.; Hans Gauss / Karl Peschel, Neufunde aus der jüngeren Steinzeit im Stadt- und Landkreis Erfurt, in: Aus der Vergangenheit der Stadt Erfurt, (im folgenden AVE) Bd. 4, Erfurt 1964, S. 43 ff.

Abb. 4. Steinbeile aus der jüngeren Steinzeit (Umgebung Erfurts)

Abb. 5. Geschäftete Steinbeile aus der jüngeren Steinzeit (Umgebung Erfurts)

Abb. 6. Bandkeramik (Umgebung Erfurts)

Von Bedeutung waren auch die in der Steinzeit entwickelten Getreide-Mühlsteine.[5] Als wichtige Produktionsinstrumente in den Händen der Frau gehörten sie zum Geräte-Inventar der neolithischen Ackerbau-Familien. Auch die Waffen wurden aus Stein gearbeitet. Lanzenspitzen und Pfeilspitzen stellte man aus Feuerstein, die sauber gearbeiteten Äxte aus Felsgestein her. Die Getreideerntegeräte wurden ebenfalls aus Feuerstein gefertigt, wobei entweder eine große Klinge in Holz gefaßt wurde oder mehrere kleine zu einer Sichel zusammengesetzt waren. Auf Grund neuerer Untersuchungen, die vor allem am mittelthüringischen Steingerätematerial vorgenommen wurden, wird angenommen, daß der Bodenbau in der Jungsteinzeit nicht mit Steingeräten, sondern mit Holz- und Knochengeräten in Form von Hacken durchgeführt wurde. Dieser Hackbau spielte in der jungsteinzeitlichen Landwirtschaft – speziell beim Ackerbau im späteren Erfurter Gebiet – die entscheidende Rolle. Der hölzerne Hakenpflug war noch nicht erfunden.

Auf Grund der neuen Produktionsinstrumente entwickelte sich die natürliche Arbeitsteilung zwischen Mann und Frau weiter. Die Arbeit der Frau konzentrierte sich nun neben der Hauswirtschaft vor allem auf den Bodenbau, während die Viehhaltung vorrangig in den Händen des Mannes lag. Mit den neuen Produktionszweigen erweiterte sich die Ernährungsgrundlage beträchtlich. Die Urgesellschaft mit ihren urkommunistischen Eigentums- und Lebensverhältnissen gelangte zur vollen Entfaltung. Im gesellschaftlichen Leben nahm die Frau als Produzentin im pfluglosen Ackerbau eine geachtete Stellung ein, so daß sich unterschiedlich ausgeprägte Züge des Matriarchats herausbilden konnten.[6]

Die Grabbräuche der Jungsteinzeit waren verschieden. Es gab Bestattungen in Flachgräbern und in Hügelgräbern. Neben der selten vorkommenden Brandbestattung war es vor allem üblich, die Toten unverbrannt beizusetzen, mit angezogenen Beinen in „Hockerstellung" – so als ob sie schliefen. Die Grabbeigaben – Gefäße mit Speisen, Steingeräte und manchmal Schmuck – weisen darauf hin, daß

---

[5] Egon Hennig, Beobachtungen zum Mahlvorgang an ur- und frühgeschichtlichen Getreidemühlen, in: EAZ, H. 2, Berlin 1966, S. 71 ff.
[6] Grundriß der Deutschen Geschichte, 2. Aufl., Berlin 1979, S. 23 ff.

Abb. 7. Bandkeramische Flasche (Hungerbach-Siedlung)

auch der Süd- und der Westabhang des Roten Berges waren von Bandkeramikern besiedelt. Bevorzugte Siedlungsplätze waren also die fruchtbaren Anhöhen des heutigen Stadtgebietes, die nahe der Gera lagen und dabei sicher vor Überschwemmungen waren. Schöne und guterhaltene Beispiele der bandkeramischen Töpferkunst sind von den Fundstellen am Steiger überliefert. Dabei fallen die weiße Inkrustierung der Bänder und die rote Ausmalung der Flächen zwischen den Bändern besonders auf. Bemerkenswert ist auch eine große beutelförmige Flasche aus der Siedlung am Hungerbach, die – mit fünf Ösen versehen – wahrscheinlich als Tragegefäß diente.

Zahlreiche Hinterlassenschaften von Häusern mit eingetieften Gruben erzählen von der Lebensweise der Bandkeramiker: Hausbewurf mit Rutenabdrücken und Getreidespelzen, zerschlagene und angebrannte Knochen von Wildtieren wie Auerochsen, Hirschen, Rehen und Wildschweinen aber auch von Haustieren wie Rindern, Schweinen, Schafen

die Menschen an ein körperliches Weiterleben nach dem Tode glaubten.[7]

Da die große Mehrzahl der neolithischen Funde aus Keramik besteht, werden die einzelnen Kulturen und deren Träger entweder nach den spezifischen Formen der Keramik oder aber nach deren wichtigsten Fundorten unterschieden. Die älteste Bauernkultur in Mitteleuropa, deren Vertreter auch im Erfurter Gebiet siedelten, war die *bandkeramische Kultur* (ab etwa 5000 v.u.Z), deren Tongefäße sich durch bandartige Einritzungen auszeichneten. Ursprünglich im mittleren Donaugebiet beheimatet, breitete sie sich nach Nordwesten bis nach Belgien aus. Auf den fruchtbaren Löß- und Schwarzerdeflächen haben die Dörfer der Bandkeramiker länger als ein Jahrtausend Bestand gehabt. Die reichhaltigsten Funde dieser Kultur konnten im Erfurter Steigergebiet (Kantstraße, Geibelstraße, Freiligrathstraße) geborgen werden.[8] Eine zweite große Siedlung lag in der Gegend der Rudolfstraße. Aber

Abb. 8. Webgewichte, Spinnwirtel (Umgebung Erfurts)

---

[7] Nach Karl Peschel, Die vorgeschichtliche und frühgeschichtliche Sammlung, Angermuseum Erfurt, Veröffentlichung Nr.15, o.O.u.J., S.6.

[8] Hans-Dietrich Kahlke, Gräberfeld mit Stichbandkeramik von Erfurt-Steiger, in: Ausgrabungen und Funde, Bd.1, 1956, S.270ff.

und Ziegen, Getreidemahlsteine aus Buntsandstein und Porphyr, Knochenwerkzeuge (Meißel und Pfriemen) und zugespitzte Geweihsprossen, dünne Steinplatten zum Zerreiben von roter Farbe sowie Keramikbruchstücke.

Aufschlußreich sind insbesondere die bandkeramischen Grabfunde. So belegt ein 1905 entdecktes Hockergrab mit Schmuck aus im Mittelmeergebiet beheimateten Spondylus-Muscheln Kontakte mit dem mediterranen Raum. Ein weiteres Grab mit einer extremen Hockerbestattung, bei der der Tote im gefesselten Zustand beerdigt wurde, vermittelt Einblicke in die Vorstellung von einem Weiterleben nach dem Tode. Man glaubte die Wiederkehr bzw. die Rückkehr ins irdische Leben durch die Fesselung verhindern und den Toten so unschädlich machen zu können. Völkerkundliche und neuzeitliche Parallelen dieses alten Glaubens sind nicht selten.[9]

Nördlich des Thüringer Beckens siedelten zu dieser Zeit andere Stämme, die zunächst noch als nomadisierende Jäger und Sammler lebten. In der zweiten Hälfte des dritten Jahrtausends wurden sie jedoch auch im späteren Erfurter Stadtgebiet seßhaft und gingen zur bodenständigen Lebensweise eines Bauernvolkes über. Die neuen Bewohner lassen sich verschiedenen Gruppen zuordnen. So künden Grabfunde aus Erfurt-Nord von der sogenannten *Baalberger Gruppe* und Grabfunde aus dem Unstrutgebiet von der *Bernburger Gruppe*. Ihre Siedlungsplätze lagen bevorzugt auf geschützten Anhöhen (Bornhög bei Nägelstädt). Unter den Fundstücken fallen besonders die typische Keramik sowie eine Hechel aus Knochen und tönerne Spinnwirtel auf, die als Belegstücke für den Ackerbau angesehen werden können. Unter den Steingeräten sind die Beile aus hellem Gestein (Wiedaer Schiefer) sowie ein Schiefermesser vom Erfurter Steiger besonders beachtenswert.

---

[9] Nach Ernst Lehmann, Unsere Heimat in vorgeschichtlicher Zeit, in: Mitteilungen des Vereins für die Geschichte und Altertumskunde von Erfurt (im folg.: MGAE), H. 44, Erfurt 1927, S. 192 f.

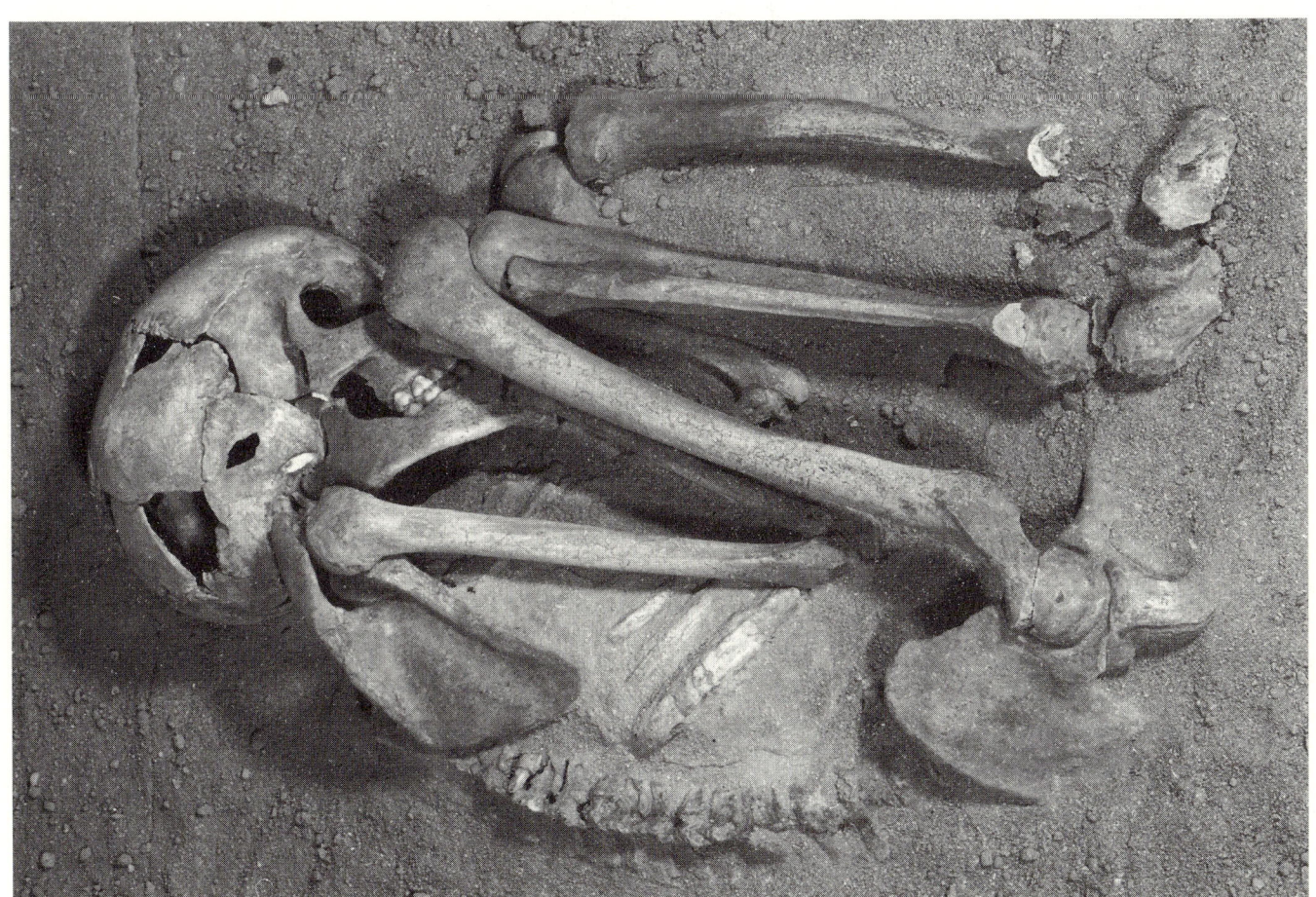

Abb. 9. Hockergrab der bandkeramischen Kultur (Geibelstraße)

In den letzten Jahrhunderten der jüngeren Steinzeit (etwa 2400 bis 1800 v.u.Z.) wurde das Thüringer Gebiet von Schnurkeramikern und Trägern der
Glockenbecherkultur besiedelt. Mit der *schnurkeramischen Kultur* trat im späteren Stadtgebiet eine
weitere neolithische Bevölkerungsgruppe in Erscheinung, die im thüringisch-sächsischen Raum
große Verbreitung hatte und auf eine dichte Besiedlung schließen läßt. Zahlreiche Sachzeugen der
Schnurkeramiker, insbesondere in Gräbern, wur-

Abb. 10. Jungsteinzeitliche Keramik.
Von links: Glockenbecherkultur, Schnurkeramik, Baalberger Kultur, Bandkeramik (Umgebung Erfurts)

Abb. 11. Steinzeitketten aus Muscheln und Hundezähnen, Anhänger aus Bärenzahn und Muschel (Umgebung Erfurts)

den bei Gispersleben-Kiliani, am Roten Berg, an der Günter- und Rudolfstraße und in Neudabersstedt gefunden. Zwei noch erhalten gebliebene Hügelgräber im Erfurter Steiger-Wald künden von den Bestattungssitten dieser Menschen. Die Männer

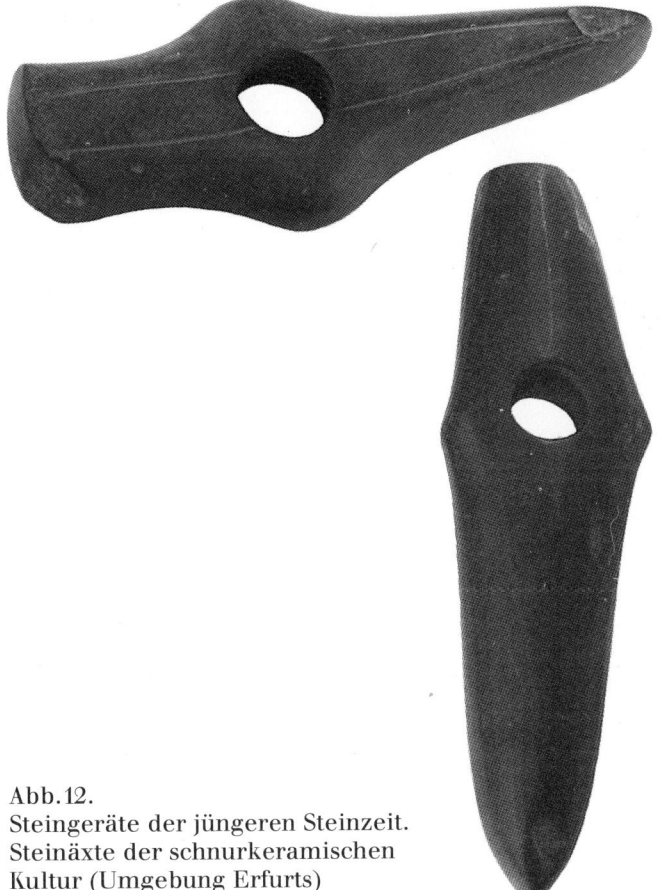

Abb. 12.
Steingeräte der jüngeren Steinzeit.
Steinäxte der schnurkeramischen
Kultur (Umgebung Erfurts)

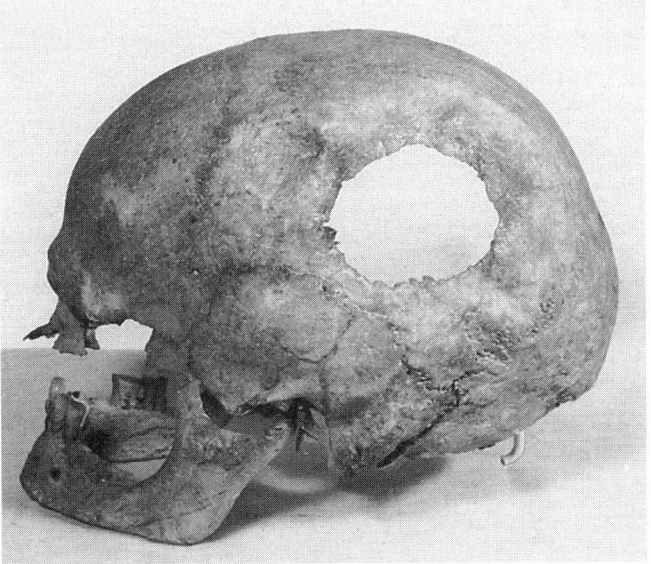

Abb. 13. Trepanierter Schädel
der schnurkeramischen Kultur (Günterstraße)

Abb. 14. Armschutzplatte
der Glockenbecherkultur (Erfurt-Nord)

schmückten sich oft mit Zähnen erbeuteter Jagdtiere (Bärenzahnanhänger), die Frauen z. B. mit Hundezähnen und Muscheln. Von vollendeten Leistungen in der Steingeräte-Herstellung der Schnurkeramiker zeugen schlanke, polierte und mit Facettenschliff verzierte Steinäxte aus dunklem Gestein.

Ein interessantes Dokument für die Geschichte der Heilkunde wurde in der Günterstraße entdeckt.[10] Der dort gefundene Schädel eines Schnurkeramikers belegt eine Schädeloperation mit Feuersteinmessern. Die Wundränder sind gut verwachsen und verheilt. Die Kunst der Schädeloperation unter ähnlichen Bedingungen wie in der Jungsteinzeit war bis zur Mitte des 20. Jahrhunderts bei Naturvölkern der Südsee, Afrikas und Amerikas bekannt.

Die der Kultur der Schnurkeramik folgende *Glockenbecherkultur* ist durch Funde aus Erfurt-Nord und vom Roten Berg belegt. Die ursprüngliche Heimat der Glockenbecherleute war Südwesteuropa. Für die Steingeräte verwandten sie z. T. Material, das nicht in Thüringen vorkam. Unter den Funden fallen vor allem zwei Beile aus Halbedelstein (Nephrit) aus Erfurt-Hochheim und Großrudestedt auf. Ein Grab aus Erfurt-Nord enthielt eine aus Stein geschnittene Armschutzplatte, die beweist, daß die Hauptwaffe der Glockenbecherleute Pfeil und Bogen war, weil die Armschutzplatte an der linken

---

[10] Ernst Lehmann, Vorgeschichtliche Schädelchirurgie nach heimatlichen Funden, in: MGAE, H. 54, Erfurt 1943, S. 181ff.

Hand befestigt wurde, um den Aufschlag der Sehne zu dämpfen. Ein weiteres Grab, das an der Nordhäuserstraße bei Gispersleben entdeckt wurde, enthielt ebenfalls eine Armschutzplatte aus schwarz-grünem Hornschiefer sowie Silex-Pfeilspitzen. Die typische Grabbeigabe war der Glockenbecher, ein glockenähnliches, mit mehreren waagerechten Streifenornamenten bedecktes Gefäß, seltener in Form einer Füßchenschale (Erfurt-Nord), die einem geschnitzten Holzgefäß ähnelt.

Die Glockenbecherleute, die sich im Körperbau von den langschädligen Schnurkeramikern unterschieden, verstanden es bereits, Werkzeuge und Schmuck aus Kupfererz herzustellen. Aus dieser Periode stammen die ersten Beile aus Metall, die in ihrer Form den Steinbeilen ähneln.

2.
Bäuerliche Kulturen der Kupfer- und Bronzezeit
(1800 bis 800 v.u.Z.)

Mit dem Gebrauch des Kupfers bereitete sich eine neue Periode vor. Obwohl die Kupferäxte sehr weich und den Steinäxten noch keinesfalls überlegen waren, trat das Metall seinen Siegeszug an. Bald verstand man, aus dem weichen Kupfer durch Zusatz von Zinn harte Bronze herzustellen. Die meisten Werkzeuge, Waffen und Schmucksachen wurden nun aus dieser Legierung gegossen. Das Metall erlaubte, völlig neue Formen zu schaffen.

Metallherstellung und -verarbeitung leiteten einen grundlegenden gesellschaftlichen Wandel ein. Hatte der Steinzeitmensch seine Geräte und Werkzeuge aus eigener Kraft nach Bedarf selbst herstellen können, so begann mit der Bronzezeit die Spezialisierung der Arbeit. Da Kupfer- und Zinnlagerstätten nur in beschränktem Umfang vorhanden waren, mußten die Erze bzw. Rohmetalle (Barren) gehandelt werden. Wir können also annehmen, daß sich seit der Bronzezeit in steigendem Maße eine zweite gesellschaftliche Arbeitsteilung vollzog. Die Metallwerker (Metallgießer, Metallschmiede) waren Spezialisten. Es gab nun nicht mehr nur Bauern und Viehhalter, sondern auch Bergleute, Händler und Metallwerker. Der Beruf der letzteren verlangte besondere Kenntnisse und Geschicklichkeit. Die Herausbildung von Handwerk und Gewerbe setzte damit keimhaft ein. Die Kupfererzeugnisse wurden nicht in erster Linie für den eigenen Bedarf, sondern für den Austausch erzeugt. Diese Produkte begannen Warencharakter anzunehmen.

Die Entwicklung der Produktionsinstrumente bedingte die Erzeugung eines Mehrprodukts und damit eine unterschiedliche Aneignung und Verteilung der Produkte, die wiederum die Voraussetzung für eine zunehmende soziale Differenzierung schufen.

Die gesellschaftlichen Unterschiede, die sich nun herausbildeten, kommen deutlich in den reichen Goldbeigaben der großen „Häuptlingsgräber" dieser Zeit zum Ausdruck. Das sogenannte Fürstengrab von Leubingen bei Sömmerda mit seinen reichen Goldfunden beweist die Existenz eines Stammesadels in der frühen Bronzezeit und dokumentiert damit den Übergang zur militärischen Demokratie, der Spätphase urgesellschaftlicher Produktionsverhältnisse. Im kulturellen Bereich setzte sich jetzt neben der Verehrung von Erd- und Sonnengottheiten die Verherrlichung der Krieger und Heerführer durch, die oftmals Priesterämter übernahmen.[11]

Der Ackerbau wurde durch die Verwendung des ersten hölzernen Hakenpfluges wesentlich erleichtert und verbessert. Der vom Rind gezogene Pflug wurde zum wichtigsten Ackergerät. Die Arbeitsproduktivität in der Landwirtschaft konnte sich durch die erstmalige Verwendung der Tierkraft für die Arbeitsprozesse beim Feldbau beträchtlich erhöhen. In der kleinen Bronzesichel, mit der Getreidehalme geschnitten wurden, war schon die Form der heutigen Sichel erkennbar. Pfeilspitzen, Lanzenspitzen, Dolche, Messer – alles aus Bronze – gehörten zu den Grabbeigaben des Mannes, während die Frau mit ihrem bronzenen Schmuck beerdigt wurde. Neben Bronzewaffen und -geräten wurden jedoch auch noch Steingeräte benutzt. Das gilt insbesondere für die Pfeilspitzen, die ja nach einmaligem Gebrauch in der Regel verloren gingen und deshalb weiter aus dem leichter beschaffbaren Feuerstein angefertigt

---

[11] Karl-Heinz Otto, Die historische Bedeutung der mittleren und jüngeren Bronzezeit in Mitteleuropa, in: Mitteleuropäische Bronzezeit. Beiträge zur Archäologie und Geschichte, Berlin 1978, S. 57 ff.

wurden. Aber auch Steinbeile und Steinhämmer fanden in der älteren Periode der Bronzezeit noch Verwendung.

Ein Teil der Bronzesachen wurde auf dem Handelsweg erworben. Eine große Anzahl Depotfunde sind als Warenvorräte von Händlern anzusehen. Die anderen Bronzegegenstände wurden im Lande selbst hergestellt. Auf Grund von Metallanalysen ließ sich feststellen, daß in der frühen Bronzezeit Kupfererze aus dem Thüringer Raum verhüttet worden sind. Kenntnisse über Zinnverhüttung sind für diese Zeit im Erfurter Raum nicht überliefert. Der Gußvorgang, der zur Herstellung von Bronze notwendig war, wurde entweder in der festen zweiteiligen Form vorgenommen, oder man goß in der sogenannten „verlorenen" Form. Bei letzterem Verfahren wurde ein Wachsmodell mit einem Lehmmantel umkleidet, das Wachs herausgeschmolzen und an seiner Stelle Bronze eingegossen. Beim Freilegen des Gußstückes mußte die Form zertrümmert werden. Ein sehr gutes Beispiel einer zweiteiligen Gußform für Bronzemesser ist als Original-Fundstück erhalten geblieben. Mit dieser aus Stein bestehenden Gußform konnten zwei Messer zugleich gegossen werden. Die Form der Messer ähnelt heutigen Rasiermessern.

Die Herstellung und Verarbeitung der Bronze bedurfte gesellschaftlicher Arbeit und weitgehender Spezialkenntnisse. Bronzegeräte konnten nicht mehr wie Steinbeile und andere Steingeräte von jedem Mann selbst hergestellt werden. Auch das Schmelzen und Legieren von Erzen und das Herstellen der Gußformen bedurften spezieller Kenntnisse.[12]

Von der bronzezeitlichen Baukunst künden Überreste von Holzbauten am Leubinger Grabhügel bei Sömmerda.[13] Die Leubinger Grabkammer bestand aus einem solide gezimmerten dachförmigen Bau aus Eichenholz (Balken und Bohlen). Es ist anzunehmen, daß dieses Totenhaus eine Nachahmung der damaligen Häuser der Häuptlinge oder Adligen war, während die Wohnhäuser der Bauern und Handwerker wahrscheinlich wesentlich leichter gebaut waren.

Die frühe Bronzezeit wurde im Erfurter Gebiet geprägt durch die *Aunjetitzer Kultur* (etwa 1800 bis 1500 v.u.Z.), so genannt nach einem Fundort in der Nähe von Prag. Aus Erfurt stammen zwei typische Gefäße dieser Kultur, gefunden vor dem ehemaligen Andreastor und in einer Kiesgrube in Erfurt-Nord. Typische Bronzebeile, die kaum noch Ähnlichkeit mit den Steinbeilen haben, fanden sich bei Erfurt-Nord sowie in einem Grab bei Walschleben –

zusammen mit einem ebenfalls für diese Kultur charakteristischen glatten Halsring. Während Metallfunde in den Aunjetitzer Gräbern verhältnismäßig selten sind, geben uns die sogenannten Hort- und Verwahrfunde eine Vorstellung von den Bronzeschätzen dieser Zeit. So enthielt der Verwahrfund von Orlishausen bei Sömmerda 20 Halsringe und acht Randbeile, die einst vom Besitzer versteckt oder vergraben worden waren.

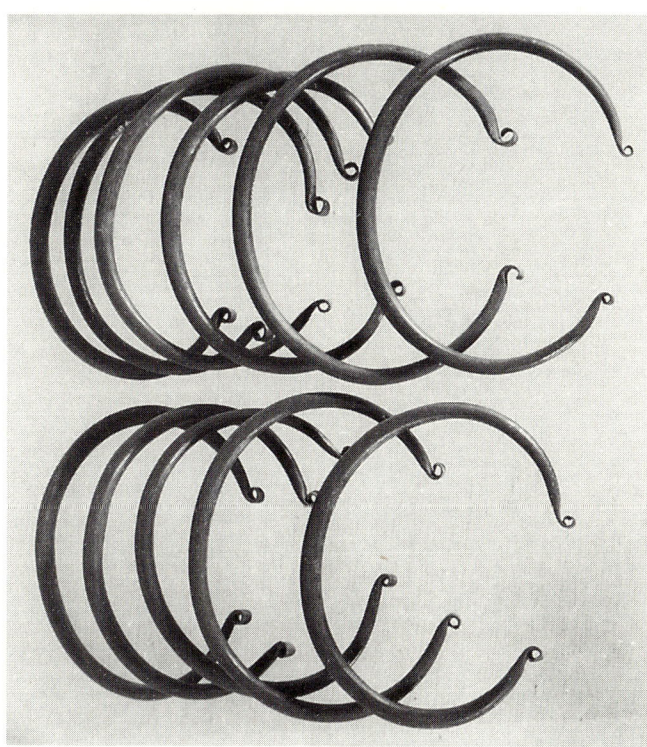

Abb. 15. Bronzezeitlicher Hortfund (Orlishausen)

Die mittlere Bronzezeit wird durch die *Hügelgräberkultur* gekennzeichnet. Aus Südthüringen über Bayern und Hessen kommend, drangen Bevölkerungsgruppen auch in das Erfurter Gebiet vor, die ihre Toten in Hügelgräbern bestatteten. Ihre Kulturhinterlassenschaften im späteren Stadtgebiet sind bisher aus zwei Fundstellen bekannt. Die eine, am ehemaligen Südfriedhof gelegen, brachte ein Beil, einen Dolch und eine Bronzesichel zutage, die wahrscheinlich zur Ausstattung eines Männergra-

---

[12] Ein urgeschichtliches Kupferbergwerk ist bei Bischofshofen (Salzburg) bekannt.

[13] Siehe: Alfred Götze / Paul Höfer / Paul Zschiesche, Die vor- und frühgeschichtlichen Altertümer Thüringens, Würzburg 1909, S. 108, Stichwort „Leubingen".

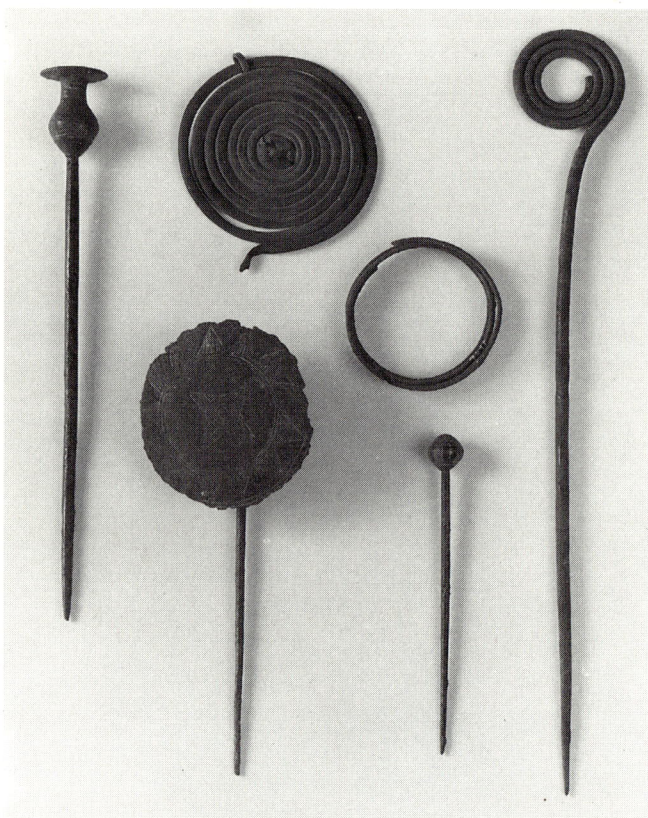

Gräberfeld dieser Art bei Erdarbeiten im Neubaugebiet Erfurt-Südost (Wiesenhügel) entdeckt worden, das Urnen- sowie Körperbestattungen mit Steinpackungen enthielt. Reichlichen Frauenschmuck kennen wir aus den Frauengräbern (Sulzer Siedlung, Waltersleben,[15] Roter Berg). Es sind Nadeln, Hals- und Armringe und Gehänge aus mehreren verbundenen Bronzeringen. Besonders erwähnenswert sind die zwei prachtvollen und seltenen Scheibennadeln. Auf der Scheibe ist ein doppelter Strahlenkranz – die Sonne darstellend – eingeritzt. Zur Ausstattung des Männergrabes gehörten vor allem Waffen, Lanzen und Schwerter. Ein Prachtstück dieser Waffen ist das Bronzeschwert von Döllstedt bei Erfurt, ein Stichschwert, das eine feingravierte Kreisornamentik ziert. An Keramikfunden sind besonders auffallend die Schulterwulstamphoren oder auch Etagengefäße, welche bezeichnend für die *Waltersleber Kultur* der späten Bronzezeit sind.

Unter den Siedlungsfunden von Erfurt-Nord sind ungewöhnliche Knochenfunde zutage getreten, die

Abb. 16. Bronzeschmuck:
Nadeln und Spiralanhänger (Umgebung Erfurts)

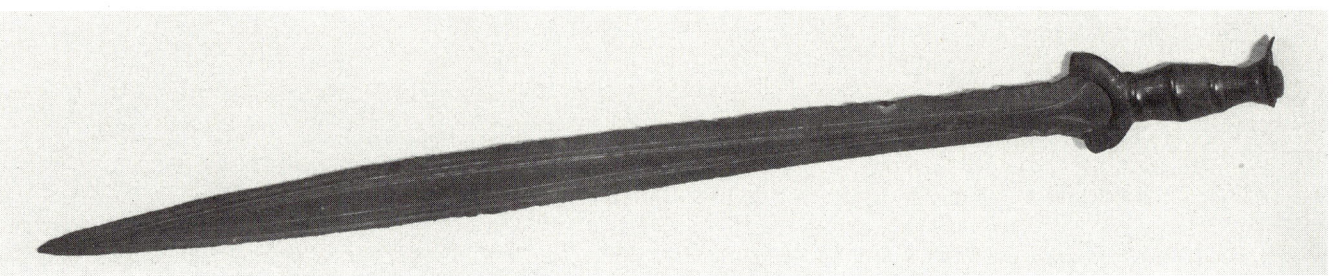

Abb. 17. Bronzeschwert. Länge 67,5 cm (Döllstedt)

bes gehörten. Die andere Fundstelle am Roten Berg enthielt eine Schmuckscheibe.

Für die jüngere Bronzezeit belegt eine relativ große Funddichte eine intensivere Besiedlung. Die Fundgebiete liegen ähnlich denen der Steinzeit wieder am Steiger-Nord-Abhang und in Erfurt-Nord (am Nordbahnhof und am Roten Berg).[14] Auch in den Niederungen sind beim Kiesabbau in Erfurt-Nord spätbronzezeitliche Siedlungsreste aus Kellergruben zum Vorschein gekommen. Der Bestattungsritus dieser Zeit sah die Körper- und Brandbestattung vor. Auf Grund der kistenartigen Steinpackungen, die die Erdgruben umgaben, werden sie als Steinpackungsgräber bezeichnet. In jüngster Zeit ist ein

nach anthropologischem Untersuchungsbefund eindeutige Beweise für einen Kannibalismus darstellen.[16] Entscheidend hierbei ist, daß nicht nur ein-

[14] Ernst Lehmann, Der bronzezeitliche Friedhof auf dem Erfurter Flughafen, in: Mannus, Bd. 20, 1928, S. 54ff; siehe auch: Karl Peschel, Vor- und Frühgeschichte des Stadtkreises Erfurt, in: Ausgrabungen und Funde, H. 6/1958, S. 395.
[15] Ernst Lehmann, Ein bronzezeitlicher Grabfund von Waltersleben, in: MGAE, H. 46, Erfurt 1930, S. 9ff.
[16] Siehe: Ernst Lehmann, Knowiser Kultur in Thüringen und vorgeschichtlicher Kannibalismus, in: Mannus, Ergänzungsband 7, 1929, S. 112ff.; W. A. v. Brunn, Bronzezeitliche Scheibenkopfnadel aus Thüringen, in: Germania, Bd. 37, 1959, S. 95ff.

Abb. 18. Keramik der Bronzezeit.
Rechts und Mitte: Amphoren der Unstrutgruppe; links: Tasse der Leubinger Kultur

mal, sondern in mehreren Fällen unter dem Siedlungsabfall Menschenknochen gefunden worden sind, die gewaltsam zerschlagen oder zerbrochen wurden oder Schnittspuren bzw. markante Feuerspuren aufweisen. Diese Siedlungs- und Knochenfunde stehen der mittelbronzezeitlichen *Knowiser Kultur* in Böhmen nahe, auf deren Fundstellen man ebenfalls eine Anzahl von Menschenknochen mit ähnlichen Merkmalen des Kannibalismus fand. Unter den bronzezeitlichen Fundstücken der Kyffhäuser-Höhle befinden sich gleichfalls Menschenknochen, die Reste einer Kannibalenmahlzeit darstellen.[17] Wie bei einigen Naturvölkern der Neuzeit wurzelte der Kannibalismus der Bronzezeit wahrscheinlich in der rituellen Vorstellung, die Kräfte des Toten in sich aufzunehmen.

3.
Zerfall der Urgesellschaft während der Eisenzeit und Anfänge feudaler Produktionsverhältnisse
(800 v.u.Z. bis 8. Jahrhundert u.Z.)

In den letzten Jahrhunderten v.u.Z. wanderten keltische bzw. keltisierte Stämme in Thüringen ein. Dadurch breitete sich die hohe *keltische Kultur* (Töpferei, Metallherstellung und -verarbeitung, Glasherstellung) sehr schnell bei den hier wohnenden Stämmen aus. Gegenstände aus keltischen Werkstätten dienten auch weit über die Grenzen des Thüringer Raumes hinaus als Handelsobjekte. Durch die Herausbildung der Eisenmetallurgie, die besonders von keltischen Stämmen getragen wurde und sich vorrangig am Rhein und in Süddeutschland bis

---

[17] Günter Behm-Blancke, Höhlen, Heiligtümer, Kannibalen, Leipzig 1958, S. 73 ff.

ins Gebiet der Mittelgebirge vollzog, entwickelten sich die Produktivkräfte weiter. Die in Werkstätten angefertigten Eisengegenstände reichen von landwirtschaftlichen Geräten wie Sicheln und Beilen bis zu Waffen der verschiedensten Art. Daß das Erfurter Gebiet – wie ganz Thüringen – für längere Zeit ein

Steiger westlich des Hochheimer Grenzweges etwa mit der bekannten „Steinsburg" auf dem Kleinen Gleichberg bei Römhild, deren Herkunft einwandfrei keltisch ist, nicht konkurrieren, doch gibt sie eine Reihe wesentlicher Aufschlüsse über Art und Standortwahl von Befestigungsanlagen in dieser Zeit.

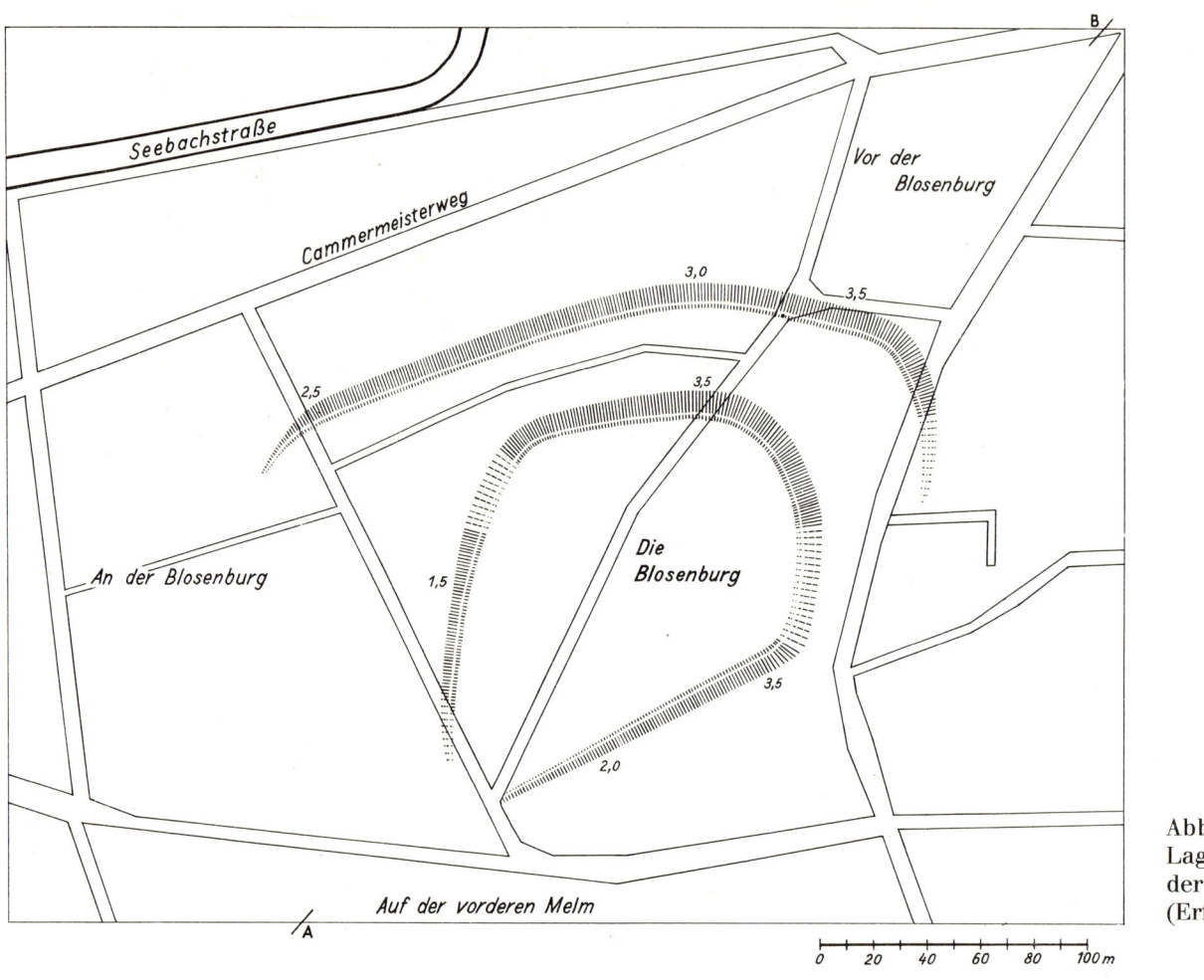

Abb. 19.
Lageplan
der Blosenburg
(Erfurt-Südost)

Kontakt- und Produktionszentrum keltischer Handwerker mit den hier eingewanderten frühen germanischen Stämmen,[18] ein „peripheres Zentrum" keltischer Kultur[19], gewesen ist, gilt als sicher.

In die Zeit des Übergangs von der Bronze- zur Eisenzeit läßt sich auch die im südwestlichen Steiger angelegte Wallburg einordnen, in die sich vermutlich die Bewohner des Gebietes in Notzeiten zurückzogen. Die keramischen Bodenfunde erlauben jedoch keine exakte Datierung, so daß die Frage offen ist, ob die Wallburg von Kelten oder Germanen (eventuell auch von einer sich bildenden Mischbevölkerung beider Bevölkerungsgruppen) errichtet oder genutzt wurde. Zwar kann die Wallburg im

Die Anlage, die durch die Gera und den Steilhang des Steigers einerseits und durch eine in südöstlicher Richtung vom Geratal heraufziehende Schlucht andererseits, sowie einen bogenförmig verlaufenden ca. 340 m langen Wall nebst Graben umschlossen ist, weist einen Flächeninhalt von neun Hektar auf. Als Baumaterial dienten unbe-

[18] Karl Peschel, Zur Chronologie und Gruppengliederung der älteren Laténezeit in Thüringen, in: Actes du VIIᵉ Congrès international des sciences préhistoriques et protohistoriques, Prag 1970, S. 833 f.; Gitta Günther / Lothar Wallraf, Geschichte der Stadt Weimar, Weimar 1976, S. 28 ff.
[19] Karl Heinz Otto, Deutschland in der Epoche der Urgesellschaft, Berlin 1960, S. 97.

hauener Kalkstein, Erde und Baumstämme, die als Palisaden den Wall überragten. Die Hochlage über dem Geratal war zum einen darauf zurückzuführen, daß die eigentliche Talaue und die unteren Geraterrassen gemieden wurden, weil die Talsohlen durch die Klimaverschlechterung in der Eisenzeit versumpft waren. Zum anderen wurden aus Verteidigungsgründen günstige Berglagen – aber in unmittelbarer Nähe der Flußtäler – bevorzugt. Das trifft auch auf weitere Wallanlagen zu, die zu Beginn der Eisenzeit offensichtlich am Kirchberg bei Erfurt-Möbisburg und vermutlich auch an der Blosenburg (südlich der Straße vor Erfurt-Melchendorf) sowie auf dem Petersberg bestanden, wobei die Merwigsburg (Möbisburg) erst nach der fränkischen Inbesitznahme im sechsten Jahrhundert als Befestigungsanlage eine wichtige Rolle auf der südlichen Randhöhle des Geratales gespielt hat.

Wenn auch im späteren Gebiet der Stadt Erfurt keine Beweise dafür vorliegen, daß keltische Siedler – wie in Westeuropa – eine größere stadtartige Siedlung errichteten, so sind doch im Ergebnis fortschreitender Arbeitsteilung offenkundig Werkstätten verschiedener Handwerkszweige Keimzellen früher Siedlungskerne gewesen. Ob die befestigte Anlage im Steiger und die anderen Wallburgen tatsächlich, wie in der älteren Literatur behauptet, ausschließlich dem Schutz gegen die von Norden langsam vorrückenden germanischen Stämme gedient haben, ist fraglich, da aus den Funden dieser Zeit zu schließen ist, daß Germanen und Kelten längere Zeit nebeneinander lebten und enge Handelsbeziehungen unterhielten. Nach Untersuchungen Karl-Heinz Ottos „hielten sich die Kelten bis gegen Ende des letzten Jahrhunderts v.u. Z.... in dem oppidum auf dem Kleinen Gleichberg, sowie in einigen kleineren befestigten Anlagen in Thüringen".[20]

Die keltischen Stämme waren die Träger der bedeutenden *Hallstattkultur* (Ältere Eisenzeit), die im fünften Jahrhundert – besonders durch Einflüsse aus den Gebieten südlich der Alpen – in die *Laténekultur* (Jüngere Eisenzeit) überging.[21] Wenn auch die für die ältere Eisenzeit und die keltischen Siedler typischen Gerätschaften und Schmuckstücke nicht direkt im Erfurter Gebiet gefunden wurden (Seeberg bei Gotha, Alteburg bei Arnstadt, Elxleben an der Gera), so sind doch einige Urnengräber (Straße nach Bindersleben, Leichenbrandreste in Erfurt-Nord) und Skelettgräber am Westabhang und südlich des Roten Berges in diese Zeit zu stellen.

Wesentlich dichter muß dann das Erfurter Gebiet in der jüngeren Eisenzeit besiedelt gewesen sein. Hauptsiedlungsplätze waren die westlichen Rand-

Abb. 20. Bronzeschmuck: Wendelhalsring der thüringischen Kultur der älteren Eisenzeit (Elxleben/Krs. Erfurt); Gewandnadeln; Gürtelketten der jüngeren Eisenzeit (Umgebung Erfurts)

höhen der Stadt vom Petersberg bis in die Marbacher Flur. Aber auch bei Gispersleben hat offenbar zu dieser Zeit ein Siedlungsplatz gelegen (Skelett- und Brandurnengräber mit Bronze- und Eisenschmuck), der eine Verbindung zu einem Wohnplatz am Westhang des Roten Berges vermuten läßt. Die größte Siedlung wurde beim Bau des Erfurter Krankenhauses (heute Medizinische Akademie) östlich der Nordhäuser Straße entdeckt. Zahlreiche parallel angeordnete Kellergruben deuten auf die Anord-

---

[20] Ebenda.

[21] Siehe dazu: Deutsche Geschichte in zwölf Bänden, hrsg. vom Zentralinstitut für Geschichte der Akademie der Wissenschaften der DDR, Bd.1: Von einem Autorenkollektiv unter Leitung von Joachim Herrmann, Berlin, 1982, S.92ff.

nung der Häuser an einem die gesamte Siedlung durchziehenden Weg hin.

Von den germanischen Stämmen, die sich in der Folgezeit zeitweilig niederließen, haben insbesondere die Hermunduren – ein Teilstamm der Sueben – um die Zeitenwende für kürzere Zeit den Charakter der Besiedlung des Erfurter Gebietes geprägt. Die keltische Bevölkerung war in dieser Zeit nach Süden abgewandert oder in den neuen Stämmen aufgegangen. Charakteristisch für die Siedlungsperiode der Hermunduren sind Urnenfeldgräber die neben reichen Metallbeigaben auch die Waffen der Krieger dieses Stammes enthielten.

Auf Grund des Fortschritts in der Landwirtschaft und in der Eisenmetallurgie begann sich bis zur Mitte des ersten Jahrhunderts v. u. Z. auch bei einer Reihe von germanischen Stämmen die Gesellschaftsverfassung der militärischen Demokratie herauszubilden. Im Zusammenhang mit diesen gesellschaftlichen Veränderungen brachen in der frühen Eisenzeit, mehrfach durch Naturkatastrophen veranlaßt, ganze Stämme in Richtung Süden, Südwesten und Südosten auf. Römische Dokumente aus dieser Zeit berichten, daß das gesamte Gebiet Thüringens von Auseinandersetzungen germanischer Stämme erfaßt war, die um günstige Siedlungsgebiete (Quellen, Flußterrassen, Lößgebiete) stritten und teilweise nur vorübergehend einzelne Plätze in Besitz nahmen. Darauf ist es wohl zurückzuführen, daß die Bodenfunde aus dieser Zeit im späteren Stadtgebiet insgesamt nur spärlich sind. Der Prozeß der Herausbildung einer adligen Oberschicht setzte sich fort. Darauf deutet unter anderem das bedeutende „Fürstengrab" von Haßleben (Kreis Erfurt-

Abb. 21. Bronzeeimer der römischen Kaiserzeit (Erfurt-Möbisburg)

Land) hin, das mit seinen reichen Grabbeigaben (z. B. einem Bernsteinanhänger mit der Darstellung Wodans als einäugigem Gott)[22] eine soziale Differenzierung widerspiegelt. Die Oberschicht hatte die Führung besonders bei kriegerischen Auseinander-

---

[22] Günter Behm-Blancke, Gesellschaft und Kunst der Germanen, Dresden 1973, S. 148 ff., Tafeln 24 und 25.

Abb. 22. Thüringisch-fränkische Keramik (Erfurt-Nord)

setzungen inne und drängte auf Vergrößerung ihrer Macht in den einzelnen Stammesgebieten und darüber hinaus.

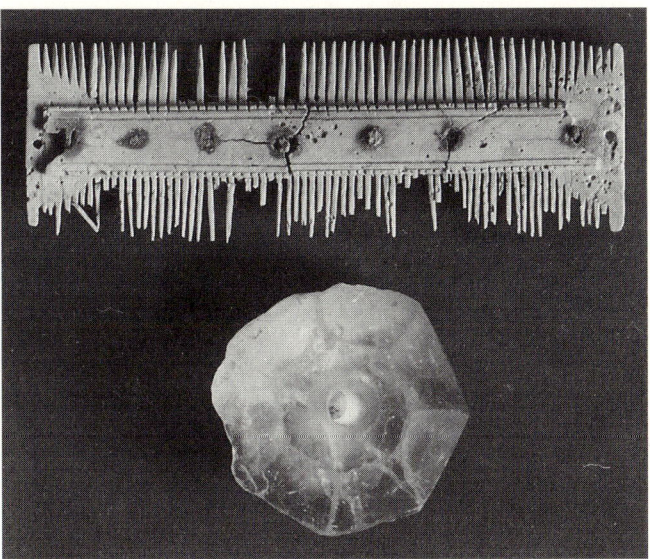

Abb. 23. Knochenkamm und Perle aus Bergkristall (Erfurt-Gispersleben)

Charakteristische Funde künden von weiterreichenden Handelsbeziehungen als bisher, besonders mit den römischen Provinzen im Süden und Westen. Bei Möbisburg wurde z. B. ein bronzener Kessel und am Roten Berg eine für die Produktion in römischen Werkstätten charakteristische Terrasigillataschale gefunden, die aus dem zweiten bis dritten Jahrhundert stammen. Vervollständigt wird das Bild römischer Einflüsse in Thüringen durch mehrere Münzenfunde aus der späten Kaiserzeit an verschiedenen Stellen des späteren Stadtgebietes.

Aus Hermunduren, eingewanderten Chatten und weiteren von Norden kommenden germanischen Stämmen wie Angeln und Warnen bildete sich im dritten Jahrhundert zwischen Werra und mittlerer Elbe der Stamm der Thüringer heraus. Thüringische Krieger unterstützten das Heer des Hunnenkönigs Attila beim Kampf gegen Westrom. Sie waren nach der Niederlage der Hunnen in der Schlacht auf den Katalaunischen Feldern 451 besonders bestrebt, ihre Machtstellung nach Norden und Süden hin zu erweitern. Aus der Frühzeit der Stammeszusammenschlüsse, die zur Entstehung des Thüringer Reiches führten, stammen zahlreiche Bodenfunde am

Abb. 24. Schwert, Lanzenspitze, Schildbuckel und Axt (Franziska) der thüringisch-fränkischen Zeit um 700 (Kleiner Roter Berg)

Roten Berg, am Juri-Gagarin-Ring, an der Hunger-
bachsiedlung, bei Möbisburg und Bischleben. Auch
bei der Andreaskirche ist ein kleiner Siedlungskern
festgestellt worden, der sicher zu den frühesten Kri-
stallisationspunkten der späteren städtischen Siedlung gehörte.

Unter der Herrschaft des Thüringer Königs Herminafrid erstarkte das Thüringer Reich, das zeitweilig von der mittleren Elbe über den oberen Main
hinweg bis an die Donau reichte,[23] besonders nachdem sich Herminafrid mit den Ostgoten verbündet
hatte. Die Suche nach dem Standort des Thüringer
Königshofes hat in den letzten Jahren durch wichtige
Funde am Kleinen Roten Berg im Norden Erfurts die
Vermutung verstärkt, daß hier ein Zentrum des
Thüringer Reiches gelegen haben kann. Über 60
Gräber konnten geborgen werden, deren Grabbeigaben, Schwerter, Schilde und andere Waffenteile,
Rückschlüsse auf die soziale Stellung der Bestatteten zuläßt. Das interessanteste Grab war das einer
jungen Frau, die auf einem zweirädrigen Wagen mit
zahlreichen wertvollen Beigaben bestattet wurde.
Trotz offensichtlich vorausgegangenem Grabraub
konnten eine goldene Nadel, ein geschliffener Bergkristall, ein Bronzebecken, ein silbernes Gefäß, Löffel und eine Tonschale geborgen werden. Von dem
besonders bedeutungsvollen Wagen sind Eisenteile,
Reifen und Reste des Holzes erhalten geblieben, die
Rückschlüsse auf den Stand der Technik in der Mitte
des ersten Jahrtausends zulassen.

Neben diesen wichtigen jüngeren Funden, brachten frühere Ausgrabungen am Anger (6. Jahrhundert), in Bischleben, an der Henne, am Bahnhof Gispersleben, am Roten Berg und westlich des Lau-
entores sowie in der Günter- und Rudolfstraße viele
Fundgegenstände zutage, die belegen, daß die Besiedlung des späteren Stadtgebietes in dieser Zeit
zunahm und dabei nicht nur die randlichen Höhen
zur Siedlung benutzt wurden, sondern mehr und
mehr auch die eigentliche Geraaue mit ihrer günstigen Übergangsmöglichkeit über den Fluß, die bessere ökonomische Voraussetzungen für das sich allmählich stärker entwickelnde Handwerk und den
Handel bot.

Mit dem Eindringen fränkischer Heere nach Thüringen und der Zerstörung des Thüringer Reiches in
der Schlacht von Burgscheidungen 531 breitete sich
allmählich die fränkische Herrschaft im Süden Thüringens aus, während Nordthüringen von sächsischen Stämmen, die die Franken unterstützt hatten,
in Besitz genommen wurde. Der Angriff auf das

---

[23] Otto, Deutschland in der Epoche der Urgesellschaft, S. 163.

Abb. 25. Schmucknadeln (Fünfkopffibeln),
vergoldetes Silber, merowingisch-fränkische Zeit
(Erfurt-Gispersleben)

Abb. 26. Eiserne Schlüssel
aus merowingisch-fränkischer Zeit (Erfurt-Nord)

Abb. 27. Slawische Emaille- und Glasperlenketten, 9./10. Jahrhundert (Erfurt-Neuschmidtstedt)

Thüringer Reich war erst möglich geworden, als die mit den Thüringern verbündeten Ostgoten nach dem Tod Theoderichs (526) mit Ostrom und mit großen inneren Schwierigkeiten zu kämpfen hatten und keine Hilfe leisten konnten. Der letzte und auch bedeutendste König des Thüringer Reiches, Herminafrid, wurde 534 von den Franken ermordet.

Im Kampf mit der dem Untergang geweihten Sklavenhaltergesellschaft endete in Mitteleuropa die Epoche der Urgesellschaft. Sowohl in der zerfallenden römischen Sklavenhaltergesellschaft als auch in der sich zersetzenden germanischen Gentilgesellschaft waren Voraussetzungen für die Entstehung neuer Produktionsverhältnisse vorhanden. Die ökonomische Grundlage der neuen Gesellschaftsformation bildete das Privateigentum an den Produktionsmitteln, vor allem an Grund und Boden.[24]

Mit der Teilung des Fränkischen Reiches (561) kam Erfurt mit Thüringen unter die Herrschaft Sigiberts I., der aber nur bis 575 regierte und dessen Nachfolger auf Grund der Erstarkung des Stammesadels ihre Macht über diesen östlichen Teil des ehemaligen Frankenreiches kaum noch ausüben konnten. Das wiederum hatte zur Folge, daß die bereits im Thüringer Königreich bestehenden militärischen, ökonomischen und kulturellen Zentren einen weiteren Ausbau erfuhren und die Siedlungsdichte in diesen Gebieten weiter zunahm. Das Erfurter Gebiet muß hierbei – vor allem durch den sich immer stärker entwickelnden Fernhandel – eine besondere Schlüsselstellung gehabt haben. Das beweisen zahlreiche Funde im gesamten späteren Stadtgebiet, besonders aber rings um den Petersberg, der mit seinen Bauten zu einem Zentrum der wechselnden fränkischen Macht wurde. Durch den späteren Ausbau des Petersberges zur Festung ist dieses Gebiet jedoch so stark in seiner Ursprünglichkeit verändert worden, daß der vermutete frühe befestigte Siedlungsplatz auf der Höhe des Berges, der offenbar schon in vorthüringische Zeit zurückreicht, nicht nachweisbar ist. Mit der Schwächung der fränkischen Zentralmacht wurde der östliche Teil Thüringens von einer neuen Wanderungsbewegung erfaßt: Slawische Stämme drangen im siebenten und achten Jahrhundert bis in das Erfurter Gebiet vor, wurden hier seßhaft und gründeten in der Folgezeit eine Vielzahl kleinerer Siedlungen, deren Ortsnamen auch heute noch die slawische Herkunft bezeugen (Windischholzhausen, Daberstedt, Dittelstedt und wohl auch Melchendorf). Erfurt als Siedlungszentrum an der Furt der Gera gelegen, nahm beim Austausch von Handelsgütern zwischen Franken und Slawen eine besondere Stellung

ein, wie spätere Funde aus dem Stadtgebiet und seiner Umgebung beweisen (Slawische Friedhöfe in Bischleben, Daberstedt und dem ehemaligen Schmidtstedt vor den Toren Erfurts). Lange lebten Franken, die ins Frankenreich einverleibten Thüringer und Slawen friedlich zusammen und betrieben einen ausgedehnten Handel mit vielfältigen Produkten, z. B. Salz und Honig. Die Vermutung, daß die Handelsgeschäfte zwischen Franken und Slawen „jenseits des Flusses auf dem Wenigemarkt" abgeschlossen wurden, wird bezweifelt, da dieses Gelände noch im neunten Jahrhundert feucht war.[25]

Das friedliche Zusammenleben zwischen Franken und Slawen wurde immer wieder durch einzelne fränkische Könige gestört, die versuchten, die slawische Bevölkerung zu unterwerfen und ihren Einfluß bis zur Saale auszudehnen. Bereits in der ersten Kolonisationsperiode der Slawen strebte der Vasall des fränkischen Königs Dagobert I. (um 605 bis 639), Herzog Radulf, danach, dieses Ziel zu erreichen und führte mehrere Kriege gegen die Slawen. Teile der dabei unterworfenen slawischen Bevölkerung lebten noch lange, besonders östlich der Stadt, in eigenen Siedlungen. Herrmann[26] berichtet z. B. über eine Urkunde, die zwar gefälscht, doch in ihrem Kern zutreffend sei, daß um 700 „Dörfer im Waldgebiet südöstlich Erfurt, die mit königlicher Billigung von Slawen angelegt" worden waren, dem Erfurter Peterskloster übereignet worden seien. Diese Dörfer hielten sich in ihrer Bevölkerungsstruktur noch über mehrere Jahrhunderte, wie eine Vielzahl von Bodenfunden aus dem neunten und zehnten Jahrhundert auf den bereits erwähnten Friedhöfen, aber auch am Rande des Roten Berges ausweist. Meist sind es Gebrauchsgegenstände oder Teile davon, wie Messer und Eimerbeschläge. Aber auch zahlreiche Schmuckgegenstände aus Silber und teilweise mit Goldüberzug, wie Halsringe, Armringe und Ohranhänger, konnten geborgen werden. Im Gegensatz zu den Grabstätten spätfränkischer Siedlungen finden sich in den slawischen bis in die geschichtliche Zeit hinein Beigaben. Interessant, aber bis heute noch nicht geklärt, ist die Tatsache, daß mit einer Ausnahme (slawische Lanzenspitze in einem Grab bei Daberstedt) Waffen in den slawischen Gräbern um Erfurt fehlen.

---

[24] Siehe dazu: Deutsche Geschichte in zwölf Bänden, Bd. 1, S. 219 ff.

[25] Fritz Wiegand, Blick in die Geschichte der Stadt Erfurt von ihren Anfängen bis zur Gegenwart, in: AVE, Bd. III, Erfurt 1963, S. 8.

[26] Joachim Herrmann, Die Slawen in Deutschland, Berlin 1970, S. 28.

Die Stadtwerdung unter feudaler Herrschaft von der ersten urkundlichen Erwähnung bis zur Mitte des 11. Jahrhunderts

Von Werner Mägdefrau und Erika Langer

1.
DIE ENTWICKLUNG ERFURTS
ZU EINEM ÖKONOMISCHEN, POLITISCHEN UND KIRCHLICHEN ZENTRUM
DES FRANKENREICHES IM 8. UND 9. JAHRHUNDERT

Im Jahre 742 bat der Missionserzbischof Bonifatius den Papst Zacharias II., drei neue Bischofssitze zu bestätigen, in denen er Bischöfe eingesetzt habe. Der dritte dieser Sitze befinde sich in einem Ort, welcher Erphesfurt heiße.[1] Dieses Schreiben bildet die erste urkundliche Erwähnung Erfurts.

Die durch Bonifatius überlieferte Namensform „Erphesfurt" läßt einige Schlüsse hinsichtlich der Erklärung des Ortsnamens zu. Am sichersten ist der Bestandteil „Furt" zu deuten. Der Ort lag zweifellos an einer oder mehreren Furten durch einen Fluß. Bei dem Fluß handelte es sich um die heutige Gera, die seinerzeit vermutlich Erph, Erphesa oder Erpha, „braunes Wasser", hieß. Vielleicht war es auch eine alte Bezeichnung für die Apfelstädt, auf deren Unterlauf später der Name der vom Thüringer Wald kommenden Gera übertragen wurde. Die Furtbezeichnung dürfte schon bestanden haben, ehe sie auf die in der Nähe vorhandenen oder sich bildenden Siedlungen übertragen wurde. Den damaligen Bodenverhältnissen der Thüringer Keuperlandschaft entsprechend, durchzog die Gera in Armen und Rinnsalen das z. T. sumpfige Gelände östlich des Breitstroms. Die Fabel versucht den Namen Erfurt detaillierter als durch die Bezeichnung von Fluß und Furt zu erklären. Die Herleitung von der Furt blieb unbestritten, doch „Erf" sollte auf einen Müller namens Erff oder einen Grafen Erpo zurückzuführen sein.[2]

Die archäologischen Quellen[3] und die Beschreibung des Bonifatius machen deutlich, daß Erfurt zur Zeit seiner Erhebung zum Bischofssitz kein gegründeter, sondern ein gewachsener Ort war. Nach den noch aus den Zeiten der antiken Stadtkultur stammenden kirchlichen Vorschriften sollten Bischofssitze nur in bedeutenden Städten, jedoch nicht in Dörfern oder offenen Orten errichtet werden. Dieser Aufgabe konnte Bonifatius in seinem damals noch städtelosen hessisch-thüringischen Hauptmissionsgebiet nicht wörtlich gerecht werden. Um den kirchenrechtlichen Vorschriften aber wenigstens sinngemäß zu entsprechen, mußte er bedeutende, gesicherte Orte auswählen. Bei Erfurt betonte er, daß der Ort schon einst eine „urbs" heidnischer Bauern gewesen sei. Selbst wenn man berücksichtigt, daß dieser lateinische Begriff unterschiedlich interpretiert werden kann und einen Bedeutungswandel durchmachte, so dürfte damit doch ein volk-

---

[1] Urkundenbuch der Stadt Erfurt, bearb. von Carl Beyer, T.1, Halle 1889, Nr.1, S.1.

[2] Vgl.: Fritz Wiegand, Erfurt. Eine Monografie, Rudolstadt 1964, S.6ff.

[3] Vgl.: Joachim Herrmann, Archäologische Forschungen zur frühen Stadtentwicklung, in: Ausgrabungen und Funde, Bd.21, 1976, S.168ff.; Günter Behm-Blancke, Aufgaben und erste Ergebnisse der Stadtkernforschung in Erfurt, in: Ebenda, Bd.6, 1961, S.256ff.

reicher befestigter Platz gemeint gewesen sein, vermutlich eine Burg mit einer Siedlung, der zentrale
Funktionen für die umliegende Region zukamen.
Ausgangspunkt könnte eine Volksburg gewesen
sein, in deren Schutz sich die Siedlung entwickelte.

Bei den Siedlungskernen, aus denen das nichtagrarische frühstädtische Zentrum Erfurt entstand,
führten nicht nur günstige Furten durch den Fluß
Gera. Hier kreuzten sich auch mehrere regional und
überregional bedeutsame Handelsstraßen. Schon in
frühgeschichtlicher Zeit wurde der aus dem Süden
kommende Völkerweg benutzt, der die Verbindung
mit dem Norden des Landes herstellte. Die Ost-
West-Straße, die das Siedlungsgebiet der Slawen
mit dem Rhein-Main-Gebiet verband, gewann im
Zuge der fränkischen Eroberungen erhöhte Bedeutung. 768 wurde sie schriftlich erwähnt. Als Hohe
oder Königsstraße bzw. Via Regia Lusatiae war sie
im Mittelalter eine der am meisten benutzten Heer-
und Handelsstraßen.[4] Aus westlicher Richtung erreichte sie das Erfurter Siedlungsgebiet über den
Sattel zwischen Domberg und Petersberg und nutzte
dann die Furten im Bereich der Lehmannsbrücke
und Krämerbrücke zum Durchqueren der Gera, die
hier in einem nach Osten ausholenden Bogen verlief. Die alte Völkerstraße aus dem Süden, in
den mittelalterlichen Geleitsakten oft als „Rechte
Kreuzstraße" bezeichnet, überschritt den Thüringer Wald beim späteren Oberhof, erreichte das Erfurter Siedlungsgebiet durch die Furt an der Brücke
in der heutigen Hermann-Jahn-Straße, traf beim
Fischmarkt auf die „Hohe Straße" und führte über
die Michaelisstraße nach Norden.[5]

Gegen die Hypothese, daß die Kreuzung der großen Transitstraßen im Bereich des späteren Wenigemarktes gelegen haben könnte, spricht die Tatsache, daß das Gebiet des unteren Schwemmbaches
damals noch zu feucht und deshalb nicht tragfähig
war. Siedlung und Marktverkehr wurden hier erst
möglich, als die zahlreichen kleinen Wasserläufe in
den Breitstrom und in die Wilde Gera geleitet und
der künstliche Lauf der Hirschlache angelegt worden waren. Diese Regulierungen sollen durch friesische Einwanderer erfolgt sein, so daß dann im 10.,
spätestens Anfang des 11. Jahrhunderts das Ostufer
der Gera besiedelt werden konnte.[6] Auch der Domplatz scheint in früher Zeit geringe Bedeutung gehabt zu haben. Die Gera war südlich und südöstlich
des Domhügels stark aufgespalten und die Flußaue
teilweise versumpft. Auf Grund der damaligen Ge-
ländeverhältnisse ist als Kreuzpunkt der Straßen
der Bereich des heutigen Fischmarktes am wahr-
scheinlichsten. Für das Gelände bestand keine

Überflutungsgefahr; zudem stellten der breite Fluß-
lauf mit seinen Nebenarmen und die teilweise ver-
sumpfte Talaue im Süden, Osten und Nordosten einen Sicherheitsfaktor dar. Der Westen, Norden und
Nordwesten lagen im Schutze des Petersberges.

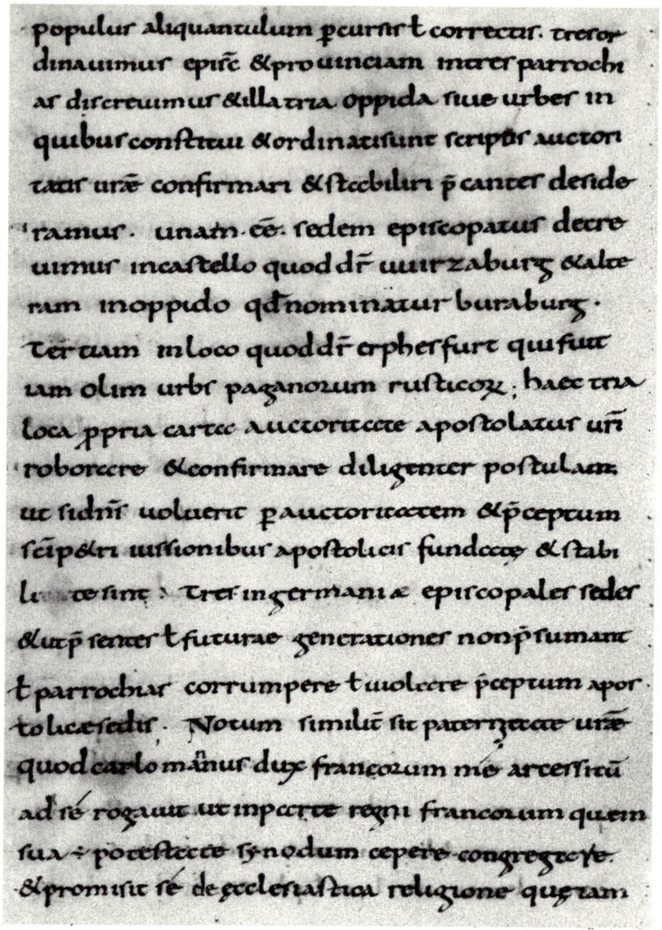

Abb. 28. Erste schriftliche Erwähnung Erfurts
in einem Brief des Missionars Bonifatius
an Papst Zacharias II. in Rom vom Jahre 742

Die in ökonomischer, militärischer und admini-
strativer Hinsicht günstige Lage mußte Erfurt für
die fränkischen Könige besonders wichtig erschei-

---

[4] Hansische Handelsstraßen. Textbd. Auf Grund von Vorarbeiten von Friedrich Bruns bearb. von Hugo Weczerka, Weimar
1967, S. 286 ff.

[5] Vgl.: Fritz Wiegand, Das Rathaus und der Fischmarkt zu Erfurt, Erfurt 1961, S. 12 ff.

[6] Oskar August, Niederländische (Flämische) Einflüsse in
Siedlungen und Flurnamen, in: Atlas des Saale- und mittleren Elbe-
begebietes, 2. Aufl. des Werkes Mitteldeutscher Heimatatlas,
hrsg. von Otto Schlüter und Oskar August, 3 Teile, Leipzig 1958 ff.,
Teil 2, Textteil, S. 94 ff., Kartenteil, Nr. 26.

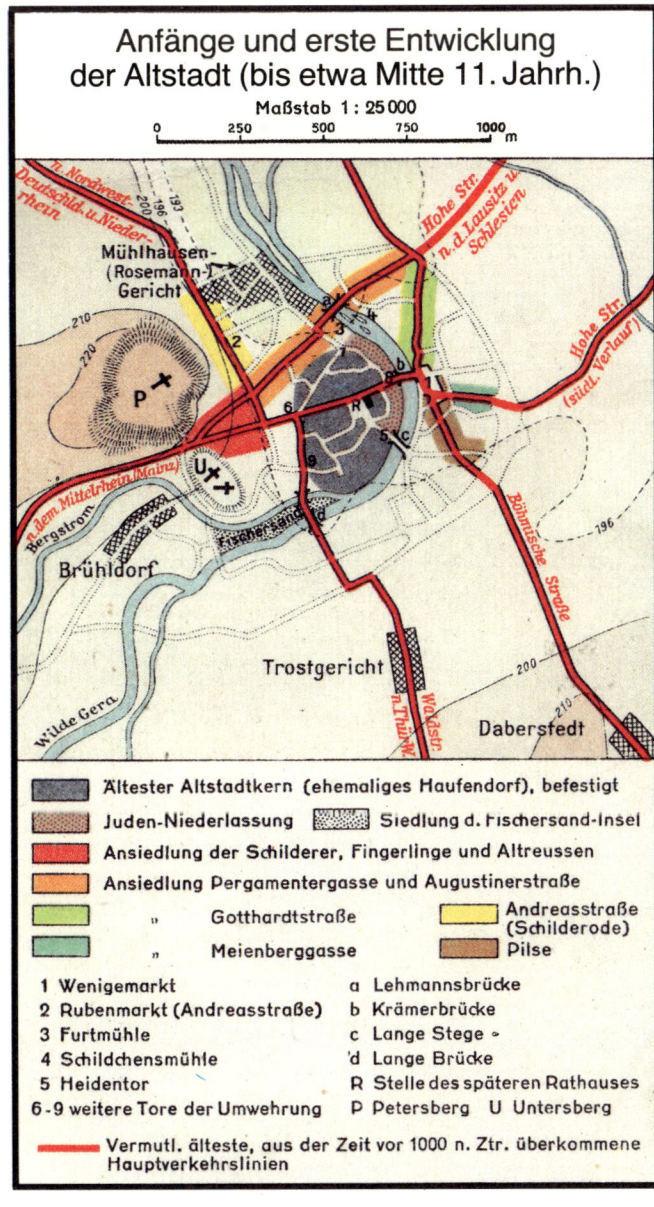

Abb. 29

Abb. 30. Bauern bei der Ablieferung ihrer Abgaben. Holzschnitt aus Rodericus Zamorensis, Spiegel menschlichen Lebens, Augsburg 1479

hunderts. Sie bildeten sich zwischen dem Anfang des 8. und der Mitte des 9. Jahrhunderts im Rahmen des Karolingerreiches weiter heraus.[8]

Der gesellschaftliche Fortschritt, der mit der Durchsetzung der neuen Gesellschaftsordnung verbunden war, trug von Anfang an antagonistischen, widersprüchlichen Charakter. Die Herausbildung der feudalen Eigentums- und bäuerlichen Besitzverhältnisse an Produktionsmitteln, vor allem an Grund und Boden, die die ökonomische Grundlage der neuen feudalen Gesellschaftsformation darstellten, ermöglichte einerseits die Zentralisierung des Mehrprodukts, förderte das Interesse der Produzenten an ihren Arbeitsergebnissen und die Erhöhung der Produktivität der Arbeit; andererseits war sie mit der Bildung der sich feindlich gegenüberstehenden Klassen der Feudalherren und der feudalabhängigen Bauern verbunden. Eine Minderheit von Feudalherren unterwarf die Mehrzahl der Bauern feu-

nen lassen. Nach der Unterwerfung des Thüringer Königreiches durch die Merowinger 531 konnten die Franken das Land keineswegs als gesicherten Besitz betrachten. Trotz der spärlichen Überlieferung wird deutlich, daß es seit dem 6. Jahrhundert in Sachsen und Thüringen mehrfach Aufstände gab.[7] Hintergrund häufiger Unruhen war der Übergang zur feudalen Klassengesellschaft, der sich in Mittel- und Westeuropa seit der Wende vom 5. zum 6. Jahrhundert vollzog. Die Entstehung feudaler Produktionsverhältnisse erfolgte im Merowingerreich zwischen dem Ende des 5. und dem Beginn des 8. Jahr-

daler Ausbeutung und Unterdrückung. Von den ehemals freien Bauern wurden die Bestrebungen der

[7] Leo Stern / Hans-Joachim Bartmuß, Deutschland in der Feudalepoche von der Wende des 5./6. Jahrhunderts bis zur Mitte des 11. Jahrhunderts, Berlin 1963, S. 66 ff.

[8] Grundriß der deutschen Geschichte. Von den Anfängen der Geschichte des deutschen Volkes bis zur Gestaltung der entwickelten sozialistischen Gesellschaft in der DDR. Klassenkampf – Tradition – Sozialismus, hrsg. vom Zentralinstitut für Geschichte der AdW der DDR, Berlin 1979, S. 57 ff.; Deutsche Geschichte in zwölf Bänden, hrsg. vom Zentralinstitut für Geschichte der AdW der DDR, Bd. 1: Von einem Autorenkollektiv unter Leitung von Joachim Herrmann, Berlin 1982, S. 225 ff.

entstehenden herrschenden Klasse, sie in feudalabhängige Bauern umzuwandeln, nicht widerstandslos hingenommen. Ihr Widerstand bildete ein konstruktives Element für die Herausbildung der feudalen Produktionsweise. Er bremste die Erhöhung der Ausbeutungsrate, und er bewirkte, daß diese sich im Rahmen der Reproduktionserfordernisse hielt und eine relative Begrenzung der Höhe der Feudalrente in Form von Naturalabgaben und Frondiensten erreicht wurde.

Angesichts der erbitterten Klassenauseinandersetzungen, welche die Herausbildung der neuen Produktionsverhältnisse begleiteten, schuf der Feudaladel als Hauptinstrument zur Durchsetzung seiner Klassenziele gegenüber den Volksmassen den feudalen Staat. Die staatlichen Machtorgane wurden im Laufe des Übergangsprozesses zum Feudalismus ausgebaut und ergänzt. In den von den Franken unterworfenen ostrheinischen Gebieten verkörperten in der Regel Grafen und Herzöge die staatliche Macht im frühfeudalen fränkischen Großreich. So setzten die Merowinger auch in Thüringen im 7. Jahrhundert Franken als Herzöge ein. Sie sollten das vorerst nur in loser Abhängigkeit stehende Gebiet fester an das Frankenreich binden und die fränkischen Kräfte in Thüringen stärken, auf die Durchsetzung feudaler Produktionsverhältnisse hinwirken und feindliche Einfälle abwehren. Dennoch konnte der Adel in Sachsen und Thüringen, zum Beispiel in Verbindung mit militärischen Aktionen gegen die „Wenden" (634/635) unter dem Thüringerherzog Radulf, eigenständige Positionen gegenüber dem Merowingerreich behaupten. Auch in der zweiten Hälfte des 7. Jahrhunderts blieb Thüringen, begünstigt durch die inneren Wirren im Frankenreich, weitgehend unabhängig.

Als im Frankenreich die Hausmeier aus dem Geschlecht der Arnulfinger, der Vorfahren der Karolinger, die eigentliche Herrschaft übernahmen, suchten sie im Laufe des 8. Jahrhunderts die ostrheinischen Völkerschaften bzw. Stammesverbände endgültig zu unterwerfen. Sie setzten außer den staatlichen Machtmitteln nun verstärkt Methoden des ideologischen Zwanges ein. Das Christentum hatte schon beim Aufbau der feudalen Gesellschaftsordnung im westlichen Teil des Frankenreiches eine bedeutsame Rolle gespielt. Der sich bildenden Klasse des Feudaladels erschienen vor allem diejenigen Bestandteile der christlichen Lehre als Instrument zur Festigung ihrer Herrschaft besonders geeignet zu sein, die Demut und Gehorsam verkündeten und die Gliederung der Gesellschaft in soziale Klassen sowie Herrschaft und Abhängigkeit rechtfertigten.

Bereits nach der Eroberung Galliens hatte sich gezeigt, daß auch die in der späten Sklavenhaltergesellschaft ausgebildete kirchliche Organisation günstige Voraussetzungen für die Verbindung mit dem feudalen Staat bot. Die christlich-katholische Kirche wurde im Prozeß der Feudalisierung zu einem Hauptfaktor der Feudalgesellschaft und selbst zum größten feudalen Grundeigentümer. In den ostrheinischen Gebieten konnten die Franken nicht an das Erbe der antiken Klassengesellschaft anknüpfen; die Entwicklung in diesen Gebieten war noch stärker von klassenlosen, urgesellschaftlichen Verhältnissen bestimmt und verlief deshalb wesentlich langsamer. Die frühen Karolinger versuchten jedoch, durch das Bündnis mit der römisch-katholischen Kirche den Entwicklungsprozeß voranzubringen und ethnisch unterschiedliche Volksteile durch die gemeinsame monotheistische Religion zu verbinden und zu unterwerfen.

Schon die älteste Urkunde, die thüringische Orte nennt, weist das aus. Im Jahre 704 schenkte der von den Franken eingesetzte thüringische Herzog Heden II. dem Bischof Willibrord von Utrecht in Arnstadt, Mühlberg und Monra großen Grund- und Viehbesitz sowie die dazugehörigen Unfreien und die abhängigen Bauernwirtschaften.[9] Dem thüringischen und fränkischen Adel war es also schon gelungen, feudale Grundherrschaften zu errichten. Indem Herzog Heden II. dem angelsächsischen Friesenmissionar Willibrord von Würzburg aus umfangreiche Liegenschaften im thüringischen Kerngebiet verbriefte, wollte er ihm eine Grundlage für die Ausbreitung seines Missionswerkes schaffen. Willibrord blieb jedoch auf Friesland orientiert. Allerdings begab sich zu ihm – nach einem ersten Aufenthalt in Thüringen 719 – der mit einem päpstlichen Missionsauftrag versehene Angelsachse Bonifatius. Seit 721 begann Bonifatius mit der Mission in Hessen und Thüringen. Ende des Jahres 722 wurde er in Rom zum Missionsbischof geweiht und mit päpstlichen Empfehlungsschreiben ausgestattet.[10]

Bezeichnenderweise richtete sich ein von Papst Gregor II. im Dezember 722 verfaßtes Schreiben an eine Reihe im christlichen Glauben bewährter Adliger in Thüringen. Die entstehende Feudalklasse förderte im Interesse der weiteren Feudalisierung die

---

[9] Quellen zur Geschichte des deutschen Bauernstandes im Mittelalter, gesammelt und hrsg. von Günther Franz, Berlin 1967, Nr. 12, S. 18ff.

[10] Erich Wiemann, Bonifatius und das Bistum Erfurt, in: Herbergen der Christenheit. Jahrbuch für Kirchengeschichte, Bd. 2, Leipzig 1957, S. 9ff.

Abb. 31. Bonifatius hat bei Erfurt eine heilige Eiche gefällt. Gemälde von P. Janssen im Rathausfestsaal

durchgängige Christianisierung. Auch von staatlicher Seite fand Bonifatius Unterstützung. Der fränkische Hausmeier Karl Martell, den Bonifatius im Frühjahr 723 aufsuchte, versicherte ihn des staatlichen Schutzes. Durch Missions- und Reformmaßnahmen im Sinne des Bonifatius wurde die Kirche zu einer festen Stütze der Zentralgewalt.

Die hohen Geistlichen entstammten meist mächtigen Adelsgeschlechtern; sie waren verweltlicht, und auch beim niederen Klerus machte sich der Einfluß der Grundherren als Eigenkirchenherren bemerkbar. Möglicherweise erklärt sich aus diesen Zusammenhängen auch die Tatsache, daß Bonifatius sein Missionswerk in Thüringen nicht in Erfurt, dem Zentralort der Landschaft, begann, sondern in Ohrdruf 725 mit der Gründung der Zelle St. Michael auf dem Besitztum eines Grundherren, der wahrscheinlich in dem päpstlichen Schreiben von 722 mit genannt worden war. In Erfurt bestanden ver-

mutlich bereits eine Kirche auf dem späteren Domhügel und das Peterskloster, bei dessen Insassen Bonifatius mit Widerstand gegen seine kirchenreformatorischen Bestrebungen rechnen mußte.

In einer von den Mönchen des Peterklosters im 12. Jahrhundert gefälschten Urkunde wurde die Behauptung aufgestellt, daß das Kloster 706 vom Frankenkönig Dagobert III. mit Hilfe eines Mönches aus dem elsässischen Kloster Weißenburg gegründet und reich ausgestattet worden sei.[11] Wenn die gefälschte Urkunde auch nicht als Beleg für eine Erwähnung Erfurts 706 gelten kann, so dürfte der reale Kern darin bestehen, daß das im 11. Jahrhundert im hirsauischen Reformgeist umgewandelte Kloster an die Stelle einer älteren geistlichen Niederlassung trat, die durchaus schon zu Beginn des

---

[11] Urkundenbuch der Erfurter Stifter und Klöster, T. 1, bearb. von Alfred Overmann, Magdeburg 1926, Nr. 1, 3, 41.

8. Jahrhunderts entstanden sein könnte. Bonifatius, der Erfurt vermutlich 724 aufsuchte, wollte sich wohl erst eine sichere Basis schaffen, ehe er Auseinandersetzungen mit aus anderen kirchlichen Traditionen kommenden Richtungen aufnahm.

Um 732 setzte Bonifatius Papst Gregor III. davon in Kenntnis, daß er bei der Menge der Neubekehrten seines bischöflichen Amtes nicht mehr allein walten könne. Der Papst schickte ihm jedoch keine zusätzlichen Amtsgefährten, sondern erhob Bonifatius zum Erzbischof und bevollmächtigte ihn, nach eigenem Ermessen zu seiner Unterstützung Bischöfe zu bestellen. Dabei sollte Bonifatius allerdings sorgsam vorgehen, damit der bischöflichen Würde kein Abbruch geschehe. Es vergingen jedoch noch einige Jahre, ehe Bonifatius für Hessen und Thüringen von der Vollmacht Gebrauch machen konnte. Offensichtlich leistete der mit der fränkischen Aristokratie versippte Episkopat, insbesondere der Bischof von Mainz, Widerstand. Mit einem Feldzug gegen Sachsen im Jahre 738 trug der fränkische Hausmeier Karl Martell nicht nur den Expansionsgelüsten des fränkischen Adels Rechnung, sondern versuchte auch, die Ergebnisse der Mission des Bonifatius in Thüringen zu sichern. Nach Karl Martells Tod unterstützte sein für Austrasien, den östlichen Teil des Frankenreiches, zuständiger Sohn Karlmann die Bestrebungen des Bonifatius, eine straffe Kirchenorganisation aufzubauen. 741 teilte Bonifatius das missionierte hessisch-thüringische Gebiet in drei Diözesen ein. Für Hessen wählte er Büraburg als Bischofssitz, für Ostfranken und Südthüringen Würzburg und für das thüringische Kernland Erfurt.

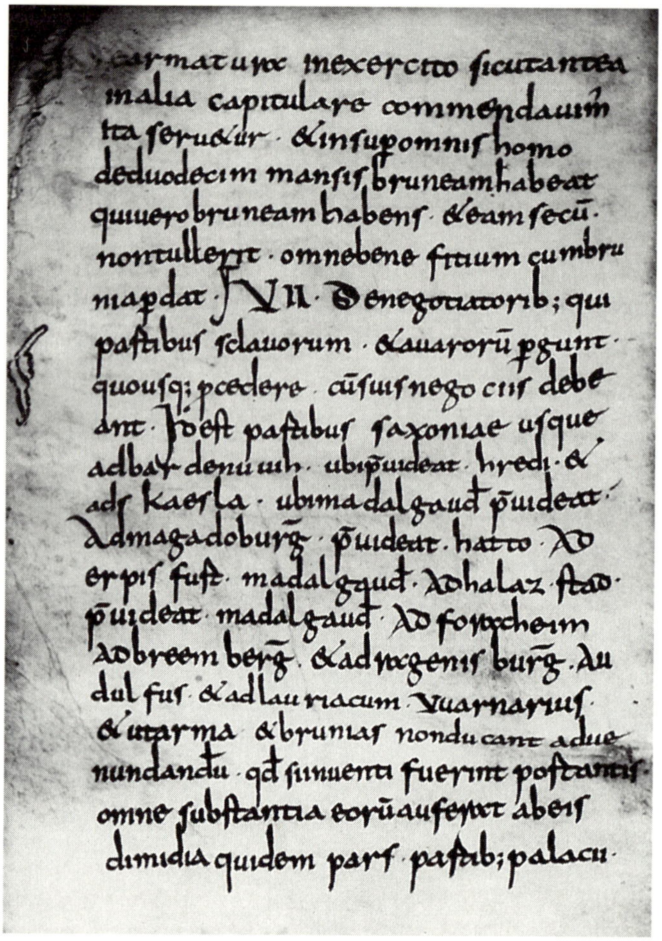
armatura inexercitu sicut antea
inalia capitulare commendauim
ita seruetur · & insuper omnis homo
deduodecim mansis bruneam habeat
quiuero bruneam habens · & eam secū
non tullerit · omne beneficium cum bru
ni apdat · VII · De negotiatorib; qui
partibus sclauorum · & auarorū pgunt ·
quousq; pcedere · cū suis negotiis debe
ant · Id est partibus saxoniae usque
ad bardenuuih · ubi pvideat · hredi · &
ad skesla · ubi madalgaud pvideat ·
ad magadoburg · pvideat · hatto · AD
erpis furt · madalgaud · ad halaz stad
pvideat madalgaud · AD forahheim
ad breemberg · & ad regenis burg · Au
dulfus & ad lauriacum · uuarnarius ·
& utarma & brunias non ducant aduen
nundandu · qd si inuenti fuerint portantes ·
omne substantia eorū auferatur ab eis
dimidia quidem pars partib; palacii

Abb. 32. Auszug aus dem Diedenhofener Kapitular Karls des Großen vom Jahre 805

Wo der Bischofssitz in Erfurt zu lokalisieren ist, kann nicht mit Sicherheit gesagt werden. Auf dem Petersberg bestand wahrscheinlich weiterhin das Kloster als gesonderte Einrichtung. Die spätere Tradition läßt vermuten, daß die wichtigste Kirche der Stadt, der Dom, auf eine Taufkapelle zurückgeht, die Bonifatius auf einem dem Petersberg vorgelagerten Hügel gründete. Möglicherweise entstand auf seine Initiative hin auf dem Domhügel auch das Benediktinernonnenkloster. Nachgewiesen ist es 836, als die Nonnen für ihre Kapelle St. Paul „in alto monte" (auf dem hohen Berg) die Reliquien des heiligen Severus aus Ravenna erhielten. Einige Jahre später baten die Nonnen auch um die Reliquien der heiligen Vincentia und der heiligen Innocentia, Frau und Tochter des heiligen Severus.[12]

Im Jahre 742 bat Bonifatius – wie eingangs erwähnt – den neuen Papst Zacharias II. um die Bestätigung der von ihm gegründeten Bischofssitze und der von ihm geweihten Bischöfe: „... Und wir bitten und begehren, daß jene drei Orte (oppida sive urbes), in denen wir sie eingesetzt haben, durch Urkunden kraft Eurer Autorität bestätigt und gesichert werden. Einen dieser Bischofssitze haben wir errichtet in dem Kastell (in castello), welches Würzburg heißt, den zweiten an dem Platz (in oppido), welcher Büraburg genannt wird, den dritten in dem Ort, welcher Erphesfurt heißt, der schon vor Zeiten ein Sitz (urbs) heidnischer Bauern gewesen ist ..."[13] Das Antwortschreiben des Papstes vom 1. April 743 enthielt die Bestätigung der drei Bischofssitze unter Übernahme der von Bonifatius verwandten Charakterisierung der Orte.

[12] Klaus Mertens, Die St. Severikirche zu Erfurt, Berlin 1962, S. 1; Willibald Gutsche, Die Geschichte der Cyriaksburg, in: Aus der Vergangenheit der Stadt Erfurt, Bd. 1, H. 1, Erfurt 1955, S. 51f.
[13] Vgl. Wiegand, Erfurt, S. 15.

Zustimmung erhielt Bonifatius auch von staatlicher Seite. Der Hausmeier Karlmann hatte für den 21. April 743 eine Synode im östlichen Teil des Reiches einberufen, das sogenannte Concilium Germanicum. Daran nahmen außer Bonifatius die Bischöfe von Würzburg, Büraburg, Eichstätt, Erfurt, Straßburg und Köln teil, also vor allem die von ihm selbst geweihten. Da die Synode im Anschluß an eine Reichsversammlung stattfand, war auch der weltliche Adel zahlreich vertreten. Die Beschlüsse des von Karlmann geleiteten Konzils wurden erstmals in der fränkischen Geschichte in Form eines Kapitulars, einer Herrscherverordnung, verkündet. Die durch das Konzil eingeleiteten Maßnahmen dienten dazu, die staatsbildenden Faktoren der kirchlichen Organisation für die austrasische Zentralgewalt nutzbar zu machen.

Wie die Ereignisse um die Schaffung des kirchlichen Mittelpunktes Erfurt zeigen, ging es hier nicht nur um eine geistliche, sondern zugleich um eine politische Angelegenheit. Die Missionstätigkeit schuf bessere Voraussetzungen für die administrative Unterwerfung und wirtschaftliche Erschließung des Landes. Die nach Osten gerichtete fränkische Expansionspolitik sah in Erfurt einen ihrer wichtigsten Stützpunkte. Diese Schlüsselstellung behielt Erfurt auch, als das Bistum um 755 mit Mainz vereinigt wurde. Bonifatius war 746 zum Bischof von Mainz ernannt worden; 754 wurde er bei einem Missionsversuch von den Friesen erschlagen. Ob die Zusammenlegung der Bistümer Erfurt und Mainz noch auf seine Anregung zurückging, bleibt unklar. Realisiert wurde sie von Lul, einem zum Erzbischof von Mainz aufgestiegenen Schüler des Bonifatius. Da die kirchliche Oberhoheit des Erzbistums Mainz engere Beziehungen zu dem wirtschaftlich weiter fortgeschrittenen Rhein-Main-Gebiet mit sich brachte, wirkte sich die Zusammenlegung förderlich aus.

Seit dem Ende des 8. Jahrhunderts begann auch in den ostrheinischen Gebieten der Übergang von der Zwei- zur Dreifelderwirtschaft mit ihren positiven Auswirkungen. Infolge der kirchenorganisatorischen Verbindung zwischen Mainz und Erfurt wurde Thüringen mit neuen Anbau- und Produktionsmethoden bekannt. Das kam nicht nur der in Thüringen bedeutenden Pferdezucht zugute, sondern auch Produktionszweigen, die für Erfurt besondere Wichtigkeit erlangen sollten. Die Grundherrschaften, insbesondere die geistlichen, förderten den Anbau von Wein, Obst und Gemüse. Es kann angenommen werden, daß schon die mit Bonifatius ins Land gekommenen Mönche Gemüse kultivierten und Ge-müse- und Weinanbau durch die Verbindung mit Mainz weiter angeregt wurden. Überhaupt entstanden in den feudalen Grundherrschaften ökonomische Voraussetzungen für eine wachsende Spezialisierung der landwirtschaftlichen Produktion, für die Entwicklung von Handwerk und Gewerbe und damit für die Arbeitsteilung im lokalen Maßstab. Diese Entwicklungsprozesse zogen sich über Jahrhunderte hin, waren aber eine wesentliche Voraussetzung für die allmähliche Stadtwerdung.

Nachdem Pippin der Jüngere 751 im Bündnis mit dem Papsttum die Königsherrschaft im Frankenreich übernommen hatte, stärkte dann vor allem sein im Jahre 800 zum Kaiser gekrönter Sohn Karl

Abb. 33. Südliche Nebenapsis der Peterskirche auf dem Petersberg

der Große (768 bis 814) den feudalen Staat. In diesem Zusammenhang trat Erfurt wiederum in markanter Weise hervor. Im Jahre 802 urkundete ein Graf Wernher „ad Erfesfurt in palatio publico".[14] Dadurch wird belegt, daß sich in Erfurt eine Königspfalz befand, in der sich zeitweise im Auftrage des Kaisers ein Graf aufhielt.

Die Grafen waren in der Zeit Karls des Großen die Hauptstützen der königlich-staatlichen Zentralgewalt. Ihnen wurden im Rahmen des Lehnswesens Grafschaften als Amtsbezirke zugewiesen, in denen sie die oberste Gerichts- und Polizeigewalt auszuüben hatten, Abgaben eintrieben und die Heeresdienstpflichtigen aufboten. Die Grafschaftsverfassung war in den rechtsrheinischen Gebieten ebenfalls eingeführt worden, und die Grafen konnten auch einheimischen Adelsfamilien entstammen. Besondere Bedeutung kam den Grafen in den Grenzgebieten des Reiches zu. Die in Erfurt 802 ausgestellte Urkunde bedeutet nicht, daß der Ort erst um diese Zeit ein politisches Zentrum des Frankenreiches geworden wäre. In der im 12. Jahrhundert gefälschten und in das Jahr 706 rückdatierten Urkunde wurde behauptet, daß der fränkische König Dagobert III. seine Burg Merwigesburg dem Peterskloster geschenkt habe. Der reale Kern dürfte wiederum darin bestehen, daß der fränkische Verwaltungssitz in Erfurt schon längere Zeit vor 802 bestand. Zwischen dem königlichen Kloster und der Erfurter Königspfalz gab es enge Beziehungen. Das Kloster bezeichnete sich selbst als „regale monasterium". Es hatte das ganze Mittelalter hindurch die Pflicht, den König und seinen Hof kostenlos aufzunehmen und zu beherbergen.

Die Königspfalz könnte auf dem Petersberg, aber auch an anderer Stelle im Schutze des Petersberges und der Gera gelegen haben. Pfalzen wurden im allgemeinen in Mittelpunkten der großen königlichen Grundherrschaften und der Grafschaften errichtet. Sie waren mit Wirtschaftshöfen verbundene Verwaltungssitze, dienten dem Adel als Stützpunkte im Klassenkampf gegen die Bauern, jedoch auch zum Schutz der Region gegen äußere Feinde. Die Urkunde hatten außer dem kaiserlichen Missus Graf Wernher fast 30 weitere Zeugen – darunter Erzbischof Richolf von Mainz – unterschrieben.

Die demnach große Versammlung in Erfurt 802 kann nicht nur der urkundlichen Übereignung einer Kirche in Kölleda an das Kloster Hersfeld gegolten haben. Karl der Große entfaltete im Zusammenhang mit seinen Bemühungen um die Stabilisierung der feudalen Macht- und Rechtsverhältnisse im Frankenreich in den Jahren 802 und 803 eine beson-

ders aktive gesetzgeberische Tätigkeit. Damals wurde auch das thüringische Volksrecht, Lex Thuringorum, aufgezeichnet. Wahrscheinlich galt die Versammlung der Vorbereitung der Rechtskodifizierung, wobei die Vertreter des Feudaladels dafür sorgten, daß ihre Interessen nicht zu kurz kamen. Die Rolle Erfurts als politisches Zentrum wird dadurch unterstrichen, daß die vermutlich entscheidende Versammlung hier stattfand.

Abb. 34. Waidpflanze

Erfurt war zur Zeit der Erwähnung der Königspfalz der einzige größere Ort im thüringischen Grenzgebiet des Frankenreiches. Es konnte Ausgangspunkt für die Expansionsbestrebungen gegenüber den slawischen Stammesverbänden sein, die östlich der Elbe und Saale siedelten. Zugleich mußte die Grenze überwacht und gesichert werden, was Überwachung und Schutz des Handels einschloß. In einem 805 in der Pfalz Diedenhofen erlassenen Kapitular bestimmte deshalb Karl der Große „erpisfurt" zu einem der wenigen erlaubten Grenz-

---

[14] Urkundenbuch der Stadt Erfurt, T. 1, Nr. 3, S. 2.

Abb. 35. Waidernte und Waidmühle (Kupferstich von 1757)

handelsplätze, an denen die von Westen kommenden Fernhändler unter Aufsicht namentlich genannter Königsboten mit den Slawen und Awaren Handel treiben durften: „Die Kaufleute, die das Gebiet der Slawen und Awaren besuchen, sollen in Sachsen mit ihren Waren nur vordringen bis Bardowik, wo Hredi die Aufsicht führen soll, und bis Magdeburg, wo Aito die Aufsicht hat, und bis Erfurt, wo Madalgaudus die Aufsicht führt."[15]

Die besondere Betonung, die hier auf der Kontrollfunktion der „missi", der Königsboten, liegt, ergab sich vor allem daraus, daß Waffenlieferungen verboten wurden. Im gleichen und im folgenden Jahr, 805 und 806, wurden größere Feldzüge gegen die Slawen unternommen.[16] Die Awaren, die des öfteren die südöstlichen Teile des Frankenreiches überfallen hatten, waren zwar 795/796 geschlagen und der fränkischen Herrschaft unterworfen worden, aber gerade deshalb war wohl aus fränkischer Sicht Vorsicht am Platze.

In friedlicheren Zeiten gab es in den Grenzhandelsorten offensichtlich einen lebhaften Warenaustausch. Exportartikel in die slawischen Gebiete waren Gewürze, Wein, Silber, Metallerzeugnisse, Schmuck und besonders Gewebe. Noch mehr waren die Händler aber wahrscheinlich am Einkauf interessiert. Sie ließen sich aus dem Osten Pelzwerk, Häute, Honig, Wachs und Sklaven liefern.[17] Während die erstgenannten Waren auch im hohen und späten Mittelalter begehrte Exportartikel des Ostens blieben und an Bedeutung gewannen, war der Sklavenimport im frühen Mittelalter ein gewinnversprechendes „Geschäft", da und solange die Haussklaverei in Mittel- und Westeuropa relativ zählebig war. Letztmalig wurden Sklaven als eine durch Mitteleuropa geführte „Ware" in der Koblenzer Zollrolle von 1104 erwähnt. Sklaven verkaufte man an Araber in Spanien. Kirchliche Konzilien hatten den Verkauf von christlichen Sklaven an Andersgläubige untersagt. Der Menschenhandel konnte also auf „legitime" Weise nur mit heidnischen Sklaven stattfinden. Da nach der Zwangschristianisierung und Unterwerfung der Sachsen durch Karl den Großen die Slawen die nächsten heidnischen Nachbarn des Frankenreiches waren, spielte sich der Sklaveneinkauf vor allem auf den Grenzhandelsplätzen an der Ostgrenze ab.

Die spätere Wirtschaftsstruktur Erfurts legt die Frage nahe, ob zur Zeit des Diedenhofener Kapitulars schon der Waid, das begehrte Blaufärbemittel des Mittelalters, eine Rolle spielte. Karl der Große hatte im Jahre 795 in seinem „Capitulare de villis" angeordnet, daß auf den Königshöfen rechtzeitig

Flachs, Wolle, Waid, Scharlach, Krapp (ebenso wie Waid eine Pflanze zur Gewinnung von Farbstoffen, zum Färben von Webwaren u. a.) zur Verarbeitung bereitstünden.[18] Es ist nicht unmöglich, daß die Fernkaufleute Waid vom Grenzhandelsplatz Erfurt mitbrachten.

Von den Fernhändlern gingen in dieser vorwiegend naturalwirtschaftlich geprägten Epoche des Übergangs zum Feudalismus und der Herausbildung der feudalen Gesellschaftsordnung starke ökonomische Impulse aus. Sie betrieben ihr Geschäft als Wanderhandel, bei dem sie Transport, Kauf und Verkauf der Waren selbst besorgten. Sie standen zwar unter dem Schutz des Königs und mußten ihm dafür Abgaben entrichten, doch war der Warentransport trotzdem mit hohem Risiko verbunden. Deshalb schlossen sich die Großhändler zu Fahrtengenossenschaften zusammen und reisten in Karawanen. In einem Zollprivileg des ostfränkischen Königs Ludwig III. (876 bis 882) für das Kloster Gandersheim wurden die Händler als die vom Rhein bis zur Elbe und Saale wandernden Kaufleute bezeichnet. Auch die in Erfurt Inlands- und Grenzhandel treibenden Kaufleute dürften u. a. vom Rhein oder aus dem westlichen Teil des Frankenreiches gekommen sein. Neben Franken und Friesen, Griechen, Italienern und Syrern waren es Juden, die in Erfurt eine in unbekannte Zeit zurückreichende Ansiedlung besaßen.

Die günstige Verkehrslage des Ortes veranlaßte Fernkaufleute, in Erfurt seßhaft zu werden. Die Siedlung der kaufmännisch tätigen Bevölkerung und der Straßenmarkt zogen sich wahrscheinlich von der Furt an der späteren Krämerbrücke bis zur heutigen Marktstraße mit Schwerpunkt am Fischmarkt hin. Die periodisch nach Erfurt kommenden Fernhändler suchten gewiß die gesicherte nichtagrarische Siedlung am Gerabogen auf und schlossen hier ihre Geschäfte ab. Von den Bewohnern der

[15] Ebenda, Nr. 4, S. 2; Wiegand, Erfurt, S. 18.

[16] Paul Grimm, Deutsch-slawische Beziehungen an der Saalelinie, in: Germanen – Slawen – Deutsche. Forschungen zu ihrer Ethnogenese, hrsg. vom Vorstand der Fachgruppe Ur- und Frühgeschichte der Deutschen Historiker-Gesellschaft, Redaktionsleitung Bernhard Gramsch, Berlin 1968, S. 106.

[17] Handbuch Wirtschaftsgeschichte, hrsg. vom Institut für Wirtschaftsgeschichte der AdW der DDR, Bd. 1, Berlin 1981, S. 564.

[18] Capitulare de villis et curtis imperialibus, in: Quellen zur Geschichte des deutschen Bauernstandes im Mittelalter, Nr. 22, § 43, S. 50 f.; Fritz Wiegand, Einige Bemerkungen zur Erfurter Waidproduktion, in: Europäische Stadtgeschichte in Mittelalter und früher Neuzeit, hrsg. von Werner Mägdefrau, Weimar 1979, S. 238.

agrarischen Siedlungen konnten sie deren Überschußerzeugnisse zur Versorgung der Karawanen und zum Weiterverkauf aufkaufen. Auch Handwerker werden bereits für die Bedürfnisse des Handels tätig gewesen sein, so daß sich ein lebhafter Handels- und Marktverkehr entwickelte.

Damit wurden im 8. und 9. Jahrhundert schon mehrere Faktoren wirksam, die die Stadtwerdung begünstigten. Das waren vor allem die Furt, die Kreuzung der Handelsstraßen, der Markt und die nichtagrarische Siedlung von Kaufleuten und Handwerkern in Verbindung mit feudalen Stützpunkten: dem Bischofssitz als kirchlichem und der Pfalz als politischem Zentrum.

Als sich bis zur Mitte des 9. Jahrhunderts in großen Teilen Mitteleuropas die Grundlagen feudaler Produktionsverhältnisse durchgesetzt hatten, führte die Feudalklasse untereinander heftige Auseinandersetzungen um die Macht im zerfallenden Frankenreich und um die wirksamste Form staatlicher Organisation unter den neuen Bedingungen des Frühfeudalismus. Die Ergebnisse dieser feudalen Machtkämpfe wurden in hohem Maße durch den Klassenkampf zwischen dem Feudaladel und den Bauern beeinflußt.

In den Jahren 841 bis 843 erhoben sich in Sachsen feudalabhängige und freie Bauern im Stellinga-Aufstand gegen die verschärfte Ausbeutung durch den weltlichen und geistlichen Feudaladel bzw. gegen die Überführung der noch freien Bauern in feudale Abhängigkeit. Der Stellinga-Aufstand beeinflußte auch die Entwicklung in Thüringen. Obwohl die Erhebung schließlich unterdrückt werden konnte, gelang es den Bauern in Sachsen und anderen ostfränkischen Gebieten teilweise, die Intensität der Ausbeutung einzuschränken. Im Verlaufe des Stellinga-Aufstandes und in seinen Wirkungen trat, wie bereits erwähnt, der Klassenkampf als Haupttriebkraft des gesellschaftlichen Fortschritts sowie als konstruktives Element bei der Herausbildung des Feudalismus deutlicher denn je in Erscheinung.

Die harten Klassenauseinandersetzungen bewirkten, daß sich der ostfränkische Feudaladel gebietsweise fester um die mächtigsten Feudalherren, Herzöge und Markgrafen, zusammenschloß. Darüber hinaus erforderten die komplizierten Verhältnisse des Klassenkampfes östlich des Rheins, die weite Ausdehnung der Grundherrschaften, des Lehnwesens und der Kirchenorganisation, eine über den regionalen Herrschaftsorganisationen stehende königliche Zentralgewalt. Infolgedessen war es Ludwig II., genannt der Deutsche, um 840 mit Unterstützung ostfränkischer Feudalherren gelungen,

sich als König in den ostfränkisch-deutschen Gebieten durchzusetzen. 843 wurde im Vertrag von Verdun die offizielle Teilung des fränkischen Großreiches in das westfränkische, ostfränkische und das Mittelreich vollzogen. Damit wurde um die Mitte des 9. Jahrhunderts die Herausbildung des ostfränkisch-deutschen Feudalstaates eingeleitet.

Abb. 36. Mittelalterlicher Kaufmann
(Zeitgenössische Darstellung)

Schon wenige Jahre nach der Reichsteilung von Verdun hielt der König des Ostfrankenreiches, Ludwig der Deutsche, 852 in Erfurt einen Hoftag ab, der in deutlichem Zusammenhang mit der vom ostfränkischen Feudaladel aufgenommenen Expansion gegenüber den Elbslawen stand. 851 war Ludwig der Deutsche gegen die Sorben ins Feld gezogen. Sein Heer hatte ihre Erntevorräte vernichtet und die Sorben erneut unter ostfränkische Tributpflicht gezwungen. In den folgenden Jahrzehnten kam es noch mehrfach zu Zusammenstößen, an denen der thüringische Feudaladel beteiligt war. In derselben Zeit ist in den Quellen wiederholt von einer „Sorbi-

schen Mark" die Rede. Die genaue Lage der Grenz-
mark an der Saale konnte noch nicht ermittelt werden, doch war Erfurt sicherlich der entscheidende
Stützpunkt im Hinterland. Für das nördliche Thüringen sind in der zweiten Hälfte des 9. Jahrhunderts
19 Burgen nachgewiesen, die zum Teil ebenfalls
strategischen Zwecken dienten. Als die Sorben in
den letzten Jahrzehnten des 9. Jahrhunderts in das
Großmährische Reich einbezogen wurden, trat für
diese Burgen und den gesicherten Ort Erfurt mit der
Königspfalz die Aufgabe in den Vordergrund, die
Saalegrenze und ihre Zugangswege zu schützen.
Besonders aktuell wurde die Schutzfunktion, nachdem sich Ende des 9. Jahrhunderts die Ungarn in
Pannonien niedergelassen hatten und seit Beginn
des 10. Jahrhunderts in ausgedehnten Kriegszügen
auch deutsche Gebiete, darunter Thüringen, verwüsteten.

Landesverteidigung und feudale Expansion sowie
die Sicherung der Feudalherrschaft nach innen und
die Unfähigkeit der letzten Karolingerkönige, diese
Aufgaben zu lösen, führten um 900 zur Entstehung
feudaler Herzogtümer. Im Zuge dieser regionalen
Konzentrations- und Integrationsprozesse wurde in
Thüringen die Entstehung eines feudalen Herzogtums nicht erreicht, wohl aber entstand die Markgrafschaft Thüringen. Im Jahre 908 fielen Burchard,
der Markgraf der Thüringer, und zahlreiche andere
Feudalherren bei der Abwehr der Ungarn. Ein weiterer Beutezug führte die Ungarn 915 über Thüringen bis nach Fulda. Bei der Bekämpfung dieser äußeren Gefahr spielte Erfurt als Zentrum einer der
am meisten bedrohten Regionen wiederum eine besondere Rolle.

Die zunehmende Bedeutung Erfurts hing einerseits mit der Entwicklung zusammen, die der Ort inzwischen genommen hatte; andererseits waren es
die Veränderungen im entstehenden frühfeudalen
deutschen Staat, die auf die Stellung des Ortes ein-
wirkten. Bonifatius hatte Erfurts Anfänge als Siedlung heidnischer Bauern charakterisiert. Seitdem
hatte die Bevölkerungsstruktur wesentliche Veränderungen erfahren, und mit dem Aufschwung des
Ortes war auch die Sicherung desselben verstärkt
worden.

Nach wie vor betrieb ein beträchtlicher Teil der
Bewohner Ackerbau und Viehzucht. Die bäuerlichen Niederlassungen lehnten sich wohl in erster
Linie an die Burg auf dem Petersberg an; vielleicht
ist hier auch die Siedlung Schilderode, über die es
nur verschwommene Überlieferungen gibt, zu suchen. Außerdem könnte bereits der agrarische Siedlungskern des sich später um den Mainzerhof grup-

pierenden Dorfes im Brühl bestanden haben, wenn
auch bis zum 10. Jahrhundert nur ein kleiner, nicht
in der Niederung gelegener Teil der späteren Orts-
lage besiedlungsfähig war.

Vor allem hatten sich aber die Tendenzen verstärkt, die schon Bonifatius bewogen hatten, in Erfurt mehr als eine Burg mit einem Bauerndorf zu sehen und den Ort als Stätte einer Bistumsgründung
für sehr geeignet zu befinden. Die offenbar schon zu
Bonifatius' Zeiten vorhandenen Ansätze einer nicht-
agrarischen Entwicklung waren mehr und mehr be-
stimmend geworden. Von den lange Zeit nur periodisch nach Erfurt kommenden Kaufleuten hatten
sich inzwischen viele niedergelassen. Zu nennen
wäre vor allem die Kaufmann-Juden-Kolonie im Bereich der West-Ost-Furt, die bis in fränkische Zeit
zurückreichen könnte. Daran schloß sich die älteste
Niederlassung von Händlern und Kaufleuten an, die
sich vermutlich an der Nordseite der heutigen
Marktstraße, der früheren „lata platea", Breiten
Straße, konzentrierte. Sie folgte dem Zug der Ost-
West-Fernhandelsstraße in Richtung auf Domhügel
und Petersberg. Später erweiterte sich die Kaufleu-
tekolonie bis zur Pergamentergasse, so daß die im
südlichen Teil des Gerabogens gelegene Niederlassung als das ursprüngliche Handelsviertel angesehen werden kann.

Die Siedlungsbezirke der Kaufleute dürften die
Niederlassungen einiger Handwerke eingeschlossen haben, die Versorgungs- und andere Dienstlei-
stungsaufgaben für die Marktsiedlung zu erfüllen
hatten. Handwerker, wenn auch mit Sicherheit unfreie, gab es ebenfalls im Bereich der Königspfalz
und der geistlichen Niederlassungen. Karl der Große
hatte im „Capitulare de villis" 795 eine Reihe von
Handwerken aufgezählt, deren Vorhandensein an
den Königshöfen wünschenswert erschien. In Erfurt, dessen exponierte Stellung im Diedenhofer
Kapitular 805 durch Karl den Großen unterstrichen
und für die späte Karolingerzeit durch die Abhaltung
des Hoftages Ludwigs des Deutschen im Jahre 852
bestätigt worden war, sind gewiß alle für einen großen Wirtschaftshof und Verwaltungsmittelpunkt
notwendigen Handwerke vertreten gewesen.

Die in den bischöflichen Residenzen bzw. geistlichen Zentren und Klöstern angehäufte Feudalrente
gestattete es den Vertretern des geistlichen Feudaladels, zahlreiche feudalabhängige Produzenten aus
der agrarischen Produktionssphäre ganz oder teilweise herauszulösen und sie auf handwerkliche
oder gar kunsthandwerkliche Arbeiten anzusetzen.
In Erfurt, dem geistlichen Zentrum des Mainzer
Erzbistums für Thüringen, mit dem Peterskloster

Abb. 37.
Die Kaufmannskirche

und dem Benediktiner-Nonnenkloster St. Paul dürfte die Zentralisierung des Mehrproduktes in diesen ökonomisch gut ausgestatteten geistlichen Feudalzentren ebenfalls die Trennung der handwerklichen Produktion von der Landwirtschaft gefördert haben.

Am Ende des 9. Jahrhunderts entsprach die Bevölkerungsstruktur dem erreichten Übergangsstadium in der Entwicklung des Ortes zu einem frühstädtischen Zentrum mit Marktrechten. Die hier ansässigen Bevölkerungsschichten waren nach ihrem rechtlichen und sozialen Status differenziert. Das spätere Stadtbürgertum war durch freie Kaufleute und Handwerker vertreten; zahlreiche persönlich noch unfreie Handwerker und Bauern konnten sich erst infolge künftiger Entwicklungen und Volksbewegungen aus der feudalen Abhängigkeit befreien. Weiterhin wohnten in der frühstädtischen Siedlung weltliche und geistliche Vertreter der herrschenden Feudalklasse mit ihren Dienstleuten und dem unfreien Gesinde. Die in der agrarischen Produktion tätigen, zumeist feudalabhängigen Bevölkerungsteile lebten auch noch im Schutz der befestigten Feudalsitze.[19] Diese Befestigungen, wenn sie auch noch weitgehend nur aus hölzernen Palisaden, Gräben und Erdwällen bestanden haben dürften, boten einen guten Schutz gegen weitere Magyaren-Einfälle.

2.
Die Herausbildung der Stadt vom Beginn des 10. bis zur Mitte des 11. Jahrhunderts

Im Laufe der Zeit erlangten das Herzogtum Sachsen und dessen Herzog ein Übergewicht gegenüber anderen Gruppen des Feudaladels im ostfränkisch-deutschen Königreich. Infolgedessen verlagerte sich nach langwierigen Machtkämpfen im 10. Jahrhundert dessen politisches Zentrum von Franken nach Sachsen, mit dem Thüringen in enge Beziehung getreten war und unter dessen Einfluß es insbesondere stand, seitdem der sächsische Herzog Heinrich 919 zum deutschen König gewählt worden war.

Im Jahre 932 hielt Erzbischof Hildebert von Mainz auf Veranlassung und in Gegenwart König Heinrichs I. in Erfurt eine Synode ab. Die beschlossene Erhebung einer Kopfsteuer hing gewiß vorrangig mit den Abwehrmaßnahmen gegen die Ungarn, wahrscheinlich aber auch mit der Expansionspolitik gegenüber den Elbslawen zusammen. Heinrich I. war es gegen Zahlung von Tributen gelungen, von den Ungarn einen Waffenstillstand zu erkaufen, der zum Burgenbau und zum Aufbau einer kampftüchtigen Panzerreiterei genutzt wurde. Die bei persönlicher Anwesenheit des Königs abgehaltene Synode deutet darauf hin, daß der von Heinrich I. im Rahmen seiner Burgenordnung durchgeführte Bau oder Ausbau von Burgen für den thüringischen Raum von der Königspfalz Erfurt aus geleitet wurde. Daneben erlangten die rein politischen Stützpunkte der staatlichen Macht im thüringischen Raum, die Königspfalzen Memleben, Wallhausen, Nordhausen, Allstedt u.a., zunehmende Bedeutung im 10. Jahrhundert.

Im Saale-Unstrut-Gebiet wurden mehrere Sperrriegel von Burgen angelegt. Mit Sicherheit sind damals auch die Befestigungen des thüringischen Zentralortes Erfurt verstärkt und gemäß der Burgenordnung für die Aufnahme von Flüchtlingen vorbereitet worden. Vielleicht gehen manche im heutigen Stadtbild sichtbare Relikte der Stadtbefestigung, wie der irreführenderweise als Bonifatiuskapelle bezeichnete Mauerturm der ehemaligen erzbischöflichen Befestigung auf dem Severihügel aus dem 12. Jahrhundert, auf Befestigungsanlagen aus der Zeit Heinrichs I. zurück. Neuere archäologische Forschungen haben ergeben, daß das Fundament der Bonifatiuskapelle auf keinen Fall gleichaltrig mit dem heute sichtbaren Turm ist. Wahrscheinlich handelt es sich um das Fundament eines älteren Turmes, der in seinem oberen Teil in Fachwerkbau ausgeführt war.[20]

Möglicherweise könnte auch die für 1066 überlieferte erste Stadtbefestigung an einige Sicherungsanlagen aus dem 10. Jahrhundert angeknüpft haben. Konzentriert haben sich die Befestigungsanlagen wohl auf den strategisch besonders wichtigen Petersberg. Vermutlich konnte sich Heinrich I. bei seinem Aufenthalt in Erfurt 932 davon überzeugen, daß der gesicherte thüringische Hauptort und die nördlich davon angelegten Burgenketten genügend

[19] Werner Mägdefrau, Der Thüringer Städtebund im Mittelalter, Weimar 1977, S. 26ff.

[20] Hans-Joachim Barthel, Die Bonifatiuskapelle am Domhügel zu Erfurt, in: Ausgrabungen und Funde, H. 5/1961, S. 266ff.

Rückendeckung bieten würden; denn im nächsten Jahr, 933, wagte er bei Riade an der Unstrut die Entscheidungsschlacht gegen die Ungarn.

Mit dem Sieg über die Ungarn konnte er einen großen Teil der Erwartungen erfüllen, die bei seiner Erhebung 919 in ihn gesetzt worden waren. Doch schon bevor diese äußere Gefahr zumindest für seine Regierungszeit gebannt und damit im Gebiet des frühfeudalen deutschen Staates eine relativ ungestörte Feudalentwicklung gewährleistet war, hatte die deutsche Feudalklasse ihre Ansprüche hinsichtlich der Unterwerfung neuer Herrschaftsgebiete angemeldet. Die in der Nähe der alten Reichsgrenze an Saale und Elbe ausgebauten Burgen und gesicherten Orte konnten auch als Ausgangspunkte für die Eroberungspolitik gegenüber den slawischen Nachbarstämmen dienen.[21] Die im Jahre 929 beginnende erste Etappe der Ostexpansion berührte Erfurt in mannigfacher Weise. Ähnlich wie in der Zeit Ludwigs des Deutschen dürfte der Ort zu den Vorbereitungszentren der Expansionszüge gehört haben.

Gegenüber der karolingischen Zeit erreichte die Ostexpansion des frühfeudalen deutschen Staates eine neue Stufe. Jetzt ging es um die dauerhafte Unterwerfung der sprachlich-ethnisch fremden Stammesverbände und deren Ausbeutung mit Hilfe eines Herrschafts- und Tributsystems, der Christianisierung und der Errichtung der Kirchenorganisation des deutschen Feudalstaates. Für Erfurt als kirchliches Zentrum und vorgeschobener Stützpunkt des Erzbistums Mainz mußte diese Zielstellung weitreichende Folgen haben, die sich im weiteren Verlauf des 10. Jahrhunderts dann auch deutlich abzeichneten.

Zunächst bewirkte die durch Eroberungs-, Unterdrückungs- und Eingliederungspolitik gegenüber den Slawen erreichte Verschiebung der Reichsgrenze nach Osten vor allem, daß Erfurt seinen Charakter als Grenzhandelsort verlor. Der wirtschaftlichen und politischen Bedeutung und Entwicklung der frühstädtischen Siedlung tat das jedoch keinen Abbruch. Äußeres Zeichen dafür war die Tatsache, daß Erfurt eine bevorzugte Stätte für Synoden und Reichsversammlungen blieb bzw. in verstärktem Maße wurde. König Heinrich I. nahm hier im Jahre 936 auf seinem letzten Hoftag kurz vor seinem Tode eine so wichtige Handlung wie die Designation seines Sohnes Otto I. zum Nachfolger vor. Ort des Reichstages war wahrscheinlich der Petersberg. Auch die Aufenthalte Kaiser Ottos II. in Erfurt in den Jahren 973, 974 und 975 weisen darauf hin, daß Erfurt zu den bedeutenden Orten des frühfeudalen

Abb. 38. Sogenannte Bonifatiuskapelle auf dem Severihügel. Mauerturm der ehemaligen erzbischöflichen Befestigung (12. Jahrhundert)

deutschen Staates gehörte, in denen wichtige Entscheidungen der Reichspolitik und für die Region getroffen wurden.[22]

In Thüringen bewirkte in der zweiten Hälfte des 10. Jahrhunderts der mühevolle Landesausbau der Bauern und Siedler nicht nur eine allmähliche Vergrößerung der landwirtschaftlichen Nutzfläche, sondern auch der Siedlungsfläche für nichtagrarische Zentren. In Erfurt boten sich zur Kultivierung

[21] Erika Langer, Burgen und Klassenkampf, in: Burg und Stadt in Geschichte und Gegenwart, (Wiss. Zschr. der Friedrich-Schiller-Universität Jena, Ges. u. sprachwiss. Reihe, 28. Jg., H. 3, 1979), S. 374 f.
[22] Hans Giesecke, Das alte Erfurt, Leipzig 1972, S. 13.

in erster Linie die Flächen auf dem rechten Ufer der Gera an, die versumpft oder wegen Überschwemmungsgefahr nur kurze Zeit im Jahr nutzbar gewesen waren. Wasserregulierungsarbeiten wurden in mehreren deutschen Gebieten durch Friesen oder Flamen durchgeführt, die auf Grund ihrer einheimischen Verhältnisse diesbezüglich über besondere Erfahrungen verfügten. Friesen waren wahrscheinlich schon durch fränkische Siedlungsmaßnahmen nach Nordthüringen gekommen, wie die im Hersfelder Zehntverzeichnis Mitte des 9. Jahrhunderts gebrauchte Bezeichnung Friesenfeld für den Hosgau vermuten läßt. Friesische Kaufleute hatten zu den Fernhändlern gehört, die den Grenzhandelsplatz Erfurt aufsuchten. Als der Warenaustausch und die Handelsverbindungen häufiger, enger und regelmäßiger wurden und Erfurt aus einem Grenzhandelsplatz zu einem vielversprechenden binnenländischen Marktort zu werden begann, erschien den friesischen Kaufleuten eine Niederlassung auch in Erfurt lohnend. Der Raum im inneren Gerabogen reichte dafür aber nicht mehr aus, so daß weiteres Siedlungsland auf dem Ostufer der Gera gewonnen werden mußte.

Gegenüber der ersten Niederlassung von Handwerkern und Kaufleuten bildete sich am anderen Ufer des Flusses im Gebiet zwischen der späteren Lehmannsbrücke und dem Anger vermutlich im 10. Jahrhundert eine neue Kaufmannssiedlung. Auf die Entwicklung dieser Siedlung wirkte sich aus, daß die gesellschaftliche Arbeitsteilung einen Stand zu erreichen begann, der eine allmählich wachsende lokale Warenproduktion hervorbrachte. Neben dem vorrangig auf Luxusgüter orientierten Fernhandel entwickelte sich jetzt auch der lokale Handel mit Gebrauchsgütern, und der örtliche Marktverkehr nahm zu.

Seit der zweiten Hälfte des 10. Jahrhunderts vermehrte sich die Zahl der Lokalmärkte. In größerer Anzahl ließen sich Handwerker nieder, die mit den Bauern auf dem Wege des Tausches oder Kaufes in Warenbeziehung traten. Einerseits gelangten Erzeugnisse des Handwerks in die bäuerlichen Wirtschaften und andererseits stieg die Zahl der Menschen, die nicht mehr unmittelbar mit der Landwirtschaft verbunden waren und Güter des täglichen Bedarfs kaufen mußten. Die Einbeziehung Erfurts in diese Entwicklungsprozesse wurde für die Stadtwerdung von entscheidender Bedeutung.

Die günstige Verkehrslage sowie Durchgangshandel und -verkehr und selbst das regelmäßige Zusammentreffen von Fernkaufleuten genügten allein nicht, um einer größeren Anzahl von Handwerkern

und Kaufleuten Existenzmöglichkeiten zu bieten, eine dauerhafte nichtagrarische Siedlung entstehen zu lassen und günstige Entwicklungsbedingungen für Gewerbe und Handel zu schaffen. Eine Entwicklungskontinuität von einer frühfeudalen Marktsiedlung zu einer späteren Stadt ist primär bei Orten festzustellen, an denen enge Verbindungen zum umliegenden Land bestanden und ein intensiver Austausch von gewerblichen Erzeugnissen und landwirtschaftlichen Produkten des betreffenden Gebietes stattfand.

Abb. 39. Händler und Zolleinnehmer (Zeitgenössische Darstellung)

Gerade dies wurde in Erfurt mehr und mehr wirksam. Die Wochen- und Tagesmärkte scheinen sich vor allem auf den Markt beim Dom, vor den Graden, wie die spätere Bezeichnung lautet, konzentriert zu haben. Wenn im 13. und 14. Jahrhundert am Markt vor den Stufen (ante gradus) von Dom und Severikirche Buden für den Leinwandverkauf standen,

Schusterbänke, das Lederhaus und ein Brothaus nachgewiesen sind, der Salz- und Kohlenhandel hier stattfand und ganz in der Nähe der Rübenmarkt, wo mit Ölfrüchten gehandelt wurde, auch der Viehmarkt hier zu lokalisieren ist sowie der Holzmarkt und der Käsemarkt in der unmittelbaren Umgebung vermutet werden können, so weist das auf eine lange Tradition des Gradenmarktes als Austauschplatz für handwerkliche und gewerbliche Erzeugnisse hin.

In gleichem Maße wuchs die Bedeutung des Marktverkehrs rechts der Gera. Die möglicherweise gezielt gegründete Kaufmannssiedlung am Ostufer der Gera gegenüber der gewachsenen Siedlung im Gerabogen hat im 11. Jahrhundert einen raschen Aufschwung genommen. Als sie uns zu Beginn des 12. Jahrhunderts in den schriftlichen Quellen entgegentritt, ist sie mit Freizinsrecht (siehe S. 55f.) begabt, gruppiert sich um eine Kaufmannskirche, und beide Stadtteile sind durch die 1108 erwähnte Lehmannsbrücke und die 1117 genannte Krämerbrücke verbunden.

Lehmannsbrücke und Kaufmannskirche lassen Rückschlüsse auf den zumindest teilweise friesischen Ursprung der Siedlung zu. Die damals gebrauchte Bezeichnung für die Lehmannsbrücke lautete Liepwinisbrucca, Lebuinsbrücke. Die Brücke wurde vermutlich spätestens im 11. Jahrhundert unterhalb der Furt gebaut, durch welche eine Abzweigung der großen West-Ost-Handelsstraße die Gera durchquerte. Die Benennung der Brücke nach dem in Deventer besonders verehrten christlichen Märtyrer Lebuin könnte damit zusammenhängen, daß die Anwohner, die den Bau der Brücke finanzierten, von dort gekommen waren. In der Kaufmannskirche, dem Schwerpunkt der neuen Siedlung, gab es einen Altar, der dem Heiligen Gregor und Bonifatius geweiht war. Gregor von Utrecht war ein Gefährte des Bonifatius gewesen. Daraus ergibt sich ein weiterer Anhaltspunkt für den friesischen Ursprung einflußreicher Bewohner der neuen Ansiedlung.

Vielleicht hängen mit solchen Herkunftsbezeichnungen, ähnlich wie das für den nördlichen Hanseraum nachgewiesen ist, Pflege und Erweiterung von Handelsverbindungen zusammen. Der starke Handelszug zum flandrisch-holländischen Raum, der für Erfurt seit dem 13. Jahrhundert immer mehr hervortritt, hatte seine objektiven Voraussetzungen in der wirtschaftlichen Entwicklung der nordwesteuropäischen und thüringischen Region, und er wurde von solchen Traditionen beeinflußt.

Für die Entstehung der Kaufleutesiedlung östlich der Gera dürfte die Kaufmannskirche, die ecclesia mercatorum, von großer Bedeutung gewesen sein. In Magdeburg, dessen Entwicklung mit der Erfurts schon auf Grund der gemeinsamen Erwähnung im Diedenhofener Kapitular von 805 in gewisser Weise vergleichbar ist, gab es am Ende des 10. Jahrhunderts eine Kaufmannskirche, die auch für Warenstapelzwecke genutzt wurde. Später war es im hansischen Raum üblich, daß die Kaufmannskirchen, insbesondere auch die im Hansekontor Nowgorod, neben dem Gottesdienst dem Warenstapel dienten. Vielleicht galt auch die Erfurter Kaufmannskirche als einzige sichere Aufbewahrungsstätte für Handelsgüter, bevor die neue Siedlung auf dem Ostufer der Gera durch die Stadtmauer in ähnlicher Weise geschützt war, wie die älteren Siedlungskerne zwischen Petersberg und Gerabogen. Für den Warenhandel wurde dann sicherlich der Platz vor der Kirche genutzt, dessen Bezeichnung als Anger für das 12. Jahrhundert bezeugt ist.

Aus der Tatsache, daß der Anger im späteren Mittelalter dem für Erfurt vorrangig wichtigen Waidhandel vorbehalten war, läßt sich wohl zumindest rückschließen, daß der Platz vor der Kaufmannskirche der bedeutendste Markt der neuen Kaufmannssiedlung war. Dafür gibt es noch weitere Anhaltspunkte. Nach der Ummauerung der Stadt wurde die über die Lehmannsbrücke führende Straße so gelegt, daß sie über Kaufmannskirche und Anger laufen mußte, wenn sie das Krämpfertor erreichen wollte. Auch der Hauptzweig der Hohen Straße, der Krämerbrücke und Wenigemarkt passierte, verlief nicht in gerader Linie, sondern ebenfalls über Kaufmannskirche und Anger zum Krämpfertor.[23] Offensichtlich hatten die einflußreichen Kaufleute der Ostufersiedlung durchgesetzt, daß das Stadttor an dieser Stelle errichtet wurde, um die Kaufmannskirche und den sie umgebenden Markt zu einem neuen Schwerpunkt zu machen.

Indirekt wird die Bedeutung des Angermarktes auch durch die Bezeichnung des Wenigemarktes auf dem rechten Gerauer als „kleiner Markt", forum parvum, belegt. Der Wenigemarkt hatte offenbar die Funktion, auch in der neuen Siedlung den wachsenden Ansprüchen an den lokalen Marktverkehr Rechnung zu tragen. Hier wurden Lebensmittel, Leder-, Kürschner- und Webwaren sowie andere Gewerbeerzeugnisse gehandelt.

Die meist aus dem 13. Jahrhundert stammenden Quellenzeugnisse lassen auf eine längere Entwicklung schließen und deuten zudem darauf hin, daß

---

[23] Vgl. die Karte „Erfurt Ende des 14./Anfang des 15. Jahrhunderts", bei Giesecke, Das alte Erfurt, nach S. 208.

Abb. 40. Die Krämerbrücke, deren steinerne Brückenbögen 1325 errichtet wurden

sich in der neuen Siedlung nicht nur Kaufleute niedergelassen hatten. Auf der Grundlage der sich vertiefenden gesellschaftlichen Arbeitsteilung zwischen Landwirtschaft und Handwerk zogen vermutlich seit der Mitte des 10. Jahrhunderts in verstärktem Maße Handwerker zu, die die Bedeutung Erfurts als Nahmarktort und gewerbliches Produktionszentrum erhöhten. Bevölkerungszuwachs und Nahmarktbedürfnisse führten sicherlich auch dazu, daß sich der alte Rast- und Lagerplatz im Gerabogen zu einem besonderen Fischmarkt herausbildete, lange vor dem ältesten schriftlichen Quellenzeugnis von 1248. In Erfurt als kirchlichem Zentrum wurde die Einhaltung christlicher Fastenvorschriften, die einen erhöhten Bedarf an Fischen mit sich brachte, gewiß streng gehandhabt.

Der lebhafter werdende Marktverkehr und das Bevölkerungswachstum in allen Teilen der entstehenden Stadt mußten das Bedürfnis nach einer günstigeren Verbindung zwischen den Siedlungen links und rechts der Gera hervorbringen, als sie durch die Furten gegeben war. In diesem Zusammenhang sind die schon erwähnte Lehmannsbrücke und die Krämerbrücke um 1000 entstanden. Auf den Erfurter Marktplätzen war zunächst der unmittelbare Austausch einer Ware gegen eine andere die übliche Praxis. Die wachsende lokale Warenzirkulation brachte jedoch allmählich einen zunehmenden Bedarf an gemünztem Geld mit sich. In Erfurt war schon um das Jahr 1000 eine Münzstätte vorhanden.[24] Sie ist ebenfalls ein deutliches Anzeichen dafür, daß – dem allgemeinen Entwicklungstrend entsprechend – nach und nach die Herausbildung der Stadt ökonomisch vorbereitet wurde.

In einer Anzahl thüringischer Orte vollzog sich im 12. Jahrhundert die Stadtentstehung auf breiterer Grundlage. Erfurt war die einzige thüringische Handwerker-Kaufleute-Siedlung, auf die schon im 11. Jahrhundert die wichtigsten Merkmale zutrafen, die dazu berechtigen, eine mittelalterliche Siedlung als Stadt zu bezeichnen. Hier konzentrierten sich Gewerbe und Handel; hier fand der Austausch der handwerklichen Produkte gegen die landwirtschaftlichen Erzeugnisse der agrarischen Umgebung auf dem städtischen Markt statt. Noch im 11. Jahrhundert kam mit großer Wahrscheinlichkeit als weiteres Merkmal der Mauerring hinzu, der später als allgemeines Symbol der mittelalterlichen Städte galt.

Einer chronikalischen Nachricht zufolge soll Erfurt im Jahre 1066 die erste Stadtmauer erhalten haben. Ob dieser frühe Mauerring ungefähr dem Verlaufe der um 1168 errichteten Stadtbefestigung entsprach, die nach Zerstörung einer kurz zuvor errichteten Mauer notwendig wurde, konnte noch nicht festgestellt werden. Verschiedene Bodenfunde sind möglicherweise der ersten Stadtumwehrung zuzuordnen. So wurden beispielsweise in der Michaelisstraße am Eingang zur Drachengasse Mauerreste freigelegt, die auf eine Stadttoranlage schließen lassen, aber nicht zur späteren Befesti-

gung von 1168 gehörten. Desgleichen wurde in der Allerheiligenstraße bei der Engelsburg ein mit Bauschutt angefüllter Graben angeschnitten, der nicht zur Maueranlage von 1168 gehört haben kann. Wenn man davon ausgeht, daß im 10. Jahrhundert lediglich einige ehemalige Römersiedlungen befestigt waren und im 11. Jahrhundert auch nur eine begrenzte Anzahl von Städten in den fortgeschrittenen westlichen und südlichen Reichsteilen Stadtmauern erhielten, so mag die Erfurter Stadtumwallung von 1066 relativ früh erscheinen.

Erfurt gehörte unter den frühstädtischen Zentren in Gebieten mit ehemals urgesellschaftlichen Verhältnissen, die den direkten Übergang zum Feudalismus vollzogen und den zeitweiligen Entwicklungsrückstand – gegenüber den Gebieten an Rhein und Donau mit Klassenverhältnissen bereits in vorfeudaler Zeit – im Rahmen des frühfeudalen deutschen Staates relativ rasch aufholten, zu den im Stadtentstehungsprozeß führenden Orten. Dies schließt die volle Ausbildung frühstädtischer Zentren mit Marktrechten im 10. und 11. Jahrhundert sowie die Entstehung ökonomisch differenzierter Suburbien, darunter Siedlungen fremdstämmiger Kaufleute wie Juden und Friesen, ein. Besonders markant zeichnete sich als Merkmal der Stadtentstehung die Entwicklung des mit der Kaufmannssiedlung in Verbindung stehenden Marktes ab.

Abb. 41. Reste der Erfurter Stadtmauer von 1168

[24] Gerd Behr, Kleine Erfurter Münzgeschichte des 11. und 12. Jahrhunderts, in: II. Bezirksmünzausstellung Erfurt vom 5. bis 13. Juni 1971 im Angermuseum, Erfurt 1971, S. 3.

Die wahrscheinlich 1066 errichtete Stadtumwallung zeigt die Anstrengungen der handel- und gewerbetreibenden Bewohner der Erfurter Siedlungen, größere Sicherheit als notwendige Voraussetzung für das Wachsen und Gedeihen ihres entstehenden Gemeinwesens zu schaffen. Zwar scheint sie in den politischen Auseinandersetzungen der folgenden Jahre, die sich auf Sachsen und Thüringen konzentrierten, noch nicht genügend Schutz geboten zu haben, doch waren sich offenbar die entstehenden bürgerlichen Schichten in gewissem Grade ihrer gemeinsamen Interessen bewußt geworden. Eine Stadtrechtsverleihung ist für Erfurt nicht bekannt. Unabhängig davon, ob es sich nur um eine Lücke in der Quellenüberlieferung handelt oder ob der Stadtcharakter Erfurts inzwischen schon so offensichtlich war, daß kein Rechtsakt des Stadtherrn als notwendig erachtet wurde, läßt sich gerade am Beispiel Erfurts nachweisen, daß die Stadtentstehung in erster Linie ein sozialökonomischer Prozeß war.[25]

Für die weitere Entwicklung der Stadt wurde ihre politische Stellung von großer Bedeutung. Wahrscheinlich gehörte Erfurt bis zur Mitte des 10. Jahrhunderts zum Königsgut. Wann die weltliche Herrschaft über Erfurt an das Erzbistum Mainz übertragen wurde, läßt sich nicht feststellen. Man kann lediglich versuchen, diesbezügliche Anhaltspunkte in der politischen Geschichte des frühfeudalen deutschen Staates zu finden.[26]

König Otto I. mußte mehrfach heftige Auseinandersetzungen mit den auf Eigenständigkeit drängenden Teilen des Feudaladels, insbesondere den Herzögen, führen. Deren Verhalten veranlaßte ihn schließlich, die Organisation der Kirche als Stütze und Bestandteil der Zentralgewalt und als Gegengewicht gegen den hohen Feudaladel auszubauen. Er übertrug der Kirche Landbesitz und Privilegien sowie wesentliche Aufgaben der unmittelbaren staatlichen Machtausübung und Verwaltung. Es entstand

das Ottonische Reichskirchensystem. Dieses förderte im 10. und in der ersten Hälfte des 11. Jahrhunderts die historisch-politischen Integrationsprozesse im deutschen Feudalstaat, wurde dann aber zum Gegenstand des erbitterten Kampfes zwischen Königtum, Papsttum und Fürsten im Investiturstreit.

Auf dem Hintergrund des Ottonischen Reichskirchensystems dürfte die Übertragung der weltlichen Herrschaft über Erfurt an das Erzbistum Mainz erfolgt sein. Daß die Entscheidung zugunsten von Mainz fiel, könnte damit zusammenhängen, daß das Erzbistum bereits die geistliche Oberherrschaft ausübte und zumindest ein größerer Teil der reichen Ausstattung des ehemaligen Bistums Erfurt an Mainz übergegangen war, so daß der Erzbischof in diesem Gebiet schon über umfangreichen Grundbesitz verfügte. Das Ottonische Reichskirchensystem brachte der Zentralgewalt vor allem dadurch Nutzen, daß der König als Herr der Kirche die Investitur, das heißt die Einsetzung der Bischöfe und Äbte in ihre Ämter, vornehmen konnte. Bei deren Tod fielen das freigewordene Amt und die dazugehörigen Güter und Rechte an den König zurück, der die Auswahl des Nachfolgers nach seinen Interessen treffen konnte.

Eine solche Situation trat für das Erzbistum Mainz im Jahre 954 ein, als König Otto I. seinen eigenen Sohn Wilhelm als Erzbischof einsetzen konnte. Wilhelm war von 954 bis 968 Erzbischof von Mainz, und es ist nicht unmöglich, daß sein Vater ihm in dieser Zeit die weltliche Oberherrschaft über Erfurt übertrug, wie er ja überhaupt darauf achtete, die sächsisch-thüringischen Kernlandschaften der Königs-

---

[25] Von grundsätzlicher Bedeutung: Salomon Moissejevič Stam, Die ökonomischen Grundlagen der Herausbildung und Entwicklung der mittelalterlichen Stadt in West- und Mitteleuropa, in: Jahrbuch für Geschichte des Feudalismus, Bd. 2, Berlin 1978, S. 73 ff.

[26] Eckhard Müller-Mertens, Die Reichsstruktur im Spiegel der Herrschaftspraxis Ottos des Großen, Berlin 1980.

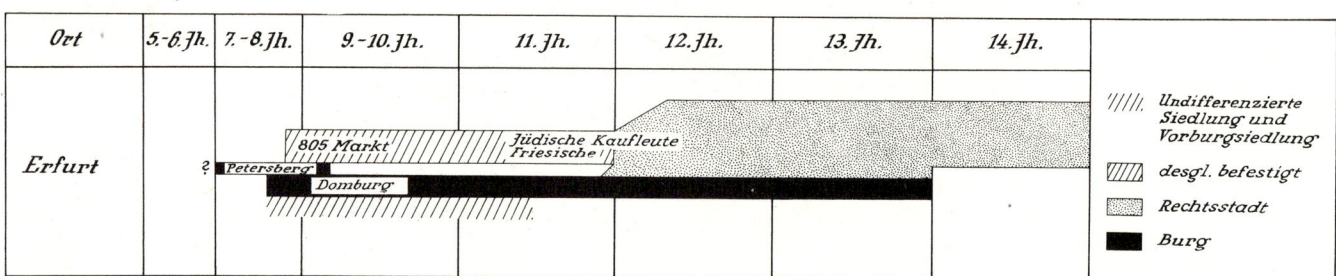

Ort	5.–6. Jh.	7.–8. Jh.	9.–10. Jh.	11. Jh.	12. Jh.	13. Jh.	14. Jh.	

Abb. 42. Ergebnisse der archäologischen Stadtkernforschung
im Hinblick auf Chronologie und Topographie der Stadtentwicklung

Abb. 43. Erzbischof Wilhelm von Mainz (928 bis 968)

herrschaft durch Personen seines Vertrauens verwalten zu lassen. Ein gewisser Zusammenhang könnte auch mit der von Otto I. über längere Zeit betriebenen Vorbereitung der Gründung des Erzbistums Magdeburg bestanden haben.

Die Kaiserkrönung Ottos I. 962 leitete eine Phase verstärkter Expansion ein. Auch die unterworfenen Elbslawen sollten durch kirchliche Grundherrschaften und Zwangschristianisierung stärker in das neue römisch-deutsche Kaiserreich einbezogen werden. Dem geplanten Erzbistum Magdeburg war dabei eine Schlüsselrolle zugedacht. Die Neugründung mußte jedoch die Interessen des Erzbistums Mainz und des Bistums Halberstadt berühren. Die Übertragung Erfurts an Mainz könnte also auch als „Abfindung" gedacht gewesen sein. Allerdings erfolgte die Errichtung des Erzbistums Magdeburg dann erst 968 nach dem Tode des Erzbischofs Wilhelm von Mainz.

Ebenso ist es möglich, daß Erfurt erst im weiteren Verlauf des 10. Jahrhunderts an Mainz gelangte. Die mehrfachen Aufenthalte Kaiser Ottos II. in Erfurt von 973 bis 975 könnten darauf hinweisen, daß der Ort zu diesem Zeitpunkt noch zum Königsgut gehörte. Doch hatte der König, solange das Ottonische Reichskirchensystem funktionierte, sicherlich keine Schwierigkeiten, die ihm verbliebenen Rechte in Erfurt wahrzunehmen. Auch späterhin hatte das Peterskloster die Pflicht, den König und seinen Hof zu beherbergen. Solange die Interessen des Königs und des geistlichen Feudaladels weitgehend übereinstimmten, barg eine Übertragung von Königsgut an die Kirche geringere Gefahren als die Verleihung an weltliche Große. Auch mußten die geistlichen Feudalherren einen großen Teil des königlichen Heeresaufgebotes stellen, so daß die Ausstattung der Kirche mit umfangreichen Ländereien auch der Eroberungs- und Expansionspolitik des Kaisertums zugute kam.

Die Einbeziehung Erfurts in das Erzbistum Mainz dürfte also spätestens am Ende des 10. Jahrhunderts erfolgt sein. Bereits um das Jahr 1025 ließ Erzbischof Aribo von Mainz in Erfurt Denare prägen, die Kreuz und Kirche oder das Kopfbild des Erzbischofs zeigen. Ganz ähnlich sind die Denare des nachfolgen-

Abb. 44. In Erfurt geprägte Münzen des frühen Mittelalters:
Denare der Mainzer Erzbischöfe Aribo, Bardo und Lupold und Kaiser Heinrichs III.

den Erzbischofs Bardo (1031 bis 1051) gestaltet. Aufschlußreich ist, daß einige Denare König Heinrichs III. (1039 bis 1056) nachweislich der Münzstätte Erfurt zugewiesen werden können und auch Gemeinschaftsprägungen des Kaisers und des Erzbischofs Lupold (1051 bis 1059) nachweisbar sind.

Solange das Reichskirchensystem als Herrschaftsinstrument der Zentralgewalt bestand, waren die der Kirche verliehenen Besitzungen und Privilegien dem Königtum nicht entfremdet. Erst als das Reichskirchensystem in den Kämpfen der folgenden Jahrzehnte seine Bedeutung als Hauptstütze der Zentralgewalt verlor und die großen regionalen Feudalgewalten an Gewicht gegenüber dem Königtum gewannen, konnte sich der Erzbischof von Mainz voll als feudaler Stadtherr Erfurts durchsetzen. Im 11./12. Jahrhundert bauten die Mainzer Erzbischöfe ihre grundherrlichen Befugnisse und ihre öffentlich-rechtliche Macht in Erfurt zur umfassenden feudalen Stadtherrschaft aus.

KAPITEL
III

Die Entfaltung der Stadt von der Mitte des 11. bis zum Ende des 15. Jahrhunderts

Von Werner Mägdefrau und Erika Langer

1.

STADTVERFASSUNG, WIRTSCHAFTLICHES UND GESELLSCHAFTLICHES LEBEN UNTER DER HERRSCHAFT DER MAINZER ERZBISCHÖFE BIS ZUM 12. JAHRHUNDERT

Die Territorialpolitik der Mainzer Erzbischöfe in Thüringen stieß bei den Bauern in der zweiten Hälfte des 11. Jahrhunderts auf Widerstand. Insbesondere lehnten sie sich gegen den sogenannten Kirchenzehnt, die Abgabe eines bestimmten, ursprünglich des zehnten Teils des Ertrages ihrer Wirtschaften an die Kirche, auf. Der aus diesen Gegensätzen erwachsende Thüringer Zehntstreit der Bauern mit dem Mainzer Erzstift und anderen geistlichen Feudalgewalten, der seine entscheidende Phase von 1069 bis 1123 erreichte, war zeitweilig mit dem sächsisch-thüringischen Aufstand von 1073 bis 1075 sowie mit dem Aufruhr des Adels und der Bauern gegen die Burgenpolitik König Heinrichs IV. in diesem Gebiet verknüpft.[1] Auf einer Synode, die Erzbischof Siegfried I. von Mainz (1060 bis 1084) im Jahre 1073 in Erfurt abhielt, griff auch König Heinrich IV. in den Zehntstreit ein. Die Aufteilung der Zehnten zwischen dem Erzbischof und den Äbten der Klöster Hersfeld und Fulda wurde neu festgelegt und auch die Thüringer sollten die Mainzer Zehntforderungen anerkennen.

Zu erneuten Auseinandersetzungen kam es auf den Erfurter Synoden 1074 und 1075. Heinrich IV. unterstützte den Erzbischof auch 1074 in der Zehntfrage nachdrücklich. Der Erzbischof verlangte nun die Ablieferung des Zehnten; die Thüringer verweigerten jedoch dessen Abgabe, so daß der Zehntstreit weiterging. Im Verlauf des Investiturstreites, jenes

großen Machtkampfes zwischen Kaisertum und Papsttum im 11. Jahrhundert, schloß sich der Mainzer Erzbischof Siegfried dem Gegenkönig Rudolf von Rheinfelden an und ermöglichte diesem seit 1077, Erfurt zu einem seiner Stützpunkte zu machen. Daher wandte sich Heinrich IV. gegen Erfurt, und 1080 wurde die Stadt erobert und in Brand gesteckt.

Im letzten Drittel des 11. Jahrhunderts erlangte die den Investiturstreit auslösende Kirchen- und Klosterreform, die – ausgehend vom Benediktinerkloster Cluny in Burgund – den Verfall des Mönchtums bekämpfte und sich gegen die Abhängigkeit der Klöster und Kirchen von weltlichen Mächten wandte, über die Klöster in Lothringen und Süddeutschland, Gorze und Hirsau, Einfluß in Thürin-

---

[1] Werner Mägdefrau, Burg und Stadt im Mittelalter. Erbe und wissenschaftlich-politischer Auftrag, in: Burg und Stadt in Geschichte und Gegenwart (Wiss. Zschr. der Friedrich-Schiller-Universität, Jena, Ges.- und Sprachwiss. Reihe, 28. Jg., H. 3, 1979), S. 366; Erika Langer, Burgen und Klassenkampf, in: Ebenda, S. 373 ff; Ernst Werner, Zwischen Canossa und Worms. Staat und Kirche 1077 bis 1122, Berlin 1973, S. 32 ff. – Für die weiteren Darlegungen grundlegend: Deutsche Geschichte in zwölf Bänden, hrsg. vom Zentralinstitut für Geschichte der Akademie der Wissenschaften der DDR, Bd. 1: Von einem Autorenkollektiv unter Leitung von Joachim Herrmann, Berlin 1982; Bd. 2: Von einem Autorenkollektiv unter Leitung von Evamaria Engel und Bernhard Töpfer, Berlin 1983.

gen und in Erfurt.[2] 1085 stiftete Landgraf Ludwig der Springer die Abtei Reinhardsbrunn, das Hauskloster der Ludowinger, und ließ sie mit zwölf Benediktinermönchen aus Hirsau besetzen. Der Abt Giselbert aus Hirsau übernahm kurz nach 1088, dem Todesjahr des königstreuen und reformfeindlichen Mainzer Erzbischofs Wezilo, zusätzlich das Amt eines Abtes des Petersklosters in Erfurt, das Erzbischof Siegfried I. aus einem Chorherrenstift in ein Benediktinerkloster umgewandelt hatte. Nach dem Tode Giselberts (1101) löste sich die Personalunion zwischen St. Peter und Reinhardsbrunn zwar wieder, jedoch setzte sich unter dem Abt Werner (1127 bis 1138), der ebenfalls aus Hirsau stammte, die Reform im Peterskloster endgültig durch. Zu dieser Zeit richteten die Benediktiner auf dem Petersberg auch eine Bibliothek und ein Scriptorium ein. Seit dem frühen 12. Jahrhundert entwickelte sich unter dem Einfluß des Hirsauer Stils in Erfurt die „petrinische Schreib- und Malschule". Die erhaltenen Handschriften zeichnen sich durch künstlerische Gestaltung aus. Die Annales St. Petri Erphesfortenses antiqui gehören zu den wichtigsten Überlieferungen der Erfurter Geschichtsschreibung. Sie beinhalten Nachrichten zur Lokal-, Regional- und Reichsgeschichte aus den ersten Jahrzehnten nach der Neugründung des Petersklosters von 1078 bis 1163.

Die Ansiedlung cluniazensisch-hirsauisch reformierter Mönche am Platze der alten Königsherrschaft war mit einem anspruchsvollen Bauprogramm verbunden. Kloster und Kirche auf dem Petersberg standen in Konkurrenz zu den erzbischöflichen Stiftskirchen St. Severi und St. Marien, dem heutigen Dom, auf dem benachbarten Domhügel. Das Kollegiatstift Beatae Mariae Virginis wird erstmals 1117 als „maior ecclesia" urkundlich erwähnt. Das Marienstift, dessen Pröpste aus dem Kreis der Mainzer Domherren kamen, war die Hauptpfarrkirche, mit der die Patronate über die meisten Erfurter Kirchen verbunden waren; sie war die bedeutendste Kirche Thüringens und der Hauptstützpunkt der Mainzer Erzbischöfe in dieser Region.

Bis zum Beginn des 12. Jahrhunderts hatte sich die Erfurter Siedlungslandschaft architektonisch in ihren wesentlichen Zügen entfaltet. Der Schwerpunkt lag auf den Anhöhen westlich des besiedelten Tals. Um 1100 waren Petersberg und Domhügel mit Bauwerken der geistlichen Feudalität besetzt. Am Fuße des Domberges stand die Taufkapelle aus bonifatianischer Zeit, die spätere Kirche „Zum heiligen Brunnen". Über die Gera führte gewiß schon im 11. Jahrhundert eine Brücke, die Vorläuferin der späteren Krämerbrücke. Die Ägidien- und Benedik-

tikapelle an ihren beiden Zugängen dürften damals bereits Vorgänger besessen haben.

Die Organe der feudalen Stadtherrschaft traten zu dieser Zeit voll ausgebildet in Erscheinung. Vogt, Viztum, die beiden Schultheißen (in der Stadt und im Brühl), Marktmeister und Münzmeister waren die wichtigsten Träger der erzbischöflichen Herrschaftsgewalt, Verwaltung und Gerichtsbarkeit. Als Beauftragte bzw. Dienstleute des in Mainz residierenden erzbischöflichen Stadtherrn übten sie, unterstützt von ihren Gehilfen, die Herrschaft über die Stadt und über die Grundherrschaft des Mainzer Erzbischofs in Erfurt aus.

Dabei nahm der die hohe Gerichtsbarkeit ausübende Vogt eine Sonderstellung ein. Die Erfurter Vogtei hatten die mächtigen Grafen von Tonna-Gleichen als erzbischöfliches Lehen erblich inne. Diese Belehnung, die wahrscheinlich schon um 1104 durch den Erzbischof von Mainz erfolgte, brachte sie in enge Beziehungen zu Erfurt. Ihr Dienstlehen war der Gleichener Hof an der Bartholomäuskirche. In ihrer Eigenschaft als Vögte über Stadt und Peterskloster waren sie berechtigt, zu jeder Tages- und Nachtzeit durch das Lauentor am Fuße des Petersberges in die Stadt einzureiten. Neben dem Verwalter des Mainzer Hofes (dem villicus) erscheint in den Urkunden seit 1120 der schultetus de Brulario (Schultheiß im Brühl), der seinen Sitz ebenfalls im Mainzer Hof (westlich vor dem Domhügel) hatte. Er saß zugleich über die erzbischöflichen Küchendörfer zu Gericht, in denen auch Slawen (seit dem 12. Jahrhundert nachweisbar) lebten. Als oberster Stellvertreter des Erzbischofs in Erfurt wirkte der Erfurter Viztum (vicedominus). Dieses Amt befand sich lange Zeit in der Hand der Herren von Apolda.

In den Herrschaftsbezirken des Mainzer Erzbischofs, dem Marien- und Severistift, dem Peterskloster und anderen feudalen Institutionen, lebten und arbeiteten feudalabhängige Menschen, Leibeigene und Hörige. Zu Anfang des 12. Jahrhunderts war ein großer Teil der Erfurter Bewohner noch hörig. Dagegen gehörten zu den Freien die grundbesitzenden Kaufleute und diejenigen Handwerker, die in den Besitz eines Hausgrundstücks in der Stadt gelangt waren. Schließlich teilten die Mainzer Erzbi-

---

[2] Die Ausführungen zur Kirchen- und Kulturgeschichte stützen sich auf die Studien von Heinz Mettke, Sprache und Literatur im mittelalterlichen Erfurt, Jena 1981 (Ms), Friedrich Möbius, Architektur und Baugeschichte Erfurts im Mittelalter, Jena 1981 (Ms), und Helga Möbius-Sciurie, Grundlinien einer Geschichte der mittelalterlichen Plastik und Malerei in der Stadt Erfurt, Jena 1981 (Ms).

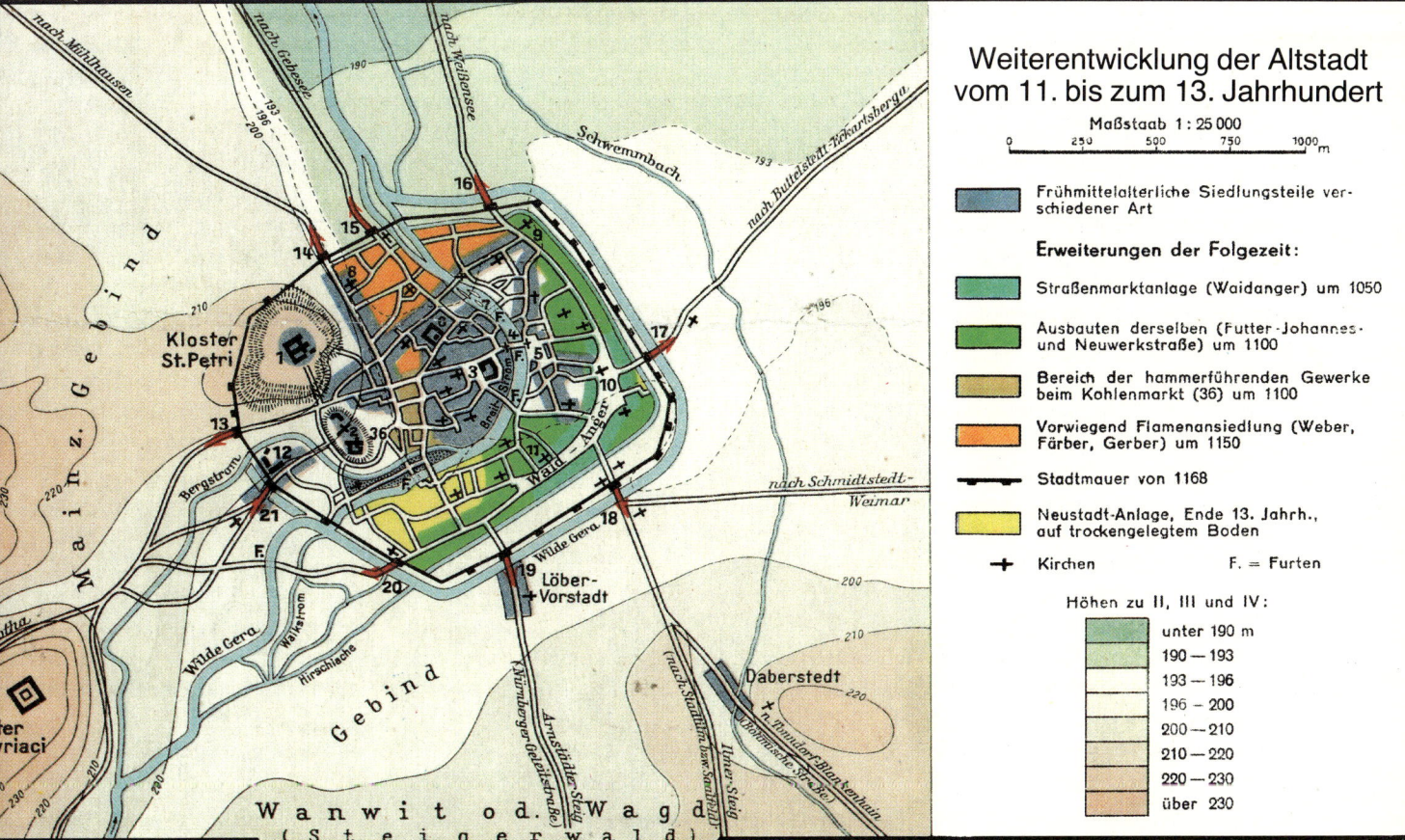

Weiterentwicklung der Altstadt vom 11. bis zum 13. Jahrhundert

Maßstab 1 : 25 000

Frühmittelalterliche Siedlungsteile verschiedener Art

Erweiterungen der Folgezeit:

Straßenmarktanlage (Waidanger) um 1050

Ausbauten derselben (Futter-Johannes- und Neuwerkstraße) um 1100

Bereich der hammerführenden Gewerke beim Kohlenmarkt (36) um 1100

Vorwiegend Flamenansiedlung (Weber, Färber, Gerber) um 1150

Stadtmauer von 1168

Neustadt-Anlage, Ende 13. Jahrh., auf trockengelegtem Boden

✛ Kirchen   F. = Furten

Höhen zu II, III und IV:

unter 190 m
190 — 193
193 — 196
196 — 200
200 — 210
210 — 220
220 — 230
über 230

Abb. 45. Weiterentwicklung der Altstadt vom 11. bis zum 13. Jahrhundert

1. Peterskloster	5. Wenigemarkt	10. Kaufmännerkirche
2. Marien- und Severistift, Krummhaus	6. Turnierhof	11. Bartholomäuskirche
3. Rathaus	7. Furt	12. Mainzerhof
4. Krämerbrücke	8. Andreaskirche	13. Lauentor
	9. Johanneskirche	14. Andreastor

15. Moritztor	20. Wassertor
16. Johannestor	21. Krummes Tor
17. Krämpfertor	36. Marktplatz
18. Augusttor	vor den Graden
19. Löbertor	

schöfe in Erfurt im Zuge der Auflösung der alten Fronhofsverfassung angesichts der wachsenden Rolle des Geldes und unter dem Druck der Bevölkerung den größten Teil des städtischen Grund und Bodens auf. Sie verliehen die einzelnen Grundstücke gegen die jährliche Entrichtung des sogenannten Freizinses an Ortsansässige und Zuzügler. Zu Anfang des 12. Jahrhunderts war das Freizinsrecht in Erfurt gültiges Ortsrecht. Weitere, ursprünglich abhängige Grundstücke wurden in Freigüter umgewandelt und ihre Besitzer zu „Freieren" (liberiores, 1120) gemacht.[3]

Vornehmlich im Umkreis der Kaufmannskirche rechts der Gera wurden die Freizinsen durch den Marktmeister in dieser Kirche erhoben, während die Freizinsler links der Gera und einige rechts der Gera nach St. Severi an den Brühlschultheiß zahlen

mußten. Der Freizins war Ausdruck dafür, daß der Erzbischof die Herrschaft und das Obereigentumsrecht über den gesamten Grund und Boden in Erfurt beanspruchte und behauptete; er war damit ein wichtiges Kennzeichen des feudal-erzbischöflichen Herrschaftssystems in der Stadt und eine Einnahmequelle. Während die Merkmale der grundherrschaftlichen Unfreiheit entfielen, mußte der Freizinsler jedoch alle am Boden haftenden öffentlich-rechtlichen Lasten, wie Wach- und Feuerdienst, Hilfe beim Mauerbau und bei der Stadtverteidigung sowie andere Pflichten, tragen. Die Zuteilung von Haus- und Hofstätten zu möglichst vorteilhaften Bedingungen bei persönlicher Freiheit der curia-Inha-

---

[3] Werner Mägdefrau, Der Thüringer Städtebund im Mittelalter, Weimar 1977, S. 28 f, 41 f., 102 f., 188 f.

ber war ein geeignetes Mittel, Kaufleute und andere Siedler in die Stadt zu locken.

Zu dieser Zeit wurden die Geraniederung und das gesamte Gebiet in und um Erfurt in fruchtbares Land umgewandelt, das gute Ernten brachte und frühzeitig eine hervorragende Kulturstufe auf dem Gebiet des Acker-, Wein- und Gartenbaus erreichte. Daran waren neben einheimischen Bauern, Mönchen und Siedlern slawische und niederländisch-flämische Zuwanderer beteiligt.[4] Im Zusammenhang damit wurden künstliche Wasserstraßen angelegt und die Gera-Aue entwässert und trockengelegt. Durch Ableitungen an verschiedenen Stellen der Gera, deren natürlicher Hauptarm als „Breitstrom" den ältesten Stadtkern in einem ostwärts geschwungenen Bogen umfloß, entstand ein verzweigtes Mühlgrabensystem.[5] Der Walkstrom, die Hirschlache und der Schalaunerfluß lieferten Brauchwasser für zahlreiche Gewerbe, und die natürlichen und künstlichen Wasserstraßen trieben Mühlen verschiedener Art.

Während der ersten Hälfte des 12. Jahrhunderts siedelten sich auch flämische Tuchmacher und Weber an. Sie brachten mancherlei kulturelle Anregungen und technische Neuerungen vornehmlich auf dem Gebiet der Weberei und Färberei mit. Der Weinbau um Erfurt war schon Anfang des 11. Jahrhunderts von Mainz aus eingeführt worden. Den Anbau der Waidpflanze, von dem viele thüringische Dörfer im Mittelalter lebten, und der künftig zum tragenden Faktor für den Handel Erfurts wurde, übernahm man aus dem slawischen Osten. Slawische Besiedlung in der Gegend von Erfurt bezeugen noch heute neben der urkundlichen Überlieferung slawische und gemischt slawisch-deutsche Ortsnamen. In einigen deutschnamigen Dörfern um Erfurt wurde im 12./13. Jh. ein Teil der Bevölkerung als „slawisch", 1357 als „windisch" bezeichnet.

Während der Amtszeit Adalberts I., der 1109 vom König zum Erzbischof von Mainz erhoben und dessen Investitur 1111 vollzogen worden war, flammte der Jahrzehnte während Zehntstreit erneut auf.[6] Die Zehntforderung Adalberts beantworteten die thüringischen Bauern 1123 mit einem Aufstand. Nach dem Bericht der Erfurter Peterschronik beabsichtigten die Bauern, von der Tretenburg aus mit 20 000 Mann in die Stadt Erfurt einzubrechen, in der sich damals der Erzbischof aufhielt; sie wurden jedoch durch geschicktes Verhandeln des Erzbischofs umgestimmt. Der weitere städtische Aufschwung vollzog sich im Spannungsfeld zwischen herrschaftlicher Ordnung und kaufmännisch-handwerklich-bäuerlicher Aktivität.

In den ersten Jahrzehnten des 12. Jahrhunderts erfolgte die Errichtung der Archidiakonate im Zuge einer Reorganisation der Diözesanverwaltung, wahrscheinlich durch Erzbischof Adalbert I. (1111 bis 1137). Das Archidiakonat des Erfurter Marienstifts, dem auch die Stadt Erfurt zugehörte, war das größte und bedeutendste Archidiakonat Thüringens. Im späten Mittelalter umfaßte es 18 Erzpriestersprengel mit ca. 500 Pfarreien. Größtenteils von Saale und Unstrut begrenzt, reichte es in die südlichen Kammlagen des Thüringer Waldes hinein und umschloß auch den Orlagau. Daran schloß sich westlich das Archidiakonat des Severistifts an, dessen Grenze von Geraberg im Thüringer Wald aus in nördlicher Richtung bis Sömmerda und zur Unstrut verlief.

In dieser Zeit wurde das Netz von Klöstern, Pfarrkirchen und Kapellen, das das städtische Gemeinwesen durchzog, durch Neugründungen engmaschiger. Die Kaufmannskirche wurde um- oder neugebaut. Es entstanden die ersten monumentalen Steinbauten. So wurde um 1117 ein Augustinerchorherrenstift, das sogenannte Reglerkloster, gegründet (Baubeginn der Reglerkirche in den 30er Jahren des 12. Jahrhunderts). Ihm folgte mit dem Heiligengeistkloster, dem späteren Neuwerkskloster, eine Klostergründung der Augustinerchorfrauen (seit ca. 1150). In einer zweiten Phase iro-schottischer Klostergründungen in Deutschland entstand das Schottenkloster (1136 Baubeginn der Schottenkirche). Seine Mitglieder kamen während des ganzen Mittelalters ausnahmslos aus Irland. Im Laufe des 12. Jahrhunderts wuchsen mit dem wirtschaftlichen Aufschwung der Stadt auch die Bildungsbedürfnisse des Städtebürgertums. Es wurden mehr Lehrkräfte gebraucht, die des Schreibens, Lesens und Rechnens kundig waren und dies ihren Schülern vermitteln konnten. Neben den seit dem 10. Jahrhundert bestehenden Schulen des Domstifts und des Petersklosters wurden im Severistift sowie im Regler- und Schottenkloster neue Schulen eingerichtet.

Die Peterskirche und die Schottenkirche gehören zu den kunstgeschichtlich bedeutsamsten Bauten

---

[4] Oskar August, Niederländische (Flämische) Einflüsse in Siedlungen und Flurnamen, in: Atlas des Saale- und mittleren Elbegebietes, 2. Auflage des Werkes Mitteldeutscher Heimatlas, hrsg. von Otto Schlüter und Oskar August, 3 Teile, Leipzig 1958ff., T. 2, Textteil, S. 94ff., Kartenteil, Nr. 26.

[5] Erich König, Erfurt, in: Ebenda, T. 2: Textteil, S. 120, 126; Kartenteil, Nr. 31.

[6] Kurt Göldner, Der Thüringer Bauernaufstand vom Jahre 1123, in: Aus der Vergangenheit der Stadt Erfurt (im folg.: AVE), Bd. I, Erfurt 1955, S. 78ff.

Abb. 46. Dom und Severikirche

der damaligen deutschen Architektur. Zehn bis fünfzehn steinerne kirchliche Türme oder Turmpaare dürften am Ende des 12. Jahrhunderts aus den umwehrten Niederungen des Gerabogens aufgeragt haben – baulicher Ausdruck der wachsenden Bürgerstadt. Architektonische Differenzierungsprozesse gingen auch auf dem Domberg vor sich. Um 1100 erstand wahrscheinlich die Severikirche in neuer Gestalt. Im ersten Drittel des 12. Jahrhunderts ließ Erzbischof Adalbert von Mainz den Dombereich befestigen. Diese militärische Sicherung seines Amtssitzes war ihm so wichtig, daß er ein bis dahin auf dem Hügel gelegenes Nonnenkloster auf die Stätte der späteren Cyriaksburg – südwestlich vor die Stadt – verlegte. Ein Turm der Dombergbefestigung, die sich eindeutig auch gegen die Bürgerstadt richtete, ist mit der „Bonifatiuskapelle" gegenüber St. Severi noch heute erhalten.

Hinter den Mauern der Dombergbefestigung begann 1154 der Neubau des Domes. Er erhielt starke religiöse und materielle Impulse durch den Heiligenkult um Adolar und Eoban. Adolarius, ebenso wie Eobanus Begleiter des Missionars Bonifatius, galt als erster Bischof des Bistums Erfurt. Eoban hatte als Bischof von Utrecht den Märtyrertod erlitten. Beider Gebeine waren nach Erfurt gebracht und beim Domneubau im 12. Jahrhundert wieder aufgefunden worden. Seitdem wurden sie in Erfurt von den Gläubigen besonders verehrt. Die Adolar- und Eobanverehrung wurde zu einer ersprießlichen Quelle zur Finanzierung der Baukosten.

Aus dieser Zeit sind bedeutende Kunstwerke erhalten geblieben. Die beiden um 1160 entstandenen hochromanischen Bildwerke im Dom, die Stuckmadonna mit Altaraufsatz und der nach einem der Stifter „Wolfram" genannte Bronzeleuchter, gehören zu den Hauptwerken romanischer Plastik. Stilistisch sind sie den Werken der berühmten Magdeburger Bronzegießhütte verwandt; es ist anzunehmen, daß ihre Meister von dort kamen. Der „Erfurter Wolfram" repräsentiert das erste vollplastische lebensgroße Bild eines zeitgenössischen mittelalterlichen Menschen in Deutschland. Nach einer Inschrift am Gürtelband geht die Figur auf eine Stiftung des „Wolfram" und der „Hiltiburc" zurück. Die Stuckmadonna, der aus Stuck gefertigte Altaraufsatz einer thronenden Madonna mit Kind, deren Krone und Gewand ursprünglich farbige Glasflüsse bereicherten, ist ebenfalls ein Werk von hohem kunstgeschichtlichem Rang.

Mit der Ausgestaltung der Stadtkrone wollten die Feudalgewalten auch optisch-baulich ihre Herrschaft über die Stadt dokumentieren. Das zeigt vor

allem die Neubebauung des Petersberges (Weihe der Kirche 1147), die Bebauung des Hügels der späteren Cyriaksburg (ab 1123) und die architektonische Reorganisation des Domhügels mit der Ummauerung (seit 1123, dem Jahr des Thüringer Bauernaufstandes), dem Wiederaufbau der durch Brand beschädigten Severikirche (nach 1147), und dem Neubau des Domes (seit 1154). Erfurts mittelalterliche Stadtkrone wurde aus dem Dreiklang von Dom, Severi- und Peterskirche gebildet; sie stellte eine großartige Silhouette dar.

Abb. 47. Sogenannte Stuckmadonna. Altaraufsatz im Dom (um 1160)

Die auf dem Domhügel konzentrierten architektonischen und bildkünstlerischen Werte sowie die hier lokalisierten Kulte und liturgischen Dienste waren zweifellos von den ökonomischen und sozialen Prozessen in der Bürgerstadt abhängig. Die Umgestaltung des Domhügels war nicht nur Antwort

Abb. 48. Sogenannter Wolfram.
Kerzenträger (Bronzeplastik) im Dom (um 1170)

des Dombereichs war eine Reaktion auf Volksbewegungen und kommunale Bestrebungen, Ausdruck der Zuspitzung entstandener Gegensätze zwischen dem feudalen Stadtherrn und der Stadtgemeinde. Die gesellschaftlichen Kommunikationsprozesse, die im 12. Jahrhundert das Erfurter Baugeschehen bestimmten, wurden bereits in entscheidendem Maße von Handwerkern und Kaufleuten der entstehenden Stadt bestimmt.

Nachdem Landgraf Ludwig, der – wie seine Nachfolger – die Landgrafschaft seines Geschlechts, der Ludowinger, ausdehnen wollte, im Jahre 1165 die erste Stadtbefestigung hatte niederreißen lassen, errichteten die Erfurter Bürger um 1168 eine neue Stadtmauer. Die Bezeichnung „burgenses" und „cives" (1192), „civitas" (1196) und „stat" (1183/1200) stellen die volle Ausbildung der Stadteigenschaften für Erfurt im 12. Jahrhundert unbedingt sicher. Als Konzentrationspunkt von Handwerk und Handel, als Marktort und befestigte Handwerker-Kaufleute-Siedlung wurde Erfurt in der zweiten Hälfte des 12. Jahrhunderts als Stadt angesehen und bezeichnet. Sie repräsentierte ihrem damaligen Entwicklungsstand nach ein aufstrebendes städtisches Gemeinwesen unter der feudalen Stadtherrschaft der Mainzer Erzbischöfe mit ersten kraftvollen kommunalen Bestrebungen in der Epoche des vollentfalteten Feudalismus, in die die Feudalgesellschaft seit der Mitte des 11. Jahrhunderts eingetreten war.[7]

Die Konzentration des Handels an bestimmten Marktplätzen (Domplatz, Krämerbrücke, Wenigemarkt, Fischmarkt, Anger) und die Schaffung eines Märktesystems gehen auf eine stadtherrliche Marktordnung zurück.[8] Die Durchführung eines

[7] Fritz Wiegand, Erfurt. Eine Monografie, Rudolstadt 1964, S. 20 ff.; Werner Mägdefrau, Der Thüringer Städtebund im Mittelalter, Weimar 1977, S. 15 ff.; ders., Städtische Produktion von der Entstehung der Zünfte bis ins 14. Jahrhundert. Ein Beitrag zu den sozial-ökonomischen Grundlagen des Thüringer Dreistädtebundes, in: Europäische Stadtgeschichte in Mittelalter und früher Neuzeit, hrsg. von Werner Mägdefrau, Weimar 1979, S. 130 ff.; Brigitte Berthold / Evamaria Engel / Adolf Laube, Die Stellung des Bürgertums in der deutschen Feudalgesellschaft bis zur Mitte des 16. Jahrhunderts, in: Zeitschrift für Geschichtswissenschaft 1973, H. 2, S. 196 ff.; Ernst Werner, Stadtluft macht frei: Frühscholastik und bürgerliche Emanzipation in der ersten Hälfte des 12. Jahrhunderts, Berlin 1976; ders., Stadt und Geistesleben im Hochmittelalter. 11. bis 13. Jahrhundert, Weimar 1980; Brigitte Berthold, Charakter und Entwicklung des Patriziats in mittelalterlichen deutschen Städten, in: Jahrbuch für Geschichte des Feudalismus, Bd. 6, Berlin 1983, S. 195 ff.
[8] Erich Wiemann, Beiträge zur Erfurter Ratsverwaltung des Mittelalters, T. 2 in: Mitteilungen des Vereins für die Geschichte und Altertumskunde von Erfurt (im folg.: MGAE), H. 52, Erfurt 1938, S. 8.

des feudalen Stadtherrn auf das Siedlungs- und Baugeschehen sowie auf die gesellschaftliche Entwicklung im Tal, sie wurde überhaupt erst möglich durch die Entstehung von Stadt und Bürgergemeinde und die damit dem Stadtherrn und dem Domstift stärker zufließenden Geldeinnahmen. Die Ummauerung

Abb. 49. Demütigung Heinrichs des Löwen
vor Kaiser Friedrich I. Barbarossa in der Erfurter Peterskirche im Jahre 1181
(Gemälde von P. Janssen im Rathausfestsaal)

Marktplatzzwanges zielte auf eine umfassende Kontrolle des Handels und des Verkehrs ab. Erfurt war als wichtiger Binnenmarkt Ziel und Station zahlreicher auswärtiger Fern- und Großhändler. Es war Sitz des landgräflichen Geleits. Die Hohe- oder Königsstraße führte von Frankfurt (Main) über Eisenach und Erfurt nach Görlitz, Wrocław und weiter ostwärts bis nach dem bereits im 12. Jahrhundert blühenden Handelsplatz Kiew. Sie war für die Ost-West-Verbindungen Thüringens und Erfurts von jeher die Hauptverkehrsachse. Die Hohestraße wurde in Erfurt von einer Handelsstraße gekreuzt, die von Augsburg und Nürnberg kam und sich in Erfurt in mehrere Handelswege nach dem Norden, vor allem in Richtung Lübeck, nach Nordwesten und Nordosten aufspaltete. Die günstige Verkehrslage hatte

für die Entwicklung Erfurts zur Stadt große Bedeutung; sie konnte jedoch erst deshalb so wirksam werden, weil sie in ein wirtschaftlich aktives Hinterland eingebettet war, das sowohl als Konsument von städtischen Handwerkserzeugnissen und Handelswaren als auch als Produzent von Waid, Wolle, Hopfen, Getreide und anderen land- und viehwirtschaftlichen Produkten über enge Marktbeziehungen zur Grundlage und zum Förderer der Stadtentwicklung wurde.[9]

Die große Bedeutung, die Erfurt inzwischen erlangt hatte, zeigte sich auch in den Beziehungen zu

---

[9] Theodor Neubauer, Die sozialen und wirtschaftlichen Verhältnisse in der Stadt Erfurt vor Beginn der Reformation, T. 1, in: MGAE, H. 34, Erfurt 1913, S. 1ff.

Kaiser Friedrich I. Barbarossa. Barbarossa suchte während seiner Aufenthalte in Erfurt – Ende 1173 und 1179/1180 – Streitigkeiten des Adels in Thüringen zu schlichten. Als in Thüringen die Entscheidung in den Machtkämpfen zwischen Hohenstaufen und Welfen fiel, war Erfurt der bevorzugte Aufenthaltsort des Kaisers und damit Mittelpunkt der Zentralgewalt sowie Ausgangspunkt militärischer Operationen gegen Heinrich den Löwen. 1181 hielt Friedrich I. in Erfurt jenen Reichstag ab, auf dem sich Heinrich der Löwe unterwerfen mußte und verbannt wurde. Daß Barbarossa in Erfurt Reichsrechte beanspruchte, zeigen Münzen mit dem Bildnis des Kaisers aus dem 12. Jahrhundert.

Auf die überragende Stellung Erfurts im Wirtschaftsleben des Thüringer Raumes und auf eine umfangreiche Handelstätigkeit im 12. Jahrhundert läßt auch ein voll ausgebildetes Zollsystem schließen.[10] 1196 wurde dem Zisterzienserinnenkloster Ichtershausen Zollfreiheit für seine Handelstätigkeit in Erfurt durch Erzbischof Konrad I. von Mainz erteilt. Außer Ichtershausen besaßen die Klöster Reinhardsbrunn, Georgenthal, Paulinzella, Pforta und Volkenrode in Erfurt Freihöfe.

Wahrscheinlich zwischen 1183 und 1200 verlieh Konrad I. der Erfurter Gemeinde den Judeneid. Die

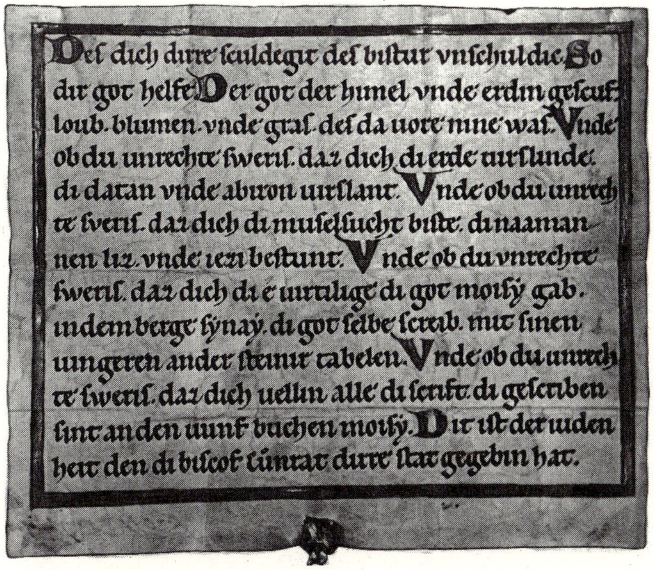

Des dich dirre sculdegit des bistur vnschuldic. So
dir got helfe. Der got der himel vnde erdin gescuf.
loub. blumen. vnde gras. des da uore nine was. Vnde
ob du unrechte sweris. daz dich di erde uirslinde.
di datan vnde abiron uirslant. Vnde ob du unrech
te sweris. daz dich di muselsucht biste. di naaman
nen liz. vnde iezi bestunt. Vnde ob du vnrechte
sweris. daz dich di e uirtilige di got moisy gab.
in dem berge synay. di got selbe screib. mit sinen
uingeren ander steinir tabelen. Vnde ob du unrech
te sweris. daz dich uellin alle di scrift. di gescriben
sint an den uunf buchen moisy. Diz ist der iuden
heit den di biscof Cunrat dirre stat gegebin hat.

Abb. 50. Eidesformel der jüdischen Einwohner (Judeneid) aus der Zeit zwischen 1183 und 1200

ser Erfurter Judeneid ist ein Beweis für das Bestehen einer Judengemeinde in der Stadt im 12. Jahrhundert. Er ist einer der ältesten deutschen Texte in Erfurt.

2. Auseinandersetzungen mit dem Stadtherrn und Errichtung einer bürgerlichen Ratsherrschaft in der ersten Hälfte des 13. Jahrhunderts

In den Jahren 1200 bis 1204 beeinträchtigte der staufisch-welfische Thronstreit die Entwicklung der Stadt, nachdem Thüringen zum Schauplatz der militärischen Auseinandersetzungen vor allem zwischen Philipp von Schwaben und Landgraf Hermann geworden war. 1200 begab sich der staufische Kandidat für den Mainzer Stuhl, Bischof Liupold von Worms, nach Erfurt, wo Graf Lambert II. von Gleichen ebenfalls auf staufischer Seite und im Gegensatz zum welfisch gesinnten Landgrafen stand. Das Heer Philipps rückte nach Pfingsten 1203 in Thüringen ein. Auf Hermanns Seite konzentrierten der Bruder Ottos IV., der Pfalzgraf Heinrich, und Ottokar von Böhmen ihre Kräfte auf Erfurt. Die Stadt, die auf seiten Philipps stand, wurde einen Monat lang belagert, ohne daß sie eingenommen werden konnte. 1204 rückte Philipp jedoch erneut mit einem großen Heeresaufgebot in Thüringen und Erfurt ein, wo er von den Grafen Gunther und Heinrich von Schwarzburg sowie Lambert von Gleichen unterstützt wurde. Landgraf Hermann blieb keine andere Wahl, als sich am 17. September 1204 bei Ichtershausen zu unterwerfen. In diesen Wirren muß der „Erffurter wingarte" schwer gelitten haben, wie uns Wolfram von Eschenbach in seinem „Parzival" bezeugt.

Die innenpolitische Entwicklung Erfurts stand in der ersten Hälfte des 13. Jahrhunderts ganz im Zeichen des weiteren Erstarkens kommunaler Bewegungen und der Entstehung eines bürgerlichen Stadtrates. Für das Jahr 1141 wird von Streitigkeiten zwischen Stadtbewohnern und Vertretern der erzbi-

---

[10] Kurt Wildenhayn, Kurmainzische Zölle und zollähnliche Abgaben in der Stadt Erfurt, T. 1, Erfurt 1955; Fritz Wiegand, Über hansische Beziehungen Erfurts, in: Hansische Studien, H. Sproemberg zum 70. Geburtstag, Berlin 1961, S. 399; ders., Das Rathaus und der Fischmarkt in Erfurt, Erfurt 1961, S. 15, Abb. 1.

schöflichen Stadtherrschaft berichtet. Seit 1192 traten Bürger als Zeugen in erzbischöflichen Urkunden auf, und aus dem Jahre 1203 ist die Klage des Erzbischofs Siegfried II. überliefert, die Bürger hätten seine Rechte stark geschmälert. In einer Urkunde aus dem Jahre 1212 erscheinen neben Vogt und Viztum 23 Bürger (burgenses) als Aussteller. Sie kündet damit von den Anfängen der Ratsverfassung in Form eines Ausschusses von burgenses, eines bürgerlichen Beirates der erzbischöflich-ministerialischen Stadtherrschaft. Das Bürgergeld, das als Gebühr bei Aufnahme in die Bürgerschaft in einer wohl fixen Höhe von einer halben Silbermark an die Stadtverwaltung zu entrichten war, wurde 1212 als für das Bürgerrecht erforderlich erachtet; es sollte zum allgemeinen Nutzen der Stadt Verwendung finden. Damals vollzog sich die Aufnahme in die Bürgerschaft sicherlich noch unter dem Einfluß der stadtherrlichen Beamten.

Gegen 1220 schrieb ein gebildeter, an der Stadtverwaltung Erfurts beteiligter Bürger namens Ebernand ein sich an lateinische Heiligenviten anlehnendes Versepos über Kaiser Heinrich II. und seine Gemahlin Kunigunde. Bekannt ist das Werk unter dem Titel „Heinrich und Kunigunde". Ebernand von Erfurt erklärte in seiner Dichtung, er sei „ein Durenc von art geborn", und er bekannte sich zu seinem Heimatland Thüringen und zu seiner thüringischen Sprache. Die Bedeutung von Ebernands Gedicht liegt weniger im Stoff und in dessen künstlerischer Gestaltung als vielmehr auf sprachlichem Gebiet und in der Tatsache, daß sich das Städtebürgertum kulturell-dichterisch zu artikulieren begann, und zwar zu einer Zeit, als im benachbarten Eisenach auf der Wartburg die ritterlich-feudalhöfische Kultur ihren Höhepunkt gerade überschritten hatte. Damit entstand in Erfurt, der damals fortgeschrittensten thüringischen Stadt, eine der ersten Schöpfungen städtebürgerlicher Dichtung, die die enge Verbundenheit mit dem Königtum widerspiegelt. Die bekannteste und bedeutendste Erfurter Chronik des hohen Mittelalters ist die Chronica S. Petri Erfordensis moderna, die neue Erfurter Peterschronik. Sie wurde 1208/1209 verfaßt und bis in die zweite Hälfte des 14. Jahrhunderts fortgesetzt.

Als die ersten Franziskaner 1224 nach Thüringen kamen, wandten sie sich zuerst nach Erfurt. Hier fanden sie anfänglich im Hospital zum Heiligen Geist am Krämpfertor Unterkunft, bis ihnen der Viztum von Apolda einen Platz an der Gera für einen Klosterbau überließ. Wie die Franziskaner ließen sich auch die Dominikaner in Thüringen 1228 zuerst in Erfurt nieder und gründeten 1229 ein Kloster. Beide waren katholische Mönchsorden, die mit aktiver Unterstützung des Papstes im 13. Jahrhundert gegründet wurden. Ihre Mitglieder sollten in Armut vom Betteln – deshalb auch die Bezeichnung Bettelorden – leben und durch das Vorbild eines gottesfürchtigen Lebens, durch Predigt und Seelsorge das Vertrauen des Volkes gewinnen und so die um sich greifende Häresie (Ketzerei) bekämpfen; denn mehr und mehr wuchs der Gegensatz zwischen Volksfrömmigkeit und urchristlichen Vorstellungen von Bürgern und Bauern einerseits und den Lehren und Praktiken der reich gewordenen, mächtigen Papstkirche, dem Zentrum des Feudalsystems, und ihren Institutionen andererseits. Kirche und Orden paßten sich dem in der Stadt herausbildenden sozialen Schichtenbau wie den Klassengegensätzen der Feudalgesellschaft an; sie stellten sich auf die neuen Bedingungen des Klassenkampfes, auf das Erstarken der antifeudalen Volkskräfte ein. Die Ketzerverordnungen Papst Gregors IX. von 1231 und die Übertragung der Inquisition an die Dominikaner 1232 leiteten eine Verfolgungswelle ein, die sich mit dem Namen des Inquisitors Konrad von Marburg verband. Dieser ließ 1232 allein in Erfurt vier Ketzer verbrennen.

Unter den wenigen erhalten gebliebenen Werken frühgotischer Kunst nehmen die Glasfenster der Barfüßerkirche, die um 1230/1235 entstanden, den führenden Platz ein. Sie zierten einst die drei Ostfenster des ersten Baus der Franziskaner, und sie wurden am Beginn des 14. Jahrhunderts in den hochgotischen Chor übertragen und durch weitere Scheiben ergänzt. Neben ihrer hervorragenden künstlerischen Qualität ist es vor allem das ikonographische Programm, das sie in den Rang von Hauptwerken der frühen franziskanischen Kunst erhebt.

Ein christologischer Zyklus wird von den ersten Szenen aus dem Leben des Franz von Assisi begleitet, die sich in Deutschland erhalten haben. Durch ihre Beziehungen zu den Ordensniederlassungen in Italien und im Rheinland waren die Erfurter Franziskaner an der Herausbildung einer „franziskanischen Ikonographie" beteiligt. Die beiden erhaltenen Scheiben des Zyklus mit Szenen aus dem Leben des Franziskus demonstrieren die Übergabe der Ordensregel an Franziskus durch Papst Honorius III. im Jahre 1223 und die Stigmatisation des Heiligen mit der Vision eines Seraphim-Kruzifixes im Jahre 1224. Damit wurden erstmals Ereignisse der „Zeitgeschichte" veranschaulicht. Franziskus in Mönchskutte mit Kapuze und Tonsur ähnelt jüngeren Darstellungen auf den Glasfenstern der Elisabethkirche

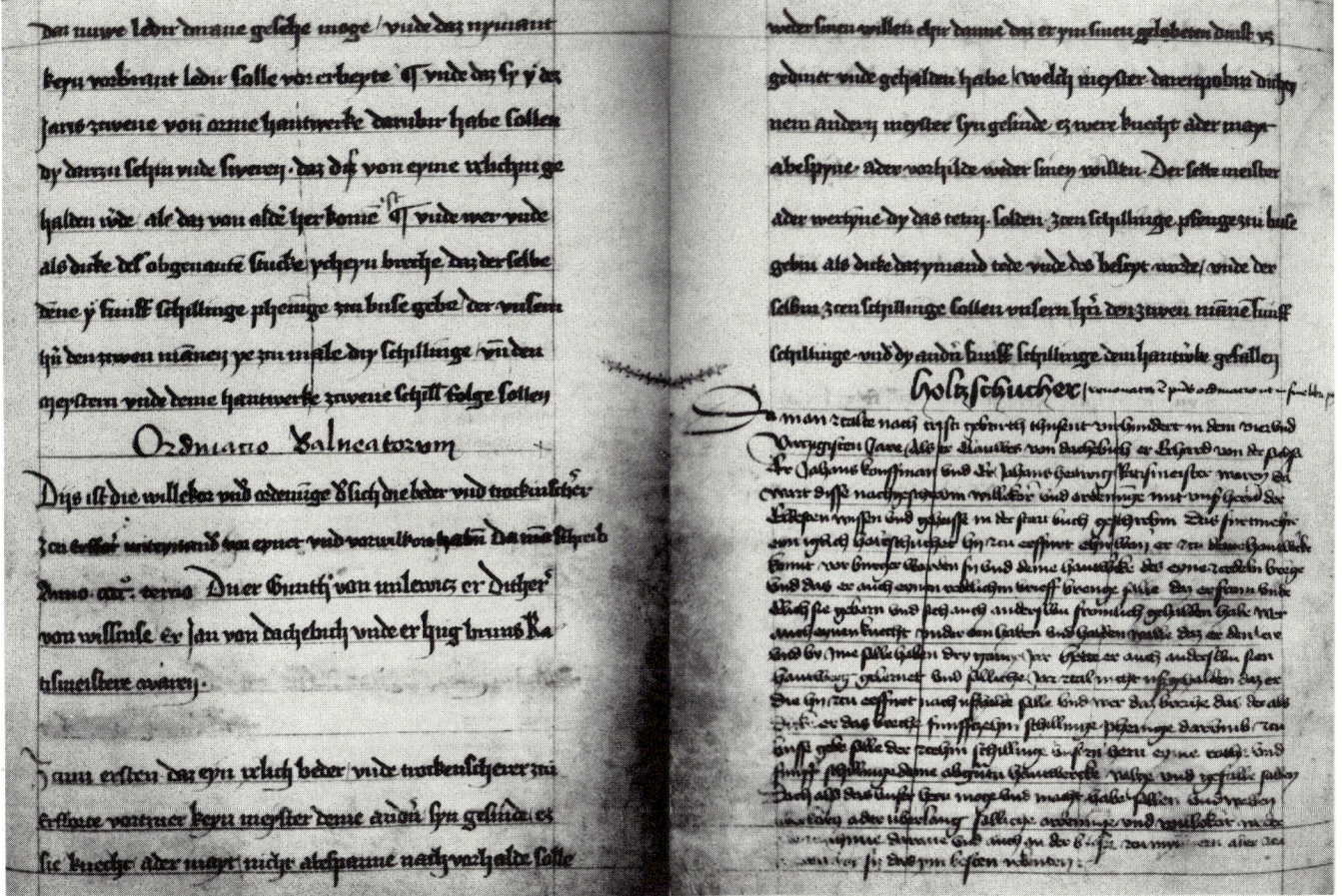

Abb. 51. Älteste erhaltene Zunftordnung der Bader und Trockenscherer
vom Jahre 1403

in Marburg. Die Scheiben der Erfurter Barfüßerkirche, die zur gleichen Zeit wie die Skulpturen des Bamberger Doms und die Halberstädter Chorschranken entstanden, sind den Kunstwerken zuzurechnen, in denen sich im dritten Jahrzehnt des 13. Jahrhunderts eine neue realistischere Weltsicht offenbarte.

In den 30er Jahren des 13. Jahrhunderts flammten die Auseinandersetzungen zwischen Stadt und Mainzer Erzstift erneut auf. Mit Bann und Interdikt – wie 1233/1234 – versuchten die Erzbischöfe, allerdings vergebens, die revolutionäre kommunale Bewegung einzudämmen, so daß die Zurückdrängung der feudalen Stadtherrschaft „unter kirchlichen Donnerschlägen"[11] erfolgte. 1234 trat die Erfurter Stadt- und Bürgergemeinde urkundlich als „universitas civium" voll ausgebildet in Erscheinung.

Die Annäherung der Stadt Erfurt an die Zentralgewalt Kaiser Friedrichs II. ist im Prozeß der revolutionären kommunalen Bewegung ebenso unver

kennbar wie die Verminderung des stadtherrschaftlichen Einflusses. Wahrscheinlich strebte die Stadt in diesen Jahrzehnten danach, sich der Herrschaft der Zentralgewalt zu unterstellen, also Reichsstadt zu werden; ganz sicher ist jedoch, daß es ihr um die Mitte des 13. Jahrhunderts gelang, ihre Abhängigkeit von den Mainzer Erzbischöfen zu lockern und ihre Selbstverwaltung in wechselvollen politischen Kämpfen zu entwickeln, worauf die revolutionäre Kommunebewegung abzielte. Darauf dürfte es zurückzuführen sein, daß der Rat 1243 Urkunden ohne Mitwirkung erzbischöflicher Beamten ausstellte.

Nach Abrechnungen aus dem Jahre 1246 stellten die Erfurter Bürger Rudolf von Nordhausen 162$\frac{1}{2}$ Mark sowie Hartung Hotermann und Hugo Lange 600 Mark zur Verfügung, als der letzte Landgraf aus dem Hause der Ludowinger, Heinrich Raspe (1204

[11] Friedrich Wilhelm Barthold, Geschichte der deutschen Städte und des deutschen Bürgertums, Teil 2, Leipzig 1851, S. 57.

bis 1247), im Jahre 1246 auf Betreiben der Kurie und mehrerer deutscher Erzbischöfe zum Gegenkönig Friedrichs II. gewählt wurde und finanzielle Hilfe benötigte. Kapitalkräftige Kaufleute, aber auch wohlhabende Fleischer- und Bäckermeister hatten um 1250 auch dem Erzbischof Geld geborgt. Dieser schuldete damals allein dem Erfurter Patrizier Hartung Hotermann volle 400 Mark. Diese Kredite waren sowohl Ausdruck zunehmender Finanzkraft der Bürger als auch Mittel der Ratspolitik.

Aus der Mitte des 13. Jahrhunderts stammen die ersten Nachrichten über den zweifellos noch älteren Waidbau und Waidhandel. Während Waid (lat. Isatis tinctoria) heute wirtschaftlich ohne Bedeutung und in der Regel nur wildwachsend anzutreffen ist, bezeichnet ihn die Erfurter Waidordnung von 1614 noch als „die fürnehmste Nahrung der Stadt". Waid ist ein gelbblühender Kreuzblütler, aus dessen Blättern früher ein blauer Farbstoff zum Färben vor allem von Tüchern und Webereien gewonnen wurde. Im Mittelalter war der Anbau der Waidpflanze in den Dörfern des Thüringer Beckens sehr verbreitet, und der Thüringer Waid galt – im Vergleich zu demjenigen anderer Gebiete – als besonders gut. Vom 13. bis zum 16. Jahrhundert stand der Waidanbau in ca. 300 mittelthüringischen Dörfern in Blüte. Ein Waidregister von 1579 weist Waidanbau in 49 Erfurter Dörfern nach. In günstigen Jahren und bei sorgsamer Pflege waren jährlich bis zu vier Ernten möglich. Nachdem die Blätter abgeerntet waren, wurden sie von Waidmühlen, deren etwa zweieinhalb Meter hohe Mahlsteine von Pferden im Kreise gedreht wurden, zu einem dicken Brei zerquetscht. Daraus formten dann die Dorfbewohner, zumeist Frauen und Kinder, ca. 10 cm große Bälle, die getrocknet und schließlich auf den städtischen Markt gebracht wurden, weil nur in der Stadt die Herstellung des Endproduktes erfolgen durfte. So durfte Waid aus dem Erfurter Landgebiet nur in der Stadt Erfurt verkauft und weiterverarbeitet werden, und zwar in den Höfen und auf den Hausböden der Waidhändler. Dort wurden die Waidbälle von Waidknechten zerkleinert, mit Wasser und Urin begossen und mehrmals umgeschaufelt, das heißt, einem Gärungsprozeß unterworfen, so daß eine ascheartige Masse entstand. Diese Waidasche, die wie Taubenmist aussah, war nach sechs bis sieben Monaten verkaufsfertig; sie wurde in Holzfässer gefüllt, die das Stadtwappen und das Warenzeichen des Waidhändlers trugen, und sodann ging der Farbstoff Waid aus Erfurt in den Handel, zum großen Teil in den Fernhandel – nach Görlitz, Nürnberg, Lübeck, nach Flandern und in andere deutsche und europäische

Zentren der Tuchproduktion. Die Erfurter Fernhändler zogen den Hauptgewinn aus dem Waid. Auf Grund dieser Arbeitsteilung zwischen Stadt und Land waren enge, ungestörte Stadt-Land-Beziehungen für die Wirtschaft und das Leben der Menschen außerordentlich wichtig.

Abb. 52. Siegel der Stadt (ab 1250)

Zum gleichen Zeitpunkt, zu dem Waidanbau und Waidhandel genannt werden, wurde auch die Erfurter Wollweberinnung urkundlich erwähnt, womit der Zusammenhang zwischen Textil- und Farbstoffproduktion in Erfurt selbst erkennbar wird. Neben der Wollweberzunft sind die Hutmacher, Lederschneider oder Schilderer, Schuhmacher, Schmiede, Bäcker und Fleischhauer erstmalig 1248/1249 in den Aufzeichnungen des erzbischöflichen Schreibers Berthold als organisierte Zünfte verzeichnet. Sie hatten vom Erzbischof ihre Innung empfangen und huldigten diesem auch weiterhin, unterstanden seiner Gerichtsbarkeit und hatten an ihn Abgaben zu entrichten. Sie waren die ältesten, zum Teil sicherlich bereits im 12. Jahrhundert entstandenen Erfurter Zünfte. Weiter werden in diesen Aufzeichnungen, mit denen die Mainzer Erzbischöfe offenbar ihre bedrohten Rechte und Einnahmen zu fixieren und zu sichern gedachten, sieben Mühlen genannt.

Zwischen 1250 und 1255 führte der Kampf der Erfurter Stadtgemeinde um die städtische Selbstverwaltung zur Bildung eines selbständigen bürgerlichen Stadtrates. Danach entstand auch das Rathaus als Zentrum der bürgerlichen Ratsherrschaft und städtischen Verwaltung an jenem Platz am Fischmarkt, an dem sich heute das Rathausgebäude aus dem 19. Jahrhundert erhebt. Die Peterschronik berichtet zum Jahre 1255, daß von den Bürgern künftig 14 Ratsherren und einschließlich an deren Spitze zwei Ratsmeister die Geschicke der Stadt lenken und die Verwaltungsgeschäfte wahrnehmen sollten. Seitdem nahm der Rat auch die Bürgeraufnahme allein vor. Seit etwa 1250 existierte die als Stadtschreiberamt bezeichnete städtische Kanzlei.

Bis zur Mitte des 13. Jahrhunderts scheinen sich die Gassen und Plätze herausgebildet zu haben, die heute noch das Grundrißbild der Erfurter Altstadt im wesentlichen bestimmen. Von sozialen Problemen künden der Bau eines neuen Hospitals auf dem Fischmarkt und die Gründung eines Magdalenerinnenklosters, das sich der „Reuerinnen" annahm, „gefallener" Frauen und Mädchen, die nicht mehr in ihrer Familie lebten.

3.
Kampf der Bürger um kommunale Freiheiten in der zweiten Hälfte des 13. Jahrhunderts

Die reichen Kaufleute, die Patrizier, die anfangs allein den Rat der Stadt bildeten, besetzten und beherrschten, waren in Erfurt vielfach gleichzeitig Großgrundbesitzer und Lehnbürger, Geldhändler und Kreditgeber; sie besaßen Mühlen, Teiche und Weinberge. Außerdem trug das Braurecht der damit privilegierten Bürger, der sogenannten Biereigen, zur Schaffung einer Oberschicht bei. Ein weiteres Charakteristikum waren ihre gemeinsamen Wohnplätze um ihre eigene Kirche, die ecclesia mercatorum (Kaufmannskirche).

Der Rat war zunächst die Vertretung der ganzen Stadtgemeinde in der Auseinandersetzung mit dem erzbischöflichen Stadtherrn; er wurde als Organ der Bürgergemeinde von dieser für ein Jahr gewählt. In dem Maße, wie sich die Ratsverfassung festigte, der Rat an die Stelle der feudalen Stadtherrschaft ein bürgerlich-patrizisches Regiment setzte und sich zu einem Organ zur Beherrschung der Stadtbevölkerung fortbildete, drängten die Patrizier den Einfluß der Masse der Bürger im Gemeindeleben zurück und schalteten das Wahlrecht der Gemeinde aus. Seit der Mitte der 60er Jahre des 13. Jahrhunderts hatte es sich eingebürgert, nach vier Jahren den früheren Rat im wesentlichen wieder zu wählen. Entstehung und Festigung des vierjährigen Ratstransitus in der zweiten Hälfte des 13. Jahrhunderts lassen darauf schließen, daß die Ratswahl ganz in die Hände der Patrizier, die bis 1283 die Kandidaten ausschließlich stellten, übergegangen war. Die ratsfähigen Kaufmanns- und Patriziergeschlechter bildeten eine Gemeinschaft freundschaftlich verbundener, durch gleiche Interessen und Verwandtschaft verknüpfter Familien. Sie wurden als die Gefrunden (= Befreundete, Freunde) bezeichnet. Ihre Organisationsform war die Ratsgenossenschaft, die alle Mitglieder des sitzenden Rates und der ruhenden Räte und im weiteren Sinne auch deren Familie umfaßte. Bis zum Jahre 1283 waren die Gefrunden die allein politisch berechtigte Schicht der Erfurter Bürgerschaft; sie waren die alleinigen Träger der Ratsgewalt.

Die durch den Mainzer Erzbischof auf Veranlassung des Rates und der Bürgerschaft wegen Preistreiberei erfolgte Ablösung der Erfurter Fleischer- und Bäckerzunft im Jahre 1264 bedeutete, daß der Zunftzwang und das Gewerbemonopol außer Kraft gesetzt wurden und sich die Konkurrenz auf dem Erfurter Markt ausbreiten konnte. Wegen der Gerichtsbarkeit in einigen Dörfern der Umgebung Erfurts kam es um 1275 zu Streitigkeiten mit dem Grafen Albert von Gleichen. Rat und reiche Patrizier betrieben seit den 60er Jahren des 13. Jahrhunderts eine energische territoriale Expansionspolitik. Mit der Erwerbung von Burg und Dorf Stotternheim durch den Erfurter Rat im Jahre 1269 wurde der Grundstein eines städtischen Territoriums gelegt. Am 18. Oktober 1270 hatte Landgraf Albrecht für 160 Silbermark dem Erfurter Rat den Besitz mehrerer Dörfer und Ländereien, die den Namen „mindere Grafschaft an der schmalen Gera" führten, verpfändet.

Die Auseinandersetzungen mit den kirchlichen Gewalten, die die mainzische Herrschaft in Erfurt hauptsächlich mittrugen, erreichten 1279 einen Kulminationspunkt, der in tumultuarischen Szenen gipfelte. Erzbischöfliche Amtsträger wurden mißhandelt, ihrer Ämter enthoben und aus der Stadt verjagt. Darauf antwortete der Erzbischof mit dem Bann. Das im Herbst des Jahres 1279 verhängte Interdikt lastete zweieinhalb Jahre auf der Bürgerschaft. Ein Teil der Geistlichkeit, hauptsächlich die Ordensgeistlichen, die Mönche des Petersklosters, die Kanoniker des Doms und der Severikirche, verließen die Stadt. Dagegen stellten sich die Kleriker der städtischen Pfarrkirchen, die zumeist aus der Bürgerschaft selbst hervorgegangen waren und sich mit den städtebürgerlichen Interessen verbunden fühlten, auf die Seite der Bürger. Sie blieben in der Stadt und versahen trotz der Anfeindungen seitens der Kanoniker und entgegen den Befehlen des Erzbischofs den Kirchendienst.

Die Bestimmung des Rates von 1281, daß kein Bürger liegende Güter innerhalb des städtischen Weichbildes an Kirchen oder Geistliche verkaufen, verschenken oder irgendwie vermachen dürfe, sowie die Annektion der erzstiftischen Leinwandgaden durch den Rat Anfang des Jahres 1282 verschärften die Situation. Die Stadt war jedoch zum Einlenken gezwungen. Bann und Interdikt stellten die Erfurter außerhalb von Kirche und Gesellschaft, verboten ihnen Märkte und Handelsplätze, zerschnitten die lebenswichtigen Wirtschaftsbeziehungen von und nach Erfurt, und die Hilfe der Zentralgewalt blieb aus. Der Sühnevertrag, der am 21. März 1282 vom Erzbischof Werner von Mainz unterzeichnet wurde, stellte Rat und Bürgerschaft harte Bedingungen. Die Stadt mußte dem Erzbischof 1000 Silbermark als Buße und Schadenersatz zahlen. Außerdem mußte die städtische Geistlichkeit für die Verluste, die sie während der beinahe zweijährigen Verbannung aus der Stadt durch mangelnde Einnahmen und sonstige Schädigungen im Besitz erlitten hatte, mit 300 Mark Silber entschädigt werden. Der Rat mußte sich verpflichten, die Rechte des Erzbischofs in Erfurt anzuerkennen. Damit hatte die Stadt zwar einen Rückschlag erlitten, ihr Ziel, sich aus den Fesseln der Mainzer Herrschaft zu befreien, verfolgte sie jedoch weiter.

Erfurts weiterer Aufschwung widerspiegelt sich im „Carmen satiricum", das zwischen 1281 und 1283 entstand.[12] Der Verfasser dieses historisch-satirischen Gedichtes, der Erfurter Kleriker Nikolaus von Bibera, kannte die städtischen Verhältnisse gut. Er spricht von etwa 1000 Erfurter Kaufleuten. Auch wenn diese Zahl unsicher sein mag, unterstreicht sie nachdrücklich Erfurts Stellung als Hauptsitz des Handelsverkehrs in Thüringen. Die Erfurter Kaufmannschaft stellte seit dem 13. Jahrhundert eine Kapitalmacht dar. Im „Carmen satiricum" wird ein anschauliches Bild vom Gewerbeleben in der Stadt Er-

furt entworfen. Folgende Handwerker behandelt der Autor besonders: Schmiede, Weber, holzverarbeitende Handwerker, Gerber, Pergamentmacher, Steinmetzen, Kürschner, Schuster, Schneider, Maler und Sattler. Der Dichter des „Carmen satiricum" wirft ein bezeichnendes Streiflicht auf die städtischen Unterschichten; er spricht von billigen Tuchen, die weder Kleriker noch Ritter für gut genug erachteten, von den Armen und Mittellosen jedoch geschätzt und begehrt wurden.

Die 80er Jahre des 13. Jahrhunderts stellen in mehrerer Hinsicht eine entscheidende Etappe in der Entwicklung des städtischen Gemeinwesens dar. Zu dem noch vorherrschenden Gegensatz zwischen der Stadt und den Mainzer Erzbischöfen traten soziale und politische Gegensätze innerhalb der Stadtbevölkerung, die unter der Herrschaft des kaufmännisch-patrizischen Rates entstanden waren und zum offenen Konflikt zwischen Gemeinde und Rat drängten.

Erfurt war in die vier Stadtviertel Mariae, Andreae, Johannis und Viti eingeteilt. Jedes Viertel bestand seinerseits wieder aus mehreren Spezialgemeinden (Pfarren). Da die Gemeinde in immer drückenderer Abhängigkeit gehalten wurde und von jedem Anteil am Stadtregiment ausgeschlossen blieb, aber sich andererseits eine Gegenbewegung von unten entwickelte, indem die nichtpatrizischen Kaufleute und Handwerker wirtschaftlich erstarkten und damit auch ihr Selbstbewußtsein wuchs, erhitzten sich die Gegensätze schließlich bis zu jenem unerträglichen Grade, an dem sich die Gemeinde schließlich gegen den patrizischen Rat in einem offenen Aufstand erhob.

Kaum hatte der Rat 1282 mit dem Klerus Frieden geschlossen, sah er sich dem Ansturm der bürgerlichen Opposition gegenübergestellt. 1283 brach der Aufstand los. Die städtischen Volksmassen fanden in Volrad von Gotha, einem opponierenden Angehörigen der Erfurter Patrizierfamilie de Gotha, einen Anführer. Richtung und Ergebnisse der Erhebung lassen Handwerker, nichtpatrizische Kaufleute und Stadtarmut als soziale Basis, Triebkräfte und Hauptmasse der Aufständischen erkennen. Die Peterschronik spricht von einer außerordentlich großen Volksmenge. Die Erhebung zielte darauf ab, die Alleinherrschaft des alten Patriziats bzw. die Vormachtstellung einiger Familien im Rat zu brechen und durch radikales Vorgehen gegen die Reichen so-

---

[12] Nicolai de Bibera, Carmen satiricum, hrsg. von Theobald Fischer, in: Erfurter Denkmäler, hrsg. von dem Thüringisch-Sächsischen Altertumsverein zu Halle, Halle 1870.

Abb. 53. Das alte romanische Erfurter Rathaus am Fischmarkt (erbaut seit 1250)

wie gegen die ihnen anhängenden Stiftsgeistlichen freie Bahn für eine Änderung der Zusammensetzung des Rates und für einen Kurswechsel in der Ratspolitik zu schaffen.

Das erste sichtbare Ergebnis des erfolgreichen Verlaufs dieser blutigen Kämpfe war die Konstituierung eines neuen Rates, der am 28. Januar 1283 seine erste Urkunde ausstellte. Volrad von Gotha hatte zahlreiche Anhänger unter den aufständischen Bürgern. Eine Art Leibwache, bestehend aus 100 Männern, sorgte in den stürmischen Tagen des Aufstandes für seine persönliche Sicherheit. Als erster Ratsmeister stand er nachweislich vom 28. Januar bis zum 20. Juni an der Spitze der Stadt. Die folgende Urkunde vom 5. November 1283, die wieder vier Ratsmeister nennt, erwähnt seinen Namen nicht mehr. Zwischen Ende Juni und Anfang November erfolgte sein Sturz. Er wurde auf ewig aus der Stadt verwiesen. Der Erzbischof und die hohe Geistlichkeit unterstützten – in Erwartung eigener

Vorteile – die patrizische Gegenbewegung, indem sie Volrad mit dem Bann belegten.

Die Verbannung Volrads bedeutete keineswegs die Wiederherstellung der alten Zustände. Vielmehr konnte die städtische Opposition im Ergebnis ihres Kampfes einige wesentliche Machtpositionen behaupten und eine einschneidende Rats- und Verfassungsreform durchführen. Ihr bedeutendster Erfolg bestand darin, daß die bis 1283 bestehende politische Alleinherrschaft des Kaufmannspatriziats eingeschränkt wurde. Der bisher ausschließlich von den alten Geschlechtern besetzte Rat wurde nun um zehn Handwerkersitze erweitert, so daß sich die Zahl der Ratssitze von 14 auf 24 erhöhte. Es wurden aber nur Vertreter der wirtschaftlich starken neun großen Zünfte in den Rat aufgenommen, während die neun kleinen Zünfte und die übrigen Handwerke ohne Vertretung im Rat blieben. Obwohl das Kaufmannspatriziat auch weiterhin die Mehrheit im Rat besaß, hatte die antipatrizische städtische

Oppositionsbewegung damit einen großen Erfolg errungen.

Der neue Rat setzte den Kampf um den weiteren Ausbau der städtischen Autonomie fort. Noch unter Leitung Volrads erwarb er am 20. Juni 1283 die Vogtei in der Stadt für 200 Silbermark wiederkäuflich von Graf Albert von Gleichen. Auch nahmen seine Verwaltungsbefugnisse in Gewerbesachen zu. Nach einer Urkunde von 1288 kam es z. B. unter Mitwirkung des Rates, aber ohne die Zustimmung des Erzbischofs oder seiner Vertreter, zu einer Vereinbarung zwischen den Meistern und den Gesellen der Wollweber.

Abb. 54. Grabmal
eines Grafen von Gleichen mit zwei Frauen
(früher in der Peterskirche, seit 1813 im Dom)

Im Ringen um die weitere Zurückdrängung der erzbischöflichen Hoheitsrechte wurde nach erneuten Auseinandersetzungen im November 1289 eine vorläufige generelle Einigung erzielt, die in den Konkordaten des Mainzer Erzbischofs Gerhard II. ihren schriftlichen Niederschlag fand. Diese Concordata Gerhardi waren von grundlegender Bedeutung für das weitere Verhältnis zwischen dem Mainzer Erzstift und der Stadt Erfurt. Sie verzeichnen die den Mainzer Erzbischöfen in Erfurt verbliebenen Gerechtigkeiten. Auf diese Weise wollte der Stadtherr seine Rechte eindeutig fixieren und durch ihre detaillierte Aufzählung vor einer weiteren Schmälerung schützen. Nach dieser Aufzeichnung standen dem Erzbischof noch die Gerichtsbarkeit, zu welcher auch der Judenschutz gerechnet wurde, die Freizinsen von den Freigütern, das Münzrecht mit Schlagschatz und Wechsel sowie das Marktmeisteramt mit dem Zoll zu. Die grundherrlichen Einnahmen des Erzbischofs wurden nicht aufgeführt. Die in der Urkunde aufgezählten Rechte stellten den Rest der Mainzer Stadtherrschaft in Erfurt dar. Über alle nicht erwähnten Bereiche und Befugnisse verfügte seitdem de facto und de jure der Rat.

In der Folgezeit suchte der Rat den Mainzer Erzbischöfen die ihnen verbliebenen Herrschafts- und Hoheitsrechte zu entreißen. Dabei nutzte er die finanziellen Schwierigkeiten des Stadtherrn aus. Bereits im November 1289 mußte der geldbedürftige Erzbischof für 800 Silbermark dem Erfurter Rat auf sechs Jahre die Münze, das Marktmeisteramt und die beiden Schultheißenämter (in der Stadt Erfurt und im Brühl) verpfänden und ihre Besetzung durch Bürger zugestehen. Diese Verpfändung wurde später erweitert. Schon durch den pachtweisen Besitz des Münzrechtes konnte die Stadt nach eigenem Ermessen Münzen prägen lassen. Die Erfurter Denare oder Pfennige waren in und außerhalb Erfurts allgemein gültig. Der bedeutende Handel Erfurts verschaffte auch der dort geprägten Mark eine weite Verbreitung.

In den Jahren 1289 und 1290, als König Rudolf von Habsburg zu Erfurt Hof hielt, wurde Erfurt für mehr als zehn Monate zum Mittelpunkt der Reichsverwaltung und das Peterskloster zur königlichen Residenz. Rudolf hielt hier einen Reichstag ab, der sich mit der Wiederherstellung der Reichsrechte und des Landfriedens in Thüringen sowie mit der Nachfolge seines Sohnes Albrecht beschäftigte. Als das Heer Rudolfs von Habsburg zur Wiederherstellung des Landfriedens 1290 in Thüringen über 60 Raubritterburgen brach und der König zahlreiche Raubritter hinrichten ließ, geschah dies hauptsächlich mit Hilfe der Erfurter Bürger; sie streuten Waidsamen auf die Trümmer der verwüsteten Burgen als Zeichen des Sieges.

Umfangreiche Geschäftsbeziehungen, die Ende des 13. Jahrhunderts gemeinsam mit Kaufleuten aus Braunschweig, Magdeburg, Stendal und anderen

Abb.55. Bekämpfung der Raubritter in der Erfurter Umgebung durch Rudolf von Habsburg 1290
(Gemälde von P.Janssen im Rathausfestsaal)

Städten getätigt wurden, berechtigen zu der Annahme, daß Erfurt zum Kern der Hansestädte im engen Kontakt stand und seine Kaufleute als Mitglieder der deutschen Hanse in Flandern auftraten. Die Erfurter Fernhändler kauften auf den Märkten von Brügge, Gent und Deventer direkt hochwertige Tuche ein und unterhielten unmittelbare Handelsbeziehungen zu Köln und Aachen. Auch der Handel mit Hopfen von Erfurt und Thüringen nach Lübeck und über See war schon im 13.Jahrhundert lebhaft und von Beständigkeit.

Der wirtschaftliche Aufschwung der Stadt verschaffte dem Rat wachsende Machtfülle. Er erkaufte 1290 erneut vom Grafen Heinrich von Gleichen die Vogtei in der Stadt. 1291 erreichte er, daß die vorausgegangene Verpfändung bzw. Verpachtung wichtiger erzbischöflicher Herrschaftsrechte zeitlich ausgedehnt wurde. Am 18. März verpachtete Erzbischof Gerhard II. dem Rat zu Erfurt auf elf Jahre die Münze, das Marktmeisteramt, die Schultheißenämter

und die Judengefälle für 1000 Silbermark. Am 16. Oktober 1294 wurde dieser Vertrag für 300 Silbermark um weitere drei Jahre verlängert. Am 17. Januar 1299 kaufte der Rat den Grafen von Gleichen die Vogtei, die zeitweilig zurückerworben worden war, endgültig ab; damit verloren die Grafen ihre Erfurter Vogteirechte. 1301 befanden sich die Ämter des Vogtes und des Schultheißen in der Hand von Erfurter Bürgern.

Im Laufe des 13.Jahrhunderts hatte sich die bürgerlich-kommunale Architektur und städtebürgerliche Baukunst im Wohnbau, im Befestigungsbau der Stadtmauer und -tore, im Bereich der Straßen, Kaufhäuser, Brücken, städtischen Hospitale, Kirchen und des Rathauses weiter ausgeprägt. In den 70er Jahren hatten die Dominikaner den Neubau ihres Gotteshauses in unmittelbarer Nähe des Fischmarktes begonnen. Die Predigerkirche wurde um 1370 vollendet. Ihr kastenförmiger, langgestreckter Bau mit breitem Mittelschiff, ohne Querhaus und

Turmfassade und ohne architektonische Grenzziehung zwischen Mönchs- und Gemeindebezirk, zählt in ihrer Einfachheit und feierlichen Wirkung zu den qualitätsvollsten Werken der deutschen Architektur des 13./14. Jahrhunderts. Die Seitenschiffe der Basilika sind in eine Höhe gezogen worden, die dem Rauminneren fast den Eindruck einer Hallenkirche verleihen.

1291 geriet die ursprüngliche, aus dem ersten Jahrhundertdrittel stammende Franziskanerkirche, eine dreischiffige Hallenkirche, in Brand. Der sofort einsetzende Um- und Neubau führte auf der anderen Seite der Gera, nur wenige Meter von der Dominikanerkirche entfernt, zur zweiten monumentalen Kirche, der Barfüßerkirche. Auch die neue Franziskanerkirche, deren Chor 1361 geweiht werden konnte, war eine dreischiffige Basilika mit hohen Seitenschiffen. Auch hier faßte ein einheitlich durchlaufendes Dach Mittelschiff und Chor zu einem geschlossenen Ganzen zusammen. Barfüßer- und Predigerkirche – bei letzterer zog sich das Dach sogar noch über die Seitenschiffe hinweg – waren

durch ihre Höhe und Länge und die blockhafte Monumentalität ihrer äußeren Erscheinung zu beherrschenden Dominanten der Bürgerstadt geworden. Auf der nordöstlichen Seite des Gerabogens errichteten seit den 80er Jahren die Augustiner-Eremiten ihre Kirche, ebenfalls dreischiffig mit sehr hohen basilikalen Seitenschiffen und einem scheunenartig weiten Dach.

Zu dieser kontinuierlichen Bautätigkeit und anhaltenden Wirksamkeit der Bettelorden in der Stadt des 13. und 14. Jahrhunderts führten die wachsenden Erfordernisse, vor die sich Kirche und herrschende Klasse angesichts zunehmender Gesellschafts- und Kirchenkritik seitens der Volksmassen gestellt sahen. Außerdem gab der gleiche Grund, der zur Erweiterung und Vermehrung der Erfurter Pfarrkirchen führte, auch den Bettelorden seit dem ausgehenden 13. Jahrhundert ein größeres Wirkungsfeld: das Wachstum der Bevölkerung und eine hohe Sterblichkeit, besonders in Seuchenzeiten. Die Bettelorden wurden zu den Totengräbern und Totensängern zahlreicher Bürgerfamilien. Für ein or-

Abb. 56. Die Barfüßerkirche (13. bis 15. Jahrhundert)

Abb. 57. Zwei Gewölbeschlußsteine der Predigerkirche: Goldschmiedezunft und Böttcherzunft

Abb. 58. Das Predigerkloster (Ende des 13. Jahrhunderts)

dentliches Begräbnis in der Kirche oder auf dem Klosterfriedhof, für eine Seelenmesse, für die liturgische Leistung der letzten Dienste stifteten die Erblasser oder die Familienangehörigen bedeutende Geldmittel. Längst hatten die Mönche aufgehört, auf den Straßen zu betteln. Das Begräbniswesen war eine der wichtigsten Einnahmequellen, um das deshalb auch ständig der Streit zwischen Pfarr- und Bettelordensklerus ging.

Nach dem Neubau des Domes begann um 1278 der Neubau der benachbarten Severikirche, wie sie noch heute in seltener Ursprünglichkeit erhalten ist. Auch dieser Bau gehört zu den großen schöpferischen Leistungen der deutschen Architektur dieser Zeit. Seit dem 9. Jahrhundert lagerten in der Severikirche Reliquien des ravennatischen Wollkämmers und späteren Bischofs Severus, sowie seiner Frau Vincentia und seiner Tochter Innocentia.

Die großen Bauunternehmungen dieser Jahrzehnte bezeugen die beträchtlichen ökonomischen Potenzen des städtischen Bürgertums. Ein erheblicher Teil des erworbenen Kapitals kam den kirchlichen Bauwerken zugute oder floß als Spende der Gläubigen in den Unterhalt des privilegierten Klerus.

Das breite Spektrum klösterlichen Lebens in der Stadt wurde durch die dem Franziskanerorden na-

hestehenden Beginen ergänzt. Die Beginen waren vornehmlich Frauen aus dem Volke, denen die Klöster in der Regel verschlossen blieben und die in städtischen Beginenhöfen lebten und arbeiteten, Kranke pflegten, spannen, webten und strickten, in Notzeiten auch bettelten. Das Beginentum war in den Städten Flanderns entstanden. Die Kirche stand dieser Bewegung mißtrauisch gegenüber; sie beschuldigte die Beginen ketzerischer Auffassungen über Trinität (Dreieinigkeit) und Sakramente. Den Erfurter Beginen, die die Wollspinnerei und Weberei ausübten, war 1283 ein Privileg für den Handel mit Wolle und Tuchen erteilt worden. Ihre wollenen Tücher waren nicht nur für den eigenen Gebrauch, sondern auch für den Verkauf bestimmt. Der Dichter des „Carmen satiricum" konstatierte ihre große Zahl und bewunderte ihren Fleiß; er sprach auch von ketzerischen Beginen mit „falscher Religion".

Vor allem unter Meister Eckhart rückte der Erfurter Konvent der Dominikaner in den Mittelpunkt des religiösen und geistigen Lebens der Stadt. Eckhart verbrachte in diesem Kloster 28 Jahre seines Lebens. Vor allem durch sein Wirken – er hielt hier in den Jahren 1294 bis 1298 seine ersten deutschen Predigten – wurde Erfurt ein Zentrum der deutschen Mystik. Die Lehren dieses bedeutendsten Vertreters der deutschen Mystik standen mit den sozialen und

ideologischen Fragen der Volkskräfte, der Handwerker und Bauern, in Verbindung.[13] Um 1260 in
Hochheim (bei Gotha) geboren, gehörte Eckhart
schon früh dem Dominikanerorden in Erfurt an und
war mit 30 Jahren „Vikar von Thüringen und Prior
von Erfurt". 1300 erwarb er in Paris den Titel Magister und wurde 1303 erster Provinzial des Dominikanerordens der sächsischen Ordensprovinz. Als Meister Eckhart Erfurt verließ, hinterließ er eine Reihe
von Schülern, deren Predigten wie die ihres Lehrers
überliefert sind. Die Mystik war eine zur Reformation hinführende religiöse Bewegung, die auch innerhalb des Dominikanerordens Anhänger hatte.
Ihre Lehre besagte, daß der Gläubige ohne Vermittlung der Kirche und ihrer Priester im Gebet ein un-
mittelbares Verhältnis zu Gott finden könne, womit
die Institutionen der römisch-katholischen Papstkirche von innen heraus bedroht wurden. Die Mysti-
ker verwandten in ihren Predigten die deutsche
Sprache; sie predigten anschaulich, bildhaft und
volkstümlich, und sie hatten unter den einfachen
Menschen eine breite Anhängerschaft. Die Mystik
brachte – im Unterschied zur reich gewordenen,
verweltlichten und politisch mächtigen Papstkirche
– ein verinnerlichtes Christentum zum Ausdruck,
weshalb ihre Anhänger schließlich – wie auch Meister Eckhart – verketzert und verfolgt wurden.

Zum wichtigsten Organ der Inquisition entwik-
kelte sich das geistliche Generalgericht für Thüringen, das in Erfurt nach dem Vorbild des erzbischöflichen Gerichtshofes in Mainz errichtet wurde. Seine
Anfänge reichen offenbar ins ausgehende 13. Jahrhundert zurück. Es war seit seiner Entstehung mit
mehreren Richtern besetzt. Die wichtigste Rolle
spielte der provisor allodii, der Verwalter der erzbischöflichen Besitzungen in Thüringen; er hatte
seinen Amtssitz in Erfurt im Mainzer Hof auf dem
Brühl. Das Generalgericht in Erfurt trat zumeist im
Kreuzgang der Marienkirche zusammen, zuweilen
auch im Amtssitz des Provisors. Das Generalgericht
hatte in Vertretung des Mainzer Erzbischofs die gesamte geistliche Gerichtsbarkeit wahrzunehmen.
Damit fungierte es zugleich als Berufungsinstanz
für alle thüringischen Archidiakonatsgerichte. Dieses geistliche Generalgericht für Thüringen in Erfurt war zunächst für alle Geistlichen – den Welt-
und Ordensklerus, Mönche und Nonnen –, deren
Auseinandersetzungen untereinander und mit
Laien zuständig. Das Generalgericht zog aber Laien
auch dann vor sein Tribunal, wenn es sich um kirch-
lich-geistliche Streitfragen, wie Gotteslästerung,
Meineid, Zehntabgaben, Ehe, Wucher oder um
Rechtsverweigerung durch weltliche Gerichte han-

Abb. 59. Titelblatt der Erfurter „Willkür" von 1306

delte. Alle Glaubensdelikte, Verstöße gegen die
kirchliche Disziplin, Vernachlässigung der geistlichen Amtspflichten, Vergehen von Klerikern sowie
Ehebruch, Bigamie, Konkubinat u. a. unterlagen
seiner Strafgerichtsbarkeit. Die Generalrichter betätigten sich, wie gesagt, in Erfurt als erzbischöfliche Inquisitoren.

Je kraftvoller die Stadt aufblühte und je weiter
sich Erfurt von der feudalen Stadtherrschaft der Erzbischöfe von Mainz befreite, umso mehr mußte sie
sich mit anderen Städten und Kräften verbünden. So

[13] Hermann Ley, Studie zur Geschichte des Materialismus im
Mittelalter, Berlin 1957, S. 442; ders., Geschichte der Aufklärung
und des Atheismus, Berlin 1971, S. 257 ff.

Abb. 60. Die Augustinerkirche

vereinigten sich die Bürgeraufgebote von Erfurt, Mühlhausen und Nordhausen, verbündeten sich mit dem Landgrafen Albrecht, der Stadt Jena, den Grafen von Orlamünde sowie den Herren von Lobdeburg-Leuchtenburg, und sie erstürmten 1304 die Burgen Kirchberg, Windberg und Greifberg auf dem Hausberg bei Jena. 1306 leisteten die Erfurter, Mühlhäuser und Nordhäuser den Bürgern der Stadt Eisenach Hilfe, als sich diese, allerdings ohne Erfolg, an die Bezwingung der Wartburg wagten, um reichsunmittelbar zu werden. Diese Aktionen standen am Anfang eines lange bestehenden, sich in den Stürmen der Zeit bewährenden, treuen Bündnisses zwischen Erfurt und den beiden thüringischen Reichsstädten Mühlhausen und Nordhausen. Sie waren die Geburtsstunde des Thüringer Dreistädtebundes. Dieser kleine regionale Städtebund war wie andere deutsche Städtebünde eine von den herrschenden Ratsgeschlechtern geschaffene und geführte Organisation der gegenseitigen Städtehilfe. Er erwies sich gegen Adel und Fürsten, beim Schutz der Handelsstraßen, bei der Sicherung und Erweiterung der Autonomie und Selbstverwaltung als wirksame städtische Kampforganisation.

Trotz zunehmender Macht und Kraftentfaltung unterließ es der Rat jedoch, die Stadt Erfurt von Mainz völlig zu lösen: „Erfordia fidelis est filia Magontine sedis" (Erfurt ist eine treue Tochter des Mainzer Stuhls) – so lautet die Inschrift auf dem Siegel der Stadt Erfurt. Rat und Gemeinde schworen dem Erzbischof den Huldigungseid als „ihrem Erzbischof von Mainz und rechten Herrn". Tatsächlich aber nahm der Rat politisch-militärisch gegenüber den Erzbischöfen eine ähnliche Haltung wie zu anderen Feudalgewalten ein. Er verbündete sich mit ihnen auf der Basis der Gleichberechtigung, oder er trat ihnen mit Waffengewalt entgegen. Der Rat besaß das Befestigungsrecht und eigene Söldner. Er verfolgte eine selbständige Innen- und Außenpolitik

und schloß nach eigenem Ermessen mit Territorialfürsten, Feudalherren und Städten Bündnisse und Verträge.

1306 wurde das Erfurter Gewohnheitsrecht in einer Willkür schriftlich niedergelegt. Sie ist für Erfurt das älteste städtische Rechtsbuch. Der Rat handelte dabei so selbständig, daß er nicht einmal um Bestätigung beim Mainzer Erzbischof nachsuchte. Dieses älteste Erfurter Stadtrecht, die Willkür des Jahres 1306, umfaßte 42 Statuten, deren Inhalt sich auf die wichtigsten Punkte der Stadtverfassung und -verwaltung sowie des Privatrechts erstreckte.

Der Huldigungseid, den die Bürgerschaft alljährlich dem neuen Rat zu leisten hatte, rückte die Treue- und Gehorsamsverpflichtung in den Mittelpunkt der Bürgerpflichten. Nach der Willkür von 1306 galten in Erfurt als Bürger alle männlichen Einwohner über 13 Jahre (seit 1510 über 16 Jahre), die dem Rat den Bürgereid geschworen hatten. Beim Eintritt in die Bürgerschaft mußte der Neubürger gegenüber den die Aufnahme vollziehenden Ratsbeauftragten oder Bürgermeistern einen Eid leisten. Der Rat allein setzte die Höhe des Bürgergeldes fest und veranlaßte die Eintragung in das Bürgerbuch. Dem feudalen Stadtherrn blieb lediglich ein geringer Anteil an der Bürgeraufnahmegebühr als Anerkennungsbetrag erhalten, während das eigentliche Bürgergeld auf einer Forderung der Stadtgemeinde beruhte und in die Ratskasse floß. Scharf wandte sich die Willkür von 1306 gegen die Entfremdung städtischer Grundbesitzungen an Pfaffen und Klöster. Die Zünfte nannten Bürgerrecht, persönliche Freiheit und eheliche Geburt als Aufnahmebedingungen; außerdem forderte der Rat eine Aufnahmegebühr. Ein Teil der Zuwanderer war nicht in der Lage, diese Forderungen zu erfüllen und ein Hausgrundstück innerhalb der Stadtmauer zu erwerben, wodurch sich die plebejische Stadtarmut und die Bewohner der Vorstädte vermehrten.

4.

Innerstädtische Auseinandersetzungen, wirtschaftlicher und kultureller Aufschwung in der ersten Hälfte des 14. Jahrhunderts

Die Gegensätze zwischen dem Landgrafen Friedrich I., dem Freidigen, und dem Thüringer Dreistädtebund erfuhren seit Ende des Jahres 1308 eine immer schärfere Zuspitzung. Da sich insbesondere das Erfurter Gemeinwesen, der Mittelpunkt des thürin-

gischen Raumes, seiner Herrschaft entzog und seine Pläne, ein mächtiges, geschlossenes wettinisches Territorium zu schaffen, in mannigfacher Weise durchkreuzte, überzog er die Stadt zu Beginn des Jahres 1309 mit Krieg. Wenn auch die Erfurter mit ihren Verbündeten am 1. Februar 1309 die landgräfliche Burg Andisleben (nordwestlich von Erfurt) und wenig später die Burg in Udestedt (nordwestlich von Weimar) eroberten, so brachte dieser Krieg den Städten doch schwere Verluste. Ende August und in den ersten Septembertagen des Jahres 1309 griff Friedrichs Streitmacht Erfurt an und steckte Gärten und Häuser außerhalb der Stadt, im Brühl, in Brand. Die Bürger verstärkten die Befestigungsanlagen und Verteidigungsmaßnahmen. Am 7. September wurde die Stadt abermals vom Heer des Landgrafen angegriffen. Die Weinstöcke um Erfurt wurden abgehauen und andere Verwüstungen in der Umgebung angerichtet. Mehrere Wochen wurde die Stadt belagert. Der Rat und die Bürgerschaft kamen in arge Bedrängnis.

Die Lage wurde noch kritischer, als im Laufe der weiteren Auseinandersetzungen die bereits in den vorangegangenen Jahren vorhandenen oppositionellen Kräfte innerhalb der Stadt gegen die Ratspolitik auftraten. Die strenge Strafe, die die Willkür 1306 über jegliche Empörung gegen den Rat verhängt hatte, konnte den Ausbruch des Konfliktes nicht verhindern. Die Bürger waren bereit, die Waffen, die sie im Auftrage des Rates gegen den auswärtigen Feind in die Hand genommen hatten, gegen ihre Unterdrücker in der Stadt selbst zu richten. Die Bürgeropposition wandelte den Krieg gegen Friedrich den Freidigen in einen Bürgerkrieg um. Ende Dezember 1309 und Anfang 1310 erreichte die innere Krise ihren Höhepunkt. Die Handwerker und andere Bürger aus den Vierteln, die gesamte Gemeinde, erschienen bewaffnet und kampfbereit auf dem Fischmarkt vor dem Rathaus. Sie verlangten, daß die von ihnen in schriftlicher Form niedergelegten Forderungen öffentlich verlesen und vom Rat erfüllt würden. In diesem Schriftstück verlangte die Gemeinde ausdrücklich, vier Männer ihres Vertrauens zu wählen und mit außerordentlichen Vollmachten auszustatten. Nach diesen Vierherren, wie die Vertreter der Gemeinde genannt wurden, erhielt das Dokument den Namen Vierherrenbriefe.[14] Sie enthielten 17 Beschwerden und Forderungen der städtischen Opposition. Angesichts der drohenden Haltung des Stadtvolkes mußte der Rat die ihm vorgelegten Artikel anerkennen. Die Bestätigung der Vierherrenbriefe erfolgte am 9. Januar 1310.

Die Gemeinde verlangte zunächst die Wiederherstellung des Friedens, da der Krieg mit dem Landgrafen die Stadt nichts angehe. Die Patrizier sollten ihren Streit mit demselben allein ausfechten. Der Friede müsse aber unter Bedingungen erfolgen, die der Stadt keinerlei Schaden brächten.

Der Artikel über die Vierherren, welcher zugleich der ganzen Urkunde den Namen gab, sollte die Stärkung der Gemeinde in der Stadtverfassung und Stadtpolitik in besonderer Weise bewirken und garantieren. Damit die Vierherren die Belange der Gemeinde unmittelbar wahrnehmen konnten, gleichzeitig aber auch eine gewisse Kontrolle über den Rat auszuüben in der Lage waren, sollten sie das Recht erhalten, sich im Rathaus vor der Ratsstube aufzuhalten, um die Klagen und Beschwerden eines jeden Bürgers anzuhören und dieselben sofort vor den Rat zu bringen. Dieser hatte dann seine Verhandlungen zu unterbrechen, die Vierherren anzuhören und zu entscheiden.

Außerdem mußte der Rat von den einzelnen Handwerken selbst gewählte und eingesetzte Organe, die Vormünder, anerkennen. In den Vierherrenbriefen wurde den Vormunden der Handwerke zugestanden, daß sie nicht nur bei Streitigkeiten und Unzufriedenheiten unter den Zunftgenossen eine vermittelnde Tätigkeit auszuüben berechtigt waren, sondern daß sie sich mit ihren Anliegen auch unter Umgehung des Rates an die Vierherren als die „Meister und Vormunden der Gemeinde" wenden konnten. Der Rat mußte auch versprechen, weder die Initiatoren noch die Teilnehmer des Aufstandes zur Rechenschaft zu ziehen und zu bestrafen. Der Mainzer Erzbischof stellte sich auf die Seite der städtischen Opposition und anerkannte die Vierherrengewalt.

Gleichzeitig mit der von Handwerkern und Gemeinde erzwungenen Wahl des Vierherren-Kollegiums ging unter dem Druck der städtischen Opposition – auf Grund der wachsenden ökonomischen Bedeutung von Handwerk und Gewerbe – eine Umgestaltung des Rates selbst vor sich. Was 1283 nur vorübergehend verwirklicht worden war, wurde nun durchgesetzt: die Wahl von vier Ratsmeistern statt der bisherigen zwei. Dafür wurde die Zahl der consules um zwei verringert, so daß die Gesamtzahl der Mitglieder des sitzenden Rates wie bisher 24 betrug. Die Gefrunden behielten von den 24 Ratssitzen nur vier, während zehn Ratsstellen von der Gemeinde und zehn von den Zünften besetzt wurden. Das bedeutete einen weiteren großen Sieg der städtischen Opposition. Die Vorherrschaft des alten kauf-

[14] Urkundenbuch der Stadt Erfurt, bearb. von Karl Beyer, T. 1, Halle 1889, Nr. 535, S. 387ff.; Werner Mägdefrau, Patrizische Ratsherrschaft, Bürgeropposition und städtische Volksbewegungen in Erfurt, in: Stadt und Städtebürgertum in der deutschen Geschichte des 13. Jahrhunderts, hrsg. von Bernhard Töpfer, Berlin 1976, S. 324ff.

männisch-grundbesitzenden Patriziats war gebrochen; die Vertreter der Bürgeropposition hatten das absolute Übergewicht im Stadtrat erlangt und die Gefrunden auf einen geringen Rest ihrer früheren Macht beschränkt.

Allerdings waren auch jetzt nur die Handwerksmeister der neun großen Zünfte ratsfähig; die übrigen Zünfte und Handwerke sowie die minderberechtigten Bürger und die Stadtarmen besaßen das passive Wahlrecht nicht. Dennoch hatte sich der Einfluß der Handwerker und der städtischen Gemeinde in ihrer Gesamtheit verstärkt. Der Rat war in der willkürlichen Ausübung seiner Machtbefugnisse eingeschränkt.

Die Vierherren wurden direkt von der Gemeinde gewählt, und zwar drei von den vier Stadtvierteln (Johannis-, Viti-, Marien-, Andreasviertel) und einer von den Zünften. In diesem unmittelbaren Verhältnis zur gesamten Bürgerschaft, deren Interessenvertreter und Vertrauensmänner sie waren, lag die Stärke der Vierherren. Dadurch wurde es ihnen zeitweilig möglich, die einflußreichsten und mächtigsten Männer in der Stadt zu werden.

Zur Zeit seiner Entstehung stellte das Vierherren-Kollegium ein tatsächlich demokratisches Element in der neuen Stadtverfassung dar: seine Gewalt ging von den städtischen Volksmassen aus. An der Wahl der Vierherren wirkten neben den großen Zünften auch die kleinen Zünfte mit. Auch konnten alle, auch die kleinen Zünfte, gemäß den Vierherrenbriefen je zwei Zunftgenossen zu Vormündern oder Vorstehern erwählen. Obwohl die kleinen Zünfte 1310 noch außerhalb des Rates blieben, mußten ihnen dennoch diese Zugeständnisse hinsichtlich ihrer Mitwirkung bei der Vierherrenwahl und in bezug auf die Erweiterung ihrer gewerblichen Autonomie gemacht werden: ihre Vormünder erhielten auch wie diejenigen der großen Zünfte besondere Schlichtungskompetenzen innerhalb ihrer Zunft.

Außer den zwei Vormunden hatten die Erfurter Zünfte seit 1310 noch ein Ältestenkollegium und die Achtmänner an ihrer Spitze. Es ist zu vermuten, daß sich das Ältestenkollegium aus ehemaligen Vormunden bildete, die ihm jeweils nach Ablauf ihres Amtsjahres beitraten. In der Regel stiegen die Mitglieder des Ältestenkollegiums, sofern sich analog dem Ratsturnus eine Turnuspraxis auch bei den Handwerksvormunden entwickelt hatte, erneut zur Würde der Zunftvorsteher empor. Den beiden Vorstehern (Vormunden) und dem Ältestenkollegium zur Seite standen bei einem Teil der Zünfte die Achtmänner. Sie übten die Gewerbeaufsicht aus und waren speziell mit der Wahrnehmung gewerbepolizeilicher Befugnisse betraut.

Gemeinsam mit diesen Ausschüssen hatten die Vormunden ebenfalls bestimmte gewerbepolizeiliche Vollmachten, die sich hauptsächlich auf die Einhaltung der Qualitätsanforderungen und auf die Ausschaltung der Konkurrenz erstreckten. Die Oberaufsicht behielt sich in jedem Falle der Rat vor. Insbesondere bei Handwerkserzeugnissen, die in den Fernhandel einflossen, wurde auf strenge Einhaltung der Qualitätsbestimmungen gesehen, um dem guten Ruf der Zunft und der Stadt nicht zu schaden. Wenn die städtische Gewerbepolizei auf hohe Qualität der Produkte achtete, geschah das jedoch nicht in erster Linie aus ethischen Motiven; vielmehr sollten damit die Zunftmeister im Konkurrenzkampf, der schon der einfachen Warenproduktion eigen war, wirtschaftlich gestärkt werden.

Drei Gruppen von Handwerkern sind in Erfurt deutlich zu unterscheiden: die neun großen und die neun kleinen Zünfte sowie der Rest der Handwerke. Zu den neun großen Zünften gehörten: Krämer, Bäcker, Lohgerber, Wollweber, Schuhmacher, Schmiede, Kürschner, Fleischer und Schneider. Als kleine Zünfte galten: Weißgerber, Senkler, Büttner, Schilder, Huter, Pergamentmacher, Färber, Heringer (Fischhändler) und Reußen.

Die Bestimmungen der Vierherrenbriefe waren für die kleinen Zünfte noch unzureichend und trugen den Keim zu neuen Unruhen schon in sich, weil deren politische Forderungen sich ebenfalls auf das Mitspracherecht im Stadtrat richteten, aber nicht erfüllt worden waren. Doch weisen diese Errungenschaften darauf hin, daß die Gemeinde und die Handwerker in ihrer Gesamtheit im Vergleich zum Ergebnis der innerstädtischen Kämpfe von 1283 an politischem Einfluß gewonnen hatten.

Die bedeutendsten Handwerkszweige produzierten nicht nur für den Bedarf der Stadt und ihres Umlandes, sondern – wie die Erfurter Weber – für ferne Märkte im hansischen Wirtschaftsraum und im ost-, west- und süddeutschen Wirtschaftsgebiet. Einem schwach entwickelten Handwerk hätten die alten Ratsgeschlechter sicherlich länger widerstanden. 1310 erzielten die Zünfte den entscheidenden Durchbruch. Sie steigerten damit ihre wirtschafts- und gewerbepolitische Macht weiter und sicherten die freie Entfaltung der Produktivkräfte im Handwerk und die Förderung der zünftlerischen Tendenzen. Die Vorgänge von 1283 und 1309/1310 in Erfurt ordnen sich in eine gewaltige Welle von Volksbewegungen ein, die um 1300 zahlreiche Städte Süd-, West- und Mitteleuropas durchlief. Die chronika-

Abb. 61. Vertrag zwischen Lohgerber- und Schuhmacherinnung vom 17. Juli 1399

lische Überlieferung beweist, daß die Volksbewegungen in den Städten Flanderns, zu denen Erfurt Handelsbeziehungen unterhielt, in Erfurt aufmerksam verfolgt wurden. Die Spezifik der Erfurter Ereignisse besteht vornehmlich darin, daß sie von der stark entfalteten einfachen Warenproduktion und umfangreichen Handelstätigkeit verursacht waren, deren Träger in den innerstädtischen Auseinandersetzungen ihre wirtschaftlichen und politischen Interessengegensätze austrugen.

In der ersten Hälfte des 14. Jahrhunderts gestalteten sich nicht nur infolge weiterer sozialreligiöser Oppositionstendenzen, sondern zugleich wegen kommunaler Interessengegensätze die Beziehungen zwischen Bürgertum und Klerus erneut

zeitweise äußerst kritisch. Die Geistlichkeit stellte eine mit besonderen Privilegien ausgestattete und grundsätzlich eine Sonderstellung beanspruchende Körperschaft in der Stadt dar, in der über 20 Pfarrkirchen, 15 Stifts- und Klosterkirchen, mehrere Kapellen, ferner ein Deutschordenshaus und ein Johanniterhaus (bis 1339) existierten. Die überaus starke Machtstellung der Kirchen und Klöster gründete sich nicht zuletzt auf umfangreichen feudalen Land- und Grundrentenbesitz.[15]

---

[15] Wieland Held, Die Land- und Grundrentenerwerbungen sowie die Bemühungen um ländliche Gerichtsrechte von seiten des Rates und der Bürger der Stadt Erfurt, in: Jahrbuch für Wirt-

Die zahlreichen kirchlichen Sonderrechte und Ansprüche empfand das aufstrebende Bürgertum der Stadt mit Recht als Hemmnis für die Entwicklung des Gemeinwesens. Der Klerus war von den städtischen Abgaben und Diensten, namentlich den städtischen Steuern, befreit und besaß eine gerichtliche Sonderstellung. Kompetenzstreitigkeiten zwischen weltlicher und geistlicher Gerichtsbarkeit kamen häufig vor. Insbesondere erbitterte die Bürger die Verweigerung von Geschoß (direkte Steuer) und Ungeld (indirekte Steuer). Die städtischen Einnahmen mußten eine immer stärkere Einbuße erleiden, je mehr der Besitz der Kirche durch Schenkungen oder Kauf von Grundstücken in der Stadt anwuchs, die auf diese Weise der bürgerlichen Abgabenpflichtigkeit entzogen wurden. Daher war das Bestreben des Erfurter Stadtrates verstärkt darauf gerichtet, durch entsprechende Gesetzeserlasse ein weiteres Umsichgreifen der besitzgierigen Kirche zu verhindern, der Vermögensbildung der „toten Hand" enge Schranken zu setzen.

Um 1300 hatte insofern eine neue Etappe in der Verwaltungstätigkeit des Mainzer Erzbischofs in Erfurt begonnen, als er den Viztumen ihr bis dahin erbliches Amt abkaufte und einen neuen Beamten, den Provisor, als seinen Stellvertreter einsetzte. Um die Erblichkeit dieses Amtes und die Verschwägerung mit Erfurter Bürgergeschlechtern zu verhindern, betraute er einen Angehörigen des hohen Klerus damit. Mit dem Provisor Hermann von Bibera, Kanonikus und späterer Dekan des Marienstiftes, setzten straffere Verwaltung des erzbischöflichen Allods und verstärkter Widerstand gegen das weitere Vordringen der städtischen Autonomiebestrebungen ein.[16]

An diesen und anderen Streitpunkten entzündeten sich heftige Auseinandersetzungen des Rates und der Bürgerschaft mit den geistlichen Gewalten, die sich zu Beginn der 20er Jahre des 14. Jahrhunderts mit den Kämpfen zwischen Patriziat und bürgerlicher Opposition verflochten. Im Verlaufe der Streitigkeiten verließen 86 zu den Reichen gehörende Bürger die Stadt und kündigten dem Rat den Gehorsam. Gleichzeitig verhängte die hohe Erfurter Geistlichkeit über die Stadt den kirchlichen Bann. Die Antwort der Gemeinde waren antiklerikale Aktionen. Bürger stürmten die Häuser einiger Kleriker. Der Versuch der alten Geschlechter, die Ergebnisse des Bürgeraufstandes von 1309/1310 zu revidieren und die Macht der Vierherren zu beseitigen, scheiterte 1322 und in den folgenden Jahren völlig. 1322 nahm der Rat die Vierherren durch ein in die Willkür der Stadt eingetragenes Statut ausdrücklich

als Mitglieder in seine Reihen auf, nachdem diese bereits in den vorangegangenen Jahren an der Verwaltungsarbeit des Rates beteiligt gewesen waren. Seitdem bestand der Rat aus 28 Mitgliedern: an der 1309/1310 getroffenen Verteilung der Ratssitze und dem Wahlverfahren wurde festgehalten.

Abb. 62.
Schwurblock der Erfurter Tuchmacherzunft
(14. Jahrhundert)

Der oberste Vierherr erbrach alle Briefe, die versiegelt an den Rat kamen; er überreichte sie dem obersten Ratsmeister zur weiteren Beratung der darin aufgeworfenen Fragen; er machte die Beschlüsse, die der Rat gefaßt hatte, dem Stadtvolk bekannt. Die Vierherren wirkten am Abschluß wichtiger Verträge mit; sie übten die Aufsicht und

schaftsgeschichte, T. II/1979, S. 149 ff.; ders., Das Volumen des Land- und Grundrentenbesitzes einiger bedeutender geistlicher Stiftungen und Klöster Erfurts bis 1400, in: Jahrbuch für Regionalgeschichte, Bd. 8, Weimar 1981, S. 175 ff.
[16] Kurt Göldner, Hermann von Bibera, in: AVE, Bd. III, Erfurt 1963, S. 201 ff.; Georg May, Die geistliche Gerichtsbarkeit des Erzbischofs von Mainz im Thüringen des späten Mittelalters: Das Generalgericht zu Erfurt, Leipzig 1956.

Abb. 63.
Chor und Hochaltar des Domes
(um 1350)

Kontrolle über die städtischen Ämter, vor allem über die Finanzverwaltung. Die ständige Wachsamkeit im Interesse der Gemeinde war ihr höchstes Verdienst.

Das Ergebnis der innerstädtischen Auseinandersetzungen von 1322/1324 in Erfurt brachte nicht nur die Festigung der 1310 geschaffenen Machtverhältnisse, sondern sogar noch eine Verstärkung des handwerklich-kleinhändlerischen Einflusses und die weitere politische Schwächung des alten Kaufmannspatriziats. Diese innerstädtischen Auseinandersetzungen verbanden sich mit der antikurialen und antiklerikalen Bewegung im Reich in der Regierungszeit Ludwigs des Bayern (1314 bis 1346), so daß im Zeichen dieses erneuten großen Kampfes zwischen Kaisertum und Papsttum auch in der Stadt Erfurt wichtige politische Entscheidungen fielen.

In dieser Zeit, 1325, wurde ein bedeutendes Bauwerk, die Krämerbrücke, die Wohn- und Handelsstraße der Erfurter Krämer, als Steinbau vollendet. In knapp 20 Meter Breite führt die noch heute erhaltene Brücke mit sechs steinernen Bögen über zwei Arme der Gera, auf jeder Seite ursprünglich beschlossen von einer kleinen Kirche, unter deren hochgezogenem Schiff der Zugang erfolgte. Sie war auf ihrer ganzen Länge beiderseits mit Verkaufsbuden und Häusern bebaut. Die Straße über den Fluß ist ein einzigartiges kulturgeschichtliches Denkmal. Auch die Errichtung eines dreistöckigen Rathausturmes mit vier Meter starken Mauern und die Einbeziehung des Petersberges in die Stadtummauerung bezeugen den im 14. Jahrhundert erreichten hohen Entwicklungsstand der Erfurter Bürgergemeinde.

Von Kaiser Ludwig wurde unter den thüringischen Städten besonders Erfurt umworben. Am 25. Februar 1330 bestätigte er alle Rechte und Privilegien und erteilte am 24. Dezember 1331 ein Messeprivileg. Erfurt entwickelte sich zu einer hervorragenden deutschen Gewerbe-, Markt- und Fernhandelsstadt von europäischer Geltung. In der Erfurter Geleitstafel aus dem Jahre 1315 werden u.a. Tuche aus Gent, Ypern und Aachen aufgeführt, ebenso wie Gebühren für Baumwolle und Barchent. Möglicherweise wurde Barchent damals bereits in Erfurt hergestellt. Die dafür benötigte Baumwolle wurde auf dem Landwege von Venedig herangebracht und – soweit sie nicht von den eigenen Tuchgewerben benötigt wurde – an andere thüringische Städte sowie in nördlicher und östlicher Richtung weiterverschickt. Trotz starker Tuchimporte war die erfurtische und thüringische Weberei soweit entwickelt, über den Absatz und Konsum innerhalb

Thüringens hinaus Webwaren für den Fernhandel produzieren zu können; sie war auf die Ausfuhr eingestellt. In der Erfurter Geleitstafel von 1315 wurden ausdrücklich „tuche hir in deme lande gemachit"[17] als gängige Handelsware erwähnt. Außerdem durchfuhren die Wagen mit Pelzen aus Osteuropa, mit Orientwaren aus Venedig und Fischen aus Lübeck, mit Salz, Wein und anderen Fernhandelswaren das Erfurter Geleit. Eine spezifische Bedeutung erlangte die Stadt als Produktionszentrum für Farbstoff und Mittelpunkt des Waidhandels.

Die Erfurter Marktverhältnisse prägten das Marktgelände vor den Graden (gradus = Treppe, Stufe) von St. Marien und St. Severi, der Gradenmarkt, sowie das Marktgeschehen auf dem Wenigemarkt, der auf der anderen Seite des Flusses gelegen war. Die Verbindung zwischen Graden- und Wenigemarkt wurde von der Erfurt durchlaufenden, über die Krämerbrücke führenden großen West-Ost-Handelsstraße, der Hohen- oder Königsstraße, hergestellt. In dieser Verbindung bildeten Graden- und Wenigemarkt und das dazwischenliegende Gelände ein fast ununterbrochenes Marktgebiet, das auch Anschluß an den Angermarkt bei der Kaufmannskirche hatte. Nach Vollendung der Krämerbrücke als Steinbrücke 1325 war der Kramhandel allein den Brückenkrämern vorbehalten und in allen anderen Teilen der Stadt verboten. Im Vergleich zu deren Verkaufsständen waren die Verkaufsbuden der Händler und Winkelkrämer auf der Lehmannsbrücke ausgesprochen ärmlich. In erster Linie Fische, aber auch Wild und Geflügel wurden auf dem noch heute so benannten, von der Hauptverkehrsstraße abzweigenden Fischmarkt vor dem Rathaus verkauft.

Handelsorganisation wie Geldgeschäfte nahmen festere Formen an. Der gemeinsame Betrieb des Handels in Handelsgesellschaften, besonders mit Waid und Tuchen, wurde im 14. Jahrhundert zur Regel. Oft war die feudale Abnehmerschicht bei Warenkäufen zahlungsunfähig. Schuldverschreibungen der Landgrafen von Thüringen, der Grafen von Schwarzburg, von Beichlingen und anderen Feudalherren an Erfurter Kaufleute, Krämer und reiche Handwerker, meist für Tuche, Seide und Spezereien, mit Zahlungsversprechungen und Bürgen, sind in nicht geringer Anzahl überliefert. Steigende Lebens- und Repräsentationsansprüche und stagnierende Grundrenteneinnahmen brachten zahl-

---

[17] Erfurter Geleitstafel 1315, in: Quellen zur älteren Wirtschaftsgeschichte Mitteldeutschlands, hrsg. von Herbert Helbig, T. 2, Weimar 1952, Nr. 169, S. 133; Stadtarchiv Erfurt 2/210-6, Bl. 3.

Abb. 64.
Domportal, sogenannter Triangel
(um 1350)

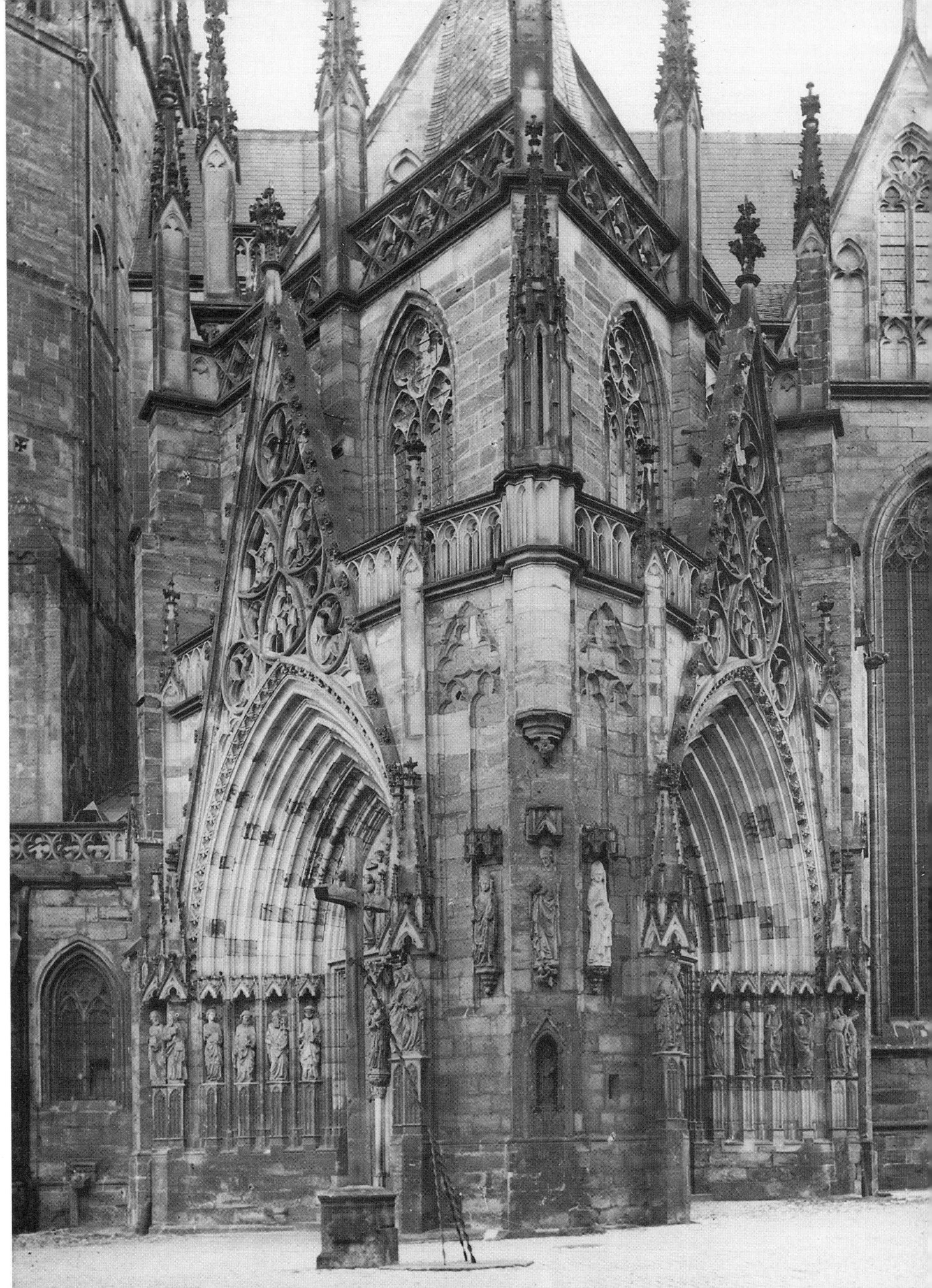

reiche Adelsgeschlechter in Schuldabhängigkeit von Erfurter Bürgern und Juden.

Außerhalb der Zunftorganisation stand eine ganze Reihe von Gewerbezweigen, wie z.B. das „unehrliche" Gewerbe der Bader und Barbiere. Von großer Wichtigkeit für die Nahrungsmittelversorgung waren die Heringer. Sie sind in Erfurt das ganze Mittelalter hindurch diejenige Zunft gewesen, die die Stadt mit Fischen versorgte. Für den Verkauf von importierten Fischen auf dem Erfurter Fischmarkt hatten sie das Handelsmonopol. Im Bereich der Erfurter Stadtfluren entwickelten sich in hervorragender Weise der Anbau und die Kultivierung von Obst, Gemüse, Sämereien, Hopfen, Wein und anderen hochwertigen landwirtschaftlich-gartenbaulichen Produkten. Durch die Melioration des Brühls im Jahre 1342 erfuhr die Gemüsegärtnerei in Erfurt einen weiteren starken Impuls.

Das in Erfurt blühende Braugewerbe war nicht zunftmäßig organisiert. Die Bierbrauerei beruhte auf Privilegien. Die Biereigen zählten zu den privilegierten wohlhabenden Bürgern, zum geringsten Teil aus dem Kreis der Zunfthandwerker, die in der Brauerei meistens eine zweite Beschäftigung und Erwerbsquelle hatten. Die Zufuhr von Gerste diente – ebenso wie die von Hopfen – in erster Linie dieser stark vertretenen Bierbrauerei.

Eine wesentliche Grundlage für die Entwicklung der Produktivkräfte war der Wasserreichtum. Die im Stadtgebiet in natürliche und künstliche Wasserarme aufgespaltene Gera trieb eine verhältnismäßig große Zahl von Mühlen aller Art: Getreide-, Walk- und Ölmühlen. Das Bibra-Buch verzeichnet 26 Mühlen: 13 am Breitstrom, sechs am Bergstrom, sieben an Hirschlache und Walkstrom; insgesamt arbeiteten im späten Mittelalter in Erfurt ca. 46 Mühlen. Besitzer der Mühlen waren meist vermögende Kaufleute, reiche Grundbesitzer und Klöster, die das Mahlen durch Knechte verrichten ließen.

Baugeschichtlich zog sich der im letzten Drittel des 13. Jahrhunderts eingeleitete Prozeß mit großer Intensität und auf seltener Qualitätshöhe über nahezu hundert Jahre hin, um dann im Innenausbau der Kirchen am Anfang des 15. Jahrhunderts seinen Abschluß zu finden. Das 14. Jahrhundert ist nicht nur das große Jahrhundert der städtischen Autonomie, sondern auch der mittelalterlichen Erfurter Baugeschichte.

Als der Rohbau der Severikirche seinem Abschluß entgegenging, rüsteten sich in den 20er Jahren des 14. Jahrhunderts die Stiftsherren der Marienkirche zu neuen architektonischen Anstrengungen. Mit dem Neubau von Querhaus und Chor des Domes hielt in Erfurt die gotische Kathedralplastik ihren Einzug. Auf monumentalisierende Umbauten des Querschiffes folgte in den 30er Jahren die Errichtung des spätgotischen Triangel-Portals, eines doppelgeschossigen Portalvorbaues auf dreieckigem Grundriß, der in den freien Platz zwischen Dom und Severikirche ragt. Die Wirkung dieser Portalanlage, mit der die erfurtische Baukunst den Anschluß an Erfahrungen der französischen Kathedralarchitektur gewann, entsteht durch ihre Stellung am oberen Ende einer sich verengenden gewaltigen Treppe, deren Neufassung zusammen mit dem Portal geplant worden sein muß.

Der Triangel mit seinen beiden spitzbogigen Gewändeportalen bot Platz für reichen Skulpturenschmuck. Die zwölf Apostel am Gewände des den Domstufen zugekehrten Teils umstehen die Gestalt der Madonna mit dem Kind auf dem Arm. Am rückwärtigen Eingang stehen die zehn klugen und törichten Jungfrauen als Hinweis auf das Jüngste Gericht. Die Kreuzigungsgruppe im Tympanon über den Aposteln erweist sich als verkleinerte Kopie der berühmten Kreuzigungsgruppe des Naumburger Westlettners.

Die klugen und törichten Jungfrauen haben ihre Vorbilder in den berühmten Mädchengestalten des Magdeburger Doms, deren Kleidung und Haltung sie nachahmen. Allerdings ist in Erfurt die künstlerische Gestaltung kleiner, malerischer, drastischer, bürgerlicher. Diese Nachahmung der Naumburger und Magdeburger Plastik noch fast 80 Jahre nach deren Entstehung zeugt nicht nur vom Rang und Prestigedenken des Erfurter Domkapitels, das den benachbarten Bischofssitzen nicht nachstehen wollte, sondern zugleich von der großen, nachhaltigen Ausstrahlung und Wirkung, die die Kunst des Naumburger Meisters und der Magdeburger Hütte ausgeübt haben. Einige der Erfurter törichten Jungfrauen sind von tiefem Schmerz erfüllt. Darin zeichnen sich Tendenzen in der Kunst ab, die die Verschärfung der sozialen und ideologischen Auseinandersetzungen in der Feudalgesellschaft reflektieren. Die Bebauung des Domhügels, die im 14. Jahrhundert vollendet wurde, ist eine Schöpfung von höchster Meisterschaft. Die reich profilierten Fenstergewände des Doms verschmelzen mit den Dienstbündeln der am Kirchenhimmel gleichsam schwebenden Kreuzrippengewölbe zu einem vielgliedrigen und kunstvollen Rahmen für einen der kostbarsten und größten Glasfensterzyklen der Zeit. Der Erfurter Domchor wurde 1372 geweiht.

In dieser Zeit eroberte sich auch die Mystik in der bildenden Kunst neue Darstellungs- und Erlebnisbereiche. Im Erfurter Ursulinerinnenkloster ist eines der frühesten deutschen Vesperbilder aus der Zeit um 1320 erhalten. Dieser Bildtyp, der möglicherweise in thüringisch-sächsischen Nonnenklöstern entstand, erfuhr im Laufe des 14. und 15. Jahrhunderts eine vielfältige Wandlung und Entwicklung. Nirgends aber ist die Erfahrung des Leidens, der Marter und des Todes so tief und sozial bedingt erfaßt worden wie in den frühesten Beispielen dieses Bildtyps, zu denen das Erfurter Vesperbild gehört. Um 1320/1335 widmeten die Augustiner-Eremiten ihrem Ordenspatron einen Glasfenster-Zyklus. Das Augustinus-Fenster in der Augustinerkirche kann als die früheste bildlich dargestellte Vita dieses Kirchenvaters gelten. Die Glasmalereien der Augustinerkirche und anderer Erfurter Sakralbauten des 14. Jahrhunderts sind ein wertvoller Teil der reichen Kunstentwicklung, die sich in diesem Jahrhundert in der Stadt entfaltete.

Erneute Kämpfe waren entbrannt, als 1335 die Erfurter Bürger den Mainzer Hof stürmten, den Provisor Hermann von Bibera gefangennahmen und ins Gefängnis warfen. Offensichtlich waren die Bürger darüber erbittert, daß dieser die Mainzer Ansprüche in der Stadt sehr energisch betonte; sie sahen dadurch die städtischen Freiheiten bedroht. 1337 ließ sich die Stadt Erfurt nach kriegerischen Auseinandersetzungen mit dem Erzstift Mainz und dem Haus Wettin vom Kaiser erneut bestätigen, daß seine Bürger vor kein auswärtiges Gericht gezogen werden

Abb. 65. Chorgestühl des Domes (14. Jahrhundert)

Abb. 66. Schnitzwerk am Chorgestühl des Domes (14. Jahrhundert)

sollten. Das Recht der freien Bürgeraufnahme wurde den Ratsmeistern, dem Rat und der gesamten
Bürgerschaft von Ludwig dem Bayern im Jahre 1342
ausdrücklich bestätigt.

Im thüringischen Grafenkrieg von 1342 bis 1346 –
einer kriegerischen Auseinandersetzung zwischen
dem Landgrafen und den Thüringer Adels- und Gra-
fengeschlechtern um die Vorherrschaft – stand Erfurt auf der Seite des Landgrafen. Es lag in offener
Fehde mit dem Mainzer Erzbischof. Mit Hilfe der
Erfurter belagerte der Landgraf Arnstadt. 1343 bis
1345 beteiligte sich die Stadt an mehreren erfolgreichen Feldzügen des Landgrafen gegen die orlamün-
dische Burg Vippach-Edelhausen, gegen Rudolstadt,
Wiehe, Willerstedt, Arnstadt, Kahla und andere Bastionen des gräflichen Widerstandes und des Landfriedensbruchs.

Für Erfurt hatten Verlauf und Ergebnis des Gra-
fenkrieges eine Vergrößerung seines Territoriums
zur Folge. Als „Lohn" für seine Hilfe übergab der
Landgraf dem Rat die Dörfer Zimmern (1345) und
Großbrembach (1348). Andere Erwerbungen, wie
die von Udestedt, Nottleben, Werningshausen, erfolgten durch Ankauf. Die Schlösser Tonndorf und
Mühlburg wurden 1346 erworben. Die aus 15 Dörfern bestehende Grafschaft Vieselbach, die Erfurt
schon früher pfandweise besessen hatte, kaufte der
Rat 1343 dem Grafen Hermann von Gleichen endgültig ab. 1348/1350 erwarb er noch die burggräf-
lich-kirchbergische Herrschaft.

1350 wurde in Erfurt einem Begarden namens
Konstantin der Prozeß gemacht, der aus Arnhem in
der Diözese Utrecht stammte. Konstantin bekannte
sich zur freigeistigen Häresie. Deren Vertreter und
Verfechter lehnten alle Institutionen der Kirche, die
Sakramente und das katholische Priestertum ab;
nach ihrer Meinung waren alle, die den Zustand des
freien Geistes erlangt hatten, frei von Sünden und
nicht mehr an die Moralbegriffe der Gesellschaft gebunden. Das General- und Inquisitionsgericht verurteilte Konstantin als Ketzer und übergab ihn dem
weltlichen Gericht; er fand am 3. August 1350 auf
dem Scheiterhaufen vor den Stufen des Domhügels
den Tod.[18]

In dieser Zeit, vom Juli 1350 bis zum Februar 1351,
wütete in der Stadt der „Schwarze Tod", die Pest.[19]
Damals sollen 12 000 oder gar 16 000 Einwohner ums
Leben gekommen sein. Judenverfolgungen und innerstädtische Auseinandersetzungen um die Ratsherrschaft erschütterten 1349/1350 erneut das städtische Leben. Danach – 1351 – schuf der Rat mit dem
Erfurter Zuchtbrief ein zeitgemäßes Stadtrecht.
Was den Waidhandel betrifft, so wurde im Zucht-

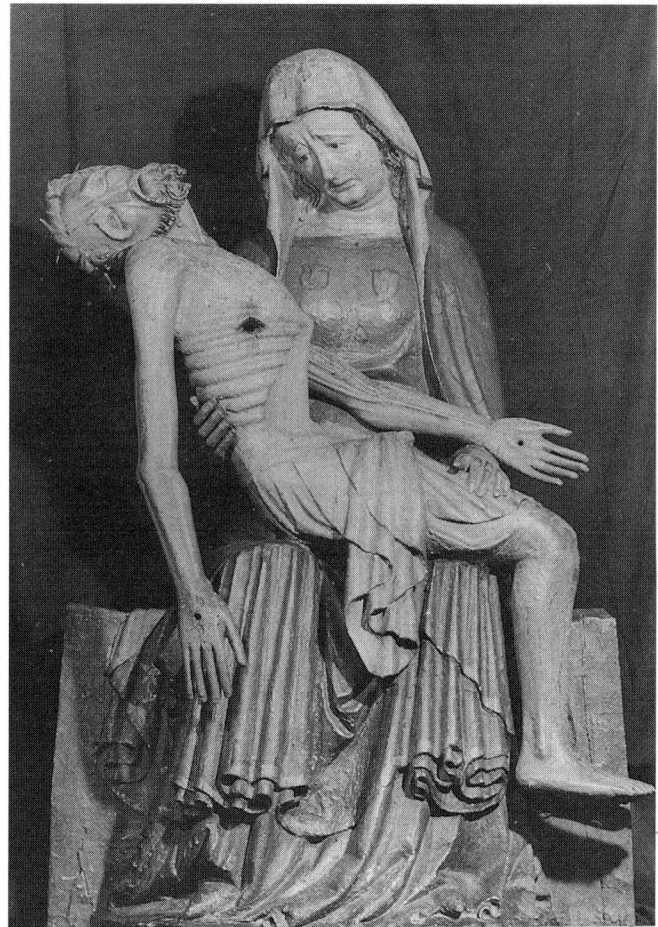

Abb. 67. Sogenanntes Vesperbild
im Ursulinen-Kloster (um 1320)

brief ein Marktzwang entweder bekräftigt oder neu
aufgerichtet, das heißt, Verkäufer und Käufer durften in Erfurt nur auf dem Waidmarkt, dem Anger,
mit Waid handeln. Mit der ausschließlichen Bindung des Waidhandels an den Anger war auch die
verstärkte Ansiedlung von Waidhändlern an diesem
Ort verbunden. Der Handel auf dem Erfurter Waidmarkt fand wöchentlich vom Trinitatistag (Sonntag
nach Pfingsten) bis zum Michaelistag (29. September) statt, also etwa 16 Wochen lang. Er wurde mit
einem Schlag an die Waidglocke eröffnet. Erst nach

---

[18] Martin Erbstößer, Ein neues Inquisitionsprotokoll zu den so-
zialreligiösen Bewegungen in Thüringen Mitte des 14. Jahrhunderts, in: Wiss. Zschr. der Karl-Marx-Universität Leipzig, Ges.-
und Sprachwiss. Reihe, Jg. 14, 1965, H. 3, S. 379 ff.; Ernst Werner,
Häresie und Gesellschaft im 11. Jahrhundert, Berlin 1975.

[19] Hanni Spiegler, Die Geschichte der Pest in Erfurt von den Anfängen bis zum Beginn des 17. Jahrhunderts, Med. Diss., Erfurt
1962 (Ms), S. 60 ff.

diesem Zeichen war es erlaubt, die Ware zu prüfen und Käufe abzuschließen. Beim Wiegen des Waids durch vereidigte Waagemeister, also beim Verkaufsabschluß, wurde seitens der Stadt von den Bauern ein Ungeld, eine indirekte Steuer, das Waidgeld, entsprechend der verkauften Menge erhoben. Die Erfurter Kaufleute kauften den Waid, übrigens auch in benachbarten Städten, wie gesagt zur Weiterverarbeitung in ihren eigenen, speziell dafür geschaffenen Produktionsstätten. Diese weitere Verarbeitung des Waids bis zur Herstellung des marktfähigen Fertigprodukts für die Textilfärberei ließen sie von Waidmeistern und Waidgesellen (Waidknechten) durchführen, die in einem Lohnverhältnis zu den Erfurter Waidhändlern standen.[20]

Angesichts des steigenden Bedarfs der wachsenden Textilproduktion nach Färbemitteln und einer beträchtlichen Ausweitung des Fernhandels mit Waid gelangte Lohnarbeit in den Produktionsbetrieben der Waidhändler zu breiterer Anwendung. Für die Bearbeitung, die Verpackung des begehr-

ten Farbstoffes, das Verladen und den Transport der Waidfässer wurden zahlreiche Arbeitskräfte gebraucht. Durch den Zuchtbrief wurde der Aufkauf vor der Stadt, der Vorkauf, verboten, der Verkauf und Kauf bestimmter Produkte – wie Getreide, Hopfen und Waid – nur auf den Märkten innerhalb der Stadt erlaubt.

Der Ledergroßhandel der einheimischen und fremden Kaufleute hatte seinen Sitz im städtischen Kaufhaus, der Waage. Der Warenaustausch mit der Landbevölkerung wickelte sich in der Hauptsache im täglichen und im Wochenmarktverkehr ab. Dazu traten noch Sondermärkte, wie insbesondere der behandelte Waidmarkt. Daß der Erfurter Rat das städtische Landgebiet und dessen Unterstellung unter seine unmittelbare Herrschaft als außerordentlich wichtig erachtete, beweist folgende Bestimmung des Zuchtbriefs von 1351: „Welcher Burger hat eygene Dörffer und Gerychte, der sal sie niergent noch niemant verkauffen, er enhab die dane vor geboten dem Rathe."[21]

Erfurt gehörte nicht zu den „reinen Handelsstädten"[22]; es verfügte innerhalb der Stadtmauern und infolge seiner engen Verbindungen zu seinem landwirtschaftlichen Hinterland über eine breite Produktionsbasis. Sozialökonomisch war Erfurt eine hochentwickelte Gewerbe-, Handels- und Messestadt. Sie war ökonomisches Zentrum eines aktiven Lokalhandels und eines ausgedehnten städtischen Landgebietes sowie thüringisch-regionaler Zentralmarkt und eine der wichtigsten deutschen Fernhandelsstädte von europäischer Bedeutung.

Bevölkerungsstatistisch war Erfurt mit im 14./15. Jahrhundert ca. 18 000 bis 20 000 Einwohnern die einzige thüringische Stadt im Range einer mittelalterlichen Großstadt; es gehörte im Spätmittelalter zu den etwa 25 deutschen Großstädten. In den mit Erfurt wirtschaftlich verbundenen Städten Nürnberg und Lübeck lebten nicht viel mehr, nämlich je um 20 000 Menschen. Im 14. Jahrhundert waren die Zuwanderer zum größten Teil ländliche Lohnarbei-

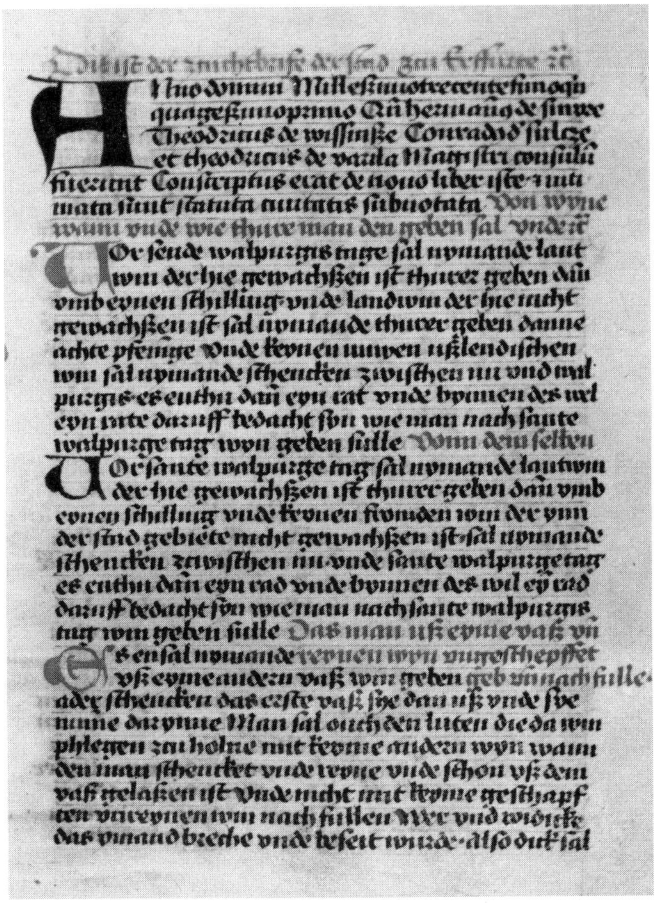

Abb. 68. Der Erfurter Zuchtbrief von 1351

---

[20] V.E. Maier, Soziale und ökonomische Wandlungen im Bereich der Waidproduktion und des Waidhandels in Deutschland während des 14. bis 17. Jahrhunderts, in: Europäische Stadtgeschichte in Mittelalter und früher Neuzeit, S. 227 ff.; Fritz Wiegand, Einige Bemerkungen zur Erfurter Waidproduktion, in: Ebenda, S. 237 ff.

[21] Der Erfurter Zuchtbrief vom Jahre 1351, mitgeteilt von Karl Eduard Förstemann, in: Neue Mitteilungen aus dem Gebiet historisch-antiquarischer Forschungen, Bd. 7, o. O. 1844, H. 2, S. 116.

[22] Karl Marx, Das Kapital. Kritik der politischen Ökonomie, Bd. 3, in: MEW, Bd. 25, Berlin 1964, S. 339.

ter, arme Bauern und kleine Handwerker, die sich – meist mittellos – vornehmlich vor den Toren der Stadt ansiedelten, um das Bürgergeld zu sparen oder weil dort Grund und Boden billiger waren.[23] Die Stadt Erfurt beherrschte – begünstigt durch ihre geographische Lage im Herzen Thüringens und Deutschlands – als Zentrum des thüringischen Straßennetzes den gesamten mitteldeutschen Handel, sie besaß die Gerichtsbarkeit und das Stapelrecht, schlug eigene Münzen, erwarb ein großes Landgebiet, hielt eine eigene militärische Streitmacht und schloß selbständig Verträge und Bündnisse mit Städten und Feudalgewalten.

Erfurt war von einer auffällig großen stadtfreien Zone umgeben. Die Wirtschafts- und Territorialpolitik des Rates war mit Erfolg darauf gerichtet, jede Stadtgründung in unmittelbarer Nähe zu unterbinden, um die wirtschaftlichen Potenzen und Möglichkeiten dieses Gebietes für die eigene Entwicklung

nicht mit anderen Städten teilen zu müssen. Auf Grund seiner bedeutenden Wirtschaftsstellung, der ökonomischen, politischen und militärischen Kraft seiner Bürger, sowie einer geschickten Schaukelpolitik seiner Stadträte zwischen den Mainzer Erzbischöfen, den Wettinern und der Zentralgewalt konnte sich Erfurt eine politisch fast unabhängige Position erkämpfen. Seit der Verbindung der Landgrafschaft Thüringen mit der Markgrafschaft Meißen unter der Herrschaft des Hauses Wettin in der Mitte des 13. Jahrhunderts entwickelte sich im thüringisch-sächsischen Raum einer der mächtigsten deutschen Territorialstaaten, gegen dessen Übergriffe sich Erfurt im späten Mittelalter erfolgreich zur Wehr setzte. Die wachsende ökonomische und politische Stärke bildete die Grundlage dafür, daß die Stadt Erfurt im 14. Jahrhundert einen großen Aufschwung ihres geistig-kulturellen und religiösen Lebens erlebte.

5.
Wirtschaftliche, politische und kulturelle Entwicklung von der Mitte des 14. bis zum Anfang des 15. Jahrhunderts

Als Hartmann Schedel in seiner berühmten „Weltchronik" das spätmittelalterliche Erfurt charakterisierte, hob er unter anderem hervor: „Diese Stadt liegt in einer gar guten Flur und fruchtbarem Erdboden, der trägt ein Kraut Waydt genannt, zur Färbung der Tücher dienlich … Diese Stadt … hat an Wohnungen, Häusern und Höfen der Bürger und an Gezierden der Klöster und Kirchen wunderparlich zugenommen …"[24] Der Nürnberger Chronist nannte hier im Jahre 1493 einige Merkmale der Bedeutung Erfurts, die für die gesamte Blütezeit der Stadt im 14. und 15. Jahrhundert typisch sind.

Am meisten scheint die Zeitgenossen Erfurts Stellung in der Waidproduktion und im Waidhandel beeindruckt zu haben. In Nürnberg, wo die Chronik verfaßt und gedruckt wurde, hatte man den Aufstieg der thüringischen Waidhandelsmetropole besonders gut verfolgen können. Nürnberg gehörte zu den Hauptabsatzmärkten für Thüringer Waid. Zwischen der Entwicklung Nürnbergs zu einem Zentrum der Textilveredlung und der Zufuhr von Waid aus Thüringen, insbesondere aus Erfurt, bestanden direkte Zusammenhänge. Großabnehmer für Thüringer Waid waren die flandrischen, rheinischen, oberlausitzischen und schlesischen Tuchregionen. Im westlichen Einzugsbereich der Hohen Straße

verbesserten sich die Waidabsatzmöglichkeiten vor allem durch den Aufstieg der Frankfurter Messen.[25]

Die Tatsache, daß Waid in erheblichem Maße über den Bedarf der eigenen Region hinaus produziert wurde, schließt ein, daß Textilproduktion und -veredlung in Erfurt selbst eine Steigerung erfuhren. Die Wollweber zählten bereits zu den neun großen Zünften. Zwei reiche Schneidermeister gründeten 1410 das Kleine Hospital in Erfurt. Doch brachte es nun offensichtlich auch die Färberinnung, die zu den neun kleinen Zünften rechnete, zu einigem Wohlstand. Zu Beginn des 15. Jahrhunderts tätigte

---

[23] Theodor Neubauer, Zur Geschichte der mittelalterlichen Stadt Erfurt, in: MGAE, H. 35, Erfurt 1914, S. 13.

[24] Hartmann Schedel, Liber chronicarum, Nürnberg 1493, Bl. CLVI f.

[25] Werner Mägdefrau, Zum Waid- und Tuchhandel thüringischer Städte im späten Mittelalter, in: Jahrbuch für Wirtschaftsgeschichte, T. II/1973, S. 131 ff.; Werner Mägdefrau / Erika Langer, Thüringisch-hansische Wirtschafts- und Bündnisbeziehungen im Mittelalter, in: Burg und Stadt in Geschichte und Gegenwart, S. 393 ff.; Erika Langer, Handelsbeziehungen thüringischer Städte zu Ländern der böhmischen Krone in der Zeit der Luxemburger, in: Karl IV. Politik und Ideologie im 14. Jahrhundert. Im Auftr. des Zentralinstituts für Geschichte der Akademie der Wissenschaften der DDR hrsg. von Evamaria Engel, Weimar 1982, S. 229 ff.

Abb. 69. Sogenannter Färberstein.
Gewölbeschlußstein der Barfüßerkirche
(um 1420)

sie in der Barfüßerkirche recht kostspielige Stiftungen. Ein Gewölbeschlußstein, auf dem vier Färber an einem Bottich dargestellt sind, zeugt davon, daß die Innung ein ganzes Gewölbe in der in der Nähe des Waidangers gelegenen Bettelordenskirche stiftete. Für die Ausführung des Schlußsteins konnte sich die Innung sogar einen hervorragenden Vertreter des Schönen Stils, den sogenannten „Meister i", leisten. Unter seinem Einfluß steht auch die bildnerische Darstellung auf dem „Färberaltar" der Barfüßerkirche. Neben der Kreuzigungsdarstellung und dem sonstigen ikonographischen Programm sind drei Färber als Vertreter der stiftenden Zunft aufgenommen. Weiterhin dokumentierte die Färberinnung ihre gewachsene Bedeutung noch durch die Beteiligung an den Kosten für die farbige Verglasung der Kirchenfenster. Davon zeugt ein farbenprächtiges Fenster mit der Darstellung von drei Färbern beim Anrühren einer Farblösung. Neben diesen glücklicherweise erhaltenen Kunstwerken, die zugleich Sachzeugen der Blüte des Erfurter Textilgewerbes und der Farbstoffproduktion sind, gab es früher in der im zweiten Weltkrieg schwer zerstörten Kirche noch einen weiteren Schlußstein, auf dem ein Färber mit einer Garnwinde über einem Bottich dargestellt war. In Erfurt gefärbtes Garn wurde in Köln offensichtlich sogar als Konkurrenz-

produkt empfunden. Der Kölner Rat verbot 1408, 1410 und 1421, Erfurter Garn auf kölnische Weise zu appretieren und für den Detailhandel fertigzustellen.

Der Aufschwung von Waidproduktion und Waidhandel, Textilproduktion und Textilexport brachte eine große Reihe wirtschaftsfördernder Wirkungen hervor. Schon die Zuliefertätigkeit für den Handel sicherte holz-, metall- und lederverarbeitenden Handwerken viel Arbeit, ganz zu schweigen davon, daß sich ihnen im Sog der führenden Exportzweige ebenfalls in gewissem Grade ferne Rohstoff- und Absatzmärkte erschlossen. Eine Zunfturkunde für die beiden großen Innungen der Lohgerber und Schuhmacher aus dem Jahre 1399 zeigt, daß der Rat um deren möglichst reibungsloses Nebeneinanderarbeiten bemüht sein mußte. Der wirtschaftliche Aufschwung war jedoch von einer fortschreitenden sozialen Differenzierung und Verarmung begleitet. Bereits im Jahre 1389 hatte der Rat eine erste Hospital- und Armenordnung erlassen müssen.

Erfurt gehörte zu den bevorzugten mitteleuropäischen Gewürzmärkten. Im Jahre 1411 schrieb der in Venedig ansässige Teilhaber des hansischen Kaufmanns Veckinchusen, daß er dort für 10 000 Dukaten Gewürze gekauft und „vor Prag und vor Erfort und gen Franchefort" gesandt habe.[26] Daß Erfurt als Umschlagplatz für Pelzwaren keine unbedeutende Rolle spielte, zeigt neben den Geleitsordnungen die Nachricht, daß schon 1375 ein Lübecker Großhändler 5000 Stück Buntwerk und drei Packen Hermelinfelle nach dort geschickt hatte. In dem Erfurter Geleitsverzeichnis des Johann von Allenblumen aus dem Jahre 1413 wurden an Luxusartikeln auch Tuche aus Brabant, Arras und Aachen hervorgehoben.[27] Bemerkenswert erscheint jedoch, daß dieses Geleitsverzeichnis im Gegensatz zur Geleitstafel von 1315 nicht mit der Angabe der Geleitsgebühren für das teure „Gewand" beginnt, sondern mit denen für einen Wagen mit Heringen und einen Wagen und Karren mit Waid. Hier widerspiegelt sich eine Veränderung des Charakters des überregionalen Handels und seiner Warenstruktur. Grundlage der Intensivierung des Fernhandels wurde mehr und

[26] Wilhelm Stieda, Hansisch-Venetianische Handelsbeziehungen im 15. Jahrhundert, Rostock 1894, S. 37 ff. u. Quellenanhang, S. 126–133; Erika Langer, Überregionale merkantile Kommunikation aus der Sicht thüringischer Hansestädte im 15. Jahrhundert, in: Hansische Studien III. Bürgertum – Handelskapital – Städtebünde, hrsg. von Konrad Fritze / Eckhard Müller-Mertens /Johannes Schildhauer, Weimar 1975, S. 105 ff.

[27] Staatsarchiv Dresden, Copial Nr. 41, Bl. 38 f.

Abb. 70. Wasserburg Kapellendorf

mehr die regionale Spezialisierung der städtischen Produktion. Wenn Erfurt nicht, wie andere namhafte Handelsplätze des frühen Mittelalters, in die Bedeutungslosigkeit zurücksank, so ist das vor allem darauf zurückzuführen, daß die Stadt ein eigenes Produktionsprofil entwickelte und Hauptort eines wirtschaftlichen Intensitätsgebietes wurde.

Der Rat der Stadt bemühte sich systematisch um die Ausweitung des Landgebietes. Nicht nur grundherrliche, sondern in starkem Maße auch Gerichtsrechte wurden erworben. Offensichtlich kam es der Stadt darauf an, mit Hilfe der Gerichtsbarkeit auch den Marktzwang auszuüben. Die Bauern durften die Roh- und Hilfsstoffe für das Gewerbe und den Handel der Bürger nur in Erfurt auf den Markt bringen. 1348 gelang es Erfurt, den Stammsitz der Burggrafen von Kirchberg, Kapellendorf, an sich zu bringen.[28] Die Stadt ließ die Burg Kapellendorf zu einer wehrhaften Wasserburg ausbauen. Ein aus dem Jahre 1392 überliefertes Inventarverzeichnis der Waffen-

kammer macht deutlich, daß es der Stadt in wenigen Jahrzehnten gelungen war, einen stark gerüsteten Vorposten zum Schutze ihres Handels und ihres Landgebietes zu errichten. Die Burg war ein Sicherheitsfaktor für die Händler auf der nahen Wein- und Kupferstraße, aber auch noch für die in ihrem Einzugsbereich vorbeiführende Hohe Straße. Um diese Zeit wurde überhaupt die Tendenz der Stadt immer deutlicher, in der Nähe belebter Handelsstraßen Wehranlagen zu erwerben. Das betraf unter anderem die Burgen Mühlberg, Tonndorf, Vargula und Vippach. Bezeichnenderweise verhinderten die Wettiner den Erwerb einiger Burgen. 1366 waren Erfurt von den Grafen von Schwarzburg die Wachsenburg, Liebenstein bei Plaue und Burg Schwarzwald angeboten worden, die günstig zu den Paßstraßen des Thüringer Waldes lagen. Auf Veranlassung

---

[28] Christina Wötzel, Zur Burgen- und Territorialpolitik Karls IV. in Thüringen von 1350 bis 1372, in: Karl IV., S. 179ff.

der Wettiner wurde die Erfurter Gesandtschaft, die sich nach Prag begeben und den Kaiser mit Hilfe von 9000 Gulden zur Bestätigung des Kaufs günstig stimmen sollte, überfallen und beraubt. Die Burgen konnte Landgraf Friedrich in seinen Besitz bringen.

Den Kauf von Kapellendorf hatte Erfurt genutzt, um sich einen weiteren Rückhalt gegenüber der expansiven Machtpolitik der Wettiner, aber auch gegenüber seinem eigenen mainzischen Stadtherrn zu verschaffen. Im Jahre 1352 ließ sich Erfurt von Karl IV. (von 1346 bis 1378) Burg und Dorf Kapellendorf sowie die Dörfer Coppanz und Schwabhausen als Reichslehen übertragen. Karl IV. adelte die Ratsmeister soweit, daß sie aktiv lehensfähig wurden. Damit wurde Erfurt für Kapellendorf reichsunmittelbar, huldigte dem deutschen König als seinem „rechten Herrn" und wurde von den Königen als Reichsstand behandelt. Bereits die Goldene Bulle Kaiser Karls IV. von 1356 erlegte Erfurt eine Leistung auf; in der Folgezeit wurde Erfurt zu zahlreichen Reichstagen eingeladen und in den Reichsmatrikeln im 15. Jahrhundert sogar als Reichsstadt geführt. Sicher hätte Erfurt in dieser Zeit tatsächlich die Reichsfreiheit erwerben können. Aus der Sicht der Reduktion von 1664 mag diese Unterlassung als Fehler erscheinen. Doch für die zweite Hälfte des 14. und das 15. Jahrhundert ermöglichte die Doppelstellung als weitgehend autonome bischöfliche Stadt mit reichsunmittelbarem Besitz, daß sich Erfurt ökonomisch, politisch und kulturell behaupten und kraftvoll entfalten konnte.

Selbst ein so bedeutender Herrscher wie Karl IV., der als König von Böhmen eine wesentlich breitere eigene Machtgrundlage besaß als seine Vorgänger, unternahm keinen Versuch, durch eine „Allianz zwischen Königtum und Bürgertum"[29], ähnlich wie es in Frankreich geschah, einen zentralisierten Staat herzustellen. Er arrangierte sich vielmehr, wie die Goldene Bulle ausweist, mit den Kurfürsten als mächtigsten Territorialgewalten. Die von ihm erfolgreich betriebene Hausmachtpolitik läßt zwar die Vermutung zu, daß er hierin in der Perspektive eine Integrationsmöglichkeit sah, doch hatten gerade die Reichsstädte, die – wie Mühlhausen und Nordhausen – unter den Verpfändungen und anderen Reichslasten litten, die Belastungen dieser Hausmachtpolitik mitzutragen. Die volle Reichsfreiheit erschien für Erfurt somit zur damaligen Zeit nicht erstrebenswert.

Bald nach der Erwerbung Kapellendorfs konnte Erfurt einen weiteren Erfolg erringen. Mit Kapellendorf war die dazugehörige Ausübung des Münzregals in den Besitz der Stadt gekommen. Das mag

dem Erzbischof den schwerwiegenden Entschluß erleichtert haben, der Stadt auch das noch zu seinen wenigen verbliebenen Rechten gehörige Erfurter Münzregal 1354 für 3000 Silbermark wiederkäuflich zu verkaufen. Ein Rückkauf des schon mehrfach verpfändeten Rechtes erfolgte nicht. Für Stadt und Bürger war der Erwerb des Erfurter Münzrechts außerordentlich bedeutsam. Die dem Königtum im Zusammenhang mit der politischen Zersplitterung entglittene Verfügungsgewalt über das Münzrecht wurde von zahlreichen Münzherren vor allem als einträgliche Einnahmequelle gehandhabt. Die Städte waren jedoch für das Gedeihen von Handel und Gewerbe in der Zeit intensivierter Ware-Geld-Beziehungen unmittelbar an geordneten und stabilen Geldverhältnissen interessiert.

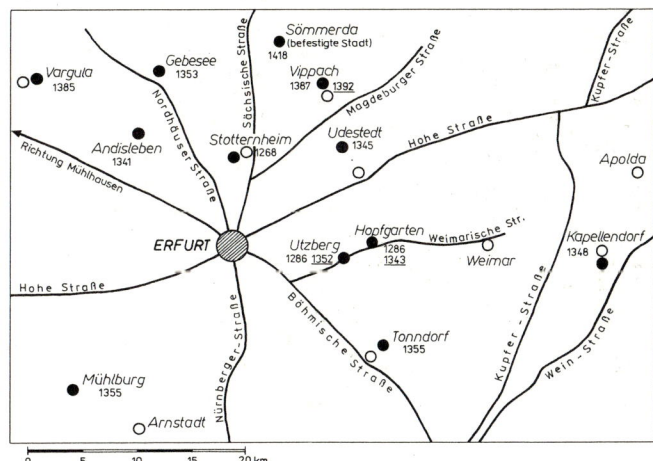

Abb. 71. Burgen im Besitz der Stadt Erfurt
Unterstrichene Jahreszahlen geben den endgültigen Besitz an

Auch der Mainzer Erzbischof hatte mit den hohen Einnahmen aus der Erfurter Münze oft seine Gläubiger befriedigt oder war in anderer Weise willkürlich damit verfahren. Als die akute Verschuldung des Erzstifts ihn zwang, dem Erfurter Rat das Münzrecht zu verkaufen, war das für die Stadt eine Möglichkeit, ihren ausgedehnten Fernhandel und ihre Nahmarktfunktion durch eigene Münzen zu stabilisieren. Das Münzrecht in ihrer Stadt war das älteste und bedeutendste der Region. Die auch in künstlerischer Hinsicht herausragenden Gepräge der Hauptmünzstätte Erfurt waren Leitbild für andere, weniger bedeutende Münzstätten. In Erfurt wurden

---

[29] Friedrich Engels, Über den Verfall des Feudalismus und das Aufkommen der Bourgeoisie, in: MEW, Bd. 21, Berlin 1962, S. 397.

außer den eigenen und übrigen thüringischen Prägungen vor allem die Münzsorten der mit der Stadt durch lebhafte Handelsbeziehungen verbundenen Regionen wirksam.

Die angesichts der entwickelten Geldwirtschaft seit 1252 in Florenz wiederaufgenommene Prägung von Goldmünzen (Gulden = Florene; in Venedig seit 1284 Dukaten) beeinflußte Erfurt über den in den deutschen Territorien am weitesten verbreiteten rheinischen Gulden. Die auf den Goldprägungen beruhende Reform der Silbermünzen widerspiegelte sich in Erfurt insbesondere durch die Meißner Groschen und die Prager Groschen. Die Erfurter Münzen zeigten als Beweis wachsender bürgerlich-städtischer Selbständigkeit das Stadtwappen, ein sechsspeichiges Rad und den Namen des Heiligen Martin, des Schutzpatrons der Stadt. Die ökonomische und politische Schwäche der Feudalgewalten erleichterte es den wirtschaftsstarken Städten vorerst noch, ihre Selbständigkeit zu bewahren und auszubauen. Allerdings konnte es im 14. Jahrhundert schon zu gefährlichen Konstellationen kommen, wenn sich die feudalen Kräfte, zwischen denen der Erfurter Rat sonst lavierte, zusammenschlossen.

Als die Wettiner auf ein Zusammengehen mit den Wittelsbachern verzichteten und Karl IV. damit den Weg zum Erwerb der Mark Brandenburg freimachten, kam es noch Ende 1372 zu einem Freundschaftsbündnis und einer Erbeinigung zwischen Luxemburgern und Wettinern. Nach dem Tode des Erzbischofs von Mainz 1373 bemühten sich die drei regierenden Wettiner darum, ihren vierten Bruder, Ludwig, den Bischof von Bamberg, auf den Mainzer Stuhl zu bringen. Während der Kaiser dessen Kandidatur unterstützte, schlossen Erfurt, Mühlhausen und Nordhausen ein Bündnis mit dem vom Mainzer Domkapitel gewählten Adolf von Nassau, dem Bischof von Speyer. Die Beherrschung der Landgrafschaft und des Mainzer Erzstifts durch Angehörige der wettinischen Dynastie hätte größte Gefahr für die Autonomie der Städte bedeutet.

Auf Drängen der Wettiner und des Papstes hatte der Kaiser über Erfurt die Acht ausgesprochen. Während der folgenden kriegerischen Auseinandersetzungen kam es zur Belagerung Erfurts. Die Belagerer, die ihr Hauptquartier in dem strategisch günstig gelegenen Cyriakskloster aufgeschlagen hatten, konnten aber trotz kaiserlicher Unterstützung gegen die gut befestigte und vorsorglich verproviantierte Stadt nichts ausrichten. Ludwig wurde schließlich 1381 Erzbischof von Magdeburg. 1382 hob König Wenzel Acht und Aberacht über Erfurt auf, was ihn aber nicht hinderte, erneut für die Wet-

tiner Partei zu ergreifen, als diese sich über die Erfurter Territorialpolitik beklagten. 1397 verbot er den Städten Erfurt, Mühlhausen und Nordhausen alle Landerwerbungen und erklärte die geschehenen für ungültig, weil dadurch die Macht der Fürsten geschmälert würde. Durchsetzen konnten die Fürsten ihre Forderung noch nicht. Erfurt erwarb sogar 1418 den Marktflecken Sömmerda und förderte dessen Weiterentwicklung zu einer kleinen Stadt.

Die immer wieder aufflammenden Auseinandersetzungen mit den Feudalgewalten waren für die Städte jedoch Alarmzeichen. Erfurt, Mühlhausen und Nordhausen hielten konsequent an ihrem Dreistädtebund fest und begannen mit der Anknüpfung überregionaler Bündnisbeziehungen. Auch die Hanse zeigte Interesse, ihre thüringischen Mitglieder zu politischen Verbündnissen heranzuziehen. Im Jahre 1416 kam es zunächst zu einem mehrfach erneuerten Bündnis mit der Nordharzer Gruppe von Hansestädten, mit Halberstadt, Aschersleben und Quedlinburg.[30]

Zu Beginn des 15. Jahrhunderts war Erfurts politische und rechtliche Stellung im feudalen Staatsgefüge bestimmt durch sein Verhältnis zum Erzstift Mainz, zum Reich, zu den benachbarten Feudalgewalten, insbesondere den Wettinern, durch sein enges Bündnis mit den Städten Mühlhausen und Nordhausen sowie durch die Beziehungen des Thüringer Dreistädtebundes zu außerthüringischen Städtegruppen.

Der wirtschaftliche und politische Aufstieg, den Erfurt bis zu diesem Zeitpunkt genommen hatte, widerspiegelte sich auch auf kulturellem Gebiet.[31] So wurde an den bereits erwähnten Bauwerken in hochgotischem und spätgotischem Stil weitergearbeitet. Bei den Profanbauten markieren am Rathaus die Jahre 1364 und 1385 wichtige Bauabschnitte. Gleichzeitig mit dem wirtschaftlichen Aufschwung der Stadt entwickelte sich um die Mitte des 14. Jahrhunderts eine eigene Kunst, die aus dem weitgespannten Raum der wirtschaftlichen und politischen Verbindungen der thüringischen Metropole Anregungen aufnahm. Führende Kunstgattung wurde die Plastik. Die vor 1352 entstandene Madonna

[30] Werner Mägdefrau / Erika Langer, Thüringisch-hansische Wirtschafts- und Bündnisbeziehungen im Mittelalter, in: Burg und Stadt in Geschichte und Gegenwart, S. 393 ff.

[31] Vgl. Geschichte der deutschen Kunst 1350–1470, hrsg. von Ernst Ullmann, Leipzig 1981; Erhard Drachenberg / Karl-Joachim Maercker / Christa Schmidt, Die mittelalterliche Glasmalerei in den Ordenskirchen und im Angermuseum zu Erfurt, hrsg. v. Institut für Denkmalpflege in der DDR, Berlin 1976, bes. S. 82 f.

mit Kind der Erfurter Predigerkirche bezeichnet den Beginn einer eigenständigen Erfurter Skulptur und einen neuen Sinn für realistische Gestaltung. In den 60er und 70er Jahren des 14. Jahrhunderts entstand in Erfurter Werkstätten eine Fülle qualitätsvoller Bildwerke, von denen nur die Madonna mit Kind der Neuwerkskirche, die Grabplatte der Cinna von Vargula in der Barfüßerkirche, der Severi-Sarkophag und die jetzt im Angermuseum aufbewahrte „Hirschmadonna" genannt seien. Letztere ist nicht nur ein Zeugnis der hohen Qualität der Erfurter

14. Jahrhundert. Sogar die für Erfurt besonders wichtigen Stadt-Land-Beziehungen fanden bereits im 14. Jahrhundert ihren Ausdruck in der Kunst. Im großen Saal des alten Erfurter Rathauses waren Rundbilder aufgehängt, darunter Kalendarientafeln mit entsprechenden Darstellungen monatstypischer Arbeiten. Neben den Bildern zur Getreideproduktion war der Darstellung der Weinernte besondere Sorgfalt gewidmet. Bemerkenswerterweise zeigte auch eine der Chorgestühlwangen im Erfurter Dom detaillierte Darstellungen zum Weinbau,

Abb. 72. a–c Drei Kalendarientafeln aus dem alten Rathaus mit Darstellungen bäuerlicher Arbeiten (14. Jahrhundert)

Holzbildnerei, sondern auch das älteste bekannte Beispiel der „Madonna im Strahlenkranz" in der deutschen Plastik. In der böhmischen Kunst wurde das Thema um 1360 auf der Burg Karlstein bei Prag und um 1365 im Prager Emmaus-Kloster gestaltet. Die Übernahme des Bildmotivs könnte mit den engen Beziehungen zum Hofe Karls IV. zusammenhängen. Einfluß der Prager Parler-Werkstatt machte sich dann in der Plastik der 80er Jahre des 14. Jahrhunderts und in der Glasmalerei zu Beginn des 15. Jahrhunderts bemerkbar.

Anfang des 15. Jahrhunderts beherrschten Form und Ausdrucksmerkmale des schönen oder weichen Stils die Erfurter Plastik. An der Tatsache, daß der bereits genannte „Meister i" zwischen 1405 und 1422 nicht nur beeindruckende Epitaphien, sondern auch den „Färberstein" schuf, wird eine Durchdringung geistlicher und profaner Thematik deutlich. Zu profanen Zwecken bestimmte Erzeugnisse des Erfurter Kunsthandwerks, wie die Schwurblöcke der Innungen, die sogenannten Keffern, wurden ihrerseits mit religiösen Darstellungen bemalt, so der Schwurblock der Erfurter Tuchmacher aus dem

so daß der christologische Gehalt hinter der Widerspiegelung der Wirklichkeit zurücktrat.

Von herausragender Bedeutung können die Aktivitäten des Erfurter Bürgertums auf geistig-kulturellem Gebiet gelten. Neben Köln gelang es im 14. Jahrhundert in den deutschen Territorien seitens der Städte nur der Stadt Erfurt, die Gründung einer Universität zu erreichen.[32] Im Jahre 1348 hatte Karl IV.

[32] Max Steinmetz, Festrede zur Feier des 575jährigen Gründungstages der Universität Erfurt, in: Beiträge zur Geschichte der Universität Erfurt (1392 bis 1816), hrsg. v. d. Medizinischen Akademie Erfurt, H. 15, 1979, S. 9 ff.; Horst Rudolf Abe, Die Erfurter medizinische Fakultät in den Jahren 1392–1524, in: ebenda, H. 17, 1973/74; ders., Der Erfurter Humanismus und seine Zeit, phil. Diss., Jena 1953; ders., Zur Rolle Erfurts im Leben und Werk Martin Luthers, in: Beiträge zur Geschichte der Universität Erfurt, H. 19, 1979–1983, S. 53 ff.; ders., Die Medizinische Akademie Erfurt und ihre progressiven Traditionen, in: ebenda, S. 9 ff.; Erich Kleineidam, Universitas Studii Erffordensis. Überblick über die Geschichte der Universität Erfurt im Mittelalter 1392–1521, T. I: 1392–1460, Leipzig 1964; Ulman Weiß, Die Kirchenpolitik des Erfurter Rates in Spätmittelalter und frühbürgerlicher Revolution, phil. Diss., Berlin 1982 (Ms); Siegfried Hoyer, Die thüringische Kryptoflagellantenbewegung im 15. Jahrhundert, in: Jahrbuch für Regionalgeschichte, Bd. 2, Weimar 1967, S. 148 ff.

in Prag die erste Universität Mitteleuropas gegründet. Nach Prag, Wien (1365), Heidelberg (1386) und Köln (1389) ist Erfurt die fünftälteste Hochschule Mitteleuropas überhaupt; sie ist die älteste Universitätsgründung auf dem Boden der heutigen Deutschen Demokratischen Republik. Ihre Entstehung geht nicht auf Initiativen der herrschenden Feudalklasse zurück, sondern sie wurzelte in den gesellschaftlichen Erfordernissen und der materiellen Leistungsfähigkeit des erstarkenden Städtebürgertums. Dieses benötigte in Wirtschaft und Politik sowie im geistig-kulturellen Bereich Gelehrte, Juristen, Mediziner, Theologen und Lehrer mit akademischer Bildung.

In Erfurt konnte an eine jahrhundertealte, gute Schultradition angeknüpft werden. Ein bedeutender Erfurt-Schüler war Konrad von Megenberg (1309 bis 1374), der Verfasser der ersten Naturlehre in deutscher Sprache („Buch der Natur" 1349/50). Am 16. September 1379 erhielt Erfurt aus Avignon gemäß den damals geltenden Rechtsnormen von Papst Clemens VII. die urkundliche Bestätigung der städtischen Universitätsgründung. Inzwischen aber war, seit 1378, das Schisma, die große Kirchenspaltung, eingetreten: ein Papst regierte in Rom, ein anderer in der französischen Stadt Avignon, und beide bekämpften sich heftig. Als sich der mit Erfurt verbündete Mainzer Erzbischof Adolf von Nassau dem römischen Papst Urban VI. zuwandte, folgte ihm auch die Stadt, und am 4. Mai 1389 schließlich stellte Urban VI. ebenfalls eine Errichtungsurkunde für die Universität zu Erfurt aus. Bei der Eröffnung am 1. Mai 1392 war die Erfurter Universität die erste deutsche Universität, an der von Anfang an alle vier erlaubten Fakultäten bestanden: die Theologische, Juristische, Medizinische und Artistische Fakultät. Der gerade erst in Erfurt promovierte Mediziner Amplonius Ratingk von Bercka wurde 1394 zweiter Rektor der Universität. Obwohl später in Köln tätig, stiftete er zu Beginn des 15. Jahrhunderts in Erfurt das Collegium Amplonianum in der Michaelisstraße und vermachte diesem seine 635 Bände umfassende Bibliothek. Mit Werken zu allen Wissensgebieten war sie die größte deutsche Privatbibliothek des späten Mittelalters, und sie gehört heute zu den Schätzen der Wissenschaftlichen Allgemeinbibliothek Erfurt.

Ihr guter wissenschaftlicher Ruf machte die Universität Erfurt im 15. Jahrhundert zur meistbesuchten Universität Deutschlands: sie vereinte in manchem Jahr mehr als 1100 Studenten und Lehrkräfte, zwischen 1392 und 1521 wurden 35 707 Studierende immatrikuliert. Die Studenten mußten, wie bereits

der Studenteneid von 1392 auswies, nach strengen Vorschriften leben. Sie wohnten in Kollegien oder Bursen, wie der noch vorhandenen „bursa pauperum" und der 1983 rekonstruierten „Georgenburse".

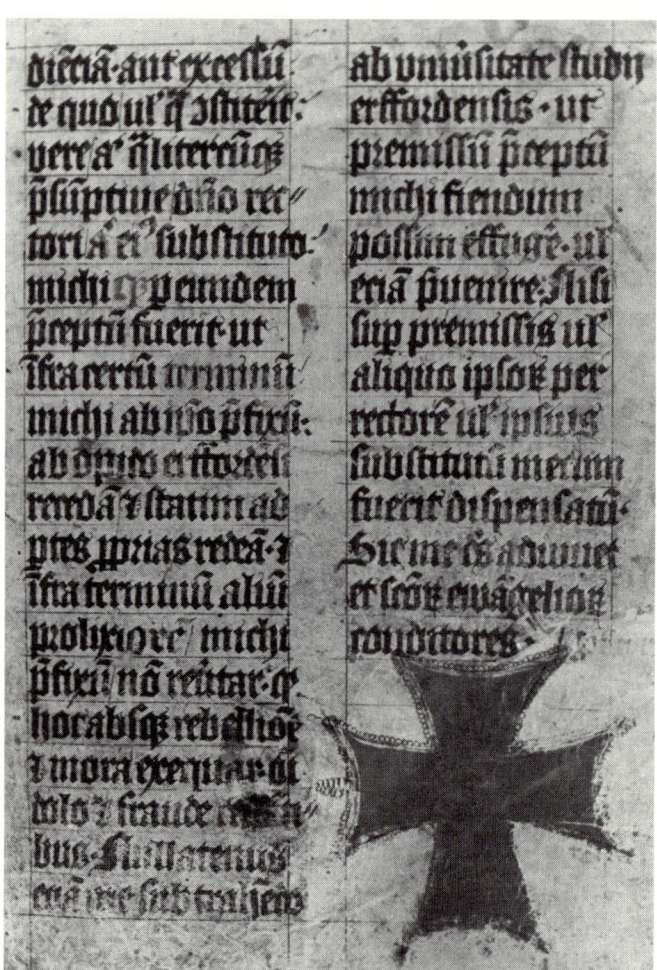

Abb. 73. Der Studenteneid
aus der Matrikel der Erfurter Universität
(1392)

Die Universität Erfurt war in den ersten Jahrzehnten ihres Bestehens in den Lehrmethoden modern, im Inhalt jedoch traditionalistisch im Zeichen der Vorherrschaft der Theologie und Scholastik – jener mittelalterlichen Schulweisheit und theologisch-philosophischen Denkweise, die das kirchliche Dogma mit der Vernunft zu begründen und die feudale Klassenherrschaft ideologisch zu sanktionieren suchte. Dennoch hatte sich bereits zu Beginn des 15. Jahrhunderts an der Juristischen Fakultät das Zivilrecht neben dem Kirchenrecht als Lehrgegenstand durchgesetzt, weil Städte und Territorialstaaten Juristen wie Verwaltungsbeamte dringend benötigten. Damals wurde Erfurts europäischer Ruf als „Bologna des Nordens" begründet; denn die Universität Erfurt war zeitweise die berühmteste Pflegestätte rechtswissenschaftlicher Studien nördlich der Alpen.

Bei den weitausgreifenden Erfurter Handelsbeziehungen gelangten mit den Waren auch neue Ideen in die Stadt; sie wurden hier verbreitet, weiterentwickelt und nach außen getragen. Deshalb sah sich das offizielle Erfurt veranlaßt, sich auf dem Gebiet der Ketzerbekämpfung besonders zu betätigen. Das 1414 in Konstanz eröffnete Konzil sollte nicht nur die Spaltung der Papstkirche beseitigen, die dem Ansehen dieser ideologischen Hauptstütze des Feudalismus sehr geschadet hatte, sondern auch die Kritik des tschechischen Reformators Jan Hus an den Mißständen in Kirche und Gesellschaft zum Schweigen bringen. Die Universität Erfurt delegierte als Theologen die Augustinereremiten Angelus von Döbeln und Johannes Zachariae. Letzterer entwickelte bei den Intrigen gegen Jan Hus besondere Aktivitäten und gehörte zu den treibenden Kräften, die Jan Hus 1415 auf den Scheiterhaufen brachten, was später zur Furcht vor den Heerscharen seiner Anhänger beigetragen haben könnte. Dem trotz eines königlichen Geleitsversprechens eingekerkerten Jan Hus gab man keine Gelegenheit, seine Lehren in freier Disputation zu verteidigen, so daß Johannes Zachariae ganz zu Unrecht als „Hus-Überwinder" gefeiert wurde. In seinem Orden galt er aber als bedeuten-

der Lehrer. Auf der Grabplatte des 1428 verstorbenen Zachariae vor dem Altar des „Schwarzen Klosters" mußten sich die künftigen Mönche in Kreuzesform niederwerfen und das Gelübde ablegen. Das betraf auch Martin Luther, der später in seinen Lehren an Hus anknüpfte. Sicherlich ist in Erfurt auch die 1405 verfaßte Schrift des Jan Hus gegen das Wilsnacker Blutwunder bekannt geworden. Wilsnack in der westlichen Mark Brandenburg mit seinem „heiligen Blut", drei rötlich gefärbten Hostien, war im 15. Jahrhundert – nach Jerusalem, Rom, Santiago und Aachen – einer der bedeutendsten Wallfahrtsorte. Der Kirchen- und Reichsreformer Heinrich Tocke, der gegen den Wilsnacker Aberglauben energisch auftrat, war stadtbürgerlicher Herkunft, hatte zu Anfang des 15. Jahrhunderts in Erfurt studiert und hier später Theologie gelehrt, während unter seinen Gegnern der Erfurter Franziskaner und Theologe Matthias Döring das Wilsnacker Blutwunder und Wallfahrtsziel Tausender religiös verblendeter Menschen verteidigte.

Erfurt entwickelte sich im Laufe des 15. Jahrhunderts infolge seiner wirtschaftlichen und geistigen Beziehungen zu Böhmen und Prag sowie durch die Beteiligung von Gelehrten seiner Universität an den Reformkonzilien von Konstanz (1414–1418) und Basel (1431–1449) zu einem Brennpunkt in der Auseinandersetzung zwischen antihussitischen und vorreformatorischen Tendenzen von großer Bedeutung und Ausstrahlung.

6.

Von den Einwirkungen der revolutionären hussitischen Bewegung bis zu den Verträgen von Amorbach und Weimar 1483

Um die Mitte des 15. Jahrhunderts nahmen in Erfurt die Produktivkräfte einen weiteren Aufschwung. Ein Spiegelbild der bedeutenden Stellung Erfurts in Produktion und Handel bietet die Geleitsordnung des Hartung Cammermeister von 1441.[33] Es gab kaum ein Erzeugnis der breit gefächerten Warenpalette des spätmittelalterlichen Handels, das Erfurt nicht als Export-, Import- oder Transitgut passiert hätte. Allerdings ging der weitere wirtschaftliche Aufstieg der Stadt mit einer zunehmenden sozialen Polarisierung einher. Bei den Waidjunkern hatte die Anhäufung von Geldkapital solche Dimensionen angenommen, daß sie im Laufe des 15. Jahrhunderts eine Bestimmung durchsetzen konnten, wonach nur noch diejenigen Waidhandel

betreiben durften, die jährlich mindestens 1000 Gulden versteuerten. Ihre Haus- und Hofwirtschaften waren kleine Manufakturbetriebe der Waidproduktion. Waidknechte sowie andere Hilfskräfte und Lohnarbeiter wurden, wie wir aus späteren Quellen wissen, schlecht entlohnt. Zu Beginn des 16. Jahrhunderts gehörten sie der untersten Vermögensgruppe an, galten als besitzlos oder besaßen bestenfalls ein kleines Haus in dem armen Stadtviertel Augustini intra. Auch die Angehörigen der führenden Exportgewerbe verfügten in anderem Maße

---

[33] Erfurter Geleitsordnung des Hartung Cammermeister von 1441, in: Quellen zur älteren Wirtschaftsgeschichte Mitteldeutschlands, Nr.174, S.145ff.

über die Möglichkeit, Vermögen anzuhäufen als die für den Lokalmarkt arbeitenden Handwerker, wenn man von den großen Innungen der Bäcker und Fleischer absieht.

Die Exportgewerbe orientierten sich zunehmend auf die Anwendung neuer Produktionsmethoden. Für das 15. Jahrhundert werden neben den bereits in großer Zahl vorhandenen Mahlmühlen viele Gewerbemühlen genannt. Im späten Mittelalter waren rund 50 Wassermühlen in Betrieb, und Erfurt machte den Eindruck einer Stadt der Wassermühlen.[34] Die Walkmühlen der Tuchmacher und der besonders qualitätvolle Waidfarbstoff trugen dazu bei, den nördlichen und östlichen hansischen Wirtschaftsraum nächst der eigenen Region zum wichtigsten Absatzgebiet für Erfurter Tuche zu machen. Das exportintensive Textilgewerbe bot jedoch auch Ansatzpunkte dafür, daß sich einzelne Meister über andere erheben konnten und wirtschaftlich geschwächte oder gar ruinierte Handwerker ihre Selbständigkeit verloren, in ökonomische Abhängigkeit von reichen Handwerksmeistern und Kaufleuten gerieten. In ähnlicher Weise förderte die Verwendung von Schleif- und Poliermühlen in den metallverarbeitenden Gewerben einerseits die Steigerung der Produktion und andererseits die soziale Differenzierung – bis hin zur verstärkten Anwendung von Lohnarbeit. Das Gewerbe der Pergamenter, das nach der Gründung der Universität noch einmal einen Aufschwung erlebt hatte, ging im Verlauf des 15. Jahrhunderts durch die jetzt zum Tragen kommende Erfindung des Papiers schnell zurück. Die Erwähnung von Papiermühlen macht deutlich, daß die Steigerung der Arbeitsproduktivität durch die Verwendung der Wasserkraft auch in diesem Falle dazu beitrug, neue Produktionsmethoden durchzusetzen und zugleich die Zahl der sozial Benachteiligten zu erhöhen. Die Mehrzahl der Handwerker war zur bürgerlichen Opposition zu rechnen. Nur einer begrenzten Anzahl von Gesellen war noch die Erwerbung der Meisterwürde möglich. Neben den Lohnarbeitern und Tagelöhnern, die den Kern der plebejischen Opposition bildeten, hatte sich die Zahl der Stadtarmen gemehrt, deren Erwerbs- und Existenzbedingungen völlig ungesichert waren.

Erfurter Bürger entwickelten Initiativen in bezug auf Bergbau und Hüttenwesen, d. h. hinsichtlich jener Produktionszweige, die für den Übergang von feudalen zu frühkapitalistischen Produktions- und Eigentumsverhältnissen vorrangige Bedeutung erlangten. Für 1436 ist nachgewiesen, daß Erfurter schon längere Zeit im Besitz eines Hüttenwerkes in Leimbach bei Mansfeld waren. 1479 und später war Erfurter Kapital im Schneeberger Silberbergbau beteiligt, gegen Ende des Jahrhunderts an Bergwerken in Goldkronach im Fichtelgebirge.[35]

Vielschichtig waren die Auswirkungen der weiterhin systematisch betriebenen Landgebietspolitik. Schon die im 15. Jahrhundert erfolgreich fortgesetzte Territorialpolitik der Wettiner, die 1423 von König Sigismund (von 1410 bis 1437) die freigewordene sächsische Kurwürde erhalten hatten, zwang Erfurt, seinen eigenen Stadtstaat möglichst abzurunden und seine Landgebietspolitik als Element des Klassenkampfes wirksamer zu gestalten. Um 1470 erreichte das Erfurter Territorium mit ca. 100 Dörfern, Burgen und Vorwerken seine größte Ausdehnung. Die Ausbeutung, Verwaltung und Sicherung dieses ausgedehnten Landgebietes, das allerdings immer noch von feudalen Herrschaftsgebieten wie den kurmainzischen Küchendörfern durchsetzt war, wurde straff organisiert. In der Nähe der Stadt lagen die Vogteien Stotternheim, Kerspleben, Zimmern, Büßleben, Kirchheim, Nottleben und Walschleben. Mittelpunkt der stadtferneren Ämter war jeweils ein befestigter Platz, die Burgen Vargula, Mühlberg, Vippach, Tonndorf und Kapellendorf sowie das Städtchen Sömmerda. Die Wappen von Kapellendorf, Vargula, Vippach und Vieselbach wurden in das sogenannte Große Erfurter Stadtwappen übernommen. Innerhalb des Territoriums übte der Erfurter Rat feudale Herrschafts- und Hoheitsrechte aus.

In den Lehensbriefen der Bürger fallen meist die Angaben über die Getreideabgaben der Bauern auf. Diese für warenwirtschaftliche Zwecke vorgesehene Naturalrente trug wesentlich dazu bei, daß schließlich in den letzten Jahrzehnten des 15. Jahrhunderts, wie der Chronist Konrad Stolle als Augenzeuge vermerkte, im Sommer täglich 40 bis 50 Wagen oder Karren mit Getreide Erfurt in Richtung Hessen, Franken, Rheinland, Holland und Brabant verließen.

Die Tatsache, daß der Rat der Stadt und zahlreiche Angehörige der reichen städtischen Oberschicht den Bauern als feudale Ausbeuter gegenüberstanden, konnte allerdings in Zeiten sozialer Unruhen

---

[34] Käthe Menzel-Jordan, Erfurt, eine Stadt der Wassermühlen. Untersuchung über die Art und Form der mittelalterlichen Mühlen in Erfurt sowie die Bedingungen ihrer Existenz, Diss., Technische Hochschule Dresden 1955.

[35] Stadtarchiv Erfurt 5-200/3, Bd. 3, Bl. 71 u. 73; Werner Fischer, Bergbau und Hüttenwesen Thüringens im Zeichen des Frühkapitalismus, phil. Diss., Jena 1982 (Ms).

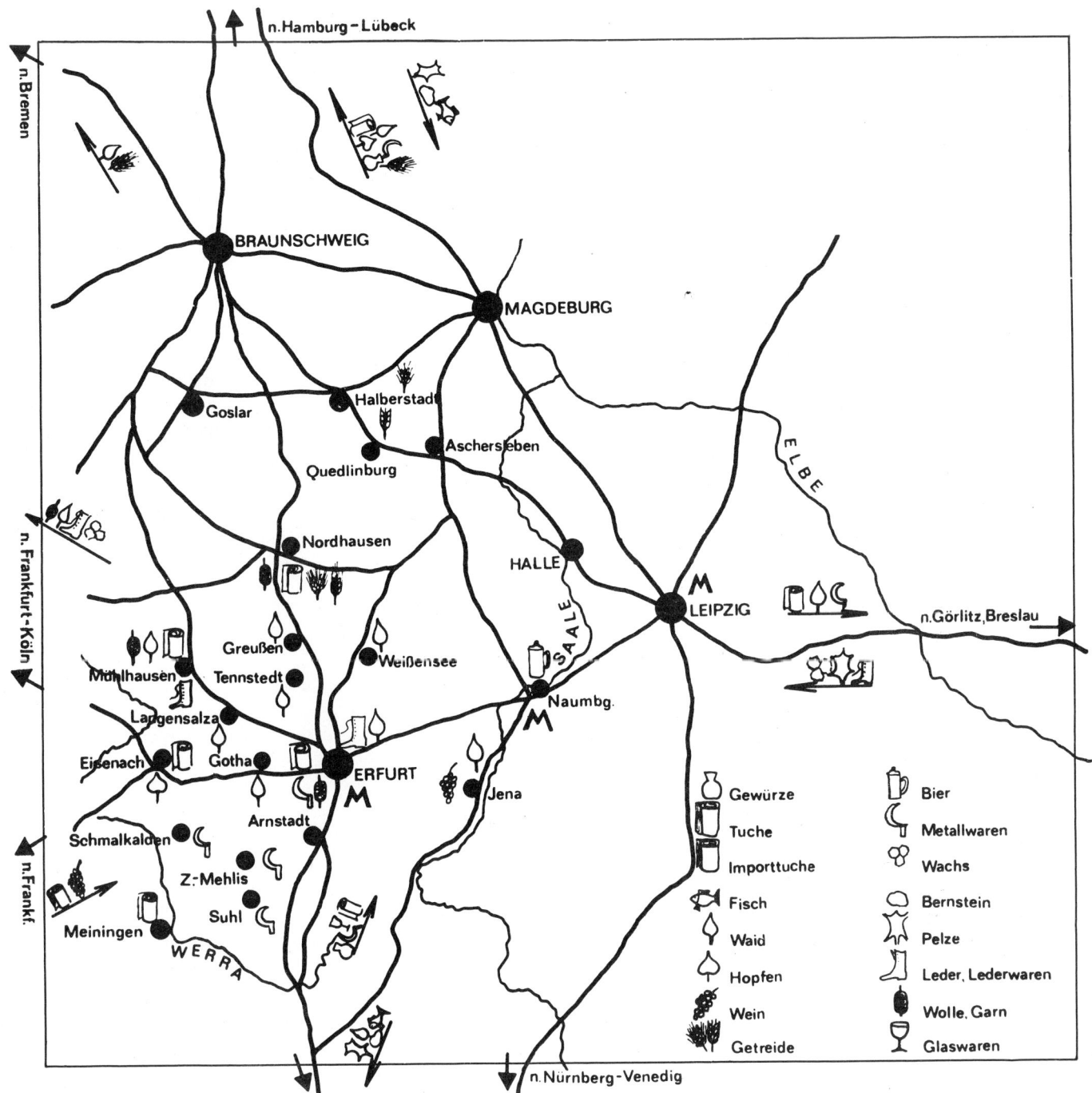

Abb. 74. Erfurt im Handelsnetz des späten Mittelalters

problematisch werden. Wenn man noch hinzurechnet, daß in den Vorstädten, dem Bindeglied zwischen Stadt und Land, nicht nur Wein- und Hopfengärten wohlhabender Bürger lagen, sondern vor allem viele minderberechtigte Einwohner lebten[36], so hatte sich eine Menge sozialen Zündstoffs angehäuft, der eine potentielle Basis für den Einfluß des

revolutionären hussitischen Gedankengutes darstellte.

[36] Karl Czok, Vorstädte. Zu ihrer Enstehung, Wirtschaft und Sozialentwicklung in der älteren deutschen Stadtgeschichte, in: Sitzungsberichte der Sächsischen Akademie der Wissenschaften zu Leipzig, Philologisch-historische Klasse, Bd. 121, H. 1, Berlin 1979, bes. S. 14 u. S. 25.

Erklärung der Zeichen.

Die Zahlen unter den Ortsnamen geben das Jahr der Erwerbung an.

Bei zeitweiligem Besitz geben die Zahlen die Zeitdauer desselben an.

Die Zeichen unter den Ortsnamen geben die Lehnverhältnisse an:

Die schwarz unterstrichenen Orte sind Thüringisch-sächsische Lehen.

Die doppelt schwarz unterstrichenen Orte sind Reichslehen.

Die schwarz punktirten Orte sind Lehen von Grafen und Herren.

Grün bedecktes Land ist dauernder Besitz der Stadt Erfurt.
Grün umrändertes Land ist zeitweiliger Besitz der Stadt Erfurt.
Rot bedecktes Land ist Kurmainzisches Gebiet.

⊙ Dorf. ⊙ Dorf mit Kirche. ⚲ Schloss oder Burg.
⌂ Gutshof. ◤ Vorwerk. ⚑ Kloster. ⚑ Wartturm.
Zerstörte Orte sind blos umrändert z. B. ○ ○̇ ⚬

Die rot unterstrichenen Orte sind Kurmainzische Lehen.

Die rot punktirten Orte sind Lehen anderer geistlicher Körperschaften.

Die grün unterstrichenen Orte sind Freies Eigentum der Stadt Erfurt.

Ausserhalb des Erfurter Gebiets bedeutet der grüne Strich unter dem Ortsnamen, dass hier die Stadt Besitztum hatte.

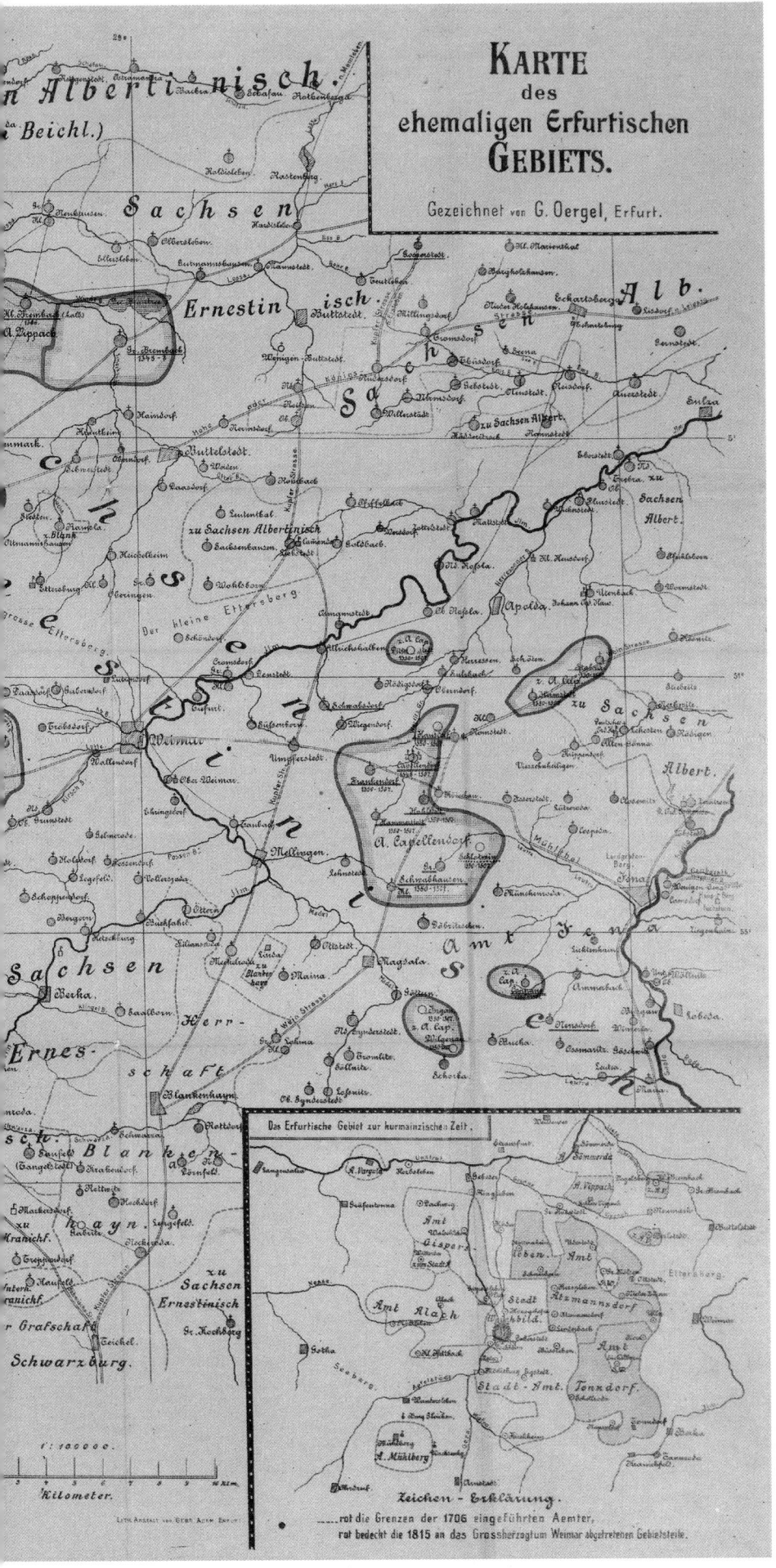

Abb. 75. Erfurts Territorium
Ende des 15. Jahrhunderts
(nach G. Oergel)

Die Hoffnungen der feudalen Reaktion, durch die Verbrennung des tschechischen Reformators Jan Hus antifeudale Volksbewegungen im Keime zu ersticken, hatten sich nicht erfüllt. Die revolutionäre Hussitenbewegung wurde zur bis dahin umfassendsten, konsequentesten Erhebung breiter Volksmassen gegen den Feudalismus.[37] Der Papst verbot den Handel mit den „Ketzern". Auf seine und des deutschen Königs Sigismund Initiative fanden wiederholt Unterdrückungs- und Raubzüge, darunter fünf sogenannte „Kreuzzüge" gegen das revolutionäre Böhmen statt. Erfurt wurde davon in mehrfacher Hinsicht betroffen. Abgesehen davon, daß die Stadt kostenaufwendigen Zuzug zu den „Reichskriegen" gegen die Hussiten leisten mußte, wurde vor allem der Handel geschädigt. Die regierende Oberschicht zitterte um die seit 1349 scheinbar stabilen innerstädtischen Verhältnisse. In den Neben- und Nachbarländern Böhmens, die die bevorzugte Aufmarschbasis der Feudalheere waren, entstand eine derartige Unsicherheit auf den Straßen, daß der Erfurter Handel in Richtung Görlitz zeitweise fast völlig zum Erliegen kam und auch derjenige in Richtung Nürnberg ins Stocken geriet. Deshalb mußte sich der Erfurter Exporthandel zeitweise noch stärker als bisher auf die hansischen Absatzmärkte orientieren.

Die Beispielwirkung der Hussiten verstärkte sich, als diese seit 1426 zur Gegenoffensive übergingen und bei ihren großen Heerfahrten ihr revolutionäres Gedankengut in Form von Manifesten verbreiteten. Daß sich die innerstädtischen Auseinandersetzungen in den Jahren um 1430 häuften, war kein Zufall. In dieser zugespitzten Situation des Klassenkampfes entschlossen sich Erfurt, Mühlhausen und Nordhausen 1430 zum gemeinsamen Beitritt zum Goslarer Bund von Hansestädten. Dem 1426 gegründeten Goslarer Bund ging es, wie seine Statuten auswiesen, um die Sicherung der Handelsstraßen und der relativen städtischen Autonomie, aber auch – in Anlehnung an das 1418 von der Hanse erlassene Statut gegen Aufruhr – um die Aufrechterhaltung der in den Städten bestehenden sozialen und politischen Ordnung. Erfurt wurde nach dem Beitritt sogleich mit 250 rheinischen Gulden Unterstützungsgeld veranschlagt und lag somit höher als die Hansevororte Braunschweig und Magdeburg, die je 200 Gulden zu zahlen hatten. Die Zugehörigkeit zum Goslarer Bund stellte den Höhepunkt der politischen Beziehungen Erfurts zur Hanse dar. Daß sich der Thüringer Dreistädtebund nach 1432 wieder auf das Bündnis mit der Nordharzer Gruppe von Hansestädten beschränkte, hatte – neben den finanziellen –

vielschichtige weitere Gründe. Die Wettiner konnten nach Abschluß eines Sonderfriedens mit den Hussiten verstärkt Druck auf die Städte ausüben. Im Goslarer Bund sahen sie und andere Territorialherren eine starke antifürstliche Kraft. Ohne sich auf ähnliche heftige Auseinandersetzungen einzulassen, wie sie zwischen Magdeburg und seinem Erzbischof entbrannten, galt es, einige Nahziele zu realisieren, die ebenfalls das Mißfallen der Fürsten erregten.

Abb. 76. Verbrennung des Jan Hus auf dem Konzil zu Konstanz 1415

Schon die heftigen Auseinandersetzungen mit den Feudalgewalten in der zweiten Hälfte des 14. Jahrhunderts hatten Erfurt bewogen, die Befestigungsanlagen zu verstärken, vorgeschobene Tore zu errichten und sie durch Schutzwälle zu verbinden. Die Hussitengefahr bot dann Anlaß und auch Vorwand

---

[37] Vgl. Grundriß der deutschen Geschichte. Von den Anfängen der Geschichte des deutschen Volkes bis zur Gestaltung der entwickelten sozialistischen Gesellschaft in der Deutschen Demokratischen Republik. Klassenkampf, Tradition, Sozialismus, Berlin 1979, bes. S. 123 f.; Der Widerhall der Hussitenbewegung in den deutschen Territorien im 15. Jh., in: Atlas zur Geschichte, Bd. 1, Gotha-Leipzig 1973, Karte 45/III.

gegenüber dem räuberischen Adel des Umlandes, die Bauten weiterzuführen. Bis 1446 wurden wichtige zusätzliche Wälle und Mauern geschaffen, um 1460 vor allem am Außenring gearbeitet. Als die Gesamtanlage um 1480 beendet war, bot die Stadt ein wehrhaftes Bild. Jeder der beiden Mauerringe hatte eigene Tore, die sich in einem Abstand von 150 bis 200 Metern gegenüberlagen. Eine Schwachstelle war allerdings immer noch der Cyriaksberg[38], dessen günstige strategische Lage schon die Belagerer von 1375 erkannt hatten. Angesichts der zunehmenden Verwendung von Feuerwaffen und der Konsolidierung der Macht der Territorialherren mußte eine Lösung gefunden werden. 1478 erlangte der Rat die Genehmigung des Papstes zur Verlegung des Nonnenklosters in die Stadt, und 1480 erteilte Kaiser Friedrich III. die Erlaubnis zum Bau der Cyriaksburg, der sich allerdings sehr lange hinzog, da die Zwischenzeit einschneidende Ereignisse brachte.

Als sich im 15. Jahrhundert die innerstädtischen Gegensätze verschärften, wurde die soziale Mißstimmung erneut absichtlich gegen die Juden als Hauptvertreter des Wucherkapitals gelenkt. Zwar kam es nicht zur Ausrottung der Judengemeinde wie 1349, aber nachdem 1451 und 1452 die Kardinallegaten Nikolaus von Kues und Johann von Capistrano vor den beiden Stiftskirchen St. Marien und St. Severi in aller Öffentlichkeit die antijüdische Stimmung geschürt hatten, mußten die Juden in den Jahren 1453 und 1454 Erfurt verlassen. Der Erzbischof erklärte 1458 seine Zustimmung zur Ausweisung der Juden. Vom Rat war er durch 7000 Gulden und die Übernahme einer Schuldsumme für seine Ansprüche entschädigt worden. Im übrigen verbot Nikolaus von Kues die Verehrung der Wilsnacker Bluthostien. Heinrich Tocke hatte seine Kritik immer schärfer formuliert und die Theologische Fakultät der Erfurter Universität eine Stellungnahme gegen Wilsnack abgegeben. Der Aufenthalt der beiden genannten Kardinallegaten in Erfurt galt nicht nur der Judenfrage; er galt in erster Linie jenen kirchlich-gesellschaftlichen Fragen, die um die Mitte des 15. Jahrhunderts an der Universität Erfurt diskutiert wurden und die Gemüter bewegten: die Armut der Bischöfe und Prälaten in der urchristlichen Kirche und ihr nunmehriges Streben nach Reichtum, der Ablaßhandel u. a. Den Ablaß kritisierte Tocke 1450 als gemeinen Betrug, dummen Menschen ihr Geld aus der Nase zu ziehen und sie schamlos auszubeuten. Heinrich Tocke, der entschiedene Gegner von Volksverdummung, Aber- und Wunderglaube, war viele Jahre am Baseler Konzil tätig gewesen, wo er am Zustandekommen eines Kompromisses mit den

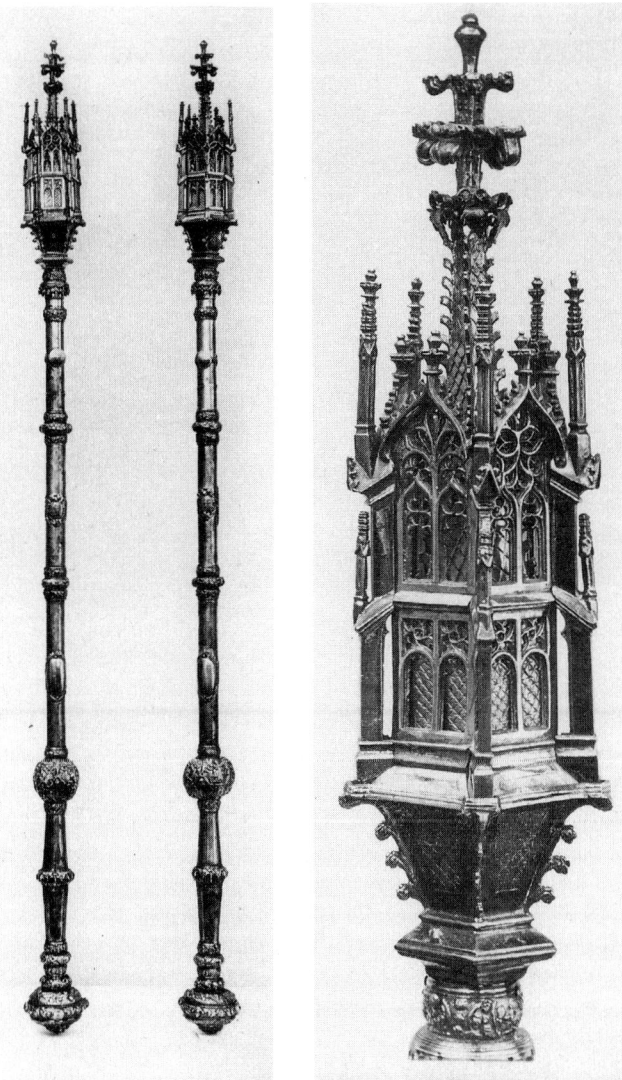

Abb. 77. Szepter der Universität Erfurt (Ende des 15. Jahrhunderts, erneuert Ende des 17. Jahrhunderts)

Abb. 78. Tabernakel der Universitätsszepter

Hussiten mitgewirkt hatte. In noch schärferer Form übte Johannes Rucherat von Wesel (gest. 1481), der bis gegen 1460 zu den bedeutendsten Lehrern der Erfurter Universität zählte, Kritik an Papstkirche und Feudalgesellschaft. Er wandte sich gegen Ablaß, Fasten und Heiligenverehrung, bezeichnete den Papst als „bepurpurten Affen" und Räuber und erklärte die „Gotteskundschaft" aller Christen als unvereinbar mit Frondiensten, Kirchenzehnten und

---

[38] Willibald Gutsche, Die Geschichte der Cyriaksburg, in: AVE, Bd. 1, Erfurt 1955, S. 51ff.

Abb. 79. Erfurt in Hartmann Schedels Liber chronicarum, Nürnberg 1493

Leibeigenschaft. Johann von Wesel, der als Ketzer verurteilt wurde und in klösterlicher Haft starb, gehört zu den großen Reformatoren vor Martin Luther. Zu Wesels namhaftesten Erfurter Schülern und Freunden zählten der Gesellschaftskritiker Konrad Hensel (gest. 1505) und Gabriel Biel (ca. 1418 bis 1495), der bedeutendste Vertreter des Ockhamismus in dieser Zeit. Diese Lehre ging zurück auf den englischen Theologen und Philosophen Wilhelm von Ockham (1285 bis 1349), der zu einer scharfen Trennung von Glauben und menschlicher Vernunft gelangt war.

Die Artistische Fakultät, aus der später die Philosophische Fakultät und die Mathematisch-Naturwissenschaftliche Fakultät hervorgingen, stand anfangs völlig im Schatten der drei oberen Fakultäten. Dennoch ist auch ihre Entwicklung mit hervorragenden Persönlichkeiten verbunden: Albrecht von Eyb (1420 bis 1475), dessen frühhumanistische und sozialreformatorische Bestrebungen auch die Forderung nach mehr Rechten für die Frau einschlossen; Berthold von Henneberg (1441 bis 1504), der spätere Reichskanzler und Reichsreformer; die Gründer der Universitäten Greifswald und Mainz, Heinrich Rubenow (gest. 1462) und Dieter von Isenburg (ca. 1412 bis 1482).

Eine neue Entwicklungsphase begann, die mit dem Erfurter Humanismus zu einer bis dahin nicht gekannten wissenschaftlich-kulturellen Hochblüte von nationaler und europäischer Bedeutung führte,

als im Jahre 1460 mit Peter Luder (gest. nach 1474) der erste in Italien gebildete fahrende Poet die Universität Erfurt bezog. Ihm folgte der „Erzhumanist" Konrad Celtis (1459 bis 1508), Rudolf Agricola (1443 bis 1485), das vollkommenste wissenschaftliche Talent nördlich der Alpen, wie ihn Erasmus von Rotterdam bezeichnete, Johann von Dalberg (1455 bis 1503), der Förderer des deutschen Humanismus, und andere. Der Renaissancehumanismus ging von Italien aus, reflektierte geistige und wissenschaftliche Bestrebungen und Interessen des entstehenden, aufstrebenden frühkapitalistischen Bürgertums und baute auf antiken Wertvorstellungen auf. Er gewann in Erfurt eine zentrale Wirkungsstätte. In diesem Zusammenhang wurde die Erfurter Universität nicht nur zur Pflegestätte der antiken Sprachen und Kultur, sie wurde auch – vor allem durch das Wirken Christian Roders (gest. 1478) – zu einer der hervorragendsten Pflanzschulen naturwissenschaftlicher Betätigung.

In der zweiten Hälfte des 15. Jahrhunderts wurden für Erfurter Kirchen aufwendige Schnitzaltäre geschaffen. In der Severikirche vollendete ein unbekannter spätgotischer Meister 1467 einen künstlerisch herausragenden Taufstein. Von seiner Hand stammt wahrscheinlich auch ein kostbares Werk der Alabasterplastik, ein Relief des heiligen Michael.

Von den zahlreichen Stadtbränden wirkte der von 1472 am verheerendsten. Mehr als die Hälfe der Stadt wurde in Asche gelegt. Als Hilfsmaßnahme be-

Abb. 80.
Die „bursa pauperum",
eine der Studentenbursen
der Erfurter Universität,
am Dämmchen

willigte Kaiser Friedrich III. 1473 den Trinitatis-
markt. Die Stadtbrände sind auch einer der Gründe
dafür, daß von den Profanbauten des 15. Jahrhunderts nur wenige erhalten geblieben sind. Das Straßenbild jener Zeit wurde vor allem vom Fachwerkbau bestimmt. Nur wohlhabende Bürger konnten es
sich leisten, zumindest das Erdgeschoß aus Steinen
ausführen zu lassen. Von den Zweckbauten der
spätgotischen Zeit sind ein Kornlagerhaus in der
Großen Ackerhofsgasse aus den Jahren 1465 bis 1467
und das Vorrats- und Lagerhaus „Zum Paradies und
Esel" von 1469 in der Rathausgasse zu nennen. Das
Wohnhaus „Zum Roten Stern" in der Allerheiligenstraße hat einen spätgotischen Erker mit der Jahres-
zahl 1459; hier wurde 1473 der älteste Erfurter
Druck hergestellt. Der Hof „Zum Bunten Schiff" in
der Regierungsstraße kam 1413 in den Besitz der Patrizierfamilie Kellner. Sie ließ ihn 1472 umbauen,
1476 das Hinterhaus mit dem Kellnerschen Wappen
in spätgotischer Form errichten, 1484 das Vordergebäude erweitern.

Nach dem wettinischen Bruderkrieg (von 1446 bis
1451) war es Erfurt gelungen, mit dem für Thüringen
zuständigen Wettiner Herzog Wilhelm Beziehungen zum gegenseitigen Nutzen zu entwickeln. Das
wurde um so wichtiger, als der 1475 gewählte Mainzer Erzbischof Dieter von Isenburg ernsthaft daran-
ging, die sogenannten verlorenen Besitzungen, zu
denen man auch Erfurt rechnete, wieder an das Erzstift zu bringen.[39] Mit der meißnischen Linie der
Wettiner arrangierte er sich dadurch, daß er den
Sohn des Kurfürsten Ernst zum Oberamtmann auf

dem Eichsfeld und Provisor von Erfurt machte.
Trotz des Protestes der Erfurter wurde Prinz Albert
1479 tatsächlich Provisor. Das Mainzer Domkapitel
designierte ihn 1480 zum Nachfolger Dieters. Dieser
starb im Mai 1482. Im September desselben Jahres

Abb. 81. Siegel der Universität Erfurt
Ende des 14. Jahrhunderts

---

[39] Friedrich Benary, Zur Geschichte der Stadt und der Universität Erfurt am Ausgang des Mittelalters, Gotha 1919, bes. S. 65 ff.

starb auch Herzog Wilhelm, und seine Länder fielen an die meißnische Linie. Es entstand eine ähnliche politische Konstellation wie 1375.

In der Zwischenzeit waren jedoch die Territorialgewalten erstarkt. Die Wettiner hatten, wie gesagt, die Kurwürde und Sachsen-Wittenberg erlangt und ihr Haupt, Kurfürst Ernst, vereinigte bis zur Leipziger Teilung 1485 den gewaltigen sächsisch-thüringisch-meißnischen Territorial- und Machtkomplex. Diesmal mußte sich Erfurt, nach vergeblichen militärischen Abwehrmaßnahmen, den Bedrängern Mainz und Wettin beugen.

1483 war der Rat gezwungen, in Amorbach einen Vertrag mit dem Erzstift Mainz und in Weimar einen Vertrag mit dem Haus Wettin zu schließen. In den Verträgen von Amorbach und Weimar mußte Erfurt die Landeshoheit von Mainz und die Schutzherrschaft der Wettiner anerkennen. Der Erzbischof erhielt 40000 Gulden „Schadenersatz". Noch größer war der Gewinn der Wettiner. Abgesehen davon, daß sie von der Stadt jährlich 1500 Gulden „Schutzgeld" kassieren konnten, machte ihre „Entschädigung" rund 150000 Gulden aus, und zwar 139600 in bar und 10400 Gulden in Form der schon mehrfach umstrittenen kleinen Grafschaft an der schmalen Gera, die bereits Landgraf Albrecht von Thüringen 1270 für 160 Silbermark dem Rat verpfändet hatte. Den erstarkenden Territorialgewalten gelang es, damit der Stadt einen schweren Schlag zu versetzen, ihre ökonomische und politische Stellung zu schwächen.[40]

---

[40] Fritz Wiegand, Erfurt, bes. S. 25 ff.; Hans Giesecke, Das alte Erfurt, Leipzig 1972, S. 63 ff.; Carl Beyer / Johannes Biereye, Geschichte der Stadt Erfurt von der ältesten bis auf die neueste Zeit, Bd. 1: Bis zum Jahre 1664, Erfurt 1935, S. 604 ff.

Von der Frühbürgerlichen Revolution bis zur völligen Unterwerfung durch Kurmainz vom Ende des 15. Jahrhunderts bis 1664

Von Ulman Weiß

1.
DIE GESELLSCHAFTLICHEN VERHÄLTNISSE AM VORABEND DER FRÜHBÜRGERLICHEN REVOLUTION

Die letzten Jahrzehnte des 15. Jahrhunderts bezeichnen den Übergang zur Epoche des Verfalls des Feudalismus, der Entstehung und Entwicklung des Manufakturkapitalismus und der ersten bürgerlichen Revolutionen. Der Widerspruch zwischen dem Entwicklungsstand der Produktivkräfte und den feudalen Produktionsverhältnissen verschärfte sich. Er äußerte sich in revolutionären, antifeudalen Klassenkämpfen, an deren Beginn die deutsche frühbürgerliche Revolution stand.

Der stärkste revolutionäre Zündstoff sammelte sich in der Masse der bäuerlichen Bevölkerung an. 1476 griff Hans Böheim, der Pfeifer von Niklashausen, im südwestdeutschen Taubertal mit bisher unbekannter Entschiedenheit geistliche Autoritäten und weltliche Obrigkeiten an. Neben Erhebungen der Bauern flammten allenthalben innerstädtische Kämpfe der Handwerker und Plebejer gegen das Ratsregiment des Patriziats auf. Das geistige Leben war geprägt von zunehmenden Attacken auf die Dogmen der größten Feudalmacht, der allgewaltigen Papstkirche und einer Rückbesinnung auf Gedanken der Antike, die bürgerlichen Anschauungen weit eher entsprachen. Kaufmännischer Unternehmungsdrang sprengte die Grenzen der alten Welt und führte zu geografischen Entdeckungen und neuen technischen Leistungen. Eine allmählich sich formierende antifeudale Volksbewegung, die Entstehung zentralisierter Monarchien in Teilen Europas und die Erkenntnisse in Erderkundung und

Wissenschaft – dies alles waren Symptome eines revolutionären Umbruchs, den ein grundlegender wirtschaftlicher und sozialer Wandel eingeleitet hatte. Dieser Einschnitt war so gravierend, daß man in der Tat seit der zweiten Hälfte des 15. Jahrhunderts „die ganze neuere Geschichte" (Friedrich Engels) datieren kann. Für Erfurt wird diese Zäsur durch die bereits erwähnten Verträge von Weimar und Amorbach (siehe S. 102) markiert, welche die Geschicke der Stadt auf das nachhaltigste beeinflußten. Zwar mögen deren staatsrechtliche Folgen für Erfurts Unabhängigkeit den Zeitgenossen kaum einsichtig gewesen sein; aber sehr direkt und unmittelbar spürten sie deren wirtschaftliche Auswirkungen.

Luther rühmte Erfurt als „Bethleem fertilissima", als das fruchtbarste Brothaus, das jedem ausreichend Nahrung bescheren könne. In der Tat war die Ackerbaukultur hochentwickelt. Sie gestattete vor allem Waidwirtschaft in einem solchen Maße zu betreiben, daß man im Mittelalter das Erwerbsstreben der Erfurter schlechthin mit dem Waid identifizierte. Arbeitsintensiv wie der Anbau des Färberblaus war, bedurfte er frühzeitig zahlreicher Lohnarbeiter, die zumeist ein kärgliches Leben fristeten. Landwirtschaftliche Spezialisierung, Kapitalakkumulation und Lohnarbeit bewirkten, daß sich in der Waidproduktion der Stadt am ehesten frühkapitalistische Beziehungen durchsetzten. Doch das Waidgeschäft geriet seit den 80er Jahren des 15. Jahrhun-

derts, da die sächsischen Fürsten mehrfach die Straßen sperrten, in eine lang andauernde Krise: Der
Waidpreis fiel auf dem Markt, und die Lage der Bauern verschlechterte sich. Nur die Dorfehrbarkeit
konnte, weil sie über größeren Landbesitz verfügte,
durch verstärkten Getreideanbau die entstandenen

bern und Gewandschneidern, waren immer größer
geworden; auch innerhalb der einzelnen Innungen wuchs der Gegensatz zwischen wohlhabenden
und verarmenden Meistern zusehends. So betrug
das durchschnittliche Vermögen eines Löbers 172
Gulden, das des reichsten Meisters aber 1580 Gul-

Abb. 82. Das große Erfurter Stadtwappen
mit den Wappenbildern der zur Stadt gehörenden Gebiete
Vieselbach, Kapellendorf, Vargula und Vippach
(aus der Universitätsmatrikel 1526)

Verluste ausgleichen, ja noch zusätzliche Gewinne
erzielen und verarmte Landleute von sich abhängig
machen.[1]

    Im Handwerk hatte sich die Zunftverfassung, der
einst um die wirtschaftliche Gleichheit der Zünftler
zu tun gewesen war, überlebt und war ausgehöhlt
worden. Die Unterschiede zwischen den reichsten
und ärmsten Gewerben, z.B. zwischen Leinewe-

den. Zudem glitten viele Handwerksgesellen nach
und nach in eine lohnähnliche Abhängigkeit ab, und
zwar ohne jede Aussicht, ihre soziale Stellung je-

[1] V.E. Majer, Soziale und ökonomische Wandlungen im Bereich der Waidproduktion und des Waidhandels in Deutschland
während des 14. bis 17. Jahrhunderts, in: Europäische Stadtge-
schichte· in Mittelalter und früher Neuzeit, hrsg. von Werner
Mägdefrau, Weimar 1979, S. 227 ff.; Fritz Wiegand, Einige Bemerkungen zur Erfurter Waidproduktion, in: ebenda, S. 237 ff.
– Allgemein zu diesem Kapitel siehe: Deutsche Geschichte in
zwölf Bänden, hrsg. vom Zentralinstitut für Geschichte der AdW
der DDR, Bd. 3: Von einem Autorenkollektiv unter Leitung von
Adolf Laube und Günter Vogler, Berlin 1983, S. 12 ff.

mals verbessern zu können. Sie schufen sich deshalb eigene Verbände und gerieten zu den Meistern in heftige Opposition.

Der Rat – von einer kleinen Minderheit reicher Patrizier beherrscht – begünstigte die soziale Differenzierung in den Zünften durch Festlegungen, die es erschwerten, Meister zu werden, es diesen jedoch erlaubten, eine große Anzahl von Lehrlingen einzustellen. Wohlhabende Meister hatten sich schon längst von den Zunftfesseln befreit und waren durch die Koppelung von Handwerk, Handel und Einkünften aus Landbesitz zu Reichtum gekommen.[2] Wenngleich sie sich in ihrem Lebensstil den waidhändlerischen Patriziern und großen Kaufleuten annäherten und ihnen auch sozialer Prestigegewinn zuteil wurde, so blieb ihnen jedoch politisches Mitspracherecht versagt. Diese Widersprüche bestimmten die innerstädtischen Kämpfe am Beginn des 16.Jahrhunderts.

Die Umbrüche der Zeit zeigten sich auch im Handel, der das ganze Mittelalter hindurch Erfurts Wohlstand begründet und vermehrt hatte. Jetzt litt er nicht nur unter den politischen Unsicherheiten und dem ständigen Druck Kursachsens und des Mainzer Erzbistums, sondern auch unter dem Niedergang der Hanse, der den traditionellen Verbindungen Erfurts zu den Ostseestädten nachhaltig schadete. Überdies verlor die Stadt ihre so guten Handelskontakte zum oberdeutschen Wirtschaftsraum nach und nach an das von den sächsischen Albertinern geförderte Leipzig. Doch blieb Erfurt Stapelplatz und natürliches Handelszentrum des thüringischen Wirschaftsraumes, und der Handel war nach wie vor gewinnreich. Seine Gewinne wurden, wie ehedem, vorwiegend in Grund und Boden angelegt. Kapitalanlagen im Gewerbe blieben recht bescheiden. Zudem gab es auch, nachdem man die wichtigsten Geldgeber des Mittelalters, die Juden, zwischen 1453 und 1458 aus der Stadt vertrieben hatte, keinen Kapitalmarkt, der der Größe Erfurts entsprochen hätte. Auch dies war für eine Kapitalakkumulation nachteilig. Erfurter Bürger, die sich – wie bereits erwähnt (siehe S.93ff., 104) – frühkapitalistisch engagierten, hatten sich zudem der übermächtigen Konkurrenz oberdeutscher Gesellschaften zu erwehren, die im thüringisch-sächsischen Bergbau und Hüttenwesen, im Waid- und Metallgewerbe erfolgreich vorprellten.

Diese spezifischen ökonomischen Veränderungen verstärkten die soziale Differenzierung: Auf der einen Seite Abstieg aus der Mittelschicht, ja Verarmung und Verelendung, auf der anderen Seite aber Vermögenskonzentration in den Händen weniger.

Allein von den 3089 steuerpflichtigen selbständigen Einwohnern besaßen rund 54 Prozent ein geringeres Vermögen als 25 Gulden. Über 15 Prozent waren „Habenichtse", aber 115 reiche Leute, knapp 4 Prozent, besaßen fast die Hälfte aller Vermögen!

Tabelle 1
Vermögensverhältnisse der steuerpflichtigen
selbständigen Einwohner (1511)[3]

Vermögensklasse (Gulden)	Steuer-pflichtige	in Prozent	Anteil am Gesamt-vermögen in Prozent
ohne Vermögen	474	15,34	–
0,25 bis 25	1221	39,53	2,47
25 bis 100	644	20,85	7,01
100 bis 500	521	16,87	24,07
500 bis 1000	114	3,69	16,52
1000 bis 5000	109	3,53	40,61
über 5000	6	0,19	9,32

Die wachsenden sozialen und wirtschaftlichen Widersprüche verschärften die politischen Gegensätze. Das herrschende Bürgertum sah seinen Handlungsspielraum zusehends eingeschränkt. Der kursächsische Schutz- und Lehnsherr und der kurmainzische Stadtherr – beide in Konkurrenz – suchten nämlich, über die Festlegungen der Verträge von Weimar und Amorbach hinaus, gegenüber der Stadt weitergehende Vorteile zu erlangen. Den sächsischen Ernestinern diente als Handhabe, daß der Rat aus wirtschaftlichen Gründen die Einfuhr des so beliebten Naumburger Bieres untersagte und sich dagegen wehrte, die minderwertigen sächsischen Strichpfennige gleichwertig den Erfurter Löwenpfennigen als Zahlungsmittel anzuerkennen. Damit wollte der Rat Hoheitsrechten, die Kursachsen aus dem Münzumlauf ableiten konnte, von vornherein vorbeugen. Kurfürst Friedrich der Weise von Sachsen aber sperrte die Straßen und zwang Erfurt zum Nachgeben. 1492 mußte die Stadt einen sehr unvorteilhaften Vertrag mit Kursachsen schließen, der sie 8000 Gulden kostete. Zurückweichen mußte der Rat

[2] Theodor Neubauer, Die sozialen und wirtschaftlichen Verhältnisse der Stadt Erfurt vor Beginn der Reformation, in: Mitteilungen des Vereins für Geschichte und Altertumskunde von Erfurt (im folg.: MGAE), H. 34, Erfurt 1913, S. 1ff.; ders., Wirtschaftsleben im mittelalterlichen Erfurt, in: Vierteljahrsschrift für Sozial- und Wirtschaftsgeschichte, Bd. 12/1914, S. 521ff., Bd. 13/1915, S. 132ff.; Robert W. Scribner, Reformation, society and humanism in Erfurt c. 1450–1550, phil. Diss., London 1972, S. 28ff.
[3] Neubauer, Die sozialen und wirtschaftlichen Verhältnisse..., S. 68 f.

aber auch vor dem Mainzer Erzbischof Berthold, der auf den Sonderrechten der Geistlichkeit beharrte und den Klerus in aktive Opposition gegen das regierende Bürgertum brachte. Eine Vereinbarung von 1497, die sogenannten Concordata Bertholdi, zeugt von den zahlreichen Streitpunkten, aber auch von den Erfolgen, die Kurmainz erzielte. Erstmals wurde festgelegt, daß dem Erzbischof fortan als der „Stat Erffurt Erbherren" zu huldigen sei. Gewissermaßen als Gegenleistung wurde dem Rat zugestanden, das weltliche Besitztum der Mainzer Beamten besteuern zu dürfen. Doch zugleich mußte der Rat auf 5000 Gulden verzichten, die er dem Erzstift geliehen hatte und die ihm jährlich 250 Gulden Zinsen eingebracht hatten.[4]

Der antifeudale Kampf forderte einen hohen Preis. Zunächst waren große Geldaufwendungen erforderlich gewesen, um das Cyriakskloster zu verlegen und den Berg zur Zitadelle auszubauen. Dann waren Söldnertruppen angeworben und Kriegsmaterial gekauft worden. Schließlich hatte die Stadt an Kursachsen und Kurmainz Kriegsentschädigungen in Höhe von insgesamt 190000 Gulden zu zahlen. Diese Ausgaben hatte die Stadt nicht aus eigener Finanzkraft bestreiten können. Deshalb hatte sie, im Sinne des gestreuten Risikos, überall im Reich Kredite aufgenommen, namentlich in den großen oberdeutschen Städten, in Nürnberg und Frankfurt, aber auch bei kapitalstarken Bürgern andernorts und immer wieder bei dem so reichen Klerus. So lieh sich z.B. der Rat im Januar 1491 von den Benediktinern 1000 Gulden, im Februar noch einmal die gleiche Summe bei den Kartäusern. 1493 waren die Stiftsherren von St.Mariae mit 2000 Gulden behilflich. Zu diesem Zeitpunkt freilich borgte der Rat bereits nur noch Geld, um seinen hohen Zinsverpflichtungen nachkommen zu können.

Um der mißlichen Lage Herr zu werden, zog der Rat die Steuerschraube an. Bereits 1483 wurde eine Schatzung versucht, bei der jeder auf 100 Gulden seines Vermögens fünf Gulden Steuer geben mußte. 1491 verlangte man „czwefach geschoss", also die doppelte Vermögenssteuer, gegen die sich, obgleich es sich nur um 0,4 Prozent des Vermögens handelte, der Widerstand der Besitzenden richtete. Daraufhin erhob man seit den 90er Jahren die Akzise. Für jeden Malter gemahlenen Korns waren 16 Groschen zu entrichten; ein Schlachtgeld wurde eingeführt sowie ein Weinungeld von einem noch dazu verringerten Schankmaß. Als besondere Last wurde empfunden, daß jeder, der auf dem Markt Getreide kaufte, eine hohe Abgabe zu leisten hatte. Vergehen wurden hart geahndet. Kein Wunder also, daß, wie

der Chronist berichtet, „dy gemeyne sere dar uff redete."[5]

Besorgnis und Unzufriedenheit fanden aber noch mehr Nahrung. Rigoros war den Arbeitern in den Weinbergen der Taglohn gekürzt und die Arbeitszeit verlängert worden. Häufiger als sonst, so scheint es, beunruhigten die Menschen Mond- und Sonnenfinsternisse, Unwetter und Feuersbrünste. „Swere jor" bedrückten die Gemüter genauso wie die erstmals in Erfurt epidemisch auftretende „franczossen"-Krankheit, die Syphilis. Vor allem beklagte man, daß „keyn endelich (ordentliches, d.Verf.) regiment" herrschte.[6]

Dazu gab es Grund genug. Während allen städtischen Beamten wegen der finanziellen Notlage die Bezüge gekürzt wurden, erhielten, früher unüblich, die Achtherrn nun ein Gehalt. Noch bedenklicher war, daß sich der Rat immer mehr abzuschließen begann und seine Gewalt auf einen zunehmend kleineren Kreis von Bürgern in Gestalt jener Achtherrn konzentrierte. Zu ihnen gehörten u.a. Friedrich Reinboth, Oberratsmeister von 1509, Thilo Ziegler, Johannes Kranichfeld, Georg Friederun, Obervierherr von 1509, Hans Hirschbach und Heinrich Kelner, ein siebzigjähriger Patrizier und Vierherr von besonderem Einfluß.

Im Gremium der Achtherren wurde die Wirtschafts- und Finanzpolitik zum Vorteil der Reichen konzipiert. Hier wurde auch 1507 beschlossen, das Amt Kapellendorf, die entfernteste Exklave des städtischen Gebietes, an Sachsen, und zwar ganz im geheimen, für 8000 Gulden zu verpfänden. Das war eine gleichermaßen kurzsichtige wie verzweifelt ausweglose Entscheidung, denn Kapellendorf war das einzige reichsunmittelbare Lehen der Stadt, und mit dem erhaltenen Geld ließ sich nur ein Bruchteil der anstehenden Zinsen begleichen. Inzwischen redete man im Reich von der ungemessenen Schuldenlast der Erfurter, und die Gläubiger drängten auf Zahlung. Dem Rat blieb nur übrig, entweder öffentlich seinen Bankrott einzugestehen oder sich um Hilfe an die Gemeinde zu wenden, denn der Klerus hatte eine Zwangsanleihe rundweg abgelehnt. Einige Achtherren und der Syndikus Dr.Henning Goede warnten vor der Gefahr, die von einem ohnehin gegen den Rat erzürnten Gemeinwesen ausgehen konnte. Deshalb wollte man zunächst den Vormunden der Viertel und Handwerke die halbe Wahrheit

[4] Stadtarchiv Erfurt (im folg.: StAE), 0–0, A, VI 10 (6.4.1497).
[5] Konrad Stolle, Memoriale thüringisch-erfurtische Chronik, bearb. von R.Thiele, Halle 1900, S. 507 f., 445, 451, 453, 456, 503.
[6] Ebenda, S. 452, 461, 464 f.,

Abb. 83. Das „Tolle Jahr" von Erfurt 1509/10 (Gemälde von P. Janssen im Rathausfestsaal)

zu erkennen geben und über sie die Meinung der Bevölkerung erforschen. Die Vormunden waren schockiert; die Bürgerschaft aber, als sie davon erfuhr, war wütend.

Der Unwille der Bürger über das Finanzgebaren des untereinander versippten patrizischen Rates war zwar der Anlaß des 1509 beginnenden „Tollen Jahres", doch die Ursachen lagen in den schroffen sozialen Gegensätzen, in der Unterwerfungspolitik der beiden Territorialmächte gegenüber der Stadt und in der Empörung über den Reichtum der Geistlichkeit, welche die Geldnot des Stadtwesens nicht lindern helfen wollte. Ähnliche Konfliktmuster bestimmten die Kämpfe jener Jahre auch in anderen Städten.[7] Doch die Erfurter Ereignisse waren Auftakt dieser vorreformatorischen Bürgerkämpfe und währten länger als anderenorts.

Jetzt, als die Ratlosigkeit des Rates offenkundig geworden war, wählte die Gemeinde Leute ihres Vertrauens, die Rechenschaft über die städtischen

Schulden, den militärischen Oberbefehl und Versammlungsfreiheit verlangten. Damit fanden sie mit feinem Gespür jene neuralgischen Punkte heraus, die an der Macht des alten Magistrates rüttelten. Er versuchte noch einmal, die Gunst der Gemeinde zurückzugewinnen und die „Gewählten" zu ignorieren. In einer Sitzung am 9. Juni 1509, in der sich der Magistrat der Loyalität der Kommune versichern wollte, sprach Heinrich Kelner erregt die folgenschweren Worte: „Dies ist die Gemeinde!", und er zeigte dabei auf sich selbst. Das war natürlich eine Wahrheit, denn die Vierherren waren zwar als

[7] Adolf Laube/Max Steinmetz/Günter Vogler, Illustrierte Geschichte der deutschen frühbürgerlichen Revolution, Berlin 1974, S. 61 f.; zum „Tollen Jahr" vgl.: Theodor Neubauer, Das tolle Jahr von Erfurt, hrsg. von Martin Wähler, Weimar 1948; Scribner, Reformation . . ., S. 53 ff.; Ulman Weiß, Die Kirchenpolitik des Erfurter Rates in Spätmittelalter und Frühbürgerlicher Revolution, phil. Diss., Berlin 1982 (Ms), S. 57 ff.

Vertreter der Gemeinde in den Rat gelangt, aber sie
vertraten schon lange nicht mehr deren Belange,
weil sie sich inzwischen familiär und ökonomisch
mit dem Patriziat verbunden hatten.

Der Groll gegen diese Optimatenherrschaft machte
sich nun in handfesten Aktionen Luft: Heinrich Kelner, ihr Exponent, wurde verhaftet, mehrmals pein-
lich verhört und schließlich gehängt. Die „Gewählten" indes erreichten sehr bald die Beteiligung an
der Macht. Mit den untereinander befreundeten Patriziern, den sogenannten Gefrunden (Befreundeten), verband sie nicht nur ein sehr ähnliches soziales Gesicht, sondern auch ein prinzipiell gleiches
wirtschaftliches und politisches Interesse. So bestand die Möglichkeit, daß sich der alte Rat und die
„Gewählten" in kurzer Zeit arrangierten und gemeinsam weitergehende Bestrebungen in der Bürgerschaft abwürgten.

Abb. 84. Kämpfe zwischen Erfurter Bürgern
und Studenten

An einer solchen Entwicklung aber waren Kursachsen und Kurmainz, die aus den innerstädtischen
Spannungen eigennützig zu profitieren suchten,
nicht interessiert. Sie spannen Intrigen, hielten den
Parteienhaß in Gärung und trugen so wesentlich dazu bei, daß die Stadt über sieben Jahre lang von auf-
reibenden Kämpfen zerrüttet wurde. Dabei waren
Bürgerschaft, Geistlichkeit und Universität deutlich
in zwei Lager gespalten. Zu den Wortführern der
mainzischen Bewegung zählten der Jurist Martin
von der Marthen, ein Vetter des erzbischöflichen
Vizedominus Gerlach von der Marthen, der Vize-
kanzler der Universität und Siegler des geistlichen
Gerichts, Johannes Sömmering, dessen Vorgänger
Simon Volzke sowie der intrigante Küchenmeister
des Mainzer Hofs, Nikolaus Engelmann. Zur Gegen-
partei gehörten vornehmlich Patrizier wie der Jurist
und kursächsische Rat Johann von der Sachsen, Johann Reinboth, gleichfalls Jurist und späterer säch-
sischer Amtmann, und vor allem der hochberühmte
Jurist Henning Goede.

Gegen alten Rat und „Gewählte", die sich ernestinisch orientiert hatten, formierte sich die radikale
„Schwarze Rotte", eine Bewegung nicht unvermö-

Abb. 85. Ansicht der Stadt Erfurt von Süden (Ölgemälde um 1520)

gender, aber politisch minderberechtigter Zunfthandwerker, die von Kurmainz unterstützt wurde.
Sie besaß zwar kein klares mobilisierendes politisches Programm, war aber von einem sehr begründeten und tiefsitzenden Unmut gegenüber den politisch maßgeblichen reichen Kaufleuten und Patriziern und deren Mißwirtschaft im Rat erfüllt. Die
„Schwarze Rotte" stürmte das Rathaus und die Häuser der Gefrunden am Junkersand, aber sehr bald
konnte sie zerschlagen werden. Den Mainzern war
es jedoch gelungen, die Machtfrage inzwischen in
ihrem Sinne zu lösen, denn sie hatte die „Schwarze
Rotte" für ihre Zwecke benutzen können. Mit deren
Hilfe gelang es Kurmainz Ende des Jahres 1509, den
alten Rat beiseitezuschieben und einen neuen einzusetzen, der sich mit einem neuen Eid noch stärker
an den Erzbischof binden mußte. Immerhin hatten
sich in der „Schwarzen Rotte" untere Bevölkerungsschichten erstmals selbständig formiert und ihrer
Stimme Gehör zu verschaffen gesucht. Das sollte für
deren Auftreten in den Reformations- und Bauern-
kriegsjahren bedeutsam werden. Freilich zeigte
sich dann noch deutlicher, daß die Volksbewegung,
wegen ihrer politischen Unreife auf Bundesgenos-

sen angewiesen, demagogisch zu mißbrauchen war
und je nach gegebener Situation unterschiedlich,
zum Teil gegen die gesamtstädtischen Interessen,
koalierte.

Im Jahre 1510 wurde von der mainzischen Partei
eine „Regimentsverbesserung" ausgearbeitet, die
eine Regierungs- und Verwaltungsreform sowie
Maßnahmen gegen die Geldnot vorsah.[8] Unter dem
Druck der Volksbewegung wurde, um die Herrschaft einer kleinen Minderheit von Patriziern zu
vereiteln, der politische Einfluß der Zünfte und der
Gemeinde gestärkt. Diese wählten die Vierherren
und sie wiederum, gemeinsam mit den Vormunden
der Zünfte, den Rat. Nun bekamen auch die bisher
von der politischen Macht ausgeschlossenen sogenannten kleinen Zünfte das Wahlrecht und konnten
im Magistrat vertreten sein. Bei wichtigen Entscheidungen mußte die Gemeinde zu Rate gezogen werden. Den Vierherren sollten zwischen den Ratssit-
zungen die Regierungsgeschäfte obliegen.

Auch in finanzpolitischer Hinsicht enthielt die
„Regimentsverbesserung" Neuerungen: Zunächst

---

[8] StAE, 2-100/21, Bl. 1 ff.

sollte das kaiserliche Moratorium ausgenutzt werden, das der Stadt einen Zahlungsaufschub bei allen Gläubigern verschafft hatte. Zugleich aber wurde darauf hingewirkt, die Wiederverkaufs-Verschreibungen auf ein Drittel der eingegangenen Verpflichtungen und sämtliche Leibzinsbriefe auf die Hälfte zu reduzieren. Bei letzteren sollte auch auf ausstehende Zinsen verzichtet werden. Tatsächlich wurden auf diese Weise erstmals 1512, als Adolar Huttener Oberratsmeister war, etliche Kreditbriefe abgelöst.

Um so verfahren zu können, mußte der Rat auf stabile und hohe Einnahmen bedacht sein. Sie kamen aus Gebühren für ein strenger gehandhabtes Bürgerrecht, aus einer Steuer, die bei Eigentumsübertragungen erhoben wurde, vor allem aber aus dem Geschoß, einer Vermögensabgabe; denn der neue Rat hatte – vom Volk bedroht – sogleich alle

Grund für den starken Antiklerikalismus des Bürgertums in den Jahren der frühbürgerlichen Revolution.

Da die „Regimentsverbesserung" also keineswegs ein Programm ganz nach seinen Wünschen war, schürte das Mainzer Erzbistum die innerstädtischen Auseinandersetzungen weiter, um die völlige Unterwerfung der Stadt zu erreichen. Dieses Ziel schien 1515 greifbar nahe, als ein Abkommen, beschönigend „Versöhnung" genannt, das weltliche Mainzer Gericht zur Schiedsinstanz über Erfurter Angelegenheiten erhob. Außerdem war beabsichtigt, einen vom Erzbischof bestellten Gouverneur als obersten Beamten in Erfurt einzusetzen.

Da das Erzstift nur auf den Ausbau seiner Macht bedacht war, nicht aber zur Gesundung der wirtschaftlichen und finanziellen Verhältnisse beitrug, fand es auch bei den stramm mainzisch gesinnten

Abb. 86. Das 1511 bis 1515 erbaute Collegium majus der Erfurter Universität (am 9. 2. 1945 durch Bombenangriff zerstört, Portal 1983 rekonstruiert)

Akzisen (indirekte Steuern) abschaffen müssen. Radikal wurde nun das Geschoß eingetrieben und darauf geachtet, daß man Grundstücke nicht verfallen ließ, um die Steuer zu umgehen. Auch waren Güterübertragungen an den Klerus so gut wie verboten. Mit Erlaubnis des Rates durfte ihm bloß Bargeld zum eigenen Seelenheil vermacht werden. Überdies sollte die Geistlichkeit ihren weltlichen Besitz ebenfalls dem Verrechten (Versteuern) unterwerfen. Ihre Weigerung bildete einen wesentlichen

Zünftlern immer weniger Anklang. Sie begannen sich ernestinisch zu orientieren. Das aber hatte weitreichende Folgen: 1516 kam es sehr plötzlich zu einem Ausgleichsvertrag zwischen dem Rat und Kursachsen, der im wesentlichen den politischen Zustand der Jahre vor 1509 wiederherstellte. Die Ernestiner wurden wie ehedem als Lehns- und Schutzherren anerkannt. Sie versprachen dafür, auf rückständiges Schutzgeld zu verzichten und sich für die nächsten zehn Jahre mit der Hälfte zu begnügen.

Abb. 87.
Die Verlobung der heiligen Katharina. Altarbild von Lukas Cranach d. Ä. im Dom (um 1522)

Die aus der Stadt geflohenen Patrizier sollten zurückkehren dürfen. Alles, was Mainz inzwischen zugebilligt worden war, mußte aufgekündigt werden.[9] Dieser Vertrag war zweifellos von ökonomischen Erwägungen diktiert; denn eine Stadt, die re-

ren helfen. Vor allem jedoch schmälerte man die Kontroll- und Mitspracherechte der Stadtgemeinde.

Die innerstädtischen Unruhen, von denen man im Reich gute Kunde hatte, brachten es mit sich, daß die meisten Fremden die Stadt mieden. Selbst etliche

Abb. 88.
Ulrich von Hutten
(1488 bis 1535)

Abb. 89.
Eobanus Hessus
(1488 bis 1540)

Abb. 90.
Georg Sturtz
(1490 bis 1548)

gionales Wirtschafts- und Handelszentrum war und überregionale Bedeutung hatte, mußte auf ein gedeihliches Verhältnis zu den politischen Mächten Thüringens bedacht sein, insbesondere natürlich zu Kursachsen. Die Entwicklung der Stadt wurde aber dadurch beeinträchtigt, daß ihre wesentliche verfassungsrechtliche Bindung in Kurmainz, also außerhalb Thüringens lag. Im Unterschied zu früheren Jahrhunderten begann dies zusehends nachteiliger zu werden.

In den nächsten Jahren gelangten wieder einige patrizische Magistratsherren aus der Zeit vor 1509 in den Rat, ihr überragender Einfluß war indes gebrochen. Mit einigen wesentlichen Akzentversetzungen wurde der politische Kurs der vergangenen Jahre fortgeführt: Man erhob sogleich wieder die indirekten Steuern, die 1510 unter dem Druck der Gemeinde hatten abgeschafft werden müssen; und man wollte erreichen, daß die reiche Geistlichkeit der Stifte St. Mariae und St. Severi die stadtbürgerlichen Lasten, namentlich die Steuern mittrage; aber diese weigerte sich nach wie vor. Beide Bestrebungen sollten die städtische Finanzlage rascher sanie-

Erfurter zogen weg und kamen auch später nicht mehr zurück. 1511 zählte die Stadt etwas über 16000 Einwohner.

Und doch kam gerade in diesen Jahren ein Mann nach Erfurt, der nachmals legendäre und weltliterarische Berühmtheit erlangen sollte: Georg Faust. Er dürfte um 1480 in der Nähe von Maulbronn in Süddeutschland geboren worden sein, erwarb sich für seine Zeit beachtliche Kenntnisse und führte als Gaukler und Scharlatan ein bewegtes Leben, das ihn nach Kreuznach, Bamberg, Wittenberg, in die Kölner Gegend, nach Nürnberg und Würzburg führte, und eben auch nach Erfurt. Hier tauchte er, wie der Humanist Conrad Mutian bezeugt, im Jahre 1513 auf. Mutian schreibt von ihm abschätzig als Chiromant, als Wahrsager, der nichts weiter sei als ein Narr und Prahlhans. Der vermehrten Ausgabe des Volksbuches von 1587 zufolge hielt Faust an der Erfurter Universität Vorlesungen über Homer und

9 Ebenda, 0-0, A, VII, 100–103 (21.5.1515); ebenda, XI, 15 (31.1.1515), Verträge zwischen Erfurt und Mainz; ebenda, 18 (23.10.1516), Vertrag zwischen Erfurt und Kursachsen.

lleß, dem Wunsch der Studenten entsprechend, Gestalten der griechischen Mythologie erscheinen, zuletzt den einäugigen Riesen Polyphem. Bei einem späteren Aufenthalt in der Stadt soll der Franziskaner Conrad Klinge vergebens versucht haben, ihn zu bekehren. Manche der Begebenheiten, die Faust mit Erfurt verbinden, sind in historisierender Weise von Peter Janssen auf Wandgemälden im Treppenhaus des Erfurter Rathauses dargestellt worden.

Eine Gestalt wie Faust ist nur vor dem Hintergrund der sich damals vollziehenden sozialen Umwälzungen zu verstehen. Er, der mit allen überkommenen Wertvorstellungen gebrochen hatte und ganz entschieden nach Erkenntnissen drängte, der von Antiklerikalismus bestimmt war und den hoh-

Abb. 91. Haus „Zur Engelsburg"
in der Allerheiligenstraße mit sog. Humanistenerker

Abb. 92. Justus Jonas (1493 bis 1555)

len Bildungsdünkel der Gelehrten verspottete, konnte angesichts des sich vollziehenden tiefgreifenden gesellschaftlichen Wandels in der Tat große Anziehung ausüben.

Nicht unberührt von den Auseinandersetzungen in Erfurt blieb auch die Universität. Sehr nachdrücklich zeigte sich das beim sogenannten Studentenlärm im Jahre 1510. Studenten, Bürger und Stadtknechte waren während des Kirchweihfestes der Michaelisgemeinde in einen Streit geraten. Der Schneider Hans von Gotha, einer der wichtigen Männer aus der mainzhörigen „Schwarzen Rotte", und der erzstiftische Stadthauptmann Rudolf von Schwalbach boten Bürger auf. Geschütze wurden herangebracht, das Collegium majus, in das sich die Studenten flüchtend zurückgezogen hatten, wurde beschossen und gestürmt und etliche Bursen verwüstet. Der Rat griff spät und zögernd ein. Nur einer der Teilnehmer wurde verurteilt, die beiden Führer aber, der Schneider und der Ritter, blieben straffrei. Scheinbar war das Verhalten des Rates, dem doch eigentlich nicht an Plünderung und Zerstörung der alma mater gelegen sein konnte, verwunderlich. Tatsächlich wollte er auch gegen die tumultuieren-

Abb. 93. Johannes Draconites, eigentlich Drach
(1494 bis 1566)

lichen Stillstands und Niedergangs bewußt. So wurden die apokalyptischen Vorstellungen eines Joachim von Fiore, der vom bevorstehenden Weltende und dem kommenden Reich des Heiligen Geistes gesprochen hatte, wieder aktuell. Sie fanden namentlich bei den jungen Universitätsangehörigen Anklang, so daß man sich gezwungen sah, 1466 und 1486 bewährte Theologen gegen diese Auffassungen argumentieren zu lassen. Nicht zufällig legte sich gerade in den letzten Jahren des 15. Jahrhunderts die Universität auf einen strikten Nominalismus fest, eine Lehrauffassung, die im Unterschied zum Realismus behauptete, die Allgemeinbegriffe seien bloß Namen für konkrete Dinge und hätten unabhängig von ihnen keine eigene Existenz. Die Erfurter Nominalisten Jodokus Trutfetter und Bartholomaeus Arnoldi von Usingen verfaßten ihre großen scholastischen Lehrbücher, die in der Folge mehrfach neu aufgelegt wurden.

Abb. 94. Titelblatt
der Epistolae obscurorum virorum (Dunkelmännerbriefe)
Ausgabe von 1557

den Stadtbewohner hart vorgehen. Er mußte aber erkennen, daß sie in den Wohnungen der Stiftsgeistlichen Zuflucht gefunden hatten und dort „gespeist und getrenckt" worden waren.[10] Das entlarvt die Vorgänge als mainzisch gelenkte Aktion gegen die sächsischen Parteigänger an der Universität.

Die politische Spaltung in der Stadt hatte auch an der Universität Widerhall gefunden.[11] Der Rat versuchte, deren Autonomie einzuschränken. Zudem herrschte dort inzwischen geistige Stagnation. Der Lehrkörper war hoffnungslos überaltert. Die scholastische Wissenschaftsmethode hatte sich überlebt. Dafür besaß man an der Universität ein Gespür, und man war sich auch des allgemeinen gesellschaft-

---

[10] Ebenda, 1-1, XXI, la, lc (1512–1518); Bd. 2, Bl. 7ª. – Siehe dazu: Willibald Gutsche, Der sogenannte Studentenlärm in Erfurt im Jahre 1510, in: Aus der Vergangenheit der Stadt Erfurt (im folg.: AVE), Bd. II, Erfurt 1959, S. 122 ff.

[11] Zum folgenden vgl.: Erich Kleineidam, Universitas Studii Erffordensis. Überblick über die Geschichte der Universität Erfurt, Bd. 2, Leipzig 1969, S. 141 ff.

In dieser Situation drang der Humanismus vor, dessen frühe Vertreter schon in den 60er Jahren des 15. Jahrhunderts an der Universität eine Heimstatt gefunden hatten. Die Hohe Schule wurde nun eines der geistigen Zentren des Humanismus, der, von Italien ausgehend, eine gesamteuropäische Bewegung war. Sie hob den Eigenwert der menschlichen Persönlichkeit hervor, wandte sich gegen die scholastische Methode der Begriffskniffischkeiten und unfruchtbaren theoretischen Erörterungen, gab statt dessen der Erforschung konkreter Dinge den Vorrang, entdeckte die deutsche Geschichte wieder und propagierte mit dem programmatischen Ruf „ad fontes" das unvoreingenommene Quellenstudium. Die deutschen Humanisten verurteilten vor allem scharf die Mißstände in der römisch-katholischen Kirche und gaben ihrer Kritik einen stark nationalen Akzent.

Um 1500 hatte sich in Erfurt um Nikolaus Marschalk ein erster Humanistenkreis gebildet, dem neben anderen Heinrich und Peter Eberbach und Georg Spalatin, der spätere Freund Luthers und Geheimsekretär Friedrichs des Weisen, angehörten. Nikolaus Marschalk förderte die Beschäftigung mit den antiken Sprachen, indem er eine Druckerei einrichtete und humanistische Schriften herausgab. Seit 1506 scharte der Gothaer Kanoniker Conrad Mutian etliche gleichgesinnte Humanisten um sich, so Heinrich und Peter Eberbach, Georg Spalatin, Crotus Rubeanus, Ulrich von Hutten, Eobanus Hessus und später auch Justus Jonas, Johannes Lang, Euricius Cordus und Johannes Draco. In diesem Kreis wurde Kritik an der Scholastik und ganz massiv an der Papstkirche geübt. Nachdem 1516 Eobanus Hessus die Führung des Humanistenkreises übernommen hatte, versammelte man sich im Haus „Zur Engelsburg" (Allerheiligenstraße 21), das dem Mediziner Georg Sturtz gehörte.

Zur attackierenden Stellungnahme sahen sich die Erfurter Humanisten insbesondere aufgerufen, als das Gutachten der Erfurter theologischen Fakultät zum „Augenspiegel" des Johannes Reuchlin bekannt wurde. Mit dieser Schrift hatte Reuchlin, neben Erasmus von Rotterdam einer der angesehensten Humanisten, auf ein Pamphlet des getauften Juden Johannes Pfefferkorn reagiert, der mit dem Eifer des Konvertiten die Vernichtung aller jüdischen, nichtbiblischen Bücher gefordert hatte. Lebhaft und offen sprachen sich die Erfurter Humanisten für Reuchlin aus. Pfefferkorn hingegen fand vor allem Rückhalt bei den Kölner Dominikanern, die versuchten, Erfurts Theologen ebenfalls gegen Reuchlin einzunehmen. Das Gutachten der Kölner Dominikaner wandte sich, ebenso wie jene der Universitäten Köln, Löwen und Mainz, gegen die Meinung Reuchlins, der sich nun in einen Ketzerprozeß verwickelt sah.

Da erschienen 1515 die „Epistolae obscurorum virorum", die Dunkelmännerbriefe, eine glänzende Satire auf die als Dunkelmänner bezeichneten fortschrittsfeindlichen Mönche, deren Dummheiten und unlauteren Geschäfte allgemeinem Gelächter preisgegeben wurden. Diese Episteln, voll derbsten Spotts und anzüglichen Witzes, entstanden im Erfurter Humanistenkreis um Mutianus Rufus. Wenn man auch weiß, daß Crotus Rubeanus und Ulrich von Hutten an der Briefsammlung mitwirkten, so ist es doch bis heute nicht gelungen, die sorgsam verwischten Spuren der Verfasser zweifelsfrei wiederzufinden.

Abb. 95. Portal
des Hauses „Zum schwarzen Horn"
in der Michaelisstraße

Rechnung auff
der Linihen vnd Federn /
Auff allerley handthirung gemacht /
durch Adam Risen.

Zum andern mal vbersehen
vnd gemehret.
Anno   M.   D.   XXXij.

Abb. 96. Titelblatt
einer Ausgabe des Rechenbuches
von Adam Ries

Abb. 97.
Adam Ries
(um 1492 bis 1559)

Der reichen literarischen Betriebsamkeit ver-
schloß sich kaum eine der zahlreichen Erfurter
Druckereien.[12] Einige Zeit war Erfurt Thüringens
einzige Druckstätte gewesen. Der erste nachweis-
bare Druck erfolgte 1473 in Gestalt eines Ablaßbrie-
fes, in dem Papst Sixtus IV. jenen Ablaß gewährte,
die zum Wiederaufbau der bei dem Stadtbrand 1472
zerstörten Kirchen beitrügen. Die beweglichen Let-
tern schnitt der Münzmeister Johannes Fogel, der
im Haus „Zum roten Stern" (Allerheiligenstraße 11)
wohnte. Mit dem Vordringen des Humanismus gelangte der Buchdruck am Ende des 15. Jahrhunderts

Abb. 98. Erfurter Bucheinband
(Universitätsmatrikel) aus dem 16. Jahrhundert

---

[12] Martin Wähler, Die Blütezeit des Erfurter Buchgewerbes
(1450–1530), in: MGAE, H. 42, Erfurt 1924, S. 5 ff.; Martin von Ha-
se, Bibliographie der Erfurter Drucke von 1501–1550, 3., erw.
Aufl., Nieuwkoop 1968.

zu größerer Verbreitung. Wolfgang Schenk druckte 1499 ein Buch von Nikolaus Marschalk, das erstmals in größerem Umfang griechische Textstellen enthielt. Zwei Jahre später gab er das erste griechische Lehrbuch in Deutschland heraus. Mathes Maler, chenmeister Adam Ries verfaßt hatte. In Wolfgang Stürmers Offizin „tzum bunthen Lawen bey Sant Pauel" wurden die ersten Gedichte von Eobanus Hessus und reformatorisches Schrifttum verlegt. Einer der klügsten und geschäftstüchtigsten Drucker

Abb. 99. Grabplatte des Henning Goede im Dom

vermutlich Schenks Geselle, heiratete nach dem Tod des Meisters dessen Witwe und übernahm die Werkstatt im Haus „Zum schwarzen Horn" (Michaelisstraße 47). Seine Typen setzte er ausschließlich für humanistische, später reformatorische Schriften. Daneben besorgte er die Drucklegung des ersten Rechenbuches, das der Bergbeamte und Re-

war Melchior Sachse im Haus „Zur Arche Noae" (Michaelisstraße 38), dessen verlegerische Regsamkeit reformatorische, medizinische und volkstümliche Werke umfaßte, nicht zuletzt einen Nachdruck des beliebten Eulenspiegelbuches.

Im Buchdruck, in den Titeleinfassungen und Zierleisten der Bücher, zeigten sich auch zuerst die neuen Renaissanceauffassungen.[13] Ihren raschen Eingang in die einzelnen Kunstgattungen verhinderten insbesondere die politischen und wirtschaftlichen Wirren dieser Zeit, die zu einem gewissen Stillstand und Qualitätsverlust in der Erfurter Kunstentwicklung führten. Bedeutende Werke wurden jetzt nicht mehr in den heimischen Werkstätten gefertigt, sondern kamen ausschließlich von auswärts. Die vermögendsten Bürger näherten sich dem neuen Kunstwillen der Renaissance nur zögernd und vereinzelt: 1538 wurde die „Hohe Lilie" (Domplatz) gebaut und 1540 der „Stolze Knecht" (Regierungsstraße, Ostflügel des Gebäudes des heutigen Rates des Kreises). Die schönsten Bürgerhäuser entstanden jedoch erst seit der zweiten Hälfte des 16. Jahrhunderts, als die Renaissance keineswegs mehr bürgerliche Kunstäußerung, sondern internationaler Modestil geworden war.

Da in Oberdeutschland das Gedankengut und das Formverständnis der Renaissance schon gut bekannt waren, beauftragte vor allem der geistliche Adel solche Künstler wie den Nürnberger Erzgießer Peter Vischer mit etlichen Werken. Die Grabplatten des Weihbischofs Johann Bonemilch von Laasphe oder des Stiftsherrn Johannes von Heringen sind dafür beredte Zeugnisse. Beide beeindrucken durch angestrebte Porträthaftigkeit, die Wesen und Charakter der beiden Geistlichen enthüllt. Das bedeutendste Werk aber, das in der Vischerwerkstatt für Erfurt in Auftrag gegeben wurde, ist das Epitaph für den Mariendekan und Juristen Henning Goede. Sein Grabmal im Seitenschiff des Doms stellt über einer langen Inschrift die Krönung Mariens dar und zeigt links unten, der mittelalterlichen Bedeutungsproportion entsprechend, den knienden und anbetenden Stifter.

2.

Reformation und Bauernkrieg
(1517 bis 1530)

Nach der Überlieferung Philipp Melanchthons schlug Luther am 31. Oktober 1517 95 Thesen an die Tür der Wittenberger Schloßkirche, um zu einer Disputation über den Ablaß einzuladen. Dieses Datum bezeichnet den Beginn der Reformation und zugleich den Auftakt der deutschen Frühbürgerlichen Revolution, des ersten großen revolutionären Ansturms gegen die Feudalordnung. Luthers Kritik am Ablaßhandel löste eine verschiedene Klassen und Schichten umfassende Reformbewegung aus, deren Hauptstoß sich gegen das „internationale Zentrum des Feudalsystems" (Friedrich Engels), die römisch-katholische Kirche, richtete und die erste Phase der Frühbürgerlichen Revolution prägte.

Luther sandte seine Thesen umgehend nach Erfurt und bot an, über sie zu disputieren. Er hoffte so, die Erfurter Universität und ihre geachteten Lehrautoritäten für das Anliegen der Reformation zu gewinnen. Das gelang, soweit es die alten Scholastiker betraf, weder jetzt noch später. Daß es Luther aber unternahm, die neue Theologie an der Erfurter alma mater zu propagieren, war nicht unbegründet: Hier wirkte mit Johannes Lang sein einstiger Klosterbruder und eifriger Gesinnungsgenosse. Außerdem kannte er viele Doktoren seit seinen Erfurter Studienjahren.

Im Sommersemester 1501 war er als „Martinus Ludher ex Mansfeldt" vom Rektor Jodokus Trutfet-

ter in die Matrikel eingetragen worden.[14] Wie alle Studenten hatte er sich dem nahezu klösterlichen Reglement einer Burse unterworfen. Ob dies in der Georgenburse oder in der Himmelspforte geschah, ist nicht zweifelsfrei geklärt. Wie alle Studenten hatte er zunächst Studien an der philosophischen Fakultät betrieben, um Michaelis 1502 das Bakkalarexamen bestanden und war im Januar 1505 zum magister artium promoviert worden. Seine Lehrer hatten ihm ein aristotelisches Weltbild und einen ockhamistischen Nominalismus vermittelt, dem er vorerst uneingeschränkt anhing und dessen wissenschaftlichen Instrumentariums er sich zeitlebens bediente. Zugleich hatte er, zwar nicht in den Denkinhalten, wohl aber im Formalen, dauerhafte Impulse vom Humanismus empfangen. Noch während

---

[13] Zum folgenden vgl.: Herbert Kunze, Das Erfurter Kunsthandwerk, Erfurt 1929; Alfred Overmann, Die älteren Kunstdenkmäler der Plastik, der Malerei und des Kunstgewerbes der Stadt Erfurt, Erfurt (1911); G. Kaiser/W. Möller, Erfurter Bürgerhausfassaden der Renaissance, in: Denkmale in Thüringen, Weimar 1973, S. 94 ff.; Rosita Martsch, Erfurter Hausanlagen der städtischen Oberschicht vom Ende des 15. Jahrhunderts bis zum Dreißigjährigen Krieg, Dipl.-Arb., Leipzig 1972 (Ms).

[14] Acten der Erfurter Universität, bearb. von J. C. H. Weißenborn, Bd. 2, Halle 1884, S. 219; zum folgenden vgl.: Gerhard Brendler, Martin Luther, Theologie und Reformation, Berlin 1983, S. 19 ff.; Ulman Weiß, Ein fruchtbar Bethlehem. Luther und Erfurt, Berlin 1982.

Abb. 100. Die Georgenburse
an der Lehmannsbrücke
nach der Rekonstruktion 1983

Abb. 101. Modell
des Augustinerklosters
(Zustand um 1669)

des philosophischen Studiums dürfte Luther in der Universitätsbibliothek auf die Bibel gestoßen sein, mit der er seither ein Leben lang vertraut umging. Sein ungewöhnlich intensives Bibellesen, das ihm Antwort auf persönliche Probleme hatte geben sollen, bildete eine wesentliche Voraussetzung seines späteren Schriftprinzips und seines reformatorischen Wirkens.

Nach dem Magisterexamen begann Luther mit dem Jurastudium. Im Sommer 1505 aber geriet er in der Nähe von Stotternheim in ein Gewitter und gelobte: „Hilf, heilige Anna, ich will ein Mönch wer-

den."[15] Am 17. Juli 1505 trat er ins Kloster der Augustinereremiten ein. Er wurde als Novize eingekleidet und in den Ordensregeln unterwiesen. Nach dem Probejahr leistete er die bindenden Gelübde des Gehorsams, der Armut und der Keuschheit. Danach wurde ihm aufgetragen, sich auf das Priesteramt vorzubereiten. Wohl im April 1507 erhielt er von Johann Bonemilch von Laasphe die Weihe und sang am 2. Mai seine erste Messe. Unmittelbar dar-

---

[15] Martin Luther, Werke, Weimar 1883 ff., Abt. Tischreden, Bd. 4, Nr. 4707, S. 440.

Andreas schonenberg de elbingk.
Lubencius Schürer de lympurgk.
Erhardus hoch de wydha.
Hermannus nydernhofer de marppurgk.
Antonius Currificis de allendorf an der Lumbe.
Martinus ludher ex mansfelt
Joannes strassnicht de allendorff.
Sigismundus kirchener de Mönster.
Johannes orthulm de drebitz
Jodocus barbitonsoris de Spegen.
Jacobus Julich de Aquisgrani.
Sebastianus kleberg de gerbst.

Abb.102. Eintragung Martin Luthers in der Universitätsmatrikel 1501

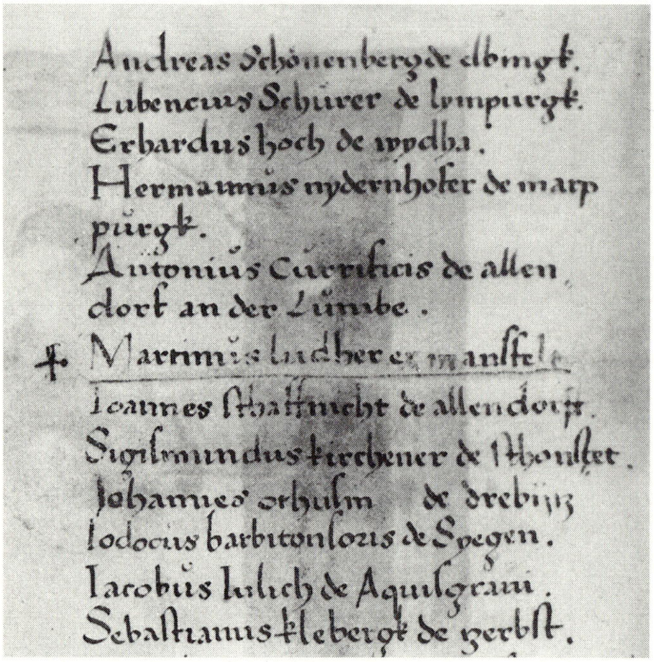

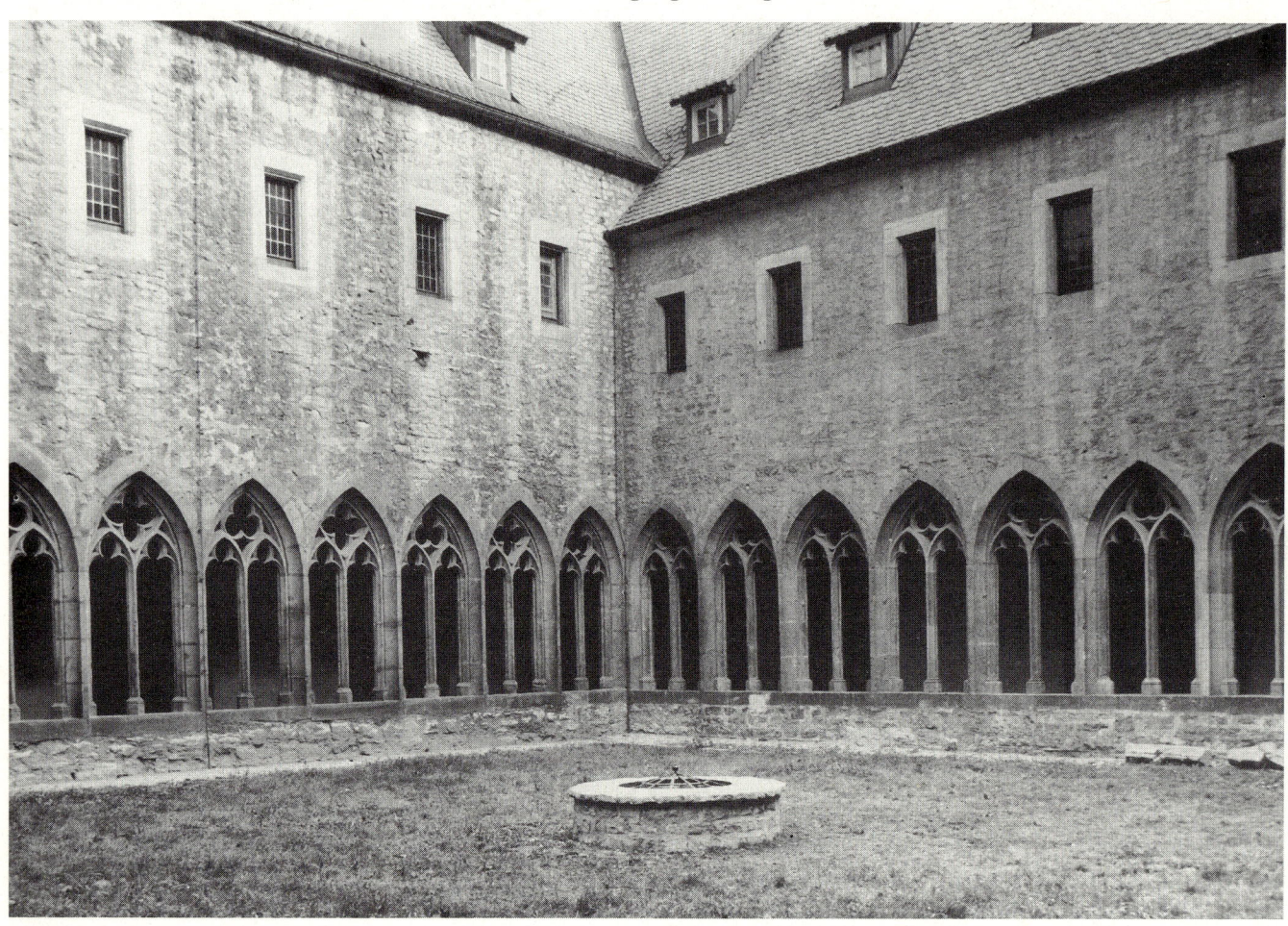

auf wurde Luther bestimmt, sich am ordenseigenen Generalstudium des Theologiekurses zu unterziehen. Dies geschah – nicht anders als an der Universität – im Gedankengebäude der nominalistischen Theologie.

Im Herbst 1508 wurde der strebsame Mönch, der in den wenigen Jahren seit seinem Klostereintritt bereits den sechsten Platz in dessen Hierarchie einnahm, für ein Jahr nach Wittenberg gerufen, wo er Moralphilosophie zu lesen und seine theologischen Studien fortzuführen hatte. Als Sententiar zurückgekehrt, hatte er nun auch theologische Vorlesungen über das grundlegende theologische Lehrbuch, die Sentenzen des Petrus Lombardus zu halten. Seine Notizen beweisen zwar, daß er in der Erfurter ockhamistischen Lehrtradition aufgewachsen war, aber mit seiner Kritik an der aristotelischen Philosophie den Denkrahmen der nominalistischen Theologie bereits zu verlassen begann. Obgleich Luther von seinen Pflichten ziemlich beansprucht wurde, verfolgte er die Auseinandersetzungen des „Tollen

Abb.103. Kreuzgang des Augustinerklosters mit Blick auf die Zelle Luthers

Jahres". Dies dürfte sein Mißtrauen gegen das auf-
begehrende Volk begründet haben und für seine
spätere leidenschaftliche Ablehnung jeglichen Aufruhrs mitbestimmend gewesen sein.

Im November 1510 reiste Luther mit einem Nürnberger Klosterbruder in Ordensangelegenheiten
nach Rom. Ende März 1511 war er wieder zurück,
aber nur für kurze Zeit; im August verließ er, einem
Ruf des Generalvikars Johann von Staupitz folgend,
die Erfurter Augustinereremiten für immer.

Während seiner Jahre in Erfurt hatte Luther bleibende Eindrücke empfangen. Hier waren die
Grundlagen seiner geistigen Bildung gelegt worden,
hier war sein bohrender Ernst an die Grenzen mön-
chischer Lebensweise gestoßen. Hier, in der mittelalterlichen Großstadt, waren ihm aber auch die ökonomischen, politischen, sozialen und religiösen
Probleme seiner Zeit anschaulich vermittelt worden, und nur deren Kenntnis erlaubte ihm seine
künftige gesellschaftsumspannende reformatorische Wirksamkeit.

Abb. 105. Martin Luther (1483 bis 1546).
Kupferstich von Lukas Cranach d. Ä.

Abb. 104. Lutherzelle im Augustinerkloster
nach ihrer Rekonstruktion 1983

Auch nach seinem Fortgang fühlte sich Luther
dem Mutterkloster und der alma mater in Erfurt
verbunden. Als in Wittenberg die neue Theologie
geschaffen wurde, versuchte er, den Erfurter Konvent diesem Geist gleichfalls zu öffnen. Tatsächlich
fand er in Johannes Lang einen engagierten Mit-
streiter, der dafür wirkte, daß sich die Erfurter Humanisten und Erasmus von Rotterdam für Luthers
Reformanliegen aussprachen. Die Universität jedoch konnte sich zu keiner entschiedenen Haltung
durchringen. Als sie im Herbst 1519 aufgefordert
wurde, ihr Gutachten über die Leipziger Disputation zwischen Luther und Johann Eck abzugeben,
lehnte sie dies nachdrücklich ab. Anhänger Luthers
hefteten jedoch im August 1520 eine anonyme „Inti-
matio Erphurdiana" an die Tür des Collegium majus, die sich namens der ganzen Universität für den
Reformator erklärte und aufrief, die Bannandro-
hungsbulle, wo immer sie auftauchen sollte, in kleine Stücke zu zerreißen. Dies geschah. Jüngere Stu-

denten drangen in die Werkstatt des Buchdruckers Johann Knappe ein und warfen alle Exemplare mit dem hohnlachenden Wortspiel in die Gera: „Bulla est, in aqua natet"[16]: es ist eine Bulle, so soll sie im Wasser schwimmen; denn bulla bedeutet auch Wasserblase.

Diese Vorgänge blieben bei Rat und Bürgerschaft nicht unbemerkt. Führende Magistratsmitglieder tolerierten die Reformation von Anbeginn. Das hatte gewichtige Gründe. Die Stadt sah sich nämlich nach wie vor von ökonomischen Schwierigkeiten bedrängt. Adlige Stadtfeinde waren immer noch aktiv und Unzufriedene in der Bürgeropposition machten Miene, sich zu erheben. Indem man den reichen Stiftsklerus für die verfahrene Wirtschaftslage verantwortlich machte und Kapitelsgeistliche sowie Mainzer Beamte als Gegner der städtischen Unabhängigkeit anprangerte, hoffte man, vom eigenen politischen Unvermögen ablenken und mit Hilfe einer antiklerikalen Front die Spannungen zwischen Rat und Bürgerschaft überwinden zu können. Die Reformation eignete sich also gut zur Legitimierung der Ratspolitik gegenüber der Geistlichkeit und dem Mainzer Erzstift und war auch der vielbeschworenen „Bürgereintracht" dienlich.

Der Magistrat erlaubte, daß reformatorisches Schrifttum gedruckt und vertrieben würde, übertrug Luthers Gesinnungsleuten Lehrämter im Collegium majus und gestattete die evangelische Predigt. So wurde die reformatorische Lehre 1521 bereits in mehreren Kirchen verkündet, und zwar in St. Bartholomaeus, St. Martini intra und in der Kaufmännerkirche, aber auch in St. Michaelis und St. Mauricius, wo Georg Forchheim und Anton Musa Pfarrer waren. Da die soziale Struktur dieser Gemeinden sehr unterschiedlich war, wird man annehmen dürfen, daß die Reformation inzwischen schon in allen Gruppen der städtischen Gesellschaft Anklang gefunden hatte. Selbst im Rat war der Widerhall so groß, daß Johannes Lang dem gebannten Reformator im Namen des Magistrates ein Erfurter Asyl anbieten konnte.

Ihre reformatorische Denkart stellte die Bürgerschaft auch unter Beweis, als Luther im April 1521 auf seinem Weg zum Wormser Reichstag durch Erfurt kam. Überaus herzlich, ja begeistert wurde er von Universität und Bevölkerung begrüßt. Unter großem Zulauf predigte er in der Kirche des Augustinereremitenklosters, und der Rektor der Universität, Crotus Rubeanus, gab ihm zu Ehren einen Empfang. Einige Kanoniker, die an diesem Umtrunk teilgenommen hatten, wurden von den Dekanen der Stifte St. Mariae und St. Severi sogleich mit

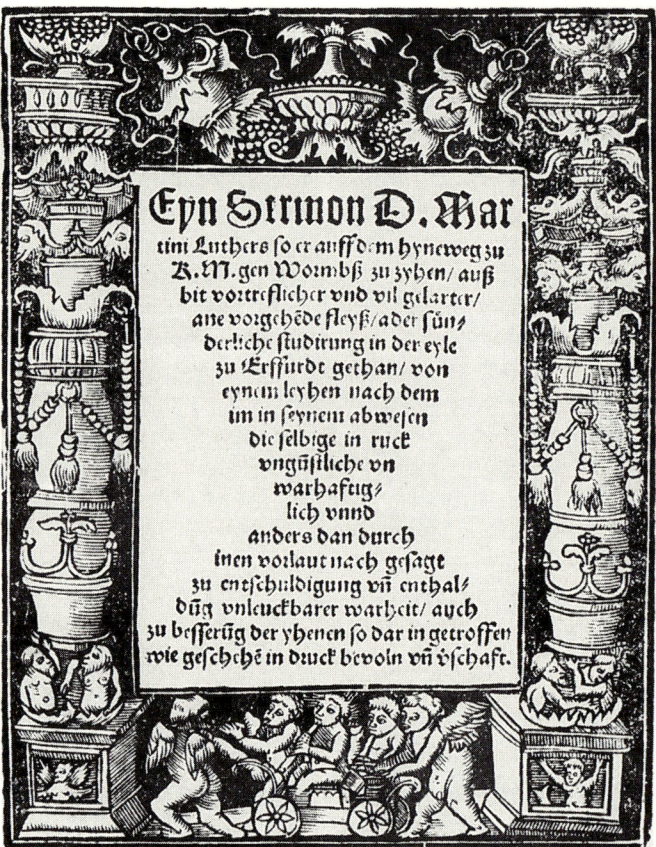

Abb. 106. Titelblatt der gedruckten Predigt Martin Luthers in der Augustinerkirche im April 1521

dem Kirchenbann belegt. Als Crotus Rubeanus und etliche Studenten protestierten, gaben die Dekane zwar nach, aber beigelegt war die Sache nicht. Den ganzen Mai hindurch konspirierten Studenten und Handwerker, und es war „ein gerucht vnd offne sag", daß ein Pfaffensturm bevorstehe.[17]

Am Abend des 10. Juni 1521 brach er los. Drei Tage lang suchten Studenten und Bürger Pfaffenhaus um Pfaffenhaus am Domhügel heim, Bauern des Landgebietes kamen hinzu. Sie warfen Glasfenster ein und zerstörten Öfen, Bücher und Mobiliar. Aber es ging um mehr: Man hatte verlangt, die „priesterschafft soll thun als burger" und bürgerliche Lasten mittragen. Darum ging es, und darum blieb der Rat bis zuletzt versteckt dirigierender Beobachter, ja er

---

[16] Ebenda, Abt. Briefwechsel, Bd. 2, Nr. 348, S. 206 f.
[17] Staatsarchiv Magdeburg (im folg.: StAM), Rep A, 37b, I, II, XIV, 2, Bl. 38; zum Pfaffensturm vgl.: Ulman Weiß, Das Erfurter Pfaffenstürmen 1521: Haec prima Lutheranorum adversus Clericos seditio . . ., in: Jahrbuch für Geschichte des Feudalismus, Bd. 3/1979, S. 233 ff.

soll den Aufständischen sogar Waffen gegeben und ihnen jene Häuser bezeichnet haben, „die man aufstossen vnd deren guter man verwusten" solle.[18] Der Rat schritt erst ein, als die beiden Stifte erklärten, auf ihre althergebrachten Privilegien zu verzichten, ihren Besitz künftig zu versteuern, 10 000 Gulden als Entschädigung für nie entrichteten Vermögenszins zu zahlen, Grund und Boden aus Bürgerhand wieder zurückzuerstatten, Mahl- und Schlachtgeld zu geben, sich aller Wirtschaftätigkeit zu enthalten und die Einwohner nicht mehr vor das geistliche Gericht zu zitieren. Diese Zusagen wurden am 29. Juli zwischen Rat und Stiftsgeistlichkeit vertraglich besiegelt. Dazu gehörte auch die Festlegung, daß die Kanoniker ihrer Vorrechte „frey seint vnd pleiben gleich den Burgern". Das zielte letztlich auf die juristische Eingliederung der Geistlichen in den Bürgerverband.[19]

Diese Vorgänge bildeten gleichsam den Auftakt für die Kloster- und Pfaffenstürme der nächsten Jahre. Sie fanden im Reich ein außerordentliches Echo. Luther distanzierte sich von den Vorgängen und rügte den Rat, daß er nicht eingeschritten sei.[20] Überdies sorgte Luther dafür, daß seine Meinung publik wurde, weil man mit Recht allerorts meinte, daß es sich um den ersten Aufstand der Lutheraner gegen den katholischen Klerus gehandelt habe.

Wie überall zeigte sich nun auch in Erfurt, daß die anfangs einhellige antirömische Bewegung zunehmender Differenzierung unterlag. Im Mai 1521 hatte der Wormser Reichstag Luther und seine Anhänger in die Acht erklärt. Die altkirchlichen Kräfte fühlten sich ermutigt. Zaudernde, die einst mit Luther sympathisiert hatten, flohen in den Schoß der römischen Kirche zurück; andere erstrebten die Verwirklichung des reformatorischen Programms, und bäuerliche, zum Teil auch plebejische Kräfte drängten über die bürgerliche Position Luthers hinaus.

In Erfurt verlief die Reformation in der Folgezeit nicht mehr so stürmisch. Die altkirchlichen Kräfte in den Stiftskapiteln und an der Universität sammelten sich zur Gegenwehr und verdrängten fast alle Gesinnungsleute Luthers von der Hochschule. Das geschah auch mit Johannes Lang, der zu diesem Zeitpunkt, also noch vor Luthers Übersetzung des Neuen Testaments, das Evangelium des Matthäus aus dem Griechischen ins Deutsche übertrug. Gleichzeitig formulierte er auch die Einsicht, daß man „leider schyr das euangelium mit dez schwert erhalten" müsse.[21] Das war freilich nicht die Meinung aller reformatorischen Prediger. Unter ihnen kam es zu einer lebhaften Debatte über den Fortgang der Reformation. Schließlich behauptete sich,

durch Luther vermittelt, eine gemäßigte Position. Der Wittenberger richtete 1522 eine „Epistel . . . an die kirch tzu Erffurdt", in der er darum bat, daß „keyn auffruhr . . . erregt" werde.[22] Als Luther im Oktober desselben Jahres persönlich in die Stadt kam, sprach er sich gegen radikale Weiterungen aus, warb aber zugleich beim politisch maßgebenden Bürgertum um dessen tatkräftiges Bekenntnis für seine Lehre.

Indessen verfolgte der Rat in der Religionsfrage eine Politik strikter Neutralität, weil der Mainzer Erzbischof Kardinal Albrecht wegen des Naumburger Vertrags von 1516 und wegen des Pfaffensturms Zwangsmaßnahmen des Reiches gegen die Stadt zu erwirken versucht hatte. Ein offener Verstoß gegen das Wormser Edikt schien dem Rat unter diesen Umständen nicht geraten. Jedoch kam es seit 1523 zu einem Zusammengehen von Rat und Reformatoren, was auf sozialer Wesensverwandtschaft und politischem Kalkül beruhte: Die evangelische Bewegung bedurfte des Schutzes der weltlichen Obrigkeit, um sich entfalten zu können, und die weltliche Obrigkeit war auf die Reformatoren angewiesen, um ihre Politik gegenüber dem Klerus zu legitimieren. Voraussetzung dieser Verbindung war allerdings, daß sich Johannes Lang für die weltliche Obrigkeit ausgesprochen hatte, der ein jeder Untertan, auch der Geistliche, „gehorsam yn aller erbarkeyt schuldig" sei.[23] Da Lang überdies die Kleriker als Unruhestifter bezeichnete und aufrührerische Predigt entschieden verwarf, entsprach er durchaus dem wichtigsten Grundsatz der Ratspolitik, der, unabhängig vom religiösen Bekenntnis, Richtschnur blieb: „Bürgereintracht" und Unabhängigkeit der Stadt.

Nach dem Wormser Reichstag von 1521 traten die Klassengegensätze der zunächst einheitlichen antirömischen reformatorischen Bewegung deutlich zutage. Die Volksbewegung, die in Thomas Müntzer ihren führenden Ideologen fand, verselbständigte und radikalisierte sich und ging in ihren Forderungen weit über Luthers Ziele hinaus.

---

[18] StAM, Rep A, 37 b, I, II, XIV, 2, Bl. 39.
[19] StAE, 0-1, I, 55 (29. 7. 1521).
[20] Luther, Werke, Abt. Briefwechsel, Bd. 2, Nr. 406, S. 331 f., 410, S. 336 f., 422, S. 366 ff.
[21] Johannes Lang, Das heilig Euangelium Matthei aus kriechsersprach . . . yns deutsch gebracht . . ., Erfurt 1521, S. A 1b, B 3b.
[22] Martin Luther, Epistel oder Unterricht von den Heiligen an die Kirche zu Erfurt, in: ders., Werke, Bd. 10, 2, S. 159 ff., 166.
[23] Johannes Lang, Uonn gehorsam der Weltlichen oberkeit vnd den außgangen klosterleuten . . ., Erfurt 1523, S. A 2b. Teildruck: Flugschriften der frühen Reformationsbewegung (1518–1524) bearb. A. Laube (u.a.), Berlin 1983, Bd. 2, S. 865 ff.

Abb. 107. Der erzbischöfliche
Mainzer Hof im Brühl

Im deutschen Bauernkrieg erreichte diese anti-feudale revolutionäre Volksbewegung ihren Höhepunkt. Die Kämpfe, die im Juni 1524 in Stühlingen, in Süddeutschland, begannen, waren darauf gerichtet, das Feudalsystem entscheidend zu schwächen und dem bürgerlichen Fortschritt in Deutschland voranzuhelfen. Im April 1525 erfaßte die Aufstandsbewegung auch Thüringen. Hier versuchten Thomas Müntzer und seine Anhänger die Zersplitterung der Aktionen zu überwinden und, wie in Süddeutschland, die opponierenden städtischen Schichten in den Kampf einzubeziehen. Am 19. April brach der thüringische Aufstand bei Vacha aus und breitete sich von dort rasch aus. Ende des Monats erhoben sich auch die Bauern des Erfurter Gebietes.

Schon in den voraufgegangenen Jahren hatten einzelne Dorfschaften aufbegehrt. Häufig war Geistlichen der Zins verweigert worden. Zuweilen hatte man sie auch angegriffen und gelegentlich Kirchengut zerstört. Nicht zu dessen Schutz, sondern zu seiner Vereinnahmung wurde es 1524 von einer Ratskommission inventarisiert. In dieser Zeit mehrten sich die bäuerlichen Klagen über zu hohe Steuern und die „überlengen frone".[24] Diese „Beschwerungen" abzuschaffen und die Gerechtigkeiten des Erzbischofs zu beseitigen, waren Forderungen, die immer vernehmlicher erhoben und Ende April auf Zusammenkünften in Kerspleben und anderen Dörfern formuliert wurden.

Indessen suchte der Rat der Stadt Erfurt die bäuerliche Bewegung, die sich auch gegen die Ratspolitik richtete, allein gegen den Mainzer Erzbischof zu lenken. Einflußreiche Ratsmitglieder um Adolar Huttener konspirierten deshalb schon geraume Zeit mit den Ehrbaren einiger Dörfer, z. B. mit Hans Tunger in Kerspleben, um die revolutionäre Bereitschaft der Bauern für den antimainzischen Kampf der Stadt auszunutzen und von Angriffen auf Ratsherrschaft und Patriziat abzulenken. Die Bauern sollten, wie später die Verhöre offenbarten, dem „rathe zu dinste zcyhen (und) dem Bischoff von Meintz seine gerechtigkeit darnieder helfen schlahen".[25] Versuche anderer Ratsmitglieder, wie Christoph von Milwitz, die Bauern ruhig zu halten, mißlangen.

Nachdem am 26. April in Kerspleben auf einer großen Versammlung der Bauern aus den östlich der Stadt gelegenen Dörfern der Aufstand beschlossen und Artikel entworfen worden waren, wurde das wehrfähige Landvolk auch in Tonndorf, Kirchheim und Mühlberg aufgeboten. Tags darauf strömten die Bauernhaufen bei Daberstedt zusammen. Am 28. April zogen sie vor das Augusttor in der heutigen Bahnhofstraße. Aus ihrer Mitte wählten sie je zwei Abgesandte der Vogteien und Ämter und bildeten

---

[24] Ausgewählte Urkunden und Aktenstücke zur Geschichte des Erfurter Bauernaufruhrs im Jahre 1525, hrsg. von Th. Eitner, Erfurt 1909, S. 8; zum folgenden vgl.: Theodor Eitner, Erfurt und die Bauernaufstände im 16. Jahrhundert, phil. Diss., Halle 1903; Scribner, Reformation . . ., S. 196 ff.; Weiß, Die Kirchenpolitik . . ., S. 184 ff.; ders. Zum politischen Verhalten des Erfurter Bürgertums im ersten Drittel des 16. Jahrhunderts, in: Jahrbuch für Geschichte des Feudalismus, Bd. 6/1982, S. 229 ff.

[25] Ausgewählte Urkunden . . ., S. 5.

daraus einen Ausschuß. Dieser beschloß die sogenannte „Anklage", die Tunger an das Stadttor
heftete. Sie verlangte u.a. einen „ewigen Rat" und
drohte, den Reichen das Ihre zu nehmen, falls die
Artikel nicht angenommen würden. Huttener und
mehrere evangelische Prediger suchten die Bauern
durch Reden, Brot und Bier zu beschwichtigen, zumal zu befürchten war, daß sich unzufriedene städtische Plebejer mit ihnen verbünden könnten. Erst
als die Bauernführer zusicherten, nichts gegen bürgerliches Gut zu unternehmen, wurde am 29. April
das Augusttor geöffnet.

Unter der Regie des Oberratsmeisters Adolar Huttener stürmten die Bauern alles, was mainzisch
war: das Zollhaus und die Salzkremen, das „hank-
haus" und das geistliche Gericht sowie das Notariat.
Gegenüber dem Rathaus zertrümmerten sie das
Standbild des Heiligen Martin, das Mainzer Hoheits-
zeichen. Den Mainzer Wirtschaftshof im Brühl unterstellte der Rat nach dem Sturm sogleich seiner
Verwaltung. Man nannte ihn jetzt „Landhof" und
brachte unter dem Einfluß der Bauern ein neues
Wappen an, das „im schilde ein pflugschar, ein sech
und einen karst und uf dem helme ein huffeisen"
zeigte. Ebenso übernahm der Rat die Rechte des
Erzbischofs. Er ließ die Einwohner zusammenrufen
und verpflichtete sie darauf, alle „oberkeit und her-
lichkeit", die bislang dem Erzstift zugekommen sei,
künftig dem Rat zu bekennen.[26] In dessen Reihen
kam es jetzt zur Bildung eines „Ewigen Rates", der
allerdings – ohne einige seiner katholischen Mitglieder – im wesentlichen dem regierenden Magistrat entsprach.

Die bestimmenden Ratsherren, Adolar Huttener
und Georg Friederun, betrieben nun sogleich die
Neuordnung des Kirchenwesens. Das Landgebiet
wurde reformiert, und in der Stadt wurden den Lutheranern außer St. Michaelis und den Ordenskirchen der Augustinereremiten, Franziskaner und
Dominikaner, in denen sie ohnehin schon predigten, noch die Kirchen der Augustinerchorherrn,
St. Thomas, St. Andreas und die Kaufmännerkirche
übergeben. Die Stiftskirche St. Mariae stand nur für
den sonntäglichen Gottesdienst offen. Alle anderen
Kirchen wurden kurzerhand geschlossen. Die Einkünfte der Pfarrgemeinden wurden neu verteilt, so
daß jeder Pfarrer 40 bis 60 Gulden bekam. Die zahlreichen Klöster sollten aussterben. Eine evangelische Gottesdienstordnung wurde eingeführt, der katholische Kultus aber verboten.

Unter dem Einfluß Hutteners und evangelischer
Prediger schuf sich der Rat ein neues Stadtsiegel, das
nicht mehr, wie bisher, den Heiligen Martin, den

Schutzpatron des Mainzer Erzstifts, zeigte und in
der Umschrift Erfurt als treue Tochter von Mainz
bezeichnete. Das neue Siegel stellte Christus als
Weltenrichter dar und verlangte in der Umschrift,
die Menschenkinder sollten gerecht richten: REC-
TE IVDICATE FILII HOMINVM. Allerdings wurde
der Siegelstempel bald, spätestens im August 1525,
„zurbrochen".[27] Aufgedrückt wurde er jedoch auf
jenen Erlaß, mit dem der Rat die Annahme von 28
Artikeln beurkundete, die „alle viertel der stadt …
sampt den hantwerken" aufgestellt hatten.[28]

Abb. 108. Christus als Weltenrichter.
Gemälde aus der Gerichtsstube des alten Rathauses.
Das Motiv diente als Vorlage für das Stadtsiegel
von 1525

In den 28 Artikeln stand, ebenso wie in den bekannten Zwölf Artikeln, die Forderung nach freier
Pfarrerwahl und evangelischer Predigt obenan. Andere Punkte wandten sich gegen einen Rat, der nur
dem nachfolgenden verpflichtet (Art. 8) und untereinander versippt war, gegen einen Rat, dessen Finanzgebaren undurchschaubar war (Art. 13) und der
Steuern erließ ohne Wissen und Einwilligung der

---

[26] Akten zur Geschichte des Bauernkrieges in Mitteldeutschland, Bd. 2, hrsg. von W. P. Fuchs, Jena 1942, Nr. 1639, S. 445 ff.
[27] Ebenda, Nr. 1838, S. 631 ff.
[28] Flugschriften der Bauernkriegszeit, hrsg. von der Akademie
der Wissenschaften der DDR, Berlin 1975, S. 65.

Gemeinde (Art. 21). Deshalb wurde, ähnlich wie in Mühlhausen und Nordhausen, die Forderung nach einem ewigen Rat laut, der jährlich vor der Gemeinde Rechenschaft lege (Art. 6). Weitere Artikel verlangten, daß die Allmende zurückgegeben werde (Art. 4), daß kirchliche Stiftungen wieder in die Hand der Stifter oder aber in einen gemeinen Kasten gelangen sollten (Art. 5), daß die „lobliche universitet . . . ufgericht mochte werden“ (Art. 23), und daß das Frauenhaus geschlossen würde (Art. 16). Doch die weitreichendsten und eigentlich revolutionärsten Programmpunkte begehrten Gewerbefreiheit „unverhindert durch die zunft“ und Handelsfreiheit für alle Bürger (Art. 11, 8) und zielten damit auf eine künftige sozialökonomische Entwicklung; sie belegen, daß die frühkapitalistisch wirtschaftenden Bürger, denen die überkommenen Zunftordnungen zu hinderlich geworden waren, ihre Ansprüche deutlich anzumelden wußten. – In ihrer Gesamtheit zählen die 28 Artikel zu den wichtigsten Dokumenten der städtischen Volksbewegung im ganzen thüringisch-sächsischen Raum.

so schrieb er abfällig, wollten, daß jeder „seines willens lebe, das unterst zu oberst und alles umbkeret“.[29] Mit dieser Einschätzung Luthers wurden die Artikel ad acta gelegt.

Noch bevor die 28 Artikel angenommen worden waren, waren die Bauern gutgläubig aus Erfurt abgezogen. Radikale Kräfte, die „vffs Rathaus gehen vnd dy herrn vs den fenstern herab werfen“ wollten, hatten sich nicht durchgesetzt.[30] Ungehört verhallte in diesen Tagen auch Thomas Müntzers Hilfeersuchen an die „brudern der gantzen gemein zu Erfordt“, zur bevorstehenden Schlacht bei Frankenhausen mit Waffen herbeizuziehen. Sein Schreiben wurde vom Rat einfach nicht angenommen. Es war so, wie Müntzer befürchtet hatte: „dye Lutheryschen breyfresser“ regierten die Stadt. Denen schien es nun geraten, sich im Kampf gegen Kurmainz mit Kursachsen zu verbünden. Als der sächsische Kurfürst Johann nach ihrem tatkräftigen Bekenntnis zum Evangelium forschte, antworteten sie deshalb, sie wollten „bey dem wahren vnnd rechten wort gottes . . . stehn vnnd pleiben“. Daraufhin sagte

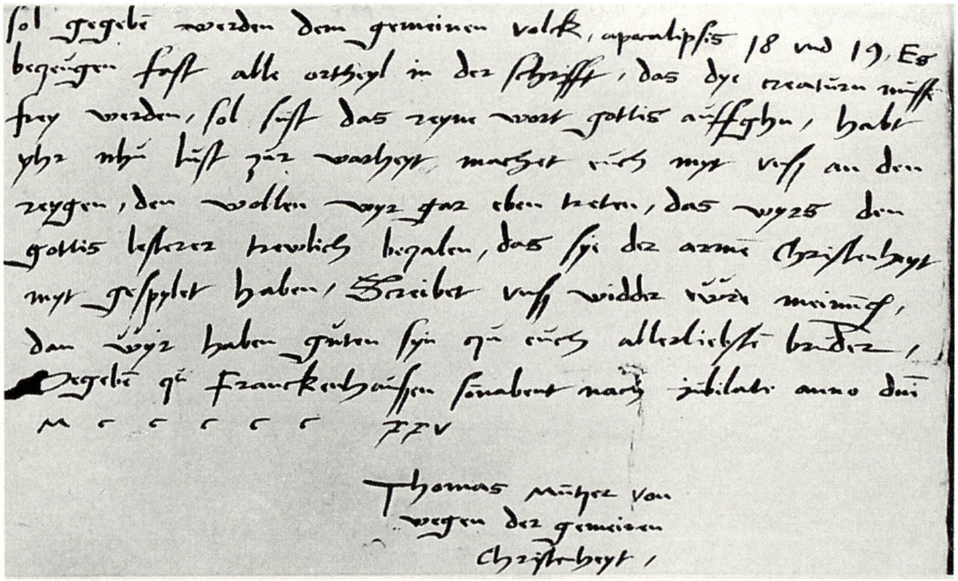
sol gegeben werden dem gemeinen volck, apocalipsis 18 und 19. Es
begegen fast alle ortheyl in der schrifft, das dye creaturn mussen
frey werden, sol sust das reyne wort gottis auffgehn, habt
yhr nhu lust zur warheyt, machet euch myt uns an den
reygen, den wollen wyr gar eben treten, das wyr den
gottis lesterer treulich bezalen, das sye der armen christenheyt
myt gespylet haben. Schreibet uns widder euer meinung,
dan wyr haben guten syn zu euch allerliebsten bruder,
Gegeben zu Franckenhausen sonabent nach jubilate anno domini
M C C C C C XXV
Thomas Muntzer von
wegen der gemeinen
christenheyt.

Abb. 109. Hilfeersuchen Thomas Müntzers an die Gemeinde von Erfurt vom 13. April 1525 (Ausschnitt)

Der Rat wollte über die angenommenen Artikel mit Luther und Philipp Melanchthon „christliche Betrachtunge und Ratschlagung“ führen. Er lud die Wittenberger nach Erfurt, dies auch in der Hoffnung, sie für ein Lehramt an der Universität gewinnen und so für deren Aufschwung sorgen zu können. Doch Luther und Melanchthon kamen nicht. Als der Rat dann im September Luther um eine Begutachtung der 28 Artikel bat, reagierte der Reformator mit sehr ablehnenden Randbemerkungen. Die Artikel,

ihnen der Ernestiner Schutz zu, falls der Stadt „beschwerung ader vberfall“ drohe.[31]

Wenig später stürzten die Verhältnisse um. Am 15. Mai 1525 hatte das sächsisch-hessisch-braun-

[29] Luther, Werke, Abt. Werke, Bd. 18, S. 539; Abt. Briefwechsel, Bd. 3, Nr. 865.

[30] StAE, 1-1, XI, A, 4, Bl. 21.

[31] Thomas Müntzer, Schriften und Briefe, hrsg. von G. Franz, Gütersloh 1968, S. 471; Staatsarchiv Weimar (im folg.: StAW), Reg. G 270, Bl. 43; StAE, 1-0, A, VIII, 3 b, Bl. 3^{b}.

schweigische Fürstenheer in der Schlacht bei Frankenhausen die Bauern in einem fürchterlichen Blutbad niedergeworfen. Am 6. Juni regierte in Erfurt wieder der alte Rat. Unter Bruch der zugesicherten Straffreiheit belegte er alle Aufständischen mit zehn Gulden Buße und verhaftete die Bauernführer. Vier von ihnen, Becke, Heyder, Schmidt und Schroitter, wurden am 25. August nach fürchterlichen Folterungen im Steiger enthauptet.

Mit der Niederschlagung der revolutionären Bauernbewegung war die Machtfrage im Reich zugunsten der Territorialfürsten entschieden worden. Gleichwohl, wenn auch in anderen Formen, dauerten die Auseinandersetzungen mit der Feudalität an. Der Erfurter Rat, der unausgesetzt eine „zweideutige Stellung gegenüber den Bauern" beobachtet hatte,[32] hatte die bäuerliche Bewegung nur benutzt, um die Mainzer Herrschaft abwerfen und die Kirchenreformation einführen zu können. Dabei hatte er sich an die sächsischen Territorialfürsten angelehnt. Dieses Zweckbündnis war möglich gewesen, weil sich die Ernestiner gleichfalls zur Reformation bekannt hatten. Doch die religiös motivierten Verbindlichkeiten, die Kursachsen verlangte, gefährdeten in der Folge die städtische Unabhängigkeit. Erfurt und das Kurfürstentum stützten sich seit 1526 gleichermaßen auf den Reichsabschied von Speyer, der das Wormser Edikt unausgesprochen kassierte und die inzwischen eingetretenen Veränderungen faktisch anerkannte. Den evangelischen Ständen diente dies als Handhabe, ihr Landeskirchenregiment zu stärken. Kurfürst Johann sowie Landgraf Philipp von Hessen bemühten sich überdies, Erfurt in ein politisches Bündnis einzubeziehen. Es kam zu einem regelrechten Anerbieten von „beystant unnd hulfe", das von den lutherischen Predigern wärmstens befürwortet, vom Rat jedoch abgelehnt wurde. Ein Gleiches wiederholte sich 1528, wo die ernestinischen Gesandten zudem den Eindruck gewannen, daß die Erfurter einen Vorwand suchten, „das Euangelium zu vorlassen und die prediger hinfurt nicht zu leidenn".[33]

Inzwischen hatte der Mainzer Erzbischof Albrecht ein kaiserliches Mandat erwirkt, das die Befolgung des Wormser Edikts verlangte. Die lutherische Lehre sollte verboten und die Reformatoren sollten vertrieben werden. Zwar forderte der Rat die Bürger 1528 dazu auf, diesem Befehl gehorsam zu sein, aber gegenüber dem Erzstift rechtfertigte er sich mit dem Hinweis auf den Reichsabschied von Speyer, um zu erklären, warum er nicht gewaltsam gegen die Lutheraner vorging. Deren Glaubensbekenntnis war jedoch nicht mehr das allein verbindliche wie in der kurzen Zeit des Bauernkrieges. Bereits zu Pfingsten 1526 war den Stiftsherren von St. Marien wieder gestattet worden, ihre Messe zu halten; 1527 verteidigte der Rat das Klosterleben sogar als ehrenwerter denn das fleischliche Leben, und 1528 wurde der katholische Gottesdienst in St. Lorenz, St. Nicolai, St. Wigberti und in der Allerheiligenkirche wieder erlaubt, wodurch beide Konfessionen gleichgestellt wurden.

Die evangelischen Prediger, die 1525 die obrigkeitliche Einführung der Reformation erlebt hatten, waren vom zurückweichenden Rat enttäuscht. Sie orientierten sich zunehmend auf die Gemeinde und die Zünfte und mobilisierten deren Widerstand. Offenbar verfolgten sie gemeinsam mit der evangelischen Ratsfraktion die Absicht, die Politik strikter Religionsneutralität und der Duldung beider Konfessionen zu vereiteln und den Magistrat zu einem einhelligen Bekenntnis zum Evangelium zu bewegen.

Der Widerstand nahm konkrete Formen an. Beim katholischen Fest der Himmelfahrt Mariens am 15. August hielten etliche Bürger demonstrativ ihre Läden geöffnet. Daraufhin wurden sie zur Verantwortung aufs Rathaus beschieden. Sie erschienen, mit ihnen aber auch die acht reformatorischen Prediger, begleitet von einer Menge Volks. Bald war nicht mehr nur vom Feiertagsschänden die Rede. Statt dessen ging es um die dauerhafte Berufung der reformatorischen Prediger, die 1525 zwar in Aussicht genommen, aber noch nicht verwirklicht worden war. Tatsächlich besaßen die Reformatoren nur eine jährlich zu erneuernde Predigtlizenz, so daß die Gefahr bestand, daß sie, wenn die katholische Ratsfraktion ihren Einfluß verstärkte, nicht mehr verlängert würde.

Der Gesamtrat, der die Frage in stürmischer Sitzung behandelte, kam zu keinem Ergebnis. Etliche forderten die Vertreibung der Prediger; andere wollten die Mönche und den katholischen Klerus ausweisen. Schließlich setzte sich die Auffassung jener durch, die für ein Nebeneinander beider Konfessionen eintraten. Das bedeutete kirchenpolitisch eine Rückkehr zu den Grundsätzen der Jahre vor dem Bauernkrieg. Strenge Neutralität in der Religionsfrage sollte nach Auffassung der patrizischen Mehrheit den inneren und äußeren Frieden der

[32] Friedrich Engels, Der deutsche Bauernkrieg, in: Karl Marx/Friedrich Engels, Gesamtausgabe, Abt. 1, Bd. 10, Berlin 1977, S. 433.
[33] Akten und Briefe zur Kirchenpolitik Herzog Georgs von Sachsen, hrsg. von F. Geß, Bd. 2, Leipzig 1917, Nr. 1235, S. 521 f, Nr. 1246, S. 533 ff., Anmerkung; StAW, Reg. G 270, Bl. 29.

Abb. 110. Fassade des Renaissancehauses „Zum Breiten Herd" am Fischmarkt
mit allegorischen Darstellungen der menschlichen Sinne (1584)

Stadt sichern. Zu dieser Maxime Erfurter Ratspolitik in der Reformationszeit konnte man zurückfinden, weil sich die katholische und die evangelische Ratsgruppe inzwischen wieder das Gleichgewicht hielten.

Während die katholische Fraktion von solchen Patriziern wie Christoph von Milwitz, Georg Denstedt oder Hans Rindfleisch repräsentiert wurde, besaß die evangelische Gruppe ihre führenden Männer in Adolar Huttener, Mathias Schwengfeldt und Andreas Utzberg sen. Sie hatten bislang, dank ihrer reichen Erfahrungen in den Jahren seit 1509, die Vorherrschaft über die altgläubigen Ratsherren behaupten können. Jetzt, da Kursachsen im Namen des Evangeliums die Unabhängigkeit der Stadt gefährdete, war das nicht mehr möglich.

Der Kompromiß, bei dem die gegenreformatorische Ratsgruppe wieder an Terrain gewann, wurde auch durch ein anderes Geschehen beeinflußt, das die städtische Oberschicht zu gemeinsamem Handeln bewog. Im Dezember 1527 hatte man Kunde erhalten, daß Hans Römer, ein enger Kampfgefährte Thomas Müntzers, zu Neujahr 1528 einen Anschlag auf die Stadt plane. In den Dörfern und in der Stadt selbst hatte Römer offenbar viele Anhänger gewonnen, für Bewaffnung gesorgt und sogar für den Fall des Scheiterns Vorkehrungen getroffen. Es war vorgesehen, sich der Stadt zu bemächtigen, „di oberkeiten allenthalb zu vortilgen mit dem fewer, dem schwert" und einen „christlichen Bund" aufzurichten.[34] Der Plan wurde verraten, doch die Verschwörung muß ein großes Ausmaß erreicht haben, denn von den Festgenommenen wurden allein zwölf enthauptet, gerädert oder in der Gera ertränkt.

Die Gesinnungsgenossen Hans Römers waren Täufer. Einige von ihnen hatten an den Kämpfen bei Frankenhausen teilgenommen und waren danach im Erfurter Landgebiet untergetaucht. Hier, in Alach, Salomonsborn und Sömmerda, hatten sie recht erfolgreich gegen die Kindertaufe, wie überhaupt gegen die selbstverständliche Einordnung der Untertanen in die obrigkeitlich gesteuerte Kirche protestiert. Sie galten deshalb als aufrührerisch. Für die Reformatoren war nun fatal, daß sich einige Angeklagte in ihrem Evangeliumsverständnis auf sie beriefen und daß überdies der evangelische Pfarrer von Nottleben in den Umsturzversuch verwickelt war.[35]

Wachsende Distanz zu den Lutheranern war nun die Folge im Rat. Adolar Huttener verlor seinen Senatssitz, ja er wurde 1530, abweichend vom Ratstransitus, überhaupt nicht mehr zum Oberratsmeister gewählt. An seiner Stelle benannte

man Christoph von Milwitz, der sofort Ausgleichsverhandlungen mit Mainz begann und diese rasch zu einem Ergebnis führte.

Bisher waren ähnliche Beratungen stets ergebnislos verlaufen. Eine Übereinkunft mit Kurmainz schien dem Rat dringend geboten, um dem religiös motivierten, im Grunde aber politischen Werben Kursachsens zu begegnen und die Opposition des Klerus, die Unzufriedenheit der Bevölkerung sowie den Hader mit Mainz zu beschwichtigen. Es herrschte nämlich eine Konstellation, die ähnliche Verwicklungen wie 1509 befürchten ließ. Diese Gefahr hatte im August 1525, als man mit den mainzischen Gesandten in Fulda unterhandelt hatte, noch nicht bestanden. Die Erfurter hatten sich lediglich bereit gefunden, die weltlichen Herrschaftsrechte des Erzbischofs wieder anzuerkennen, die Kirchenreformation aber nicht rückgängig zu machen. Da das die Mainzer nicht konzedieren wollten, war man ebenso unverrichteter Dinge geschieden wie Anfang 1526 in Querfurt, wo die Ratsgesandten, über das Fuldaer Angebot hinaus, die Zulassung des katholischen Gottesdienstes eingeräumt hatten. Kardinal Albrecht hatte jedoch hartnäckig auf der vollkommenen Restitution des katholischen Ritus und bedingungsloser Vertreibung der evangelischen Prediger beharrt.

Während der Verhandlungen, die 1530 in dem kleinen Ort Hammelburg geführt wurden, zeigten sich beide Seiten kompromißbereit. Der Erzbischof verzichtete auf alle „vngnad ... wegen der beurischen auffruhr", verlangte aber Schadenersatz für alle Verwüstungen in Höhe von 2500 Gulden und die endgültige Restitution seiner weltlichen Rechte. Die konfiszierten Kirchengüter, soweit erhalten, sollten zurückgegeben werden. Für alles übrige war eine Entschädigung von 1200 Mark zu leisten. Am wichtigsten jedoch und über den lokalen Rahmen hinaus zukunftsweisend waren die Bestimmungen in der Religionsfrage: die beiden Stiftskirchen und die Peterskirche mußten dem katholischen Kultus wieder geöffnet werden. Ansonsten blieben die Konfessionsverhältnisse unangetastet. Damit war eine Parität erreicht, die jahrhundertelang aufrecht erhalten wurde. Im Vertrag wurde sie mit den Worten eines Provisoriums ausgedrückt: „ ... in Sachen den glauben vndt Ceremonien betreffen, wollen wir

---

[34] Paul Wappler, Die Täuferbewegung in Thüringen 1526–1548, Jena 1913, S. 365, 41 ff., 363 ff.; Gerhard Zschäbitz, Zur mitteldeutschen Täuferbewegung nach dem großen Bauernkrieg, Berlin 1958, S. 70 ff.

[35] StAE, 1-1, XI, A, 4, Bl. 71; ebenda, 1-1, XVI-i, Nr. 1.

hiermit vnd dießmals keiner Parthey Ichts gegeben, genommen, erlaubt od Verbotten habenn."[36] Auf diese Weise wurde dem Rat eine gewisse Urteilsbefugnis in religiösen Fragen zugebilligt. Das brachte ihm zunächst auch politischen Gewinn.

Betrachtet man die Ereignisse des „Tollen Jahres", des Pfaffensturms und des Bauernkrieges, so darf dieser Erfolg als der einzige des bürgerlichen Emanzipationskampfes der Stadt bezeichnet werden, denn ihr Ziel, die Herrschaft des geistlichen Feudalismus abzuwerfen, war nicht erreicht worden. Dennoch wäre es verfehlt, pauschal von einer Niederlage zu sprechen. Das Bürgertum begriff zwar seinen Platz innerhalb des gegebenen gesellschaftlichen Gesamtgefüges, verschaffte sich aber einen größeren Spielraum und bezog sich stets auf die reformatorische Ideologie, wenn es seinen Einfluß und seine Position zu verbessern trachtete.

3.
Das Vordringen der Gegenreformation
(1531 bis 1618)

Der Hammelburger Vertrag konnte die Auseinandersetzungen mit Kurmainz natürlich nicht beenden. Die politischen Ansprüche des Erzstifts, die im Bauernkrieg für null und nichtig erklärt worden waren, waren nach dessen Niederlage erneut bekräftigt worden. Damit entsprach die Übereinkunft der allgemeinen Entwicklungstendenz, die den großen Feudalgewalten weiteren Machtzuwachs brachte, aber auch die Interessengegensätze und Fraktionskämpfe innerhalb des Adels wieder deutlicher werden ließ – und dies alles durchaus zuungunsten der Städte.

Das ernestinische Sachsen deutete die Vereinbarung von Hammelburg als Bedrohung seiner eigenen Position in Erfurt. Es suchte deshalb die Stadt enger an das Kurfürstentum zu binden. Die Stadt, behaupteten die Ernestiner, hätte sich nicht als „ein aigen landtschafft" zu betrachten, sondern sich zu Sachsen gehörig zu fühlen. Deshalb wurde sie verschiedentlich zu den Landtagen geladen, sollte sich der neuen kursächsischen Münzordnung unterwerfen und dem ernestinischen Geleitsmann in ihren Mauern mehr Befugnisse einräumen. Dieser durfte – anders als früher – nicht mehr dem Rat „mit aiden vnnd pflichten verwandt" sein.[37] Dagegen aber setzte sich der Rat entschieden zur Wehr.

Die Spannungen verschärften sich insbesondere wegen der städtischen Wirtschaftshöfe der Klöster Georgenthal und Reinhardsbrunn. Der Rat beanspruchte sie, da sie auf seinem Grund und Boden lagen. Kurfürst Johann, der in seinem Gebiet das Klostergut säkularisiert hatte, begriff sich jedoch als dessen Rechtsnachfolger und sah in den Erfurter Klosterhöfen die beste Gelegenheit, seine Rechte in der Stadt zu mehren und gleichsam eine ernestinische Enklave im bürgerlichen Gemeinwesen zu errichten. Er drohte, daß „gemeyner stadt ... nach-

teil" entstehen werde, wenn sie die Höfe nicht herausgebe.[38] Äußerer Druck, Straßensperren, Überfälle sowie die Besetzung des Dorfes Großrudestedt (1532) sollten die Erfurter gefügig machen.

Tatsächlich mußte sich der Rat 1533 in Leipzig in einen Vertrag schicken, der die bestehenden Abhängigkeiten festschrieb, unverglichene Punkte unberührt ließ, die übrigen aber zugunsten Kursachsens regelte. So wurde festgelegt, daß keine Partei die „gutter, ... gericht unnd gerechtigkeit" der Geistlichkeit des benachbarten Territoriums für sich selbst beanspruchen dürfe. Das hieß, der Rat hatte die Klosterhöfe an Kursachsen abzutreten. Mit diesen Festlegungen wurden die Streitigkeiten zwar kurzzeitig unterbrochen, nicht aber beseitigt.

Sehr akut wurde die Bedrohung der Stadt 1546, als der Schmalkaldische Krieg der protestantischen Fürsten gegen den habsburgischen Kaiser und dessen Verbündete ausbrach. Sogleich wollten sich kursächsische und kurhessische Gesandte der Stadt als Bündnispartner versichern. Sie wurden jedoch mit allgemeinen Worten hingehalten. Ein gleiches geschah auch dem albertinischen Herzog Moritz, der seinerseits um Erfurt warb. Erfurt wollte neutral bleiben. Aber das war schwierig. Die Stadt war vom Territorium Schmalkaldischer Bundesgenossen umgeben und sah mit Recht ihre Unabhängigkeit bedroht. Erklärte sie sich für Kaiser Karl V. und Erzbischof Albrecht, mußte das die Mainzer Befugnisse in der Stadt vermehren.

Bei aller erklärten Neutralität mußte sich Erfurt für die Verteidigung rüsten. Sie wurde um so nötiger, als sich im November 1546 der Krieg von Süd-

---

[36] StAM, Rep A 37b, I, II, XV, 67, Bl. 9b, 12b.
[37] Ebenda, I, I, III, 18, Bl. 44b; ebenda, 1, Bl. 9.
[38] StAE, 1-0, A, IX, 19, Bl. 9b.

deutschland nach Thüringen verlagerte. Herzog Moritz war ins Gebiet seines ernestinischen Vetters eingefallen. Kursächsische Truppen erschienen vor der Stadt, um deren Beistand zu erzwingen, belagerten sie und plünderten im Landgebiet. Da kam der Umschwung. Am 24. April 1547 wurde Kurfürst Johann Friedrich von Karl V. in der Schlacht bei Mühlberg an der Elbe geschlagen und gefangengenommen. Der Kaiser, auf der Höhe seiner Macht, verurteilte die Stadt – wie manche andere – wegen ihrer Neutralität im Krieg zu einem hohen Strafgeld, das auch nach einer Milderung noch 20 000 Gulden betrug.

Auf dem sehr „geharnischten" Augsburger Reichstag, der diese Sühnezahlungen festsetzte, ging es aber vor allem um die Religionsfrage, die mit einer einheitlichen Bekenntnisformel bis zur Konzilsregelung beigelegt werden sollte. Man einigte sich darauf, das Abendmahl mit Brot und Wein sowie die Priesterheirat zuzugestehen, ansonsten aber kaum Abstriche an der katholischen Dogmatik zu machen. Dieses sogenannte Interim von 1548, der politische Versuch allgemeiner Rekatholisierung, befriedigte aber keine Religionspartei. Der Erfurter Rat lehnte es ab, verbot den Verkauf des gedruckten Reichsabschieds und setzte den Buchdrucker ins Gefängnis. Statt dessen akzeptierte er das Leipziger Interim, ein Papier, das, von kursächsischen Theologen ausgearbeitet, eine Abmilderung des Augsburger Reichsabschieds bezweckte. Es hielt an den Kerngedanken der reformatorischen Lehre fest, nicht aber an den Adiaphora, den Nebendingen. Ratsherren und Prediger setzten gemeinsam ihre Namen unter diese Konfession.

Solch maßvollen, aber unmißverständlichen Protest gegen das Augsburger Interim hielt der Rat für geboten, weil dieses dem Erzbischof als Handhabe diente, den Hammelburger Kompromiß in der Religionsfrage anzufechten und darüber hinaus auch weitergehende politische Rechte zu erzielen. Er verlangte zunächst Gehorsam gegenüber dem Reichsabschied, sodann aber noch die Aufkündigung der vertraglichen Beziehungen zu Sachsen. Das zielte in der Tendenz auf die Brechung städtischer Autonomie.

Den Umschwung brachte der junge Moritz von Sachsen, dem der Kaiser nach der Schlacht bei Mühlberg die sächsische Kurwürde verliehen und aufgetragen hatte, die Reichsacht über Magdeburg zu vollstrecken, weil sich diese Stadt offen dem Interim widersetzte. Kurfürst Moritz aber benutzte die Militärrüstungen, um ganz im geheimen einen Krieg verbündeter Fürsten gegen den Kaiser vorzubereiten. Er hatte damit Erfolg, weil Karl V. eine Reichsreform sowie eine langwährende Sicherung seines habsburgischen Universalreiches erstrebte, Ziele, die dem fürstlichen Machtanspruch abträglich waren.

Daß ein Fürstenkrieg gegen Karl V. bevorstand, war im Herbst 1551, als sich Magdeburg ergab, zwar noch nicht zu erkennen. Aber Erfurt fürchtete wohl, vom energischen Kurfürsten unterworfen zu werden. Deshalb wurden Truppen angeworben und die Verteidigungsanlagen ausgebessert. Im Frühjahr 1552, als der Feldzug begann, blieb die Stadt ungenommen. Der Kaiser geriet in höchste Bedrängnis und mußte in den Passauer Vertrag willigen, der das Augsburger Interim annullierte und allen Reichsständen bis zum nächsten Reichstag freie Religionsausübung zubilligte. Dann sollte eine endgültige Klärung der Religionsfrage erfolgen. Sie wurde 1555 in Augsburg erreicht. Im sogenannten Augsburger Religionsfrieden wurden die römisch-katholische und die lutherisch-augsburgische Konfession anerkannt, nicht aber Täufer, Zwinglianer oder Kalvinisten. Den Protestanten, sofern sie Reichsstandschaft besaßen, wurden die bis 1552 eingezogenen Kirchengüter garantiert. Die geistliche Gerichtsbarkeit in protestantischen Gebieten ging an die Landesherren über. Ein „geistlicher Vorbehalt" verfügte allerdings, daß geistliche Fürsten mit dem Übertritt zum Luthertum ihre Würde verloren. Dadurch wurde einer weiteren Entfaltung der obrigkeitlichen Reformation gewehrt und die Gegenreformation begünstigt.

Eine wichtige Bestimmung enthielt die „Declaratio Ferdinandea", die, nur mit Kursachsen abgesprochen, nicht in den Reichsabschied aufgenommen, aber viel berufen wurde: Den Untertanen geistlicher Herrschaften, die schon protestantisch waren, sollte ihr Bekenntnis erhalten bleiben. Das war insofern bedeutsam, als der gemeine Mann ansonsten der Konfession seines Landesherrn zu folgen hatte oder auswandern mußte.

Was der Hammelburger Vertrag im Sinne eines Provisoriums auf lokaler Ebene erwirkt hatte, fand sich im Augsburger Religionsfrieden im Reichsrahmen fortgeführt und sanktioniert. Dadurch wurde die Hammelburger Vereinbarung mit dem Erzbischof im nachhinein aufgewertet. Es zeigte sich jedoch, daß der Versuch, Religionssachen rein politisch zu klären, Widersprüche barg, die über kurz oder lang aufbrechen mußten.

Dem neuen Erzbischof von Mainz, Sebastian, hätte es zugestanden, unter Berufung auf Augsburg das kirchliche Leben in Erfurt wieder zu rekatholisieren. Daß er dazu nicht die Macht besaß, begriff er. Der Magistrat, der das Unvermögen des Erzstifts spürte, beanspruchte nun die Rechte eines Reichsstandes, namentlich die Befugnis, die Reformation durchzuführen. Das erwies sich als zeitgemäße und legale Kampfform gegen das Erzstift, das sich nur langsam im reformkatholischen Geist erneuerte und zur Gegenwehr waffnen konnte.

1559, als der Rat ganz evangelisch war, unternahm er erstmals seit 1510 wieder einen gemeinsamen Kirchgang. Dies geschah mit demonstrativer Geste in die protestantische Predigerkirche und wurde in der Folgezeit zur bleibenden Sitte. Der Rat stellte evangelische Stadtschreiber und Syndici in Dienst, wie Ambrosius Schürer, juristischer Doktor und Universitätsrektor. Dieser Mann prägte in beträchtlichem Maße die Politik des Magistrats. Sie war nun darauf gerichtet, die Reformation zu institutionalisieren, was bislang vermieden worden war. Mit „nachlaß vnd verwilligung" des Rates durften 1557 die Stadtgeistlichen ihre Amtsbrüder aus den Dörfern ins Augustinerkloster beordern, wo sie über die von ihnen vertretene Lehre und ihren Lebenswandel examiniert wurden und die Erfurter Pfarrerschaft als ihre vorgesetzte Behörde anzuerkennen hatten.[39] Theologische Prüfung und Ordination, also die Amtseinführung, wurden fortan stets geübtes Recht des Evangelischen Ministeriums. Der Rat behielt sich jedoch die letzte Entscheidung über Berufung und Absetzung der Pfarrer vor.

Wie sich der Rat nach landesfürstlichem Vorbild das neue Kirchenwesen dienstbar machte, tat er es auch mit dem evangelischen Schulwesen. Mancherorts waren schon aus einstigem Kirchengut fürstliche oder bürgerliche Lehranstalten, humanistische Gymnasien, entstanden. Der Rat plante, ein derartiges Gymnasium im Augustinereremitenkloster einzurichten, dessen letzter Insasse 1556 gestorben war. Möglicherweise dachte er anfangs an ein Zusammenwirken mit der Universität. Deren katholisch gesinnte Führung zog sich jedoch zurück. So gründete der Rat trotz erzbischöflichen Einspruchs am 9. Dezember 1561 die Schule alleine und eröffnete sie am 13. Januar 1562. Als Rektor war der Wittenberger Magister Paul Dummerich gewonnen worden, der mit den beiden evangelischen Universitätslehrern Ludwig Helmbold und Matthäus Dresser zusammenarbeitete.[40]

Nachdem mit dem Ratsgymnasium eine bürgerlich-evangelische Bildungsstätte errichtet worden war, versuchte der Magistrat auch in der Universität seinen Einfluß auszudehnen.[41] Das war wegen ihres betont katholischen Charakters und ihrer scholasti-

schen Ausrichtung überaus schwierig. 1538 hatte der Erzbischof allen Lutheranern das Promovieren verboten. Der Rat war ebenso wie etliche Doktoren damit nicht einverstanden gewesen, weil solch eine Bestimmung die Anziehungskraft der Universität mindern mußte. Diese hatte ohnehin abgenommen. Das hatte sich erneut gezeigt, als nach der Gründung der Jenaer Universität der Theologe Victorin Strigel, gefolgt von 20 Studenten, 1548 dorthin gegangen war. Jetzt, nach dem Augsburger Religionsfrieden, verfolgte der Rat eine behutsame Protestantisierung. Tatsächlich wurden nach und nach die Kollegien und Bursen ganz oder teilweise evangelisch. Im Wintersemester 1563/1564 amtierte zum ersten Mal ein evangelischer Rektor, der Mediziner Pancratius Helbich.

Es gelang dem Rat, seine religionspolitischen Grundsätze auch an der Universität vor allem mit der Errichtung einer theologischen Professur Augsburger Konfession zu verwirklichen. Sie diente der Ausbildung künftiger evangelischer Pfarrer. Da die theologische Fakultät aber strikt katholisch geblieben war, ließ sich in ihr keine Professur anderer Glaubensrichtung ansiedeln. Man tat dies deshalb im Collegium majus. Der neue Universitätsprofessor verdankte sein Amt einer Stiftung von zehn wohlhabenden, evangelisch gesinnten Erfurtern. Der Zinsertrag der Stiftung, 50 Gulden, bedeutete eine mittelmäßige Besoldung für die theologische Professur und die mit ihr dotierte Hebräischprofessur. Daß jene überhaupt geschaffen werden konnte, war in einer Zeit zunehmend sich verhärtender religiöser Gegensätze etwas Außergewöhnliches: An keiner Universität sonst wurde sowohl katholische als auch protestantische Theologie gelehrt. Städtische Autonomie und sozialer Frieden schienen jedoch dem Rat nur erreichbar durch Tolerierung beider Konfessionen.

Der Rat, Verwalter des Stiftungsvermögens, hatte der Universität zwar die Besetzung der Lehrstühle zugestanden, sich selbst aber das Einspruchsrecht vorbehalten. Als erster vom Rat vorgeschlagener

---

[39] Ebenda, 2/210-4, Bl. 200; vgl. hierzu: Carl Martens, Wann ist das Erfurter evangelische Ministerium als geistliche Behörde entstanden?, in: Jahrbücher der Königlichen Akademie gemeinnütziger Wissenschaften zu Erfurt, Neue Folge, Bd. 24/1898, S. 69 ff.

[40] Vgl. hierzu: Richard Thiele, Die Gründung des evangelischen Ratsgymnasiums zu Erfurt (1561) und die ersten Schicksale desselben. Ein Beitrag zur Schul- und Gelehrtengeschichte des 16. Jahrhunderts, Erfurt 1896; Kleineidam, Universitas Studii Erffordensis, Bd. 3, S. 82 ff.

[41] Zum folgenden vgl.: ebenda, S. 53 ff., bes. 79 ff.

Professor begann im Herbst 1566 Andreas Poach mit Vorlesungen. Er war zugleich Pastor der Augustinerkirche und Senior des Evangelischen Ministeriums, ein Mann, der in Wittenberg noch Luther gehört hatte und dessen streitbar-unversöhnlicher Art anhing. Sie zeigte sich deutlich, als sein viel jüngerer Amtsbruder Johann Gallus, Pfarrer der Reglerkirche, im Herbst 1569 zum Universitätsrektor gewählt wurde. Der Senior verlangte, daß Johann Gallus unter Boykott der katholischen Einführungszeremonie im Collegium majus das Amt übertragen werde oder die Wahl abzulehnen sei. Johann Gallus sperrte sich. Er meinte, in weltlichen Dingen sei eine Zusammenarbeit mit Katholiken möglich. Und so verfuhr er, nahm die Wahl an und unterwarf sich dem dabei üblichen katholischen Ritus. Die Sache kam auf die Kanzel. Nicht nur die evangelische Geistlichkeit war gespalten. Erregung und Unruhe drohte auch in der Bürgerschaft. Der Rat griff vermittelnd ein. Schließlich, 1572, entließ er Andreas Poach. Senior wurde nun Johann Aurifaber; die theologische Professur erhielt Johann Gallus – das waren Leute, die Konfrontation vermieden und bei Respektierung unterschiedlicher Glaubensüberzeugung für Zusammenarbeit in Sachfragen plädierten. Sie vertraten also ähnliche Positionen wie der Rat.

Dem Rat hatten die sogenannten Poachschen Händel gezeigt, wie nötig es war, den Einfluß auf die evangelische Pfarrschaft zu verstärken. Das geschah zunächst, indem 1578 die Konkordienformel angenommen wurde, ein protestantisches Bekenntnispapier, das eine verbindliche Dogmatik enthielt und alle Lehrfreiheit aufhob. Damit sollte inneren Streitigkeiten vorgebeugt werden. Freilich wurde auch eine gewisse geistige Erstarrung offenkundig, eine abkapselnde Verfestigung, wie sie im Katholizismus und Calvinismus ebenso zu bemerken war.

Zwei Jahre später schritt der Rat zur umfassenden Organisation des Evangelischen Ministeriums. Die „Formula Pacificationis" genannte Befriedigungsakte sanktionierte und vermehrte die Rechte des Evangelischen Ministeriums, faßte aber das Verhältnis zum Rat, dem als der „ordentlichen vnd Christlichen obrigkeit gebürliche Reverentz" zu erweisen war, viel straffer.[42] Daß der Magistrat solcherart vorging, war nötig. Er bedurfte einer einheitlich handelnden evangelischen Pfarrschaft und ihres Einflusses auf die Bürger, um die Gegenreformation nicht Raum greifen zu lassen. Tatsächlich hatte sich das Papsttum im Tridentinischen Konzil gefestigt und bewies eine erstaunliche Anpassungsfähigkeit an die veränderten gesellschaftlichen Ver-

Abb. 111. Grabplatte des Seniors des Erfurter Evangelischen Ministeriums Johann Aurifaber

hältnisse. Befördert wurde das durch die Societas Jesu, den militanten Jesuitenorden, der auf entschieden neuartige Weise Politik, Wissenschaft und Pädagogik benutzte, um die katholische Kirche zu stärken. Als sich das Mainzer Erzstift der Jesuiten bediente, gelang auch ihm – zunächst im Eichsfeld – wieder Terraingewinn.

Vom Eichsfeld aus war die Rekatholisierung Erfurts ins Auge gefaßt worden. Sie wurde von Männern ins Werk gesetzt, die überwiegend in Rom studiert hatten und im sogenannten Germanicum für den Glaubenskampf in Deutschland ausgebildet worden waren. Zu ihnen gehörte z.B. der Weihbischof und Propst von St. Mariae Nikolaus Elgard, ein junger, ehrgeiziger, beredsamer Mann, der zusammen mit Erzbischof Daniel Brendel die wichtig-

---

[42] StAE, 2/210-7, Bl. 296[b].

sten Posten nach und nach den eifrigen Reformkatholiken anvertraute. Vizedominus wurde 1579 Georg Oland. Zum Schultheiß wurde der Jurist Thomas Selge ernannt. Als Dekan von St. Mariae und Siegler des geistlichen Gerichts wirkte Johann Corner. Sie alle waren zumeist jesuitisch erzogen worden. Sie ermöglichten es, daß die Jesuiten seit 1583 selbst an die Universität und in die Stadt kamen.[43]

Schon vorher hatte das Auftreten der Reformkatholiken den Widerstand in der Bürgerschaft verstärkt. Im August 1579 hatten sich die Spannungen im sogenannten Cavatensturm gewaltsam entladen. Die Stiftsgeistlichkeit hatte an den Domstufen ein Tor errichtet und damit den viel besuchten Umgang um den Chor von St. Mariae versperrt. Junge Leute, zumeist Zünftler, brachen daraufhin das Tor ab. Stadtknechte und selbst Ratsherren, die ihnen entgegentraten, wurden abgedrängt. Doch dem Rat war dies nicht unwillkommen. Er verlangte, als Vizedominus und Siegler hilfesuchend bei ihm erschienen, die Ausweisung der unruhschaffenden Reformka-

Mues, Jacob Naffzer und Hartmann Mack. Der von ihnen verfolgte politische Kurs beschleunigte die soziale Differenzierung. Zwar sank im Vergleich zu 1511 die Zahl der Ärmsten und Armen, zugleich aber auch deren Anteil am Gesamtvermögen, der hingegen bei den Reichen beträchtlich anstieg (vgl. dazu Tabelle 1, S. 105).

Tabelle 2
Vermögensverhältnisse der steuerpflichtigen
selbständigen Einwohner (1569)[44]

Vermögensklasse (Gulden)	Steuer- pflichtige	in Prozent	Anteil am Gesamt- vermögen in Prozent
ohne Vermögen	1082	27,10	–
0,25 bis 25	433	10,85	0,43
25 bis 100	930	23,30	2,61
100 bis 500	881	22,07	11,41
500 bis 1000	302	7,57	12,09
1000 bis 5000	307	7,69	36,23
über 5000	57	1,42	37,23

Abb. 112. Wohnhaus
des Waidhändlers
Hiob von Stotternheim
am Anger (1612)

tholiken, und warf den Petenten vor, solch ein Tor hätte nur mit seinem Einverständnis errichtet werden dürfen. Obwohl in dieser Angelegenheit noch mehrmals unterhandelt wurde und selbst der Erzbischof eingriff, gab der Rat in keinem Punkt nach und ließ sich vor allem nicht zur Verhaftung oder Auslieferung der Täter bewegen.

In diesen Jahren wurde die Politik bloß von wenigen Ratsherren bestimmt. Zu ihnen gehörten vor 1555 der katholische Patrizier Christoph von Milwitz, dann aber die evangelischen Ratsmänner Paul

Diese veränderten sozialen Verhältnisse, wie sie die Vermögensstruktur offenbaren, hatten ihre Entsprechung in der städtischen Wirtschaft, die sich in

---

[43] Zu den Jesuiten in Erfurt vgl.: Carl Beyer/Johannes Biereye, Geschichte der Stadt Erfurt von der ältesten bis auf die neueste Zeit, Bd. I, Erfurt 1935, S. 456 ff.; Joachim Meisner, Nachreformatorische katholische Frömmigkeitsformen in Erfurt, Leipzig 1971, S. 10 ff.

[44] Vgl. hierzu die Angaben bei Aloys Loffing, Die soziale und wirtschaftliche Gliederung der Bevölkerung Erfurts in der 2. Hälfte des 16. Jahrhunderts, phil. Diss., Erfurt 1911, S. 70 ff.

der zweiten Hälfte des 16.Jahrhunderts erholte und aufblühte. Dabei nahm das Waidgeschäft einen vorderen Platz ein. Für die Bauern war es gewinnreich, ihre Äcker mit Waid zu bestellen, doch beförderte der Waidanbau auch die soziale Aufgliederung in der Landbevölkerung. Zu den alten Waidhändlerfamilien in der Stadt hatten sich neue gesellt, die zumeist evangelisch waren. Sie besaßen teilweise selbst Waidfelder, kauften die Färbepflanze, verarbeiteten sie weiter und lieferten sie dann bis nach Holland oder Schlesien. Daß sie die Waidverarbeitung, wie zum Teil vermutet worden ist, in Form einer zentralisierten Manufaktur organisiert hätten, läßt sich nicht belegen. Ebenso ist bisher noch ungeklärt, ob sich in der zweiten Hälfte des 16.Jahrhunderts in den übrigen Wirtschaftszweigen frühkapitalistische Ansätze fortgebildet haben.

Der ökonomische Aufschwung korrespondierte mit einer überaus regen Bautätigkeit, deren Zeugnissen man heute noch begegnet. Zahlreiche Bürgerhäuser entstanden jetzt im renaissanceistischen Raumstil. Man bediente sich der neuen Formelemente nicht mehr nur als Fassadenschmuck, so beim Haus „Zum Breiten Herd" am Fischmarkt (1584), beim Haus „Zum Stockfisch" (1607) in der Johannesstraße, heute Leninstraße, oder bei dem größten und prächtigsten, aber abgebrannten Stotternheimischen Palais, das, 1612 vom Waidhändler Hiob von Stotternheim am Anger errichtet, weniger ein Bürgerhaus war, sondern mehr einem feudalen Schloß entsprach.

In dieser Zeit wurden auch zahlreiche Bildwerke im Renaissancestil geschaffen, denen überregionale Bedeutung zukommt. Als Künstler fungierten insbesondere Hans Fridemann und sein gleichnamiger Sohn. Der ältere Fridemann arbeitete für die Kaufmännerkirche u.a. die Kanzel und das Epitaph des Sigismund von der Sachsen, das den Höhepunkt in seinem Schaffen bezeichnet. Seine Hand ist wohl auch am Sakramentshäuschen des Domes zu erkennen, wo mit künstlerischen Mitteln des Prostestantismus ein typisch katholisches Programm, nämlich die Darstellung der sieben Sakramente, entwickelt wurde. So etwas war in der katholischen Kunst jener Zeit höchst selten.[45]

Die prosperierende Wirtschaft hatte die Bevölkerungszahl auf etwa 18 000 steigen, die städtischen Finanzen endgültig gesunden und Erfurt wieder zum gesuchten Gläubiger werden lassen. Dadurch wurde das selbstbewußte Auftreten der Stadt gegenüber dem Erzbischof nachdrücklich unterstützt. Bis in die achtziger Jahre hinein wurde das Gemeinwesen nach und nach fast ganz protestantisch, ohne

daß den Katholiken die Existenzberechtigung streitig gemacht worden wäre. Getreu dem Prinzip des Aussterbenlassens waren mittlerweile das Reglerkloster (1580) und die Konvente der Dominikaner (1588) und Franziskaner (1594) eingezogen worden. Der Rat beanspruchte sie ebenso für sich wie er die Gerichtsbarkeit in evangelischen Ehesachen dem geistlichen Gericht des Erzbischofs verweigerte und 1580 dem Evangelischen Ministerium übertrug. Man hatte auch abgelehnt, zur Reichssteuer nicht direkt, sondern anteilmäßig durchs Erzstift herangezogen zu werden. 1574 konnte Erfurt diesen Anspruch durchsetzen. 1578 entschied das Reichskammergericht, daß Kurmainz nur einige Rechte, nicht aber die völlige Untertanenschaft der Stadt zuständen.

Als unter Kaiser Rudolf II. der intolerant-katholische Standpunkt mehr Geltung erhielt, neigte sich das Kräftegewicht zugunsten des Erzbischofs. Erfurt mußte verschiedene errungene Positionen wieder preisgeben. Streitigkeiten um Tonndorf und Mühlberg beweisen, daß es dem Erzstift bei der scharf verfolgten Rekatholisierung insbesondere um die Befestigung seiner Territorialmacht in Thüringen zu tun war. Die Ämter Tonndorf und Mühlberg waren als Mainzer Lehen wiederkäuflich an die Stadt gelangt und besaßen für sie einen ausgesprochen strategischen Wert. Der Erzbischof wollte sie bei Erlegung der Kaufsumme zurückerwerben. Der Rat suchte Ausflüchte. Da verband sich Kurmainz mit dem ernestinischen Herzog Friedrich Wilhelm, dem für 40 Jahre die erzstiftischen Rechte an Tonndorf und Mühlberg mit der Auflage übertragen wurden, beide Ämter militärisch einzunehmen. Es war eine ähnliche Konstellation wie 1482: den einheitlich handelnden Feudalmächten hatte Erfurt nichts entgegenzusetzen. Im Dezember 1592 wurden die Ämter besetzt und die Stadt verlor die Pfandsumme von 1200 Mark Silber.

Die Auseinandersetzungen mit Mainz, in denen Erfurt mehr und mehr zurückweichen mußte, gingen weiter. Ähnlichem Druck sahen sich auch andere Städte ausgesetzt; selbst an Reichsstädten wie Aachen und Donauwörth wurde die Reichsacht vollstreckt, weil sie nach 1555 die Ius reformandi genannte Befugnis gebraucht hatten, die Reformation in ihrem Gebiet weiter zu institutionalisieren. Um solch einem Schicksal, das die vom Erzstift erstrebte völlige Unterwerfung bedeutet hätte, zu entgehen,

---

[45] Vgl. hierzu die in Anm. 17 genannte Literatur, weiterhin: Rudolf Kober, Studie zur bildenden Kunst in Erfurt vom Ende des 15. bis zum Ende des 17.Jahrhunderts, 1982 (Ms).

schickte sich der Erfurter Rat 1615 in Verhandlungen, die drei Jahre später mit einer Übereinkunft abgeschlossen wurden. Bereits 1615 gab Erzbischof Johann Schweikhard eine Religionsversicherung, die den Protestanten die Ausübung ihres Gottesdienstes weiterhin gestattete, dem Rat die Befugnis in Ehesachen evangelischer Bürger beließ und die praktizierte Besetzung der theologischen Professur Augsburger Konfession anerkannte, zugleich aber Schutz für den katholischen Gottesdienst verlangte und die Benutzung nicht gebrauchter Kirchen und Kapellen für den katholischen Kultus forderte.[46]

Die zugesicherte freie Religionsausübung stellte Erfurt, und nur in diesem Punkt, mit den Reichsstädten gleich. Deshalb, und weil mehr nicht zu erlangen war, gestand der Rat dem Erzbischof die verlangte Oberhoheit zu. Ein kaiserliches Mandat zwang Erfurt überdies zur Duldung der Jesuiten, die wieder ausgewiesen werden sollten. Auch Erzbischof Johann Schweikhard bestand auf ihrer dauerhaften Niederlassung. Sie erhielten 1615 das Reglerkloster und errichteten 1618 ein eigenes Kolleg in der Stadt, dessen erster Rektor Petrus Altenhoven war.[47]

Endgültige Verträge bestätigten 1618 die schon früher gegebene Religionsversicherung und erweiterten sie ausdrücklich auch auf das Erfurter Landgebiet. Im Hinblick auf die staatsrechtliche Stellung der Stadt wurde jedoch festgelegt, daß sie ein „vhralt Integral Stück . . . vndt aigenthumb" des Erzstifts sei und demzufolge auf jegliche Reichsstandschaft zu verzichten habe.[48] Diese Vereinbarungen, obwohl sie nie ratifiziert wurden, blieben in der Folgezeit Richtschnur des politischen Handelns.

4.

Auswirkungen des Dreissigjährigen Krieges und Unterwerfung durch Kurmainz (1618 bis 1664)

1618, als zwischen Erfurt und Kurmainz die Religionsvereinbarung getroffen wurde, begann mit dem Prager Fenstersturz der Dreißigjährige Krieg. Im ausgehenden 16. Jahrhundert waren die konfessionell verbrämten Rivalitäten zwischen den europäischen Mächten ebenso angewachsen wie die Spannungen unter den Fürsten im Reich, die sich, um ihre partikularen Interessen zu wahren, mit ausländischen Mächten verbanden. Die Folge war, daß Deutschland zum Schauplatz eines europäischen Krieges wurde.

Das protestantische Kursachsen, wie andere Territorialstaaten durch säkularisiertes Kirchengut machtgestärkt, wünschte den Ausgleich mit den Habsburger Kaisern. Etliche Fürsten, angeführt von der Kurpfalz, erstrebten die Ausbreitung des Protestantismus, vereinigten sich zur Union und orientierten ihre Politik an den bürgerlichen Niederlanden und späterhin an England. Demgegenüber scharte sich die katholische Liga um den Bayernherzog und fand, trotz aller Gegensätze zu den Habsburgern, die Unterstützung der Kurie und der spanischen Monarchie.

Als die Kämpfe 1618 in Böhmen ausbrachen, hatte man in Erfurt die Hoffnung, der Krieg werde regional begrenzt bleiben. Zudem glaubte man, von keiner kriegführenden Partei einen Angriff befürchten zu müssen, da einerseits der Mainzer Erzbischof Mitglied der Liga war und andererseits die protestantische Gesinnung der Stadt vor feindlichen Maßnahmen der Union schützen würde. So bekannte man sich zu entschiedener Neutralität, um nicht in die Auseinandersetzungen hineingezogen zu werden.

Wenn das vorerst auch nicht geschah, so litt aber das Wirtschaftsgefüge zunächst durch die Münzmanipulationen der sogenannten Kipper und Wipper. Seit 1619 verschwand das hochwertige Silbergeld vom Markt. Es wurde nachgeprägt, und 1622 tauchte plötzlich das „blecherne und kupferne Geld" auf, das „gangbare Müntze" wurde. Aber niemand wollte es haben, und die Preise trieben um ein vielfaches in die Höhe. Kostete im Januar 1622 ein Paar Schuhe noch zweieinhalb Gulden, so mußte man im August schon acht bis zehn Gulden bezahlen. Das Volk beschimpfte die Münzfälscher als „diebische Teufelsbrut" (Z. Hogel). Einem dieser Kipper und Wipper, dem Lederkaufmann Christoph Peter, wurde sogar das Haus gestürmt. Solch handgreifliche Empörung gab es nicht nur in Erfurt.

---

[46] StAE, 0-1, I, 124 (25. 8. 1615).

[47] Meisner, Frömmigkeitsformen, S. 236, Anm. 35.

[48] StAE, 0-0, A, VII, 170–171 (21. 4. 1618), Nr. 170, Bl. 4ª.

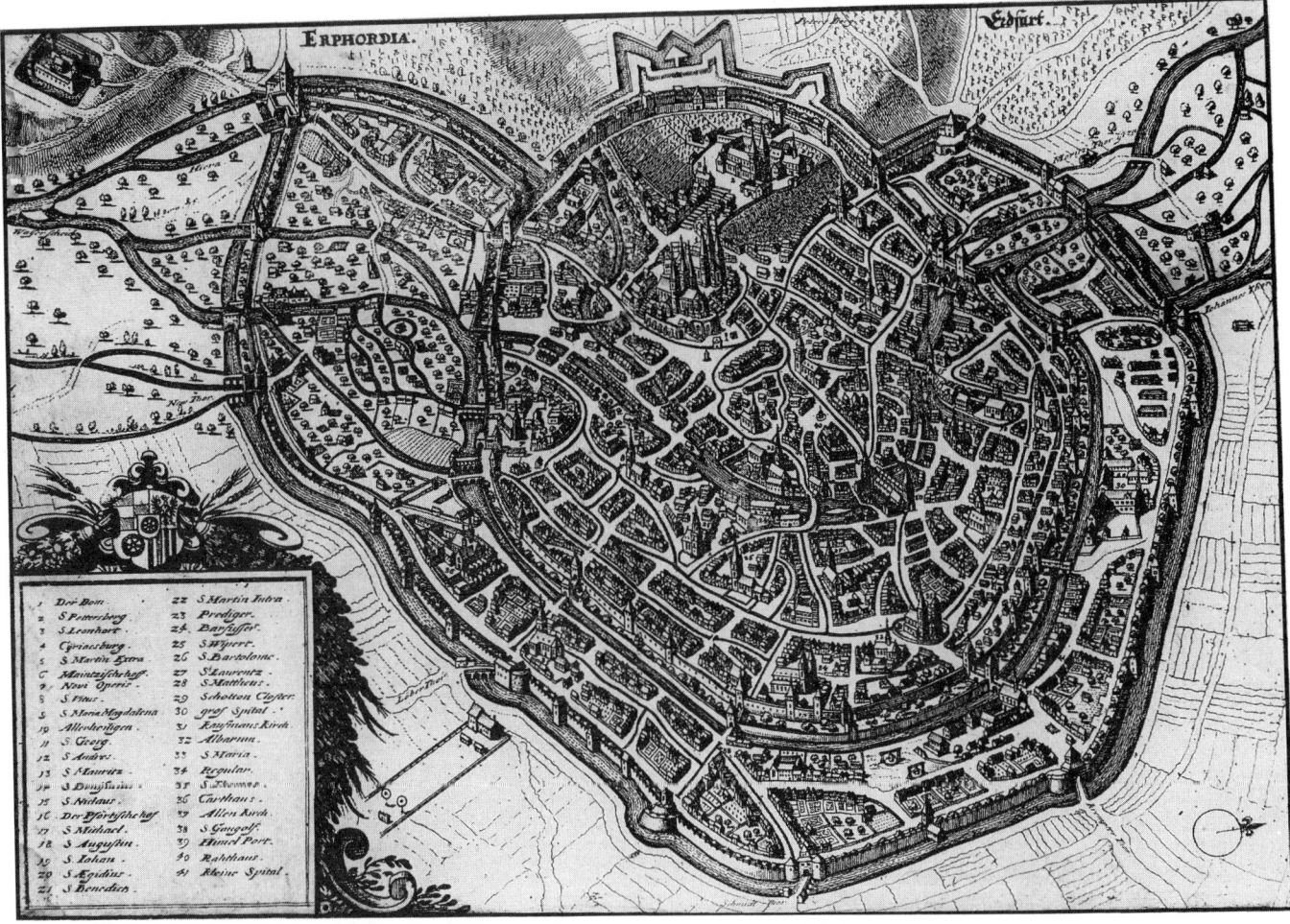

Abb. 113. Plan der Stadt Erfurt von 1620

1622, als das fürstlich verursachte Münzunwesen seinen Höhepunkt erreicht hatte, erschienen die ersten Söldner im Erfurter Gebiet. Zuerst waren es die Truppen des sächsischen Kurfürsten Johann Georg I., dann hatte Herzog Friedrich von Sachsen-Altenburg hier den Sammelplatz einer anzuwerbenden Armee. Das Landvolk litt sehr unter Einquartierung und Drangsalierung, aber es wußte sich aus Verzweiflung auch zu bewaffnen und die Soldaten anzugreifen. Zugleich wurde der Rat „auß höchster vngedult ... geschmehet", und es gab „auflaufs".[49] Tatsächlich konnte der Rat, weil Sachsen die Schutzherrschaft ausübte, nicht militärisch eingreifen. So verfolgte er die Selbstwehr der Dorfleute mit Sympathie und geheimer Unterstützung. Der Magistrat verwandte sich für seine Untertanen. So schrieb er, daß „die trangsalen von tag zue tag sich heufen". Viele Leute seien in ihrer Not so weit geraten, daß sie „aus eingebung des leidigen Teufels ...

an Gottes vnd menschlicher hülff verzaget vnd ihnen selbst daz leben verkürzt".[50]

Einige Jahre blieben Stadt und Land dann von Kriegswirren verschont. 1626 aber brachen kaiserliche Heerscharen herein. Sie waren unter Wallensteins Führung auf dem Weg nach Norddeutschland, wo der dänische König Christian V. die Bistümer Verden, Bremen und Osnabrück in seine Hand zu

[49] StAE, 1-0, A, IV, 7, Bl. 31ª; zum Dreißigjährigen Krieg allgemein vgl.: H. Langer, Hortus bellicus. Der Dreißigjährige Krieg, Leipzig 1980.

[50] StAE, 1-0, A, IV, 7, Bl. 29 ff., bes. 30ᵇ; für den Widerstand der Bevölkerung: StAE, 1-0, A, IV, Nr. 16, Bl. 106, Nr. 17, Bl. 50, 109 passim; zum bäuerlichen Widerstand vgl.: Christa Gebser, Der Widerstand der Erfurter Bürger und Bauern im Dreißigjährigen Krieg, Staatsexamensarbeit, Dresden 1972 (Ms); allgemein zu der Problematik: H. Langer, Krieges Alltag und die Bauern. Bemerkungen und Ergänzungen zu Jürgen Kuczynskis „Geschichte des Alltags des deutschen Volkes", in: Zeitschrift für Geschichtswissenschaft, H. 12/1982, S. 1094 ff.

bekommen suchte; weniger um den Protestantismus als um seine eigene Stellung im Norden des Reiches zu stärken. Doch die Dänen und ihre Verbündeten wurden mehrfach geschlagen, ganz entscheidend in Lutter am Barenberge im August 1626. Der kaiserlichen Armee fiel nun ganz Jütland, Mecklenburg und Pommern zu.

Damit hatten die Habsburger ein deutliches Übergewicht erzielt. Auf seiner Grundlage wurde am 6. März 1629 das Restitutionsedikt erlassen. Dieses Edikt war der letzte gesetzgeberische Versuch des Kaisers, die Verhältnisse im Reich entscheidend zu seinen Gunsten zu verändern. Unter Berufung auf den „geistlichen Vorbehalt" des Augsburger Religionsfriedens verlangte das Edikt, daß alle zwölf Bistümer sowie die Abteien und Klöster, die seit 1552 säkularisiert worden waren, der katholischen Kirche zurückzugeben seien. Außerdem sollten nur noch die Anhänger der Augsburger Konfession im Reich geduldet werden. Die Evangelischen, ob Fürsten oder Städte, waren beunruhigt und fürchteten um ihre Rechte. Denn sie alle, auch Erfurt, hatten seit 1555 Kirchengut in Besitz genommen. Besorgt waren aber auch katholische Fürsten, weil das Edikt auf die Machtstärkung des Kaisers abzielte. Dies wollten auch Frankreich, Dänemark und Schweden verhindern. So sammelten sich zahlreiche Gegenkräfte, die auf ihrem Höhepunkt die Entmachtung der kaiserlichen Zentralgewalt einleiteten.

Von diesen Vorgängen blieb Erfurt nicht unberührt. Die Stadt hatte für viel Geld ein „Salva Guardia" genanntes Schutzpatent erworben, um keine kaiserlichen Truppen beherbergen und verpflegen zu müssen. Doch Johann von Merode, einer der kaiserlichen Kommandeure, forderte dessenungeachtet 50000 Taler. Der Rat mußte die verlangte Summe zahlen. Auch als er 1627 ein zweites Mal einen Schutzbrief kaufte, wurde dieser mißachtet. Die Bauern des Erfurter Gebietes wurden ausgeplündert, drangsaliert, mißhandelt und oftmals zu Tode gebracht. Überdies soll der Rat allein an Auslagen für Verpflegung und Quartier 186000 Taler aufgebracht haben. Seit 1629 drohte zu alledem eine Zeitlang die Gefahr, daß das kaiserliche Heer gewaltsam das Restitutionsedikt durchsetzen würde, ähnlich wie in Magdeburg, das sich dem Erlaß offen widersetzt hatte und um Mai 1631 von Tillys Armee belagert und genommen worden war.

Doch für Erfurt konnte die Gefahr abgewandt werden. Geschickt widerstand der Rat den Plänen des Feldherrn, die Stadt zum wohlbewehrten Stützpunkt der Kaiserlichen in Mitteldeutschland zu machen. Wenig später brachten die heranziehenden

Schweden ohnehin einen Umschwung. Nach der Niederlage der Kaiserlichen am 17. September 1631 bei Breitenfeld hielt Gustav Adolf am 2. Oktober Einzug in die Stadt. Sämtliche Glocken läuteten, die Bürgerschaft jubelte, und der Rat empfing den König ehrerbietig vor dem Gasthof „Hohe Lilie", wo er Quartier nahm. Auf dem Petersberg wurde eine Begegnung mit der Geistlichkeit arrangiert. Gustav Adolf versprach ihr seinen Schutz, verlangte aber eine Loyalitätserklärung, die er anderntags auch tatsächlich erhielt.

Abb. 114. Empfang König Gustav II. Adolf von Schweden vor dem Gasthof „Zur hohen Lilie" am Domplatz 1631

Abb. 115. In Erfurt geprägter schwedischer Taler mit dem Brustbild des schwedischen Königs Gustav II. Adolf

Herzog Wilhelm und Alexander Esken betrieben den Ausbau Erfurts zu einer starken schwedischen Festung. Das Hornwerk des Petersbergs wurde befestigt, die Stadtwälle wurden mit Brustwehren, die Tore mit Zugbrücken und Palisaden versehen. Vor dem Andreastor errichtete man ein Bollwerk, dessen Steine von der abgetragenen Moritzkirche stammten. Im März 1632 wurde das nahe der Stadtmauer gelegene Dorf Daberstedt niedergerissen. Seine wenigen Einwohner fanden in der Stadt eine Bleibe. Vorgeblich geschah das aus militärischen Sicherheitsgründen, tatsächlich aber hatte der Rat ein Interesse daran, das erzbischöfliche Küchendorf niederzulegen, da es ihm wegen der Mainzer Privi-

Der hohe katholische Klerus, voran der Weihbischof, war allerdings geflohen. Der Mainzer Vizedominus wurde ausgewiesen und das Eigentum des Erzbischofs als erobertes Gut eingezogen. Am 4. Oktober leisteten der Gesamtrat und die Vormunde der Viertel, Handwerke und Gemeinden dem schwedischen König ihren Huldigungseid und sicherten Bündnistreue zu, solange der Krieg währe. Gustav Adolf übergab dem Rat einen vom Einzugstag datierten Revers, der Erfurt alle Rechte bestätigte und verhieß, Stadt und Gebiet „königlich (zu) schützen vnd (zu) schirmen" und die Garnison zahlenmäßig nur so groß zu machen, wie es der Krieg erfordere. Insbesondere wurde festgelegt, daß Erfurt bei künftiger „friedenshandlung nahmentlich mitein(zu)schließen" sei. Das hätte für Erfurt den Status einer reichsfreien Stadt bedeutet.[51]

An der Spitze seiner Armee zog König Gustav Adolf weiter. Zurück blieb als Statthalter und Gouverneur der mit ihm verbündete Herzog Wilhelm von Weimar. Dieser suchte Amt und Umstände zu benutzen, um die Stadt später seinem sächsischen Herzogtum angliedern zu können. Seine Residenz verlegte Wilhelm sogleich in den „Weißen Löwen" auf dem Anger. Er beschwerte die Bevölkerung mit Kontributionen über das festgelegte Maß hinaus und wirtschaftete viel in seine eigene Tasche. Der Rat erreichte, daß der Herzog im April 1632 durch den Schweden Alexander Esken abgelöst wurde.

Abb. 116. Willkomm der Riemerzunft mit Schaumünze Gustav II. Adolf, die an seine Aufnahme in diese Zunft 1631 erinnert

---

[51] StAE, 0-0, A, XXI, 2 (22. 9. 1631).

legien rechtliche und wirtschaftliche Nachteile brachte.[52]

Das Dorf Daberstedt wurde auf Ratsgeheiß zur gleichen Zeit zerstört, als Magistratsgesandte den schwedischen König in Mainz darum ersuchten, der Stadt die einstigen Mainzer Rechte zu übertragen. Der Rat suchte sich die Tatsache zunutze zu machen, daß Gustav Adolf in allen eroberten Gebieten durch „Schenkungen" um Anhänger warb. Nach anfänglichem Zögern fertigte der König am 19. Oktober 1632 eine Urkunde aus, in der er Rat und Bürgerschaft alle Rechte des Erzbischofs übertrug: die Küchendörfer, den Mainzer Hof, die Stifte, Klöster und katholischen Pfarrkirchen – doch „in alleweg vorbehältlich" der schwedischen Oberhoheit.[53]

Wenig später erschien Gustav Adolf wieder in der Stadt, um Wallenstein entgegenzuziehen, der in Mitteldeutschland seine Position bedrohte. Mitte November 1632 kam es zur Schlacht bei Lützen, die den Schweden zwar den Sieg, ihrem königlichen Heerführer aber den Tod brachte. In Erfurt war man betroffen. Doch die Kontinuität schwedischer Politik schien durch den Reichskanzler Axel Oxenstierna garantiert, der für Gustav Adolfs unmündige Tochter Christine die Vormundschaftsregierung führte. Der Rat ließ sich von Oxenstierna am 2. Januar 1633 feierlich die neu gewonnenen Befugnisse bestätigen. In den einstigen Küchendörfern mußte nun dem Rat gehuldigt werden, in den Klöstern fungierten städtische Verwalter, den Ordensleuten legte man nahe, die Stadt zu verlassen. Von den Jesuiten verlangte man das ganz unbedingt. In den Stiftskirchen wurde evangelisch gepredigt. Auch die Mainzer Gerichtsbarkeit sowie der Marktzoll fielen an den Rat. Dessen politischer Spielraum war aber, ebenso wie im Bauernkrieg, nur scheinbar gewachsen: Damals hatten sich ähnliche Umgestaltungen bloß im Bündnis mit Kursachsen verwirklichen lassen, jetzt sorgte Schweden für politischen Zugewinn. Er war insofern fragwürdig, als Schweden die Oberhoheit für sich beanspruchte.

Schweden wünschte lediglich Veränderungen im Kirchenwesen. Deshalb billigte es auch die Reform der Universität, die „wiederaufrichtung der ... uhralten Acedemiae".[54] Der Rat wollte ihr, unter Bruch seiner bisherigen Politik, einen streng evangelischen Charakter geben und seine Rechte erweitern. Dementsprechend wurde 1634 mit der „Formula concordiae" die Absicht besiegelt, die alma mater im Sinne der „wahren Erkänd- und bekäntnis der evangelischen unverfälschten ... Augspurgischen Confession" zu reformieren; die Stadt wollte „Scholarchen" genannte Inspektoren einsetzen, wollte

die Professoren berufen und „mit tüchtigen Salariis und freyen Wohnungen versehen" sowie die Befugnis des Rektors einschränken.[55] Zur Finanzierung all dessen sollten die einstigen Klostereinkünfte verwandt werden.

Dem neuen Profil entsprechend, wurden im August 1634 neue Statuten aufgestellt, und im Dezember wurden die Satzungen der evangelischen theologischen Fakultät angenommen. Die katholische Vorgängerin war bereits im Juli des Vorjahres auf gleichsam symbolische Weise entmachtet worden. Die neue Fakultätsordnung verlangte zu allererst „puram ecclesiae Christi doctrinam" (die reine Lehre der Kirche Christi).[56] Deshalb wurden namhafte evangelische Theologen berufen, deren bedeutendster Matthäus Meyfarth war. Er hatte sich als Rektor des Coburger Gymnasiums den Ruf eines vorzüglichen Gelehrten erworben und bekam jetzt die Dozentur in Kirchengeschichte und Predigtkunst. 1634 wurde er Universitätsrektor, zwei Jahre später Pfarrer der Predigerkirche und tatkräftiger Senior des Evangelischen Ministeriums. Als er 1642 starb, war der kurze Aufschwung der alma mater schon vorüber. Die Zahl der Immatrikulationen betrug seit 1637 zumeist weniger als 50. Der Rat konnte den Professoren kein Gehalt mehr zahlen und verzichtete deshalb auf die Stellenbesetzung. 1636 mußte er zubilligen, daß aus den neuen Statuten jene Passagen ausgemerzt wurden, die den evangelischen Charakter der Universität betonten.

Das alles hing mit Veränderung im Kriegsgeschehen zusammen. Im Herbst 1634 hatten die Schweden und ihre deutschen Verbündeten in der Schlacht bei Nördlingen eine empfindliche Niederlage erlitten. Kursachsen fiel von Schweden ab und einigte sich mit dem Kaiser auf einen Friedensvertrag, der im Mai 1635 in Prag abgeschlossen wurde. Kurfürst Johann Georg I., als Schutzherr der Stadt, verlangte nun, daß sich Erfurt „mit manir" der Besatzung entledige und dem Frieden beitrete.[57] Der Rat tat das im August desselben Jahres. Und das hieß, die „Schen-

---

[52] Ernst Wagner, Wie Daberstedt im Dreißigjährigen Kriege vernichtet wurde, in: MGAE, H. 49, Erfurt 1934, S. 31 ff.

[53] StAE, 0-0, A, XXI, 6 (19.10.1632); über die weitergehenden Erfurter Wünsche vgl. detailliert: ebenda, 1-0, A, IV, 16, Bl. 3 ff.

[54] Ebenda, 0-0, A, XXI, 6.

[55] Acten der Erfurter Universität, Bd. 2, S. 11; Druck der Universitätsstatuten von 1634 ebd. S. 23 ff.; vgl. auch: Kleineidam, Universitas Studii Erffordensis, Bd. 4, S. 2 ff.

[56] Acten der Erfurter Universität, Bd. 2, S. 66.

[57] StAE, 0-0, A, XXI, 17 (11.8.1635). – Die „Privilegia ... vnd Gerechtigkeiten" sollten „bey Cräfften bleiben", vor allem die „freye exercitio der Augspurgischen ... confession" ebenda, Nr. 16 (1.8.1635); vgl. auch: ebenda, 1-1, XXI, 1a, 27, S. 1 ff.

kung" Gustav Adolfs mußte wieder herausgegeben und die Restitution des Katholizismus anerkannt werden, denn im Prager Frieden war vereinbart worden, den Besitzstand der Konfessionen entsprechend dem Stand im Jahre 1627 uneingeschränkt wiederherzustellen.

Obgleich die Garnison abgezogen war, entsprach der Rat diesen Vertragsbestimmungen nur zögernd. Seit Ende des Jahres 1636 war er ohnehin aller Restitution enthoben, da die Schweden unter ihrem Feldherrn Johann Banér erneut auf Erfurt zumarschierten und die Stadt als strategischen Stützpunkt zurückgewinnen wollten. Anders als fünf Jahre zuvor suchten Rat und Bürgerschaft dies zu verhindern. Erfurt wurde daraufhin belagert und mußte schließlich kapitulieren. Stadtkommando und Cyriaksburg gerieten in schwedische Hand und die Stadt mußte 36000 Taler zahlen. Jedoch sollten die Rechte des Erzbischofs und der katholischen Geistlichkeit gewahrt bleiben. Auch wurde zugesichert, Erfurt „in den künftigen friedenschluß ausdrücklich" einzubeziehen.[58]

Auch in den nächsten Jahren tobte das Kampfgeschehen hin und her. Die unterschiedlichsten Kriegsparteien zogen durchs Landgebiet, plünderten, brandschatzten, raubten und mordeten. Vor allem die Dorfbewohner litten darunter. Wirtschaft und Handel lagen fast darnieder. Deshalb war das Bürgertum an einem territorialen Separatfrieden interessiert, der in dieser Zeit vielerorts als Ersatz für eine allgemeine Friedensregelung abgeschlossen wurde. Tatsächlich wurde ein wenig beachteter Waffenstillstand zustande gebracht, doch ein Aussöhnungsrezeß mit Sachsen scheiterte an dessen überzogenen Forderungen. In späteren Jahren war die Stadt selbst ernstlich bedroht. 1641 verhängten kaiserliche Truppen die Blockade, zogen dann aber wieder ab. Diese Belagerung, trotz ihrer Gefahr, erwies, daß der Krieg an innerer Erschöpfung litt.

Während er noch weiterging, verhandelte man in Münster und Osnabrück über den Friedensvertrag. Erfurt, das in ihm besonders erwähnt werden wollte, versicherte sich nochmals der Unterstützung Schwedens und ließ es an demonstrativen Sympathiebekundungen für die schwedische Königin Christine nicht fehlen. Würde Erfurt wirklich zur Reichsstadt erhoben, würden auch die alten Rechtsbindungen an Sachsen und ans Erzstift fallen. So hoffte man, feudalabsolutistischer Bedrängnis künftig enthoben zu sein, die die Stadt immer wieder bedrohte. Dem Rat bedeutete die Reichsstandschaft so viel, daß er trotz erzbischöflichen Protestes im März 1646 eine eigene Gesandtschaft nach Osna-

brück beorderte. Doch Sachsen und Mainz erreichten, daß der verfassungsrechtliche Status der Stadt nicht verändert wurde. Die Erfurter Delegation protestierte zwar gegen das Auftreten der beiden Fürsten und deren Ansprüche auf die Stadt, und Schweden erteilte einen Revers, demzufolge der Stadt das stillschweigende Übergehen im Friedensvertrag nicht nachteilig sein sollte. Doch beides erwies sich als nutzlos.[59]

Die Bilanz, die nach dem Krieg gezogen wurde,[60] war erschütternd. Die Bevölkerung in der Stadt war um ein Drittel, im Landgebiet sogar um die Hälfte geschrumpft. Hatte Erfurt um 1620 rund 19000 Einwohner gehabt, so zählte man 1650 nur noch 13473. Die Vermögen betrugen nur noch die Hälfte ihrer einstigen Höhe. Der Ausfuhrhandel lag fast ganz darnieder. Anstelle der 75 Händler von 1620 waren nun bloß noch 19 im Waidgeschäft nachweisbar. Von den Zünften hatten nur jene nicht so unter dem Krieg gelitten, die nicht exportorientiert waren. Bürgerlicher Unternehmungssinn, Tatkraft und Selbstbewußtsein waren weithin geschwunden. Zwar war Erfurts wirtschaftlicher Niedergang, der in der Folge anhielt, nicht allein eine Folge des Krieges. Aber dieser hatte Tendenzen wesentlich verstärkt, die schon vorher gewirkt hatten: Verschiebung im europäischen und außereuropäischen Handel, die wachsende Wirtschaftskraft solcher fürstlich privilegierten Städte wie Leipzig oder das Aufkommen des Indigo, das den Waid verdrängte.

Der ökonomische Niedergang und die anderen Einwirkungen des Krieges prägten die Entwicklung des kulturellen Lebens der Stadt nachhaltig. Die Bautätigkeit lag, wenn man von den Befestigungsarbeiten absieht, nahezu brach. Anhaltend blieb nur das Interesse am bildnerischen Schaffen, wie es insbesondere die zahlreich erhaltenen Grabplatten reicher und angesehener Bürger bezeugen. Etliche von ihnen, wie das prächtige Epitaph des Seniors Georg Silberschlag in der Predigerkirche, stammten aus der Werkstatt des jüngeren Hans Friedemann. Dieser Meister schuf 1625 den Hochaltar der Kaufmännerkirche, der als herausragendes Zeugnis

[58] Ebenda, 0-0, A, XXI, 23 (2.1.1637).
[59] Ebenda, 0-0, A, VII, 173 (21.3.1648); ebenda, XXI, 40a (15.2.1649); zu den Friedensverhandlungen in Münster und deren Bedeutung für Erfurt vgl. auch: ebenda, 1-0, A, IV, 27; 1-1, XI a, 9-10; 0-0, A, XXI, 36-38; Hans Tümmler, Briefe der Stadt Erfurt aus dem Stockholmer Reichsarchiv 1648–1650, in: MGAE, H. 49, Erfurt 1934, S. 16.
[60] Friedrich Hermann Schrader, Die Stadt Erfurt in ihren wirtschaftlichen und sozialen Verhältnissen nach Beendigung des 30jährigen Krieges, in: MGAE, H. 40/41, Erfurt 1921, S. 89 ff.; Wiegand, Erfurt, S. 167 ff.

der Erfurter Holzplastik in jener Zeit gilt. Eine kunsthandwerkliche Leistung von besonderem Wert ist der Kronleuchter in der Predigerkirche. Er entstand 1647 und wurde von Eduard Bode, dem vermögenden Besitzer der „Hohen Lilie", „zu glorwürdigsten Andenken ihrer Kgl. Majst. zu Schweden Gustavi Aldolphi" gestiftet.

Zum eigentlichen Feld bürgerlicher Kunstbetätigung wurde zunehmend die Musik. Angesehene Erfurter Theologen schufen noch heute bekannte Kirchenlieder, Matthäus Meyfarth z. B. „Jerusalem, du hochgebaute Stadt" oder Michael Altenburg „Verzage nicht, du Häuflein klein". Mit solchen Gesängen wurde die Stimmung jener Zeit reflektiert. Die Menschen konnten in ihnen ihre Ängste und Hoffnungen artikulieren. Nicht zuletzt deshalb wurde die Musik im Gottesdienst noch mehr als bisher gepflegt. Das wurde auch dadurch gefördert, daß Nikolaus Stenger, Universitätsprofessor und Senior des Evangelischen Ministeriums, ein neues Gesangbuch herausgab. 1624 stellte der Rat erstmals Stadtmusikanten in Dienst. Zu ihnen gehörten später Vorfahren Johann Sebastian Bachs. Heinrich Bach wirkte hier seit 1635, ein Johann Bach war Organist an der Predigerkirche, und 1642 kam dessen Bruder Christoph, der Großvater Johann Sebastians, nach Erfurt. Sie beide, Johann und Christoph Bach, wirkten als Mitglieder der „Musikanten-Kompagnie" beim städtischen Friedensfest 1650 mit.

Bis zu diesem Jahr hatte die schwedische Garnison in der Stadt gelegen. Erst nachdem sie im August abgezogen war, begann am 8. September ein mehrtägiges Friedensfest, das mit Gesängen, Bühnenstücken und Bürgerparade jubelnd begangen wurde. Doch so sehr die Feierlichkeiten von Harmonie in der Bürgerschaft zu zeugen schienen, tatsächlich verdeckten sie nur tiefsitzende innere Konflikte. Dem Rat wurde vorgeworfen, die Kriegslasten durch ungerechte Steuerverteilung den wenig Bemittelten aufzubürden. Es hieß, die Achtherren betrieben die eigentliche Ratspolitik zum eigenen Vorteil, und es war von Vetternwirtschaft die Rede. Diese Auseinandersetzungen schwelten schon seit 1647.

Seit dem ausgehenden 15. Jahrhundert hatten die Feudalgewalten die innerstädtischen Auseinandersetzungen, in denen es um eine weitere Demokratisierung des Stadtregiments ging, zur Schmälerung der städtischen Autonomie zu nutzen gesucht. So war es auch jetzt. 1628 war es der Bürgerschaft und dem Mainzer Provisor Adam Schwind gelungen, der „Regimentsverbesserung" von 1510 wieder Geltung zu verschaffen und den Gemeindevertretern bei der Ratswahl eine Mitsprache zuzusichern. Als dieses

Recht 1647 nicht respektiert wurde, formierten sich die Vierundzwanziger, eine Bürgeropposition unter Elias Balthasar von Brettin und Michael Silberschlag. Da es zu keiner Einigung mit dem Rat kam, wandte man sich an Erzbischof Johann Philipp von Schönborn und erreichte, daß jene kaiserliche Kommission, die über die Restitution der Mainzer Rechte verhandeln sollte, auch die innerstädtischen Angelegenheiten zur Schlichtung übertragen bekam.

Mit zwei Verträgen wurden die Auseinandersetzungen beigelegt. Der Restitutionsrezeß von 1650 bekräftigte alle Rechte des Erzbistums, wie sie 1618 bestanden hatten. Neu war allerdings ein Passus, der dem Rat gebot, ein „gemeines gebett" für Erzbischof und Erzstift von den Kanzeln verlesen zu lassen. Verhängnisvollerweise war aber eine genaue Gebetsformel nicht vereinbart worden. Die inneren Streitigkeiten behandelte der als „compositio" bezeichnete gütliche Vergleich, der zwar die Bürgerschaft zu „schuldigen Respect vndt gehorsamb" gegenüber dem Rat verpflichtete, alles in allem aber den Einfluß der Bürgeropposition deutlich stärkte.[61] Das entsprach dem Interesse des Erzbischofs, der sich der Opposition bediente, um Zwiespalt und Zerwürfnis wachsen zu lassen. So erschien erneut eine kaiserliche Kommission, die im Januar 1655 einen Additionalrezeß zustande brachte und das politische Gewicht der Bürgeropposition weiter anhob.[62]

In den folgenden Jahren wurde Volkmar Limprecht deren führender Mann. Limprecht, der sich, wie damals auch andere Ratsherren, auf den Erzbischof einzustellen begann, bekleidete seit 1655 viermal das wichtige Obervierherrenamt. Die kommunalpolitischen Verdienste, die er sich dabei erwarb, waren jedoch mit Amtsmißbrauch und selbstherrlichem Regierungsstil verknüpft. Seine Anhänger im Rat fielen deshalb von ihm ab, und er verlor seinen Rückhalt in der Bevölkerung. Als er 1659 nicht wiedergewählt wurde, ließ er sich vom Erzbischof und einer kaiserlichen Kommission zu seinem Amt verhelfen. Dafür versprach er, die Belange des Erzstifts zu vertreten und vor allem dafür zu sorgen, daß die

---

[61] StAE, 0-0, A, VII, 174 (18.7.1650); siehe auch: Karl Wilhelm Anton Heinemann, Die statuarischen Rechte für Erfurt und sein Gebiet. Versuch einer geschichtlichen und systematischen Zusammenstellung, Erfurt 1822, S. 106; zu den innerstädtischen Auseinandersetzungen vgl.: Beyer/Biereye, S. 578 ff.; StAE, 1-1, XXI, 1a, 27, Bl. 10^b f., 49^b ff. (Briefwechsel mit dem Kaiser); ebenda, 1-1, I, a, 20, Bd. 1-4; zum Protest der Vormünde gegen die Ratswahl von 1649 und die Forderung nach Inkrafttreten der Regimentsverbesserung vgl.: ebenda, 0-0, A, XI, 24 (29.3.1649).

[62] Ebenda, 1-0, A, IX, 173 b (5.4.1655); Siegmund Friese, Chronica von der Stadt Erfurt, StAE, 5-100/45, S. 1126.

vom Erzbischof gewünschte Gebetsformel akzeptiert würde. Das erreichte Limprecht durch einen Ratsbeschluß, dem er gefälschte Unterschriften anfügte. In Wahrheit aber billigte der Rat ein Gebet, das sowohl des Erzbischofs als auch des sächsischen Kurfürsten gedachte. Als das Doppelspiel ruchbar wurde, erwirkte Erzbischof Johann Philipp die Entsendung einer vierten kaiserlichen Kommission und bemühte sich, die Besetzung der Ratsposten mit willfährigen Leuten durchzusetzen.

Abb. 117. Hochaltar der Kaufmannskirche von Hans Fridemann (1625)

Jetzt erkannte man in Erfurt die Gefahr für die städtische Unabhängigkeit und suchte die Vermittlung der sächsischen Fürsten, die an der Autonomie Erfurts natürlich ebensowenig interessiert waren. Angesichts dessen trat ein Umschwung ein. Rat und Bürgerschaft vereinbarten im November 1662 einen Einigkeitsrezeß, in dem sie sich gelobten, keine Schmälerung städtischer Rechte zuzulassen und mit dem Erzstift einen Ausgleich zu erreichen. Die vierte kaiserliche Kommission verlangte aber Ende des Jahres die Herausgabe des Rezesses, forderte die Annahme des Kirchengebets in der vom Erzbischof gewünschten Form und verurteilte den Rat zu einer Buße von 4800 Talern. Die Bevölkerung protestierte. Die kaiserliche Kommission floh. Volkmar Limprecht wurde wegen Verrats und Urkundenfälschung eingekerkert.

Der Rat neigte jedoch zum Kompromiß, um Zwangsmaßnahmen des Reiches zu entgehen. Der Versuch, den Widerstand der Bevölkerung mit Hilfe wehrfähiger Bauern des Landgebiets zu brechen, mißlang. In dieser Situation wurde die Reichsacht angedroht. Der Rat gab nach; sein schriftlicher Bescheid verzögerte sich jedoch, so daß am 28. September 1663 der Reichsherold erschien, um die Acht zu verkünden. Schon am Stadttor wurde er „von der rasenden ... bürgerschafft gar übel empfangen", arretiert und schließlich fortgejagt.[63]

Die „Real-Exekution" der Acht ließ deshalb nicht lange auf sich warten. Mit ihr hatte der Kaiser, entgegen den Gepflogenheiten, nicht einen neutralen Fürsten des obersächsischen Reichskreises beauftragt, sondern den Mainzer Erzbischof. Dessen Truppen erschienen am 6. November vor Erfurt. Sie griffen sich bei Gispersleben zwei Erfurter Zimmerleute, folterten und erhängten sie. Als die toten Körper in die Stadt gebracht wurden, kam es zu einem Aufstand gegen mainzfreundliche Ratsherren. Gegen Volkmar Limprecht wurde prozessiert. Am 20. November wurde er hingerichtet.[64] Die mainzischen Soldaten schlug eine Bürgerwehr zurück. Doch war die Acht damit nicht abgewandt.

Weite Kreise der Bürgerschaft hielten es nun für geraten nachzugeben. Das kam dem bestimmenden Ratsmeister Georg Heinrich Ludolf entgegen. Ihm gelang es, die Autorität des Magistrats wieder zu stärken. Energisch wurde gegen Oppositionelle vorgegangen und durchgesetzt, daß seit Mai 1664 von allen Kanzeln das Gebet für „Ihre Kurfürstl. Gnaden zu Mainz, unserm gnädigsten Herrn und dero Erzstift" verlesen sowie Wiedergutmachung angeboten wurde. Damit sollte die „getrohete Straffe", die Acht, von der Stadt abgewandt werden.[65]

Um in diesem Sinne die Zustimmung der Reichsstände zu erreichen, trat man in Unterhandlung mit Kurfürsten Friedrich Wilhelm von Brandenburg und mit Johann Heinrich Menius, dem Kanzler des Herzogs Moritz von Sachsen-Naumburg. Zuvor war allerdings zwischen Erzbischof Johann Philipp und dem sächsischen Kurfürsten ein Geheimabkommen besiegelt worden, das dem Erzbischof in Erfurt freie Hand ließ und Kurfürst Johann Georg II. jene städtischen Dörfer zusicherte, die von Sachsen lehnsabhängig waren. Im September sprach sich auch der Reichshofrat für die Exekution der Acht aus – übrigens eine Woche, nachdem am 12. September die Belagerung der Stadt begonnen hatte.

Der Erzbischof hatte ein Heer von 15 000 Mann aufgestellt, dem auch 6000 Franzosen unter dem Kommando General Pradels angehörten. Sehr erfolgreich waren die Truppen aber vorerst nicht. Die Bombardements richteten wenig Schaden an, und die Stadt hatte nur fünf Tote zu beklagen, während der Feind etwa 700 zählte. Dennoch kapitulierte Erfurt, nachdem die erhoffte Hilfe Sachsens ausgeblieben und statt dessen am 2. Oktober ein Schreiben Kurfürst Johann Georgs eingetroffen war, das die Unterwerfung verlangte. So wurde am 5. Oktober die Kapitulationsurkunde unterzeichnet. Sie forderte die Übergabe der Cyriaksburg und des Brühler Tores, versprach aber, mit Ausnahme einiger besonders Schuldigen, allgemeine Amnestie und garantierte „itzt und zu allen künfftigen Zeiten vollkommentliche Versicherung des Gewissen= und Religions Freyheit".[66]

Die ganze Tragweite des Geschehens begriff man in Erfurt zunächst wohl kaum. Erst die nachfolgenden Maßnahmen Erzbischof Johann Philipps belehrten darüber, daß die Zeit städtischer Selbstverwaltung dahin war. Erfurt wurde in das absolutistisch verfaßte Kurfürstentum eingegliedert. Dieser Vorgang entsprach freilich den allgemeinen Entwicklungstendenzen. Auch Münster (1661), Magdeburg (1666) und Braunschweig (1671) wurden von den umsitzenden Fürsten gewaltsam ihrer Selbständigkeit beraubt. Andere Städte, wie Köln und Bremen, die sich ähnlicher Angriffe zwar erwehren konnten, sanken – wie die Reichsstädte in ihrer Gesamtheit – zu politischer Bedeutungslosigkeit herab. Das absolutistische Regiment drang immer weiter voran.

[63] StAE, 1-1, XI, A, 10 a, Bl. 196[b].
[64] Alfred Kirchhoff, Aus den letzten Tagen des Obervierherrn Volkmar Limprecht, in: MGAE, H. 6, Erfurt 1873, S. 235 ff.
[65] StAE, 1-1, XI, A, 10a, Bl. 197[b].
[66] Ebenda, 0-1, I, 83 a (15.10.1664).

KAPITEL
V

Kurmainzische absolutistische Herrschaft von 1664 bis 1789

Von Walter Blaha

1.
ERRICHTUNG DER KURMAINZISCHEN ABSOLUTISTISCHEN HERRSCHAFT UND WIRTSCHAFTLICHE UND SOZIALE VERHÄLTNISSE AM ENDE DES 17. JAHRHUNDERTS

Mit der Einstellung der Kampfhandlungen und dem Abschluß der Kapitulations- und Übergabeverhandlungen der Stadt am 5. Oktober 1664 in Bindersleben bei Erfurt zwischen dem Oberbefehlshaber der französischen Truppen General von Pradel und dem kurmainzischen Kommissar und späteren ersten Statthalter in Erfurt, Freiherr Philipp Ludwig von Reiffenberg, einerseits und den Deputierten des städtischen Rates sowie den Vormündern der Stadtviertel und Zünfte andererseits, rückten am Nachmittag des 6. Oktober unter Glockengeläut die Belagerungstruppen in die Stadt ein. Bereits zuvor war die Zitadelle der Cyriaksburg durch münsterische Truppen eingenommen worden, während mainzische Truppenteile alle übrigen Befestigungsanlagen besetzt hatten.

Noch am gleichen Tag reiste die städtische Deputation in Begleitung Pradels und Reiffenbergs nach Königshofen, wo am 9. Oktober während einer Audienz beim Mainzer Erzbischof und nunmehrigen Landesherrn Johann Philipp von Schönborn die fußfällige Unterwerfung der Stadt vollzogen wurde. Der Kurfürst bestätigte die Kapitulationsbedingungen, versprach den Bürgern Erfurts freie Religionsausübung und Aufhebung der kaiserlichen Acht, verlangte aber die Übernahme sämtlicher Kriegskosten durch die Stadt.

Am 12. Oktober 1664, zwei Tage nach Rückkehr der städtischen Abgeordneten, hielt der Kurfürst bei strömendem Regen seinen feierlichen Einzug durch das Brühler Tor. Nach einem kurzen Gebet in der Marienkirche, dem Dom, begab er sich ins Peterskloster, wo er von den städtischen Würdenträgern empfangen wurde und als Zeichen der Unterwerfung die Schlüssel der Stadt entgegennahm. Am 28. Oktober fand auf dem Platz „Vor den Graden", heute Domplatz, die Erbhuldigung der gesamten Bürgerschaft statt. 56 auserwählte Bürger mußten bußfällig vor dem auf einem Thron unter einem Baldachin sitzenden Kurfürsten Abbitte und Huldigung durch Handgelöbnis leisten, während die versammelte Bürgerschaft den Huldigungseid nachsprach. Nach der Unterwerfung wurden die in der Stadt und den umliegenden Dörfern stationierten Belagerungstruppen abgezogen, die zahlreiche Übergriffe, Plünderungen und Exzesse verübt hatten. Am 30. Oktober verließen die lothringischen, am 2. November die französischen Truppen sowie weitere Belagerungseinheiten die Stadt, während die mainzischen Streitkräfte als Besatzung verblieben.

Bevor der Kurfürst Erfurt am 18. Dezember verließ, unterzeichnete er am 12. Dezember die in Bindersleben ausgehandelten und später modifizierten Übergabebedingungen als „Friedensvertrag".[1] Da-

---

[1] Vgl.: Wilhelm Johann Albert Freiherr von Tettau, Die Reduction von Erfurt und die ihr vorausgegangenen Wirren

mit war die staatsrechtliche Stellung der Stadt und des Landgebietes zum Erzbistum Mainz schriftlich fixiert, Erfurt dem Territorialprinzip unterworfen und somit praktisch seiner jahrhundertelangen kommunalen Autonomie beraubt und zu einer bedeutungslosen Provinzstadt degradiert worden. Durch die als „Reduktion" verschleierte gewaltsame Unterwerfung geriet Erfurt in völlige Abhängigkeit, verlor sein gesamtes Landgebiet sowie wichtige Bereiche der kommunalen Selbstverwaltung und Vermögensverwaltung.

Die Bemühungen der absolutistischen Herrscher, die noch existierenden freien und Reichsstädte – notfalls mit militärischer Gewalt – in ihren Herrschaftsbereich einzubeziehen, hatten in Erfurt Erfolg. Die im feudal-absolutistischen Kirchenstaat Mainz bereits praktizierte straffe Zentralisation und Vereinheitlichung des Behördenapparates wurde im wesentlichen auf die Verfassung und Verwaltung der Stadt übertragen. Inmitten thüringischer

Territorialstaaten gelegen, grenzte Erfurt im Norden an das albertinische Kursachsen, im Osten und Westen an die ernestinischen Länder Sachsen-Weimar-Eisenach und Sachsen-Coburg-Gotha sowie im Süden an die Grafschaft bzw. das Fürstentum Schwarzburg-Sondershausen. Die Stadt blieb als entlegene Exklave verfassungsmäßig vom Erzstift Mainz getrennt und bildete eine eigene Verwaltungseinheit.

Mit der Regimentsordnung vom 5. Mai 1665 wurden Verfassung und Verwaltung der Stadt und des Landgebietes neu reglementiert.[2] Als oberste staatliche Behörde fungierte nun das Vizedomamt, das ab 1. Oktober 1675 als Regierung bezeichnet wurde.

(1647–1665), Erfurt 1863. – Für die folg. Darstellung grundlegend: Deutsche Geschichte in zwölf Bänden, hrsg. vom Zentralinstitut für Geschichte der AdW der DDR, Bd. 3: Von einem Autorenkollektiv unter Leitung von Adolf Laube und Günter Vogler, Berlin 1983, S. 328 ff.

[2] Stadtarchiv Erfurt (im folg.: StAE), 1-1/I b-1.

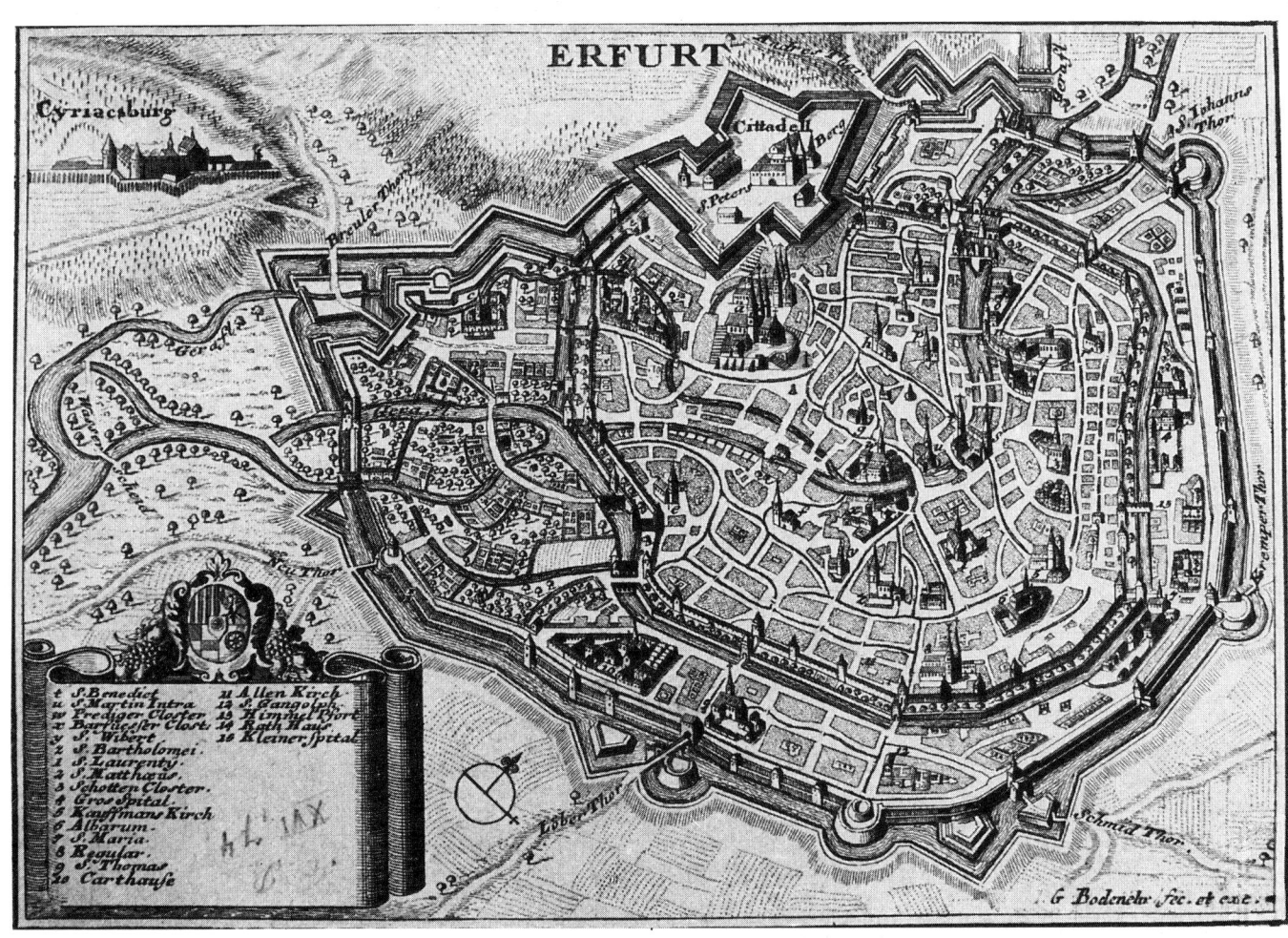

Abb. 118. Ansicht der Stadt Erfurt um 1730 (Kolorierter Kupferstich von F. B. Werner)

Diese kurmainzische Behörde setzte sich mit Rücksicht auf die konfessionellen Verhältnisse aus fünf evangelischen und zwei katholischen Mitgliedern zusammen. An der Spitze stand der Vizedom, seit 1675 der Statthalter, der weitgehende Befugnisse besaß und stets aus den Reihen der Domkapitulare ernannt wurde. Der erste Statthalter als Vertreter des Erzbischofs in Erfurt war der Dompropst von Reiffenberg, der aber bereits 1667 von Geheimrat Friedrich von Vollrath Greiffenklau in diesem Amt abgelöst wurde.

Von den zwölf in Erfurt eingesetzten Statthaltern waren es eigentlich nur drei, die mit eigenständigen Maßnahmen und zum Teil mit einer gewissen persönlichen Zuneigung die Entwicklung der Stadt maßgeblich beeinflußten: Philipp Wilhelm Reichsgraf von Boineburg (1702 bis 1717), Franz Anselm von Warsberg (1732 bis 1760) und Karl Theodor Anton Maria Freiherr von Dalberg (1772 bis 1802).

Der kurmainzischen Regierung in Erfurt unterstellt war der städtische Rat als deren ausführendes Organ. Seine bisherige Zusammensetzung blieb fast unverändert. Die Institution der Vierherren wurde allerdings abgeschafft und die Zahl der Ratskollegien (Transitus) von fünf auf drei verringert. Die Anzahl der Ratsmitglieder änderte sich ständig, von 45 im Jahre 1665 auf 51 im Jahre 1667. Sie wurden nun vom Landesherrn ernannt. Der Bürgerschaft blieb nur ein Vorschlagsrecht. Die Zuständigkeit des Stadtrates erstreckte sich auf die gesamte Polizeiverwaltung, die Überwachung des Zunftwesens, die Armenpflege und auf einige Zweige der zivilen Gerichtsbarkeit. Dem städtischen Rat beigegeben waren Deputationen, die bestimmte Verwaltungsbefugnisse besaßen.

Damit waren Stadtrat und Bürgerschaft weitgehend von der politischen Mitbestimmung ausgeschlossen, die städtische Autonomie durch ein absolutes landesherrliches Regiment ersetzt worden. Ein aktives oder passives Wahlrecht gab es nicht mehr. Für die Rechtspflege in der Stadt wurde ein Stadtgericht unter Vorsitz eines Schultheißen und unter Mitwirkung zweier Schöffen eingesetzt.

Das Gerichtswesen der ländlichen Dorfschaften oblag den Obervögten. Die höchste Instanz der Gerichtsbarkeit bildete das Hofgericht in Mainz, für Verwaltungssachen die dortige Landesregierung und für das Finanzwesen die kurmainzische Hofkammer. Die Finanzhoheit wurde der Stadt völlig entzogen. Die städtische Kasse ging in landesherrliches Eigentum über, aus dem nunmehr auch die städtischen Belange finanziert wurden. Die Münzhoheit, die Erfurt schon im Dreißigjährigen Krieg

verloren hatte, nahm jetzt der Landesherr wahr. Seit 1675 wurden wieder kurmainzische Münzen in Erfurt geprägt, und zwar Gulden, Groschen und Pfennige. Zahlreiche Münzverordnungen waren notwendig, um schlechte bzw. minderwertige Münzen, besonders Scheidemünzen, fernzuhalten. Schließlich kam es am 10. Oktober 1763 nach langwierigen Verhandlungen zwischen Erfurt und den Höfen von Weimar und Gotha zur gemeinsamen Aufnahme des Conventionstalerfußes, eines gemeinsamen Münzfußes, und damit zu einer Vereinheitlichung des thüringischen Münzwesens, die sich auf die wirtschaftlichen Beziehungen belebend auswirkte.[3]

Abb. 119 a–c. In Erfurt geprägte kurmainzische Münzen: Taler des Kurfürsten Damian Hartard von der Leyen von 1675 (Vorder- und Rückseite); Dreipfennigstück von 1700 (rechts)

Mit dem Übergang des etwa 710 km² großen Erfurter Landgebietes an Kurmainz blieb vorerst die alte Einteilung in die 72 Dörfer, 3 Flecken und eine Stadt – Sömmerda – umfassenden sieben Vogteien und sechs Ämter bestehen. Diese eigenartige Gliederung erwies sich aber als unzweckmäßig und wurde deshalb im Rahmen der Boineburgischen Verwaltungsreform 1704/1705 derart geändert, daß seit dem 27. Januar 1706 aus dem Bezirk der ehemaligen Stadtvogtei drei Ämter gebildet und die bestehenden Vogteien in Ämter umgewandelt wurden. Dies ermöglichte eine straffere Verwaltung des umfangreichen Besitzes. Nunmehr umfaßte das Landgebiet neun Ämter: das Stadtamt, u. a. mit den Dörfern Daberstedt, Melchendorf, Dittelstedt, Hochheim, Möbisburg, Willroda, Büßleben, Waltersleben und Urbich; das Amt Alach mit den Ortschaften Marbach, Bindersleben und Schmira; das Amt Azmannsdorf; das Amt Gispersleben mit Gispersleben-Kiliani und -Viti sowie Ilversgehofen; die Ämter

³ Ebenda, 1-1/XV – 2 und 3; Georg Hummel, Das Erfurter Münzwesen der kurmainzischen Zeit 1664 bis 1820, in: Mitteilungen des Vereins für die Geschichte und Altertumskunde von Erfurt (im folg: MGAE), H. 52, Erfurt 1938, S. 121 ff.

Mühlberg, Sömmerda, Tonndorf, Vippach und Vargula. Den für die Verwaltung des Landgebietes eingesetzten kurmainzischen Amtmännern unterstanden die Landvögte, deren Aufgabenbereich sich mitunter auf mehrere Dörfer erstreckte. Die Verwaltung der Ortschaften lag in den Händen von Gemeindeheimbürgen, die von der Gemeinde gewählt wurden, während polizeiliche Aufgaben den neu eingesetzten Oberheimbürgen oblagen.[4]

Die Anerkennung der uneingeschränkten Herrschaft über Erfurt durch Kursachsen wurde vom Kurfürstentum Mainz in langwierigen Verhandlungen im Herbst 1665 in Leipzig – bekannt als Leipzi-

ger Rezeß – erzwungen. Das Vertragswerk legte die mainzische Landeshoheit über Erfurt und das zugehörige Landgebiet fest und überschrieb das ehemals kursächsische Geleitsregal und Schutzrecht gegen eine entsprechende Ablösesumme dem Mainzer Erzbischof. Verhandlungen über weitere Hoheitsansprüche und Gebietsaustauschpläne zwischen Mainz und den sächsischen Herzogtümern blieben ergebnislos. 1794 fiel die Grafschaft Blankenhain durch das Aussterben der Fürsten von Hatzfeld als kurfürstliches Lehen an Kurmainz zurück.

---

[4] StAE, 4-1/III-36, Erzbischöfliches Reskript v. 27.Jan. 1706.

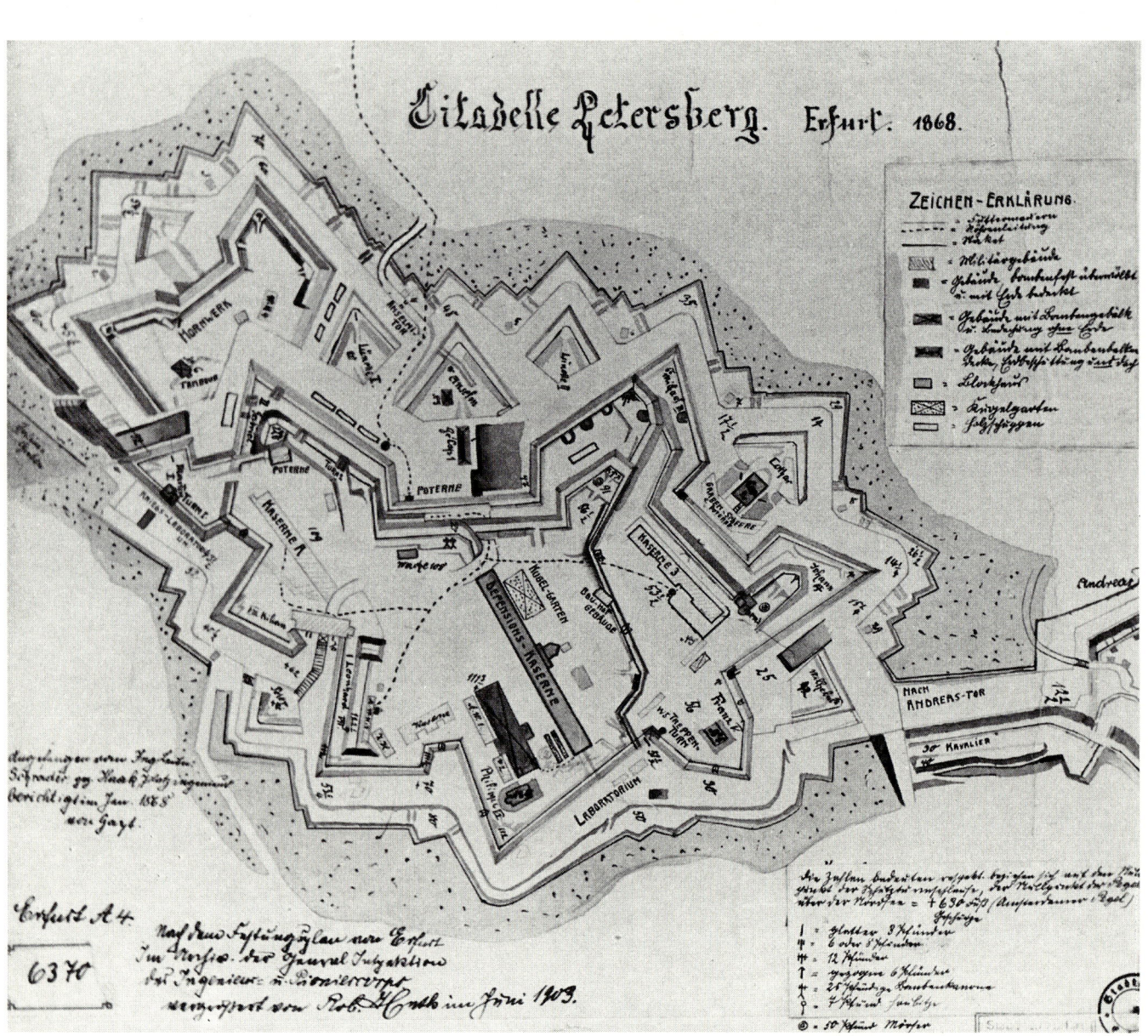

Abb. 120. Grundriß der Zitadelle Petersberg (Zustand um 1868)

Abb. 121. Hauptportal der Zitadelle Petersberg

Um einen neuerlichen Abfall der Stadt zu verhindern, suchte der Landesherr seine Machtposition auch militärisch zu sichern. Zunächst wurde die Leitung des gesamten Militärwesens einem kurfürstlichen Kommandanten – seit 1665 Generalwachtmeister Baron von der Leyen – übertragen. Das Kontingent des städtischen Bürgerregiments blieb bestehen und wurde in die landesherrliche Verteidigungsorganisation einbezogen.

Schon am 1. Juni 1665 wurde der Grundstein zu einer neuen Festung auf dem Petersberg gelegt, nachdem bereits vorher zahlreiche Gebäude im Vorgelände sowie die am Fuße des Petersberges am ehemaligen Rubenmarkt gelegenen Wohnhäuser, Teile der Andreasvorstadt sowie die Steintreppe, die

vom Fuße des Domhügels zum Peterskloster führte, abgebrochen worden waren. Die Basis der „Johann Philippburg" bzw. der „Vestung oben", wie der Volksmund die neue Wehranlage nannte, bildete ein in südwestlicher Richtung verlängertes Pentagon, das von acht Bastionen umschlossen wurde. Fünf Ravelins und ein Hornwerk schufen zusätzlich Schutz und Sicherheit. Für die Aufnahme der Garnison wurden mehrere Kasernen, ein Gebäude für die Hauptwache und eine Zisterne errichtet. Bemerkenswert ist heute noch das aus dem Jahre 1673 stammende Sankt Peterstor, ein barockes Prunkportal, das dem hervorragenden italienischen Baumeister Antonio Petrini zugeschrieben wird. Unter seiner Leitung wurde die Zitadelle nach neuitalie-

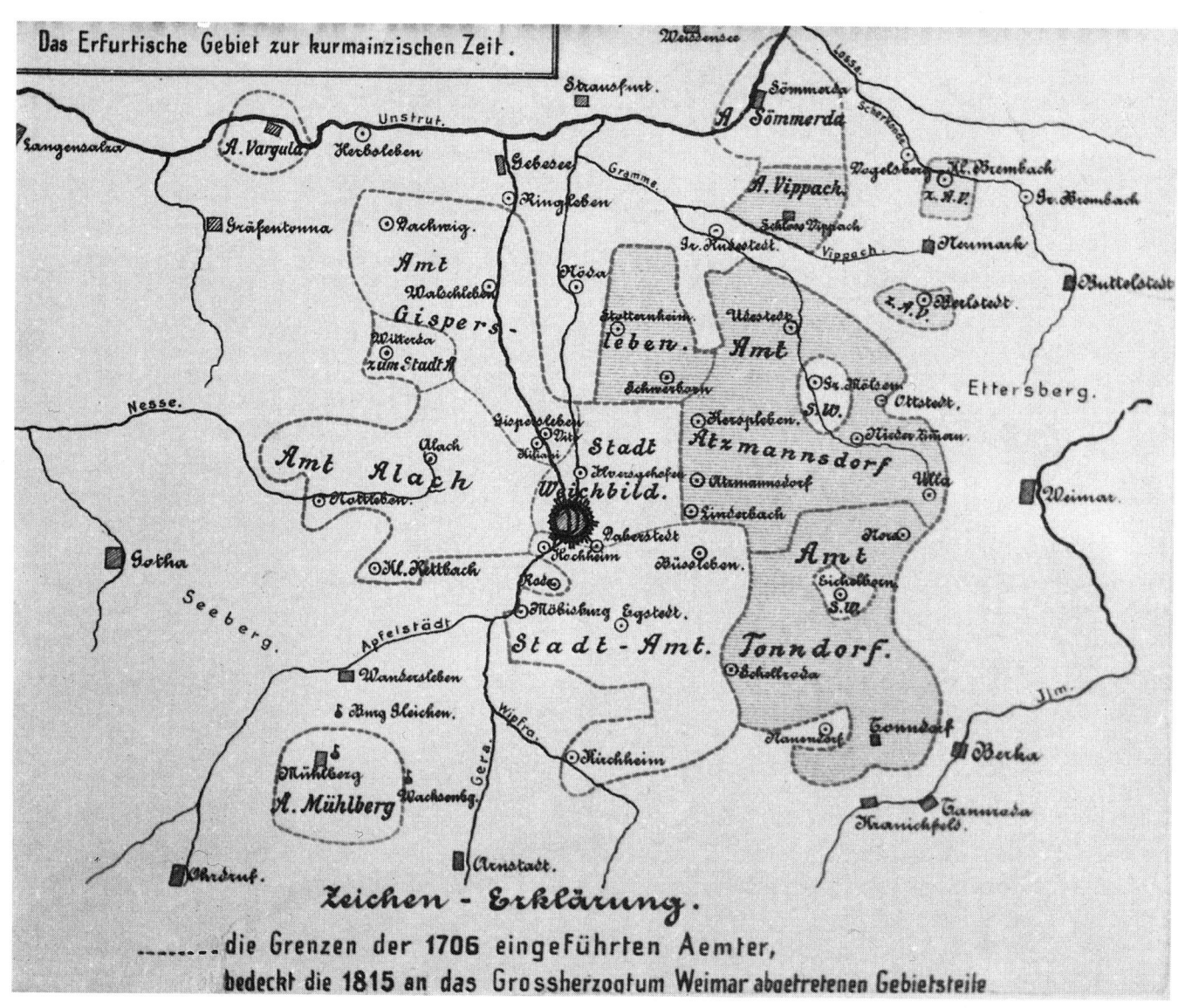

Abb. 122. Plan des Erfurter Landgebietes (Vgl. Nebenkarte, Abb. 75, S. 96 f.)

nischen Vorbildern und nach Ideen des berühmten französischen Festungsbaumeisters Sébastien Le Prestre Seigneur de Vauban projektiert und ausgeführt. Dieses System der Befestigung war geschickt den topographischen Verhältnissen angepaßt und begünstigte eine offensive Verteidigung. Die Arbeiten am zweiten Bauabschnitt in den Jahren 1707 bis 1727 erfolgten nach Plänen des bekannten fränkischen Baumeisters Maximilian von Welsch. Zu den jahrzehntelang dauernden Bauarbeiten zog man vorwiegend im Festungsbau erfahrene italienische Arbeiter, aber auch zahlreiche Dorfbewohner zu Fronarbeiten heran.[5]

Die nicht unerheblichen Kosten für diesen Bau und für die gleichzeitigen Fortifikationsarbeiten an

Verlagerung der innerdeutschen Wirtschafts- und Handelszentren in Auswirkung der großen geographischen Entdeckungen sowie an den verheerenden Folgen des Dreißigjährigen Krieges.

Waren schon durch den Krieg viele Produktivkräfte vernichtet worden, so trugen die furchtbaren Pestjahre 1682 und 1683 mit dem Verlust von über 9400 Menschen zu einem weiteren Niedergang bei. 1684 soll die Stadt nur noch 7000 Einwohner gezählt haben. Handwerk und Landwirtschaft, aber auch der Handel lagen darnieder. Wollte die kurmainzische Regierung aus der ausgezehrten Stadt materielle Vorteile ziehen, so mußte sie sich um eine wirksame Hebung des städtischen Wirtschaftslebens bemühen. Zu diesem Zweck wurde 1687 ein

Abb. 123 a/b. Pestmedaille von 1683; Vorderseite: Erzengel Michael; Rückseite: Hinweis auf 9437 Pestopfer

der Cyriaksburg sowie für Sicherungsarbeiten an den übrigen Befestigungsanlagen trug die landesherrliche Kasse; sie wurden aber zu einem nicht unbeträchtlichen Teil aus Steuern und Abgaben aus dem Erfurter und Eichsfelder Gebiet finanziert. Die Stadt erhielt nun eine ständige Garnison von 500 Mann kurmainzischer und 420 Mann kaiserlicher Truppen. Zum ersten Kommandanten der neuen Feste wurde Baron von der Leyen ernannt.

Wenn Erfurt auch nicht zu dem kulturellen Ansehen benachbarter Residenzstädte mit ihren repräsentationssüchtigen Landesherren aufstieg, blieb es doch nach wie vor der wirtschaftliche Mittelpunkt umliegender Territorien. Gewerbe und Handel konnten jedoch in der zweiten Hälfte des 17. Jahrhunderts weniger nachhaltig über die Stadtgrenze hinaus wirksam werden. Das lag einerseits an den wirtschaftlichen und politischen Verhältnissen im deutschen Reich, namentlich an der territorialstaatlichen Zersplitterung, andererseits an der

Ausschuß gebildet, um das „Commercienwesen" zu stabilisieren, jedoch vorerst ohne sichtbare Erfolge.

Die städtische Wirtschaftsstruktur wurde nach wie vor vom zünftig organisierten Handwerk mit seiner veralteten und hemmenden Zunftverfassung geprägt. Im letzten Jahrzehnt des 17. Jahrhunderts waren 1267, d. h. 58,22 Prozent aller erwerbstätigen Bürger, Gewerbetreibende,[6] wobei nur ein geringer Teil der Meister einen eigenen Handwerksbetrieb mit mehreren Gesellen und Lehrlingen führte. Der überwiegende Teil der Gewerbetreibenden arbeitete in einer Ein- bzw. Zwei-Mann-Werkstatt oder als Geselle bei einem vermögenden Handwerksmeister.

---

[5] Vgl.: Robert Huth, Die Citadelle Petersberg zu Erfurt, in: MGAE, H. 24, Erfurt 1908, S. 11 ff.; Emil Vollrath, Die Festungswerke Erfurts, in: ebenda, H. 22, Erfurt 1901, S. 17 ff.

[6] Johannes Bergner, Beiträge zur Steuer-, Wirtschafts- und Sozialgeschichte Erfurts im letzten Jahrzehnt des 17. Jahrhunderts, Diss., Jena 1920, (Ms), Tabelle VI.

Tabelle 3
Anteil der Gewerbetreibenden in den Gewerben[7]

Gewerbe	Anzahl	davon Frauen	Anteil in Prozent
Metallverarbeitung	82	2	6,47
Tuchgewerbe	309	114	24,39
Leder- und Papierverarbeitung	74	3	5,84
Holz- und Hornverarbeitung	59	1	4,65
Nahrungsmittelbereitung	461	37	36,39
Bekleidungs- und Reinigungsgewerbe	199	7	15,71
Baugewerbe	83	–	6,55
	1267	164	

Neben dem Nahrungsmittelgewerbe nahm das Tuchgewerbe eine dominierende Stellung ein. In einem Gutachten des städtischen Rates von 1700 wird ausgeführt, daß mit dem in Erfurt gesponnenen Garn „ein ziemlicher Handel getrieben werde, indem die Kaufleute solches nach Leipzig, Frankfurt, ja gar bis Holland versenden"[8] und daß von der

tendrucker sowie die Flitterschläger und Petschierer (Handstempelmacher). Trotz mancher Förderung der Zünfte vertrat die kurmainzische Regierung den Grundsatz, Zunftzwang nur dort auszuüben, wo er nützlich sei, wobei eine Reihe von Zunftauswüchsen und Mißbräuchen bereits 1672 und durch die 1687 eingesetzte Kommission beseitigt wurden.[10] Der landesherrlichen Gewerbepolizei bot sich reichlich Gelegenheit, ordnend in das Gewerbewesen einzugreifen, zumal durch die Umwandlung der Selbstverwaltung der Innungen in ein Aufsichtsrecht des absolutistischen Staates den Zünften jegliche politische Mitbestimmung genommen wurde. Im letzten Drittel des 17.Jahrhunderts entwickelten sich Anfänge von Verlagsbeziehungen im Tuchgewerbe. Garnhändler ließen ihre Wolle durch Handwerker und Bauernfamilien spinnen.[11] Um 1700 lassen sich in Erfurt vier dezentralisierte Manufakturen nachweisen, die Raschzeug, Floret-

Abb. 124. Gebäude des 1669 gestifteten evangelischen Waisenhauses im Hof des ehemaligen Augustinerklosters aus dem 17. Jahrhundert

in Erfurt verbleibenden Wolle „die Tuche, auch Rasche (locker gewebtes, wollenes Zeug, d. Verf.) und andere Zeuge fabriziert werden, unter welchen die Rasche, wenn sie zuvor in der Waage beschaut, in der Güte, Länge und Breite richtig befunden und gesiegelt worden, fast durchgehends nach Leipzig, Hamburg, auch Holland geschickt werden".[9]

Daneben erschienen neue Gewerbzweige, wie die Gold- und Silberzieher (Filigranschmuck, Stich- und Werkarbeiten), die Perückenmacher, die Tape-

band, Plüschsamt und andere Stoffe fertigten.[12] Dabei wird es sich noch um kleinste Unternehmen mit Verlagscharakter gehandelt haben.

Trotz der durch die Kriegswirren verwilderten Felder und der vielerorts dezimierten Viehherden erholten sich Landwirtschaft und Handel mit agrari-

---

[7] Ebenda.
[8] StAE, 1-1/XVIII B-31.
[9] Ebenda.
[10] StAE, 1-1/VIII a-1 und a-3.
[11] Ebenda, 1-1/VIII a-1.
[12] Ebenda, 1-1/XVIII B-31.

Abb. 125. Huldigung der Universität für Erzbischof Johann Philipp von Schönborn 1664
(Ölgemälde auf Pergament in der Matrikel der Universität)

Abb. 126. Der kurmainzische Packhof am Anger

schen Produkten verhältnismäßig rasch. In der städtischen Landwirtschaft waren 355 Personen, d.h. 16,31 Prozent aller Erwerbstätigen, beschäftigt.[13] Umfangreich war der Anbau von Gemüse- und Küchenkräuterkulturen in den zahlreichen Gärten innerhalb der Stadt und in der näheren Umgebung.

Der seit Jahrzehnten rückläufige Erfurter Ausfuhrhandel erlebte nach 1664 nicht den erhofften Aufschwung. Handwerk und Landwirtschaft waren zunächst nicht in der Lage, ihre Produktion zu steigern. Zahlreiche Absatzgebiete waren verlorengegangen, Betriebskapital und der Unternehmungsgeist der Erfurter Kaufleute gesunken, der Handel durch Akzise (indirekte bzw. Verbrauchssteuer) und andere Abgaben behindert. So umfaßte der Ausfuhrhandel im letzten Drittel des 17. Jahrhunderts nur noch Weiß- und Bandwaren, die über die Messen in Leipzig und Frankfurt (Main) sowie nach Hamburg und Holland abgesetzt wurden, sowie Getreide, Wein, Waid, Saflor, Gewürze und Sämereien. Erfurt bildete zwar noch immer den Stapelplatz für die benachbarten thüringischen Städte, die städtischen Messen verloren jedoch weiter an Bedeutung. Demgegenüber waren die Jahr- und Viehmärkte gut besucht. 1692 wurden Erfurt zusätzlich drei Roß- und Viehmärkte bewilligt. Der Anteil der in Handel

und Verkehr tätigen Personen betrug 197, d.h. 9,06 Prozent.[14] Insgesamt waren 16,3 Prozent aller Erwerbstätigen ohne jedes Vermögen. Gerade im Tuchgewerbe, das seit 1650 einen gewissen Aufschwung genommen hatte, waren 23,63 Prozent der Beschäftigten vermögenslos. Das betraf besonders Wollkämmer (12 Besitzende/12 Besitzlose), Tuchmacher (34/12) und Zeugmacher (40/13).

Auf Grund dieser wirtschaftlichen Verhältnisse war die soziale Lage der Mehrheit der Bürgerschaft und der Dorfbewohner äußerst bedrückend. Gegenüber 1660 (= 15 249 Einwohner) war die Bevölkerungszahl 1692 um 28,3 Prozent auf 11 231 gesunken. Den Rückgang der Geburten und Eheschließungen suchte man durch Zuwanderung von Auswärtigen zu kompensieren. 24,3 Prozent der Haushaltungen wohnten zur Miete. 1692 war das Gesamtvermögen der steuerzahlenden Bürger gegenüber 1650 um knapp die Hälfte auf 767 689,51 Gulden gesunken.[15] Als Folge des Rückgangs des Gesamtvermögens erhöhte sich der Anteil der Vermögenslosen auf 13,23 Prozent.

---

[13] Bergner, Beiträge, Tabelle VI.
[14] Ebenda.
[15] Ebenda, Tabelle XI.   [16] Ebenda, Tabelle XIII.

Tabelle 4
Vermögensverhältnisse der steuerpflichtigen
selbständigen Einwohner (1692)[16]

Vermögensklasse (Gulden)	Steuerpflichtige	in Prozent	Anteil am Gesamtvermögen in Prozent
ohne Vermögen	364	13,23	–
bis 25	349	12,68	0,67
26 bis 200	1147	41,68	13,88
201 bis 2000	846	30,74	67,65
über 2000	46	1,67	17,80

1,67 Prozent der steuerpflichtigen Bürger besaßen 17,80 Prozent des Gesamtvermögens. Das größte Vermögen verrechnete der Biereige Georg Rudolph Ziegler mit 7887,13 Gulden.

1706 beklagte sich Statthalter von Boineburg über soziale Mißstände, wie Armut und Bettelei, aber auch über Raubüberfälle und Einbrüche, deren Ursachen in der ungünstigen wirtschaftlichen Situation und der damit verbundenen Arbeitslosigkeit lagen. Um die finanziellen Mittel für den Ausbau der Festung und den Umbau von Verwaltungsgebäuden aufzubringen, ließ er die Dienstpflichten und Frondienste der Bauern weiter erhöhen, was zu einer weiteren Verschlechterung der Lage der Dorfbewohner führen mußte.

Entsprechend dem Repräsentationsbedürfnis des Kurfürsten entstanden zu Anfang des 18. Jahrhunderts einige architektonisch bedeutende, das künftige Stadtbild prägende, öffentliche Gebäudekomplexe. Zunächst wurde in den Jahren 1705 und 1706 das Rathaus durch einen Anbau erweitert. Zwischen 1705 und 1711 erfolgte die Errichtung der neuen Waage, des kurmainzischen Packhofes, heute Angermuseum, am Schnittpunkt der städtischen Verkehrsstraßen. Das dreigeschossige Gebäude, ein prachtvoller, fränkisch beeinflußter Barockbau, entstand vermutlich nach Entwürfen des kurmainzischen Hofarchitekten Maximilian von Welsch. Der Münsteraner Gottfried Gröninger schuf die plastische Ausgestaltung der durch reich verzierte Pilaster gegliederten Angerfassade sowie die im Mittelrisalit befindlichen Freiplastiken. Das monumentale Äußere der Waage wird durch die Form- und Schmuckfreudigkeit des Barock, der um die Wende vom 17. zum 18. Jahrhundert auch in Erfurt seine Blütezeit erlebte, wirkungsvoll unterstützt und zugleich gemildert.

Der Mangel eines geeigneten Regierungsgebäudes für die Statthalter führte 1711 bis 1720 zum Bau des Statthalbereigebäudes, heute Sitz des Rates des Kreises Erfurt-Land, in der Regierungsstraße. Wie-

derum nach Ideen des Baumeisters von Welsch entstand der stattliche Gebäudekomplex in den Formen des österreichisch-süddeutschen Barock, wobei es Welsch in bewundernswerter Weise gelang, die Neu- und Umbauten mit dem vorhandenen Ostteil, den Renaissancehäusern „Zum stolzen Knecht" und „Zur güldenen Flechte", zu einem harmonischen Ganzen zu verschmelzen. Imposant ist der Mittelbau mit dem üppigen Portal und seiner großzügigen Architektur und formenreichen Plastik, die Anmut und Eleganz ausstrahlen. Die plastischen Arbeiten stammen wieder aus der Werkstatt Gröningers, der eigens dazu nach Erfurt übergesiedelt war. Im Inneren führt ein großzügiger Treppenaufgang

Abb. 127. Barockfassade der Kartäuserkirche

Abb. 128. Die kurmainzische Statthalterei

zu dem über der Eingangshalle befindlichen großen Festsaal, der durch seine dekorative barocke Ausgestaltung – Deckengemälde, Stuckpilaster und Gesimse – besticht.

Erwähnenswert ist das 1727 von Otto Christoph Schulze, Legationsrat und Gerichtsherr zu Molsdorf, erbaute kleine Lustschloß im Hof des Hauses „Zum breiten Herd" am Fischmarkt. Das als Sommerhaus gedachte, in der Fassade ruhig und abgewogen wirkende eingeschossige Gebäude ist Ausdruck des engen Verhältnisses zwischen Feudaladel und aufstrebendem Bürgertum. Bereits 1713 hatte Schulze die aus dem 16. Jahrhundert stammende Wasserburg Molsdorf erworben und in den folgenden Jahren in ein Barockschloß umbauen lassen. Nach Schulzes Tod erwarb der bürgerliche Emporkömmling Graf Gustav

Abb. 129.
Barockes Sommerhaus
im Hof des Hauses
„Zum breiten Herd"
am Fischmarkt

Adolf Gotter die gesamte Schloßanlage und ließ sie in den Jahren 1736 bis 1745 in ein feudales Lustschloß umgestalten. 1748 fiel das etwa 15 ha umfassende Besitztum mit seinem im französischen Stil angelegten großzügigen Park an die gothaischen Herzöge, denen es fortan als Sommerresidenz und Domäne diente.

Ein Werk der barocken Kirchenbaukunst jener Jahre schreibt man ebenfalls von Welsch zu: die prunkvolle Fassade des in den Jahren 1702 bis 1729 restaurierten Kartäuserklosters, die er vor die schlichte gotische Kirche setzte. Einige Restaurierungs- und Erweiterungsarbeiten an sakralen Bauten schlossen die erhebliche Geldmittel verschlingende, von der kurmainzischen Regierung getragene Bautätigkeit vorerst ab. So bekam die Schottenkirche 1708 eine neue Turmhaube und 1724 eine schlichte Barockfassade. Zwischen 1731 und 1735 wurde die Neuwerkskirche umgebaut und das Innere neu ausgestaltet. Weitere Pfarrkirchen erhielten barocke Inneneinrichtungen, so u. a. die Grabkirche der kurmainzischen Statthalter in Erfurt, die Wigbertikirche. Ansonsten änderte sich das mittelalterliche Stadtbild kaum. Viele Bürgerhäuser der Gotik und Renaissance waren verfallen, ihre Besitzer verarmt. Das Straßenbild war unansehnlich und ärmlich. Um 1705 gab es 439 wüste Hofstätten.

Abb. 130. Deckengemälde und Stuckarbeiten im Barockfestsaal der kurmainzischen Statthalterei

2.
Merkantilistische Wirtschaftspolitik und Entwicklung des Manufakturkapitalismus

Die Absicht des feudal-absolutistischen Landesherrn, aus dem Besitz Erfurts wirtschaftliche und finanzielle Vorteile zu ziehen, entsprang seinem Bedürfnis nach einer umfangreichen und repräsentativen Hofhaltung sowie seinem Bestreben, die Kosten der aufgeblähten Verwaltung und des Söldnerheeres, der großzügigen Festungs- und Verwaltungsbauten und die gestiegenen Landesschulden zu decken. Da auf wirtschaftlichem Gebiet vorerst keine größeren Einnahmen zu erwarten waren, verlegte die kurmainzische Regierung ihre Aktivitäten auf das Steuerwesen, vor allem auf die indirekte Besteuerung der Nahrungsmittel, und die Erhebung von Handelsakzisen, insbesondere auf gewerbliche Produkte. Die Einnahmen aus den erhöhten und neuen Verbrauchsabgaben bildeten die Haupteinnahmequelle. Ein ausgeklügeltes System von Ein- und Ausfuhrzöllen und -verboten sowie monopolistische Vergünstigungen für Manufakturen sollten die Finanzein-

nahmen erhöhen und zugleich die städtische Wirtschaft beleben.

Die Erhebung der Akzise auf einheimische Waren wie eingeführte Rohstoffe diente als Regulativ des Warenverkehrs und Mittel zur Durchsetzung der landesherrlich-absolutistischen Wirtschafts- und Finanzpolitik. Die anfangs befristete Gewährung der Akzisefreiheit – zunächst für zehn Jahre – wurde im Laufe des 18. Jahrhunderts in eine völlige Akzisefreiheit zur Einfuhr wichtiger Rohstoffe für die manufakturkapitalistischen Unternehmer umgewandelt. Mit einer ihrem Zweck entsprechend hohen Ausfuhrakzise sollte vor allem der Export der für die einheimischen Manufakturen und Gewerbe wichtigen Rohstoffe unterbunden werden.[17] Obwohl be-

[17] Vgl.: Max Kemter, Die Akzise als Regulativ der landesherrlichen Wirtschaftspolitik im 18. Jahrhundert und ihre Hintergehung (Erfurter Gebiet), in: Forschungen und Fortschritte, 35. Jg., Berlin 1961, S. 47 ff.

trächtliche Summen eingingen, allein durch die Fleisch- und Bierakzise jährlich über 18000 Taler, brachte die umständliche und komplizierte Art der Erhebung der Akzise erhebliche Unkosten mit sich und verzögerte den Warenumlauf. Insgesamt trug jedoch die Akzise mit ihrer Schutzfunktion wesentlich zur Entwicklung und Förderung von Manufakturen, Handwerk und Gewerbe, der Landwirtschaft, des Gartenbaues sowie des Handels bei.

Die in den achtziger Jahren des 17. Jahrhunderts in einigen deutschen Territorialstaaten einsetzende Entwicklung kapitalistischer Produktionsformen führte in den ersten Jahrzehnten des 18. Jahrhunderts zur Gründung dezentralisierter Manufakturen. Die manufakturmäßige Arbeitsteilung und die zunehmende Anwendung von Antriebs- und Arbeitsmaschinen begründete die ökonomische Überlegenheit der Manufakturen über die Handwerksbetriebe. Die allmähliche Entwicklung kapitalistischer Produktionsverhältnisse setzte in Erfurt relativ spät ein und lag wohl begründet in der großen Tradition des Handwerks. Erst staatlich-reglementierende Eingriffe in die städtische Wirtschaftsstruktur, wie die Brechung des Zunftzwanges sowie die Erteilung landesherrlicher Konzessionen und Privilegien zu Beginn des 18. Jahrhunderts, ermöglichten die Schaffung manufakturkapitalistischer Unternehmen.

Zur Förderung und Belebung des Gewerbes und des Handels gründete im Jahre 1704 Statthalter von Boineburg in Erfurt eine Kommerziendeputation. Mit der Gewährung von Konzessionen und Privilegien wurden besonders solche Manufakturen unterstützt, die sich vornehmlich auf neue Gewerbe gründeten. Natürliche Voraussetzungen wie eine ausreichende Rohstoffbasis im Erfurter Gebiet und gute Absatzmöglichkeiten der Fertigprodukte waren entscheidende Kriterien zur Konzessionierung. So wurde vorwiegend auf die Errichtung von Tuch- und Wollzeugmanufakturen Wert gelegt, aber auch von Strumpfwirkereien, in denen in größerem Maße Frauen- und Kinderarbeit möglich waren.

Die großzügigen Vergünstigungen und Freiheiten, wie Gewährung der Immunität, einer zeitlich befristeten Personalfreiheit, Erteilung des freien Bürgerrechts mit befristeter Befreiung von allen Bürgerpflichten sowie Hilfe beim Bau eines Wohnhauses, die durch kurfürstliche Verordnung vom 12. Mai 1716 auswärtigen Verlegern und Kaufleuten zugestanden wurden, führten zu zahlreichen Anträgen – vornehmlich von Kaufleuten – zur Erteilung einer Konzession für die Anlegung einer Manufaktur.[18] Bereits 1705 beabsichtigten der Bürger Leißnig

aus Langensalza und der Erfurter Bürger und Biereige Ernst Benedict Glaß jeweils eine „Wollfabrique" einzurichten. Aber erst 1726 kam es zur Gründung der über einen längeren Zeitraum bestehenden Wollmanufaktur Hieronymus Friedrich Taschners.

Obwohl das Tuchgewerbe in Erfurt seit jeher ein vorherrschender Produktionszweig war, gehörte zu den ersten nachweisbaren bürgerlichen Unternehmensgründungen die Fayencemanufaktur. Am 8. Juni 1718 erhielt der Erfurter Bürger und Zinngießer Laurentius Silberschlag die Konzession, eine „Porcellan Fabrique allhier anzustellen" und gleichzeitig das Privileg, Rohstoffe (Ton und Holz) akzisefrei einführen zu dürfen. Schließlich wurde 1720 zur Ausschließung fremder Konkurrenz ein Einfuhrverbot für auswärtige Fayencewaren erlassen. Das Silberschlagsche Unternehmen ging schon 1722 an den Erfurter Bürger und Pächter der Dorotheentaler Fayencemanufaktur Johann Paul Stieglitz über, der eigens mit seinen erfahrenen Fayencearbeitern von Dorotheental bei Arnstadt nach Erfurt kam. Die Fayencemanufaktur von Stieglitz war ein großzügiges Unternehmen mit umfangreichen Gebäudekomplexen – Hauptgebäude in der Rosengasse und vor dem Andreastor, Glasier- und Farbenmühlen in Ilversgehofen und am Löbertor-, Produktionsinstrumenten und Arbeitern. Wurde anfangs (1718) noch „schlechtes ordinäres Gut" gefertigt, so gelangte die Fabrikation sehr bald zu einer gewissen Blüte und erreichte um 1750 ihren Höhepunkt. Bereits 1732 wurden Erfurter Fayencen – bemalte Gefäße, Aufsätze und Tafelgeschirr, zierlich bearbeitete und farbenprächtige Maßkrüge – über die Messen in Leipzig und Frankfurt (Main) vor allem nach Holland exportiert. Dennoch waren die in den Konzessionen festgeschriebenen Fabrikate für den Massenbedarf billige Ware. Die kunstgewerblich nicht besonders hervorragenden Formen waren den berühmten Delfter Fayencen entlehnt. Lediglich Glasur und Dekor waren typisch für Erfurt. Der Konkurrenz des echten Hartporzellans nicht mehr gewachsen und den gestiegenen Ansprüchen nicht mehr genügend, ging die Erfurter Fayencemanufaktur jedoch 1792 ein.[19]

---

[18] Vgl.: Max Kemter, Der Einfluß der landesherrlichen Konzessionen und Privilegien auf das Wirtschaftsleben des 18. Jahrhunderts in Deutschland (Erfurter Gebiet), in: ebenda, 23. Jg., Berlin 1960, S. 104 ff.; ders., Das Wesen und die Bedeutung der Handels- und Handlungskonzessionen im Wirtschaftsleben des 18. Jahrhunderts (Erfurter Gebiet), in: ebenda, 35. Jg., Berlin 1961, S. 248 ff.

[19] StAE, 0-1/V-364, 365, a, b.

Abb. 131. Schloß Molsdorf bei Erfurt

Unmittelbar an die Fortschritte der boineburgischen Wirtschaftspolitik knüpfte der kurmainzische Statthalter Warsberg zu Mitte des 18. Jahrhunderts an. Ende Juli 1755 rief er in Nachfolge der ehemaligen Kommerziendeputation eine Merkantilkommission ins Leben, die zu einer weiteren Festigung der manufakturkapitalistischen Verhältnisse und zur Förderung von Handwerk und Handel beitrug

und Forderungen der Kommission und publizierte auch Gutachten im Zusammenhang mit der Gründung von Manufakturen.

Um die Wirtschaft zu erhöhten Leistungen anzuregen, zahlte die kurfürstliche Regierung Prämien für Qualitätsprodukte, für die Steigerung der Warenerzeugung sowie für den verstärkten Export der gewerblichen und agrarischen Erzeugnisse.

Abb. 132. Zwei Fayencen der Erfurter Fayencemanufaktur (1718 bis 1792); Walzenkrüge mit montierten Zinndeckeln

Abb. 133. Auszug aus dem Glasur-, Farben- und Meßbuch der Erfurter Fayencemanufaktur

sowie den Grundstein zu dem weltbekannten Erfurter Erwerbsgartenbau legte. Sie bemühte sich um die Steigerung der Produktion, um eine bestmögliche Ausnutzung der örtlichen natürlichen Rohstoffe und um eine Verbesserung der Absatzmöglichkeiten der einheimischen Fertigprodukte. Unter Aufsicht der Merkantilkommission, deren Vorsitzender Warsberg war, erschien seit 1746 ein Handelsblatt, der „Wöchentliche Erfurtische Anfrag- und Nachrichten-Zettel", ab August 1757 als „Wöchentliche Erfurtische Anfrag-, Polizei- und Merkantilnachrichten". Es sorgte für die Verbreitung der Ideen

Materielle Anreize erhielten auch die Erfinder von Arbeitsmaschinen und technischen Hilfsmitteln. In einer Verordnung des Kurfürsten vom 19. September 1755 wurde die Gründung einer Leihbank angeregt und Anfang 1756 als Kreditanstalt ins Leben gerufen.[20] Damit wurde den „Capitalisten" neben den üblichen Vergünstigungen die Möglichkeit gegeben, zinsgünstige Leihkapitalien in größerem Umfang zu nutzen.

[20] Staatsarchiv Magdeburg (im folgenden: StAM), Rep. U 14, XXXVI 35.

1774 verfügten die Erfurter Manufakturunternehmer über wenig Kapital, denn das von 95 Personen verrechtete Betriebsvermögen betrug nur 37 572 Gulden. Im Jahre 1765 gab es in Erfurt über 21 Manufakturen, darunter acht Band-, acht Zeug-, drei Strumpf-, zwei Gold- und Silbermanufakturen, eine Fayence- sowie eine Bein- und Hornmanufaktur[21], denen Akzisefreiheit für ihre Produkte gewährt wurde, um die Konkurrenzfähigkeit der Erfurter Erzeugnisse auf den ausländischen Märkten zu sichern. 1763 begründete der Kaufmann Johann Anton Lucius auf der Langen Brücke 57/58 eine Wollzeugmanufaktur. Über viele Jahrzehnte im Besitz der Familie Lucius, entwickelte sich der Betrieb bald zu einem führenden Unternehmen der Tuch- und Wollzeugproduktion.

Neben den zahlreichen Mahlmühlen für die Zubereitung von Nahrungsmitteln bestand schon seit dem ersten Drittel des 18. Jahrhunderts eine zentralisierte Produktion von Nudeln durch den Erfurter Bürger Johann Heinrich Kühlewein. Hinzu kam 1758 eine Manufaktur für Nudeln von Jacob Mühlfelder, sowie 1762 die Tabakmanufaktur in der Marktstraße 50 von Livinus van Wynendhal, einem Kaufmann aus Brüssel. 1776 übernahmen Ludwig Hoffmann und Friedrich Triebel die Fabrik.

Viele Manufakturen konnten sich nicht lange halten, da das nötige Kapital fehlte, ausreichende einheimische Roh- und Brennstoffe nicht verfügbar, und sie deshalb fremder und örtlicher Konkurrenz nicht gewachsen waren. 1756 erwog die Merkantilkommission, ein ordentliches Handelsgericht – ähnlich dem Leipziger – einzurichten, um vor allem den Erfurter Tuchhandel neu zu beleben. Dem chronischen Mangel an Brennstoffen suchte die kurmainzische Regierung seit 1702 mit einer systematischen Suche nach Kohlen im Erfurter Gebiet abzuhelfen. Nachdem 1729 zwei Bürgern aus Weimar ein Schürfprivileg erteilt worden war, der Erfolg aber ausblieb, wurde 1755 durch den kapitalkräftigen Erfurter Bürger und Kaufmann Christian Nonne aus den Zechen bei Mühlberg und Hopfgarten Kohle gefördert. Ein weiterer Versuch durch den kursächsischen Hofrat Steger aus Weimar, in Hopfgarten Kohle abzubauen, scheiterte schließlich wie der seines Vorgängers. Ertrag und Qualität der gewonnenen Kohle waren zu gering, der Aufwand zu hoch.[22]

Zahlreiche Aktivitäten der kurmainzischen Regierung ermöglichten die Ausnutzung örtlicher Produktionskapazitäten in der Landwirtschaft und insbesondere im Gartenbau. Die Verordnungen des Statthalters Warsberg zur Pflege der Gärten in den Jahren 1754 bis 1757 ließen einen neuartigen Erwerbsgartenbau entstehen. Mit diesem neuen Wirtschaftszweig eng verbunden war das Wirken des Erfurter Bürgers und späteren Ratsherrn Johann Christian Reichart (1685 bis 1775). Als Sohn eines Acker- und Gartenbauern geboren, kam Reichart schon sehr früh mit dem Gartenbau in Berührung. Seine Ideen und Bemühungen zur Förderung des Gartenbaues wurden über die Merkantilkommission umgesetzt und verallgemeinert und in seiner eigenen Gärtnerei angewandt und weiter vermittelt. So entwickelte Reichart ein System der achtzehnjährigen Fruchtfolge, das durch die Möglichkeit von zwei Ernten im Jahr einerseits eine bedeutende Ertrags-

---

[21] StAE, 1-1/XVIII a-5.
[22] StAM, Rep. A 37 b I, Abt. III, 30, 33.

steigerung brachte, andererseits zum „gemischten Feld" führte. Gemüse- und Feldfrüchte wurden nun im Wechsel angebaut und damit das Gemüsefeld geboren.

Abb. 134.
Johann Christian Reichart
(1685 bis 1775)

Durch neue intensive Produktionsmethoden – Anwendung neuer Produktionsinstrumente wie Stachelwalze und Jätemaschine sowie Hinweise zu einer besseren Düngung – konnte Reichart höhere Erträge erzielen. Große Aufmerksamkeit widmete er dem Brunnenkresseanbau und der planmäßigen Samenzucht. Durch ein von ihm entwickeltes System der Be- und Entwässerung wurde das größte Gemüseanbaugebiet im Weichbild der Stadt, das Dreienbrunnengelände, kultiviert. Damit wurden Anbau und Zucht der für Erfurt typischen Brunnenkresse intensiviert und zu einem beherrschenden Zweig der Gartenwirtschaft. Der Anbau der Brunnenkresse erfolgte in sogenannten Klingen, langen schmalen Gräben mit fließendem, stets eine konstante Temperatur von 10 bis 12 °C aufweisendem Quellwasser. Die Brunnenkresse, besonders in der gemüsearmen Jahreszeit eine begehrte Gemüseart, erbrachte 1750 einen Verkaufserlös von 12 000 Talern.

Im Jahre 1752 hatte Reichart zur Samengewinnung über 13 400 Weißkrautköpfe eingeschlagen und außerdem etwa 1250 Pfund Blumenkohlsamen geerntet. Erfurter Gemüsesamen wurde in alle deutschen Länder, nach Livland, Dänemark, England und Schweden exportiert. Ähnliche Erfolge konnte Reichart bei der Blumenzucht, insbesondere bei Anemonen, Levkojen, Aurikeln, Tulpen, Nelken und Primeln erzielen. Bekannt wurde der Begründer des Erwerbsgartenbaues in ganz Europa auch durch seine Veröffentlichungen, besonders durch sein berühmt gewordenes sechsbändiges Werk, den „Land- und Gartenschatz", in dem er seine vielfältigen Erfahrungen und Kenntnisse weitergab. Reicharts Erfolge waren es vor allem, die dem einheimischen Gartenbau zu einem bedeutenden Aufschwung verhalfen.[23]

Im Jahre 1756 entstand die Firma Jacob Platz am Krämpfertor, die sich mit dem Vertrieb von Gemüse-, Blumen- und Gehölzsamen befaßte. Bereits zu Anfang des 18. Jahrhunderts tritt erstmals im Gartenbau der Name Haage auf. Neben den schon bestehenden Betrieb Martin Haage trat nun ein neuer, der des Sohnes Johann Heinrich Haage. Immerhin gab es 1772 in Erfurt 75 berufliche Gärtner: die Zahl der insgesamt im Gartenbau Beschäftigten lag wesentlich höher. Nach 1750 trat der Blumenanbau mehr und mehr in Erscheinung. Den Anstoß dazu gab die „Erfurtische Blumengesellschaft". Sehr fördernd wirkte sich auch die Schaffung des Botanischen Gartens 1756 an der Gartenstraße durch die Erfurter Akademie aus. Er bot die Möglichkeit, systematisch Zuchtarbeit auf dem Gebiet des Blumenanbaues zu betreiben.[24]

Das städtische und ländliche Agrarsystem beruhte im wesentlichen noch auf der Dreifelderwirtschaft, lediglich in den Stadtfluren und in wenigen stadtnahen Dörfern war man schon zur Vier- bzw. Sechsfelderwirtschaft, zu einer intensiveren Bodennutzung übergegangen. Ackerbau und Viehzucht wurden vorwiegend noch auf extensiver Grundlage betrieben. Mit dem Jahr 1740 wird in Erfurt der Kartoffelanbau heimisch und fortan von der kurmainzischen Regierung gefördert.

[23] Vgl.: Willibald Gutsche, Der Begründer des neuzeitlichen Erfurter Erwerbsgartenbaues Christian Reichart, Sohn seiner Zeit und Wegbereiter des Fortschritts, in: Aus der Vergangenheit der Stadt Erfurt (im folg.: AVE), Bd. III, Erfurt 1963, S. 187 ff; ergänzte Fassung in: Veröffentlichungen des Naturkundemuseums Erfurt. Sonderheft aus Anlaß des 300. Geburtstages von Christian Reichart, Erfurt 1985, S. 5 ff.

[24] Vgl.: Gustav Müller, Geschichtliche Entwicklung der internationalen Handelsbeziehungen des Erfurter Gartenbaues, in: ebenda, S. 96 ff.

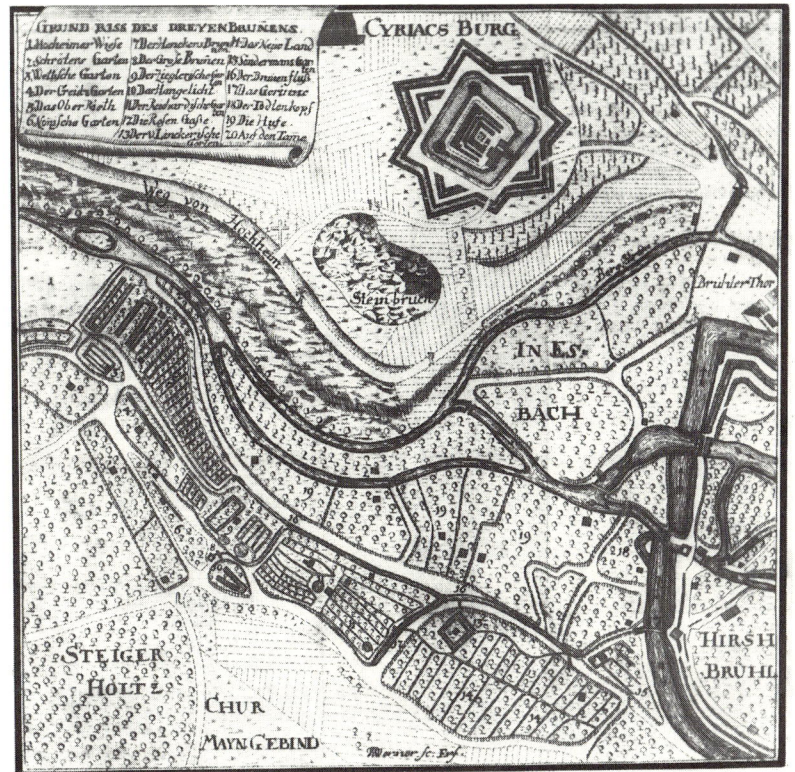

Abb. 135. Grundriß des Dreienbrunnengeländes mit Cyriaksburg

Abb. 136. Dreienbrunnenklingen

Die wirtschaftliche, insbesondere manufaktur-kapitalistische Aufwärtsentwicklung in der ersten Hälfte des 18. Jahrhunderts unterbrach der Siebenjährige Krieg (1756 bis 1763) zwischen Preußen und Österreich um die politische und wirtschaftliche Vormachtstellung, in den die meisten deutschen Territorialstaaten einbezogen waren. Der preußische Militärstaat sah im kurmainzischen Erfurt feindliches Gebiet, gehörte doch der Mainzer Kurfürst als Erzkanzler zu jenen Reichsfürsten, die mit der Reichsexekution gegen Preußen beauftragt waren. Zu größeren militärischen Kampfhandlungen in der Stadt und in der näheren Umgebung kam es jedoch nicht, obwohl die Stadt nicht weniger als achtmal von preußischen Truppen besetzt wurde, ebenso oft aber auch durch die Truppen der Reichsarmee. Der „Besitzwechsel" vollzog sich zwar immer ohne größeren Widerstand; sehr belastend für die Bürgerschaft waren jedoch die vielfältigen Einquartierungen, die hohen Requisitionen und Kontri-

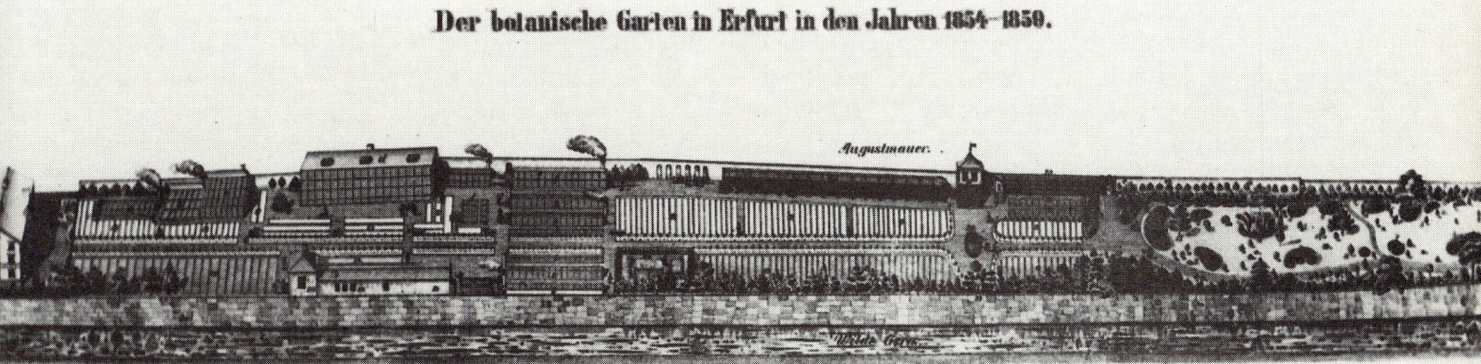

Abb. 137. Schematische Darstellung des Botanischen Gartens

butionen. Exzesse, Brandschatzungen und Verwüstungen auf dem Lande waren an der Tagesordnung. Insgesamt beliefen sich die Kriegslasten und -schäden auf über drei Mill. Taler.[25]

Die Rückschläge auf gewerblichem, agrarischem und handelspolitischem Gebiet suchte Statthalter Dalberg 1782 mit der Bildung einer „Commercien-Deputation", die Handel und Gewerbe neu beleben sollten, zu beheben. Nach Überwindung der größten Kriegsschäden konnten dann auch in den achtziger und neunziger Jahren beachtliche Fortschritte in der Entwicklung gewerblicher und agrarischer Produktivkräfte erzielt werden, was manchen wirtschaftsfördernden und unmittelbar wirksamen Reformmaßnahmen Dalbergs zu verdanken ist. Systematisch wurden die Gründung neuer und die Entwicklung bestehender Manufakturen gefördert.

Besonders im Tuch- und Schuhgewerbe vollzog sich ein enormer Aufschwung, zumal die zur Verarbeitung notwendigen Rohstoffe, wie Wolle, Flachs und Leder, aus einheimischer Produktion kamen. Außerdem führten seit Anfang des 18. Jahrhunderts bedeutende technische Neuerungen zur Herstellung des Bandwebstuhles und des Strumpfwirkstuhles. Nicht zuletzt verlangte die einheitliche Bekleidung der Armeen große Mengen an Tuch und Schuhwerk und bewirkte eine beträchtliche Steigerung der Produktion. Um 1790 gab es allein in der Textilproduktion 17 Manufakturen, davon acht für wollenes Zeug, zwei für halbseidene Erzeugnisse und sieben für Bänder und Tuche,[26] mit über 144 Zwirnmühlen und 200 Webstühlen, an denen 126 Spulmädchen arbeiteten. Der jährliche Garnverbrauch betrug 1500 Zentner. Die Wollzeugmanufakturen, die über 8000 Pfund Wolle jährlich verarbeiteten, beschäftigten knapp über 200 Arbeiter. Die Manufaktur von Born besaß 80 Webstühle und hatte annähernd 500 Personen in Arbeit. Dabei wird es sich zum größten Teil schon um kapitalistisch ausgebeutete Lohnarbeiter gehandelt haben, da in der Tuchherstellung die dezentralisierte Manufaktur vorherrschend war, wobei bestimmte Arbeitsgänge als eine Folge der Arbeitsteilung schon vorwiegend in einer zentralen Produktionsstätte ausgeführt wurden.

1794 erhielt Jacob Taschner die Konzession zur Erweiterung seiner bereits 1726 gegründeten Wollmanufaktur. Einem Bericht des Unternehmers Taschner zufolge fertigten auswärtige Bandproduzenten um 10 Prozent billiger als die in Erfurt. Bandmanufakturen in Gotha, Arnstadt und Apolda besaßen durchweg moderne Webstühle, produzierten dadurch mehr und billiger und teilweise in besserer

Qualität. Sie setzten die Konkurrenzfähigkeit der Erfurter Tuche stark herab. Die entscheidende Ursache dieses Mangels war die zu geringe Kapitalanlage. Zusätzliche Nachteile im Absatz der Tuch- und

Abb. 138 a/b. Barett und Schultermantel des Rektors der Universität Erfurt vom Beginn des 16. Jahrhunderts

Wollzeuge entstanden den Erfurter Produzenten durch die Erhebung einer Akzise, die auf jedes Erzeugnis zwei Groschen von einem Taler betrug, während es in den sächsischen Gebieten keine solche Belastung gab.[27]

1795 gründeten die Erfurter Bürger Johann Adam Gottschalk und Moritz Brauer gemeinsam mit dem französischen Emigranten und Schuhmacher Ludwig Soller im Haus „Zum Schweinekopf" am Anger 39 die erste zentralisierte kapitalistische Produk-

---

[25] Constantin Beyer, Neue Chronik von Erfurt 1736–1815, Erfurt o.J., S. 118.
[26] Wilhelm Stieghan, Neuer Taschenkalender für Geschäftsmänner und Reisende im Erfurter Gebiet auf das Jahr 1795, Erfurt 1795, S. 150 ff.
[27] StAE, 1-1/XVI g-31.

tionsstätte für Schuhwerk. Der Absatzmarkt der Erfurter Schuhproduktion überschritt rasch die Grenzen des Erfurter Gebietes und wurde bald auf alle deutschen Territorien, Dänemark, Schweden und sogar Südamerika und Indien ausgedehnt.

Um die Jahrhundertwende gab es in Erfurt weit über 20 Manufakturen, jedoch war die Herausbildung einer auf gemeinsamen wirtschaftlichen Interessen basierenden Manufakturbourgeoisie und die weitere Durchsetzung kapitalistischer Produktionsverhältnisse infolge der territorialen Zersplitterung stark eingeschränkt. In dem Maße, in dem sich manufakturkapitalistische Produktionsformen herausbildeten, vollzog sich ein allmählicher Rückgang des zünftigen Gewerbes. Doch verlor es noch nicht seinen die städtische Wirtschaft bestimmenden Charakter. Der kurmainzischen Regierung war nicht daran gelegen, die Zünfte, die natürlich fortschrittsfeindlich waren, abzuschaffen. Einerseits wurde die Weiterentwicklung der Zünfte durch eine Reihe von Maßnahmen, wie Schutz vor auswärtiger und einheimischer Konkurrenz und damit Festigung ihrer inneren Monopolstellung, freie und unbegrenzte Einfuhr von Rohstoffen sowie Errichtung von besonderen Niederlagen in anderen Städten im Interesse eines geregelten und dauerhaften Warenabsatzes, gesichert. Andererseits wurden weitere Mißbräuche und Auswüchse in den Zunftordnungen – legitimiert durch das Reichszunftgesetz von 1731 – beseitigt und der Zunftzwang, da, wo er den Interessen der „Capitalisten" hinderlich war, durchbrochen.[28] 1792 bestanden noch 52 Zünfte mit 1383 Meistern, 870 Gesellen und 233 Lehrlingen. Neben den artverwandten Gewerben der Schneider, Leineweber, Zeugmacher, Tuch- und Raschmachern sowie den Bäckern und Fleischhauern war es vor allem das Schuhmacherhandwerk mit seinen 184 Meistern, das eine rasche Aufwärtsentwicklung nahm.

In den zumeist nichtzünftigen Gewerben auf dem Lande waren 808 Meister, 270 Gesellen und 98 Lehrlinge organisiert.[29] Die relativ geringen Arbeitsverpflichtungen der Bauern führten zu einer quantitativ ansteigenden Entwicklung des ländlichen Handwerks. Zahlreiche Handwerker, vor allem Gesellen, arbeiteten jedoch schon im Auftrage von kapitalistischen Verlegern und waren somit in den manufakturkapitalistischen Produktionsprozeß integriert.

Selbst Kinder und Frauen wurden zunehmend in den kapitalistischen Ausbeutungsprozeß einbezogen. Sie stellten ein ausgesprochen billiges Reservoir dar. Nachweislich war der prozentuale Anteil der Frauenarbeit in Erfurt sehr hoch. Bereits 1715

waren 10,7 Prozent der steuerpflichtigen Bürger Frauen, die gewöhnlich als Spinnerinnen beschäftigt waren; 1777 waren es schon 15,8 Prozent.[30] Kinder des evangelischen Waisenhauses mußten sich ihr „Brot" selbst verdienen und übernahmen einfache Arbeiten in den Manufakturen.[31] Hungernde Frauen und Kinder waren es, die den Anstoß zu der Hungerrevolte von 1771 gaben, als es infolge einer Mißernte und damit zusammenhängenden spekulativen Geschäften mit Getreide durch Bürgermeister Siegmund Lebrecht Hadelich zu einer großen Hungersnot gekommen war. 1774 waren von insgesamt 2954 ermittelten Erwerbsfähigen 1671 = 56,8 Prozent, also über die Hälfte aller erwerbsfähigen Bürger, im Gewerbe tätig.

Tabelle 5
Anteil der Gewerbezweige[32]

Gewerbezweig	Anzahl der Gewerbetreibenden	Anteil in Prozent
Metallverarbeitung	103	7,02
Tuchgewerbe	591	35,20
Leder- und Papierverarbeitung	88	5,13
Holz- und Hornverarbeitung	87	5,07
Nahrungsmittelbereitungsgewerbe	307	18,23
Gewerbe für Bekleidung und Reinigung	353	21,00
Baugewerbe	142	8,35
	1671	

Im Gegensatz zu früheren Ansichten maß die kurmainzische Regierung der Landwirtschaft als einer der wichtigsten Grundlagen der städtischen Wirtschaft große Bedeutung bei. Das lassen die von physiokratischen Einflüssen geprägten Richtlinien der Kommerziendeputation von 1785 erkennen. Die insgesamt 16525 Acker (1 Erfurter Acker = 2642 m² bzw. 0,2642 ha) landwirtschaftlich genutzten Bodens in der Stadtflur[33] prägten die städtische Wirtschaftsstruktur und das Stadtbild noch maßgeblich. Viele Bürger hielten eigenes Vieh und betrieben eine kleine Vorratswirtschaft. Die zumeist kleinen

---

[28] Vgl.: Alfred Seyfarth, Mainzer Wirtschaftspolitik in Erfurt (1664–1802), Inaug. – Diss., Gelnhausen 1929, S. 19 ff.

[29] Jacob Dominicus, Erfurt und das Erfurtische Gebiet, Erster Teil, Gotha 1794, Tabelle I nach S. 223.

[30] Zahlen ermittelt anhand der Verrechtsbücher der Stadt Erfurt (StAE, 1-1/XXIII a-77 bis 84 und 135 bis 138).

[31] Joseph Scholle, Die Waisenfürsorge in Erfurt, in: Zeitschrift des Vereins für Kirchengeschichte der Provinz Sachsen, 22. Jg., 1926, S. 127.

[32] Günther Lothar Henning, Erfurts wirtschaftliche Zustände am Ende des 18. Jahrhunderts, Inaug.-Diss., Halle 1920 (Ms), S. 35.

[33] StAE 1-1/XVIII a-5.

bäuerlichen Wirtschaften auf dem Lande bearbeiteten 188 222 Acker.[34]

Der Pflege und dem Anbau bereits im Verfall begriffener Kulturen wie Waid, Saflor und Anis, aber auch dem Wein- und Obstanbau wurde große Aufmerksamkeit geschenkt. 1749 wurde nur noch in drei Erfurter Dörfern Waid angebaut. Mit dem weiteren Rückgang des Waidanbaues war ein verstärkter Anbau von Getreide verbunden. Dabei betrug der Anteil der Hauptgetreidearten an Korn 5/12,

bau nützlicher Holzarten auf öden und unbebauten Grundstücken durchgesetzt. Gleichzeitig dienten Anbauvergünstigungen und entsprechende Forstordnungen zur Sicherung und Erhaltung der Anpflanzungen bzw. Waldungen. Im Zusammenhang damit konnte auch der Wildbestand gesichert und vermehrt werden. Schließlich wurden durch gewisse Förderungsmaßnahmen – allerdings mit unterschiedlichem Erfolg – nichteinheimische Kulturen wie Tabak und Safran angebaut. In der städtischen

Abb. 139 a/b. Medaille auf den kurmainzischen Statthalter Philipp Wilhelm Reichsgraf von Boineburg
(Rückseite mit der Gestalt der Minerva und dem Wappenschild Boineburgs)

Weizen 1/12, Gerste 4/12 und Hafer 2/12. Die rückläufige Entwicklung im Weinbau suchte die kurmainzische Regierung durch Weineinfuhrsperren aufzuhalten, die allerdings erfolglos blieben. 1792 waren nur noch 240 Acker mit Wein bestockt (1620 noch 5300 Acker). Allein im Obstanbau war eine steigende Tendenz sichtbar. 1802 wurden immerhin wieder über 90 000 Obstbäume gezählt. Durch einen verstärkten Futtermittelanbau, insbesondere Klee, konnte auch die Viehwirtschaft erweitert werden, wie die Haltung von 2007 Pferden, 9060 Rindern, 33 220 Schafen und 3644 Schweinen im Erfurter Landgebiet zeigt. Sehr intensiv wurde die Schafzucht betrieben, wobei vorerst mehr Wert auf die Wolle gelegt wurde. Erst später stand mit der Einführung spanischer Merinoschafe und deren Kreuzung mit der einheimischen Landrasse die Fleischgewinnung stärker im Vordergrund. Zur Beseitigung des chronischen Holzmangels wurde der An-

Landwirtschaft waren 441 Bürger, d.h. 14,9 Prozent aller Erwerbsfähigen, als „Oeconomen" (Bauern), Gärtner und Ackerpächter tätig,[35] unter denen sich eine große Anzahl Tagelöhner befand.

Die nach den Folgen des Dreißigjährigen Krieges mühsame und zögernde Entwicklung der gewerblichen und agrarischen Produktivkräfte sowie die territoriale Zersplitterung hemmten die Herausbildung eines inneren Marktes und minderten damit gleichzeitig die Konkurrenzfähigkeit einheimischer Waren auf fremden Märkten. Die von den meisten Territorialstaaten praktizierte Autarkiepolitik in Form der verschiedenartigsten Beschränkungen und Verbote erschwerten einen stabilen und dauerhaften Handel. Den merkantilistischen Wirtschaftsprinzipien entsprechend, griff der Landesherr mit

[34] Vgl.: Dominicus, Erfurt, Tabelle I nach S. 223.
[35] Henning, Wirtschaftliche Zustände, S. 34, Tabelle IV.

Abb. 140. Huldigung der Bürgerschaft für den Mainzer Kurfürsten und Erzbischof Anselm Franz 1679

der Erteilung von Handels- und Handlungskonzessionen reglementierend in den Handelsverkehr ein. Sie stellten eine Kontrolle der Produktion und Konsumtion zur Überwachung des inneren Marktes dar, bestimmten den Umfang des Handels mit den einzelnen Waren – Vertrieb „en gros" oder „en détail" – und trugen letztendlich erheblich zur Erhöhung des Steueraufkommens bei.

Die ehemals handelspolitische Vormachtstellung Erfurts war durch die staatsrechtliche Stellung der Stadt und die Verlagerung der Handelszentren endgültig gebrochen, Leipzig, durch politische und wirtschaftliche Interessen privilegiert, zum Zentrum des innerdeutschen und internationalen Handels geworden. Lediglich im Nahhandel war Erfurt noch Umschlagplatz für die benachbarten Städte und Territorien. Man wird die Stadt zu dieser Zeit nicht mehr zu den Handelsstädten, sondern vielmehr zu den Gewerbeexportzentren rechnen müssen. Recht umfangreich war der Handel mit agrarischen Produkten wie Anis, Wein, Mohn, Getreide sowie Gemüse- und Blumensamen, aber auch mit Mühlenprodukten. Ihr Umsatz belief sich auf über 85 000 Taler. Beträchtlichen Umfang hatten der Galanteriewarenhandel mit einem Umsatz von 20 000 Talern jährlich, ebenso der Absatz von versponnenem Flachs und Garn. Außerordentlich vielfältig war der Export gewerblicher Erzeugnisse wie Wollwaren – sogenannte Erfurter Zeuge –, die bis nach Amerika vertrieben wurden, wollene Bänder aller Art sowie Strumpfwaren und wollene Mützen, die auf den Messen in Leipzig, Frankfurt/Main und Braunschweig abgesetzt wurden. Ihr Wert belief sich auf rund eine Mill. Gulden. Eingeführt wurden hauptsächlich Rohstoffe für die Manufakturen und Zünfte wie Baumwolle, Leder, Metalle, Material- und Kolonialwaren sowie Schnitt- und Galanteriewaren.

Die einst so bedeutenden und von weither besuchten Messen waren zu „simplen Jahrmärkten" herabgesunken. Jährlich fanden sie dreimal statt und dauerten jeweils 14 Tage. Es waren der Pfingstmarkt „Vor den Graden", der Bartholomäusmarkt am 12. September auf dem Anger und der Martinimarkt am 10. November wiederum „Vor den Graden". Daneben gab es noch die Wochenmärkte, auf denen Bürger und Landbewohner ihren Bedarf an Nahrungsmitteln und Kleidung deckten. Läden und Geschäfte gab es kaum. Der gesamte Kleinhandel in der Stadt lag in den Händen der Höker, der Heringer und der Krämer. Eine Übersicht des Stadtrates aus dem Jahr 1765 über die Erfurter Handelsleute verzeichnet zehn Handelsleute, 18 Weisskrämer, 34 Material-, Anis- und Saflorhändler sowie acht Galanteriewaren- und zwei Garnhändler.[36]

Insgesamt waren 1774 im Erfurter Handel und Verkehr 323 Personen, d.h. 8,36 Prozent aller Erwerbstätigen, beschäftigt.[37]

Die kurfürstliche merkantilistische Wirtschaftspolitik prägte die soziale Struktur der Bevölkerung, das Stadtbild, ja sämtliche gesellschaftlichen Bereiche maßgeblich. Die manufakturkapitalistische Entwicklung führte zu weitreichenden Veränderungen in der sozialen Struktur; sie schuf den kapitalistisch ausgebeuteten Lohnarbeiter. Viele landlose und -arme Bauern, aber auch kleine verarmte Handwerker und Tagelöhner, ja selbst Handwerksmeister, die im Auftrag von Manufakturen arbeiteten, wurden zu Lohnarbeitern und damit in den kapitalistischen Ausbeutungsprozeß einbezogen.

Tabelle 6
Sozialökonomische Zusammensetzung
der Stadtbevölkerung
Ende des 18. Jahrhunderts

Anzahl	Berufe/Tätigkeiten	Anteil in Prozent
259	Geistliche	4,01
843	Militärangehörige	13,04
212	Verwaltungsbeamte (kurfürstliche/städtische)	3,28
70	Lehrer, Ärzte, Advokaten, Künstler	1,08
1583	Handwerksmeister, Gastwirte, Fahrunternehmer	24,48
26	Manufakturunternehmer	0,40
118	Bauern, Gärtner, Ackerpächter	1,82
151	Kaufleute, Händler	2,34
965	Handwerksgesellen, gelernte Arbeiter	14,92
1085	Handarbeiter, Tagelöhner	16,78
1154	Weibliche und männliche Dienerschaft (Gesinde)	17,85

Zu Ende des 18. Jahrhunderts betrug der Anteil des Frühproletariats (Lohnarbeiterschaft) an der Gesamtbevölkerung bereits 49,55 Prozent.

Aus einer nicht gesicherten Quellenlage ergibt sich hinsichtlich der Klassenstruktur folgende ungefähre Berechnung:

Adel 0,2 Prozent
Bürgertum 49 Prozent
Bauern 0,8 Prozent
Frühproletariat (Lohnarbeiterschaft) 50 Prozent.

Zunehmend gewann die Schicht der Intelligenz – Lehrer, Juristen, Ärzte und Künstler usw. – an Bedeutung, obwohl ihr Anteil erst rund 1,1 Prozent betrug. Auf Grund der ungenügenden Organisiertheit und des noch zu schwach entwickelten Bewußtseins war der relativ hohe Anteil der Volksmassen am sozialökonomischen Fortschritt überwiegend auf quantitative, die feudale Gesellschaftsordnung noch nicht sprengende Veränderungen beschränkt.

Tabelle 7
Vermögensverhältnisse der steuerpflichtigen
selbständigen Einwohner (1774)[38]

Vermögensklasse (Gulden)	Steuerpflichtige	in Prozent	Anteil am Gesamtvermögen in Prozent
ohne Vermögen	768	23,52	–
bis 25	471	14,42	0,93
26 bis 200	1176	36,01	15,46
201 bis 2000	825	25,26	72,23
über 2000	26	0,79	11,38

Ein um mehr als 100000 Gulden niedrigeres versteuertes Gesamtvermögen von 656168,75 Gulden gegenüber 1692 zeigt deutlich den Trend einer zunehmenden Verarmung, insbesondere der breiten Volksmassen. Über 10 Prozent mehr, nämlich 23,52 Prozent der Einwohner, waren völlig vermögenslos. Der durchschnittliche Vermögenswert des Steuerpflichtigen betrug 201 Gulden. 47 juristisch verrechtende Personen – Kirchen, Klöster, Stiftungen – besaßen ein steuerpflichtiges Vermögen von 29768 Gulden. Das größte Vermögen mit 8281 Gulden versteuerte das Milwitzsche Fideikommiß.[39]

Das unregelmäßig strukturierte Stadtbild hatte sich kaum geändert, geblieben war die strenge Abgrenzung zwischen dem häuserlosen Vorland und der umwallten Stadt. Durch den Bau der Zitadelle Petersberg hatte sich die Fläche der Stadt von 240 auf 270 ha ausgedehnt. Durch die Kriegswirren und

---

[36] StAE, 1-1/XXI-2, Bl. 56.
[37] Henning, Wirtschaftliche Zustände, S. 34, Tabelle IV.
[38] Ebenda, Tabelle VIII nach S. 65.
[39] Ebenda, S. 66.

Feuersbrünste waren viele Häuser zerstört, ja ganze Häuserreihen und Straßenzüge vernichtet worden. Eine am 21. Oktober 1736 unweit der Langen Brücke ausgebrochene Feuersbrunst zerstörte zwischen heutigem Domplatz, Rathaus und Predigerkirche über 188 Wohnhäuser sowie die Pfarrkirche Martini intra an den „langen Stegen". Der Schaden belief sich auf über 147150 Taler. Durch die Neubebauung entstand an Stelle des Fußsteges über den Breitstrom eine Fahrbrücke (ehemalige Schlösserbrücke, heute Hermann-Jahn-Brücke), als deren Fortsetzung bis zum Fischmarkt die Neue Straße, heute Hermann-Jahn-Straße, angelegt wurde. Ursache der zahlreichen Brände waren die dicht bebauten Gassen. Außerdem besaßen die Häuser größtenteils noch Holz- und Strohdächer sowie hölzerne Feueressen. Neue Wohnhäuser entstanden vor allem um den Platz „Vor den Graden", in der Johannesgasse, heute Leninstraße, in der Markt- und Michaelisstraße sowie auf dem Anger. 1792 wurden anstelle des 1660 niedergebrannten ehemaligen Stotternheimschen Palais auf dem Anger drei dreigeschossige Wohnhäuser errichtet.

Dem Repräsentationsbedürfnis der kurmainzischen Statthalter nach aristokratischer Abgeschlossenheit und freier Umgebung für die Statthalterei verdankt der ehemalige Hirschgarten, heute Platz der Deutsch-Sowjetischen Freundschaft, seine Entstehung. Die vormals mit kleinen unscheinbaren Häusern bebaute Fläche ließ Warsberg nach 1740 als Gartenanlage herrichten, entsprechend ausschmücken, einzäunen und mit Hirschen besetzen. An den Schmalseiten wurden die beiden bis heute erhalten gebliebenen kleinen Wachhäuser errichtet. Erst 1780 wurde das Wild abgeschafft und die parkähnliche Anlage für die Erfurter Bürger geöffnet, die den Garten mit Vorliebe für ihre „Abendpromenaden" nutzten. 1798 wurde ein steinerner Tempel mit einer Bildsäule als Sinnbild der Blumengöttin Flora erbaut. An den Wänden waren die Porträts der vier bedeutenden Erfurter Botaniker Johann Hieronymus Kniphof, Johann Christian Reichart, Johann Georg Dietrich und Johann Jacob Planer angebracht.

1784 entstand der Minervabrunnen „Vor den Graden". Minerva galt als die stadtschirmende Beraterin in staatlicher Ordnung und Rechtspflege sowie Beschützerin der Künste und der Wissenschaft. Das Standbild darf als Ausdruck bürgerlichen Selbstbewußtseins gewertet werden. Ebenfalls auf dem heutigen Domplatz, nahe dem Brunnen, wurde 1777 ein steinerner Obelisk für den Mainzer Kurfürsten Friedrich Karl Joseph von Erthal errichtet.

Unter den mainzischen Statthaltern läßt sich – besonders nach 1736 – eine Verbreiterung der Straßen und das teilweise Verschwinden kleiner Gäßchen feststellen. Die Straßen waren zumeist ungepflastert und überaus verschmutzt. Die Neustadt zwischen Regierungs- und Neuwerkstraße war inzwischen stärker bebaut worden, weniger jedoch das südlich davon um das Neue Tor bzw. Pförtchen gelegene Viertel. Das Zentrum, die bevorzugte Gegend der Allerheiligen- und Marktstraße, der Platz „Vor den Graden" und der Anger, besaß die größten und wertvollsten Gebäude. Hier wohnten die reichsten Bürger der Stadt. Zur besseren Orientierung trug jedes Wohnhaus einen Namen. Erst seit 1680, mit Einführung der Stadtlagerbücher, numerierte man die Grundstücke innerhalb jeder Spezialge-

Abb. 141. Bürgerhaus „Zum Würzgarten" und Nachbarhaus in der Futterstraße, erbaut 1754

meinde fortlaufend, mit Nummer eins beginnend, ohne daß jedoch die Hausnamen ihre Bedeutung verloren.

In den ehemaligen Vorstadtbezirken, besonders in der Augustinergemeinde, also um die Gartenstraße, gab es die meisten der kleinsten und ärmlichsten Häuser. Hier war auch die Anzahl der Mietwohnungen besonders groß, während im allgemeinen das zwei- und dreigeschossige Einfamilienhaus vorherrschte. Auf vielen Häusern lastete eine Hypothek, die 1774 85 734 Gulden, also 12,5 Prozent des gesamten unbeweglichen Vermögens betrug und natürlich besonders die ärmsten Schichten, teilweise sogar mit 75 Prozent belastete. Insgesamt gab es 1792 in Erfurt 3149 Wohnhäuser, in denen 16 896 Menschen lebten. Von 2954 Haushaltungen (1774) befanden sich 820, das sind 27,8 Prozent, in einem Mietverhältnis.[40]

Die Bevölkerungsentwicklung blieb im 18. Jahrhundert relativ konstant. Sie bewegte sich zwischen 14 300 und 17 200. Die Einwohnerdichte verringerte sich geringfügig auf 6250 Einwohner pro Quadratkilometer.

Tabelle 8
Verteilung der Einwohner auf die Stadtviertel
(1791)[41]

Stadtviertel	Einwohner	Anteil in Prozent
Andreasviertel	2 379	14,08
Marienviertel	4 223	24,99
Johannesviertel	5 026	29,75
Vitiviertel	5 268	31,18

Die zwischen 1701 und 1800 insgesamt niedrige Geburtenziffer von 54 142 gegenüber den 57 897 Verstorbenen wurde zum Teil durch durchschnittlich 1618 Bürgeraufnahmen pro Jahrzehnt in den Jahren 1700 bis 1790 kompensiert. Der Anteil der katholischen Bevölkerung stieg von 12,67 im Jahre 1664 auf 24,27 Prozent im Jahre 1802.

Das absolutistische Obrigkeitsregime griff reglementierend in das Armenwesen ein, ohne jedoch die Ursachen der Armut und die damit anstehenden sozialen Probleme zu lösen. Weder die zahlreichen Verordnungen der kurmainzischen Regierung noch Almosenspenden der Bürgerschaft sowie die Einrichtung von Armenhäusern konnten die öffentliche Bettelei eindämmen. Die mit der „Verbesserten Armen- und Almosenordnung" von 1706 angestrebten Verbesserungen in Form einer regelmäßigen finanziellen und materiellen Unterstützung Unbemittelter traten nicht ein. Das Grundübel, die Ausbeutung,

beseitigte man nicht. Selbst mit der 1758 erfolgten Verteilung von Spinnrädern an mittellose Bürger bzw. deren zwangsweise Überführung in Arbeitshäuser konnte den sozialen Mißständen nicht abgeholfen werden.

Eine geregelte medizinische Betreuung der Bürger gab es nicht. Die Sorge um die Armen bzw. Bettler und die Kranken wurde nicht als eine soziale Pflicht angesehen, sondern geschah lediglich aus Sorge um Ruhe und Ordnung und aus sittlichen Beweggründen. Dem vom städtischen Rat angestellten Stadtphysikus, der zumeist gleichzeitig Professor der Medizin an der Universität war, oblag es, vor allem Maßnahmen gegen auftretende Seuchen, insbesondere die Pest, einzuleiten, die jedoch meistens unzureichend waren. So sollte ein 1681 gebildetes „Collegium sanitatis" in Ankündigung der drohenden Pest von 1682/1683 vorsorglich Maßnahmen zu deren Bekämpfung ergreifen. Sie blieben leider ohne wesentliche Erfolge.

Am 2. März 1689 erlangte der Wunderarzt Johann Andreas Eisenbart (1661 bis 1727) das Bürgerrecht und praktizierte für zwei Jahre als „Stadtarzt zu Erfurt", bevor er 1691 weiterzog. Oft genug mußte der Stadtrat gegen das Quacksalber- und Kurpfuscherwesen eingreifen. Zur Betreuung kranker Bürger wurde 1735 aus privaten Spenden das katholische Krankenhaus im Brühl (heute Ecke Gorki-/Brühler Straße) mit vorerst zehn Betten eingerichtet, dem 1764 das 1750 gegründete evangelische im Lindenweg 6 mit zwei Krankenräumen und acht Betten folgte. Zwischenzeitlich schuf der auch auf medizinischem Gebiet bekannt gewordene Johann Wilhelm Baumer (1719 bis 1788) 1755 aus eigenen Mitteln ein „clinicum", ein poliklinisches Institut, das zweitälteste seiner Art im Deutschen Reich. Die Behandlung war unentgeltlich. 1787 folgte die Gründung einer Hebammenlehr- und Entbindungsanstalt im Hintergebäude des Hauses „Zum Rosenbaum", Michaelisstraße 30. Sie bestand vorerst aus drei Zimmern mit insgesamt fünf Betten. Im Vordergebäude befand sich seit 1779 das Arbeits- und Zuchthaus. Die Notwendigkeit eines wirksamen Medizinalwesens führte 1756 zur Bildung des „Churfürstlichen Sanitätskollegiums", dessen Ordnung vom 23. Oktober 1756 brauchbare und praktische Verbesserung vorsah. Am 4. März 1801 wurde eine neue Sanitätskommission eingesetzt, der die vier Armenärzte der Stadtviertel angehörten. Sie waren berechtigt, an mittellose Kranke Rezepte auszuge-

---

[40] Ebenda, S. 17.
[41] Ebenda, Tabelle II nach S. 18.

ben, die diese in den sechs Apotheken der Stadt kostenlos einlösen konnten.

Das Schulwesen der Stadt war in hohem Maße konfessionell gebunden und die Organisation der katholischen Lehranstalten streng von der der protestantischen getrennt. In den kirchlichen Verwaltungsbezirken bestanden Elementar- bzw. Parochialschulen, in denen Grundlagenkenntnisse im Lesen, Schreiben und Rechnen vermittelt wurden. Einen Schulzwang gab es nicht. Der Schulbesuch war daher sehr gering. Der Unterricht stand auf sehr mäßigem Niveau; es fehlte an qualifizierten Pädagogen. Geeignete Unterrichtsräume gab es kaum, die Klassenstärke überschritt oft 50 Schüler. Zu Anfang des 18. Jahrhunderts wurden aus den Parochialschulen 15 Volksschulen, eine Freischule für arme

Abb. 142. Das Jesuitenkolleg
in der Schlösserstraße, heute Hermann-Jahn-Straße

Kinder, zwei Stadt- und zwei Oberschulen gebildet, in denen neben Mathematik und Zeichnen nun auch Französisch und Latein gelehrt wurden. Sie waren als Vorschulen für die beiden konfessionell gebundenen Gymnasien gedacht.

Neben dem seit 1561 bestehenden evangelischen Ratsgymnasium in den Konventgebäuden des säkularisierten Augustinerklosters wurde 1773 mit der Aufhebung des Jesuitenordens dessen 1611 gegründete Schule 1774 in ein katholisches Gymnasium umgewandelt. Es befand sich seit 1733 auf dem Grundstück „Zum Starkenhof" in der ehemaligen Rosengasse, einer verschwundenen Verbindung zwischen heutiger Hermann-Jahn- und Kaufmännerstraße bei der Lorenzkirche. 1771 legte die kurmainzische Regierung einen Entwurf zur allgemeinen Verbesserung der Land- und Stadtschulen vor, der u. a. die Einführung des Schulzwanges sowie die Errichtung von Lese-, Real- und Mittelschulen vorsah. Aber erst 1780 konnten der regelmäßige Schulbesuch, verbunden mit einer Schulgeldgebühr, durchgesetzt werden. Daneben gab es auch einige private Lehranstalten, die ein höheres Lehr- und Lernniveau besaßen. Zur Herausbildung eines geeigneten Nachwuchses für die Tuchproduktion wurden 1756 eine Klöppel und 1784 eine staatliche Spinnschule gegründet, der bald zwei weitere folgten. Bereits 1785 konnte eine Zeichen- und Modellierschule, 1798 eine Handelsschule und ein kaufmännisches Institut errichtet und damit eine berufs- und praxisorientierte Ausbildung eingeführt werden.

In der Stadt wirkten zu dieser Zeit einige hervorragende Lehrer und Pädagogen, so der bedeutende Sprachgelehrte und Orientalist sowie Direktor des Erfurter Ratsgymnasiums Johann Joachim Bellermann (1754 bis 1842). Er war seit 1792 auch Sekretär der Akademie und gehörte zum engeren Kreis um Dalberg. Der Begründer der bekannten, den Franckeschen Stiftungen vergleichbaren, aufklärerischen Erziehungsanstalten, „Philanthropien" in Schnepfenthal bei Gotha, der Pädagoge Christian Gotthilf Salzmann (1744 bis 1811), war von 1772 bis 1781 Pfarrer an der Andreaskirche. Auch Kaspar Friedrich Lossius (1753 bis 1817), Diakon an der Predigerkirche und Begründer der Höheren Mädchenschule sowie Rudolf Zacharias Becker (1752 bis 1822), Lehrer der Caroline von Dacheröden und Herausgeber bedeutender Zeitungen, sowie der Gymnasialprofessor Johann Christoph Petri (1762 bis 1851), ein bedeutender Aufklärer und Publizist deutscher jacobinischer Literatur, haben sich um das städtische Bildungswesen verdient gemacht.

3.

EMANZIPATIONSBESTREBUNGEN DES BÜRGERTUMS UND ENTFALTUNG DES GEISTIG-KULTURELLEN LEBENS

Dem sich allmählich entwickelnden Erfurter Manufakturbürgertum gelang es noch nicht, sich vom Einfluß des feudal-absolutistischen kurmainzischen Staates zu lösen. Der Verlust der politischen Selbständigkeit und die fast vollkommene Abhängigkeit der Stadt ließen auf fast allen gesellschaftlichen Gebieten eigenständige Aktivitäten und kommunale Initiativen der Bürgerschaft erlahmen. Zudem war das Manufakturbürgertum quantitativ nur schwach vertreten und ökonomisch von den noch vorherrschenden feudalen Produktionsverhältnissen stark eingeengt. Jedoch war das Streben des Bürgertums nach Befreiung von den feudalen Fesseln unübersehbar und äußerte sich zuerst auf ideologischem Gebiet.

Die Lehren der Aufklärung wurden zur geistigen Plattform für hervorragende Leistungen auf naturwissenschaftlichem, philosophischem, staatsrechtlichem und pädagogischem Gebiet. Einen nicht unwesentlichen Einfluß auf das Entstehen und Wirken der katholischen Aufklärung in den deutschen Territorien übten die Mainzer Kurfürsten und Erzkanzler des Reiches und nicht zuletzt ihre Vertreter, die Statthalter in Erfurt, aus. Zudem wurde Erfurt neben Würzburg durch das Augustinereremitenkloster bei Sankt Wigberti zu einem Mittelpunkt katholischer Frühaufklärung. Der Konvent der Augustiner trug – vornehmlich in den fünfziger Jahren des 18.Jahrhunderts – viel zur Durchsetzung der Aufklärung der katholischen Theologie bei. Als ihre führenden Vertreter galten die Theologen Isidor Keppler (1715 bis 1792), Engelbert Klüpfel und Jordan Simon (1719 bis 1776). Die deutsche Frühaufklärung formierte sich auch im Kampf gegen orthodoxe lutherische Theologen und verband sich dabei zeitweilig mit dem Pietismus, der in seiner frühen Phase ökonomische und ethische Forderungen des Bürgertums in religiösem Gewand vorbrachte, letztendlich aber auf gesellschaftliche Veränderungen verzichtete. Er wurde sogar als ideologische Waffe zur Rechtfertigung von Kinderarbeit und der Ausbeutung von Handwerksgesellen, Tagelöhnern und Lohnarbeitern benutzt.

Einer der Hauptvertreter des Pietismus im deutschen Reich, der Theologe und Pädagoge August Hermann Francke (1663 bis 1727), trat 1679 in die Erfurter Universität ein. Nach mehreren Gastpredig-

ten in den Jahren 1689 und 1690 wurde er im Juni 1690 zum Diakon an die Augustinerkirche berufen, nachdem er, der Häresie verdächtigt, unter Druck der Konfessionalisten Leipzig hatte verlassen müssen. In seinen leidenschaftlichen Predigten in der Augustinerkirche und seinen vielbesuchten Vorlesungen wandte sich Francke gegen die dogmatischen, orthodox-lutherischen Lehren, orientierte den Schulunterricht und die Lehrerausbildung auf wichtige naturkundliche und neusprachliche Fächer und forderte eine strengere Arbeitsdisziplin.

Auf Betreiben des protestantischen Klerus wurde Francke im September 1691 aus Erfurt vertrieben, wo er erstmals seine Wirksamkeit als Seelsorger, Lehrer und Prediger hatte entfalten können. Er vertrat die Auffassung, daß der Pietismus, solle die christliche Generalreformation wirkungsvoll durchgesetzt werden, für bessere Bildungs- und Lebensbedingungen sorgen müsse. 1692 folgte Francke einer Berufung als Professor für Orientalistik an die Hallenser Universität. Hier konnte er seine Ideale und Ziele in einem reorganisierten Schulwesen mit klassenmäßig gegliederten Musterschulen und angeschlossenen Internaten verwirklichen.

Bürgerliche Musikpflege und bürgerliches Musikschaffen erlangten im letzten Drittel des 17. und besonders im 18.Jahrhundert vor allem in den größeren Städten eine bislang unbekannte Breite. Obwohl die meisten der Musiker an Kirchen oder in fürstlichen Hofkapellen wirkten, war die Musikkultur jener Zeit der Aufklärung verpflichtet. Erfurt bildete zu dieser Zeit einen Mittelpunkt des musikalischen Lebens in Deutschland. Bedeutende Musiker wirkten hier für längere Zeit und gewannen wertvolle Anregungen für ihr Schaffen. Viele Mitglieder der Familie Bach musizierten in der Stadt. Ihr Name wurde zu einem Begriff: alle Erfurter Stadtmusikanten wurden durchweg „Bache" genannt. Zu ihnen gehörte auch Johann Ambrosius Bach (1645 bis 1695), der Vater Johann Sebastian Bachs.

Neben den Stadtpfeifern und den Ratsmusikanten waren es die Organisten der evangelischen Pfarrkirchen, die das städtische Musikschaffen maßgeblich bestimmten. Der erste bedeutende und bekannte Musiker in Erfurt war Johann Pachelbel (1653 bis 1706), der zwischen 1678 und 1690 als Organist an der Predigerkirche wirkte und dessen berühmtester Schüler der älteste Bruder Johann Sebastian Bachs war. Mit Pachelbels reichem kompositorischen, kirchlichen, aber auch weltlichen Musikschaffen verlagerte sich der Schwerpunkt der Orgelmusik in den thüringisch-sächsischen Raum. Er wurde so zu nist und Musiktheoretiker. Als Organist an der Predigerkirche oblag ihm praktisch das ganze musikalische Leben der Stadt. Über die Stadtmauern hinaus wurde er überall in Deutschland durch seine Konzertreisen bekannt, nicht zuletzt auch durch die Ausbildung der besten thüringischen Orgelmeister.

Abb. 143.
Johann Joachim Bellermann
(1754 bis 1812)
Kupferstich von H. Lips

Abb. 144.
Kaspar Friedrich Lossius
(1753 bis 1817)
Kupferstich von J. C. Bock

Abb. 145.
Johann Wilhelm Häßler
(1747 bis 1822)
Kupferstich von Müller

einem Wegbereiter J. S. Bachs. Überregionale Bedeutung erlangte auch Johann Jacob Adlung (1699 bis 1762), Musiktheoretiker und seit 1728 Organist an der Predigerkirche. Er betätigte sich erfolgreich im Musikinstrumentenbau und lehrte als Professor am Erfurter Ratsgymnasium Theologie und Logik. Den Höhepunkt der bürgerlichen Musikentwicklung – Barockmusik – im 18. Jahrhundert bildete das Schaffen Johann Sebastian Bachs (1685 bis 1750). Einer alten weitverzweigten thüringischen Musikerfamilie entstammend und Sohn Erfurter Eltern, stand er später zwar nur in verwandtschaftlicher Beziehung zu Erfurt, lernte aber in seiner Jugend das musikalische Leben der Stadt kennen. Bach verstand es in genialer Weise, die zeitgenössische italienische und französische Musik mit volkstümlichen Elementen deutscher Musiktradition zu verbinden und die enge und geistige Beschränktheit des deutschen Partikularismus zu überwinden.

Einer der letzten und bekanntesten Schüler J. S. Bachs war Johann Christian Kittel (1732 bis 1809), ein hervorragender Orgelvirtuose, Kompo-

Schon als Neunjähriger erhielt Johann Wilhelm Häßler (1747 bis 1822) Musikunterricht bei seinem Onkel Kittel und wurde bereits mit 14 Jahren Organist an der Barfüßerkirche. 1780 leitete Häßler die auf hohem künstlerischen Niveau stehenden ersten öffentlichen Konzerte in Erfurt mit Werken von Bach, Georg Friedrich Händel, Georg Philipp Telemann und Wolfgang Amadeus Mozart. Seit 1790 musizierte er zusammen mit Joseph Haydn in London und ging kurz darauf nach Moskau, wo er bis zu seinem Tode als russisch-kaiserlicher Kapellmeister wirkte. Musikgeschichtliche Bedeutung erlangte Häßler als Klavierkomponist. Seine Klavierstücke und Sonaten verraten den Einfluß Haydns und Mozarts. Sein kompositorisches Schaffen weist ihn als unmittelbaren Wegbereiter Ludwig van Beethovens aus, dessen erste Klaviersonaten stilistische Eigenheiten Häßlers aufweisen. Aber erst im letzten Drittel des 18. Jahrhunderts erlangte die Musik in Erfurt eine umfassende Wirksamkeit und Volksverbundenheit mit der Gründung von zahlreichen Konzertgesellschaften, Musikvereinen und Chören.

Auch auf sprachwissenschaftlichem Gebiet und in der Literatur traten Erfurter Gelehrte im Sinne der Aufklärung hervor. Zu ihnen gehörte Hiob Ludolf (1649 bis 1711), ein konsequenter Lutheraner und bedeutender Sprachforscher, der sich in 25 zumeist orientalischen Sprachen verständigen konnte. Bekannte Werke waren u. a. seine äthiopische Grammatik und sein äthiopisches Wörterbuch. Noch berühmter wurde sein Neffe Heinrich Wilhelm Ludolf (1655 bis 1710), der Begründer der deutschen Slawistik und Verfasser der ersten uns überlieferten Grammatik der russischen Volkssprache. Jahrelang in diplomatischen Diensten Dänemarks und Englands stehend, unternahm er ausgedehnte Reisen nach Rußland und in den Vorderen Orient.

Ein Zeitgenosse Ludolfs auf dem Gebiet der deutschen Sprache war Kaspar von Stieler (1632 bis 1707). Bekannt geworden als „der Spathe", wie er sich als Mitglied der 1617 in Weimar gegründeten und das deutsche Sprachgut pflegenden „Fruchtbringenden Gesellschaft" nannte, gehörte er zu den bedeutendsten Schriftstellern seiner Zeit. Seine sprach- und stilwissenschaftlichen Werke – am bekanntesten sind wohl sein „Teutscher Sprachschatz" und die Anthologie „Die Geharnischte Venus" – haben einen anerkannten Platz in der Germanistik gefunden. Gedacht sei auch der Poetin Sidonia Hedwig Zäunemann (1714 bis 1740), in deren Gelegenheitsgedichten – 1738 erschienen ihre gesammelten Gedichte unter dem Titel „Poetische Rosen in Knospen" bei Johann Heinrich Nonne – die Sehnsucht nach Freiheit und Gleichberechtigung der Frau in der bürgerlichen Gesellschaft der Aufklärungszeit zum Ausdruck kommt.

Im Ergebnis des Aufschwungs der deutschen Aufklärung entstanden im 18. Jahrhundert in den meisten Territorialstaaten Zentren des wissenschaftlichen, ökonomischen und pädagogischen Fortschritts. Als eine der ersten Akademien Deutschlands wurde in Erfurt 1754 eine „Churmainzische Akademie nützlicher Wissenschaften" auf Initiative der beiden Erfurter Mediziner Baumer und Christoph Andreas Mangold (1719 bis 1767) und des Regierungsrates Johann Daniel Christoph Frh. von Lyncker (1708 bis 1776) gegründet.[42] Lyncker war ihr erster Präsident, ihm folgte u. a. 1778 Frh. Karl Friedrich von Dacheröden (1732 bis 1809). Hervorragende und bedeutende Persönlichkeiten wie Johann Wolfgang von Goethe, Friedrich Schiller, Alexander und Wilhelm von Humboldt konnte die Akademie zu ihren Mitgliedern zählen. Sie spielte eine beachtliche Rolle im geistig-kulturellen Leben der Stadt und erreichte zeitweilig sogar das Leibnizsche Anlie-

gen, die Geistes-, besonders aber die Naturwissenschaften zu vertiefen. In zahlreichen öffentlichen Vorträgen referierten die Akademiemitglieder über wirtschaftspolitische, technisch-naturwissenschaftliche, mathematische, chemische und landwirtschaftliche Themen. Die Vortrags- und Forschungsergebnisse wurden in den seit 1757 erscheinenden Jahrbüchern der Akademie veröffentlicht.

Als Experimentierfeld für praktische Untersuchungen stand der Akademie der Botanische Garten entlang der Gartenstraße sowie späterhin ein Chemisch-physikalisches Institut von Johann Bartholomäus Trommsdorff zur Verfügung. Neben der Akademie als wissenschaftlich-pädagogischem Zentrum bestand die kurmainzische Landesuniversität, die trotz gutgemeinter Reformversuche und dem erkennbarem Streben nach zeitgemäßer Bildung und modernem Wissenschaftsbetrieb immer mehr verfiel. Weil sich das kleine Kurfürstentum Mainz die Ausstattung von zwei Universitäten nicht leisten konnte, die den wachsenden Anforderungen voll genügten, verlor die Erfurter Universität als eine territoriale Bildungseinrichtung nun vollends ihre überregionale Bedeutung. Zugleich führte die Gründung der Universitäten in Halle 1694, Fulda 1734, Göttingen 1737 und Erlangen 1743 zu einem unübersehbaren Nachteil für die Erfurter Hochschule. Die Anzahl der immatrikulierten Studenten verringerte sich stetig, sie überschritt kaum noch hundert. Mit der Einrichtung neuer Professuren und der Verpflichtung hervorragender Gelehrter erfuhr sie allerdings eine kurzzeitige Belebung.

Im Rahmen der vom Statthalter Boineburg 1717 gestifteten Professur der Historien-, Moral und Zivilphilosophie eröffnete der Geschichtsprofessor Justus Christoph Motschmann (1690 bis 1738) die Erforschung der Geschichte der Universität mit seinem „Gelehrten Erfurt oder Erfordia literata" (1729). Der Benediktinerpater und Professor Andreas Gordon (1712 bis 1751) verfaßte eines der frühen Werke katholischer Aufklärungsphilosophie „Philosophia utilis et jucunda", das 1745 in zwei Bänden erschien, in denen die überlebten scholastischen Lehren negiert und die Bedeutung der natur-

---

[42] Richard Thiele, Die Gründung der Akademie nützlicher (gemeinnütziger) Wissenschaften zu Erfurt und die Schicksale derselben bis zu ihrer Wiederbelebung durch Dalberg (1754–1776), in: Jahrbücher der Königlichen Akademie gemeinnütziger Wissenschaften zu Erfurt, Neue Folge, Bd. XXX, Erfurt 1904, S. 3 ff.; Georg Oergel, Die Akademie nützlicher Wissenschaften zu Erfurt von ihrer Wiederbelebung durch Dalberg bis zu ihrer endgültigen Anerkennung durch die Krone Preußens (1776–1816), in: ebenda, S. 142 ff.

wissenschaftlichen Fächer betont wurden. Von großer Bedeutung waren Gordons Entdeckungen auf
dem Gebiet der Elektrizität. Überhaupt trat das naturwissenschaftliche Denken und Handeln immer
mehr an die Stelle des erstarrten Konfessionalis-
mus. Es zeigte sich u. a. in der Angleichung des Julia-

1799 das „Handbuch der pharmazeutischen Waren-
kunde, zum Gebrauch für Ärzte, Apotheker und
Drogisten". Seit 1793 gab er das „Journal der Pharmacie für Ärzte, Apotheker und Chemiker" als erste
pharmazeutische Zeitschrift heraus, deren letzter
Band 1834 erschien. Der Förderung und Verbreitung

Abb. 146.
Kaspar von Stieler
(1632 bis 1707)
Kupferstich

Abb. 147.
Sidonia Hedwig Zäunemann
(1711 bis 1740)
Silbermedaille von Chr. Wermuth

Abb. 148.
Hiob Ludolf
(1649 bis 1711)
Schabkunstblatt von P. Schenk

nischen Kalenders an die gregorianische Datierung
im Jahre 1700.

Das Verdienst, besonders die naturwissenschaftli-
chen Disziplinen, wie die Physik und Chemie, unei-
gennützig gefördert zu haben, gebührt vor allem
dem Erfurter Bürger und Chemiker Johann Bartholomäus Trommsdorff (1770 bis 1837).[43] Nach seiner
Lehre als Apotheker in der Weimarer Hofapotheke
übernahm er 1790 die väterliche Schwan-Ring-Apo-
theke auf dem Anger neben der Lorenzkirche. Nach
seiner Promotion (1794) und gleichzeitigen Berufung zum außerordentlichen Professor an die medizinische Fakultät der Erfurter Universität eröffnete
Trommsdorff 1795 in seiner Apotheke eine „Che-
misch-physikalische-pharmazeutische Pensionsan-
stalt". Hier wurden in den folgenden Jahren über
305 Apotheker, Humanmediziner, Chemiker u. a.
ausgebildet. Trommsdorff verfaßte grundlegende
und in ihrer Bedeutung weitreichende Werke zur
Pharmazie, so u. a 1792 sein „Systematisches Handbuch der Pharmacie für angehende Ärzte und Apotheker"; 1797 die „Chemische Rezeptierkunst" und

naturwissenschaftlicher Kenntnisse hatte sich auch
die im Januar 1791 durch die Professoren der Mathematik Johann Blasius Siegling (1760 bis 1835) und
Christian Friedrich Segelbach gegründete „Mathe-
matisch-physikalische Gesellschaft" verschrieben,
der seit 1792 auch Trommsdorff angehörte.

Unter Statthalter Warsberg erhielt die Universität
1755 Anatomieräume, ein Klinikum, den schon erwähnten Botanischen Garten sowie 1763 kleinere
Institute für Physik und Chemie. 1768 wurde die pro-
testantisch-theologische Fakultät – allerdings ohne
Fakultätsrechte – eingerichtet und damit einem Bedürfnis der evangelischen Bürgerschaftsmehrheit
Rechnung getragen. Daß die Erfurter Universität
den Ideen der Aufklärung verbunden war, belegt
der Eingang der Kantschen Philosophie in das Wir-

---

[43] Horst Rudolf Abe, Leben und Werk Johann Bartholomäus
Trommsdorffs (1770–1837), des Begründers der modernen wissenschaftlichen Pharmazie, Erfurt 1971; Wolfgang Götz, Zu Leben und Werk von Johann Bartholomäus Trommsdorff
(1770–1837), Würzburg 1977.

ken katholischer Theologen, als deren Vertreter der letzte Abt des Erfurter Benediktinerklosters und Professor der Theologie, Placidus Muth, zu nennen ist. Der wohl radikalste theologische Aufklärer der damaligen Zeit, Karl Friedrich Bahrdt (1741 bis 1792), lehrte von 1768 bis 1771 an der Erfurter Universität. Er vertrat den plebejischen Flügel der Aufklärung. In den Jahren 1758 bis 1762 und 1768 bis 1779 wirkten an der Erfurter „Alma mater" der Sprachforscher und Lexiograph Johann Christoph Adelung (1732 bis 1806) und der Historiker Johann Georg Meusel (1743 bis 1820). Nur kurz währte die Studienzeit (1777 bis 1780) des späteren Militärtheoretikers und Patrioten der Befreiungskriege, Neidhart von Gneisenau (1760 bis 1831). Die militärische Laufbahn führte ihn bald in ansbach-bayreuthische und österreichische Dienste. Bei der Besetzung Erfurts am 21. August 1802 gehörte Gneisenau den preußischen Okkupationstruppen an.

Ihren letzten wissenschaftlichen Höhepunkt erlebte die traditionsreiche Erfurter Hochschule mit dem Wirken des Dichters Christoph Martin Wieland (1733 bis 1813), der 1749 selbst an der „Alma mater Erfordensis" studiert hatte. Mit ihm wurden Erfurts Beziehungen zur klassischen deutschen Literatur eröffnet. Hinter der Berufung Wielands, der ein entschiedener Anhänger der Aufklärung war, zum Professor primarius für Philosophie im Jahre 1769 standen der Kurfürst und dessen Statthalter in Erfurt. Dieser Schritt brachte deutlich den Sieg der Hochaufklärung über die Frühaufklärung in den katholischen deutschen Territorialstaaten zum Ausdruck. Erfurt wurde zu einem Zentrum der literarischen Aufklärung. Wielands Vorlesungen über Philosophie, Geschichte der Menschheit, Universal- und Literaturgeschichte sowie Geschichte der Philosophie und Ästhetik fanden allerseits großen Zuspruch und ließen die jährlichen Immatrikulationen zeitweilig wieder auf über 100 ansteigen. In dieser Zeit – Wieland wohnte bis zu seinem Weggang 1772 nach Weimar im Haus „Zum Alten Schwan" in der Gotthardtgasse – entstand auch sein Roman „Der goldene Spiegel oder die Könige von Scheschian" (1772, endgültige Fassung 1794), ein Werk der Kritik an der feudalen Despotie und zugleich ein Bekenntnis zum aufgeklärten Absolutismus. Das Bestreben des letzten und unbestritten bedeutendsten kurmainzischen Statthalters in Erfurt, Karl Theodor Frh. von Dalberg (1744 bis 1817), eine überkonfessionelle Universität als ein gleichberechtigtes Bindeglied zwischen den Höfen von Weimar, Gotha und Mainz zu schaffen, scheiterte an den Schranken der zünftlerischen Erstarrung, der territorialen Ohnmacht.

Mit Dalberg setzte 1772 ein allgemeiner Aufschwung des geistig-kulturellen Lebens ein. Seine Bildung und Weltanschauung, seine Toleranz und Kompromißbereitschaft, aber auch der Umstand, daß bürgerliche Elemente von den Höfen, vor allem vom Weimarer Fürstenhof, ausgeschlossen wurden, bewirkten, daß bedeutende Dichter und Wissenschaftler, wie Johann Wolfgang von Goethe, Friedrich Schiller, Johann Gottfried Herder und Wilhelm von Humboldt für kürzere oder längere Zeit in Erfurt wohnten und arbeiteten. Die zeitweilige Abkehr von der höfischen Gesellschaft und die Hinwendung zu bürgerlichen Kreisen dokumentierten das gewachsene Selbstbewußtsein des gebildeten Bürgertums in der Literatur.

Mit den seit 1786 eingerichteten Assembleen, die allwöchentlich dienstags von 17 bis 20 Uhr in den Repräsentationsräumen des Statthaltereigebäudes stattfanden und allen zugänglich waren, die „anständig" gekleidet waren, suchte Dalberg zwischen Adel und Bürgertum zu vermitteln und damit die sozialen Gegensätze zu überbrücken bzw. zu verwischen. Es war der für den aufgeklärten Absolutismus auch sonst charakteristische Versuch, den absolutistischen Machtapparat den Bedingungen des sich zuspitzenden Widerspruchs zwischen dem sich entwickelnden Bürgertum und dem Feudalabsolutismus im Interesse der weiteren Machterhaltung der herrschenden Feudalklasse anzupassen. Die Bemühungen Dalbergs, der natürlich weiter die Interessen des Mainzer Stadtherrn wahrnahm, blieben jedoch vor allem auf den geistig-kulturellen Bereich beschränkt. Die von ihm durchgeführten sozialen Anpassungsversuche bewirkten keine grundlegenden Veränderungen der krassen gesellschaftlichen Gegensätze.

Mit der Gründung der ersten Freimaurerloge „Sincera Concordia" in Erfurt am 17. Februar 1770 als einer antifeudalen Vereinigung versuchte das Bildungsbürgertum im Einklang mit dem aufgeklärten Adel auch praktische gesellschaftliche Veränderungen zu erreichen. Dalberg stand dieser Bewegung fördernd zur Seite. Nach ihm benannt, wurde am 19. Februar 1787 eine neue und dauerhafte Loge „Carl zu den drei Rädern" gegründet. Bald auftretende religiös-mystische Tendenzen standen jedoch im Gegensatz zu den ursprünglich aufklärerischen Zielen. Mit der Verpflichtung bedeutender Dichter der Aufklärung und Klassik überwand Dalberg die geistige Stagnation auf wissenschaftlichem, insbesondere auf literarischem Gebiet.

Eine besonders enge Beziehung entwickelte sich zwischen Dalberg und Friedrich Schiller.[44] 1782, fünf Jahre nach der Uraufführung von dessen Drama „Die Räuber", das Schuhmachergesellen aus allen Teilen des deutschen Reiches am 11. November 1805 im Erfurter Steigerwald erneut aufführten, weilte Schiller erstmals in der Stadt und war von ihr und ihren Bürgern sowie von Dalbergs Gastfreund-

des Präsidenten der Akademie, von Dacheröden, zusammen. Kurz zuvor hatte sich hier der ältere der Brüder von Humboldt mit der Tochter des Frh. von Dacheröden vermählt. Caroline von Dacheröden (1766 bis 1829), eine enthusiastische Verehrerin und Freundin Dalbergs, galt als eine der geistvollsten

Abb. 149.
Johann Bartholomäus Trommsdorff
(1770 bis 1837)
Kupferstich von A. Meyerheine

Abb. 150.
Christoph Martin Wieland
(1733 bis 1813)
Kupferstich von Bause

Abb. 151.
Karl Theodor A. M. Frh. von Dalberg
(1744 bis 1817)
Ölgemälde auf Pergament

lichkeit so angetan, daß er diesen 1789 brieflich um eine gesicherte Existenz in Erfurt bat. Sein Gesuch scheiterte jedoch an der ablehnenden Haltung des Kurfürsten. Dennoch weilte Schiller auf Einladung Dalbergs oft in Erfurt, wo er in der Statthalterei und im Dacherödenschen Haus ein willkommener Gast war. Hier erhielt Schiller viele Impulse und Anregungen, so zu dem Drama „Wallenstein", das bei seinem siebenwöchigen Aufenthalt im Frühherbst 1791 im Haus „Zum Bürgerstreit" am „Plänchen", heute Lange Brücke 36, entstand. Mit diesem Werk wurde eine neue Phase der bürgerlichen Nationaldramatik eingeleitet und das nationale Bewußtsein, vor allem der unterdrückten Massen, geweckt. Am 25. September 1791 erfolgte im Beisein des Dichters die Aufführung des „Don Carlos" im Ballhaus in der Futterstraße, inszeniert durch die Gesellschaft des Weimarer Hoftheaters. Im Sommer 1792 traf Schiller erstmals mit Wilhelm von Humboldt im Hause

Frauen der Zeit. Eng befreundet mit den beiden Schwestern von Lengefeld, bahnte sie die Verbindung Schillers mit Charlotte von Lengefeld an. Im Dezember 1789 fand im Dacherödenschen Haus die Verlobungsfeier statt.

Auch Goethe weilte seit 1776 oft in Erfurt, vorwiegend als Gesandter des Herzogs von Weimar, also in amtlicher Eigenschaft, im weimarischen Geleitshaus in der Regierungsstraße 72. Bald aber überwogen seine freundschaftlichen Besuche im Bekanntenkreis des Statthalters wie auch bei der Familie von Dacheröden. Daß Goethe sich gern an die Erfurter Tage erinnerte, zeigen u.a. zwei Gedichte, die seinem Reisetagebuch entstammen bzw. in abgeänderter Form Aufnahme im „West-östlichen Divan" fanden.

Das prächtige Renaissancehaus „Zum güldenen Hecht", Anger 37/38 bildete neben den Assembleen in der Statthalterei eine Stätte des geistig-kulturellen bürgerlichen Fortschritts. Der Hausherr war der vertrauteste Freund Dalbergs und suchte die wissenschaftlichen Ideen und kulturellen Pläne des

---

44 August Griebel, Friedrich Schiller und Erfurt, in: AVE, Bd. I, Erfurt 1955, S. 27 ff.

Statthalters zu verwirklichen. Sie sahen auch die Schaffung einer ständigen Theatergesellschaft mit regelmäßigen Aufführungen vor, wobei die Erziehung und Bildung der Menschen mit den Mitteln der Kunst im Vordergrund stehen sollte.

Wie überall, so gab es auch in Erfurt vorerst kein „stehendes Theater". Lediglich einzelne Wandertruppen hielten sich für kurze Zeit hier auf. Zu den Attraktionen dieser Wanderbühnen gehörte die komische Person, der Spaßmacher, der zwischen den „Akten" auftrat. Noch zu Anfang des 18.Jahrhunderts wurden von fahrenden Schauspielern und Gauklern Puppen- und Marionettenspiele dargeboten. So führte in den Jahren 1743 bis 1749 Carl Friedrich Reibeband mit seiner Truppe „moralische pieces", also moralische Werke, auf, zeigte die Truppe von Carl Theophilius Doebelin seit 1756 Schauspiele von Johann Christoph Gottsched und Francois-Marie Voltaire. Gegen Ende der sechziger Jahre stellte die Abtsche Schauspielertruppe Gotthold Ephraim Lessings „Minna von Barnhelm" und „Miß Sara Sampson" sowie William Shakespeares „Richard III." und „Romeo und Julia" vor. Aufgeführt werden durften nur von der Obrigkeit zensierte dramatische Werke, die das „Publikum moralisch erziehen" sollten.

Im letzten Drittel des 18.Jahrhunderts erfolgten regelmäßige Gastvorstellungen der Weimarer Hofschauspielergesellschaft, die mitunter wöchentlich zweimal stattfanden. Sie stellten eine erhebliche Konkurrenz für die Wanderspieltruppen dar. Unter der Theaterleitung von Goethe begannen im August 1791 die ersten Gastspiele mit Prologen, Singspielen und kleineren Dramen. Bald folgten klassische Werke der Literatur und Musik von Shakespeare und zeitgenössischen Autoren wie Schiller, August Wilhelm Iffland, August von Kotzebue und Mozart. In den achtziger Jahren bildete sich ein eigenes Dilettantentheater, ein Liebhabertheater, heraus, das am 23.Januar 1791 in Anwesenheit Schillers dessen Trauerspiel „Die Verschwörung des Fiesco zu Genua" aufführte. Zum Repertoire zählten vorwiegend deutsche Stücke, besonders Lust- und Singspiele, weniger Schau- und Trauerspiele. Zur Aufführung gelangten die Stücke seit 1756 in dem vom Leipziger Ballmeister Sommer zweckentsprechend eingerichteten Ballhaus in der Futterstraße. Zwischenzeitlich war das „Universitäts-Ball- und Caffee-Haus" von den Studenten benutzt worden. Mit dem weiteren Verfall der Universität und dem Rückgang der Zahl der Studenten verlor das Gebäude immer mehr den Charakter eines Ballhauses; es wurde zum Erfurter Schauspielhaus.[45]

In der bildenden Kunst gab es kaum profilierte einheimische Künstler, die über die Stadt hinaus über größere Ausstrahlung verfügten. Lediglich in der Malerei hat Jacob Samuel Beck (1715 bis 1778) mit seinen Werken nachhaltig auf das Erfurter Kunstschaffen eingewirkt. Vornehmlich seine Stilleben, Porträts und biblische Szenen, aber auch seine Darstellungen der Stadtlandschaft zeichnen sich durch gediegene Kompositionen in einem satten Kolorit aus. Sie verraten einen biederen, aber immer liebenswürdigen Charakter und bezeugen eine solide Beherrschung des Handwerks des Künstlers. Das größte und wohl bedeutendste Werk Becks, das in den Jahren 1735 bis 1776 in seinem Atelier in der Johannesstraße, heute Leninstraße, entstand, waren 36 Ölbildnisse des „Erfurter Totentanzes", ein aus 56 Gemälden bestehender Zyklus, der jedoch bei dem Brand des Evangelischen Waisenhauses im Jahre 1872 vernichtet wurde. Becks Werke, insbesondere seine vortrefflichen Porträts, entstanden zumeist im Auftrag adliger Herrschaften und reicher Patrizier.

Bedeutsam waren die Leistungen des Erfurter Kunsthandwerks. Neben den schon erwähnten Erzeugnissen der Fayenceproduktion sind vor allem die auf reicher Handwerkstradition beruhenden Rokoko-Arbeiten der Erfurter Gold- und Silberschmiede – zeitweise waren in diesem Gewerbe über 60 Meister tätig –, der Buchbinder und Lederschneider, der Schmiede, Bronzegießer und Möbeltischler zu nennen. Auftraggeber waren neben den kurmainzischen Statthaltern in erster Linie die zahlreichen Kirchen und Klöster.

Das Bedürfnis nach wissenschaftlicher und unterhaltender Lektüre wuchs mit der sich verstärkenden manufakturkapitalistischen Entwicklung und war Ausdruck des wachsenden Selbstbewußtseins des Bürgertums. Zahlreiche, dem Informationsbedürfnis dienende Institutionen wie Verlage und Buchhandlungen, Bibliotheken und Lesezirkel, aber auch Zeitschriften und Zeitungen förderten das geistig kulturelle Leben. Dem in Dresden gedruckten „Continuierten Erffurtischen Extraordinairen Postreuter von Anno 1679" folgte zu Anfang des 18.Jahrhunderts die erste für Erfurt bedeutende Zeitung, der „Geschichts-Kourir", der später mit dem „Staatsboten" vereinigt wurde. Der „Staatsbote" erschien erstmals 1697 und wurde von dem Buchdrucker David Sumpf verlegt, u.a. ab 1778 auch von Johann Friedrich Nonne. Seit 1746 erschien der

---

[45] Siehe: Georg Hummel, Erfurter Theaterleben im 18.Jahrhundert, Erfurt 1956.

Fingunt se Medicos quivis Judæg, Monachgi. — Idiota, Sacerdos, Histrio, Rasor, Ang.

Abb. 152. Darstellung einer Wanderbühne in dem Album des Studenten Th. Andreas Hellwig 1723

„Wöchentlich Erfurtische Auftrags- und Nachrichten-Zettel" mit einem privaten und geschäftlichen Offertenteil. Weiterhin wurden die Preise der wichtigsten Nahrungsmittel und amtliche Bekanntmachungen gedruckt. Verleger war der Buchdrucker Johann Andreas Görling. Im gleichen Verlag erschien seit 1754 einmal wöchentlich die „Erfurtische gelehrte Zeitung". Sie verdankte ihr Erscheinen der Akademie gemeinnütziger Wissenschaften und diente der Verbreitung und Popularisierung wissenschaftlicher Erkenntnisse. Daneben gab es auch Zeitschriften, die vornehmlich Unterhaltungsstoff vermittelten, ohne jedoch höheren literarischen und ästhetischen Ansprüchen zu genügen. Die erstmals 1715 verlegte Zeitschrift „Das Theatrum curiosum" wurde seit 1741 von Johann Heinrich Nonne unter dem neuen Titel „Verbessertes Welt- und Staats-Theatrum" weitergeführt, worin „alle vorfallenden Staats-, Kriegs- und Friedens-Affairen, wie auch die neuesten Kirchen- und Gelehrten-

sachen nebst weiteren Markwürdigkeiten" vorgestellt wurden. Schon 1801 erschien sie als „Neue Weltbühne" und ab 1804 unter dem Titel „Neue Allgemeine Weltbühne". Seit 1760 erschien das „Allgemeine Thüringische Wochenblatt", das sich zum Ziel setzte, Liebe und Interesse zur thüringischen Heimat zu wecken. Es wurde 1801 als „Thüringische Vaterlandskunde" weitergeführt.[46]

Unter den wertvollen wissenschaftlichen Bibliotheken nahm neben der Boineburgischen, deren Bestände seit 1728 in einem eigens zu diesem Zweck errichteten Gebäude anstelle der ehemaligen 1723 abgebrochenen Juristenschule in der Mainzerhofstraße 12 und ab 1768 im kurmainzischen Packhof auf dem Anger verwahrt wurden, die „Leopoldina" einen besonderen Platz ein. Sie war die Bibliothek

---

[46] Vgl.: Martin Wähler, Die Entwicklung des Erfurter Zeitungswesens. Sonderdruck der „Thüringer Allgemeinen Zeitung", o. O. und o. J.

der 1652 gegründeten Deutschen Akademie der Naturforscher „Leopoldina", deren Sitz mit der Berufung des Mediziners Andreas Elias Büchner (1701 bis 1769) zum Präsidenten dieser Gesellschaft Erfurt wurde. Die wertvollen Sammlungen der 1731 in Nürnberg gegründeten Bibliothek waren im evangelischen Ratsgymnasium im säkularisierten Augustinerkloster untergebracht.

Unterhaltsame Zerstreuung vermittelten die öffentlichen Konzerte im Ratskeller, zahlreiche Redouten, musikalische Gesellschaften, wie die 1786 im Gasthof „Zum weißen Roß" gegründete „Ressource", die „Casino-Gesellschaft" im Naumannschen Haus in der Neuwerkstraße sowie die „Harmonie" im Gasthof „Zum Kronprinz" und nicht zuletzt die bei den Bürgern so beliebten Volksfeste, wie das alle zwei Jahre stattfindende Vogelschießen auf dem Schützenhof vor dem Löbertor, die Bürgerjagd in der Stadtflur sowie die fast fünf Tage dauernde Weinlese. Die in und nahe der Stadt liegenden baumbepflanzten und mit zahlreichen fremdartigen und einheimischen Ziergehölzen versehenen Grünflächen, wie der Vogelsche Garten zwischen Dalbergsweg und Theaterstraße, der Sommersche Garten im ehemaligen Hirschbrühl, der Steigergarten sowie das Dreienbrunnengelände mit der Milchinsel luden zu Spaziergängen und Promenaden ein. Zahlreiche Gasthöfe, Kaffee- und Fremdenhäuser boten Einheimischen wie Auswärtigen Beköstigung und Logie.

Für den Versand und die Zustellung von Briefen und Paketen sowie für die Personenbeförderung war das kaiserliche Reichspostamt von 1683 bis 1710 in der Predigerstraße 10 und von 1710 bis 1802 auf dem Anger 2 zuständig. Neben den Thurn- und Taxisschen Posten gab es noch fürstliche Landesposten sowie kursächsische Posten für den Verkehr im thüringisch-sächsischen Raum. Die auf acht Postkursen ankommenden und abgehenden Posten verbanden Erfurt mit fast allen größeren deutschen Städten. Die west-östliche Hauptverbindung war noch immer die Straße von Frankfurt/Main über Kassel-Erfurt-Leipzig nach Breslau. Für das Straßenwesen war wenig getan, der Zustand der Wege höchst vernachlässigt worden. Erst 1776 wurde mit dem Bau der Chaussee Erfurt-Weimar begonnen, und zwischen 1790 und 1793 entstand die Trasse nach Gotha.

KAPITEL VI

Erfurt unter dem Einfluß der Französischen Bürgerlichen Revolution (1789 bis 1814)

Von Walter Blaha

1.

UNMITTELBARE AUSWIRKUNGEN DER FRANZÖSISCHEN REVOLUTION UND DER MAINZER REPUBLIK (1789 BIS 1802)

Die Französische Revolution von 1789, die den weltgeschichtlichen Sieg der neuen bürgerlichen Gesellschaftsordnung einleitete, beschleunigte auch auf deutschem Boden die bürgerliche Umwälzung, den revolutionären Übergang vom Feudalismus zum Kapitalismus. Die revolutionären Ereignisse in Frankreich beeinflußten maßgeblich das gesellschaftliche Bewußtsein der antifeudalen Klassen in den meisten deutschen Territorialstaaten. Die Ideen der französischen Jakobiner veranlaßten die Vertreter der bürgerlichen Aufklärung zu zahlreichen Sympathiebewegungen und intensivierten den aktiven antifeudalen Kampf der Volksmassen.

Der Mainzer Kurfürst Friedrich Karl Joseph von Erthal, ein feudal-reaktionärer Landesherr, stand jeglichem Fortschritt feindlich gegenüber. Die ersten revolutionären Anzeichen nahm er zum Anlaß, um die Zensur zu verschärfen, antidemokratische Maßnahmen zu ergreifen und alle freiheitlichen Regungen zu unterdrücken. Der Vertreter des Kurfürsten in Erfurt, Statthalter Karl Theodor Frh. von Dalberg, suchte dem Übergreifen revolutionärer Ideen zugleich durch ein gemäßigtes Regiment zu wehren. Andreas Georg Friedrich Rebmann (1768 bis 1824), ein der Aufklärung ergebener und leidenschaftlicher Vertreter der Ideen der Französischen Revolution, urteilte: „In politischer Hinsicht lebt, denkt und spricht man hier ungemein frei, nicht etwa bei verschlossenen Thüren, sondern gerade ins Angesicht der Magistratspersonen ... Durch diese offenherzige Mitteilung erfährt die Obrigkeit die Richtung der öffentlichen Meinung, und kann sich nach ihr bequemen ... oder versichern, sie zurecht zu leiten, wenn ein Irrtum dabei vorwaltet".[1] Und die Erfurter Bürger charakterisierte er mit der Feststellung: „Sie sind weniger kultiviert, als wirklich gebildet, und im stillen weiter fortgerückt, als an manchen Orten, wo man gewaltig von Aufklärung schreit".[2]

In den ersten Jahren der Revolution gelangten nur spärlich Nachrichten nach Erfurt, aber sicherlich wurde auch hier wie überall auf Zusammenkünften Erfurter Familien, in Kränzchen und bei anderen privaten Begegnungen sowie in Versammlungen der Handwerker und Gesellen leidenschaftlich über Freiheit, Gleichheit und Brüderlichkeit diskutiert. Die nachweislich früheste Einwirkung revolutionären Gedankengutes auf die Erfurter Bewohner ging von den Bauern aus. Durch die revolutionären Vorgänge in Frankreich ermutigt, wurden sie mit For-

---

[1] Andreas Georg Friedrich Rebmann, Wanderungen und Kreuzzüge durch einen Teil Deutschlands, Altona 1796, S. 45. – Für die Darstellung der Kapitel VI bis IX grundlegend Deutsche Geschichte in zwölf Bänden, hrsg. vom Zentralinstitut für Geschichte der Akademie der Wissenschaften der DDR, Bd. 4, von einem Autorenkollektiv unter Leitung von Walter Schmidt, Berlin 1984.

[2] Ebenda, S. 46.

derungen nach Milderung bzw. Abschaffung der Frondienste bei der kurmainzischen Regierung im Statthaltereigebäude vorstellig. Gewaltsame Aktionen aller Bauern befürchtend, wurde in einigen unwesentlichen Fällen die Fron gemildert. Ein gleichzeitiges Aufbegehren der Bürgerschaft auf Grund einer Nahrungsmittelknappheit, verbunden mit dem Ansteigen der Preise, zwangen kurmainzische Regierung und städtischen Rat wiederholt, Brot und Getreide kostenlos an die Bevölkerung abzugeben.

Um die sozialen Mißstände und gesellschaftlichen Unterschiede zu verschleiern sowie das allgemeine Aufbegehren zu dämpfen, lud Dalberg, der bisher „Pressefreiheit, Aufklärung und Duldung" geschützt hatte und zum Unterschied vom Kurfürsten auch jetzt vor allem durch eine Politik der Versöhnung eine revolutionäre Bewegung zu verhindern suchte,[3] „die Menschen von der Straße" zu Redouten in den Ratskeller, wo sie sich, wie der Chronist Constantin Beyer schrieb, „glücklich wähnten, mit vornehmen Damen und Herren im gleichen Range herumwandeln zu dürfen".[4]

Die Verkündung der Menschenrechte am 27. August 1789 in Paris und die Verbreitung eines im Erfurter Buchhandel auftauchenden „Journal für Menschenrechte, Volksrechte und Volksglück" veranlaßte die kurmainzische Regierung die ohnehin schon strengen Zensurmaßnahmen zu verschärfen, um ein Anschwellen der revolutionären Literatur zu unterbinden.

Neben revolutionärer Literatur kursierten in Erfurt aber auch Schriften, die sich kritisch und ablehnend über die revolutionäre Bewegung in Frankreich äußerten. Der konservative Buchdrucker und Verleger Friedrich Keyser gab die Schrift „Der unglückliche Deutschfranzose oder die verwirrte Welt" heraus und druckte „Die Laterne für die Deutschfranzosen", in der er die „deutschen Jakobiner" scharf angriff. Auch der Verleger und Buchdrucker Johann Friedrich Nonne verurteilte in seinem „Hinkenden Staatsboten" die revolutionäre Bewegung.

Am 24. Oktober 1792 erfuhren die Erfurter, daß die Metropole ihres Staates, Mainz, von der französischen Revolutionsarmee belagert und besetzt worden sei, die in Abwehr der konterrevolutionären Intervention deutscher Feudalstaaten bis an den Rhein vorstieß. An diesen Kämpfen waren auch viele Bauernsöhne des Erfurter Gebietes beteiligt, die der Kurfürst gezwungen hatte, an der Intervention gegen Frankreich teilzunehmen. Viele von ihnen fielen in dem folgenschweren Gefecht bei Speyer am 30. September 1792.

Unter dem Schutz der französischen Revolutionstruppen entfaltete in Mainz ein deutscher Jakobinerklub, der von bürgerlichen Intellektuellen wie Andreas Joseph Hoffmann, Professor für Geschichtsphilosophie und Naturwissenschaften, und dem Naturforscher Georg Forster getragen wurde und sich vorwiegend aus Angehörigen des Kleinbürgertums zusammensetzte, in den folgenden Monaten eine außerordentliche revolutionäre Aktivität.

Diese Vorgänge blieben nicht ohne Auswirkungen auf die Mainzer Exklave Erfurt. Am 1. Dezember 1792 setzten sich die Schustergesellen, Anweisungen des Rates trotzend, in den Besitz ihrer neuen Herberge in der Rumpelgasse.[5] Das alte Innungslokal war dem großen Stadtbrand von 1736 zum Opfer gefallen. Leierkastenmänner spielten in den Straßen der Stadt die Marseillaise. Unverkennbar politischen Charakter trug – ebenfalls 1792 – der Protest Erfurter Bauern gegen den Einsatz des Kurmainzischen Erfurter Regiments „von Knorr" gegen die französische Revolutionsarmee. Und 1794 drangen Zimmerleute, Meister und Gesellen, in die Ratsstube ein, um ihren Forderungen Nachdruck zu verleihen.[6]

Inzwischen verband sich der Mainzer Jakobinerklub, der sich auf eine immer breitere Volksbewegung stützte, mit den Jakobinern in Paris. Ein rheinisch-deutscher Nationalkonvent erklärte am 18. März 1793 das Gebiet zwischen Landau und Bingen zum Freistaat, proklamierte die bürgerlich-demokratische Volkssouveränität und löste sich aus dem feudalen deutschen Staatenverband. Die Gründung der Mainzer Republik, der ersten bürgerlich-demokratischen Staatsordnung auf deutschem Boden, war das historisch bedeutsamste Ergebnis der durch die französische Revolution ausgelösten und beeinflußten antifeudalen Bewegung in den deutschen Territorialstaaten. Die Mainzer Republik konnte sich jedoch gegen die Übermacht der Konterrevolution nicht lange behaupten. Trotz leidenschaftlicher Verteidigung wurde sie am 23. Juli 1793 von konterrevolutionären Truppen niedergeschlagen.

Kurmainz tat alles, um den revolutionären Funken nicht auf seine anderen Besitzungen überspringen zu lassen. Dabei trugen in Erfurt die Wirkungen der Dalbergschen Politik dazu bei, eine breitere revolutionäre bzw. demokratische Opposition zu ver-

---

[3] Ebenda, S. 49.
[4] Stadtarchiv Erfurt (im folg.: StAE), 5/110 – B 1, Bd. II, S. 267 ff.
[5] Constantin Beyer, Neue Chronik von Erfurt 1736–1815, Erfurt o. J., S. 247 ff.
[6] StAE, 1-1/XXI 2–68, Protokolle des Stadtrates 1794, S. 399 ff.

Abb. 153. Der Reiftanz der Erfurter Böttchergesellen 1789 (Aquarell von C. Beyer)

hindern. Im April 1793, als der Mainzer Jakobiner Georg Forster im Pariser Convent und im Jakobinerklub sprach, mußten die Erfurter erneut ihren Landesherrn „bejubeln", der Erfurt des öfteren als Emigrant aufsuchte. Neben den sonst üblichen Illuminationen waren jedoch diesmal an mehreren Häusern auf Transparenten Sinnbilder der Revolution, z.B. ein Freiheitsbaum, zu sehen, wie ihn die Mainzer Revolutionäre im Januar 1793 errichtet hatten. Auf einem Bild war der Kurfürst dargestellt, dem zwei Adler die rote Freiheitsmütze und die französische Nationalkokarde überreichten. Diese Art Kurfürstenverehrung eines Teils der Bürgerschaft darf als Absage an die feudal-reaktionäre kurmainzische Herrschaft und als Sympathiebekundung für die Mainzer Jakobiner gewertet werden.

Im Februar 1794 wurden 33 Mainzer „Clubbisten" nach Erfurt gebracht und auf dem Petersberg eingekerkert. Das gleiche Schicksal erfuhren am 26. Juli 24 Offiziere der französischen Revolutionsarmee, die als Geiseln auf der Festung interniert

wurden. Ein großer Flüchtlingsstrom aus Frankreich und den deutschen Rheingegenden setzte ein, in dessen Ergebnis sich in Erfurt zahlreiche Handwerker, Kaufleute aber auch Intellektuelle niederließen.

Im Herbst 1794 suchte Rebmann zusammen mit dem Buchhändler Gottlieb Leberecht Vollmer, der Druck und Vertrieb der Schriften Rebmanns besorgt hatte, Zuflucht in Erfurt, nachdem beide wegen ihrer revolutionären schriftstellerischen Tätigkeit, insbesondere wegen der Veröffentlichung einer Rede Maximilien de Robespierres aus Dessau ausgewiesen worden waren. Rebmann führte von Erfurt aus eine rege Korrespondenz mit dem Pariser Convent, über die er offen in seinem 1795 in fünf Stücken erschienenen Journal „Das neue graue Ungeheuer" schrieb. Er war ein begeisterter Verteidiger der neuen französischen bürgerlichen Staatslehre und neben Forster einer der namhaftesten jakobinischen Schriftsteller. Rebmann, der mit zahlreichen Vertretern des Erfurter Bürgertums wie dem Chronisten Beyer und dem Fabrikanten Georg Christian Taschner befreundet war, trat in seinem Journal für eine republikanische Staatsform, für die Rechte des Volkes und für Denk- und Redefreiheit ein und forderte mit großem Nachdruck den Verzicht der deutschen Feudalstaaten auf Intervention. In der Erkenntnis, daß eine Revolution nach französischem Muster im damaligen deutschen Reich nicht möglich sei, hoffte er auf eine friedliche Änderung der politischen Verhältnisse in den deutschen Feudalstaaten.

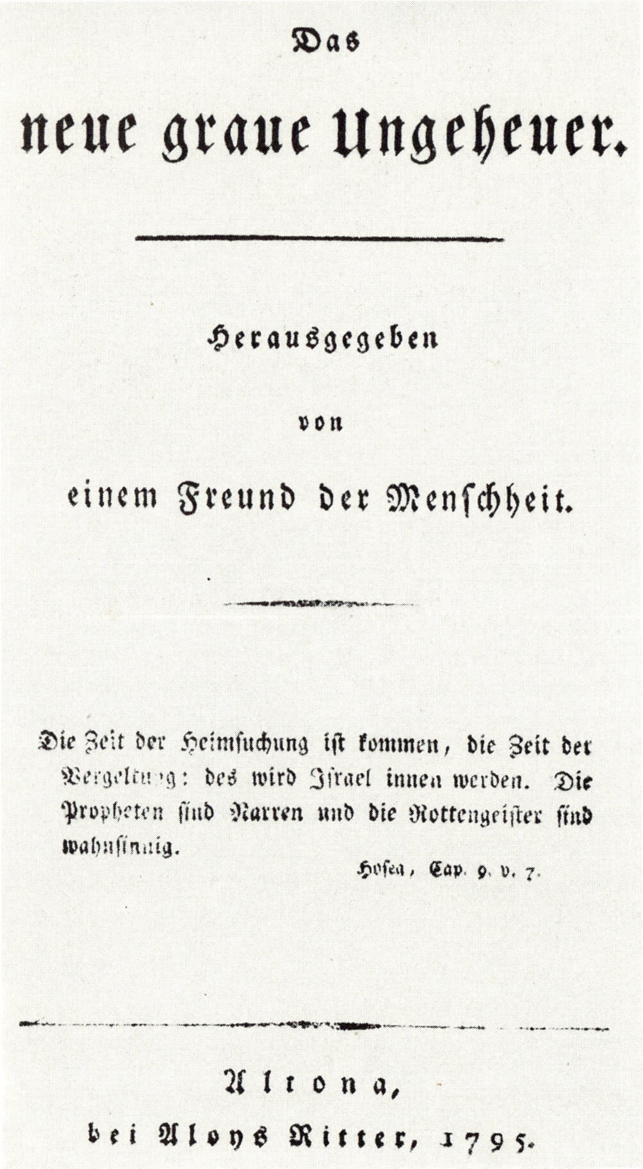

Das

neue graue Ungeheuer.

Herausgegeben

von

einem Freund der Menschheit.

Die Zeit der Heimsuchung ist kommen, die Zeit der Vergeltung: des wird Israel innen werden. Die Propheten sind Narren und die Rottengeister sind wahnsinnig.

Hosea, Cap. 9. v. 7.

Altona,
bei Aloys Ritter, 1795.

Abb. 154. Titelseite
des Journals von Andreas Georg Friedrich Rebmann
„Das neue graue Ungeheuer" von 1795

Rebmanns literarische Tätigkeit erregte jedoch bald Anstoß bei den sogenannten Obscuranten. Besonders der Präsident der Akademie nützlicher Wissenschaften, Frh. Karl Friedrich von Dacheröden, der Professor der „schönen Künste", Johann Friedrich Herel (1745 bis 1800), und der Buchhändler Friedrich Keyser griffen Rebmann und dessen Schriften heftig an. Die Situation spitzte sich zu, als Rebmann einen Bericht über die grauenvolle Behandlung der auf dem Petersberg inhaftierten Mainzer Jakobiner veröffentlichte und ihn als Anklage gegen Willkür und Despotie titulierte.[7] Der Kurfürst ordnete die Ausweisung Rebmanns aus Erfurt mit der Begründung an, er könne es nicht hinnehmen, daß in „des Reichs Erzkanzlers (Lande) Menschen geduldet werden, welche durch ihre Schriften die vaterländische Verfassung zu untergraben und umzuwälzen versuchen".[8]

In einem Verhör Rebmanns am 2. Dezember stellte sich heraus, daß die Verlagsgesellschaft des Journals „Das neue graue Ungeheuer", die Königlich-Dänische Altonaer Verlagsanstalt, von Rebmann und Vollmer gegründet worden war und unter dem Schutz der dänischen Pressefreiheit stand. Der Druck des Journals war von dem Erfurter Buchdrucker Johann Wilhelm Cramer besorgt worden. Vollmer und Cramer wurden daraufhin inhaftiert. Rebmann gelang es am 13. Dezember 1795 zu fliehen. Um des „Staatsverbrechers" habhaft zu werden, ließ die kurmainzische Regierung bei Rebmanns Freunden Haussuchungen vornehmen. Auch die Buchbestände in den Buchhandlungen und Leihbibliotheken der Stadt wurden durchsucht und dabei mehrere Schriften, darunter auch Rebmanns „Ungeheuer", beschlagnahmt.[9] Die Zensurbestimmungen wurden nun noch schärfer gehandhabt.

Im Frühjahr und Sommer 1796 verfaßte Rebmann in Altona zwei Verteidigungsschriften, in denen er seine Ideen und seine Tätigkeit rechtfertigte.[10] Da er im gesamten Reich der Gefahr der Verhaftung ausgesetzt war, ging er im August 1796 nach Paris. Die hier inzwischen erstarkte royalistische Bewegung, die eine ernste Gefahr für die Republik darstellte,

---

[7] Vgl.: Rainer Kawa, Georg Friedrich Rebmann (1768–1824), in: Abhandlungen zur Kunst-, Musik- und Literaturwissenschaft, Bd. 290, Bonn 1980, S. 266 ff.

[8] Zit. nach: Kawa, Rebmann, S. 559, Anm. 175.

[9] Georg Hummel, Erfurt und die Ideen der Französischen bürgerlichen Revolution von 1799, in: Aus der Vergangenheit der Stadt Erfurt (im folg.: AVE), Bd. II, Erfurt 1959, S. 191 f.

[10] Kawa, Rebmann, S. 298 ff.; siehe auch: Georg Friedrich Rebmann, Holland und Frankreich in Briefen, Berlin 1981.

Abb. 155. „Vor den Graden", heute Domplatz, mit Obelisk für Erzbischof Friedrich Karl Joseph von Erthal 1795
(Aquarellistische Zeichnung des französischen Emigranten J. J. Ramée)

veranlaßte jedoch den aufs tiefste enttäuschten Rebmann, der zu dieser Entwicklung nicht schwieg, Frankreich wieder zu verlassen. 1798 finden wir ihn auf der Stelle eines Richters am Kammergericht zu Mainz und später als Oberpräsidenten des Appellationsgerichts des Rheinkreises in Zweibrücken.

Die Volksbewegungen jener Jahre reichten über begrenzte lokale Erhebungen noch nicht hinaus und konnten zudem durch geringe und scheinbare Zugeständnisse der herrschenden Klasse abgefangen bzw. gewaltsam unterdrückt werden. Noch waren gesellschaftliches Bewußtsein und Solidaritätsgefühl der breiten Massen nur schwach entwickelt und durch den in Jahrhunderten gedrillten Untertanengeist beeinflußt. Aber die Vielzahl, Heftigkeit und Gleichzeitigkeit der revolutionären Erhebungen, die Übernahme und Verwendung aktueller Symbole und Kampflosungen der französischen Revolution ließen insgesamt eine neue Qualität des Klassenkampfes erkennen, die auf den revolutionären Sturz des Feudalismus gerichtet war. Sie leitete die bürgerliche Umwälzung in Deutschland ein.

2.
DIE ERSTEN JAHRE DER PREUSSISCHEN HERRSCHAFT
(1802 BIS 1806)

Mit dem Ende der revolutionär-demokratischen Jakobinerdiktatur im Jahre 1794 und dem Machtantritt der Großbourgeoisie erstrebte Frankreich zunehmend die politische und wirtschaftliche Vorherrschaft auf dem europäischen Kontinent. Im Kampf gegen die Koalition der europäischen Feudalmächte hatte das bürgerliche Frankreich bereits im Herbst 1794 die linksrheinischen deutschen Gebiete besetzt und mit den Friedensverträgen von Basel 1795, Campo Formio 1797 und Luneville 1801 annektiert. Der preußisch-französische Sondervertrag vom 23. Mai 1802 sicherte Preußen jedoch Entschädigung, „wonach Preußen zwar weniger erhielt, als es begehrte, aber doch viel mehr, als es verlor hatte".[11] So waren die kurmainzischen Besitzungen im sächsisch-thüringischen Raum, Erfurt und das Eichsfeld sowie die vormals freien Reichsstädte Mühlhausen und Nordhausen, preußisch geworden. Der Reichsdeputationshauptschluß bestätigte am 25. Februar 1803 den bereits vollzogenen Besitzwechsel. Die zur Verwaltung der neu gewonnenen Gebiete vorgesehenen Behörden waren schon im Juni 1802 gebildet worden. Der Zentralbehörde, der Hauptorganisationskommission mit Sitz in Hildesheim, unterstanden Spezial-Organisationskommissionen für die einzelnen Gebietsteile. Zum Chef der Zentralbehörde wurde der Staatsminister und Generalkontrolleur der Finanzen, Graf von der Schulenburg-Kehnert, ein Kenner der sächsisch-thüringischen Verhältnisse, ernannt.

Die kurmainzische Regierung hatte die Erfurter Bürger lange Zeit im unklaren über den Machtwechsel gelassen. Erst im Juni waren in der Stadt die ersten Gerüchte aufgetaucht, daß Erfurt preußisch werden würde. Noch am 16. Juli war ein Erfurter Bürger vom Rat im Auftrag der mainzischen Regierung „ernstlich verwarnt worden, künftig dergleichen Schwätzereien sorgfältig zu vermeiden".[12] Erst am 20. August ließ man in der Stadt und auf den Dörfern ein Patent anschlagen, das den Einzug der preußischen Truppen für den folgenden Tag ankündigte. Die Bürger wurden aufgefordert, die Befehle und Anordnungen der Preußen zu befolgen.[13]

Das für die Besitzergreifung der Stadt Erfurt, des „platten Landes" und der Grafschaft Blankenhain-Untergleichen entsprechende Patent wurde am 6. Juni 1802 in Königsberg ausgestellt.[14] Während in den ersten Augusttagen 1802 fast alle preußischen Entschädigungslande auf militärischem Weg besetzt wurden, erfolgte die Besetzung Erfurts erst am 21. August 1802. Vermutungen, Preußen werde Erfurt im Tausch gegen andere Gebiete an Sachsen abtreten, bestätigten sich nicht. Im Gegenteil, die preußische Regierung beabsichtigte, mit Hilfe des inmitten thüringischer Staaten gelegenen und an sächsisches Territorium grenzenden Erfurt Kursachsen politisch und wirtschaftlich abhängig zu machen.

Die noch nicht abgezogene kurmainzische Garnison und die noch in der Stadt stationierten kaiserlichen Truppen (Bataillon von Erbach) verzögerten die preußische Inbesitznahme der Stadt. Nachdem die notwendigen Verhandlungen mit dem Wiener Hof abgeschlossen waren, verließen die österreichischen Truppen zwischen dem 12. und 15. August 1802 Erfurt in Richtung Böhmen. Während des Abzuges desertierten mehr als 40 Rekruten, zumeist Erfurter. Die deshalb erfolgte Vorstellung des kaiserlichen Kommandanten beim Stadtrat blieb allerdings erfolglos.[15] Nachdem die unter Generalleutnant Ferdinand von Voß stehenden, in Schlesien stationierten preußischen Truppen den Befehl erhalten hatten, von Halle nach Erfurt zu marschieren und an Generalleutnant Graf Alexander Leopold von Wartensleben die Weisung ergangen war, sich gleichzeitig mit seinen Truppen von Mühlhausen aus nach Erfurt in Bewegung zu setzen, zog am Morgen des 21. August 1802 das 3500 Mann starke preußische Okkupationscorps durch das Krämpfertor in die Stadt ein.

Nach der Entgegennahme der Unterwerfung der Stadt durch den Oberbefehlshaber der preußischen Truppen von Voß, bewegte sich der Zug zum Rathaus, wo den versammelten Mitgliedern der kurmainzischen Regierung und des Stadtrates die Organisationskommission in Person der beiden Zivilkommissare – Kriegs- und Domänenrat Borsche und Kammergerichtsrat Schulz – als oberste Verwaltungsbehörde vorgestellt wurde. Die kurmainzischen und städtischen Beamten verpflichteten sich, unter dem neuen Landesherrn vorläufig weiter zu arbeiten. Die Zitadelle der Stadt, der Petersberg, wurde von preußischen Truppen besetzt, die mainzische Garnison entwaffnet und den preußischen Truppen eingegliedert. Während Generalleutnant von Voß mit seinen Truppen wieder abzog, verblieb Generalleutnant Graf von Wartensleben als Militärgouverneur in Erfurt und bezog Quartier in der ehemaligen mainzischen Statthalterei in der Regierungsstraße, die von nun ab preußisches Regierungsgebäude wurde. Noch am Tage der Besetzung wurden die preußischen Truppen bei den Einwohnern einquartiert, die Infanterie in der Stadt, die Dragoner in den Dörfern.

Die Bürgerschaft, vor allem die armen, besitzlosen Schichten, hatten unter dieser Belastung sehr zu leiden, war man doch verpflichtet, die einquartierten Soldaten auch zu beköstigen. Alle städtischen Beamten und der Klerus waren von der Pflicht der Einquartierung befreit. Zahlreichen Gesuchen und Bittschriften um Aufhebung der Einquartierungen

---

[11] Franz Mehring, Zur deutschen Geschichte von der Zeit der Französischen Revolution bis zum Vormärz (1789–1847), in: Franz Mehring, Gesammelte Schriften, Bd. 6, Berlin 1965, S. 88.
[12] StAE, 1-1/Ic-1, Bl. 2.
[13] Beyer, Neue Chronik, S. 315.
[14] StAE, 3/011-0, Bl. 2.
[15] Ebenda, 1-1/XXI-76, Nr. 1183, Bl. 354 R, Ratsprotokolle 1802.

wurde nur bedingt entsprochen, indem ein kleiner Teil der Truppen in Kasernen verlegt wurde. Das Bestreben, die Kosten der Kasernenverpflegung einzusparen, war unverkennbar. Ein Gesuch der Bürgerschaft an den preußischen König, der Stadt die Kantonsfreiheit, die Befreiung von der Militärpflicht, zu gewähren, wurde abschlägig beschieden.

Die Lage Erfurts, die fast eineinhalb Jahrhundert eine abgelegene kurmainzische Besitzung gewesen war, änderte sich unter preußischer Herrschaft kaum. Die Stadt nahm weiterhin eine provinziell-bescheidene Entwicklung. Die kurmainzische

absatzgebiet der Erfurter Wirtschaft, an Frankreich behinderten die wirtschaftliche Entwicklung. Die Bürgerschaft erhoffte sich von der neuen preußischen Verwaltung durchgreifende Veränderungen der veralteten Stadtverfassung und Verwaltung sowie der Wirtschaft und des Handels, verbunden mit einem weiteren Aufschwung des geistig-kulturellen Lebens.

Inzwischen hatte Generalleutnant von Wartensleben die Organisation der Militärverwaltung vollzogen. Die Stadt mit der Zitadelle Petersberg sollte einen strategischen Stützpunkt zwischen Preußen

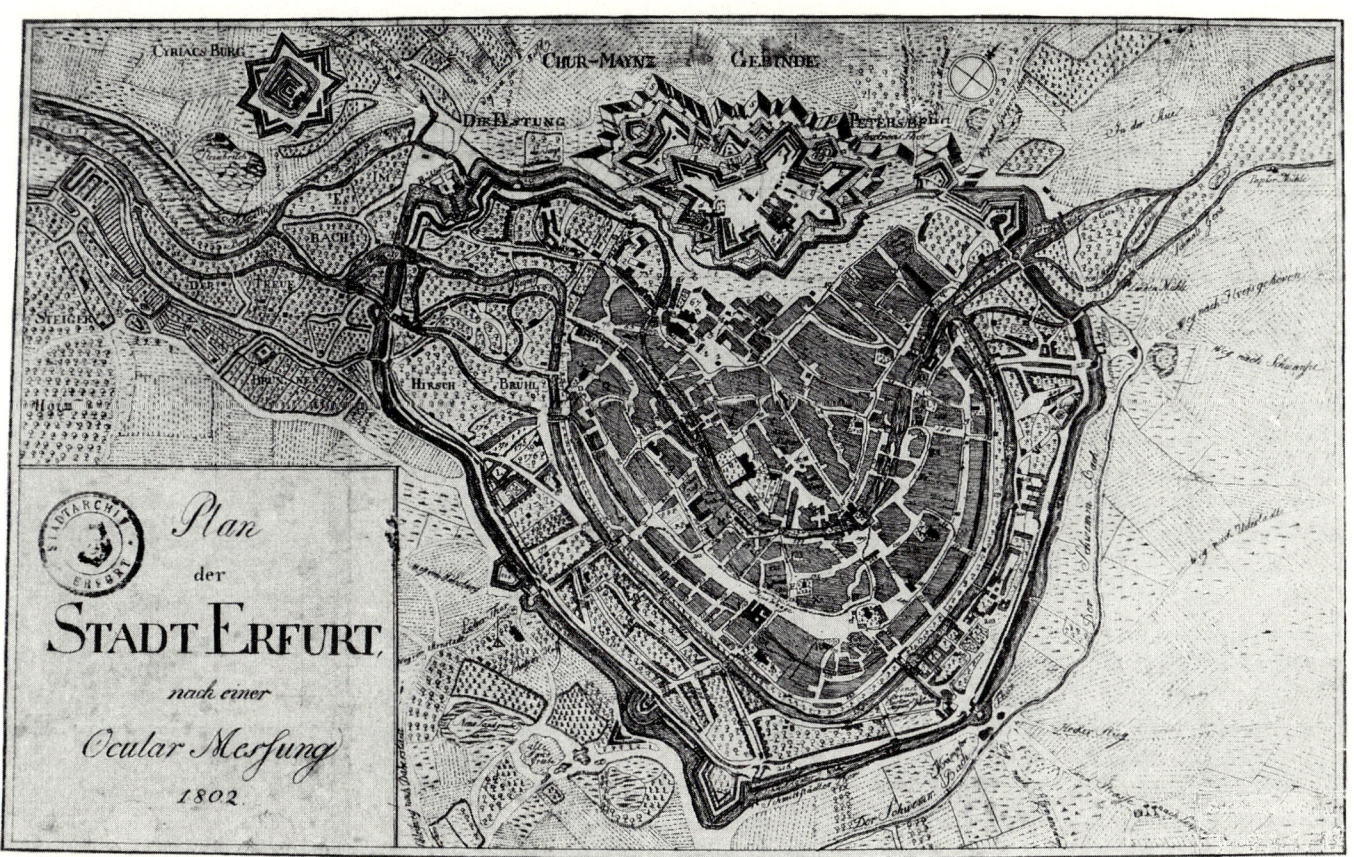

Abb. 156. Stadtplan von 1802

Stadtverfassung und Verwaltung hatten noch stark feudale Züge getragen. Die Wirtschaft, in erster Linie das Handwerk, war noch überwiegend zünftig organisiert, der Handel weitgehenden Beschränkungen unterlegen. Die selbstherrliche, oft kurzsichtige und kleinliche Wirtschafts- und Handelspolitik, der Verfall des Waid- und Saflorhandels, geringe Kapitalanlagen und wirtschaftliche Kredite sowie die Abtretung des linken Rheinufers, ein Haupt-

und den neu erworbenen fränkischen Gebieten bilden. Die ehemals städtische Streitmacht, das aus 2084 Mann bestehende Bürgerregiment, fand in der neuen preußischen Militärorganisation keinen Verwendungszweck und wurde daher mit Dekret vom 18. November 1802 aufgehoben. Der Bitte des Militärgouverneurs, die Straßen und Gassen der Stadt ausreichend zu beschildern, um den preußischen Soldaten und Behörden die Orientierung zu erleichtern, entsprach die Bürgerschaft noch im November 1802.[16]

Die vom Gouverneur geforderte ständige Beleuchtung der Hauptstraßen machte der städtische Rat von der Bedingung abhängig, die Einwohner von den Einquartierungen zu befreien. Da von Wartensleben die Bedingung nicht erfüllte und die preußischen Behörden die Mittel nicht aufbringen wollten, blieb die Stadt weiterhin ohne Straßenbeleuchtung.[17] Straßen und Gassen befanden sich in einem schlechten Zustand. Auch für die relativ großen und breiten Straßen, wie die Johannes- und Krämpferstraße sowie den Anger und die Regierungsstraße traf die Feststellung zu, „daß an gar vielen Orten sich tiefe Löcher finden, wo gar leicht Mensch und Vieh samt dem Fuhrwerk verunglücken können".[18] Nur wenige Straßen waren mit Pflaster versehen. Landstraßen und Chausseen befanden sich in keinem besseren Zustand; lediglich die große Landstraße nach Weimar war leidlich instandgehalten und 1816/1817 zu einer Chaussee ausgebaut worden.

Bei der Eingliederung in den preußischen Staat umfaßten die Stadt Erfurt und das dazugehörige Landgebiet 595 km² mit der Stadt Sömmerda, 72 Dörfern mit vier Schlössern, drei Marktflecken und 42 208 Einwohnern. Davon entfielen auf die Stadt allein 16 580 Einwohner, wovon 75 Prozent protestantisch waren. Die Bevölkerungszahl war mit kurzzeitigen Schwankungen seit Jahrhunderten fast konstant geblieben.[19] Nach zeitgenössischen Angaben besaß die Stadt 3154 bewohnbare Häuser. Davon waren 2928 Häuser vorwiegend aus Holz und nur 95 massiv gebaut. Sie waren insgesamt mit 487 533 Talern versteuert, während 159 Wohnhäuser geschoßfrei und die übrigen Freizinshäuser waren. 1811 betrug die Anzahl der Familienhaushaltungen 4679, von denen etwa 30 Prozent im Mietverhältnis wohnten. Erfurt besaß über 73 öffentliche Gebäude, 30 Straßen, etwa 250 Gassen und fünf größere Plätze. Zahlreiche Wasserläufe durchzogen das Stadtgebiet. Untergleichen, bestehend aus dem Ort Blankenhain und dem umliegenden „platten Land", zählte 5315 Einwohner und umfaßte etwa 168 km².[20]

Die Provinz Erfurt war ein uneinheitliches und unzusammenhängendes Gebiet, wodurch seine Verwaltung ungemein erschwert wurde. Nach wie vor bildete das Landgebiet mit seiner vorwiegend agrarischen Struktur eine wesentliche Grundlage der wirtschaftlichen Entwicklung und ein starkes Arbeitskräftereservoir der allmählichen Industrialisierung. Insgesamt wurden 11 794 Acker der Stadtflur bewirtschaftet. Davon entfielen auf Ackerland 10 468, auf Waldungen 843, auf Weinberge 419, auf

Gärten 38 sowie auf Wiesen und Weiden 24 Acker. Diese Nutzfläche erbrachte insgesamt eine geschoßpflichtige Steuer von 203 250 Talern.[21] Bedeutend entwickelt war die Viehwirtschaft. 1812 wurden 441 Pferde, 471 Kühe, 132 Ochsen, 1397 Schafe sowie 941 Schweine gehalten, die insgesamt einen Wert von etwa 2,1 Mill. Talern darstellten.[22] Mit etwa 194 bäuerlichen Wirtschaften in der Stadt betrug der Anteil der Bauern an der Bevölkerung etwa 1,2 Prozent.

In der Landwirtschaft herrschte noch die Dreifelderwirtschaft vor. Lediglich in den stadtnahen Ortschaften und in der Stadt selbst war man schon zu Intensivkulturen übergegangen. Nachdem Napoleon während des von ihm einberufenen Fürstenkongresses im Herbst 1808 Bekanntschaft mit der für Erfurt typischen Gemüsekultur Brunnenkresse – Nasturtium officinale – gemacht hatte, ließ er 1809 zwei Erfurter Gärtner nach Versailles kommen, um dort, wo ähnlich günstige Bedingungen für den Kresseanbau herrschten, entsprechende Klingen anzulegen. Neben dem Obst- und Weinbau waren es vor allem die gewerbsmäßig betriebenen Kunst- und Handelsgärtnereien, die Erfurt durch den Anbau von Gemüse und Blumen (Erhaltungs- und Neuzucht) sowie den Samenhandel in der Folgezeit weltweit bekannt machten. Der Anbau von Flachs im Landgebiet bildete eine der Grundlagen der Erfurter Textilfabrikation.

Die kurmainzischen Behörden – Regierung, Kammer, Provinzialgericht – und die städtischen Ämter – Rat, Deputationen, Gerichte – arbeiteten zunächst mit ihren bisherigen Befugnissen weiter, jedoch unter Aufsicht und Kontrolle der Spezialorganisationskommission. Bereits mit der militärischen Besetzung der Stadt war das Mainzer Wappen durch den preußischen Adler ersetzt, das städtische Siegel entsprechend verändert worden. Das Ersuchen des Stadtrates um Bestätigung des nächsten Transitus

---

[16] Ebenda, 1-1/XXI-76, Nr. 1829, Bl. 398 R, Ratsprotokolle 1802, Nr. 1684, Bl. 554, Nr. 1685, Bl. 555; Zentrales Staatsarchiv, Merseburg (im folg.: ZStA Merseburg), Rep. 70, Kap. I, Nr. 1, Bl. 54 f u. 75.

[17] StAE, 1-1/XXI-76, Nr. 1458, Bl. 472, Nr. 1489, Bl. 483, Nr. 1661, Bl. 543, Nr. 1731, Bl. 569, Ratsprotokolle 1802; ZStA Merseburg, Rep. 70, Kap. II, Sekt. XIV, Nr. 2, Bl. 17.

[18] Staatsarchiv Magdeburg (im folg.: StAM), Rep. A 47 II, Tit. IV, Nr. 1.

[19] StAE, 1-1/XVIII a-53, Bl. 4 ff.

[20] Ebenda, 1-1/XVIII a-24; Statistisches Hand- und Adreßbuch für das Königlich-Preußische Fürstentum Erfurt, die Grafschaft Blankenhayn und Untergleichen auf das Jahr 1806, hrsg. von Carl Siegismund Spangenberg, Erfurt 1805, S. 20 f.

[21] StAE, 1-1/XVIII a-13a (Angaben beziehen sich auf das Jahr 1811).

[22] Ebenda, 1-1/XVIII a-24.

Abb. 157. Arbeitsattest für einen Mahlmüller

(Ratswechsels) wurde unter der Voraussetzung gewährt, auf die damit verbundenen Feierlichkeiten, besonders den Ratskirchgang, zu verzichten. Am 17. Januar 1803 vollzog sich der Ratswechsel erstmals ohne die sonstigen Zeremonien.

Gemäß dem Reichsdeputationshauptschluß beabsichtigte die preußische Regierung, die Klöster, Stifte und Kirchengüter – vorwiegend aus fiskalischen Interessen – in den Entschädigungsländern zu säkularisieren. Die Generalinstruktion vom 4. Juli 1802 gab dazu erste Hinweise, die aber auf Grund der besonderen konfessionellen Verhältnisse in Erfurt von Schulenburg-Kehnert entsprechend modifiziert wurden.[23] Eine vom Abt des Petersklosters, Placidus Muth, im November 1802 der Organisationskommission überreichte Denkschrift über die

Reform des katholischen Klerus war ein erfolgloser Versuch, die Säkularisierung katholischen Kirchengutes günstig zu beeinflussen. Am 7. Januar 1803 wies Schulenburg-Kehnert die Erfurter Kommissare an, die vier Frauenklöster bestehen zu lassen, sie jedoch, mit Ausnahme der Ursulinerinnen (Weißfrauenkloster), angemessen zu besteuern, sowie keine Novizinnen ohne Genehmigung der Landesbehörden mehr aufnehmen zu lassen. Im März 1803 wurden das älteste und traditionsreichste Kloster, das Peterskloster, und das Kartäuserkloster durch königliche Verfügung aufgehoben, deren Güter eingezogen und die Mönche pensioniert. Noch

---

[23] ZStA Merseburg, Rep. 70, Kap. II, Sekt. VI, Nr. 1, Bl. 1f; ebenda, Sekt. IV, Nr. 5, Bl. 4 ff.

im gleichen Monat wurde das Schottenkloster zum allmählichen Aussterben verurteilt, indem ihm untersagt wurde, neue Novizen aufzunehmen.

Dasselbe Schicksal widerfuhr dem Augustinerkloster bei St. Wigberti und dem Severistift. Das Domstift dagegen durfte aus materiellen und konfessionellen Erwägungen durch königliche Verfügung vom 18. Mai 1803 weiter bestehen, jedoch wurden alle Nebeneinkünfte des Stiftes eingezogen und die Haupteinnahmen besteuert. Die Kirchengüter, die dem preußischen Staat in Erfurt durch Säkularisierung zufielen, waren – gemessen an denen anderer Entschädigungsländer– recht bescheiden.[24] Die preußische Kirchenpolitik vermied ansonsten Konflikte mit der katholischen Kirche. Das geistliche Gericht wie alle anderen Institutionen wurden ihr belassen. Die protestantische Kirche behielt ihre Selbstverwaltung. Sie verlor allerdings die Gerichtsbarkeit.[25]

Da die Kirche auch in Erfurt aufs engste mit dem Schulwesen verbunden war, blieben die Veränderungen im Kirchenwesen nicht ohne Einfluß auf das streng konfessionell getrennte Bildungswesen. Sowohl die katholische als auch die evangelische Schuldeputation wurden aufgehoben und ihre Befugnisse und Aufgaben entsprechenden weltlichen Behörden übertragen. Katastrophale Zustände, wie veraltete Lehrpläne und Unterrichtsmethoden, unzureichende und unzweckmäßige Lehrräume und zu wenig Lehrkräfte, kennzeichneten sowohl die Trivialschulen (niedere Schulen, vergleichbar den Elementarschulen) als auch die höheren Lehranstalten. Die von der 1805 gebildeten Schuleinrichtungskommission vorgelegten umfangreichen Reformpläne sahen vor allem die Vereinigung der beiden, bisher streng getrennten konfessionellen Gymnasien zu einer Lehranstalt vor. Mit Wirkung vom 15. Oktober 1804 wurde die ehemals kurfürstliche Zeichenschule auf dem Anger 43 in eine Provinzial-Kunst-und-Bauhandwerksschule umgewandelt, die unentgeltlichen Unterricht erteilte.

Die preußische Regierung war entschlossen, die einst so bedeutende und traditionsreiche Erfurter Universität aufzuheben. Eine von Vertretern der Universität abgefaßte Bittschrift vom 18. April 1804, die Lehranstalt zu erhalten, wurde abschlägig beschieden.[26] Professorenstellen blieben unbesetzt und die Anzahl der Studenten verminderte sich ständig. Gab es 1803 noch 38 Studierende, so wurden 1806 nur noch 21 immatrikuliert. War damit das Schicksal der Universität schon vorbestimmt, so versuchte man wenigstens, die „Akademie nützlicher Wissenschaften" zu bewahren. Eine vom Vor-

sitzenden der Akademie, von Dacheröden, im Dezember 1802 übergebene Denkschrift sowie eine direkt an den preußischen König gerichtete Petition der Akademie vom 26. Dezember 1802 brachten jedoch vorerst keinen praktischen Erfolg.

Auf dem Gebiet des Gesundheits- und Sozialwesens erfolgten keine einschneidenden Veränderungen, obwohl Verbesserungen im sozialen Bereich dringend notwenig gewesen wären. 1806 wurde das „Eichsfeld-Erfurtische Provinzial-Collegium medicum et sanitatis" unter dem Vorsitz des bedeutenden Chemikers und Pharmazeuten Johann Bartholomäus Trommsdorff gegründet.[27] Das Verdienst Trommsdorffs war es, das Heilmittelwesen auf fortschrittlicher Grundlage entwickelt zu haben. Er war der Reorganisator des Erfurter Apothekenwesens. Im Dezember 1808 begründete er zusammen mit dem Professor der Chemie Christian Friedrich Buchholz (1770 bis 1818) das sogenannte „Erfurter Apothekerkränzchen", eine der ersten modernen deutschen Apothekervereinigungen. Das Programm des Sanitätskollegiums enthielt weitblickende und fortschrittliche Forderungen, wie die nach einer einheitlichen örtlichen Leitung aller Erfurter Krankenanstalten. Sechs Apotheken, darunter die Grüne Apotheke, die Römer-, Marien- und Mohrenapotheke, sowie die Schwanapotheke und zwei Krankenhäuser, das evangelische Krankenhaus am Lindenweg und das katholische Krankenhaus im Brühl, die 1787 gegründete Entbindungsanstalt in der Michaelisstraße 30 und ein poliklinisches Institut garantierten eine ausreichende, zu dieser Zeit vorbildliche medizinische Betreuung und Versorgung. Von großer Bedeutung war auch die Einrichtung einer Heilanstalt für Augenkranke und Blinde 1802 durch den Arzt Johann Friedrich Christoph Fischer (1772 bis 1849).

Die hygienischen und sanitären Verhältnisse in der Stadt waren nach wie vor unzureichend und stellten eine ständige Gefahrenquelle für Seuchenherde dar. Die Versorgung der Bürger mit Trink- und Brauchwasser erfolgte durch hauseigene Privatbrunnen sowie durch offene Klingen, die Straßen und Gassen durchzogen. Infolge der zahlreichen Be-

[24] Ebenda, Sekt. XXIV, Nr. 6, Bl. 8 f.; ebenda, Nr. 2, Bl. 10 f.; Hermann Granier, Preußen und die Katholische Kirche seit 1640, Teil VIII (1797–1803), in: Publikationen aus den kgl.-preußischen Staatsarchiven, Bd. 76, Leipzig 1902, Nr. 498 ff., S. 677 ff.
[25] StAE, 1-1/I c-23; ZStA Merseburg, Rep. 70, Kap. II, Sekt. VI, Nr. 1, Bl. 18 f, 79, 175.
[26] Granier, Preußen, Nr. 563, S. 794 f; ZStA Merseburg, Rep. 70, Kap. II, Sekt. IV, Nr. 3, Bl. 1 ff.
[27] Erfurtisches Intelligenzblatt, Jg. 1806, S. 108.

gräbnisplätze inmitten der Stadt und der zu jedem Grundstück gehörenden Abfall- und Sickergruben sowie durch die Verunreinigung der Klingen war das Grundwasser der Hausbrunnen mehr oder weniger stark infiziert. Das führte zu zahlreichen Cholera- und Typhusepidemien. Eine erste Anregung zur Errichtung einer Wasserleitung für die Stadt ging 1803 von der Gerberinnung aus. Fehlende finanzielle Mittel und die Sorglosigkeit der städtischen Behörden ließen das Unternehmen vorerst scheitern.

Abb. 158. Wanderbuch eines Handwerksgesellen (Titelseite)

Im Mai 1803 trat der preußische König Friedrich Wilhelm III. als Landesherr mit Königin Luise seine „Erbhuldigungsreise" durch die neu erworbenen Gebiete an. Am 30. Mai traf das Herrscherpaar in Erfurt ein und wurde von der Bevölkerung feierlich und erwartungsvoll auf dem festlich illuminierten Platz vor dem Regierungsgebäude empfangen. Den Höhepunkt der Inbesitznahme der preußischen Entschädigungslande bildete die feierliche Erbhuldigung aller neuen Provinzen am 10. Juli 1803 in Hildesheim. Als Abgeordnete des Erfurter Gebietes waren der Bürgermeister Christian Friedrich Benjamin Hommel und der Senator Johann Jacob Pingel vertreten.

Einem Antrag von der Schulenburg-Kehnerts entsprechend, ordnete der preußische König im März 1803 an, Erfurt mit dem Eichsfeld, den Städten Nordhausen und Mühlhausen sowie der Grafschaft Hohenstein zu einem Verwaltungsbezirk zu vereinen. Sitz der neuen obersten Verwaltungsbehörde sollte Heiligenstadt sein.[28] Maßgebend dafür war das Vorhandensein geeigneter Gebäude sowie die Absicht, die Administration mit der Verlegung in eine abgeschiedene Kleinstadt weitestgehend vor möglichen Aktionen der Volksmassen abzuschirmen. Die Verlegung der Regierung und der Kammer nach Heiligenstadt rief unter der Erfurter Bürgerschaft zahlreiche Proteste hervor, weil sie die Minderung der wirtschaftlichen und politischen Stellung der Stadt befürchteten. Eine Petition an den König, Erfurt zum Sitz der Landeskollegien zu bestimmen, wurde abschlägig beschieden. Im Juli 1803 nahmen die Regierung und die Kammer in Heiligenstadt ihre Tätigkeit auf. Die Arbeit der Regierung blieb auf das Gebiet der Justiz beschränkt. Die alte Kammer wurde ganz aufgelöst. Ihre Befugnisse wurden am 1. November 1803 auf die neue Eichsfeld-Erfurtische Kriegs- und Domänenkammer übertragen.[29] Gleichzeitig wurde die Spezialorganisationskommission aufgehoben.

Der seit 1789 auch auf deutschem Boden beginnende weltgeschichtliche Prozeß des Sieges und der Festigung der kapitalistischen Gesellschaftsordnung fand zunächst in dem feudalen Staatsgebilde Preußen ein starkes Bollwerk. Preußen, um die Jahrhundertwende einer der wirtschaftlich stärksten und politisch mächtigsten deutschen Staaten, aber auch ein durch und durch reaktionärer, feudalabsolutistischer, ein der Umgestaltung von Grund auf bedürftiger Staat, übertrug seine absolutistische Staatsmaschinerie mit spezifischen Abänderungen auf die Entschädigungsländer, so auch auf die Stadtverfassung und Verwaltung Erfurts. Der dadurch erreichte hohe Grad an Zentralisation und „Rationalität" führte zu einem gewissen Anwachsen der Pro-

---

28 ZStA Merseburg, Rep. 89, Nr. 60.
29 StAE, 1-1/I c-19, Bl. 1 ff.

duktivkräfte und förderte die Entfaltung kapitalistischer Produktionsverhältnisse.

Behutsam und genau abwägend, gingen die preußischen Behörden an dringend notwendige Veränderungen in Verfassung und Verwaltung. Der Bericht der Kriegs- und Domänenkammer vom 26. April 1804 vermittelte ein sachliches und zugleich ernüchterndes Bild der rückständigen Verwaltungsorganisation, wie sie – ohne nennenswerte Änderungen – im 16. Jahrhundert entstanden war. Das völlig veraltete Justizwesen bedurfte dringend der Reform, da es an einem einheitlichen Recht fehlte, Justiz und Verwaltung noch eng verknüpft und die Anzahl der Gerichtsstellen unüberschaubar waren.

Eine wesentliche Verbesserung brachte die Einführung der preußischen Gerichtsordnung am 1. Juni 1803 sowie des preußischen Landrechts am 1. Juni 1804, die formell Rechtssicherheit und Gleichstellung aller Bürger vor dem Gesetz gewährleisteten. Am 1. Juni 1805 nahm das Stadtgericht als neue Justizbehörde seine Tätigkeit auf. Trotz vieler, weiterhin bestehender Unzulänglichkeiten war mit der Trennung der Justiz von der Verwaltung ein wichtiger Schritt vollzogen worden. Eine Vielzahl alter Gerichtsstellen verschwand und die Gerichtsordnung und -verfassung sowie das Recht wurden weitgehend vereinheitlicht.

Nach einem von der Organisationskommission entworfenen Reformplan der Stadtverwaltung arbeitete die Kriegs- und Domänenkammer einen Entwurf zur Neuorganisation der städtischen Verwaltung aus, der mit unwesentlichen Veränderungen am 4. September 1804 als „Reglement zur Organisation des Polizeimagistrats der Stadt Erfurt" zur Ausführung gelangte.[30] Danach bestand der neue Magistrat als eine staatliche Behörde nur noch aus fünf ordentlichen, auf Lebenszeit ernannten Ratsmitgliedern: dem Stadtdirektor, Kriegs- und Steuerrat Ferdinand Wilhelm von Dantzen, dem Polizeibürgermeister Johann Justin Weißmantel, dem ersten Senator Pingel, dem zweiten Senator Johann Christian Emanuel Vogel und dem Stadtsyndikus. Weiterhin wurden vier kaufmännische Beisitzer, die Fabrikanten Johann Nicolaus Born und Johann Gottlieb Rothstein und die Kaufleute Johann Nicolaus Klein und Johann Wilhelm Stolze ernannt, die ein Mitspracherecht in Fabrik-, Gewerbe- und Handelssachen erhielten.

Damit blieb das obrigkeitliche absolutistische Stadtregiment nicht nur bestehen, es wurde vielmehr noch wesentlich verstärkt. Nach wie vor war die Stadtbevölkerung von der städtischen Verwal-

tung und Mitbestimmung ausgeschlossen und es blieb der Stadt die kommunale Selbstverwaltung versagt. Die Befugnisse des aus Berufsbeamten bestehenden „Königlichen Magistrats" waren sehr begrenzt. Da sich die wichtigste Tätigkeit des Magistrats auf polizeiliche Angelegenheiten erstreckte, wurde er treffend „Polizeimagistrat" genannt. Dem Magistrat oblag ferner die Aufsicht über den Handel, das Gewerbe und die Fabriken, das Armenwesen und andere soziale Belange. Die neu gebildete Armendirektion sollte als städtische Deputation das gesamte Fürsorgewesen zentral leiten und die Oberaufsicht führen. Die verwaltungsmäßige Gliederung des Weichbildes der Stadt veränderte sich nicht. Die Einteilung in Stadtviertel und Spezialgemeinden blieb bestehen wie auch die bisherige Aufteilung des Erfurter Landgebietes in neun Ämter.

Mit dem Wachstum der Produktivkräfte und der Schaffung kapitalistischer Produktionsverhältnisse forderte das erstarkende Bürgertum die Aufhebung des Zunftzwanges und der hemmenden Handelsbeschränkungen. Die Hebung des Handels und die staatliche Förderung des auf kapitalistischer Grundlage produzierenden Erfurter Bürgertums war eine objektive Voraussetzung für die Überwindung der feudalen Produktionsverhältnisse. Die aus preußischen Ordnungs- und Sparsamkeitsgründen gestraffte, zentralisierte und damit in vielen Fragen praktischere Verwaltung und Verfassung der Stadt boten dazu gute Ansätze. Eine andere wichtige Voraussetzung war eine gründliche Umgestaltung und Neuordnung des städtischen Finanzwesens mit seinem völlig veralteten Steuersystem und seiner damit in Zusammenhang stehenden äußerst schwerfälligen Steuererhebung. Aus finanziellen Gründen ließ aber die preußische Regierung das direkte Steuersystem unverändert. Durch die Umgestaltung des indirekten Steuersystems erhoffte sie sich eine Belebung der städtischen Wirtschaft.

Dalbergs merkantilistische Wirtschaftspolitik im letzten Drittel des 18. Jahrhunderts hatte die Entwicklung des Manufakturkapitalismus begünstigt. In den ersten Jahren nach der Jahrhundertwende wurde die dezentralisierte Manufaktur, deren Produktion auf Arbeitsteilung, Heimarbeit und zentralisierter Endproduktion beruhte, allmählich durch die zentralisierte Manufaktur verdrängt. Allerdings waren die finanziellen und materiellen Voraussetzungen dafür denkbar ungünstig. Es gab in Erfurt „weder große Kapitalisten noch Leih- und Wechselbanken". Die Geldzinsen waren deshalb sehr hoch

---

[30] Ebenda, 1-1/I c-43, Bd. 1, Bl. 1-21 R.

und das Kapital zum Handel sehr gering. Zeitgenossen stellten fest: „Der Kredit ist schlecht; denn er begründet sich vorzüglich auf Hypotheken, und der Handelsstand kann solche nicht bedeutend leisten. Wechselrecht gilt in Erfurt nicht, und Handlungsgesellschaften und Beschauanstalten sind nicht vorhanden."[31]

In einem Bericht an die preußische Regierung wurde Erfurt aber als ein guter Fabrikort bezeichnet, da die geographische Lage günstig, zur Produktion notwendiges Wasser reichlich vorhanden, sowie Wohnungen und Lebensmittel preiswert seien.[32] Das Tuch- und Bekleidungsgewerbe – seit jeher Hauptgewerbe der städtischen Wirtschaft – beschäftigte rund 58 Prozent der berufstätigen Einwohner. Dennoch war es im Rückgang begriffen.

Eine der bedeutendsten und wohl am besten eingerichteten Manufakturen war die Cottonagen- und Leinenfabrik von Johann Anton Lucius auf der Langen Brücke 57/58, seit 1814 auf dem Anger Nr. 38.[36] In ihr wurden baumwollene und leinene Tücher, wollene Mützen und Strümpfe sowie Handschuhe gefertigt. Die Firma betrieb eine größere Anzahl Ketten-, Spul-, Schär- und Zwirnmaschinen. Die Zahl der gangbaren Stühle belief sich auf 70 mit über 800 Spindeln. Beschäftigt wurden etwa 200 Arbeiter, davon 70 Weber, 50 Spulerinnen sowie 60 Spinnarbeiter. Jährlich wurden 5654 Pfund Garn verarbeitet und etwa 1500 Pfund Wolle gefärbt sowie 4450 Stück baumwollene Stoffe produziert. Die Rohstoffe, Kettengarn und Baumwolle, bezog Lucius aus England und Macedonien. Der jährliche Umsatz

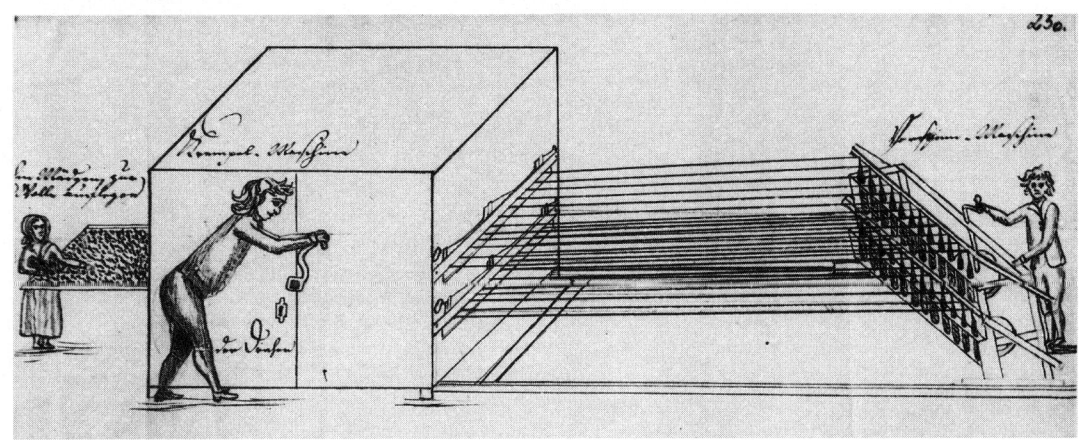

Abb. 159.
Krempel- und Vorspinnmaschine

Die Wollzeugfabriken, die vormals jährlich 8000 Pfund Wolle verarbeitet hatten, verbrauchten jetzt nur noch 500 Pfund. Die Firma Born, die 1790 noch 80 Webstühle betrieben hatte und 500 Arbeiter beschäftigte, mußte ihre Webstühle auf 15 verringern.[33] 1806 bestanden drei Wollzeugfabriken mit insgesamt 38 gangbaren Webstühlen. Weitere 16 Stühle wurden in Heimarbeit betrieben. Die Wollzeugfabrik von Georg Christian Taschner & Comp. in der Großen Arche arbeitete bereits mit modernen Handmaschinen und beschäftigte insgesamt 189 Personen, davon 25 Gesellen, vier Kämmer und 160 Spinnarbeiter.[34] Die 300 Webstühle der Strumpfwebereien waren auf 180 zurückgegangen, und es wurden nur noch 300 Arbeiter beschäftigt. Gefertigt wurden hauptsächlich baumwollene Mützen und Matrosenjacken, die in die Seestädte geliefert wurden. Die bestehenden sieben großen Bandmanufakturen besaßen insgesamt 266 Stühle, davon arbeiteten aber nur 55 in den Fabriken, während die Mehrzahl in Heimarbeit lief.[35]

betrug etwa 445000 Taler. Abgesetzt wurden die Textilwaren auf den Messen in Frankfurt/Main, Leipzig und Braunschweig. Der Wert an Produktionsmitteln, Gebäuden und Grundstücken betrug 1801 nur 6000 Taler, während sich das aktive Vermögen 1806 bereits auf 15000 Taler belief.[37]

Die Firma Lentin und Rothstein, seit 1803 im ehemaligen Kartäuserkloster untergebracht, fertigte vortreffliche wollene Stoffe unter Verwendung beständiger Farben. Rothstein hielt sich wiederholt in England auf und wandte die dort gesammelten Erfahrungen in seinem Betrieb an. Die Firma beschäftigte vorwiegend Meister. 1805/1806 wurden hier 6711 feste baumwollene Stoffe, sogenannte Nan-

[31] Ebenda, Bl. 38.
[32] ZStA Merseburg, General-Direktorium, Fabriken-Departement, Tit. 100, Nr. 4, Bl. 21 R f.
[33] Ebenda, Rep. 70, Kap. II, Sekt. XXXII, Nr. 2, Bl. 8.
[34] Ebenda, General-Direktorium, Fabriken-Departement, Tit. 100, Nr. 4, Bl. 48.
[35] Ebenda, Bl. 48.
[36] Ebenda, Bl. 19 ff.

quins, produziert. Davon wurden allein 2351 Stück exportiert.[38] Bandmanufakturen, in denen alle Sorten wollener, seidener und leinener Bänder und Tuche gefertigt wurden, waren die von Georg Christoph Silber, Ernst Gottlob Bernhardi und Johann Wilhelm Lohmeyer. Die Wollspinnerei und Tuchmanufaktur von Bernhardi in der ehemaligen großen Petersmühle am äußeren Moritztor war großzügig ausgestattet. Die modernen Krempel-, Bürst-, Rauh- und Schärmaschinen wurden durch Wasserkraft angetrieben. Besonders im Tuch- und Bekleidungsgewerbe war die Hausindustrie weit verbreitet. Auch alle anderen Gewerbe beschäftigten noch eine Vielzahl Heimarbeiter.

Zu Beginn des 19.Jahrhunderts nahm vor allem die Schuhindustrie einen besonderen Aufschwung. Das galt vor allem für die Firma Soller, Gottschalk & Comp. 1803 wurden hier über 203 qualifizierte Arbeiter beschäftigt, von denen jeder Geselle täglich vier bis fünf Paar Schuhe fertigte. Jährlich wurden 90000 bis 96000 Paar Schuhe in einem Wert von über 60000 Talern produziert.[39]

Viele der Manufakturbesitzer beklagten die geringen Möglichkeiten der Kapitalanlage, das Fehlen geeigneter Fabrikgebäude und die nur zeitweise Beschäftigung von Arbeitskräften, wodurch anstehende Bestellungen nicht realisiert werden konnten. Der Mangel an Rohstoffen, wie Garne und Baumwolle, die Verteuerung der Wolle und anderer Produkte, Beschränkungen im Handel mit Tuchen sowie hohe Kosten für den Besuch der Messen, behinderten das Wachstum der Produktivkräfte. So konnte eine von dem Strumpfbereiter Christian

Bundschuh 1802 entwickelte Wollspinnmaschine, die nachweislich eine höhere Arbeitsproduktivität erbrachte, auf Grund fehlender finanzieller Mittel und ungenügender Kenntnisse nicht eingeführt werden.[40] Um 1806 waren in den großen Manufakturen insgesamt über 4300 Arbeiter beschäftigt, davon 129 Meister, 531 Gesellen und 36 Lehrjungen.[41]

Die wichtigsten Produkte, die eingeführt werden mußten, waren sowohl Rohstoffe für die Manufakturen – Leder, Baumwolle sowie Garne – als auch Material- und Kolonialwaren. Der Wert betrug etwa 60000 Taler. Des weiteren wurden Schnitt-, Galanterie- und Kurzwaren im Wert von etwa 100000 Talern auf den Messen in Leipzig, Frankfurt/Main, Braunschweig und Naumburg, Fischwaren in einem Wert von 20000 Talern aus den Nordseestädten und Weine vom Rhein, aus Frankreich, Spanien und Ungarn im Wert von 10000 Talern eingekauft. Ausgeführt wurden vorwiegend in Erfurt produzierte Stoffe und Tuche, vor allem aber Schuhe und einheimische Gartenbauerzeugnisse.

[37] StAE, 5/801 – L 3, Die Erfurter Familie Sebastian Lucius, Berlin 1894, S. 14; ZStA Merseburg, Rep. 70, Kap. II, Sekt. XXXII, Nr. 1, Bl. 68 ff.

[38] ZStA Merseburg, Rep. 70, Kap. II, Sekt. XXXII, Nr. 1, Bl. 28 ff.; ebenda, General-Direktorium, Fabriken-Departement, Tit. 100, Nr. 4, Bl. 20 ff.; vgl. auch: StAE, 5/801 – 25, Rothstein, Johann Gottlieb, Ein Lebensbild aus Erfurts industriellen Kreisen.

[39] ZStA Merseburg, General-Direktorium, Fabriken-Departement, Tit. 100, Nr. 4, Bl. 23; ebenda, Rep. 70, Kap. II, Sekt. XXXII, Nr. 1, Bl. 82 ff.

[40] StAE, 1-1/VIII A – 17, Bl. 73 ff.

[41] ZStA Merseburg, General-Direktorium, Fabriken-Departement, Tit. 100, Nr. 4, Bl. 52 ff.

[42] Ebenda, Bl. 51 R.

Tabelle 9
Wertumfang der in Erfurt erzeugten gewerblichen Produkte für das Jahr 1806 (in Talern)[42]

Fabriken und Gewerbe	Wert der verarbeiteten Rohstoffe	Wert der erzeugten Produkte	Wert der in Erfurt verbliebenen Produkte	Wert der exportierten Produkte
Wollzeugfabriken	22250	60000	4000	56000
Bandfabriken	214000	300000	unbedeutend	300000
Cottonagen- und Leinenfabriken	67050	98020	18000	80020
Drahtbandfabriken	3000	6000	unbedeutend	6000
Strumpfweberei	30000	60000	unbedeutend	60000
Strumpfbereitung	6336	11039	unbedeutend	11039
Seidenfabriken	4540	6656	1000	5656
Nudelfabriken	2400	3000	unbedeutend	3000
Tabakfabriken	56000	70000	10000	60000
Papiermühlen	3000	5000	unbedeutend	5000
Gerber	60000	80000	26667	53333
Schuhmacher	81220	116480	72800	43680
Tuchmacher	4500	8500	8500	unbedeutend
Essigfabriken	10000	10560	unbedeutend	10560
	564296	835255	140967	694288

Der Arbeitstag in den Fabriken war sehr lang. Er betrug durchschnittlich 16 bis 18 Stunden. Der Lohn war relativ niedrig. So erhielten bei der Firma Lucius ein Weber 1,5 Taler pro Woche, eine Spulerin 1 Taler, ein Kettenspanner 2 Taler, ein Mangelknecht 1,5 Taler, ein Bleichknecht 1,5 Taler, eine Handlangerin 1 Taler sowie eine Spinnarbeiterin 18 Groschen. In der Schuhfabrik Soller, Gottschalk & Co. verdiente ein Geselle 4 bis 6 Groschen pro Tag.[43] Dagegen bezog ein Oberratsmeister im Jahre 1802 monatlich ein Gehalt von 200 Talern, zuzüglich Geld und Naturalien aus Nebeneinnahmen.

Nach wie vor bestimmte das zünftige Handwerk die städtische Wirtschaftsstruktur. Die Organisation der bestehenden 52 Zünfte beruhte noch auf mittelalterlicher Grundlage. Im zünftigen Gewerbe arbeiteten 2485 Meister, 904 Gesellen und 220 Lehrburschen. Das unzünftige Handwerk mit 27 Gewerben beschäftigte 179 Personen, davon 79 Meister, 68 Gesellen und 29 Lehrjungen.[44]

Der überwiegende Teil der Bevölkerung war in Manufakturen bzw. in deren Auftrag als Heimarbeiter sowie im zünftigen Gewerbe tätig. Neben 41 adligen Personen (0,9 Prozent der Bevölkerung), die zumeist zum nicht bediensteten Adel gehörten, gab es noch 182 Personen, die Frondienste zu leisten hatten. Den ärmsten Teil der Stadtbevölkerung bildete das Gesinde mit 1095 Mägden und Knechten. Die Anzahl der Handwerksgesellen, Tagelöhner und Lehrlinge war mit rd. 2670 schon relativ hoch. Dieses Frühproletariat wuchs ständig und machte schon knapp über die Hälfte der Stadtbevölkerung aus. Der Anteil des Bürgertums hinsichtlich der sozialökonomischen Zusammensetzung lag bei etwa 43 Prozent.

Das neue Akzisereglement für die niedersächsisch-thüringischen Entschädigungslande vom 23. Mai 1804, das am 1. Juli 1804 in Kraft trat, wirkte eher hemmend als fördernd auf die weitere Entfaltung der örtlichen Wirtschaft. Viele Waren wurden mit höheren Einfuhrsteuern belegt. Erfurt bildete nun ein weiteres Zollgebiet innerhalb des preußischen Staatsverbandes, wobei die anderen Teile Preußens als Ausland galten. Die Forderung von Fabrikanten und städtischer Kaufmannschaft, das neue Akzisesystem zu überprüfen und zu verändern, wurde von den preußischen Behörden, abgesehen von einer Modifizierung unwesentlicher Punkte, abgewiesen.

Der Versuch der preußischen Regierung, Erfurt zu einer Messestadt zu machen, scheiterte am Widerstand der Städte Magdeburg, Berlin und Frankfurt/Oder. Ein Gutachten des Reichsfreiherrn Karl vom und zum Stein entschied schließlich zuungunsten Erfurts. Den vielfachen Gesuchen der Fabrikanten nach zinslosen Krediten zur Erweiterung ihrer Produktionsanlagen wurde nicht entsprochen, jedoch wurden Anträge auf Anlage neuer Fabriken und Gebäude begünstigt. So wurde dem Antrag der Firma Lentin und Rothstein zur Nutzung des säkularisierten Kartäuserklosters stattgegeben. Besonders unternehmungsfreudigen Fabrikanten gewährte man Prämien. Die Unterstützung der Unternehmer im Kampf gegen das zünftige Gewerbe durch die preußischen Behörden förderte die beginnende industrielle Entwicklung. So wurde der Einspruch der Leineweberzunft, der Firma Lentin und Rothstein die Herstellung bestimmter Stoffe zu untersagen, abgewiesen. Auch dem Einspruch der Färberzunft gegen die Aufstellung einer Mangel des Fabrikanten Lohmeyer wurde nicht stattgegeben. Der Magistrat, dem die Aufsicht über das gesamte Zunftwesen oblag, wurde angewiesen, die Ordnungen und Privilegien aller Zünfte auf hemmende und schädigende Bestimmungen und Einwirkungen auf die wirtschaftliche Entwicklung zu überprüfen.

3.
Napoleonische Fremdherrschaft und Befreiungskriege (1806 bis 1814)

Mit der weiteren Sicherung der Ergebnisse der Revolution im Inneren des Landes konnte die französische Großbourgeoisie dazu übergehen, ihre expansiven Ziele durchzusetzen. Die Kriege, die Napoleon Bonaparte als Repräsentant der Diktatur der französischen Großbourgeoisie führte, trugen auf seiten Frankreichs widersprüchlichen Charakter. Sie wirkten fortschrittlich, weil sie die Errungenschaften der bürgerlichen Revolution schützten und die betroffenen Länder in den Schmelztiegel der bürgerlichen Umwälzung stürzten. Sie waren aber

---

[43] Ebenda, Rep. 70, Kap. II, Sekt. XXXII, Nr. 1, Bl. 68; ebenda, General-Direktorium, Fabriken-Departement, Tit. 100, Nr. 4, Bl. 23 R.

[44] Ebenda, Bl. 52 R ff; Statistisches Adreß- und Handbuch für 1806, S. 221 ff.

zugleich räuberisch, weil die Bourgeoisie als Ausbeuterklasse vor Annexionen und Plünderungen nicht zurückschreckte, um Macht und Reichtum zu festigen und andere Völker von sich abhängig zu machen.[45]

Hinhaltepolitik und Vormachtstreben der herrschenden Feudalklasse führten den preußischen Staat in die Isolation, und die militärische Konfrontation mit Frankreich war unausbleiblich. Die Mobilisierung des preußischen Heeres, insbesondere die Truppenkonzentration im sächsisch-thüringischen Raum, ließen Erfurt mit seiner starken Festung zum Hauptquartier werden. Der preußische König selbst überwachte die militärischen Vorbereitungen. In fieberhafter Eile wurde die Zitadelle Petersberg verstärkt, indem man 65 Geschütze in Stellung brachte. Endlose Durchmärsche preußischer Regimenter, Hast und Unruhe im Hauptquartier kennzeichneten das städtische Leben. Anfang Oktober 1806 rückten die preußischen Truppen in Richtung Jena ab. Am 11. Oktober wurde das preußisch-sächsische Hauptquartier nach Weimar verlegt. Am 14. Oktober 1806 kam es zur Doppelschlacht bei Jena und Auerstedt, die mit einer vernichtenden Niederlage der preußisch-sächsischen Truppen endete und den Zusammenbruch des feudalen altpreußischen Staates einleitete.

Am späten Nachmittag des 14. Oktober drang mit den ersten flüchtenden und verwundeten Soldaten die Kunde von der Niederlage der Preußen nach Erfurt. Weimar wurde von der napoleonischen Armee besetzt, und die geschlagenen preußischen Truppen durchquerten auf ihrem Rückzug in Richtung Langensalza Erfurt. Die Stadttore wurden geschlossen und die Zugbrücken gezogen. Die Bürger verbarrikadierten Türen und Fenster ihrer Häuser. Tags darauf rückte die kaiserliche Armee gegen Erfurt vor, das von Teilkräften (Kavallerie) der beiden Korps unter Marschall Joachim Murat und Michel Ney am Nachmittag zur Übergabe aufgefordert wurde. Der Kommandant der Festung, Major Ludwig Karl von Prüschenk wollte Stadt und Festung verteidigen, doch die anwesenden Generale, unter ihnen Prinz von Oranien, der Schwager des Königs, sowie der einundachtzigjährige Feldmarschall Wichard Joachim Heinrich Graf von Möllendorf, hielten eine Verteidigung für aussichtslos, obwohl die Stadt gut befestigt und die etwa 12 000 Mann starke preußische Streitmacht relativ stark war.

Die Bürger, die eine Beschießung der Stadt befürchteten, baten den Kommandanten, Erfurt vor der Zerstörung zu bewahren. General von Alt-Larisch bezog unterdessen mit schwachen Truppenteilen Stellung auf dem Galgenberg, um den Rückzug der geschlagenen preußischen Truppen zu decken, mußte sich aber bald wieder in die Stadt zurückziehen. Am Abend des 16. Oktober wurde auf dem Petersberg die Kapitulation der Stadt und Festung Erfurt zwischen dem Kommandanten, Major Prüschenk, und dem französischen Oberst Hypolite Preval im Beisein des Prinzen von Oranien und des Marschalls von Möllendorf ausgehandelt.[46] Die kampflose Übergabe an die Franzosen war ungerechtfertigt, wären doch durch eine Verteidigung starke Verbände der Grandé Armee vor Erfurt gebunden und somit ein geordneter Rückzug der preußisch-sächsischen Truppen ermöglicht worden.

Für Erfurt und das „platte Land" begann nun eine siebenjährige Schreckensherrschaft, die von einer rücksichtslosen und brutalen Ausplünderung des ganzen Landes begleitet war. Am 17. Oktober 1806 zogen die Franzosen mit Musik und in dichten Kolonnen durch das Johannestor in die Stadt ein. Der Chronist Constantin Beyer berichtet: „Sie waren zum Teil sonderbar drapiert; manche trugen schwarze Mäntel, die sie Bauernfrauen abgenommen hatten, andere schwarze Chorröcke von Dorfpfarrern, und weitere wiederum trugen Pantalons aus Zimmertapeten und Bettvorhängen geschneidert."[47]

Ein französischer General forderte binnen 24 Stunden 40 000 Reichstaler, andernfalls drohte er die Stadt niederzubrennen. Noch bevor das Geld beigebracht wurde, widerrief der gerade eingetroffene Divisionsgeneral Henri Jacques Guillaume Clarke diesen Befehl. Allerdings wurde nicht verhindert, daß die kaiserlichen Soldaten mit Gewalt in die Häuser eindrangen und vor allem Lebensmittel und Wertgegenstände raubten. Nachdem die militärische Besetzung erfolgt war, verließ am 18. Oktober 1806 der größte Teil der napoleonischen Armee wieder die Stadt. Zurück blieb eine französische Besatzungstruppe, die bei den Bürgern sowie bei Bauern der umliegenden Dörfer einquartiert wurde.

Das am 23. Oktober von Napoleon in Wittenberg erlassene Dekret über die Besitzergreifung beließ alle Verwaltungsbehörden in ihren Funktionen. Die verwaltungsmäßige Einheit Erfurts mit dem Eichsfeld, den Städten Mühlhausen und Nordhausen sowie der Grafschaft Hohenstein blieb ebenfalls bestehen. Die Verwaltung in Erfurt wurde einem kai-

[45] Grundriß der deutschen Geschichte, 2. Aufl., Berlin 1979, S. 207.
[46] Beyer, Neue Chronik, S. 351 f. Kapitulationsurkunde vom 15. Oktober 1806, in: StAE, 1-1/XI A-38, Bl. 8 ff.
[47] Beyer, Neue Chronik, S. 356 f.

serlich-französischen Intendanten unterstellt. Das Besitzergreifungspatent für Erfurt und Blankenhain vom 29. Oktober 1806 ließ die bisherige Stadtverfassung und -verwaltung im wesentlichen unverändert. Der Magistrat blieb im Amt, wurde jedoch in einen Militär- und Zivilsenat getrennt. Während dem Militärsenat u. a. das Einquartierungswesen, Requisitions- und Kontributionsangelegenheiten oblagen, unterstanden dem Zivilsenat die Polizeiverwaltung sowie das Armen- und Fürsorgewesen.

Die ersten Forderungen in Form von Naturalien bezogen sich auf 40 000 Zentner Heu, 40 000 Zentner Stroh, 5000 Zentner Weizen, 3000 Zentner Roggen, 15 000 Sack Hafer, 600 Paar Schuhe sowie 800 Ellen Leinen. Hinzu kamen größere Mengen an Vieh, Fleisch und Brot sowie 1400 Betten für die Einrichtung eines neuen Hospitals für verwundete französische Soldaten. Neben den umfangreichen Requisitionen erstreckten sich die französischen Forderungen besonders auf Kontributionen. So mußte bereits am 13. November 1806 eine erste Kontribution innerhalb von 14 Tagen in Höhe von 230 000 Reichstalern erbracht werden, die auf das Departement Eichsfeld, die Städte Mühlhausen und Nordhausen sowie Erfurt aufgeschlüsselt wurde. Davon hatte die Provinz Erfurt 66 398 Reichstaler

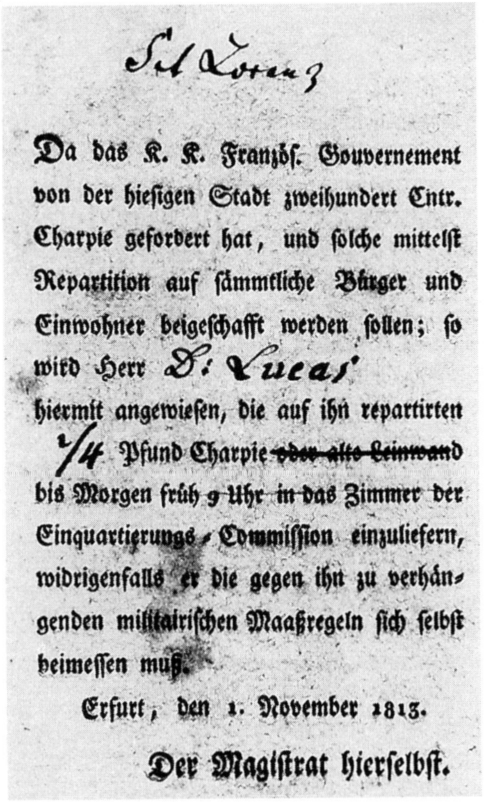

Abb. 160 a/b. Kontributionsscheine

Die französischen Besatzungsbehörden machten es sich zum Prinzip, ihre Forderungen durch städtische Behörden vertreten zu lassen. Fortschrittliche Ansätze in der Verwaltung dienten der schnellen und wirkungsvollen Erschließung aller Ressourcen. Dabei bedienten sich die französischen Behörden vorwiegend der Gewalt. Um die Geldabgaben und Naturallieferungen unverzüglich eintreiben zu können, wurde am 21./22. Januar 1807 eine „Magistrats- und Bürgerdeputation" gebildet. Die Deputation, die aus einem Magistratsmitglied und zwölf Bürgern bestand, sollte alle Kontributionen und Requisitionen anteilmäßig auf die Bevölkerung aufteilen und die gleichzeitig errichtete Bürgerkasse verwalten. Sie bestand als Nebenkasse des Magistrats bis zur Abwicklung der Kriegsschulden 1835.

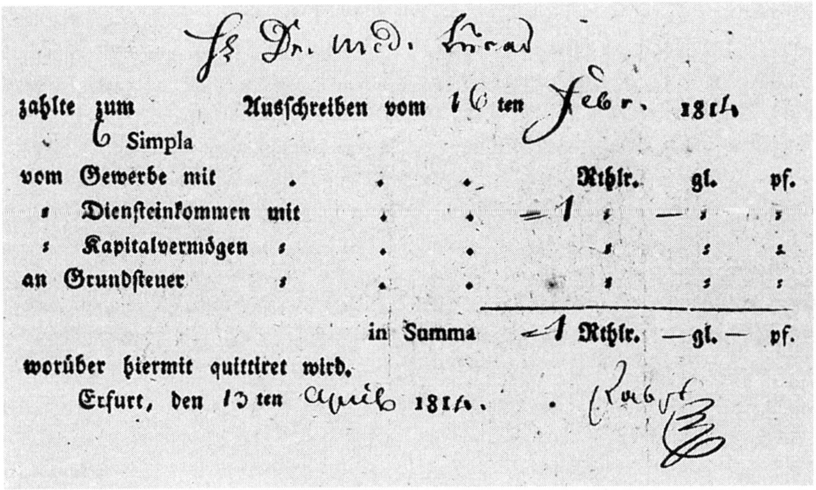

zu erbringen, wobei auf die Stadt selbst 35 439, auf das Landgebiet 30 193, auf die Stadt Sömmerda 766 und auf das Blankenhainer Gebiet 4212 Reichstaler entfielen.

In Erfurt wurde diese Kriegssteuer entsprechend den Vermögens- und Besitzverhältnissen auf vier Hauptklassen – Fabrikanten, Grundstücksbesitzer, Gewerbetreibende, Offizianten (Beamte) und Pensionäre – aufgeschlüsselt. Die Ausschreibung der Kriegslasten auf das Departement Eichsfeld mit den Städten Mühlhausen und Nordhausen sowie die Provinz Erfurt führte zu erheblichen Differenzen zwischen den Provinzteilen. Vor allem die Stände des Eichsfeldes sowie die Städte Mühlhausen und Nordhausen weigerten sich, weiterhin Beiträge für eine Gesamtkontribution zu leisten.

Um eine gütliche Einigung zu erreichen, wurde am 9. Januar 1807 eine Deputation unter Leitung des Kammerpräsidenten Christian Conrad Wilhelm von Dohm ins kaiserliche Hauptquartier nach Warschau gesandt, um eine Milderung der Kriegslasten, die verwaltungsmäßige Trennung des Eichsfeldes vom Erfurter Gebiet sowie die Verlegung der Militärstraßen, die bislang über Erfurt und das Eichsfeld führten, zu erreichen. Die am 27. Januar 1807 dem Monarchen vorgetragenen Forderungen wurden von Napoleon jedoch nur teilweise erfüllt. Hinsichtlich der Ausschreibung der Kontributionen wurden von nun ab das Eichsfeld und Erfurt gesondert besteuert, wobei die Stadt Erfurt ein Drittel und das „platte Land" zwei Drittel aufzubringen hatten. Infolge des kaiserlichen Dekrets vom 29. Januar 1807 und auf Veranlassung des französischen Intendanten in Erfurt, Briancourt, erfolgte am 19. März 1807 die verwaltungsmäßige Trennung des Departements in die Provinz Eichsfeld mit den Städten Mühlhausen und Nordhausen sowie in die Provinz Erfurt mit Blankenhain.[48]

Besonders bedrückend für die Bürgerschaft und die Bewohner des Landgebietes waren die ununterbrochene Einquartierung der napoleonischen Truppen sowie die ständigen Dienstleistungen in Form von Hand-, Boten- und Spanndiensten. In den Jahren 1806 bis 1814 wurden ca. 3,2 Mill. in napoleonischen Kriegsdiensten stehende Soldaten und Offiziere bei Bürgern einquartiert. Nur ein geringer Teil der Truppen wurde in Kasernen und Hospitälern untergebracht. Die Severikirche, das Martinskloster und das Neuwerkskloster dienten als Lazarette, der Dom als Pferdestall und die Predigerkirche als Heu- und Strohmagazin. Am 16. und 17. Juli 1809 lag fast die gesamte westfälische und holländische Armee mit 16000 Mann in den Erfurter Dörfern. Für den März 1812 wurde fünffache Einquartierung angesagt. Insgesamt waren zwischen 1806 und 1814 über 2,5 Mill. kaiserliche Soldaten bei den Bauern auf dem Lande einquartiert. Die geforderten Pferdelieferungen und Vorspanndienste führten zwangsläufig zu einer Vernachlässigung der Feldarbeit und damit zu großen Ernteverlusten und einer starken Dezimierung der Viehbestände. Exzesse und Plünderungen waren an der Tagesordnung. So beliefen sich die Schäden durch Plünderungen durchziehender Truppen in den Jahren 1806 bis 1813 allein in Witterda auf 12133 Taler, in den Dörfern Vippach, Berlstädt, Kleinbrembach, Schellenberg und Rohrborn auf insgesamt 18721 Taler.[49]

Das von Napoleon am 12. Dezember 1808 in Madrid erlassene Dekret über die Aufhebung der Leib-eigenschaft wirkte sich in der Provinz Erfurt nicht aus, da die Bauern des Erfurter Gebietes weitgehend freie Eigentümer ihres Bodens waren. Die einfachen und außerordentlichen Frondienste, die sie zu leisten hatten, wurden nicht gemildert. Zur Verteilung der Einquartierungskosten und zur Unterbringung und Verpflegung der ständig durchziehenden Truppen wurde eine Einquartierungskommission gebildet. Die Aufbringung der verschiedenartigsten Besatzungskosten, insbesondere der Kontributionen, erfolgte durch regelmäßige und besondere Steuern und damit verbundenen zahllosen Anleihen.

Grundlage der städtischen Finanzpolitik war das Realgeschoß, eine direkte Steuer, zu welcher eine neue Abgabe, die sogenannte Simplensteuer, eine nach Leistungsfähigkeit des Bürgers abgestufte und nach Bedarf bewegliche Einkommen- und Vermögenssteuer kam. Das Realgeschoß wurde durch die Simplensteuer zu einer ständig steigenden Last für die Bürger. Die Simplensteuer wurde auf Gebäude, Grund und Boden, Kapitalien und Gehälter, das Gewerbe sowie den Handel veranlagt. Da jedem Bürger die Prozentsätze bekannt waren und die Anzahl der Simplen (Einheiten) angegeben war, konnte jeder den auf ihn fälligen Betrag der geforderten Kontribution selbst ermitteln.

Die Franzosen nutzten jede Gelegenheit, soviel bares Geld wie möglich aus der Provinz herauszupressen. Dazu wurden auch „impôts additionels", sogenannte Steuerzuschläge angesetzt, die zusätzlich zu den übrigen Steuern aufgebracht werden mußten. Die Einteilung der Steuerpflichtigen erfolgte in acht Klassen, entsprechend den jeweiligen Vermögensverhältnissen. In den Jahren 1809 bis 1813 wurden an zusätzlichen Steuerzuschlägen insgesamt 252237 Reichstaler vereinnahmt.[50] Jedoch reichten die aufgebrachten Gelder nicht aus, so daß am 1. Januar 1810 noch eine Patentsteuer eingeführt wurde, eine Abgabe auf Handel und Gewerbe. Danach wurden die Steuerpflichtigen in sechs Klassen eingeteilt, für die besondere Tarife galten. Immerhin konnten damit 1810 allein 5667 Reichstaler erzielt werden. Schon am 28. Juli 1809 erfolgte die Erhebung einer Pflastergeldgebühr sowie am 21. Dezember 1809 die Einführung des sogenannten Transitzolls. Danach hatte jeder Fuhrmann beim Eintritt in die Stadt einen Groschen auf einen Zentner Waren zu entrichten, auch wenn seine Waren nicht für

---

[48] StAM, Rep. B 37, A III, Nr. 15, Bl. 1 ff.
[49] Ebenda, Nr. 7, Bd. 1, Bl. 63 ff.
[50] Denkschrift über die öffentlichen Schulden ... überreicht von J. B. Kerl und R. W. A. Heinemann, Erfurt 1823.

Erfurt bestimmt waren. So wurden in den Jahren 1806 bis 1813 insgesamt 762 922 Reichstaler an besonderen Steuern eingetrieben, und darüber hinaus mußte 1813 pro Kopf der Bevölkerung noch eine Jahresextrasteuer von fast 4,5 Reichstalern aufgebracht werden.

Wie in allen besetzten Gebieten waren die französischen Eroberer auch in Erfurt bestrebt, mit einheimischen reaktionären und korrupten Kräften zusammenzuarbeiten, um ihre maßlosen Forderungen durchzusetzen. Verwaltungsbeamte wie der Kammerpräsident Franz Anton von Resch, Bürgermeister Weißmantel und der Generalinspektor der Geheimpolizei Johann Heinrich Kahlert kollaborierten mit den Franzosen und nutzten ihre Stellung schamlos aus, um sich auf Kosten der Bürger zu bereichern.

Tabelle 10
Die von der Stadt Erfurt und dem Landgebiet
während der französischen Fremdherrschaft geleisteten
Kriegslasten und -schulden

	Reichstaler
Gesamtbetrag der während der französischen Fremdherrschaft 1806/1813 geleisteten Beträge (Kontributionen, Requisitionen u. a.)	653 297
Gesamteinquartierungslast	993 304
Erpreßte Steuern	410 357
Eigentliche Kriegsschuld (aufgenommene Anleihen)	248 950

Insgesamt preßten die französischen Militärbehörden über zwei Mill. Reichstaler an Kontributionen, Requisitionen und Steuern aus der Bevölkerung heraus.[51] Zusätzlich erschwerend für die Aufbringung der Kriegslasten war die Abwertung der preußischen Scheidemünze in den Jahre 1807 und 1808 und die damit zusammenhängende Erhöhung der Preise für Nahrungsmittel und andere wichtige Produkte des täglichen Bedarfs.

Führten allein schon die oben aufgeführten zusätzlichen, besonders Handel und Gewerbe belastenden Steuern zu einem weiteren Rückgang der städtischen Wirtschaft, so brachte die von Napoleon am 21. November 1806 von Berlin aus erlassene Kontinentalsperre das wirtschaftliche Leben fast vollständig zum Erliegen. Die im Interesse der französischen Bourgeoisie verhängte Maßnahme, die die englische Wirtschaft ruinieren sollte, verbot jeglichen Handel zwischen den mit Frankreich verbündeten und besetzten Ländern und England. Sie brachte für alle betroffenen Staaten schwerwiegende wirtschaftliche Rückschläge. Jedoch regte die Handelssperre das Interesse der wissenschaftlichen

Forschung nach Schaffung von Surrogaten für die nun ausbleibenden Kolonialwaren wie Zucker, Kaffee und Baumwolle an. So trug der Buchhändler Justin Friedrich Johann Bertuch aus Weimar in der Februarsitzung 1811 der Akademie gemeinnütziger Wissenschaften eine Abhandlung über Zucker- und Kaffeesurrogate vor und Trommsdorff entwickelte 1811 eine vorteilhafte Variante des Extraktionsverfahrens zur Waidindigogewinnung aus Frischwaid. Indes erwies sich die geplante Waidindigofabrik als geschäftlicher Fehlschlag.

Der Prozeß der Ablösung der Manufakturen durch Fabriken und die Beseitigung der Zunftschranken wurde durch die napoleonische Fremdherrschaft weiter behindert. Die Kontinentalsperre traf die Erfurter Wirtschaft insofern hart, als die Tuchproduktion und die Schuhindustrie auf Rohstoffimporte aus England angewiesen und andererseits die Erfurter Industrie stark exportorientiert war. Mit der Einführung sogenannter Ursprungszeugnisse – certificats d'origine – am 1. Juni 1808 mußte zudem für jede importierte Ware eine Konsulargebühr von einem halben Reichstaler gezahlt werden, was einer jährlichen Einnahmesumme von über 1000 Reichstalern entsprach. Die von der französischen Verwaltung auf die meisten eingehenden und bereits vorhandenen Waren erhobenen Eingangstarife betrugen oft die Hälfte bis zu zwei Drittel des Preises der Waren. So mußten für einen Zentner Kaffee, welcher 96 Taler kostete, ein Zoll von 52 Talern und 12 Groschen, für Baumwolle, deren Preis pro Zentner 158 Taler betrug, 103 Taler Auflage entrichtet werden. Gemäß einem Befehl des Intendanten vom 26. August 1811 durften keine Rohstoffe aus dem Ausland in die Provinz Erfurt zur Verarbeitung mehr eingeführt werden.

Die Manufakturen, die 1807 noch rund 8000 Arbeiter – Heimarbeiter inbegriffen – aus dem Stadt- und Landgebiet beschäftigt hatten, lagen 1814 fast völlig still. 1811 waren in der Baumwollfabrik von Rothstein, Lentin & Co. nur noch 54 Personen beschäftigt, davon 28 Webermeister (vorher 55), 21 Gesellen (85) und fünf Färber (10). Nur sechs Webstühle waren noch in Betrieb. Es wurden baumwollene Stoffe gefertigt, die bisher nur aus England bezogen worden waren. Firmenneugründungen bildeten seltene Ausnahmen. So erhielt am 12. Mai 1809 der Kaufmann Friedrich Kronbiegel die Konzession zur Anlegung einer Fabrik für metallene Knöpfe und andere Messingwaren, wobei zahlreiche Vergünsti-

---

[51] Otto Siegfried, Die Finanzen Erfurts in der Franzosenzeit 1806–1813/14, Inaug.-Diss., Leipzig 1927 (Ms), S. 102 f.

gungen, wie Akzisefreiheit, Befreiung der Arbeiter von zusätzlichen Steuern sowie Aufhebung gewisser Ein- und Ausfuhrbeschränkungen gewährt wurden. Am 13. August 1812 wurde ein von dem Unternehmer Bernhardi und Sohn am äußeren Moritztor errichtetes Fabrikgebäude eingeweiht.

Die Firma Lucius wies 1810 einen Vermögensstand von 31000 Reichstalern aus, obwohl auch in diesem Betrieb infolge der ungünstigen und schwierigen wirtschaftlichen Verhältnisse die Produktion stark zurückging. Sebastian Lucius, der 1810 das väterliche Geschäft übernahm, konnte dank der Beherrschung der französischen und italienischen Sprache wirksam in Geld- und Papierwechselgeschäfte eingreifen und die Firma ohne größere Schäden und Verluste weiterführen.

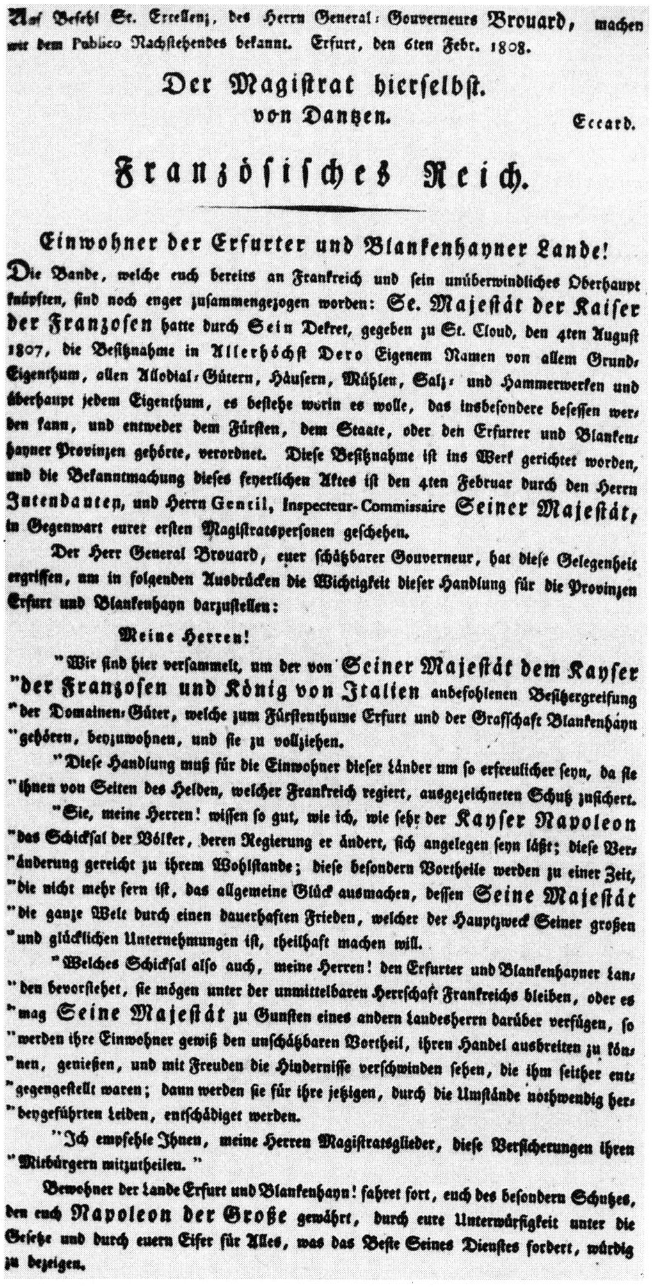
Auf Befehl Sr. Excellenz, des Herrn General-Gouverneurs Brouard, machen wir dem Publico Nachstehendes bekannt. Erfurt, den 6ten Febr. 1808.

Der Magistrat hierselbst.
von Dantzen. Eccard.

Französisches Reich.

Einwohner der Erfurter und Blankenhayner Lande!

Die Bande, welche euch bereits an Frankreich und sein unüberwindliches Oberhaupt knüpften, sind noch enger zusammengezogen worden: Se. Majestät der Kaiser der Franzosen hatte durch Sein Dekret, gegeben zu St. Cloud, den 4ten August 1807, die Besitznahme in Allerhöchst Dero Eigenem Namen von allem Grund-Eigenthum, allen Allodial-Gütern, Häusern, Mühlen, Salz- und Hammerwerken und überhaupt jedem Eigenthum, es bestehe worin es wolle, das insbesondere besessen werden kann, und entweder dem Fürsten, dem Staate, oder den Erfurter und Blankenhayner Provinzen gehörte, verordnet. Diese Besitznahme ist ins Werk gerichtet worden, und die Bekanntmachung dieses feyerlichen Aktes ist den 4ten Februar durch den Herrn Intendanten, und Herrn Gentil, Inspecteur-Commissaire Seiner Majestät, in Gegenwart eurer ersten Magistratspersonen geschehen.

Der Herr General Brouard, euer schätzbarer Gouverneur, hat diese Gelegenheit ergriffen, um in folgenden Ausdrücken die Wichtigkeit dieser Handlung für die Provinzen Erfurt und Blankenhayn darzustellen:

Meine Herren!

"Wir sind hier versammelt, um der von Seiner Majestät dem Kayser "der Franzosen und König von Italien anbefohlenen Besitzergreifung "der Domainen-Güter, welche zum Fürstenthume Erfurt und der Grafschaft Blankenhayn "gehören, beyzuwohnen, und sie zu vollziehen.

"Diese Handlung muß für die Einwohner dieser Länder um so erfreulicher seyn, da sie "ihnen von Seiten des Helden, welcher Frankreich regiert, ausgezeichneten Schutz zusichert.

"Sie, meine Herren! wissen so gut, wie ich, wie sehr der Kayser Napoleon "das Schicksal der Völker, deren Regierung er ändert, sich angelegen seyn läßt; diese Ver-"änderung gereicht zu ihrem Wohlstande; diese besondern Vortheile werden zu einer Zeit, "die nicht mehr fern ist, das allgemeine Glück ausmachen, dessen Seine Majestät "die ganze Welt durch einen dauerhaften Frieden, welcher der Hauptzweck Seiner großen "und glücklichen Unternehmungen ist, theilhaft machen will.

"Welches Schicksal also auch, meine Herren! den Erfurter und Blankenhayner Lan-"den bevorstehet, sie mögen unter der unmittelbaren Herrschaft Frankreichs bleiben, oder es "mag Seine Majestät zu Gunsten eines andern Landesherrn darüber verfügen, so "werden ihre Einwohner gewiß den unschätzbaren Vortheil, ihren Handel ausbreiten zu kön-"nen, genießen, und mit Freuden die Hindernisse verschwinden sehen, die ihm seither ent-"gegengestellt waren; dann werden sie für ihre jetzigen, durch die Umstände nothwendig her-"beygeführten Leiden, entschädiget werden.

"Ich empfehle Ihnen, meine Herren Magistratsglieder, diese Versicherungen ihren "Mitbürgern mitzutheilen."

Bewohner der Lande Erfurt und Blankenhayn! fahret fort, euch des besondern Schutzes, den euch Napoleon der Große gewährt, durch eure Unterwürfigkeit unter die Gesetze und durch euern Eifer für Alles, was das Beste Seines Dienstes fordert, würdig zu bezeigen.

Abb. 161. Bekanntmachung des Dekrets über die Inbesitznahme Erfurts und Blankenhains durch Napoleon I. vom 4. August 1807

Die Manufakturen der Familie Taschner, die 1811 nur noch 121 Personen (vorher über 3000) – Heimarbeiter inbegriffen – beschäftigten, verzeichneten ebenfalls einen starken Rückgang. Die Tabakfabrik der Gebrüder Hoffmann und Triebel war nur noch auf die Verarbeitung ungarischer und eigener Tabake angewiesen. Sie konnte von ehemals 60 Arbeitern nur noch 30 beschäftigen. Auch das Handwerk, die Innungen und die 19 nichtzünftigen Gewerke mit ihren 59 Beschäftigten, trugen starke materielle Verluste davon und ihr Auflösungsprozeß wurde somit weiter beschleunigt. Die städtischen Zünfte beschäftigten im Jahr 1811 nur noch 1380 Meister, 502 Gesellen und 196 Lehrlinge, das nichtzünftige Handwerk auf dem Lande 923 Meister, 46 Gesellen und 30 Lehrjungen. Den in Blankenhain und dazugehörigem Gebiet bestehenden 38 Zünften gehörten noch 305 Meister, 33 Gesellen und 21 Lehrlinge an.[52] Der Export ging deutlich zurück. Waren im Jahre 1807 Waren im Werte von 535 706 Reichstalern importiert und Waren im Werte von 663 973 Reichstalern exportiert worden, so wurden 1811 für 936 801 Reichstaler Waren eingeführt, jedoch nur Produkte für 252 691 Reichstaler ausgeführt.

Die stetige Verschlechterung der wirtschaftlichen Lage in Erfurt, die maßlose finanzielle Ausplünderung durch die französischen Behörden und die wachsende Ausbeutung in den Manufakturen und Fabriken führten zur ersten machtvollen Aktion des sich nun verstärkt herausbildenden Frühproletariats, zum Aufstand der Leinewebergesellen vom 2. März 1808. Eine große Anzahl von Arbeitern legte spontan die Arbeit nieder, zog vor das Rathaus und protestierte gegen die maßlose Ausbeutung durch die Unternehmer.[53] Der Protest der Lohnarbeiter, zumeist noch Heim- und Manufakturarbeiter, war die Reaktion auf den Versuch der Manufaktur- und Fabrikbesitzer, die Folgen der Ausplünderung, der Teuerung und der Geldentwertung auf die Arbeiter

[52] Statistique de la Province d'Erfurt adressee par Monsieur De Vismes, Erfurt 1811, Titre VII.

[53] August Griebel, Der Erfurter Weberaufstand vor 150 Jahren, in: Das Erfurter Rad, hrsg. vom Deutschen Kulturbund, Kreisleitung Erfurt-Stadt, H. 4, April 1958, S. 56 f.; Beyer, Neue Chronik, S. 381.

abzuwälzen. Sie zahlten die Löhne in minderwertiger Scheidemünze aus, so daß die Arbeiter bei deren Einlösung um etwa zwei Drittel ihres Lohnes geprellt wurden. Dazu kam eine durch den starken Rückgang der Produktion und die teilweise Stillegung der Manufakturen steigende Arbeitslosigkeit, die viele Arbeiter in Not und Elend stürzte, und der Zustrom erwerbsloser Handwerksgesellen und verarmter Meister sowie des Gesindes vom Lande, die zu Lohnarbeitern wurden. Zwar blieb der Kampf der Leineweber erfolglos, doch hatten sie erstmals die Kraft der Solidarität gespürt.

Durch den Tilsiter Frieden vom 9. Juli 1807 verlor der preußische Staat über die Hälfte seines Territoriums und fast die Hälfte seiner Einwohner. Die ehemals preußischen westelbischen Gebiete mußten an Frankreich abgetreten werden. Sie wurden von Napoleon dem neuen Königreich Westfalen angegliedert. Die Provinz Erfurt erfuhr ein besonderes Schicksal. Durch ein Dekret Napoleons vom 4. August 1807, von dem die Bürgerschaft erst ein halbes Jahr später, am 6. Februar 1808, Kenntnis erhielt,[54] wurde Erfurt mit Blankenhain durch kaiserliche Inbesitznahme, „en son nom personnel" zur „domaine réservé à l'empereur", zu einer kaiserlichen Domäne erklärt. Staatsrechtlich bedeutete das eine Sonderstellung, da Erfurt nicht dem französischen Reich einverleibt wurde, weder selbständig, noch einfaches Besatzungsgebiet war.

Napoleon hatte die militärstrategische Bedeutung Erfurts im Zentrum der besetzten deutschen Territorialstaaten erkannt und die Stadt deshalb unmittelbar seiner Herrschaft unterstellt. Die Einbeziehung des Eichsfeldes in das Königreich Westfalen führte am 1. Februar 1808 zur Auflösung der Kriegs- und Domänenkammer zu Heiligenstadt und am 8. Februar 1808 zur Bildung der Kaiserlichen Königlich Erfurtisch-Blankenhainischen Finanz- und Domänenkammer. Sie unterstand einem französischen Gouverneur, später Intendanten, und war dessen ausführendes Organ. Die Intendanten hatten ihren Sitz nun im Erfurter Regierungsgebäude, das nun Gouvernementsgebäude hieß. Im Gegensatz zu den von Napoleon annektierten Rheinbundstaaten und dem Königreich Westfalen, wo die französische Fremdherrschaft mit der Aufhebung der Leibeigenschaft, der Einführung der Gewerbefreiheit und des bürgerlichen Rechts – Code Civil – sowie anderen Reformen den Zerfall der feudalen Ordnung in Verwaltung und Wirtschaft beschleunigte, kam es in Erfurt nur auf wenigen Gebieten zu gewissen fortschrittlichen Veränderungen. Sie betrafen vor allem das Gewerbe- und das Gesundheitswesen. So war

mit der Leistung einer Patentsteuer die Ausübung eines Gewerbes formell nur noch von der Ausschreibung eines Gewerbescheines abhängig. Im Gesundheitswesen brachten eine Reihe medizinalpolizeilicher Gesetze sowie die Anmeldepflicht bestimmter Infektionskrankheiten Verbesserungen.

Abb. 162.
Nikolaus Heinrich
Dornheim
(1772 bis 1830)
Ölgemälde
(Selbstbildnis)
auf Holz

Bereits im August 1807 mußte auf Anordnung des französischen Gouverneurs der Geburtstag des „großen Kaisers" mit einer festlichen Ausschmükkung der ganzen Stadt begangen werden, was manchem Bürger die Zornesröte ins Gesicht trieb. Die Napoleonsfeste boten jedoch einen Ansatzpunkt für eine minimale kulturelle Betätigung und Unterhaltung der Einwohner, da die drückenden französischen Besatzungs- und Kriegslasten kaum Bedürfnisse und Aktivitäten in dieser Hinsicht weckten. Das geistig-kulturelle Leben der Stadt stand ganz im Schatten des nahegelegenen Weimar, dem Zentrum der deutschen Klassik. Wissenschaft und Kunst waren in Erfurt weder ausgeprägt noch vielseitig und entsprachen den Bedürfnissen einer zurückgebliebenen Provinzstadt. Es gab kaum Persönlichkeiten und Institutionen von Rang, die der kulturellen und geistigen Entwicklung der Stadt hätten Impulse verleihen können. Die Stadt bot einfach keinen Anziehungspunkt für Künstler, da es offensichtlich weder geeignete Institutionen noch private Mäzene gab, die sich als stabile Auftraggeber berufen fühlten.

Die Universität, die kaum noch hervorragende Wissenschaftler besaß und an der durchschnittlich nur noch 26 Studenten pro Semester immatrikuliert

---

[54] StAE, 1-1/XI A-38, Bd. 2, Bl. 100.

wurden, sowie die Akademie nützlicher Wissenschaften, in der wenigstens noch gelegentlich wissenschaftliche Vorträge gehalten wurden, kämpften um ihre Existenz. Auch eine erwähnenswerte Bautätigkeit konnte sich nicht entwickeln, da städtebauliche Um- und Neugestaltungen infolge der Kriegswirren ausblieben. Im Gegenteil, es wurden sogar mehrere ältere Erfurter Pfarrkirchen wie die Benedikti-, Viti-, Johannes- und Matthaeikirche in den Jahren 1809/1810 durch den französischen General-Domänendirektor Gentil, der von Fulda aus alle Domänengüter der von Frankreich besetzten Länder verwaltete, meistbietend zum Abbruch verkauft.

Neben Kunsthandwerk und Literatur waren es vor allem Malerei und Musik, das Theater und in gewissem Grade auch die Naturwissenschaften, die eine gewisse Rolle spielten. Auf dem Gebiet der Landschaftsmalerei leistete der Erfurter Künstler Nikolaus Heinrich Dornheim (1772 bis 1830) Überdurchschnittliches. Ihm verdanken wir vor allem Kenntnis über das gesellschaftliche Leben und das Stadtbild seiner Zeit, insbesondere durch zahlreiche Detaildarstellungen der Stadt und deren Umgebung aus den Jahren 1790 bis 1830. Seine Gemälde, Aquarelle und Federzeichnungen verraten ein angeborenes Feingefühl für Raumgestaltung und Komposition. Dornheim klagte jedoch über die schlechten Bedingungen künstlerischer Tätigkeit.

In der Musik waren es vor allem Johann Wilhelm Häßler (1747 bis 1822) und der Gothaer Hofkapellmeister Louis Spohr (1784 bis 1859), die die Erfurter Kulturlandschaft belebten. Johann Wolfgang von Goethe schätzte das Erfurter Musikleben sehr und war auch bei mehreren Konzerten Häßlers anwesend. Die glanzvollen Erfurter Musikfeste im August 1811 und 1812 in der Barfüßer- und Predigerkirche, zur Feier des Geburtstages Napoleons durch Spohr inszeniert, boten eine willkommene Abwechslung für die kulturell entwöhnten Bürger. Zusammen mit ebenfalls von Spohr geleiteten Musikfesten in Frankenhausen waren sie von Bedeutung für die musikalische Entwicklung in Deutschland. Nicht zuletzt waren sie eine echte vaterländische Bewegung. Sie waren getragen von Ideen des Kampfes um Befreiung von napoleonischer Herrschaft und um einen bürgerlichen Nationalstaat.

Einige musikalische Gesellschaften, wie die „Euphonie" im „Kronprinz", die „Ohrenprobe" im Gasthof „Zum goldenen Schwan" und das „Liebhaber-Konzert" (Academie musique) im „König von Preußen" und andere unterhaltende Gesellschaften des wohlhabenden Bürgertums wie die „Ressource" im Ratskeller, der „Einklang" im „Zum goldenen

Schwan" und die „Casino"-Vereinigung, öffentliche Redouten, Bälle und Konzerte sorgten für Unterhaltung und Zerstreuung der bürgerlichen Kreise. Stätten der Vergnügungen, Geselligkeiten und des Fremdenverkehrs waren die zahlreichen Gasthäuser und Hotels, Kaffeehäuser, Badeanstalten und Volksfeste. Erholung und Entspannung fanden die Bürger in den Anlagen des Dreienbrunnen, der Milchinsel, im Köhlerschen und Vogelschen Garten sowie im ehemaligen Hirschbrühl.

Die in Erfurt bestehenden fünf Buchhandlungen, wie die von Keyser, Beyer und Maring, zwei Leihbibliotheken sowie die wissenschaftlichen Bibliotheken mit ihren umfangreichen historisch wertvollen Beständen wurden rege genutzt. Aktuell informierten sechs Zeitungen und Zeitschriften als Wochen- und Monatsblätter.

Nach wie vor lag Erfurt an den großen Handelsstraßen und war damit auch dem Kommunikationswesen, der Personen-, Paket- und Briefbeförderung angeschlossen. Das königlich-preußische Postamt

mit einem umfangreichen Postverkehr befand sich neben dem Gasthof zum „Römischen Kaiser" auf dem nördlichen Anger Nr. 68.

Die besondere staatsrechtliche Stellung Erfurts war ausschlaggebend für das Treffen Napoleons mit dem russischen Zaren Alexander I., den sogenannten Erfurter Fürstenkongreß vom 27. September bis 14. Oktober 1808. Schon im April 1808 hatte Napoleon dem Zaren das Treffen vorgeschlagen. Alle mit dem französischen Kaiser verbündeten Herrscher Europas, insgesamt 34, kamen nach Erfurt, das so für zwei Wochen zu einem Zentrum europäischer Großmachtpolitik wurde. Die Stadt wurde festlich illuminiert und geschmückt, die Straßen waren ausgebessert und Ehrenpforten errichtet worden. Am 27. September empfingen Magistrat und Deputierte der Bürgerschaft Napoleon vor dem Brühler Tor und überreichten ihm symbolisch die Schlüssel der Stadt. Napoleon wohnte im Gouvernementsgebäude, das mit eigens aus Paris herbeigebrachtem Mobiliar, Gobelins und Kunstwerken ausgestattet wor-

Die offizielle Seite, das „Parkett der Könige", Aristokraten, Fürsten, Diplomaten, Generale und Würdenträger zeigte die beiden Hauptakteure in scheinbar unverbrüchlicher Freundschaft. Empfänge und Bälle wechselten in ununterbrochener Folge mit Schauspielen und Konzerten. Verschiedene Teile der Bürgerschaft bereiteten den Monarchen Ehrenbezeigungen. So führten die Böttcher ihren alle sieben Jahre stattfindenden Reiftanz im Hirschgarten auf. Eine Deputation der Universität überreichte Napoleon am 30. September ein in überschwenglichen Worten gehaltenes Begrüßungs- und Huldigungsprogramm und erlangte durch eine jährliche Zuwendung von 812 Reichstalern das Fortbestehen der Bildungseinrichtung.

Am 2. Oktober 1808 empfing Napoleon Goethe, den er mit den Worten: „Vous êtes un homme" – Sie sind ein großer Mann – begrüßte. In dem einstündigen Gespräch ging es vorwiegend um Fragen der Literatur und des französischen Theaters. Beide Gesprächspartner waren voneinander fasziniert und

Abb. 163. Audienz
Johann Wolfgang von Goethes
bei Kaiser Napoleon I.
im Erfurter
Gouvernementsgebäude
am 2. Oktober 1808

Abb. 164.
Zusammentreffen Napoleons I.
und des Zaren Alexander I.
bei Linderbach

den war. Noch am gleichen Tag empfing Napoleon Alexander I. in der Nähe von Linderbach zwischen Erfurt und Weimar, und unter dem Geläut der Glocken hielten beide Kaiser Einzug in Erfurt. Die ansehnlichsten Erfurter Bürgerhäuser dienten als „maisons de l'empereur". Alexander I. wohnte mit seinem Gefolge im Haus des Fabrikanten Johann Friedrich Wilhelm Triebel, Anger 6.

Goethe erhielt für den Abend eine Einladung ins Theater. Die durch Napoleon ausgewählten 15 Theateraufführungen – Schauspiele großer französischer Dramatiker wie Francois-Marie Voltaire, Jean Racine und Pierre Corneille – verfolgten eine bestimmte politische Absicht, indem sie auf die Weltpolitik anspielten. Zu diesen Vorstellungen waren die besten französischen Schauspieler der

TALMA, dans MANLIUS CAPITOLINUS.
Théâtre Français   *Tragédie*

Et je n'enfonce pas un poignard dans ton sein !
Pourquoi faut-il encore que ma main trop timide
Reconnoisse un ami dans les traits d'un perfide ?
Acte IV Scene II

A Paris chez Martinet rue du Coq n°15

Abb. 165. Francois-Joseph Talma (1763 bis 1826)

Comédie Française, unter ihnen der berühmte Francois-Joseph Talma, nach Erfurt gerufen worden. Das ehemalige Ballhaus der Universität in der Futterstraße wurde speziell für das kaiserliche Hoftheater hergerichtet und deshalb späterhin als Kaisersaal bezeichnet. Eine genau festgelegte Sitzordnung entsprach der Rangfolge der geladenen Gäste. Für den 10. Oktober erhielt Christoph Martin Wieland eine Einladung für eine Audienz bei Napoleon, der diesen Begegnungen mit Absicht große Aufmerksamkeit und Bedeutung beimaß, da Goethe und Wieland nachhaltig auf das Denken und Handeln der Menschen Einfluß nahmen. Zwischen den Empfängen, Festen und Theateraufführungen

führte man im großen Eckzimmer des Gouvernementsgebäudes diplomatische Verhandlungen, an denen nur die beiden Kaiser und deren Minister beteiligt waren.

Am 12. Oktober 1808 wurde eine Bündniskonvention zwischen Frankreich und Rußland unterzeichnet, nach der Napoleon dem Zaren die Donaufürstentümer Moldau und Walachei sowie Finnland zuerkannte, während der Zar Napoleon Spanien überließ und sich im Falle eines österreichischen Angriffs auf Frankreich zu russischem Beistand verpflichtete.

Bewirkte der Erfurter Fürstenkongreß einerseits einen gewissen kurzzeitigen Aufschwung von Wirtschaft und Handel, so brachten Vorbereitung und Durchführung des Treffens andererseits weitere Belastungen für die Bürgerschaft und die Landbewohner. Die Zahl der Unzufriedenen wuchs. Der Ruf nach Auflehnung und Widerstand war unüberhörbar. Der Chef des kaiserlichen Geheimdienstes Charles Schulmeister leitete mit einem kompletten Stab aus Paris die Sicherheitsvorkehrungen während des Fürstenkongresses. Zusammenkünfte wurden überwacht, Verdächtige beobachtet und umfangreiche Recherchen angestellt. Der am 5. Dezember 1808 in Erfurt eingetroffene Marschall Louis Nicolas Davoust etablierte eine geheime Spionagepolizei. Ihr Generalinspektor wurde Kahlert, ein skrupelloser, den Franzosen treu ergebener Mann. Zusätzlich wurde im Juli 1810 eine starke Gendarmerie geschaffen, der Polizeiapparat durch zahlreiche Spitzel und Denunzianten ergänzt. In der Folgezeit wurden sogar Privatkorrespondenzen überwacht, so ein Schreiben aus dem Königreich Westfalen an den Präsidenten der Akademie gemeinnütziger Wissenschaften, von Dacheröden, das hoffnungsvolle Gerüchte über Friedensverhandlungen enthielt.

Anfang des Jahres 1809 wurde die Stadt in zwei Sektionen mit je sechs Quartieren gegliedert. Jede Sektion unterstand einem der beiden Polizeikommissare der Geheimpolizei. Bereits 1810 waren aus den zwei Sektionen zwei Arrondissements mit jeweils sechs Sektionen entstanden. Gleichzeitig wurden nun die Häuser bzw. Grundstücke erstmals straßenweise numeriert. Seit Februar 1809 wurden die wichtigsten Straßen und Gassen sowie öffentlichen Gebäude mit Laternen ausgestattet.

Am 12. Oktober 1809 wurde im Vorhof des Schlosses Schönbrunn bei Wien, wo Napoleon zwischenzeitlich residierte, ein junger Mann mit einem scharfen Messer verhaftet. Es handelte sich um

Friedrich Staps, Sohn eines protestantischen Pfarrers aus Naumburg, der seit Mai 1806 als Lehrling und danach als Arbeiter in der Erfurter Fabrik von Rothstein, Lentin & Co. gearbeitet hatte und seit dem 24. September spurlos verschwunden war. Bei der Vernehmung gestand Staps, er habe Napoleon töten wollen. Am 16. Oktober 1809 wurde er standrechtlich erschossen.

Handelte es sich hier offenbar noch um eine spontane Einzelaktion, so wuchs nun der organisierte Widerstand. Geheimbünde breiteten sich wie in allen besetzten deutschen Gebieten auch in Erfurt

wurden der ehemalige französische Offizier und Weinhändler in Erfurt, Theodor Bellemain, sowie der Buchhändler Franz Maring beauftragt. Mitte Juli 1810 reisten beide in geheimer Mission nach Paris ab, wo sie die Bittschrift Napoleon persönlich übergaben und eine Untersuchung der Vorgänge in Erfurt erwirkten.

Der Geheimpolizei war jedoch die geheime Verschwörung nicht verborgen geblieben. Bei den zahlreichen Observationen wurde bei Kaufmann Georg Christoph Feder, der zum engeren Kreis der soge-

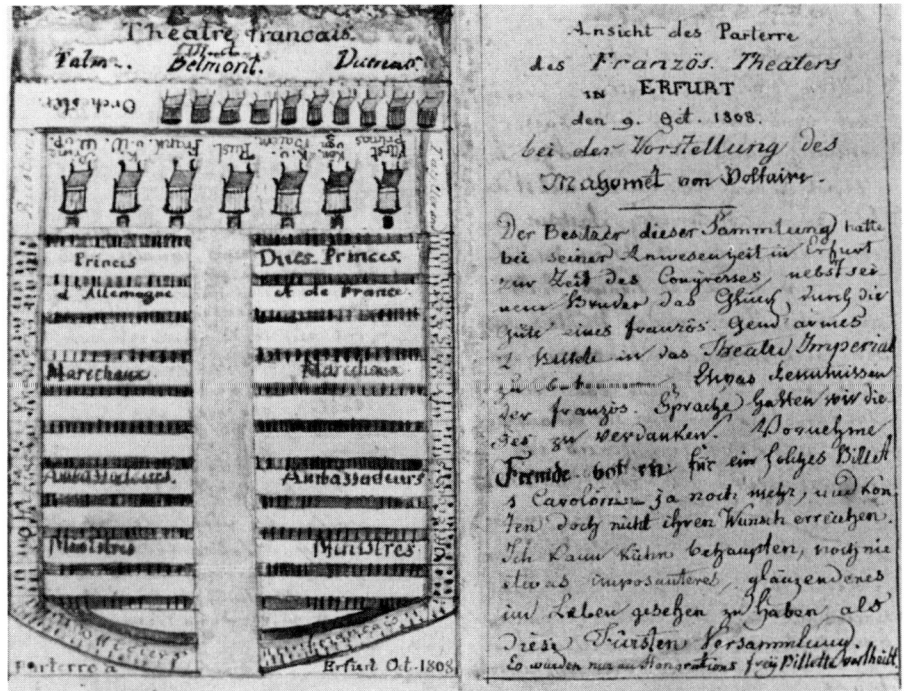

Abb. 166 a/b. Sitzplan des französischen Theaters in Erfurt 1808

aus. So scharte sich 1810 um eine Gruppe von 44 Erfurter Bürgern, unter ihnen Fabrikanten, Kaufleute und Vertreter der Intelligenz, eine Anzahl Unzufriedene, die in geheimen Zusammenkünften eine Beschwerdeschrift an Napoleon über die Willkür der französischen Beamten, insbesondere über die korrupte städtische Verwaltung sowie über die hohen Steuern und Abgaben entwarfen und diese durch zwei Deputierte nach Paris bringen ließen.[55] Zur Finanzierung und Geheimhaltung des Unternehmens wurde eine Geldsammlung, getarnt unter dem Motto „Einzahlungsbeträge für ein Vogelschießen", durchgeführt. Mit der Überbringung der Petition

nannten „44er" gehörte, ein Konzept des Schreibens an Napoleon gefunden, so daß man über dessen Inhalt informiert war. In fieberhafter Eile versuchte nun die Verwaltungskammer möglichst alle Spuren ihrer unsauberen Geschäfte zu verwischen und sich auf die bevorstehende Untersuchung vorzubereiten. Die Bürgerschaft wurde mit dem sogenannten „Murrpatent" vom 3. Oktober 1810 aufgefordert, nicht mit den „44"ern zu sympathisieren. Bellemain und Maring wurden nach ihrer Rückkehr sofort in-

---

[55] Ebenda, 1-1/I d-26, Bl. 35 ff.; Johann Philipp Müller, Erfurt unter französischer Oberherrschaft vom 16. Oktober 1806 bis 6. Januar 1814, o. O. 1814, S. 49 ff.; Beyer, Neue Chronik, S. 450 ff.

haftiert. Dennoch wurden die beiden mit der Untersuchung beauftragten kaiserlichen Beamten mit Beschwerden der Kaufleute und Zünfte überhäuft.

Die Antwort der Verwaltungskammer auf die Beschwerden war ein Muster an bürokratischer Raffinesse und Heuchelei. Man verschanzte sich hinter der Autorität des Intendanten und den kaiserlichen Verordnungen, wies die Beschwerden ab und beendete die Untersuchung ohne Ergebnis. Die unzufriedene Bürgerschaft ließ sich jedoch weder einschüchtern noch beschwichtigen und beschloß, Bellemain erneut mit einer Petition nach Paris zu senden. Diese zweite Beschwerdeschrift vom 13. Oktober 1810 war von 200 Erfurter Bürgern unterzeichnet; aber auch von ihr erhielt die Geheimpolizei Kahlerts Kenntnis. Der Intendant De Vismes, der sich während seiner Amtszeit in Erfurt sehr verhaßt gemacht hatte, stellte die Bittsteller in Paris als Unruhestifter und Treulose hin, die mit preußischen Untertanen jenseits der Elbe in aufrührerischer Verbindung stünden. Bellemain wurde erneut verhaftet und sechs Monate lang im Grande Force in Paris inhaftiert und die Petition abgewiesen.

Zeitigte das Vorhaben der „44"er keine greifbaren Erfolge für die Bürgerschaft, so war es doch Ausdruck des Mutes und des Willens der bürgerlichen Opposition zum organisierten Widerstand. In einer Bekanntmachung vom 3. Oktober 1810 untersagte die Verwaltungskammer, weitere Klagen und Bittschriften an Napoleon zu richten und drohte neuen Petenten mit militärischer Exekution.

Eine bedeutende Rolle bei der Unterstützung und Aktivierung des antinapoleonischen Widerstandskampfes spielten die Zeitungsherausgeber. Johann

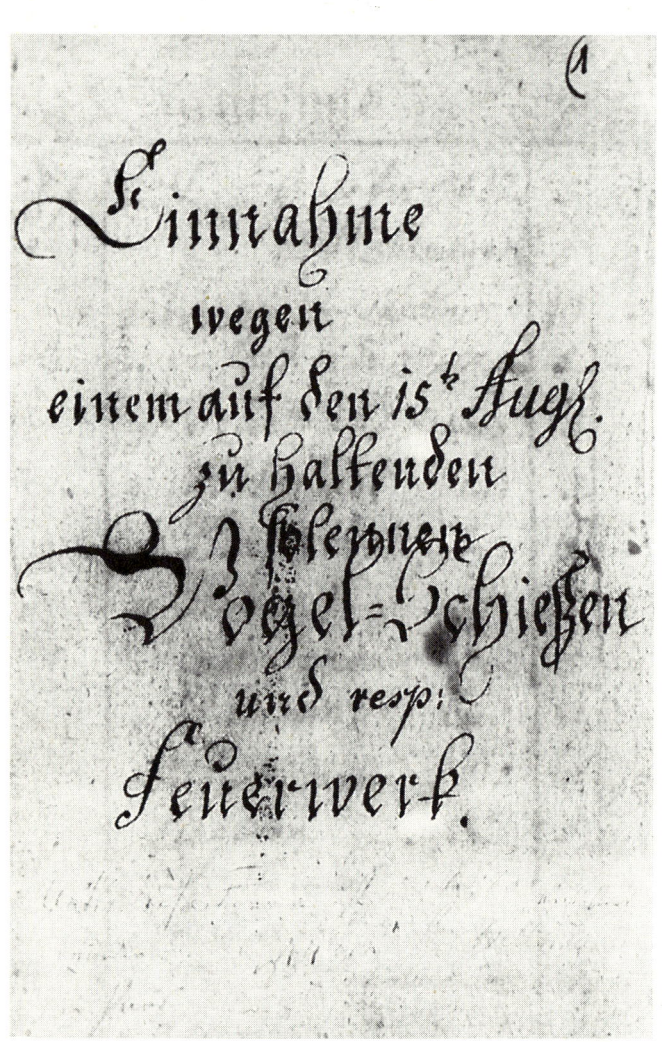

Abb. 167. Titelblatt des Heftes, in dem die Beiträge für die Aktion der „44" verzeichnet sind

Publikandum.

Um dem beständigen Murren, in dessen Verbreitung mehrere übelgesinnte Einwohner hiesiger Stadt ein Vergnügen finden, in der Absicht, ihre Mitbürger zum Ungehorsam zu verleiten, und dieselbe von Bezahlung der Auflagen abzuhalten, ein Ende zu machen, wird hiermit, in Gemäßheit eines von dem Herrn Intendanten unterm heutigen erlassenen Schreibens, sämmtlichen Einwohnern der hiesigen Provinz und der Grafschaft Blankenhayn bekannt gemacht, daß alle diejenigen Personen, welche eine vorgebliche Bittschrift an Sr. Majestät in Betreff der Klagen über die dem Lande aufgelegte Lasten und besonders über Unsere Verwaltung unterschrieben haben, wenn sie binnen drei Tagen ihre ganze Vermögens-Steuer, auf welche sie geschätzt sind, nicht bezahlen, nach Verlauf dieser Frist durch militärische Execution hierzu angehalten werden sollen.

Zugleich wird denselben bemerklich gemacht, daß sie, wenn sie sich ferner unterstehen, die geringste Handlung, welche dem Interesse Sr. Majestät oder der öffentlichen Ordnung nachtheilig ist, zu unternehmen, ins Hauptquartier der Armee geschickt werden sollen, wo man ihnen vollkommene Gerechtigkeit widerfahren lassen wird.

Der Herr Intendant, dem die Sorgfalt und Thätigkeit, mit welcher die unterzeichnete Kammer jedes der Einzahlung der Revenuen Sr. Majestät entgegenstehende Hinderniß beseitigte, so wie die Festigkeit in Erreichung der Uns gewordenen Maasregeln nicht entgangen sind, hat Uns in obbemeldeten Schreiben seine völlige Zufriedenheit zu erkennen gegeben, und Uns beauftragt, dieselbe ebenfalls sämmtlichen Einwohnern Erfurts, des platten Landes und der Grafschaft Blankenhayn über ihre Mitwirkung zur Ausübung der Uns befohlnen Maasregeln und ihren bewiesenen Gehorsam öffentlich bekannt zu machen.

Erfurt, den 3ten Oktober 1810.

Kaiserlich Königliche Finanz- und Domainen-Kammer,
von Resch.

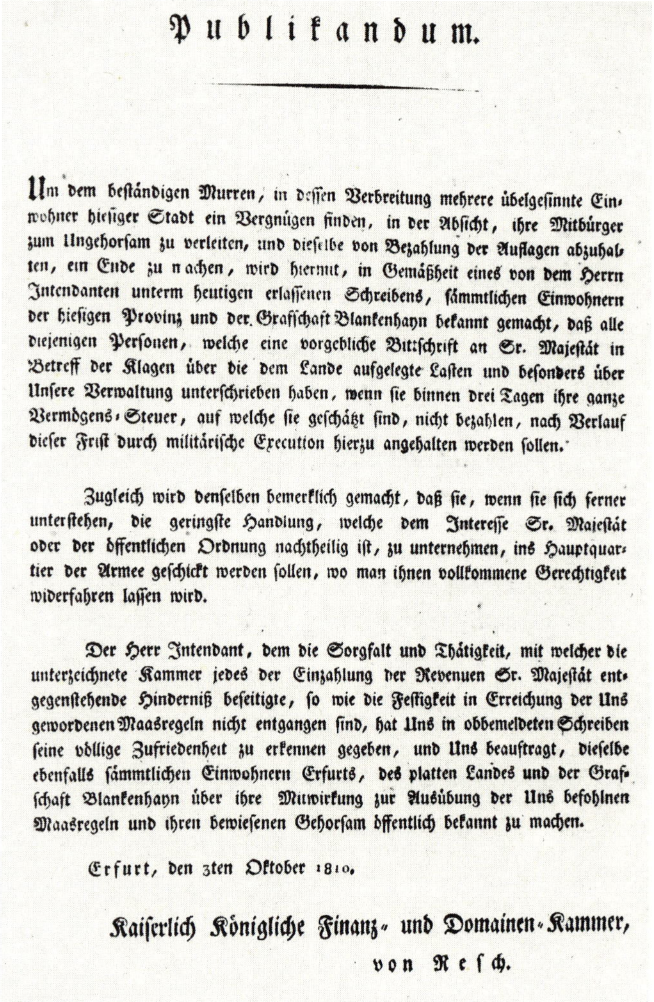

Abb. 168. Das „Murrpatent" vom 3. Oktober 1810

Abb. 169. Das Dorf Daberstedt bei Erfurt (Federzeichnung von N. H. Dornheim)

Friedrich Nonne, der Herausgeber der „Neuen Allgemeinen Weltbühne", kritisierte offen die napoleonische Fremdherrschaft und informierte die Leser über Ausschreitungen der französischen Besatzungsbehörden, über Auswirkungen der napoleonischen Eroberungspolitik und über die Notlage der Bevölkerung. Auf diese Weise suchte er die Bevölkerung über die Politik der französischen Großbourgeoisie aufzuklären und zu mobilisieren. Nonne wurde daraufhin verhaftet und seine Zeitung verboten. Der Druck antifranzösischer Artikel in den Zeitungen wurde untersagt, die Pressezensur verschärft.

Der Anfang April 1809 ausgebrochene Krieg zwischen Frankreich und Österreich brachte für die Provinz Erfurt weitere Belastungen, und die Niederlage der napoleonischen Armee im Rußlandfeldzug 1812 neue Opfer für die Bevölkerung. Zur Ausbesserung und Verstärkung der Festung Petersberg wurden über 3000 Bewohner zu Schanzarbeiten aus den Erfurter Dörfern herangezogen. Die Ortschaften waren zu großen Holzlieferungen für Palisaden verpflichtet. Viele Bauern hatten Vorspanndienste zu leisten. Der Nimbus der Unbesiegbarkeit der Grande Armée war jedoch erschüttert. Das gab der nationalen Befreiungsbewegung großen Auftrieb.

Eine wichtige Rolle bei der Aktivierung des Befreiungskampfes spielten der im April 1808 in Königsberg gegründete „Tugendbund" und der im Spätherbst 1810 in Berlin geschaffene „Deutsche Bund". Der „Deutsche Bund", eine bürgerlich-oppositionelle Vereinigung, hatte sich bis 1811 in allen deutschen Ländern ausgebreitet. Neben dem Hauptverein in Berlin unter Leitung Justus Gruners entstanden in vielen Orten, so auch in Erfurt, Zweigvereine. Der wichtigste Verbindungsmann und Agent Gruners in Erfurt war Sixt von Arnim. Als Sohn des Arztes Wilhelm Sixt am 6. Januar 1786 in der Allerheiligenstraße 5, im Haus „Zum Blumenstein" geboren, nannte er sich seit seiner Immatrikulation an der Alma mater Jenensis Sixt von Arnim. Neidhardt von Gneisenau verkehrte oft im Sixtschen Hause und trug sicherlich sehr zu dessen patriotischer Haltung bei. Auf öffentlichen Gesellschaften und Veranstaltungen rief Sixt offen zum Widerstand auf. In geheimen Zusammenkünften berichtete er über die französische Besatzungspolitik in Erfurt und erhielt Instruktionen für seine weitere Arbeit, die ihn auch nach Prag, Sachsen, in den süddeutschen Raum und an den Rhein führte.[56]

56 ZStA Merseburg, Rep.. 77, XVII, Gen. Nr. 21, Bd. 1, Bl. 118 ff.

Die Furcht der preußischen und österreichischen Reaktion vor einer Ausweitung der Befreiungsbewegung war so groß, daß man ihr in den Rücken fiel. Gruner und einige seiner Verbindungsmänner wurden verraten und im August 1812 zum Tode verurteilt. Sixt von Arnim wurde am Abend des 20. Oktober 1812 verhaftet und im „Paradies", einem kellerartigen Kerker neben dem Rathaus, danach auf dem Petersberg und schließlich in St. Pelegie bei Paris eingekerkert. Am 1. April 1814, nach dem Einmarsch der verbündeten Armeen, wurde er freigelassen. Durch königlich-preußische Kabinettsorder vom 28. September 1837 auf Grund seiner Verdienste geadelt, erhielt er vier Jahre später die Zustimmung, den Namen Sixt von Arnim weiterhin tragen zu dürfen. Wie aus dem Schriftwechsel verschiedener Patrioten hervorgeht, waren trotz der vielerorts erfolgten Verhaftungen umfassende Vorbereitungen für einen Aufstand getroffen worden, in dem Erfurt eine besondere Rolle spielen sollte, da die französische Besatzung klein war und außerdem maßgebende Polizeiangehörige und Militärpersonen gewonnen waren.

Das bereits am 27. Oktober 1810 verhängte Verbot aller aufrührerischen Bewegungen und geheimbundlichen Zusammenkünfte wurde am 4. April 1813 durch eine kaiserliche Proklamation untermauert. Mit umfangreichen Zwangsmaßnahmen versuchten die französischen Offiziere und ihre Helfershelfer einer Erhebung vorzubeugen. So wurde ein Zinngießer verhaftet, weil er Soldatenfiguren der Befreiungsarmee gegossen und verkauft, der Buchhändler Keyser, weil er ein russisches Wörterbuch gedruckt und verlegt hatte. Ein Barbier wurde bestraft, weil er verlauten ließ, die russische Armee sei bereits in Berlin. Die Bürgerschaft verweigerte die Lieferungen für die Verproviantierung der Festung Petersberg.

Um „Ruhe und Ordnung" in der Stadt aufrechtzuerhalten, ließ der französische Intendant durch Bekanntmachung des Magistrats vom 2. April 1813 eine Bürgergarde aufstellen, die jegliche patriotische Aktionen unterdrücken sollte. Darüber hinaus erhielten Polizei und Gendarmerie weitgehendere Befugnisse und Aufgaben. Mit besonderem Interesse überwachte die Geheimpolizei die Buchdrucker und Zeitungsherausgeber.

Die seit 1810 sich zuspitzenden politischen und ökonomischen Gegensätze zwischen dem bürgerlichen Frankreich und dem feudalen Rußland, das mit der Kontinentalsperre gebrochen hatte, führten 1812 zur entscheidenden kriegerischen Auseinandersetzung, die mit einer vollständigen Niederlage der Ar-

meen Napoleons endete. Sie veränderte das militärische Kräfteverhältnis in Europa, leitete den Zusammenbruch des napoleonischen Herrschaftssystems ein und gab das Signal zum Befreiungskampf der unterdrückten Völker.

Eine Bekanntmachung des Magistrats vom 12. Januar 1813 rief unter der Bevölkerung besondere Empörung hervor. Sie ordnete auf der Grundlage eines kaiserlichen Dekrets vom 6. Januar 1813[57] die Aushebung von 1000 Konskribierten an. Infolge der empfindlichen Niederlage der Grande Armée in Rußland – sie bestand aus Angehörigen fast aller unterdrückten europäischen Nationen – sollten nun auch Erfurter Bürger zu Söldnerdiensten in Napoleons Armee gezwungen werden. Kurz vor Abtransport der Neukonskribierten am 19. Juli 1813 kam es vor dem Gouvernementsgebäude zwischen einem Rekruten und einem französischen Offizier zu einem Handgemenge. Es bildete den Anlaß für die Bürgerschaft, ihrem Haß gegenüber dem französischen Militär und den französenfreundlichen städtischen Beamten Ausdruck zu verleihen. Die beschwichtigenden Worte des Bürgermeisters Weißmantel gingen in Schmährufen und Angriffen gegen die städtischen Verwaltungsbeamten unter, die nun gezwungen waren, sich vor der aufgebrachten Menschenmenge in Sicherheit zu bringen. Die Aufständischen – unterstützt durch die Konskribierten – zwangen die französischen Soldaten und die Gendarmerie zum Rückzug, stürmten die Wohnhäuser der städtischen Beamten und zerstörten teilweise deren Besitz. Schließlich wurde durch die auf dem Anger zusammengezogene französische Garnison und den Einsatz polnischer Lanzenreiter die Menschenmenge auseinandergetrieben. Aus ihren Verstecken heraus gaben Kahlert und Weißmantel Befehl, Ruhe und Ordnung wiederherzustellen und forderten die Konskribierten auf, sich am 20. Juli 1813 zum Abmarsch einzufinden. Noch am gleichen Tag erfolgte der Abmarsch des Konskribierten-Kontingents nach Brest in der Bretagne, wo es am 24. September eintraf.

In den nächsten Tagen wurden über 20 Personen verhaftet, wegen „Aufruhr" und „Plünderung" angeklagt und am 3. August 1813 vor ein französisches Militärgericht gestellt. Der zweiundzwanzigjährige Tagelöhner Johann Christian Schnabel und der gleichaltrige Tünchergeselle Johann Georg Günscher wurden als angebliche „Urheber des Aufstandes" zum Tode verurteilt. Am 4. August 1813 wurden

---

[57] StAE, 1-1/I d-24, Bd. 4, Bl. 27.

Abb. 170. Rückzug der napoleonischen Armee vom 23. bis 25. Oktober 1813 durch Erfurt
nach ihrer Niederlage in der Völkerschlacht bei Leipzig (Aquarell von J. S. Beck)

sie morgens um fünf Uhr auf dem Holzplatz vor dem Brühler Tor erschossen.[58]

Die Angst der französischen Unterdrücker und ihrer städtischen Helfershelfer vor weiteren Widerstandsaktionen wuchs. Sämtliche Bier- und Branntweinstuben wurden geschlossen, den Bürgern untersagt, die Befestigungswälle zu besteigen und bei Androhung hoher Strafen verboten, Waffen, Munition, Pferde und andere Ausrüstungsgegenstände von den französischen Soldaten zu kaufen. Fremde

durften nur nach vorheriger polizeilicher Anmeldung die Stadt betreten.

Die Niederlage der französischen Armee in der Völkerschlacht bei Leipzig veranlaßte den französischen Gouverneur, Generalmajor Baron d'Alton, Sicherungs- und Verteidigungsmaßnahmen für eine mögliche Belagerung einzuleiten. Bereits am 24. Februar 1813 wurde die Zitadelle Petersberg durch einen kaiserlichen Befehl in Belagerungszustand versetzt. Am 25. April besichtigte Napoleon eingehend alle Befestigungsanlagen der Stadt, besonders die des Petersberges und der Cyriaksburg, und gab Anweisungen zu deren weiterem Ausbau. Ab Juli 1813 arbeiteten täglich über 900 Bewohner der Provinz, zumeist Bauern, an den Befestigungsanlagen. Dabei holzte man die alten Pappeln und Linden auf den Wällen ab, brach eine größere Zahl Häuser am Petersberg ab, setzte das gesamte Dreienbrunnenfeld unter Wasser und brannte am 29. Oktober 1813 abends das Dorf Daberstedt nieder.

Abb. 171. Blockadeschein

[58] Ebenda, 1-1/XVI-26, Bl. 1 ff.; Willibald Gutsche, Der Kampf der Erfurter Bevölkerung gegen die Napoleonische Fremdherrschaft 1813, in: AVE, Bd. I, Erfurt 1955, S. 15 ff.

Abb. 172. Die 1811 geschaffene Napoleonshöhe mit Napoleonstempel im Erfurter Steiger
(Ölgemälde von N. H. Dornheim, Ausschnitt). In der von Hunden umgebenen Gruppe der französische Intendant
De Vismes, Kammerpräsident von Resch und der Historiker Prof. Dominikus.

Abb. 173. Beschießung der Stadt am 6. November 1813 vom Steiger aus (Kolorierter Kupferstich von J. S. Beck)

Wenige Tage nach der Leipziger Schlacht drang die Kunde vom Sieg der Befreiungstruppen auch nach Erfurt. Einige Tage später zogen die geschlagenen und völlig aufgelösten napoleonischen Truppen in Erfurt ein. Der Anblick der einst so stolzen Grande Armée war grauenhaft: Verkrüppelte, hungernde, völlig zerlumpte und demoralisierte Soldaten überschwemmten die Stadt. Die Kirchen und Hospitäler waren mit Verwundeten überfüllt, die Häuser mit mannigfacher Einquartierung belegt. Viele Bürgerhäuser wurden geplündert und die meisten Nahrungsmittel geraubt. Auch die Bewohner der umliegenden Dörfer wurden drangsaliert und mißhandelt, ihre Häuser zerstört, das Vieh weggetrieben und Ilversgehofen im Norden der Stadt in Brand gesteckt.

Napoleon, der am Morgen des 23. Oktober in Erfurt eintraf, versuchte in aller Eile seine Truppen zu reorganisieren und sie mit Munition, Lebensmitteln und Bekleidungsstücken neu auszurüsten. Am nächsten Tag gab er letzte Instruktionen zur Verteidigung der Stadt. Am 25. Oktober, früh drei Uhr, verließ Napoleon Erfurt, nachdem bereits in derselben

Nacht alle seine Truppen – bis auf eine kleine Festungsbesatzung von 6000 Mann – in größter Stille abgerückt waren. Den geschlagenen napoleonischen Truppen waren unmittelbar die ersten Verbände der verbündeten Armeen nach Erfurt gefolgt und hatten in den umliegenden Dörfern Stellung bezogen. Bereits am 25. Oktober war die Stadt von der Befreiungsarmee eingeschlossen.

Die Bürgerschaft erwartete ungeduldig den Tag der Befreiung. Am 30. Oktober wurde der Buchhändler Keyser abermals verhaftet. Mit ihm wurden gleichfalls der Justizkommissar Johann Andreas Born, der Medizinalrat Johann Friedrich Christoph Fischer und der Arzt Wilhelm Sixt auf dem Petersberg inhaftiert, weil sie sich öffentlich und freimütig für den Widerstand gegen die französische Fremdherrschaft ausgesprochen hatten. Die Requisitionen des Gouverneurs wurden nun noch drückender. Um sie zu forcieren, bildete er am 28. Oktober 1813 eine permanente Administrationskommission. Infolge der Blockade waren die Lebensmittel knapp geworden, die Preise dadurch unaufhörlich gestiegen. Um die Preislawine einigermaßen aufzuhalten, wurden

Abb. 174. „Vor den Graden", heute Domplatz, mit den bei der Beschießung der Stadt zerstörten Gebäuden, Obelisk für Erzbischof Erthal und Minervabrunnen (Deckfarbenmalerei von J. G. Wendel)

verbindliche Preise für die wichtigsten Lebensmittel festgesetzt. Außerdem verfügte d'Alton am 1. November zur „Deckung der außerordentlichen städtischen Kriegsleistungen" Kassenscheine im Wert von 27 000 Reichstalern zu fertigen. Ausgegeben wurden jedoch nur Blockadescheine im Wert von 20 191 Reichstalern.[59]

Die ersten zwölf Tage der Blockade verliefen ohne entscheidende militärische Aktionen. Da für eine förmliche Belagerung der Stadt die vorhandenen Geschütze – 66 Feldkanonen – und die Munition nicht ausreichten, beabsichtigte das 34 900 Mann starke, aus preußischen, österreichischen und russischen Truppenteilen bestehende Belagerungskorps unter dem Kommando von Generalleutnant Friedrich von Kleist, durch gezielten Artilleriebeschuß die Festung Petersberg zu zerstören und so die Kapitulation zu erzwingen. Außerdem sollte die Stadt vollkommen eingeschlossen und die Wasserleitung im Borntal – Wasserversorgung für die Festung Petersberg – unterbrochen werden. Mit heimlicher Freude beobachteten die Erfurter Bürger am 1. November die Vernichtung des Napoleon-Tempels auf der Steigerhöhe durch Artilleriebeschuß. Dieses Denkmal war auf Betreiben des Kammerpräsidenten von Resch zu Ehren Napoleons am 15. August 1812 eingeweiht worden.

Am 6. November 1813, früh 6 Uhr, begann die Beschießung der Festung Petersberg. Schon bald brannten die Häuser auf der Nordseite des Platzes „Vor den Graden", heute Domplatz, entlang der Fingerlings- und Fleischgasse, Unter den Häringern, Unter den Schilderern und auf dem Rubenmarkt lichterloh. Noch schlimmer sah es auf dem Petersberg aus. Viele der Unterkünfte, Magazine und Depots standen in Flammen, Teile der Befestigungsanlagen waren zerstört. Am späten Nachmittag gerieten die Peterskirche und die Klostergebäude in Brand. Am Abend, gegen 9 Uhr, wurde das Bombar-

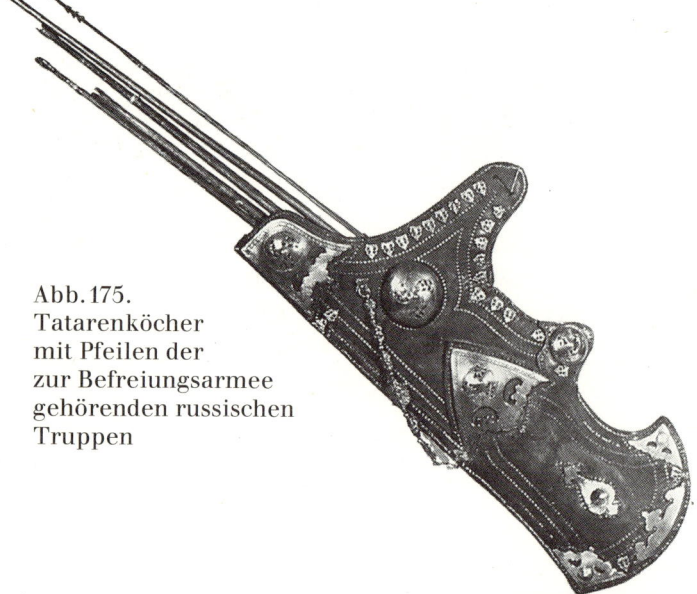

Abb. 175.
Tatarenköcher
mit Pfeilen der
zur Befreiungsarmee
gehörenden russischen
Truppen

---

[59] StAE, 1-1/V b-30, Bl. 8 R f.; StAM, Rep. B 37, A IV, Nr. 28, Bd. 1, Bl. 4.

dement eingestellt, nachdem die Hauptkräfte der Franzosen stark demoralisiert und die Kapitulation der Festungsbesatzung nur noch eine Frage der Zeit schien. Dennoch gelang es dem Gouverneur d'Alton, die Übergabe noch zwei Monate hinauszuzögern.

Am 7. November wurden zunächst ein Waffenstillstand geschlossen und Verhandlungen begonnen. Inzwischen wurden in aller Eile die größten Schäden auf dem Petersberg und dem Platz „Vor den Graden" behoben. Letzterer wurde durch einen Palisadenzaun mit der Festung verbunden. Die am 21. Dezember zwischen der französischen Besatzung und dem Belagerungskorps abgeschlossene Konvention, die Generalleutnant von Kleist am gleichen Tag dem Magistrat mitteilte, sah die Übergabe der Stadt für den 6. Januar 1814 an die Preußen vor. Der Gouverneur versprach, keine Requisitionen und Kontributionen mehr auszuschreiben sowie alle noch arretierten Bürger freizulassen.

Vor allem während der Blockade und infolge der verstärkten Repressalien der Franzosen wuchs der Widerstandswillen der Erfurter Bevölkerung. Mitte Dezember 1813 waren an verschiedenen Stellen der Stadt Aufrufe zum bewaffneten Aufstand gegen die französische Besatzung angebracht. Der Gouverneur antwortete mit Geiselnahmen und verhängte über die Stadt den Ausnahmezustand. Am 15. Dezember wurden 28 Bürger verhaftet und als Geiseln auf den Petersberg gebracht. D'Alton machte die Freilassung der Geiseln von der Aufbringung einer Kontribution in Höhe von 34091 Reichstalern bis zum 21. Dezember, abends 8 Uhr, abhängig. Am Abend des Tages wurden die Geiseln bis auf sieben Bürger wieder freigelassen, nachdem 20000 Reichstaler an den Kommandanten abgeliefert worden waren. Die weiterhin inhaftierten Bürger waren wegen offener Kritik und Verweigerung französischer Befehle mit persönlichen Strafen belegt worden, mußten aber am 31. Dezember wieder in Freiheit gesetzt werden. Kurz nach der Entlassung verstarb ein Bürger an den Folgen der Haft.

Am 6. Januar 1814 frühmorgens wogte eine unübersehbare Menschenmenge in Richtung Schmidtstedter Tor, wo unter Glockengeläut und unbe-

Abb. 176. Französischer Holzmarkt „Vor den Graden" im Dezember 1813 (Ölgemälde von J.S. Beck)

Abb. 177. Zerstörung des Napoleonobelisken auf dem Anger am 6. Januar 1814 (Aquarell von J. S. Beck)

schreiblichem Jubel die Befreiungsarmee in die Stadt einmarschierte. Am Vortag noch hatte der Gouverneur angeordnet, daß kein Bürger beim Einmarsch der Belagerungstruppen die Straße betreten dürfe. Unmittelbar mit dem Einmarsch der verbündeten Truppen kam es auf dem Anger vor dem „Römischen Kaiser" zu einem Zwischenfall: ein französischer Offizier, der auf eine Gruppe Erfurter hatte schießen lassen, wurde von einem Kaufmannsdiener erstochen. Die Wache, die geschossen hatte, wurde von den empörten Bürgern überwältigt und entwaffnet. Inzwischen setzten andere Bürger den unweit stehenden Napoleon-Obelisken in Brand, der drei Jahre lang Symbol der Unterdrückung gewesen war.[60] Eine siebenjährige Schreckensherrschaft, die die Stadt und das Land sowie die Bewohner fast vollkommen ruiniert hatte, war zu Ende. Erst am 7. Mai räumten die letzten 1700 Mann starken französischen Besatzungstruppen die beiden Zitadellen Petersberg und Cyriaksburg. Inzwischen hatte sich die napoleonische Armee hinter den Rhein zurückgezogen. Das erste Ziel der Verbündeten, die Befreiung der rechtsrheinischen deutschen Gebiete war erreicht.

Die patriotische Bewegung drängte jedoch auf eine Fortsetzung des Krieges, auf den endgültigen Sturz der napoleonischen Dynastie. Als zur Bildung von Freiwilligenverbänden aufgerufen wurde, eilten deshalb auch viele Erfurter in die Reihen der Befreiungsarmee. Bereits kurz nach Bekanntmachung eines Aufrufs am 9. Januar 1814 hatten sich über 300 Freiwillige gemeldet. Das Erfurter Jäger-Detachement war bald aufgestellt. Am 16. Februar 1814 erfolgte sein Abmarsch. Nach 111 Tagen, nach der Kapitulation der französischen Hauptstadt am 30. März 1814, kehrten die Erfurter Freiwilligen unter großem Jubel der Bürgerschaft zurück. Der Unabhängigkeitskampf beseitigte nicht nur das Joch der französischen Fremdherrschaft, sondern stärkte auch das Bewußtsein und das Vertrauen der Volksmassen in ihre eigene Kraft und förderte das Streben nach Schaffung eines bürgerlichen Nationalstaates. Es war dies zugleich ein Höhepunkt im Prozeß der Ablösung des Feudalismus durch die kapitalistische Gesellschaftsordnung.

[60] Johannes Biereye, Die Befreiung Erfurts von der napoleonischen Fremdherrschaft, o. O. u. J., S. 186 f.

KAPITEL
VII

Weitere Entfaltung des Kapitalismus am Vorabend der Bürgerlich-demokratischen Revolution (1815 bis 1847)

von Ulrich Heß

1.
POLITISCHE, WIRTSCHAFTLICHE, SOZIALE UND KULTURELLE VERHÄLTNISSE NACH DEM WIENER KONGRESS (1815 BIS 1830)

Den von den Völkern in den Befreiungskriegen erkämpften Sieg über Napoleon und die französische Militärdiktatur nutzten die Fürsten zu einer auf dem Wiener Kongress 1815 festgelegten Restauration. Unter Führung des russischen Zarismus bildeten sie die „Heilige Allianz", ein Bündnis zur Behauptung der geschichtlich überlebten feudalen Gesellschaftsordnung. Preußen wurde nach dem Abbruch der Reformära neben Rußland und Österreich ein Hauptträger dieser reaktionären Bestrebungen. Die beiden deutschen Großstaaten nutzten die Karlsbader Beschlüsse von 1819, um ihren reaktionären Einfluß auf alle deutschen Staaten zu verstärken. Dennoch setzten sich die kapitalistischen Produktionsverhältnisse in Preußen weiter durch. Dadurch verschärfte sich der Hauptklassengegensatz zwischen der teils noch feudalen, aber schon zur kapitalistischen Agrarproduktion übergehenden Aristokratie als der herrschenden Klasse und der aufkommenden Bourgeoisie. Gleichzeitig traten aber auch die ersten Widersprüche zwischen der Bourgeoisie und dem Proletariat hervor.

Die Neugestaltung Deutschlands auf dem Wiener Kongreß war auch für die weitere Entwicklung der Stadt Erfurt unter den Bedingungen der sich immer deutlicher durchsetzenden kapitalistischen Gesellschaftsordnung von weittragender Bedeutung. Preußen wollte die an seiner Südgrenze gelegene Festung, die es 1806 verloren hatte, wiedergewin-

nen. Sie sollte zum militärisch beherrschenden Punkt inmitten der zersplitterten thüringischen Kleinstaaten ausgebaut werden und über den Thüringer Wald nach Süden ausstrahlen. Auf Erfurt erhob aber auch das Großherzogtum Sachsen-Weimar-Eisenach, nunmehr der größte thüringische Staat, Ansprüche.[1] Der Weimarer Großherzog stützte sich dabei auf das nahe verwandte russische Zarenhaus. Schließlich einigte man sich dahin, daß die Stadt Erfurt, die einen schmalen Zugang nordwärts nach Preußen erhielt, an das Königreich fiel, während das Erfurter Landgebiet Sachsen-Weimar-Eisenach angeschlossen wurde. Preußen ergriff am 21. Juni 1815 vom ganzen Fürstentum Erfurt mit Blankenhain erneut Besitz und trat am 28. September 1815 das Erfurter und Blankenhainer Landgebiet an Sachsen-Weimar-Eisenach ab.

Diese ungünstige Territorialregelung und der Ausbau zur „Festung I. Ranges" wirkten sich auf die Entwicklung der Stadt außerordentlich nachteilig aus. Ihr wurde die Möglichkeit entzogen, zum politischen und wirtschaftlichen Zentrum Thüringens zu werden. Weniger der Anschluß an Preußen an sich, sondern weit mehr die Tatsache, daß die Stadt dadurch „mitten in fremde Staaten eingezwängt" wurde, sowie die Unmöglichkeit, sich außerhalb der Festungswälle auszu-

---

[1] Fritz Hartung, Das Großherzogtum Sachsen unter der Regierung Carl Augusts 1775–1828, Weimar 1923, S. 266 ff.

Abb. 178.
Friedrich Christian Adolf von Motz
(1775 bis 1830)

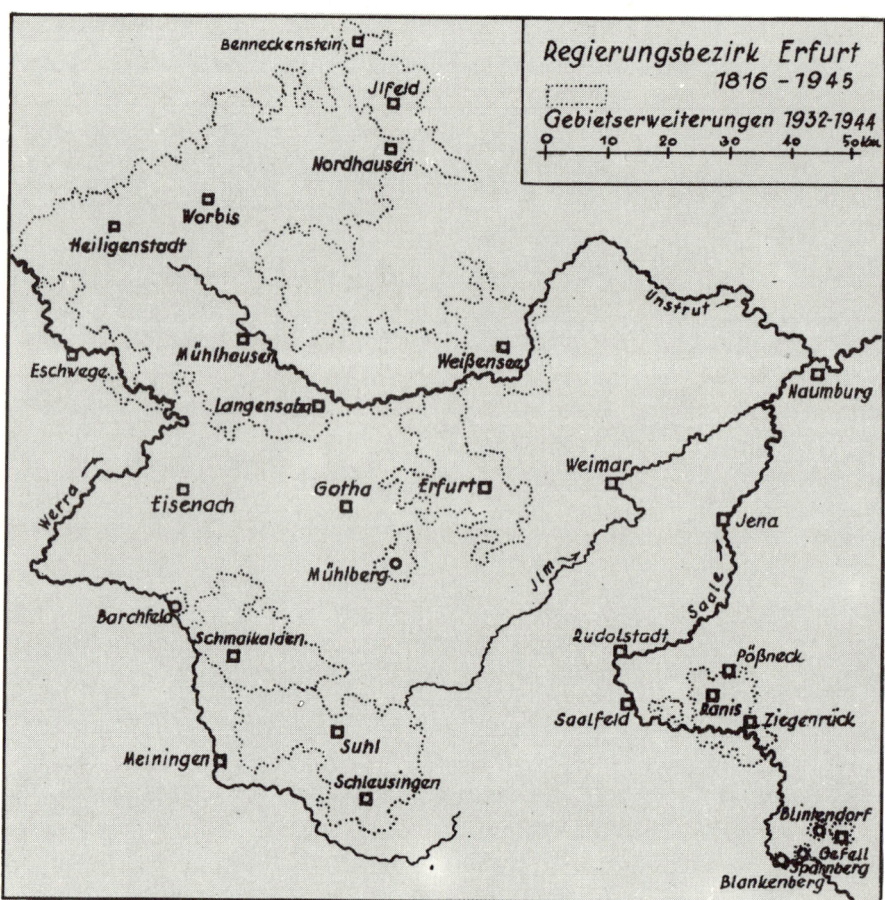

Abb. 179. Der preußische Regierungsbezirk Erfurt 1816 bis 1945

dehnen, hemmte die wirtschaftliche Entfaltung der sich auch hier allmählich als Klasse herausbildenden Bourgeoisie. Nahezu an der Grenze der Stadtflur, im Osten an der „Henne" und im Südwesten hinter Hochheim, verlief die Landesgrenze mit den Herzogtümern Sachsen-Weimar-Eisenach bzw. dem Herzogtum Gotha.

Erfurt gehörte nun jedoch einem bedeutenden Staat an, auch wenn Preußen die kleinste der europäischen Großmächte war und diesen Anspruch überhaupt nur auf Grund der gewaltigen Leistungen seiner Bevölkerung bei der Befreiung Europas von der napoleonischen Herrschaft erheben konnte. Das Königreich mußte auf strenge, ja übertriebene Sparsamkeit sehen, die eine straffe und geordnete Verwaltung zur Voraussetzung hatte. Nur so konnte das große und schlagkräftige Heer unterhalten werden, auf dem seine Großmachtstellung beruhte. Erfurt sollte diese Voraussetzungen preußischer Macht bald zu spüren bekommen.

Wie sehr Preußen letztlich ein reaktionärer Militär- und Junkerstaat war, zeigte sich, als die preußische Innenpolitik um 1820 wieder vom Reformkurs zur offenen Reaktion zurückkehrte. Zunächst aber

trat Preußen der Stadt Erfurt als ein Staat der Reformen und des Freiheitsstrebens der Jahre 1813 bis 1815, der staatlichen Ordnung und Disziplin entgegen.

Erfurt wurde Sitz einer (Bezirks-)Regierung. Der König nannte die Stadt „Hauptstadt meiner thüringischen Lande". Wenn auch keine preußische Provinz Thüringen eingerichtet wurde, sondern der Regierungsbezirk Erfurt zur preußischen Provinz Sachsen mit Magdeburg als Sitz des Oberpräsidenten kam, so bildete Erfurt nun mehr als zwölf Jahrzehnte lang den Verwaltungsmittelpunkt aller preußischen Gebietsteile in Thüringen. Zersplittert wie die thüringischen Staaten selbst, stellte der Regierungsbezirk Erfurt ein höchst kurioses Territorium dar. Es reichte von Heiligenstadt und Nordhausen im Norden über Mühlhausen und Langensalza bis zu jenem schmalen Zugang nach Erfurt und schloß die abgelegenen Exklaven um Schleusingen und Suhl im Thüringer Wald und um Ziegenrück an der oberen Saale ein.

An der Spitze der Regierung, die am 1. April 1816 ihre Tätigkeit aufnahm, standen zunächst Präsidenten, die vor allem die Entfaltung der kapitalisti-

Abb. 180. Erfurt mit Zitadelle Petersberg 1826
(Aquarellierte Federzeichnung von W. G. Bleichrodt nach A. Weidenbach)

schen Ökonomie förderten.[2] Als erster wurde 1816 Dorotheus Ludwig Graf von Keller bestellt, der aus den Diensten eines modern verwalteten Rheinbundstaates, des Großherzogtums Frankfurt, kam. Schon 1817 folgte Friedrich Christian Adolf von Motz, der der Verwaltung eines anderen Rheinbundstaates, des Königreichs Westfalen, entstammte und seit 1816 Vizepräsident der Regierung zu Erfurt war. Hier, in der staatlichen Zersplitterung Thüringens, reiften seine Vorstellungen einer deutschen Zolleinheit unter preußischer Hegemonie, die er seit 1825 als preußischer Finanzminister maßgeblich mit vorbereiten half. In der Folgezeit jedoch verkörperte die preußische Regierung trotz mancher positiver Auswirkungen auf die Industrie das Zentrum aller reaktionären Bestrebungen in Erfurt.

Außer der Staatsverwaltung bestimmte die Festung das politische Bild der Stadt. Sie war 1821 bis 1825 Sitz des Generalkommandos des IV. Armeekorps, das die Truppen in der preußischen Provinz Sachsen befehligte, dann – bis 1893 – Sitz des Stabes

der diesem Korps angehörigen 8. Division. Schon 1825 betrug die Zahl der aktiven Militärpersonen 2469 (=10,4 Prozent der Bevölkerung). Bis 1835 stieg sie auf 3516 (=13,2 Prozent). Den Kern der Besatzung bildeten das 31. und 32. Infanterie-Regiment. Neben der Beamtenschaft repräsentierte das Offizierskorps den preußischen Staat.

Der Geist der Volkserhebung von 1813, der in der fortschrittlichen Studentenbewegung weiterwirkte, war auch in der Erfurter Garnison noch nicht erloschen. Fortschrittliche Offiziere, die hier eine liberale Militärerhebung zur Entmachtung der Fürsten nach spanischem Vorbild anstrebten, standen unter Führung der Majore Carl Friedrich von Ferentheil und Johann Bogislaw von Lisnewski sowie des Hauptmanns Ambrosius von Borakowski.[3] Feren-

[2] Allgemeine Deutsche Biographie, Bd. 15, Berlin 1882, S. 563 ff.; ebenda, Bd. 22, Berlin 1885, S. 408 ff.
[3] Herbert Peters, Patriotische Offiziere in der antifeudalen Vormärzbewegung in Deutschland, in: Zeitschrift für Militärgeschichte, 9. Jg., Berlin 1970, S. 194 ff.

theil war in den Befreiungskriegen Adjutant Neidhardt von Gneisenaus und Hermann von Boyens gewesen und gehörte seit 1809 dem Tugendbund, jener bekannten Vereinigung preußischer Reformer, an. Er stand unter dem Einfluß von Friedrich Ludwig Jahn und kam 1819 nach Erfurt. Borakowski stammte aus der „Schwarzen Schar" des Herzogs von Braunschweig, einem deutschen Freikorps. Lisnewski war Adjutant des Generals Karl von Clausewitz gewesen. Zu ihnen trat eine Reihe von Leutnants, die nach den Polizeiakten alle „stürmische Revolutionäre" waren. Diesen Offizieren schloß sich der von der Regierung nach Erfurt geholte Turnlehrer und nunmehrige Ölmüller Karl Friedrich Salomon an. Verbindungen bestanden zu den nationalen Zentren der antifeudalen Bewegung, zur fortschrittlichen Burschenschaft, deren Mittelpunkt

Karl Follen war, zur Jenaer Universität sowie zu dem Pädagogen Friedrich Fröbel in Keilhau.

Die Erfurter Verschwörer waren sich darüber im klaren, daß das Militär zwar ein wichtiger Faktor der Revolution sei, sie vertraten jedoch die Auffassung, daß diese „aus dem Volke selbst hervorgehen und mit dessen Kräften allein durchgeführt werden" müsse.[4] Die Aktivitäten der 1819 einsetzenden Verschwörung wurden jedoch 1824 entdeckt und die Beteiligten zu langjähriger Festungshaft verurteilt. Ihr konnten sich Ferentheil und Salomon später durch Flucht in die USA entziehen, während Lisnewski seinem Leben 1825 selbst ein Ende machte. Fortan bekundete das Erfurter Offizierskorps trotz seines

---

[4] Zentrales Staatsarchiv, Merseburg (im folg.: ZStA Merseburg), Rep. 77, Tit. 21, Lit. F, Nr. 31, Bd. 1, Bl. 216.

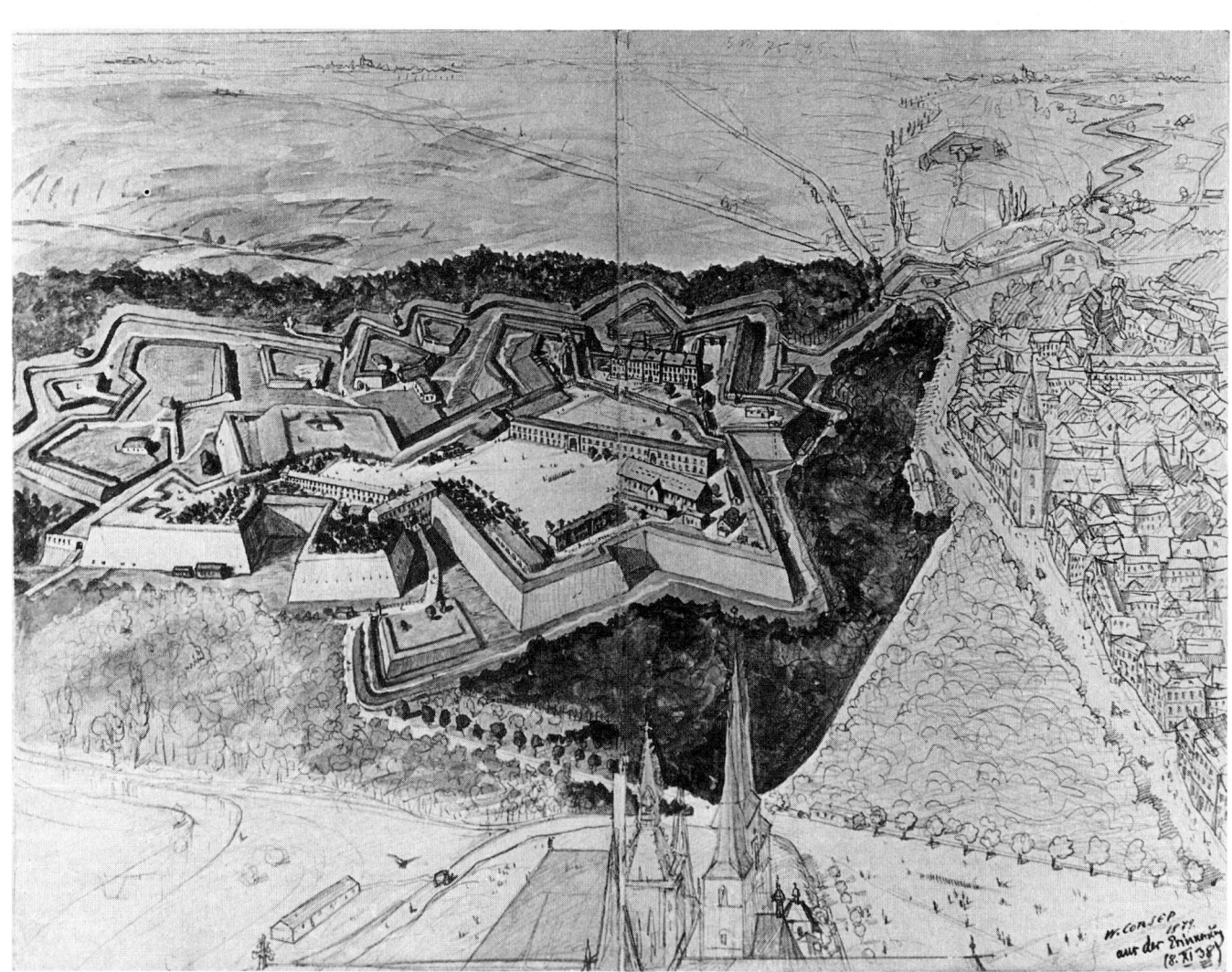

Abb. 181. Die Zitadelle Petersberg um 1870 (Kolorierte Zeichnung nach W. Corsep)

stets erheblichen bürgerlichen Anteils eine streng monarchistisch-konservative Gesinnung.

In den Jahren von 1815 bis 1836 wurde Erfurt zur modernen Festung ausgebaut. Kurmainz hatte den Festungswerken in den letzten Jahrzehnten seiner Herrschaft keine Beachtung mehr geschenkt. Auch die Franzosen bauten die Festung nicht mehr systematisch aus. 1816 bis 1818 wurden nun auf der Hauptzitadelle, dem Petersberg, die Türme der ehemaligen Kirche der Benediktinerabtei St. Peter abgetragen und in ihr ein Proviantmagazin eingerichtet. Die Kirche, einer der wenigen erhaltenen romanischen Sakralbauten Thüringens, war bei der Belagerung von 1813 bis 1814 an den Türmen erheblich beschädigt worden. Die übrigen Klostergebäude wurden 1828 bis 1836 zu einer granatsicheren „Defensions-Kaserne" umgebaut. Auch die Bastionen der Zitadelle wurden verstärkt, und im Brühl entstand 1818 bis 1824 zur Unterbringung der Artillerie die Martinskaserne.

Die Stadt war von einem großen gemauerten Festungswall mit einem davorliegenden, von der Gera gespeisten Wassergraben umgeben. Sie wurde 1818 bis 1843 durch neue Befestigungswerke gesichert. Besonders verstärkte man die sechs Tore durch zwingerartige Vorbauten, Wassergräben und winkelige, den Angriff erschwerende Zugänge.[5] Um 1845 wurde schließlich an der Südseite des Festungswalls die „Hohe Batterie" errichtet. Sie stellte südlich des heutigen Hauptbahnhofes ein besseres Schußfeld vor der Daberstedter Schanze her. Der nördliche Zugang am Andreastor wurde 1833 durch die Auenschanze am späteren „Auenkeller" verstärkt. Westlich der Stadt erfuhr 1824 bis 1831 die Zitadelle Cyriaksburg einen Ausbau und wurde mit einer Defensionskaserne versehen. Diese militärischen Anlagen verschlangen gewaltige Geldsummen, so daß Kronprinz Friedrich Wilhelm nach ihrer Vollendung 1839 meinte: „Man hätte die Festungswerke auch in Silber ausführen können, teurer wären sie nicht gekommen."[6]

Der Festungscharakter hatte weitreichende Folgen für das Vorfeld der Stadt. Hier durfte nach der streng kontrollierten Rayonordnung kein Bauwerk, nicht einmal eine Erdaufschüttung errichtet werden, die ein Feind zur Annäherung an den Hauptwall hätte nutzen können. Deshalb kam es auch mit den vor der Stadt gelegenen Kunst- und Handels-

gärtnereien zu ständigen Reibereien. Selbst das bei der Belagerung 1813 zerstörte Dorf Daberstedt durfte nicht wieder aufgebaut werden.

Gegenüber den Staats- und Militärbehörden besaß die Stadtverwaltung zunächst nur geringen Einfluß auf die Geschicke der Stadt. Sie war lediglich ausführendes Organ. Da die Preußen ebensowenig wie die Franzosen die der Stadt 1664 enteigneten Vermögenswerte zurückgaben und viele eigentlich

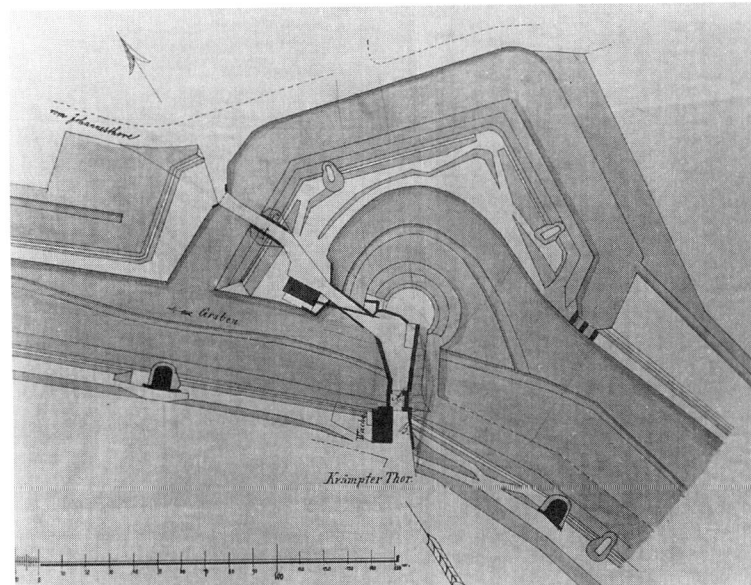

Abb. 182. Plan der Befestigungsanlagen am Krämpfertor (um 1870)

Abb. 183. Das äußere Krämpfertor um 1870

---

[5] Stadtarchiv Erfurt (im folg.: StAE), 1-1/II d Nr. 8.
[6] Emil Vollradt, Die Festungswerke Erfurts, in: Mitteilungen des Vereins für die Geschichte und Altertumskunde von Erfurt (im folg.: MGAE), H. 22, Erfurt 1901, S. 41.

kommunale Angelegenheiten unmittelbar verwalteten, gab es auch kaum Fragen, die durch die Stadt zu regeln gewesen wären. Selbst die „Königliche Stadtkasse" war keine städtische, sondern eine staatliche Behörde.

Nach der Organisation des Regierungsbezirks Erfurt vom 5. April 1816 sollte die Stadt Erfurt einen Stadtkreis bilden, der vom Landkreis abzutrennen war.[7] Dennoch wurde zunächst kein Oberbürgermeister gewählt, sondern vom Staat der Polizeidirektor Wilhelm August Türk – zunächst als „Landrat für den Stadtkreis", seit 1817 als Oberbürgermeister – eingesetzt. Das preußische Innen- und das Finanzministerium waren trotz Bedenken der Regierung zu Erfurt von Anfang an bestrebt, die Ämter des Oberbürgermeisters und des Landrats des Landkreises Erfurt zu vereinigen. Am 1. Oktober 1818 wurde dem Oberbürgermeister Türk gleichzeitig auch das Landratsamt des Landkreises übertragen und bestimmt, daß „keine abgesonderte Verwaltung des Landkreises" mehr bestehen sollte.

Die konservativ-junkerliche Regierung verfolgte das Ziel, die Stadt in den Landkreis einzugliedern. Schon 1820 wurde bestimmt, daß der Magistrat, eine Kollegialbehörde, dem Landrat unterstehe, und als Kabinettsorder vom 17. Mai 1827 der Landkreis Erfurt als Kommunalverband errichtet wurde, erschien unter den Ständen des Kreistags neben den Rittergutsbesitzern und Großbauern auch die Stadt Erfurt mit einer Stimme. Endlich wurde 1833 der Landrat zur Aufsichtsbehörde über die Stadt erklärt. Einen Protest des Magistrats wiesen die Ministerien zurück.

Durch die Einverleibung in den preußischen Staat wurde die fortschrittliche preußische Städteordnung von 1808 nicht automatisch in Kraft gesetzt. Für die Stadt wurden vielmehr nur kommunalpolitische Einzelbestimmungen erlassen. Die städtische Verwaltung unterstand danach einem Magistrat mit dem Landrat-Oberbürgermeister an der Spitze. Dieser kam als Landrat stets in die Gefahr, Verfügungen an sich selbst zu erlassen und sich vom Magistratskollegium abzusondern. Schließlich wurde auf Wunsch der Bürgerschaft, der es um die Regelung der städtischen Schulden aus der Kriegszeit ging, am 24. April 1818 „in Hoffnung einer baldigen definitiven Organisation" eine Stadtverordnetenversammlung aus 24 Personen nach den Vorschriften der Städteordnung von 1808 auf ein Jahr gewählt. Sie setzte sich aus sechs Kaufleuten, vier Fabrikanten, einem Gastwirt, einem Mühlenbesitzer, vier Handwerkern, zwei Landwirten, zwei Kleinhändlern und vier Juristen zusammen[8] und blieb, da die

Regierung Neuwahlen vermeiden wollte, bis 1831 im Amt. Sie ermöglichte zwar eine stärkere Mitwirkung der Bürgerschaft an der Stadtverwaltung, doch war ihr Einfluß auf die Geschicke der Stadt begrenzt. Deshalb ging die Wahlbeteiligung der Bürger schnell zurück: 1818 betrug sie 37,5 Prozent, 1820 nur 8,5 Prozent und 1822 nur noch 4,0 Prozent. Auch der Anteil der Bürgerschaft an der Einwohnerschaft fiel. Er betrug 1828 bei 2808 Bürgern 13,5 Prozent und sank bis 1831 auf 11,9 Prozent.

Da die Stadt keine eigenen Einnahmen aus Grundbesitz und Gemeindesteuern besaß, kam es zu einer finanziellen Auseinandersetzung mit dem Staat. Von vornherein verweigerte der preußische Staat die Rückgabe des der Stadt Erfurt 1664 enteigneten Besitzes, da solche Vermögensmassen einer Stadt vom Range Erfurts nicht zukämen. Das Ergebnis längerer Verhandlungen war die Kabinettsorder vom 18. April 1822, durch welche die Stadt unter Auflösung der „Königlichen Stadtkasse" eine Dotation und das Recht der Steuererhebung erhielt.[9] Die Dotation bestand in der Übertragung der Hälfte des Gutes Großmonra und einer Reihe herrschaftlicher Grundstücke in und außerhalb der Erfurter Flur. Die Einnahmen aus diesen Besitzungen ergaben einen Jahresertrag von 13 585 Talern. Das entsprach etwa der Höhe der bisherigen Staatszuschüsse.

Auf wirtschaftlichem Gebiet setzte sich auch nach dem allmählichen Übergang zur kapitalistischen Produktionsweise die Fabrikindustrie nur langsam gegenüber dem Verlag mit Hausindustrie durch. Die Investitionstätigkeit in der Erfurter Industrie lief daher nur sehr zögernd an. Für die wichtigsten Industriezweige blieb fast durch das ganze 19. Jahrhundert die Verbindung von Fabrik und Verlag in der Weise typisch, daß die Unternehmer außer Fabrikarbeitern vor allem Hausgewerbetreibende im Verlagssystem und die Hausgewerbetreibenden wiederum Arbeiter in und außerhalb ihrer Häuser beschäftigten. Die Heimarbeiter wohnten und arbeiteten in der Stadt und in der näheren und weiteren Umgebung auf den Dörfern.

Zunächst überwog noch das Textilgewerbe. Seine wichtigsten Zweige bildeten die Tuch-, Band- und Strumpfwarenherstellung und die Anfertigung von Wollgarnen. Beachtlich waren weiterhin Gerberei, Schuhherstellung, Zigarrenproduktion und Brauerei sowie die Verarbeitung landwirtschaftlicher Pro-

[7] Staatsarchiv Weimar (im folg.: StAW), Regierung zu Erfurt, vorl. Nr. 2; StAE, 1-1/I e Nr. 23.
[8] StAE, 1-1/I e. Nr. 11, Bd. 1.
[9] ZStA Merseburg, Rep. 77, Tit. 453 a, Nr. 7, Bd. 1.

Abb. 184. Haupteingang
zur Zitadelle Petersberg
um 1840

Abb. 185.
Wilhelm August Türk
(1785 bis 1818)

dukte. Dabei schätzte die amtliche „Geographisch-statistisch-topographische Beschreibung des Regierungsbezirkes Erfurt" von 1840 die Stadt „wegen ihrer Lage und übrigen örtlichen Verhältnissen nicht als Fabrik- und Handelsstadt ersten Ranges ein".

An der Spitze des nunmehr immer mehr in kapitalistischen Bahnen verlaufenden Gewerbes und Handels stand seit 1804 die „Kaufmannschaft", eine Korporation, die unter Regierung und Magistrat auf das wirtschaftliche Leben Einfluß nahm. Ihr gehörten Personen wie die Textilfabrikanten Nikolaus Ernst Bernhardi und Sebastian Lucius, der Strumpffabrikant Karl Israel, der Bandfabrikant Christian Herrmann von der Firma Silber & Herrmann und der Lebensmittelgroßhändler August Kallmeyer an.[10]

Die bedeutendste Tuchfabrik war E. G. Bernhardi & Sohn. Sie war 1812 errichtet worden, arbeitete bereits mit Spinnmaschinen und stellte Tuche und Kaschmir her. Die Fabrik in der Großen Petersmühle ging 1836 auf zwei Gothaer Unternehmer, Kämmerer und Mendius, über. Diese verwandelten sie in eine Streich- und Kammgarnspinnerei mit etwa 100 Arbeitern. Das Vermögen des Textilunternehmers Johann Anton Lucius, der 1763 eine Firma für Wollstrümpfe errichtet hatte, wurde nach dem Tod des Gründers 1810 zwischen seinen Söhnen Sebastian und Johann Michael geteilt. Sebastian führte die Firma J. A. Lucius weiter, die seit 1814 ihren Sitz im Haus „Zum güldenen Hecht" am Anger hatte. Dazu kam noch 1832 das Nachbarhaus „Zum großen Schiff". Sebastian Lucius erweiterte durch Reisen

nach Hamburg und Bremen 1818 sein Wissen und unternahm – wie es für viele junge deutsche Kaufleute dieser Zeit typisch war – 1825 und 1833 Englandreisen nach London, Liverpool, Manchester und Leeds, um den kapitalistischen Fortschritt in dessen Ursprungsland zu studieren. Er stand deshalb technischen Neuerungen aufgeschlossen gegenüber.

Die Firma J. A. Lucius produzierte hauptsächlich wollene Mützen und Strümpfe und beschäftigte bald 1000 Arbeiter, die meistens im Hausgewerbe in den Landgemeinden tätig waren. Dazu unterhielt sie im Eichsfeld und in den schwarzburgischen Gebieten des Thüringer Waldes eigene Faktoreien. Ein bedeutendes Unternehmen war auch die Textilmanufaktur Johann Gottlieb Rothsteins (Rothstein & Lentin), die aber nach 1815 nicht mehr der englischen Konkurrenz gewachsen war. Rothstein verkaufte die Manufaktur 1816 an seinen Geschäftsführer Liebich, beschäftigte sich aber bis zu seinem Tod 1837 mit technischen Neuerungen. Liebich zahlte für 500 Arbeiter jährlich 35000 bis 40000 Taler Löhne, durchschnittlich also etwa 75 Taler je Mann.[11] Das Unternehmen ging 1831 in Konkurs. Die Verwaltung übernahm zunächst Sebastian Lucius, der sie aber 1837 unter Beibehaltung eines größeren Anteils an seinen Neffen Karl, den Sohn Johann Michaels, abgab. Dieser führte sie als Carl Lucius & Co fort.

---

[10] StAW, Regierung zu Erfurt, vorl. Nr. 1877.
[11] StAE, 1-1/VIII A, Nr. 11, Bd. 1, Bl. 65 ff., 84, 132 u. 137.

Abb. 186.
Sebastian Lucius
(1781 bis 1857)

Abb. 187. Die Große Petersmühle.
Produktionsstätte der Kammgarnspinnerei Kämmerer & Mendius
um 1820

Von den ehemals blühenden acht großen Bänder-Manufakturen besaß 1815 nur noch die Firma Silber & Herrmann Bedeutung. Sie setzte ihre baumwollenen und halbbaumwollenen Bänder auf der Leipziger Messe und im Export nach Italien, Rußland und in die Türkei ab. Zu den größeren Firmen gehörte nach 1815 auch noch die Firma der Gebrüder Hoffmann & Triebel, in der 50 Arbeiter Zigarren und Schnupftabak herstellten. Das Schuhgewerbe Erfurts befand sich dagegen nach 1815 in einer lang andauernden Krise. Die Fabrik von Dubreuil & Co ging um 1820 ein und auch die von Gottschalk zählte 1827 nur noch 30 bis 40 Arbeiter.

Höchst nachteilig wirkte sich für die Erfurter Industrie aus, daß die Stadt wegen ihrer exponierten Lage 1818 nicht in den preußischen Zollverband aufgenommen wurde. Das Erfurter Gewerbe konnte unter diesen Bedingungen mit dem der thüringischen Staaten nicht recht konkurrieren. Eingaben Erfurter Unternehmer, die 1827 auf diese Benachteiligung hinwiesen und behaupteten, die Wirtschaft der Stadt stehe „auf schwachen Füßen", wies das Finanzministerium zurück.

Erfurt besaß ein altes Braugewerbe, das meist nebenberuflich betrieben wurde und an Hausbesitz gebunden war. Brauberechtigt waren die „Biereigen". Natürlich konnte das Erfurter Brauwesen mit derartigen Gewerbeeinrichtungen den kapitalistischen Konkurrenzkampf nicht bestehen. Die Rechte der Biereigen wurden deshalb seit 1824 abgelöst. An deren Stelle traten neun Brauereibetriebe, deren

leistungsfähigste die von Wilhelm Justi, Caspar Schlegel und Wilhelm Treitschke waren.

Zur Verarbeitung landwirtschaftlicher Produkte aus ganz Mittelthüringen waren die zahlreichen Mühlen an den Verzweigungen der Gera im Stadtgebiet tätig. 1840 waren noch 22 Mahlmühlen mit 81 Gängen, zehn Ölmühlen, vier Walkmühlen, eine Lohmühle und zwei Sägemühlen in Betrieb. Ihre Anzahl sank im Laufe des 19. Jahrhunderts nur geringfügig. So war der mittelthüringische Getreidehandel fest in den Händen Erfurter Großhändler konzentriert. Die bedeutendste dieser Firmen war das 1838 gegründete Unternehmen der Gebrüder Kallmeyer, dessen Jahresumsatz 1856 bereits 492 013 Taler ausmachte.[12] Die Familie war 1795 aus Braunschweig nach Erfurt gekommen. Ihr Vermögen betrug 1829 bereits 27 000 Taler.

Als Marktort blieb Erfurt im 19. Jahrhundert unbedeutend. Es gab nur drei Roß- und Viehmärkte, und die Stadt stand in dieser Hinsicht weit hinter Buttstädt zurück. Auch der Versuch, den Umschlag der thüringischen Wolle aus Weimar, Arnstadt, Gotha und Mühlhausen hier zu konzentrieren, scheiterte.

Die Landwirtschaft Erfurts besaß im 19. Jahrhundert noch eine gewisse Bedeutung. Die Feldflur blieb im Gegensatz zu anderen thüringischen Städten wegen des Festungscharakters der Stadt zunächst ohne Gebäude. Deshalb stand in der 4373 ha

---

[12] StAE, 5/100–75.

großen Flur genügend landwirtschaftliche Fläche bereit. Die Zahl der Landwirte („Ökonomen") wird 1840 mit 161 und 1902 mit 72 Betrieben mit 1094 ha (33 Mittelbauern, 17 Großbauern) angegeben.

Schon in der ersten Hälfte des 19. Jahrhunderts wurde die Landwirtschaft auf den guten Böden der Stadtflur in Fruchtfolgewirtschaft betrieben, während die Dreifelderwirtschaft weithin abgeschafft war. Angebaut wurden vor allem Winterweizen, Winterroggen und Gerste, die zu Graupen verarbeitet wurde, daneben Erbsen, Bohnen und in großer Menge Senf. Obwohl nur alle sechs Jahre vollständig mit Mist gedüngt wurde, vermehrten sich der Weizensamen neun bis zwölfmal und die Kartoffeln sieben bis achtmal im Ertrag. Umfangreich war auch der Obstbau. Die Gärten lagen vor allem im Löberfeld. Es gab sogar noch 61 Acker (17 ha) Weingärten am Roten Berg und am Ringelberg, bis um 1880 die Reblaus den örtlichen Weinbau vernichtete. Die Erfurter Weinanbauer meldeten 1858 noch 236 Eimer Weinmost (162,1 hl) zur Versteuerung an.

Tabelle 11
Bestand an Nutztieren 1816 bis 1873[15]

Jahre	Pferde	Rinder	Schweine	Schafe	Ziegen
1816	520	705	?	1497	?
1837	576	469	851	1614	608
1852	387	722	878	2688	659
1873	763	715	744	1263	654

Eine größere Zukunft als die Landwirtschaft hatte in Erfurt der Gartenbau. Dieses den Ruhm Erfurts als Blumenstadt begründende Gewerbe nahm im 19. Jahrhundert einen weiteren Aufschwung. Man unterschied Gemüsegärtnereien und Kunst- und Handelsgärtnereien. Erstere befriedigten den ört-

[15] Zusammengest. aus: StAW, Regierung zu Erfurt, vorl. Nr. 29, Bl. 21; Beschreibung des Regierungsbezirkes Erfurt, Erfurt 1840, Sp. 164; StAE, 5/100-63, Bd. 3, S. 2312 ff.; Richard Breslau, Statistische Mitteilungen aus dem Stadtkreis Erfurt im Anschluß an die Volks- und Gewerbezählung vom 1. Dezember 1875 unter vorzugsweiser Berücksichtigung der Jahre 1873–1875, Erfurt 1878, S. 53 (Die Zahlen sind mit denen im Kap. 5 nicht vergleichbar).

Abb. 188. Weinlese am Ringelberg um 1828 (Zeichnung von J. B. Bellermann nach N. H. Dornheim)

lichen Bedarf und belieferten später – begünstigt durch die Eisenbahn – auch andere Großstädte. Letztere versorgten mit Samen, Pflanzen sowie getrockneten Blumen und Bindereien bald die halbe Welt.[14] Der älteste der damals noch bestehenden Betriebe war die von Friedrich Wilhelm Wendel übernommene, 1756 gegründete Firma Platz. Aus dem 18. Jahrhundert stammten noch J. C. Schmidt („Blumenschmidt") und Franz Anton Haage.

Einen bedeutenden Aufschwung nahm die Handelsgärtnerei, als 1817 Karl Platz die Georgine aus England mitbrachte und eine ansehnliche Produktion von Georginen- und Dahlienknollen einsetzte. Zu den alten Firmen kamen nach 1815 zahlreiche neue. Die größten waren Friedrich Adolf Haage jun. (gegr. 1822), Platz & Sohn, Wilhelm Gottlieb Leser (gegr. 1828), Carl Appelius (gegr. 1833, seit 1858 Ferdinand Jühlke) und Ernst Benary. Benary war zuerst Mitarbeiter von Friedrich Adolf Haage jun. und verselbständigte sich 1843. Er schuf große Anlagen vor dem Brühler Tor. Außerdem gab es 1842 noch 104 kleinere Gärtnereien. Indem sich die großen Handelsgärtnereien auf Zweige des Kunstgartenbaus und der Pflanzenzucht spezialisierten, vermieden sie, untereinander zu konkurrieren. Der 1838 gegründete Gartenbauverein trug die Gartenbauinteressen in die breite Bevölkerung Erfurts.

Das Handwerk der Stadt blieb nach Einführung der freieren preußischen Gesetzgebung noch umfangreich. Es gab 1830 insgesamt 1638 Handwerksmeister und 1606 Gesellen, 1840 schließlich 1981 Meister und 1999 Gesellen. Meister und Gesellen hielten sich also zahlenmäßig etwa die Waage. Von den Handwerkszweigen traten die Schuhmacher, Schneider und Weber hervor, die aber immer mehr für Fabrikanten-Verleger arbeiteten. Trotz ihrer nach außen formal noch selbständigen Stellung sanken sie deshalb immer mehr ins Proletariat ab. Wenn man von den Webern absieht, deren Anzahl schnell zurückging, nahm die Zahl der Handwerksmeister bis ins letzte Drittel des 19. Jahrhunderts zu.

Das Stadtbild Erfurts änderte sich in den Jahren zwischen 1815 und 1830 vor allem durch die umfangreichen Festungsbauten an den äußeren Festungswällen. Die innere Ummauerung mit ihren Toren aus der mittelalterlichen Glanzzeit der Stadt dagegen wurde nicht mehr als ernst zu nehmendes Hindernis betrachtet und verfiel. Die inneren Tore wurden abgerissen, zuletzt 1841 das Augusttor an der Auguststraße, heute Bahnhofstraße. Dennoch blieb Erfurt im 19. Jahrhundert eine türmereiche Stadt. Außer den Türmen von 30 Kirchen und Kapellen blieben neun Türme abgerissener Kirchen erhalten.

Abb. 189.
Friedrich Adolf Haage
(1769 bis 1866)

Die Einwohnerzahl nahm nach 1815 rasch zu.[15] Ohne das Militär hatte die Stadt 1815 15 004 Einwohner. Ihre Zahl stieg bis 1820 um 15,2 Prozent auf 17 261, von 1815 bis 1825 um 41,4 Prozent auf 21 221 und von 1815 bis 1830 um 56,6 Prozent auf 23 486. Die Zunahme ergab sich vor allem aus einem Geburtenüberschuß. Die Bevölkerungsbilanz von 1820 bis 1829 zeigte einen Geburtenüberschuß von 2924 gegenüber einem Zuzugsüberschuß von 699. Trotz der Bevölkerungszunahme ging die Anzahl der Wohnhäuser – offenbar weil größere an die Stelle von kleineren traten – geringfügig zurück. Die Hauptstraßen unterschieden sich von den zwischen ihnen liegenden Nebengassen schon äußerlich. Am Anger, in der Schlösserstraße, heute Hermann-Jahn-Straße, am Fischmarkt, in der Marktstraße, Johannesstraße, heute Leninstraße, Regierungsstraße und Neuwerkstraße standen bereits große und stattliche Häuser, die alle noch ihren speziellen Namen trugen. In den Nebengassen überwogen demgegenüber kleine, oft nur einstöckige Häuschen.

Die 214 Straßen, Plätze und Gassen der Stadt hatten alle Namen. Die von den Franzosen eingeführte Stadteinteilung wurde schon 1825 wieder aufgehoben und die Stadt in 14 Stadtbezirke gegliedert: 1. Löber-, 2. Schmidtstedter-, 3. Krämpfer-, 4. Johannes-, 5. Nikolaus-, 6. Schotten-, 7. Kaufmanns-, 8. Barfüßer-, 9. Neuwerk-, 10. Brühler-, 11. Dom-, 12. Rathaus-,

[14] Hans Haupt, Die Erfurter Kunst- und Handelsgärtnerei in ihrer geschichtlichen Entwicklung und wirtschaftlichen Bedeutung dargestellt, Jena 1908.
[15] Richard Loth, Geschichte der Epidemiezüge der Stadt Erfurt, in: Correspondenzblätter des Allgemeinen ärztlichen Vereins von Thüringen, 1892, S. 39.

13. Michaelis- und 14. Andreasbezirk. Die Namen wurden meist nach Stadttoren und Kirchen gewählt. Die Stadtbezirke besaßen schon 1825 sehr unterschiedliche Größen. 1844 waren der 2. Stadtbezirk mit 2745 und der 8. Stadtbezirk mit 2738 Einwohnern die größten, der 4. Stadtbezirk mit 978 und der 10. Stadtbezirk mit 982 bevölkerungsmäßig dagegen die kleinsten. Obwohl in der zweiten Hälfte des 19. Jahrhunderts noch augenfälligere Unterschiede auftraten, wurde diese Stadteinteilung bis 1909 beibehalten. Mit der Neueinteilung von 1825 kam man wieder auf die Numerierung der Wohnhäuser nach Stadtbezirken zurück, die bis 1870 beibehalten wurde. Vier gedruckte „Stadtbeschreibungen" wurden 1826, 1831, 1827 und 1845 herausgegeben. Sie be-

rücksichtigten nur die Hausbesitzer. Wirkliche Adreßbücher der Stadt wurden seit 1833, zunächst in zwangloser Folge, seit 1886 jährlich, veröffentlicht.

Ein brennendes Ordnungs- und Hygieneproblem, das schon die Franzosen in Angriff genommen hatten, aber erst die preußische Verwaltung regelte, war das Friedhofswesen. Bisher waren die Friedhöfe innerhalb der Wälle über die ganze Stadt verstreut gewesen. Hier gab es 1818 noch 33 Friedhöfe.[16] Ihre Verlegung außerhalb der Wälle erschien nicht möglich, weil sie erst jenseits des Festungsrayons hätten geschaffen werden können. Die Friedhöfe legte man in den Zwingern zwischen dem Festungs-

---

[16] StAE, 1-1/XVI h, Nr. 9a; ebenda, 1-1/XVI K, Nr. 21 u. 22.

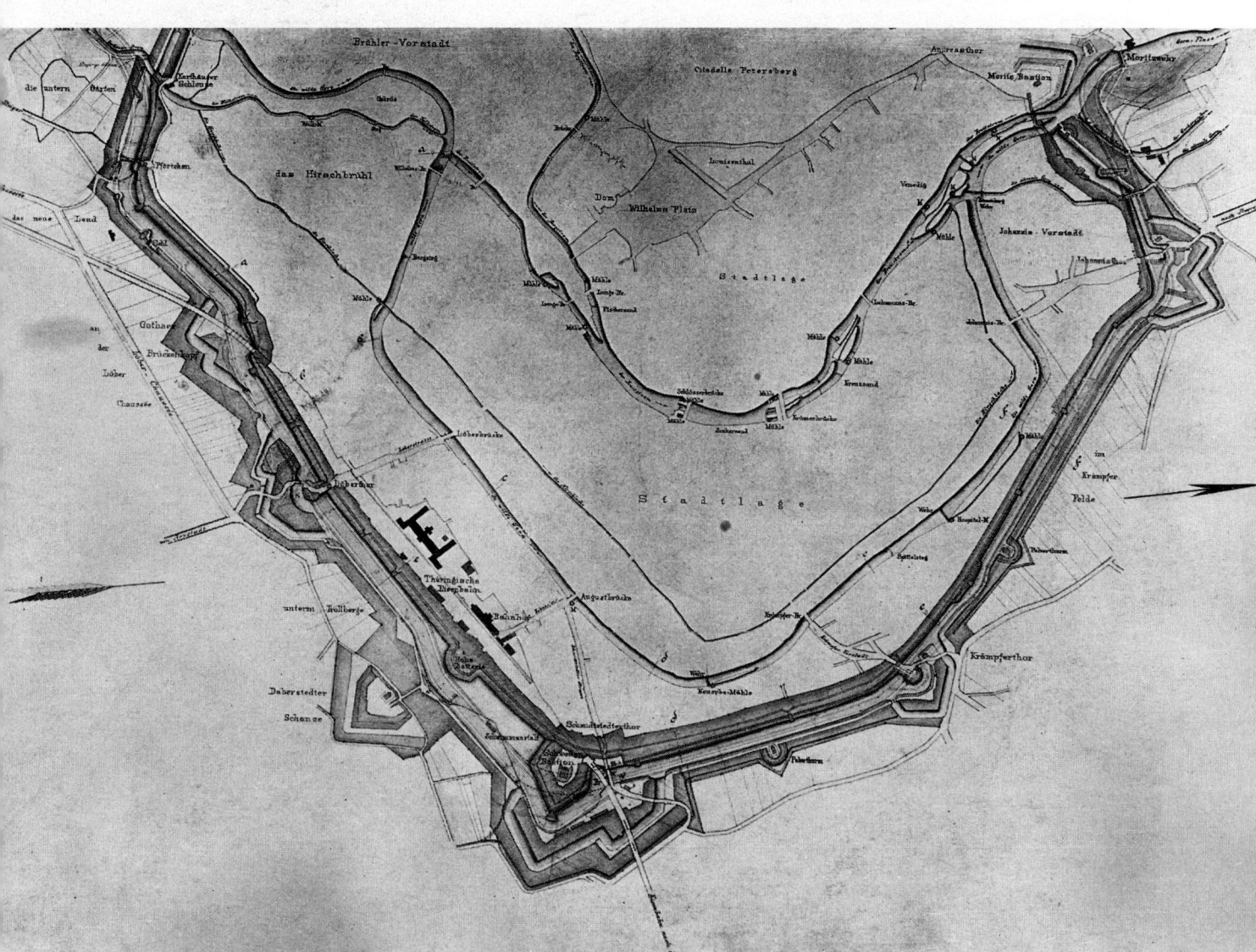

Abb. 190. Die südliche Stadtbefestigung zwischen Moritzbastion und Pförtchen

Abb. 191. Der östliche Teil des Angers mit Kaufmannskirche und preußischer Post um 1840

Abb. 192. Erinnerungsblatt an das Erfurter Unionsparlament 1850:
mit Augustinerkirche, altem Rathaus, Regierungsgebäude, Martinsstift, Dom und Severikirche, Bahnhof,
Schießhaus, Silbers Etablissement und Packhof

Abb. 193. Der 1823 nach dem preußischen König Friedrich Wilhelm III. benannte Friedrich-Wilhelm-Platz, heute Domplatz, mit Paradeaufstellung der preußischen Garnision (Gouache von C. Silber)

wall und der alten inneren Stadtmauer an, wo es noch genügend unbebauten Platz gab. Die Maßnahme stellte allerdings keine befriedigende Regelung dar, weil wegen der Raumnot meist frühzeitig zu Neubelegungen geschritten werden mußte.

In kultureller Hinsicht stand Erfurt während des ganzen 19. Jahrhunderts hinter seinen kleineren Nachbarstädten Weimar und Gotha zurück. Die alte Universität, an der zuletzt 27 Professoren nur noch 14 Studenten unterrichteten, befand sich in einem trostlosen Zustand. Durch Kabinettsorder vom 24. September 1816 – gleich nach der erneuten Besitzergreifung Preußens – wurde sie aufgehoben. Dabei spielte nicht allein die vorgefundene Kümmerform, sondern auch der Grundsatz eine Rolle, in jeder preußischen Provinz, in der Provinz Sachsen in Halle, nur eine Universität bestehen zu lassen. Zwei Relikte blieben in Erfurt zurück: Die Universitätsbibliothek mit ihren alten Sammlungen, die jetzt als „Königliche Bibliothek Erfurt" mit 40000 Bänden

fortgesetzt wurde, und der Botanische Garten an der heutigen Gartenstraße. Das bisherige Universitätsvermögen wurde als „Universitätsfonds" in staatliche Verwaltung genommen.

König Friedrich Wilhelm III. sicherte der Stadt als Ausgleich für die Aufhebung der Universität den Fortbestand der schon seit 1754 wirkenden, nunmehrigen „Königlichen Akademie gemeinnütziger Wissenschaften" unter seinem Protektorat zu. Ihre Aufgabe sollte darin bestehen, die Stadt „mit preußischem Verwaltungsgeist zu durchdringen" und „alles von der praktischen Seite anzusehen".[17] Regierungspräsident von Motz wurde erster Präsident. Die Akademie leistete durch Männer aus der alten Universität wie den Chemiker Johann Bartholomäus Trommsdorff und den Mathematiker Ephraim Salo-

---

[17] Johannes Biereye, Geschichte der Akademie gemeinnütziger Wissenschaften zu Erfurt 1754–1929. Festrede, Erfurt 1930, S. 8 f.

mon Unger noch Beachtliches. Bei dem allgemeinen Rückgang der kulturellen Bedeutung der Stadt im 19. Jahrhundert konnte sich die Akademie aber nicht mehr entfalten. Sie sank auf die Stufe eines lokalen Gelehrten- und Bildungsvereins, in dem durch Adel und Besitzbürgertum eine konservative Grundeinstellung vorherrschte.

Bald mußte sich die preußische Verwaltung auch des völlig unterentwickelten Bildungswesens annehmen. Daß sie dabei die höheren Schulen mehr interessierten, war klassenbedingt. Das alte Evangelische Ratsgymnasium wurde vom Staat übernommen und am 2. Juni 1820 als „Königliches Gymnasium" wieder eröffnet. Es blieb in den ersten Jahren in der Comthurgasse, wurde aber schon 1822 in das alte Jesuitenkollegium in die Schlösserstraße verlegt.[18] Die Lehranstalt war von reaktionärem preußischem Geist beherrscht und blieb auch hinsichtlich des Lehrstoffes hinter den Anforderungen der heraufziehenden kapitalistischen Gesellschaftsordnung zurück. Der Lateinunterricht dominierte noch völlig; Französisch kam 1831, Turnen 1842 als Unterrichtsfach hinzu. Im Gymnasium, das zum Abitur führte, unterrichteten 1837 13 Lehrer nur 167 Schüler in sechs Klassen. Die Schüler stammten meist aus Familien von Beamten, Offizie-

ren und freien akademischen Berufen und nur vereinzelt aus Handwerkerkreisen. Das Katholische Gymnasium wurde zunächst weitergeführt, 1822 aber zum Progymnasium abgebaut und 1834 ganz aufgehoben.

Das Volksschulwesen übernahm Preußen 1816 mit 17 kleinen, nach Pfarreien geordneten Schulen in schlechtem Bauzustand. Hier unterrichteten 66 Lehrer 2177 Schüler. Das höhere Volksschulwesen bestand dagegen aus drei Bürgerschulen für Knaben mit 14 Lehrern für 158 Schüler und einer Bürgerschule für Mädchen mit zwei Lehrerinnen und 13 Schülerinnen. Das Volksschulwesen blieb nicht nur konfessionell getrennt und zunächst unter geistlicher Schulaufsicht, sondern streng nach sozialen Klassen gegliedert. Während den oberen Schichten die Gymnasien offenstanden, wurden für die mittlere Bourgeoisie und das gehobene Kleinbürgertum Oberschulen geschaffen, die Knabenoberschule beibehalten und 1827 eine Mädchenoberschule gegründet. Für den Großteil der Bevölkerung blieben die nach Pfarreien gebildeten acht „Parochialschulen" als Elementarschulen bestehen. Schließlich fand 1827 eine organisatorische Bereinigung statt,

[18] StAE, 1-1/X B, Nr. 16, Bd. 1; ebenda, 5/100-63, Bd. 3, Bl. 1517.

Abb. 194. Der Friedrich-Wilhelm-Platz mit Peterskirmse um 1830 (von J. B. Bellermann)

indem man je zwei Schulen zusammenlegte und die Prediger-Michaelis-Schule, die Barfüßer-Thomas-Schule, die Augustiner-Andreas-Schule und die Kaufmanns-Regler-Schule mit je 220 bis 350 Schülern bildete.[19] Erhalten blieb nur die kleine einklassige Brühler-Schule für diese Vorstadt.

Diese Organisationsmaßnahme tastete jedoch die alte räumliche Zersplitterung nicht an. Die vier Schulen waren auf zwölf Schulhäuser verteilt, die alle zu klein waren. Auf längere Sicht war der Neubau von Schulen unvermeidbar und dazu ein Kostenaufwand von 90 000 Talern geplant. Errichtet werden konnte allerdings nur 1836 die Barfüßer-Schule, die 17 000 Taler kostete. Die katholischen Schulen, die beiden Nikolaischulen, die Wigberti-, Lorenz-, Dom- und Severischule wurden zunächst getrennt geleitet. Daneben bestand noch eine fünfklassige Armenschule unter dem Namen „Frei- und Erwerbsschule". Hier wurde im Gegensatz zu den Parochialschulen kein Schulgeld erhoben. Der Unterricht war entsprechend mangelhaft. Ferner gab es die einklassige Garnisonschule für etwa 200 Soldatenkinder.

Von der Regierung eifrig gefördert, nahm die Turnbewegung unmittelbar nach den Befreiungskriegen einen guten Anfang. Der Turnlehrer Salo-

mon, ein Zögling Friedrich Ludwig Jahns, wurde 1816 von der Regierung nach Erfurt berufen, um das Turnen in den Schulen einzuführen und zur Volksbewegung zu machen.[20] Bald erkannte der „vernünftige Theil des Publikums" die Bedeutung des Turnens für die Gesundheit an. Am 19. April 1818 wurde in Erfurt ein „Turnverein" als erste sportliche Vereinigung ins Leben gerufen. Mit dem Sieg der reaktionären Kräfte in Preußen und der Durchführung der Karlsbader Beschlüsse von 1819 wurden aber die verheißungsvollen Anfänge vernichtet. Erst 1842 wurde der Turnunterricht wieder in den höheren Schulen aufgenommen. Ein erstes Schwimmbad mit Schwimmlehrer richtete man 1839 am Espachwehr der Gera ein.

In kirchlicher Hinsicht war die evangelische preußische Regierung schon bei ihrer ersten Besitzergreifung 1802 bestrebt gewesen, die aus kurmainzischer Zeit stammenden katholischen Ordensniederlassungen aufzuheben, war aber damit nicht zu Ende gekommen. Die Franzosen hatten sich in dieser Richtung nicht betätigt. So fand Preußen 1815 noch sechs Klöster mit elf Mönchen und 52 Nonnen

---

[19] StAE, 1-1/X AA, III Nr. 1, Bd. 1.
[20] StAE, 1-1/X AA, II Nr. 33, Bl. 1.

Abb. 195. Die Gaststätte „Vogels Garten" um 1824
(Farbige Lithographie von C. Wießner nach einer Zeichnung von A. Weidenbach)

vor. Das Neuwerkkloster wurde 1819 aufgehoben. Das Martinskloster im Brühl, das Cyriakskloster und das Schottenkloster folgten 1820. Schließlich wurde 1822 das Wigbertikloster der Augustiner-Eremiten am Anger aufgelöst. Als letzte geistliche Niederlassung fiel durch Kabinettsorder vom 21. Januar 1837 das St. Marien-Kollegiats-Stift der Domkirche. Erhalten blieb nur das Ursulinenkloster am östlichen Anger, das sich die Mädchenerziehung zur Aufgabe gestellt hatte.

Die Klostergebäude wurden weltlichen, oft militärischen Zwecken zugeführt. Im Martinskloster wurde auf Betreiben des Schulrats Karl Hahn ein Landeslehrerseminar für den Regierungsbezirk Erfurt eingerichtet. Zum Teil wurden die Klostergebäude niedergerissen und im Laufe des 19. Jahrhunderts durch andere Einrichtungen ersetzt. Das Vermögen kam an eine besondere Behörde, das Rentamt der Kirchen- und Schulfonds. Die Überschüsse wurden vorwiegend für Schulzwecke verwendet.

2.
Erfurt in der Zeit des Vormärz
(1830 bis 1847)

Mit der fortschreitenden Entfaltung des Kapitalismus verschärften sich nach 1830 und besonders in den 40er Jahren die Klassengegensätze in Deutschland. Der Hauptklassengegensatz bestand weiterhin zwischen der Bourgeoisie, die zur Befriedigung

ihrer Profitinteressen auf Gewerbefreiheit und politische Einheit Deutschlands drang, und der sich noch immer im Besitz der Staatsgewalt befindlichen Aristokratie. Dabei fand angesichts der komplizierter werdenden Klassenstruktur vereinzelt bereits

Abb. 196. Polnische Emigranten auf dem Durchzug durch Erfurt 1832
(Kolorierte Lithographie von Kreps nach einer Zeichnung von C. Silber)

eine Interessenannäherung zwischen Bourgeoisie und Aristokratie statt. Gleichzeitig traten aber auch zwischen der großen und der kleinen Bourgeoisie erhebliche Spannungen auf. Während die antifeudale Bewegung von der Bourgeoisie angeführt wurde, begann bereits infolge des Aufschwunges der kapitalistischen Produktionsweise der Widerspruch zwischen der Bourgeoisie und dem sich entwickelnden Proletariat aufzubrechen.

Mit der Herausbildung der Arbeiterklasse entstand jene Kraft, deren historische Mission darin bestand, die Menschheit von Ausbeutung und Unterdrückung zu befreien. Unter diesen gesellschaftlichen Bedingungen entwickelten sich Karl Marx und Friedrich Engels von revolutionären Demokraten zu Kommunisten und begründeten unter Überwindung des utopischen Sozialismus den wissenschaftlichen Kommunismus, der sich am Vorabend der bürgerlich-demokratischen Revolution mit der Arbeiterbewegung zu verschmelzen begann.

Erfurt wurde zwar nicht wie andere Städte und Territorien von den Auswirkungen erfaßt, die 1830 von der französischen Juli-Revolution ausgingen. Dokumente[21] sowie ein überliefertes Aquarell im Museum für Stadtgeschichte über die 1831 durch Erfurt ziehenden polnischen Flüchtlinge künden aber davon, daß der Freiheitskampf des polnischen Volkes gegen die zaristische Unterdrückung 1830/1831 aufmerksam von den antifeudal eingestellten Teilen der Bevölkerung verfolgt und den Aufständischen und ihrem Schicksal – z.B. durch eine Sammlung – Sympathien entgegengebracht wurden. Für die Entwicklung der bürgerlichen antifeudalen Oppositionsbewegung bildeten die ökonomischen Veränderungen die Grundlage, die sich in den 30er und zu Beginn der 40er Jahre vollzogen.

In der Erfurter Industrie blieb auch in diesen Jahren das auf Fabrikarbeit, hauptsächlich aber auf Hausarbeit beruhende Textilgewerbe vorherr-

---

[21] Vgl. Dokumente zur Geschichte der deutsch-polnischen Freundschaft 1830–1832, hrsg. und eingel. von Helmut Bleiber und Jan Kosim, Berlin 1982, S. LXIII; Dok. 146, S. 153; Dok. 157, S. 170 f.; Dok. 327, S. 439 ff.

Abb. 197. Die Eisenbahn am Gothaer Brückenkopf 1847

schend. Es erreichte in den Jahren zwischen 1840 bis 1850 seinen Höhepunkt.[22] 1840 waren für 18 Textilfabriken 1031 Arbeiter tätig. Darunter gab es eine Zeugfabrik, eine Wollkämmerei und -spinnerei mit 217, zwei Strumpffabriken mit 196 und eine Bandfabrik mit 66 Arbeitern. Hinzu kamen die vorwiegend für die Fabriken im Hausgewerbe arbeitenden Weber. Ihre Meisterzahl erhöhte sich – von 1830 bis 1840 von 195 auf 322. Dagegen fiel die Gesellenzahl von 355 auf 286, ein Zeichen für die fortschreitende Proletarisierung in diesem Handwerkszweig.

Gewerbezweige, die trotz ihrer Bedeutung für die Stadt bisher mehr im Hintergrund gestanden hatten, traten jetzt deutlicher hervor. Zudem siedelten sich auch neue Gewerbe an. Von der Verbindung zwischen Fabrik- und Hausarbeit unter dem Vorrang der letzteren war die Erfurter Schuhindustrie geprägt. Die Zahl der fabrikabhängigen Meister er-

höhte sich zwischen 1831 und 1840 von 352 auf 402, die ihrer Gesellen von 265 auf 302. Dagegen waren 1840 nur zwei Schuhfabriken mit 177 Arbeitern in Betrieb. Auch das Bekleidungsgewerbe hob sich von 1831 bis 1840 deutlich. Die Zahl der Schneidermeister wuchs von 143 auf 161, die ihrer Gesellen von 110 auf 131. Doch war die Lage der Schneider schon damals sehr gedrückt, weil im Gegensatz zur Schuhindustrie der Absatz nicht durch ein leistungsfähiges Fabrik-Verlags-System gesichert war. Fabriken für Konfektion wurden erst nach 1870 zögernd gegründet. Die Herstellung von Möbeln wurde schon im 18. Jahrhundert betrieben, erlebte aber erst nach 1830 einen starken Aufschwung. Auch hier gab es bis in die 60er Jahre keine Fabriken, sondern nur Hand-

---

[22] Herbert Ernst, Die wirtschaftliche Entwicklung der Stadt Erfurt bis zur Reichsgründung, Borna-Leipzig 1926, S. 79 f.

werksbetriebe. So schritt die Fabrikindustrie in Erfurt nur langsam voran.

Noch vor der Jahrhundertmitte wurden in Erfurt die Metall- und die Lampenindustrie heimisch. Der Maschinenbauer Heinrich Queva aus Berlin ließ sich 1836 in Erfurt nieder. Er gründete den Betrieb H. Queva & Co, baute erstmals in Thüringen die in Lyon erfundene Jacquard-Webmaschine und wurde von der Regierung zu Erfurt dabei nachhaltig unterstützt.[23] Seit 1847 spezialisierte er sich auf Eisengießerei und Produktion von Maschinenteilen. Der weitaus bedeutendste Metallbetrieb war aber die 1847 eröffnete Werkstätte der Thüringischen Eisenbahn-Gesellschaft, die von Anfang an Hunderte von Arbeitern beschäftigte. Aus einem Handwerksbetrieb entstand 1838 die Metallfabrik J. A. John, die später nach Ilversgehofen verlegt wurde. Als erste Lampenfabrik wurde 1843 die von Friedrich August Stübgen gegründet.

Das Handwerk nahm beim Übergang zum Kapitalismus in Erfurt noch in beachtlicher Weise zu, jedoch wurden die Handwerksmeister in den Hauptgewerben völlig von Fabriken und Verlagen abhängig, die ihnen Rohstoffe und Halbfabrikate zur Verfügung stellten. Auf der anderen Seite begann im Jahrzehnt zwischen 1840 und 1850 die Bourgeoisie langsam die Mechanisierung der Erfurter Gewerbe. Auch dabei wurde sie von der Regierung unterstützt, die die ökonomische Konsolidierung des preußischen Staates im Auge hatte. Beispielgebend gingen dabei die Fabriken von Carl Lucius & Co und von E. G. Bernhardi & Sohn voran. Lucius stellte 1842 die erste Dampfmaschine in Erfurt auf.[24] 1849 waren in der Stadt eine Dampfmaschine mit zehn PS, 26 mechanische Webstühle, zehn Spinn- und acht Zwirnmaschinen in Betrieb. Die Technisierung der Erfurter Industrie stand also noch ganz in den Anfängen.

Dennoch kräftigte sich das Selbstbewußtsein der Erfurter Bourgeoisie. Ein weiteres Zeichen dafür war – auf Antrag der Kaufmannschaft – die Errichtung einer Handelskammer durch Verordnung vom 18. Oktober 1844.[25] Sie konstituierte sich am 25. April 1845 im Erfurter Rathaus. Zunächst war sie auf Erfurt beschränkt. Mit dem Magistrat war sie insofern eng verbunden, als der Oberbürgermeister an den Sitzungen teilnehmen konnte. Die bisherige „Kaufmannschaft" hatte damit eine organisatorische und rechtliche Stabilisierung erfahren. 1873 kamen Suhl und Sömmerda zum Zuständigkeitsbereich der Handelskammer, der seit 1904 den Stadtkreis Erfurt und die Landkreise Erfurt, Langensalza, Schleusingen, Weißensee und Ziegenrück umfaßte.

Die Handelskammer war ein Instrument der Spitzen der Erfurter Bourgeoisie. Zu den ersten Mitgliedern gehörten der Textilunternehmer Sebastian Lucius von der Firma J. A. Lucius, der 1845 bis 1857 den Vorsitz führte, Joseph Lucius von Carl Lucius & Co und der Zigarrenfabrikant August Friedrich Triebel von Gebr. Hoffmann & Triebel. Die Handelskammer beschäftigte sich anfangs mit Fragen, die den Kapitalismus förderten, wie Eisenbahnbau, Postwesen, Vereinheitlichung des deutschen Wechselrechts und der Maße und Gewichte. Die Interessen der mittleren Unternehmer und des gehobeneren Handwerkerstandes vertrat der Gewerbeverein, den die „Königliche Akademie gemeinnütziger Wissenschaften" in Erfurt 1828 ins Leben gerufen hatte. Er besaß aber weit weniger Rechte als die Handelskammer.

Die wichtigsten ökonomischen Probleme stellten für Erfurt 1830 bis 1847 die Zoll- und die Verkehrsfragen dar. Die Gründung des Mitteldeutschen Zollvereins schloß die nicht zum preußischen Zollverband gehörige Stadt auch von den thüringischen Staaten ab. So konnte sie aufatmen, als am 11. Mai 1833 der Thüringische Zoll- und Handelsverein gegründet wurde, zu dem auch Erfurt gehörte, und dieser sich dem am gleichen Tage unter preußischer Hegemonie gebildeten Deutschen Zollverein anschloß. Beide Vereine traten am 1. Januar 1834 ins Leben. Als Sitz des Thüringischen Zoll- und Handelsvereins wurde Erfurt bestimmt, und auch hier gab Preußen den Ton an. Schon bald war die Erfurter Bourgeoisie voll des Lobes über die neuen Einrichtungen und hob ihren „segensreichen Einfluß" hervor.

In diesen Jahren wurde Erfurt durch gute Chausseen mit seinen Nachbarstädten verbunden. 1831 wurde die Chaussee nach Magdeburg vollendet. Es folgten mit verbesserter Technik der Bau der Chaussee Erfurt–Arnstadt 1831 bis 1837, Erfurt–Kranichfeld 1845 bis 1849, Erfurt–Hochheim 1848 bis 1852, Erfurt–Sondershausen 1856 bis 1858 und Erfurt–Stadtilm 1864 bis 1865.[26] Die Chausseen nach Weimar und Gotha waren schon im 18. Jahrhundert gebaut worden. Erfurt lag weiterhin an einer der wichtigsten deutschen Postrouten Leipzig–Frankfurt am Main. Täglich kamen mehrere zwischen

---

[23] StAW, Regierung zu Erfurt, vorl. Nr. 2268.

[24] StAE, 1-1/VIII A, Nr. 11, Bd. 1, Bl. 161; ebenda, 1/100-63, Bd. 3, Bl. 1993.

[25] StAE, 1-2/704-407; StAW, Regierung zu Erfurt, vorl. Nr. 1859.

[26] StAW, Regierung zu Erfurt, vorl. Nr. 131; StAE, 5/100-63, Bd. 3, Bl. 1940; ebenda, 5/360-K 6, S. 23.

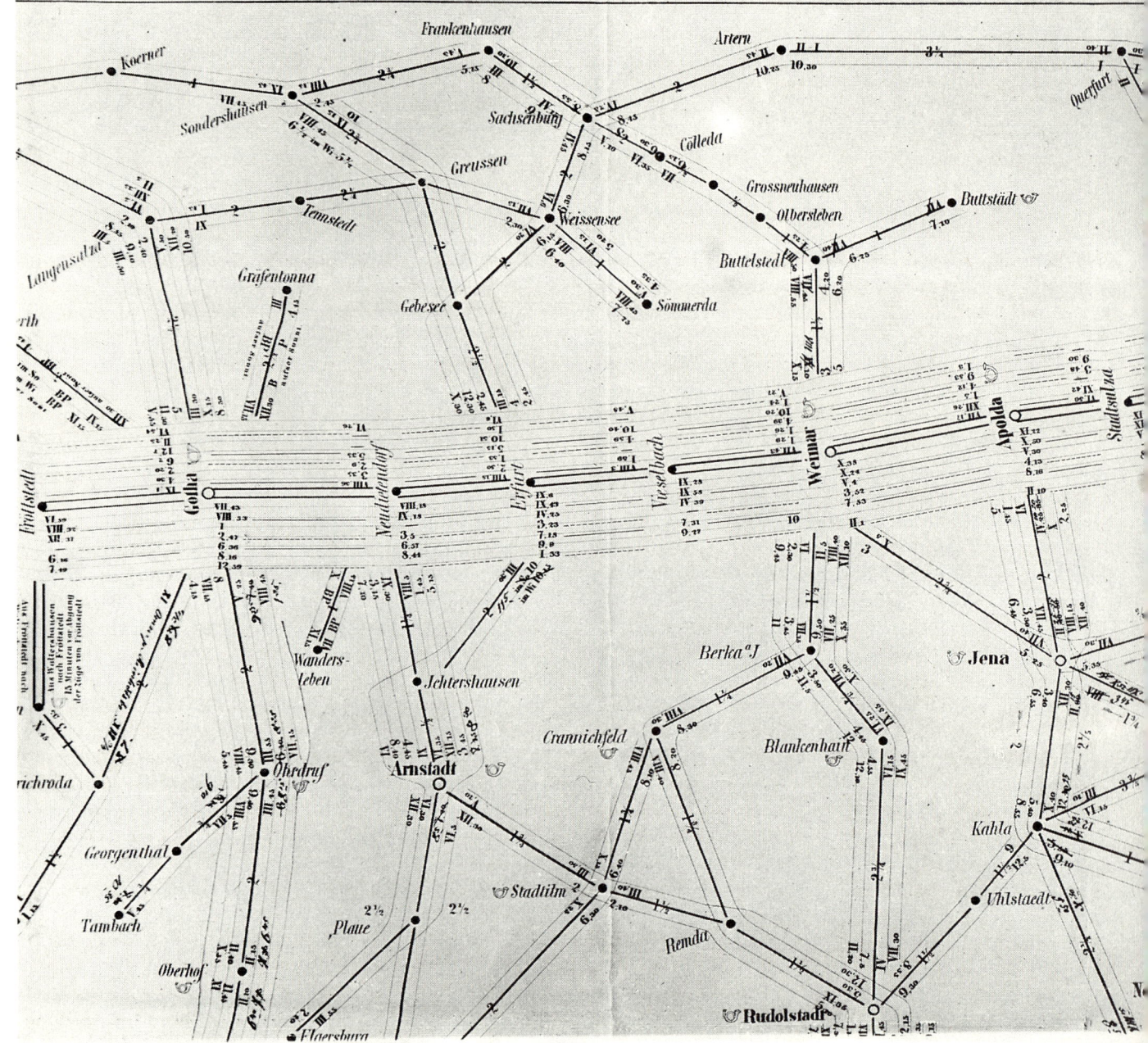

Abb. 198. Thurn- und Taxissche Postroutenkarte von Thüringen aus dem Jahr 1861 (Ausschnitt)

Weimar und Gotha verkehrende Brief-, Paket- und Personenposten der preußischen und der Thurn- und Taxisschen Post durch die Stadt.

Noch wichtiger wurde nach 1840 die Eisenbahnfrage. Preußen hatte die Absicht, von Halle aus eine Eisenbahn nach der südlichen Rheinprovinz zu bauen. Dafür ergaben sich zwei Varianten, über Nordhausen oder über Erfurt. Für die südliche Variante setzten sich vor allem der Erfurter Oberbürgermei-

ster Theodor Wagner und Stadtrat Karl Herrmann ein. Sie stellte zwar eine längere Strecke dar, hatte aber den Vorteil, die Finanzkraft der Bourgeoisie in bedeutenden Städten und in den thüringischen Staaten zu nutzen. Am 20. Dezember 1841 schlossen die beteiligten Staaten einen Vertrag über den Bau der Strecke über Halle, Naumburg, Apolda, Weimar, Erfurt, Gotha und Eisenach zum Anschluß an die kurhessische Nordbahn bei Gerstungen. Die „Thü-

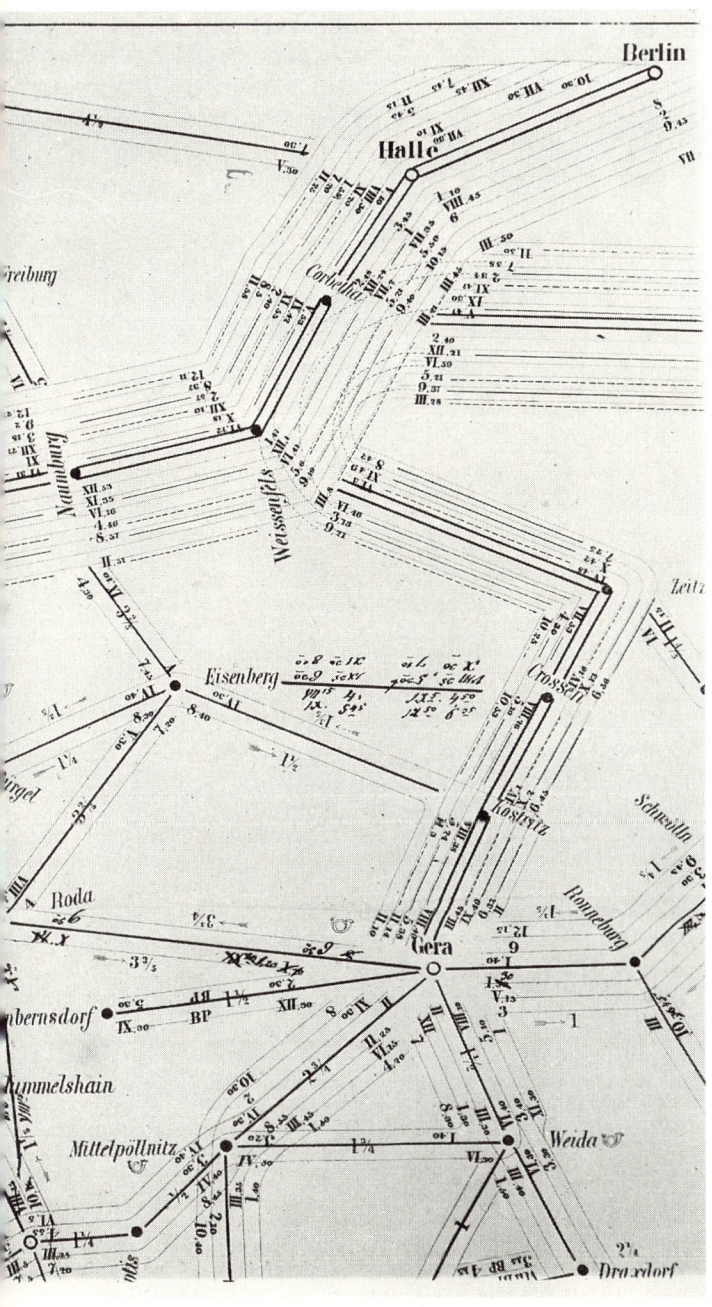

Gleisanlagen unter Leitung des Oberingenieurs August Mons zusammengezogen. Die Schienen stammten noch aus England. Von den 21 Lokomotiven waren aber schon sechs bei Borsig in Berlin in Auftrag gegeben. Am 22. März 1847 fand die Probefahrt auf der Strecke Weimar–Erfurt statt: „Nach Verlauf von nicht 1 Stunde kam der imposante Zug, begrüßt von zwei Musikchören und dem Jubel der Volksmenge auf dem hiesigen Bahnhof an." Der regelmäßige Verkehr auf der Strecke Erfurt–Weimar wurde am 1. April 1847, auf der Strecke Erfurt–Gotha am 10. Mai 1847 aufgenommen.

Für Erfurt bildete die Anlage des Bahnhofes ein besonderes Problem. An sich bot sich hierfür das Krämpferfeld an. Die Staats- und Militärbehörden bestanden aber aus Sicherheitsgründen darauf, die Bahnlinie durch den Erfurter Festungswall zu führen, um sie jederzeit unterbrechen zu können. So mußte der Bahnhof auf dem engen Raum zwischen der „Hohen Batterie" und dem Ausgang der August-straße, seit 1847 Bahnhofstraße, am Gebäude der heutigen Reichsbahndirektion errichtet werden. Die Strecke führte durch große Festungstore hinter Wassergräben östlich und westlich des Bahnhofs. Der Güterbahnhof wurde zunächst westlich des Löbertores angelegt. Im Bahnhofsgebäude fand auch die Direktion der Thüringischen Eisenbahn-Gesellschaft Unterkunft. Weithin der alten Handelsstraße Frankfurt am Main–Leipzig folgend, stellte die Linie eine der bedeutendsten deutschen Eisenbahn-strecken dar.

Die Einwohnerzahl der Stadt vermehrte sich in den beiden Jahrzehnten, wenn auch langsamer als vordem. In Erfurt wohnten ohne Militär 1835 zusammen 23894 Personen (72,6 Prozent mehr als 1815), 1844 dann 26129 (+74,2 Prozent) und 1855 schließlich 28327 (+88,7 Prozent).[28] Die Zunahme war durch Geburtenreichtum und Zuzug vornehmlich aus den Dörfern Mittelthüringens bestimmt.

Mit dem Übergang zur kapitalistischen Produktionsweise mehrten sich auch die Klassengegensätze. In Erfurt wurden sie zusätzlich dadurch verschärft, daß, wie ein amtlicher Bericht aussagte, der Ort „in Bezug auf seine Einwohner arm zu nennen" war und es nur „wenige ganz Reiche" gab. Die herrschende Schicht bildeten auch jetzt noch die höhere Beamtenschaft und das Offizierskorps. Vergleicht

ringische Eisenbahn-Gesellschaft" wurde als Aktiengesellschaft mit einem Stammkapital von 9 Mill. Talern gegründet.[27] Nachdem die beteiligten Staaten beträchtliche Aktienzeichnungen in Aussicht gestellt und Zinsgarantien gegeben hatten, flossen trotz anfänglicher Hemmnisse auch beträchtliche Mittel aus dem kommunalen und privaten Bereich.

Tausende Arbeiter wurden zu den umfangreichen Erd- und Brückenbauten und zur Herstellung der

[27] Gesetz-Sammlung für die Königlichen Preußischen Staaten, S. 419 ff.
[28] Angaben nach: Loth, Epidemiezüge Erfurts, S. 39; Wilhelm Horn, Erfurts Stadtverfassung und Stadtwirtschaft in ihrer Entwicklung bis zur Gegenwart, Jena 1904, S. 32.

Thüringische Eisenbahn.

Fahrplan

für die Bahnstrecke von Halle bis Erfurt

in Verbindung mit der Dampfwagen-Fahrten

auf der

Magdeburg-Cöthen-Halle-Leipziger Eisenbahn

für die Zeit vom 1. April 1847 bis auf weitere Bestimmung.

I. Cours von Halle nach Erfurt.

Abfahrt von	Züge							
	I. Morgens.		II. Morgens.		III. Nachmitt.		IV. Abends.	
	Uhr.	Min.	Uhr.	Min.	Uhr.	Min.	Uhr.	Min.
Halle	6	45	8	45	2	15	7	15
Merseburg	7	8	9	9	2	38	7	38
Corbetha	—	—	9	22	—	—	7	51
Weißenfels	7	38	9	40	3	8	8	8
Naumburg	8	6	10	5	3	31	8	31
Kösen	8	21	10	18	3	44	8	44
Sulza	8	36	—	—	—	—	9	—
Apolda	9	11	10	54	4	17	9	23
Weimar	9	44	11	24	4	46	9	53
Wieselbach	—	—	11	48	—	—	10	17
Ankunft in Erfurt	10	17	Mittags 12	2	5	18	10	30

II. Cours von Erfurt nach Halle.

Abfahrt von	Züge							
	I. Morgens.		II. Morgens.		III. Vormitt.		IV. Nachmitt.	
	Uhr.	Min.	Uhr.	Min.	Uhr.	Min.	Uhr.	Min.
Erfurt	5	15	8	15	10	45	4	—
Wieselbach	5	35	—	—	—	—	4	20
Weimar	6	—	8	51	11	24	4	46
Apolda	6	29	9	16	11	52	5	14
Sulza	6	49	—	—	—	—	5	34
Kösen	7	1	9	49	12	23	5	47
Naumburg	7	15	10	5	12	39	6	1
Weißenfels	7	38	10	27	Nachmitt. 1	2	6	25
Corbetha	7	56	—	—	—	—	6	42
Merseburg	8	12	10	57	1	32	6	57
Ankunft in Halle	8	30	11	15	1	50	Abends 7	15

Bemerkungen.

1) Der 1ste von Halle um 6 Uhr 45 Minuten abgehende Zg führt die von Leipzig ankommenden Passagiere sofort weiter.

2) Um 8¾ Uhr schließen sich die von Magdeburg, Wittberg und Bernburg, auch von Leipzig (mit dem Güterzuge) kommenden Passagiere dem 2ten Zuge an.

3) Der 3te Zug um 2 Uhr 15 Minuten Nachmittags befördert die von Berlin, Magdeburg, Braunschweig, Hannover und Zelle anlangenden Passagiere von Halle nach Thüringen.

4) Um 7¼ Uhr werden die um diese Zeit von Berlin, Magdeburg und Leipzig in Halle eintreffenden Passagiere weiter befördert.

5) Durch den 1sten um 5¼ Uhr von Erfurt abgehenden Zug gelangt man, ohne Aufenthalt in Halle, nach Leipzig, Dresden 2c.

6) Mit dem um 8¼ Uhr in Erfurt abgehenden Zuge gehn Passagiere, ohne Aufenthalt in Halle, nach Magdeburg und Berlin und mit einem Güterzuge auch nach Leipzig.

7) Der um 10¾ Uhr von Erfurt abgehende Zug führt di Reisenden nach Leipzig ohne Aufenthalt, und nach Magdeburg und Wittenberg mit solchem in Halle.

8) Der Zug, welcher um 4 Uhr von Erfurt abgeht, schließt sich an die letzten, nach Leipzig und Cöthen gehenden Züge an.

9) Auf den Stationen Corbetha und Wieselbach können Blets nur bis zu den je nächsten Stationen gelöst, und kann auch das Gepäck nur bis zu diesen expedirt werden.

10) Mit Ausnahme der sub 9. genannten Stationen und er Station Sulza, findet zwischen sämmtlichen Stationen unserer Bahn und den Städten Leipzig, Cöthen, Magdeburg, Dessan, Wittenberg und Berlin direkter Billet-Verkauf und direkte Gepäck-Expedition statt, jedoch sind die auf der einen Bahn für die Nachbarbahn gelösten Billets nur für den nächsten Anschlußzug auf dieser gültig.

11) Fünfzig Pfund Gepäck kann jeder Passagier frei mit sich führen. Für jede 10 Pfund Uebergewicht werden aber die Sätze bezahlt, welche in den auf den Stationen aushängenden Tarifs angegeben sind.

Erfurt, gedruckt bei A. Stenger.

Abb. 199. Erster Erfurt betreffender Fahrplan der thüringischen Eisenbahn

man ihr Einkommen mit dem der Spitzen der heranwachsenden Bourgeoisie, so treten keine allzugroßen Unterschiede mehr auf. Auch wurden bereits im Vormärz familiäre Bande zwischen beiden Klassen geknüpft.

Tabelle 12
Führende Vertreter der Bourgeoisie in Erfurt 1841[29]

Name bzw. Firma	Gewerbezweig	Jahreseinkommen in Talern
Sebastian Lucius	Wollwarengroßhandel	2000
Gebr. Hoffmann & Triebel	Zigarrenproduktion	2000
Heinrich Carl Steinbrück	Materialwarengroßhandel	1600
Carl Lucius & Co	Wollwarenproduktion	1200
Heinrich Moos	Schnittwarenhandel	1200
Anton Burkhardt	Weingroßhandel	1000
Engel & Berlow	Materialwarengroßhandel	1000
Adam Gottschalk	Schuhfabrikation	1000
Johann Christian Hoffmann	Materialwarengroßhandel	1000
Hermann & Schall	Lebensmittelgroßhandel	1000
Mendius & Co	Spinnerei	1000
Gebrüder Ramann	Weingroßhandel	1000

Die Industrie- und Handelsbourgeoisie umfaßte noch neun Gewerbetreibende mit einem Einkommen von 800 Talern und 21 mit einem solchen von 600 Talern. Mit einem Jahreseinkommen von 400 Talern wurden 73 Personen eingestuft.

Die Erfurter Proletarier waren ihrem Herkommen und ihrer Stellung im Produktionsprozeß nach differenziert und daher zunächst nur schwer zu einer Interessengemeinschaft zu führen. Lebenslängliches Proletariat waren die Fabrikarbeiter und die Handarbeiter. Die Handwerksgesellen stellten zum Teil ein Durchgangsstadium zum Handwerksmeister dar, fielen jedoch zu einem nicht unbeträchtlichen Teil für dauernd ins Proletariat ab. Nur zu einem Teil können auch die Dienstboten zum lebenslänglichen Proletariat gezählt werden, da sie meistens aus bäuerlichen Familien stammten und oft ins Dorf zurückkehrten. Proletarier waren auch die Knechte und Mägde der in Erfurt immer noch vorhandenen Landwirtschaft.

Gehen wir der zahlenmäßigen Stärke des Erfurter Proletariats nach, so können wir um 1840 die Anzahl der Fabrikarbeiter auf 400 schätzen, während die Handwerksgesellen mit 1999 angegeben werden. Die Zahl der Handarbeiter wird 1840 mit 1842 verzeichnet, ein für thüringische Verhältnisse relativ kleiner Anteil. Dienstboten gab es 1840 nur 817, Knechte und Mägde in der Landwirtschaft 673. Wenn wir von den Handwerksmeistern etwa ein Drittel bereits dem Proletariat zurechnen, so kann

das Proletariat der Stadt im Vormärz mit einiger Sicherheit auf 6500 Arbeiter berechnet werden und ist – einschließlich der Familienmitglieder – auf etwa 15 000 Personen (= 60,8 Prozent der Einwohner) zu schätzen, also auf knapp zwei Drittel der Einwohnerschaft.

Das Bürgertum würde danach zahlenmäßig auf 9000 Personen (36,4 Prozent) für das Kleinbürgertum, 500 für die mittlere Bourgeoisie (2,0 Prozent) und 100 Personen für die Spitzen der Bourgeoisie (= 0,4 Prozent) zu berechnen sein. Weitere 100 Personen (0,4 Prozent) repräsentierten die herrschende Adelsklasse in Militär und Verwaltung. Zumindest ergeben diese Schätzungen, daß Erfurt eine Stadt mit einer verhältnismäßig armen Bevölkerung war, in der das Proletariat das Kleinbürgertum bereits deutlich überflügelt hatte.

Erfurt wurde erstmals durch die „Revidierte Städteordnung" vom 17. März 1831 von der gesamtpreußischen Kommunalgesetzgebung erfaßt.[30] Die Städteordnung von 1831 schränkte die in der Steinschen Städteordnung von 1808 gewährten Rechte ein, indem sie nur wohlhabende Bürger für die Kommunalämter als wählbar erklärte und die Kommunalsteuern der Staatsaufsicht unterstellte. Die beiden städtischen Organe blieben Magistrat und Stadtverordnetenversammlung. Letztere wurde von der Bürgerschaft gewählt und wählte ihrerseits den Magistrat. Dessen Mitglieder bedurften jedoch noch der staatlichen Bestätigung.

Zu den kommunalen Aufgaben gehörten vor allem Vermögensverwaltung, Armenpflege, Volksschulwesen, Feuerlöschwesen und kommunales Besteuerungsrecht. In Polizeiangelegenheiten war der Magistrat dagegen nur ausführendes Organ der Regierung; die Stadtverordnetenversammlung konnte auf diesem Gebiet keine Beschlüsse fassen. Der Magistrat sollte aus dem Ersten Bürgermeister (meist unter dem Titel Oberbürgermeister), dem Bürgermeister, drei besoldeten und drei ehrenamtlichen Stadträten bestehen. Die Städteordnung von 1831 wurde noch durch das „Statut der Stadt Erfurt" vom 13. Juni 1836 konkretisiert.[31] Es machte das aktive Wahlrecht der Bürger von einem Grundvermögen von 800 Talern oder einem Jahreseinkommen von 300 Talern, das passive Wahlrecht von einem Einkommen von 400 Talern und einem Grundbesitz von 3000 Talern abhängig. Damit waren große Teile

---

29 StAE, 1–2/704–407, Bl. 6 ff. – Die Umrechnung der dort angegebenen Steuersummen erfolgte auf Grund der Gesetz-Sammlung für die Königlich Preußischen Staaten, 1820, S. 147 ff.
30 StAW, Regierung zu Erfurt, vorl. Nr. 1838.
31 StAE, 1-1/I e, Nr. 5[1].

Abb. 200. Das alte Erfurter Rathaus vor Beginn seines Abbruchs im November 1865

des Kleinbürgertums trotz Besitz des Bürgerrechts von der kommunalen Mitbestimmung ausgeschlossen.

Im Zusammenhang mit der Neuordnung der Stadtverwaltung wurde 1833 die Verbindung zwischen Oberbürgermeister- und Landratsamt aufgehoben. Aus drei von der Stadtverordnetenversammlung unterbreiteten Vorschlägen bestimmte der Staat den Kreisjustizrat Theodor Wagner, bisher Vertreter des Oberlandesgerichts Naumburg in Erfurt, zum Oberbürgermeister. Stellte diese Lösung einen Fortschritt für die Kommunalverwaltung dar, so erfolgte sofort der Gegenschlag, indem ministeriell festgelegt wurde, daß Erfurt „als keine ansehnliche Stadt" keinen Stadtkreis bilden dürfe, sondern dem Landrat unterstellt sei. Gleichzeitig verringerte sich die Zahl der Bürger bis 1838 auf 2381 (= 10,8 Prozent der Einwohner). Alles das führte dazu, das Interesse der Einwohnerschaft an der Kommunalverwaltung immer mehr zu schwächen.

Das Stadtbild veränderte sich nach Abschluß des Festungsbaues im Vormärz nicht mehr wesentlich.

Die Anzahl der Wohnhäuser stagnierte trotz Bevölkerungszunahme. Die Hypothekenbelastung war schon 1842 bedeutsam und machte 2 193 463 Taler (= 47,8 Prozent der Versicherungssumme) aus. Die Stadt wurde erstmals von dem Ingenieur-Leutnant Neumann exakt vermessen. Darauf gab der Buchdrucker Johann Jakob Uckermann 1826 unter Weglassung der Festungswerke einen ersten genauen Stadtplan heraus.

Noch wohnten alle Klassen und Schichten zusammen in der Festungsstadt. Das Rayongesetz verbot die sonst in thüringischen Städten entstehenden Villen der Bourgeoisie weit vor der Stadt. Die Aufteilung des Wohngebiets blieb aber insofern klassenbedingt, als die Bourgeoisie die großen Häuser der Straßen und Plätze bewohnte und hier jetzt auch manche Neubauten an Stelle veralteter Wohnhäuser errichtete, während sich Kleinbürgertum und Proletariat in den kleinen Häuschen drängten, die in den zahlreichen Gassen zwischen den großen Straßen lagen. Am zahlreichsten lebte das Proletariat im

2.Stadtbezirk, dem „Schwarzen Viertel", und im 8.Stadtbezirk. Hier war auch die Zahl der Einwohner mit Bürgerrecht besonders gering.

Vereinzelt erfuhren alte öffentliche Gebäude umfassende Renovierung. Der Architekt Friedrich Karl von Schinkel, der 1833 eine Baureise nach Erfurt unternahm, lieferte einen Rathausentwurf und wirkte durch Projekte auf den Bau der Barfüßerschule, des Westbaues im Augustinerkloster und des Martinsstifts 1841 bis 1846 ein. Der bemerkenswerteste Neubau dieser Zeit war der Bahnhof, der 1845 bis 1847 nach dem Entwurf von August Mons mit hohem Turm im Stil der italienischen Renaissance errichtet wurde.

Da das 1813 zerstörte Wohnviertel unter Dom und Petersberg nicht mehr aufgebaut wurde, entstand mitten in der Altstadt ein großräumiger Platz. Er wurde 1823 nach König Friedrich Wilhelm III. benannt und diente als Markt sowie als Exerzier- und Paradeplatz. Innerhalb der Festungswälle lag noch zu erschließendes Bauland am Botanischen Garten, an der Hirschlache, im Hirschbrühl und am Dalbergsweg, „einem durch viele Kunstgärten sich angenehm dahinschlängelnden Weg vom Neuwerk bis zum Pförtchen, der besonders in den Frühsommermonaten durch zahlreiche Nachtigallen verschönt" wurde.[32]

Während die Spitzen der Bourgeoisie ihre Interessen im Einvernehmen mit Regierung und Magistrat zu realisieren suchten, erwachten die mittlere Bourgeoisie und das gehobene Kleinbürgertum zur

Abb. 201. Das Martinsstift in Erfurt
(Bauriß von K. F. Schinkel um 1833)

politischen Eigenständigkeit im Sinne des Liberalismus. Allerdings sah die Regierung streng darauf, daß hier „kein Hinüberwachsen auf das Gebiet der Bürgerversammlung" stattfand, wie es in anderen thüringischen Städten dem Liberalismus bereits eine festere Organisation verschaffte. Dennoch gründeten Angehörige des gehobenen Kleinbürgertums den Bürgerhilfsverein mit 136 Mitgliedern „zur Wahrung echten Bürgersinns, zur gegenseitigen Unterstützung in der Not wie zum geselligen Vergnügen". Dieser zunächst ganz unpolitische Verein beschäftigte sich seit dem Eintritt von Goswin Krackrügge und Hermann Alexander Berlepsch 1845 vor allem mit kommunalen und gesellschaftlichen Fragen. 1803 in Soest in Westfalen geboren, war Krackrügge Seilerwarenhändler in Schlotheim gewesen und schließlich nach Erfurt gegangen. Berlepsch kam 1814 als unehelicher Sohn eines hannoverischen Staatsrates zur Welt, hatte im Rheinland als Buchhändler gelebt, ließ sich 1838 endgültig in Erfurt nieder und redigierte hier 1844 bis 1845 eine kurzlebige Zeitung, den „Erfurter Stadt- und Landboten". Krackrügge und Berlepsch erfüllten den Bürgerhilfsverein und damit die Erfurter Einwohnerschaft mit einer bisher nicht gekannten gesellschaftlichen Rührigkeit, indem sie Mängel sowie soziale Mißstände und Ungerechtigkeiten mutig aufgriffen und zur Diskussion stellten.

Im April 1846 gründeten Krackrügge und Berlepsch gemeinsam den „Deutschen Stadt- und Landboten. Eine Wochenschrift für alle Angelegenheiten des bürgerlichen Lebens". Er wurde zur Umgehung der preußischen Zensur in Eisenberg in Sachsen-Altenburg gedruckt. Die Zeitung kann als erstes örtliches politisches Organ angesehen werden, da die bisher erscheinende „Neue Allgemeine Zeitung", seit 1831 „Erfurter Zeitung", brennende örtliche Probleme kaum berührte. Am 19.September 1846 trat Berlepsch aus dem „Deutschen Stadt- und Landboten" aus und gab ein eigenes oppositionelles Blatt, die „Thüringische Zeitung", heraus. Während der „Deutsche Stadt- und Landbote" als liberales Oppositionsblatt anzusehen ist, folgte die „Thüringische Zeitung" bereits demokratischen Tendenzen. In Berlepsch und Krackrügge sah die Regierung zu Erfurt unbequeme Störer des polizeilich gehüteten politischen Friedens und legte ihnen manche Schwierigkeiten in den Weg. Dennoch wurde Krackrügge 1846 im 4.Stadtbezirk (Johannis) als Stadtverordneter gewählt.

[32] Wilhelm Horn, Zur Charakterisierung der Stadt Erfurt. Ein medizinalstatistischer Beitrag, Erfurt 1843, S. 207.

Die unteren Schichten des Kleinbürgertums und das Proletariat besaßen noch keine Vereine oder Organe zur Vertretung ihrer politischen und geistigen Interessen. Mit dem Bund der Geächteten und dem Bund der Gerechten, den Vorgängern der deutschen Arbeiterpartei, kam Erfurt nicht in Berührung. Die Handwerksgesellen waren zur gegenseitigen Unterstützung in etwa 20 Gesellenvereinen zusammengeschlossen, von denen die bedeutendsten die der Fleischer (gegr. 1826), der Schneider (gegr. 1836), der Schuhmacher (gegr. 1841), der Maurer (gegr. 1826) und der Zimmerleute (gegr. 1845) waren.[33] Politische Arbeitervereine ließ die Regierung überhaupt nicht zu, weil sie dazu benutzt werden könnten, daß der „gemeine Mann öffentliche Angelegenheiten bespricht oder gar in diese sich einzumischen versucht".

Die wachsende Unruhe der arbeitenden Bevölkerungsklassen machte sich im Vormärz auch im kirchlichen Bereich bemerkbar. In Preußen nahm die 1817 gegründete „Union", ein Zusammenschluß von Lutheranern und Reformierten, die Rolle einer Staatskirche ein. Dagegen vertrat der Pfarrer Grabau von der Andreaskirche eine streng lutherische Auffassung und bildete einen Kreis Gleichgesinnter aus der ärmeren Bevölkerung um sich. Diese wollten ihren Protest gegen den Staat mit konfessionellen Mitteln zum Ausdruck bringen. Die „Altlutheraner" gründeten, nachdem Grabau abgesetzt worden war, eine besondere Gemeinde;[34] doch wurde sie vom Staat so verfolgt, daß im Juli 1839 etwa 90 Gemeindemitglieder nach den USA auswanderten.

Ähnliche Ereignisse spielten sich ein Jahrzehnt später auch in der katholischen Kirche Erfurts ab. Hier hatte sich im Streit um die Verehrung des „Heiligen Rocks" in Trier unter Leitung des schlesischen Kaplans Johannes Ronge eine romfeindliche nationale Richtung abgespalten, die vornehmlich in den unteren Volksschichten Verbreitung fand. Am 7. August 1845 wurde der erste „christkatholische" Gottesdienst in Erfurt abgehalten. Ronge kam auf seiner Thüringenreise im November 1845 selbst in die Stadt und setzte Adolf Bergmann als „christkatholischen" Pfarrer ein.

Unter den Bedingungen der Reaktion konnte sich in der Festungsstadt nach 1815 das kulturelle Leben kaum entwickeln. Um so höher sind Bemühungen zu werten, das Schulwesen zu heben. Um die Angehörigen durch den technischen Fortschritt neu entstehender Berufe besser vorbilden zu können, errichtete Ephraim Salomon Unger 1820 in seinem Haus in der Futterstraße eine private „Mathematische Lehranstalt". Hier wurden Kaufleute, Fabri-

kanten, Finanz-, Post- und Forstbeamte vorgebildet.[35] Mathematik, Naturwissenschaften und moderne Sprachen beherrschten den Lehrplan. Nachdem schon in einigen thüringischen Städten Realschulen als neuer Schultyp eingerichtet waren, wurde die Privatschule 1844 als städtische Realschule übernommen. 1859 zur Realschule I. Ordnung ausgebaut, führte sie seit 1870 zum Abitur. Damals bestand sie aus 14 Klassen mit 570 Schülern. Die Knabenoberschule ging schon 1844 in der Realschule auf, so daß als höhere Bürgerschulen nur noch die Mädchenoberschule bestand.

Die 1780 in Erfurt nach weimarischem Vorbild errichtete „Kurfürstliche Zeichenschule" wurde 1815 mit Unterstützung Gottfried Schadows reorganisiert und zählte 1816 bereits 109 Schüler. Fehlende finanzielle Unterstützung durch die preußische Regierung behinderte jedoch ihre Entwicklung. Sie konnte sich nur dadurch retten, daß sie sich schließlich auf die Ausbildung von Bauleuten spezialisierte. 1837 erfolgte ihre Umwandlung in die „Königliche Provinz-Kunst- und Bauhandwerksschule", die der fachlichen Aufsicht der Akademie der Künste in Berlin unterstellt wurde.

Bildende Künstler von Format besaß Erfurt nicht mehr. Der bedeutendste Maler war noch Nikolaus Heinrich Dornheim, dessen Hauptschaffenszeit vor 1815 lag und der 1830 starb. Die jüngeren Erfurter Maler konnten auf ihm aufbauen, vermochten aber sein Feingefühl in der Darstellung der Harmonie von Mensch und Natur nicht mehr zu erreichen. Franz Kuchenbuch (1812 bis 1896) stellte reizende Bildchen der Biedermeierzeit und gutgemeinte Zeichnungen her. Größere Talente verließen schon in der Jugendzeit ihre Heimatstadt wie Friedrich Nehrlich (später Nerly), Friedrich Bellermann und Ernst Hesse, der in Dresden ein Schüler Ludwig Richters wurde.

Das Schauspielhaus in der Futterstraße verfügte über kein eigenes Ensemble, sondern mußte sich mit Gastspielen wandernder Schauspieler helfen. Das in Privateigentum befindliche Gebäude wurde 1822 auf 1600 Plätze erweitert. Wirklich bedeutende Vorstellungen, wie etwa 1829 das Gastspiel Nicolo Paganinis vor überfülltem Haus, gab es nur selten. Ein kultureller Höhepunkt war das lange vorbereitete 2. Thüringische Musikfest vom 2. bis 5. August 1831. Eine fruchtbare ehrenamtliche Wirksamkeit entfaltete auch der Sollersche Musikverein von 1819.

---

[33] StAE, 1-1/VIII A, Nr. 13.
[34] StAE, 5/100–63, Bd. 3, S. 1915, 1921, 1947, 1956.
[35] StAE, 1-1/X B, XVI Nr. 1.

Abb. 202. Das Ursulinenkloster und die Festungskommandantur am östlichen Anger
um 1840

Das wachsende bürgerliche Selbstbewußtsein manifestierte sich besonders in dem seit 1840 zu beobachtenden Vereinswesen. Größere Geselligkeitsvereine waren die Gesellschaft „Casino" und die Gesellschaft „Ressource", die schon 1786 gegründet worden war und in der jetzt Bourgeoisie, Adel und höhere Beamtenschaft verkehrten. Die alte Büchsenschützenkompagnie bestand ebenfalls weiter als bürgerlicher Verein. Ihr Schießhaus am Steiger war 1813 zerstört worden, wurde aber 1820 an gleicher Stelle wieder aufgebaut. Im Vereinsleben spielte auch die Loge „Carl zu den drei Adlern im Orient" eine beachtliche Rolle.[36] Nach Ausschluß der Franzosenfreunde, die sie 1807 bis 1813 beherrscht hatten, wurde sie in die Berliner „National-Mutterloge zu den drei Weltkugeln" aufgenommen, mit nationalpreußischem Geist erfüllt und stand nunmehr auch für Offiziere und Beamte offen. Erst nach 1840 verschob sich die Sozialstruktur ihrer Mitgliedschaft zu Gunsten des gewerblichen Bür-

gertums. Für die Verschönerung der Stadt wurde manches getan und 1840 ein sehr tätiger Verschönerungsverein ins Leben gerufen.

Der geselligen Unterhaltung und dem Vergnügungsbedürfnis der Erfurter kamen im 19. Jahrhundert vier Volksfeste entgegen: Der Spittelmarkt auf dem Hospitalplatz in der Osterzeit, die Peterskirmes auf dem Domplatz im Juni, der „grüne Montag", an dem sich im Sommer die Handwerker im Steiger trafen, und der Martinstag (10. November), wenn Kinder mit Lampions vor den Dom zogen. Sonst erging man sich zum Sonntagsspaziergang auf den Festungswällen oder erfreute sich am „Genuß der freien Natur", am liebsten aber in den Wirtshäusern der benachbarten Dörfer.

Doch unverkennbar häufte sich in dem biedermeierlichen Erfurt mit seiner kleinen Minderheit

---

[36] Adolf Scholz, Geschichte der St. Johannis-Freimaurerloge Carl zu den drei Adlern im Orient zu Erfurt, Erfurt 1912, S. 1 ff.

reicher Fabrikanten, mit seiner zahlreichen prole- tarischen und kleinbürgerlichen Bevölkerung und der ausgeprägten Macht des preußischen Bürokra- tismus und Militarismus in den 40er Jahren zuneh- mend sozialer Zündstoff an. Er mußte zur Entla- dung kommen, sobald eine allgemeine revolutionä- re Situation in Deutschland und Europa eintrat. Re- volutionierend auf die Volksmassen wirkten die im Sommer 1846 eingebrachte schlechte Ernte, die so- fort die Lebensmittelpreise in Bewegung setzte, und die zyklische Krise 1847. Die Teuerung erreichte im Sommer 1847 ihren höchsten Punkt seit 1825. Das Pfund Brot kostete in Erfurt einen Silbergroschen und zehn Pfennige.[37] Gegenüber dem Sommer 1845 bedeuteten die nun üblichen Preise eine Steigerung auf 220 Prozent bei Brot und auf 415 Prozent bei Kar- toffeln, den Grundnahrungsmitteln der einfachen Leute. Die Preissteigerung der wertvolleren Le- bensmittel, die sich Proletarierfamilien auch in bes- seren Zeiten nur in begrenztem Umfang leisten konnten, betrugen bei Fleisch 8 bis 25 Prozent und bei Butter etwa 7 Prozent.

Angesichts der mit der Krise wachsenden Arbeits- losigkeit und der Hungersnot, die bei den ärmeren Bevölkerungsteilen Einzug hielt, sowie der Gleich- gültigkeit der preußischen Behörden gegenüber den sozialen Mißständen, begann eine revolutionä- re Situation heranzureifen. Daher wuchs die opposi- tionelle Stimmung. In der Nacht vom 17. zum 18. April 1847, knapp ein Jahr vor dem Ausbruch der Revolution, brachten revolutionäre Demokraten in den Straßen der Stadt Plakate an. Hier hieß es: „Auf ihr Bürger unserer Stadt und streitet für das Wohl, denn da von seiten des Magistrats zur Linderung der Hungersnot auch gar nichts geschieht und während die Motten das königliche Korn in den Magazinen verzehren, so bleibt uns nur Eigenhilfe übrig . . .

darum fürchtet nichts und horcht auf den ersten Signalruf, der nicht fern ist."[38]

Führende Kräfte der demokratischen Opposition griffen örtliche Vorkommnisse auf, die für das Ver- halten der herrschenden Kreise typisch waren, und stellten sie in der Presse bloß. So warf Goswin Krackrügge in seinem „Deutschen Stadt- und Land- boten" die Frage auf, ob die Stadt denn verpflichtet sei, der Thüringischen Eisenbahn-Gesellschaft 20 000 Taler für das Bahnhofsgelände innerhalb der Festungswälle zu zahlen, und prangerte den Fall des pensionierten Regierungsrates Karl von Ehrenberg an. Ehrenberg, in dem die Masse der Einwohner den Prototyp eines reaktionären preußischen Bürokra- ten sah, hielt seine geistesgestörte Tochter unter un- menschlichen Bedingungen in seinem Hause gefan- gen. Krackrügge verurteilte dieses die bürgerliche Opposition empörende Verhalten in einer Artikel- serie „Maria Hauser und das furchtbare Attentat zu Erfurt". Mit dem Bezug auf das wenige Jahre vorher ganz Deutschland erregende Schicksal Caspar Hau- sers appellierte Krackrügge an den Gerechtigkeits- sinn breiter Bevölkerungskreise und orientierte diese auf verstärkte Proteste. Wegen dieser Artikel wurde Krackrügge am 22. November 1847 zu einer Strafe von vier Monaten Zuchthaus verurteilt, die er sofort antreten mußte. Diese Gerichtsentscheidung wurde von den großen politischen Zeitungen Deutschlands scharf mißbilligt, und der Ruf Krack- rügges als „Märtyrers der Freiheit" reichte seitdem weit über die Stadt hinaus.

---

[37] StAE, 5/100-63, Bd. 3, S. 2297 ff.
[38] Zit. nach: Willibald Gutsche, Erfurt und die bürgerlich-de- mokratische Revolution 1848/49, in: Beiträge zur Heimatge- schichte und Ortschronik, hrsg. v. Kulturbund der DDR, H. 1/1975, S. 58.

KAPITEL
VIII

Bürgerlich-demokratische Revolution, Durchsetzung der kapitalistischen Gesellschaftsordnung und Gründung der Sozialdemokratischen Arbeiterpartei (1848 bis 1870)

Von Ulrich Heß

1.

ERFURT IN DER BÜRGERLICH-DEMOKRATISCHEN REVOLUTION 1848/49

Wie in vielen europäischen Ländern rief die siegreiche französische Februarrevolution 1848 auch in den deutschen Staaten revolutionäre Volkserhebungen hervor. Die deutsche Bürgerlich-demokratische Revolution von 1848/1849 bildete den Höhepunkt im Gesamtprozeß der bürgerlichen Umwälzung. Angesichts der bereits weit fortgeschrittenen kontinuierlichen Entwicklung des Kapitalismus entschied sie über die Frage, ob die Weiterführung und endgültige Durchsetzung der kapitalistischen Gesellschaftsordnung auf revolutionär-demokratischem Wege oder durch konservativ-liberale Reformen erfolgte. Ihre objektive Aufgabe bestand in der Vernichtung des reaktionären adligen und junkerlichen Herrschaftssystems, in der Errichtung einer bürgerlich-demokratischen Ordnung und in der historisch längst überfälligen Überwindung der feudalstaatlichen Zersplitterung durch die Bildung eines einheitlichen bürgerlichen Nationalstaates.

Die Bourgeoisie, die zur Führung der Revolution berufene Klasse, strebte nach politischen Machtpositionen, wollte jedoch mit Blick auf das bereits erstarkte Proletariat die bürgerliche Umgestaltung und günstigere wirtschaftliche Bedingungen nicht auf revolutionärem Weg, sondern durch Reformen und Vereinbarungen mit den alten Staatsgewalten herbeiführen. Dabei orientierte sich ihre Mehrheit in den nord- und mitteldeutschen Staaten auf die preußische Monarchie. Die Masse des Kleinbürgertums und seine politische Repräsentanz, die klein-

bürgerliche Demokratie, stellten eine wichtige politische Kraft dar, doch waren ihre revolutionären Potenzen auf Grund der fortgeschrittenen Entwicklung des Industriekapitalismus bereits begrenzt. Die entschiedenste demokratische Kraft war das junge deutsche Proletariat, das aber noch nicht in der Lage war, die Volksmassen zu führen, weil es sich eben erst zu entfalten begann.

Das klassenbewußte Proletariat besaß dank der Arbeit von Marx und Engels seit 1847 eine politische Partei, den Bund der Kommunisten, und ein Programm für die Revolution, das Kommunistische Manifest. Die „Forderungen der Kommunistischen Partei in Deutschland" vom März 1848 wandten die Grundsätze des Kommunistischen Manifests auf die konkreten Bedingungen der Revolution in Deutschland an.

Erschreckt durch die Wucht der revolutionären Erhebung des Proletariats und des demokratischen Kleinbürgertums zog sich die Bourgeoisie, nachdem sie ihre Ziele einigermaßen erreicht zu haben glaubte, auf den Schutz zurück, den die geschlagene, aber nicht vernichtete Aristokratie noch gewähren konnte. Sie führte damit das Scheitern der Revolution herbei.

Diese allgemeinen Tendenzen des revolutionären Kampfes widerspiegeln die politischen Auseinandersetzungen in Erfurt. Die siegreiche Februarrevolution in Frankreich löste in den ersten Märztagen auch in Thüringen revolutionäre Volkserhe-

bungen aus. Am 8. März 1848 kam es in Weimar zu
einer großen antifeudalen Erhebung vor allem der
Landbewohner. Noch bevor das Volk von Berlin am
18. März gegen die reaktionäre preußische Regierung und das Königtum aufstand, wurde in den
Erfurter Zeitungen Goswin Krackrügges und Hermann Alexander Berlepschs die Pariser Februarrevolution ausführlich besprochen und ihr Übergreifen auf Deutschland vorausgesagt.[1] Gleichzeitig
schlugen die beiden Zeitungen einen schärferen
Ton gegen die herrschende Klasse und den preußischen Militarismus an.

Mitte März entzündete sich der lange aufgestaute
Volkszorn zunächst an einer zweitrangigen Frage:
an dem gestiegenen Bierpreis und an dem Fall Ehrenberg. Die reichen Brauereibesitzer Caspar
Schlegel und Wilhelm Treitschke hatten die arbeitende Bevölkerung provoziert, indem sie den Aufruf
des Magistrats mißachteten, die Bierpreise wieder
zu senken. Schlegel hatte erklärt, das Volk solle
„dann eben Mistjauche saufen". Das führte zur ersten Erhebung. Am 13. März abends zog eine empörte Volksmenge, Freiheitslieder singend, an der
Brauerei Schlegel vorbei. Tags darauf versammelte
sich eine tausendköpfige Masse von Handarbeitern,
Handwerksgesellen und Lehrlingen vor dem Regierungsgebäude, umringte den anwesenden Generalmajor Friedrich Wilhelm von Klaß und schob ihn in
das Gebäude. Dann warf sie bei Schlegel die Fen-
sterscheiben ein und erstürmte schließlich die Wohnung Karl von Ehrenbergs, wo sie ebenfalls die Fenster zertrümmerte und Kleider und Möbel auf die
Straße warf.[2]

Da die städtische Polizei machtlos war, wurde
eine Kompanie des 31. Infanterie-Regiments mit der
Räumung der Straße beauftragt. Als sie mit Steinen
beworfen wurde, schoß das Militär rücksichtslos in
die Menge, tötete zwei Demonstranten und verletzte
vier. Nach Verhaftung von 17 Arbeitern löste sich die
Ansammlung um 2 Uhr nachts auf. Die Spitzen der
Bourgeoisie, darunter auch Sebastian Lucius, verbarrikadierten ihre Wohnhäuser und vertrauten auf
die Festungskommandantur. Trotz des blutigen Auf-
takts der revolutionären Bewegung hielt das Kriegsministerium in Berlin die Lage in der Festung Erfurt
aber noch für kontrollierbar. Es beorderte deshalb
die Füsilierbataillone des 31. und 32. Infanterie-
Regiments zunächst zur Beobachtung nach Halle
und dann zur Unterdrückung der Revolution nach
Berlin.[3]

Die revolutionären Ereignisse führten bald zur
Bildung politischer Vereine, mit denen die Angehörigen der verschiedenen Klassen und Schichten ih-

Abb. 203. Goswin Krackrügge (1804 bis 1881)

ren Interessen und Forderungen Geltung verschaffen wollten. Aus der vorrevolutionären Zeit bestand
noch der Bürgerhilfsverein, der sich in den letzten
Jahren auch politischen Fragen zugewandt hatte.
Sein Vorsitzender Goswin Krackrügge traf nach Ver-
büßung seiner Zuchthausstrafe wegen des Zei-
tungsartikels über den Fall Ehrenberg am 1. April
1848 wieder in Erfurt ein. Unter dem Jubel vieler revolutionärer Demokraten wurde er im Triumphzug
vom Bahnhof abgeholt. In einer Ansprache schwor
er „Rache, glühende heiße, unauslöschliche Rache

[1] Über die Revolution 1848 in Erfurt siehe: Herbert Peters, Erfurt im Jahre 1848, phil. Diss., Berlin 1966 (Ms); Otto Rollert, Erfurt und das Jahr 1848, Erfurt (1948); Willibald Gutsche, Erfurt
und die bürgerlich-demokratische Revolution 1848/49. Beiträge
zur Heimatgeschichte und Ortschronik, H. 1, Berlin 1975, S. 57 ff.;
ältere Arbeiten: Friedrich Schubert, Erfurt im Jahre 1848. Volksbewegung und Preußentreue, Erfurt 1857; Gustav Brünnert,
Die Revolution in Erfurt im Jahre 1848 (nach unveröffentlichten
Quellen), in: Preußische Jahrbücher, hrsg. von Hans Delbrück,
145. Bd., Berlin 1911, S. 474 ff.; Therese Berlepsch, Berlepsch und
der Belagerungszustand Erfurts im Herbst 1848. Ein Beitrag zur
Willkürherrschaft im konstitutionellen Preußen, St. Gallen 1849.
[2] Stadtarchiv Erfurt (im folg.: StAE), 1-1/XVI i Nr. 36; Peters,
Erfurt im Jahre 1848, S. 57 f.
[3] Max Gottschalk, Geschichte des 1. Thüringischen Infanterie-
Regiments Nr. 31, Berlin 1894, S. 192 ff.

dem System". Der Bürgerhilfsverein ließ sich jedoch nicht zur Zelle einer politischen Partei umformen, weil seine soziale Zusammensetzung und die politischen Ansichten seiner Mitglieder zu unterschiedlich waren.

Am 16. April 1848 wurde unter der Leitung des Buchhändlers Hermann Alexander Berlepsch, des Kaufmanns Robert Bourzutschky sowie der Buchhändler Franz Loes und Conrad Wilhelm Straube der „Schutzbürgerverein" gebildet, durch den die unteren Volksschichten einen wesentlichen Anteil an der Revolution gewinnen sollten. Dem Verein gehörten vornehmlich „Schutzverwandte" der Stadt Erfurt, im Volksmund „Schutzbürger" genannt, an, die nicht im Besitz des Bürgerrechts waren. Seine Mitglieder stammten vorwiegend aus dem Proletariat und dem unteren Kleinbürgertum. Zweck des Vereins war die „Erstrebung größtmöglicher Freiheit innerhalb der gesetzlichen Schranken, Hebung und Förderung des Arbeiterstandes und Vertretung aller Menschenrechte".

Zur Gründungsversammlung waren 2000 Personen „aus allen Schichten, namentlich Arbeiter", erschienen, um einen „rein demokratischen Verein (im besten Sinne des Wortes)" zu bilden.[4] Schon am 19. April waren 1200 Mitglieder eingeschrieben und ein Vorstand („Ordnerschaft") aus drei Buchhändlern, drei Buchdruckern, zwei Handwerksmeistern, zwei Privatsekretären und je einem Lehrer, Pfarrer, Kaufmann und Musiker gebildet. Dadurch gelang es in Erfurt frühzeitig, eine kraftvolle, sich auf das demokratisch und republikanisch gesinnte Proletariat und Kleinbürgertum stützende revolutionäre Organisation zu schaffen. Krackrügge trat nun auch dem Schutzbürgerverein bei, offensichtlich um die Tätigkeit des Bürgerhilfsvereins mit der des Schutzbürgervereins zu koordinieren und den Bürgerhilfsverein an den Schutzbürgerverein heranzuführen.

Inzwischen waren aber auch die das reaktionäre Preußentum in der Stadt verkörpernden Kräfte, das Offizierskorps und die Staatsbeamtenschaft, nicht untätig geblieben. An diese Kreise lehnte sich – eigentlich schon seit den Vorfällen Mitte März 1848 – die Bourgeoisie an. Die geistigen Köpfe der reaktionären Bewegung waren Generalleutnant Ferdinand von Voß, ein stockreaktionärer Militär, der eben erst zum Festungskommandanten von Erfurt ernannt worden war, und Oberregierungsrat Wilhelm Frhr. von Tettau. Auch dieser war erst 1847 nach Erfurt gekommen und vorher Landrat im westpreußischen Konitz gewesen. Er übte jetzt in Erfurt das Amt des Stellvertretenden Regierungspräsidenten und Dirigenten der Abteilung des Innern aus.

Die Reaktion bildete nach den Ereignissen vom 14. März einen mit Stöcken bewaffneten „Bürger-Sicherheitsverein".[5] Politisch tarnte sich diese Vereinigung der konservativen Kräfte zunächst als konstitutionell-monarchistisch und liberal. Aus diesem „Konstitutionellen Verein" ging am 16. April 1848 der „Volksverein" hervor.[6] Krackrügge trat auch diesem Verein bei, in dem konservative und liberale Kräfte überwogen. Obwohl die demokratisch-republikanischen Teile der Bevölkerung Krackrügges Vielgeschäftigkeit kritisierten,[7] hielt dessen Unklarheit an, bis er schließlich in Berlin seine politische Heimat fest in der kleinbürgerlichen Demokratie fand.

Zunächst standen die Wahlen zum deutschen und zum preußischen Parlament im Vordergrund der politischen Auseinandersetzungen. Die beiden Erfurter Kandidaten wurden im „Volksverein" aufgestellt. Der Schutzbürgerverein beteiligte sich nicht, weil seine Mitglieder im allgemeinen nicht im Besitz des Bürgerrechts und damit des Wahlrechts waren. Der Volksverein mit seiner heterogenen Zusammensetzung nominierte schließlich zwei in ihren politischen Anschauungen grundverschiedene Männer: den streng konservativen Vorstandsvorsitzenden der Thüringischen Eisenbahn-Gesellschaft Gustav Graf von Keller für die Deutsche Nationalversammlung und den Demokraten Krackrügge für die preußische konstituierende Versammlung. Bei der Wahl wurde das indirekte Verfahren angewandt. Obwohl beide Wahlmännerkollegien von der gleichen Urwählerschaft erkoren wurden und sich in ihrer sozialen Zusammensetzung kaum unterschieden, erfolgte am 1. Mai die Wahl Krackrügges und am 8. Mai die Wahl Kellers. Allerdings hatte Keller in Konkurrenz mit dem bekannten Demokraten Johann Jacoby aus Königsberg nur 82 von 142 Wahlmännerstimmen erhalten.[8]

Krackrügge war nun durch seine Berliner Parlamentstätigkeit den Erfurter Ereignissen entzogen, wenn er auch bestrebt war, nicht völlig in der Arbeit der konstituierenden Versammlung aufzugehen. Durch Briefe und häufige persönliche Anwesenheit verlor er die politische Entwicklung in der Stadt

---

[4] Peters, Erfurt im Jahre 1848, S. 87 ff.

[5] Schubert, Erfurt 1848, S. 2 f.; Brünnert, Erfurt 1848, S. 482.

[6] Helmut Ruske, Kleinbürgerlich-demokratische Bestrebungen im sächsisch-thüringischen Raum vom Herbst 1849 bis Ende 1853, phil. Diss., Jena 1970, Bd. 1 (Ms), S. 267 f.

[7] Herbert Peters, Goswin Krackrügge, in: Männer der Revolution von 1848, hrsg. vom Arbeitskreis Vorgeschichte und Geschichte der Revolution von 1848/49, Berlin 1970, S. 279 ff.

[8] StAE, 1-1/I e Nr. 64, Bd 2, Urwählerverzeichnis 1848.

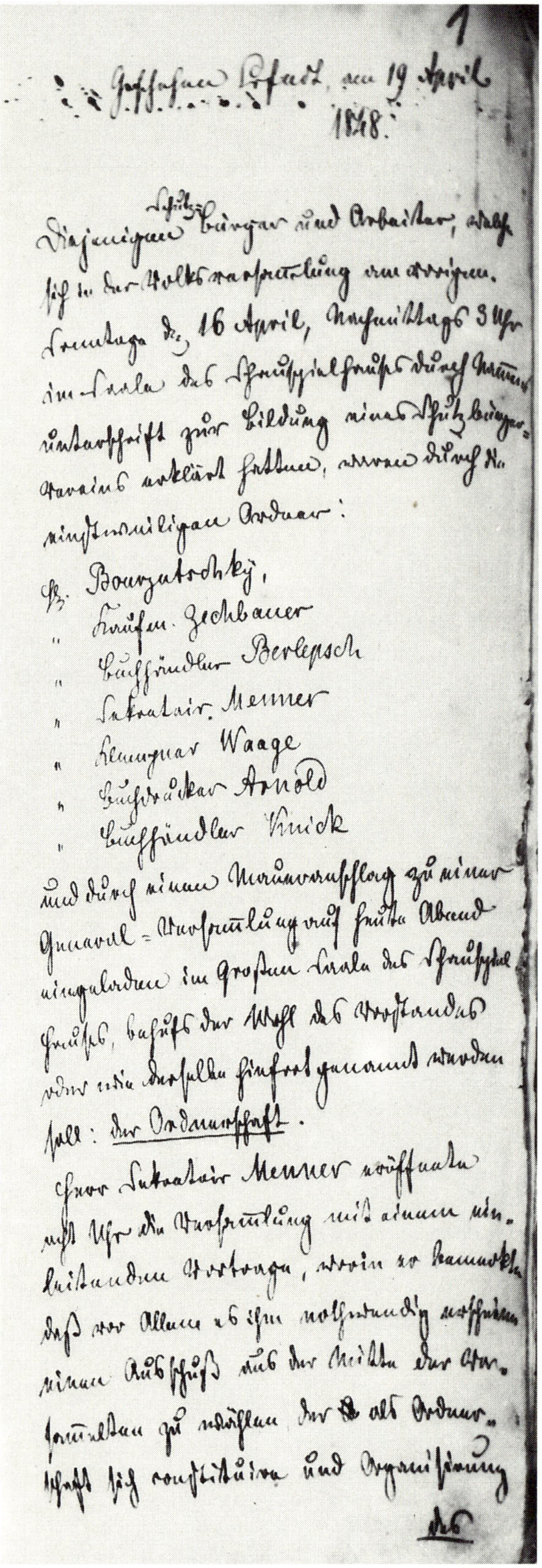

1

Geschehen Erfurt, am 19 April 1848.

Diejenigen Schutz-bürger und Arbeiter, welche sich in der Volksversammlung am vorigen Sonntage d. 16 April, Nachmittags 3 Uhr im Saale des Schauspielhauses durch Namensunterschrift zur Bildung eines Schutzbürgervereins erklärt hatten, waren durch die einstweiligen Ordner:

Hr. Bourzutschky,
" Kaufm. Zechbauer
" Buchhändler Berlepsch
" Sekretair Menner
" Klempner Waage
" Buchdrucker Arnold
" Buchhändler Knick

und durch einen Maueranschlag zu einer General-Versammlung auf heute Abend eingeladen im großen Saale des Schauspielhauses, behufs der Wahl des Vorstandes desselben oder wie derselbe hinfort genannt werden soll: der Ordnerschaft.

Herr Sekretair Menner eröffnete um 8 Uhr die Versammlung mit einem einleitenden Vortrage, worin er bemerkte daß vor Allem es ihm nothwendig erschiene einen Ausschuß aus der Mitte der Versammelten zu wählen, der als Ordnerschaft sich constituire und Organisirung des

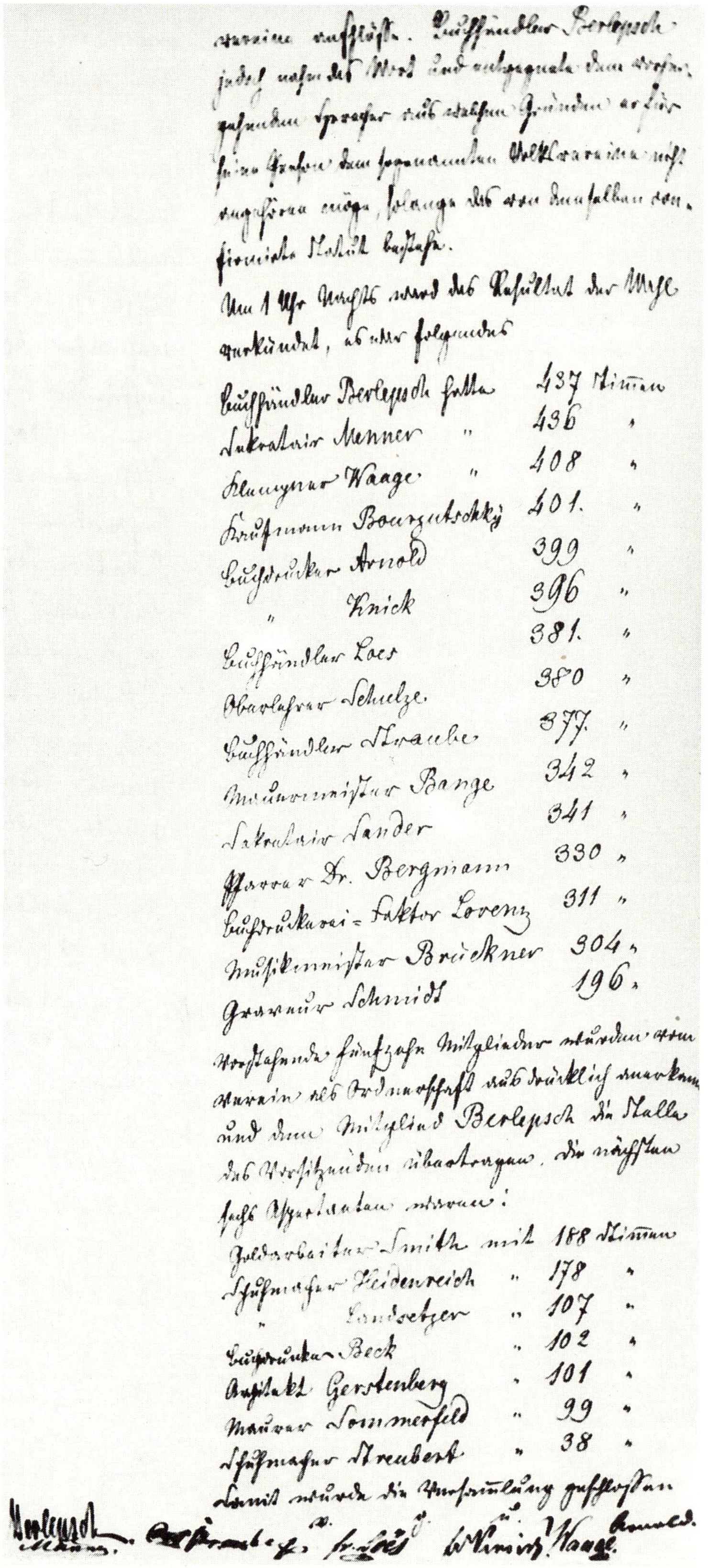

vereins aufstelle. Buchhändler Berlepsch jedoch nahm das Wort und entgegnete dem vorhergehenden Sprecher aus welchen Gründen er für seine Person dem sogenannten Volksvereine nicht angehören möge, solange die von demselben con[illegible] [illegible] bestehe.

Um 1 Uhr Nachts ward das Resultat der Wahl verkündet, und war folgendes:

Buchhändler Berlepsch hatte	437	Stimmen
Sekretair Menner "	436	"
Klempner Waage "	408	"
Kaufmann Bourzutschky	401.	"
Buchdrucker Arnold	399	"
" Knick	396	"
Buchhändler Loes	381.	"
Oberlehrer Schulze	380	"
Buchhändler Straube	377.	"
Maurermeister Bange	342	"
Sekretair Lander	341	"
Pfarrer Dr. Bergmann	330	"
Buchdruckerei-Faktor Lorenz	311	"
Musikmeister Brückner	304.	"
Graveur Schmidt	196.	"

Vorstehende fünfzehn Mitglieder wurden vom Verein als Ordnerschaft ausdrücklich anerkannt und dem Mitglied Berlepsch die Stelle des Vorsitzenden übertragen. Die nächsten sechs Assistenten waren:

Feldarbeiter Smith	mit	188	Stimmen
Schuhmacher Heidenreich	"	178	"
" Landsetzer	"	107	"
Buchdrucker Beck	"	102	"
Ausstaff. Gerstenberg	"	101	"
Maurer Sommerfeld	"	99	"
Schuhmacher Streubert	"	38	"

Damit wurde die Versammlung geschlossen.

Berlepsch Menner. [illegible] Waage. Arnold

Abb. 204 a/b. Protokoll über die Konstituierung des Schutzbürgervereins am 19. April 1848

Abb. 205. Der Telegraph.
Demokratische Tageszeitung
von Conrad Wilhelm Straube
vom 8. Juli 1848

Der Telegraph.

Tageblatt für Erfurt und Umgegend.

Nro. 43. Erfurt, den 8. Juli 1848.

Verantwortlicher Redacteur und Herausgeber: C. W. Straube.

Der Telegraph erscheint täglich mit Ausnahme der Sonn- und Feiertage in einem halben Bogen und kostet vierteljähr-
lich pränumerando 12 Silbergroschen. —
Inserate berechnen wir mit ¼ Sgr. für den Raum einer gespaltenen Zeile. —
Gefällige Beiträge und Inserate bittet man an die Expedition des Telegraphen, Langebrücke Nro. 2333, oder Anger 1530
gelangen zu lassen.

An das deutsche Volk!

Was wir vorausgesehen, ist eingetroffen. In ihren Sitzungen von gestern (27.) und heute (28.) hat die deutsche Nationalversammlung, welche größtentheils nicht aus direkter Volkswahl hervorgegangen ist, durch ihre „Beschlüsse über Einführung einer provisorischen Centralgewalt für Deutschland" das deutsche Volk und sich selbst in den Zustand der Unmündigkeit zurückgeworfen. Ihre **Majorität** hat, gegenüber der an Zahl nicht den vierten Theil bildenden entschiedenen **Linken**:

1) den Antrag: „die Centralgewalt habe die **Beschlüsse** der Nationalversammlung zu verkündigen und zu vollziehen," verworfen. Sie hat hiermit von vorn herein ihre Beschlüsse in die blaue Luft gestellt und eine ihr gegenüberstehende furchtbare Diktatur geschaffen. Was soll hierbei aus der Einheit und Freiheit Deutschlands werden? Oder will man in jedem Falle, in welchem der „Reichsverweser" sich weigert, die Beschlüsse der Nationalversammlung zu vollziehen, an die revolutionäre Entscheidung des Volks appelliren?

2) Sie hat — ein Vorbild dessen, was wir von ihr für die Gründung einer definitiven Verfassung Deutschlands zu erwarten haben — die Centralgewalt keinem Präsidenten, sondern einem **Reichsverweser**, dem Vorläufer eines deutschen **Kaisers** mit neuem Throne und neuer Civilliste, übergeben. Sie hat hiermit das Mittelalter von Neuem zur Grundlage gemacht und die **Verwesung** Deutschlands zum Gesetz erhoben.

3) Sie hat die **Unverantwortlichkeit** dieses Verwesers zum Beschluß erhoben, mithin von Neuem den Wahn eines heiligen, unverantwortlichen und unverletzlichen Wesens an die Spitze unserer politischen Zustände gestellt und dadurch der Diktatur von Gottes Gnaden Raum gegeben.

4) Sie hat beschlossen, „daß die Centralgewalt sich

in Beziehung auf die Vollziehungsmaßregeln, so weit thunlich, mit den Bevollmächtigten der Landes-Regierungen ins Einvernehmen setzen soll." Hiermit hat sie die geschaffene Centralgewalt und Diktatur im Interesse der Regierungen wieder zersplittert und illusorisch gemacht, und hat vollends die Kraft des frei-einigen Deutschlands vernichtet und den Zustand der Sonderinteressen sanctionirt.

Also ein Gesetz hat die Nationalversammlung erlassen, welches einen unverantwortlichen, an die Beschlüsse der Nationalversammlung nicht gebundenen, mit den Landes-Regierungen sich möglichst ins Einvernehmen setzenden Reichsverweser als die executive Gewalt Deutschlands proklamirt! Also dieser widerspruchsvolle, durch die Nationalversammlung geschaffene Diktator der fürstlichen Interessen soll an der Spitze Deutschlands stehen?!

Von Neuem ist das Mittelalter herauf beschworen, die Nationalversammlung hat die Volkssouverainetät, die Volksmündigkeit, ihre von ihr selbst feierlich proklamirte Mutter und einzig berechtigte Grundlage freiwillig aus ihrer Hand gegeben, dem Volke von Neuem eine Fürsten-Aristokratie und einen heiligen Popanz gegenüber gestellt; sie hat den Grund zu neuen inneren Kämpfen Deutschlands gelegt und dadurch die Hoffnung auf Wiederbelebung der Industrie und des Verkehrs auf längere Zeit vernichtet. Sie wird uns hiermit bei der Zersplitterung Deutschlands in so viele Staaten und Regierungen dreifach verderblichen Zuständen Frankreichs unter dem Bürgerkönig Louis Philipp und unter der „mit republikanischen Institutionen umgebenen Monarchie" entgegen führen, und dadurch bald eine neue Revolution nothwendig machen.

Es ist Pflicht Aller, welchen die Ehre, die Freiheit und das Wohl des Vaterlandes am Herzen liegt, gegen eine Nationalversammlung, welche schon 7 Wochen lang das Volk hingehalten, mehrmals verleugnet

---

nicht aus den Augen. In Berlin gelangte er zu einem völlig anderen Urteil über die Berliner Ereignisse des 18. März 1848. Im Gegensatz zu früher stellte er sich jetzt in einem Zeitungsartikel „Der Wahrheit die Ehre" auf die Seite des „Volks von Berlin", dessen Erhebung er als „heilige Revolution" würdigte.[9] In der preußischen konstituierenden Versammlung schloß er sich dem äußeren linken Flügel an. Dort wurde er Mitglied des Freundeskreises von Karl Ludwig D'Ester, einem engen Vertrauten von Karl Marx in der Arbeiterbewegung, der Einfluß auf Krackrügges politische Haltung gewann. Durch die Verankerung in der Demokratie wuchs Krackrüg-

ges Ansehen nun auch wieder im Erfurter Schutzbürgerverein.

Die vornehmlich republikanisch gesinnten Demokraten des Schutzbürgervereins arbeiteten im April und Mai 1848 eifrig an der Erweiterung ihres Einflusses. Im Mittelpunkt der Tätigkeit standen soziale Probleme, Fragen der Steuerpolitik, die Polenfrage und die Entlarvung der Reaktion. Berlepsch, Loes und Straube bemühten sich, die demokratischen Kräfte aus dem Bürgerhilfsverein zu sich herüberzuziehen, während Krackrügge eine Annähe-

---

[9] Peters, Goswin Krackrügge, S. 281.

rung, ja einen Zusammenschluß beider Vereine anstrebte.

Im Juli 1848 wurden diese führenden Erfurter Demokraten Korrespondenten der von Marx und Engels redigierten „Neuen Rheinischen Zeitung". Am 23. Juli 1848 erschien ein erster Artikel über Demokratie und Erfurter Zustände.[10] Die führende deutsche Arbeiterzeitung der Revolution von 1848/1849 behandelte Erfurter Probleme dann in etwa 50 weiteren Artikeln. Die erste Verbindung hatte Krackrügge von Berlin aus hergestellt, dann waren aber auch Straube und Loes als Erfurter Korrespondenten tätig. Im Mai 1848 riefen Loes und Straube noch eine neue demokratische Zeitung, den „Telegraph", ins Leben, der auch Artikel aus der „Neuen Rheinischen Zeitung" übernahm.

Mit der Erhebung und der Niederwerfung des Pariser Proletariats im Juni 1848 hatte die Revolution im europäischen Maßstab ihren Scheitelpunkt erreicht. Bei der nun eintretenden Polarisierung der politischen Kräfte auch in Erfurt löste sich der heterogene „Volksverein" am 21. Juni 1848 auf. Am 29. Juli trat dann der „Verein für konstitutionelle Monarchie" als Sammelbecken der Erfurter Kon-

servativen ins Leben. Der von Beamtenschaft und Militär getragene Verein vertrat einen weit mehr rechts festgelegten Standpunkt als sein Name ausgab und wurde deshalb von seinen Gegnern auch richtiger „Absolutistenverein" genannt. Nicht wenige seiner Mitglieder wollten in Wirklichkeit die vorrevolutionären Zustände wiederherstellen.

Im Gegensatz zu den meisten anderen thüringischen Städten hielt sich die Erfurter Handels- und Industriebourgeoisie, in der eine streng konservativ-monarchistische Gesinnung vorherrschte, von jeder öffentlichen politischen Tätigkeit zurück.

Das politische Sprachrohr der Reaktion wurde im Sommer 1848 die „Erfurter Zeitung". Zwischen ihr und Berlepschs „Thüringer Zeitung" fanden regelrechte Presseschlachten statt, in deren Verlauf sich die politischen Hauptgegner, die Demokraten und die Konservativen, immer mehr voneinander distanzierten. Die leitenden Mitglieder des „Vereins für konstitutionelle Monarchie" und die geistigen Köpfe der Artikel der „Erfurter Zeitung" waren jetzt Oberregierungsrat von Tettau, Regierungs- und Schulrat Alfred Graffunder und die Schuldirektoren Karl Friedrich Koch und Friedrich Schubert. Ein Instrument der Reaktion blieb der von den Volksmassen als „Knüppelgarde" bezeichnete Bürger-Sicherheitsverein und zunächst auch die aus ihm am 10. Juni gebildete, militärisch organisierte Bürgerwehr unter dem Kommando von Tettaus. Seit Juni standen sich Demokraten und offen reaktionäre konservative Kräfte unversöhnlich gegenüber.

Ausdruck dafür war eine zweite bewaffnete Auseinandersetzung zwischen Demokratie und Reaktion am 3. und 4. Juni 1848.[11] Demonstrierende Arbeiter wurden durch den Bürger-Sicherheitsverein in ihr Wohnviertel, den 2. Stadtbezirk an der Auguststraße, heute Bahnhofstraße, zurückgetrieben. Sie errichteten zu ihrer Verteidigung an der Auguststraße, an der Löbergera, an der dort vorbeifließenden „Wilden Gera" und am Neuerbe Barrikaden. Der Bürger-Sicherheitsverein konnte deshalb nicht weiter vordringen. Der Festungskommandant tadelte den Magistrat wegen dieser ihm schwächlich erscheinenden Haltung und wegen unterlassener Hilfeanforderung. Am 4. Juni 1848 attackierte zunächst der Bürger-Sicherheitsverein erneut vergeblich die Barrikaden; dann stürmte das Militär diese Straßensperren. Die Anführer der Arbeiter, der Schuhmacher Sebastian Lahr, der Tüncher Paul Platz und der Handarbeiter Nikolaus Dittmar, wurden später,

Abb. 206. Plakat zum 4. Thüringer Volkstag
im Erfurter Steiger am 3. September 1848

[10] Peters, Erfurt im Jahre 1848, S. 124 ff.
[11] Ebenda, S. 146 ff., 151 ff.

im November 1848, wegen Barrikadenbaues und Aufruhrs zu hohen Zuchthausstrafen von drei bis neun Jahren verurteilt.

Abb. 207. Hermann Alexander Berlepsch (1814 bis 1883)

Trotz des brutalen Vorgehens der Reaktion gewannen die Erfurter Demokraten im Sommer 1848 eine solche Stärke, daß sie über die Stadt hinaus auf das Land einwirken konnten. Sie veranstalteten die fünf weitausstrahlenden „Thüringer Volkstage", die sie zunächst gemeinsam mit den Liberalen aus den thüringischen Staaten durchführten. Doch wurde die thüringische demokratische Bewegung durch kleinliche Zänkereien geschwächt. Die Erfurter beanspruchten die Führung und wollten sich nicht dem Thüringer Kreisausschuß der Demokraten in Jena unterordnen.

Im Herbst 1848 erreichte der politische Gegensatz in Thüringen und Erfurt seinen Höhepunkt. Die beiden letzten Thüringer Volkstage am 3. September 1848 im Erfurter Steiger und am 17. September mit 15 000 Personen in Großbreitenbach, an denen die Erfurter maßgebend beteiligt waren, trugen rein demokratisch-republikanischen Charakter. Als mit dem Frankfurter Volksaufstand Mitte September 1848 die endgültige Trennung zwischen Demokraten und Liberalen eintrat, fand auch in Erfurt eine weitere politische Radikalisierung der Massen statt. Der Schutzbürgerverein wurde zu einer immer gewichtigeren gesellschaftlichen Kraft. In seinem Vorstand bildeten sich ein linker und ein rechter Flügel. Ersterer wurde durch Berlepsch, Loes, Straube und Bourzutschky, letzterer durch den christkatholischen Pfarrer Adolf Bergmann und den Graveur Karl August Schmidt vertreten; Bergmann und Schmidt verließen aber bald den Vorstand. Am 26. September schloß der Schutzbürgerverein seine ideologische Entwicklung ab, als er auf Antrag von Krackrügge den Namen „Demokratischer Verein" annahm.

Im Lager der Reaktion kam man nun zu der Überzeugung, daß die Ausschaltung der Demokratie nur noch auf militärischem Wege möglich sei. Der Rückgriff auf das Militär schien der Reaktion notwendig, weil sich der Magistrat als hilflos erwiesen hatte und auch der Regierungspräsident Justus Wilhelm du Vignau bestrebt war, zwischen den Parteien zu lavieren, damit Erfurt an vorgesetzter Stelle nicht unangenehm auffiele. Die Garnison, obwohl durch Abkommandierung geschwächt, hielt man zu einer durchschlagenden Gewaltmaßnahme für ausreichend. Dennoch gelang in den Herbsttagen 1848 den Demokraten noch ein Erfolg. Sie unterwanderten die Bürgerwehr, die einen demokratischen Charakter anzunehmen begann.[12] Tettau mußte deshalb das Kommando niederlegen.

Hatte die Erfurter Demokratie bisher ihren Einfluß über die Stadt hinaus auf das thüringische und preußische Umland ausgeübt, so entstand eine neue Lage, als Anfang Oktober 1848 die demokratischen Kräfte in den thüringischen Nachbarstaaten durch Truppen der Frankfurter „Reichsregierung" niedergeworfen und der „Thüringer Kreisausschuß der Demokraten" aktionsunfähig gemacht wurde. Dazu kam, daß nach der blutigen Niederwerfung der Revolution in Österreich auch in Preußen die äußerste Reaktion mit dem Staatsstreich vom 10. November 1848 wieder ihr Haupt erhob. Die Machtübernahme durch das reaktionäre Ministerium Brandenburg-Manteuffel empörte die Erfurter Demokraten auf das äußerste. Krackrügge, damals zu parlamentarischen Arbeiten noch in Berlin, war gewillt, dem

---

[12] Thüringer Zeitung 1848, Nr. 162/1848; Peters, Erfurt im Jahre 1848, S. 240.

Staatsstreich gewaltsamen Widerstand entgegenzusetzen. Er gehörte zu jenem Teil der preußischen konstituierenden Versammlung, der der Staatsstreichregierung die Steuern verweigerte. Auch nahm er an der Vorbereitung von Operationsplänen zur demokratischen Erhebung im südlichen Teil der Provinz Sachsen und in Thüringen teil.[13]

Die Erfurter Demokraten sahen in der Steuerverweigerungsaktion ein entscheidendes Kampfmittel. Der „Telegraph" druckte am 17. November den entsprechenden Appell der Demokraten und am 23. November den Aufruf von Karl Marx in der „Neuen Rheinischen Zeitung" ab. Der am 15. No-

am Vorabend der Einberufung zu einer Versammlung ein, wo sie ihnen erläuterten, daß die Einberufung ungesetzlich sei. Infolgedessen fanden sich am folgenden Tag nur 50 Landwehrleute zur Einkleidung ein. Der ebenfalls als Landwehrmann einberufene Berlepsch erschien mit einer fast tausendköpfigen Menge auf dem Platz, um die Durchführung der militärischen Maßnahmen zu verhindern.

Die Militärbehörden mußten die Weigerung zunächst hinnehmen, weil sie nur drei Bataillone Infanterie, vier Geschütze und eine Pionierkompanie zur Verfügung hatten. Generalleutnant von Voß stellte deshalb einer Delegation unter Berlepschs

Abb. 208. Aufruf zu einer Protestversammlung gegen den Staatsstreich in Berlin im November 1848

vember 1848 nach Erfurt einberufene Demokratische Kreiskongreß Thüringens forderte, offensiv gegen die Berliner Konterrevolutionäre vorzugehen. Dabei orientierten die Demokraten in Preußen ihre Anhänger hauptsächlich auf Aktionen zur Verhinderung einer Einberufung der Landwehr.

Auch in Erfurt verschärften sich die politischen Gegensätze in den folgenden Tagen, als das Erfurter Landwehrbataillon einberufen wurde, um mitzuhelfen, die revolutionären Demokraten niederzuwerfen. Zu diesem Bataillon gehörten auch Landwehrpflichtige aus Langensalza, Weißensee, Suhl und Ziegenrück. Die Erfurter Demokraten sahen ihre Hauptaufgabe darin, die Einberufung der Landwehr zu verhindern. Sie luden deshalb die von außerhalb nach Erfurt kommenden Landwehrleute

Führung nur anheim, nochmals über die Sache nachzudenken. Insgeheim holten die Militärbehörden jedoch Verstärkung heran, insbesondere eine Abteilung des in Langensalza garnisonierten 8. Kürassier-Regiments. In Berlin, wo die Erfurter Auseinandersetzungen inzwischen bekannt geworden waren, vertrat Innenminister Otto Freiherr von Manteuffel die Auffassung, „daß in Erfurt die anarchistischen Zustände so zugenommen" hätten, „daß ihre Unterdrückung mit bewaffneter Macht notwendig" sei. Darin sahen die Erfurter Befehlshaber die ministerielle Weisung loszuschlagen.

---

[13] Zentrales Staatsarchiv, Merseburg, (im folg.: ZStA Merseburg), Rep. 77, Tit. 506, Nr. 3, Bd. 3, Bl. 267, 306, 310; Peters, Krackrügge, S. 289.

Das Erfurter Landwehrbataillon wurde daraufhin zum 24. November erneut einberufen.[14] Am Vorabend wiederholten Berlepsch, Straube und Loes ihre Aufklärungsarbeit unter den Landwehrleuten. Am folgenden Morgen weigerten sich infolgedessen die meisten Einberufenen, am Exerzierhaus neben dem Friedrich-Wilhelm-Platz, heute Domplatz, den militärischen Befehlen zu gehorchen. Der dienstwillige Rest wurde zum Landwehrzeughaus Ecke Anger und Auguststraße, heute Angermuseum, geführt. Hier hatte sich bereits eine große mit Heugabeln, Sensen und Äxten versehene Menschenmenge versammelt, um die Einkleidung zu verhindern.

Als nun die Bürgerwehr alarmiert wurde, mischten sich viele Arbeiter unter die unwillige Bürgerwehr, so daß diese nicht mehr gegen das Volk einzusetzen war. Da die Menge vor dem Zeughaus, darunter die Bürgerwehr, nicht mehr zu zerstreuen war und der Ruf „Es lebe die Republik!" erscholl, verkündete Generalleutnant von Voß den Belage-

[14] Über die Ereignisse des 24. November 1848: Staatsarchiv Weimar (im folg.: StAW), Regierung zu Erfurt, 391 und 862; StAE, 5/0100-63, Bd. 3, S. 2165–2185; Peters, Erfurt im Jahre 1848, S. 259 ff.; Brünnert, Die Revolution in Erfurt, S. 488, 496; Conrad Wilhelm Straube, Die Ereignisse des 24. November 1848 in Erfurt, o.O. 1849.

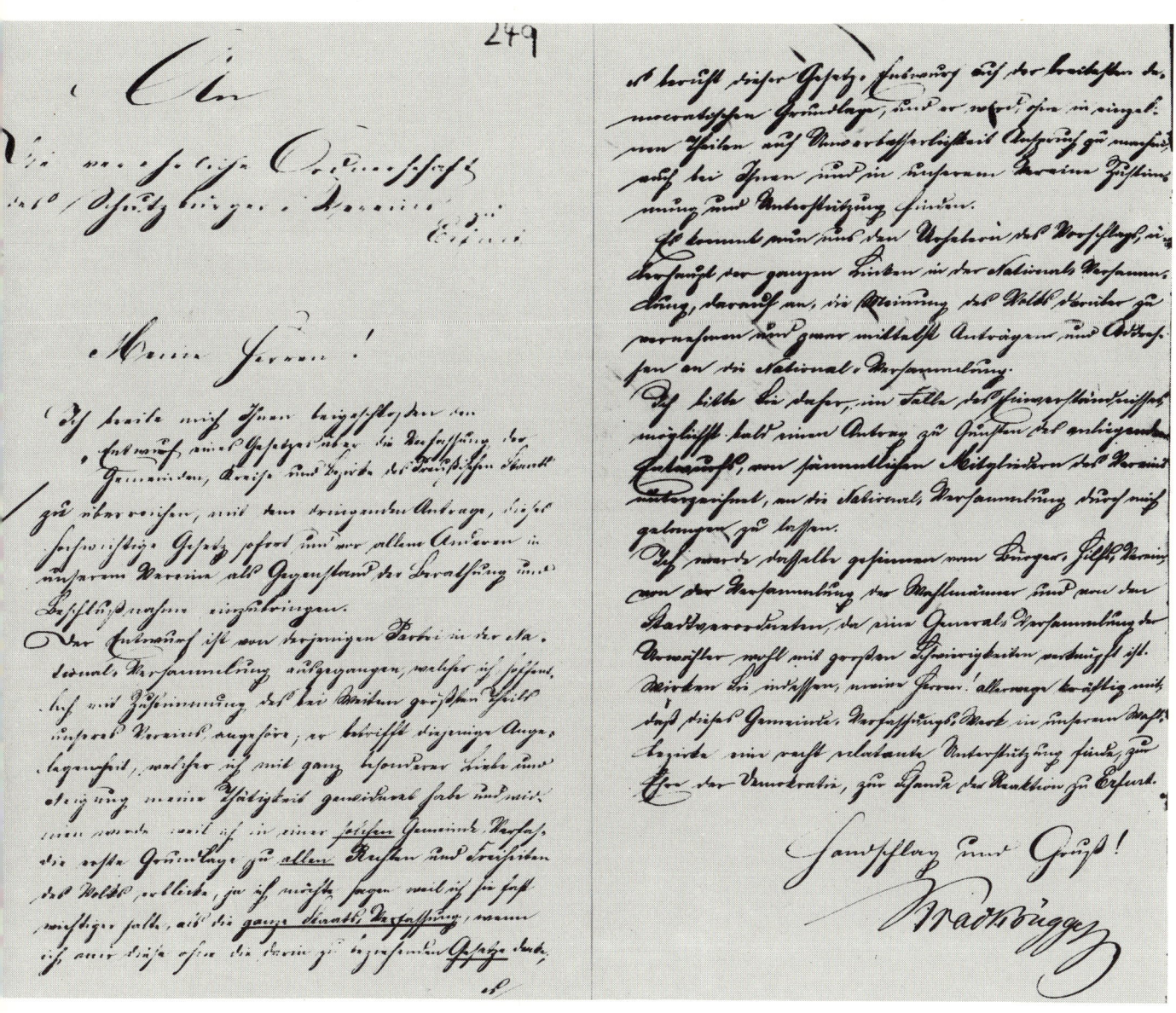

Abb. 209. Schreiben Goswin Krackrügges
an den Schutzbürgerverein zum Entwurf einer Gemeinde- und Kreisordnung 1848

rungszustand über Stadt und Festung und befahl, militärisch gegen die Demonstranten vorzugehen. Als die Kürassiere die Straße räumen wollten, wurde auf sie aus den Fenstern der umliegenden Häuser das Feuer eröffnet, wobei vier Kürassiere fielen. Darauf griffen die 5. Kompanie des 31. Infanterie-Regiments, später drei weitere Kompanien, in die Auseinandersetzungen ein, die jetzt den Charakter einer offenen Straßenschlacht annahmen. Zuerst wurde über die Köpfe, dann aber rücksichtslos in die Menge geschossen. Die revolutionären Kleinbürger und Arbeiter und die mit ihnen sympathisierenden Teile der Bürgerwehr zogen sich daraufhin längs der Auguststraße in den 2. Stadtbezirk zurück. Sie versetzten diesen wie Anfang Juni in Verteidigungszustand, indem sie Barrikaden bauten, mit Steinen warfen und aus Fenstern und Dachluken schossen. Aber das überlegene Militär zertrümmerte schließlich die größte Barrikade vor der Reglerkirche durch Geschützfeuer und stürmte sie.

Noch vor Eintritt der Dunkelheit war der Volksaufstand blutig niedergeworfen. Die revolutionären

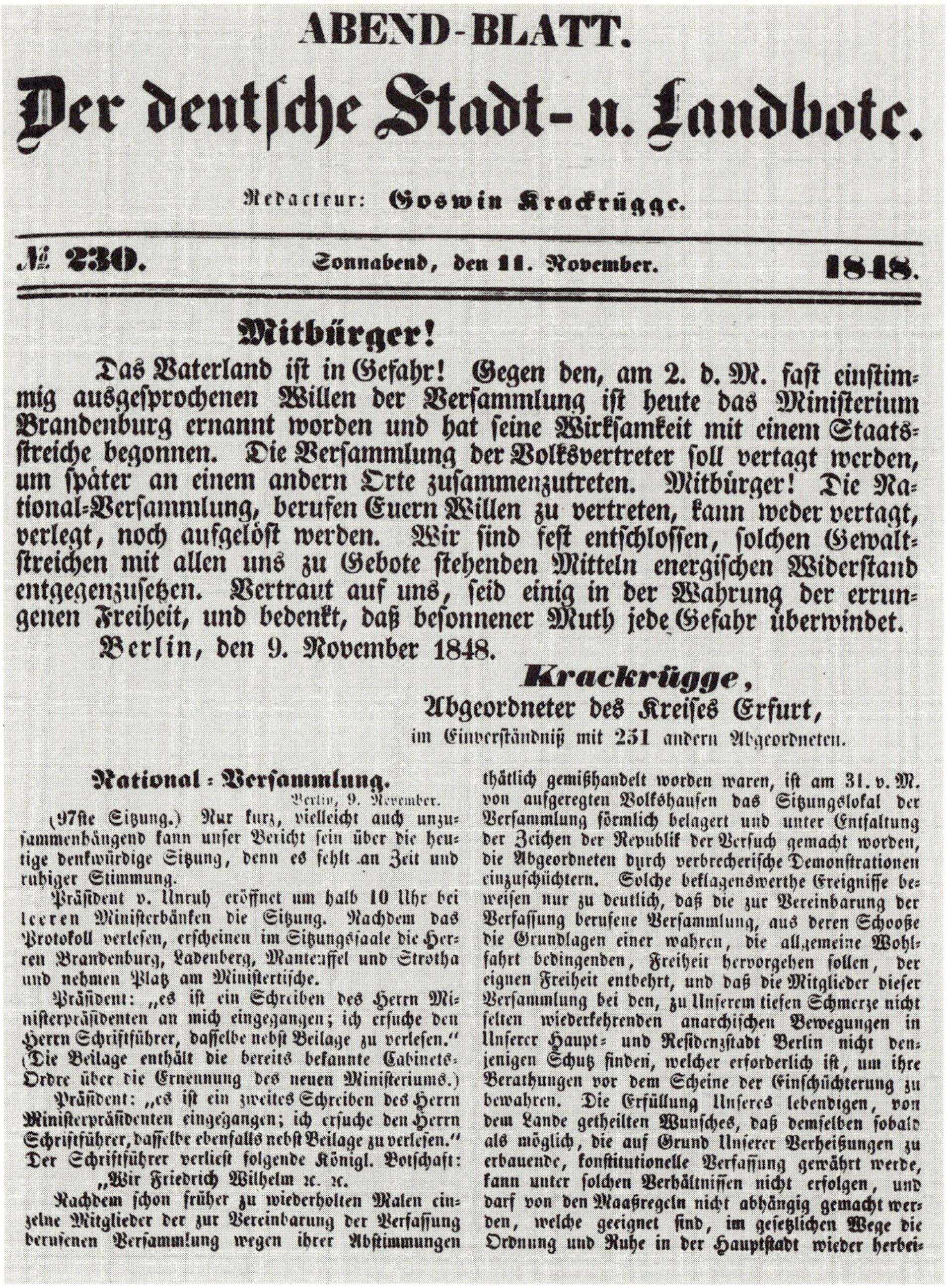

ABEND-BLATT.

Der deutsche Stadt- u. Landbote.

Redacteur: Goswin Krackrügge.

№ 230. Sonnabend, den 11. November. 1848.

Mitbürger!

Das Vaterland ist in Gefahr! Gegen den, am 2. d. M. fast einstimmig ausgesprochenen Willen der Versammlung ist heute das Ministerium Brandenburg ernannt worden und hat seine Wirksamkeit mit einem Staatsstreiche begonnen. Die Versammlung der Volksvertreter soll vertagt werden, um später an einem andern Orte zusammenzutreten. Mitbürger! Die National-Versammlung, berufen Euern Willen zu vertreten, kann weder vertagt, verlegt, noch aufgelöst werden. Wir sind fest entschlossen, solchen Gewaltstreichen mit allen uns zu Gebote stehenden Mitteln energischen Widerstand entgegenzusetzen. Vertraut auf uns, seid einig in der Wahrung der errungenen Freiheit, und bedenkt, daß besonnener Muth jede Gefahr überwindet.

Berlin, den 9. November 1848.

Krackrügge,
Abgeordneter des Kreises Erfurt,
im Einverständniß mit 251 andern Abgeordneten.

National-Versammlung.

Berlin, 9. November.

(97ste Sitzung.) Nur kurz, vielleicht auch unzusammenhängend kann unser Bericht sein über die heutige denkwürdige Sitzung, denn es fehlt an Zeit und ruhiger Stimmung.

Präsident v. Unruh eröffnet um halb 10 Uhr bei leeren Ministerbänken die Sitzung. Nachdem das Protokoll verlesen, erscheinen im Sitzungssaale die Herren Brandenburg, Ladenberg, Manteuffel und Strotha und nehmen Platz am Ministertische.

Präsident: „es ist ein Schreiben des Herrn Ministerpräsidenten an mich eingegangen; ich ersuche den Herrn Schriftführer, dasselbe nebst Beilage zu verlesen." (Die Beilage enthält die bereits bekannte Cabinets-Ordre über die Ernennung des neuen Ministeriums.)

Präsident: „es ist ein zweites Schreiben des Herrn Ministerpräsidenten eingegangen; ich ersuche den Herrn Schriftführer, dasselbe ebenfalls nebst Beilage zu verlesen." Der Schriftführer verliest folgende Königl. Botschaft:

„Wir Friedrich Wilhelm rc. rc.

Nachdem schon früher zu wiederholten Malen einzelne Mitglieder der zur Vereinbarung der Verfassung berufenen Versammlung wegen ihrer Abstimmungen thätlich gemißhandelt worden waren, ist am 31. v. M. von aufgeregten Volkshaufen das Sitzungslokal der Versammlung förmlich belagert und unter Entfaltung der Zeichen der Republik der Versuch gemacht worden, die Abgeordneten durch verbrecherische Demonstrationen einzuschüchtern. Solche beklagenswerthe Ereignisse beweisen nur zu deutlich, daß die zur Vereinbarung der Verfassung berufene Versammlung, aus deren Schooße die Grundlagen einer wahren, die allgemeine Wohlfahrt bedingenden, Freiheit hervorgehen sollen, der eignen Freiheit entbehrt, und daß die Mitglieder dieser Versammlung bei den, zu Unserem tiefen Schmerze nicht selten wiederkehrenden anarchischen Bewegungen in Unserer Haupt- und Residenzstadt Berlin nicht denjenigen Schutz finden, welcher erforderlich ist, um ihre Berathungen vor dem Scheine der Einschüchterung zu bewahren. Die Erfüllung Unseres lebendigen, von dem Lande getheilten Wunsches, daß demselben sobald als möglich, die auf Grund Unserer Verheißungen zu erbauende, konstitutionelle Verfassung gewährt werde, kann unter solchen Verhältnissen nicht erfolgen, und darf von den Maaßregeln nicht abhängig gemacht werden, welche geeignet sind, im gesetzlichen Wege die Ordnung und Ruhe in der Hauptstadt wieder herbei-

Abb. 210. Der deutsche Stadt- und Landbote. Demokratische Tageszeitung von Goswin Krackrügge vom 11. November 1848

Abb. 211. Straßenkampf auf dem Anger am 24. November 1848
(Farbige Lithographie von H. Jäger nach einer Zeichnung von H. Kruspe)

Demokraten hatten 13 Tote verloren; beim Militär waren sieben Soldaten gefallen. 260 Revolutionäre wurden verhaftet, von denen später sieben standrechtlich zum Tode verurteilt wurden und die Hälfte der Festgenommenen hohe Zuchthausstrafen erhielt. Die Gefallenen und Verhafteten gehörten vornehmlich dem Proletariat und dem Kleinbürgertum an. Während man die sieben Soldaten unter großem Zeremoniell bestattete, wurden die gefallenen Revolutionäre „in der Stille der Erde übergeben, weil die hiesige Geistlichkeit ihnen das kirchliche Begräbnis verweigerte"[15]. Berlepsch hielt sich noch einige Tage, Straube noch zwei Monate in der Stadt verborgen. Beide entkamen schließlich in die Schweiz, während Loes nach Sachsen flüchtete.

Die Erfurter Demokraten hatten am 24. November 1848 auf Verstärkung aus dem umliegenden Land gehofft. Doch sahen sie sich enttäuscht. Der Arzt Dr. Karl Stockmann aus Bibra, der in nicht allzuweiter Entfernung an Unstrut und Saale mit einer „mobilen Kolonne" einen revolutionären Guerillakrieg führte, war am 22. November im Eisenbahnzug von Weimar nach Erfurt festgenom-

men worden. Aus den thüringischen Staaten war seit dem Einmarsch der „Reichstruppen" keine Unterstützung mehr zu erwarten. Statt dessen rückten noch während des Kampfes das 19. Infanterie-Regiment und das aus einer monarchistisch gesinnten Landschaft stammende Havelländische Landwehrbataillon in die Stadt ein und verstärkten die reaktionären Truppen.[16]

Die Grabesruhe des Belagerungszustandes legte sich nun über Erfurt. Politische Vereine, Ansammlungen von mehr als zehn Personen und die fortschrittlichen Zeitungen „Deutscher Stadt- und Landbote", „Thüringer Zeitung" und „Telegraph" wurden sofort verboten. Die Herausgabe von Druckschriften wurde von der Genehmigung der Militärbehörden abhängig gemacht.

[15] ZStA Merseburg, Rep. 77, Tit. 506, Nr. 4, adhib. I, Bl. 79 f.; Peters, Goswin Krackrügge, S. 291.
[16] Herbert Peters, Zur mobilen Kolonne des Demokraten Stockmann im November 1848, in: Zeitschrift für deutsche Militärgeschichte, Jg. 1964, H. 4, S. 483 ff.; StAW, J 61, Bl. 384; StAE, 1-1/XVI n, Nr. 13; Gottschalk, Geschichte des 1. Thüringischen Infanterie-Regiments Nr. 31, o. O. u. J., S. 196.

Krackrügge eilte, obwohl er Gewaltmaßregeln zu befürchten hatte, bald nach dem Novemberaufstand von Berlin nach Erfurt. Nachdem er nachgewiesen hatte, daß er an den Ereignissen des 24. November unbeteiligt gewesen war, setzte er seine politische Arbeit fort. Nur er kann der Erfurter Korrespondent der „Neuen Rheinischen Zeitung" gewesen sein, der seit Ende Dezember 1848 wieder wirkte. Nachdem der preußische König Friedrich Wilhelm IV. am 5. Dezember 1848 dem Volk eine Verfassung oktroyiert hatte und danach im Januar 1849 wieder Landtagswahlen stattfanden, eroberte Krackrügge

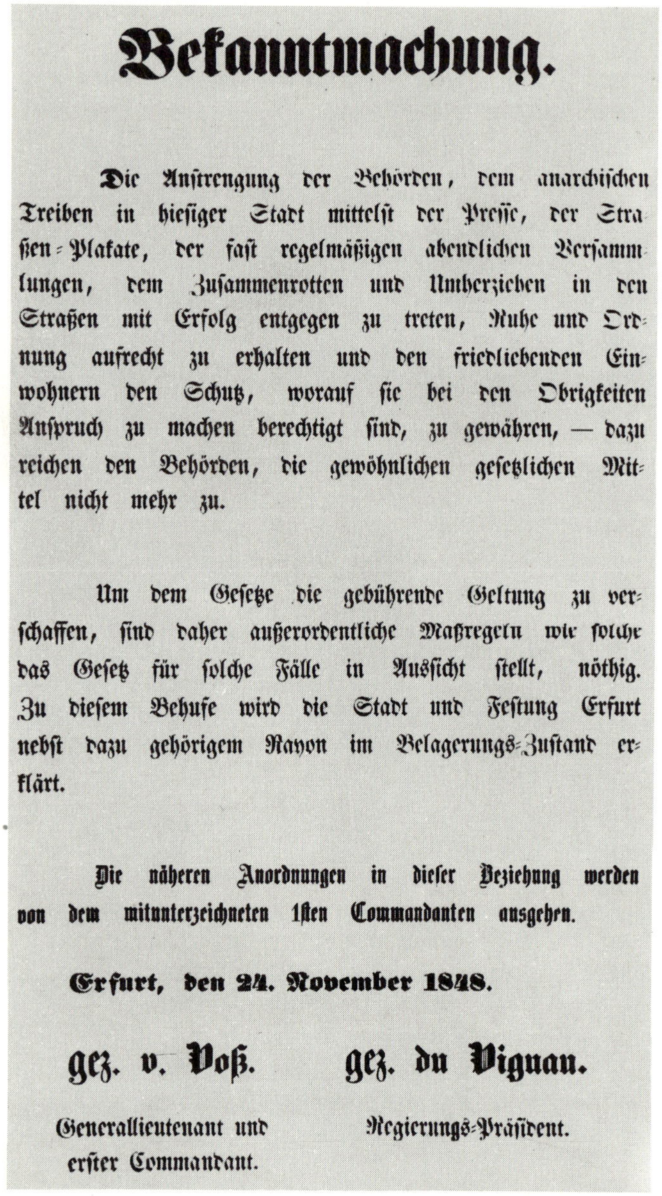

Bekanntmachung.

Die Anstrengung der Behörden, dem anarchischen Treiben in hiesiger Stadt mittelst der Presse, der Straßen-Plakate, der fast regelmäßigen abendlichen Versammlungen, dem Zusammenrotten und Umherziehen in den Straßen mit Erfolg entgegen zu treten, Ruhe und Ordnung aufrecht zu erhalten und den friedliebenden Einwohnern den Schutz, worauf sie bei den Obrigkeiten Anspruch zu machen berechtigt sind, zu gewähren, — dazu reichen den Behörden, die gewöhnlichen gesetzlichen Mittel nicht mehr zu.

Um dem Gesetze die gebührende Geltung zu verschaffen, sind daher außerordentliche Maßregeln wie solche das Gesetz für solche Fälle in Aussicht stellt, nöthig. Zu diesem Behufe wird die Stadt und Festung Erfurt nebst dazu gehörigem Rayon im Belagerungs-Zustand erklärt.

Die näheren Anordnungen in dieser Beziehung werden von dem mitunterzeichneten 1sten Commandanten ausgehen.

Erfurt, den 24. November 1848.

gez. v. Voß.   gez. du Vignau.

Generallieutenant und   Regierungs-Präsident.
erster Commandant.

Abb. 212. Verhängung des Belagerungszustandes über Stadt und Festung Erfurt am 24. November 1848

erneut den Wahlkreis gegen Tettau mit 282 gegen 219 Wahlmänner. Er gab Drucksachen im Landkreis, für den der Belagerungszustand nicht galt, heraus, die aber ihrem Inhalt nach für die Stadt bestimmt waren. Schließlich berichtete er über die Tätigkeit der zweiten Kammer des Landtages in der „Kammerzeitung", die seit 1. Mai 1849 in „Neue Erfurter Zeitung" umbenannt wurde. Jetzt trat Krackrügge im Sinne der gemäßigten Demokratie vor allem für Volksrecht und die Aufhebung des Belagerungszustandes ein. Gleichzeitig distanzierte er sich jedoch von den Erfurter Revolutionären. So sprach er nun von der „fluchwürdigen Emeute" des 24. November 1848 und dankte Generalleutnant von Voß für dessen „edele Mäßigung", mit der er „gegen die fluchwürdigen Attentäter des 24. November und gegen den pflichtvergessenen Teil der Bürgerschaft verfahren sei".[17]

Die Erfurter Bourgeoisie begrüßte den Belagerungszustand. Sie brachte noch am 8. Februar 1849 eine Petition von 1028 Bürgern ein, ihn „im Interesse der Ruhe und Ordnung" weiter aufrecht zu erhalten. Krackrügge legte am 28. März 1849 im Landtag dem Staatsministerium eine gegenteilige Petition mit 1731 Unterschriften vor. Der Belagerungszustand wurde aber erst am 9. Juli 1849 aufgehoben, als der letzte Funke der Revolution in Deutschland ausgetreten worden war.

Das während der Revolution entstandene Bündnis der Bourgeoisie mit dem Junkertum gegen die demokratischen Kräfte entschied das Schicksal der Revolution. Ihr Scheitern hatte zur Folge, daß sich der unausbleibliche Übergang zum bürgerlich-kapitalistischen Staat in den folgenden Jahrzehnten schwierig gestaltete, daß er durch die „Revolution von oben" 1866 bis 1871 ungünstigen Vorzeichen unterworfen wurde und zahlreiche feudale Elemente weiterschleppte. Die Kämpfe der revolutionären Kräfte blieben aber nicht vergebens. Vor allem war der revolutionäre Wille der Volksmassen, der seit dem Bauernkrieg nicht wieder in dieser Kraft hervorgetreten war, zu mächtig, um je wieder getilgt zu werden. Wenn auch der Kampf um die völlige Überwindung des Feudalismus und um die Errichtung eines einheitlichen bürgerlich-demokratischen Staates gescheitert war, so trug die Revolution doch wesentlich dazu bei, die Durchsetzung kapitalistischer Produktionsverhältnisse in Industrie und Landwirtschaft schneller voranzutreiben.

---

[17] Ruske, Kleinbürgerlich-demokratische Bestrebungen, Bd. 1, S. 292, 487; siehe dazu auch Krackrügges Äußerungen in: Neue Erfurter Zeitung, 12. 1. 1850.

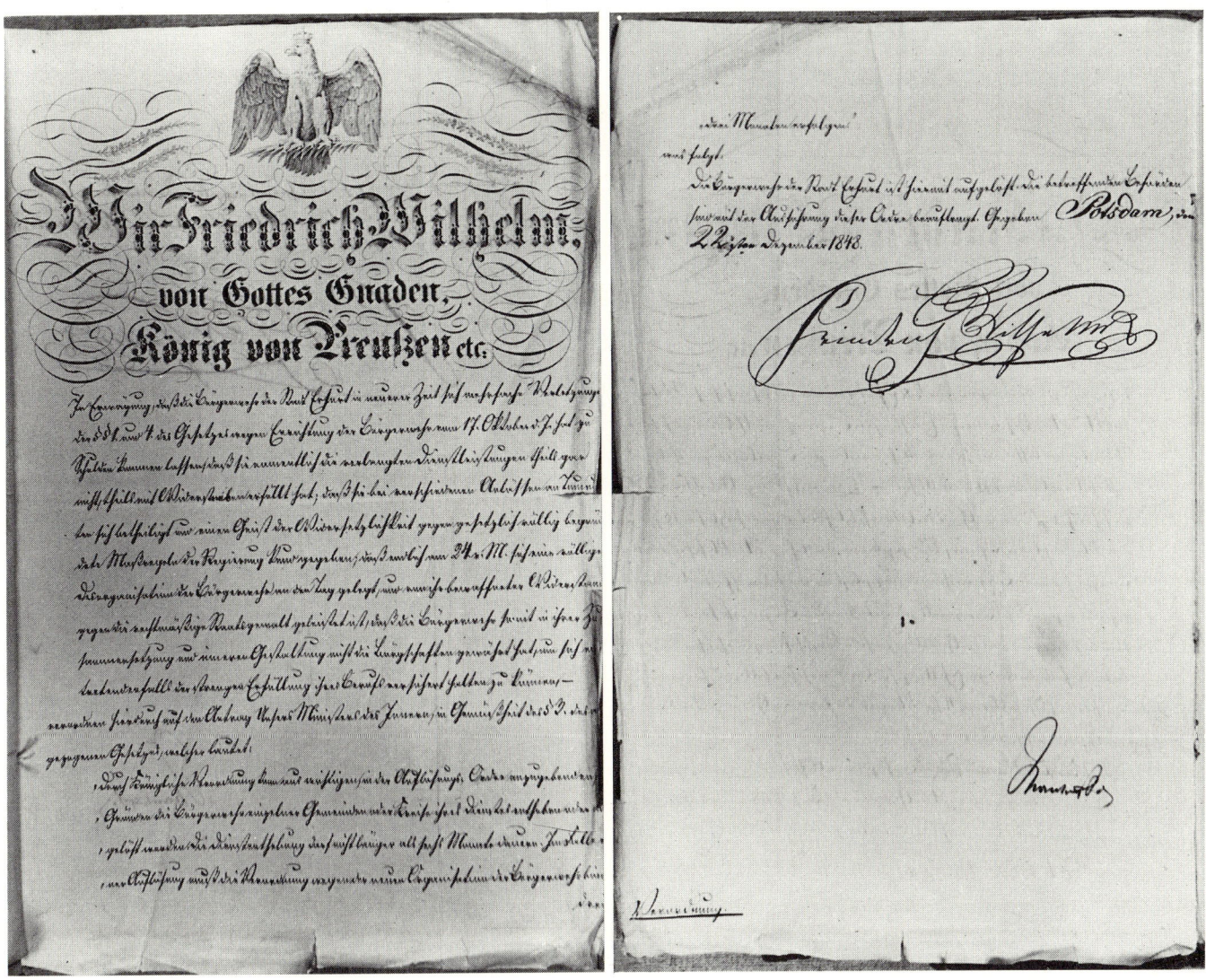

Abb. 213. Verordnung über die Auflösung der Bürgerwehr in Erfurt am 22. Dezember 1848

Der preußische Staat ging jetzt daran, neue revolutionäre Bestrebungen dadurch zu verhindern, daß er die begrenzte Forderung der Bourgeoisie, wie sie auf einer Versammlung Ende Juni 1849 in Gotha nochmals dargelegt worden war, mit seinem eigenen Hegemoniestreben zu verbinden suchte. Ein Bundesstaat sollte das außerösterreichische Deutschland unter preußischer Führung bei Vorherrschaft der konservativ-monarchistischen Aristokratie, aber unter Beteiligung der Bourgeoisie umfassen. Die süddeutschen Staaten lehnten ein solches Ansinnen gleich ab, so daß Preußen zunächst nur mit Hannover und Sachsen am 26. Mai 1849 zur Errichtung einer „Deutschen Union" das Dreikönigsbündnis abschließen konnte. Als das preußische Unionsparlament schließlich 1850 zu-

sammentrat, waren auch Hannover und Sachsen schon wieder ausgeschieden, so daß Preußen nur noch die nord- und mitteldeutschen Kleinstaaten an seiner Seite hatte. Die preußischen Unionsbestrebungen hatten für Erfurt insofern spezielle Bedeutung, als hier vom 20. März bis 29. April 1850 das Unionsparlament tagte, um die von Preußen vorgeschlagene, aber niemals in Wirksamkeit getretene Verfassung zu beraten.[18] Auch in Erfurt wurde das Unionsparlament von Kleinbürgertum und Proletariat vollkommen abgelehnt, während die Bourgeoisie eine Möglichkeit sah, einen stärkeren Einfluß als bisher auf den Staat zu gewinnen.

_____

[18] Gustav Brünnert, Das Erfurter Unions-Parlament im Jahre 1850, in: Mitteilungen des Vereins für die Geschichte und Altertumskunde von Erfurt (im folg.: MGAE), Sonderheft, Erfurt 1912.

Abb. 214. Die Augustinerkirche. Versammlungsort des „Volkshauses" der „Deutschen Union" 1849 (Zeichnung um 1840)

Abb. 215. Gewerkschaftsfahne der Zimmerer Erfurts von 1868. Sie wurde 1933 vor faschistischem Zugriff verborgen, 1945 der IG Bau des FDGB übergeben und am 1. Mai 1946 im Demonstrationszug mitgeführt (heute im Museum für Stadtgeschichte)
▽

Um eine möglichst aristokratisch-großbürgerliche Zusammensetzung des Abgeordnetenhauses des preußischen Landtags zu gewährleisten, hatte die preußische Regierung am 30. Mai 1849 das Dreiklassenwahlrecht eingeführt, das auch für die Wahl zum Volkshaus des Unionsparlaments galt. Danach wurde das Land in Wahlkreise eingeteilt. So bildeten die Landkreise Erfurt, Weißensee, Langensalza, Schleusingen und Ziegenrück, seit 1861 der Landkreis Erfurt (mit der Stadt) allein einen solchen Wahlkreis. Hier wurden die Urwähler, die das Bürgerrecht besitzen mußten, in drei Klassen eingeteilt und zwar in der Weise, daß die Wähler, die auf Grund ihrer Einkünfte die höchsten Steuern zu zahlen hatten, also der Summe nach das erste Drittel der Steuern aufbrachten, die I. Wählerklasse bildeten. Die das zweite Drittel der Steuern aufbringenden Wähler bildeten die II. Wählerklasse und der natürlich weitaus größte Rest die III. Wählerklasse. Jede der drei sehr ungleichen Wählerklassen wählte jeweils ein Drittel des Wahlmännerkollegiums. Dieses wählte die drei, seit 1861 den einen Abgeordneten des Wahlkreises. Dabei wurde davon ausgegangen, daß die Wahlmänner der I. und II. Wählerklasse zusammengingen. So waren auch die Wahlen zum Volkshaus des Erfurter Unionsparlamentes eine Angelegenheit, die Aristokratie und Bourgeoisie unter sich ausmachten. Als Abgeordneter des Erfurter Wahlkreises wurde noch nicht einmal ein Bürger der Stadt, sondern ein Großbauer des Landkreises gewählt.

Das Unionsparlament wurde am 20. März 1850 im Regierungsgebäude in Erfurt eröffnet und tagte in der Augustinerkirche. Die Mehrheit bildete die großbürgerliche „Gothaer Partei", eben die in Gotha Ende Juni 1849 zusammengetretene Gruppe. Ihr entgegen stand die „äußerste Rechte", der es vor allem auf die Bewahrung der preußischen Junkerherrschaft ankam. Ihr gehörte auch Otto von Bismarck an. Dazwischen hatte sich noch eine Mittelpartei, das „Zentrum" gebildet. Wie einst in Frankfurt nannten sich die Fraktionen nach den Gasthöfen, in denen sie ihre Fraktionssitzungen abhielten. Die „Gothaer" hießen „Bahnhofspartei", weil sie im Bahnhofsaal tagten; das „Zentrum" versammelte sich in „Klemms Restauration" und die „äußerste Rechte" im „Gasthof zum Schleedorn". Am 26. April 1850 wurde die vorgelegte Verfassung nach einigen Abänderungen mit 125 gegen 89 Stimmen angenommen.

Das ganze Unionsprojekt stieß von vornherein auf den Widerstand Österreichs und Rußlands. Beide Mächte übten bald einen derartigen Druck auf Preußen aus, daß sich die Union im Herbst 1850 endgültig auflöste. In der Olmützer Punktation vom 29. November 1850 verzichtete Preußen auf eine selbständige Politik. Es trat den Verhandlungen um die Wiederherstellung des alten deutschen Bundestages in Frankfurt bei, so daß seit Mai 1851 die deutsche Bundesverfassung von 1815, deren Beseitigung eines der Hauptziele der Revolution gewesen war, wieder in Kraft gesetzt wurde.

2.
Die allmähliche Durchsetzung der kapitalistischen Produktionsweise (1850 bis 1859)

Im nachrevolutionären Jahrzehnt stand Preußen zwar unter der Herrschaft der Hofkamarilla um König Friedrich Wilhelm IV. und des Ministeriums Manteuffel, die keinerlei freiheitliche Regungen aufkommen ließ; gleichzeitig setzte sich aber die kapitalistische Produktionsweise weiter durch. Die Entfaltung der Produktionskräfte durch Technisierung und Erweiterung des Produktionsprozesses und durch Zustrom von immer mehr Menschen in die sich herausbildenden Industriezentren hob nicht nur das Selbstverständnis der Bourgeoisie, sondern stärkte auch beträchtlich das Proletariat und förderte die Entwicklung seines Klassenbewußtseins.

Die Weichen für die volle Entfaltung des Kapitalismus der freien Konkurrenz wurden auch in Erfurt mit der industriellen Entwicklung gestellt. Die Staatsorgane unterstützten sie im Rahmen des Klassenkompromisses von 1848/1849 und waren auch bereit, bestimmte feudal-bürokratische Hemmnisse aus dem Weg zu räumen. In den 50er Jahren gewann in Erfurt besonders die Schuhindustrie an Bedeutung. Obwohl zunächst auch in dieser Branche noch die Heimindustrie unter der Leitung von Fabrikanten dominierte, nahm die Anzahl der Fabriken zu. Zumeist schnitt jetzt der Fabrikant noch selbst mit einem Dutzend gelernter Schuhmacher die Ober- und Unterteile der Schuhe zu und vergab die Fertigstellung an angelernte Heimarbeiter. Bald aber zog sich der Fabrikant auf die Geschäftsleitung, die Beschaffung der Rohmaterialien und den Absatz zurück.[19] Ende des Jahrzehntes arbeiteten in Erfurt vier Schuhfabriken, deren bedeutendste Springer und Reinecke (bis 1854 Gottschalk) war.

Demgegenüber ging die Textilfabrikation zurück. Dazu trug nicht unwesentlich die Veränderung der Mode, der Wegfall der bänderreichen Kleidung des Biedermeier und das Aufkommen schwerer glatter Stoffe, bei. Die beiden größten Textilunternehmen gaben ihre Produktion auf. Die Firma Carl Lucius & Co schloß 1853 ihre Pforten. J. A. Lucius sah größere Profite im Handel mit Garnen, Wolle und Wollwaren und wandelte sein Unternehmen in einen Großhandelsbetrieb um. Die Leitung der Firma hatte noch bis 1857 Sebastian Lucius, seit 1844 „Königlicher Kommerzienrat", inne. Dann folgte sein Sohn Ferdinand.[20] „Non dormire" („Nicht schlafen") war der Wahlspruch dieser Bourgeois-Familie, die wie keine andere in Erfurt während des Kapitalismus der freien Konkurrenz einen aus dem Schweiß von Hunderten Fabrik- und Heimarbeitern erpreßten Aufstieg erlebte.

Eine beachtliche Stellung innerhalb der Erfurter Industrie erlangte die Metall- und dabei speziell die Maschinenindustrie. Neben die Eisengießerei H. Queva & Co (Besitzer Joseph Apell) trat 1857 die Lokomotivfabrik von Christian Hagans.[21] Die aufstrebende Möbelindustrie brachte zunächst nur eine kleinere Fabrik hervor und lag zumeist noch in den Händen von Tischlermeistern. Einen deutlichen Aufschwung nahm schließlich auch die Lebens- und Genußmittelindustrie, da die Stadt Haupt-

---

[19] Theodor Marquardt, Der Einfluß der industriellen Entwicklung auf das Schuhmacher-Handwerk in Erfurt, wirtschaftswiss. Diss., Frankfurt a. M.–Borna–Leipzig 1925, S. 34.
[20] StAE, 5/801–L3.
[21] StAW, Regierung zu Erfurt, Nr. 1898, Bericht des Magistrats Erfurt vom 25. Januar 1858.

umschlagplatz des thüringischen Getreides blieb. Außerdem gab es neun Brauereien, vier Nudelfabriken, drei Tabakfabriken und eine chemische Fabrik. Auch wenn manche dieser Betriebe vorerst nur wenige Arbeitskräfte beschäftigten, war damit die Grundlage für eine schnelle Industrialisierung gelegt worden. Mit der ersten bedeutenden zyklischen Wirtschaftskrise des Kapitalismus Ende der 50er Jahre ging allerdings die Produktion wieder zurück, und es kam zu steigender Arbeitslosigkeit.

Auch der Gartenbau setzte in den 50er Jahren seinen Aufschwung fort. Neben alten Firmen entstanden neue und festigten den Ruf Erfurts als Blumenstadt. Neu entstanden 1848 die Firma F.C. Heinemann, 1857 Pabst & Neumann (seit 1860 H. Pabst), 1863 Haage und Schmidt und schließlich 1867 N.L. Chrestensen.[22] Franz Carl Heinemann war der

mereien und Kulturpflanzen wurden 1854 durch die Firma J.C. Schmidt erstmals auch frische Schnittblumen in Deutschland versandt. 1861 gründeten die Berufsgärtner den Gartenbauverein „Flora", der wissenschaftliche und technische Neuerungen verallgemeinerte.

Einen noch schwunghafteren Auftrieb als Industrie und Gartenbau erlebte das in Erfurt bisher so gut wie unbekannte Bank- und Versicherungsgewerbe. Es blühte jetzt als wichtige Voraussetzung der Entfaltung der kapitalistischen Wirtschaft rasch auf. Hier begann man um die Jahrhundertmitte nicht mehr mit Tausenden, sondern mit Millionen zu rechnen. Aus Dienstleistungsbetrieben der Industrie wurden die Banken nach 1871 deren Beherrscher. Zu den Bankfirmen gehörten vor allem Wilhelm Moos und Adolph Stürcke. Stürcke aus Bremen

Abb. 216. Die Häuser „Zum Großen Schiff" und „Zum Güldenen Hecht". Sitz der Großhandlung Johann Anton Lucius auf dem Anger

Sohn eines weimarischen Justizbeamten in Vieselbach. Sein Sohn war in Belvedere bei Weimar ausgebildet worden und dann in Potsdam, Frankreich und Belgien als Gärtner und zuletzt als Obergärtner in Rosenthal bei Wien tätig gewesen. Die neue Firma widmete sich zunächst dem Blumen-, dann dem Gemüseanbau.[23] Nikolaus Lauritz Chrestensen kam aus Jütland, beschäftigte sich zunächst nur mit Blumenbinderei und erfand dann das Trockenverfahren bei gewöhnlichen Blumen wie Rosen, Astern und Georginen. Eine große Kunst- und Handelsgärtnerei richtete Chrestensen erst 1874 ein. Neben Sä-

war zunächst Angestellter des Erfurter Bankhauses Heinrich Hoffmann am Anger, wurde 1844 dessen Teilhaber und erwarb 1849 die Firma allein, die seitdem seinen Namen führte.[24] Er nahm 1859 seinen Bruder Hermann auf, der 1860 Alleininhaber

[22] Hans Haupt, Die Erfurter Kunst- und Handelsgärtnerei in ihrer geschichtlichen Entwicklung und wirtschaftlichen Bedeutung, Jena 1908, S. 126 ff., 133 f.
[23] 100 Jahre F.C. Heinemann, Erfurt. Gemüse- und Blumensamen, Pflanzenzucht, Baumschulen, Erfurt 1914 (in: StAE, 5/Gärtnereien).
[24] 100 Jahre Bankhaus Stürcke 1849–1949, Erfurt, 1949.

wurde. Ursprünglich betrieb die Bank Wechsel-, dann vor allem Inkassogeschäfte. Schließlich dehnte sie ihre Beziehungen über Thüringen hinaus nach Bayern, dem Rheinland und dem Ruhrgebiet aus und wurde Bankhaus der Erfurter Bourgeoisie sowie der Thüringischen Eisenbahn-Gesellschaft.

schäft auch auf Feuer- und Lebensversicherung erweitert. Die Geschäftsbeziehungen der „Thuringia" dehnten sich bald über Deutschland hinaus auf Belgien, die Niederlande und Schweden aus. Dabei nahm die Lebensversicherung einen beherrschenden Platz ein. Die jährlichen Prämieneinnahmen

Abb. 217.
Ernst Benary
(1819 bis 1895)

Abb. 218.
Adolph Stürcke
(1817 bis 1887)

Die bedeutendste Neugründung auf dem Gebiet des Versicherungsgewerbes war die „Thuringia".[25] Nachdem das preußische Gesetz vom 3. November 1838 die Eisenbahn-Gesellschaften verpflichtet hatte, für Schäden an Gütern während des Transportes aufzukommen, entwarf der Bürovorsteher der Thüringischen Eisenbahn-Gesellschaft Karl Ferdinand Wehle 1851 den Plan einer Aktiengesellschaft, bei der sich die Eisenbahnverwaltungen für solche Schäden versichern lassen konnten. Zunächst traten verschiedene Eisenbahnbeamte aus Erfurt, Weimar und Gotha mit dem Bankhaus Adolph Stürcke, dem Textilfabrikanten Sebastian Lucius und den Kaufleuten Carl Freund und Karl Herrmann aus Erfurt zusammen, um eine „AG Versicherungsbank deutscher Eisenbahnen" zu gründen. Durch Zutritt weiterer Banken wie Albert Callmann und Julius Elkan in Weimar, J. H. Cohen in Dessau und Frege & Co in Leipzig wurde 1853 die „Thuringia. Eisenbahn- und allgemeine Rück-Versicherungs-Gesellschaft" als erste Aktiengesellschaft in der Stadt mit einem Kapital von zwei Mill. Talern gegründet und durch Allerhöchsten Erlaß vom 19. September 1853 genehmigt. Das Stammkapital wurde schon bald auf drei Mill. Taler erhöht und das Ge-

von 1853 in Höhe von 371951 Talern stiegen bis 1861 auf 784664 Taler.

Nach dem Bau der Thüringischen Eisenbahn 1847 hatten sich die finanziellen Mittel für den teuren Eisenbahnbau in Mittelthüringen zunächst erschöpft. Die Thüringische Eisenbahn-Gesellschaft wollte durch den Bau der Bahnstrecke Großkorbetha-Leipzig 1855 bis 1856 den Anschluß an die Messestadt gewinnen. Deshalb blieb die weitere Verkehrserschließung im Gebiet um Erfurt zunächst ein Plan, der erst im folgenden Jahrzehnt realisiert wurde.

Der Bahnanschluß Erfurts an der wichtigen Verbindungsstrecke von Leipzig nach Frankfurt am Main wirkte sich für den wirtschaftlichen Aufstieg der Stadt günstig aus. Doch wuchs die Einwohnerzahl zunächst langsamer als vor 1848. Erst nach dem Cholerajahr 1855 stieg sie wieder schneller. Von 1849 bis 1858 nahm die Bevölkerung um 4553 Personen zu, von denen 1488 aus dem Geburtenüberschuß und 3065 aus dem Zuzugsüberschuß stamm-

---

[25] 75 Jahre Versicherungsgesellschaft Thuringia Erfurt, Erfurt 1928, S. 42; Thuringia, 100 Jahre einer deutschen Versicherungsanstalt, München 1953, S. 9, 19, 25.

ten. Die Zuwanderer kamen vorwiegend aus den Dörfern Mittelthüringens und verstärkten das städtische Proletariat weiter.

Die ökonomische Stellung der Bourgeoisie kräftigte sich besonders in ihren Spitzen. Handels- und Industriebourgeoisie hielten sich etwa die Waage und drangen jetzt in Einkommensstufen ein, die bisher nur der höheren Beamtenschaft und den höheren Offizieren vorbehalten gewesen waren.

Tabelle 13
Die größten Jahreseinkommen 1855[26]

Berufsgruppen	1000 bis 2000 Taler	2000 bis 3000 Taler	3000 bis 5000 Taler	5000 bis 10000 Taler	über 10000 Taler	Summe
Fabrikbesitzer	4	2	2	–	–	8
Großhändler und Bankiers	33	4	3	–	1	41
Beamte	1	5	3	–	–	9
Offiziere	23	6	2	–	–	31
Mühlenbesitzer	1	1	–	–	–	2
Handelsgärtner	1	–	–	–	–	1
Handwerksmeister	4	2	–	–	–	6
Freie akademische Berufe	2	1	–	–	–	3
Rentiers	1	2	–	1	–	4
Summe	70	23	10	1	1	105

Tabelle 14
Personen mit den größten Jahreseinkommen 1855

Name und Beruf/Tätigkeit	Jahreseinkommen in Talern
Sebastian Lucuis, Großkaufmann	15 800
Karl Steinbrück, Rentier	7 100
Ferdinand von Müffling, Oberregierungsrat	4 800
Wilhelm Treitschke, Brauereibesitzer	4 000
Wilhelm Hoffmann, Tabakfabrikbesitzer	4 000
Joseph Lucius, Kaufmann	4 000
Justus Wilhelm du Vignau, Regierungspräsident	3 600
Karl Friedrich Ferdinand von Wilissen, Generalmajor	3 500
Gustav von Kessel, Generalmajor	3 500
Adam Pausch, Kaufmann	3 200
Alexander von Wussow, Regierungsassessor	3 200
Rudolf von Bialcke, Oberst und Festungskommandant	3 000
Friedrich von Weißenborn, Geheimer Justizrat	2 800
Wilhelm Winkler, Stadtrat a. D.	2 800
August von der Goltz, Oberstleutnant	2 800
Ferdinand Wernecke, Oberst	2 700
Ferdinand von Plötz, Oberst	2 600
Karl Herold, Kaufmann	2 400
Heinrich Sahlender, Maurermeister	2 400
Robert Treitschke, Brauereibesitzer	2 400
Eduard von Schöneich, Rittergutsbesitzer	2 400
Gustav Wendt, Geheimer Finanzrat	2 400
Julius Hoffmann, Tabakfabrikbesitzer	2 400

Die Gehälter des Generalleutnants Eduard von Schlegel und des Generalmajors August von Schöler werden nicht angegeben, dürften aber auf alle Fälle über 2400 Talern gelegen haben.

Abb. 219. Aktie
der Versicherungsgesellschaft Thuringia AG von 1853

Zwischen den Spitzen der Bourgeoisie und der Staatsbeamtenschaft bestand weiterhin das beste Einvernehmen. Auch zu den Besitzern der Rittergüter wurden enge persönliche Verbindungen aufgenommen. Mit ihnen bestanden vielfach schon wirtschaftliche Beziehungen, da sie Wolle und Getreide lieferten. Typisch dafür sind auch die Beziehungen

---

[26] StAE, 1-1/I e Nr. 84. – Die hier angegebenen Steuersummen sind nach §§ 19 und 20 des Gesetzes betr. Einführung der Klassen- und klassifizierten Einkommensteuer vom 1. Mai 1851 (GS Preußen 1851, S. 200 f.) in Kapital umgerechnet worden.

der Familie Lucius, die immer eindeutiger an die Spitze der sich entfaltenden Erfurter Großbourgeoisie rückte.[27] Der Wollfabrikant und -großhändler Sebastian Lucius trat selbst in die Reihe der Großgrundbesitzer ein, als er 1851 das Rittergut Kleinballhausen im Kreis Weißensee (1880: 310 ha) kaufte. Von seinen sieben Kindern wurde das fünfte, Ferdinand, Nachfolger in der Firma. August und Eugen entwickelten sich zu Großkapitalisten im Rheinland; so wurde Eugen 1862 Mitbesitzer der Farbenfabrik Meister, Lucius und Brünning in Höchst, der Keimzelle des späteren IG-Farben-Konzerns. Von den drei Töchtern waren zwei mit hohen preußischen Beamten und eine mit einem Rittergutsbesitzer verheiratet. Der jüngste Sohn Robert studierte Medizin, erbte das Rittergut Kleinballhausen, wurde Landtags- und Reichstagsabgeordneter und wirkte als Vertrauter Bismarcks von 1879 bis 1890 als preußischer Landwirtschaftsminister. Politisch neigte die Familie Lucius weder dem Ultramontanismus noch dem Liberalismus zu, wo man sie wegen ihres katholischen Bekenntnisses und ihrer freihändlerischen Tendenz wohl am ehesten vermuten könnte. Sie vertrat vielmehr einen königstreuen Konservatismus.

War die Stadt Erfurt in den privat herausgegebenen Stadtbeschreibungen und in amtlichen Berichten bisher durchweg als „arm" eingeschätzt worden, so änderte sich das bürgerliche Urteil zwischen 1850 und 1870 dahin, daß der Wohlstand im Steigen begriffen sei. Das ist insofern richtig, als die ökonomische Kraft der Bourgeoisie wuchs, ohne allerdings die Höhe in preußischen Großstädten zu erreichen, und daß sich eine wohlhabende mittlere Bourgeoisie herausbildete. Wenn der Erfurter Handelskammerbericht vom 28. Januar 1856 die „durch verfeinerten Lebensgenuß aufgestachelte Sucht nach Gewinn" bedauerte, so kann sich die Bourgeoisie nur an die eigene Brust geschlagen haben.[28]

Die sozialen Verhältnisse der breiten Massen waren dagegen durch Verschärfung der Ausbeutung bestimmt. Eine Verschlechterung ihrer sozialen Lage trat vor allem durch extensive Ausbeutung ein. Sie erhöhte die sozialen Spannungen. Durch die fortschreitende Industrialisierung wuchs das Proletariat, das sich vor allem aus der Landbevölkerung rekrutierte, an. Die Landgemeinden hatten den meist der Dorfarmut entstammenden Familien oft noch schlechtere Arbeits- und Lebensbedingungen geboten. Der Einzugsbereich der Stadt bildete durch die große Anzahl der dort ansässigen Handarbeiter mit wechselnder Lohnarbeit (Tagelöhner) beträchtliche Reserven für das anwachsende Indu-

strieproletariat. Im Regierungsbezirk wohnten um die Mitte des 19. Jahrhunderts 10 293 solcher Handarbeiter, im Herzogtum Gotha 11 502 und im Weimarer Landesteil von Sachsen-Weimar-Eisenach 14 461, die bis zum Jahrhundertende fast völlig von der Industrie aufgesaugt wurden.

Das Einkommen einer Erfurter Proletarierfamilie um die Mitte des 19. Jahrhunderts muß bei günstiger Konjunkturlage auf 100 bis 200 Taler jährlich geschätzt werden. Die Arbeitszeit betrug 1848 14 bis 16 Stunden. 1843 währte sie werktäglich von 5 bis 19 Uhr, bei Handarbeitern von 5 bis 18 Uhr.

Auf Grund der verschärften Ausbeutung stieg die Anzahl der aus öffentlichen Mitteln unterstützten „Armen" bis 1840 prozentual schneller als die Bevölkerung. Das Armenwesen, ein Zweig der städtischen Selbstverwaltung, wurde durch ein Statut vom 21. April 1821 geregelt und stand unter der Leitung einer Armenkommission, die dem Magistrat untergeordnet war. Zum Schutz der werktätigen Schichten vor Not wurden Selbsthilfeorganisationen ins Leben gerufen. Größere Ausmaße nahm dabei der 1847 gegründete „Privat-Sparverein für Ärmere" an, in dessen Kasse die Werktätigen in den Sommermonaten einzahlten, um im Herbst Lebensmittel und Brennmaterial kaufen oder einen Notpfennig zurücklegen zu können. Für das Kleinbürgertum übernahm der „Handwerker-Vorschuß-Verein von 1848" ähnliche Aufgaben.

Um ihr Gewissen zu beruhigen und revolutionären Erhebungen vorzubeugen, nahm sich auch die Bourgeoisie in Wohltätigkeitsvereinen der Armen an. Sie trugen für ihren Charakter bezeichnende und die Ausgebeuteten diskriminierende Namen wie der 1844 gegründete „Verein zur Milderung der aus Armuth und sittlicher Rohheit der niederen Volksklassen hervorgegangenen Verbrechen". Aus der Zeit des Feudalismus bestand noch das „Städtische Armenhaus" mit einer Fabrikanstalt, deren Umsatz zwischen 1830 und 1850 jährlich 2500 bis 4500 Taler betrug und die seit 1833 mit Jacquard-Spinnmaschinen arbeitete. Seit 1850 hieß es „Polizei-Armenhaus". Die Anstalt wurde jetzt als Teppichfabrik betrieben und – bis zu ihrer Schließung 1873 – von den Gewerbetreibenden stets argwöhnisch beobachtet.

[27] StAE, 5/801-L3; Willibald Gutsche, Die Veränderungen in der Wirschaftsstruktur und der Differenzierungsprozeß innerhalb des Bürgertums der Stadt Erfurt in den ersten Jahren der Herrschaft des Imperialismus (Ende des 19. Jahrhunderts bis 1914), in: Jahrbuch für Geschichte, hrsg. von der Akademie der Wissenschaften der DDR, Zentralinstitut für Geschichte, Bd. 10, Berlin 1974, S. 353 f.
[28] StAE, 1-1/VIII A Nr. 11, Bd. 2, Bl 81.

Die Organisation der Stadtverwaltung richtete sich zunächst nach der preußischen Gemeindeordnung vom 11. März 1850, die noch gewisse Errungenschaften der Revolution wie die Gleichstellung von Stadt- und Landgemeinden, aber bereits auch das reaktionäre Dreiklassenwahlrecht enthielt. Gemeinderat und Gemeindevorstand bildeten die Gemeindeorgane. Zur Wählerschaft gehörten Haushaltungsvorstände, die zwei Taler oder mehr Steuern bezahlten. Das Dreiklassenwahlrecht der Gemeinden begünstigte die III. Wählerklasse gegenüber dem Landtagswahlrecht insofern, als keine indirekten Wahlen stattfanden und die drei Wählerklassen mit je einem Drittel der Mitglieder im Gemeinderat vertreten waren. Die Zahl der Wahlberechtigten in Erfurt betrug 1851 zusammen 2917

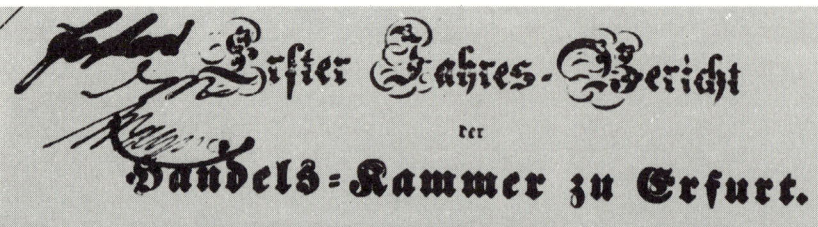

Abb. 220. Erster Jahresbericht der Handelskammer Erfurt 1845

(= 9,1 Prozent der Einwohner), von denen 171 in die I. Wählerklasse, 500 in die II. Wählerklasse und 2246 in die III. Wählerklasse eingestuft waren.[29] Im Gemeinderat dominierten für kurze Zeit die mittlere Bourgeoisie und das gehobene Kleinbürgertum. Im Februar 1851 wurden drei Fabrikanten, drei Kaufleute, ein Landwirt, ein freiberuflicher Akademiker, fünf höhere Beamte, ein unterer Beamter, ein Rentier und sechs Handwerksmeister gewählt.

Die reaktionären politischen Verhältnisse verfestigten sich im Kommunalrecht durch die „Städteordnung für die sechs östlichen Provinzen" Preußens vom 30. Mai 1853 und des darauf beruhenden „Statuts der Stadt Erfurt" vom 25. Juni 1856. Beide bestimmten das Erfurter Kommunalrecht bis 1918. Städtische Organe waren nun wieder der Magistrat und die Stadtverordnetenversammlung mit ihren Kommissionen. Dem Magistrat gehörten der Erste Bürgermeister, meist unter dem Titel Oberbürgermeister, der Bürgermeister, drei besoldete und sechs ehrenamtliche Stadträte an. Für den Magistrat wurden die besoldeten Mitglieder auf zwölf Jahre, die unbesoldeten auf sechs Jahre von der Stadtverordnetenversammlung gewählt. Sie mußten von der Bezirks-Regierung bestätigt werden. Die Stadtverordnetenversammlung ging nach dem Dreiklassenwahlrecht aus der Bürgerschaft hervor. Nunmehr beherrschten führende Vertreter der Bourgeoisie, wie der Großhändler Ferdinand Lucius (1866 bis 1876 Stadtrat, 1877 bis 1884 Stadtverordneter), der Bankier Hermann Stürcke (1865 bis 1896 Stadtverordneter, 1867 bis 1892 Vorsitzender der Stadtverordnetenversammlung) und die Landesproduktengroßhändler Julius Kallmeyer (1849 bis 1862 Stadtverordneter, 1875 bis 1892 Stadtrat) und Karl Freund sen. und jun., wieder die kommunalen Organe.

Vor allem aber unterschied die Städteordnung von 1853 wieder wie vor 1850 streng zwischen dem „Bürger", der allein zur Stadtverordnetenversammlung wahlberechtigt war, und dem Einwohner ohne politische Rechte. Voraussetzung zur Erlangung des Bürgerrechts waren Zahlungen von Gemeindesteuern, kein Empfang der Armenunterstützung seit Jahresfrist sowie eigener Hausstand, eigenes Gewerbe, Wohnhaus und Einkommen in Höhe von mindestens 230 Talern im Jahr. Auch die Stellung des Magistrats gegenüber der Stadtverordnetenversammlung wurde erheblich verstärkt.

1851 wurde Karl Frh. von Oldershausen Erster Bürgermeister. Er war bisher Regierungsassessor in der Regierung zu Erfurt und Verweser des Landratsamtes Erfurt gewesen.[30] Oldershausen wurde 1854 Oberbürgermeister und blieb bis 1871 im Amt.

Er stammte aus einer Familie des niedersächsischen Uradels und führte zuletzt den Titel eines „Erbmarschalls der Fürstentümer Calenberg und Grubenhagen", durch seine Herkunft sicherlich eine einmalige Erscheinung unter den preußischen Oberbürgermeistern.

Die Vermögenslage der Stadt war weiterhin ungünstig. Es zeigte sich immer mehr, wie unzureichend die Dotation der Stadt von 1822 gewesen war. Besonders das Grundvermögen, das 1822 vergrößert worden war, blieb relativ gering. Zwar betrug der Grundbesitz immerhin 275 ha; er war aber für kommunale Zwecke nicht zu verwenden, weil er am Rande der Stadtflur, mit 142 ha sogar außerhalb lag. Das städtische Vermögen spielte im Stadtetat deshalb keine wesentliche Rolle. Es ergab 1859 nur 10,3 Prozent der Gesamteinnahmen. Deshalb wurden die städtischen Einnahmen vorwiegend aus direkten Steuern bestritten. In den ersten Jahrzehnten der preußischen Herrschaft hatten noch das aus dem Mittelalter stammende Geschoß sowie die Mahlund Schlachtsteuern die Grundlage der städtischen Finanzen gebildet. Ersteres war 1835 aufgehoben und durch eine Kommunalgrundsteuer ersetzt worden. Sie wurde 1864 beseitigt, als der Staat die Grundsteuer übernahm. Die Mahl- und Schlachtsteuer, gegen die sich in Erfurt wie in anderen preußischen Städten eine immer stärkere Protestbewegung erhoben hatte, war während der Revolution am 1. Juli 1848 gefallen. Dafür war eine weitere direkte Steuer, der Kommunalzuschlag zur staatlichen Klassensteuer auf das Einkommen, später einfach Kommunalsteuer genannt, eingeführt worden.

Bei den städtischen Ausgaben traten vor allem die Besoldung der städtischen Bediensteten, die Bauund Reparaturkosten und die Schulausgaben hervor. Die städtische Verschuldung hielt sich zunächst in Grenzen. Bis 1877 unterschied man noch zwischen den „Kriegsschulden" aus der napoleonischen Zeit und den „Kämmereischulden". Die Kriegsschulden nahmen ab: 1827 betrugen sie noch 134 801 Taler, 1840 noch 73 310 Taler und 1870 immer noch 53 450 Taler.[31] Gläubiger der Stadt war zunächst vor allem die Städtische Sparkasse.

Die kommunalen Einrichtungen waren bis 1870 noch dürftig. Die Stadt verfügte weder über eine Zentralwasserleitung noch über eine Kanalisation.

---

[29] StAE, 1-1/I e Nr. 6, Bl. 74.
[30] StAE, 5/100-63, Bd. 3, S. 2240.
[31] Wilhelm Horn, Erfurts Stadtverfassung und Stadtwirtschaft in der Entwicklung bis zur Gegenwart. Ein Beispiel zur Verfassungsgeschichte und Sozialpolitik deutscher Städte, Jena 1904, S. 182.

Die städtischen Schulen befanden sich in schlechtem baulichen Zustand, so daß 1870 ein großer Nachholebedarf vorhanden war. Da der Vertrag der Stadt mit der Beleuchtungsfirma Ludwig Heuer in Mühlhausen von 1839 auf der technisch überholten Grundlage von Steinkohlenöl beruhte, war Abhilfe vonnöten. Aber zunächst mußten eine überzeugende rationelle technische Neuerung abgewartet und eine kapitalkräftige Firma gefunden werden. Am 30./31. Mai 1856 konnte schließlich mit der Deutschen Continental-Gas-Gesellschaft in Dessau ein Vertrag über die Gasversorgung und Gasbeleuchtung der Stadt abgeschlossen werden.[32] Die Gasanstalt wurde am Kohlenmarkt in der Nähe der heutigen Synagoge errichtet, erhielt eine Dampfmaschine mit 4 PS und wurde 1857 in Betrieb gesetzt.

Die in Erfurt ansässige Regierung wurde für den Regierungsbezirk Erfurt noch bis 1866 von dem Regierungspräsidenten du Vignau geleitet, der 1864 in den Adelsstand erhoben wurde. Sein Interesse für die Industrialisierung förderte ein Zusammengehen zwischen Verwaltungsbürokratie und Bourgeoisie. Der beherrschende Mann in der Regierung blieb jedoch Oberregierungsrat von Tettau als Stellvertreter Vignaus und Dirigent der wichtigen Abteilung des Innern. Er gewann großen Einfluß nicht nur durch seine amtlichen Obliegenheiten, sondern auch durch seine ehrenamtliche Vorstandstätigkeit in bürgerlichen Vereinen.

Die führenden Familien der Erfurter Bourgeoisie, ideologisch vor allem durch die Familie Lucius geführt, waren konservativ und unbedingt monarchistisch gesinnt. Ihr Einfluß reichte über die mittlere Bourgeoisie bis ins Kleinbürgertum. Bei den Landtagswahlen unter den Bedingungen des Dreiklassenwahlrechtes beherrschten deshalb von 1851 bis 1861 die Konservativen das Feld. Landtagsabgeordnete waren im Wahlkreis Erfurt-Langensalza-Schleusingen bis 1861 Bürgermeister Diethold in Sömmerda, der Erfurter Landrat Friedrich Ernst von Hanstein und der Erfurter Oberregierungsrat Heinrich Robert Kühne, also keine Angehörige der Erfurter Bourgeoisie.[33]

Organisatorisch wurden die Konservativen durch den 1850 gegründeten „Treubund mit Gott für König und Vaterland" unter der Leitung Tettaus, journalistisch durch die „Erfurter Zeitung", damals das größte konservative Presseorgan in der preußischen Provinz Sachsen, vertreten. Das stockreaktio-

---

[32] StAE, 1-2/812-1615.
[33] Staatsarchiv Magdeburg (im folg.: StAM), Rep. C 20 I b, Nr. 114, Bd. 1–3.

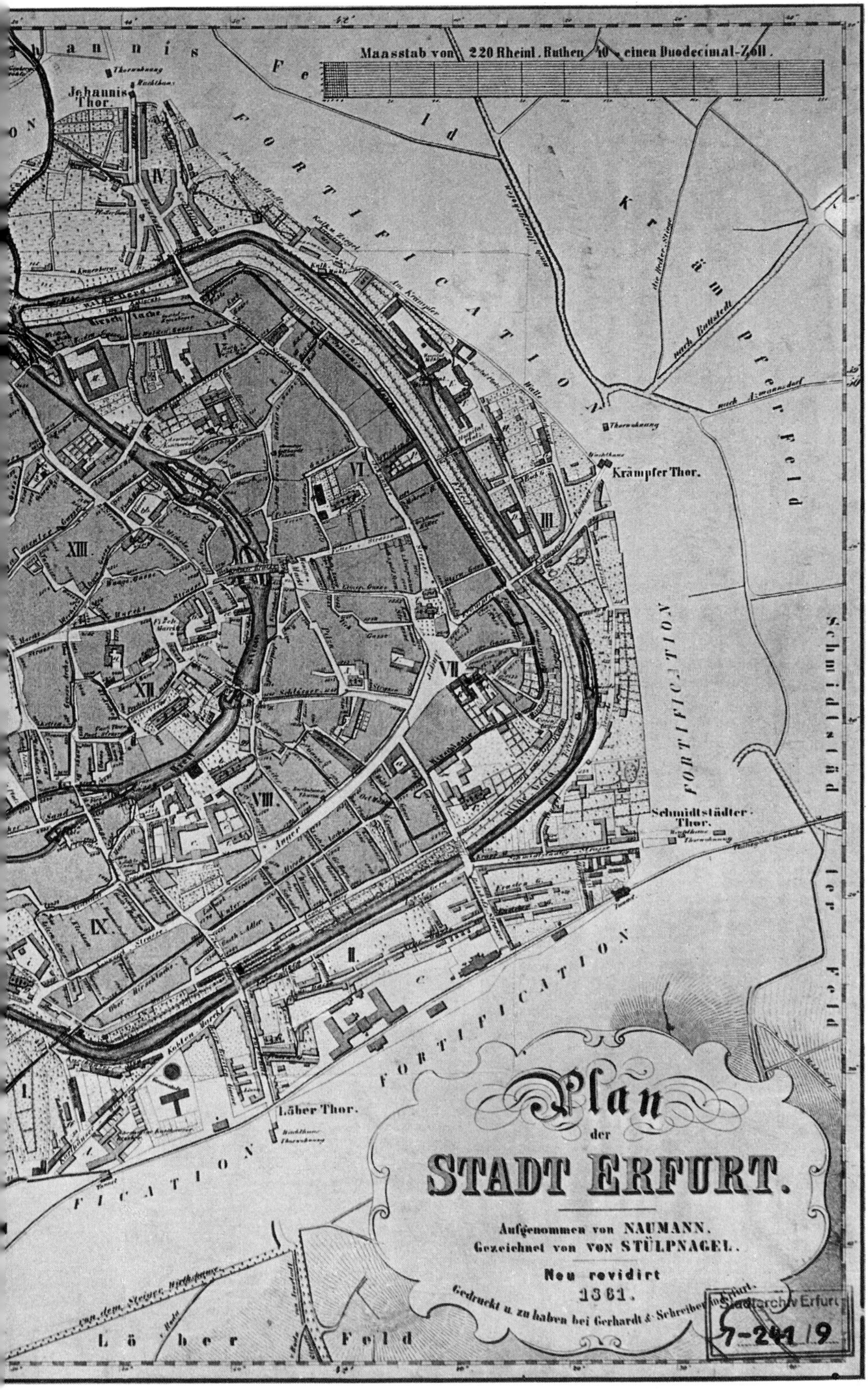
Maasstab von 220 Rheinl. Ruthen 10 einen Duodecimal-Zoll.
Krämpfer Thor.
Schmidtstädter Thor.
Löber Thor.
Plan
der
STADT ERFURT.
Aufgenommen von NAUMANN.
Gezeichnet von VON STÜLPNAGEL.
Neu revidirt
1861.
Gedruckt u. zu haben bei Gerhardt & Schreiber in Erfurt.
Stadtarchiv Erfurt
7-241/9

Abb. 221.
Plan der Stadt Erfurt 1861

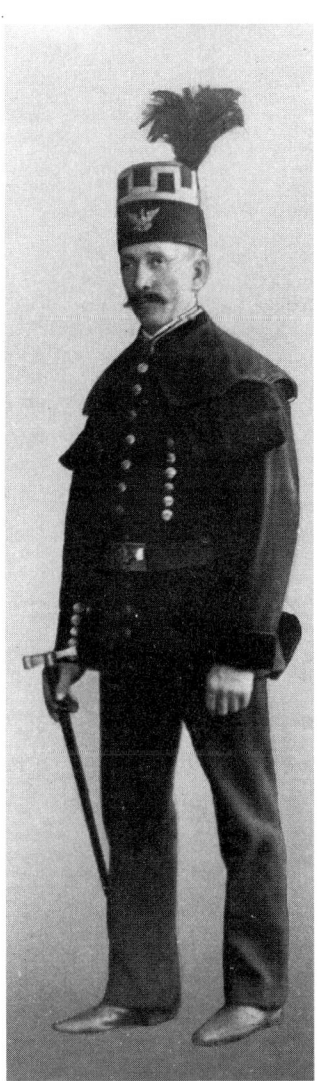

Abb. 222. Bergmann das Salzbergwerkes Erfurt in Festtagsuniform um 1900

näre Wochenblatt „Der alte Fritz" war ein Erzeugnis der Reaktionsjahre und zur Beeinflussung der unteren Bevölkerungsschichten Erfurts gedacht. Es erschien 1852 bis 1865. Damit unterschied sich die politische Situation in Erfurt in der nachrevolutionären Zeit wesentlich von der der thüringischen Nachbarstädte, wo die Bourgeoisie und die höhere Beamtenschaft rechtsliberale und die im Parteileben einflußreichen Advokaten (Rechtsanwälte) linksliberale Positionen einnahmen. In Erfurt dagegen trat der Rechtsanwalt als politischer Vertreter der Bourgeoisie in diesen Jahrzehnten überhaupt nicht hervor.

Aber weder in der Regierung noch bei den führenden Vertretern der Bourgeoisie herrschte in Erfurt damals der sture Konservatismus der ostelbischen Junker vor. Die Haltung der Konservativen war bei ihrem unbedingten Bekenntnis zur Monarchie und ihrer Vorliebe für das Junkertum durch Kompromisse mit der Bourgeoisie besonders im Bereich der Legislative und der Wirtschaft bestimmt.

Die Organisation der radikalen Demokratie, wie sie der einflußreiche Schutzbürgerverein, zuletzt Demokratische Verein, geschaffen hatte, war nach dem 24. November 1848 restlos zerschlagen worden.

geoisie war in ihm vertreten. Da der Verein in diesen Jahren gewisse Interessen des Proletariats wahrnahm, wurde Krackrügge 1850 von den Arbeitern in den Gewerberat gewählt, dem jedoch die in der Handelskammer vertretene Bourgeoisie 1853 ein schnelles Ende bereitete.

Der Bürgerhilfsverein trat in diesen Jahren für die Gewerbefreiheit sowie gegen den Zunftzwang auf, dem in Preußen seit 1849 wieder Konzessionen gemacht worden waren. Er vertrat damit nicht nur die Interessen der wohlhabenderen Handwerkerschaft. Krackrügge erklärte zu seinen „Erzfeinden" auch jetzt wieder „die Bürokraten, die Privilegien, den mit der Arbeitskraft wuchernden Geldsack". Mit Genossenschaftsgründungen versuchte er, praktische Hilfe zu leisten. Fragen der Staatsform und des Staatstyps sowie der politischen Macht rührte er jedoch nach außen nicht mehr an.

In diesen Jahren hat Krackrügge offensichtlich gewisse Beziehungen zum Bund der Kommunisten unterhalten, dem sein Neffe Dr. Heinrich Becker angehörte. Er wird in einem Spitzelbericht der preußischen Botschaft in Paris als Kontaktmann der Londoner Bundeszentrale genannt. Auch in den Akten des Kölner Kommunistenprozesses wird Krack-

Abb. 223.
Der alte Johannisfriedhof
im inneren Zwinger (1915)

Jedoch vermochte Krackrügge den Bürgerhilfsverein und mit ihm die gemäßigte Demokratie noch einige Jahre am Leben zu erhalten.[34] Diesen Verein, der 1850 noch 244 Mitglieder zählte, trugen vor allem das Kleinbürgertum, besonders Schuhmacher- und Schneidermeister, aber auch besser gestellte Bäcker- und Fleischermeister. Auch die mittlere Bour-

rügge als Verteiler von 300 Flugblättern der Kölner Gemeinde des Bundes erwähnt.[35] Ein Mitglied des Bundes war er jedoch offenbar nicht.

---

[34] Ruske, Kleinbürgerlich-demokratische Bestrebungen, S. 275.
[35] Peters, Goswin Krackrügge, S. 296; ZStA Merseburg, Rep. 77, Tit. 509, Nr. 1, Bd. 5, Bl. 255.

Abb. 224. Erfurt mit Festungswall vom Steiger um 1850

Der Bürgerhilfsverein ist mit Druckschriften noch bis 1856 nachweisbar, während die seit 1852 herausgegebene „Allgemeine Erfurter Zeitung" im Juni 1853 unterdrückt wurde. Diese Zeitung und ihr Vorgänger, die „Neue Erfurter Zeitung", haben Krackrügge noch mehrfach Gefängnisstrafen eingebracht. Schließlich gründete Krackrügge 1856 eine Konsumgenossenschaft für Handwerker und Arbeiter, die „Assoziation zur Beschaffung billiger Lebensmittel". Die Regierung zu Erfurt beobachtete das ganze Tun Krackrügges auch jetzt mit äußerstem Mißtrauen und versuchte wiederholt, seinen moralischen Kredit bei den Massen zu untergraben. Nach anderthalb Jahrzehnten bot sich dann eine Gelegenheit. Krackrügge, der offenbar den Überblick über die Geschäftsführung der Konsumgenossenschaft verloren hatte, wurde im November 1869 „wegen wissentlichen Gebrauches falscher Urkunden in zwei Fällen" mit zwei Jahren Zuchthaus bestraft. 1873 ließ er sich dann in Kassel nieder, wo er am 18. November 1881 starb. Auch andere Vereine standen noch unter dem direkten und indirekten Einfluß Krackrügges und damit der gemäßigten Demokratie. Es handelt sich um die 1850 gegründete

Erfurter Bürgerliedertafel, einen Gesangverein aus Handwerkern, die ins Proletariat gestoßen worden waren, und um die Turnergemeinde, die sich 1852 auflöste.

Bei der kirchlichen Entwicklung im Erfurt des 19. Jahrhunderts müssen wir davon ausgehen, daß auch hier die Kraft der seit 1817 in der altpreußischen Union zusammengefaßten Lutheraner und Reformierten als Staatskirche weiterhin erstarrte. Das in der zweiten Hälfte des 19. Jahrhunderts aufblühende evangelische Vereinswesen stellte bereits Defensivmaßnahmen gegen die aufkommende religiöse Indifferenz der Volksmassen dar und erfaßte nur Bruchteile der zur Unionskirche zählenden Bevölkerung. Der „Evangelische Bund zur Wahrung der deutsch-protestantischen Interessen", der gegen die im Kulturkampf erstarkende katholische Kirche und die zunehmende Verweltlichung gerichtet war, wurde 1886 in Erfurt begründet. Er fand in dem Pastor und späteren Senior des Evangelischen Ministeriums der Stadt Erfurt, Wilhelm Bärwinkel, einen aktiven Vertreter.

Anders lagen die Verhältnisse in der katholischen Kirche. Hier hielten der aufkommende Ultramontanismus und die latente Gegnerschaft zum protestantisch geführten preußischen Staat auch die religiöse Kraft aufrecht. Die kleine antirömische und nationale Abspaltung der „Christkatholiken" konnte sich in Erfurt zwar noch über die Revolution hinwegretten, löste sich aber bald ganz vom Christentum und ging in der freireligiösen Gemeinde auf. Diese beschritt den Weg zum Atheismus. In Erfurt wurde unter dem Einfluß der Magdeburger „Lichtfreunde" um Leberecht Uhlich im Januar 1861 ein solcher freireligiöser Verein aus Kleinbürgern und Proletariern gegründet.[36]

Die jüdische Bevölkerung errichtete nach ihrer Zulassung zum Bürgerrecht 1810 im Jahre 1840 in dem von ihr schon 1823 gekauften Haus „Zur großen und kleinen Weinkrause" hinter dem Rathaus ihre erste Synagoge. 1853 gründete sie eine nach dem Judengesetz vom 23.Juli 1847 zulässige jüdische Kultusgemeinde.[37] Diese zählte 1844 wieder 144 Personen und wuchs bis 1884 auf 479, bis 1900 auf 714 Mitglieder an. Der Bankier Moos und der Handelsgärtner Benary waren 1863 die ersten jüdischen Mitglieder der Stadtverordnetenversammlung. Moos wurde 1870 das erste jüdische Magistratsmitglied.

3.

Die Entwicklung der Stadt beim Abschluss der bürgerlichen Umwälzung und während der Reichseinigung und die Entstehung der Sozialdemokratischen Arbeiterpartei (1859 bis 1870)

In den 60er Jahren festigten sich die kapitalistischen Produktionsverhältnisse und begannen sich voll zu entfalten. In der Bourgeoisie bildete sich als ökonomische Führungsschicht die Großbourgeoisie heraus. Sie war Trägerin dieser Entwicklung und verbündete sich 1866 endgültig mit Monarchie, Aristokratie, Bürokratismus und Militarismus. Sie überließ diesen Kräften weiterhin die politische Führung und beschränkte sich auf die Ausübung der ökonomischen und eine begrenzte Teilnahme an der politischen Macht. Angesichts der Entfaltung des Kapitalismus wurde die nationalstaatliche Einigung immer notwendiger. Von den beiden möglichen Wegen zu ihrer Durchsetzung, entweder im Rahmen einer demokratischen Revolution oder einer „Revolution von oben", erwies sich bei den bestehenden Machtverhältnissen letzterer als erfolgreich. Die Ausweitung der kapitalistischen Produktion vermehrte das Proletariat und festigte dessen Klassenbewußtsein. Diese Entwicklung führte gesetzmäßig zur Gründung einer marxistischen Arbeiterpartei, deren Geschichte eng mit Thüringen und Erfurt verbunden ist.

Der Festungscharakter der Stadt hemmte nach wie vor die Entstehung wirklich großer, als Fabriken organisierter kapitalistischer Unternehmungen. Im engen, durch Festungswälle begrenzten Straßen- und Gassengewirr der Festungsstadt konnten sie sich nicht entfalten. Deshalb bildete Erfurt zu dieser Zeit auch nicht das industrielle Zentrum des Regierungsbezirkes, sondern stand in wirtschaft-

licher Hinsicht hinter Mühlhausen und Nordhausen zurück. Selbst bei Industriezweigen, die in Erfurt verhältnismäßig stark vertreten waren, dominierte die Stadt nicht. Deshalb lag Erfurt auch beim quantitativen Aufstieg der Fabrikarbeiter als der fortschrittlichsten Schicht der Arbeiterklasse mit 746 Arbeitern deutlich hinter Nordhausen mit 1388 und Mühlhausen mit 1207 Arbeitern zurück.[38] Bei der Verwendung der Dampfkraft bot Erfurt zwar ein günstigeres Bild, aber auch hier ging die Entwicklung nur langsam voran. Noch 1861 gab es in Erfurt nur sieben Dampfmaschinen mit 196 PS (Regierungsbezirk: 22 mit 482 PS), davon die stärksten in dem neu aufgekommenen Salzbergbau im Johannisfeld.

Im Jahrzehnt von 1860 bis 1870 entfaltete sich jedoch die Erfurter Industrie insgesamt bei ständigem Rückgang der Textilindustrie und Anwachsen der Bekleidungs- und Metallindustrie. An Schuhfabriken bestanden 1858 die Firmen Franz Büchner, G. Geller, Springer & Reinecke, die allerdings schon 1868 ihre Pforten schloß, und Gustav Wigand. Neugegründet wurden 1859 F. C. Böhnert (seit 1865 Böhnert & Münchgesang) sowie H. Langethal, Ed. Unger und August Weidling. Die Konfektion, die bisher unter dem unorganisierten Absatz gelitten hatte, be-

---

[36] StAW, Regierung zu Erfurt, vorl. Nr. 259, Bl. 418.

[37] StAE, 1-1/IX Nr. 13; ebenda 1-2/364-5118, 5119 und 5120, Bl. 150; Adolf Jaraczewsky, Geschichte der Juden in Erfurt, Erfurt 1868, S. 63 ff.

[38] Errechnet nach: StAW, Regierung zu Erfurt, vorl. Nr. 40.

Abb. 225. Das Königliche Steinsalzbergwerk bei Erfurt-Ilversgehofen (1870)

gann sich durch Verlage straffer zu organisieren. Es entstanden verschiedene Unternehmen, an denen die Familie Lamm vielfach beteiligt war. Nach 1865 stieg die Nachfrage nach billigen und bequem zu beschaffenden Kleidungsstücken bedeutend. Die Damenkonfektion hob sich gewaltig, so daß Erfurt hier durchaus Berlin die Stirn bieten konnte. Einen bemerkenswerten Aufschwung erlebten die beiden Eisengießereien und die Maschinenfabriken mit ihren 240 Arbeitern, da der Bedarf an Dampfmaschinen groß war.

Im Handel stand weiterhin die Firma J.A. Lucius mit Garn- und Twistwaren sowie Wollkleidung an erster Stelle. Der Lebensmittelgroßhandel konnte seine beherrschende Rolle in Mittelthüringen behaupten und ausbauen. Die Erfurter Geschäfte zogen die Agrarproduktion des fruchtbaren Thüringer Beckens an sich und vermittelten sie in den Thüringer Wald, nach Hessen und Bayern.

Dennoch stand die Wirtschaftslage Erfurts in diesem Jahrzehnt unter einem ungünstigen Stern. Der Nordamerikanische Bürgerkrieg wirkte sich zunächst sehr hemmend auf die Entwicklung der Schuh-, Tabak- und besonders der Textilindustrie aus. Der Handelskammerbericht von 1862 warnte,

es sei die „Fabrikation in baumwollenen Waren bedeutend beschränkt" und werde „bald gänzlich aufhören".[39] Nach dem Kriegsjahr 1866 machte sich dann in manchen Sparten der Erfurter Industrie französische Konkurrenz bemerkbar. Dennoch wurde der preußisch-französische Handelsvertrag von 1862, der den Übergang zum Freihandel für die beiden folgenden Jahrzehnte zur Folge hatte, von der Erfurter Großbourgeoisie als „segensreich" begrüßt, „da er uns einen Platz im Welthandel sichert".

Für die weitere wirtschaftliche Entwicklung der Stadt wurde die Einführung eines neuen Gewerbezweiges von ausschlaggebender Bedeutung, der in Preußen nicht von Konjunkturschwankungen abhängig war: der Gewehrfabrikation.[40] Die 1855 in Saarn bei Mülheim an der Ruhr errichtete staatliche preußische Gewehrfabrik wurde 1862 nach Erfurt verlegt und im Gebäude des alten Mainzer Hofes unterhalb des Domberges eingerichtet. Der Mainzer Hof war 1836 vom preußischen Militärfiskus ange-

---

[39] StAE, 1-2/704-57, S. 17.
[40] Gotsche, Die Königlichen Gewehrfabriken. Kurze Darstellung ihrer Entstehung, Entwicklung und Aufgaben, Berlin 1904.

kauft und 1839 abgebrochen worden. Der Ankauf und der Abbruch der daneben gelegenen Mainzer Hof-Mühle erfolgten 1859 und 1861. Die neu angelegte Gewehrfabrik war 1861 fertiggestellt. Die Verlegung fand statt, weil die Lage Saarns im Falle eines Krieges mit Frankreich als zu exponiert angesehen wurde und weil Erfurt zudem Festung war. Die Fabrik unterstand dem Kriegsministerium und damit militärischer Leitung, was für den Kampf der Arbeiter in diesem Betrieb bald von Bedeutung werden sollte. Sie war 1866 mit 420 Arbeitern das größte Fabrikunternehmen der Stadt. Die Belegschaftszahlen schwankten nach den militärischen Anforderungen. Bald zählte Erfurt mit Spandau und Danzig zu den größten staatlichen Gewehrfabriken Preußens.

Auch das Königliche Salzbergwerk Erfurt war ein preußischer Staatsbetrieb. August Rost hatte schon 1839 in seiner Broschüre „Neue Quellen der Erfurter Industrie" auf die Möglichkeit von Salzlagerstätten um Erfurt hingewiesen, die bei der zentralen

führten 1856 zur Errichtung des Nordschachtes (Schacht I) und des Südschachtes (Schacht II) mit Verbindungsquerschlägen. Die Förderung wurde 1863 aufgenommen und erreichte bis 1893 zusammen 69 291 t (= 335 m^3). Das Jahr 1876 stellte den Höhepunkt der Förderung dar. Im Durchschnitt waren 70 Arbeiter beschäftigt, die meist in dem Dorf Ilversgehofen wohnten. Entgegen den ursprünglichen Ansichten erwies sich jedoch der Absatz in Thüringen, wo mehrere Salzbergwerke mit höherer Salzqualität arbeiteten, als äußerst schwierig. Auch trat Verteuerung des Salzes durch die Unmöglichkeit eines billigen Wassertransports ein. So kamen außer der Saline Dürrenberg bei Merseburg vor allem Rußland und der Balkan als Abnehmer in Betracht.

Bei dem in Erfurt weit verbreiteten Hausgewerbe stieg die Zahl der Handwerker weiter an. Eine Stärkung erfuhr das Handwerk durch die fortschreitende kapitalistische Produktionsweise natürlich als Ganzes nicht, sondern nur in seinem

Abb. 226. Pumpstation unter Tage im Erfurter Steinsalzbergwerk um 1900

Lage ökonomisch gut genutzt werden könnten.[41] Er verfolgte seine Pläne weiter, auch als das preußische Handelsministerium sich zunächst ablehnend verhielt. Sebastian Lucius setzte sich für das Unternehmen ein. Schließlich wurde 1844 ein „Komitee für Salzgruben in Erfurt" ins Leben gerufen. Im März 1856 begann auf dem Johannisfeld eine Bohrung, die zwei Jahre später in 345 m Tiefe auf ein 24 m starkes Salzlager stieß. Die Bohrergebnisse

hausgewerblichen Sektor. In der Gewerbegesetzgebung fiel Preußen durch die Verordnung vom 9. November 1849, die wesentliche fortschrittliche Be-

[41] Hermann Freund, Das Königliche Salzbergwerk bei Erfurt, in: Thüringer Monatsblätter, Jg. 5, Eisenach 1897–1898, S. 111 f., 119 ff., 125 ff.; ebenda, Jg. 6, Eisenach 1898–1899, S. 1 ff., 13 ff.; Helmuth Peinhardt, Das Steinsalzwerk im Johannisfeld – ein Stück vergangener Erfurter Industrie, in: Aus der Vergangenheit der Stadt Erfurt (im folg.: AVE), Bd. 1, Erfurt 1955, S. 1 ff.

stimmungen der „Allgemeinen Gewerbeordnung vom 17. Januar 1845" unter dem Druck der im Revolutionsjahr aufkommenden kleinbürgerlichen Zunftgedanken, wie sie auch in Erfurt gesponnen wurden, wieder aufgegeben hatte, hinter die thüringischen Staaten zurück. Diese hatten 1861 und 1862 eine radikale Gewerbefreiheit eingeführt, die im Handwerk das gesamte Zunftwesen und jeden Befähigungsnachweis abschaffte. Obwohl der an Großbetriebe gefesselte hausgewerbliche Teil des Handwerks nicht mehr zunftgebunden war, wurden seitdem von Erfurter Fabrikanten über die altertümliche preußische Gewerbegesetzgebung lebhafte Klagen geführt, bis endlich 1869 die Gewerbeordnung des Norddeutschen Bundes die Unterschiede auf der Grundlage der Gewerbefreiheit ausglich.

Der Anschluß Erfurts an das deutsche Eisenbahnnetz wirkte sich für die Industrie äußerst günstig

Für das Erfurter „Komité für Eisenbahnanlagen" spielten dabei Verbindungen in den Thüringer Wald, der zunächst aus technischen Gründen nicht mit der Eisenbahn überschritten werden konnte, ins Eichsfeld und weiter nach Göttingen und über Sangerhausen nach Magdeburg die Hauptrolle. In den 60er Jahren wurde dann die große Südostverbindung von Erfurt über Hof nach Eger erörtert und bis an die Grenze der Verwirklichung vorangetrieben. Ein besonderes Komitee, bestehend aus Julius Kallmeyer, Ferdinand Lucius, Wilhelm Moos und Hermann Stürcke, förderte den Bahnbau nach Nordhausen, nachdem 1864 festgestellt worden war, daß die Post auf dieser Route jährlich 19472 Personen befördert hatte, davon 5535 auf der ganzen Strecke.

Als es aber an die Verwirklichung der Vorhaben ging, sah sich die Erfurter Wirtschaft, besonders ihre Speditions- und Großhandelsbetriebe, schwer

Abb. 227. Die Bahnhofstraße um 1850. Im Hintergrund der Bahnhofsturm und der Wall der „Hohen Batterie"

aus. Der Bahnhof Erfurt versandte 1864 bereits 934540 Zentner Waren und empfing 1217743 Zentner. Die Masse des Eingangs bestand aus Stein- und Braunkohle. Dabei hielten sich die westfälische und die sächsische Kohle zunächst die Waage, bis schließlich seit dem Bahnbau Weißenfels-Gera die sächsische Kohle weit überwog. Pläne zur weiteren Eisenbahnerschließung Thüringens von Erfurt aus waren schon in den 50er Jahren erörtert worden.

benachteiligt.[42] Die Eisenbahn ins Eichsfeld, die 1870 eröffnet wurde, nahm ihren Ausgangspunkt von Gotha, und auch die Verbindung in Richtung des Thüringer Waldes, zunächst bis Arnstadt, ging nicht von Erfurt, sondern von dem gothaischen Dorf Neudietendorf aus. Dieses wurde deshalb Haltepunkt

---

[42] StAE, 1-1/V a Nr. 7, Bd. 1–2; besonders ebenda, 1-1/V a Nr. 7, Bd. 1, Bl. 41.

für Schnellzüge, wie sie seit 1857 auf der Thüringischen Eisenbahn verkehrten.

Die Bevölkerungszahl stieg von 37 012 im Jahre 1861 auf 43 616 im Jahre 1871 erstmals wieder stark (um 17,8 Prozent) an. Dabei war der Bevölkerungszuwachs im ersten Jahrfünft bedeutender als im zweiten. Die Einwohnerzahl wuchs von 1859 bis 1863 um 5281 Personen, aus dem Geburtenüberschuß um 1827 und aus dem Zuzugsüberschuß um 3454 (Bevölkerungsbilanz + 9,8 Prozent). Im folgenden Jahrzehnt nahm die Bevölkerung nur um 2220 Personen zu, nämlich um 1018 bzw. 1202 (Bevölkerungsbilanz + 3,1 Prozent). Insgesamt zeigten die Jahre von 1859 und 1868 eine positive Bevölkerungsbilanz von 12,5 Prozent. Dabei nahm vor allem das Proletariat weiter zu.

Während der fortschreitenden kapitalistischen Industrialisierung verschlechterten sich die Lebensverhältnisse vor allem durch die Verteuerung der Lebensmittel in den Jahren der Reichsgründung. Zwischen 1862 und 1874 stieg der Erfurter Septembermarktpreis bei Rindfleisch um 94,1, bei Eiern um 63,2 und bei Butter um 59,0 Prozent. Im Gegensatz zur Bevölkerung nahm die Häuserzahl kaum zu, so lange Erfurt Festung blieb. Der freie Baugrund innerhalb der Wälle wurde knapper. Deshalb wurde auch der Botanische Garten in den 60er Jahren beseitigt und auf seinem Gelände 1867 die Gartenstraße angelegt.[43] Die Zahl der Wohnhäuser sank von 1861 bis 1871 von 3184 auf 3098. 1818 kamen sechs, 1871 schließlich 14 Bewohner auf ein Haus.

Die immer dichter bebaute Stadt, in der sich mit Ausnahme des Salzbergwerks alle Industrieunternehmen befanden, bedurfte einer erhöhten Feuersicherheit. Seit dem Bombardement von 1813 war es in Erfurt nicht zu größeren Brandunglücken oder gar Flächenbränden gekommen. Bei der Brandbekämpfung stand Erfurt vor den gleichen Problemen wie andere deutsche Groß- und Mittelstädte. Das schwerfällige und im entscheidenden Augenblick untätige Massenaufgebot der Brandbekämpfungspflichtigen mußte durch eine kleine, aber gut eingeübte Feuerwehrgruppe ersetzt werden.

Die Feuerordnung vom 9. Juni 1830 hatte das Brandschutzwesen der Leitung durch eine Oberfeuerkommission als Ausschuß der Stadtverordnetenversammlung unterstellt. Es beruhte auf einer allgemeinen Feuerwehrpflicht, die zu den unübersichtlichen Massenansammlungen an der Brandstätte führte. Deshalb wurde seit 1835 die Bürgerschützenkompanie bevorzugt bei der Brandbekämpfung eingesetzt. Die Feuerordnung von 1858 ging dann zu einer qualifizierteren Brandbekämp-

fung über, ohne allerdings die allgemeine Feuerwehrpflicht aufzuheben.[44] Nach dem genauen Studium des Berliner Feuerwehrwesens bildete sich aus dem Turnverein von 1860 eine Freiwillige Turnerfeuerwehr, die am 22. Februar 1863 in Pflicht genommen wurde. Diese Einrichtung legte beim Brand in der Schmidtstedter Straße am 24. November 1863 unter den erschwerenden Umständen eines starken Sturmes ihre Feuerprobe ab. Auf sie stützte sich in den nächsten Jahrzehnten die Brandbekämpfung, obwohl die allgemeine Feuerwehrpflicht erst 1896 abgeschafft wurde. Die freiwillige Turnerfeuerwehr wurde 1873 durch eine schlagkräftige Rettungskompanie für Menschen und Sachen ergänzt.

Choleraepidemien 1850, 1855 und besonders 1866 lenkten die öffentliche Aufmerksamkeit stärker als bisher auf die Gesundheitsverhältnisse. Naturwissenschaftliche Erkenntnisse schufen die Voraussetzung für eine wissenschaftlich begründete Hygieneanalyse. Sie wurde unmittelbar nach der Epidemie von 1866 durch den Münchner Hygieniker Max von Pettenkofen vorgenommen. Es zeigte sich, daß die Enge der Stadt, das jahrhundertlange unkontrollierte Versenken menschlicher und tierischer Exkremente in den bebauten Boden, die häufigen Überschwemmungen der Gera und die zahlreichen Friedhöfe in allen Teilen der Stadt „eine Imprägnierung des porösen Bodens mit excrementalen Stoffen in geradezu beängstigender Weise hervorgerufen" hatten. Von den durch die Stadt führenden Wasserläufen bildete besonders der östliche Arm der Gera, die an Wohnvierteln ärmerer Bevölkerungsschichten vorbeifließende, später zugeschüttete „Wilde Gera", ein „übelriechendes Abwasser und eine Seuchengefahr".[45]

Mitte des 19. Jahrhunderts herrschten im Gesundheitswesen der Stadt noch eindeutig die Infektionskrankheiten vor. Der durchschnittliche Anteil der Lungentuberkulose an den Todesursachen lag 1849 bis 1869 bei 7,9 Prozent. Typhus war in der Stadt ständiger Gast, der „Hekatomben von Opfern", 1849 bis 1869 zusammen 1126 Tote (= 5,9 Prozent der Todesursachen) forderte. Am verheerendsten aber wütete, wenn sie einmal ausgebrochen war, die Cholera. Sie führte jedesmal trotz vorherrschender Geburtenfreudigkeit dazu, daß in den betreffenden

[43] StAE, 1-1/II a Nr. 40, Bd. 4, Bl. 182.

[44] StAE, 1-1/XVI f Nr. 24; Festschrift zum 25jährigen Stiftungsfest der Freiwilligen Turner-Feuerwehr, o. O. 1888; Die freiwillige Feuerwehr zu Erfurt. 1862–1912, Erfurt o. J.

[45] Zit. nach: Helmuth Peinhardt, Das Erfurter Bäderwesen im 19. und 20. Jahrhundert, in: AVE, Bd. II, Erfurt 1959, S. 21.

Jahren die Zahl der Todesfälle die der Geburten weit überflügelte. Bei den kleineren Epidemien von 1832, 1850 und 1855 gab es bereits 120, 192 und 532 Tote, die große Epidemie vom September 1866, die eine Landwehrabteilung aus Halle eingeschleppt hatte, forderte sogar 1463 Tote. Betroffen waren vor allem die ärmeren Stadtteile, der Schmidtstedter- und der Andreasbezirk, und hier besonders Handarbeiter und Schuhmacher.[46]

Aus den ungünstigen gesundheitlichen Verhältnissen ergab sich auch eine hohe Rate an Totgeburten (4 bis 5 Prozent) sowie eine große Säuglingssterblichkeit. Sie lag im zweiten Drittel des 19. Jahrhunderts noch bei etwa 25 Prozent der Geburten und trug wesentlich zum Tiefstand der durchschnittlichen Lebenserwartung in Erfurt bei, die im Jahrzehnt von 1849 bis 1858 etwa 28,1 Jahre betrug und 1859 bis 1868 auf 25,8 Jahre (ohne Säuglinge auf 48,5 Jahre) fiel.

An Gesundheitseinrichtungen gab es in Erfurt seit dem 18. Jahrhundert das Evangelische und das Katholische Krankenhaus. Ferner bestand seit 1802 die Fischersche Augenheilanstalt, die 1871 mit dem Evangelischen Krankenhaus verbunden wurde.

war, besserte sich die Lage kaum.[48] Die ärztliche Versorgung verschlechterte sich im zweiten Drittel des 19. Jahrhunderts allgemein. Die Zahl der Ärzte betrug 1833 zusammen 29, davon fünf Wundärzte, und 1868 zusammen 26, davon zehn Wundärzte. 1833 kamen auf einen Arzt 765 Personen, 1868 schließlich 2720, mit Wundärzten 1685 Personen. Die Anzahl von sechs Apotheken änderte sich bis zum Jahrhundertende nicht.

Die gesundheitsfördernde Körpererziehung stand bis zum letzten Drittel des 19. Jahrhunderts noch ganz in den Anfängen. Zu dem 1839 an der Einmündung des Espaches in den Bergstrom der Gera geschaffenen öffentlichen Schwimmbad kam nur 1878 ein Frauenschwimmbad am Bergstrom hinzu.[49] Ein Badehaus für die wohlhabenderen Familien, seit 1878 „Altes Badehaus", schuf man 1864 am „Falloch" auf dem Friedrich-Wilhelm-Platz. Erst um 1860 nahm das bürgerliche Turnwesen wieder einen gewissen Aufschwung.

Auch in Erfurt wurde das politische Leben in den Jahren 1859 bis 1866 von den Auseinandersetzungen um die Lösung der deutschen Frage durch eine demokratische Revolution oder durch eine „Revolu-

Abb. 228. Altes evangelisches Krankenhaus am Lindenweg um 1842

Dieses war 1750 errichtet worden und hatte im 19. Jahrhundert beträchtliche Erweiterungen erfahren. Um 1870 versorgte es jährlich etwa 1000 Kranke.[47] Das 1740 im Hirschbrühl entstandene Katholische Krankenhaus erwies sich Mitte des 19. Jahrhunderts als völlig unzureichend. Auch nachdem der Fabrikant Sebastian Lucius in seinem Hopfengarten an der Kartäuser Straße einen Neubau mit 16 Zimmern und 50 Betten gestiftet hatte und in unmittelbarer Nähe das katholische Siechenhaus entstanden

tion von oben" unter Aufrechterhaltung und Stärkung der preußischen Junker- und Militärmacht be-

[46] Ferdinand Adolf Wolff, Die Gesundheitsverhältnisse in Erfurt während der Jahre 1849–1868, Erfurt 1871, S. 36 ff., 42 ff.
[47] Wilhelm Frhr. von Tettau, Beiträge zu einer Topographie und Statistik von Erfurt, in: Jahrbücher der Königlichen Akademie gemeinnütziger Wissenschaften zu Erfurt, Neue Folge, Bd. 13, Erfurt 1885, S. 151.
[48] StAE, 1-2/531-120, Bl. 28 a–e.
[49] Peinhardt, Das Erfurter Bäderwesen, S. 23 ff., 22, 43.

herrscht. Dabei ging die neu aufkommende liberale Strömung nicht von den führenden Familien der Bourgeoisie, sondern von der mittleren Bourgeoisie und der Intelligenz aus. Auch gewann die liberale und demokratische Bewegung in Erfurt nicht die Kraft wie in den thüringischen Nachbarstaaten. Der Deutsche Nationalverein, in dem sich große Teile der liberalen Bourgeoisie im Kampf um die nationalstaatliche Einheit unter Führung eines liberalen Preußen organisierte und der in Weimar und Gotha feste Stützpunkte besaß, konnte in Erfurt nur eine kleine Mitgliedschaft aus Juristen, Gymnasiallehrern und Kaufleuten um den Justizrat Richard Pinkert finden.[50]

In dieser Zeit entstand durch das Streben der preußischen Monarchie, die bei der Mobilmachung von 1859 aufgetretenen Mängel durch eine Heeresreform mit ungesetzlichen Mitteln zu beseitigen, der preußische Verfassungskonflikt. Um für einen Waffengang bei der Lösung der deutschen Frage und für die Abwehr der vom bonapartistischen Frankreich drohenden Gefahr, aber auch für mögliche Kämpfe mit den erstarkenden demokratischen Kräften besser als 1848 gerüstet zu sein, wollte sich die preußische Monarchie durch eine Heeresreform nicht nur wesentlich vergrößerte und besser geübte Streitkräfte schaffen, sondern auch mit einer „moralischen Aufrüstung" die militaristische Ideologie stärker im Volk durchsetzen.

Als das preußische Abgeordnetenhaus wiederholt die bereits ausgegebenen sowie neue Gelder für das Heer verweigerte, wurde im September 1862 Otto von Bismarck als ein Mann der äußersten Reaktion zum Ministerpräsidenten ernannt. Er setzte die Heeresreform endgültig durch. Dann regierte er während des dadurch ausgebrochenen Konflikts mit einem Staatsetat, in dem die Rüstung eine große Rolle spielte, ohne die verfassungsmäßig erforderliche Zustimmung des Abgeordnetenhauses zu besitzen. Es ging im Verfassungskonflikt letztlich also darum, ob Preußen auch in Zukunft ein halbabsolutistischer Staat bleiben oder eine parlamentarische Monarchie nach englischem Vorbild werden würde.

Die Heeresverstärkung, die für die Festungsstadt Erfurt besondere Bedeutung besaß, vollzog sich 1860 in der Weise, daß aus dem aktiven Stamm der Landwehr-Regimenter neue Linienregimenter gebildet wurden. Aus dem von Landwehrleuten des Regierungsbezirkes Erfurt rekrutierten 31. Landwehr-Regiment entstand zunächst das 31. kombinierte Regiment und am 5. Mai 1860 das 3. Thüringische Infanterie-Regiment Nr. 71. Erfurt wurde zur Garnison bestimmt. In der Festung blieb weiterhin das aus dem 31. Infanterie-Regiment geschaffene 1. Thüringische Infanterie-Regiment Nr. 31, während das aus dem 32. Infanterie-Regiment gebildete 2. Thüringische Infanterie-Regiment Nr. 32 nach Halle und Merseburg verlegt wurde.

Mit der Heeresreform verstärkte sich der militaristisch-konservative Geist des Offizierkorps. Es entwickelte sich jener Typ des preußischen Offiziers der Kriege von 1864 bis 1871, der von einem ausgeprägten Angriffsgeist besessen war. Mancher der Heerführer, die in diesen Kriegen jenen Offizierstyp verkörperten, war vorher in Erfurt Regiments- und Brigadekommandeur gewesen wie Leonhard von Blumenthal, der erste Kommandeur der 7ler, der später nach Moltke als bester Stratege der preußischen Armee galt, und Julius von Bose, in Erfurt „der Böse" genannt, der 1861 im Kriegsministerium wesentlich an der Durchführung der Heeresreform beteiligt war, bevor er 1864 Brigadekommandeur in Erfurt wurde.

Gruppierte die Heeresreform die Besatzung der Stadt nur um, ohne sie zu verstärken, so hatte der Ausbau der Festung weitreichende Auswirkungen. Obgleich die nächste Umgebung bereits außerhalb Preußens lag, wurden die Festungsanlagen 1864 bis 1866 gründlich überholt und für die Abwehr eines Angriffes aus den deutschen Mittelstaaten hergerichtet. Auf der Zitadelle Petersberg entstanden unterirdische Räume zur Munitionslagerung, und im Vorfeld der Festung wurden drei kleine Forts angelegt. In Richtung Gispersleben errichtete man auf dem heutigen Klinikgelände das Fort I. Die Schwedenschanze wurde 1864 durch dänische Kriegsgefangene zum Fort II ausgebaut und die Daberstädter Schanze südlich des Bahnhofes zum Fort III umgestaltet.[51]

Die preußischen Militärs waren sich jedoch darin einig, daß die Festung keine Zukunft mehr hätte. Der Erfurter Landrat wies 1866 darauf hin, daß aus militärischen Gründen das Erfurt umgebende Staatsgebiet Sachsen-Weimar-Eisenachs und des Herzogtums Gotha annektiert werden müsse, nicht nur um entsprechend der modernen Befestigungstechnik Platz für Sperrforts zu schaffen, sondern auch, weil die dortige Bevölkerung eine ausgesprochen preußenfeindliche Stimmung an den Tag lege. Da seit der Heeresreform Reserve und Landwehr vielfach zu militärischen Übungen herangezogen

---

[50] StAE, Regierung zu Erfurt, vorl. Nr. 260, Bl. 35; ebenda, vorl. Nr. 436, Bl. 137 f., 144.

[51] Emil Vollrath, Die Festungswerke Erfurts, in: MGAE, H. 22, Erfurt 1901, S. 41 f.; StAE, 1-1/XI B Nr. 114 und 115.

wurden und Erfurt Gestellungsort für den ganzen Regierungsbezirk war, nahmen die Einquartierungen in den Bürgerhäusern und in den wenigen Gemeinden des Landkreises merklich zu und erwiesen sich bald als eine erhebliche Belastung. Das Militär begann im täglichen Leben eine weit größere Rolle zu spielen als vordem.

Durch diese Vorgänge gefördert, verstärkte sich der Kampf der Bevölkerung gegen den erstarkenden Militärstaat und seine verfassungswidrige Regierungsweise. Bei den Landtagswahlen im November 1861 gelang es erstmals, die konservative Mehrheit im Wahlmännerkollegium des Wahlkreises Erfurt durch Zusammengehen der II. und III. Wählerklasse zu brechen. Der liberale Kandidat, Kreisgerichtsrat Friedrich Georg Bering, behauptete bis 1868 für die Fortschrittspartei das Erfurter Mandat. Er wurde von den Behörden 1863 als „früher doktrinär, jetzt sehr fortschrittlich zur Grenze des Radikalismus" eingeschätzt, seit 1866 nur noch als „liberal, doch nicht demokratisch".[52] Die neue liberale „Thüringer Zeitung" trat kräftig für die Politik der liberalen Mehrheit im Abgeordnetenhaus ein.

Bourgeoisie und des Kleinbürgertums gegen die preußische Innen-, Außen- und Militärpolitik schwächte sich in dem Maße ab, wie die Haltung Bismarcks durch die Tatsachen gerechtfertigt erschien. Um die Jahresmitte 1866 war nach Ansicht der Erfurter Polizeiverwaltung die Stimmung bereits so, „wie solche gesetzlich von treuen Untertanen gefordert werden kann".

Im Krieg von 1866 wies der preußische Generalstab der Festung Erfurt keine wesentliche Aufgabe zu. Er rief den Kern der Besatzung, die 3ler und 7ler, auf den böhmischen Kriegsschauplatz. Hier wirkten sie in den Grenzgefechten bei Podol und Münchengrätz mit, durch den sich die preußische Armee den Zugang nach Innerböhmen erzwang. In der Entscheidungsschlacht bei Königgrätz (Hradec Králové) am 3. Juli 1866 spielten sie eine wichtige Rolle, als sie bei dem Dorf Sadová die Schlacht eröffneten und unter hohen Verlusten den nahen Holawald gegen die hartnäckigen Angriffe der Österreicher verteidigten, bis im Rücken der feindlichen Streitkräfte die II. preußische Armee erschien und die Schlacht entschied.

Abb. 229. Angerecke mit Schwanapotheke um 1870

Auch in der Stadtverordnetenversammlung verloren 1864 die Konservativen die Mehrheit. Am 28. November 1863 erhielt die Erfurter Fortschrittspartei durch Gründung eines Liberalen Wahlvereins eine bessere Organisation. Aber ein halbes Jahr später ging der Einfluß des Liberalismus durch den preußischen Sieg im Krieg gegen Dänemark wieder zurück. Die oppositionelle Haltung der mittleren

Währenddessen wurden Landwehr und Ersatzbataillone nach Erfurt verlegt. Durch den Versuch der hannoverischen Armee, zu ihren süddeutschen Bundesgenossen durchzubrechen, rückte die Festung Erfurt an den Rand des Kriegsgeschehens. Der hannoverische Vormarsch wurde durch eilig mit der

---

[52] StA Magdeburg, Rep. C 20 I b, Nr. 114, Bd. 5–6.

Abb. 230. Plan von Erfurt und Umgebung 1867

Bahn herangeführte preußische Truppen, gestützt auf die Bahnlinie Erfurt-Gotha-Eisenach, bei Langensalza aufgehalten. An der Schlacht am 27. Juni 1866 nahmen auch Erfurter Festungstruppen, besonders das Ersatzbataillon 71 und die reitende Artillerie, teil. Die Kapitulation der Hannoveraner und die Verlagerung der Kampfhandlungen in die Mainlande entrückten Erfurt dann bald dem Kampfgeschehen. Die Verluste der beiden Erfurter Infanterie-Regimenter betrugen 176 Tote. Wie in Preußen überhaupt wurde auch in Erfurt das Bürgertum durch die Ereignisse von 1866 von Bismarck völlig überspielt. Alle bürgerlichen Parteien in der Stadt waren sich Ende Juli 1866 einig „in der Anerkennung der Meisterschaft, mit der der große Kampf vorbereitet und geführt worden" sei sowie „in Begeisterung über die Heldentaten der Truppen" und erwarteten nun eine schnelle Beendigung des Verfassungskonflikts.[53]

Bei den folgenden Wahlen zum preußischen Abgeordnetenhaus und zum Reichstag des neugeschaffenen Norddeutschen Bundes standen sich in Erfurt zwar noch immer Liberale und Konservative gegenüber. Aber beide waren sich jetzt in den Hauptfragen, der Herbeiführung der Einheit Deutschlands nach Bismarcks Vorstellung und in der Militärfrage, im wesentlichen einig. Darum bedeutete es nicht viel, daß die Liberalen das Landtagsmandat weiter behielten und mit dem Schriftsteller Gustav Freytag auch das erste Reichstagsmandat für Erfurt-Schleusingen-Ziegenrück gewannen. Da die Konservativen das Gebiet um Suhl und Ziegenrück behaupteten, errangen sie schon bei der Ersatzwahl von 1870 das Erfurt-Schleusinger Reichstagsmandat. Gewählt wurde der Rittergutsbesitzer und Arzt Dr. Robert Lucius in Kleinballhausen, der den Freikonservativen, später der Deutschen Reichspartei angehörte, die Bismarck am nächsten stand.

Die Proklamation des preußisch-deutschen Nationalstaates am 18. Januar 1871, der für die volle Entfaltung des Kapitalismus und damit eng verbunden für einen kräftigen Aufschwung des Proletariats im nationalen Rahmen erforderlich war, wurde erst im Waffengang gegen das bonapartistische Frankreich möglich. Dem neuen deutschen Nationalstaat wurde aber durch das halbabsolutistische Herrschaftssystem, durch die Fortsetzung des Krieges gegen die französische Republik als Eroberungskrieg, den Raub Elsaß-Lothringens und die Beihilfe bei der Niederschlagung der Pariser Kommune von Anfang an ein politisch reaktionärer Charakter aufgeprägt.

Die beiden Erfurter Infanterie-Regimenter, die am deutsch-französischen Krieg 1870/1871 teilnah-

men, kamen im Verband des IV. Armeekorps erst verhältnismäßig spät, im Vorfeld von Sedan am 30. August 1870, bei Beaumont ins Gefecht. Die 7ler spielten dann in der Schlacht bei Sedan am 1. September 1870 eine bedeutende Rolle, als sie das Vorgehen der Bayern bei Bazeilles und Balan unterstützten und sich bis zum südöstlichen Festungstor vorkämpften, auf dem am späten Nachmittag zuerst die weiße Fahne gezeigt wurde. Dann rückten die Erfurter Regimenter in den nordwestlichen Belagerungsring von Paris ein, wo sie bis Kriegsende blieben. In den beiden Erfurter Regimentern fielen 252 Soldaten, 860 wurden verwundet und 104 vermißt.

Im September 1870 wurde in Erfurt auf dem Johannesplatz ein großer Kriegsgefangenenlager errichtet, das bald Tausende von französischen Soldaten zählte.[54] Während die 395 gefangenen Offiziere in Bürgerquartieren lagen, waren nach den Berichten der belgischen Zeitung „Etoile belge" die Zustände im Lager „schauderhaft". Tatsächlich vertrugen die vielen gefangenen Algerier das rauhe Klima nicht und die Zahl der Toten war mit 443 verhältnismäßig hoch. Am Ende des Krieges kam es am 24. März 1871 zu einem Lageraufstand. Schließlich wurde das Lager geräumt, um die „Versailler Armee" zu verstärken, die von der reaktionären bürgerlichen Regierung Frankreichs zur Niederwerfung der Pariser Kommune zusammengestellt wurde.

Das Proletariat der Stadt, das bereits in den Kämpfen der Revolution 1848 eine wesentliche Rolle gespielt hatte, hatte nach deren Scheitern mit der Auflösung des Demokratischen Vereins seine organisatorischen Grundlagen verloren. Auf Grund des reaktionären Dreiklassenwahlrechts konnte es keinen politischen Einfluß erlangen, zumal die meisten Arbeiter noch nicht einmal im Besitz des Bürgerrechts waren. Eine Einflußnahme des liberalen Bürgertums auf die Arbeiter in Form von liberalen Arbeiterbildungsvereinen erfolgte in Erfurt in dieser Zeit nicht. Deshalb waren Erfurter Vereine auch nicht im Verbandstag Deutscher Arbeitervereine vertreten. Es gab nur 20 örtliche Unterstützungsvereine für Handwerksgesellen, nach Handwerkssparten gegliedert, die bis in die Zeit um 1880 bestehen blieben.

Als 1863 Ferdinand Lassalle den Allgemeinen Deutschen Arbeiterverein (ADAV) gründete, fand

[53] StAW, Regierung zu Erfurt, vorl. Nr. 262, Bl. 444.

[54] Johannes Biereye, Am Franzosenlager, in: Thüringer Allgemeine Zeitung, Erfurt, 3. 9. 1933; Verzeichnis der Kriegsgefangenen in: StAE, 1-1/XI A Nr. 151 und 154.

sich zunächst in Erfurt kein Ansatzpunkt. Die Gründung des ADAV bedeutete zwar eine organisatorische Trennung der Arbeiterbewegung von der Bourgeoisie und deren Orientierung auf politische Forderungen. Die Führer des ADAV wollten jedoch ihre Ziele auf friedlichem Wege verfolgen, vor allem über das allgemeine Wahlrecht und Vereinbarungen mit dem Staat der herrschenden Klassen, und lehnten den revolutionären Kampf um den Sturz der kapitalistischen Gesellschaftsordnung ab.

die Bedeutung Erfurts in der jungen deutschen Arbeiterbewegung. Am 27. Februar 1866 hielt der ADAV im Erfurter „Alten Ratskeller" eine Leitungssitzung ab. Am 11. Juni 1866 konnte der Vereinspräsident Johann Baptist von Schweitzer eine erste große Kundgebung Thüringer Arbeiter mit etwa 1500 Teilnehmern in Erfurt abhalten.[57] Im gleichen Monat wurde Hirsch das Amt eines Kassierers des Gesamtvereins übertragen. Schließlich war Ende Dezember 1866 Erfurt sogar Tagungsort der 4. Generalver-

Abb. 231. Französisches Kriegsgefangenenlager auf dem Johannesplatz 1870/71

Im Februar 1865 wurde dann auch in Erfurt eine Mitgliedschaft des ADAV gebildet, die auf der 2. Generalversammlung in Frankfurt am Main Ende November 1865 mit 35 Stimmen vertreten war.[55] Diese Mitgliedschaft vereinte Arbeiter der schon fabrikmäßig betriebenen Erfurter Metallindustrie. Die Leitung hatte der Schlosser Arnold von den Eisenbahnwerkstätten inne, wo sicherlich auch die meisten Mitglieder arbeiteten. 1866 übernahm dann der Handlungsgehilfe Johann Michael Hirsch, der sich als Sohn einer armen Eichsfelder Leineweberfamilie bis zum Geschäftsführer einer Firma emporgearbeitet hatte, die Leitung.[56] Seitdem wuchs

sammlung des ADAV. Hier kamen die beiden Richtungen innerhalb des ADAV, die Schweitzers und die der Gräfin Sophie von Hatzfeld, noch einmal zu einem Kompromiß, wobei die letztere die Oberhand

[55] StAW, Regierung zu Erfurt, vorl. Nr. 436, Bl. 111 ff., 139 f.

[56] Ebenda, Regierung zu Erfurt, vorl. Nr. 854, Bl. 5 ff.; Franz Mehring, Geschichte der deutschen Sozialdemokratie, Bd. 3, 2. Aufl., Stuttgart 1904, S. 248.

[57] Ebenda. Die Einladung zu der Kundgebung erfolgte in die oberen Säle des Ratskellers (Allgemeiner Anzeiger, Erfurt 8. 10. 1866). Die Zeitung und die Zeitungsberichte des Magistrats zu Erfurt erwähnen die Kundgebung nicht (StAW, Regierung zu Erfurt, vorl. Nr. 268, Bl. 443).

gewann. Die nationalen Interessen wurden den sozialen vorangestellt und das Ziel des ADAV nur ganz vage als „Anbahnung der Lösung der sozialen Frage durch freie Arbeiterassoziationen mit Staatshilfe nach den Prinzipien Ferdinand Lassalles" angedeutet.

In den folgenden Auseinandersetzungen zwischen Schweitzer und Hatzfeld unterstützte Hirsch die Schweitzersche Richtung. Schweitzer wurde bei der Wahl zum Reichstag des Norddeutschen Bundes im Februar 1867 als erster Arbeiterkandidat in Erfurt ausgerufen und erhielt in der Stadt 10,9 Prozent der Stimmen. Aber schon im nächsten Reichstagswahlkampf im August 1867 griff die Polizei gewaltsam in die politischen Auseinandersetzungen ein, als sie Hirsch wegen der Herausgabe eines Arbeiterliederbuches in Haft nahm, worauf ihn das Gericht wegen Hochverrats zu einer Gefängnisstrafe verurteilte.

Die orthodoxen Lassalleaner waren an sich gegen die Gründung von Gewerkschaften. Als aber die sozialökonomischen Bedingungen solche nunmehr erforderten, bildete sich 1868 unter lassalleanischer Führung der Allgemeine Deutsche Arbeiterschaftsverband. In ihm waren die nach Sparten gegliederten „Arbeiterschaften" zusammengeschlossen. In Erfurt entstand im gleichen Jahr unter Heinrich Kayser eine Mitgliedschaft des zu den „Arbeiterschaften" gehörigen Gewerksvereins deutscher Holzarbeiter. Wohl noch 1868 bildeten sich auch kleinere Mitgliedschaften des Allgemeinen Deutschen Zigarrenarbeitervereins und des Allgemeinen Deutschen Schneidervereins und im Frühjahr 1869 die des Deutschen Maler- und Lackierergewerks als weitere Zweige des lassallischen Arbeiterschaftsverbandes.

Als am 16. September 1868 das Polizeiamt Leipzig den ADAV auflöste, stellte auch die Erfurter Mitgliedschaft ihre Tätigkeit ein. Aber schon wenige Wochen später wurde sie wieder tätig, als der ADAV, nunmehr mit Sitz in Berlin, neu gegründet wurde. Seit 1868 bildete sich auch in den thüringischen Mitgliedschaften des ADAV und in den Arbeiterschaften der Holzarbeiter (unter Theodor York in Hamburg), der Schneider und Zigarrenmacher, also jener Organisationen, die gerade in Erfurt vertreten waren, eine immer stärkere proletarische Opposition gegen die Vereinsdiktatur Schweitzers heraus. In führender Position gehörte ihr Johann Michael Hirsch an. Diese Opposition äußerte sich auf der 8. Generalversammlung des ADAV in Elberfeld Ende März 1869, als die thüringischen Mitgliedschaften, von Hirsch vertreten, Schweitzer das Vertrauen verweigerten.[58] Aber schon wenige Wochen später stieß Schweitzer die opponierenden „Arbeiterschaften" der Holzarbeiter, Schneider und Zigarrenarbeiter am 14. Juli 1869 aus dem Arbeiterschaftsverband aus.

Als die proletarischen Kräfte im Verbandstag Deutscher Arbeitervereine um August Bebel und Wilhelm Liebknecht endgültig mit bürgerlicher und kleinbürgerlicher Bevormundung brachen und mit aktiver Unterstützung von Karl Marx und Friedrich Engels an die Gründung der Sozialdemokratischen Arbeiterpartei gingen, fanden sie die Unterstützung der gesamten Erfurter Mitgliedschaft des ADAV. In Vorbereitung ihrer Gründung besuchte Bebel auf seiner Agitationsreise durch Thüringen am 14. Juni 1869 auch Erfurt. Seine Rede im „Ratskeller" zur sozialen und wirtschaftlichen Lage, in der er die Notwendigkeit der Vereinigung der verschiedenen Richtungen der deutschen Arbeiterbewegung betonte, fand die Zustimmung der Erfurter Arbeiter.

Als die erste revolutionäre marxistische Arbeiterpartei im nationalen Rahmen, die Sozialdemokratische Arbeiterpartei (SDAP), in den Tagen vom 7. bis 9. August 1869 in Eisenach gegründet wurde, war Erfurt mit den acht Delegierten Gebauer, Kummer, Mietz, Riebel, Schimmel, Surber, Volland und Wächter vertreten. Sie repräsentierten die Erfurter Mitgliedschaft des ADAV und der „Arbeiterschaften" mit insgesamt über 176 Stimmen. Vertreten waren der ADAV Erfurt mit über 21 Stimmen, die Zigarrenarbeiter Erfurt mit 35 Stimmen, die Holzarbeiter Erfurt mit 50 Stimmen, die Maler und Lackierer Erfurt mit 36 Stimmen und die Schneider Erfurt mit 34 Stimmen.[59] Die Erfurter Mitgliedschaften des ADAV und der Arbeiterschaften traten sämtlich der Sozialdemokratischen Arbeiterpartei Deutschlands bei.

In den ersten Monaten des Jahres 1870 konzentrierten die Arbeiteragitatoren aus Gotha und Apolda ihre Tätigkeit auf Erfurt. In deren Ergebnis wurde am 21. Februar 1870 in Erfurt als Lokalorganisation der neuen Partei unter Leitung Johann Rudolphs ein Arbeiterverein gegründet.[60] Der neuen Partei gelang es auch bald, die junge Gewerkschaftsbewegung in der Stadt zu festigen und die frü-

[58] August Bruigemann, Geschichte der deutschen Zimmerer-Bewegung, Hamburg 1905, S. 182.
[59] Protokolle über die Verhandlungen des Allgemeinen deutschen sozialdemokratischen Arbeiter-Kongresses zu Eisenach 1869, Leipzig 1869, S. 76 ff.
[60] Der Volksstaat, 1870, Nr. 22, 24.

heren „Arbeiterschaften" den Internationalen Gewerksgenossenschaften als den engsten Verbündeten der SDAP zuzuführen. Sie bekannten sich zur I. Internationale und verstanden sich als Teil des internationalen Proletariats.

Von den Internationalen Gewerksgenossenschaften waren zuerst die Holzarbeiter in Erfurt vertreten. Am 21. Februar 1870 folgte die Gründung einer Ortsvereinigung der Internationalen Gewerksgenossenschaft der Schuhmacher. Als die am 1. November 1869 gegründeten „Baugewerksgenossen aller Staaten" vom 19. bis 20. Juni 1870 ihre zweite Generalversammlung in Erfurt abhielten, war Erfurt bereits mit 120 Stimmen vertreten. Damit waren in den Jahren 1869 und 1870 auch in Erfurt die Voraussetzungen für eine marxistische, auf breiter Grundlage beruhende Arbeiterbewegung geschaffen worden.

KAPITEL IX

Entwicklung zur Industriestadt und zu einem Zentrum der Arbeiterbewegung (1871 bis 1897/98)

Von Ulrich Heß

1.
WIRTSCHAFTLICHE ENTWICKLUNG UND SOZIALE UND KOMMUNALPOLITISCHE AUSWIRKUNGEN

Der bürgerliche deutsche Nationalstaat ging durch die „Revolution von oben" und „auf dem Schlachtfeld" aus dem Klassenbündnis zwischen Junkertum und Großbourgeoisie im Kampf gegen die demokratisch-revolutionäre Bewegung hervor, deren entschiedenste Kraft die Arbeiterklasse war. Schon in seiner Geburtsstunde erwies sich der preußisch-deutsche Militärstaat durch seine Hilfeleistung bei der Niederwerfung der Pariser Kommune, der ersten proletarischen Revolution der Weltgeschichte, als erbitterter Feind jeder demokratischen Regung und verschärfte durch die Annexion Elsaß-Lothringens die internationalen Spannungen.

Die Gründung des bürgerlichen Nationalstaates bildete jedoch einen wichtigen geschichtlichen Einschnitt. Sie war das Ergebnis der bürgerlichen Umwälzung und der Durchsetzung des Kapitalismus in Deutschland. Durch die Überwindung der territorialstaatlichen Zersplitterung und die Konstituierung des Deutschen Reiches als kapitalistische Großmacht wurden günstige innere und äußere Entfaltungsmöglichkeiten für den Kapitalismus der freien Konkurrenz geschaffen. Damit entstand zugleich die Voraussetzung für die schnelle Entwicklung eines starken Industrieproletariats. Der deutschen Arbeiterklasse wurde es möglich, ihre Kräfte auf der Grundlage des raschen industriellen Aufschwungs zu sammeln und im nationalen Maßstab im Kampf gegen die herrschenden Ausbeuterklassen zu organisieren und zu entfalten.

Unter diesen ökonomischen und politischen Bedingungen wuchs Erfurt zur modernen Industriestadt heran, die sich mit Riesenschritten auf die Großstadt zubewegte. Doch waren der industriellen Entwicklung der Stadt noch immer Grenzen gesetzt. Erfurt besaß damals noch nicht den ausgesprochen industriellen Charakter seiner größeren Schwesterstädte in der Provinz Sachsen, Magdeburg und Halle, oder der ostthüringischen Textilstädte. Die sich weiter ausdehnenden Handelsgärtnereien verhalfen dem agrarischen Sektor zu einer bleibenden Geltung. Die Entstehung eines deutschen Nationalstaates begünstigte die weitere Entfaltung des Verkehrs auf dem Binnenmarkt. Daraus ergaben sich engere Beziehungen zwischen der Wirtschaft der Stadt und des Thüringer Gebietes.

Für die weitere Entwicklung war zunächst die Aufhebung der Festung von entscheidender Bedeutung. Die Reichsgründung hatte die militärisch zu sichernde Grenze weit von Erfurt weggerückt. Da außerdem der Zustand der Festung der modernen Kriegstechnik nicht mehr gewachsen war, wurde sie durch das Reichsgesetz vom 20. Mai 1873 aufgehoben. Durch Wegfall der Rayonordnung entstanden günstigere Bedingungen für die Stadtentwicklung. Von großem Vorteil für die Stadt war der Umstand, daß der Magistrat für verhältnismäßig wenig Geld die Befestigungsanlagen durch Vertrag vom 3./12. Juni 1878 im Umfang von 73,6 ha mit Ausnahme des weiter militärisch genutzten Petersbergs aufkaufte.[1] Schon 1874 riß man die Bastion Hornwerk im Westen der Zitadelle Petersberg ab; dann ersetzte die Stadt die Zugbrücken vor den Toren durch feste Brücken und beseitigte die sehr verkehrshemmenden, winklig angelegten Ausfahrten aus den Stadttoren. Die Entfestigungsarbeiten dauerten allerdings fast drei Jahrzehnte. Zu ihrer Finanzierung bildete die Stadt neben dem Stadthaushalt einen besonderen „Entfestigungsfonds", später „Stadterweiterungsfonds" genannt. Seine Einnahmen kamen aus dem Weiterverkauf von ehemaligem Festungsgelände, während die Ausgaben der Beseitigung der Festungsanlagen, ihrer Umgestaltung in Grünanlagen, der Herstellung neuer Straßen und Plätze und dem Bau eines Flutgrabens dienten. Bis 1897 wurden 3,7 ha für 681000 M verkauft und der weitere Verkauf von Einzelstücken mit 2,7 Mill. M Wert geplant.[2]

Als erstes fiel 1878 bis 1879 das Schmidtstedter Tor, das den Verkehr nach Weimar erheblich behindert hatte; es folgten 1880 das Johannistor und 1886 „der riesenhafte Festungswall und die meterstarke Fortifikationsmauer rechts" davon. Bei der Beseiti-

gung des Andreastors und der Moritzbastei 1882 bis 1884 mußten 16000 m³ Erde und 4450 m³ Mauer weggeräumt werden.[3] Die umfangreichen Befestigungsanlagen am Bahnhof wurden erst später beseitigt. Die hochaufragende „Hohe Batterie" südlich des Bahnhofs ebnete man 1887 ein. Die Daberstedter Schanze wurde erst 1908 zum Stadtpark umgestaltet. Das „Pförtchen" im Brühl sollte als „das letzte Wahrzeichen der alten Erfurter Festung" stehenbleiben. Es wurde aber 1888 abgebrochen, weil es den Verkehr zu sehr behinderte.

In den letzten Jahrzehnten der industriellen Revolution setzten sich jene Industriezweige durch, die die Wirtschaft der Großstadt Erfurt im 20. Jahrhundert bestimmten: Metall- und Schuhindustrie. Dagegen war das früher blühende Textilgewerbe fast ganz verschwunden. Gleichzeitig fand eine beachtliche Konzentration von Kapital und Arbeit statt. Das

---

[1] Stadtarchiv Erfurt (im folg.: StAE), 1-2/939-2556.
[2] Ebenda, 1-2/930-9788; Staatsarchiv Weimar, Außenstelle Gotha (im folg.: StAW), Regierung zu Erfurt, vorl. Nr. 2145.
[3] StAE, 1-2/615-3076.

Abb. 232. Abtragung des Festungswalles am Schmidtstedter Tor um 1900

Kapital des Einzelkaufmanns begann sich in Aktien-kapital umzuwandeln, in Erfurt allerdings in der Produktionssphäre sehr zögernd. Hier treffen wir 1872 die ersten Aktiengesellschaften an. In den

Kleinbetrieben, vornehmlich Hausgewerbe- und Heimarbeiterwerkstätten, 652 Arbeiter tätig waren. Die in die Zukunft führenden Schuhfirmen entstanden erst in den Gründerjahren. Da die herrschende

Abb. 233. Die Schuhfabrik F. C. Böhnert in der ehemaligen Boyneburgischen Bibliothek in der Mainzerhofstraße

wichtigsten Industriezweigen, in der Schuh- und Metallindustrie, setzte sich der Fabrikbetrieb durch und konzentrierte Hunderte von Arbeitskräften, die bisher vereinzelt zu Hause gearbeitet hatten.

Das Wirtschaftsleben Erfurts erlebte unmittelbar nach der Reichsgründung einen deutlichen Aufschwung. Schon 1874 machten sich aber in der Produktion erste Anzeichen einer Krise – besonders in der Maschinen- und Textilindustrie – bemerkbar. Dieser „Gründerkrach" erreichte in Erfurt 1876 seinen Höhepunkt, ohne aber alle Wirtschaftszweige zu berühren. So blieben die schnell aufstrebende Schuh- und Lampenfabrikation, aber auch die Handelsgärtnereien von ihm verschont. Zu Zusammenbrüchen kam es bei Bankunternehmen wie 1873 bei dem „Thüringer Bankverein" und der von ihm abhängigen „Thüringischen Aktiengesellschaft für Fabrikation von Eisenbahn-Material vorm. J. Unger".[4] Zumeist aber wirkte sich die Krise in einem Absatz- und damit Produktionsrückgang aus, der sich bis 1880 hinschleppte.

Die Zahl der Schuhfabriken betrug um 1870 noch immer neun. Von ihnen spielten Franz Büchner (seit 1898 Gebrüder Ducké), Böhnert & Münchgesang (seit 1888 F. C. Böhnert) sowie Mergenbaum & Metzler (seit 1880 geteilt in J. Mergenbaum und Fr. Metzler) die Hauptrolle. 1875 waren in den neun Fabriken 316 Personen beschäftigt, während in 414

Gewerbefreiheit für die Ausübung eines Gewerbes weder eine geregelte Ausbildung noch gar eine Prüfung voraussetzte, war der Unternehmer des vollentfalteten Kapitalismus der freien Konkurrenz vor allem ein gewandter Geschäftsmann, der sein wachsendes Anlagekapital durch Erzielung einer hohen Mehrwertrate profitgünstig nutzte. Der Aufstieg von Handwerkern zu Unternehmern gelang jetzt in Erfurt nur noch sehr selten.

So kam der Gründer der größten Erfurter Schuhfabrik Eduard Lingel nicht aus dem Schuhhandwerk, sondern war Kaufmann, als er 1872 eine Schuhmacherwerkstatt im „Haus zum Krummen Hecht" am Fischersand einrichtete.[5] Lingel stammte aus Franken. Er beschäftigte zunächst fünf bis sechs Schuhmacher im Hause und etwa 50 Heimarbeiter. Schon 1874 errichtete er am heutigen Hermannsplatz eine größere Fabrik, für die 1875 bereits 300 Fabrik- und Heimarbeiter tätig waren. Die Stärke des Lingelschen Unternehmens bestand in seiner schnellen Mechanisierung. Bezog er bisher die Schäfte aus Offenbach am Main und nutzte Doppelstanz- und Durchnähmaschinen mit Fußantrieb, so

[4] StAW, Regierung zu Erfurt, vorl. Nr. 1418, 1419; StAE, 1/100-63, Bd. 7.
[5] Lingel-Konzern. Jubiläumsschrift. Eduard Lingel Schuhfabrik 1872–1922, Erfurt 1922.

führte die Erkundungsreise, die die Brüder Friedrich und Louis Dreßler 1875 in Lingels Auftrag in die USA unternahmen, zu einer weiteren Mechanisierung des Produktionsprozesses und damit zum vollen Fabrikbetrieb.

Das Hauptproblem der industriellen Massenschuhanfertigung stellte die Beseitigung der bisher zeitraubenden Handarbeit bei der Vereinigung von Sohle und Schaft dar. Es zeigte sich, daß dazu die Naht das geeignete Mittel war. Die amerikanische Sohlendurchnähmaschine war in Deutschland nur durch Beschreibungen bekannt. Ihrem genauen Studium galt eine neue Reise der Brüder Dreßler in die USA. Nach ihrer Einführung mit Gasmotorenantrieb bei Lingel weitete sich der Fabrikbetrieb rasch aus. Am Ende der 80er Jahre beschäftigte die Firma 1000 Arbeiter. Wie andere Erfurter Schuhfabriken beschäftigte Lingel die durch den Niedergang der Textilindustrie freigewordenen und die vom Lande einströmenden ungelernten Arbeitskräfte, so daß durchaus nicht alle Arbeiter professionelle Schuhmacher waren. Zunächst wurde nur Massenware für breite Bevölkerungskreise angefertigt, da die wohlhabenderen Schichten noch Einzelanfertigung nach Maßarbeit bevorzugten. Der Mechanisierung des „Aufzwickens", der vorläufigen Verbindung zwischen Sohle und Oberleder galt die Amerikareise, die Lingel 1889 selbst durchführte. Im letzten Jahrzehnt des 19. Jahrhunderts ging dann die Firma zur Fabrikation feinerer Schuhwaren über, nachdem die aus Amerika übernommene Rahmeneinstechmaschine eingeführt worden war.

Die Einzelkaufmannsfirma Lingel war mittlerweile 1886 durch den Beitritt von Friedrich Dreßler in eine offene Handelsgesellschaft umgewandelt worden. In diese wurde 1891 auch Louis Dreßler aufgenommen. Nach dem Brand der Fabrik am Hermannsplatz am 7. Juni 1887 entstand das große Fabrikgebäude Löberfeld 22c, heute Martin-Andersen-Nexö-Straße. Das Kapital für die Anlagen und die neue vielfältige Maschinenausrüstung stellten die Darmstädter Bank und die Nationalbank für Deutschland zur Verfügung.

Von den älteren Firmen folgte F. C. Böhnert in der Mainzerhofstraße 12 der von Lingel forcierten Mechanisierung. Auch dieser Betrieb stützte sich nicht mehr auf den Schuhmachermeister, sondern auf die billige angelernte Arbeitskraft als Produzent. In den 80er Jahren wurden dann Schuhfabriken gegründet, die von vornherein mechanisiert waren. Zu ihnen gehörten die Firma M. & L. Heß der Brüder Maier und Louis Heß, die bald neben Lingel zur zweitgrößten Erfurter Schuhfabrik aufstieg. Bemerkenswert

inmitten dieser kapitalistischen Unternehmen war die 1891 von ausgesperrten Arbeitern als Genossenschaft mit 100 000 M Kapital gegründete Deutsche Mechanische Schuhfabrik Erfurt. Sie erwarb 1893 ein eigenes Betriebsgelände. Bald mußte sie aber der kapitalistischen Konkurrenz weichen und wurde 1900 als kapitalistische Aktiengesellschaft durch andere Besitzer fortgeführt.[6]

Im Gegensatz zur Schuhindustrie blieb die sich ausweitende und sich immer mehr auf Damenmäntel spezialisierende Erfurter Konfektionsindustrie ausgesprochenes Hausgewerbe. Die Anzahl der Schneidermeister, die als Zwischenmeister, d. h. als Hausgewerbetreibende mit Beschäftigung eigener Arbeiter, tätig waren, nahm deshalb in Erfurt nicht ab, sondern zu. Sie verarbeiteten Stoffe, die die Verleger meist aus Großbritannien bezogen hatten. Deutschland und Großbritannien waren die Hauptabsatzländer. Die bedeutendsten dieser Verleger waren Gebrüder Lamm (gegr. 1860) und A. Lamm & Pach (gegr. 1864) mit je 400 Beschäftigten außer Haus. Demgegenüber beschäftigten die fünf Konfektionsfabriken kaum je 50 Arbeiter.

Die Königliche Gewehrfabrik Erfurt blieb nicht nur das weitaus größte Unternehmen der Metallbranche, sondern der Stadt überhaupt.[7] Die Arbeiterzahlen wechselten hier je nach den Militäraufträgen. Die Überlegenheit des französischen Chassepotgewehrs im Krieg 1870/1871 gegenüber dem preußischen Zündnadelgewehr hatte die Entwicklung des leistungsfähigen Infanteriegewehrs 71 zur Folge. Seine Anfertigung bestimmte in den Jahren nach 1871 die Arbeit in der Gewehrfabrik Erfurt. Der Höhepunkt in der Fabrikation dieser Waffe wurde 1876 mit 60 000 Gewehren erreicht. Einen neuen Höhepunkt der Tätigkeit rief die Herstellung des verbesserten Infanteriegewehrs 71/84 hervor. Vom Oktober 1885 bis 1887 waren in Tag- und Nachtschichten 1600 Arbeiter beschäftigt. Die Fabrik blieb weiterhin unter militärischer Leitung. Sie wurde 1872 und nochmals 1876 wesentlich vergrößert, wodurch sie in die Reihe der „großartigsten deutschen Etablissements für Waffenproduktion" eintrat. Den Gipfelpunkt ihrer Produktion vor der Jahrhundertwende erreichte sie bei der Einführung des Infanteriegewehrs 88 in den Jahren 1888 bis 1890, als sie 2600 Arbeiter beschäftigte.

[6] Ebenda, S. 18.
[7] Gotsche, Die Königlichen Gewehrfabriken. Kurze Darstellung ihrer Entstehung, Entwicklung und Aufgaben, Berlin 1894, S. 42 ff., 51 ff.

Von den älteren Metallfabriken blieben noch die Maschinenfabrik H. Queva & Co (Inhaber Joseph Apell) bis 1905 bzw. in Liquidation bis 1921 bestehen.[8] Sie spezialisierte sich auf Turbinen. Die Firma Christian Hagans war weiterhin als Kesselschmiede und Lokomotivfabrik tätig. Bedeutungsvoller für die Erfurter Industrie wurden aber die neuen Maschinenfabriken auf dem bisherigen Festungsrayon. Zu nennen ist hier die Maschinenfabrik Reinhold Trenck im Johannisfeld an der neuen Roonstraße, jetzt Liebknechtstraße. Die Feuerungs- und Heizungsfirma J. A. Topf & Söhne und die Mühlenbaufirma Matthiaß, Topf & Co entstanden im Schmidtstedter Feld. Hier wurden an der neuen Rudolstädter Straße auch die Kesselfabrik Gebr. Wolf und die Erfurter Maschinenfabrik Franz Beyer & Co errichtet. An der Magdeburger Straße folgte die Landmaschinenfabrik Höhemann & Küchler, seit 1897 Johannisfelder Maschinenfabrik GmbH. Auch in Ilversgehofen, dessen Wohn- und Fabrikgebiete mit denen Erfurts zusammenwuchsen, entstanden neue Metallfabriken, besonders die aus den Erfurter Kupferschmiedehandwerken hervorgegangenen Metall-Werke Bruno Schramm GmbH und J. A. John.

Die alte Firma Christian Ernst Minner hatte der Baumwollwarenfabrikant Karl Israel aufgekauft. Sie ging 1887 unter, und 1893 stellte auch die letzte Bandfabrik Silber & Herrmann ihren Betrieb ein. Um die Jahrhundertwende gab es noch drei kleine Strickereien mit zusammen 77 Beschäftigten.

Bedeutsam blieb dagegen die Erfurter Lebens- und Genußmittelindustrie. Die Zahl der Brauereien hatte um 1880 mit 13 ihren höchsten Punkt erreicht. Dann trat eine Konzentration ein. Am Jahrhundertende produzierten nur noch elf Brauereien. Die Brauerei Schlegel wandelte sich 1872 in eine Aktiengesellschaft um, in die „Erste Thüringische Bierbrauerei AG" seit 1885 „Aktienbrauerei Erfurt".[9] Daneben blieben die Brauereien der Gebrüder Treitschke und von Gottlieb Büchner von Bedeutung. Die meisten Brauereien legten nach Aufhebung der Rayonbestimmungen große Brauhäuser im Löberfeld an.

Im letzten Drittel des 19. Jahrhunderts kam zu der bisherigen Lebens- und Genußmittelherstellung die Malzfabrikation hinzu.[10] Der Seifensiedermeister Johann Georg Wolff (1806 bis 1888) betrieb in seinen späteren Jahren gemeinsam mit seinen Söh-

Abb. 234. Die Schuhfabrik M. & L. Heß

Von den übrigen Industriezweigen ragte noch immer die Lampenindustrie hervor. Sie hatte sich bis zur Jahrhundertwende auf fünf größere Unternehmen erweitert. Auch die Möbelindustrie, die meist aus Tischlerhandwerkstätten hervorgegangen war, befand sich im Aufschwung, wenn sie auch die Bedeutung der Lampenindustrie nicht erreichte. Die Textilindustrie verschwand in diesen Jahrzehnten dagegen fast vollkommen. Die Kammgarnspinnerei Kämmer & Mendius schloß schon 1876 ihre Pforten.

nen Friedrich Ernst (Fritz) und Hermann einen Getreidegroßhandel, seit 1864 unter der Firma „J. G. Wolff & Söhne". Das Geschäftsvermögen stieg von 1864 bis 1870 von 16 000 Taler auf 80 000 Taler. Die Firma erwarb 1869 eine Mälzerei auf dem Koch-

[8] Turbinen-Bau von H. Queva & Co in Erfurt, o. O. 1892.
[9] StAW, Regierung zu Erfurt, vorl. Nr. 1418.
[10] Johannes Biereye, Der Geheime Kommerzienrat Friedrich Ernst Wolff und sein Geschlecht, Erfurt 1933.

löffel. Schließlich errichtete die Firma mit einem Kostenaufwand von 1 Mill. M eine große Malzfabrik in der Moltkestraße, heute Thälmannstraße, auf dem bisherigen Festungsrayon. Im Jahre 1897 kam es zu einer Teilung der Firma, indem Fritz Wolff die Fabrik in der Moltkestraße übernahm, die er noch im gleichen Jahr zu einer der modernsten Malzfabriken Deutschlands ausbauen ließ. Sein Bruder und seine Neffen betrieben jetzt die alte Malzfabrik am Kochlöffel unter der Firma „Hermann Wolff & Söhne". Weiter bestanden in der Lebensmittelbranche in Erfurt und Umgebung vier Senffabriken, von denen die größte die alte Firma Gebrüder Born in Ilversgehofen war.

Die Lebensmittelindustrie war schließlich noch durch die 23 Erfurter Mühlen vertreten, die sich durch Graupenmahlen noch einigermaßen gegenüber den Großmühlen an der Elbe halten konnten. Daneben gab es am Jahrhundertende noch fünf Graupenfabriken. Die Tabak- und Zigarrenfabrik der Gebrüder Hoffmann und Triebel, nunmehr das älteste Industrieunternehmen der Stadt, existierte zwar noch am Jahrhundertende, erreichte aber kaum noch die Größenordnung eines mittleren Betriebes. Bei der Reichsgewerbezählung von 1882 stand Erfurt unter den deutschen Städten mit seinen Handelsgärtnereien an erster, bei der Lampenfabrikation an dritter, bei der Schuhfabrikation an fünfter und bei der Konfektion an achter Stelle.

Tabelle 15
Anzahl der Fabriken 1814 bis 1900
und der Arbeiter 1875 und 1895

Industriezweig	Fabriken							Arbeiter	
	1814	1840	1858	1875	1880	1890	1900	1875	1895
Waffen	–	–	–	1	3	3	3	um 600	1500
Maschinen	–	1	2	2	4	7	10	674	1598
Chemie	–	1	1	1	1	2	2	34	54
Gummiwaren	–	–	–	–	2	3	5	?	?
Schuhe	2	2	4	6	17	13	14	968	1499
Tabak	1	1	3	2	2	1	4	395	191
Brauereien	–	–	7	9	13	9	9	174	187
Malz	–	–	–	2	3	3	4	31	100
Nahrungsmittel	–	–	4	3	5	5	16	?	55
Lampen	–	–	1	5	6	4	4	268	520
Textil	9	4	3	3	1	1	8	465	354
Summe	12	9	25	34	57	51	79	3619	6058

Das thüringische Gewerbe zeigte seine Fortschritte auf einer großen Thüringer Gewerbeausstellung 1894 in Erfurt, an der an hervorragender Stelle Erfurter Betriebe beteiligt waren. Doch verlief die Mechanisierung der Industrie weiterhin nur langsam.

Sie war 1875 soweit fortgeschritten, daß in 44 Betrieben, vor allem Maschinenfabriken, Brauereien, Handelsgärtnereien und dem Salzbergwerk 55 Dampfmaschinen mit zusammen 532 PS arbeiteten. In Magdeburg war damals die PS-Zahl zehnmal höher. Auch in den nächsten Jahrzehnten vollzog sich in Erfurt die Mechanisierung alles andere als stürmisch, wenn wir die Entwicklung in vergleichbaren thüringischen Industriestädten heranziehen.

Die Anzahl der selbständigen Erfurter Handwerker betrug 1875 noch 1992 und hatte damit die Höhe von 1840 gehalten. Die Anzahl der Gesellen war aber um 24,0 Prozent auf 1512 gefallen und zeigte die fortschreitende Proletarisierung des Handwerks an. Mit der Zunahme der Bevölkerung wuchs die Anzahl der Bäcker und Fleischer. Auch die Bauhandwerker nahmen durch die seit der Entfestigung sprunghaft wachsende Bautätigkeit zu, wenngleich sich hier eine Konzentration zu „Bauunternehmen" bemerkbar machte, die dann 100 bis 200 Bauarbeiter umfaßten. Die Fotografie als neuer Spezialzweig des Handwerks hielt in Erfurt frühzeitig ihren Einzug. Um 1860 wurde das Atelier Ludwig Frisch am Anger eingerichtet, das 1869 Carl Christian Festge übernahm. Er führte seine Firma zu hohem Ansehen. Hugo Sonntag übernahm sie 1887 und errang ebenfalls einen guten Ruf in der deutschen Fotografie. Die meisten Handwerkerzweige hatten zwischen 1880 und 1890 die höchste Anzahl von Einzelbetrieben erreicht. Im letzten Jahrzehnt des 19. Jahrhunderts gingen die selbständigen Handwerker nicht nur anteilmäßig an der Gesamtbevölkerung zurück, es sank auch die Anzahl der Handwerksbetriebe.

In den 90er Jahren erlebte unter dem bedrohten Handwerk der zopfige Zunftgedanke einen neuen Aufschwung. Sein Wortführer war der konservative Erfurter Schneidermeister Johannes Jacobskötter, der schließlich im Reichstag 1897 die Novelle zur Gewerbeordnung durchsetzte, die einen ersten Schritt weg von der Gewerbefreiheit im Handwerk bedeutete.

Mit den Erfurter Kunst- und Handelsgärtnereien ging es im letzten Drittel des 19. Jahrhunderts weiter aufwärts.[11] Die Entfestigung legte nun der Gärtnerei kein Hindernis mehr in den Weg. Am Jahrhundertende zählte Erfurt 24 Kunst- und Handelsgärtnereien und 37 Gemüsegärtnereien sowie sieben Handelsgärtnereien. Führend blieben die alteingesessenen

---

[11] Hans Haupt, Die Erfurter Kunst- und Handelsgärtnerei in ihrer geschichtlichen Entwicklung und wirtschaftlichen Bedeutung, Jena 1908, S. 94 ff., 150 ff.

Firmen Ernst Benary im Brühlerfeld, Fr. Ad. Haage und F. C. Heinemann im Löberfeld, Haage & Schmidt, Ferd. Jühlke Nachf., Platz & Sohn und J. C. Schmidt im Krämpferfeld. Hinzu kamen noch die Großgärtnereien Liebau & Co 1892 und Stenger & Rotter 1896, beide an der Weimarischen Straße.

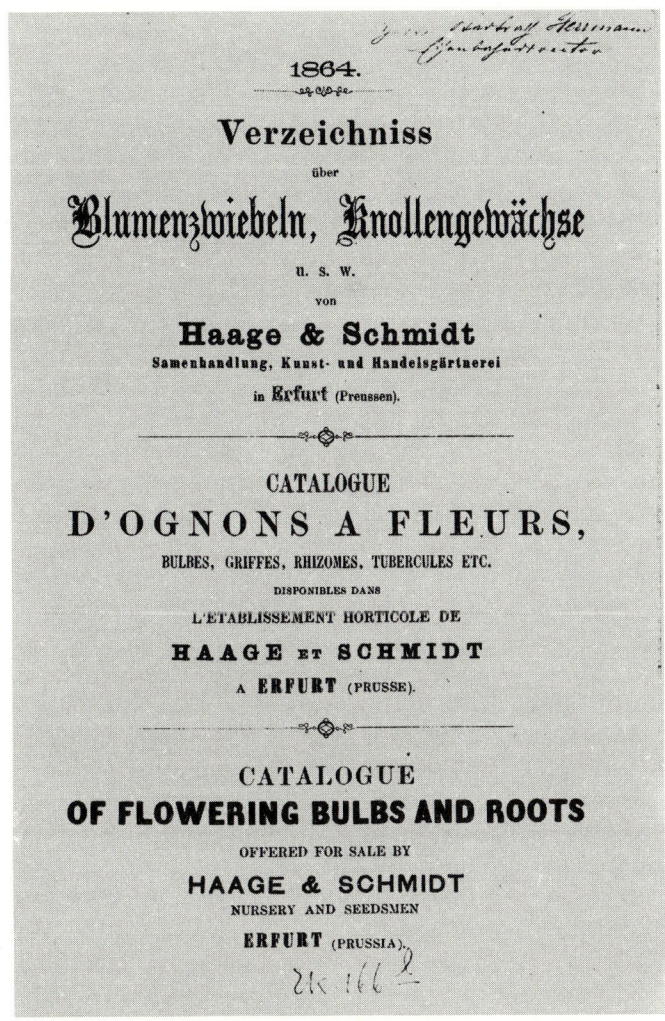

Abb. 235. Waren- und Preisverzeichnis der Kunst- und Handelsgärtnerei Haage & Schmidt 1864

Produziert wurden Gemüse, Blumen und Gemüse- und Blumensamen. Mit Gemüse wurde vornehmlich der Erfurter Markt und der leichter erreichbarer Großstädte beliefert. Die Sämereien gingen vornehmlich nach Österreich-Ungarn, aber auch nach Rußland, Frankreich, Großbritannien und Italien. Der deutsche Markt spielte hier zunächst keine wesentliche Rolle und kam erst am Jahrhundertende stärker auf, als die Verstädterung das Bedürfnis nach Blumen in der Wohnung immer mehr weckte.

Schon 1875 wurden 350 000 Angebotskataloge versandt. Die Erfurter Druckereien waren hauptsächlich mit ihrer Herstellung beschäftigt. Um die Jahrhundertwende dienten 754,2 ha Gärten und Felder dem Gartenanbau. Von den Großgärtnereien verfügten 17 über mehr als 10 ha Anbaufläche. Beschreibungen des Erfurter Gartenbaues entwarfen damals ein „überaus günstiges Bild". Eine erste große Gartenbauausstellung fand 1865 anläßlich des 2. Kongresses deutscher Gärtner in Erfurt statt.[12] Ihr folgten weitere große Ausstellungen 1876 und schließlich 1894 im Zusammenhang mit der Thüringer Gewerbeausstellung. Sie alle bildeten Höhepunkte in der Geschichte des Erfurter Gartenbaus.

Im Großhandel und Bankwesen Thüringens nahm Erfurt weiterhin eine beachtliche Stellung ein. Aus diesen Kreisen kamen die aktivsten Vertreter der Erfurter Großbourgeoisie. Eigentümer der Garn- und Wollgroßhandlung J. A. Lucius blieb weiterhin Ferdinand Lucius. Zusammen mit seinem Bruder Robert übte er maßgeblichen Einfluß auf die Geschicke der Stadt aus. Führende Großhandelsleute mit Landesprodukten waren die Brüder Gustav und Julius Kallmeyer in der Johannisstraße, heute Leninstraße. Sie verbuchten bereits 1870/1871 460 000 Taler Umsatz. Im Bankgeschäft setzte sich immer mehr Hermann Stürcke, Inhaber des Bankhauses Adolph Stürcke am Anger, durch. Daneben entstanden in den Gründerjahren und den folgenden Jahrzehnten noch andere kleinere Privatbanken, von denen sich die meisten bis zur Jahrhundertwende hielten. Die wichtigste von ihnen war die 1880 gegründete „Erfurter Bank Pinkert, Blanchart & Co" in der Bahnhofstraße.[13] Dagegen gelang es monopolistischen Bankunternehmen vor der Jahrhundertwende kaum, in Erfurt einzudringen. Nur eine Filiale der Privatbank in Gotha tat sich 1883 auf.

Das bedeutendste Versicherungsunternehmen blieb die Thuringia AG.[14] Sie war eng mit der Erfurter Großbourgeoisie verbunden. Ihre wesentlichen Geschäftszweige waren Lebens,- Feuer- und Transportversicherung. In Deutschland wurden Filialen 1876 in München, 1877 in Berlin, 1893 in Stuttgart, 1894 in Hannover und 1895 in Magdeburg errichtet. Die Thuringia griff auch ins Ausland über, als sie 1896 den Feuerversicherungszweig auf die Niederlande, Belgien und die skandinavischen Staaten aus-

[12] August Griebel, Bedeutende Erfurter Gartenbauausstellungen in der Vergangenheit, in: Aus der Vergangenheit der Stadt Erfurt (im folg.: AVE), Bd. III, Erfurt 1963, S. 113 ff.
[13] Nach den Adreßbüchern der Stadt Erfurt.
[14] Thuringia. 100 Jahre einer deutschen Versicherungsanstalt, München 1953, S. 68 ff.

dehnte und bald danach eine Tochtergesellschaft für die USA gründete. Doch zog sie sich um 1900 dort wieder zurück, weil das Feuerversicherungsgeschäft zu riskant erschien. Die Dividenden der Aktiengesellschaft betrugen 1880 bereits 13,3 Prozent und erreichten 1887 bis 1890 sogar 40 Prozent.

Am Jahrhundertende wurde der Erfurter Einzelhandel auch mit Großwarenhäusern konfrontiert. Aus der Garnhandlung August Grosse ging 1897 das Thüringer Warenhaus Richard Reibstein in der Schlösserstraße, heute Hermann-Jahn-Straße, hervor. L. Pinthus am Domplatz folgte im nächsten Jahr. Die 1896 gegründete Firma J. Leschziner in der Neuen Straße, heute Hermann-Jahn-Straße, errichtete in kurzer Zeit einen thüringischen Warenhauskonzern für Herrenbekleidung. Der Erfurter Landwirt Julius König baute seit 1864 eine große Spedition am Bahnhof, den „Königshof", auf. Er veranlaßte die Fabrikbesitzer, ihre eigenen Fahrzeuge abzuschaffen und die Transporte vom und zum Bahnhof der Großspedition zu übertragen.

Nach der Gründerkrise setzte 1881 ein neuer Wirtschaftsaufschwung ein, von dem alle Erfurter Unternehmer beträchtlich profitierten. Doch machten seitdem die erhöhten Zölle dem vorwiegend auf

Export orientierten Erfurter Gewerbe manche Schwierigkeiten. Rußland und Österreich-Ungarn fielen wegen hoher Zollmauern immer mehr für Erfurter Waren aus. Der deutsche Markt mit seiner vielfältigen Konkurrenz war zu klein, um Ersatz zu schaffen. Großbritannien und die USA rückten als Exportländer in den Vordergrund. Bei der wachsenden Bedeutung Erfurts wurden schließlich 1892 die Stadt und Mittelthüringen aus dem USA-Konsulatsbezirk Sonneberg-Coburg herausgelöst und in Erfurt ein eigenes USA-Konsulat gebildet. In den Jahren 1889 und 1890 erlebte die Erfurter Industrie einen neuen stürmischen Aufstieg, bis sich die neue Wirtschaftskrise von 1891 spürbar machte. Sie ergriff diesmal auch die Erfurter Schuhindustrie. Die letzten Jahre des 19. Jahrhunderts standen dann trotz steigender Rohstoffpreise unter dem Zeichen eines erneuten wirtschaftlichen Aufschwunges.

Zur Herstellung besserer Verkehrsverbindungen Erfurts waren aus der Zeit der Reichsgründung noch viele Wünsche offen geblieben. Mit der Hebung des Kapitalmarktes in Deutschland kam ihre Verwirklichung jetzt einen weiteren Schritt voran. Das größte Interesse weckte das Eisenbahnprojekt Erfurt–Rudolstadt–Hof–Eger. Die Eisenbahn sollte Erfurt besser mit Böhmen verbinden, wohin noch mannigfache Wirtschaftsbeziehungen bestanden. Die Vorbereitungen gingen bis zur Gründung einer „Aktiengesellschaft zur Herstellung einer Eisenbahn Erfurt–Hof–Eger" am 21. Dezember 1872 mit einem Kapital von 12,5 Mill. Taler. Geldgeber waren Großbanken. Den Bahnbau sollte die Berliner Firma Pleßner & Co durchführen. Als diese im Gründerkrach Bankrott machte, traten die Großbanken für die Auflösung des Großunternehmens ein und erreichten am 27. Juni 1874 ihr Ziel. Für Erfurt war die Aufgabe dieses Eisenbahnprojekts eine große Enttäuschung.

Nach Süden lief der Eisenbahnverkehr weiterhin über das gothaische Dorf Neudietendorf, auch als 1884 mit der Eröffnung der Strecke Arnstadt–Suhl durch den Brandleitetunnel bei Oberhof eine durchgehende Verbindung von Berlin nach Stuttgart geschaffen wurde. Zu der geplanten direkten Verbindung von Erfurt nach Arnstadt ist es niemals gekommen. Nach Norden gab es noch keine direkte Verbindung nach Magdeburg. Die Magdeburg-Halberstädter-Eisenbahngesellschaft erhielt zwar 1872 die Konzession zum Bau der Strecke Erfurt–Sangerhausen. Der Zugverkehr über Sangerhausen nach Magdeburg konnte aber erst am 1. Februar 1880 aufgenommen werden.

Da den thüringischen Kleinstaaten die hohen Zinsgarantien für die Thüringische Eisenbahn-Ge-

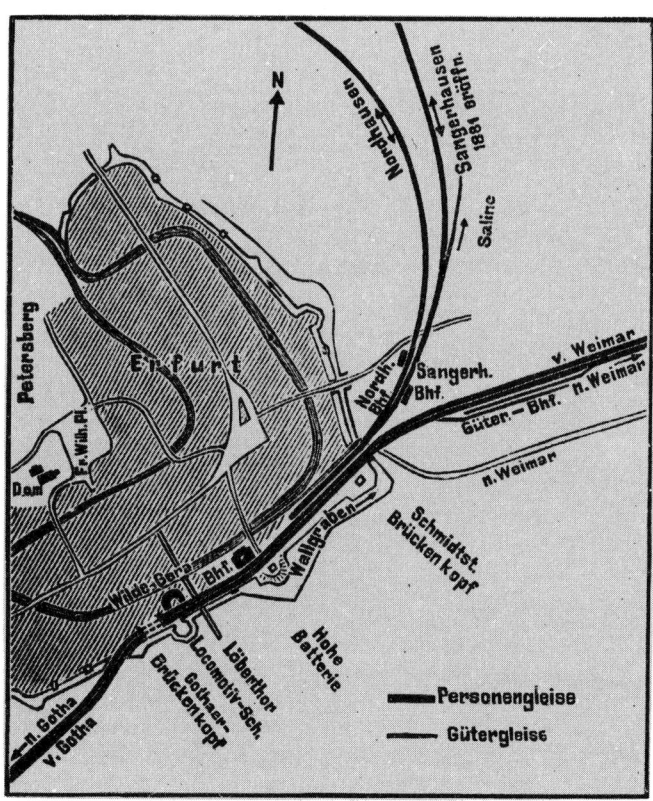

Abb. 236. Bahnhof und Gleisanlagen 1872 bis 1893

sellschaft nach der Gründerkrise zu riskant erschienen, verkauften sie und die anderen Aktionäre die Bahn an Preußen, das sie am 1. Mai 1882 übernahm. Im Erfurter Bahnhof wurde die Königliche Eisenbahn-Direktion eingerichtet. Sie verfügte mit dem Verkehr auf der Stecke von Berlin nach Gerstungen über einen weiträumigen Zuständigkeitsbereich. Erst als 1895 die meisten übrigen thüringischen Eisenbahnen an Preußen übergingen, begrenzte man ihre Leitungsfunktionen auf Thüringen.

Der Bahnhof in Erfurt war noch zwischen den alten Festungswällen und Wassergräben eingeengt. Als 1869 die Bahn nach Nordhausen eröffnet wurde, konnten die Züge wegen der dort herrschenden Enge nicht auf den Bahnhof der Thüringischen Eisenbahn-Gesellschaft geleitet werden. Vielmehr mußte auf dem Krämpferfeld, 1 km östlich der Umwallung, ein besonderer Nordhäuser Bahnhof gebaut werden, der mit dem Thüringischen Bahnhof durch ein Gleis verbunden wurde. Die völlig unzureichenden Verhältnisse des Güterbahnhofs wurden

geändert, als man 1871 begann, einen neuen Güterbahnhof an der Weimarer Landstraße zu bauen. Als 1880 die Strecke nach Sangerhausen eröffnet wurde, mußte südlich des Nordhäuser Bahnhofs der Sangerhäuser Bahnhof im Krämpferfeld errichtet werden.

Seit der Entfestigung Erfurts 1873 wollte man einen gemeinschaftlichen Hauptbahnhof aller Eisenbahngesellschaften bauen.[15] Der Plan kam aber erst voran, als alle Bahnen preußisch wurden. Da die Stadt Erfurt ihr Flutgrabenbauprojekt aber mit dem Bahnhofsneubau verbinden wollte, verzögerte sich dieser bis 1887. Der Bahnhofsneubau für 6,2 Mill. M setzte sich aus dem Ausbau des Güterbahnhofs an der Weimarer Landstraße, der Errichtung eines Personenbahnhofs und dem Bau einer Straßenunterführung der Bahnhofstraße als Hauptzugang zu den neuen südlichen Stadtteilen zusam-

---

[15] Eduard Keil, Der neue Erfurter Bahnhof, in: Zeitschrift für Bauwesen, hrsg. vom Ministerium für öffentliche Arbeiten, Jg. 46, Berlin 1896, S. 163 ff.; StAE, 1-2/674-17678, 17679. 17680.

Abb. 237. Fundamente des neuen Erfurter Hauptbahnhofes auf dem Festungswall 1891

men. Das Bahnhofsgebäude als Inselbahnhof entwarfen der Eisenbahnbauinspektor Eduard Keil und der Regierungsbaumeister Otto Erlandsen. Die Gleisanlagen wurden wegen der Notwendigkeit einer Straßenunterführung auf den ehemaligen Festungswall gelegt. Die Elektrifizierung führte Schuckert & Co. in Nürnberg durch. Der neue Bahnhof konnte 1893 in Betrieb genommen werden. Der alte, jetzt tiefer gelegene Bahnhof mit Turm diente von nun an ausschließlich als Sitz der Eisenbahndirektion.

Die Kommunikationsmittel verbesserten sich wesentlich, als 1883 das innerstädtische Fernsprechnetz geschaffen wurde. An das überörtliche mitteldeutsche Fernsprechnetz schloß man die Stadt 1893 durch die Leitung Erfurt–Leipzig/Halle an. Dann wurde 1894 die Fernsprechleitung nach Eisenach und 1898 nach Nordhausen hergestellt.

Die Einwohnerzahl Erfurts stieg im letzten Drittel des 19. Jahrhunderts rasch an und verdoppelte sich fast.[16] Von 43 616 Personen im Jahre 1871 erhöhte sie sich auf 53 245 im Jahre 1880 und 72 360 im Jahre 1890, um 1900 schließlich 85 191 Personen zu erreichen. Wenn jetzt der Zuzugsüberschuß zunahm, so kam der Bevölkerungsanstieg der Stadt doch hauptsächlich aus dem Geburtenüberschuß des Proletariats. Von der Bevölkerungszunahme (ohne Militär) zwischen 1873 bis 1899 von insgesamt 37 771 Personen stammten 23 404 aus dem Geburtenüberschuß (= 61,9 Prozent) und 13 249 aus Zuzugsüberschuß (= 38,1 Prozent). Im Jahrfünft zwischen 1885 und 1890, das die höchste Bevölkerungszunahme in Erfurt während des 19. Jahrhunderts brachte, vermehrte sich die Einwohnerzahl um 10 651 Personen, von denen 4 260 aus dem Geburten- und 6 391 aus dem Zuzugsüberschuß stammten. Bei der Bevölkerungszunahme Erfurts ist aber auch die unmittelbare Umgebung mit zu berücksichtigen, um deutlich zu machen, wie sich hier im 19. Jahrhundert ein Ballungsgebiet herausbildete. Die zwölf später eingemeindeten Dörfer hatten 1816 2779 Einwohner, die sich bis 1871 auf 6055 und bis 1900 auf 17 721 erhöhten. Die Einwohner der Vororte nahmen sogar prozentual schneller zu, als die der Stadt selbst. Am eindrucksvollsten veränderte sich Ilversgehofen aus einer kleinen Agrargemeinde zur industriellen Großgemeinde.

Wir können nun auch genauer als bisher die Herkunft der Erfurter Bevölkerung erschließen.[17] Im Jahre 1884 waren noch 48,0 Prozent der Einwohner in der Stadt selbst geboren; bis 1905 sank dieser Anteil auf 43,8 Prozent. Als Einzugsbereiche fallen 1884 die thüringischen Staaten und die preußische

Provinz Sachsen und Anhalt ins Gewicht. Aus ersteren stammten bereits 15,6 Prozent der Erfurter Einwohner, aus der preußischen Provinz Sachsen sogar 23,8 Prozent, zusammen also 39,4 Prozent. In den restlichen 12,6 Prozent sind alle deutschen Landschaften etwa gleichmäßig vertreten. Daraus kann man mit Sicherheit schließen, daß der Zuzug hauptsächlich aus der näheren Umgebung im Umkreis von 100 km kam und dabei die nächste Umgebung im Umkreis von 30 km einen beträchtlichen Anteil hatte. Die Stadt übte also eine starke Sogwirkung vor allem auf ihre nähere und weitere Umgebung aus.

Die Bevölkerung in Erfurt nahm zwischen 1871 und 1900 wiederum in erster Linie durch das Proletariat zu. Dessen schnelles Anwachsen wurde durch die kapitalistische Industrialisierung der Stadt verursacht. Die Proletarier strömten meist ungelernt, zu einem geringeren Teil als Handwerksgesellen in die Stadt und reihten sich hier in die Fabrik-, Heim- und Bauarbeiter ein. Bei der schnellen Zunahme im allgemeinen blieb der Geburtenüberschuß beim Proletariat umfangreicher als der Zuzug. Der Wirtschaft stand damit ein reiches Arbeitskräfteangebot zur Verfügung, das auf die Löhne drückte und so die Arbeits- und Lebensbedingungen des Proletariats verschlechterte. Die ständig schwankende Konjunktur führte zu einem stark wechselnden Einkommen, und die Wirtschaftskrisen verursachten hier regelmäßig Notzustände. In den Fabriken erwartete den Arbeiter eine in Fabrikordnungen streng reglementierte extensive Ausbeutung mit täglich zwölf und mehr Arbeitsstunden. Diese Arbeitsordnungen verzeichneten letzten Endes nur die Pflichten der Arbeiter und die Rechte der Unternehmer.

Die Wohnungsverhältnisse der Proletariats wiesen vielfach noch am Ende des 19. Jahrhunderts unhaltbare Zustände auf. Viele junge und unverheiratete Arbeiter besaßen als „Chambregarnisten" und „Schlafgänger" nur eine Schlafstelle. Ihre Anzahl betrug 1857 schon 1813 und stieg bis zur Jahrhundertwende auf 3000.[18] Sie waren meist in Arbeitervierteln zu finden. Aber auch die Wohnungen in den Gassen der Innenstadt glichen oft „eher allem anderen als bewohnbaren Räumen" und waren so „überfüllt, daß in Folge der Ausdünstungen das Wasser

16 StAE, 3-130-0 (1871, 1880, 1890 und 1900).
17 Preußische Statistik, H. 96, Berlin 1885, S. 39 f.
18 Richard Breslau, Statistische Mitteilungen aus dem Stadtkreis Erfurt im Anschluß an die Volks- und Gewerbezählung vom 1. Dezember 1875 unter vorzugsweiser Berücksichtigung der Jahre 1873–1875, Erfurt 1878, S. 16.

den Wänden herunterläuft". Noch zur Jahrhundertwende wurden Wohnungen vorgefunden, in denen „auf der Erde Strohsäcke liegen, auf welchen die ganze Familie schläft".[19]

Der Oberbürgermeister schätzte 1875 den notwendigen Jahresaufwand einer „den arbeitenden Klassen angehörigen Familie in der Stadt" auf 830 bis 1150 M, im Durchschnitt auf 1000 M.[20] Die in den Jahren der Reichsgründung schnell ansteigenden Lebensmittelpreise und Wohnungsmieten, von denen letztere 75 Prozent zunahmen, verschlangen die Masse des Lohnes, nämlich 520 bis 780 M für Lebensmittel und 120 bis 150 M für Miete. Damit blieb für Kleidung (90 bis 100 M) und für Hausrat und Werkzeug (20 bis 30 M) nur wenig übrig. Ein ungelernter Arbeiter kam nur auf 500 bis 750 M Jahreslohn, unter Mitarbeit der Frau auf 600 bis 950 M, in Erfurt durchschnittlich auf 825 M. Das Einkommen eines Fabrikarbeiters mit angelernten Fertigkeiten betrug 750 bis 1250 M, bei beruflicher Tätigkeit der Frau konnte es sich auf 1500 M erhöhen. Im Durchschnitt betrug es 1200 M. Ein Handwerksgeselle ver-

diente 600 bis 1000 M, bei mitarbeitender Frau 700 bis 1300 M, im Durchschnitt 1100 M. Dagegen nahm ein kleiner selbständiger Handwerker 600 bis 1500 M, mit mitarbeitender Frau 700 bis 1800 M, im Durchschnitt 1250 M ein. Das Durchschnittseinkommen eines kleinen Handwerkers, der zumeist nur Heimarbeiter einer Fabrik war, unterschied sich damit nicht wesentlich von dem eines Fabrikarbeiters. Der Durchschnittsverdienst einer werktätigen Familie betrug in Erfurt kurz nach der Reichsgründung 1069 M im Jahr.

Auf den umliegenden Landgemeinden des Landkreises Erfurt schätzte der Landrat 1875 den notwendigen Jahresbedarf einer Arbeiterfamilie nur auf 535 M, in unmittelbarer Stadtnähe auf 650 M. Der Betrag wurde aber nicht voll in Geld ausbezahlt, sondern auch in landwirtschaftlichen Produkten. Die Mieten waren dort niedriger (47 M), die Lebensmittel (314 M) für eine Arbeiterfamilie billiger.

---

[19] StAE, 1-2/620-934, Bl. 37.
[20] Breslau, Statistik Erfurt, S. 111 f.

Abb. 238. Der Bahnhofsvorplatz um 1895

Abb. 239.
Ferdinand Lucius
(1830 bis 1910)

(Geld, Wertpapiere) 27,0, aus Mieten und Gebäuden 15,9, aus Handel und Gewerbe 27,1 und aus sonstigen Gewinnen 25,4 Prozent. Bis 1900 verschoben sich bei einem dreifach höheren Steuerkapital die Quellen zugunsten des Einkommens aus Handel und Gewerbe auf 36,7 Prozent, während das aus Kapitalvermögen und Gebäudeeinnahmen auf 24,4 bzw. 11,6 Prozent fiel. Hieran wird deutlich, daß Erfurt immer mehr zur Handels- und Industriestadt wurde. Die seit 1893 erhobene Ergänzungssteuer bietet gleichzeitig einen besseren Einblick in die Vermögensverhältnisse. Allein zwischen 1895 und 1900 stieg die Zahl der Millionäre in Erfurt von 14 auf 19 und die der Multimillionäre von 3 auf 5.[21]

Tabelle 16
Personen mit Jahreseinkommen über 70000 Mark 1886[22]

Name und Beruf/Tätigkeit	Jahreseinkommen in Mark
Wilhelm Büchner, Brauereibesitzer	390000
Hermann Stürcke, Bankier	201000
Ernst Benary, Handelsgärtner	186000
Ferdinand Lucius, Garn- und Wollgroßhändler	180000
Friedrich Treitschke, Brauereibesitzer	156000
Karl Walther, Eisengroßhändler	110000
Cäsar Teichmann, Senffabrikant und Brauereibesitzer	92000
Joseph Apell, Eisengießereibesitzer	85000
Karl Festge, Hofphotograph (Bodenspekulant)	84000
Karl Freund jun., Landesproduktengroßhändler	83000
Albert Wiedemann, Weingroßhändler	75000
Julius Martini, Brauereibesitzer	74000
August Sahlender, Maurermeister (Bodenspekulant)	72000
Isaak Lamm, Konfektionsgroßhändler	72000
Adolf Stürcke, Rentier (früher Bankier)	70000

Im Kleinbürgertum fiel die Vermehrung nicht nur der kleinen Gewerbetreibenden, sondern auch der Angestellten und kleinen Subalternbeamten bei Staat, Militär, Eisenbahn, Post und Versicherung ins Gewicht. Es gelang nur wenig kleinbürgerlichen Existenzen, vor allem Maurer- und Zimmerermeistern, die sich jetzt „Bauunternehmer" nannten, und Bäcker- und Fleischermeistern in die mittlere Bourgeoisie aufzusteigen. Die mittlere Bourgeoisie war vor allem durch kleinere und mittlere Fabrikanten und Kaufleute, mittlere und auch höhere Beamte, freie akademische Berufe wie Ärzte und Rechtsanwälte und Rentiers vertreten. Solche Rentiers, die ohne Tätigkeit ihr Kapital verlebten und es vielfach durch Spekulationen auf dem Aktien- und Wertpapiermarkt vermehrten, gab es allerdings in Erfurt verhältnismäßig wenig.

Den entscheidenden Einfluß in der Stadt übten die Vertreter der preußischen Zivil- und Militärverwaltung in engem Einvernehmen mit den führenden Vertretern der Bourgeoisie aus, die man jetzt auch in Erfurt der Klasse der Großbourgeoisie zurechnen kann. Dabei zeigte sich, daß sich am Ende des 19. Jahrhunderts das Einkommen der Bourgeoisie in einer Weise erhöht hatte, daß die hohe Beamtenschaft und das Offizierskorps nicht mehr Schritt halten konnten. Überdies blieb in Erfurt die Handelsbourgeoisie Höchstverdiener vor der Industriebourgeoisie. Betrachtet man die Quellen der Einkommensteuer (über 3000 M Steuerkapital), so betrugen 1880 die Einkommen aus Kapitalvermögen

Die exponierten Vertreter der Großbourgeoisie wie Hermann Stürcke und Ferdinand Lucius hielten die entscheidenden Wahlämter in Politik und Wirtschaft oft unter Häufung der Funktionen in ihren Händen: Magistratssitze, Stadtverordneten-, Provinziallandtags-, Landtags- und Reichstagsmandate, Vorsitz und Mitgliedschaft in der Handelskammer, dem Aufsichtsrat der „Thuringia" und der „Thüringischen Eisenbahn-Gesellschaft" usw. Die konservativ-monarchistische Gesinnung der Erfurter Großbourgeoisie führte jetzt zum Anschluß an die freikonservative Deutsche Reichspartei, die von allen Parteien Bismarck am nächsten blieb. Sie äußerte sich z. B., als bei der Anwesenheit Wilhelms I. in Erfurt 1883 die Großindustriellen Ferdinand Lu-

[21] StAE, 3-130-0 (1895, 1900).
[22] StAE, 1-2/005-7. – Die dort angegebenen Steuersummen sind nach Gesetz vom 25. Mai 1873 (Gesetzsammlung Preußen 1873, S. 217 ff.) auf das Steuerkapital umgerechnet.

cius und Fritz Wolff den Kaiser und König als „Marschälle" an der Tafel persönlich bedienten. Und dennoch verstand es die Erfurter Großbourgeoisie trotz des seit 1871 immer deutlicher hervortretenden Selbstbewußtseins des Volkes noch fast drei Jahrzehnte sich eine bis tief ins Kleinbürgertum reichende Basis bei den politischen Wahlen zu sichern.

Die Regierungsbürokratie und die Garnison repräsentierten den preußischen Staat als das für die Stadt Erfurt entscheidende Machtinstrument. Die

Regierung zu Erfurt wurde auch im letzten Drittel des 19. Jahrhunderts von streng konservativen, meist aus dem ostelbischen Uradel stammenden Präsidenten geleitet. Hans Wilhelm von Kotze kam 1866 aus dem hinterpommerischen Köslin, heute Koszalin, wo er bisher schon Regierungspräsident war. Die gleiche Stelle hatte auch sein Nachfolger inne, Ludwig von Kamptz, der 1874 folgte. Nach seinem Tode folgte 1884 im Amt des Erfurter Regierungspräsidenten Heinrich von Brauchitsch,

Abb. 240. Der Erfurter Bahnhof 1871. Links: Wall der „Hohen Batterie" (Zeichnung von W. Corsep)

Tabelle 17
Klassenstruktur der Stadt Erfurt auf Grund der Klassen- und Einkommensteuer[23]

Klassen und Schichten	Jahreseinkommen	1847 Personen	%	1880 Personen	%	1890 Personen	%	1900 Personen	%
Proletariat und unteres Kleinbürgertum	300– 420 M	709	23,3						
	420– 600 M	826	27,1	5 045	36,9	5 015	25,2	4 701	16,4
	600– 900 M	522	17,2	3 110	22,8	5 508	27,5	8 552	29,8
	900–1 200 M			1 613	11,8	3 279	16,4	5 769	20,1
		2 057	67,6	9 768	71,5	13 802	69,1	19 022	66,3
Gehobenes Kleinbürgertum	1 200–1 800 M	184	6,0	1 520	11,1	2 681	13,4	3 986	13,9
	1 800–3 000 M	360	11,8	1 256	9,2	1 815	9,2	3 069	10,7
		544	17,8	2 776	20,3	4 496	22,6	7 055	34,6
Mittlere Bourgeoisie	3 000– 6 000 M	294	9,6	843	6,2	1 228	6,1	1 740	6,1
	6 000–12 000 M	138	4,6	229	1,7	345	1,7	615	2,1
		432	14,2	1 072	7,9	1 573	7,8	2 355	8,2
Großbourgeoisie	über 12 000 M	16	0,5	43	0,3	108	0,5	283	0,9

Schwiegersohn des Kriegsministers Albrecht Graf von Roon und vorher Regierungsvizepräsident in Kassel. Unter ständiger Betonung eines konservativen und streng monarchistischen Standpunktes förderten diese Präsidenten die Interessen der Großbourgeoisie und verfolgten, soweit es in ihrer Macht stand, die Arbeiterbewegung.

Die politisch wichtige Abteilung des Innern der Regierung in Erfurt leitete noch bis 1877 der Oberregierungsrat Wilhelm von Tettau. Er war lange Zeit als Führer der Erfurter Konservativen hervorgetreten und betätigte sich im konservativ-monarchistischen Sinne auch auf kulturellem Gebiet. Die Abteilung wurde 1881 zur Präsidialabteilung unter monokratischer Leitung des Regierungspräsidenten umgebildet. Um so größeren Einfluß erlangte der Stellvertretende Regierungspräsident, der ebenfalls streng konservative Oberregierungsrat Karl von Tzschoppe (1881 bis 1893). Als Fachdezernenten kamen jetzt mehr bürgerliche Beamte in die Regierung, ohne aber den reaktionären Charakter des Staatsorgans verändern zu können. Das Dezernat der politischen Polizei blieb auch jetzt meist in der Hand adliger Beamter.

Nach Aufhebung der Festung 1873 wurde die Garnison nur sehr allmählich reduziert, von 3167 Mann (= 7,3 Prozent der Bevölkerung) im Jahre 1871 auf 2111 Mann (2,5 Prozent) im Jahre 1900. Erfurt blieb ständig Standort für zwei Bataillone des 3. Thüringischen Infanterie-Regiments Nr. 71. An Stelle der 1871 verlegten 31er traten sogleich zwei Bataillone des Magdeburgischen Füsilier-Regiments Nr. 36, die erst 1884 und 1890 abgezogen wurden. Die Festungsartillerie war schon 1873 verlegt worden. Da sich im Rahmen des IV. Armeekorps hier die Stäbe einer

Division, zweier Infanteriebrigaden sowie einer Kavallerie- und einer Artilleriebrigade befanden, beherbergte die Stadt in diesen Jahrzehnten noch bis zu fünf aktive Generäle.

Im Offizierskorps der Erfurter Garnison war besonders in den unteren Rängen wegen der technischen Waffen das bürgerliche Element stark vertreten, wenn auch nicht charakterbestimmend.

Tabelle 18
Soziale Zusammensetzung des Offizierskorps der Erfurter Garnison 1855 bis 1900[24]

Ränge	1855 Adel	Bürgertum	1873 Adel	Bürgertum	1900 Adel	Bürgertum
Generäle	4	–	5	–	2	1
Stabsoffiziere	9	4	10	5	6	5
Leutnants und Hauptleute	71	50	38	75	17	62
	84	54	53	80	25	68

Durch die konzentrierten Stäbe und Truppenteile bildete der preußische Offizier auch im letzten Drittel des 19. Jahrhunderts einen wesentlichen Faktor im gesellschaftlichen Leben Erfurts. Die nach 1871 einsetzende tiefe Verankerung des Militarismus in

---

[23] Errechnet nach: Wilhelm Horn, Erfurts Stadtverfassung und Stadtwirtschaft in der Entwicklung bis zur Gegenwart. Ein Beispiel zur Verfassungsgeschichte und Sozialpolitik deutscher Städte, Jena 1904, S. 34 u. 201. – Gibt auch Zahlen unter 900 M Einkommen für 1900 an.
[24] Nach den Ranglisten der königlich-preußischen Armee und den Adreßbüchern der Stadt Erfurt 1855, 1873 und 1900.

Abb. 241. Thüringer Gewerbe- und Industrieausstellung 1894 auf der ehemaligen Daberstedter Schanze, heute Stadtpark

großen Teilen des Bürgertums schuf jene Basis, auf der der preußische Offizier der wilhelminischen Ära seine exklusive, überhebliche und volksfremde wie -feindliche Rolle zu spielen vermochte.

Unter diesen sozialen und politischen Bedingungen wuchs im letzten Drittel des 19. Jahrhunderts Erfurt von einer beengten Festungsstadt zu einer modernen kapitalistischen Großstadt heran. Die Stadtverfassung wurde bis zur Novemberrevolution 1918 durch die preußische Städteordnung von 1853 bestimmt. Damit blieb die strenge Trennung von Auftrags- und Selbstverwaltungsangelegenheiten und von Bürgern und Einwohnern aufrechterhalten. Im Magistrat, der sich 1873 aus elf Mitgliedern, darunter fünf unbesoldeten, zusammensetzte, festigte sich das konservative Element. Mit dem schnellen Aufbau der Stadtverwaltung vergrößerte sich der Magistrat bald auf 16 Personen, darunter acht unbesoldete. Gewählt wurde der Magistrat weiterhin von der Stadtverordnetenversammlung; aber er bedurfte der Zustimmung der Regierung zu Erfurt. Die Stadtverordnetenversammlung wurde auf Grund des Dreiklassenwahlrechts durch die Bürgerschaft gewählt. Dabei nahm der Anteil der Bürger an der Einwohnerschaft nicht zuletzt dank der Agitation

der Arbeiterbewegung, das Bürgerrecht zu erwerben, wieder zu: 1872: 2719 (5,5 Prozent); 1885: 4997 (8,6 Prozent); 1902: 12 146 (13,6 Prozent).[25] Noch 1890 klagten die Sozialdemokraten, daß zu wenige der aus den thüringischen Staaten zugewanderten Proletarier die preußische Staatsangehörigkeit und damit elementare politische Rechte erwarben. Dazu kam noch die Einteilung der Wähler in drei Klassen, wobei die I. Wählerklasse, die ein Drittel der Stadtverordneten stellte, immer kleiner wurde. 1890 machte sie nur noch 2,5 Prozent der Wählerschaft aus.

Tabelle 19
Soziale Zusammensetzung der Stadtverordnetenversammlung 1858–1900

Jahr	Kaufleute Fabrikanten	Handwerks- meister	Händler Gastwirte	Beamte		Freie Berufe	Landwirte	Rentiers
				hohe	untere			
1858	5	9	2	4	–	1	1	1
1868	18	9	1	–	–	2	3	2
1890	12	9	6	3	2	5	3	7

[25] StAE, 3-130-0 (1872, 1885 und 1902).

Abb. 242. Dom und Severikirche nach der Restauration 1871 (Ölgemälde von M. Neher)

Der reichste Mann der Stadt, der Bankier Hermann Stürcke, war ein Vierteljahrhundert, von 1867 bis 1892, hintereinander Vorsteher der Stadtverordnetenversammlung.

Zu den „Auftragsangelegenheiten", in denen der Magistrat lediglich nachgeordnetes Organ der Regierung zu Erfurt war und die Stadtverordnetenversammlung nichts zu beschließen hatte, gehörte vor allem die Polizei. Der Magistrat fungierte hier unter dem Namen „Polizeiverwaltung Erfurt". „Dirigent des Magistrats" und „Chef der Polizeiverwaltung" war seit dem 11. August 1871 Richard Breslau, zunächst als Erster Bürgermeister, seit 1872 als Oberbürgermeister. Er war vorher seit 1862 als Assessor der Regierung zu Erfurt mit Fragen der Kommunalaufsicht betraut. Breslau blieb bis 1889 im Amt und trug wesentlich zur Neugestaltung Erfurts in diesen Jahren bei. Die Stadtverwaltung wurde im letzten

Drittel des 19. Jahrhunderts schnell ausgebaut. Seit 1864 gab es einen Stadtbaurat, seit 1887 zwei Stadtbauräte, seit 1875 einen Stadtschulrat. Die Arbeit stieg rasch an. Die Journalnummern (Posteingänge) erhöhten sich von 30541 im Jahre 1871 auf 60026 im Jahre 1885 und 127402 im Jahre 1900.

Die unglückliche verwaltungsrechtliche Stellung der Stadt Erfurt im Kommunalverband des Kreises war seit 1833 ein ständiger Angriffspunkt der Stadt. Um 1870 hatte die Stadt doppelt soviel Einwohner wie der übrige Kreis. Seit 1862 begannen neue Vorstöße des Magistrats, eine unmittelbare Unterstellung unter die Regierung zu Erfurt zu erreichen. Diese Bemühungen wurden intensiviert, als 1866 die Arbeiten zu einer neuen Kreisordnung der sechs östlichen Provinzen Preußens begannen. Noch vor Inkraftsetzung dieser Kreisordnung wurde die Stadt am 1. Januar 1872 neben dem Landkreis Erfurt zum eigenen Stadtkreis Erfurt erhoben.[26] Dadurch verbesserten sich die Initiativmöglichkeiten des Magistrats bedeutend.

Die städtischen Finanzen beruhten im letzten Drittel des 19. Jahrhunderts vor allem auf Steuern und hier wieder auf der Einkommensteuer. Diese wurde seit 1872 als Gemeindeeinkommensteuer, seit 1875 als Zuschlag zur staatlichen Einkommensteuer erhoben. Erfurt galt als eine Stadt mit hoher Steuerlast ihrer Bewohner. Immerhin erhöhten sich die direkten Steuern je Erfurter Einwohner 1870 bis 1890 von 3,78 M auf 13,73 M. Dennoch mußte der kostspielige, aber notwendige Ausbau der kommunalen Einrichtungen mit Anleihen finanziert werden, die seit 1871 vorwiegend als Obligationen ausgegeben wurden. Die Schuldenlast betrug 1870 bei einem Vermögen von 1,2 Mill. M erst 400000 M, stieg aber schon bis 1885 auf 3,8 Mill. M und bis 1900 auf 8,6 Mill. M. Dennoch wurde Erfurt noch um die Jahrhundertwende nur als „mäßig verschuldete" Stadt eingestuft.

Ein wesentliches, durch Jahrzehnte verfolgtes kommunales Anliegen war der Rathausneubau. Bereits der erste preußische Oberbürgermeister von Erfurt, Wilhelm August Türk, hatte sich um diese Aufgabe bemüht.[27] Die Stadtverwaltung ging zuerst von der Kombination eines Rathaus- und Gerichtsgebäudes aus. Erst als dieser Plan aufgegeben wurde, konnte erfolgreich vorwärtsgeschritten werden. Oberbürgermeiser Karl Frh. von Oldershausen gewann 1867 in dem neuen Stadtbaurat Theodor Sommer einen geeigneten Architekten. Dieser lieferte den entscheidenden Entwurf im neugotischen Stil, so daß am 6. Januar 1870 der Grundstein gelegt werden konnte. Die Bauzeit dauerte fast vier Jahre, und die Baukosten erhöhten sich von den geplanten 293000 M auf 826483 M in der Schlußabrechnung. Die Stadtverordneten hielten hier am 13. Januar 1876 ihre erste Sitzung ab, und erst am 2. Juni 1882 fand lange nach der Fertigstellung die offizielle Einweihung statt.

Die wichtigsten kommunalpolitischen Aufgaben in Erfurt bildeten im letzten Viertel des 19. Jahrhunderts die Stadterweiterung und die Verbesserung der hygienischen Verhältnisse. Bei der Bebauung des Festungsrayons behalf sich das Stadtbauamt 1877 und 1880 zunächst mit Teilbebauungsplänen.[28] Dann arbeitete Stadtbaurat Walther Spielhagen einen „vorläufigen Bebauungsplan" aus, der aber lange nicht die Zustimmung des Regierungspräsidenten fand, weil große durchgehende Straßen fehlten und zu wenig Grünflächen und Brunnen vorgesehen waren.

Die Bebauung des ehemaligen Festungsrayons begann 1874 zunächst nur zögernd. Bis 1880 wurden hier 109 Wohnhäuser errichtet. Dann setzte aber ein stürmischer Aufbau ein, der in den Jahren 1886 und 1888 seinen Höhepunkt erreichte. Die Bebauung ergriff im Norden und Osten das Andreas-, Johannis-, Krämpfer- und Schmidtstedter Feld für Massenwohnungen der Arbeiter und Kleinbürger. Die Häuser wurden hier in Backstein mit und ohne Verputz ausgeführt. Sie waren aber solider gebaut, als es sonst in Arbeiterwohnvierteln der Großstädte üblich war. Vor allem fehlten die üblichen vielen Hinterhöfe. Im Süden wuchs im Löberfeld, von Grünflächen und Gärten unterbrochen, ein locker bebautes, oftmals fast villenartiges Wohngebiet des gehobenen Bürgertums. Beispiele hierfür bieten die Cyriaks- und die Steigerstraße.

In allen Neubaugebieten vollzog sich das Baugeschehen auf dem Hintergrund kapitalistischer Boden- und Wohnungsspekulation. Etwa 80 Prozent der Häuser wurden von Bauunternehmern ohne vorherige Bestellung errichtet und erst nach Vollendung Käufern angeboten. An den Spekulationen nahm in Erfurt ein verhältnismäßig großer Personenkreis teil. Das Wohnungsangebot war auf den ersten Blick günstig: 1895 standen in Erfurt 961 Wohnungen (5,1 Prozent) leer. Aber es fehlte immer an kleineren Wohnungen für die Werktätigen. Deshalb wurden 1872 ein „Erfurter Bauverein" und 1899 ein „Spar- und Bauverein zur Erbauung billiger Woh-

---

[26] StAW, Regierung zu Erfurt, vorl. Nr. 1711; StAE, 1-2/001-11.

[27] Fritz Wiegand, Das Rathaus am Fischmarkt in Erfurt, Erfurt 1961, S. 98 ff.

[28] StAE, 1-2/611-18345 und 18343.

nungen" gegründet. Sie vermochten jedoch nicht die chronische Wohnungsnot der arbeitenden Klassen und Schichten zu beseitigen.

In der Innenstadt trat die wirtschaftlich erstarkende Bourgeoisie ebenfalls mit Repräsentationsbauten hervor und wetteiferte mit den Behörden. Von neuen öffentlichen Gebäuden ist außer Rathaus und Bahnhof vor allem die Oberpostdirektion zu erwähnen, die 1892 bis 1895 an Stelle der Häuser Anger 66 bis 73 errichtet wurde. Eine sehr vorteilhafte Umgestaltung erfuhren der Anger und die bisher aus einem Gewirr kleiner und großer Häuser geprägte Bahnhofstraße. Hier traten vor allem seit den 90er Jahren an Stelle alter Häuser den gestiegenen Re-

präsentationsbedürfnissen des Bürgertums entsprechende Neubauten. 1878 gab es insgesamt 3610 Wohnhäuser, von denen 157 einstöckig, 1787 zweistöckig, 1638 dreistöckig und 48 vierstöckig waren. Nur 795 waren massiv gebaut, 5815 in Fachwerk. In den 80er und 90er Jahren dominierte dagegen das in Sandstein und Backstein gebaute massive vierstökkige Haus.[29] Erfurt hatte 1899 schließlich 4621 Wohnhäuser. Zur besseren Identifizierung wurden die Häuser 1870 straßenweise numeriert.

Durch die Stadtausdehnung trat noch augenfälliger als früher die räumliche Trennung der Wohnge-

[29] StAE, 3-130-0 (1880–1899).

Abb. 243. Das neue Erfurter Rathaus 1875

biete des Bürgertums und des Proletariats hervor. In der Innenstadt wohnte das Bürgertum vor allem in den großen Hauptverkehrsstraßen, das Proletariat in den Seitengassen mit ihren oft nur kleinen Häus-

Abb. 244.
Richard Breslau,
Oberbürgermeister
1871 bis 1889

chen, vor allem in der Allerheiligenstraße, Borngasse, Brühler Straße, Büßleber Gasse, Eimergasse, Ernstengasse, Fischersand, Georgengasse, Gotthardtsgasse, Grafengasse, Grünstraße, Heinrichstraße, Hirschlachufer, Engengasse, Johannisgera, Kreuzgasse, Marbacher Gasse, Mariengasse, Neuerbe, Schmidtstedter Straße, Wallstraße und Weiße Gasse.[30]

In den Außenvierteln bildeten die neuen Straßen des Nordens und Ostens Wohngebiete der Arbeiter. Allerdings waren sie im Norden mehr oder minder stark mit Kleinbürgern durchsetzt. In den großen Ausfallstraßen des Nordens herrschte das Kleinbürgertum vor, während in den seitwärts gelegenen Straßen wie Auenstraße, Bergstraße, Nordstraße und Udestedter Straße, heute Bebelstraße, die Arbeiterklasse vollständig überwog. Waren Kleinbürger Hausbesitzer, so zogen sie Kleinbürger als Mieter vor. Arbeiter wohnten vor allem in Mietshäusern der Bourgeoisie, die selbst in anderen Wohnvierteln lebten und ihre Mietshäuser als Geldanlage und zusätzlichen Profit betrachteten. Um die Jahrhundertwende waren 14,6 Prozent der Wohnungen Eigentumswohnungen und 83,2 Prozent Mietwohnungen.

Bei der Veränderung der Wasserläufe innerhalb des Stadtgebietes spielten die Sicherheit und hygienische Gesichtspunkte eine Rolle. Die „Wilde Gera", die als Gera-Arm im Süden und Osten die innere Stadtumwallung umfloß und einen üblen Seuchenherd bildete, wurde 1896 bis 1898 völlig zugeschüttet und eine die Innenstadt umfassende Ringstraße, heute Juri-Gagarin-Ring, errichtet. Beibehalten wurde dagegen im Süden und Osten der äußere Festungswassergraben, der im Süden den Bahnhof begrenzte. Als dieser Festungsgraben 1878 in städtische Hand kam, war seine Erhaltung im Magistrat umstritten.[31] Der Bauassistent Fritz Hänschke vertrat im Gegensatz zum Stadtbauamt die Auffassung, den Festungsgraben als Flutgraben beizubehalten und ihn bis zum Johannistor fortzusetzen. Er fand schließlich die Unterstützung des Oberbürgermeisters Breslau. Aber erst am 31. Januar 1887 kam ein entsprechender Beschluß der Stadtverordneten zustande. 1889 wurde mit den Bauarbeiten begonnen, die erst nach der Jahrhundertwende abgeschlossen wurden. Nennenswert ist noch der zur schnellen Verbindung des Angers mit dem Stadtkern 1883 hergestellte Durchbruch mit Gerabrücke an der Kasinostraße, heute Meister-Eckehart-Straße.

Im Mittelpunkt der dringend notwendigen hygienischen Maßnahmen, die die große Choleraepidemie von 1866 hervorgerufen hatte, stand die Errichtung einer Hochdruck-Zentralwasserleitung.[32] Erhebungen um 1870 hatten ergeben, daß in der Stadt 639 Brunnen vorhanden waren, davon 69 öffentliche. Sie waren weder hygienisch einwandfrei, noch für die Zukunft ausreichend. Der Geheime Baurat Gustav Hennoch, der Zentralwasserleitungen in mehreren thüringischen Städten entworfen hatte, sprach sich für eine Quellfassung der Erfurter Wasserleitung an der Apfelstädt oberhalb des Muschelkalkgebietes, also bei Wechmar oder Wandersleben, aus. Im Kleinbürgertum blieb der Wasserleitungsbau überhaupt umstritten, doch genehmigten die Stadtverordneten mit 24 gegen 8 Stimmen am 13. November 1874 den Plan Hennochs. Im April 1875 begann der Bau, und am 1. Januar 1876 wurde die Zentralwasserleitung offiziell eröffnet. Eine 25,8 km lange Wasserleitung führte von Wechmar zum Hochbehälter auf der Cyriaksburg.

[30] Festgestellt nach dem Adreßbuch der Stadt Erfurt 1890.
[31] StAE, 1-2/681-2545, 2546; Fritz Wiegand, Der Flutgraben – einer der größten Wasserbauten der Stadt Erfurt, in: AVE, Bd. II, Erfurt 1959, S. 166 ff.
[32] Die sanitären Anlagen der Stadt Erfurt, Erfurt 1881, s. 5 ff.; StAE, 3-130-0 (1874, 1875); Joachim Kolbe, Historische Entwicklung und heutige Probleme der Erfurter Wasserversorgung, med. Diss., Erfurt 1958 (Ms), S. 29.

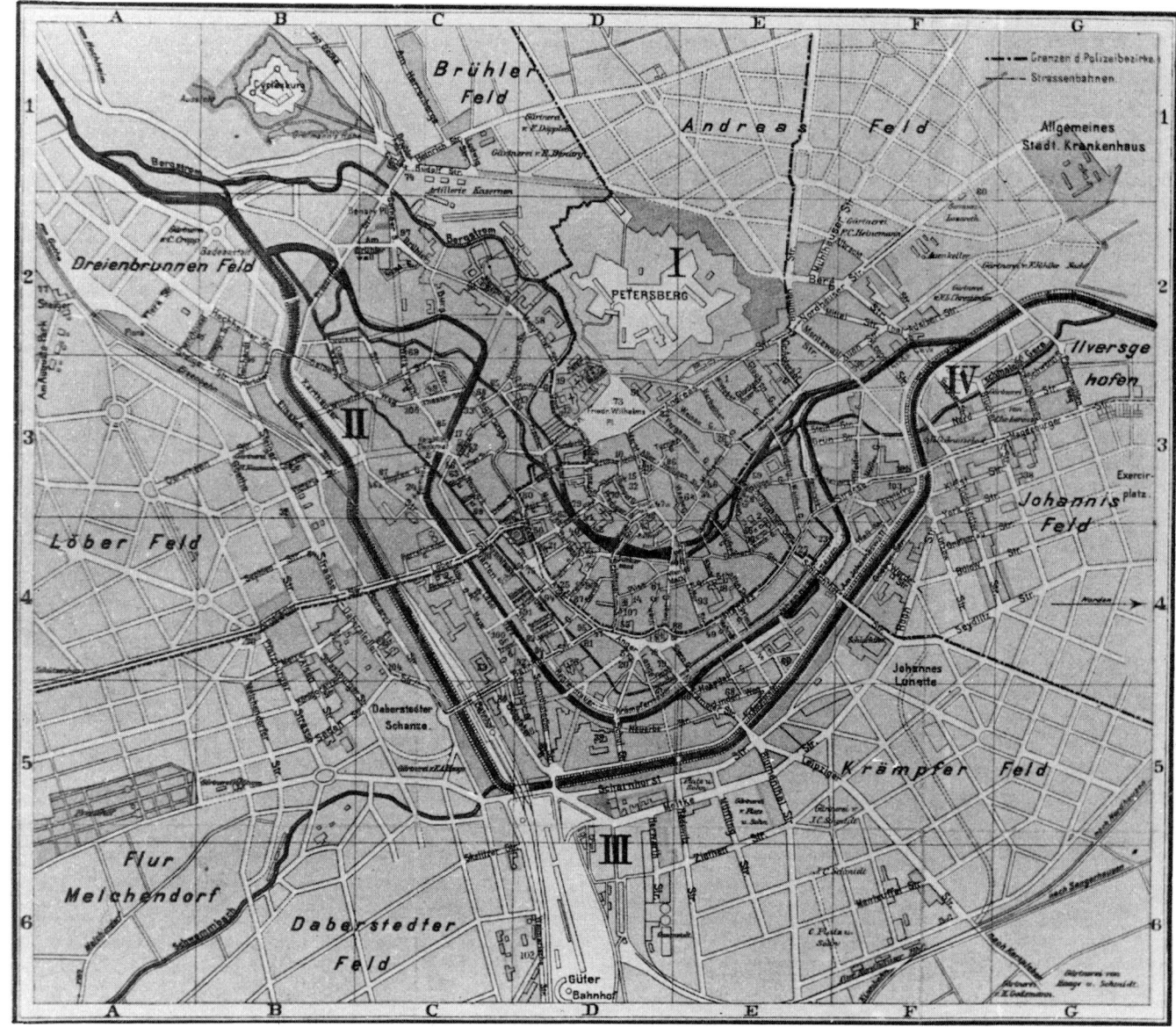

Abb. 245. Plan der Stadt Erfurt von 1895 mit projektierten Straßen der Außenviertel

Von dort erfolgte die Verteilung in das Stadtnetz von zunächst 32,3 km mit 332 Hydranten. Da Wassermangel trotzdem immer wieder auftrat, erschloß man 1885 und 1886 bei Wandersleben weitere Quellen und endlich 1892 und 1893 auch solche bei Möbisburg im Geratal.

Eng verbunden mit dem Wasserleitungsbau war die Herstellung der Kanalisation, die 1876 in Form eines unterirdischen flachen Rohrnetzes begonnen wurde. Als Hauptabfluß wurde dabei die Verzweigung der Gera genutzt. Das System unterirdischer Tonrohrsielen war nur für Regenwasser und Haushaltsabwasser, nicht für Fäkalienabfluß vorgese-

hen. Hierfür wurde 1868 das Tonnensystem eingeführt und 1879 generell empfohlen. Die Überprüfung der Fäkalienabfuhr anläßlich der großen Hamburger Choleraepidemie 1892 legte auch in Erfurt große Mißstände offen. Besserungen traten erst ein, als 1898 die Stadt die Tonnenabfuhr selbst übernahm.

Ernste hygienische Bedenken mußten auch die im Halbkreis um die Innenstadt 1818 bis 1820 angelegten Friedhöfe erregen. Am 16. Oktober 1871 wurde deshalb weit draußen im Löberfeld der „Südfriedhof" eröffnet. Die innerstädtischen Friedhöfe wurden gleichzeitig geschlossen, für die Erbbegräbnisse allerdings erst 1892.

Die Krankenhausverhältnisse waren in den Jahren der Reichsgründung für Erfurt untragbar geworden. An eine grundlegende Verbesserung konnte aber in den 70er Jahren nicht gedacht werden, weil zunächst die Wasser- und Abwasserverhältnisse geregelt werden mußten. Am 19. März 1880 beschlossen die Stadtverordneten den Bau eines allen Konfessionen offenstehenden Städtischen Krankenhauses auf dem Gelände des bisherigen Forts I an der Nordhäuser Straße, damals noch weit im Norden der Stadt.[33] Der Bau begann im April 1880 nach den Plänen des Arztes Dr. Eduard Adolf Brehme. Es entstand ein dreistöckiges Verwaltungsgebäude, um das sich als Pavillons Stationen für Chirurgie, Innere Medizin und Psychiatrie sowie eine Isolierstation gruppierten. Während das Evangelische Kranken-

Abb. 246. An der Hirschlache um 1895

haus am Lindenweg mit der Einweihung des Städtischen Krankenhauses am 24. April 1881 aufgehoben wurde, blieb das kleine Katholische Krankenhaus bestehen. Aus Kurmainzer Zeit bestand in Erfurt ein Hebammenlehrinstitut, das 1875 der Provinzialverband Sachsen übernahm. Da auch hier die Verhältnisse völlig unzureichend waren, ließ der Provinzialverband 1880 in der Walkmühlenstraße ein neues Hebammenlehrinstitut errichten, die heutige Frauenklinik. Die Zahl der Erfurter Apotheken betrug während des 19. Jahrhunderts sechs; erst 1893 wurden in den neuen Stadtteilen zwei weitere Apotheken, Steiger- und Andreasapotheke, errichtet.

Der gründlichen Verbesserung der hygienischen Verhältnisse diente endlich auch der Bau des Schlachthauses 1897, in dem von nun an allein unter einwandfreieren Verhältnissen als in den einzelnen Fleischereien Schlachtungen vorgenommen werden durften.

Die hygienische Verbesserung führte gemeinsam mit den medizinischen Entdeckungen dieser Jahrzehnte und ihrer Anwendung zu einer wesentlichen Hebung der Gesundheitsverhältnisse. Auf 1000 Personen kamen 1870 in Erfurt noch 31,2 Todesfälle. Der Prozentsatz fiel bis 1890 auf 20,8, im Jahrfünft 1895 bis 1899 auf 18,3. Dennoch konnte die Gefährlichkeit der Infektionskrankheiten noch nicht ganz überwunden werden. Die Pocken forderten 1871 und 1872 viele Kinder. Als neue Infektionskrankheit breitete sich mit hoher Sterblichkeit 1884, 1885 und 1886 die Diphtheritis epidemisch aus. Wurden seit der Entwicklung der Impfstoffe bei der Bekämpfung dieser Krankheiten in den 90er Jahren entscheidende Fortschritte erzielt, so gab es bei der Lungentuberkulose (in Erfurt 1884: 16,4 Prozent; 1900: 13,6 Prozent der Todesursachen) noch keine sichtbaren Erfolge. Auch die Säuglingssterblichkeit hielt sich hartnäckig fast auf der alten Höhe. Die ärztliche Versorgung hob sich dagegen im letzten Viertel des 19. Jahrhunderts. Kamen 1875 auf einen Arzt 1714 Einwohner, so 1900 nur noch 1424. Um die Jahrhundertwende setzte sich in Erfurt, früher als in anderen thüringischen Städten, das Facharztsystem durch. Unter 60 Ärzten waren um 1900 bereits 20 Spezialärzte.

Auch bei der innerstädtischen Verkehrs- und Energieversorgung wurde in den 90er Jahren die Schwelle zur Großstadt betreten. Am 13. März 1883 wurde eine Pferdebahn auf Schienen eingerichtet. Sie kam am 6. September 1893 an die Union Elektrizitätsgesellschaft in Berlin, in der deutsches und

[33] StAE, 1-2/531-121; 3-130-0 (1881, 1882).

Abb. 247. Das städtische Krankenhaus an der Nordhäuserstraße 1886

amerikanisches Monopolkapital wirkte.[34] Diese Gesellschaft elektrizierte das städtische Verkehrsmittel, baute eine Kraftstation in der Blücherstraße, heute Breitscheidstraße, und übertrug die Betriebsführung einer Tochtergesellschaft, der „Erfurter Elektrischen Straßenbahn AG". Die Probefahrt wurde am 28. Mai 1894 durchgeführt. Seitdem bewegte sich die Straßenbahn im 15-km/h-Tempo auf einem Gleisnetz von 12,5 km durch die Stadt.

Der Gedanke einer elektrischen Beleuchtung für Straßen und Wohnungen war schon früher aufgekommen. Am 7. März 1890 ist dazu erstmals eine Spezialkommission der Stadtverordnetenversammlung zusammengetreten. Als das Projekt 1893 intensiver betrieben wurde, wies die Deutsche Continental-Gas-Gesellschaft nicht zuletzt aus Konkurrenzgründen auf die Vorzüge der Gasversorgung hin. Dadurch wurde der Magistrat verunsichert, und das Projekt ruhte bis zur Jahrhundertwende. Das Gaswerk blieb weiterhin Eigentum der Deutschen Continental-Gas-Gesellschaft, die sich zu einem großen monopolistischen Energiekonzern entwickelt hatte. Ein zweites Gaswerk wurde 1881 von M. & H. Magnus auf dem Krämpferfeld errichtet, aber schon 1885 ebenfalls von der Deutschen Continental-Gas-Gesellschaft übernommen.[35]

2.

Der Aufstieg der Sozialdemokratie zur revolutionären Massenpartei und die politischen Verhältnisse

In den Gründungsjahren des bürgerlichen deutschen Nationalstaates hatte die Arbeiterbewegung in Erfurt Fuß gefaßt und war 1869 zur Partei Bebels und Liebknechts gestoßen. Sie konzentrierte sich zunächst auf die Eisenbahnwerkstätten. Hier vermochten die Arbeiter Ende Oktober 1871 einen größeren, in Erfurt wohl den ersten beachtlichen Streik „behufs Verbesserung ihrer Lage" durchzuführen. Er stand zweifellos in engem Zusammenhang mit der in den Jahren der Reichsgründung auch in Erfurt spürbaren Verteuerung des Lebensunterhalts. Der Streik führte nur zu Teilergebnissen.

Die Erfurter Arbeiterbewegung stand damals noch ganz im Schatten der Gothaer Sozialdemokratie.[36] Zudem verließ Johann Michael Hirsch 1871 die Stadt. Das preußische Vereinsgesetz untersagte jede regionale Verbindung, und mit der Parteileitung in Braunschweig und Hamburg müssen die Erfurter

[34] 75 Jahre Erfurter Straßenbahn. Festschrift zur 75-Jahrfeier am 13. Mai 1958, Erfurt 1958.
[35] StAW, Regierung zu Erfurt, vorl. Nr. 870, Bl. 22 ff.; StAE, 1-2/811-19444.
[36] Ulrich Heß, Die thüringische Sozialdemokratie von den Anfängen bis zum Erfurter Parteitag 1891, o. O. 1963 (Ms), S. 203 ff.

Sozialdemokraten nur in lockerer Verbindung gestanden haben. In den Jahren des der Reichsgründung folgenden Wirtschaftsaufschwunges gelang es ihnen aber, die als Heimarbeiter tätigen Schuhmacher und Schneider zu gewinnen und sich damit eine breitere Grundlage zu schaffen. Die Schuhmacher und Schneider arbeiteten zwar dezentralisiert, waren aber nicht den gleichen politischen Repressalien unterworfen wie die Fabrikarbeiter und deshalb in der Frühzeit der Arbeiterbewegung aktionsfähiger als diese. Insgesamt wirkten sich auch nach 1871 der starke Polizeidruck in der Stadt und das preußische Vereins- und Versammlungsrecht hemmend auf die Arbeiterbewegung aus. Die Gewerkschaftsbewegung hatte sich im Rahmen der Internationalen Gewerksgenossenschaften, denen in Erfurt 1872 570 Kollegen angehörten, günstig entwickelt. Auf einem deutschen Gewerkschaftskongreß, der auf Initiative besonders von Theodor York aus Hamburg vom 15. bis 17. Juni 1872 in Erfurt mit 52 Delegierten tagte, die 11 358 Stimmen vertraten, wurde erstmals der vergebliche Versuch gemacht, durch Zusammenschluß der Internationalen Gewerksgenossenschaften, der lassallischen „Arbeiterschaften" und lokaler Organisationen zur „Gewerkschaftsunion" eine deutsche Einheitsgewerkschaft zu schaffen.

Die Leitung der Erfurter Sozialdemokratie lag jetzt zunächst in den Händen des Schlossers Heinrich Imhof von den Eisenbahnwerkstätten. Der Führungskreis erweiterte sich durch Vertreter des proletarisierten Handwerks wie den Schneider Franz Fahrenkamm, den Tischler Eduard Fritz und den Zimmermann Eduard Krauthaus. Zunächst galt es, die Masse des Erfurter Proletariats in der Arbeiterpartei und den mit ihr verbündeten Gewerkschaften zu sammeln. Die lebhaft betriebene Agitation schlug sich bald in Reichstagswahlergebnissen nieder, wie die Reichstagswahlkämpfe auch in den folgenden Jahrzehnten in Erfurt jedesmal Höhepunkte der sozialdemokratischen Agitation waren. Dabei ging es zunächst nicht hauptsächlich darum, das Reichstagsmandat zu erringen, sondern die Zeit der Wahlkämpfe mit ihren gesetzlich verankerten, etwas erleichterten Kampfbedingungen zur Massenaufklärung und zur Stärkung der Partei zu nutzen. Außerdem boten die Reichstagswahlen im Gegensatz zu den Landtags- und Stadtverordnetenwahlen günstige Erfolgschancen für die Arbeiterpartei. Hier galt nämlich für alle Männer deutscher Staatsangehörigkeit über 25 Jahren in den einzelnen Wahlkreisen ein allgemeines, gleiches und geheimes Mehrheitswahlrecht ohne Verknüpfung mit

Steuerzensus und Bürgerrecht. So läßt sich an den Reichstagswahlergebnissen die politische Entwicklung ablesen. Hatten im März 1871 nur 160 Erfurter dem sozialdemokratischen Kandidaten ihre Stimme gegeben, so war es 1874 mit 1140 bereits der vierte Teil der Wählerschaft.

Dieser Aufschwung forderte aber sogleich entschiedene Gegenmaßnahmen der Staats- und Stadtbehörden heraus. Im August 1874 fanden bei Arbeiterfunktionären Haussuchungen statt. Unter dem Vorwand, gegen das im preußischen Vereinsgesetz enthaltene Verbindungsverbot politischer Vereine gehandelt zu haben, wurde im Dezember 1874 der Erfurter Sozialdemokratische Verein aufgelöst. Heinrich Imhof entzog sich durch Flucht in die Schweiz einer Bestrafung.

Am Gothaer Kongreß vom 22. bis 27. Mai 1875, auf dem sich die SDAP und der ADAV zur Sozialistischen Arbeiterpartei Deutschlands (SAPD) zusammenschlossen und damit die jahrelange Zersplitterung der deutschen Arbeiterbewegung beendeten, nahm als Delegierter, der auch die 25 Mitglieder der Eisenacher Partei in Erfurt vertrat, Wilhelm Bock (Gotha) teil, der an der Ausarbeitung des von Karl Marx und Friedrich Engels kritisierten Entwurfs des Gothaer Programms beteiligt gewesen war.[37] Das vom Gothaer Vereinigungskongreß beschlossene Programm stellte fest, daß die Befreiung der Arbeiterklasse die Umwandlung der Produktionsmittel in gesellschaftliches Eigentum erfordere, bekannte sich eindeutig zum proletarischen Internationalismus und erhob eine Reihe wichtiger demokratischer und sozialer Forderungen. Doch wurde es insgesamt durch nichtmarxistische Ansichten, vor allem durch kleinbürgerliche, illusionäre Vorstellungen in der Frage des Staates und eine sektiererische Haltung gegenüber anderen werktätigen Schichten geprägt, die später eine der ideologischen Wurzeln des Opportunismus in der deutschen Sozialdemokratie bildeten. Jedoch war mit der SAPD eine einheitliche Partei entstanden, die dem Kampf gegen Ausbeuterordnung und Militarismus Richtung und Ziel weisen konnte.

Auch in Erfurt führte die Vereinigung zu einem neuen Aufschwung der Arbeiterbewegung. Mitte September 1875 kam es in der Schuhfabrik Eduard Lingel zum ersten großen Streik, an dem sich 200 Arbeiter beteiligten. Am 22. November 1875 traf der

---

[37] Geschichte der Sozialistischen Einheitspartei Deutschlands. Abriß, Berlin 1978, S. 20 f.; Grundriß der deutschen Geschichte, Berlin 1979, S. 288; Dieter Fricke, Die deutsche Arbeiterbewegung 1869–1914. Ein Handbuch über ihre Organisation und Tätigkeit im Klassenkampf, Berlin 1976, S. 90 ff.

Arbeiter Franz Klute als sozialdemokratischer Agitator in der Stadt ein. Er hatte bisher dem ADAV angehört und in seiner westfälischen Heimat Erfahrungen im Klassenkampf gesammelt. Klute wandelte den im April 1875 gegründeten Arbeiterbildungsverein in einen politischen Verein um, der seit Januar 1876 den Namen Arbeiterwahlverein führte.[38] Klute wirkte bald über Erfurt hinaus und verschaffte erstmals der hiesigen Sozialdemokratie die Bedeutung eines politischen Mittelpunktes. In Erfurt unterstützten ihn außer Fahrenkamm der Schneider Gottfried Dunker und der Stellmacher Fritz Stegmann. Die Agitation drang in breitere Kreise der im Hausgewerbe tätigen Arbeiter und Handwerker. Die rege Tätigkeit führte zu immer neuen Ortsvereinigungen der zentralen Gewerkschafts- und Hilfskassenorganisationen. Bei den Reichstagswahlen von 1877 erhielt der sozialdemokratische Kandidat in Erfurt mit 1742 Stimmen (34,2 Prozent) ein Drittel aller Stimmen. Der Aufschwung konnte auch nach den Wahlen fortgesetzt werden. Um das Proletariat ständig über die politische und kommunalpolitische Lage zu orientieren, wurde Anfang 1878 ein eigenes Presseorgan, die „Erfurter Volkszeitung" ins Leben gerufen. Diese ging am 1. April 1878 in der in Gotha erscheinenden „Thüringischen Volkszeitung" auf, die in Erfurt innerhalb der Arbeiterbewegung agitatorische und organisatorische Aufgaben erfüllte.[39]

Im bürgerlichen Lager hatten unterdessen die ersten wesentlichen Erfolge der „Revolution von oben" auch in jenen Kreisen zu einer Annäherung an die politische Linie Bismarcks geführt, die bisher in Opposition zu ihm gestanden hatten. Während die Konservativen sich in der Freikonservativen Partei, später Deutsche Reichspartei, sammelten, gingen Anhänger der Fortschrittspartei zu den Nationalliberalen über, die in den Jahren der Reichsgründung die stärkste Partei in Erfurt bildeten. Bei der Reichstagswahl von 1874 gelang es aber der Reichspartei, die Nationalliberalen auch in der Stadt Erfurt ganz aus dem Feld zu schlagen und in den folgenden Reichstagswahlen eine Zwei-Drittel-Mehrheit zu behaupten. Diese Ergebnisse verdeutlichen, über welch beträchtlichen Einfluß die Konservativen im ersten Jahrzehnt des Reiches bis weit ins Kleinbürgertum, ja selbst bis ins Proletariat verfügten.

Den preußischen Landtagswahlkampf fochten die bürgerlichen Parteien ohne die Sozialdemokraten

unter sich aus. Hier behauptete 1868 bis 1882 der Erfurter Stadtrat Dr. Max Weber, seit 1869 Stadtrat in Berlin, das Mandat für die Nationalliberalen gegen eine mehr oder minder große konservative Minderheit.

Die Auseinandersetzung zwischen preußischem Staat und katholischer Kirche im „Kulturkampf" ging auch an Erfurt nicht spurlos vorüber, zumal der zuständige Diözesanbischof Konrad Martin in Paderborn einer der entschiedensten kirchenpolitischen Gegner Bismarcks war. Nach der Flucht Martins nach Belgien wurden die bischöflichen Stellen in Erfurt geschlossen und 1879 zeitweise sogar das Ursulinerinnenkloster aufgehoben. Die Folge war, daß 1874 bis 1903 in Erfurt eine besondere Reichstagskandidatur der Zentrumspartei hervortrat. Ihr gelang es, sieben bis acht Prozent der Stimmen zu erreichen. Doch brachte sie nicht die Gesamtheit der Katholiken hinter sich. Vor allem stand die maß-

Abb. 248. Der Gasthof „Zum alten Schwan" in der Gotthardtstraße. Versammlungslokal der Erfurter Arbeiter in der Zeit des Sozialistengesetzes

---

[38] StAE, 1-2/124-1, Bl. 8, 31; StAW, Regierung zu Erfurt, Nr. 438, Bl. 11.

[39] Ulrich Heß, Die sozialistische Presse in Thüringen bis zum Fall des Sozialistengesetzes, in: Rudolstädter Heimathefte, 5. Jg., Rudolstadt 1959, S. 263 ff.

geblische katholische Familie Lucius im Kultur- kampf eindeutig auf seiten des preußischen Staates.

Trotz des Fortbestehens des Konservativen Ver- eins bildeten die bürgerlichen Parteien zunächst noch keine straff organisierte Vereinigung, sondern Honoratiorenkomitees, die nur zu Wahlzeiten stär- ker hervortraten. Für die laufende Agitation bedien- ten sie sich der Tagespresse. Das Blatt der Konserva- tiven war die „Erfurter Zeitung". Sie führte seit 1880 den Namen „Erfurter Tageblatt" und wurde 1882 mit einer anderen konservativen Zeitung zur „Thü- ringer Post. Konservative Zeitung für Mitteldeutsch- land" zusammengeschlossen. Den Liberalen stand die 1851 gegründete „Thüringer Zeitung" zur Verfü- gung. Die weiteste Verbreitung fand der „Allgemei- ne Anzeiger für Stadt und Kreis Erfurt", der lediglich ein bürgerliches Anzeigenblatt war.

Die Wende der Reichspolitik 1878 und 1879 von ei- ner mehr liberal verbrämten in eine offen reaktio- näre Richtung mit Sozialistengesetz und Schutzzoll- politik hatte weitreichenden Einfluß auf die politi- sche Haltung der Erfurter Bevölkerung. Die Aktio- nen der herrschenden Klassen waren nicht allein gegen die sich entfaltende Arbeiterbewegung ge- richtet, sondern berührten auch die ökonomischen Grundlagen der exportorientierten Bourgeoisie.

Bei der Vorbereitung des Sozialistengesetzes wa- ren im Sommer 1878 die in Erfurt tätigen Staatsorga- ne mit voller Kraft gegen die Arbeiterbewegung ein- gesetzt. Aber auch die Bourgeoisie griff unmittelbar in die Klassenauseinandersetzung ein, indem sie Sozialdemokraten entließ. Das Sozialistengesetz selbst traf wichtige Organe der Arbeiterbewegung. Klute hatte die Stadt verlassen müssen, der Arbeiter- wahlverein löste sich auf, Ende November ging die „Thüringische Volkszeitung" ein. Die sieben Ge- werkschaftsvereine mit 404 Mitgliedern, die sämt- lich den „Internationalen Gewerksgenossenschaf- ten" angehörten, wurden nach Verbot der Zentral- verbände polizeilich geschlossen. Aber schon ein halbes Jahr nach Erlaß des Ausnahmegesetzes hatte sich die Sozialdemokratie in Erfurt wieder in locke- rer Form, für die Polizei schwer greifbar, organi- siert. Ein kleiner Funktionärskörper, der Kern der späteren illegalen Leitung, traf sich in Privatwoh- nungen. Dunker, Fahrenkamm und Stegmann hat- ten die Führung inne.[40] Klute kehrte im Juli 1879 zu- rück, ging aber im November 1880 nach Weimar. Daß auch unter dem Sozialistengesetz eine aktive politische Arbeit geleistet wurde, zeigte die Reichs- tagsersatzwahl vom 30. Juli 1879, in der die Erfurter Sozialdemokratie bei nur geringer Wahlbeteiligung wiederum ein Drittel der Stimmen errang.

Vorerst steuerten Fahrenkamm, Dunker und Stegmann ohne Anleitung durch die Parteiführung die Erfurter Arbeiterbewegung durch die schwieri- gen Jahre 1879 und 1880. Der Aufschwung zur revo- lutionären Massenpartei trat aber noch unter den Bedingungen des Sozialistengesetzes ein, als Ende

Abb. 249.
Paul Reißhaus
(1855 bis 1921)

1880 aus Berlin ausgewiesene Sozialdemokraten mit großer Kampferfahrung nach Erfurt kamen. Am 1. Dezember 1880 traf der Schneidermeister Paul Reißhaus ein.[41] Er war 1874 mit 19 Jahren der Sozial- demokratischen Arbeiterpartei beigetreten und zu- letzt illegaler Bezirksleiter des 6. Berliner Wahlbe- zirks mit den Arbeitervierteln Moabit, Gesundbrun- nen und Wedding gewesen. Reißhaus übte zusam- men mit dem Schneidermeister August Staupe, der im Frühjahr 1881 aus Berlin eintraf, großen Einfluß auf den weiteren Kampf der Erfurter Sozialdemo- kratie unter den Bedingungen des Sozialistengeset- zes und ihrer Entwicklung zur revolutionären Mas- senpartei aus. Den geheimen „Vertrauenskörper" bildeten weiterhin Fahrenkamm, Dunker, Stegman sowie der Schneider Hugo Böhm. Er erscheint erst- mals im August 1881 auch in den Polizeiakten. Das illegale, in Zürich hergestellte, zentrale Parteior- gan „Der Sozialdemokrat" gewann bei der Kräfti- gung der Organisation und im ideologischen Klä- rungsprozeß große Bedeutung. Es ist in Erfurt seit November 1880 nachweisbar.

---

[40] StAW, Regierung zu Erfurt, vorl. Nr. 875, 874.
[41] StAE, 1-2/154-1, Bl. 23.

Beim Wiederaufbau der Partei galt es, die Isolierung der einzelnen Gruppen zu überwinden, Anschluß an die Gesamtpartei zu gewinnen und unter einem illegalen Vertrauenskörper wieder legale Arbeiterorganisationen zu schaffen. Dazu bot das Krankenkassengesetz neue Möglichkeiten. Mit Hilfe der legalen Organisation konnte der politischen und gewerkschaftlichen Massenarbeit wieder größere Aufmerksamkeit geschenkt werden. Im Rahmen dieser Bemühungen kam dem Besuch eine große Bedeutung zu, den Wilhelm Liebknecht am 20. Februar 1882 Reißhaus abstattete.[42] Am 30. Juli 1882 fand eine weitere Besprechung des Reichstagsabgeordneten Max Kayser mit 15 Erfurter Sozialdemokraten im „Auenkeller" statt. Auch hier wurden Maßnahmen zur Aktivierung der Partei in Erfurt besprochen. Die wachsende Bedeutung der Stadt in der mittelthüringischen Arbeiterbewegung kam jetzt auch in den Bemühungen zum Ausdruck, die hiesige Sozialdemokratie in engere Beziehungen zu der in Halle und Magdeburg zu bringen. Um die Sozialdemokratie in der preußischen Provinz Sachsen und den angrenzenden thüringischen Staaten zu stabilisieren, fand am 26. Dezember 1882 eine illegale Parteikonferenz in Schlettau bei Halle statt.[43] Hier wurde eine illegale Bezirksorganisation mit drei Bezirkskomitees in Magdeburg, Halle und Erfurt unter Oberleitung von Halle errichtet.

Der Parteitag der deutschen Sozialdemokratie in Kopenhagen, Ende März 1883, gab dann für Erfurt das Signal zum Übergang von der Verteidigung zur Offensive in der Klassenauseinandersetzung. Durch Reißhaus war Erfurt erstmals auf einem illegalen Parteitag vertreten. Die Nutzung der Reichstagswahlkämpfe zur Aktivierung einer möglichst großen Zahl von Arbeitern und die Aufklärung über den Charakter der Bismarckschen Versicherungsgesetze bildeten jetzt die Schwerpunkte der Tätigkeit der Erfurter Sozialdemokraten. Die Stadt rückte daher in das stärkere Interesse des Polizeipräsidiums Berlin als Zentralstelle zur Bekämpfung der Sozialdemokratie. Im Oktober 1883 wurde die unmittelbare Berichterstattung der Polizeiverwaltung Erfurt an das Polizeipräsidium Berlin angeordnet und im Frühjahr 1884 ein ständiger besoldeter Geheimagent des Polizeipräsidiums eingesetzt.

So gehen wir wohl kaum in der Annahme fehl, daß die Anregung zur Konferenz der mittelthüringischen Sozialdemokratie am 23. Mai 1883 auf der Wachsenburg zur unmittelbaren Auswertung des Kopenhagener Parteitags von Reißhaus ausgegangen ist. Sie stellt eine Wende in der Reaktivierung der Sozialdemokratie in Mittelthüringen dar, auf die

der Erfurter Führungskreis immer stärkeren Einfluß gewann. Die als Träger der Krankenversicherung entstehenden Zentralen Hilfskassen in Selbstverwaltung der Arbeiter mit ihren Ortsvereinigungen und die nach Handwerkssparten gebildeten „Fachvereine" boten jetzt auch in Erfurt vielgenutzte Möglichkeiten einer legalen Sicherung der Arbeiterinteressen und der organisatorischen Sammlung des Proletariats. Zu den wöchentlichen Versammlungen dieser Vereinigung kamen Großveranstaltungen mit tausend und mehr Besuchern, wie sie nach einer kleineren Versammlung mit dem Reichstagsabgeordneten Max Kayser am 10. Januar 1883 erstmals am 27. Mai 1883 in Erfurt unter dem Sozialistengesetz stattfanden. In diesen Versammlungen sprachen Reichstagsabgeordnete und verbanden soziale mit politischen Fragen.

Alle diese Anstrengungen sollten im Reichstagswahlkampf vom Oktober 1884 gipfeln. Als Generalprobe wurde die Reichstagsersatzwahl im Wahlkreis Sonneberg-Saalfeld genutzt, der bis in die Nähe Erfurts reichte. Gemeinsame Anstrengungen zeigten, was auch unter den Bedingungen des Sozialistengesetzes bei tatkräftiger, wohldurchdachter Agitation zur politischen Sammlung der Arbeiterklasse geleistet werden konnte. Zur Auswertung dieses Wahlkampfes und zur Vorbereitung der Reichstagswahl im Oktober berief Reißhaus auf den 27. April 1884 eine Konferenz thüringischer Sozialdemokraten in das Gasthaus „Zum Bergschlößchen" in Bischleben ein.[44] Dieses ganz nahe Erfurts gelegene Dorf gehörte zum Herzogtum Gotha, in dem die volle Gültigkeit des Sozialistengesetzes damals noch rechtlich umstritten war. Auch hier zeigte die Tatsache, daß die Hälfte der Anwesenden aus Erfurt stammte, die starke Stellung, die mittlerweile die Erfurter Sozialdemokratie in Mittelthüringen gewonnen hatte.

Auch weiterhin blieb das Erfurter Proletariat der Motor der kraftvollen Entfaltung der Arbeiterbewegung in Mittelthüringen. Die Sozialdemokraten erlangten 1884 mit 2662 Stimmen erstmals den größten Wähleranteil in der Stadt, die absolute Mehrheit in den Wahllokalen des Schmidtstedter-, Brühler-, Johannis- und Andreasbezirks. Immer wieder unterstützten neue Ausgewiesene aus den Gebieten des „kleinen Belagerungszustandes" die Erfurter

---

[42] StAW, Regierung zu Erfurt, vorl. Nr. 875, Bl. 130.
[43] Staatsarchiv Potsdam, Rep. 30 C, Tit. 94, Lit. M, Nr. 306, Bd. 2; Tit. 94, Lit. S, Nr. 848, Bd. 2.
[44] StAE, 1-2/154-1, Bl. 250 ff.; StAW, Regierung zu Erfurt, vorl. Nr. 478, Bl. 102 ff.; ebenda, Staatsministerium Gotha, Departement II, Loc 146, Nr. 17, Bd. 1, Bl. 329 ff., Bd. 2, Bl. 7, 11.

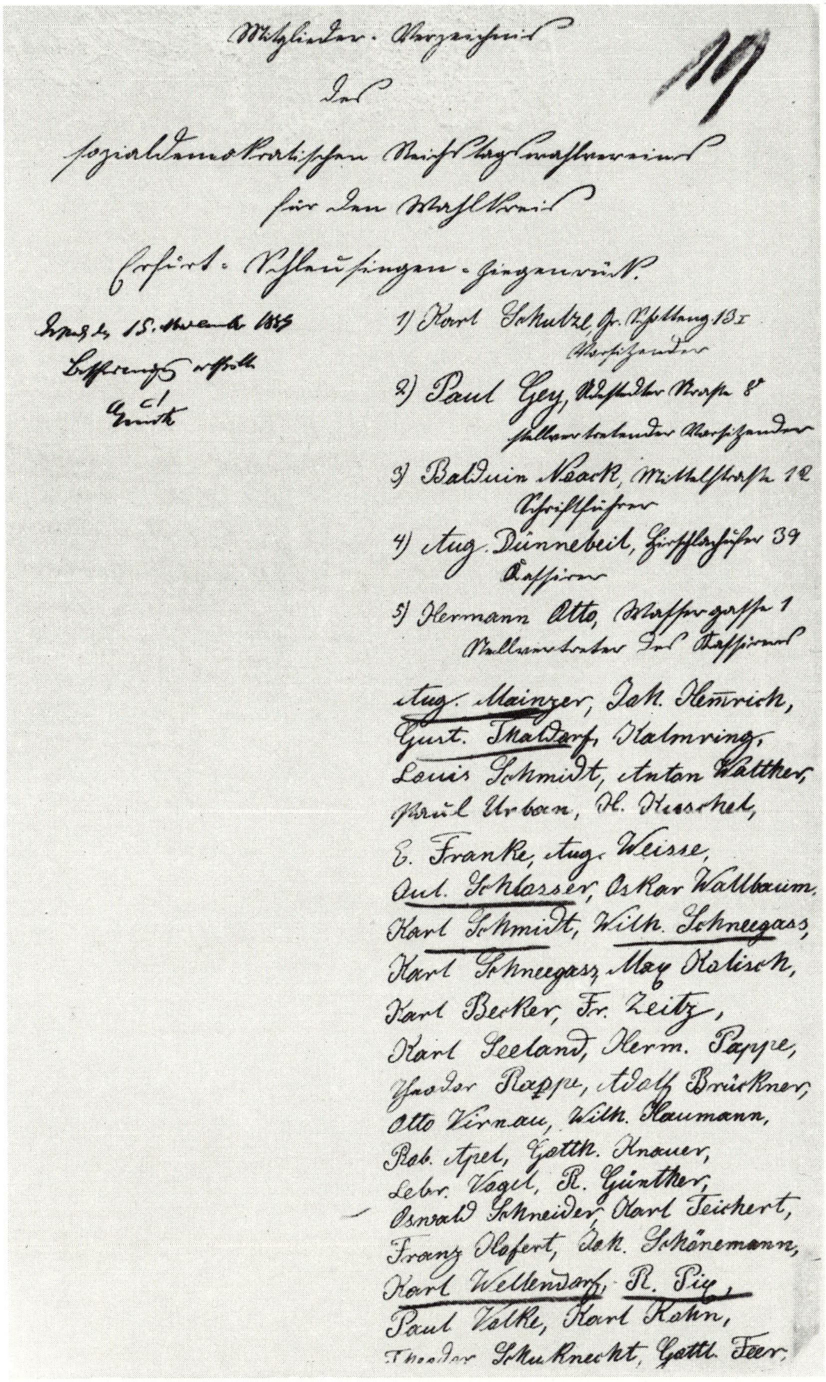

Abb. 250 a/b. Mitgliederverzeichnis des Erfurter Sozialdemokratischen Wahlvereins vom November 1889

Sozialdemokratie, auch wenn sie oft nur wenige Monate blieben.

In nahezu vollendeter Weise wurde seit 1884 in Erfurt legale und illegale Arbeit im Klassenkampf verbunden. Der geheime Führungskörper, nun unter Reißhaus und Staupe, der mit der Parteileitung in engem Kontakt stand, leitete die Hilfskassen- und Fachvereine an, deren Vorsitzende oft der geheimen Leitung angehörten. Auch kulturelle Arbeitervereine entstanden, wie 1885 der Gesangverein „Morgenstern" und 1886 der „Abendstern". Zahlreiche Veranstaltungen fanden im großen Rahmen statt: Zu-

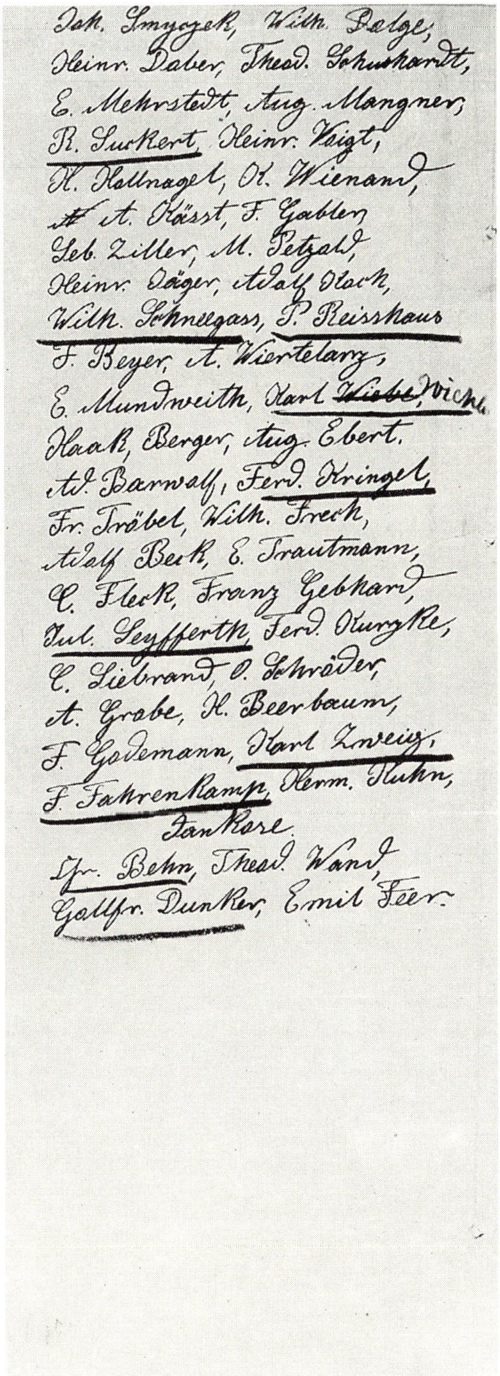

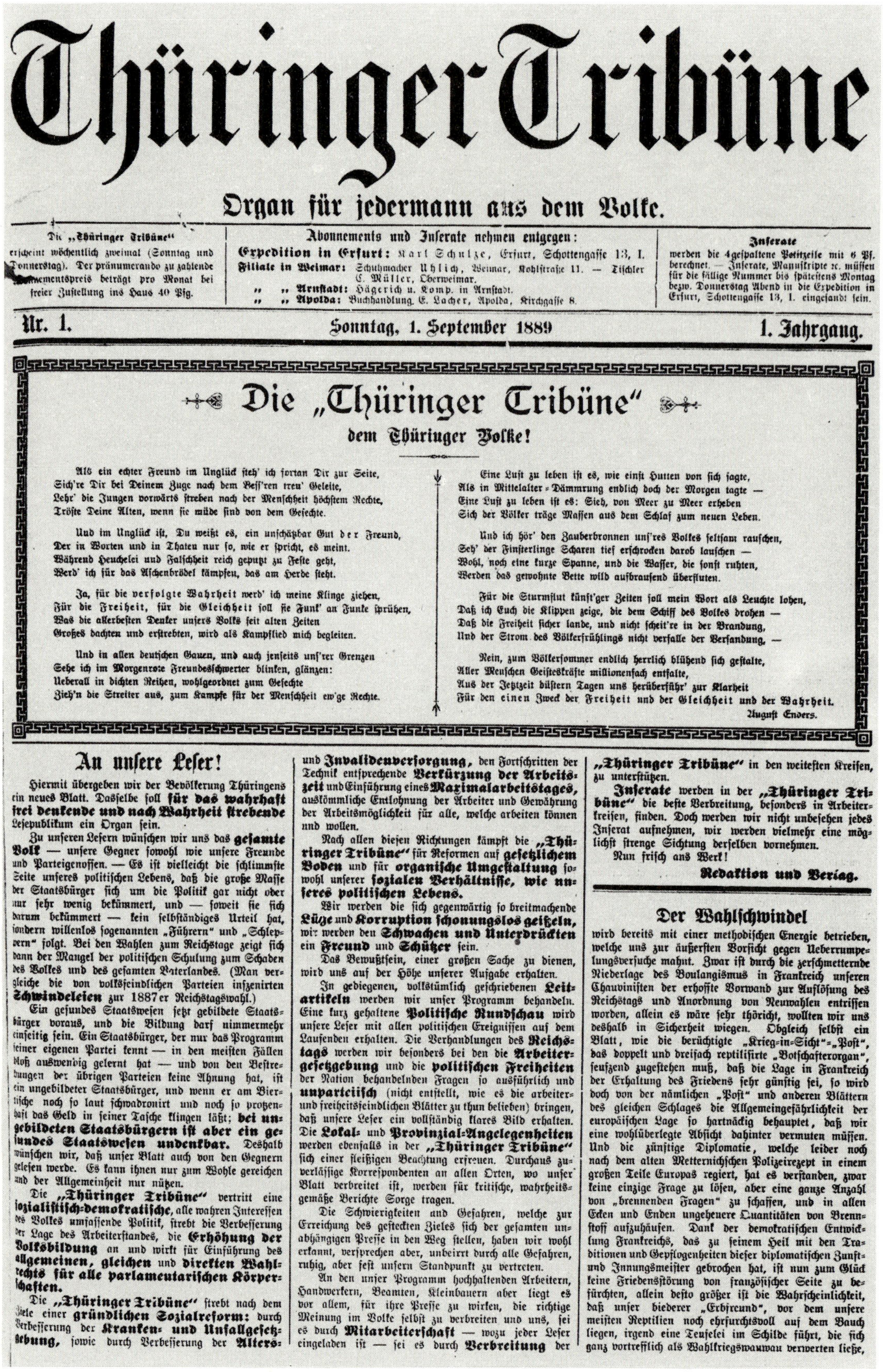

Thüringer Tribüne

Organ für jedermann aus dem Volke.

Die „Thüringer Tribüne" erscheint wöchentlich zweimal (Sonntag und Donnerstag). Der pränumerando zu zahlende Abonnementspreis beträgt pro Monat bei freier Zustellung ins Haus 40 Pfg.

Abonnements und Inserate nehmen entgegen:
Expedition in Erfurt: Karl Schulze, Erfurt, Schottengasse 13, I.
Filiale in Weimar: Schuhmacher Uhlich, Weimar, Kohlstraße 11. — Tischler C. Müller, Oberweimar.
„ „ **Arnstadt:** Hägerich u. Komp. in Arnstadt.
„ „ **Apolda:** Buchhandlung. E. Lacher, Apolda, Kirchgasse 8.

Inserate werden die 4gespaltene Petitzeile mit 6 Pf. berechnet. — Inserate, Manuskripte rc. müssen für die billige Nummer bis spätestens Montag bezw. Donnerstag Abend in die Expedition in Erfurt, Schottengasse 13, I. eingesandt sein.

Nr. 1.   Sonntag, 1. September 1889   **1. Jahrgang.**

❖ Die „Thüringer Tribüne" ❖
dem Thüringer Volke!

Als ein echter Freund im Unglück steh' ich fortan Dir zur Seite,
Sich're Dir bei Deinem Zuge nach dem Bess'ren treu' Geleite,
Lehr' die Jungen vorwärts streben nach der Menschheit höchstem Rechte,
Tröste Deine Alten, wenn sie müde sind von dem Gefechte.

Und im Unglück ist, Du weißt es, ein unschätzbar Gut der Freund,
Der in Worten und in Thaten nur so, wie er's spricht, es meint.
Während Heuchelei und Falschheit reich geputzt zu Feste geht,
Werd' ich für das Aschenbrödel kämpfen, das am Herde steht.

Ja, für die verfolgte Wahrheit werd' ich meine Klinge ziehen,
Für die Freiheit, für die Gleichheit soll sie Funk' an Funke sprühen,
Was die allerbesten Denker unsers Volks seit alten Zeiten
Großes dachten und erstrebten, wird als Kampflied mich begleiten.

Und in allen deutschen Gauen, und auch jenseits uns'rer Grenzen
Sehe ich im Morgenrote Freundesschwerter blinken, glänzen;
Ueberall in dichten Reihen, wohlgeordnet zum Gefechte
Zieh'n die Streiter aus, zum Kampfe für der Menschheit ew'ge Rechte.

Eine Lust zu leben ist es, wie einst Hutten von sich sagte,
Als in Mittelalter = Dämmrung endlich doch der Morgen tagte —
Eine Lust zu leben ist es: Sieh, von Meer zu Meer erheben
Sich der Völker träge Massen aus dem Schlaf zum neuen Leben.

Und ich hör' den Zauberbronnen uns'res Volkes seltsam rauschen,
Seh' der Finsterlinge Scharen tief erschroken darob lauschen —
Wohl, noch eine kurze Spanne, und die Wasser, die sonst ruhten,
Werden das gewohnte Bette wild aufbrausend übersluten.

Für die Sturmflut künft'ger Zeiten soll mein Wort als Leuchte lohen,
Daß ich Euch die Klippen zeige, die dem Schiff des Volkes drohen —
Daß die Freiheit sicher lande, und nicht scheit're in der Brandung,
Und der Strom des Völkerfrühlings nicht verfalle der Versandung. —

Nein, zum Völkersommer endlich herrlich blühend sich gestalte,
Aller Menschen Geisteskräfte millionenfach entfalte,
Aus der Jetztzeit düstern Tagen uns herüberführ' zur Klarheit
Für den einen Zwek der Freiheit und der Gleichheit und der Wahrheit.

August Enders.

An unsere Leser!

Hiermit übergeben wir der Bevölkerung Thüringens ein neues Blatt. Dasselbe soll **für das wahrhaft frei denkende und nach Wahrheit strebende** Lesepublikum ein Organ sein.

Zu unseren Lesern wünschen wir uns das **gesamte Volk** — unsere Gegner sowohl wie unsere Freunde und Parteigenossen. — Es ist vielleicht die schlimmste Seite unseres politischen Lebens, daß die große Masse der Staatsbürger sich um die Politik gar nicht oder nur sehr wenig bekümmert, und — soweit sie sich darum bekümmert — kein selbstständiges Urteil hat, sondern willenlos sogenannten „Führern" und „Schleppern" folgt. Bei den Wahlen zum Reichstage zeigt sich dann der Mangel an politischer Schulung und Schaden des Volkes und des gesamten Vaterlandes. (Man vergleiche die von volksfeindlichen Parteien inszenierten **Schwindeleien** zur 1887er Reichstagswahl.)

Ein gesundes Staatswesen setzt gebildete Staatsbürger voraus, und die Bildung darf nimmermehr einseitig sein. Ein Staatsbürger, der nur das Programm seiner eigenen Partei kennt — in den meisten Fällen bloß auswendig gelernt hat — und von den Bestrebungen der übrigen Parteien keine Ahnung hat, ist ein ungebildeter Staatsbürger, und wenn er am Biertische noch so laut schwadroniert und noch so protzenhaft das Geld in seiner Tasche klingen läßt: **bei ungebildeten Staatsbürgern ist aber ein gesundes Staatswesen undenkbar.** Deshalb wünschen wir, daß unser Blatt auch von den Gegnern gelesen werde. Es kann ihnen nur zum Wohle gereichen und der Allgemeinheit nur nützen.

Die **„Thüringer Tribüne"** vertrit eine **sozialistisch-demokratische,** alle wahren Interessen des Volkes umfassende Politik, strebt die Verbesserung der Lage des Arbeiterstandes, die **Erhöhung der Volksbildung** an und wirkt für Einführung des **allgemeinen, gleichen und direkten Wahlrechts für alle parlamentarischen Körperschaften.**

Die **„Thüringer Tribüne"** strebt nach dem Ziele einer **gründlichen Sozialreform:** durch Verbesserung der **Kranken- und Unfallgesetzgebung,** sowie durch Verbesserung der **Alters-** und **Invalidenversorgung,** den Fortschritten der Technik entsprechende **Verkürzung der Arbeitszeit** und Einführung eines **Maximalarbeitstages,** auskömmliche Entlohnung der Arbeiter und Gewährung der Arbeitsmöglichkeit für alle, welche arbeiten können und wollen.

Nach allen diesen Richtungen kämpft die **„Thüringer Tribüne"** für Reformen auf **gesetzlichem Boden** und für organische Umgestaltung sowohl unserer **sozialen Verhältnisse,** wie unseres **politischen Lebens.**

Wir werden die sich gegenwärtig so breitmachende **Lüge und Korruption** schonungslos geißeln, wir werden den **Schwachen und Unterdrückten** ein **Freund und Schützer** sein.

Das Bewußtsein, einer großen Sache zu dienen, wird uns auf der Höhe unserer Aufgabe erhalten.

In gediegenen, volkstümlich geschriebenen **Leitartikeln** werden wir unser Programm behandeln. Eine kurz gehaltene **Politische Rundschau** wird unsere Leser mit allen politischen Ereignissen auf dem Laufenden erhalten. Die Verhandlungen des **Reichstags** werden wir betreffs der **Arbeitergesetzgebung** und die **politischen Freiheiten** der Nation behandelnden Fragen so ausführlich und **unparteiisch** (nicht entstellt, wie es die arbeiter- und freiheitsfeindlichen Blätter zu thun belieben) bringen, daß unsere Leser ein vollständig klares Bild der Lage in seiner Tasche klingen läßt. Die **Lokal-** und **Provinzial-Angelegenheiten** werden ebenfalls in der **„Thüringer Tribüne"** sich einer fleißigen Beachtung erfreuen. Durchaus zuverlässige Korrespondenten an allen Orten, wo unser Blatt verbreitet ist, werden für kritische, wahrheitsgemäße Berichte Sorge tragen.

Die Schwierigkeiten und Gefahren, welche zur Erreichung des gesteckten Zieles sich der gesamten unabhängigen Presse in den Weg stellen, haben wir wohl erkannt; wir versprechen aber, unseren Pflichten, trotz aller Gefahren, ruhig, aber fest unseren Standpunkt zu vertreten.

An den unser Programm hochhaltenden Arbeitern, Handwerkern, Beamten, Kleinbauern aber liegt es vor allem, für ihre Presse zu wirken, die richtige Meinung im Volke selbst zu verbreiten und sei es durch **Mitarbeiterschaft** — wozu jeder Leser eingeladen ist — sei es durch **Verbreitung** der **„Thüringer Tribüne"** in den weitesten Kreisen, zu unterstützen.

Inserate werden in der **„Thüringer Tribüne"** die beste Verbreitung, besonders in Arbeiterkreisen, finden. Doch werden wir nicht jedes beliebige Inserat aufnehmen, wir werden vielmehr eine möglichst strenge Sichtung derselben vornehmen.

Nun frisch ans Werk!

Redaktion und Verlag.

Der Wahlschwindel

wird bereits mit methodischer Energie betrieben, welche uns zur äußersten Vorsicht gegen Ueberrumpelungsversuche mahnt. Zwar ist durch die zerschmetternde Niederlage des Boulangismus in Frankreich unseren Chauvinisten der erhoffte Vorwand zur Auflösung des Reichstags und Anordnung von Neuwahlen entrissen worden, allein es wäre sehr thöricht, wollten wir uns deshalb in Sicherheit wiegen. Obgleich selbst ein Blatt, wie die berüchtigte „Krieg-in-Sicht"-„Post," das doppelt und dreifach reptilisirte „Botschafterorgan," seufzend zugestehen muß, daß die Lage in Frankreich der Erhaltung des Friedens sehr günstig sei, so wird doch von der nämlichen „Post" und anderen Blättern des gleichen Schlages die Allgemeingefährlichkeit der europäischen Lage so hartnäckig behauptet, daß wir eine wohlüberlegte Absicht dahinter vermuten müssen. Und die zünftige Diplomatie, welche leider noch nach dem alten Metternich'schen Polizeirezept in einem großen Teile Europas regiert, hat es verstanden, zwar keine einzige Frage zu lösen, dafür aber eine ganze Anzahl von „brennenden Fragen" zu schaffen, und in allen Ecken und Enden ungeheure Quantitäten von Brennstoff aufzuhäufen. Dank der demokratischen Entwicklung Frankreichs, das zu seinem Heil mit den Traditionen und Gepflogenheiten dieser diplomatischen Zunft- und Innungsmeister gebrochen hat, ist nun zum Glück eine Friedensstörung von französischer Seite zu befürchten, allein desto größer ist die Wahrscheinlichkeit, daß unser biederer „Erbfeind," vor dem unsere meisten Reptilien mit ehrfurchtsvoll aus dem Bauch liegen, irgend eine Teufelei im Schilde führt, die sich ganz vortrefflich als Wahlkriegswauwau verwerten ließe.

Abb. 251.
Erste Ausgabe der Thüringer Tribüne vom 1. September 1889

sammenkünfte in Gaststätten, oft ohne formale Leitung, in denen die Funktionäre von Tisch zu Tisch gingen; Tagungen auf umliegenden Dörfern, die einer intensiven Überwachung entzogen waren; große gesellige Familiennachmittage und -abende und endlich immer wieder die großen politischen Veranstaltungen mit 2000 Personen im „Kaisersaal“. Eine große agitatorische Hilfe leistete weiterhin der „Sozialdemokrat“, der jetzt in großer Zahl aus verschiedenen deutschen Städten in Erfurt einging und meist an Personen adressiert war, die im Parteileben keine oder kaum eine Rolle spielten. Eine in Zürich entstandene Verteilerliste für das I. Quartal 1887 führt für Erfurt 55 Exemplare auf. Wurde ein für Erfurt bestimmtes Paket wirklich beschlagnahmt, fanden sich darin jeweils weit mehr Exemplare. Agitatorische Zwecke erfüllten auch die 1884 bis 1886 erscheinende „Thüringer Waldpost“ und andere legale Zeitungen aus dem sozialdemokratischen Verlag von Louis Viereck in München.

Abb. 252. Flugblatt
zur Reichstagswahl für Paul Reißhaus (1890)

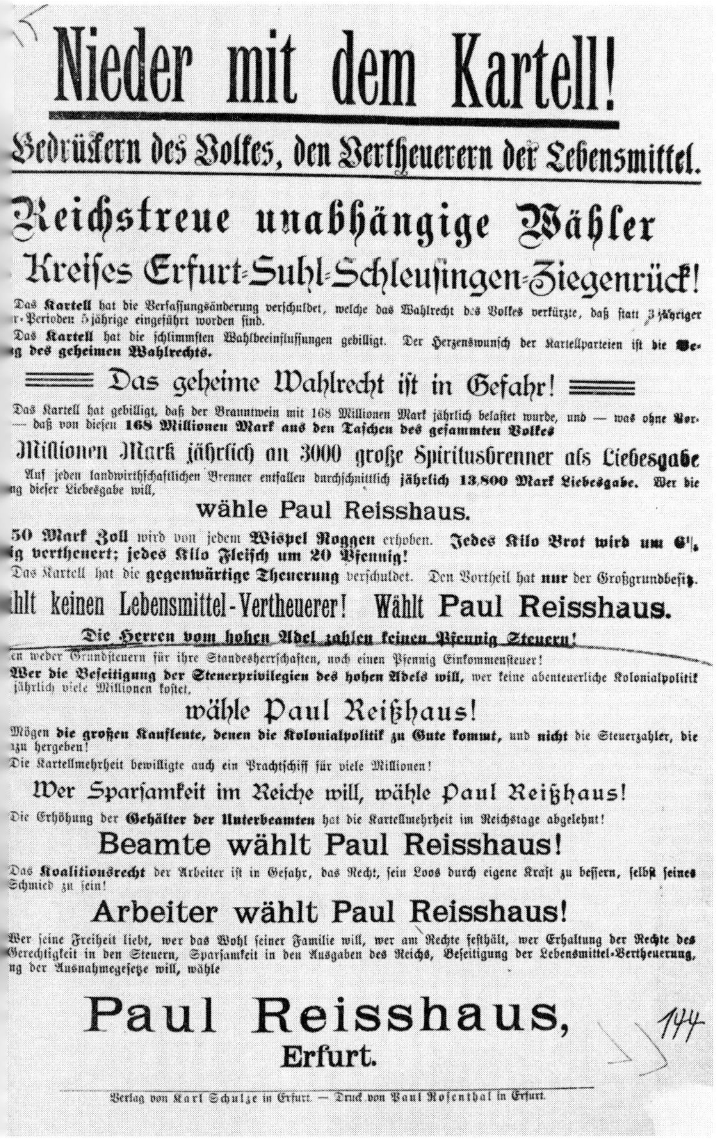

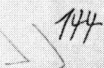

Nieder mit dem Kartell!
Bedrückern des Volkes, den Vertheuerern der Lebensmittel.
Reichstreue unabhängige Wähler
Kreises Erfurt-Suhl-Schleusingen-Ziegenrück!
Das **Kartell** hat die Verfassungsänderung verschuldet, welche das Wahlrecht des Volkes verkürzte, daß statt 3jähriger r-Perioden 5jährige eingeführt worden sind.
Das **Kartell** hat die schlimmsten Wahlbeeinflussungen gebilligt. Der Herzenswunsch der Kartellparteien ist **die Be-g des geheimen Wahlrechts.**
Das geheime Wahlrecht ist in Gefahr!
Das Kartell hat gebilligt, daß der Branntwein mit 168 Millionen Mark jährlich belastet wurde, und — was ohne Vor- — daß von diesen **168 Millionen Mark aus den Taschen des gesammten Volkes**
Millionen Mark jährlich an 3000 große Spiritusbrenner als Liebesgabe
Auf jeden landwirthschaftlichen Brenner entfallen durchschnittlich **jährlich 13,800 Mark Liebesgabe.** Wer die ng dieser Liebesgabe will,
wähle Paul Reisshaus.
50 Mark Zoll wird von jedem **Wispel Roggen** erhoben. **Jedes Kilo Brot wird um 6½ ig vertheuert; jedes Kilo Fleisch um 20 Pfennig!**
Das Kartell hat die **gegenwärtige Theuerung** verschuldet. Den Vortheil hat **nur** der Großgrundbesitz.
ählt keinen Lebensmittel-Vertheuerer! Wählt Paul Reisshaus.
Die Herren vom hohen Adel zahlen keinen Pfennig Steuern!
en weder Grundsteuern für ihre Standesherrschaften, noch einen Pfennig Einkommensteuer!
Wer die Beseitigung der Steuerprivilegien des hohen Adels will, wer keine abenteuerliche Kolonialpolitik jährlich viele Millionen kostet,
wähle Paul Reißhaus!
Mögen **die großen Kaufleute, denen die Kolonialpolitik zu Gute kommt,** und **nicht** die Steuerzahler, die zu hergeben!
Die Kartellmehrheit bewilligte auch ein Prachtschiff für viele Millionen!
Wer Sparsamkeit im Reiche will, wähle Paul Reißhaus!
Die Erhöhung der **Gehälter der Unterbeamten** hat die Kartellmehrheit im Reichstage abgelehnt!
Beamte wählt Paul Reisshaus!
Das **Koalitionsrecht** der Arbeiter ist in Gefahr, das Recht, sein Loos durch eigene Kraft zu bessern, selbst seines Schmied zu sein!
Arbeiter wählt Paul Reisshaus!
Wer seine Freiheit liebt, wer das Wohl seiner Familie will, wer am Rechte festhält, wer Erhaltung der Rechte des Gerechtigkeit in den Steuern, Sparsamkeit in den Ausgaben des Reichs, Beseitigung der Lebensmittel-Vertheuerung, ng der Ausnahmegesetze will, wähle
Paul Reisshaus,
Erfurt.
144
Verlag von Karl Schulze in Erfurt. — Druck von Paul Rosenthal in Erfurt.

In jeder Weise gekräftigt, sahen die Erfurter Sozialdemokraten der neuen Unterdrückungswelle entgegen, die seit Frühjahr 1886 heranbrandete und mit der ganz unter chauvinistischen Vorzeichen stehenden Reichstagswahl vom Februar 1887 ihren Höhepunkt erreichte. Zuerst wurden am 29. September 1885 die drei wichtigsten Fachvereine der Tischler, Schneider und Maurer in Erfurt polizeilich verboten.[45] Als ein Gerichtsbeschluß dieses Verbot schließlich wieder aufheben mußte, waren an ihre Stelle schon längst wieder neu gegründete Arbeitervereine getreten. In den letzten Jahren des Sozialistengesetzes gewann in der Erfurter Sozialdemokratie der Marxismus eine immer größere Breitenwirkung. Vermittler der politischen Ansichten Bebels und Liebknechts war vor allem Reißhaus. Er nahm 1889 an der Gründung der II. Internationale in Paris teil, deren Bedeutung er den thüringischen Arbeitern erläuterte.[46]

Die Arbeiterpartei in Erfurt war sich darüber im klaren, daß sie jetzt zur Fortführung des politischen Kampfes neuer Methoden bedurfte, vor allem politischer Zeitungen und Vereine, die in der Lage waren, die Werktätigen kontinuierlich Tag für Tag zu orientieren und zu führen. Am 14. Mai 1889 wurde als politische legale Organisation der „Verein zur Erzielung volkstümlicher Wahlen“ gebildet.[47] Das sofortige Verbot durch die Regierung zu Erfurt stieß auf den Widerspruch der preußischen Ministerialbürokratie, in der sich schon längst Zweifel regten, ob die alte Ausnahmegesetzgebung noch zweckmäßig sei. So konnte am 8. November 1889 die Neugründung des Wahlvereins in Vorbereitung der Reichstagswahlen vom Februar 1890 ohne weiteres erfolgen.[48] Die Gründung einer politischen Arbeiterzeitung in Erfurt ging von der Leipziger Arbeiterzeitung „Der Wähler“ aus. Von dort kam auch Karl August Schulze als Redakteur.[49] Ab 1. September 1889 erschien die „Thüringer Tribüne“, zunächst mit 400 Abonnenten wöchentlich dreimal.

---

45 StAW, Regierung Erfurt, vorl. Nr. 478, Bl. 313, 330 ff., 341 ff.
46 Ebenda, vorl. Nr. 458, Bl. 178.
47 Ebenda, vorl. Nr. 480, Bl. 182 ff., 197.
48 Ebenda, vorl. Nr. 471, Bl. 21 ff.
49 Heß, Die sozialistische Presse in Thüringen, in: Rudolstädter Heimathefte, 6. Jg. Rudolstadt 1960, S. 6 ff.

Die nunmehrige Stärke der Erfurter Sozialdemokratie wird in staatlichen Erhebungen deutlich, die im Frühjahr 1890 durchgeführt wurden:[50] Es werden 22 „hervorragende" Sozialdemokraten genannt, an der Spitze Reißhaus und Schulze. Außer dem Arbeiterwahlverein werden 35 sozialdemokratische Vereine aufgeführt: 18 Fachvereine und gewerkschaftliche Organisationen mit 631 Mitgliedern, 16 Krankenkassenvereine und fünf Unterstützungsvereine mit 1799 Mitgliedern sowie der Arbeitergesangsverein „Morgenstern". In 20 Fabriken schätzte die Polizei die Zahl der Sozialdemokraten auf 2000, besonders in der Königlichen Gewehrfabrik und bei Eduard Lingel. Zur selben Zeit, am 20. Februar 1890, wurde die Sozialdemokratie mit Reißhaus als Kandidaten erstmals mit 5020 Wählern die stärkste Partei in der Stadt Erfurt und erreichte fast die Hälfte der Stimmen, in der Stichwahl gegen die Konservativen bekam sie schließlich 5821 Stimmen (52,7 Prozent).

Auch in Erfurt war der Bankrott des Sozialistengesetzes offensichtlich, dem im Januar 1890 eine Reichstagsmehrheit die Verlängerung verweigerte. Die Erfurter Sozialdemokraten hatten durch ihren aufopferungsvollen Kampf zu diesem Sieg beigetragen, der die entscheidende Ursache für den Sturz des Reichskanzlers Bismarck bildete.

Die Stärke des klassenbewußten Erfurter Proletariats trat auch bei dem ersten internationalen Kampftag der Arbeiterklasse am 1. Mai 1890 hervor. Da ein Umzug in Erfurt verboten wurde, veranstalteten die Sozialdemokraten einen „Ausflug" nach der Gaststätte Haarberg, die schon auf dem Staatsgebiet von Sachsen-Weimar-Eisenach lag. Die Teilnehmerzahl wurde auf 4000 geschätzt: „Die Chaussee war schwarz von Menschen".[51] Am 1. Mai fanden mehrere Kundgebungen in Erfurt statt, die größte im „Kaisersaal". Letztere wurde schließlich aus nichtigen Gründen aufgelöst und damit das Sozialistengesetz letztmalig in Erfurt angewandt. Gleichzeitig erlebte Erfurt in fast allen Berufszweigen, besonders bei den Bekleidungs- und Bauarbeitern, erstmals eine umfassende Lohnbewegung.

Am 12. Juni 1890 benannte sich der Arbeiterwahlverein in Sozialdemokratischer Ortsverein um.[52] Unter diesem Namen trat er erstmals mit einer Großveranstaltung, auf der Wilhelm Liebknecht sprach, am 23. August 1890 vor die Öffentlichkeit. Auch in Erfurt war der Sieg über das Sozialistengesetz endgültig erfochten. Ein zweiter Sozialdemokratischer Verein entstand am 15. Juli in Ilversgehofen, ein dritter 1894 in Hochheim. Auch die Werbung für die „Thüringer Tribüne" hatte gute Erfolge.

Nach Jahresfrist war die Abonnentenzahl auf 5422 gestiegen. Der 1. Thüringische Landesparteitag nach dem Fall des Sozialistengesetzes am 23. November 1890 in Erfurt setzte bereits die Maßstäbe für die künftige Parteiarbeit im regionalen Rahmen.

Der erfolgreiche Kampf der Erfurter Arbeiterbewegung und die politische und moralische Stärke des hiesigen Proletariats waren sicherlich wichtige Gründe für die Wahl der Stadt als Tagungsort eines der bedeutendsten Parteitage der deutschen Arbeiterpartei vom 24. bis 30. Oktober 1891. Reißhaus eröffnete diesen historischen Kongreß im Erfurter „Kaisersaal". Die deutsche Sozialdemokratie beschloß hier ein neues Programm, das auch die Lehren aus dem Kampf gegen die herrschenden Klassen und ihren Staat, gegen Bourgeoisie, Junkertum und Militarismus unter dem Sozialistengesetz zog und auf dessen Ausarbeitung Friedrich Engels maßgeblichen Einfluß gewann. Obwohl das Wechselverhältnis zwischen dem Kampf um demokratische Ziele und dem Kampf um den Sozialismus nicht definiert und die Frage der Diktatur des Proletariats nicht klar beantwortet wurde, war das Erfurter Programm das Programm einer marxistischen Arbeiterpartei. Es berücksichtigte die Kritik von Marx und Engels am Gothaer Programm und orientierte das Proletariat auf die Eroberung der politischen Macht und die Überführung des Privateigentums an Produktionsmitteln in gesellschaftliches Eigentum. Die Durchsetzung weitgehender bürgerlich-demokratischer Rechte und die Verbesserung der Lage des Proletariats wurden als Nahziele bezeichnet. Das „Erfurter Programm", das für die nächsten Jahrzehnte offizielle politische Richtlinie der Sozialdemokratischen Partei Deutschlands (SPD) blieb, hat dem Namen der Stadt nicht nur in Deutschland, sondern auch in der internationalen Arbeiterbewegung einen guten Klang verschafft.

Der Übergang vom Freihandel zum Schutzzoll und zu einer reaktionäreren Politik 1878 und 1879 wirkte sich auf Teile des Erfurter Bürgertums in der Weise aus, daß sich erneut eine bürgerliche Opposition gegen Bismarck bildete. Schon bei der Reichstagsersatzwahl vom 30. Juli 1879 kam es zu einer Kandidatur der Fortschrittspartei, die den Konservativen viele Wähler ausspannte und in Erfurt ein gutes Viertel der Gesamtstimmen erreichte. Die Strömung hielt an, so daß die liberale Opposition nun in

---

[50] StAW, Regierung zu Erfurt, vorl. Nr. 459, Bl. 93 ff., 105, 145.
[51] Ebenda, vorl. Nr. 497, Bl. 9 ff., 80 ff; ebenda, vorl. Nr. 451, Bl. 289 f.
[52] Ebenda, vorl. Nr. 483, Bl. 40, 86 ff.

Abb. 253. Der Erfurter „Kongreßsaal", Tagungsort des Parteitages der deutschen Sozialdemokratie im Oktober 1891

Form der „Liberalen Vereinigung" 1881 in der Stadt fast die Hälfte der Stimmen errang und den Konservativen sogar das Erfurt-Schleusinger Reichstagsmandat abnahm. Klassenunterschiede zwischen Konservativen und Liberalen traten allerdings kaum hervor.

Die Liberalen gaben sich 1882 eine festere Organisation, als sie für Erfurt den „Verein der Mittelpartei" gründeten, der sich 1884 der neuen Deutsch-Freisinnigen Partei anschloß und aus dem 1888 der Deutsch-Freisinnige Wahlverein entstand.[53] Seine Führer stammten aus der mittleren Bourgeoisie und dem gehobenen Kleinbürgertum. Die Deutsch-Freisinnigen, ·hervorgegangen 1884 aus dem Zusammenschluß zwischen Liberaler Vereinigung und Fortschrittspartei, waren auch in Erfurt die Partei derjenigen Teile der Großbourgeoisie und der mittleren und kleineren Kapitalisten, denen die Wirtschaftspolitik Preußens und des Reiches entgegenstand. Ihre Zeitung war das „Erfurter Tageblatt für Stadt und Land".

Bei der Reichstagswahl von 1884 ging der Einfluß der Liberalen auf die Wählerschaft jedoch wieder merklich zurück, weil die Wähler aus dem Proletariat in der Sozialdemokratie ihre politische Heimat gefunden hatten und das reaktionäre Klima der 80er Jahre den Konservativen einen neuen Aufschwung ermöglichte. Unter diesen Umständen erreichte die Deutsche Reichspartei bei den Reichstagswahlen von 1887 in Erfurt eine eindeutige Mehrheit von 59,5 Prozent der Stimmen, während die Liberalen auf 13,5 Prozent abfielen. Überdies hatte die Deutsche Reichspartei 1882 auch das Erfurter Mandat im preußischen Abgeordnetenhaus erobert, das sie durch Ferdinand Lucius bis 1903 behauptete. Mit dem starken Anwachsen der Sozialdemokraten 1890 gingen dann die Anteile der Konservativen und der Liberalen bei den Reichstagswahlen auf 41,1 bzw. 9,4 Prozent zurück.

Die Sozialdemokraten waren in Erfurt auch in den 90er Jahren die stärkste und rührigste politische Partei. Die regionale Organisation über dem Sozialdemokratischen Verein Erfurt war nach den Vorschriften des Organisationsstatuts von 1890 so aufge-

[53] Ebenda, vorl. Nr. 436, Bl. 204 ff.

baut, daß zwischen den Ortsvereinen und dem Parteivorstand in Berlin, seit 1895 in Hamburg, der Kreisvertrauensmann für den Wahlkreis Erfurt–Schleusingen–Ziegenrück stand, der in öffentlichen Versammlungen gewählt wurde. Er war stets ein Erfurter. Durch die „Agitationskommission für Thüringen" mit Sitz in Erfurt, die für das Verbreitungsgebiet der „Thüringer Tribüne" tätig und auch mit Erfurter Genossen besetzt war, weitete sich der Einfluß der Erfurter Sozialdemokraten über den Reichstagswahlkreis aus. Auch auf den „Thüringischen Landesparteitagen", die jährlich für das Verbreitungsgebiet der „Thüringer Tribüne" abgehalten wurden, spielten sie stets eine große Rolle. Die Zeitung ging am 9. November 1891 in Parteieigentum über.

Der Erfurter Sozialdemokratische Ortsverein wuchs bis 1898 auf 289 Mitglieder an. Gleichzeitig stieg die Zahl der sozialdemokratischen Wählerstimmen 1890 bis 1898 von 5050 (= 45,2 Prozent) auf 5817 (= 46,2 Prozent). Im ersten Wahlgang erreichte sie fast immer die Hälfte, in der Stichwahl ging sie knapp über die Hälfte, weil ein Teil der liberalen Wähler gewonnen werden konnte. In der Mitgliedschaft des Ortsvereins dominierte vollständig das proletarische Element: Schuhmacher, Schneider, Metall- und Bauarbeiter. Neben dem alten Funktionärskreis um Reißhaus gewannen nun auch die Redakteure der „Thüringer Tribüne" und bald auch die Vorsitzenden der örtlichen Gewerkschaftsorganisationen Einfluß auf die örtliche Parteileitung. Reißhaus wurde 1893 in Sonneberg-Saalfeld in den Reichstag gewählt, wodurch sich ihm ein neues Arbeitsgebiet im südöstlichen Thüringer Wald erschloß. Doch blieb sein Einfluß auf die Erfurter Sozialdemokratie beachtlich, wenn auch nicht mehr unumstritten. Zwar vertraten die Tribüne-Redakteure Karl August Schulze (1889 bis 1891) und Gustav Hülle (1891 bis 1897) wie Reißhaus unbedingt eine auf den Klassenkampf orientierte Arbeiterpolitik, doch traten unter den Gewerkschaftsfunktionären schon in den 90er Jahren revisionistische und andere opportunistische Strömungen auf.

Die Gewerkschaften in Erfurt schlossen sich den seit 1890 entstehenden Zentralverbänden der Freien Gewerkschaften an, doch gelang es erst um die Jahrhundertwende, sie zur Massenbewegung zu machen. Die einzelnen Gewerkschaftszahlstellen waren seit 1890 in einem örtlichen Gewerkschaftskartell zusammengeschlossen, dem sich nur die Schuhmacher noch längere Zeit entzogen. Über die Zahl der Gewerkschafter in Erfurt 1897 liegen keine eindeutigen Angaben vor. Einmal wird sie mit 784

angegeben. Die Summe der Mitglieder der Einzelgewerkschaften des Gewerkschaftskartells ergibt aber 930, mit den Schuhmachern 1332 Mitglieder.[54] Jedenfalls war zunächst nur eine kleine Minderheit der Arbeiter (etwa 5 Prozent) gewerkschaftlich organisiert. Die Gewerkschaften der Schuhmacher, Schneider, Maler und Lackierer sowie der Holzarbeiter, Zimmerer und Glaser führten die Gründung ihrer örtlichen Zahlstellen in die Zeit des Sozialistengesetzes zurück. Die Zahlstellen der Maurer und Metallarbeiter entstanden 1891, der Brauer und Mühlenarbeiter 1894. Die größten Gewerkschaftsvereine blieben auch in den 90er Jahren die Schuhmacher (1897: 405 Mitglieder = 27 Prozent) und Maurer (1897: 375 = 63 Prozent).

Trotz der noch beschränkten Zahl der Gewerkschafter gelang es in den 90er Jahren, die Arbeiter zu zwei bedeutsamen Arbeitskämpfen zusammenzuführen. Sie zeigten eine wachsende Solidarität in der Arbeiterklasse. Im November 1890 führten die Arbeiter den bis dahin größten Arbeitskampf, als ein Schuhmacher der Fabrik Cerf & Bielschowsky gemaßregelt wurde.[55] Darauf trat die Belegschaft in den Streik, der sich auf andere Schuhfabriken ausdehnte. Die Schuhfabrikanten sperrten nun alle Arbeiter aus, wodurch etwa 2000 Arbeiter 60 Tage außer Arbeit standen. Das Streikergebnis war für die Arbeiter ungünstig, es wurden nicht mehr alle eingestellt. Die nicht wieder eingestellten Arbeiter gründeten die schon erwähnte Deutsche Schuhfabrik als Genossenschaft. In den folgenden Jahren ging die Streikaktivität zurück, wie auch die Zahl der Gewerkschafter in der Zeit der Wirtschaftskrise von 1891 bis 1893 in Erfurt deutlich abnahm. Doch ist noch ein längerer Ausstand der Konfektionsarbeiter zu nennen, durch den diese die Zusage der Unternehmer erzwangen, von der Heimarbeit zur Werkstattarbeit in Fabriken überzugehen. Andere Verbesserungen erreichten durch Streik 1890 die Tischler, deren Arbeitszeit von elf auf zehn Stunden herabgesetzt wurde. Auch in die deutsche Gewerkschaftsbewegung versuchte Erfurt noch einmal einzugreifen. Im August 1894 trafen sich auf Initiative von Paul Reißhaus 91 Delegierte der Schuhmacher, Schneider und Kürschner in Erfurt zu einem „Kongreß der Arbeiter der Bekleidungsindustrie". Doch wurde die Bildung der Gesamtgewerkschaft abgelehnt.

---

[54] StAE, 5/850-2, Bd. 1, Bl. 18 ff., Bd. 2 Bl. 2 ff.
[55] Dionys Zinner, Geschichte der deutschen Schumacherbewegung, Gotha 1904, S. 147.

Im bürgerlichen Lager zeitigten die 90er Jahre mit dem Übergang zum Imperialismus eine zunehmende Zersplitterung bei Auftreten extrem reaktionärer Parteien. Die Konservativen orientierten sich zur Stabilisierung ihrer Massenbasis auf die mittlere Bourgeoisie und das Kleinbürgertum. Von ihnen zweigte sich aber schon im Dezember 1889 eine rechtsextreme Gruppe von Kaufleuten und Handwerkern zur Gründung eines antisemitischen „Deutschen Reformvereins" unter Leitung des Schneidermeisters Johannes Jacobskötter ab.[56] Auf der Grundlage des Programms der Antisemitischen Volkspartei, einer mit antikapitalistischer Demagogie arbeitenden Spielart des Antisemitismus, die sich im Juli 1890 in Erfurt gebildet hatte, konstituierte sich im gleichen Jahr in Erfurt der „Thüringer Antisemiten-Bund". Die Antisemiten gewannen wegen des ökonomischen Erstarkens des Judentums in der Erfurter Wirtschaft am Ende des 19.Jahrhunderts unter den vom wirtschaftlichen Niedergang bedrohten Kleinbürgern zeitweise einen begrenzten Anhang. Doch sah Jacobskötter, daß mit dem oft von Skandalen geschüttelten Antisemitismus politisch wenig anzufangen war. Er kehrte deshalb zum Konservativen Verein zurück, und der Reformverein löste sich am 3. November 1892 auf. Eine antisemitische Strömung aber blieb erhalten. Die Neugründung einer Ortsgruppe auf der Grundlage der Deutschsozialen Reformpartei fand im April 1894 statt.

Der Konservative Verein in Erfurt schloß sich am 17.Januar 1893 dem agrarisch-mittelständischen Programm der Deutsch-Konservativen Partei an. So segelte der Erfurter Konservatismus, in sich oft stark zerstritten, unter der Flagge einer überholten Zukunftspolitik, deren Hauptrepräsentant Jacobskötter war, als eine Hilfstruppe der Großagrarier. Wenn sein Anhang in der Stadt jetzt nur noch zwischen einem Drittel und einem Viertel schwankte, so gelang es ihm doch, in der Stichwahl durch anti-

semitische und liberale Unterstützung 1893 bis 1903 das Reichstagsmandat zu behaupten.

Die monarchistisch-militaristischen Auffassungen wurden seit dem Ende des 19.Jahrhunderts aber nicht allein durch bestimmte Parteien, die zumeist nur eine kleine Mitgliederschaft zählten, sondern durch die Massenorganisationen der Kriegervereine und anderer Organisationen in der Bevölkerung verankert. Kriegervereine gab es in Erfurt seit 1848, ihre politische Wirksamkeit entfalteten sie aber erst in den 90er Jahren. Der Thüringische Zentralkriegerverband in Erfurt wurde 1879 gegründet. Ihm gehörten in den 90er Jahren allein in Erfurt 24 nach Truppenteilen gegliederte Krieger- und Militärvereine an. Da in ihnen auch jene Soldaten aufgenommen wurden, die in der Friedenszeit nach 1871 gedient hatten, konservierten sie militaristische Ansichten auch im bürgerlichen Leben. Eine zweite, von den herrschenden Klassen unmittelbar gegen die Sozialdemokratie gerichtete Maßnahme, war die Gründung Evangelischer Arbeitervereine, die in Erfurt 1890 erfolgte.

Die Erfurter Liberalen führten in den 90er Jahren nur noch ein kümmerliches Leben. Zwar trat erstmals 1893 wieder eine nationalliberale Reichstagskandidatur auf, die sehr weit rechts angesiedelt war. Mit noch weniger Erfolg bemühten sich die Linksliberalen, die sich in Erfurt wegen der Heeresvorlage von 1893 der oppositionellen Freisinnigen Volkspartei angeschlossen hatten. Im linksliberalen Lager traten Kleinbürger und Intellektuelle, die unter den heranreifenden imperialistischen Bedingungen den Klassenauseinandersetzungen Rechnung tragen wollten, dem Nationalsozialen Verein Friedrich Naumanns bei. Der Gesamtverein wurde vom 23. bis 25. November 1896 im Erfurter „Kaisersaal" gegründet. Am 1.Dezember 1896 bildete sich die Erfurter Ortsvereinigung.[57] Geistiger Kopf dieser wenig erfolgreichen Bewegung war in Erfurt Dr. Ottomar Lorenz, Pastor an der Michaeliskirche.

3.
Bildung und geistig-kulturelles Leben

Mit der Beseitigung der schlechten Schulverhältnisse Erfurts war schon 1871 begonnen worden. Doch lag die größte Stadt Thüringens noch immer hinter ihren Nachbarstädten zurück. Auch in Erfurt mußte dem Volksbildungswesen erhöhte Aufmerksamkeit geschenkt werden, wenn man den Anforderungen der kapitalistischen Gesellschaft gerecht werden

wollte. Die Reformen brachten zwar die staatliche Schulaufsicht, ließen das konfessionell getrennte Volksschulwesen und die Differenzierung der Volksschule nach sozialen Klassen aber bestehen.

---

[56] StAW, Regierung zu Erfurt, vorl. Nr. 8227.
[57] Ebenda, vorl. Nr. 7511.

Abb. 254. Schulgebäude an der Gartenstraße (1875)

Bereits seit 1867 war der Magistrat bemüht, wenigstens für die evangelischen Volksschulen die Schulaufsicht in zwei Schulverbänden den Rektoren zu übertragen. Aber erst das preußische Schulaufsichtsgesetz vom 11. März 1872 öffnete den Weg, und am 8. Oktober 1875 trat Dr. Franz Vorbrodt das mit einem Sitz im Magistrat verbundene Amt eines Stadtschulrats an. An Volksschularten gab es 1871 zwölf Elementarschulen (früher Parochialschulen), je sechs evangelische und katholische, die Mittelschulen für Knaben und Mädchen und die Höhere Töchterschule. Alle diese Schulen unterrichteten in unterschiedlichen Klassenstufen acht, die Höhere Töchterschule zehn Jahre. Es zeigte sich aber, daß es nicht gelang, die Masse der Schüler zu einem befriedigenden Abschluß der achtjährigen Elementarschule zu bringen. Vorbrodts Schulreform verkürzte deshalb 1879 in den Elementarschulen den Unterricht auf sechs Jahre und legte als Unterrichtsziel

„die für das Leben unbedingt notwendigsten Kenntnisse in abschließender Weise" fest.[58]

Diese Maßnahme bedeutete natürlich einen erheblichen Rückschritt in der Erfurter Volksbildung. Schon 1896 mußte deshalb der siebenjährige Unterricht in den Volksschulen angeordnet werden. In allen Volksschulen trat die Vermittlung praktischer Kenntnisse jetzt mehr in den Vordergrund. Der Religions- wurde durch den Geschichtsunterricht zurückgedrängt, dessen monarchistisch-chauvinisches Gepräge sich wesentlich verstärkte.

Ein erstes modernes Volksschulgebäude wurde 1868 bis 1870 in der Gartenstraße errichtet, aber schon 1883 an den Eisenbahnfiskus verkauft. In den Jahren 1872 bis 1875 wurde das alte Schulhaus „Zur Himmelspforte" (Marktstraße 6) niedergerissen und völlig neu aufgebaut. 1881 folgte der Bau der Mo-

---

[58] StAE, 3-130-0 (1879, 1880); ebenda, 1-2/200-8472.

ritzschule, Auenstraße 45. Wesentliche Schulneubauten, die die äußeren Bedingungen des Volksschulunterrichts grundlegend verbesserten, entstanden aber erst in den 90er Jahren: 1889 mit der Neuerbeschule, Neuerbe 17/18; 1890 bis 1892 der Johannisschule, Yorckstraße 35, heute Rosa-Luxemburg-Straße, und 1894 bis 1896 der Talschule, Talstraße 20a. Unter Auflösung der beiden Elementarschulverbände wurden 1888 fünf Evangelische Volksschulen (A–F) gebildet und diese wiederum nach Bau der neuen Schulgebäude in drei Schulverbände eingeteilt, aus denen 1891 die Evangelische Volksschule I (früher Johannis- und Augustinerschule), II, (früher Michaelis-, Prediger- und An-

Abb. 255. Das Lutherdenkmal von Fritz Schaper (1889) vor der Kaufmannskirche

dreasschule) und III (Neuerbeschule mit früherer Kaufmänner-, Regler- und Barfüßerschule) hervorgingen. Dagegen wurde das katholische Volksschulwesen in baulicher, organisatorischer und pädagogischer Hinsicht vernachlässigt.

Im höheren Volksschulwesen wurde 1879 der Unterricht ebenfalls auf sechs Jahre verkürzt, aber schon 1887 kehrte man hier zum achtjährigen Unterricht zurück. Neu war die 1879 eingeführte Höhere Bürgerschule für Knaben mit neun Schuljahren und Französisch- und Englisch-Unterricht. Aus ihr ging 1892 die Städtische Realschule hervor. Schließlich wurde das höhere Volksschulwesen 1887 nochmals umgestaltet, als die Bürgerschule in zwei I. und drei II. Bürgerschulen, darunter eine katholische, unterteilt wurden. Wie überall im Volksschulwesen war auch diese Veränderung klassenbedingt. Arbeiterklasse und unteres Kleinbürgertum sollten von den Mittelschichten getrennt werden, weshalb erstere die mit Verbesserung des Unterrichts, aber auch Erhöhung des Schulgeldes verbundene Bildung der I. Bürgerschule lebhaft bekämpften.

Die Lehrergehälter wurden 1876 grundlegend verbessert, so daß der Erfurter Volksschullehrer in das gehobene Kleinbürgertum aufstieg. Bei den evangelischen Lehrern verdoppelten sich die Gehälter 1876 bis zur Jahrhundertwende weiter. Dagegen gelang es bei der schnellen Bevölkerungszunahme nicht, die Anzahl der Schüler pro Lehrer wesentlich zu verringern.

Weit mehr Aufwand betrieben Staat und Stadt im höheren Schulwesen. Da das preußische höhere Schulwesen für Deutschland die Maßstäbe setzte, gab das Erfurter höhere Schulwesen ein günstiges Bild ab. Es zeigte sich hier eine kontinuierliche Aufwärtsbewegung. Das Gymnasium erhielt 1896 einen Neubau in der Schillerstraße. Die 1844 gegründete erste Realschule führte seit 1870 bis zum Abitur, wurde 1882 unter Staatsbeteiligung zum Realgymnasium umgewandelt und 1885 ganz vom Staat übernommen. Auch das Schullehrerseminar erhielt 1877 bis 1880 in der Regierungsstraße ein neues Gebäude. Die 1868 gegründete Höhere Handelsschule und die Höhere Töchterschule der Ursulinerinnen blieben Privatanstalten.

Im letzten Drittel des 19. Jahrhunderts begann sich auch in Erfurt innerhalb und außerhalb der Schule das Turnen zu einer Massenbewegung zu entwickeln. Der erste Turnverein, der diese Entwicklung einleitete, war der Erfurter Männer-Turnverein von 1860.[59] Die Turnbewegung wurde

[59] Ebenda, 5/100-63, Bd. 9.

von den Liberalen und Demokraten getragen. Bald wurde 1862 Turnen auch obligatorisches Fach in der Erfurter Elementarschule. Die Stadt errichtete 1864 eine Turnhalle, die 1897 durch einen Neubau ersetzt wurde. Das 2. Thüringische Turnfest am 3. und 4. August 1897 in Erfurt gab der Erfurter Turnbewegung einen kräftigen Auftrieb. Neben dem Männer-Turnverein entstand 1884 die ins nationalistische Fahrwasser führende Erfurter Turnerschaft und 1885 der Erfurter Jahn-Turnverein, in dem sich Werktätige zusammenschlossen. Der Arbeiterturnverein wurde 1890 ins Leben gerufen. Von den deutschen Wandervereinen bildeten 1881 der Thüringer Wald-Verein und 1883 der Deutsch-Österreichische Alpenverein in Erfurt Ortsgruppen.

Inzwischen war seit 1883 auch das Radfahren als Massensport aufgekommen. Am 6. September 1885 fand hier das erste Preisfahrradrennen vor einer „ungeheueren Menschenmenge" statt. Zwischen den Turnern und der aufkommenden Sportbewegung ergab sich wie auch anderswo um die Jahrhundertwende ein gewisser Gegensatz. Als erster thüringischer Fußballverein wurde 1895 in Erfurt der Sport-Club gebildet, der 1900 zu den Gründungsmitgliedern des Deutschen Fußball-Bundes gehörte.

Im geistig-kulturellen Leben stieg Erfurt in den Jahrzehnten des voll entfalteten Kapitalismus der freien Konkurrenz nicht auf die Höhen, die man bei seiner wachsenden Bedeutung in Thüringen erwarten konnte. Der preußische Staat leistete in dieser Hinsicht nichts, und das Bürgertum vermochte nicht, die entstandene Lücke zu füllen. Sich selbst überlassen, wandten sich wenige private Initiativen mühsam durch das Gewirr von Unverständnis und Widerständen. Spät und oft nur durch den Zufall veranlaßt, griff der Magistrat in die Entwicklung ein.

Abb. 256. Nordseite des Angers mit Postturm 1895

Man muß schon auf Größen dritten und vierten Ranges eingehen, will man das Erfurter Kunstleben dieser Jahrzehnte schildern. Hier trat Eduard von Hagen (1834 bis 1909), ein Schüler Friedrich Prellers, als Maler von Porträts und Bildern aus der Geschichte und dem religiösen Leben hervor. Daneben wirkten Heinrich Kruspe (1821 bis 1893) und Emil Zschimmer (1842 bis 1917), der Maler deutscher Wälder und Heidelandschaften, der 1878 bis 1891 als Zeichenlehrer am Erfurter Gymnasium arbeitete. Friedrich Kritz (1821 bis 1893), Zeichenlehrer am Realgymnasium, sammelte Bilder aus dem alten Erfurt, die nach seinem Tode das Städtische Museum erhielt.

Die besten Leistungen auf dem Gebiet der bildenden Kunst kamen von auswärts. Hierzu gehörten in erster Linie die Gemälde, die der Düsseldorfer Kunstmaler Peter Janssen 1878 bis 1882 zu Themen der Erfurter Geschichte für den Rathausfestsaal schuf. Der Breslauer Kunstmaler Eduard Kaempffer fertigte 1889 bis 1896 die Bilder im Treppenhaus des Rathauses zu Motiven der Tannhäuser-, Faust- und Gleichensage und aus Luthers Leben an. Das Lutherdenkmal vor der Kaufmannskirche, dessen Idee der Feier des 400. Geburtstages des Reformators entsprang, wurde von dem sehr produktiven Berliner Bildhauer Fritz Schaper geschaffen und am 31. Oktober 1889 mit einer großen, die ganze Stadt erfassenden Feier eingeweiht. Ein weiteres Zeugnis der plastischen Kunst aus dieser Zeit ist der nach dem Entwurf des Berliner Bildhauers Heinrich Stockhardt errichtete Monumentalbrunnen am Westende des Angers. Er erinnert an die Fertigstellung der städtischen Wasserleitung und stellt Industrie und Gartenbau als Grundlage der Erfurter Wirtschaft dar. Der Angerbrunnen wurde am 6. September 1890 enthüllt, erhielt aber erst 1936 seinen jetzigen Platz.[60]

Die architektonische Gestaltung der Stadt wurde im letzten Viertel des 19. Jahrhunderts durch den „Gründerstil" mit seinen verschiedenen historisierenden Formen beeinflußt. Schmucklose Backsteinbauten überwogen in den Wohnvierteln der Arbeiterklasse und des Kleinbürgertums, in denen „Langeweile und Geschmacklosigkeit zu Hause waren".[61] Doch hat der Gründerstil in Erfurt manche bemerkenswerte Baulichkeit hervorgebracht. Nach dem Entwurf des Architekten Klamodt entstand hier 1892 bis 1895 die Kaiserliche Oberpostdirektion mit Hauptpostamt Erfurt aus Sandstein, Klinker und Terrakotta in gotisierenden Formen mit Turm. Am Anger wurden zuerst die Häuser 47 und 49 im Jahre 1883 und 9 und 10 im Jahre 1888 nach den Repräsen-

tationsbedürfnissen der Bourgeoisie neu gebaut. Die Baupläne wurden noch von Erfurter Handwerksmeistern geliefert. Eine umfassende Neugestaltung des Angers und der Bahnhofstraße wurde dann in den 90er Jahren durchgeführt und zog sich bis zur Jahrhundertwende hin. Die Entwürfe dazu stammten von den Architekten Ferdinand Schmidt, Wilhelm Schwethelm, Eduard Kayser und Rudolf Walther. Nur ausnahmsweise wurden auswärtige Architekten herangezogen wie beim Bankhaus Stürcke, Anger 55/56, die Berliner Firma Erdmann & Spindler. Der Anger erhielt mit seinem durch reiche Ornamentik in historisierenden Formen geprägten Aussehen die einmalige Geschlossenheit einer Geschäftsstraße im mittleren Deutschland.

Auch in den Südvierteln entstand manches architektonisch bemerkenswerte Haus. Typische schloßartige Villen der Großbourgeoisie in historisierenden Formen waren die Wohnhäuser Cyriakstraße 39 (1897 von Eduard Kayser für Rentier Karl Festge) und Regierungsstraße 43 (1873 Stadtbaurat Theodor Sommer, dann Kommerzienrat Fritz Wolff).

Auf den Kunstmaler Eduard von Hagen, der sich erstmals 1882 dazu äußerte, geht die Neugründung des Vereins für Kunst und Kunstgewerbe 1887 und die Errichtung des Städtischen Museums zurück. Das Museum verdankt allerdings mehr einem Zufall seine Entstehung. Der Landschaftsmaler Friedrich von Nerly (1807 bis 1878, eigentlich Nehrlich) aus Erfurt, der die meiste Zeit seines Lebens in Rom und dann in Venedig verbracht hatte, vermachte seinen Bildernachlaß der Vaterstadt. Die Stadtverordneten nahmen am 2. Juni 1883 die Schenkung an. Schon am 4. November 1883 wurde in Erfurt eine Nerly-Ausstellung eröffnet. Hinzu kamen Leihgaben aus den staatlichen Museen und eine Konzentration der Gemälde aus dem Besitz des Magistrats. Am 27. Juni 1886 wurde in dem vom Hauptsteueramt gemieteten Haus Anger 18 das Städtische Museum eröffnet. Das Museum „erregte bei der Bürgerschaft, namentlich auch bei den kleinen Handwerkern und bei der ärmeren Bevölkerung lebhaftes Interesse".[62]

Eine mühevolle, ja bedrückende Entwicklung durchlief im letzten Drittel des 19. Jahrhunderts das Erfurter Theaterwesen.[63] Im Besitz einer Art Thea-

---

[60] Ebenda, 1-1/II k, Nr. 4.

[61] Hausbauakten aus dem Verwaltungsarchiv der Staatlichen Bauaufsicht, Erfurt; Architekturführer DDR. Bezirk Erfurt, 1. Aufl., Berlin 1979, S. 20 ff.; Horn, Stadtverfassung Erfurts, S. 241.

[62] StAE, 1-2/322-23, Bl. 221.

[63] StAW, Regierung zu Erfurt, vorl. Nr. 7257; ebenda, 1-1/XVIe, Nr. 41.

termonopol war der Brauereibesitzer Julius Teichmann, der Besitzer des „Kaisersaals" in der Futterstraße. Deshalb wurde 1867 dem Besitzer des größten und beliebtesten Gartenlokals, „Vogels Garten" am Dalbergsweg, die Konzession zu einem Sommertheater verweigert. Dennoch erbaute 1867 der Maurermeister Heinrich Sahlender im Hirschbrühl, heute Theaterstraße, ein zweites Theater. Von diesem ging die weitere Theatergeschichte Erfurts aus. Die Leitung hatte der Theaterdirektor Gustav Beyer inne, der reisende Ensembles anwarb. Ein 1877 gegründeter Konzert- und Theaterverein, der es bald auf 1150 Mitglieder brachte, sorgte für ein volles Haus. Da das Theatergebäude, das nur im Winter geöffnet war, bald einen bedenklichen Bauzustand aufwies und nach Schließung des Theaters in der Futterstraße 1867 die Gefahr bestand, daß Erfurt überhaupt kein einigermaßen solides Theater besaß, kaufte 1894 die Stadt das Theater, ließ es gründlich umbauen und erneuern und verpachtete es für

Aufführungen im Winter an Beyer. An Stelle des großen Theatervereins traten um die Jahrhundertwende sechs kleine. Für die Aufführungen im Winter mit reisenden Schauspielerensembles konnten auch vom nunmehrigen „Städtischen Theater" in der Theaterstraße keine hohen Leistungen erwartet werden.

Noch schlechter stand es um die „Sommertheater" mit wechselnden Wanderensembles in den Sälen von Gastwirtschaften. Julius Teichmann errichtete nach dem Ende seines Theaters in der Futterstraße das Tivoli-Theater am Dalbergsweg, das 1886 in die Magdeburger Straße umzog und Varieté wurde. Neben diesem ist noch das „Erfurter Volksspielhaus", Löbergera 49, zu nennen, das 1867 bis 1895 bestand und seine Fortsetzung im „Spezialtheater Reichshallen" in „Vogels Garten" fand.

Das Musikleben der Stadt war von zahlreichen bürgerlichen Musik- und Gesangsvereinen getragen, unter denen noch immer der „Sollersche Mu-

Abb. 257 a/b. Das Haus Schmidtstedter Straße (früher Klippmühle), Front Bahnhofstraße, vor und nach dem Umbau

sikverein" von 1819 mit 138 aktiven und 508 passiven Mitgliedern (1875) und der „Erfurter Musikverein" von 1826 mit 540 Mitgliedern herausragten. Am Jahrhundertende gab es in Erfurt 67 Musik- und Gesangsvereine, von denen sich 20 in dem 1889 gegründeten „Erfurter Sängerbund" zusammengeschlossen hatten. Sie entstanden vornehmlich im letzten Jahrhundertdrittel, in dem das Vereinsleben überhaupt einen gewaltigen Aufschwung nahm. Kulturell betätigten sich auch die 43 Geselligkeitsvereine. An der Spitze stand noch immer die „Ressource" für die höheren Schichten der Gesellschaft, der 1872 die „Erholung" für das mittlere Bürgertum zur Seite trat. Eine bedeutende Rolle unter den Erfurter Vereinen auf kulturellem Gebiet spielte in den 70er und 80er Jahren der 1841 gegründete Verschönerungsverein mit seinen 1900 Mitgliedern, von dem manche Anregung zur Gestaltung der Stadt und ihrer Umgebung ausging, und der 1885 den Park auf der Cyriaksburg schuf, den Vorgänger der heutigen „iga".

Die Wissenschaft in Erfurt durchlief in den letzten Jahrzehnten des 19. Jahrhunderts ihre vom Spätbürgertum geprägte widerspruchsvolle Entwicklung. Dabei herrschte in weit größerem Umfang als in den anderen thüringischen Städten das konservative Element vor. Die Bildung des „Vereins für Geschichte und Altertumskunde von Erfurt" 1863 und die Errichtung des Stadtarchivs als wissenschaft-

liche Erschließungs- und Forschungsstätte 1864 fallen noch in die letzten Jahre der Aufstiegsphase des Bürgertums. Initiator beider Einrichtungen war der Eisenbahndirektor und Stadtrat Karl Herrmann. Er

Abb. 258.
Friedrich von Nerly
(1807 bis 1878)

hatte sich seit seinen jungen Mannesjahren in den ehrenamtlichen Dienst seiner Vaterstadt gestellt und war, wie die meisten Angehörigen der Erfurter Großbourgeoisie, von konservativer Gesinnung.

Abb. 259. Villa des Geheimen Kommerzienrates Fritz Wolff in der Regierungsstraße, erbaut 1872

Die Zeit ging daher oft über seine Vorstellungen hinweg, doch stand er in der Bürgerschaft in hohem Ansehen. Wesentlich zum konservativen Erscheinungsbild der Erfurter Geschichtsforschung trug auch der Oberregierungsrat von Tettau bei, der noch bis 1894 lebte. Seinen zahlreichen Arbeiten räumte aber schon das späte Bürgertum nicht mehr den gleichhohen Wert ein wie seine Zeitgenossen. Die Leistungen des Stadtarchivs trug erstmals Professor Dr. Karl Beyer, 1882 bis 1900 Lehrer an der Höheren Töchterschule und Stadtarchivar, durch Veröffentlichungen in eine breitere wissenschaftliche Öffentlichkeit.

Die „Königliche Akademie gemeinnütziger Wissenschaften" erlebte nach 1871 einen krisenhaften Niedergang. Nach der Auflösung des Botanischen Gartens um 1860 war die „Königliche Bibliothek Erfurt" im Haus Anger 18 das einzige Überbleibsel der alten Universität. Eine größere Breitenwirkung vermochte sie nicht zu entfalten. Für die unteren Volksschichten war die 1897 durch private Initiative gegründete Volksbibliothek in der Michaelisstraße gedacht. Sie fand bald lebhaften Zuspruch.

So sehen wir auf kulturellem Gebiet im Erfurt des späten 19. Jahrhunderts nur Ansätze, selten aber einen entscheidenden Durchbruch. In den ersten, im späten 19. Jahrhundert in Erfurt noch schwach ausgebildeten kulturellen Bestrebungen der Arbeiterbewegung waren aber schon keimhaft Ansätze zu einem volksnahen geistig-kulturellen Leben gelegt.

KAPITEL
X

Übergang zum Imperialismus und Erster Weltkrieg (1897/98 bis 1917)

Von Willibald Gutsche

1.
ÖKONOMISCHE UND SOZIALE VERÄNDERUNGEN

Jemand, der Erfurt, die Hauptstadt des gleichnamigen Regierungsbezirkes der preußischen Provinz Sachsen, wenige Jahre vor der Jahrhundertwende nach dreißig Jahren zum erstenmal wiedersah, glaubte sich in eine fremde Welt versetzt. Der Charakter der zuvor beschaulichen Provinzstadt hatte sich grundlegend verändert. Seit 1871 war ihr Territorium von 270 auf 689 ha, also um das Zweieinhalbfache angewachsen. Vor allem nach Norden und Osten hatte sie sich weit über ihre jahrhundertealten Grenzen hinaus ausgedehnt. Zu den über 30 Fabriken, deren häßliche Schlote die Silhouette des „türmereichen Erfurt" im Zeichen der stürmischen kapitalistischen Industrialisierung bestimmten, gesellten sich lange, lichtlose, aus dem Boden gestampfte Häuserzeilen der Arbeiterviertel, zu denen das – durch die Altstadt von der „profanen" Sphäre der Proletarierviertel abgesonderte – neue gepflegte Villenviertel der Fabrikanten, Bankiers und Spekulanten, das sogenannte Dichterviertel im südwestlich gelegenen Löberfeld, aber auch die Wohngebiete der mittleren Angestellten und Beamten, wie das Leipziger Viertel, deutlich kontrastierten.

Diese Veränderungen setzten sich am Beginn des 20. Jahrhunderts fort. Dabei verwandelten auch markante Neubauten das Stadtbild, z.B. die „Königin-Luise-Schule", heute Theo-Neubauer-Schule (1901), die Thomaskirche (1902), das Landgericht (1904), das Kaufhaus „Römischer Kaiser" (1908), die Oberrealschule, heute Humboldtschule (1909), die von Otto Linne und Max Bromme entworfene Anla-

ge des Stadtparkes auf der ehemaligen Daberstedter Schanze (1908) und das Hotel „Kossenhaschen", heute „Erfurter Hof", am Bahnhofplatz (1905).

Im Oktober 1898 wurde mit der Fertigstellung des Flutgrabens, zu dem zwölf neue Brücken gehörten, ein bedeutsames Großbauvorhaben abgeschlossen, das die Hochwassergefahr bannte, und mit der Anlage der für damalige Verhältnisse großzügigen Ringstraße, heute Juri-Gagarin-Ring, durch Zuschütten der Wilden Gera begonnen. Für den Geist, der die Stadt beherrschte, war es symbolisch, daß am 25. August 1900 am Ende des Ringes, auf dem nunmehrigen Kaiserplatz, in Anwesenheit Kaiser Wilhelms II. mit monarchistisch-militaristischem Gepränge ein monströses Reiterstandbild des „Reichsgründers" und ehemaligen Kartätschenprinzen Wilhelm I. eingeweiht wurde, dem das 1867 hier errichtete Denkmal des verdienstvollen Begründers des erwerbsmäßigen Erfurter Gartenbaues Christian Reichart hatte weichen müssen.

In den kopfsteingepflasterten Straßen des Stadtzentrums, in denen seit Juni 1894 elektrische Straßenbahnen verkehrten, hatten vielerorts mehrstöckige, dem Geschmack der Zeit entsprechende Basar- und Bankgebäude die geduckten Fachwerkhäuser verdrängt, während in den hinter dieser Fassade liegenden Altstadtgassen – z.B. am Dämmchen, im Brühl und am Hirschlachufer – Proletarierfamilien ein freudloses Dasein fristeten. Der imposanteste Neubau der Jahrhundertwende, der palastartige Klinkersteinkomplex der Verwaltung der Versiche-

Abb. 260. Begrüßung Kaiser Wilhelms II. am Erfurter Rathaus im August 1900

rungsgesellschaft „Thuringia AG" in der Schiller-straße, symbolisierte die wachsenden sozialen Widersprüche besonders markant.

Entsprechend einem Bauzonenplan vollzog sich die Umgestaltung des Angers zu einer in dieser Geschlossenheit im mitteldeutschen Raum einmaligen Hauptgeschäftsstraße, deren Stilelemente von historischen Adaptionen bis zu freieren abstrakten Formen des Jugendstils reichten und insbesondere durch die Modifizierung der großen Giebelfelder charakterisiert waren. Das Ziel der 1899 eröffneten städtischen Handwerker- und Kunstgewerbeschule und der 1901 gegründeten königlichen Baugewerkschule, das allgemeine Bau- und Gestaltungsniveau zu erhöhen, ließ sich jedoch angesichts der kapitalistischen Bedingungen nur sehr begrenzt – vor allem im Villenbau – verwirklichen. Die meisten der zahlreichen neuen Zweck- und Wohnbauten wurden nach formalistischen Grundsätzen errichtet.

Dieses neue Erfurt empfanden Touristen als nüchterne Geschäftsstadt. Einen Österreicher be-

eindruckte vor allem: „Die meisten Hosenträger, die in Deutschland verbraucht werden, sind hier gefertigt, daneben sehr viele Damenmäntel und Schuhe. Jeder zwanzigste Mensch in Erfurt ist ein Schuster . . . Ganz Thüringen nährt und wärmt sich aus Erfurt."[1] Tatsächlich war Erfurt eine „aufblühende Handels- und Industriestadt", die – wie der Erfurter Verkehrsverein 1910 werbend versicherte – „unternehmungslustigen Rentnern Gelegenheit zu gewinnbringenden Beteiligungen und Gründungen" bot.[2]

Während des ersten Jahrzehnts des neuen Jahrhunderts wuchs die Zahl der Einwohner um weitere 20 000, wobei Erfurt 1906 mit 100 000 Einwohnern

---

[1] August Griebel, Erfurter Impressionen eines Österreichers um die Jahrhundertwende, in: Kulturbund zur demokratischen Erneuerung Deutschlands, H. 10/1956, S. 15 ff.; ebenda, H. 11/1956, S. 6 ff.

[2] Erfurt in Thüringen, bearb. v. Max Timpel u. a., hrsg. vom Erfurter Verkehrsverein, Erfurt 1910, S. 82.

Abb. 261. Aufgang zum Stadtpark nach dessen Neugestaltung 1908

den Status einer Großstadt erlangte; fünf Jahre später gipfelte die territoriale Expansion nach Norden, die ihren Ausdruck in der Errichtung weiterer 30 Fabriken fand, in der Eingemeindung des Dorfes Ilversgehofen, und 1918 betrug die Einwohnerzahl 130 000.

Neben dem traditionellen Gartenbau, der Bekleidungs-, insbesondere Schuhindustrie und der Lampenfabrikation entwickelten sich nun vor allem Maschinenbau und Metallverarbeitung besonders rasch. Zusammen mit der königlich-preußischen Gewehrfabrik und dem Steinsalzbergwerk des preußischen Fiscus im Johannisfeld bestimmten Eisengießereien, Dampfkessel- und Lokomotiven-, Pumpen-, Turbinen-, Metall- und Blechwarenfabriken maßgeblich das Profil der Erfurter Wirtschaft.

Die stürmisch fortschreitende Industrialisierung begünstigte die Stadtverwaltung dadurch, daß sie 1909 unter dem Einfluß der in der Stadtverordnetenversammlung dominierenden Industrie- und Handelsbourgeoisie ihre bisherige Abneigung gegen-

über der Ansiedlung neuer Industrien, die der Rücksicht auf den Gartenbau entsprungen war, aufgab und nun auch städtisches Gelände für Fabrikneubauten – z.B. für vier Schuh- und zwei Maschinenfabriken – sowie für Erweiterungsbauten, vor allem der Gewehrfabrik, freigab. 1912 konnte im Norden der Stadt ein für damalige Begriffe großzügiges, 68 ha umfassendes Industriegebiet mit eigenem Eisenbahnanschluß eröffnet werden.

In den beiden Jahrzehnten vor dem ersten Weltkrieg stand die Entwicklung des Erfurter Wirtschaftslebens ganz im Zeichen fortschreitender Konzentration von Arbeit und Kapital, zunehmender Verflechtung von Industrie- und Bankkapital und beginnender Monopolisierung. Charakteristisch war die Herausbildung von Großunternehmungen in Gestalt von offenen Handelsgesellschaften, Gesellschaften mit beschränkter Haftung und Aktiengesellschaften, das Übergreifen expandierender Industriemonopole und Großbanken auf die örtliche Wirtschaft in Form von Filialgründungen, Beteiligungen oder Fusionen sowie Anfänge monopolartiger Zusammenschlüsse im Territorium.

Auch der Gartenbau blieb zwar weiterhin ein profitbestimmender Wirtschaftszweig, doch verlor er gegenüber der Industrie weiter an Bedeutung. Allein von 1895 bis 1907 verringerte sich die Anzahl der hier Beschäftigten von 1745 auf 1489, d.h. um rund 15 Prozent. Die überwiegende Mehrzahl der Erfurter Erwerbstätigen arbeitete in der Industrie, wobei der Anteil der Industriearbeiter, vor allem in der Bekleidungs-, Maschinenbau- und Metallindustrie, rasch zunahm. Während sich die Anzahl der Betriebe verringerte – von 1907 bis 1913 sank sie z.B. im Bekleidungsgewerbe um 76,8 Prozent, im metallverarbeitenden Gewerbe um 53,6 und im Maschinenbau um 47 Prozent – nahm die durchschnittliche Anzahl der Arbeitskräfte pro Betrieb ständig zu. Sie stieg im Maschinenbau um 130 Prozent, im metallverarbeitenden Gewerbe um 152 Prozent und im Bekleidungsgewerbe um 359 Prozent. Während das Konzentrationstempo in der Bekleidungsindustrie am größten war, behauptete im Hinblick auf den Konzentrationsgrad der Maschinenbau mit durch-

ger und G.A.Koenig sowie den Verlag Reißhaus & Co (Verlag der „Tribüne") repräsentiert wurde.

1907 gliederten sich die insgesamt 6779 Industrie-, Handwerks- und Handelsbetriebe der Stadt in 1954 sogenannte Einmannbetriebe, 3834 Betriebe mit ein bis fünf Beschäftigten, 813 Betriebe mit sechs bis 50 Beschäftigten, 161 Betriebe mit 51 bis 1000 Beschäftigten und einen sogenannten Riesenbetrieb mit über 1000 Beschäftigten.[3] Bei diesem Betrieb handelt es sich um die Eduard Lingel Schuhfabrik AG, die bereits seit 1892 über 1000 Beschäftigte hatte. 1905 arbeiteten in diesem Betrieb, der 1906 in einen sechsstöckigen Fabrikneubau an der Landgrafenstraße mit modernen Maschinen aus den USA übersiedelte, 1300 Arbeiter. Die Widmung Eduard Lingels auf einem Foto seiner ersten, im Oktober 1872 eröffneten Produktionsstätte im Haus „Zum krummen Hecht" am Fischersand: „Mit Kleinem fängt man an", hatte den Willen zu ökonomischer Expansion bereits unmißverständlich zum Ausdruck gebracht.[4]

Eine ähnliche Konzentration von Arbeitskräften vollzog sich bis zum Vorabend des ersten Weltkrie-

Abb. 262.
Werkstatt der Firma J. A. John
um 1900

schnittlich 80,1 Arbeitern pro Betrieb (1913) vor dem sich noch stark auf Heimarbeit stützenden Bekleidungsgewerbe mit 25,8 Arbeitern pro Betrieb seine führende Stellung. Bedeutsam blieb daneben auch das in Erfurt traditionelle Druckereigewerbe, das durch solche Betriebe wie die Ohlenrothsche Buchdruckerei Georg Richters, die Druckereien A. Sten-

ges in der Gewehrfabrik. Im Juli 1914 beschäftigte sie 1374 Arbeiter. Zu den 16 Betrieben, in denen zwi-

[3] Die Entwicklung des Wirtschaftsgebietes der Stadt Erfurt während der Jahre 1899 bis 1925 unter besonderer Berücksichtigung seiner sozialen Struktur, Erfurt 1927, S.4, Tabelle A I.

[4] Der Lingel-Konzern, Jubiläumsschrift der Eduard Lingel Schuhfabrik AG 1872, Erfurt 1922, S.4.

Abb. 263. Elektrische Straßenbahnen an der Pförtchenbrücke (1916)

schen 201 und 1000 Werktätige arbeiteten, gehörten u.a. die J.A.John AG, die 1900 gegründete Zweigniederlassung der Berlin(er)-Erfurter Maschinenfabrik Henry Pels & Co, die Erfurter Straßenbahn AG, die Automat-Dampfpumpenfabrik Otto Schwade & Co, die Lokomotivenfabrik von Christian Hagans, vier Schuhfabriken, die Lampenfabrik Kaestner & Toebelmann, die Maschinenfabrik J.A.Topf & Söhne und die Malzfabrik Fritz Wolff.

Die für den weiteren Konzentrationsprozeß der Industrie bedeutsame Elektrifizierung der Stadt hatte 1887 begonnen, als Rathaus und Fischmarkt durch eine kleine elektrische Station mit 20 PS Leistung erleuchtet worden waren. Die Konzessionärin der Gasversorgung, die Dessauer Continental-Gas-Gesellschaft, die sich auch das Vorzugsrecht für die Errichtung einer elektrischen Zentrale gesichert hatte, blockierte jedoch bis 1897 alle Bemühungen des Magistrats und der Erfurter Straßenbahn AG um die Errichtung eines großen öffentlichen Elektrizitätswerkes. 1899 bewilligte daraufhin die Stadtverordnetenversammlung 1200000 M zur Errichtung eines Elektrizitätswerkes in städtischer Regie, das am 1.Oktober 1901 in der Radowitzstraße, heute Iderhoffstraße, seinen Betrieb aufnahm.

Die Anzahl der Hausanschlüsse, die zunächst nur 164 betrug, erhöhte sich bis 1914 auf 3519, während die Anzahl der angeschlossenen Elektromotore von zunächst 82 auf 1648 stieg. Die Elektrifizierung der örtlichen Industrie vollzog sich nun besonders rasch in der Bekleidungsindustrie. Im Hinblick auf den Elektrifizierungsgrad stand jedoch die Metallindustrie an erster Stelle.

Grundlage der Konzentration der Arbeitskräfte war die rapid fortschreitende Konzentration des Kapitals. Ausdruck dieser Entwicklung war die Umwandlung weiterer Familienunternehmungen in Aktiengesellschaften oder andere Kapitalgesellschaften sowie das Anwachsen des Aktienkapitals. Von 1898 bis Sommer 1914 entstanden als neue Aktiengesellschaften die Eduard Lingel, Schuhfabrik AG, und die Sächsisch-Thüringische AG für Licht- und Kraftanlagen (1898), die Erfurter Mechanische Schuhfabrik AG und die Brauerei Gottlieb Büchner AG (1899), die Schornstein-, Aufsatz- und Blechwarenfabrik J.A.John AG (1902), die Steigerbrauerei AG (1908), das Elektrizitätswerk Gispersleben AG (1909) und die M. & L. Heß Schuhfabrik AG (1912).

Während das Aktienkapital der Brauereien stagnierte, wuchs es bei den meisten Industrieunternehmungen, Banken und Versicherungsgesellschaften rasch an, z.B. bei der J.A.John AG von 1902 bis 1912 um 400 Prozent und bei der Eduard Lingel, Schuhfabrik AG im gleichen Zeitraum um 100 Pro-

Abb. 264. Fabrikhalle der Eduard Lingel Schuhfabrik AG

zent. Wenn der Prozeß der Bildung von Aktiengesellschaften auch noch nicht die gesamte örtliche Wirtschaft erfaßte und 1907 noch 97,4 Prozent der insgesamt 6779 Gewerbebetriebe sogenannte Einmannbetriebe oder kleine und mittlere Familienbetriebe mit weniger als 50 Beschäftigten waren, so wirkte sich doch in zunehmendem Maße der Konzentrations- und Monopolisierungsprozeß auf das kleine und mittlere Bürgertum aus. Zahlreiche Bürger beteiligten sich an Aktiengesellschaften und partizipierten dabei z.T. am Monopolprofit.

Zugleich führte der Konzentrationsprozeß zu einer fortschreitenden Dezimierung der Handwerksbetriebe und kleiner und mittlerer Unternehmungen, die entweder ruiniert oder aber von den großen Kapitalgesellschaften aufgesogen wurden. So verringerte sich infolge der zunehmenden fabrikmäßigen Produktion die Anzahl der Beschäftigten im Schuhmacherhandwerk von 1875 bis 1907 um 51,3 Prozent. Im gesamten Bekleidungsgewerbe nahm allein von 1907 bis 1913 die Anzahl der Betrie

be um 77 Prozent ab, während die Anzahl der Beschäftigten um 11,7 Prozent anstieg.

In zunehmendem Maße wurde die Erfurter Wirtschaft von der Monopolisierung erfaßt. Diese Tendenz äußerte sich zunächst vor allem im Eindringen von auswärtigen Monopolen und Provinzial- und Großbanken in die örtliche Wirtschaft. So war die Erfurter Elektrische Straßenbahn AG seit ihrer Gründung ein Tochterunternehmen der Union-Elektrizitäts AG, Berlin, die 1900 mit einem Aktienkapital von 34 Mill. M der zweitgrößte Elektrokonzern Deutschlands war. Durch Fusion der „Union" mit der Allgemeinen Elektrizitäts-Gesellschaft (AEG) im Jahre 1904 wurde die Erfurter Straßenbahn ein Zweigbetrieb des AEG-Konzerns. Bis 1911 gehörte auch das Erfurter Gaswerk einem Monopol, der Deutschen Continental-Gas-Gesellschaft, Dessau, von der es die Stadt mit Wirkung vom 1. November 1911 für 5 Mill. M – das Elffache der in den Jahren 1906 bis 1908 erzielten Gewinne – erwarb. Die meisten der Kapitalgesellschaften der Stadt gerieten in

Abb. 265. Hauptgebäude der Königlich-preußischen Gewehrfabrik am Mainzerhofplatz

Abhängigkeit von auswärtigen Industriemonopolen und Großbanken, z.B. die Eduard Lingel, Schuhfabrik AG, von der Bank für Handel und Industrie (Darmstädter Bank) und die Brauerei Gottlieb Büchner AG von der wieder mit der Commerz- und Disconto-Bank, Hamburg-Berlin, verflochtenen Bank für Brau-Industrie in Berlin.

Dem wachsenden Kapitalbedarf der industriellen und kommerziellen Kapitalgesellschaften und der Konkurrenz der Großbanken nicht mehr gewachsen, waren die lokalen Privatbanken genötigt, sich mit expandierenden großen Banken zu vereinigen. So fusionierte die Magdeburger Privatbank, eine zur Gruppe der Deutschen Bank gehörige Provinzbank, deren Aktienkapital 1905 von 24 auf 60 Mill. M anwuchs, 1907 mit dem Erfurter Privatbankhaus Fr. Unger. 1908 vereinigte sie die 1881 gegründete AG Erfurter Bank Pinckert, Blanchart & Co mit ihrer Erfurter Filiale. Die Magdeburger Privatbank – seit 1909 Mitteldeutsche Privatbank AG – wurde zu einer bedeutenden Geldgeberin der Erfurter Wirtschaft

und des Erfurter Magistrats, für den sie vierprozentige Stadtanleihen – 1911 allein in Höhe von 7 Mill. M – auflegte.[5]

Am Beginn des 20. Jahrhunderts errangen aber auch örtliche Unternehmungen monopolartige Positionen. Das galt z.B. für die Lingel AG, die 1912 neben der Conrad Tack & Cie, Berlin, mit ebenfalls 6 Mill. M Aktienkapital die größte deutsche Schuhfabrik war und den Schuhmarkt maßgeblich beeinflußte. Sie trat 1918 mit der Einverleibung der Mechanischen Schuhfabrik AG den Weg zum „Lingel-Konzern" an. Zum Teil entwickelten sich Verflechtungen zwischen Erfurter Industriebetrieben, z.B. zwischen der J. A. John AG, die auch mit Berliner In-

---

[5] Willibald Gutsche, Die Veränderungen in der Wirtschaftsstruktur und der Differenzierungsprozeß innerhalb des Bürgertums der Stadt Erfurt in den ersten Jahren der Herrschaft des Imperialismus (Ende des 19. Jahrhunderts bis 1914), in: Jahrbuch für Geschichte, Bd. 10, Berlin 1974, S. 343 ff.; Otto Pfahl, Die Mitteldeutsche Privatbank AG, früher Magdeburger Privatbank 1856–1911, Halle (Saale) 1912, S. 47, 50 ff., 71 ff.

dustrieunternehmungen und Banken verflochten
war, und der Berlin(er)-Erfurter Maschinenfabrik
Henry Pels & Co.

Die Integration der örtlichen Wirtschaft in den
Monopolisierungsprozeß vollzog sich auch durch
die Kapitalbeteiligung von Erfurter Unternehmern
an auswärtigen Monopolen. Ein eklatantes Beispiel
dafür war die Beteiligung der Familie Lucius an den
Farbwerken, vorm. Meister, Lucius & Brüning, in
Höchst, einem Vorläufer des späteren IG Farben-
Konzerns. Die 1763 gegründete Firma „Johann Anton Lucius Strickgarngroßhandel und Strumpffabri-
kation (Marke Pilz)" befand sich zu Beginn des
20. Jahrhunderts in den Händen des Geheimen Kommerzienrates und Rittergutsbesitzers Ferdinand Lucius, der zugleich (von 1877 bis 1910) Vizepräsident
des Verwaltungsrates der Thuringia AG war. Gestützt auf ihre beträchtlichen Gewinne, konnte die
Familie Lucius 1906 eine Filiale in Chemnitz eröffnen und 1909 eine weitere Strumpffabrik in Schleusingen erwerben. Der Bruder Ferdinands, Dr. Nicolaus Eugen Lucius (1834 bis 1903), hatte 1863 mit seinem Vermögensanteil zusammen mit L. A. Müller
und W. Meister in Höchst eine Anilinfabrik gegründet, die – nach Ausscheiden Müllers 1864 und Eintritt A. Brünings – 1879 in die AG „Farbwerke" umgewandelt worden war. Im Aufsichtsrat dieses Unternehmens, das sich 1904 durch die Verbindung mit
den Firmen Leopold Casella, Frankfurt/Main, und
Kalle & Co, Bieberich, zu einem der beiden großen
monopolistischen Dreibünde der chemischen Industrie entwickelte, der 1912 7700 Beschäftigte zählte
und 1910 Dividenden in Höhe von 27 Prozent aus-
schüttete, war Eugen Lucius (bis 1903) Vorsitzender
und der Erfurter Strumpffabrikant Ferdinand Lucius bis zu seinem Tode 1910 Mitglied.

Ferdinand Lucius entwickelte sich zu dem mit Abstand reichsten Bürger Erfurts. Sein Vermögen betrug in den Jahren 1908 bis 1910 8 bis 9 Mill. M, sein
jährliches Einkommen mehr als 0,5 Mill. M. Ähnliche Ausmaße erreichte das Eigentum des in Frankfurt (Main) ansässigen Eugen Lucius. Das Vermögen seiner Witwe Maximiliane, geb. Becker, deren
Schwester wieder mit Wilhelm Meister verheiratet
war, betrug 9 bis 10 Mill. M. Die Kapitalkonzentration in der Familie Lucius beschränkte sich nicht
nur auf Ferdinand und Eugen. Deren Neffe, Helmuth Frh. Lucius von Stödten, der im Dienst des
Auswärtigen Amtes stand, war von 1896 bis 1908
mit Berta Freiin von Stumm, einer Tochter des
Kanonenkönigs Carl Ferdinand von Stumm-Hal-
berg, verheiratet, deren Vermögen 1912 auf etwa
7,5 Mill. M geschätzt wurde und deren jährliches

Abb. 266. Villa des Hofphotographen Karl Festge
in der Cyriakstraße

Einkommen 0,44 Mill. M betrug. Aus dem Bereich
des Bankwesens sei der Bankier Adolf Stürcke genannt, der mit Aktien im Nennwert von 54 600 M und
91 Stimmen Kommanditist der Direktion der Discon-
to-Gesellschaft war.[6]

Ein typisches Beispiel für den um diese Zeit häufigen Aufstieg in die Groß- und Monopolbourgeoisie
auf Grund spekulativer Bereicherung war der 1845
als Sohn eines Mühlenbesitzers in Großvargula ge-
borene Erfurter Hofphotograph Karl Festge. Nachdem er sich während der „Gründerjahre" durch Bo-
denspekulationen im Steigerviertel bereichert hatte, errichtete er eine Dampfziegelei in Brunsbüttel-
hafen und lieferte 60 Millionen Mauersteine für den
Bau des Kaiser-Wilhelm-Kanals, wofür er von Wilhelm II. mit dem Kronenorden IV. Klasse ausgezeichnet wurde. Nach weiteren Gewinnen aus
Lieferungen für die preußische Heeres- und
Eisenbahnverwaltung, beim Bau eines Handelsha-

---

[6] Zentrales Staatsarchiv, Potsdam (im folg.: ZStA Potsdam),
80 Ba 2, Nr. 21091.

fens am Kaiser-Wilhelm-Kanal und Erwerb eines Wasserfalls in Norwegen verkaufte er 1896 seine Besitzungen am Kanal, wurde Socius der Automat-Dampfpumpenfabrik Otto Schwade & Co in Erfurt und anderer thüringischer Unternehmen und ließ sich am Fuß der Cyriaksburg eine pompöse Villa bauen.

Der forcierte Konzentrationsprozeß beim Übergang zum Imperialismus brachte außer den Gebrüdern Lucius noch sechs weitere „mehrfache" und 19 „einfache" Erfurter Millionäre hervor. „Mehrfache" Millionäre waren noch der Gärtnereibesitzer Friedrich Benary, der Malzfabrikant Fritz Wolff, der Lampenfabrikant Franz Kästner, die Bankiers Hermann und Max Stürcke und der Maschinenfabrikant Ludwig Topf. Zu den „einfachen" Millionären mit einem Vermögen zwischen ein und zwei Mill. M gehörten u.a. der Hofjuwelier Franz Apell, die Inhaber von Privatbankhäusern Theodor Friedemann, Moritz und Otto Heilbrunn sowie Heinrich Ullmann, die Inhaber der Schuhfabrik M. & L. Heß, Georg, Leo, Maier und Therese Heß, der Damenmäntelfabrikant Rudolf Lamm und der Rittergutsbesitzer Max von Burkersroda.

Die Funktionen der Erfurter Millionäre in Direktionen und Aufsichtsräten spiegeln bereits die zunehmende Verflechtung von Industrie- und Bankkapital wider. Im Ergebnis zunehmender Kapitalverflechtungen in Form von gegenseitigen Beteiligungen, Obligationen, Krediten und anderen Finanztransaktionen gelangten einerseits führende Industrielle wie der „Thüringer Malzgraf" Fritz Wolff, Franz Kästner, Ludwig Topf und Ferdinand Lucius in den Verwaltungsrat der Thuringia AG und in den Lokalausschuß der Mitteldeutschen Privatbank AG, andererseits führende Bankiers wie die persönlich haftenden Gesellschafter der Erfurter Bank Paul Blanchart und Franz Bleckert sowie der stellvertretende Aufsichtsratsvorsitzende der Erfurter Bank August Becker und die Inhaber des Bankhauses Adolph Stürcke, Max und Erich Stürcke, in Aufsichtsräte von Industrie- und Verkehrsunternehmungen wie der Thüringer Nadel- und Stahlwarenfabrik, der Heß'schen Schuhfabrik AG, der Erfurter Elektrischen Straßenbahn AG (hier war Blanchart Aufsichtsratsvorsitzender) oder der Portland-Zementfabrik Rudelsburg AG. Bei den insgesamt 71 Funktionen in Erfurt beheimateter Direktoren und

Abb. 267. Massenwohnungsbau am Leipziger Platz, heute Platz der Pariser Kommune, um die Jahrhundertwende

Aufsichtsräte, die in den Adreßbüchern der Direktoren und Aufsichtsräte 1903, 1909, 1914 und 1916 erfaßt wurden, entfallen 16 auf die Erfurter Bank und 15 auf die Thuringia AG, während sich die anderen 40 auf verschiedene örtliche und auswärtige, zumeist leichtindustrielle Industrieunternehmen verteilen.[7]

Für die Profitmacherei der Erfurter Großbourgeoisie war neben der Mehrwertschöpfung durch die Ausbeutung des Industrieproletariats die Maximierung ihrer Kapitalien über ihre Aktienanteile an der Thuringia Versicherungs-AG charakteristisch. Die Dividenden dieser Versicherung stiegen von 26,6 Prozent 1898 auf sage und schreibe 66,6 Prozent

Abb. 268. Prospekt der „Erfurter Bank" in der Bahnhofstraße um 1900

1913[8] und übertrafen damit jene der Erfurter Industriebetriebe und Privatbanken, die z.B. bei der Lingel AG zwischen 11 und 19 Prozent, bei der Aktienbrauerei zwischen 5 und 8 Prozent und bei der Erfurter Bank zwischen 5 und 7 Prozent lagen, bei weitem.

Die rapide Multiplizierung ihrer Vermögen auf Kosten der Versicherungsnehmer forcierte die Kapitalkonzentration der Erfurter Großbourgeoisie und erleichterte ihr die ökonomische Expansion, die z.B. bei Henry Pels, der Lingel AG und der J.A. John AG über die Reichsgrenzen hinausgriff. Ein Instrument des Expansionsstrebens war die Erfurter Handelskammer, die unter Leitung von Ferdinand Lucius (bis 1906) und Friedrich Benary von führenden Unternehmern wie Kästner, Topf, Heß, Wolff und Stürcke beherrscht wurde. Sie unterstützte die Forderung des Deutschen Handelstages nach stärkerer direkter Beteiligung der Unternehmer an der Wirtschaftspolitik.

Im Vergleich zu den großen Industriezentren des Deutschen Reiches und den dort ansässigen Monopolverbänden blieb jedoch der Konzentrationsgrad der Erfurter Wirtschaft bis 1914 insgesamt noch relativ gering, vollzog sich die Monopolisierung – vor allem über die Integration durch auswärtige Industriemonopole und Großbanken – nur allmählich. Innerhalb der örtlichen Großbourgeoisie herrschte – von Ausnahmen abgesehen – noch ein von traditionellen familienunternehmerischen Vorstellungen beeinflußter Zug vor. In dem sich in den verschiedenen Teilen des Reiches und in den verschiedenen Wirtschaftszweigen sehr ungleichmäßig vollziehenden Prozeß der vollen Herausbildung des Imperialismus war die Erfurter Wirtschaft – vor allem bedingt durch das Vorherrschen der zu dieser Zeit von der Monopolisierung insgesamt noch weniger erfaßten Fertigwarenindustrie – noch mehr Objekt als Subjekt des fortschreitenden Monopolisierungsprozesses, der hier in vollem Maße erst während des ersten Weltkrieges, vor allem aber in den Jahren der Weimarer Republik zum Durchbruch kam.

Im Zuge des Konzentrationsprozesses verschärften sich die Klassengegensätze beträchtlich. Die Produktionsmittel wurden von einer immer kleineren Anzahl von Großkapitalisten beherrscht und die Zahl der Ausgebeuteten wuchs. Zugleich vergrö-

[7] Adreßbuch der Directoren und Aufsichtsräte, hrsg. von H. Arends u. C. Mossner, Berlin, Jg. 1903, 1909, 1914, 1916.

[8] 75 Jahre Versicherungsgesellschaft Thuringia, Erfurt 1928, S. 70 f.

Abb. 269. Neuer Gebäudekomplex der Thuringia-Versicherungs-Gesellschaft in der Schillerstraße

ßerten sich die Mittelschichten, nahm insbesondere die Anzahl der Angestellten und Beamten zu, ein Prozeß, der unter sozialökonomischen, politischen und ideologischen Aspekten noch eingehenderer Untersuchungen bedarf.

Tabelle 20
Soziale Zusammensetzung der Erfurter Bevölkerung
1895 bis 1921[9]

	1895	1907	1921
Arbeiter	} 23 357	23 790	30 992
Angestellte		6 970	11 200
Beamte	4 606	4 793	5 230
Selbständige (darunter Unternehmer und bürgerliche Intelligenz)	5 062	4 553	2 491
Erwerbstätige insgesamt	33 025	40 106	49 913
Davon in Prozent:			
Arbeiter und Angestellte	70,7	76,7	84,5
Arbeiter allein	–	59,3	62,1

Während sich die Kapitalisten durch Intensivierung der Ausbeutung immer größere Profite aneigneten, stagnierten die Reallöhne der Werktätigen seit der Jahrhundertwende. Während der Wirtschaftskrisen blieben sie sogar hinter der Steigerung der Lebenshaltungskosten zurück, die sich von 1900 bis 1913 um etwa 30 Prozent erhöhten, wobei die Teuerung vor allem die hochwertigen Lebensmittel erfaßte.

Der in Erfurt übliche Tageslohn für einen Tagearbeiter stieg von 1899 bis 1914 für Männer von 2 M auf 3 M, für Frauen von 1,20 M auf 2 M. Bei $9^1/_2$ bis 10stündiger Arbeitszeit lag der Stundenlohn in der Regel – je nach Qualifizierung und Art der Tätigkeit – zwischen 0,20 und 0,55 M. So verdienten Hilfsarbeiter 0,20 M, Straßenbahner 0,23 bis 0,30 M, Sattler 0,30 bis 0,55 M, Fräser und Schleifer ca. 0,40 bis 0,58 M. Die Frauenlöhne lagen erheblich niedriger. Besonders gering waren die Löhne bei den vor allem im Erfurter Konfektionsgewerbe beschäftigten Heimarbeitern und im Dienstleistungsgewerbe.

In den städtischen Betrieben, in denen rund 430 Arbeiter beschäftigt waren, wurden im Sommer 1913 im Durchschnitt Stundenlöhne zwischen 0,42 und 0,51 M für die Mehrzahl der gelernten und zwischen 0,36 und 0,48 M für die meisten ungelernten Arbeiter gezahlt. Ungelernte Arbeiterinnen erhielten in der Regel nur 0,18 M. Demgegenüber bezog z. B. ein Direktor der Eduard Lingel AG ein Jahresgehalt von 15 000 M, was einem „Wochenlohn" von 283 M entsprach.

Wie in den städtischen Betrieben lagen die Löhne in der Gewehrfabrik etwas höher als in der Privatindustrie. 1910 wurde hier bei Akkordarbeit ein Stundenlohn von 0,35 bis 0,68 M gezahlt. Während sich

[9] Zusammengestellt nach: Die Entwicklung des Wirtschaftsgebietes der Stadt Erfurt. . ., Tabelle A II.

die tägliche Arbeitszeit bei Sechs-Tage-Woche sonst zumeist zwischen $9^{1}/_{2}$ und 10 Stunden bewegte, betrug sie in der Gewehrfabrik „nur" 9 Stunden. Zudem waren hier die Arbeiter „pensionsberechtigt", und nach zehnjähriger Tätigkeit im Betrieb wurde ein einwöchiger Urlaub gewährt. Dafür herrschte jedoch ein militärisches Regiment. Alle Vorgesetzten vom Meister an aufwärts waren militärische Dienstgrade. Die Zugehörigkeit zu einer Arbeiterorganisation bedeutete Entlassung. In noch höherem Grade als in anderen Betrieben wurde die Arbeitsdisziplin durch ein System von Repressalien erzwungen. So wurden Unpünktlichkeit und andere „Vergehen" mit Strafgeldern zwischen 0,50 und 3 M geahndet. Streik war nicht nur verboten, sondern fast unmöglich.

Über die Ausbeutung in der Schuhfabrik Lingel schrieb die „Tribüne" 1905: „Bei dieser Firma wird die Arbeitszeit, wie sie in der Arbeitsordnung festgelegt ist, überhaupt nicht innegehalten. So wird den ganzen Sommer hindurch . . . bis abends halb sieben Uhr, also eine halbe Stunde länger, und im Winter von morgens sieben Uhr bis abends sieben Uhr gearbeitet. Diese Arbeitszeit wird in noch gesteigerter Weise verlängert, wenn sogenannter flotter Geschäftsbetrieb eintritt . . . in der Zeit von Ostern bis Pfingsten wurde gewöhnlich bis neun, zehn, elf Uhr abends, ja sogar von morgens sechs bis zwölf Uhr nachts geschuftet. Für viele Arbeiter kommt hierbei eine tägliche Arbeitszeit von achtzehn Stunden heraus."[10]

Zusammen mit proletarisierten kleinen Gewerbetreibenden bildete eine kleine, besser entlohnte und von Unternehmern wie Staat bewußt korrumpierte Schicht von Arbeitern, die Arbeiteraristokratie, neben der Arbeiterbürokratie die soziale Basis für das Vordringen des Opportunismus in der Arbeiterbewegung. Das bedeutete aber nicht in jedem Fall eine Identität von höherer Lohngruppe bzw. hauptamtlicher Funktion und opportunistischer Ideologie. Die relativ günstigeren Löhne erlaubten dieser Schicht, insbesondere auch unter den Gewehrfabrikarbeitern, Bau oder Erwerb kleiner Häuschen in Hintervierteln der Altstadt, z.B. im Andreasviertel.

Wenngleich nicht so ausgeprägt wie in den Mietskasernen Erfurt-Nords entsprach auch dieser Wohnraum nicht den Erfordernissen. Von den zwischen 1871 und 1918 geschaffenen insgesamt 30000 Wohnungen waren 62 Prozent ohne Bad und Innen-WC. Die wachsenden sozialen Gegensätze im Wohnungsbau vermochten weder einige öffentliche Volksbäder (z.B. an der Schmidtstedter Brücke und

Abb. 270. Aufruf zur Maifeier 1901 in der „Tribüne"

in der Talstraße) noch der 1898 begründete 1. Spar- und Bauverein auszugleichen, dem sich auch 200 Arbeiter anschlossen. Die Beschränkung einer fünf- bis sechsköpfigen Arbeiterfamilie auf ein bis zwei Räume mit unzureichenden sanitären Bedingungen war angesichts des hohen Mietzinses keine Seltenheit. Nach im Jahre 1905 angestellten Ermittlungen wohnten 26339 Personen, d.h. 27,89 Prozent der Einwohner, in sogenannten überbevölkerten Wohnungen, davon 1145 mit sechs und mehr Personen in Einraumwohnungen, 116 mit zehn und mehr Personen in Zweizimmerwohnungen und 143 in Kellerwohnungen. Die Mietpreise lagen zwischen 100 und über 3000 M im Jahr.[11]

Zur Linderung der Not der Arbeiter hatten die Unternehmer nur Almosen übrig. Als sich der Reichstag im November 1911 unter dem Druck der Arbeiterbewegung gezwungen sah, sich mit der besonders menschenunwürdigen Lage der Heimarbeiter zu beschäftigen, hatte z.B. der Erfurter Damenmäntelfabrikant und „einfache" Millionär Rudolf Lamm die Stirn, als Vertreter der Erfurter Handelskammer vor dem Verband Thüringischer Industrieller zu behaupten, den Erfurter Heimarbeitern gehe es gut,

---

[10] Zit. nach: Georg Piltz/Fritz Hege, Erfurt-Stadt am Kreuzweg, Dresden 1955, S. 59 f.

[11] Ermittlungen der Wohnungsverwaltung der Stadt Erfurt gelegentlich der am 1. Dezember 1905 stattgefundenen Volkszählung, Erfurt (1905), S. 5, 7, 11.

Abb. 271. Arbeiter der Berlin-Erfurter Maschinenfabrik Henry Pels & Co
am 1. Mai 1912

denn sie erhielten ja im Jahr 1,5 Mill. M Lohn.[12] Lamm, der sich gegen eine gesetzliche Festlegung von Mindeslöhnen in dem geplanten Heimarbeitergesetz wandte, sprach natürlich weder von seinen eigenen Jahreseinkünften in Höhe von einigen zehntausend Mark noch von den märchenhaften Gewinnen der anderen Unternehmer. Bei 19 Prozent Dividende betrugen sie in eben diesem Jahr z.B. bei der Lingel AG 760 000 M, d.h. mehr als die Hälfte dessen, was allen Erfurter Heimarbeitern an Lohn gezahlt worden war. Die Aktionäre dieses Unternehmens aber warfen ihren Arbeitern noch nachträglich vor, sie seien an ihrem Elend selbst schuld. Sie hätten ihr Geld vertan und sich nur Arbeit geholt, wenn sie es nötig gehabt hätten.[13] Allein die 26 Lohnstreiks der Erfurter Arbeiter im Jahr 1911 werfen ein bezeichnendes Licht auf solche Verleumdungen.

Die Empfehlung eines Erfurter Reiseführers von 1910, das „Villenviertel vor dem Pförtchen und an

der Cyriaksburg" biete „mit den schwungvollen und stilgerechten Ausführungen im modernen Landhausbau die beste Gelegenheit zur behaglichen Ansiedelung",[14] oder der Ratschlag der bürgerlichen Presse, die Minderbemittelten sollten der Teuerung dadurch begegnen, daß sie statt Butter Margarine Marke „Siegerin" äßen, empfanden die Erfurter Arbeiter, denen die Möglichkeit zur Verbesserung ihrer Lebenslage durch die sozialen Schranken des imperialistischen Herrschaftssystems versagt war, als bitteren Hohn. Die wachsende Ausbeutung und die Verschärfung der sozialen Gegensätze spitzten die Widersprüche zwischen Proletariat und Bourgeoisie mehr und mehr zu und bildeten die Grundlage für harte ökonomische und politische Klassenauseinandersetzungen.

[12] Erfurter Allgemeiner Anzeiger, 11. 11. 1911.
[13] Der Lingel-Konzern, S. 5.
[14] Erfurt in Thüringen, S. 11.

2.
GEGEN IMPERIALISMUS, MILITARISMUS UND KRIEGSGEFAHR

Die ökonomischen und sozialen Veränderungen führten zu gravierenden Wandlungen im politischen Leben der Stadt. In noch höherem Grade als zuvor wurde es vom Profitstreben der Großbourgeoisie bestimmt, auf das der Bauherr eines der damals im Jugendstil errichteten Geschäftshäuser in der Bahnhofstraße mit der Inschrift „Auri sacra fames" („Der verfluchte Hunger nach Gold") aus Vergils Äneis treffend hinwies.

Mit der Herausbildung des Monopolkapitalismus erlangte eine immer kleinere Minderheit von Großunternehmern und Bankiers die politische Vorherrschaft in der Stadt. Wenn sich auch die sozialen Widersprüche zwischen ihr und den mittleren Unternehmern sowie insbesondere den Angehörigen der Mittelschichten zunehmend vertieften, gerieten die letzteren doch politisch und ideologisch immer mehr unter den Einfluß der herrschenden Minderheit, die sich mit Hilfe der bürgerlichen Parteien und Vereine vor allem in den Mittelschichten eine soziale Massenbasis gegen die Sozialdemokratie zu schaffen suchte. Das besitzorientierte kleinbürgerliche Denken der Kaufleute und Handwerksmeister, der sich zahlenmäßig verdoppelnden Angestellten und der Intelligenz, deren Revolutionsfurcht und die immer massivere chauvinistische Propaganda ließen die überwiegende Mehrheit dieser Schichten in den Sog der herrschenden Klassen geraten. Zugleich gewannen jedoch die politischen Organisationen der erstarkenden Arbeiterklasse, die Sozialdemokratische Partei und die freien Gewerkschaften, an politischem Gewicht, kämpfte die Arbeiterklasse immer bewußter gegen Ausbeutung und Unterdrückung.

Nach dem Scheitern des sogenannten Kleinen Sozialistengesetzes (Umsturzvorlage) im Mai 1897 suchten die herrschenden Klassen nach neuen Mitteln und Methoden zur Unterdrückung der revolutionären Arbeiterbewegung. Insbesondere in Vorbereitung der im Juni 1898 bevorstehenden Reichstagswahlen gingen sie immer brutaler gegen die Arbeiterorganisationen vor. Ausdruck dafür waren auch die sogenannten Maikrawalle vom 24. bis 27. Mai 1898 auf dem Domplatz. Sie wurden von den örtlichen Polizeiorganen im Sinne des Geheimerlasses des Staatssekretärs des Reichsamtes des Innern, Arthur von Posadowsky-Wehner, an die Regierungen der Bundesstaaten vom 11. Dezember 1897 provoziert, der Vorschläge für gesetzliche Maßnah-

men gegen Streikrecht und Koalitionsfreiheit angefordert und ein schärferes Vorgehen gegen die Arbeiterbewegung empfohlen hatte.

Die Empörung der Werktätigen über die Pläne der Regierung, die der SPD-Führung in die Hände geraten und von ihr im „Vorwärts" veröffentlicht worden waren[15], äußerte sich in Protesten, Rufen wie „Wartet nur, bis die Wahlen kommen!" und „Hut ab!" (in Anspielung auf die Beisetzung der Märzgefallenen während der bürgerlich-demokratischen Revolution 1848 in Berlin) sowie in Steinwürfen der am Zirkus „Deike" versammelten Menge gegen die in auffällig großer Zahl Ruhe und Ordnung heischenden Polizeibeamten. Unter der Regie des Garnisonkommandeurs, des Regierungspräsidenten und des Oberbürgermeisters machte die Polizei ohne hinreichenden Grund von Säbeln und Pistolen Gebrauch, so daß sich an drei Abenden Straßenschlachten auf dem Domplatz, dem Fischmarkt und in den angrenzenden Straßen zwischen der etwa 2000köpfigen Menge und Polizei- und Armee-Einheiten entwickelten, bei denen über 60 Bürger schwer verletzt wurden.[16] Obwohl die Leitung des Sozialdemokratischen Vereins schon zu Beginn der Auseinandersetzungen in einem Flugblatt vor einer Beteiligung gewarnt hatte, machten die herrschenden Kreise, nicht nur in der Stadt, sondern auch im Reichstag, die Sozialdemokratie verantwortlich, um so ihre verschärfte Unterdrückungspolitik und ein neues Zwangsgesetz, die sogenannte Zuchthausvorlage, zu rechtfertigen. Dabei suchten sie die Tatsache, daß August Bebel, einer der beiden Vorsitzenden des sozialdemokratischen Parteivorstandes, am 23. November im „Kaisersaal" auf einer Wahlversammlung die volksfeindliche Politik der herrschenden Klassen – auch mit konkretem Bezug auf die bürgerlichen Parteien in Erfurt – scharf gebrandmarkt hatte, in einen Beweis für eine Schuld der Sozialdemokratischen Partei zu verfälschen. Bebel wies diese Verleumdung der Sozialdemokratie am 15. Dezember 1898 im Reichstag entschieden zurück,[17] jedoch wurden 13 der während der Auseinandersetzungen Verhafteten wegen Wi-

---

[15] Vorwärts, 15. 1. 1898.

[16] Tribüne, 15. 8. 1913; Erfurter Allgemeiner Anzeiger, 25. 5. 1898, 3. Beilage; ebenda, 27. 5. 1898, 3. Beiblatt; 28. 5. 1898.

[17] Erfurter Allgemeiner Anzeiger, 25. 5. 1898, 3. Beilage; Tribüne, 15. 8. 1913.

derstandes gegen die Staatsgewalt zu drakonischen Zuchthaus- und Gefängnisstrafen verurteilt.[18]

Wie die Justiz lag die gesamte örtliche Staatsgewalt völlig in den Händen der herrschenden Klassen. Abgesehen von den reaktionären Grundbedingungen, die überhaupt nur einer Minderheit der Einwohner das Wahlrecht gewährten, während es über 75 Prozent der mündigen Bürger versagt war,[19] konnten nach dem für die Stadtverordnetenwahlen gültigen preußischen Dreiklassenwahlrecht z. B. 1898 in der I. Abteilung (Klasse) nur Bürger mit über 1381 M Einkommensteuern und in der II. Abteilung (Klasse) nur jene wählen, die über 300,50 M Steuern zahlten. Die überwiegende Mehrheit der Wahlberechtigten wurde der III. Abteilung zugeordnet. Jede der drei Abteilungen wählte über Wahlmänner ein Drittel der Abgeordneten.

Tabelle 21
Anzahl der Wahlberechtigten und ihres prozentualen Anteils an den drei Wählerabteilungen bei den Wahlen zur Erfurter Stadtverordnetenversammlung 1891 bis 1914[20]

Wahl-jahr	Erste Abteilung	Zweite Abteilung	Dritte Abteilung	Wahl-berechtigte insgesamt
1891	266 (2,9)	1110 (12,2)	7719 (84,9)	9095
1898	120 (1,2)	784 (7,6)	9363 (91,2)	10267
1900	98 (0,9)	760 (6,6)	10584 (92,5)	11442
1912	258 (1,4)	2610 (14,3)	15410 (84,3)	18278
1914	291 (1,5)	2749 (14,5)	15874 (84,0)	18914

Um 1900 rund 1000, 1914 rund 3000 Großbürger und einige wenige Junker bestimmten, gestützt auf eine absolute Mehrheit in der Stadtverordnetenversammlung, die Politik des Magistrates. 1914 wurden von den 57 Sitzen 47,3 Prozent von Kaufleuten, Unternehmern, Bankiers und Rentiers, 22,8 Prozent von Beamten und 10,5 Prozent von Angehörigen der bürgerlichen Intelligenz eingenommen, während die Arbeiter und Angestellten der Stadt, über 90 Prozent der Einwohner, nur über zwei Sitze (d. h. 3,6 Prozent) verfügten. Die restlichen Sitze verteilten sich auf Handwerker (10,5 Prozent) und Offiziere (1,8 Prozent).[21]

Die zwei Arbeitervertreter, der Schuhfabrikarbeiter Karl Gassmann und der Vorsitzende der Schuhmachergewerkschaft Gustav August Nowag[22],

Abb. 272. Extrablatt
zum sogenannten „Erfurter Aufruhr" vom Mai 1898

[18] Stadtarchiv Erfurt (im folg.: StAE), XVI i Nr. 60; Karl Sickel, Die Ereignisse im Mai 1898 in Erfurt, in: Das Erfurter Rad, Jg. 1959, S. 69 ff.; Wolfgang Edler, Eine Provokation und ihr Ende, in: Das Volk, Beilage Nr. 12, 7. 5. 1976.

[19] Die wichtigsten Bedingungen waren: männliches Geschlecht, Vollendung des 24. Lebensjahres, preußische Staatsangehörigkeit, einjährige Ansässigkeit im Stadtbezirk, keine Armenunterstützung aus öffentlichen Mitteln, Hausbesitz im Stadtgebiet oder stehendes Gewerbe als Haupterwerbsquelle mit wenigstens zwei Gehilfen oder (seit 19. 6. 1906) jährliches Einkommen von mindestens 660,– bis 900,– M., Nachweis der Zahlung aller Abgaben. Die Hälfte der von jeder Abteilung zu wählenden Abgeordneten mußte ein Haus besitzen.

[20] Zusammengestellt nach: StAE 1-2/042-110, Bl. 33; ebenda, 1-2/042-952, Bl. 15; ebenda, 1-2/042-19, Bl. 129; Geheimes Staatsarchiv, Preußischer Kulturbesitz, (West-)Berlin-Dahlem, III. Hauptabteilung, Nr. 1186.

[21] Sammelbericht der Stadt Erfurt über die Verwaltungsjahre 1913–1919 für den Zeitraum vom 1. April 1913 bis 31. März 1920, Erfurt 1921, S. 9 f.; Willibald Gutsche, Die revolutionäre Bewegung in Erfurt während des 1. imperialistischen Weltkrieges und der Novemberrevolution, Erfurt 1963, S. 59.

[22] Nowag war zugleich Mitglied des sozialdemokratischen Kreisvorstandes.

Abb. 273. Druckerei und Verlag der „Tribüne" in der Kleinen Arche (seit 1903)

die bis zur Novemberrevolution zugleich die einzigen Vertreter der Sozialdemokratischen Partei im Gemeindeparlament blieben, waren jedoch nur durch einen Zufall, durch die Eingemeindung Ilversgehofens, im Mai 1911 in die Stadtverordnetenversammlung gelangt, in die sie auf Grund des Eingemeindungsvertrages übernommen werden mußten.[23]

Zu Beginn des 20. Jahrhunderts vollzog sich in der Stadt trotz des reaktionären Wahlrechts eine Verschiebung des politischen Kräfteverhältnisses. Das spiegelten die Wahlergebnisse der nach einem allgemeinen, gleichen und geheimen Mehrheitswahlrecht durchgeführten Reichstagswahlen wider. Von 1893 bis 1903 wurde der Wahlkreis Erfurt-Schleusingen-Ziegenrück im Reichstag durch den konservativen Kaufmann und Schneidermeister Johannes Jacobskötter vertreten. Bei den Wahlen 1903 blieben jedoch die Konservativen (5424 Stimmen), eine antisemitische Gruppierung (4313 Stimmen) und das Zentrum (1163 Stimmen) im ersten Wahlgang hinter der Nationalliberalen Partei (6687 Stimmen) zurück, und bei den Stichwahlen siegte der natio-

nalliberale Kandidat Paul Hagemann mit 17153 Stimmen.[24] Zwar konnte sich Hagemann bei den Wahlen 1907 mit 22253 Stimmen behaupten, doch errang die Sozialdemokratie 17534 Stimmen (1903 bei den Stichwahlen 13934). Bei den Reichstagswahlen 1912 fiel schließlich das Mandat des Wahlkreises bei 13885 Stimmen für die Nationalliberalen und 7324 für die Fortschrittspartei (Liste Ullrich) mit einer absoluten Mehrheit von 23247 Stimmen an den Sozialdemokraten Heinrich Schulz, einen ehemaligen Bremer Volksschullehrer. Mit 12594 Stimmen hatten an diesem Erfolg die Erfurter Wähler der Sozialdemokratie entscheidenden Anteil.

Schulz war von 1897 bis 1901 – seit Dezember 1898 hauptverantwortlicher – Redakteur der „Thüringer Tribüne" und zeitweilig Geschäftsführer des Sozialdemokratischen Vereins in Erfurt gewesen. Dabei hatte er – insbesondere nach dem Stuttgarter Parteitag vom Oktober 1898 – dem Revisionismus Eduard

[23] StAE, 042/78, Bl. 361 ff., Protokoll über die Wahl vom 18. 4. 1911.

[24] StAE, 5/850-2, Bl. 17 ff.

Bernsteins zugeneigt. Auf den Thüringer Landesparteitagen in Ilversgehofen im Juli 1899 und in Erfurt im August 1901 wandten sich zahlreiche Genossen, vor allem der Vorsitzende der Bezirksorganisation der Sozialdemokratie und Reichstagsabgeordnete des Wahlkreises Sachsen-Meiningen 2-Sonneberg Paul Reißhaus sowie Max Grunwald, entschieden gegen die opportunistische Haltung der „Tribüne". In einer 1901 von Grunwald eingebrachten Resolution erklärten sie, „daß die Erlösung der Arbeiterklasse aus der Lohnknechtschaft des Kapitalismus einzig in der Erkenntnis und in den Zielen und auf den Wegen möglich ist, wie sie im wissenschaftlichen Sozialismus von Marx und Engels vorgezeichnet und im Erfurter Programm für die deutsche Sozialdemokratie festgelegt ist."[25]

Reißhaus, der auf Grund seiner Erfahrungen, insbesondere während des Sozialistengesetzes, zu dieser Zeit noch grundsätzlich an einer auf den Klassenkampf orientierten Arbeiterpolitik festhielt, wie sie August Bebel vertrat, sorgte dafür, daß Schulz im Herbst 1901 aus der Redaktion der „Tribüne" ausschied und durch Max Grunwald ersetzt wurde. Seit Oktober 1902 Chefredakteur der Bremer Bürgerzeitung, seit 1906 Geschäftsführer des Zentralbildungsausschusses der Partei und Lehrer an der zentralen Parteischule sowie seit 1908 Mitarbeiter der Zentralstelle für die arbeitende Jugend Deutschlands, hatte sich Schulz dann orthodox-marxistischen Positionen zugewandt. Gemeinsam mit Clara Zetkin hatte er marxistische Leitsätze zur Volksbildung erarbeitet und sie auf dem Mannheimer Parteitag 1906 vertreten. In den Jahren 1909 bis 1911 hatte er sich an den Bestrebungen der Linken beteiligt, gemeinsam gegen die Opportunisten vorzugehen. In Zusammenarbeit mit Karl Liebknecht, der dem Parteivorstand seine Einbeziehung in die Beratungen empfahl, war Schulz – entsprechend der Stellungnahme seiner Erfurter Wahlkreisorganisation – gegen die Hamburger Resolution des 6.Kongresses der Gewerkschaften Deutschlands von 1908 aufgetreten, die eine selbständige Jugendorganisation als nicht erforderlich bezeichnet hatte. Am 2.Juni 1908 hatte er im „Tivoli" in einer Rede gegen das preußische Dreiklassenwahlrecht erklärt, wenn erst Karl Liebknecht im preußischen Landtag säße, werde dort sicher etwas Richtiges gesprochen werden.[26] Auf dem Magdeburger Parteitag 1910 hatte Schulz den Antrag Rosa Luxemburgs unterstützt, entsprechend dem Beschluß von Jena „im Hinblick auf die künftige Wiederaufnahme der Wahlrechtskampagne die Erörterung und Propagierung des Massenstreiks ... in die Wege zu leiten und so in den breitesten Schich-

ten des Proletariats das Gefühl der eigenen Macht sowie das politische Bewußtsein zu schärfen, damit die Massen den großen Aufgaben gewachsen sind, wenn die Situation es erfordert."[27]

Nach seiner Wahl jedoch, die er seiner marxistischen Haltung verdankte, begann sich Schulz wieder auf revisionistische Positionen zu begeben. Zwar unterstützte er noch auf dem Jenaer Parteitag 1913 – wie Paul Reißhaus – gegen die opportunistischen Kräfte, die die Oberhand gewannen, den Antrag Rosa Luxemburgs, der „als erste Voraussetzung erfolgreicher Massenaktionen" eine „offensive, entschlossene und konsequente Taktik der Partei auf allen Gebieten" und „alle Maßregeln" forderte, „damit das deutsche Proletariat bei den kommenden Kämpfen für alle Fälle gerüstet dasteht."[28] Aber gleichzeitig begann er gegen den Willen seiner Wähler in der wichtigen Frage der Heeresvorlage auf opportunistische Positionen einzuschwenken. Während der dritten Lesung der Wehrvorlage 1913 im Reichstag stimmte er mit der opportunistischen Mehrheit der Fraktion gegen den Widerstand von 37 Abgeordneten dem Wehrbeitrag und dem Besitzsteuergesetz der Wehrvorlage zu und gab damit den marxistischen Grundsatz „Diesem System keinen Mann und keinen Groschen!" preis. Auf dem Jenaer Parteitag 1913 verteidigte Schulz als Berichterstatter der Fraktion diese direkte Unterstützung der volks- und friedensfeindlichen Politik des deutschen Imperialismus.

Die Verschiebung des politischen Kräfteverhältnisses innerhalb der Erfurter Bourgeoisie offenbarte sich in Veränderungen in der Vertretung des Wahlkreises im preußischen Abgeordnetenhaus und im Provinziallandtag, die nach dem Dreiklassenwahlrecht gewählt wurden. Hier wurden Konservative von Nationalliberalen abgelöst. Im preußischen Abgeordnetenhaus trat 1908 an die Stelle des Konservativen Johannes Jacobskötter (bis 1903

---

[25] Staatsarchiv Weimar, Außenstelle Gotha, Regierung zu Erfurt, vorl. Nr.463.

[26] StAE, 1-2/124-3, Bl.109 ff., 113. – 1908 wurde Liebknecht in den Landtag gewählt.

[27] Dokumente und Materialien zur Geschichte der deutschen Arbeiterbewegung, hrsg. vom IML beim ZK der SED (im folg.: DMA), Bd. IV, Berlin 1967, Dok. 193, S. 322 u. Anm. 1. – Der Parteitag beschloß eine entsprechende Resolution (ebenda Dok. 196, S.324 f.).

[28] Protokoll der Verhandlungen des Parteitages der Sozialdemokratischen Partei Deutschlands. Abgehalten in Jena vom 14.–20.September 1913, Berlin 1913, Antrag 100, S.194 f.; ebenda, S.336 ff. – Der Antrag wurde mit 333 gegen 142 Stimmen abgelehnt. (Ebenda, S.339); DMA, Bd.IV, Dok.259, S.461 ff.; ebenda, Dok.263, S.465.

Abb. 274. Titelseite der „Tribüne" mit Aufruf zum Kampf gegen das preußische Dreiklassenwahlrecht

der Freikonservative Ferdinand Lucius) der nationalliberale Buchdruckereibesitzer Eduard Stenger und seit 1913 der Direktor der Thuringia AG Dr. Max Ludewig. Auch im Provinziallandtag wurde der Wahlkreis nach Lucius seit 1903 von Nationalliberalen, von Oberbürgermeister Dr. Hermann Schmidt (Oberbürgermeister von 1895 bis 1919), Bürgermeister Ernst Lange, Oberstleutnant Rudolf Kubale (seit 1908) und Dr. Max Ludewig vertreten.

Die Umorientierung der Mehrheit des Erfurter Bürgertums auf die Nationalliberale Partei war Ausdruck des Erstarkens der Bourgeoisie innerhalb des junkerlich-bürgerlichen Ausbeuterblocks und der zunehmenden Opposition großer Teile des Besitzbürgertums gegen die Vorherrschaftsansprüche der junkerlichen Kräfte. Im örtlichen Rahmen spiegelte sie aber zugleich auch die Tendenz des verschärften Kampfes der Bourgeoisie gegen den wachsenden Einfluß der Sozialdemokratie wider. Mit Ludewig und Hagemann, zwei Exponenten des rechten, vor allem von rheinisch-westfälischen Montanmonopolen getragenen Flügels der Nationalliberalen Partei, orientierte sich die Erfurter Bourgeoisie auf Wortführer einer rücksichtslosen Unterdrückung der Arbeiterbewegung und insbesondere ihrer linken Strömung. So verleumdete Ludewig Karl Liebknecht auf einer Wahlversammlung am 14. Dezember 1911 als „Agenten einer auswärtigen Macht" und forderte unter der Losung „Alle Mann an Bord, damit unser altes Erfurt nicht in den roten Strudel hineingerät!" dem Gegner „die Faust unter die Augen" zu halten.[29]

Hagemann, seit 1902 Landesgerichtsdirektor in Erfurt, war einer der Initiatoren des alldeutsch aus-

---

[29] Erfurter Allgemeiner Anzeiger, 15. 12. 1911.

gerichteten „Reichsverbandes gegen die Sozialdemokratie". Unter seinem Vorsitz versammelte sich am 20. September 1903 – noch während des Dresdner Parteitages der Sozialdemokratie, dessen überwältigende Mehrheit alle revisionistischen Bestrebungen entschieden verurteilt hatte – in Halle das 33köpfige Gründungskomitee dieses Verbandes, als dessen 2. Vorsitzender Hagemann nach der Konstituierung am 9. Mai 1904 bis 1912 wirkte.[30]

Auch auf anderen Ebenen waren Repräsentanten der Erfurter Bourgeoisie über die Stadt hinaus in Leitungsgremien von Parteien und Verbänden der herrschenden Klassen tätig. So wirkte der Erfurter Schuhfabrikant Georg Heß zeitweilig als 1. stellvertretender Vorsitzender des 1909 gegründeten Verbandes Thüringischer Industrieller. Der Direktor der J.A. John AG, Paul Ruscheweyh, war Vorsitzender des Verbandes Thüringischer Metallindustriel-

Konzeption des BdI, der einerseits gewisse innenpolitische Reformen befürwortete und zum Teil gegen die Preispolitik der Grundstoffmonopole opponierte, andererseits die Eroberung neuer Absatz- und Rohstoffgebiete forderte und sich scharf gegen die revolutionäre Arbeiterbewegung wandte, entsprach den wirtschaftlichen und politischen Bestrebungen dieser Kreise am ehesten. Ruscheweyhs Haltung in der zweiten Marokkokrise spiegelte diese Strömung z. B. wider. Er unterstützte einen Aufruf des HAPAG-Generaldirektors Albert Ballin, der die Marokkopolitik der Reichsregierung rechtfertigte, sich aber gegen die alldeutsche These wandte, der Kompromiß des Marokkovertrages bedrohe das Ansehen des Reiches.[31]

Ein Teil der Erfurter Unternehmer neigte jedoch auch dem schwerindustriellen Zentralverband deutscher Industrieller (ZdI) zu. So schloß sich z. B.

Abb. 275. Arbeiter der
Eduard Lingel Schuhfabrik AG.
Unter ihnen Paul Schäfer
(vordere Reihe,
zweiter von rechts)

ler und gehörte am Vorabend des Krieges dem Großen Ausschuß des Bundes der Industriellen (BdI) an, dem die beiden thüringischen Unternehmerverbände korporativ angeschlossen waren.

Entsprechend der Struktur der Erfurter Wirtschaft sympathisierte der größere Teil der Erfurter Unternehmer mit dem BdI, der Dachorganisation der Fertigwarenindustriellen, der in zunehmendem Maße von Monopolen der Fertigwarenindustrie beherrscht wurde. Nicht zuletzt deshalb diente die Stadt dem Bund – z. B. im Mai 1914 seinem handelspolitischen Ausschuß – häufig als Tagungsort. Die

die Pumpenfabrik Otto Schwade & Co 1898 dem Verein deutscher Eisen- und Stahlindustrieller an, der wieder dem ZdI angehörte.

---

[30] Dieter Fricke, Der Reichsverband gegen die Sozialdemokratie von seiner Gründung bis zu den Reichstagswahlen von 1907, in: Zeitschrift für Geschichtswissenschaft 2/1959, S. 244 f.; Die bürgerlichen Parteien in Deutschland, hrsg. von einem Redaktionskollektiv unter Leitung von Dieter Fricke, Bd. II, Leipzig 1970, S. 620 ff.
[31] Österreichisches Staatsarchiv Wien, Haus-, Hof- und Staatsarchiv, PA XXXII/26; Hamburger Nachrichten, 11. 11. 1911.

Abb. 276. Fahne des Zentralverbandes
der Maurer Deutschlands, Zahlstelle Erfurt, von 1894

Während die Erfurter Bourgeoisie über die Unternehmerverbände die Reichsregierung zur Wahrnehmung ihrer Expansionsinteressen drängte, propagierte sie mit Hilfe der von ihr ausgehaltenen lokalen militaristischen Vereine und der Ortsgruppen der großen chauvinistischen Verbände, insbesondere des Alldeutschen Verbandes, des Kolonialvereins, des Flottenvereins und des Kolonial- und Flottenvereins deutscher Frauen, die immer aggressivere imperialistische „Weltpolitik" als „nationale" und „patriotische" Pflicht. Dabei fand sie auch tatkräftige Unterstützung durch die evangelische Kirchenleitung. So benutzte der Magdeburger Generalsuperintendent Jakobi die Einweihung des von dem an der Erfurter Kunstgewerbeschule wirkenden Bildhauer Carl Melville geschaffenen Gustav-Adolf-Denkmals vor der Predigerkirche am 10. November 1911 dazu, mit Bezug auf das im Reichstag tags zuvor von den bürgerlichen Parteien scharf attackierte magere Ergebnis des „Panthersprungs" nach Agadir zu erklären: „Wir haben gestern einen Tag erlebt, an dem mancher unmutig mit der Faust nach dem Schwerte fuhr und murrend gefragt hat: Warum konnte unsere nationale Ehre nicht besser geschützt werden?" Das „zu Unrecht angegriffene . . . christliche Deutschland" werde gegebenenfalls „das gute Schwert nicht niederlegen, bis auch der letzte Feind zunichte gemacht sei."[32]

Die immer unverhülltere, die Gefahr eines Weltkrieges heraufbeschwörende Expansionspolitik, die verschärfte politische Unterdrückung und die wachsende Ausbeutung stießen in zunehmendem Maße auf den Widerstand der Arbeiterklasse. An

ihrer Spitze standen die Sozialdemokratische Partei und die Freien Gewerkschaften, deren Einfluß unter den Arbeitern ständig wuchs. Von 1900 bis 1913 stieg die Mitgliederzahl des Sozialdemokratischen Vereins von 313 auf 2500, also um das Achtfache.[33] Die Anzahl der für die sozialdemokratischen Kandidaten abgegebenen Stimmen und deren Anteil an allen abgegebenen Stimmen bei den Wahlen zur Stadtverordnetenversammlung nahmen ebenfalls zu.

Tabelle 22
Wahlergebnisse der Sozialdemokratie
bei den Wahlen zur Stadtverordnetenversammlung
1898 bis 1912

Jahr	Stimmen	Anteil an allen gültigen Stimmen (in Prozent)
1898	639	31,3
1900	1098	28,8
1904	886	34,5
1906	1235	35,8
1908	1452	36,6
1910	2 187	42,6
1912	2896	39,4

Bei den Reichstagswahlen blieb der Anteil der sozialdemokratischen Stimmen an den insgesamt abgegebenen Stimmen bei einer Verdoppelung der sozialdemokratischen Wähler seit 1898 relativ konstant. Die bei den Stichwahlen im Rahmen der Stadt stets erzielte absolute Mehrheit kam jedoch durch die Wahlkreisgeometrie bis 1912 nicht zum Tragen.

Tabelle 23
Ergebnisse der Reichstagswahlen für die SPD
1898 bis 1912 in der Stadt Erfurt[34]

Jahr	Art der Wahl	Sozial-demokratische Stimmen	Anteil an allen gültigen Stimmen (in Prozent)
1898	1. Wahlgang	5817	46,1
1898	Stichwahlen	6985	52,6
1903	1. Wahlgang	7013	46,4
1903	Stichwahlen	8 184	51,9
1907	1. Wahlgang	8 340	nicht zu ermitteln
1907	Stichwahlen	8658	45,1
1912	1. Wahlgang	12 594	52,1

Einen bedeutenden Aufschwung nahmen auch die sozialdemokratisch orientierten Freien Gewerk-

---

[32] Erfurter Allgemeiner Anzeiger, 11. 11. 1911 u. 13. 11. 1911.

[33] StAE, 5/850-2, Bd. 3, Alfred Steffen, Materialsammlung zu einer Geschichte der Erfurter Arbeiterbewegung (Ms), S. 16; Tribüne, 9. 8. 1913.

[34] Archivalische Quellennachweise zur Geschichte der deutschen Arbeiterbewegung im Stadtarchiv Erfurt, Erfurt 1966, S. 15.

schaften, die in einem Ortskartell vereinigt waren, an dessen Spitze seit 1907 ein Arbeitersekretariat stand. Von 1899 bis zum Vorabend des Krieges verfünffachte sich ihre Mitgliederzahl von 2000 auf 10 514. Damit erhöhte sich der Anteil der freigewerkschaftlich Organisierten an allen Arbeitern und Angestellten der Stadt von etwa 10 auf rund 30 Prozent.

Abb. 277. Wimpel der „Vereinigten Diener und Kutscher", gegründet 1900

Wie im Sozialdemokratischen Verein stieg auch hier der Anteil der organisierten Frauen. Allein von 1911 bis 1914 wuchs er von 36,3 auf 50,1 Prozent.

Im Vergleich zu den Freien Gewerkschaften erlangten die in der Stadt wirkenden bürgerlichen Gewerkschaftsorganisationen, die Hirsch-Dunckerschen Gewerkvereine, die hier 1895 eine ihrer ersten Ortsgruppen gegründet hatten, christliche und sogenannte unabhängige Gewerkschaften, die durch friedliche Vereinbarungen mit den Unternehmern soziale Reformen erstrebten, keinen nennenswerten Einfluß. Am Vorabend des Krieges gehörten ihnen insgesamt nur 1236 Mitglieder an.

Der Sozialdemokratische Verein und das Gewerkschaftskartell leisteten eine umfangreiche massenpolitische Arbeit. In ihrem Vereinslokal, der in den „Gründerjahren" errichteten Gaststätte „Tivoli", von der das Kartell seit 1897 einen Teil als Gewerkschaftshaus gepachtet hatte, wurden eine Zentralbibliothek der organisierten Arbeiter und 1902 eine Lesehalle eingerichtet. Außerdem befand sich hier auch eine der drei Verkaufsstellen des im November 1901 gegründeten „Allgemeinen Konsumvereins für Erfurt und Umgegend" (später „Volkskraft"), dessen Mitgliederzahl sich von 770 bis 1913 auf 3725 bei einer Umsatzsteigerung von rund 111000 M auf 959 000 M erhöhte.

1903 erwarb die Sozialdemokratie das Gebäude „Kleine Arche 1" für Redaktion und Druckerei der 1889 gegründeten „Tribüne", des sozialdemokratischen Organs für die Wahlkreise Erfurt, Nordhausen, Weimar, Mühlhausen und Sangerhausen. Die „Tribüne", die 1913 bei einer Abonnentenzahl von 600 und mit einer Auflage von 11000 Exemplaren er-

Abb. 278. Zeitgenössischer Stickereiwandschmuck aus einer Arbeiterwohnung

schien, gehörte zu jenen sozialdemokratischen Organen, in denen die Linken zeitweilig wirksam werden konnten.

Der Ortsverein war Bestandteil des Wahlvereins für den Reichstagswahlkreis Erfurt-Schleusingen-Ziegenrück. An seiner Spitze stand ein Vorstand, der 1911 und 1914 von dem Redakteur der Tribüne Paul Petzold geleitet wurde. Vorsitzender der Bezirksorganisation des Regierungsbezirkes Erfurt war der Schneidermeister Paul Reißhaus.[35]

Die Mehrzahl der langjährigen Vorstandsmitglieder des Sozialdemokratischen Vereins, Paul Petzold,

35 StAE, 1-2/124-3, Bl. 114 a; ebenda, Bl. 117.

der Stadtverordnete Gustav August Nowag (1911: 2. Vorsitzender), Franz Jünemann (1911 bis 1914 Kassierer) und Franz Fahrenkamm (1914: 2. Vorsitzender) neigten zur zentristischen Strömung, was schließlich 1917 in ihrem Anschluß an die USPD Ausdruck fand.[36] Beeinflußt von der „Ermattungsstrategie" Karl Kautskys und durch die Wahlerfolge in der Illusion bestärkt, daß die Partei die Macht auf legalem Wege erreichen könne, orientierten sie sich auf Reformversuche im Sinne der zentristischen Ideologie der Versöhnung und Vertuschung der prinzipiellen Gegensätze zwischen den beiden Klassenlinien in der Partei.

Wie der Vorstand der Partei initiierte der Sozialdemokratische Verein in den ersten Jahren nach der Jahrhundertwende zahlreiche Proteste und Demonstrationen gegen die friedensbedrohende Expansionspolitik des deutschen Imperialismus im Fernen Osten, in Marokko und im Vorderen Orient, gegen das preußische Dreiklassenwahlrecht, gegen Versuche einer Erneuerung des Sozialistengesetzes, gegen Klassenjustiz, Militarismus und Rüstungspolitik. Auf besonders machtvollen Massenversammlungen bekundeten die Erfurter Arbeiter am Jahrestag des Petersburger Blutsonntags, am 21. Januar 1906, ihre Solidarität mit den russischen Revolutionären und im August 1911 ihren Protest gegen die durch die imperialistische deutsche Marokkopolitik heraufbeschworene Kriegsgefahr. Solche Kampfaktionen nahm die Erfurter Bourgeoisie zum Anlaß, härtere Gesetze gegen die Sozialdemokratische Partei zu fordern oder – wie am 12. Januar 1908 in der Johannesstraße – brutal gegen friedlich zu einer Versammlung gehende Sozialdemokraten vorzugehen.[37]

Im kommunalen Bereich verfolgte der Vorstand des Sozialdemokratischen Vereins entsprechend dem Kommunalprogramm der preußischen Sozialdemokratie das Ziel, sozialpolitische Veränderungen zugunsten der Werktätigen auf den Gebieten des Wohnungsbaues, des Gesundheitswesens, der Sozialfürsorge und der Lohnpolitik zu erreichen und trat für die Brechung des Bildungsmonopols, gegen neue Steuern und die Teuerung auf. Angesichts des geringen Einflusses in der Stadtverordnetenversammlung waren diese Bemühungen aber wenig erfolgreich. Nowag und Gassmann veranlaßten z. B. 1911/1912 die Organisierung eines verbilligten Kartoffelverkaufs an minderbemittelte Familien sowie den Import billigen Fleisches aus Holland sowie die Einrichtung einer Wanderarbeitsstätte und die Finanzierung von Notstandsarbeiten für Arbeitslose durch den Magistrat. In den meisten Fällen, z. B. bei

ihren Bemühungen um Lohnerhöhungen für die städtischen Arbeiter, wurden ihre Forderungen jedoch abgelehnt. Die wenigen Ergebnisse glichen Almosen. So wurde bei den Notstandsarbeiten nur ein Stundenlohn von 0,25 bis 0,30 M gezahlt, und für das Obdachlosenasyl stellte die Stadt 1911 nur 831,07 M zur Verfügung, etwa ebensoviel, wie die damalige Jahresmiete für eine 4- bis 5-Zimmer-Wohnung.[38]

1903 entstand unter Leitung von Ferdinand Kurzke, einem Funktionär des Bauarbeiterverbandes, der Arbeiterjugendbildungsverein „Propaganda", dem zeitweilig auch der Schlosser Georg Schumann angehörte. Schumann war Mitbegründer des sozialdemokratischen Jugendvereins „Die junge Garde", der an der Gründung der freien Jugendorganisationen in Apolda und Jena 1906 wesentlichen Anteil hatte, und leitete die Gauorganisation der Thüringer Arbeiterjugend. Seit 1906 stand die Frage des politischen Massenstreiks im Mittelpunkt der Mitgliederversammlungen des Sozialdemokratischen Vereins. Nicht zuletzt wegen seiner positiven Haltung zu diesem Kampfmittel wurde Heinrich Schulz (zusammen mit Paul Hennig) in einer Mitgliederversammlung am 23. August 1906 als Delegierter zum Mannheimer Parteitag gewählt.[39]

In die vom Parteivorstand organisierten wissenschaftlichen Wanderkurse war auch Erfurt einbezogen. Einen solchen Kurs mit 141 Teilnehmern zum Thema „Die wirtschaftlichen Grundlagen des Sozialismus (Erfurter Programm)" führte z. B. 1913 Hermann Duncker durch, der erster Wanderlehrer der Partei und seit 1912 auf Vorschlag Wilhelm Piecks Lehrer an der zentralen Parteischule war und zur linken Strömung der Partei gehörte.

In Turn-, Radfahr- und Gesangvereinen, einem Jugendbildungsverein, sowie durch Schulentlassungsfeiern, deren Teilnehmer sich von 1908 bis 1912 von 11 auf 73 erhöhten, durch Frauenleseabende, Landagitation und eine „Rote Woche" im März 1914 sowie Flugblattaktionen propagierte der Sozialdemokratische Verein die Ziele der Partei und warb neue Mitglieder und Wähler.

Die herrschenden Klassen suchten diese Aktivitäten mit allen Mitteln zu unterdrücken. Die Versammlungen wurden überwacht. Der Jugendbildungsverein wurde im September 1911 von der Polizei verboten. Den Erfurter Arbeiterradsportverein

---

[36] Siehe: Gutsche, Die revolutionäre Bewegung..., S. 74 ff.
[37] StAE, 1-2/124-3, Bl. 106 ff.
[38] Harald Baum, Zur Tätigkeit der sozialdemokratischen Abgeordneten in der Erfurter Stadtverordnetenversammlung 1911–1914, Dipl. Arbeit, Leipzig 1976 (Ms).
[39] StAE, 1-2/124-3, Bl. 90 ff.

Abb. 279. Mitglieder des 1903 gegründeten Arbeiterjugendbildungsvereins „Propaganda".
Rechts am Tisch sitzend: Karl Klein; zweiter rechts vom Tisch stehend: Georg Schumann

verurteilte das Kammergericht im gleichen Jahr zu einer Geldstrafe und untersagte ihm – gestützt auf das 1908 verabschiedete Reichsvereinsgesetz – als „politischem" Verein, Personen unter 18 Jahren als Mitglieder aufzunehmen. Die Redakteure der „Tribüne" Schulz, Wilhelm Dahl und Petzold wurden immer wieder wegen „Majestätsbeleidigung" und anderer „Vergehen" zu Gefängnisstrafen verurteilt.

Einen besonderen Schwerpunkt des Klassenkampfes jener Jahre bildeten die Streikkämpfe. Auch in Erfurt offenbarte die Zunahme der Streikaktivität und der Streikdauer einerseits und die verstärkte Anwendung der Methode der Aussperrung durch die Unternehmer andererseits die Verschärfung des Widerspruchs zwischen Kapital und Arbeit beim Übergang zum Imperialismus. Von 1897 bis zum Vorabend des Krieges führten die Erfurter Werktätigen insgesamt 130 Streiks, an denen 8748 Arbeiter beteiligt waren. Die Versuche der Unter-

nehmer, die Front der Streikenden durch neun Aussperrungen zu spalten, von denen insgesamt 1812 Arbeiter betroffen waren, scheiterten an der Solidarität.

Die Kämpfe richteten sich gegen die laufende Verschlechterung der sozialen Lage und die steigende Ausbeutung. Sie zielten auf Erhöhung der Löhne, Verkürzung der Arbeitszeit, bessere Arbeitsbedingungen und Abschaffung der Akkord- und der Sonntagsarbeit. Sie verfolgten aber auch politische Ziele, wie Arbeitsruhe am 1. Mai und Anerkennung der Gewerkschaften. Einen besonderen Aufschwung nahm die Streikbewegung unter dem Einfluß der ersten bürgerlich-demokratischen Revolution in Rußland 1905 bis 1907. Allein auf diese drei Jahre entfielen rund ein Viertel der Streikaktivitäten der Jahre 1897 bis 1914. Einen erneuten Höhepunkt erreichten sie in den Jahren 1910/1911, auf die etwa ein Drittel aller Aktivitäten entfielen.

In zähen, opfervollen Kämpfen konnten die Erfurter Arbeiter geringe, aber für sie lebenswichtige Erfolge erringen. So erzwangen 1334 Erfurter Maurer, Zimmerleute und andere Bauarbeiter in einem vom Mai bis August 1907 währenden 89tägigen Streik eine Erhöhung des Stundenlohns um 0,10 M. Da diese aber erst etappenweise im Verlaufe von drei Jahren wirksam werden sollte und die Unternehmer eine Verkürzung der Arbeitszeit auf 9½ Stunden verweigerten, setzten 270 der betroffenen Arbeiter den Streik weitere vier Wochen fort und erzwangen so eine unmittelbare Lohnerhöhung um 0,07 M pro Stunde. Diese Niederlage veranlaßte die Erfurter Bauunternehmer, den Kampf gegen die Arbeiter auf überörtlicher Ebene durch einen Tarifvertrag für das gesamte Baugewerbe zu führen. Ein solcher Vertrag zwischen den zentralen Unternehmer- und opportunistisch geführten Gewerkschaftsverbänden, der sogenannte Dresdener Schiedsspruch, der die Forderungen nach Verkürzung der Arbeitszeit und die Abschaffung der Akkordarbeit ignorierte und für die nächsten Jahre nur ganz geringe Lohnerhöhungen einräumte, kam 1910 gegen den Widerstand der Erfurter Bauarbeiter zustande, die deshalb zwei Monate lang von den Unternehmern ausgesperrt wurden.[40]

1900 erkämpften die Erfurter Straßenbahner neben einer Lohnerhöhung die Bewilligung kostenloser Dienstbekleidung. In einem besonders machtvollen 73tägigen Streik um eine Lohnerhöhung um 0,05 M pro Stunde und die Einführung der 55-Stunden-Woche vom Juli bis September 1911, der sich auch auf die umliegenden thüringischen Gebiete ausdehnte, errangen fast 2000 Metallarbeiter Teilzugeständnisse. Die Lohnerhöhungen blieben jedoch stets hinter den steigenden Lebenshaltungskosten zurück.

Die größten Erfolge errangen die Arbeiter dort, wo an ihrer Spitze revolutionäre Partei- und Gewerkschaftsführer standen, die die Interessen der Arbeiter konsequent vertraten und auch für das Kampfmittel des Massenstreiks eintraten, denn rechtsopportunistische und zentristische Funktionäre suchten die Streikkämpfe auf rein ökonomische Forderungen zu beschränken und verhinderten den vollen Erfolg durch „Vergleiche" und abwiegelnde Propaganda. Die opportunistischen Kräfte in der örtlichen Arbeiterbewegung unterstützten objektiv das zunehmende Bemühen der herrschenden Kreise, die Volksmassen zu unterdrücken oder in den imperialistischen Staat zu integrieren und psychologisch auf den Krieg vorzubereiten.

3.

Das geistig-kulturelle Leben

Das geistig-kulturelle Leben der Stadt von der Jahrhundertwende bis 1917 wurde von den gesellschaftlichen Widersprüchen geprägt. Einerseits bemühten sich humanistisch gesinnte bürgerliche Kultur- und Geistesschaffende um eine Belebung der kulturellen Landschaft, andererseits wurde diese in zunehmendem Maße von der reaktionären imperialistischen und militaristischen Ideologie beherrscht. Gestützt auf private Stiftungen schuf der als Nachfolger Professor Dr. Karl Beyers 1901 zum Stadtarchivar berufene Professor Dr. Alfred Overmann, dem zugleich die Leitung des städtischen Museums übertragen wurde, mit der Einrichtung von Schausammlungen für Gemälde und Skulpturen im Pack- und Waagehof und im Haus zum Stockfisch sowie zur Geschichte der Stadt, zur Thüringer Bauernkunst und zur Urgeschichte im ehemaligen Herrenhaus des Großen Hospitals die Basis für museale Einrichtungen, die über Erfurt hinaus einen guten Ruf erlangten. Diese Bemühungen setzte sein Nachfolger Dr. Edwin Redslob 1913 mit dem Aufbau der Mittel-

alterhalle des Angermuseums fort. Mit seiner Arbeit „Die älteren Kunstdenkmäler der Plastik, Malerei und des Kunstgewerbes in Erfurt" leistete Overmann 1911 einen wichtigen Beitrag zur Erfurter Kunstgeschichte.

Demgegenüber blieb die bildende Kunst nur ein bescheidener Gast. Die das Altstadtmilieu bevorzugenden Gemälde Walter Corseps (1862 bis 1944) und die Historienbilder und religiösen Gemälde Eduard von Hagens (1834 bis 1909) erlangten kaum überregionale Ausstrahlung. Die Anfertigung einiger Werbezeichnungen Heinrich Zilles für einen Erfurter Badewannenfabrikanten 1918 war eine erwähnenswerte Episode. Bedeutenderes wurde auf dem Gebiet der freien Plastik und der baugebundenen Kunst vollbracht. Typisch für den Stil der Zeit waren z.B. die vom Lehrer an der Handwerker- und Kunst-

---

[40] Walter Reißert, Der Tarifvertrag des Erfurter Baugewerbes vom Jahre 1910, in: Humanistisches Gymnasium und modernes Kulturleben, hrsg. von Gustav Ecke, Erfurt 1911, S. 413 ff.

gewerbeschule Carl Melville geschaffenen allegorischen Figuren Arbeit, Ernte, Schönheit und Genuß an der 1912 aus Muschelkalk errichteten Flutgrabenbrücke in der heutigen Straße der Einheit.

Das Erfurter Theaterleben bewegte sich in dem 1894 eingeweihten Stadttheater, heute Opernhaus, in konventionellen Bahnen. William Schirmer, von 1909 bis 1928 Intendant, machte sich – z. B. mit der Dramatisierung von Prosaarbeiten Fritz Reuters – um die plattdeutsche Volksdramatik verdient. Befangen in naturalistischen Auffassungen waren jedoch seinem Bemühen um ein höheres künstlerisches Niveau Grenzen gesetzt.

Auch auf literarischem Gebiet gab es keine herausragenden Leistungen. Im örtlichen Rahmen erlangte lediglich die Pfarrerstochter Lina Walther (1824 bis 1907) gewissen Einfluß. Mit ihren aus dem Blickwinkel preußisch-protestantischer Geschichtsauffassung verfaßten Büchern, z. B. ihrem Erinnerungsbuch „Aus meiner Jugendzeit" (1901), und heimatgeschichtlichen Romanen und Erzählungen, z. B. „Die Frau Marquise" (1892) und „Alltagsbilder mit Oberlicht" (1898), die an Hand lokaler Episoden die „gute alte Zeit" verklärten und „christliche" und „nationale" Tugenden zu vermitteln suchten, blieb sie in kleinbürgerlicher Enge befangen.

Am Ende des 19. Jahrhunderts begann der Film die Erfurter in seinen Bann zu schlagen. Am 16. September 1897, zwei Jahre, nachdem Max Skladanowsky im Berliner Wintergarten sein Bioskop vorgestellt hatte, zeigte das Ausstellungstheater des Leipziger Kristallpalastes im Erfurter Reichshallen-Theater im Rahmen eines Varieté-Programms erstmals in der Stadt „lebende Photographien". Das erste Kino, das Centraltheater am Friedrich-Wilhelm-Platz, öffnete 1906 seine Pforten. Es folgten Scherffs Bioskop-Theater am Fischmarkt, 1908 das Edison-Theater in der Löberstraße, das Apollo-Theater am Anger und ein Centraltheater in der heutigen Karl-Marx-Allee, 1909 das Kolosseum in der Krämpferstraße und 1911 das Volkstheater in der Johannesstraße, das Union-Theater in der Michaelisstraße und die Lichtspiele in der Meyfarthstraße. Zunehmend zur nationalistischen Manipulierung genutzt, standen die Lichtspieltheater vor allem im ersten Weltkrieg mit Filmen wie „Der große Krieg 1870/71", „Kriegsgetraut", „Deutsche Disziplin" oder „Fürs Vaterland" im Dienst imperialistischer Propaganda.

Auf dem Gebiet des Sports bildete die 1885 als Sandbahn errichtete und 1899 in Zement ausgeführte Radrennbahn im Andreasried ein herausragendes Zentrum. Hier begeisterten sich Tausende Erfurter für Lokalmatadore wie Hans Lange und Karl Arnold, der bei den Olympischen Spielen 1906 in Athen einen dritten Platz belegte.

Während die Bourgeoisie der Stadt im 1897 errichteten Haus der Gesellschaft „Ressource" in der Lilienstraße, heute Schauspielhaus, in der „Kasino"-, „Union"- und „Harmonie"-Gesellschaft sowie in zwei Logen exklusive Bälle feierte, die zahlreichen chauvinistischen und militaristischen Vereine psychologische Kriegsvorbereitung betrieben, eine flache Unterhaltungsindustrie die wachsenden sozialen Gegensätze zu übertünchen suchte und Schlager wie „Es war einmal ein treuer Husar" und „Püppchen, Du bist mein Augenstern" aus Grammophonen und Musikautomaten ertönten, erwarb sich Richard Wetz (1875 bis 1935), seit 1906 Leiter des Erfurter Musikvereins und seit 1911 Lehrer am Thüringer Konservatorium, vor allem als Wegbereiter der Werke Anton Bruckners, um das Erfurter Musikleben bleibende Verdienste.

Auf naturwissenschaftlichem Gebiet trugen Erfurter Bürger in diesen Jahren zu manchen Erkenntnisfortschritten bei. So entwickelte Ernst Christian August Biltz (1822 bis 1903) die sogenannte Schichtmethode in der analytischen Chemie. Der Begründer der Thorax-Chirurgie, Ferdinand Sauerbruch (1875–1951) war von 1901 bis 1902 im Städtischen Krankenhaus der Stadt an der Nordhäuserstraße tätig. Der Bierbrauereibesitzer Friedrich Treitschke führte – nach den ersten kurzzeitigen Beobachtungen J. J. Planers (1781 bis 1873) – seit 1871 zunächst in der Marktstraße 37, seit Juni 1888 in seinem Garten in Hochheim, Winzerstraße 21 und 21a – die ersten gezielten langfristigen meteorologischen Messungen durch. Unter Führung seines Sohnes Wilhelm Treitschke erhob sich am 25. April 1909 an der Johannes-Lünette, auf dem heutigen Steinplatz, der erste bemannte Ballon „Segler" der Erfurter Sektion des Sächsisch-Thüringischen Vereins für Luftschiffahrt in die Lüfte, dem bis 1914 rund 100 weitere Ballonfahrten folgten. Sie dienten meteorologisch-astronomischen Beobachtungen, wie z. B. die Hochfahrt in der Nacht vom 18. zum 19. Mai 1910 zur Beobachtung des Kometen Halley, mit dessen Erscheinen sich düstere Zukunftsprognosen verbanden.[41] Bei einer Wettfahrt am 12. November 1911, die ihren Anfang in Dessau nahm, ging der Erfurter Luftfahrtpionier Herwarth Wendel mit seinem Ballon „Erfurt" als Sieger hervor. Nach 4 Stunden und

[41] Herwarth Wendel, Vor 50 Jahren begann die Geschichte der Erfurter Luftfahrt, in: Das Erfurter Rad, Jg. 1959, S. 101 f.

Abb. 280. Ballonaufstieg an der Johannes-Lünette,
heute Steinplatz, um die Jahrhundertwende

Abb. 281. Gondel des Ballon „Erfurt"
auf der Internationalen Luftschiffahrt-Ausstellung
in Frankfurt (Main) 1909.
Rechts in der Gondel: Wilhelm Treitschke.

41 Minuten landete er bei Ahrenshoop an der Ostsee
nach einem Flug mit einer Geschwindigkeit von
etwa 67 km in der Stunde.[42]

Die damals sensationellen Ballonaufstiege wurden von den Erfurtern ebenso bestaunt wie das erste Erfurt überquerende Flugzeug im Februar 1911 und der erste Überflug der Stadt durch einen Zeppelin, das Luftschiff „Schwaben", das unter Führung Dr. Hugo Eckeners am 8. September des gleichen Jahres auf seiner Fahrt nach Berlin in Gotha zwischenlandete und über Erfurt eine Schleife zog.

Manche vorwärtsdrängende Pläne scheiterten an den herrschenden gesellschaftlichen Verhältnissen, z. B. das Vorhaben des Museumsdirektors Redslob, ein neues repräsentatives Museumsgebäude auf der Daberstedter Schanze zu errichten, für dessen Entwurf er den an der Weimarer Kunstgewerbeschule wirkenden Belgier Henry von de Velde gewonnen hatte. Der erste Weltkrieg machte diesem Plan trotz ansehnlicher Spenden ein jähes Ende.

Die Erfurter Akademie gemeinnütziger Wissenschaften, die in den ersten Jahrzehnten ihrer Existenz eine progressive Rolle gespielt hatte, verfiel und geriet mehr und mehr in chauvinistisches Fahrwasser, Ende des 19. Jahrhunderts auf 19 Mitglieder zusammengeschrumpft, wandte sie sich nun vor allem den Geisteswissenschaften zu. Die als besonders wesentlich betrachtete Veröffentlichung Georg Kerschensteiners „Wie ist unsere männliche Jugend von der Entlassung aus der Volksschule bis zum Eintritt in den Heeresdienst am zweckmäßigsten für die bürgerliche Gesellschaft zu erziehen?" erhellt die Zielsetzung der Akademie, aber ebenso der bürgerlichen Bildungs- und Erziehungsarbeit, die auch in den zwischen 1900 und 1914 errichteten acht neuen Schulgebäuden verfolgt wurde, ungeachtet der

---

[42] Erfurter Allgemeiner Anzeiger, 14. 11. 1911, 2. Beiblatt.

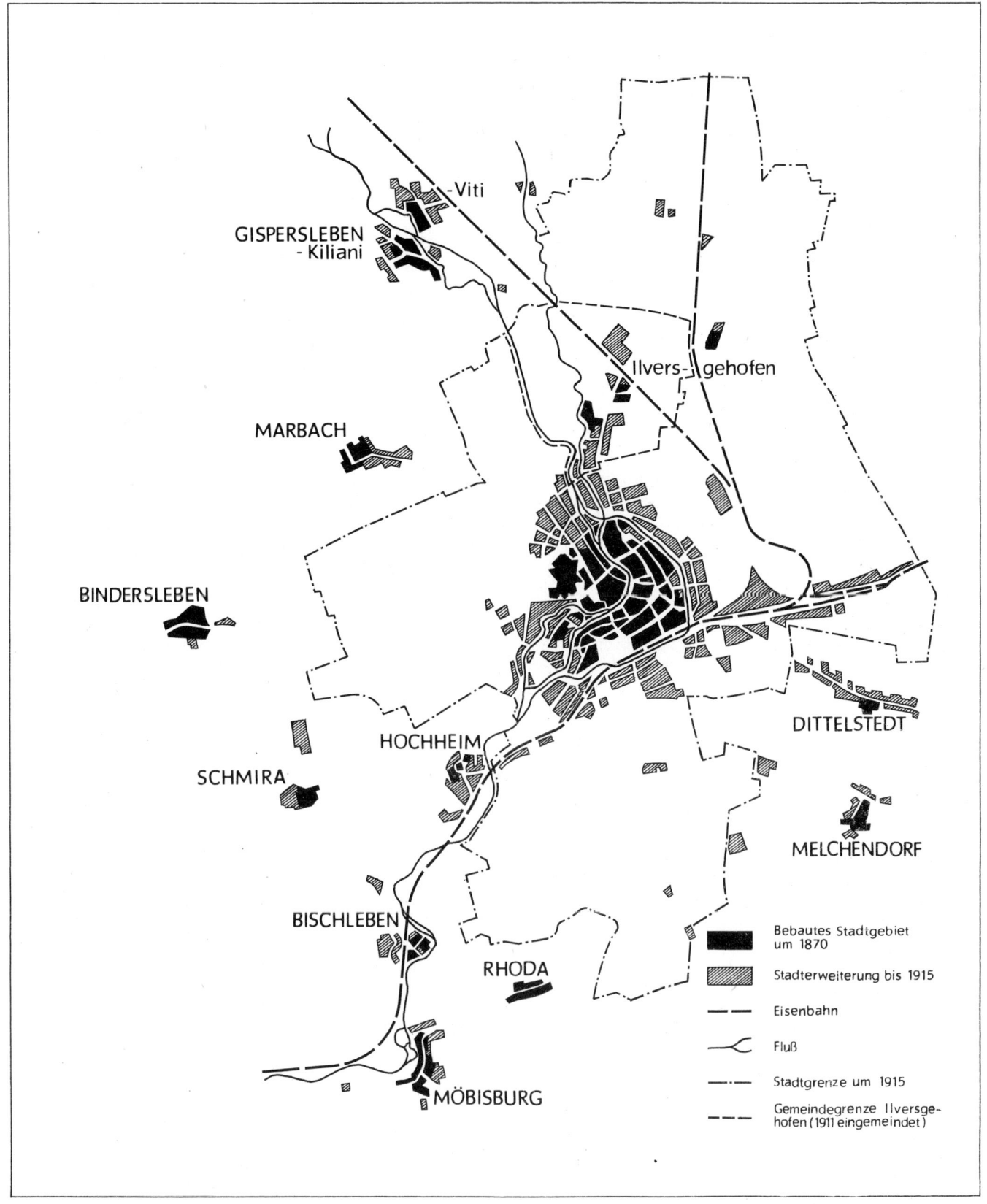

Abb. 282. Entwicklung der Stadt Erfurt vom Ende des 19. Jahrhunderts bis 1915

Tatsache, daß die Stadt im Schulneubau, in der Senkung der Klassenfrequenzen an den Volksschulen von 64,5 (1900) auf 52,8 (1912) und im Ausbau des Mittelschulwesens mit an der Spitze der preußischen Städte rangierte.

Der Verein für die Geschichte und Altertumskunde von Erfurt trug eine Fülle von interessanten Details zur Stadtgeschichte zusammen, doch wurde sie bis auf Ausnahmen entsprechend dem bürgerlichen Geschichtsbild interpretiert. Insbesondere betraf das die revolutionären Traditionen des deutschen Bauernkrieges und der bürgerlich-demokratischen Revolution von 1848/49 sowie die Befreiungskriege, die – z.B. im Rahmen ihres 100. Jubiläums im Jahre 1913 – in den Dienst der nationalistischen und militaristischen Propaganda gestellt wurden. Die Geschichte der örtlichen Arbeiterbewegung wurde völlig ignoriert. Progressiven Ideen verpflichtet waren nur wenige Arbeiten, z.B. die in den Jahren 1913 bis 1918 entstandenen sozialkritischen und in zunehmendem Maße unter materialistischen Aspekten

geschriebenen Studien des späteren kommunistischen Reichstagsabgeordneten und Widerstandskämpfers Dr. Theodor Neubauer über die Zeit der frühbürgerlichen Revolution, insbesondere seine Untersuchung des „Tollen Jahres" von 1509/10, die während des ersten Weltkrieges an der Front entstand, aber erst 1948 veröffentlicht werden konnte.

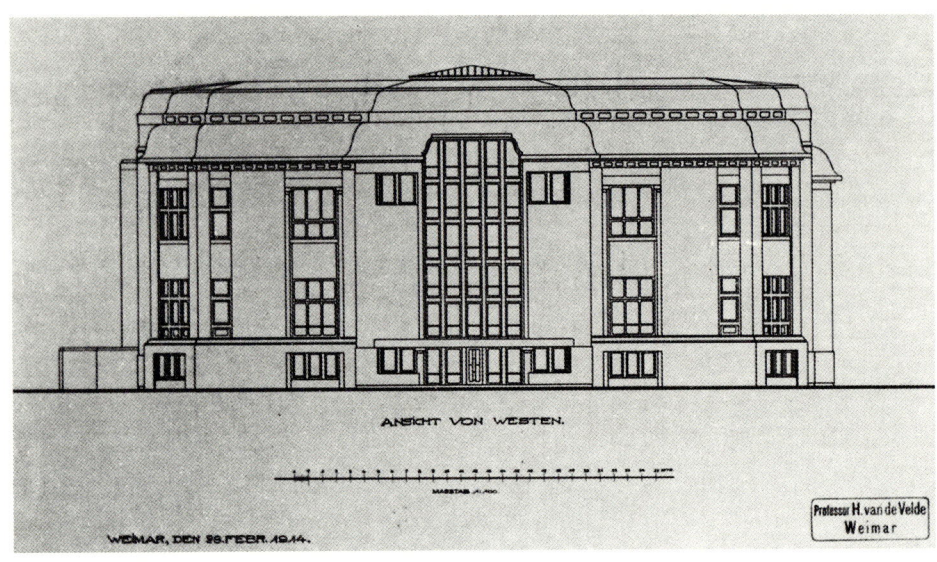

Abb. 283. Entwurf für ein neues Museumsgebäude auf der ehemaligen Daberstedter Schanze, heute Stadtpark, von Henry van de Velde

Dessen ungeachtet wurde das Geschichtsbild der Erfurter Bevölkerung entscheidend von reaktionären Vorstellungen geprägt, z.B. anläßlich des 200. Geburtstages des Preußenkönigs Friedrich II. am 24. Januar 1912, dessen Wirken der „Erfurter Allgemeine Anzeiger" mit der Feststellung würdigte, er habe sich nicht lange mit Konferenzen und diplomatischem Notenwechsel aufgehalten, sondern sich kurz entschlossen in den Besitz des von ihm beanspruchten Gebietes gesetzt. In diese vorherrschende militaristische Traditionslinie fügte sich auch die von Overmann in der Augustinerstraße geschaffene Abteilung Kriegserinnerungen des städtischen Museums ein.

4.
Auswirkungen des Ersten Weltkrieges und Entwicklung einer Antikriegsbewegung

Als die herrschenden Klassen im Sommer 1914 das Attentat auf den österreichischen Thronfolger Franz Ferdinand in Sarajevo zum Vorwand nahmen, um ihre seit der Jahrhundertwende betriebene besonders aggressive und räuberische Expansionspolitik, die auf die Vorherrschaft in Europa und die Herr-

schaft auf dem Weltmarkt gerichtet war, mit den Mitteln des Krieges fortzusetzen, erfaßte der Proteststurm der deutschen Arbeiterklasse auch Erfurt. Am 30. Juli 1914 strömten die Erfurter Arbeiterinnen und Arbeiter unter der Losung „Krieg dem Kriege" zum „Tivoli", um den Kriegstreibern „Halt" zu gebieten. „Kaum jemals, auch nicht in Zeiten der heftigsten Wahlkämpfe“ berichtete die „Tribüne“, „hat Erfurt eine solche imposante Versammlung gesehen. In drangvoller Enge stand im Saale Kopf an Kopf und bis weit in den großen Garten hinein lauschte die wohl an 3000 Personen zählende Menge an den offenen Fenstern fast lautlos den Worten des Redners.“[43]

Die auch durch den in der „Tribüne“ veröffentlichten Aufruf des Parteivorstandes vom 25. Juli genährte Erwartung der Erfurter Arbeiter, daß die Sozialdemokratische Partei nun den Massenkampf gegen den allseitigen imperialistischen Eroberungskrieg organisieren werde, wie es den Beschlüssen der internationalen Sozialistenkongresse von Stuttgart und Basel entsprochen hätte, erfüllte sich jedoch nicht. Heinrich Schulz, der nun auf sozialchauvinistische Positionen überging, beteuerte nur die Friedensliebe der deutschen Sozialdemokratie und unterstützte die imperialistische Kriegspolitik mit der Erklärung, kein Sozialdemokrat denke daran, das Vaterland „von Kosakenhorden zerstampfen zu lassen. Jeder Sozialdemokrat werde im bevorstehenden Kriege seine Pflicht tun müssen.“[44]

Den Verrat, den Schulz mit diesem Kurswechsel gegenüber seinen Wählern beging, registrierten die Exponenten des rechten Flügels der Parteiführung mit hämischer Genugtuung. Einer von ihnen, Wolfgang Heine, schrieb am 10. Dezember 1914 an Georg von Vollmar, es sei interessant, „wie dieser Krieg auf manche, die sonst radikale Phrasen zu dreschen pflegen, gewirkt“ habe, z.B. auf Heinrich Schulz.[45] Den Kurs des offenen Übergangs in das Lager des Imperialismus steuerten auch die meisten Erfurter Funktionäre des Sozialdemokratischen Vereins und der Freien Gewerkschaften. Am Tage der Kriegsentfesselung, am 1. August, verkündete die „Tribüne“:

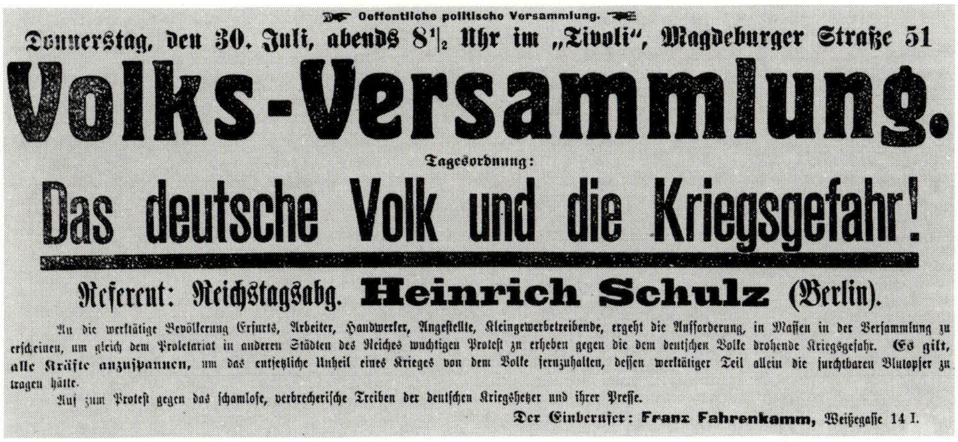
Oeffentliche politische Versammlung.
Donnerstag, den 30. Juli, abends 8½ Uhr im „Tivoli“, Magdeburger Straße 51
Volks-Versammlung.
Tagesordnung:
Das deutsche Volk und die Kriegsgefahr!
Referent: Reichstagsabg. **Heinrich Schulz** (Berlin).

An die werktätige Bevölkerung Erfurts, Arbeiter, Handwerker, Angestellte, Kleingewerbetreibende, ergeht die Aufforderung, in Massen in der Versammlung zu erscheinen, um gleich dem Proletariat in anderen Städten des Reiches wuchtigen Protest zu erheben gegen die dem deutschen Volke drohende Kriegsgefahr. **Es gilt, alle Kräfte anzuspannen,** um das entsetzliche Unheil eines Krieges von dem Volke fernzuhalten, dessen werktätiger Teil allein die furchtbaren Blutopfer zu tragen hätte.

Auf zum Protest gegen das schamlose, verbrecherische Treiben der deutschen Kriegshetzer und ihrer Presse.

Der Einberufer: **Franz Fahrenkamm,** Weißegasse 14 I.

Abb. 284. Aufruf zur Protestkundgebung gegen den Krieg am 30. Juli 1914 im „Tivoli“

„Die ‚vaterlandslosen Gesellen‘ werden ihre Pflicht erfüllen und sich darin von den ‚Patrioten‘ in keiner Weise übertreffen lassen.“[46] Schulz wie auch Reißhaus befanden sich nicht unter den 14 Mitgliedern der sozialdemokratischen Reichstagsfraktion, die sich in der Fraktionssitzung am 3. August gegen die Bewilligung der Kriegskredite und gegen den „Burgfrieden“ wandten. Der Vorstand des Sozialdemokratischen Vereins beschloß am 12. November, den „Burgfrieden“ zu wahren und verpflichtete die Mitglieder, den imperialistischen Staat „nach innen und außen“ zu stärken.[47] Jahrelang beeinflußt von der chauvinistischen Ideologie und irregeführt und verraten von den rechten sozialdemokratischen Führern, glaubte auch die Mehrheit der Erfurter Arbeiter zunächst die Lüge von der Vaterlandsverteidigung.

Auf verschiedenen Kriegsschauplätzen waren die Truppen der Erfurter Garnison an dem ersten abenteuerlichen Versuch des deutschen Imperialismus beteiligt, die Vorherrschaft in Europa, die Herrschaft auf dem Weltmarkt und ein großes mittelafrikanisches Kolonialreich mit militärischer Gewalt zu erzwingen. Das Infanterieregiment Nr. 71 und das 1. Thüringische Feldartillerie-Regiment Nr. 19 waren im Verband der 3. Armee seit Mitte August am völkerrechtswidrigen Überfall auf das neutrale Belgien und an der Eroberung von Namur beteiligt. Anfang September wurden beide Einheiten nach dem

[43] Tribüne, 1.8.1914.

[44] Ebenda.

[45] Die Reichstagsfraktion der deutschen Sozialdemokratie 1898 bis 1918, bearb. von Erich Matthias und E. Pikart, 2. Teil, Düsseldorf 1966, Dok. 355, S. 9 ff.

[46] Tribüne, 1.8.1914. – Verfasser dieses Artikels war Friedrich Stampfer.

[47] Tribüne, 14.11.1914.

Osten geworfen. Während das Artillerie-Regiment nach Ostpreußen verlegt wurde, um den nicht so früh erwarteten Vormarsch russischer Truppen aufzuhalten, und schließlich in Galizien kämpfte, wurde das Infanterie-Regiment östlich Belgrad zur Niederwerfung Serbiens eingesetzt. Das Ende August u. a. aus der Ersatzabteilung des Erfurter Artillerie-Regiments neu gebildete Reserve-Feldartillerie-Regiment Nr. 52, das seit Mitte Oktober 1914 in Flandern bei Langemarck operierte, war am 22. April 1915 bei Koekuit an dem ersten barbarischen Gasangriff der deutschen Heeresleitung und 1916 bis 1918 an den Materialschlachten an der Somme und in der Champagne beteiligt, während das Jägerregiment zu Pferde Nr. 6 u. a. 1915 in Kurland die Eroberung der baltischen Provinzen Rußlands verwirklichen half.

Der sinnlose Eroberungskrieg der herrschenden Klassen, der Tausenden Erfurtern, unter ihnen vielen jungen Kriegsfreiwilligen, Leben oder Gesund-

heit kostete, wurde von den rechten sozialdemokratischen Partei- und Gewerkschaftsführern aktiv unterstützt. Entsprechend dem Beschluß der Vorständekonferenz der Freien Gewerkschaften vom 2. August brach das Erfurter Gewerkschaftskartell alle Streikkämpfe ab, verhinderte fortan derartige Kampfaktionen, beschränkte sich auf soziale Maßnahmen und unterstützte aktiv die „Landesverteidigung". Erster Vorsitzender des Sozialdemokratischen Vereins war zunächst Petzold, in den Jahren 1915 bis 1917 Oswald Reißhaus. Als Vorsitzender des Ortskartells der Freien Gewerkschaften wirkte Karl Knöner. Auch während des Krieges besaßen die Arbeiter der Stadt mit Nowag und Gassmann in der Stadtverordnetenversammlung nur zwei Vertreter, da weitere Wahlen während des Krieges ausgesetzt und die abgelaufenen Mandate jeweils verlängert wurden.

Durch die große Zahl der Einberufungen, zum Teil aber auch durch Austritt über den Verrat der

Abb. 285. Abmarsch des Infanterie-Regiments Nr. 71 zum Transport an die Westfront
in der Marktstraße Anfang August 1914

Abb. 286. Vorbereitung der Erfurter Jugend auf den Kriegsdienst.
Appell eines Jungsturmbataillons am Domplatz

rechten Partei- und Gewerkschaftsführer empörter Genossen, verringerte sich der Mitgliederbestand der örtlichen Arbeiterorganisationen in den ersten Kriegsjahren um etwa 65 Prozent. Zehn Freie Gewerkschaften wie die Ortsvereine des Allgemeinen Deutschen Gärtnerverbandes, des Glasarbeiterverbandes und des Textilarbeiterverbandes lösten sich völlig auf.

Die Bourgeoisie und große Teile der von der jahrelangen Propaganda verhetzten Mittelschichten hatten den Beginn des Krieges in einem chauvinistischen Kriegstaumel begrüßt. Das Erfurter Großbürgertum erblickte in ihm die Möglichkeit, seine Profite weiter zu steigern. Zahlreiche seiner Repräsentanten gehörten zu den Unterzeichnern der von den großen Unternehmerverbänden organisierten Kriegszieleingaben an die Reichsregierung. So leisteten z. B. der Aktionär und Stadtrat Louis Wehmeyer, der Bauunternehmer und Stadtrat Rudolf Walther, Polizeibauinspektor Ludwig Boegel, Regierungsbaumeister Otto Höckh, und die Professoren Overmann und Biereye Monopolherren wie Carl Duisberg und Ernst Poensgen Schützenhilfe. Am 15. Dezember 1915 forderten sie die Freigabe der Kriegszieldiskussion, wandten sich gegen einen

„voreiligen Frieden" und verlangten „in erster Linie eine Verbesserung unserer Grenzen in *Ost und West*."[48] Der Superintendent und Senior des Evangelischen Ministeriums, Dr. Gerhard Fischer, unterstützte zusammen mit Konzernherren wie Emil Kirdorf, Poensgen und Duisberg sowie Junkern wie Gustav Roesicke und Frh. von Malzan den Aufruf des alldeutsch orientierten „Unabhängigen Ausschusses für einen deutschen Frieden" vom 23. August 1916, der forderte, die „Länder zwischen der Baltischen See und den Wolhynischen Sümpfen" der Herrschaft Rußlands zu entziehen, gegen Frankreich eine „Mehrung unserer Macht durchzusetzen", Belgien „militärisch, wirtschaftlich und politisch in deutsche Hand" zu bringen und zur Verwirklichung dieser Ziele „alle Macht- und Kampfmittel rücksichtslos einzusetzen".[49]

Der Krieg bewirkte einen tiefgreifenden Strukturwandel der Erfurter Wirtschaft. In kurzer Zeit entstand eine ungewöhnlich starke Rüstungsindustrie. Diese Entwicklung erreichte ihren Höhepunkt 1917 in Auswirkung des sogenannten Hindenburgpro-

---

[48] ZStA Potsdam, Reichsamt des Innern, Nr. 19 299, Bl. 124 ff.
[49] Ebenda, Reichskanzlei, Nr. 1422, Bl. 99 ff.

gramms. Zu dieser Zeit waren etwa 42 000 Arbeiter der Stadt und ihrer Umgebung in rund 650, z. T. neu errichteten Kriegsbetrieben beschäftigt. Dabei bildete die königlich-preußische Gewehrfabrik, deren Beschäftigtenzahl von Juli 1914 bis 1917 von 1374 auf 19 750 anwuchs, um 1918 wieder auf 6940 abzusinken, das Zentrum.

Die Aufblähung der Rüstungsindustrie vor allem im Maschinen-, Instrumenten- und Apparatebau und in der Metallindustrie vollzog sich auf Kosten nicht kriegswichtiger Wirtschaftszweige der Leichtindustrie. In den ersten Kriegswochen wurden 914 solcher Betriebe, d. h. 71,4 Prozent aller Betriebe der Stadt, stillgelegt. Zwar nahm ein Teil von ihnen nach Umstellung auf Rüstungsproduktion die Arbeit seit 1915 wieder auf, doch fielen 139 Betriebe der Kriegspolitik für immer zum Opfer. Besonders betroffen waren dabei die Gewerbe Steine und Erden, Gartenbau, Bauwesen und Papierverarbeitung, deren Beschäftigtenzahlen von 1913 bis 1918 um 90, 74, 71 bzw. 67 Prozent zurückgingen, während sie sich im Maschinenbau um fast 97 Prozent erhöhten. Im

Sommer 1917 hatte allein in diesem Gewerbezweig die Zahl der Beschäftigten im Vergleich zu 1913 um 22 000, d. h. 446 Prozent zugenommen, von denen etwa die Hälfte in der Gewehrfabrik arbeiteten. An der Rüstungsproduktion waren aber auch die Chemie-, Leder- und Spinnstoffindustrie erheblich beteiligt. So nahm in der chemischen Industrie die Anzahl der Betriebe von 1913 bis 1918 von 10 auf 22 und die Zahl der Arbeitskräfte von 134 auf 1325 zu.

Die Lasten des Krieges wurden auf die Volksmassen abgewälzt. Eine erste Auswirkung war die durch die Umstellung der Produktion zeitweilig sprunghaft ansteigende Arbeitslosigkeit, die vor allem die Schuhfabrikarbeiter und die Buchdrucker betraf. Im August und September 1914 stieg sie mit etwa 1500 bis 2000 Arbeitslosen um das Vierfache und erreichte damit den höchsten Stand seit 1871.[50] Da die preußische Regierung die Unterstützung der

___

[50] Die Gewerkschaftsbewegung in Erfurt 1915, hrsg. vom Arbeitersekretariat, Erfurt 1915, S. 24 f.; Tribüne, 22. 7. 1914, 19. 1. 1915.

Abb. 287. Kolonne russischer Kriegsgefangener auf der Langen Brücke

Arbeitslosen ablehnte, waren sie auf die geringen Sätze des Ortskartells der Freien Gewerkschaften angewiesen.

Mit dcm Krieg verschärfte sich die Ausbeutung in der Industrie. Überstunden und Sonntagsarbeit waren an der Tagesordnung. Der Lebensmittelmangel führte im Februar 1915 zur Rationierung des Brotes, Anfang 1916 zur Bewirtschaftung aller Lebensmittel. Da aber selbst die immer geringeren Zuteilungen bald nicht mehr verfügbar waren, entwickelte sich ein Schwarzer Markt, dessen Preise für die Mehrheit der Bevölkerung nicht erschwinglich waren.

Auch die Kriegskosten sollte das Volk bezahlen. Durch zusätzliche Steuern, Kriegsanleihen und Einziehung der Edelmetalle wurden den Werktätigen ihre geringen Ersparnisse entrissen. Kirchenglokken, Orgelpfeifen, Gartenzäune und Hausrat aus Buntmetallen wurden von den Kriegsrohstoffgesellschaften, an deren Spitze führende Rüstungsmonopolisten standen, beschlagnahmt und zur Herstellung von Waffen und Munition eingeschmolzen.

Die staatsmonopolistische Kriegswirtschaftsorganisation bewirkte eine gewaltige Umverteilung des Nationaleinkommens zugunsten der Monopolbourgeoisie. Aus den staatlichen Rüstungsaufträgen zogen auch die beteiligten Erfurter Unternehmer riesige Gewinne. In der Schuhfabrik Lingel AG stieg der jährliche Reingewinn von 305 356,87 M (bei 4 Prozent Dividende) 1914 auf 718 125,60 M (bei 4 Prozent Dividende und 8 Prozent Superdividende) 1915. 1916 wurde bei gleicher Dividendenausschüttung ein Reingewinn von 840 234,80 M und 1917 von 919 039,20 M erreicht.[51] Bei der J. A. John AG stieg der Reingewinn im gleichen Zeitraum bei einer Steigerung der Dividenden von 5 auf 15 Prozent von 167 321 M auf 468 472 M.[52]

Diese Profite waren nicht allein auf Rüstungsaufträge, sondern auch auf die verschärfte Ausbeutung zurückzuführen. Trotz geringfügiger Teuerungszulagen, die z. T. für die Dauer des Krieges gewährt wurden, sanken die Reallöhne der Werktätigen. Während die Geldlöhne – zu einem beträchtlichen Teil durch verschärftes Arbeitstempo und längere Arbeitszeit – von 1914 bis 1918 um etwa 50 bis 80 Prozent stiegen, steigerten sich die Lebenshaltungskosten durch die Preiserhöhungen bei rapid sinkender Qualität der Waren allein bei rationierten Waren um rund 220 Prozent, unter Berücksichtigung der Schleichhandelspreise um 300 bis 400 Prozent. Auch die Preise aller anderen Konsumgüter erhöhten sich sprunghaft, z. B. Steinkohle um 166 Prozent, Briketts um 215 Prozent, Holz um 233 Prozent, Gas um 37,9 Prozent und Strom um 25 Prozent.

Abb. 288. Ausladen von Kriegsverwundeten am Güterbahnhof (Schmidtstedter Brücke)

In vielen Bereichen, z. B. im Buchdruckerei- und Bekleidungsgewerbe, verweigerten jedoch die Unternehmer Teuerungszulagen. In einem Fall, bei den Firmen Vetterlein & Co und Schönau, erkämpften die Zimmerer durch einen achttägigen Streik eine Zulage von 0,02 M pro Stunde. In den Gewerben, in denen Zulagen gewährt wurden, glichen sie die Teuerung nicht aus. So berichtete z. B. der Metallarbeiterverband am 31. Dezember 1915: „Zulagen wurden durchweg gewährt, die aber in keinem Verhältnis zur Steigerung der Lebensmittelpreise stehen. Die Kollegen versuchen aber, durch Leistung von Überstunden und Nachtarbeit ihren Verdienst zu erhöhen."[53]

Mit der zunehmenden Not, die die Kriegerfamilien am härtesten traf, wuchs die Empörung der Arbeiter. In einer Eingabe an den Magistrat vom 13. Oktober 1915 mußte das Erfurter Gewerkschafts-

[51] Betriebsarchiv des VEB Paul Schäfer, Nr. A I/2, Nr. 2; ebenda, F 4/502.
[52] Betriebsarchiv des VEB Erfurter Ventilatoren und Apparatebau, Nr. 00/7.
[53] Die Gewerkschaftsbewegung in Erfurt 1915, S. 43 ff.

kartell feststellen: „Infolge der immer stärker eintretenden Teuerung aller Lebensmittel und Gebrauchsgegenstände sind die Kriegerfamilien, soweit sie den minderbemittelten Volksschichten angehören, in eine Notlage gebracht worden ... Die meisten Kriegerfamilien leiden bereits an Unterernährung, da sie in ihrem Unterhalt im wesentlichen auf Suppen, Kaffee und Brot angewiesen sind ...“ Schon im September 1915 hatten Gewerkschaftsvertreter betont, daß für diese Familien die Beschaffung der notwendigen Bekleidung „fast zur Unmöglichkeit“ werde. Und die Transportarbeitergewerkschaft konstatierte: „Profit heißt auch jetzt noch die Parole!“[54]

Die rechten Partei- und Gewerkschaftsführer beschränkten sich jedoch nur auf papierne Proteste und zumeist erfolglose Petitionen. Kampfaktionen lehnten sie ab. Der Vorstand des Sozialdemokratischen Vereins verzichtete sogar 1915 auf Veranstaltungen am 1. Mai mit der Begründung, daß „von dem wesentlichen Inhalt der Maifeiern sowieso Abstand genommen“ werden müsse und eine Demonstration zugunsten des Völkerfriedens und der Propaganda für die Abrüstung zur Zeit nicht stattfinden könne.[55]

Diese sozialchauvinistische Politik vertrat auch der Reichstagsabgeordnete Heinrich Schulz. Während er sich in den ersten Kriegswochen noch „in staatsmännisches Schweigen“ hüllte, trat er bald – zum engeren Kreis um Eduard David gehörig – offen gegen die Linken hervor. Er zählte zu den Hauptakteuren gegen Karl Liebknecht und auch gegen den Führer der Zentristen Hugo Haase.[56] So gehörte er zu jenen Mitgliedern der sozialdemokratischen Reichstagsfraktion, die am 12. Januar 1916 forderten, Liebknecht alle Rechte eines Fraktionsmitgliedes abzusprechen.[57] Und er ging so weit, eine „positive“ Beteiligung der sozialdemokratischen Jugendorganisationen an militaristischen Veranstaltungen zu fordern. Gegen diese im Widerspruch zu den Interessen des Proletariats stehende Politik der rechten Führer entwickelte sich auch in Erfurt innerhalb des Sozialdemokratischen Vereins eine oppositionelle Bewegung, die vor allem von der Arbeiterjugend getragen wurde.

Ausdruck der wachsenden Opposition war es, daß Paul Reißhaus zum Unterschied von Schulz, der für die Kreditbewilligung eintrat, vor der Abstimmung über die Bewilligung der 5. Kriegskredite am 21. Dezember 1915 in der Fraktion eine Erklärung gegen die Bewilligung unterzeichnete und im Reichstag vor der Abstimmung den Saal verließ.[58] Bei der Abstimmung am 24. März 1916 verhielt er sich ebenso

und am 25. März 1916 nahm er in der Fraktion gegen den Ausschluß der 18 Abgeordneten Stellung, die im Reichstag gegen die Kredite gestimmt hatten.[59] Der zentristischen sozialdemokratischen „Arbeitsgemeinschaft“ schloß er sich jedoch nicht an.

Konsequenter war die aktive Unterstützung Karl Liebknechts durch vier andere Erfurter Funktionäre. Zu den etwa 1000 Unterzeichnern des von Liebknecht verfaßten Protestschreibens an Vorstand und Reichstagsfraktion der SPD vom 9. Juni 1915, in dem die Kündigung des Burgfriedens und der sozialistische Kampf für den Frieden gefordert wurden, gehörten auch der Vorsitzende der Zahlstelle Erfurt des Schuhmacherverbandes August Dülk, der Geschäftsführer der Zentralstelle dieses Verbandes Gustav Nowag, deren Schriftführer Paul Pohle und der Gauleiter des Zentralverbandes der Handlungsgehilfen Hermann Lammé.[60]

Eine oppositionelle Gruppe innerhalb der Erfurter Arbeiterjugend unter Leitung Karl Reimanns, die etwa 12 bis 18 Jugendliche umfaßte, und den Kampf um die Befreiung des am 1. Mai 1916 verhafteten Karl Liebknecht durch eine Flugblattaktion unterstützte, trennte sich unter dem Namen „Freie Jugend Erfurt“ 1916 von der Arbeiterjugend und kämpfte im Geiste Karl Liebknechts und Rosa Luxemburgs. Sie war auf der illegalen, von Liebknecht angeregten Reichskonferenz der Arbeiterjugend vertreten, die Ostern 1916 in Jena stattfand und der revolutionären Arbeiterjugend ein konkretes Kampfprogramm gegen den Krieg gab.

Diese Gruppe arbeitete auch mit bürgerlich-pazifistischen Friedensfreunden zusammen. Ende 1916 verbreitete sie zahlreiche Exemplare des Novellenbandes „Der Mensch ist gut“ des 1915 in die Schweiz geflüchteten humanistischen Schriftstellers Leonhard Frank, der dem pazifistischen Kreis um René Schickele angehörte. 1917 nahm sie mit einer pazifistischen Splittergruppe der Freideutschen Jugend

---

[54] Ebenda, S. 28, 29f., 44f.

[55] Tribüne, 30.4.1915.

[56] Das Kriegstagebuch des Reichstagsabgeordneten Eduard David 1914 bis 1918, in Verbindung mit Erich Matthias bearb. von Susanne Miller, Düsseldorf 1966, S. 30, 168.

[57] Die Reichstagsfraktion, S. 154 f.

[58] Eugen Prager, Die Geschichte der USPD, Berlin 1921, S. 86; Karl Liebknecht, Ausgewählte Reden, Briefe und Aufsätze, Berlin 1952, S. 434 ff.; Stenographische Protokolle der Verhandlungen des Reichstages, Bd. 306, S. 508; Die Reichstagsfraktion..., S. 133, Anm. 7.

[59] Walter Bartel, Die Linken in der deutschen Sozialdemokratie im Kampf gegen Militarismus und Krieg, Berlin 1958, S. 295; Die Reichstagsfraktion..., S. 177, Dok. 403

[60] DMA, Reihe II, Bd. 1, Berlin 1958, Dok. 64, S. 169 ff., 173 ff.

Abb. 289.
Karl Reimann
(1900 bis 1973)

Abb. 290.
Dr. Theodor Neubauer (1890 bis 1945)
mit Schülerinnen der Königin-Luise-Schule
1917

Verbindung auf, zu der Theodor Neubauer gehörte, der nach der Entlassung aus dem Heeresdienst seit Januar 1917 als Lehrer am Erfurter Gymnasium, seit Oktober 1917 an der Königin-Luise-Schule tätig war und sich in seinen heimatgeschichtlichen Arbeiten, insbesondere in einer Studie „Aufgaben und Probleme der Ortsgeschichte"[61], materialistischer Geschichtsbetrachtung zuwandte.

Sie stand auch in Verbindung mit der im Frühjahr 1917 gegründeten Ortsgruppe der bürgerlich-pazifistischen „Zentralstelle Völkerrecht", die von aufrechten bürgerlichen Intellektuellen wie Professor Dr. Ludwig Quidde und Hellmut von Gerlach 1916 geschaffen worden war. Sie unterschied sich von allen anderen bürgerlichen Parteien und Verbänden der Stadt, die auf einer nur von etwa 120 Personen besuchten gemeinsamen Kundgebung am 22. Juni 1917, auf der der führende Alldeutsche Walter Bacmeister zum „Durchhalten" aufrief, in einem Telegramm Generalstabschef Paul von Hindenburg im

Namen der „ganzen Bevölkerung" aufforderten, den Krieg bis zur Sicherung aller abenteuerlichen Expansionsziele in einem „Diktatfrieden" fortzusetzen.[62] Im Gegensatz dazu wandte sich die Ortsgruppe der „Zentralstelle Völkerrecht" z.B. auf einer Kundgebung am 15. Mai 1917 im „Alten Ratskeller", auf der Gerlach zum Thema „Europa nach dem Kriege" sprach, gegen jede Annexion und forderte von der Regierung die sofortige Beendigung des Krieges.[63] Ungeachtet der mangelnden Konsequenz der bürgerlichen Friedensfreunde, die ihre humanistischen Ziele auf friedlichem Wege verwirklichen zu können glaubten, erblickten die Anhänger der Spartakusgruppe in ihnen im Kampf gegen Krieg und Imperialismus wichtige Bundesgenossen.

[61] Mitteilungen des Vereins für Geschichte und Altertumskunde von Erfurt, H. 38, Erfurt 1917; Willibald Gutsche, Dr. Theodor Neubauer, Erfurt 1955, S. 17 ff., 21.
[62] Tribüne, 27. 1. 1917 u. 12. 5. 1917.
[63] StAE, 5/783-1, Bl. 39 ff; Tribüne, 23. 6. 1917.

Der Einfluß der im Januar 1916 konstituierten Spartakusgruppe auf die Erfurter Sozialdemokratie war so stark, daß ihn der Vorsitzende Oswald Reißhaus, ein Sohn von Paul Reißhaus, im Sommer 1916 in seinem Jahresbericht mit dem Hinweis auf ernste „Differenzen" zugeben mußte.[64] Seine wiederholte zentristische Mahnung, die Parteieinheit zu wahren, verfehlte jedoch ihre Wirkung.

Die Abwendung immer größerer Teile der Mitglieder des Sozialdemokratischen Vereins von den rechten Führern offenbarte auch die Wahl der Delegierten zu der vom Parteivorstand einberufenen Reichskonferenz am 7. September 1916. Paul Petzold, der mehr und mehr zentristische Positionen vertrat, erhielt mit 76 Prozent der für die drei Kandidaten abgegebenen Stimmen das Vertrauen der überwältigenden Mehrheit.[65]

Der Ausschluß der zentristischen Opposition aus der Partei durch den Parteiausschuß am 18. Januar 1917 verstärkte die Opposition weiter. In einer Mitgliederversammlung am 24. Januar bemühten sich die dem Rechtsopportunismus zuneigenden Kräfte, den Zerfall der Partei zu verhindern. Der stellvertretende Vorsitzende des Vereins, Franz Fahrenkamm, wollte die Entscheidung über die „Streitigkeiten" auf einen Parteitag nach dem Krieg vertagen. Paul Reißhaus machte zwar für die Spaltungstendenzen die „gesamte Politik" verantwortlich, „die von den Vertretern der Mehrheit seit dem 4. August 1914" mit dem Ziel ihrer Umwandlung „in eine reformistische Partei" betrieben werde. Aber er rief nur zur „Umkehr" von einer Politik der Aussöhnung mit der heutigen bürgerlichen Gesellschaft, die die Reformisten den Massen aufgezwungen hätten, zu dem alten Ziel der „Beseitigung der kapitalistischen Gesellschaftsordnung" auf. Dieses Ziel erstrebe die Minderheit, die weit über den Kreis der sozialdemokratischen Arbeitsgemeinschaft hinausreiche. Reißhaus zog aber nicht die Folgerung des ideologischen und organisatorischen Bruches mit den Reformisten, sondern forderte die Wiederannäherung der Gruppen, um eine Spaltung zu verhindern. Ähnlich argumentierten Richard Friedrich und Petzold.[66]

Unter dem Einfluß der Februarrevolution in Rußland vertieften sich 1917 diese Differenzen. Petzold nahm nun immer mehr den Standpunkt der „Arbeitsgemeinschaft" ein und vertrat diesen auch in der „Tribüne". Dabei machte er aus seiner Sympathie mit der russischen Revolution keinen Hehl. „Soll es erst nötig werden, daß der Schrei nach Brot und Kohlen auch bei uns aus demonstrierenden und aufgeregten Massen ertönt?" fragte er in Nr. 62 der „Tribüne" und in Nr. 65 schrieb er: „Jede Genossin und jeder Genosse stelle sich wieder freudig in den Dienst der Befreiung der Arbeit und des Volkes aus den Klauen des Kapitalismus und aus dem beschämenden Zustand der Rechtlosigkeit." Mit solchen gegen die Zensurvorschriften verstoßenden Erklärungen begann sich Petzold Positionen der Spartakusgruppe anzunähern. Als er auch noch die Aprilstreiks befürwortete, erblickte das stellvertretende Generalkommando darin einen Verstoß gegen den „Burgfrieden" und drohte mit dem Verbot der „Tribüne".[67]

Auch in Erfurt hatten der Kohlrübenwinter 1916/1917 und die bevorstehende weitere drastische Kürzung der wöchentlichen Brotration von 1900 auf 1400 Gramm die Bereitschaft der Arbeiter zu Kampfaktionen erhöht. Jedoch gelang es den rechten Führern Streiks zu verhindern. Am 12. April teilte der

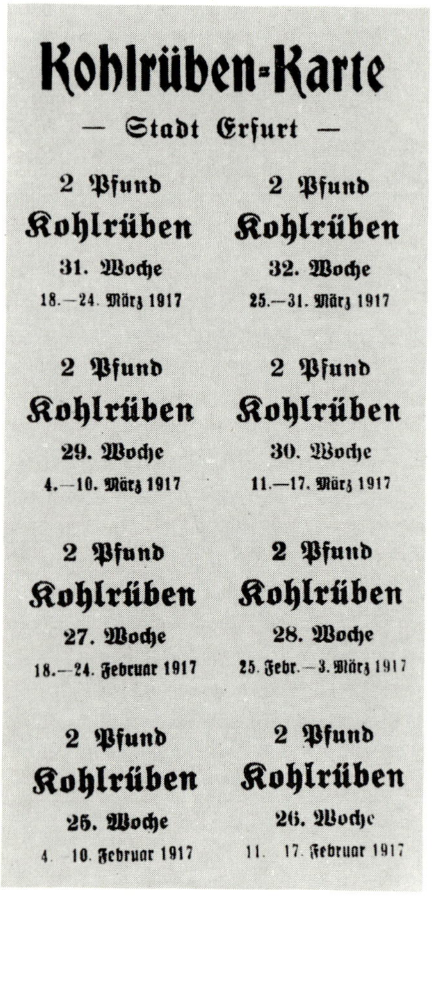
Kohlrüben-Karte
— Stadt Erfurt —

2 Pfund Kohlrüben 31. Woche 18.–24. März 1917	2 Pfund Kohlrüben 32. Woche 25.–31. März 1917
2 Pfund Kohlrüben 29. Woche 4.–10. März 1917	2 Pfund Kohlrüben 30. Woche 11.–17. März 1917
2 Pfund Kohlrüben 27. Woche 18.–24. Februar 1917	2 Pfund Kohlrüben 28. Woche 25. Febr.–3. März 1917
2 Pfund Kohlrüben 25. Woche 4.–10. Februar 1917	2 Pfund Kohlrüben 26. Woche 11.–17. Februar 1917

Abb. 291. Kohlrübenkarte der Stadt Erfurt im Kohlrübenwinter 1916/17

[64] Tribüne, 22. 7. 1916.

[65] Ebenda, 8. 9. 1916. – Petzold war 1885 der SPD und dem Buchdruckerverband beigetreten. 1904 wurde er Redakteur der „Ostschweizerischen Arbeiterzeitung", 1906 der „Chemnitzer Volksstimme". Seit Herbst 1906 war er Redakteur „Tribüne" in Erfurt.

[66] StAE, I-2/125-3096, Bl. 132 f., 134 f.

[67] Ebenda, Bl. 140, 158; Tribüne, 27. 4. 1917.

Abb. 292. Anstehen nach Kartoffeln am Angermuseum in der Bahnhofstraße

Oberbürgermeister der Polizeiverwaltung mit, er habe persönlich mit einigen Arbeiterführern gesprochen und von ihnen die Versicherung erhalten, daß sie den Gedanken an solche Aktionen weit von sich wiesen.[68] Unter diesen Umständen scheiterte auch die Forderung von etwa 500 Arbeitern der Firma Otto Schwade & Co nach einer Lohnerhöhung um 25 Prozent und einer Teuerungszulage von 15 Prozent.

Nachdem die von den Revisionisten aus der Sozialdemokratie ausgeschlossene zentristische Opposition am 6. April 1917 im Gothaer Volkshaus die Unabhängige Sozialdemokratische Partei Deutschlands (USPD) gegründet hatte, der sich die Spartakusgruppe unter dem Vorbehalt ideologischer Selbständigkeit anschloß, beschlossen die Delegierten der satzungsgemäß abgehaltenen Kreisgeneralversammlung des Sozialdemokratischen Vereins am 27. Mai mit 35 gegen 7 Stimmen den Übertritt der gesamten Kreisorganisation zur USPD. Am 7. Juni billigte die Versammlung des Sozialdemokratischen Vereins für den Stadt- und Landkreis Erfurt diesen Beschluß mit 78 gegen 38 Stimmen.[69] Den Vorsitz des Vereinsvorstandes der neuen Partei übernahm August Dülk, einer der Unterzeichner

der Protestadresse vom 9. Juni 1915. Die Minderheit erkannte jedoch die Beschlüsse nicht an und beschloß die Fortführung der Geschäfte des alten Sozialdemokratischen Vereins.

Daß sich die SPD- und die rechten USPD-Führer nicht prinzipiell unterschieden, fand in dem Beschluß seinen Ausdruck, daß Bildungsausschuß, Jugendbewegung, Bibliothek und Pressekommission gemeinsam von beiden Vorständen verwaltet werden sollten und die „Tribüne" als Organ beider Parteien zu betrachten sei, wobei allerdings der politische Teil im Sinne der USPD gestaltet werden sollte.

Nicht nur auf örtlicher Ebene, sondern auch in der Parteiführung bemühten sich die Wortführer der revisionistischen Minderheit, die sich der USPD nicht angeschlossen hatte, weiterhin um eine „Versöhnung". Paul Reißhaus, der z. T. zentristischen Positionen zuneigte, schlug z. B. in der Parteiausschußsitzung des Parteivorstandes am 26. Juni 1917 vor, die Bewilligung der nächsten Kriegskredite von der

---

[68] StAE, I-2/125-3096, Bl. 162, 165; ebenda, I-2/130-1524, Bl. 168 f.
[69] Tribüne, 22. 8. 1917, 23. 8. 1917.

Anerkennung eines allgemeinen Friedens ohne Annexionen und Kontributionen durch die Reichsregierung abhängig zu machen, und auf dem Würzburger Parteitag der SPD im Oktober 1917 plädierte er mit einer kleinen Gruppe der sozialdemokratischen Fraktion für eine Aussöhnung.[70] Diese Versuche, die Meinungsverschiedenheiten zwischen Revisionisten und Zentristen zu überbrücken, scheiterten. Die heuchlerische Erklärung des Kaisers, ihn treibe nicht Eroberungssucht, reichte den rechten SPD-Führern, weitere 15 Milliarden zur Finanzierung des Eroberungskrieges zu bewilligen.

Im Herbst 1917 verschärften sich innerhalb der Erfurter Arbeiterbewegung nicht nur die Auseinandersetzungen zwischen Revisionisten und Zentristen, es verstärkte sich auch innerhalb der USPD der Einfluß der Spartakusgruppe, als deren Anhänger u.a. Karl Klein, Rosa Klein, Karl Reimann und der Gewehrfabrikarbeiter Hugo Gräf wirkten. An ihrer Seite standen auch linke Kräfte der USPD. Petzold, der trotz verschärfter Pressezensur in der Tribüne für Massenaktionen eintrat, forderte eine „notwendige entscheidende Aktion" der deutschen Arbeiterklasse für den Frieden und erklärte am 25. September: „Findet der Reichstag nicht den Weg zum Frieden, so muß das deutsche Volk ihn schließlich selbst suchen!"[71]

Mit der Begründung, die „Tribüne" hetze kaum verhüllt zur Revolution und rufe zum rücksichtslosen Klassenkampf auf, verbot die Zensurbehörde das Blatt am 2. Oktober 1917. Zwar wurde die Aufhebung des Verbots am 15. Oktober dadurch erlangt, daß die Schriftleitung dem rechtsstehenden Dahl übertragen wurde, doch konnte Petzold seinen Einfluß gegenüber dem von der Polizeiverwaltung als „wenig intelligent" eingeschätzten Dahl auch in den folgenden Wochen behaupten.

Den anschwellenden Widerstand gegen die imperialistische Kriegspolitik beantworteten die örtlichen Behörden mit verschärften Repressalien und Drohungen. Der Chef des stellvertretenden Generalkommandos erließ am 20. August 1917 einen Aufruf, in dem es hieß: „Landesverrat begeht, wer die Arbeit in der Rüstungsindustrie einstellt. Er wird mit Zuchthaus bis zu 10 Jahren bestraft. Ich lasse keinen Zweifel darüber, daß diejenigen, die zur Arbeitseinstellung auffordern und sich daran beteiligen, von der ganzen Schärfe des Gesetzes getroffen werden."[72] Solche Reaktionen waren Ausdruck der steigenden Furcht der herrschenden Klassen vor einer revolutionären Erhebung der Volksmassen. In seinem Lagebericht an den Regierungspräsidenten August Graf von Pückler mußte Oberbürgermeister Schmidt am 12. Oktober 1917 feststellen: „Die gegenwärtige Stimmung der Bevölkerung in Bezug auf die politische Lage ist ... eine höchst unerfreuliche, so daß sie zu schlimmen Befürchtungen Veranlassung gibt. Die wirtschaftliche Lage verschlechtert sich andauernd; gut ist sie nur bei denen, die von dem Kriege finanzielle Vorteile haben ..."[73]

Am Vorabend der Großen Sozialistischen Oktoberrevolution hatte sich auch in Erfurt unter dem Einfluß der Anhänger der Spartakusgruppe der Widerstandswille gegen Krieg und Imperialismus so vertieft, daß alle Versuche der herrschenden Kreise und der rechten sozialdemokratischen Führer, ihn durch brutale Zwangsmaßnahmen, demagogische Phrasen und geringfügige Zugeständnisse zu brechen, zum Scheitern verurteilt waren.

[70] StAE, I-2/125-3096, Bl. 212 ff.; Tribüne, 2.10.1917.
[71] Tribüne, 4.8.1917, 25.9.1917.
[72] Ebenda, 25.8.1917.
[73] StAE, I-2/120-87, Bl. 72.

KAPITEL
XI

Unmittelbare Auswirkungen der Großen Sozialistischen Oktoberrevolution und die Novemberrevolution (1917 bis 1919)

Von Willibald Gutsche

1.

DAS HERANREIFEN EINER REVOLUTIONÄREN SITUATION

Im Herbst 1917 beseitigte die Große Sozialistische Oktoberrevolution im größten Land der Erde die Ausbeuterherrschaft, erschütterte in den übrigen Teilen der Welt den Kapitalismus und leitete damit die volle Entfaltung der allgemeinen Krise des Kapitalismus ein. Der historische Sieg der russischen Arbeiter und Bauern unter Führung der Bolschewiki verlieh der internationalen revolutionären Arbeiterbewegung zuverlässigen Rückhalt und vermittelte eine klare Orientierung im Kampf für Frieden, Demokratie und Sozialismus. Wie in ganz Deutschland gab die Kunde vom Sieg der Oktoberrevolution auch den Erfurter Werktätigen neue Zuversicht in ihre eigene Kraft.

Die ersten Informationen, die die Bevölkerung seit dem 8. November erreichten, spiegelten die gegensätzlichen Positionen der verschiedenen Klassen und politischen Strömungen wider. Während der bürgerliche „Erfurter Allgemeine Anzeiger" den erfolgreichen Kampf des russischen Proletariats von antibolschewistischen Positionen aus verunglimpfte, begrüßte die maßgeblich unter Leitung der USPD stehende „Tribüne" den „Sieg der Sozialisten in Rußland" als ersten Versuch, „die Bourgeoisie zu entthronen und die Staatsgewalt in die Hände der Volksmassen zu legen", und rief zur Unterstützung des Leninschen Vorschlages eines allgemeinen Friedens auf demokratischer Grundlage auf. „In Rußland", hieß es hier am 12. November, „hat das Proletariat die politische Gewalt ergriffen – ein

Ereignis von weltgeschichtlicher Bedeutung. Noch niemals ist dem Proletariat eine so große Aufgabe zugewiesen, wie in diesem Augenblick ... gerade das deutsche Proletariat hat die Pflicht, jetzt überall für einen auf allen Seiten annexionslosen Frieden wirkungsvoll einzutreten ..."[1]

Der zentristische Charakter dieser Reaktion kam in der Beantwortung der Frage zum Ausdruck, auf welche Weise der Kampf um dieses Ziel geführt werden sollte. Die „Tribüne" ließ es offen, „ob die kühne Kampflust der Bolschewiki oder die vorsichtige, aller Gewalt abgeneigte Methode der Menschewiki im Rechte" wäre, hoffte auf „Anstöße" der II. Internationale, die angesichts ihrer Spaltung durch den Opportunismus bei Ausbruch des Krieges einer solchen Erwartung weder entsprechen wollte noch entsprechen konnte, und nährte die Illusion, die imperialistische deutsche Regierung könne mit parlamentarischen Mitteln zum Eingehen auf das Angebot eines Friedens ohne Annexionen und Kontributionen bewogen werden.[2]

Obwohl er der „derzeitigen russischen Regierung" das Recht auf Zuständigkeit bestritt, bekundete auch der bürgerliche „Erfurter Allgemeine Anzeiger" gegenüber dem Friedens-Dekret der Sowjetmacht Sympathie. Diese erstaunliche Haltung hatte zwei Ursachen. Zum einen konnte die

---

[1] Tribüne, 12. 11. 1917.
[2] Ebenda, 16. 11. 1917, Beilage; 10. 11. 1917; 12. 11. 1917; 14. 11. 1917.

deutsche Bourgeoisie angesichts der wachsenden Kriegsmüdigkeit und der anschwellenden Antikriegsbewegung der Volksmassen das Friedensangebot nicht offen zurückweisen. Zum anderen erhoffte sie sich aber vor allem vom Sieg des russischen Proletariats die Möglichkeit, Rußland zu einem ihre Expansionsinteressen befriedigenden Separatfrieden nötigen und auf diese Weise doch noch den Sieg über die Entente erringen zu können. Sophistisch schrieb der „Anzeiger": Die „Blume der deutschen Zukunft" könne dem Angebot dann entsprießen, wenn der Sowjet offen zu verstehen gäbe, daß er „in der Frage der Auslegung des Begriffes Annexion mit sich reden lassen" werde.[3] Dahinter verbarg sich die Spekulation, wesentliche Expansionsziele – durch juristische Spitzfindigkeiten getarnt – durchsetzen zu können.

Ungeachtet ihrer widersprüchlichen Vermittlung wirkte die Kunde von der Machtergreifung des russischen Proletariats und von seiner Friedensinitiative auf die Erfurter Werktätigen, die in großer Mehrheit auf der Seite der russischen Arbeiter, Bauern und Soldaten standen, mobilisierend. Wie in allen Betrieben der Stadt wurde sie auch in der Gewehrfabrik lebhaft diskutiert und löste hier neue Forderungen nach Freilassung Karl Liebknechts, Rosa Luxemburgs und aller anderen eingekerkerten Genossen aus.

Konsequent reagierten nur die Anhänger der Spartakusgruppe. Sie nahmen die Oktoberrevolution zum Anlaß, um in den Betrieben sowie in Versammlungen der USPD, insbesondere der „Mitgliederausschüsse", die sich die revolutionären Kräfte zu dieser Zeit innerhalb der USPD als besondere Foren ihres Kampfes schufen, revolutionäre Aktionen zur Unterstützung der Großen Sozialistischen Oktoberrevolution zu fordern. Aus dem Dekret über den Grund und Boden leiteten sie die Losung ab: „Den Boden den Bauern, die Fabriken den Arbeitern!"[4] Damit orientierten sie auf Aufgaben der Revolution in Deutschland, wie sie im Flugblatt der Spartakusgruppe „Die Stunde der Entscheidung" vom Dezember 1917 formuliert worden waren.[5]

Die Spartakusbriefe gelangten auch nach Erfurt. Auch hier ging der Inhalt von Mund zu Mund. Aus der Druckerei „Gothaer Volksblatt", wo eine Gruppe unter Führung von Karl Kühr und Otto Geithner Spartakusflugblätter herstellte, brachte sie Karl Klein, der spätere erste Vorsitzende des Erfurter KPD-Ortsvereins, nach Berlin. Dabei übernahm zumeist Rosa Klein auf dem Erfurter Hauptbahnhof einen Teil des Materials, das sie zusammen mit anderen Anhängern der Spartakusgruppe in Erfurt an

Abb. 293. Karl Klein (1886 bis 1960) und Rosa Klein

zuverlässige USPD-Mitglieder verteilte oder an Genossen versandte, die an der Front standen.[6]

Auf die verstärkte revolutionäre Aktivität in der Erfurter Arbeiterschaft antworteten die örtlichen Staatsorgane mit Verhaftungen und mit der Einberufung bisher vom Wehrdienst freigestellter Rüstungsarbeiter. Für die Verhafteten und ihre Fami-

[3] Erfurter Allgemeiner Anzeiger, 14. 11. 1917.
[4] Bericht des Parteiveteranen Hugo Gräf, in: Seitdem hat die Welt ihre Hoffnung. Beiträge zur Geschichte der Thüringer Arbeiterbewegung, hrsg. von der SED-Bezirksleitung Erfurt, Erfurt (1957), S. 43; Hugo Gräf, Wie ich die Novemberrevolution erlebte (Ms), S. 6 f.
[5] Dokumente und Materialien zur Geschichte der deutschen Arbeiterbewegung, hrsg. vom Institut für Marxismus-Leninismus zum ZK der SED (im folg.: DMA), Reihe II: 1914–1945, Bd. 2: November 1917 – Dezember 1918, Berlin 1958, Dok. 19, S. 48 ff.
[6] Bericht des Parteiveteranen Karl Klein, in: Willibald Gutsche, Die revolutionäre Bewegung in Erfurt während des ersten imperialistischen Weltkrieges und der Novemberrevolution, Erfurt 1963, Anl. VIII, S. 215 ff.

lien organisierten revolutionäre Kräfte unter der Losung „Munition für den Frieden" illegal Solidaritätsaktionen.

Während des großen Munitionsarbeiterstreiks im Januar 1918 kam es auch in der Erfurter Gewehrfabrik zu Ansätzen einer Streikbewegung. In Absprache mit revolutionären Obleuten in Berlin hatte der Anhänger der Spartakusgruppe und Vizemeister Hugo Gräf entsprechende Vorbereitungen getroffen. Es gelang ihm, die in seinem Gewerk arbeitenden Kollegen, z. T. Mitglieder des Reichsbundes der Kriegsbeschädigten, für den Streik zu gewinnen. Da jedoch die rechten und zentristischen Führer der Betriebsorganisation des Metallarbeiterverbandes die Vorbereitungen in anderen Abteilungen hintertrieben, legten am 28. Januar nur die Arbeiter zweier Abteilungen die Arbeit nieder. Deshalb gelang es der Betriebsleitung rasch, die Kampfaktion zu unterdrücken. Zugleich bemühte sich das stellvertretende Generalkommando des XI. Armeekorps, eine Ausdehnung des Streiks in seinem Machtbereich durch ein Verbot aller Nachrichten über dessen Verlauf sowie über Forderungen der Streikenden zu verhindern.[7]

Gegen die Arbeiter, die den Streik in der Gewehrfabrik organisiert und durchgeführt hatten, wurden drakonische Maßnahmen ergriffen. Sie wurden bestraft oder an die Front abgeschoben. Auch in den folgenden Monaten wurden alle Antikriegsaktionen rücksichtslos unterdrückt. So wurde im Frühjahr 1918 der Gewehrfabrikarbeiter Karl König strafweise einberufen, weil er eine Petition veranlaßt hatte, in der die Reichsregierung zur sofortigen Beendigung des Krieges aufgefordert wurde. Dessen ungeachtet reifte im Zusammenhang mit der weiteren Verschlechterung der wirtschaftlichen Lage und der verschärften Kriegspolitik der herrschenden Klassen allmählich eine akute revolutionäre Situation heran.

Unter dem Eindruck der Oktoberrevolution und angesichts der verschärften politischen Unterdrückung, des wirtschaftlichen Zusammenbruchs und der drohenden Niederlage des deutschen Imperialismus mehrten sich auch innerhalb des Bürgertums der Stadt, insbesondere in den Mittelschichten, Stimmen, die eine sofortige Beendigung des Krieges verlangten. Diese bürgerlich-pazifistischen Kräfte, zu denen sowohl von humanistischen Idealen geleitete Friedensfreunde als auch bewußt eine Strategie und Taktik des „kleineren Übels" eines imperialistischen Verständigungsfriedens befürwortende Kreise gehörten, hatten sich 1917 als „Freier Bürgerausschuß" unter Leitung des Kaufmanns Bruno Sie-

ger – eines Zentristen, der während der Novemberrevolution dem Arbeiter- und Soldatenrat angehörte – in einer örtlichen „Arbeitsgemeinschaft" der „Zentralstelle Völkerrecht" vereinigt. Am 8. Februar 1918 wandten sie sich auf einer Versammlung im „Alten Ratskeller" mit ihren Forderungen an das preußische Ministerium des Innern.

Abb. 294.
Hugo Gräf
(1892 bis 1952)

Die Resolution, die nach Vorträgen des bürgerlichen Pazifisten und bayrischen Landtagsabgeordneten Prof. Dr. Ludwig Quidde und des sozialpazifistischen Reichstagsabgeordneten Eduard Bernstein von über 1000 der Versammlungsteilnehmer angenommen wurde, betonte die „tiefgehende und gefährliche Beunruhigung weiter Kreise des deutschen Volkes", warnte vor der Gefahr einer Militärdiktatur und forderte einen Frieden ohne Kriegsentschädigungen und offene oder versteckte Annexionen, die tatkräftige Förderung innenpolitischer Reformen, insbesondere der Reform des preußischen Wahlrechts, die sofortige Beseitigung der politischen Zensur, die Wiederherstellung der Vereins- und Versammlungsfreiheit sowie den Verzicht auf ein militärisches Ausnahmerecht gegenüber den Arbeitern.

Der widersprüchliche Charakter dieser mit der imperialistischen Kriegspolitik unzufriedenen, aber mit sozialpazifistischen Auffassungen korrespondierenden bürgerlich-pazifistischen Bewegung, die auf eine reformerische Lösung orientierte, offenbarte sich in der Begründung der innenpolitischen Vorschläge, das „Vaterland" sei weiterhin auf

---

[7] Stadtarchiv Erfurt (im folg.: StAE), I-2/125-3096, Bl. 262 ff.

die „freiwillige und freudige Mitwirkung" der Arbeiter angewiesen, und in der zwielichtigen Ergänzung der Forderung nach einem annexionslosen Frieden, bei allen „Gebietsänderungen" müsse zumindest am „Grundsatz des Selbstbestimmungsrechtes der Völker festgehalten" werden.[8]

Solche verwirrende Tendenzen förderte auch die „Tribüne". Unter dem Einfluß des nach der Oktoberrevolution stärker zu linken Positionen neigenden Redakteurs Paul Petzold trug sie jedoch in gewissem Maße zur Vorbereitung einer revolutionären Erhebung bei. Hatte die „Tribüne" trotz mehrfacher Verwarnungen bereits ihre Sympathie mit den Januarstreiks bekundet, so trat sie in den folgenden Wochen entschieden gegen den Raubfrieden von Brest-Litowsk auf.

Das stellvertretende Generalkommando unterwarf das Blatt am 3. April der völligen Vorzensur, weil es die gesamten militärischen Maßnahmen der Obersten Heeresleitung „immer wieder in offener Parteinahme für die Bolschewiki als treuloses, gewaltsames Überrennen eines wehrlosen zum Frieden bereiten Volkes, als ‚blutige Unterdrückung der Volksmassen', als ‚Aufrichtung der Militärdiktatur' hingestellt" habe.[9] Wenn die „Tribüne" neben solchen Stellungnahmen auch immer wieder zentristi-

sche Auffassungen publizierte, so gehörte sie zu dieser Zeit doch zu jenen Zeitungen der deutschen Arbeiterbewegung, in denen im Rahmen der durch die Zensur gesetzten Grenzen revolutionäre Gedanken relativ häufig verbreitet wurden.

Der Zusammenbruch des imperialistischen Systems zeichnete sich im Sommer 1918 auch in der Erfurter Wirtschaft immer deutlicher ab. Die Überspannung der ökonomischen Möglichkeiten, insbesondere der wachsende Mangel an kriegswichtigen Rohstoffen, führte zu einschneidenden Betriebseinschränkungen der örtlichen Rüstungsindustrie, die sich auch in einem Rückgang der Anzahl der Arbeiter um mehr als die Hälfte äußerte. Allein in der Gewehrfabrik sank die Anzahl der Beschäftigten von 19 750 auf dem Höhepunkt des „Hindenburgprogramms" 1917 auf 6940 im vierten Quartal 1918.[10]

Abb. 295. Urkunde
für abgelieferten Goldschmuck
und eiserne Schmuckstücke als
„Ersatz" für die Goldabgabe

---

[8] Zentrales Staatsarchiv, Merseburg, Rep. 77, Tit. 885, Ministerium des Innern, Politische Angelegenheiten, Vol. 3, Nr. 4, Bl. 241 f., Bruno Sieger (Freier Bürgerausschuß in Erfurt) an Staatssekretär Dr. Dress, 15. 2. 1918; ebenda, Bl. 243, Resolution.
[9] StAE, I-2/125-3096, Bl. 308 f.
[10] Kurt Trautmann, Wirtschaftsentwicklung, Koalitionsgestaltung und Arbeiterkämpfe im Wirtschaftsgebiet der Stadt Erfurt während der Jahre 1899–1925, Inaug.-Diss, Halle 1926 (Ms), Teildruck: Erfurt 1927, S. 5, 56 ff., Anm. 20.

Abb. 296. Karl Liebknecht (1871 bis 1919).
Plastik des Erfurter Bildhauers Hans Walther

Der wachsende Mangel an den notwendigsten Nahrungsmitteln bewirkte von April 1917 bis Oktober 1918 weitere Preissteigerungen der rationierten Grundnahrungsmittel um 30 Prozent, zum Teil – wie bei Butter und Schmalz – um mehr als 50 Prozent. Gleichzeitig stiegen die Preise für Steinkohlen, Briketts und Holz um 53 bis 100 Prozent. Da selbst die immer spärlicheren Zuteilungen nicht mehr voll ausgeliefert werden konnten, nahm der Schleichhandel zu Wucherpreisen bis dahin unbekannte Ausmaße an. Selbst die städtischen Behörden mußten einräumen, daß die Bevölkerung den Frieden herbeiwünsche und sich weiter Kreise die Empfindung bemächtige, „daß die Herrschaft des alten Systems sich überlebt habe und eine gründliche Veränderung notwendig sei."[11]

Die demagogischen Burgfriedensparolen und Reformversprechungen, mit denen die Reichsregierung, die örtlichen Staatsorgane und die bürgerlichen Parteien und Organisationen die Massen zum „Durchhalten" zu bewegen suchten, verloren ihre Wirkung. Die Mißstimmung schlug mehr und mehr in politische Aktivitäten um. Das offenbarte sich in einem Ansteigen der Mitgliederzahlen der Erfurter Arbeiterorganisationen. Hatte das Gewerkschaftskartell 1916 mit 3757 Mitgliedern seinen tiefsten Mitgliederbestand seit 1914 erreicht, so zählte es im Februar 1918 wieder 4542 Mitglieder. Auch die SPD und insbesondere die USPD konstatierten auf ihren Jahreshauptversammlungen im April 1918 wieder einen erheblichen Mitgliederzuwachs. Wenngleich er zum Teil auf das Eindringen kleinbürgerlicher Kräfte im Gefolge des Hilfsdienstgesetzes zurückzuführen war, so war er doch auch – insbesondere seit Herbst 1917 – Ausdruck der wachsenden Kampfbereitschaft des Proletariats.

Sie äußerte sich vor allem in einer zunehmenden Streikbereitschaft. Am 16. Juli 1918 stellte der Regierungspräsident August Graf von Pückler fest: „Gerüchte über bevorstehende Streiks sind in letzter Zeit in Erfurt, Suhl und Nordhausen wiederholt kolportiert worden. Es ist aber bisher immer gelungen, die Arbeiterschaft zu beruhigen." Bei einer Verschärfung der Lebensmittelnot seien jedoch Arbeitsniederlegungen zu befürchten.[12]

Diese Befürchtung erwies sich als zutreffend. Nachdem bereits am 15. April Arbeiter der Kohlenhandelsgesellschaft „Thuringia" GmbH durch einen befristeten Streik Lohnerhöhungen erkämpft hatten, traten am 21. August die Arbeiter der Flugzeugfabrik Otto Schwade & Co in der Gaststätte „Rotes Schloß" zusammen und forderten die Erhöhung ihrer Löhne um 50 Prozent und die Herabsetzung der Arbeitszeit auf 9 Stunden. Da die Arbeiter sonst streiken wollten, suchten die Unternehmer einen Kompromiß. Gestützt auf opportunistische Gewerkschaftsführer und mit der Hilfe des durch das Hilfsdienstgesetz geschaffenen Arbeiterausschusses sowie der Schlichtungsstelle des Kriegsamtes wurde am 21. September das magere Zugeständnis einer 10prozentigen Lohnerhöhung und der Herabsetzung der Arbeitszeit von 58 auf 57 Stunden pro Woche ausgehandelt.

[11] Sammelbericht der Stadt Erfurt über die Verwaltungsjahre 1913–1919 für den Zeitraum vom 1. April 1913 bis 31. März 1920, Erfurt 1921, S. 3 f.
[12] Staatsarchiv Weimar, Außenstelle Gotha, (im folg.: StAW), Regierung zu Erfurt, vorl. Nr. 8196, Notiz v. 16. 7. 1918.

Angespornt durch das Beispiel der Schwade-Arbeiter forderten am 5. Oktober die Arbeiter der Erfurter Maschinenfabrik Franz Beyer & Co eine 20prozentige Lohnerhöhung und den 9-Stunden-Tag. Wie bei Schwade kam es auch hier zu einem Kompromiß in Gestalt einer 10prozentigen Lohnerhöhung und der Verminderung der Arbeitszeit von 10 auf 9 1/2 Stunden. Auch in diesem Fall verhinderten rechte Gewerkschaftsfunktionäre die Fortsetzung des Kampfes.

Je bedrohlicher die Stimmung des Proletariats wurde, umso emsiger bemühten sich rechte und zentristische Partei- und Gewerkschaftsführer, eine revolutionäre Erhebung zu verhindern. Dabei spielte der in der Stadt relativ große Einfluß der zentristischen Führer eine besonders verhängnisvolle Rolle. Während sie einerseits durch revolutionäre Phrasen vom Ziel einer „sozialistischen Republik" ihren Einfluß auf die Arbeiter zu erhalten und auszuweiten suchten, bezeichneten sie andererseits die Forderung der Spartakusgruppe „Alle Macht den Arbeiter- und Soldatenräten" als „undurchführbar", predigten den „Klassenfrieden" und behaupteten, bürgerliche Demokratie und Rätesystem ließen sich miteinander verbinden.

Diese schwer durchschaubare doppelbödige Politik, deren objektive Aufgabe darin bestand, die Arbeiter vom Anschluß an die Spartakusgruppe abzuhalten und am revolutionären Handeln zu hindern,

kennzeichnete auch eine vom Ortsverband der USPD am 27. Oktober 1918 im „Rheinischen Hof" veranstaltete Versammlung. Der Referent, der zentristische Reichstagsabgeordnete Josef Simon aus Nürnberg, protestierte zwar gegen die Verhaftung Karl Liebknechts und Rosa Luxemburgs und bezeichnete die Anfang Oktober zur Beschwichtigung der Volksmassen gebildete Regierung des Prinzen Max von Baden, in die auch zwei Sozialdemokraten – Philipp Scheidemann und Gustav Bauer – als Staatssekretäre eingetreten waren, als unfähig zur Wiederherstellung des Friedens. Aber er rief die über 300 Versammlungsteilnehmer nicht zum revolutionären Kampf auf, sondern veranlaßte sie lediglich zu einer Entschließung, in der USPD-Reichstagsfraktion und Reichstag aufgefordert wurden, eine verfassunggebende Nationalversammlung einzuberufen, der dann das weitere Schicksal des deutschen Volkes überlassen werden sollte.[13]

Mit der Parole „Wahl einer verfassunggebenden Nationalversammlung", der Hauptlosung der Konterrevolution, suchte die zentristische Führung der USPD die revolutionäre Bewegung in „legale" bürgerlich-parlamentarische Bahnen zu lenken, die das imperialistische Herrschaftssystem nicht gefährdeten und eine revolutionäre Umgestaltung der politischen Machtverhältnisse abwenden sollten. Noch am Abend des 7. November wandten sich in einer Funktionärversammlung der Vorsitzende des Erfurter Gewerkschaftskartells Karl Knöner (SPD) und andere rechte Partei- und Gewerkschaftsführer gegen einen „revolutionären Umschwung" und forderten, den „legalen Weg" zu beschreiten. Diese gegen die Interessen der Arbeiterklasse und der Volksmassen gerichtete Politik behinderte zwar die Formierung der revolutionären Bewegung, vermochte sie jedoch nicht aufzuhalten.

Immer mehr Arbeiter der Stadt erkannten die Notwendigkeit revolutionären Handelns und wandten sich der Spartakusgruppe zu, deren Anhänger der konterrevolutionären Politik der revisionistischen und zentristischen Partei- und Gewerkschaftsführer entschieden entgegentraten und die Arbeiter zum revolutionären Kampf mobilisierten. Entsprechend dem von der Spartakusgruppe am 7. Oktober 1918 auf ihrer Reichskonferenz beschlossenen Aufruf, in dem das deutsche Proletariat zum revolutionären Kampf um den Frieden und um demokratische Rechte und Freiheiten aufgefordert wurde, erklärten sie den Erfurter Arbeitern, daß „der Kampf um die wirkliche Demokratisierung

Abb. 297. Erfurter Lokomotivenfabrik Hagans der R. Wolf AG, Magdeburg-Buckau

---

[13] Ebenda, vorl. Nr. 12 783, Bl. 1 ff.

nicht um Parlament, Wahlrecht oder Abgeordneten-minister, sondern um die realen Grundlagen aller Feinde des Volkes, um den Besitz an Grund und Boden und Kapital, um die Herrschaft über die bewaffnete Macht und die Justiz" geführt werden müsse,[14] und bereiteten so in den Erfurter Industriebetrieben, insbesondere in den Werken der Rüstungsindu-strie, die revolutionäre Erhebung vor. Ihr konsequentes Handeln konnte jedoch eine revolutionäre Massenpartei nicht ersetzen und den verhängnisvollen Einfluß der opportunistischen Führer auf große Teile der Arbeiter, die durch diese über den Sozialismus und den Weg zu ihm keine klaren Vorstellungen erhielten, nicht überwinden.

2.
DIE REVOLUTIONÄRE ERHEBUNG DER ARBEITER UND SOLDATEN

Am Freitag, dem 8. November 1918, erfaßte die Novemberrevolution, die am 3. November mit der bewaffneten Erhebung der Kieler Matrosen und Arbeiter begonnen hatte, auch Erfurt, dessen Bevölkerung der imperialistische Raubkrieg 3579 Gefallene, Tausende durch Unterernährung Verstorbene und viele Verwundete gekostet hatte. Beflügelt durch das russische Beispiel und auf Initiative der Anhänger der Spartakusgruppe, die sich am 11. November zum Spartakusbund konstituierte, schlossen sich die Arbeiter der Stadt gegen den Widerstand der revisionistischen und zentristischen Partei- und Gewerkschaftsführer der ersten antiimperialistischen Volksrevolution in der deutschen Geschichte an, deren historische Aufgabe darin bestand, dem Imperialismus durch den Sturz der Herrschaft der

Abb. 298. Demonstrationszug der Gewehrfabrikarbeiter unter der Losung „Alle Macht den Arbeiter- und Soldatenräten"

[14] DMA, Reihe II, Bd. 2, Dok. 89, S. 228 ff.

Bourgeoisie und die Errichtung der Diktatur des Proletariats entsprechend dem Beispiel der Oktoberrevolution eine weitere entscheidende Niederlage zu bereiten und so die sozialistische Revolution im Zentrum Europas zu entfalten.

Das Signal zur revolutionären Erhebung gaben die 150 Arbeiterinnen und Arbeiter der Lokomotivenfabrik Christian Hagans in Erfurt-Nord, seit 1. April 1916 eine Abteilung der R. Wolf AG, Magdeburg-Buckau (bis 1927). Am Nachmittag des 8. November legten sie die Arbeit nieder, um – wie sie erklärten – ihre Solidarität mit den Kieler Matrosen und Arbeitern zum Ausdruck zu bringen. Zwischen 17 und 18 Uhr formierten sie sich zu einem Demonstrationszug und berieten anschließend in mehreren Lokalen über weitere Maßnahmen. Der größte Teil der Hagans-Arbeiter sammelte sich im „Tivoli“.

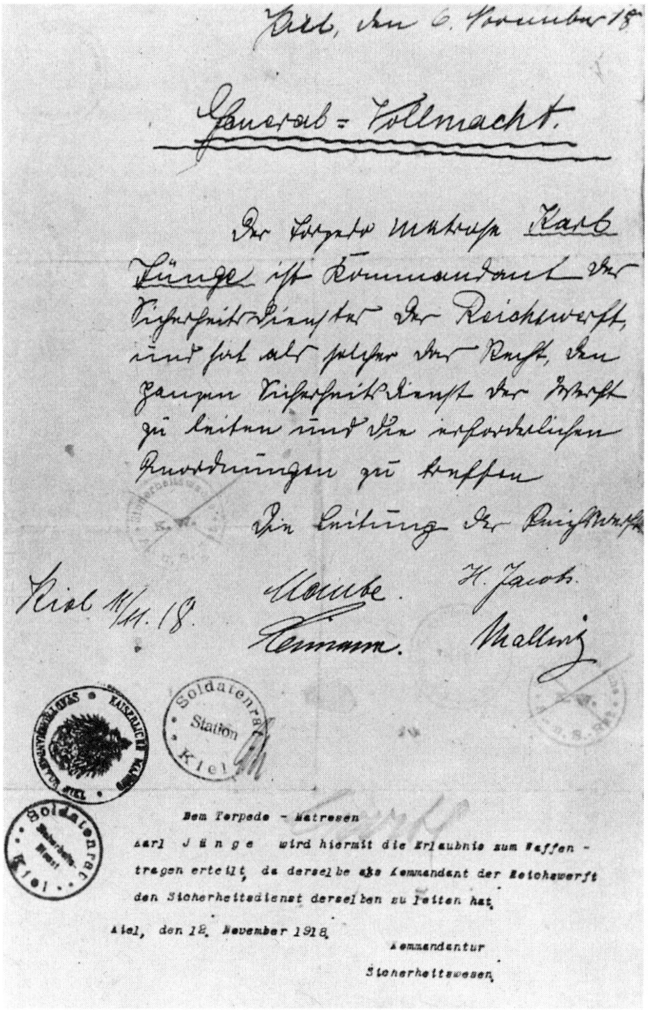

Kiel, den 6. November 18

General-Vollmacht.

Der Torpedomatrose Karl Jünge ist Kommandant des Sicherheitsdienstes der Reichswerft, und hat als solcher das Recht, den ganzen Sicherheitsdienst der Werft zu leiten und die erforderlichen Anordnungen zu treffen

Die Leitung der Reichswerft

Kiel 11/11.18

Soldatenrat Station Kiel

Soldatenrat Sicherheits-Dienst Kiel

Dem Torpedo - Matrosen Karl J ü n g e wird hiermit die Erlaubnis zum Waffen - tragen erteilt, da derselbe als Kommandant der Reichswerft den Sicherheitsdienst derselben zu leiten hat.

Kiel, den 12. November 1918.

Kommandantur Sicherheitswesen.

Abb. 299. Generalvollmacht des Kieler Soldatenrates für den Torpedomatrosen Karl Jünge

Zur gleichen Zeit erhoben sich die Arbeiter der Gewehrfabrik. Nachdem sie bereits am Vormittag gegen die Besetzung des Fabrikgeländes am Mainzerhofplatz durch eine Abteilung bewaffneter Soldaten protestiert, deren Abzug durchgesetzt und einen Aktionsausschuß gebildet hatten, zog der größte Teil der über 6000 Arbeiterinnen und Arbeiter unter der Losung „Alle Macht den Arbeiter- und Soldatenräten!“ um 17 Uhr geschlossen zum Friedrich-Wilhelm-Platz, heute Domplatz, nachdem in den Abteilungen des Werkes ein Telegramm des Anhängers der Spartakusgruppe und Mitgliedes des Kieler Soldatenrates Karl Jünge, eines Erfurters, an seinen Schwager verlesen worden war, in dem er die Gewehrfabrikarbeiter zur aktiven Unterstützung der revolutionären Bewegung aufrief.[15] Eine Bewaffnung, wie sie die revolutionären Kräfte in der Gewehrfabrik vorgeschlagen hatten, war vom Aktionsausschuß, der von rechten und zentristischen Funktionären beherrscht wurde, abgelehnt worden.

Auf dem Friedrich-Wilhelm-Platz stießen zu den Gewehrfabrikarbeitern Belegschaften anderer Erfurter Betriebe sowie viele Arbeiterfrauen. Einige Arbeiter holten den Vorsitzenden des Bezirksverbandes Groß-Thüringen der USPD und Schriftleiter der „Tribüne“, Heinrich Mehrhof, aus der Redaktion herbei und forderten ihn auf, zu den Massen zu sprechen. Mehrhof, der zu jenen USPD-Führern gehörte, die die Revolution hatten verhindern wollen, verlangte die sofortige Beendigung des Krieges, die Beseitigung der Monarchie und die Bestrafung der Kriegsverbrecher. Er mobilisierte die Arbeiter aber nicht zum revolutionären Kampf, sondern rief sie zu Ruhe und Ordnung auf. „Es sei Pflicht der Arbeiterschaft in dieser Zeit staatlicher und gesellschaftlicher Umwälzung . . ., sich nicht zu unbesonnenen Handlungen hinreißen zu lassen. Umso entschiedener müsse aber der entschlossene Wille zum Ausdruck kommen, daß die Arbeiterschaft eine Hemmung der freiheitlichen Entwicklung nicht dulden werde.“[16]

Nach dieser Ansprache formierte sich ein mächtiger Demonstrationszug, der durch die Marktstraße, am Rathaus vorüber, durch Schlösserstraße und Johannesstraße zum „Tivoli“ führte. Während die erschreckten Bürger in ihre Häuser flüchteten und die Rolläden ihrer Geschäfte herunterließen, schlossen sich Hunderte Arbeiter weiterer Betriebe,

[15] Otto Jünge, Mein Rückblick von 40 Jahren auf die Novemberrevolution, die ich 1918 in Kiel mit meinem Bruder Karl erlebte (Ms), in: Museum für Stadtgeschichte, Erfurt.

[16] Tribüne, 9. 11. 1918; Gerhard Schulze, Die Novemberrevolution 1918 in Thüringen, Erfurt 1976, S. 66.

Abb. 300. Das Partei- und Gewerkschaftshaus „Tivoli" in der Magdeburger Straße, heute Karl-Marx-Allee

Frauen und Kinder sowie Soldaten an und stimmten begeistert in den Sozialistenmarsch ein.

Als der Zug am „Tivoli" eintraf, hatten die Hagansarbeiter bereits ihre Vertrauensleute beauftragt, am Abend eine Funktionärskonferenz abzuhalten, in der die Forderungen genauer formuliert und ein Arbeiterrat gebildet werden sollte. Diesem Beschluß stimmten die Arbeiter der Gewehrfabrik und der anderen Betriebe auf einer Kundgebung im Garten des Tivoli zu.

Die revisionistischen Partei- und Gewerkschaftsführer, die die revolutionäre Erhebung nicht hatten verhindern können, suchten sich nun an ihre Spitze zu setzen, um sie in ihrem Sinne zu beeinflussen. In der Nacht vom 8. zum 9. Novmber bildeten sie im Tivoli im wesentlichen aus ihren Reihen einen Arbeiterrat und beschlossen, am 9. November um 10 Uhr auf dem Friedrich-Wilhelm-Platz eine Kundgebung zu veranstalten.

In der gleichen Nacht schlossen sich die Soldaten der Erfurter Garnison der revolutionären Bewegung an. Gegen 2 Uhr traten die Soldaten des Artillerieregiments Nr. 19 in der Rudolfkaserne auf Initiative des Vizewachtmeisters Heynert zusammen, wählten einen Soldatenrat, fuhren vor der Kaserne des Infanterieregiments Nr. 71 auf dem Petersberg Geschütze auf und veranlaßten die Soldaten der dort stationierten Truppenteile zum Anschluß an die revolutionäre Erhebung. Nachdem sich auch das Jägerregiment zu Pferde Nr. 6 erhoben hatte, die Garnisonkommandantur auf dem Anger besetzt und deren Offiziere entwaffnet worden waren, stand in den frühen Morgenstunden des 9. November die gesamte Garnison an der Seite des revolutionären Erfurter Proletariats.[17]

Auch in den an der Front stehenden Erfurter Truppenverbänden hatten sich wie in der gesamten deutschen Armee Kriegsmüdigkeit und Opposition

---

[17] Staatsarchiv Magdeburg (im folg.: StAM), C 20 I b, Nr. 4786 I Bl. 9; StAW, vorl. Nr. 12 781, Journal Nr. 1885 I b; Erfurter Allgemeiner Anzeiger, 10. 11. 1918.

An die Bevölkerung Erfurts!

Im Anschluß an die heutige Massenversammlung auf dem Friedrich-Wilhelm-Platz hat sich auch in Erfurt

ein Rat der Arbeiter und Soldaten gebildet.

Durch das Vertrauen und die Wahl der Arbeiter und Soldaten auf einen wichtigen Posten gestellt, wird er in diesen schicksalschweren Tagen des deutschen Volkes entschlossen an die Lösung seiner ihm überwiesenen schwierigen Aufgaben herantreten. Der Arbeiter- und Soldatenrat wird mit dem heutigen Tage mit Regierung und Stadtverwaltung in Verbindung treten, um die Kontrolle und die letzten Entscheidungen über den gesamten Verwaltungsapparat übernehmen zu können.

Arbeiter und Bürger Erfurts! Das geschieht alles nicht aus Uebermut oder Herrschsucht, sondern vielmehr, um in dieser Zeit des gemeinsamen Unglücks das Gesamtwohl zu fördern und die weitere Entwicklung ohne allzuschwere Erschütterungen zu erledigen. Es darf in den kommenden Tagen der Demobilisation und der Umstellung der Industrie keine Verwirrung einreißen. Der Arbeiter- und Soldatenrat wird für strengste Ordnung eintreten und die Sicherheit der Person und des Eigentums verbürgen. Die Arbeiterschaft wird es als ihre vornehmste Pflicht betrachten, Ausschreitungen rücksichtslos zu bestrafen und zu unterdrücken. Wo irgend sich unlautere Elemente bemerkbar machen, die Lust zum Plündern oder Gewalttätigkeiten bekunden, werden sie unschädlich gemacht werden. Der Arbeiterrat rechnet auf die Mithilfe der gesamten Bevölkerung. Alle Beamten bleiben natürlich in ihren Stellungen. Der Sicherheitsdienst der Polizei wird Unterstützung bei der Arbeiterschaft und den Soldaten finden.

Bürger Erfurts! Schenkt falschen, umherschwirrenden Gerüchten keinen Glauben. Laßt alle Vorurteile fallen und setzt Vertrauen in die allgemeine und gerechte Sache des Volkes, deren Förderung der Arbeiter- und Soldatenrat stets im Auge haben wird. Unsere Lebensmittelvorräte und die Versorgung müssen gesichert, eine gerechte Verteilung ermöglicht werden. Dazu ist die Unterstützung durch die ländliche Bevölkerung notwendig. Aufklärung über den Ernst der Lage und die sich daraus ergebenden Pflichten der Landwirte wird erfolgen.

Arbeiter und Bürger Erfurts! Helft mit, daß sich die unvermeidlich gewordenen großen Umwälzungen, die uns nach dieser Zeit grausamsten Völkermordens eine bessere Zukunft sichern sollen, möglichst leicht vollziehen. Keine Gewalttat, kein Blutvergießen soll die Sache des Volkes entweihen, denn es ist in dieser Zeit des Krieges genug und sinnlos Blut vergossen worden. Nur wahre Demokratie in Staat und Gemeinde, nur durchgreifende soziale Arbeit kann uns die Wege ebnen zu einer besseren Zukunft.

Es lebe der Friede, es lebe die Mitarbeit aller, die zum Wohle aller führen muß!

Erfurt, den 9. November 1918.

Der Arbeiter- und Soldatenrat.

Abb. 301. Aufruf des Erfurter Arbeiter- und Soldatenrates vom 9. November 1918

verbreitet. Als die Revolution begann und der deutsche Imperialismus am 11. November mit dem Waffenstillstand in Compiègne seine Kapitulation besiegelte, verweigerten viele Soldaten den Offizieren weitere Gefolgschaft. An dieser „Unzuverlässigkeit" der Truppen scheiterte der vom Kaiser im Großen Hauptquartier und von einzelnen Truppenführern gehegte Plan, die revolutionäre Bewegung mit Hilfe der Fronttruppen blutig niederzuschlagen. Beim Erfurter Reserve-Feldartillerie-Regiment Nr. 52, das zu dieser Zeit bei Ypern lag, war z. B. ein Geheimbefehl erlassen worden, wonach das Regiment mit der gesamten Division die revolutionären Kräfte in verschiedenen Städten unterdrücken und deshalb alle „politisch unzuverlässigen Leute" zurücklassen sollte. Das Vorhaben kam jedoch nicht zur Ausführung. Während des Rückzuges – auf dem Truppenübungsplatz Hasselt – wählten die Mannschaften Soldatenräte, und die Führung mußte auf ihren Plan verzichten.

Inzwischen hatte sich am 9. November in Erfurt der von den Truppenteilen gebildete gemeinsame Soldatenrat mit dem Arbeiterrat in Verbindung gesetzt und sich mit ihm in „brüderlicher Weise über die zunächst zu ergreifenden Schritte" geeinigt.[18] Sie beschränkten sich auf eine vorläufige formale Kontrolle der Stadtverwaltung, der preußischen Regierung, des Landratsamtes und des Garnisonkommandos bis zur Wahl einer verfassunggebenden Nationalversammlung. Damit verzichtete der Erfurter Arbeiter- und Soldatenrat von Anfang an auf die Eroberung der politischen Macht.

Am Morgen des 9. November lagen die Erfurter Betriebe bis auf die Eisenbahn und das städtische Gas- und Elektrizitätswerk still. Um 10 Uhr veranstalteten beide Räte auf dem Friedrich-Wilhelm-Platz eine Kundgebung, an der über 10 000 Werktätige und Soldaten teilnahmen. Am Zugang zum Platz wehten eine rote Fahne der russischen Revolution von 1905 und eine rote Fahne des Reichsbundes der Kriegsbeschädigten. Die Redner – Paul Reißhaus, Richard Friedrich (SPD), Heinrich Mehrhof, Gustav Nowag (USPD) und Karl Knöner (SPD, Gewerkschaftskartell) sprachen zwar von einer „völligen Umgestaltung der Machtverhältnisse", riefen jedoch die Massen zugleich zu Ruhe und Ordnung auf.[19] Nowag erhob die Forderung nach einer Entmachtung aller Herzöge und Großherzöge. In dem in der Nacht formulierten Programm des Arbeiter- und Soldatenrates, das verlesen wurde, bekannte sich der Arbeiter- und Soldatenrat zwar zum Grundsatz einer „sozialistischen Republik Deutschland" und verlangte bürgerlich-demokratische Freihei-

ten, forderte aber zugleich den „Schutz des privaten Eigentums", die sofortige Wahl einer verfassunggebenden Nationalversammlung und begrenzte seine Tätigkeit nur bis zu deren Zusammentritt.[20]

In das Hoch auf die „sozialistische Republik Deutschland" das am Schluß der Kundgebung ausgebracht wurde, stimmten die Versammlungsteilnehmer, die die konterrevolutionäre Tendenz der Ansprachen größtenteils noch nicht durchschauten, begeistert ein. Ihre Mehrheit wollte den Sozialismus, aber die Vorstellungen über dessen Wesen und den Weg zu ihm waren vielfach sehr verschwommen.

Abb. 302.
Paul Reißhaus
(1855 bis 1921)

Im Anschluß an die Kundgebung bildete sich ein Demonstrationszug, an dessen Spitze die Vorsitzenden des Arbeiterrates, Reißhaus und Knöner, die Mitglieder des Bundes der Kriegsbeschädigten und die Arbeiter schritten. Ihnen folgte der Soldatenrat, dessen Vorsitzende, Dr. Theodor Cassau und Richard Eiling, rote Armbinden trugen. Der Zug führte durch die Innenstadt zum Kaiserplatz, heute Karl-Marx-Platz.

Anschließend traten Arbeiter- und Soldatenrat im „Tivoli" zusammen, bildeten für Stadt und Regierungsbezirk einen gemeinsamen Arbeiter- und Soldatenrat und wählten am Nachmittag ein aus je fünf Vertretern des Arbeiter- und Soldatenrates bestehendes Exekutivkomitee. Ihm gehörten u. a. als Vertreter des Arbeiterrates Knöner und Friedrich (SPD), Petzold und Mehrhof (USPD) und als Vertreter des Soldatenrates Eiling (USPD) an.[21] Der Vorsitz

---

[18] Tribüne, 9. 11. 1918.
[19] Ebenda.
[20] StAE, I-1/I e, Nr. 49, Bl. 1; StAW, vorl. Nr. 7418, Bl. 5; Tribüne, 9. 11. 1918, abgedruckt in: Gutsche, Die revolutionäre Bewegung in Erfurt..., Anl. III, S. 208 f.
[21] StAE, I-1/I e, Nr. 49, Bl. 1; – Siehe dazu: Gutsche, Die revolutionäre Bewegung in Erfurt..., S. 139 ff.

lag in den Händen zweier Sozialdemokraten: des Schneidermeisters und Inhabers eines kleinen Herrenartikelgeschäftes Paul Reißhaus und des 1884 in Berlin geborenen Redakteurs im Gewerkschafts- und Genossenschaftswesen Cassau.

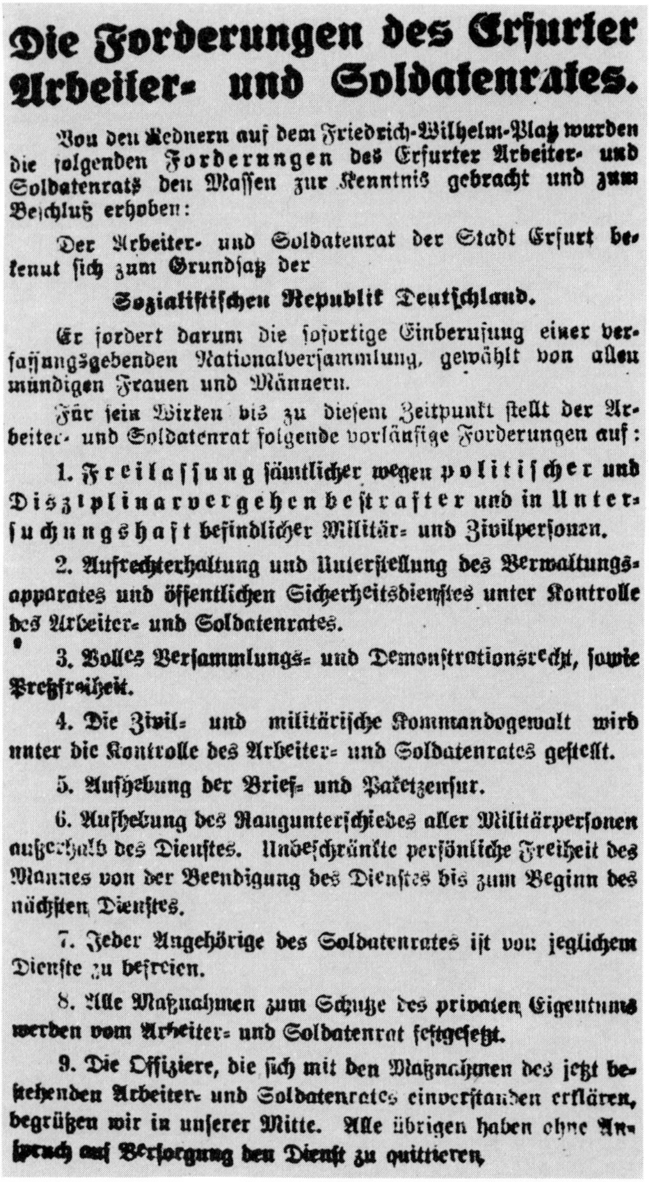

Die Forderungen des Erfurter Arbeiter- und Soldatenrates.

Von den Rednern auf dem Friedrich-Wilhelm-Platz wurden die folgenden Forderungen des Erfurter Arbeiter- und Soldatenrats den Massen zur Kenntnis gebracht und zum Beschluß erhoben:

Der Arbeiter- und Soldatenrat der Stadt Erfurt bekennt sich zum Grundsatz der

Sozialistischen Republik Deutschland.

Er fordert darum die sofortige Einberufung einer verfassunggebenden Nationalversammlung, gewählt von allen mündigen Frauen und Männern.

Für sein Wirken bis zu diesem Zeitpunkt stellt der Arbeiter- und Soldatenrat folgende vorläufige Forderungen auf:

1. Freilassung sämtlicher wegen **politischer** und **Disziplinarvergehen** bestrafter und in **Untersuchungshaft** befindlicher Militär- und Zivilpersonen.

2. Aufrechterhaltung und Unterstellung des Verwaltungsapparates und öffentlichen Sicherheitsdienstes unter Kontrolle des Arbeiter- und Soldatenrates.

3. Volles Versammlungs- und Demonstrationsrecht, sowie Preßfreiheit.

4. Die Zivil- und militärische Kommandogewalt wird unter die Kontrolle des Arbeiter- und Soldatenrates gestellt.

5. Aufhebung der Brief- und Paketzensur.

6. Aufhebung des Rangunterschiedes aller Militärpersonen außerhalb des Dienstes. Unbeschränkte persönliche Freiheit des Mannes von der Beendigung des Dienstes bis zum Beginn des nächsten Dienstes.

7. Jeder Angehörige des Soldatenrates ist von jeglichem Dienste zu befreien.

8. Alle Maßnahmen zum Schutze des privaten Eigentums werden vom Arbeiter- und Soldatenrat festgesetzt.

9. Die Offiziere, die sich mit den Maßnahmen des jetzt bestehenden Arbeiter- und Soldatenrates einverstanden erklären, begrüßen wir in unserer Mitte. Alle übrigen haben ohne Anspruch auf Versorgung den Dienst zu quittieren.

Abb. 303. Die Forderungen
des Erfurter Arbeiter- und Soldatenrates

Die überwiegende Mehrheit des Arbeiter- und Soldatenrates und seines Exekutivkomitees war opportunistisch eingestellt; eine Minderheit, u.a. Petzold und Eiling, der 1920 wie Petzold der KPD beitrat und wegen seines illegalen antifaschistischen Widerstandskampfes von den Faschisten am

16. März 1943 im Zuchthaus Brandenburg ermordet wurde, neigte linken Auffassungen zu.

Der Arbeiter- und Soldatenrat bemühte sich mit einem Aufruf an die Bevölkerung am 9. November, die revolutionären Massen zu zügeln. Erneut warnte er vor jeder Gewalttat, verbürgte sich für die Sicherheit des Eigentums, versicherte, daß die Beamten „natürlich" in ihren Stellungen blieben, versprach „wahre Demokratie in Staat und Gemeinde" und forderte „die Mitarbeit aller zum Wohle aller". Dieser Aufruf nahm die Politik der vom Vollzugsrat des Berliner Arbeiter- und Soldatenrates am 11. November gebildeten vorläufigen sozialdemokratischen preußischen Staatsregierung vorweg, die am 12. November alle preußischen Behörden aufforderte, ihre amtliche Tätigkeit fortzusetzen,[22] und am 13. November verkündete, daß über die Zukunft der Staatseinrichtungen Preußens, seine Beziehungen zum Reich, zu den anderen deutschen Staaten und zum Ausland eine verfassunggebende Versammlung entscheiden werde.

Die örtlichen Organe des imperialistischen Staates waren gelähmt und kapitulierten ohne nennenswerten Widerstand. Der Regierungspräsident, Graf Pückler, berichtete dem Oberpräsidenten resigniert: „Da ein Widerstand nutzlos war, haben sich die Behörden wie überall gefügt und sind vorläufig im Amte geblieben".[23] Die Staatsorgane konnten sich um so beruhigter „fügen", da der Arbeiter- und Soldatenrat Vorschläge revolutionärer Arbeiter, den Magistrat und alle Kommandeure und Offiziere abzusetzen, zurückgewiesen hatte.

Am 9. November akzeptierte Oberbürgermeister Dr. Hermann Schmidt die gemäßigten Forderungen. Zwei Mitglieder des Arbeiter- und Soldatenrates (Reißhaus und Friedrich) wurden als Magistratsmitglieder kooptiert. Auch Regierungspräsident von Pückler, der Landrat und der Garnisonskommandeur erklärten sich mit einer „Kontrolle" ihrer Geschäfte einverstanden. Als ständige Delegierte bei der preußischen Regierung wurden Petzold und Knöner und als Beauftragte beim Landratsamt Herrmann Bimberg (SPD) und Nowag ernannt.[24]

Mit ihrem Kampf hatten auch die Erfurter Arbeiter dazu beigetragen, daß im ersten Ansturm die Ho-

---

[22] StAE, I-2/009-104, Bl. 211; Deutscher Geschichtskalender. Sachlich geordnete Zusammenstellung der wichtigsten Vorgänge im In- und Ausland. Hrsg.: Dr. Friedrich Purlitz. Der Europäische Krieg in aktenmäßiger Darstellung. Die Deutsche Revolution, Bd. I, Leipzig o.J., S. 50 ff.
[23] StAM, C 20 I b, Nr. 4786 I, Bl. 9 f.
[24] Ebenda, Bl. 45. – Zum Ende der Fürstenherrschaft in Thüringen siehe: Schulze, S. 80 ff.

henzollernmonarchie und die kaiserliche Regierung gestürzt, die Fürstenherrschaft in den deutschen Einzelstaaten beseitigt, eine republikanische Staatsform durchgesetzt, der Abschluß eines Waffenstillstandes und damit die Beendigung des Krieges erzwungen sowie bedeutsame demokratische und soziale Rechte und Freiheiten für das Volk wie Koalitions-, Presse- und Versammlungsfreiheit, die Beseitigung der reaktionären Ausnahmegesetze gegen die Landarbeiter, das allgemeine Wahlrecht auch für Frauen und der Achtstundentag errungen wurden. Am 1. Dezember trat in der Erfurter Metallindustrie der Achtstundentag ohne Lohnkürzung in Kraft.

Aber die Macht der herrschenden Klassen war nur stark erschüttert, nicht jedoch gebrochen. Daß der Erfurter Arbeiter- und Soldatenrat ein solches Ziel auch weiterhin nicht anstrebte, ließ die Erklärung Reißhaus' am 13. November vor der Erfurter Stadtverordnetenversammlung erkennen, man wünsche „auch mit dem Kaufmanns- und Gewerbestand in bestem Einverständnis zu leben."[25]

Mit dem Beschluß der provisorischen Regierung Preußens, die Unkosten, die durch die Entschädigung der Mitglieder der Arbeiter- und Soldatenräte entstanden, auf staatliche und kommunale Fonds zu übernehmen, geriet der Erfurter Arbeiter- und Soldatenrat in finanzielle Abhängigkeit der alten Staatsorgane, deren Kontrolle er ausüben wollte. In dieser „Kontrolle", bei der sich die Räte nach Weisung des Vollzugsrates des Arbeiter- und Soldatenrates von Groß-Berlin „jeden direkten Eingriffs in die Verwaltung" enthalten sollten, erblickte er, wie ein weiterer Aufruf vom 11. November deutlich offenbart, bereits die Erfüllung der wesentlichen Aufgaben der Revolution in seinem Bereich. Erneut mahnte er, das „Eigentum in jeder Form" zu schützen und sprach nun nur noch vom Ziel eines „freien deutschen Volksstaates".[26]

Viele Arbeiter waren mit diesem Gang der Dinge nicht einverstanden und begannen die verhängnisvolle Rolle der revisionistischen und zentristischen Führer zu erkennen. Wie die „Tribüne" bereits am 8. November berichtete, hatten revolutionäre Kräfte – Anhänger der Spartakusgruppe und andere linksstehende Mitglieder der USPD – in den Betrieben sofort gegen die Wahl rechtssozialistischer Führer in den Arbeiterrat protestiert, durch deren Wirken die zunächst einheitliche Kampffront der Arbeiter gespalten wurde.

Die Erfurter Bourgeoisie unterstützte den Arbeiter- und Soldatenrat von Anfang an bei seinem Bestreben, „Ruhe und Ordnung" zu gewährleisten.

Der „Erfurter Allgemeine Anzeiger" pries die „erstaunliche Ruhe und imposante Ordnung", in der sich die Revolution bisher vollzogen habe und forderte: „So muß es bleiben!" Am 19. November konstatierte er befriedigt, „daß Bürgertum und Sozialdemokratie vereint gegen den Bolschewismus" kämpften. Um so haßerfüllter wandte er sich gegen den am 11. November aus der Spartakusgruppe hervorgegangenen Spartakusbund und betrieb offene Mordhetze gegen Karl Liebknecht und Rosa Luxemburg.[27]

Mit Duldung und Förderung des Arbeiter- und Soldatenrates konnte sich die Bourgeoisie wieder formieren. Am 20. November entstanden ein Ausschuß zur Bildung eines Bürgerrates sowie ein Beamtenrat, der als „Beirat" des Regierungspräsidenten wirken sollte. Außerdem konstituierte sich ein Angestelltenrat, der rein gewerkschaftliche Ziele als seine Aufgabe bezeichnete und sich mit „hochpolitischer" Tätigkeit angeblich nicht befassen wollte. Der Ausschuß zur Bildung eines Bürgerrates nannte als dessen Aufgabe, die gegenwärtige Regierung in ihrem Bestreben zu unterstützen, „geordnete Zustände in Stadt und Land aufrechtzuerhalten und die Sicherheit der Staatsbürger ebenso wie ihres Besitzes und Eigentums zu gewährleisten" sowie einen „demokratischen Volksstaat ... unter Ablehnung jeglicher Klassenherrschaft" anzustreben.

Die wachsende Zuversicht der Bourgeoisie, ihre Klassenherrschaft regenerieren zu können, wurde durch die Haltung des Erfurter Arbeiter- und Soldatenrates gefördert. Auf einer Konferenz der Arbeiter- und Soldatenräte des Regierungsbezirkes Erfurt am 5. Dezember bezeichnete es Paul Reißhaus als „irrigen Glauben", die Erfolge der Revolution durch eine längere Diktatur sichern zu wollen. Mit der Begründung, man müsse sich auf den Boden der Tatsachen stellen, trat er erneut für die Wahl einer Nationalversammlung ein, der die Entscheidung über das weitere Schicksal Deutschlands übertragen werden solle.

Im Zusammengehen mit den revisionistischen und zentristischen Führern und in der Form einer bürgerlich-parlamentarischen Republik sahen die herrschenden Klassen die einzige Möglichkeit, ihre erschütterte Macht zu erhalten und wieder auszubauen. Hinter ihren Parolen von „Volksstaat" und

---

[25] StAE, Protokolle der Erfurter Stadtverordnetenversammlung, Bd. 113, Bl. 383 f., abgedruckt in: Gutsche. Die revolutionäre Bewegung in Erfurt. . ., Anl. VI, S. 212 ff.

[26] Tribüne, 12. 11. 1918, abgedruckt in: Gutsche, Die revolutionäre Bewegung in Erfurt. . ., Anl. V, S. 210 ff.

[27] Erfurter Allgemeiner Anzeiger, 12. 11. 1918, 19. 11. 1918.

„Demokratie", „Ruhe und Ordnung" und „Wahlen zur Nationalversammlung" verbarg sich ihr Ziel, die Räte wieder zu zerschlagen und die alte „Ordnung" wiederherzustellen. Besonders aktiv unterstützte die Bourgeoisie deshalb die konterrevolutionäre Forderung der Wahl einer verfassunggebenden Nationalversammlung.

Nachdem bekannt geworden war, daß beabsichtigt sei, die Nationalversammlung in einer Stadt Mitteldeutschlands durchzuführen, da große Teile der Berliner Arbeiter diesen konterrevolutionären Weg ablehnten, beschloß die Erfurter Stadtverordnetenversammlung mit Billigung des „kontrollierenden" Arbeiter- und Soldatenrates und unter Zustimmung der sozialdemokratischen Abgeordneten in einer geheimen Sitzung am 29. November, „den Magistrat zu ersuchen, bei der Reichsleitung Schritte zu tun, um die Nationalversammlung nach Erfurt einzuladen". Der zu diesem Zweck gebildete Ausschuß richtete am 5. Dezember ein entsprechendes

Abb. 304. Sozialdemokratisches Plakat für die Wahl einer Nationalversammlung

Gesuch an den Volksbeauftragten Friedrich Ebert und schlug die Predigerkirche, die Kasinoschule und das Hotel „Europäischer Hof", heute Haus der Freundschaft, als Tagungslokale vor.

Die Emsigkeit, mit der die Erfurter Bourgeoisie den Plan verfolgte, wurzelte vor allem in der politischen Überlegung, daß die Nationalversammlung, wie Oberbürgermeister Schmidt an den Gemeindekirchenrat der Predigerkirche schrieb, in Erfurt „von terroristischer Beeinflussung durch revolutionäre und extreme Elemente frei" arbeiten könne.[28] Anfang Januar 1919 fiel jedoch in Berlin die Entscheidung zugunsten Weimars, weil man dort – mehr als in Erfurt, wo die revolutionären Kräfte an der Jahreswende immer stärker hervortraten – mit einer „ungestörten" Tätigkeit der Nationalversammlung rechnete.

In diesen Wochen spielte in den Klassenauseinandersetzungen in der Stadt auch noch eine andere zentrale Frage eine Rolle: der Plan der Zusammenfassung aller bisherigen thüringischen Staaten unter Einschluß der Gebietsteile Preußens, das seit 1815 die stärkste politische Macht in Thüringen bildete, zu einer politischen Einheit. Auf einer Beratung, die auf Initiative der Arbeiter- und Soldatenräte von Sachsen-Weimar-Eisenach am 10. Dezember im Erfurter Rathaus stattfand, forderten die Arbeiter- und Soldatenräte des 36. Wahlkreises zur Nationalversammlung, „das von ihnen vertretene Gebiet zu einer Provinz Thüringen als Teil der Einheitsrepublik Deutschland zusammenzufassen". In der vorausgehenden Diskussion trat Reißhaus für die völlige Liquidierung Preußens als selbständiges Staatswesen ein.[29] Die Forderung nach Beseitigung der Einzelstaaten und Dynastien entsprach zwar dem Aufruf der Spartakusgruppe vom 7. Oktober. Ihre Wortführer wollten sie aber nicht auf revolutionärem, sondern auf verfassungsmäßigem Wege im Rahmen der kapitalistischen Gesellschaftsordnung verwirklichen.

Die weitere Klärung dieser Frage, die schließlich auf der Grundlage des Reichsgesetzes vom 30. April 1920 mit Wirkung vom 1. Mai 1920 zur Bildung des Freistaates Thüringen (ohne die preußischen Gebietsteile) führte, geriet zunächst ins Stocken, weil der Ausschuß die Angliederung der preußischen Gebietsteile nicht ohne Zuziehung von Vertretern der preußischen Regierung entscheiden wollte, zu der

28 StAE, Protokolle der Erfurter Stadtverordnetenversammlung, Bd. 113, Bl. 395; ebenda, I-2/004-52, Bl. 13, 20.
29 Geheimes Staatsarchiv, Preußischer Kulturbesitz, (West-)Berlin-Dahlem, Nr. 294, Bl. 13 verte; ebenda, Bl. .7 verte, 13 f.

es erst im April 1919 kam. Die Einbeziehung preußischer Gebietsteile wie die Liquidierung Preußens überhaupt scheiterten schließlich, weil die reaktionären Kräfte nicht entmachtet worden waren. So protestierten der Provinzialausschuß der Provinz Sachsen, Magistrate, Handels- und Handwerkskammern sowie die Organisationen des Bundes der Landwirte. In Erfurt wandten sich u. a. Oberbürgermeister Schmidt, der Syndikus der Handelskammer Dr. Hans Allendorf und der Syndikus der Handwerkskammer Dr. Erich Seemann sowie Justizrat Dr. Karl Weydemann, der dabei den Sturz der Hohenzollern tief beklagte, nicht zuletzt aber auch Mehrhof, der sich – wie die Führung der USPD – überhaupt für die Erhaltung des preußischen Staates einsetzte, gegen eine Angliederung Erfurts an den thüringischen Staat. Der Oberpräsident der Provinz Sachsen, der Sozialchauvinist Otto Hörsing, der Anfang des Jahres zur „Abwehr der Ansprüche Thüringischer Kleinstaaten auf Annexion preußischer

Abb. 305. Zurückkehrende Truppenteile der Erfurter Garnison am Dalbergsweg

Gebietsteile" ein „Komitee Preußen-Großthüringen" unter Führung des Aufsichtsratsmitglieds der A. Riebeck'schen Montanwerke, Halle, Bergrat a. D. Otto Fabian gebildet hatte, suchte im März 1919 den Spieß umzudrehen. Er empfahl der preußischen Regierung, ein Großthüringen dem „wohl organisierten Preußischen Staate" anzugliedern. Demgegenüber blieben die in dieser Frage progressiven Stimmen bürgerlicher Kräfte wie die des Erfurter Handelsgärtners Schmidt und des Museumsdirektors Dr. Erwin Redslob, die für den Anschluß Erfurts an Großthüringen eintraten, in der Minderheit.

In Vorbereitung des I. Reichsrätekongresses, der nach dem Willen der revisionistischen und zentristischen Partei- und Gewerkschaftsführer die Revolution zu Grabe tragen sollte, wich der Erfurter Arbeiter- und Soldatenrat, der seinen Sitz Ende November vom Tivoli in das Gebäude der preußischen Regierung am Hirschgarten, heute Platz der DSF, verlegt hatte, vor der Bourgeoisie zurück.

Dazu trugen nicht zuletzt die rechten USPD-Führer bei. Sie deckten die Politik der Konterrevolutionäre einschließlich ihrer sozialdemokratischen Förderer und beteiligten sich an der Hetzkampagne gegen die Spartakusgruppe und andere linke Gruppen. Auf der Mitgliederversammlung der USPD am 27. November beschuldigte Mehrhof die „extrem links gerichtete(n) Parteigruppen" durch ein „vorbehaltlose(s) Anbeten der Taktik der russischen Revolution" die „Kräfte" der „großen deutschen Revolution" zu vergeuden. Mit der Behauptung, nur auf der Grundlage der Anerkennung der Nationalversammlung sei ein „geschlossenes Zusammenarbeiten aller revolutionären Kräfte im Reich" möglich, gelang es ihm, die Versammlung zur Zustimmung zu Richtlinien zu bewegen, in denen die Zentralleitung der USPD und die Volksbeauftragten aufgefordert wurden, die Einberufung der Nationalversammlung sowie „eine Verständigung mit der Partei der Rechtssozialisten über eine gerechte Verteilung der Kandidaten auf die beiden Parteien und ein geschlossenes Vorgehen im Wahlkampf" zu erstreben.[30]

Nachdem eine Konferenz der Arbeiter- und Soldatenräte des Regierungsbezirkes am 4. Dezember im Stadtverordnetensitzungssaal des Rathauses Petzold (USPD) und Cassau (SPD) als Delegierte für den Reichsrätekongreß gewählt hatte, beschlossen am 6. Dezember Funktionäre der SPD, der USPD und des Gewerkschaftskartells auf Vorschlag Knöners in der Gaststätte „Zum Regenbogen", den Arbeiterrat

[30] Schulze, S. 141 f.

„auf eine breitere Grundlage" zu stellen. Dabei wurde er von dieser Versammlung neu gewählt. Arbeiter- und Soldatenrat erhielten nun je 36 Sitze. Acht der 36 Sitze des Arbeiterrates wurden jedoch gleich Vertretern der Bürgerschaft vorbehalten, und zwar drei dem Bürgerrat und fünf dem Beamten- und dem Angestelltenrat, um „deren Ansprüchen auf Mitarbeit im Arbeiterrat entgegenzukommen".

Mehr als die Hälfte der 28 neugewählten Vertreter im Arbeiterrat gehörten der USPD, der Rest der SPD an. Ihre überwiegende Mehrheit war opportunistisch eingestellt. Dem entsprach auch das Kräfteverhältnis im neuen, nun zwölfköpfigen Vollzugsausschuß des Arbeiter- und Soldatenrates, an dessen Spitze weiterhin Paul Reißhaus und Cassau standen. Wenn die Neuwahl auch insofern die zunehmende Abwendung vieler Arbeiter von den rechten Partei- und Gewerkschaftsführern widerspiegelte, als die zentristischen Kräfte stärker als bisher im Rat vertreten waren, änderte sich doch dessen opportunistisch-reformistischer Charakter prinzipiell nicht.

Um die acht Sitze im Arbeiterrat, die der Bürgerschaft eingeräumt werden sollten, entbrannte am 14. Dezember eine heftige Auseinandersetzung. Als der Syndikus der Handwerkskammer für den Bürgerrat unverfroren mehr als die drei zugebilligten Plätze im Arbeiterrat beanspruchte und zudem mit der Drohung, sonst werde der Bürgerrat überhaupt nicht mitarbeiten, auch noch Anspruch auf Sitz und Stimme im Vollzugsausschuß erhob, beschloß die Vollversammlung des Arbeiter- und Soldatenrates einstimmig, auf die „Mitarbeit" des Bürgerrates zu verzichten und alle acht Sitze den Vertretern der Beamten und Angestellten zuzubilligen. Ungeachtet dieser Korrektur wurde das bürgerliche und kleinbürgerliche Element, das im Arbeiter- und Soldatenrat ohnehin bereits überwog, noch mehr verstärkt.

Der I. Reichsrätekongreß, der vom 16. bis 21. Dezember in Berlin zusammentrat und dessen Teilnehmer von den lokalen, meist opportunistischen Arbeiter- und Soldatenräten delegiert worden waren, entschied die Grundfrage der Novemberrevolution „Alle Macht den Arbeiter- und Soldatenräten" oder „Nationalversammlung" gegen die Rätemacht zugunsten des deutschen Imperialismus. Seine von reformistischen Illusionen befangene Mehrheit beschloß mit 344 gegen 98 Stimmen unter dem Protest von über 250 000 Berliner Arbeitern, die auf Initiative des Spartakusbundes vor dem Tagungslokal demonstrierten, die Wahl zur Nationalversammlung am 19. Januar 1919 durchzuführen und dieser die Entscheidung über die weitere gesellschaftliche

Entwicklung in Deutschland zu überlassen. Wie sich die beiden Erfurter Delegierten, Petzold und Cassau, verhielten, ist nicht feststellbar, da keine namentliche Abstimmung stattfand. Da von den Delegierten insgesamt 90 dem Spartakusbund und der USPD angehörten, und 98 Stimmen für den Antrag Ernst Däumigs abgegeben wurden, „an dem Rätesystem als Grundlage der Verfassung der sozialistischen Republik" festzuhalten, wäre es möglich, daß Petzold für diesen Antrag oder aber auch zugleich für die Wahl einer Nationalversammlung gestimmt hat.

Mit den Beschlüssen des Reichsrätekongresses hatte sich das Kräfteverhältnis in der Auseinandersetzung Rätemacht oder Nationalversammlung zugunsten der Konterrevolution verändert. Angesichts dieser Entwicklung traten die alten reaktionären bürgerlichen Parteien, die sich nun als „Volks"parteien präsentierten, immer offener mit ihren konterrevolutionären Bestrebungen hervor. Ungehindert vom Arbeiter- und Soldatenrat veranstaltete z.B. die Deutschnationale Volkspartei am 25. Dezember ihre erste öffentliche Versammlung in der Turnhalle der Schlösserschule. Ein sozialdemokratischer Versammlungsteilnehmer, der gegen die hier verkündeten ultrareaktionären und antisemitischen Ziele Stellung nehmen wollte, wurde – wie die „Tribüne" berichtete – „von der alldeutsch-konservativen Meute einfach niedergebrüllt".[31] Daß die alten „Kriegshetzer und Schleppenträger einer wahnsinnigen Eroberungs- und Gewaltpolitik, die das deutsche Volk an den Rand des Abgrunds gebracht" hatten, nun – wie die „Tribüne" klagte – bereits wieder mit derselben Rücksichtslosigkeit gegen jeden politischen Gegner vorgehen konnten, war die Frucht der versöhnlerischen Politik der revisionistischen und zentristischen Führer.

Dessen ungeachtet setzten diese ihren alten Kurs weiter fort, indem sie die Arbeiter in der Illusion wiegten, durch eine Mehrheit der Arbeiterparteien in der verfassunggebenden Nationalversammlung könnte der Sozialismus auf „legalem" Wege erreicht und dabei – so speziell die Zentristen – bürgerliche Demokratie und Rätesystem miteinander verbunden werden. Auf der Bezirksdelegiertenkonferenz der USPD am 19. Dezember stellte Mehrhof den Kampf um die Nationalversammlung als den „zweiten Akt" der Revolution und die Nationalversammlung als „ruhenden Pol in den Stürmen der Revolution" hin.[32]

---

[31] Tribüne, 7.12.1918.
[32] Tribüne, 28.11.1918; Gothaer Volksblatt, 23.12.1918.

In einer gemeinsam von der örtlichen SPD- und USPD-Führung veranstalteten Versammlung in der katholischen Bürgerschule agitierten Friedrich (SPD) und Mehrhof (USPD) mit antikommunistischen Verleumdungen für die Nationalversammlung und gegen die Warnung des Spartakusbundes, die Nationalversammlung gefährde die Errungenschaften der Revolution. Mehrhofs Ausführungen vor den Versammelten gipfelten erneut in der absurden, die Massen verwirrenden Behauptung, die Nationalversammlung sei „eine Etappe auf dem Weg der Revolution".

In grundlegendem Gegensatz zur Arbeitsgemeinschaftspolitik der Opportunisten mit den herrschenden Klassen mobilisierten die Anhänger des Spartakusbundes – unterstützt von linken Kräften in der USPD – die Arbeiter der Stadt unter der Losung „Alle Macht den Arbeiter- und Soldatenräten!" für die entschiedene Fortsetzung des revolutionären Kampfes um die im Aufruf des Spartakusbundes vom 7. Oktober genannten grundlegenden Ziele. In zahlreichen Betriebsversammlungen machten sie sich zu Sprechern der Werktätigen, die vom Arbeiter- und Soldatenrat immer dringlicher die Enteignung der Kriegsverbrecher, soziale Rechte und Freiheiten und einen konsequenten Kampf gegen die Konterrevolution forderten. Sie enthüllten die Scheinalternative „Demokratie oder Diktatur" als konterrevolutionäres Täuschungsmanöver im Sinne der Feststellung Rosa Luxemburgs in der Roten Fahne am 20. November 1918: „Nicht darum handelt es sich heute, ob Demokratie oder Diktatur. Die von der Geschichte auf die Tagesordnung gestellte Frage lautet: *bürgerliche* Demokratie oder *sozialistische* Demokratie. Denn Diktatur des Proletariats, das ist Demokratie im sozialistischen Sinne."[33]

Die revolutionären Kräfte schufen sich im Restaurant „Graf Waldersee" in der Pergamentergasse ein organisatorisches Zentrum und leiteten machtvolle Protestdemonstrationen gegen die Umtriebe des Bürgerrates und die konterrevolutionäre Politik des Magistrats – z.B. Ende November eine große Kundgebung der Kriegsbeschädigten vor dem Rathaus. In der Erfurter Volkswehr, die auf der Grundlage des Gesetzes des Rates der Volksbeauftragten über die Bildung einer freiwilligen Volkswehr vom 12. Dezember 1918 geschaffen wurde, übten sie wesentlichen Einfluß aus. Vom Arbeiter- und Soldatenrat bereits am 9. Dezember gegründet, hatten sich zum Dienst in dieser Wehr 50 Arbeiter freiwillig zur Verfügung gestellt, die so größtenteils zur Verteidigung der Errungenschaften der Revolution beitragen wollten.

Abb. 306. Arbeitslosendemonstration im Dezember 1918 vor dem Rathaus

Die Erfahrungen der revolutionären Kämpfe ließen die Erkenntnis reifen, daß der völlige organisatorische Bruch mit dem Opportunismus, die Schaffung einer selbständigen revolutionären marxistisch-leninistischen Kampfpartei ein dringendes Erfordernis sei. Während einer Beratung des Spartakusbundes in Berlin erhielt Karl Klein Mitte Dezember 1918 von Leo Jogiches den Auftrag, in Erfurt eine Ortsgruppe des Spartakusbundes zu konstituieren und so die Gründung der Kommunistischen Partei Deutschlands vorzubereiten.[34] Aus Berlin zurückgekehrt, lud er am 23. und 24. Dezember durch Inserate in der „Tribüne" alle Anhänger des Spartakusbundes für den 2. Weihnachtsfeiertag um 11 Uhr in das „Tivoli" ein.

Diesem Aufruf folgten zahlreiche revolutionär gesinnte Arbeiter der Stadt, aber auch einige Anarchosyndikalisten, die terroristischen Auffassungen huldigten. Klein, der erkannte, daß die Ortsgruppe des Spartakusbundes nur mit bewußten revolutionären Kräften gebildet werden konnte, lehnte eine Mitgliedschaft dieser Kräfte im Spartakusbund ab. Eine kleine Gruppe bewährter Anhänger des Spartakus-

[33] Rosa Luxemburg, Die Nationalversammlung, in: Dies., Gesammelte Werke, hrsg. vom Institut für Marxismus-Leninismus beim ZK der SED, Bd. 4, Berlin 1974, S. 409 f.

[34] Bericht des Parteiveteranen Karl Klein, in: Gutsche, Die revolutionäre Bewegung in Erfurt..., Anl. VIII, S. 215 ff.

bundes bildete dann eine Ortsgruppe und wählte Klein und Hermann Lindemann als Delegierte zur Reichskonferenz des Spartakusbundes, die am 29. Dezember 1918 in Berlin zusammentrat. Mit der Gründung einer Ortsgruppe des Spartakusbundes hatten die bewußtesten Kräfte der Erfurter Arbeiter eine entscheidende Lehre aus dem bisherigen Verlauf der Novemberrevolution gezogen und einen wichtigen Schritt auf dem Weg zu einer selbständigen revolutionären Partei des Proletariats getan.

3.
DIE GRÜNDUNG EINES ORTSVEREINS DER KPD
UND DER KAMPF DER WERKTÄTIGEN UM DIE VERTEIDIGUNG UND ERWEITERUNG
DER ERRUNGENSCHAFTEN DER NOVEMBERREVOLUTION

Entsprechend dem Beschluß der Reichskonferenz des Spartakusbundes am 29. Dezember 1918 versammelten sich tags darauf 127 Delegierte aus 56 Orten Deutschlands, darunter auch aus Erfurt, die vor allem den Spartakusbund, aber auch einige andere linke revolutionäre Gruppen vertraten, im Festsaal des preußischen Abgeordnetenhauses in Berlin und gründeten die Kommunistische Partei Deutschlands (Spartakusbund). Damit besaß die deutsche Arbeiterklasse wieder eine organisierte revolutionäre Vorhut mit einem klaren marxistischen Programm. Mit der Konstituierung der KPD, dem wichtigsten Ergebnis der Novemberrevolution, war die entscheidende Bedingung für den konsequenten und schließlich siegreichen Kampf der deutschen Arbeiterklasse gegen den deutschen Imperialismus erfüllt worden.

Unmittelbar nach der Beendigung des Gründungsparteitages der KPD wurde die Umwandlung der Erfurter Ortsgruppe des Spartakusbundes in einen Ortsverein der jungen Partei vollzogen. Noch während des Parteitages, am 31. Dezember, sowie am 2. Januar 1919 rief Klein, der selbst an der Parteigründung teilgenommen hatte, in der „Tribüne" zu einer Mitgliederversammlung des Spartakusbundes für den 2. Januar 1919 um 20 Uhr in der Gaststätte „Zum Cardinal" in der Magdeburger Straße auf. In dieser Versammlung entstand der Erfurter KPD-Ortsverein als einer der ersten in Thüringen und in Deutschland.

Zu ihrem ersten Vorsitzenden wählten die Versammlungsteilnehmer Karl Klein. Zu ihren Mitbegründern gehörten ferner so bewährte Kämpfer gegen Imperialismus und Krieg wie der Gewehrfabrikarbeiter Hugo Gräf, der Gürtler Karl Reimann, der Schuhfabrikarbeiter Paul Schäfer und der Porzellangießer und Schlosser Hermann Jahn, der nach der Befreiung vom Faschismus als erster antifaschistischer Oberbürgermeister der Stadt wirkte.

Bereits Ende Januar 1919 konstituierte sich die Bezirksleitung der KPD mit Sitz in Erfurt. Ihr gehörten Klein, Otto Spannaus, Otto Steinbrück, Hermann Lindemann, Hugo Gräf und Gertrud Morgner an. Die Funktion des Bezirkssekretärs wurde Karl Klein übertragen.

Wenn der junge KPD-Ortsverein zunächst auch noch relativ klein war und eine klare marxistisch-leninistische Konzeption in Auseinandersetzung mit einer anarchosyndikalistischen Gruppe durchsetzen mußte, die sich der KPD inzwischen angeschlossen hatte, so zeigte doch die Entwicklung der folgenden Wochen, daß er durch sein konsequentes marxistisches Handeln das Vertrauen einer wachsenden Anzahl von Arbeitern errang und fähig war, sie im Kampf gegen Imperialismus und Militarismus zu führen.

Entsprechend dem vom Gründungsparteitag der KPD beschlossenen Programm, das auf den revolutionären Sturz des Imperialismus und die Errichtung der Diktatur des Proletariats orientierte und als Voraussetzung für die Erfüllung dieser Aufgabe u. a. die Entwaffnung der herrschenden Klassen, die Bewaffnung des Proletariats, die Übernahme der politischen Macht durch die Arbeiter- und Soldatenräte, die Schaffung einer einheitlichen deutschen sozialistischen Republik, die Konfiskation aller dynastischen Vermögen, die Enteignung des Großgrundbesitzes und aller Banken, Bergwerke und Hütten sowie

Abb. 307. Aufruf zur Gründungsversammlung des Erfurter Ortsvereins der KPD

sämtlicher Großbetriebe in Industrie und Handel forderte, handelte der junge KPD-Ortsverein. Er entfaltete seine revolutionären Aktivitäten vor allem in den Erfurter Industriebetrieben. Außerdem rief er sofort alle revolutionären Soldaten und Ma-

Unermüdlich klärten die KPD-Mitglieder die Arbeiter der Stadt über das Programm der Partei auf. Am 3. Februar erläuterte Georg Schumann, Leipzig, unter dem Thema „Was will die KPD?" im Tivoli die Ziele der Partei und gab damit den Werktätigen der

Abb. 308. Ehemalige Gaststätte „Cardinal" in der Magdeburger Straße, heute Karl-Marx-Allee. Gründungsort des Ortsvereins der KPD am 2. Januar 1919

trosen auf, sich dem Roten Soldatenbund anzuschließen, der am 15. November 1918 auf Anregung des Spartakusbundes gegründet worden war. Auf seine Initiative kämpften die klassenbewußtesten Arbeiter der Stadt um die Verteidigung und Erweiterung der Errungenschaften der Revolution. Unter seiner Führung erzwangen die Arbeitslosen mit einer machtvollen Demonstration vor dem Rathaus die Erhöhung der für Notstandsarbeiten vorgesehenen Löhne um das Doppelte und das Hissen einer roten Fahne auf dem Gebäude der preußischen Regierung am Hirschgarten.

Roter Soldatenbund

Alle auf dem Boden der kommunistischen Partei (Spartakusbund) stehenden Soldaten und Matrosen werden zu einer am 5. Januar, nachm. 5 Uhr, im „Cardinal" stattfindenden 101*

Versammlung

eingeladen.   Der Vorstand.

Abb. 309. Einladung zur Gründungsversammlung einer Ortsgruppe des Roten Soldatenbundes

Stadt eine klare Orientierung. Am 1. Mai 1919 schuf sich die KPD-Bezirksleitung ein eigenes Presseorgan. Erstmalig erschien „Der Kommunist".

Gegen die KPD entfaltete die Konterrevolution sofort eine maßlose antikommunistische Hetze. Die rechten USPD-Führer, die befürchteten, große Teile der USPD-Mitglieder könnten sich nun der KPD zuwenden, stimmten zwar nicht offen in diese Hetze ein, verleumdeten jedoch die KPD ebenfalls. Zwar wandten sie sich gegen die von der Bourgeoisie verbreitete Zwecklüge, der KPD-Ortsverein beabsichtige eine „große Aktion", bei der „Blut in Strömen fließen" werde, zugleich distanzierten sie sich aber von der KPD und diffamierten deren Ziele, Tätigkeit und taktische Methoden. Die „Tribüne" schrieb: „Wir bekämpfen den Spartakusbund (die KPD, d. Verf.), wenn es am Orte notwendig werden sollte", und behauptete, die Politik der KPD sei „ein Gemisch von politischen Unklarheiten".[35] Mit dieser Demagogie suchten die rechten USPD-Führer die Massen von ihrer eigenen, doppelzüngigen, die

[35] Tribüne, 3. 1. 1919.

Abb. 310.
Die erste Nummer
des „Kommunist"

Konterrevolution begünstigenden Politik abzulenken. Gleichzeitig nahmen sie weiter Kurs auf die Wahl einer verfassunggebenden Nationalversammlung. Nachdem die Mehrheit der Delegierten der Bezirkskonferenz der SPD am 27. Dezember 1918 einen gemeinsamen Wahlkampf mit der USPD auf der Grundlage verbundener Listen beschlossen hatte, veranstalteten die beiden sozialdemokratischen Parteien Anfang Januar 1919 eine gemeinsame Wahlversammlung im Kaisersaal, auf der sich ihre rechten Führer sowohl gegen die bürgerlichen Parteien wie gegen die KPD wandten.

Zunehmend größere Teile des Erfurter Proletariats waren jedoch bereit, die revolutionären Errungenschaften zu verteidigen und die Revolution fortzusetzen. Als am 4. Januar 1919 die Konterrevolution mit der Absetzung des auf dem linken Flügel der USPD stehenden Berliner Polizeipräsidenten Emil Eichhorn zu einem erneuten Angriff ansetzte, um die revolutionären Kräfte noch vor den Wahlen zur Nationalversammlung militärisch niederzuwerfen, und der von revolutionären Obleuten und Vertretern der USPD beherrschte Berliner Revolutionsausschuß in falscher Einschätzung des Kräfteverhältnisses am 6. Januar zum Sturz der sozialdemokratischen Ebert-Scheidemann-Regierung aufrief, erklärten sich die Erfurter Arbeiter mit dem Kampf ihrer Berliner Klassengenossen solidarisch.

Die Zentrale der KPD lehnte in richtiger Einschätzung der Situation einen bewaffneten Kampf ab und zog deshalb ihre Vertreter aus dem Revolutionsausschuß zurück. Entschieden unterstützte sie aber den Kampf der Massen gegen die Konterrevolution. Als die sozialdemokratische Regierung am 8. Januar mit brutaler militärischer Gewalt gegen die revolutionären Berliner Arbeiter vorging, wobei der sozialdemokratische Beauftragte für Wehrfragen im Rat der Volksbeauftragten, Gustav Noske, mit der Bemerkung „Einer muß der Bluthund sein" den Oberbefehl über die reaktionären Truppen übernahm, rief der Erfurter KPD-Ortsverein am 10. Januar „alle wirklich revolutionären Arbeiter und Soldaten" zu einer Kampfdemonstration am 12. Januar unter der Losung „Gegen die Blutregierung Ebert-Scheidemann, gegen die Nationalversammlung, für die sozialistische Räterepublik, für die proletarische Weltrevolution!" auf. Viele Erfurter Arbeiter und Soldaten folgten seinem Aufruf. Vor einem „großen Aufgebot" Erfurter Proletarier sprach Klein auf dem Friedrich-Wilhelm-Platz zu den Demonstranten.

Für die gleiche Zeit hatten die SPD- und rechten USPD-Führer ebenfalls auf dem Friedrich-Wil-helm-Platz zu einer gemeinsamen Kundgebung unter den scheinrevolutionären Losungen „Für die sozialistische Einheitsrepublik, gegen jede Gewaltherrschaft, für Frieden und Freiheit!" aufgerufen. Obwohl die SPD-Führer diese Kundgebung mit vorbereitet hatten, nahmen sie dann doch nicht an ihr teil. Das war darauf zurückzuführen, daß sich die USPD-Sprecher Eiling, Sieger, Mehrhof und Petzold, von denen einige linken Positionen zuneigten, angesichts der Empörung der Erfurter Arbeiter über die Bluttaten der sozialdemokratischen Regierung in Berlin veranlaßt sahen, auf der Kundgebung ebenfalls gegen die Regierung Ebert-Scheidemann zu protestieren.

Mobilisiert vom Ortsverein der KPD, drängten die Arbeiter der Stadt den Arbeiter- und Soldatenrat zu revolutionärem Handeln. Als der Streik der Ruhrarbeiter gegen die Ebert-Scheidemann-Regierung in Erfurt bekannt wurde, verlangten sie, „sich dem Kampf anzuschließen." Der Versuch des Arbeiter- und Soldatenrates, die Arbeiter zu beschwichtigen, mißlang. Am Morgen des 14. Januar wurde die Streikfrage insbesondere in den Betrieben der metallverarbeitenden Industrie erörtert. „Wenn wir recht unterrichtet sind", schrieb die „Tribüne", „ist der politische Ausstand so gut wie sicher. Ein großer

An alle
wirklich revolutionären
Arbeiter und Soldaten!

Sonntag, den 12. Januar 1919

Demonstration

gegen die Blutregierung Ebert-Scheidemann
gegen die Nationalversammlung
für die sozialistische Räterepublik
für die proletarische Weltrevolution.

Treffpunkt: vormittags 10 Uhr Lützowplatz (am Tivoli)

Revolutionäre Arbeiter und Soldaten, erscheint in Massen!

Kommunistische Partei Deutschlands.
(Spartakusbund) Ortsverein Erfurt.

Abb. 311. Aufruf des KPD-Ortsvereins
zur Kampfdemonstration am 12. Januar 1919

Betrieb ruht schon seit heute morgen und in einigen anderen ist's in der Zeit, da diese Zeilen geschrieben werden, noch recht unsicher, ob weitergearbeitet werden wird."[36]

In ihrem Willen zum Streikkampf bestärkt wurden die Erfurter Arbeiter durch einen auf dem Hauptbahnhof zur Abfahrt nach Berlin-Zehlendorf bereitstehenden Truppentransport. Mit dem Streik sollte auch der Versuch verhindert werden, Truppen zur Niederwerfung der revolutionären Arbeiter nach Berlin zu bringen. Der Versicherung des Arbeiter- und Soldatenrates, er werde die Abfahrt des Zuges nicht erlauben, mißtrauend, beschlossen sie in den Generalstreik zu treten und die Arbeit nicht

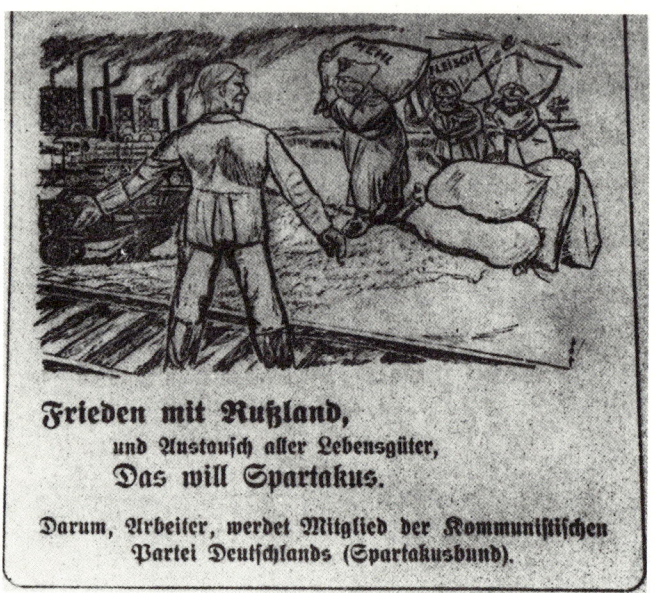

Abb. 312 a/b. Flugblätter der KPD, die in der Erfurter Kunstgewerbeschule entworfen wurden (Anfang 1919)

eher wieder aufzunehmen, „bis die Ebert-Scheidemann-Regierung durch eine Koalitionsregierung ersetzt worden sei".[37]

Mit dieser Zielsetzung entsprach ein Teil der Arbeiter der Strategie und Taktik der rechten USPD-Führer, die darauf abzielte, die reine SPD-Regierung durch eine SPD-USPD-Regierung zu ersetzen, ohne grundlegende revolutionäre Veränderungen herbeizuführen. Ein beträchtlicher Teil der Arbeiter, der der KPD folgte, führte den Kampf jedoch mit dem Ziel einer konsequent revolutionären Regierung, der Durchsetzung der völligen Räteherrschaft.

Am Morgen des 14. Januar legten die Arbeiter fast aller Betriebe die Arbeit nieder. Auf einer gewaltigen Kundgebung auf dem Friedrich-Wilhelm-Platz, an der über 10 000 Werktätige teilnahmen, protestierten Stegmann (USPD), Emil Zehner (KPD) und

Brehmer (USPD, Metallarbeiterverband) gegen die Ebert-Scheidemann-Regierung und forderten die Bestrafung der für den Militärtransport Verantwortlichen. In einer fast einstimmig angenommenen Resolution verlangten die Versammlungsteilnehmer die Absetzung der sozialdemokratischen Regierung. Das Streben der rechten USPD-Führer, die Massen zu täuschen und am revolutionären Handeln zu hindern, kam erneut in der Mahnung Stegmanns zum Ausdruck, lediglich „in Ruhe und Besonnenheit ... zu demonstrieren." Das Hoch auf eine „wirklich sozialistische Volksrepublik", das die Massen begeistert ausbrachten, zeigte jedoch, daß die Mehrheit der Arbeiter der Stadt, von denen viele den zentristischen Charakter der Politik der rechten USPD-Füh-

[36] Ebenda, 14. 1. 1919.   [37] Ebenda, 15. 1. 1919.

rer nicht durchschauten, den Sozialismus wollte.[38] Anschließend begaben sich die Kundgebungsteilnehmer zum Gebäude der preußischen Regierung und erzwangen die Zusicherung des Arbeiter- und Soldatenrates, vorläufig alle Truppen- und Munitionstransporte nach Berlin zu verhindern.

Am Nachmittag des 14. Januar fand im Tivoli eine Funktionärskonferenz statt, auf der über die Dauer des Streiks beraten wurde. Dabei kam es zu heftigen Auseinandersetzungen. Die Vertreter der Gewehrfabrikarbeiter und der Eisenbahnwerkstätten forderten einen eintägigen Streik. Das Mitglied des USPD-Parteivorstandes Dr. Oscar Cohn, der am Abend auf einer USPD-Veranstaltung sprechen wollte, verlangte jedoch mit der Begründung, „das revolutionäre Proletariat dürfe seine Kraft nicht vergeuden, sondern (müsse) schlagfertig bereitstehen und den weiteren Gang der Revolution aufmerksam verfolgen", die sofortige Wiederaufnahme der Arbeit. Auch Petzold schlug die Wiederaufnahme der Arbeit am 15. Januar vor. Zwar wurde dieser Vorschlag, der den eklatanten Widerspruch zwischen den revolutionären Phrasen und dem praktischen Handeln der Zentristen erneut sichtbar machte, von der Mehrheit der Funktionäre gebilligt, doch war „eine nicht unbedeutende Minderheit ... mit diesem Beschluß nicht einverstanden, was sie durch heftige Zwischenrufe bekundete".[39]

Am Abend setzte Cohn im Tivoli seine Bemühungen fort, die Streikfront der Erfurter Arbeiter zu spalten. Mit antikommunistischen und antibolschewistischen Behauptungen, das „Rätesystem sei in Deutschland nicht existenzmöglich" und „im deutschen Volke schlummere ein jeder Diktatur abgeneigtes starkes demokratisches Gerechtigkeitsgefühl" leugnete er die Notwendigkeit der Errichtung der Diktatur des Proletariats für den Sieg des Sozialismus. Seine Behauptung widerlegte ein Sprecher der KPD, der den Weg der Nationalversammlung als konterrevolutionären Weg verurteilte und für den Ausbau der Rätemacht eintrat.

Unter dem Einfluß der Zentristen wurde der Streik in den meisten Betrieben der Stadt am 15. Januar abgebrochen, am Morgen jenes Tages, an dem Karl Liebknecht und Rosa Luxemburg in Berlin von der konterrevolutionären Soldateska auf bestialische Weise ermordet wurden. Rund 15000 Arbeiter der Stadt folgten jedoch dem Beschluß nicht und streikten zwei volle Tage.

Die feige Bluttat an Karl Liebknecht und Rosa Luxemburg löste unter den Erfurter Arbeitern eine Welle der Empörung aus und öffnete immer mehr von ihnen die Augen. Die gewaltige Trauerkundgebung am 25. Januar auf dem Friedrich-Wilhelm-Platz, zu der der Arbeiter- und Soldatenrat auf Drängen der Vertrauensleute der Betriebe hatte aufrufen müssen, gestaltete sich zu einem Bekenntnis der 20000 Teilnehmer zu den Zielen dieser beiden Vorkämpfer des revolutionären Proletariats. Ein Vertreter der KPD würdigte ihre großen Verdienste und rief dazu auf, ihr Vermächtnis zu erfüllen. Die „Tribüne" berichtete: „Die hochgehenden Wogen der Revolutionszeit haben auch der Erfurter Arbeiterschaft schon öfters zu Massendemonstrationen Anlaß gegeben. Aber sie alle können sich nicht an Umfang und Durchführung mit der wuchtigen Kundgebung vergleichen, die am Sonnabend dem Andenken der beiden unvergeßlichen Revolutionskämpfer galt."[40] Angesichts der Entrüstung des Proletariats hatten sich auch die Redner der SPD und der USPD zu der Versicherung bewogen gesehen, die Revolution fortsetzen zu wollen.

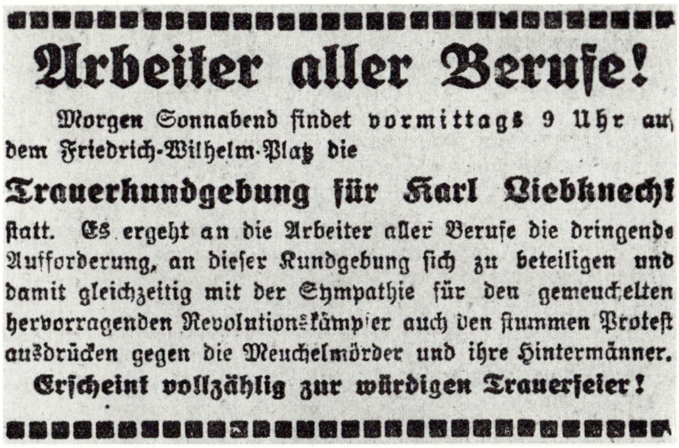
Arbeiter aller Berufe!

Morgen Sonnabend findet vormittags 9 Uhr auf dem Friedrich-Wilhelm-Platz die

Trauerkundgebung für Karl Liebknecht

statt. Es ergeht an die Arbeiter aller Berufe die dringende Aufforderung, an dieser Kundgebung sich zu beteiligen und damit gleichzeitig mit der Sympathie für den gemeuchelten hervorragenden Revolutionskämpfer auch den stummen Protest ausdrücken gegen die Meuchelmörder und ihre Hintermänner.

Erscheint vollzählig zur würdigen Trauerfeier!

Abb. 313. Aufruf zur Trauerkundgebung anläßlich der Ermordung von Karl Liebknecht und Rosa Luxemburg am 25. Januar 1919 auf dem Friedrich-Wilhelm-Platz, heute Domplatz

In Wirklichkeit jedoch verstärkten sie ihre auf einen Abbruch der Revolution gerichteten Bemühungen. Vor allem nahmen sie Kurs auf die Wahl der Nationalversammlung. In der Illusion, durch eine parlamentarische Mehrheit zum Sozialismus zu gelangen, kandidierten viele SPD- und USPD-Mitglieder des Arbeiter- und Soldatenrates sowie seines Vollzugsausschusses für die Wahlen zur Nationalversammlung, zur preußischen Landesversammlung und zur Stadtverordnetenversammlung. Am 17. Januar informierte der Arbeiter- und Soldatenrat

[38] Ebenda; StAW, Regierung zu Erfurt, vorl. Nr. 12783, Bl. 452.
[39] Tribüne, 15.1.1919. [40] Ebenda, 27.1.1919.

die Stadtverordnetenversammlung, „daß er den Schutz der Wahlhandlungen für die deutsche Nationalversammlung und die preußische Landesversammlung in die Wege geleitet habe", und forderte die Bürgerschaft zur Teilnahme an diesen Maßnahmen auf. Mit seiner Billigung wurde Mitte Februar auch ein Truppenkontingent der Erfurter Garnison nach Weimar entsandt. Die Bourgeoisie registrierte diese Politik mit Befriedigung. Beruhigend teilte Regierungspräsident von Pückler dem preußischen Finanzminister mit, der Erfurter Arbeiter- und Soldatenrat habe bisher keine Maßnahmen gefordert, „die den geltenden Gesetzen zuwiderlaufen". Eine Verständigung mit ihm sei stets gelungen.

dem Einfluß der Bremer Linksradikalen gefällt worden war, wurde dem Erfordernis, angesichts der veränderten Kräfteverhältnisse auch die bürgerlichen Parlamente für den revolutionären Kampf und die Gewinnung der Arbeiterklasse, für die Verteidigung und Erweiterung der Errungenschaften der Revolution zu nutzen, nicht gerecht.

Als ein Ergebnis des revolutionären Kampfes des Proletariats fanden die Wahlen bei voller Wahlberechtigung für Männer und Frauen nach dem allgemeinen, gleichen und geheimen Wahlrecht statt. Damit konnten sich erstmals die Arbeiterinnen und jene Arbeiter beteiligen, die bisher durch das preußische Dreiklassenwahlrecht von der politischen

Abb. 314. Trauerkundgebung für Karl Liebknecht und Rosa Luxemburg am 25. Januar 1919 auf dem Friedrich-Wilhelm-Platz

Die Wahlen zur verfassunggebenden Nationalversammlung am 19. Januar und zur Stadtverordnetenversammlung am 2. März 1919 fanden unter dem Terror der Konterrevolution und unter dem propagandistischen Einfluß der revisionistischen und zentristischen Führer statt. Auf Grund des Beschlusses des Gründungsparteitages der KPD beteiligte sich die KPD nicht. Diese Entscheidung, die entgegen der Auffassung Karl Liebknechts, Rosa Luxemburgs, Franz Mehrings und Clara Zetkins vor allem unter

Mitbestimmung vollständig ausgeschlossen gewesen waren.

An den Wahlen zur Nationalversammlung, bei denen im Reichsmaßstab die SPD 11,5, die USPD 2,3, Zentrum und Bayrische Volkspartei 5,7 Deutsche Demokratische Partei 5,6, Deutsche Volkspartei 1,3 und Deutschnationale Volkspartei 2,6 Mill. Stimmen erhielten, beteiligten sich in Erfurt 83 Prozent der Wahlberechtigten. Während im Reichsmaßstab die bürgerlichen Parteien die Mehrheit erhielten, erlangten in Erfurt die beiden sozialdemokratischen Parteien zusammen 58,5 Prozent der abgegebenen Stimmen, wobei die USPD mit 37,3 Prozent als stärkste Partei aus diesen Wahlen hervorging.

Mit dem Zusammentritt der Nationalversammlung am 6. Februar 1919 ging die imperialistische Bourgeoisie mit Hilfe der SPD-Führer zum schrittweisen Ausbau der bürgerlichen Staatsmacht und zur Beseitigung der Arbeiter- und Soldatenräte über. Hatte der preußische Justizminister bereits am 15. Januar dem preußischen Minister des Innern mitgeteilt, daß die örtliche ausübende Gewalt ausschließlich den Organen der Regierung zustehe, nicht aber den aufsichtsführenden Arbeiter- und

Soldatenräten, so wurde die Entscheidung über die Fortdauer der kommunalen Arbeiterräte nach den Neuwahlen der Gemeindevertretungen mit Berufung auf die Beschlüsse des I. Reichsrätekongresses diesen bürgerlich-parlamentarischen örtlichen Staatsorganen überlassen.

Bei den Wahlen zur Stadtverordnetenversammlung am 2. März erhielten USPD 37,2, DDP 22,6, SPD 14,9, DNVP 13,6, DVP 6,4 und das Zentrum 6,2 Prozent aller abgegebenen Stimmen.[41] Damit gewannen USPD und SPD mit 31 von 60 Sitzen die absolute Mehrheit (USPD: 22, SPD: 9 Sitze). Die Abgeordneten der bürgerlichen Parteien setzten sich aus 4 Vertretern des Zentrums, 4 Vertretern der DVP, 8 Vertretern der DNVP und 13 Vertretern der DDP zusammen.[42]

Im Vergleich zur Situation vor der Novemberrevolution, wo in der Stadtverordnetenversammlung nur zwei Vertreter der Arbeiterbewegung Sitz und Stimme gehabt hatten, bedeutete die neue Zusammensetzung des Stadtparlaments einen Fortschritt. Das galt auch für dessen soziale Struktur. Der Anteil der Arbeiter, Angestellten und unselbständigen Handwerker erhöhte sich von 9,6 auf 50 Prozent. Es sollte sich aber bald zeigen, daß eine scheinbare „sozialistische Mehrheit", die die rechten Partei- und Gewerkschaftsführer immer wieder beschworen, nichts nützte, wenn sie aus vorwiegend opportunistischen Vertretern bestand, die zum Bündnis mit den herrschenden Klassen bereit waren, und wenn der Staat sowie die Schlüsselindustrien, die Großbanken und der größte Teil des Grundbesitzes nach wie vor in den Händen der Monopolherren und Junker blieben.

Entsprechend den Bestrebungen der rechten sozialdemokratischen Führer in der vom Rat der Volksbeauftragten eingesetzten zentralen Sozialisierungskommission, die Arbeiter durch einen Sozialisierungsschwindel in der Hoffnung zu wiegen, der „Sozialismus marschiere", wurde auch von den örtlichen Organen der beiden sozialdemokratischen Parteien ein ähnliches Täuschungsmanöver in Szene gesetzt. Auf Initiative der USPD-Fraktion beschloß das Stadtparlament am 23. April 1919 die Gründung eines Sozialisierungsausschusses, in dem die Sozialisierung zu Grabe getragen wurde. Von den 19 Ausschußmitgliedern gehörten 8 der USPD, 4 der DDP, 4 dem Bürgerlichen Verein (DVP und

Abb. 315. Flugblatt
gegen den Sozialisierungsschwindel

---

[41] Das Wahlergebnis der Wahlen zur preußischen Landesversammlung entsprach etwa dem der beiden anderen Wahlen (Siehe: Gutsche, Die revolutionäre Bewegung in Erfurt, S. 195).

[42] StAW, Regierung Erfurt, vorl. Nr. 12784, Journal Nr. 660 I B; Sammelbericht der Stadt Erfurt, S. 4, 13.

Abb. 316. Das Gebäude der preußischen Regierung am Hirschgarten,
heute Platz der Deutsch-Sowjetischen Freundschaft

DNVP) und 3 der SPD an. 11 Ausschußmitglieder, darunter 5 Fabrikanten und Bankiers, waren in sozialer Hinsicht Angehörige des Bürgertums, das – wie der selbständige Kaufmann (J. A. John GmbH) und Stadtrat Karl Adolf Holzborn erklärte –, „gegen jede Sozialisierung" war und dafür eintrat, daß „an den derzeit bestehenden Einrichtungen nichts geändert würde."[43]

Während die Erfurter Handelskammer und der Verein Erfurter Lebensmittelhändler sowie die bürgerlichen Parteien in Denkschriften an den Magistrat vor jeder Sozialisierung warnten, ließ es der Sozialisierungsausschuß erst einmal mit seiner Konstituierung bewenden. Erst Mitte September 1919 begann er sich auf Initiative der USPD-Fraktion mit der Frage der Übernahme eines Teiles des Kohlenhandels in städtische Regie zu beschäftigen und im Januar 1920 erwog er lediglich „zur Deckung der laut Haushaltsplan ungedeckten Ausgaben" der

Stadt die Kommunalisierung des Bestattungswesens. Diese Pläne, die mit einer wirklichen Sozialisierung nicht viel zu tun hatten, verliefen im Sommer 1920 im Sande.[44]

Einem großen Teil der Arbeiter war noch nicht bewußt, daß die Schaffung sozialistischer Produktionsverhältnisse die Eroberung der politischen Macht durch die Arbeiterklasse voraussetzte. Im Frühjahr 1919 erkannten aber immer mehr von ihnen, daß der Sozialismus nicht auf bürgerlich-demokratischem Wege verwirklicht und die Errungenschaften der Revolution nur durch aktiven revolutionären Kampf bewahrt und ausgebaut werden konnten. Auf Initiative des KPD-Ortsvereins begannen sich deshalb am 30. Januar viele von ihnen in der Gewehrfabrik zu bewaffnen. Wie der Regie-

[43] StAE, I-2/005-229, Bl. 45.
[44] Ebenda, I-1/Ia, Nr. 50, Bd. I, Bl. 59.

rungspräsident am 1. Februar dem Oberpräsidenten der Provinz Sachsen mitteilte, wollten sie sich vor allem gegen die zum „Schutz" der Nationalversammlung um Weimar zusammengezogenen Truppen unter Führung des Generals Georg Maercker zur Wehr setzen. In der Bewaffnung von 3000 bis 5000 Arbeitern erblickte von Pückler angesichts der „erregten Stimmung" und des großen „Mißtrauens" der Arbeiter eine „nicht zu unterschätzende Gefahr für die öffentliche Sicherheit und Ruhe", zumal die Garnison zur Unterdrückung etwaiger „Unruhen" nicht verwendbar sei.

Die wachsende Kampfbereitschaft der Arbeiter führte zu neuen scharfen Auseinandersetzungen im Arbeiter- und Soldatenrat. Seine sozialdemokratischen Mitglieder lehnten eine Bewaffnung der Arbeiter grundsätzlich ab. Da sie ihren Standpunkt nicht durchsetzen konnten, stellte der größte Teil von ihnen seine Mitarbeit im Rat ein. Im Vollzugsausschuß verblieb von den SPD-Führern nur Knöner, vermutlich mit dem Ziel, den Einfluß der SPD auf die Gewerkschaft nicht zu verlieren. Der Austritt der meisten revisionistischen Führer aus dem Arbeiter- und Soldatenrat wurde von der Mehrheit der Erfurter Arbeiter begrüßt.[45] Wie sich bald erweisen sollte, übernahmen jedoch nun die Zentristen, denen die sich von der SPD abwendenden Arbeiter zunächst noch vertrauten, die Aufgabe, das Proletariat an einer Sammlung um die KPD zu hindern und es wieder zu entwaffnen.

Indessen setzen die Arbeiter der Stadt ihre Bewaffnung am 1. und 2. Februar fort. Als Noske von Weimar aus am 5. Februar ultimativ forderte, die „zu Unrecht verteilten Waffen" binnen vier Tagen wieder einzuziehen, anderenfalls er die „erforderlichen Maßnahmen" ergreifen werde, unterstützte der Arbeiter- und Soldatenrat tatkräftig die Entwaffnungsaktion. Bis zum 7. Februar wurden jedoch nur 500 Pistolen, 400 Karabiner und 144 Maschinengewehre zurückgegeben.[46]

Die Erwartung des Regierungspräsidenten, daß sich die Entwaffnung weiter ohne Störung vollziehen werde, erfüllte sich nicht. Am 9. Februar unternahm der als Berichterstatter in Weimar weilende Vizefeldwebel Macholtz vom Regiment Reinhardt in Berlin in Erfurt einen konterrevolutionären Putschversuch, um die völlige Entwaffnung zu erzwingen. Am Morgen in Erfurt angekommen, gab er sich in der Kaserne des Jägerregiments zu Pferde Nr. 6 als Stellvertreter Noskes aus, sammelte so eine Anzahl Unteroffiziere und Soldaten und besetzte mit ihnen Hauptpost und Hauptbahnhof. Dann suchte er auch das Regierungsgebäude in seine Gewalt zu bekom-

men. Als die Putschisten vor dessen Portal ein Maschinengewehr in Stellung brachten, wurden sie von der hier stationierten Volkswehr überwältigt, die anschließend auch die Macholtz-Gruppen im Hauptbahnhof und in der Hauptpost entwaffnete und diese hinter Schloß und Riegel setzte.

Der Erfurter Arbeiter- und Soldatenrat ließ sich nun auf „Verhandlungen" mit dem anmaßend auftretenden Macholtz ein, der großmütig einen Aufschub der Entwaffnung bis zum 15. Februar gewährte. Dafür verpflichtete sich der Arbeiter- und Soldatenrat, „mit allen Kräften auf die geregelte Ablieferung einzuwirken".[47] Macholtz wurde nach Weimar gebracht. Die beteiligten Soldaten ließ man frei und gab ihnen die Waffen zurück. Noch während Macholtz putschte, versicherte Noske, mit dessen stillem Einverständnis die Aktion offenbar durchgeführt wurde, den zur Berichterstattung befohlenen Vertretern des Erfurter Arbeiter- und Soldatenrates in Weimar, daß er nicht mit Waffengewalt einzugreifen gedenke.

Der Putschversuch verstärkte Empörung und Mißtrauen der Arbeiter. Bis zum 15. Februar wurden im Büro des Arbeiter- und Soldatenrates trotz dessen Bemühungen von den 3000 verteilten Karabinern nur etwa ein Drittel zurückgegeben. Jene Arbeiter, die eine Abgabe verweigerten, handelten richtig, denn die Konterrevolution formierte sich nun auch militärisch. Am 19. Februar nahm der Divisionskommandeur und Garnisonälteste, Generalleutnant von Sauberzweig, bisher Chef des Stabes der berüchtigten Armee Lüttwitz, mit finanzieller Unterstützung der Vereinigung Erfurter Arbeitgeberverbände die Bildung eines konterrevolutionären Freikorpsverbandes, des Freiwilligenregiments „Thüringen", in Angriff, der dann im März 1920 auf seiten der Putschisten stand und durch besondere Greueltaten von sich reden machte. Der ultrareaktionäre Charakter dieser Truppe kam in der Begründung seiner Bildung zum Ausdruck, ein großer Teil der Arbeiter sei „durch die Schlagworte der russischen Bolschewisten, Kommunisten und Anarchisten verwirrt" worden, so daß er den spartakistischen Führern folge.[48]

Angesichts der immer unverhüllteren Umtriebe der Konterrevolution entschlossen sich die Arbeiter unter maßgeblichem Einfluß des KPD-Ortsvereins und linker USPD-Funktionäre zum gemeinsamen Handeln. Als Truppen General Maerckers am

[45] StAW, Regierung zu Erfurt, vorl. Nr. 12781, Journal Nr. 197 I B.
[46] Ebenda, vorl. Nr. 7418, Bl. 37.
[47] Ebenda.   [48] StAE, 5/759 – 6, Bl. 366.

Abb. 317. Konterrevolutionäre Freikorpstruppen sammeln sich auf dem Petersberg

15. Februar gegen die streikenden Arbeiter Gothas, Langensalzas und Eisenachs vorgingen und die Arbeiter des Mitteldeutschen Bergreviers am 24. Februar den Generalstreik beschlossen, rief eine Versammlung der KPD, der USPD, der Vertrauensleute der Betriebe und der Gewerkschaften auf Initiative der KPD-Vertreter die Arbeiter der Stadt am Abend des 25. Februar für den 26. Februar ebenfalls zum Generalstreik auf, nachdem sich der Vollzugsausschuß des Arbeiter- und Soldatenrates, der jetzt – nach Austritt der Revisionisten – unter Leitung Petzolds und Eilings stand, am 19. Februar noch nicht zu einem solchen Handeln hatte entschließen können.

Als Ziele des Generalstreiks wurden vor allem folgende Forderungen formuliert: Sofortige Einsetzung von Betriebsräten mit Kontroll- und Mitbestimmungsrecht durch Regierungsverordnung; sofortige Sozialisierung der Berg- und Monopolbetriebe; Zurücknahme des Regierungserlasses vom 19. Januar, der den Einfluß der Soldatenräte auf die Kommandogewalt im Heer stark reduzierte; restlose Anerkennung der Arbeiter- und Soldatenräte.[49]

Diese Forderungen reflektierten die wachsende Erkenntnis der Arbeiter, daß sie – wie die „Tribü-

ne" am 26. Februar in einem Streikaufruf einräumen mußte. – „von der jetzigen Regierung um die Errungenschaften der Revolution betrogen" würden. Das Organ der USPD mußte konstatieren: „Vom Sozialismus ist nichts mehr geblieben. Die sozialistische Volksbeauftragtenregierung ist in eine Sammelregierung umgewandelt worden, in der das *Bürgertum die Mehrheit* hat. Die Sammelregierung stützt sich auf die Nationalversammlung, die sich vollkommen als ein Instrument der Gegenrevolution gebärdet. Das löst nun die Empörung aus . . . . Ohne die Herrschaft des Rätesystems ist die Sozialisierung nicht durchsetzbar, da Reichs- und Staatsbehörden in den Händen der Kapitalistenvertreter der Regierungssozialisten sind . . ."[50]

Zwar waren das beachtliche Erkenntnisfortschritte, die wohl in beträchtlichem Maße unter dem Einfluß von Kommunisten und linken USPD-Mitgliedern formuliert worden waren, doch erstrebten die zentristischen Kräfte nach wie vor nicht die volle Herrschaft des Rätesystems, sondern nur, wie es an anderer Stelle hieß, dessen „mitbestimmen-

---

[49] Tribüne, 26. 2. 1919.   [50] Ebenda.

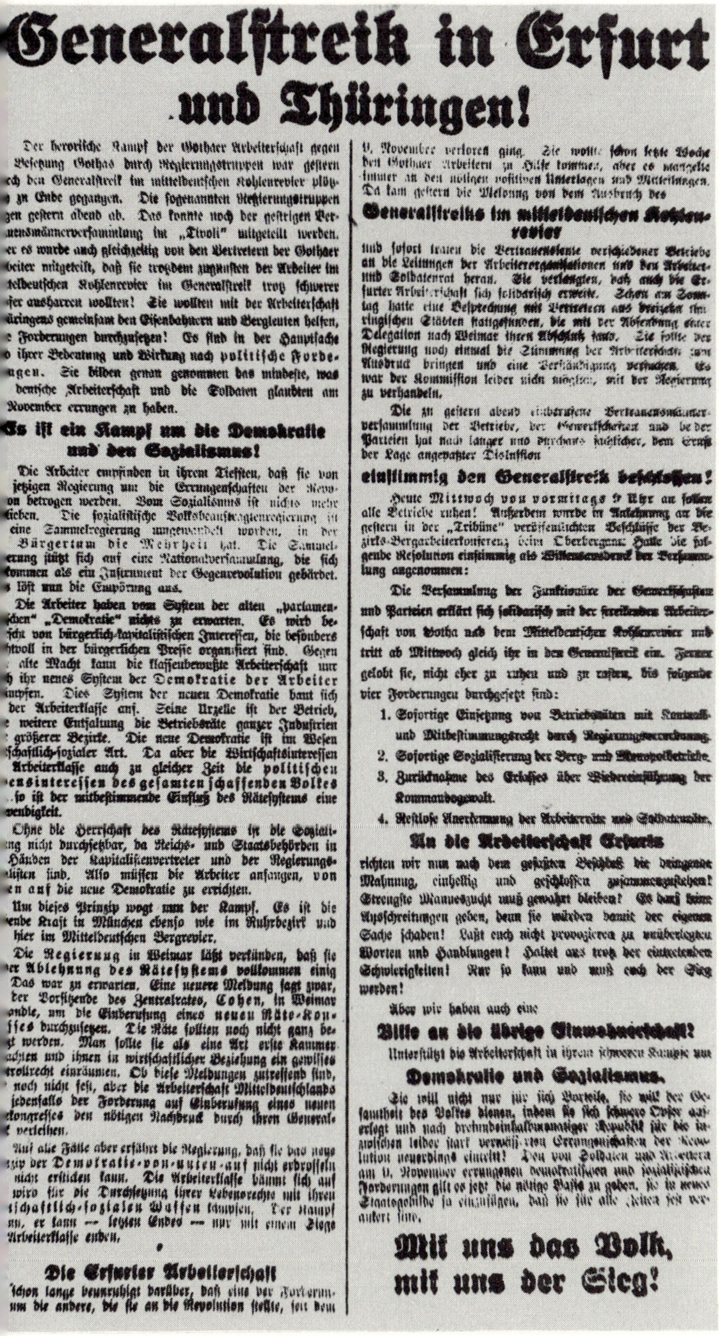

Generalstreik in Erfurt und Thüringen!

Der heroische Kampf der Gothaer Arbeiterschaft gegen Besetzung Gothas durch Regierungstruppen war gestern ch den Generalstreik im mitteldeutschen Kohlenrevier plöt- zu Ende gegangen. Die sogenannten Regierungstruppen gen gestern abend ab. Das konnte noch der gestrigen Ver- uensmännerversammlung im „Tivoli" mitgeteilt werden. er es wurde auch gleichzeitig von den Vertretern der Gothaer beiter mitgeteilt, daß sie trotzdem zugunsten der Arbeiter im telbeutschen Kohlenrevier im Generalstreik trotz schwerer fer ausharren wollten! Sie wollten mit der Arbeiterschaft üringens gemeinsam den Eisenbahnern und Bergleuten helfen, Forderungen durchzusetzen! Es sind in der Hauptsache o ihrer Bedeutung und Wirkung nach politische Forde- ngen. Sie bilden genau genommen das mindeste, was deutsche Arbeiterschaft und die Soldaten glaubten am November errungen zu haben.

Es ist ein Kampf um die Demokratie und den Sozialismus!

Die Arbeiter empfinden in ihrem Tiefsten, daß sie von jetzigen Regierung um die Errungenschaften der Revo- on betrogen werden. Vom Sozialismus ist nichts mehr lieben. Die sozialistische Volksbeauftragtenregierung ist eine Sammelregierung umgewandelt worden, in der Bürgertum die Mehrheit hat. Die Sammel- erung stützt sich auf eine Nationalversammlung, die sich kommen als ein Instrument der Gegenrevolution gebärdet. s löst nun die Empörung aus.

Die Arbeiter haben vom System der alten „parlamen- schen" „Demokratie" nichts zu erwarten. Es wird be- scht von bürgerlich-kapitalistischen Interessen, die besonders htvoll in der bürgerlichen Presse organisiert sind. Gegen alte Macht kann die klassenbewußte Arbeiterschaft nur h ihr neues System der Demokratie der Arbeiter ämpfen. Dies System der neuen Demokratie baut sich der Arbeiterklasse auf. Seine Urzelle ist der Betrieb, weitere Entfaltung die Betriebsräte ganzer Industrien größerer Bezirke. Die neue Demokratie ist im Wesen schaftlich-sozialer Art. Da aber die Wirtschaftsinteressen Arbeiterklasse auch zu gleicher Zeit die politischen ensinteressen des gesamten schaffenden Volkes so ist der mitbestimmende Einfluß des Rätesystems eine vendigkeit.

Ohne die Herrschaft des Rätesystems ist die Soziali- ng nicht durchsetzbar, da Reichs- und Staatsbehörden in Händen der Kapitalistenvertreter und der Regierungs- listen sind. Also müssen die Arbeiter anfangen, von en auf die neue Demokratie zu errichten.

Um dieses Prinzip wogt nun der Kampf. Es ist die ende Kraft in München ebenso wie im Ruhrbezirk und hier im Mitteldeutschen Bergrevier.

Die Regierung in Weimar läßt verkünden, daß sie er Ablehnung des Rätesystems vollkommen einig Das war zu erwarten. Eine neuere Meldung sagt zwar, der Vorsitzende des Zentralrates, Cohen, in Weimar ondle, um die Einberufung eines neuen Räte-Kon- sses durchzusetzen. Die Räte sollten noch nicht ganz be- t werden. Man sollte sie als eine Art erste Kammer chten und ihnen in wirtschaftlicher Beziehung ein gewisses trollrecht einräumen. Ob diese Meldungen zutreffend sind, noch nicht fest, aber die Arbeiterschaft Mitteldeutschlands jedenfalls der Forderung auf Einberufung eines neuen kongresses den nötigen Nachdruck durch ihren General- verleihen.

Auf alle Fälle aber erfährt die Regierung, daß sie das neue zip der Demokratie-von-unten-auf nicht erdrosseln nicht ersticken kann. Die Arbeiterklasse bäumt sich auf wird für die Durchsetzung ihrer Lebensrechte mit ihren tschaftlich-sozialen Waffen kämpfen. Der Kampf nn, er kann — letzten Endes — nur mit einem Siege Arbeiterklasse enden.

Die Erfurter Arbeiterschaft

schon lange beunruhigt darüber, daß eine der Forderun- um die andere, die sie an die Revolution stellte, seit dem 9. November verloren ging. Sie wollte schon letzte Woche den Gothaer Arbeitern zu Hilfe kommen, aber es mangelte immer an den nötigen positiven Unterlagen und Mitteilungen. Da kam gestern die Meldung von dem Ausbruch des

Generalstreiks im mitteldeutschen Kohlenrevier

und sofort traten die Vertrauensleute verschiedener Betriebe an die Leitungen der Arbeiterorganisationen und den Arbeiter- und Soldatenrat heran. Sie verlangten, daß auch die Erfurter Arbeiterschaft sich solidarisch erweise. Schon am Sonntag hatte eine Besprechung mit Vertretern aus dreizehn thüringischen Städten stattgefunden, die mit der Absendung einer Delegation nach Weimar ihren Abschluß fand. Sie sollte der Regierung noch einmal die Stimmung der Arbeiterschaft zum Ausdruck bringen und eine Verständigung versuchen. Es war der Kommission leider nicht möglich, mit der Regierung zu verhandeln.

Die zu gestern abend einberufene Vertrauensmänner- versammlung der Betriebe, der Gewerkschaften und beider Parteien hat nach langer und durchaus sachlicher, dem Ernst der Lage angepaßter Diskussion

einstimmig den Generalstreik beschlossen!

Heute Mittwoch von vormittags 9 Uhr an sollen alle Betriebe ruhen! Außerdem wurde in Anlehnung an die gestern in der „Tribüne" veröffentlichten Beschlüsse der Bezirks-Bergarbeiterkonferenz beim Oberbergamt Halle die folgende Resolution einstimmig als Willensausdruck der Versammlung angenommen:

Die Versammlung der Funktionäre der Gewerkschaften und Parteien erklärt sich solidarisch mit der streikenden Arbeiterschaft von Gotha und dem Mitteldeutschen Kohlenrevier und tritt ab Mittwoch gleich ihr in den Generalstreik ein. Ferner gelobt sie, nicht eher zu ruhen und zu rasten, bis folgende vier Forderungen durchgesetzt sind:

1. Sofortige Einsetzung von Betriebsräten mit Kontroll- und Mitbestimmungsrecht durch Regierungsverordnung.
2. Sofortige Sozialisierung der Berg- und Monopolbetriebe.
3. Zurücknahme des Erlasses über Wiedereinführung der Kommandogewalt.
4. Restlose Anerkennung der Arbeiterräte und Soldatenräte.

An die Arbeiterschaft Erfurts

richten wir nun nach dem gefaßten Beschluß die dringende Mahnung, einhellig und geschlossen zusammenzustehen! Strengste Manneszucht muß gewahrt bleiben! Es darf keine Ausschreitungen geben, denn sie würden damit der eigenen Sache schaden! Laßt euch nicht provozieren zu unüberlegten Worten und Handlungen! Haltet aus trotz der eintretenden Schwierigkeiten! Nur so kann und muß euch der Sieg werden!

Aber wir haben auch eine

Bitte an die übrige Einwohnerschaft!

Unterstützt die Arbeiterschaft in ihrem schweren Kampfe um

Demokratie und Sozialismus.

Sie will nicht nur für sich Vorteile, sie will der Gesamtheit des Volkes dienen, indem sie sich schwere Opfer auferlegt und nach dreiundeinhalbmonatiger Republik für die inzwischen leider stark verwässerten Errungenschaften der Revolution neuerdings eintritt! Den von Soldaten und Arbeitern am 9. November errungenen demokratischen und sozialistischen Forderungen gilt es jetzt die nötige Basis zu geben, sie im neuen Staatsgebilde so einzufügen, daß sie für alle Zeiten fest verankert sind.

Mit uns das Volk, mit uns der Sieg!

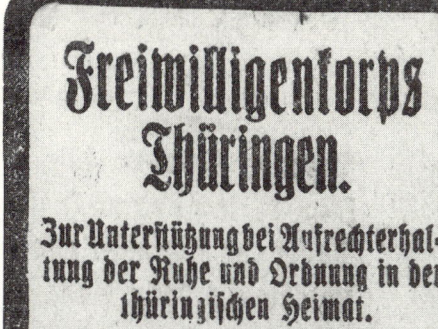

Abb. 318. Aufruf zum Generalstreik vom 25. Februar 1919

Freiwilligenkorps Thüringen.

Zur Unterstützung bei Aufrechterhaltung der Ruhe und Ordnung in der thüringischen Heimat.

Vaterlandsliebe, Bekennung z. Reichsregierung, gute Kameradschaft, freiwillige Manneszucht sind die Vorbedingungen für den Beitritt.

Aufgenommen werden:

a) **als ordentliche Mitglieder:** aktive Unteroffiziere und Mannschaften (ausschl. Jahrgang 99 und jüngere) aus dem Divisionsbereich, sowie jeder militärisch ausgebildete Freiwillige über 21 Jahre), der seine thüringische Heimat liebt.

b) **als außerordentliche Mitglieder:** ältere, militärisch ausgebildete Freiwillige aus Erfurt, denen gelegentliche Teilnahme an der Ausbildung freisteht.

Gebührnisse:

a) **für ordentliche Mitglieder:** 30.— Mk. monatlich bzw. Löhnung des Dienstgrades und 5 Mk. Zulage tägl. Gesetzmäßige Familienunterstützung.

b) **für außerordentliche Mitglieder:** 5.— Mk. Zulage an den Tagen, an denen sie im Verbande des Freiwilligenkorps Dienst tun.

Ausbildung: feld- und sportmäßig, kein Paradedrill.

Die Satzungen liegen bei allen Truppenteilen und Garnisonkommandos der Division aus, in Erfurt beim Bezirkskommando, Zimmer 3.

Bewerbungen: mündlich oder schriftlich bei diesen Dienststellen unter Vorlage der Personalpapiere.

Anwerbungen auf Grund früherer Aufrufe zur Bildung eines Freiwilligenkorps Thüringen sind ungültig.

38. Division.

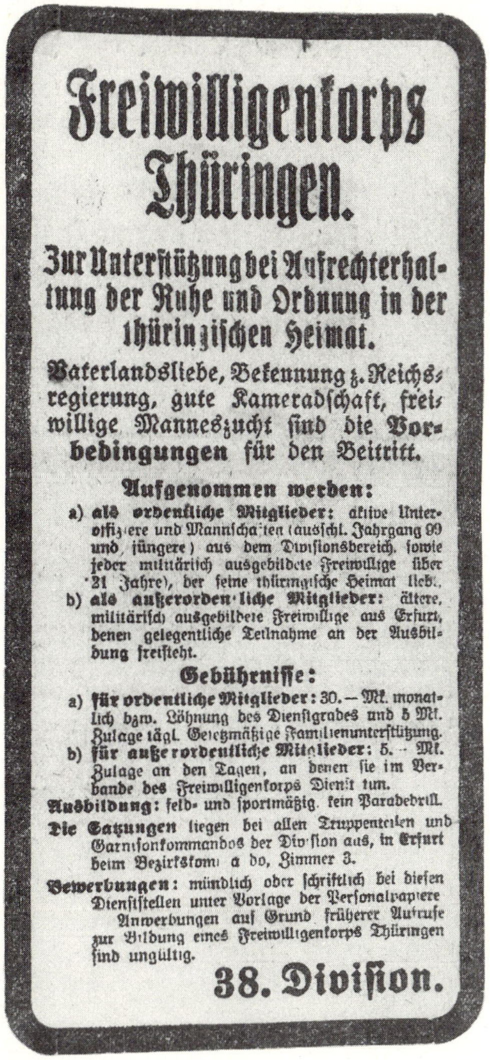

Abb. 319. Aufruf zum Eintritt in das reaktionäre „Freikorps Thüringen"

den Einfluß". Sie hielten also an der Illusion einer Verbindung von Rätesystem und bürgerlich-parlamentarischer Demokratie fest.

Der SPD-Vorstand, der sich offen auf den Boden der bürgerlichen Republik begeben hatte, distanzierte sich sofort vom Generalstreik und seinen Zielen. Dessen ungeachtet beteiligte sich auch die überwältigende Mehrheit der sozialdemokratischen Arbeiter am Generalstreik. Am Morgen des 26. Februar ruhten fast alle Betriebe sowie das Gas- und das Elektrizitätswerk. Als General Maercker mit seinem Generalstabschef am 27. Februar nach Erfurt eilte, um mit den örtlichen Truppenführern Maßnahmen zur Unterdrückung des Streiks zu beraten, wurden sie von empörten Arbeitern beim Verlassen der Kommandantur auf dem Anger verprügelt.

Am 28. Februar suchte die Bourgeoisie den Generalstreik durch einen „Proteststreik" zu bekämpfen. Postamt, Regierung, Rathaus und Geschäfte stellten ihre Arbeit ein. Ärzte und Apotheker weigerten sich, Dienst zu tun und ließen sich so vor den Karren der Konterrevolution spannen. Die Streikleitung zwang daraufhin bestimmte Geschäfte zur

Abb. 320. KPD-Plakat „Was will Spartakus?"
von Anfang 1919

Wiederaufnahme der Arbeit und veranlaßte durch Vereinbarungen mit Magistrat, Beamten und Ärzteschaft, daß der „Proteststreik" am 5. März eingestellt wurde.

Daß der Generalstreik am 8. März vorläufig abgebrochen wurde, war nicht auf den „Proteststreik", sondern auf den Verrat der rechten Partei- und Gewerkschaftsführer zurückzuführen. Am 5. und 6. März verhandelten Vertreter der Streikleitung in Weimar mit Vertretern der Regierung und der Unternehmer, insbesondere mit dem Reichsarbeitsminister Gustav Adolf Bauer. Für das leere Versprechen, Betriebsräte, Bezirksarbeiterräte und ein Zentralarbeiterrat würden als wirtschaftliche Institutionen in der Verfassung verankert werden, und für die Zusicherung der Unternehmer, sie wollten den Betriebsräten größere Kompetenzen einräu-

men, verpflichteten sich die Vertreter der Erfurter Streikleitung, für die sofortige Wiederaufnahme der Arbeit einzutreten. Sie erreichten, daß mit 4300 gegen 2300 Stimmen dem vorläufigen Abbruch des Generalstreiks zugestimmt wurde. Am Vormittag des 8. März beschloß daraufhin eine Funktionärsversammlung, den Generalstreik zu vertagen. Durch die Bildung eines Ausschusses, der „Vorarbeiten" für eine Wiederaufnahme des Generalstreiks in ganz Deutschland zu gegebener Zeit leisten sollte, wurde der Eindruck einer nur kurzen Unterbrechung vor einer noch größeren Aktion erweckt.

Dennoch mißtrauten viele Arbeiter diesen Erklärungen und setzten deshalb den Streik fort. Noch am 11. März streikten in Erfurt 900 Betriebe. Wie überall in Deutschland ließen auch die Kämpfe der Erfurter Arbeiter und ihre Forderungen nach Sozialisierung wichtiger Industriezweige und nach restloser Anerkennung der Arbeiter- und Soldatenräte erkennen, daß das Streben nach Beseitigung der kapitalistischen Ausbeutung und grundsätzlichen gesellschaftlichen Veränderungen unverändert lebendig war. Aber diese Kämpfe vermochten die Entscheidung in der Frage der Macht, die sich bereits auf dem Reichsrätekongreß abgezeichnet hatte, nicht mehr zu ändern.

Die sozialdemokratisch geführte Regierung konnte im Bunde mit Monopolherren und Militaristen die revolutionäre Bewegung, die in den verschiedenen Teilen des Landes isoliert voneinander, zeitlich getrennt und ohne einheitliche Führung verlief, nacheinander blutig niederschlagen. Dieser Ausgang der bürgerlich-demokratischen Revolution, das Scheitern des Versuchs, sie in eine sozialistische Revolution hinüberzuleiten, wofür die opportunistische Politik und Ideologie der rechten sozialdemokratischen Führer die Verantwortung trug, besiegelte die Niederlage der deutschen Arbeiterklasse in der Novemberrevolution.

Auch wenn die KPD auf Grund der kurzen Zeit ihres Bestehens keine einheitliche Kampffront der Arbeiterklasse gegen den Einfluß der rechten Führer der SPD, der USPD und der Gewerkschaften hatte herstellen können, so hatte sie doch in diesen Kämpfen – wie überall, so auch in Erfurt – ihre Feuerprobe bestanden.

KAPITEL
XII

Erfurt in den Jahren der Weimarer Republik (1919 bis 1933)

Von Kurt Ludwig und Monika Kahl

1.
REVOLUTIONÄRE NACHKRIEGSKRISE UND INFLATION
(1919 BIS 1923)

Im Frühsommer 1919 wehte auf dem Gebäude des Regierungspräsidenten des preußischen Regierungsbezirkes Erfurt am Erfurter Hirschgarten, heute Platz der Deutsch-Sowjetischen Freundschaft, noch immer eine rote Fahne, die der Erfurter Arbeiterrat während der Novemberrevolution gehißt hatte. Entsprechend dem Protest konterrevolutionärer Kräfte dreimal auf Weisung des Regierungspräsidenten Graf August von Pückler entfernt, vom Erfurter Arbeiterrat aber unter dem Druck revolutionärer Arbeiter immer wieder erneut aufgezogen, wurde sie von der wiedererstarkenden Reaktion sowie SPD- und rechten USPD-Führern noch in der Erwartung geduldet, sie könne „beruhigend" auf die Massen wirken.[1]

Die rote Fahne symbolisierte nicht den Sieg der Arbeiterklasse. Aber sie war ein weiterhin sichtbares Zeichen dafür, daß die Niederlage in der Novemberrevolution den Willen der revolutionären Arbeiter der Stadt nicht gebrochen hatte, die in den vergangenen Monaten erkämpften Rechte und Freiheiten gegen den Ansturm der Konterrevolution zu verteidigen.

Durch die verräterische Politik der revisionistischen und rechtszentristischen sozialdemokratischen Führer hatte die Bourgeoisie auch in Erfurt ihre Klassenherrschaft über die Revolution hinwegretten können. Nun suchte sie ihre erschütterte Macht zu stabilisieren und die demokratischen Errungenschaften wieder zu beseitigen. Dagegen setz-

ten sich die revolutionären Teile der Erfurter Arbeiter zur Wehr, an ihrer Spitze die Mitglieder und Anhänger des jungen KPD-Ortsvereins.

Im Juni 1919, während sich im benachbarten Weimar die Verfassungsgebende Deutsche Nationalversammlung, von konterrevolutionären militärischen Verbänden sorgsam gegen Protestaktionen abgeschirmt, gerade anschickte, mit der Verabschiedung der Weimarer Verfassung eine bürgerliche Republik zu konstituieren, welche die Besitz- und Machtverhältnisse der Bourgeoisie und der Junker konservierte, entwickelte sich unter den Eisenbahnarbeitern und -beamten der Erfurter Reichsbahndirektion eine machtvolle Protestbewegung. Nachdem sich bereits eine Streikwelle der Eisenbahner von Ostpreußen über das ganze Reichsgebiet ausgedehnt hatte, riefen die örtlichen Vorstände des Deutschen Eisenbahnerverbandes und des Eisenbahner-Beamtenbundes zu einer gemeinsamen Kundgebung am 15. Juni im Hof der Neuerbeschule auf.

Die Kundgebung richtete sich gegen die alte reaktionäre Bürokratie der Erfurter Reichsbahndirektion und sollte der Demokratisierung der Erfurter Reichsbahnverwaltung dienen. Die über 6000 Versammlungsteilnehmer, die rote Fahnen und Losungen wie „Proletarier aller Länder vereinigt Euch", „Hoch die

---

[1] Willibald Gutsche, Zur Novemberrevolution in Erfurt, in: Aus der Vergangenheit der Stadt Erfurt (im folg.: AVE), Bd. II, Erfurt 1959, S. 64 ff.

Räterepublik" und „Es lebe der Sozialismus" mit sich führten, forderten, die Funktionen des Reichsbahnpräsidenten und der Dezernatsleiter mit Personen ihres Vertrauens zu besetzen. Sie erklärten die bisher leitenden Beamten für abgesetzt und wählten statt dessen den Rechnungsrevisor Heinrich Schütze zum Präsidenten und den Dreher Fritz Ludwig, den technischen Oberassistenten Hugo Nickel und den Lokomotivführer Albert Thieme zu Dezernenten.

Die bisherigen Machthaber der Reichsbahndirektion, an ihrer Spitze Oberregierungsrat Karl Pannenberg, forderten daraufhin Truppen an. Als diese das Direktionsgebäude am Bahnhofsplatz besetzen wollten, wurden sie jedoch von den Demonstranten zum Abzug gezwungen. Nun griffen Reichs- und preußische Behörden ein. Der Ministerpräsident des Reiches Philipp Scheidemann und der preußische Ministerpräsident Paul Hirsch (beide SPD) wiesen Generalmajor Georg Maercker an, die Bewegung der Eisenbahner mit seinem in Weimar stationierten Freiwilligen Jägerkorps rücksichtslos niederzuwerfen. Am 17. Juni setzte Maercker mehrere Truppeneinheiten sowie einen Panzerzug nach Erfurt in Marsch.[2] Die inzwischen in den Streik getretenen Eisenbahner sorgten aber dafür, daß diese Erfurt nur mit großer Verspätung erreichten und erst gegen 11 Uhr einsatzbereit waren.

Auf dem Bahnhofsplatz gingen sie sofort rücksichtslos gegen die empörten Demonstranten vor. Maercker verhängte den Belagerungszustand und befahl den Gebrauch von Schußwaffen. Drei Tote, darunter eine junge Frau, vier Schwer- und neun Leichtverwundete waren die Opfer des terroristischen Vorgehens, das unter der Bevölkerung einen Proteststurm auslöste, so daß sich die Stadtverordnetenversammlung genötigt sah, den sofortigen Abzug der Truppen und die Aufhebung des Belagerungszustandes zu fordern.[3]

Angesichts der Empörung der Einwohner und des Eisenbahnerstreiks sahen sich die Behörden am 21. Juni gezwungen, die Truppen wieder abzuziehen. Das geschah jedoch erst, nachdem – unter Deckung von Offizieren – die abgesetzten Beamten wieder in ihre Ämter eingesetzt worden waren. Als „Zugeständnis" wurde zwar im Beisein des Reichsarbeitsministers Gustav Bauer bei der Reichsbahndirektion aus mittleren und unteren Beamten sowie Reichsbahnarbeitern ein Beirat gebildet. Ihm wurde

Abb. 321. Fahne der Erfurter Naturfreunde mit Schleife der „Naturfreunde-Opposition"

Abb. 322. Inflationspapiergeld mit Erfurter Motiven, zum Teil aus der Lutherserie, herausgegeben vom Magistrat der Stadt Erfurt 1921

---

[2] Georg Maercker, Vom Kaiserheer zur Reichswehr, Leipzig 1922, S. 274 ff.

[3] Stadtarchiv Erfurt (im folg.: StAE), 1-1/X e, 58, Bl. 318, Protokolle der Erfurter Stadtverordnetenversammlung, lfd. Nr. 40; Der Kommunist, 24. 6. 1919; Tribüne, 4. 7. 1919.

aber lediglich eine „gutachterliche Tätigkeit" zugebilligt.[4]

Zehn Tage später, am 31. Juli, verabschiedete die Weimarer Nationalversammlung eine bürgerliche Verfassung. Mit ihrem Inkrafttreten am 11. August wurden die imperialistischen Machtverhältnisse neu konstituiert. Die neue Verfassung verankerte aber auch einige Ergebnisse der Novemberrevolution wie die Abschaffung der Monarchie, ein bürgerlich-demokratisches Wahlrecht, Rede-, Presse- und Versammlungsfreiheit sowie die Anerkennung der Betriebsräte. Diese bürgerlich-demokratischen Rechte boten der revolutionären Arbeiterbewegung günstigere Voraussetzungen für ihren Kampf. Die Weimarer Verfassung sicherte aber mit der Garantie des Privateigentums an Produktionsmitteln vor allem den Fortbestand der kapitalistischen Ausbeutung und Unterdrückung der Arbeiterklasse.

Von den kapitalistischen Ausbeutungsverhältnissen wurde auch der Charakter des Übergangs von der imperialistischen Kriegs- zur imperialistischen Nachkriegswirtschaft geprägt. Dabei standen von den rund 4000 Betrieben der zu dieser Zeit über 130 000 Einwohner zählenden Stadt die 140 Betriebe der Metallverarbeitung mit ihren über 7000 Beschäftigten vor besonders großen Schwierigkeiten. Das galt insbesondere für das „Reichswerk", die ehemalige königlich-preußische Gewehrfabrik. Es hatte bisher ausschließlich der Rüstungsproduktion gedient und mußte diese nun, den Entwaffnungsbestimmungen des am 28. Juni unterzeichneten Versailler Vertrages entsprechend, einstellen. Die Schließung des Betriebes am 24. Juli und die Ankündigung, von den noch tätigen 3500 Arbeitern würden bei einer späteren Wiedereröffnung nur 600 wieder eingestellt, veranlaßten die Belegschaft zu Protestaktionen, die der reformistisch geführte Betriebsrat mit Versprechungen und militärischer Unterstützung abwürgte.[5]

In der in Erfurt stark vertretenen Bekleidungsindustrie, vorrangig in der Schuhindustrie, vollzog sich der Übergang zur Nachkriegswirtschaft vor allem wegen des hohen Nachholebedarfs, der Aufhebung der Blockade durch die Entente und der die Konsumgüterproduktion einschränkenden staatsmonopolistischen Regulierungsmaßnahmen der Kriegszeit zügiger. In den großen Schuhfabriken, die zumeist zur Eduard Lingel Schuhfabrik AG (Lingel-Konzern) gehörten, und in den 259 kleinen Zuliefererbetrieben waren inzwischen wieder 7852 Arbeiter beschäftigt.[6]

Auch in der Nahrungs- und Genußmittelindustrie entwickelte sich rasch eine Friedensproduktion. Sie war jedoch von einer Strukturumbildung begleitet, deren Hauptmerkmal eine weitere Konzentration und Zentralisation von Arbeit und Kapital war. So gingen z. B. zahlreiche kleine ruinierte Tabakfabriken in dem Großbetrieb B. Reemtsma & Söhne auf. Die durch die Kriegswirtschaft stillgelegten Brauereien wurden von der Leipziger Bierbrauerei zu Reudnitz Riebeck & Co AG (Riebeck-Brauerei) aufgekauft.

Die Baustoffindustrie und das Baugewerbe blieben wegen Kohlenmangel und noch nicht überwundener Transportschwierigkeiten in der Entwicklung zurück. Im traditionsreichen Erfurter Gartenbau vollzog sich – insbesondere bei den Firmen I. C. Schmidt, Ernst Benary, N. L. Chrestensen sowie Liebau & Co – eine Verlagerung des Schwergewichts von Luxus- und Zierblumensamenzucht auf Nutzgemüse- und Gemüsesamenanbau.

Während sich die Wirtschaft der Stadt allmählich wiederbelebte, blähte sich der Geldumlauf durch entwertetes Papiergeld auf und schnellten die Warenpreise steil in die Höhe. Die Inflation, Ergebnis der durch den Krieg bedingten riesigen Staatsverschuldung, diente dem Ziel der Monopolbourgeoisie, die Lasten der Kriegsrüstung und der Kriegsfolgen auf die Arbeiterklasse und die anderen werktätigen Klassen und Schichten abzuwälzen.

Die äußere Geldentwertung gegenüber dem USA-Dollar bewirkte eine innere Geldentwertung, die vor allem die Reallöhne der Werktätigen drückte. Auf dem Höhepunkt der Inflation – im November 1923 – stand der Kurs bei 4,2 Bill. M für einen Dollar. Hatte ein Kilogramm Schweinefleisch 1919 noch 8,40 M gekostet, so betrug sein Preis 1923 6600 Mrd. M; der Preis für ein Kilogramm Mehl erhöhte sich von 60 Pf auf 360 Mrd. M. Ein Kilogramm Kartoffeln kostete 1919 18 Pf., 1923 aber 100 Mrd. M; für ein Kilogramm Brot mußten statt 80 Pf. nun 605 Mrd. M, für ein Kilogramm Butter statt 8,42 M 6000 Mrd. M gezahlt werden.[7]

Das Lebensniveau der Arbeiter, aber auch der Mittelschichten, die z. T. von der Kaufkraft der Arbeiter abhängig waren, sank zudem durch die besonders seit 1921 wachsende Arbeitslosigkeit. Wurden am 31. Dezember 1921 807 Arbeitslose registriert, so stieg die Arbeitslosenzahl in den folgen-

---

[4] StAE, 4-0/11, Bl. 386.
[5] Tribüne, 24. 7. 1919.
[6] Die Entwicklung des Wirtschaftsgebietes der Stadt Erfurt während der Jahre 1899 bis 1925 unter besonderer Berücksichtigung seiner sozialen Struktur. Abhandlungen des Statistischen Amtes der Stadt Erfurt, Nr. 5, S. 6.
[7] StAE, 1-2/052-8702, Bericht über die wirtschaftliche Lage.

den Jahren wie eine Fieberkurve und erreichte im Dezember 1923 8758. Die Unterstützung, die 7646 Arbeitslose erhielten, war kümmerlich und brachte viele Familien in Not.

An der Spitze der werktätigen Massen, die sich in wachsendem Maße gegen Geldentwertung, Preistreiberei und Arbeitslosigkeit zur Wehr setzten, stand die KPD. Ihre Funktionäre, wie Willy Albrecht, Hermann Jahn, Karl Klein und Josef Ries, riefen die Arbeiter zu Kampfaktionen auf. Dabei konnten sie sich auf ihren zunehmenden Einfluß in den Gewerkschaften stützen. In den Streiks in der Berlin-Erfurter-Maschinenfabrik Henry Pels & Co (Pels), in der J. A. John AG und in der R. Wolf AG, Abteilung Lokomotivfabrik Hagans (Hagans) sowie bei den Eisenbahnern 1921, der Metall- und Schuharbeiter 1922 und bei den Hungerdemonstrationen der Erwerbslosen im Dezember 1922 gingen die Kommunisten stets voran.

Besondere Aufmerksamkeit schenkte die KPD der Bildung von überparteilichen Kontrollausschüssen der Werktätigen gegen Preis- und Mietwucher, Inflationsschieber und Schlemmerlokale. Einer ihrer aktivsten Organisatoren war Albrecht. In den überparteilichen Kontrollausschüssen wirkten zahlreiche Arbeiterfrauen und arbeitslose parteilose Arbeiter. Die rechten SPD- und Gewerkschaftsführer sabotierten jedoch Tätigkeit und Ausbreitung der Ausschüsse, und die Polizei ging gegen ihre Vertreter – z. B. bei Preiskontrollen auf dem Wochenmarkt – mit Gummiknüppeln vor.[8]

In den Klassenkämpfen der Erfurter Arbeiter während der Weimarer Republik spielten Kunst und Kultur von Anfang an eine herausragende Rolle. Oft waren politische Aktionen der örtlichen Arbeiterbewegung mit Auftritten von Chören und anderen Kulturgruppen verbunden. So wurde das erste Auftreten des sowjetischen Violinenvirtuosen Julius Eduard Soermus, den die Arbeiter den „Roten Geiger" nannten, in Erfurt am 15. November 1922 im überfüllten Reichshallentheater, heute Klub der Jugend und der Sportler, anläßlich einer Solidaritätsveranstaltung für das durch Mißernte und Hungersnot heimgesuchte Wolgagebiet zu einem machtvollen Bekenntnis zur Sowjetmacht. Die Liebknecht-Luxemburg-Feiern, die alljährlich im Januar veranstaltet wurden, wurden von Arbeitertheatergruppen und Rezitatoren umrahmt. Zur Feier des 5. Jahrestages der Großen Sozialistischen Oktoberrevolution am 7. November 1922 im „Deutschen Hof", auf der Josef Ries die Festrede hielt, führte eine Theatergruppe das Stück „Die Mutter" nach dem Roman Maxim Gorkis auf.

Breiten Raum nahmen in der Politik der KPD Bildungsfragen ein. Die SPD-Führer hatten auch in der Schulpolitik marxistische Positionen aufgegeben und mit bürgerlichen Kräften den sogenannten Weimarer Schulkompromiß (Artikel 146 der Reichsverfassung) geschlossen. Das hatte in der Stadt die Aufsplitterung der Schulen – elf staatliche und 18 konfessionelle, darunter fünf katholische und 13 evangelische – konserviert. Höhere Bildung war nach wie vor ein Privileg der Begüterten geblieben, betrug doch allein das Schulgeld für den Besuch einer höheren Schule jährlich 200 bis 220 Mark.[9]

Dem Streben bürgerlicher Reformpolitiker nach einer auf ein Minimum beschränkten „volkstümlichen Bildung" für die Massen traten die KPD, aber auch zahlreiche sozialdemokratische und bürgerlich-demokratische Lehrer entgegen. Sie forderten eine grundlegende Umgestaltung des Schulwesens auf der Basis der Einheitlichkeit, Weltlichkeit und Wissenschaftlichkeit des Unterrichts und der Chancengleichheit für alle Kinder.

Einer der energischsten Verfechter dieser Ideen war Theodor Neubauer, der von 1917 bis 1920 an der Königin-Luise-Schule, einem Lyzeum für Mädchen aus begüterten bürgerlichen Kreisen, als Lehrer für Geschichte und neuere Sprachen tätig war. Die Erlebnisse des ersten Weltkrieges hatten Neubauer vom Kriegsfreiwilligen zum Kriegsgegner werden lassen. 1918 hatte er sich der Deutschen Demokratischen Partei (DDP) angeschlossen, deren Erfurter Vorstand er zeitweise angehörte. Kontakte mit der Arbeiterjugend und das Studium marxistischer Literatur bewogen ihn Ende 1919 zum Anschluß an die Unabhängige Sozialdemokratische Partei Deutschlands (USPD). Im gleichen Jahr erschien seine erste Schrift zu Fragen der Bildungspolitik mit dem Titel „Vom Recht des Kindes". Neubauer forderte die Erziehung der Schüler zu Selbständigkeit im Handeln und Denken und die Möglichkeit der Einflußnahme der Eltern auf die Schule. Auf zahlreichen Veranstaltungen enthüllte er den Klassencharakter des bürgerlichen Schulsystems und rief die Elternbeiräte auf, die Errungenschaften der Novemberrevolution im Schulwesen zu verteidigen. Sein Wirken gab der proletarischen Freidenkerbewegung in Erfurt weiterwirkende Anregungen, die unter maßgeblichem Einfluß der KPD die Behörden zwang, 1926 zunächst eine Sammelklasse für religionslosen Unterricht an

---

[8] Ebenda, vorl. Arch. Nr. 154/1508, Bl. 12 f., Lagebericht des Polizeipräsidenten an den Regierungspräsidenten, 14. 6. 1923.
[9] Ebenda, Einwohnerbuch der Stadt Erfurt, 1920.

Abb. 323. Dr. Theodor Neubauer mit einer Schulklasse der Königin-Luise-Schule

der Lutherschule und 1929 in der Talschule eine „Weltliche Schule" einzurichten.

Im Ergebnis der Auseinandersetzungen während der ersten Elternbeiratswahlen entstand im Januar 1920 Neubauers Schrift „Die neue Erziehung der sozialistischen Gesellschaft". In ihr entwarf Neubauer das Programm eines sozialistischen Bildungssystems, einer Einheitsschule mit praxisbezogenem Unterricht und einer polytechnischen Ausbildung für alle Kinder. Neubauer war darüber hinaus Mitverfasser des neuen Schulprogramms der USPD. Ein Versuch reaktionärer Eltern, durch einen „Schulstreik" den verhaßten „roten Doktor" aus dem Schuldienst zu verjagen, schlug fehl. Viele Schülerinnen, die von den Eltern gewaltsam am Schulbesuch gehindert wurden, rissen zu Hause aus und gingen doch zur Schule. Einige von ihnen fanden durch Neubauer den Weg zur revolutionären Arbeiterbewegung.[10]

Die preußische Schulbehörde suchte jedoch nach dem Vorwand für eine Entlassung Neubauers. Als dieser als einziger Lehrer des Lyzeums während des Kapp-Putsches im März 1920 am Generalstreik der Arbeiter teilnahm, nahm sie dies zum Anlaß, den „roten Doktor" am 1. Juni 1920 aus dem Erfurter Schuldienst zu entlassen. Neubauer zog die Konse-

quenz: Im Dezember 1920 trat er der KPD bei und setzte sich in den folgenden Jahren aktiv für die Weiterentwicklung und Durchsetzung des Einheitsschulprogramms der KPD ein.[11]

Eine wichtige Rolle in der Bildungspolitik der KPD spielte die Nutzung der Volkshochschule (VHS). In Erfurt wurden erstmals im April 1919 Kurse zur Weiterbildung von Erwachsenen begonnen. Im Sommersemester 1919 gab es bereits 76 solcher Kurse, die von 1082 Personen besucht wurden. Die Erfurter VHS setzte bei ihren Hörern nur Volksschulbildung voraus. Sie erblickte ihre Aufgabe darin, „durch Arbeitsgemeinschaften und Vortragsreihen über alle Gebiete des Wissens, der Kunst und des praktischen Lebens zur geistigen und materiellen Hebung des gesamten Volkes und zur Förderung des Verständnisses für ideale Werte" beizutragen.

Als Dozenten der Erfurter VHS wirkten u. a. der Stadtarchivar Alfred Overmann, der Direktor des Gymnasiums Johannes Biereye und Theodor Neubauer. Im Herbstsemester 1922 hielt Hermann

---

[10] Willibald Gutsche, Dr. Theodor Neubauer. Ein Leben im Kampf um ein besseres Deutschland, Erfurt 1955, S. 21 ff.
[11] Ebenda, S. 24; Sonja Müller, Theodor Neubauer, Berlin 1964, S. 52.

Duncker, nach 1923 Lehrer an der Reichsparteischule der KPD, einen 14stündigen Kursus zum Thema „Kapitalismus und Kommunismus – eine kritische Orientierung im Kampfe der modernen Weltanschauung".[12] Auf diese Weise bemühte sich die VHS, mehr Arbeitern die Möglichkeit zur Weiterbildung zu geben.

Die kulturellen Bestrebungen der Arbeiterklasse fanden ihren Ausdruck auch in der Gründung der „Volksbühne Erfurt" (1919) und im Arbeiter-Theater-Bund „Vorwärts". Der bereits 1878 gegründete Sängerchor „Erfordia", der dem Arbeiter-Sängerbund angehörte, sah seine Aufgabe in der Ausgestaltung von Feiern und Demonstrationen mit Arbeiterkampfliedern und fortschrittlichem Liedgut.

Während der revolutionären Nachkriegskrise formierten sich die politischen Kräfte und ideologischen Strömungen, die den Klassenkämpfen in den Jahren der Weimarer Republik das Gepräge gaben. Neben den von der revolutionären Arbeiterbewegung getragenen progressiven Einflüssen wirkten immer massiver monarchistische und militaristische Ideologien sowie mystisch-schwärmerisch verdeckte reaktionäre Stimmungen und irrationale Hoffnungen auf die öffentliche Meinung, vor allem auf das Denken und Handeln der durch Krieg und Inflation sozial entwurzelten Mittelschichten ein und brachten große Teile von ihnen unter den Einfluß der gegen den gesellschaftlichen Fortschritt gerichteten Kräfte. Ein Beispiel dafür war das Auftreten des Muck Lamberty und seiner „Neuen Schar".

Muck Lamberty war einer der zahlreichen „Propheten" jener Jahre, die „Rückbesinnung auf die Natur" predigten, die bürgerliche Ehe als überholte Einrichtung ablehnten und die Vielehe als Verwirklichung des Menschen priesen.[13] Er wanderte 1919/1920 mit seinen Anhängern durch Thüringen. Auch in Erfurt trat er auf dem Friedrich-Wilhelm-Platz, heute Domplatz, auf und beeinflußte Söhne und Töchter „gutbürgerlicher" Familien, die sich in einer unklaren „Aufbruchstimmung" gegen überlebte bürgerliche Wert- und Moralvorstellungen befanden. Etliche „höhere Töchter" verließen heimlich ihr Elternhaus, um in einer kommuneartigen Gemeinschaft auf der Leuchtenburg bei Kahla zu leben.[14]

Die extrem nationalistischen, am meisten mit der Weimarer Republik und den Ergebnissen der Novemberrevolution unzufriedenen Kräfte sammelten sich in militaristischen und nationalistischen Vereinigungen, die sich als Förderer und Wegbereiter der faschistischen Hitler-Partei erwiesen. So wurde am 12. Oktober 1919 in der Gaststätte „Flora" eine Ortsgruppe des „Stahlhelm – Bund der Frontsoldaten" gebildet. Der Stahlhelm war ein Sammelbekken revanchistischer und nationalistischer Kräfte, ehemaliger Offiziere, vor allem aber auch Kleinbürger und zum Teil irregeleiteter Arbeiter, die der demagogischen Losung vom „Frontsozialismus" folgten. Er stand unter der Führung ehemaliger kaiserlicher Offiziere, die aus ihrer antirepublikanischen und antikommunistischen Gesinnung kein Hehl machten.

Im November 1922 schloß sich dann eine kleine Gruppe ultrarechter, chauvinistischer und antisemitischer Elemente der Stadt der Nationalsozialistischen Deutschen Arbeiterpartei (NSDAP) an,[15] die aus der am 24. Februar 1920 in München gebildeten Deutschen Arbeiterpartei hervorgegangen war.

Unter den konterrevolutionären, chauvinistischen und antisemitischen Gruppierungen gewann auch die Großdeutsche Volkspartei allmählich an

Abb. 324. Villa des Schuhfabrikanten Adolf Heß in der Hochheimer Straße, heute Jugendherberge

[12] 11. Lehrprogramm der Volkshochschule Erfurt, 17. Oktober bis Dezember 1922, S. 13.

[13] Was ist aus Muck Lamberty geworden?, in: Prediger-Gemeinde-Blatt, Mai 1929, Nr. 8, S. 113 f.

[14] Ebenda.

[15] Tribüne, 4.1.1922; vgl. auch: Die bürgerlichen Parteien in Deutschland. Handbuch der Geschichte der bürgerlichen Parteien und anderer bürgerlichen Interessenorganisationen vom Vormärz bis zum Jahre 1945, hrsg. von einem Redaktionskollektiv unter der Leitung von Dieter Fricke, Bd. II, Leipzig 1970, S. 654 ff.

Einfluß. Ihr Führer in Erfurt, Adolf Schmalix, der mit seinen völkisch-nationalistischen Schlagworten und seiner antisemitischen Hetze 1932/1933 eine ausgesprochene Zutreiberrolle für die NSDAP spielen sollte, trat am 20. September 1923 erstmals öffentlich mit Haßtiraden gegen Judentum und „Novemberverbrecher" in einer Versammlung der Deutschvölkischen mit dem Thema „Volk in Not – Wie bekommen wir Frieden, Freiheit und Brot" vor über 600 Teilnehmern auf.[16]

Die brutalsten und zügellosesten späteren Führer der faschistischen Sturm-Abteilung (SA) in Erfurt, wie Walter Laudien und Robert Bartholome, die im März 1926 an der Schändung des alten jüdischen Friedhofes und 1933 am Meuchelmord an Josef Ries beteiligt waren, schlossen sich dem Bund Wiking an, betrieben illegale militaristische Ausbildung und wollten Hitler in November 1923 bei seinem Münchener Bierkellerputsch mit ihren im Steiger versteckten Waffen zu Hilfe kommen. Nach dem Scheitern des Hitlerputsches tauchten sie vorübergehend wieder unter.[17]

Am 13. März 1920 marschierte die Marinebrigade Ehrhardt mit „Hakenkreuz am Stahlhelm und schwarzweißrotem Band" durchs Brandenburger Tor in Berlin. Die von ultrareaktionären Kreisen des Monopolkapitals und der Junker unterstützten Putschisten, an der Spitze der ostpreußische Generallandschaftsdirektor Wolfgang Kapp und General Walter Freiherr von Lüttwitz, wollten eine offene Militärdiktatur errichten. Sie setzten die aus Berlin geflohene sozialdemokratische Reichsregierung ab und erklärten die Nationalversammlung für aufgelöst. Die endgültige Niederwerfung der Arbeiterklasse, die Beseitigung der progressiven Ergebnisse der Novemberrevolution und eine verschärfte aggressive Politik gegen die junge Sowjetmacht waren ihre Ziele.

Wie in ganz Deutschland fanden die Putschisten auch in Erfurt tatkräftige Unterstützung durch konterrevolutionäre Banden. Offen geduldet von den staatlichen Organen, unterstützt von den örtlichen Kräften der Deutschnationalen Volkspartei (DNVP) und der Deutschen Volkspartei (DVP), in denen sich große Teile der ehemaligen konservativen und nationalliberalen Parteien sammelten, und finanziert von der Vereinigung Erfurter Arbeitgeberverbände, war in Erfurt schon im Frühjahr 1919 auf dem Petersberg ein sogenanntes „Freikorps Thüringen" unter Leitung des Gutsbesitzers Major Freiherr Werner von Wangenheim gegründet worden. Mit ihm im Bunde standen die Ortsgruppe des Stahlhelm, das Offizierskorps der in Erfurt stationierten Reichswehrverbände und die Organe der Sicherheitspolizei. Diese konterrevolutionären Elemente schlugen sich am 13. März sofort auf die Seite der Putschisten.

Der Bezirksbefehlshaber Oberst Fritz von Selle verhängte den verschärften Ausnahmezustand, versetzte die Garnison in Alarmbereitschaft, ließ auf dem Petersberg Schützengräben ausheben sowie Regierungsgebäude und Hauptpost militärisch abriegeln und verbot Druck und Vertrieb aller Publikationen der KPD und der USPD.

Die Putschisten stießen jedoch in ganz Deutschland auf den entschiedenen Widerstand der Arbeiterklasse. Zwölf Millionen Arbeiter traten, unterstützt von Angehörigen der Mittelschichten, der Intelligenz, des demokratischen Bürgertums und der Kleinbauern in den Generalstreik. Auf Initiative des im Januar 1920 gegründeten Vollzugsausschusses der Erfurter Arbeiter- und Angestelltenausschüsse und der Streikleitung, in denen Kommunisten und linke USPD-Mitglieder entscheidenden Einfluß besaßen, schloß sich die Erfurter Arbeiterschaft am Mittag des 13. März dem Generalstreik an.

Auf das einmütige Handeln des Proletariats reagierten Reichswehr und Freikorps mit blutigem Terror. Am 15. März eröffneten sie auf dem Anger das Feuer auf die unbewaffnet streikenden Arbeiter. Vier von ihnen wurden ermordet. Aber dieser Terror vermochte die Kampfentschlossenheit der Arbeiter nicht zu brechen. Auch demokratisch gesinnte bürgerliche Kräfte protestierten gegen die Umtriebe der putschistischen Söldner. Trotz des Terrors der Militaristen und der Beschwichtigungsversuche der SPD, des Zentrums und der DDP, die sich in einer „Arbeitsgemeinschaft" vereinigt hatten, wurde der Generalstreik fortgesetzt.

Am Morgen des 17. März stürmten Arbeiter das Hauptquartier der Reaktion, das Offizierskasino in der Kasinostraße 2, heute Meister-Eckehart-Straße. Selles Versuch, die Arbeiter mit Standgerichten, Feldgeschützen und Minenwerfern sowie durch Feuerüberfälle im Zentrum der Stadt in die Knie zu zwingen, scheiterte. Durch ihr entschlossenes Handeln trugen die Erfurter Arbeiter mit dazu bei, daß die Putschisten am Abend des 17. März Berlin geschlagen räumen mußten.

Trotz der Machenschaften der wieder zurückgekehrten rechtssozialdemokratischen Regierung Ebert-Noske-Bauer sowie der örtlichen Führer der

---

[16] Rotes Echo, 28.9.1923.
[17] Vgl. den Bericht von Werner Klötz, in: Mitteldeutsche Zeitung, 10.11.1933.

Abb. 325. Ausmarsch des Freikorps Thüringen vom Petersberg während des Kapp-Putsches 1920

Abb. 326. Von der Reichswehr während des Kapp-Putsches 1920
in der Regierungsstraße/Ecke Lange Brücke errichtete Stacheldrahtverhaue

bürgerlichen Parteien und der reformistischen SPD-, USPD- und Gewerkschaftsführer, die mit der heuchlerischen Parole auftraten, die Ziele des Streiks seien erreicht, setzten die Arbeiter der Straßenbahn sowie der Metall- und der Schuhindustrie den Streik auch nach dem 17. März bis zum 27. März mit dem Ziel fort, die Reaktion endgültig zu entmachten.[18]

· In den Kämpfen gegen den Kapp-Putsch und für die völlige Entmachtung der reaktionären Kräfte hatten die Erfurter Arbeiter insgesamt neun Tote und über 60 Verwundete zu beklagen. Von den Erfurter Arbeitern, die ihren Gothaer Klassengenossen zu Hilfe eilten, fielen drei: Willy van der Weth, Ernst Böhm und Franz Weibezahl. Aus Spenden errichteten ihnen die Arbeiter der Stadt auf dem Erfurter Hauptfriedhof drei Grabsteine, von denen der Willy van der Weths als Denkmal erhalten geblieben ist.

In der bis dahin mächtigsten Einheitsfrontaktion des deutschen Proletariats gegen den Kapp-Putsch hatte sich auch in Erfurt gezeigt, über welche Kraft die Arbeiterklasse verfügte, wenn sie geschlossen und einheitlich handelte. An diese Erfahrung knüpften die revolutionären Kräfte der örtlichen Arbeiterbewegung in den Klassenkämpfen der folgenden Jahre immer wieder an.

Gestützt auf die versöhnlerische Haltung der SPD- und rechten USPD-Führer, nutzte die Bourgeoisie die Situation nach der Niederschlagung des Kapp-Putsches, um den in der Novemberrevolution geschaffenen Arbeiterrat, der allerdings nur noch ein Schattendasein fristete, endgültig zu beseitigen. Entsprechend einer Weisung der preußischen Regierung stellte der Magistrat am 31. März 1920 die bisherigen finanziellen Zuwendungen aus Staatsmitteln ein, sperrte dem Arbeiterrat ab 1. April das Telefon und forderte ihn zur Räumung seiner Büros auf. Zur gleichen Zeit wurden die scheinbaren Sozialisierungsbemühungen beendet. Selbst die vom Sozialisierungsausschuß erörterten Kommunalisierungsmaßnahmen wurden nicht verwirklicht.[19]

Obgleich im ersten Ansturm der Novemberrevolution die Königreiche und Fürstentümer beseitigt worden waren, wurde auf Grund des Scheiterns der Revolution das bürgerlich-demokratische Ziel einer einheitlichen deutschen Republik nicht erreicht. Die im Dezember 1918 von den Arbeiter- und Soldatenräten ausgehenden Bestrebungen, die Kleinstaaterei in Thüringen zu überwinden, führten zwar am 1. Mai 1920 zu einer Besserung der von Friedrich Engels als „Jammerbild" bezeichneten Thüringer Landkarte. Das neu geschaffene Land Thüringen blieb jedoch ein heterogenes Gebilde

mit erheblichen Gebietsteilen um Sondershausen, Allstedt und Ostheim als Exklaven in der preußischen Provinz Sachsen und in Oberfranken. Innerhalb des Landes Thüringen lagen wiederum Teile Hessen-Nassaus und der preußischen Provinz Sachsen. Die von den Arbeiter- und Soldatenräten während der Novemberrevolution erhobene Forderung, Erfurt und andere preußische Gebietsteile an den Großthüringischen Freistaat anzuschließen, waren damit gescheitert. Der preußische Regierungsbezirk Erfurt der Provinz Sachsen, der nach wie vor vom Sitz des Regierungspräsidenten in der ehemaligen kurmainzischen Statthalterei am Hirschgarten in Erfurt aus verwaltet wurde, umfaßte die Kreise Erfurt-Stadt, Erfurt-Land, Heiligenstadt mit der Grafschaft Hohenstein, Mühlhausen-Stadt, Mühlhausen-Land, Nordhausen-Stadt, Schleusingen, Weißensee, Worbis und Ziegenrück.

Die KPD führte ihren Kampf von Anfang an ungeachtet der noch bestehenden Reste der Kleinstaaterei im Gesamtinteresse der Arbeiterklasse und aller anderen ausgebeuteten Klassen und Schichten. Der KPD-Bezirk Groß-Thüringen umfaßte unabhängig

Abb. 327. Der KPD-Bezirk Groß-Thüringen 1923

——— Land Thüringen
— — — KPD-Bezirk

[18] Willibald Gutsche, Der Kapp-Putsch in Erfurt, Erfurt 1958; ders., Streikfront gegen die Putschisten, in: Das Volk, Erfurt, 21.3.1980.

[19] Ders., Die Kämpfe der Erfurter Arbeiter gegen die Reaktion im Frühjahr 1919, die Beseitigung des Arbeiterrates durch die Konterrevolution und der Sozialisierungsschwindel, Erfurt 1963, S. 35 ff., 40, 47 f.

von der staatlich-administrativen Zersplitterung den gesamten Raum zwischen Harz und Thüringer Wald. Bis 1922 und von 1930 bis 1933 befand sich der Sitz der Bezirksleitung Groß-Thüringen der KPD und ihrer wichtigsten Publikationsorgane in Erfurt, das während der gesamten Zeit der Weimarer Republik ein Zentrum der politischen Kämpfe im Thüringer Raum bildete.

Die Ergebnisse des II. Weltkongresses der Kommunistischen Internationale im Juli/August 1920 und die Verbreitung der Leninschen Schrift „Der 'linke Radikalismus', die Kinderkrankheit im Kommunismus" halfen der KPD, linkssektiererische Auffassungen zu überwinden, um die Gewinnung der Mehrheit der Arbeiterklasse und der anderen Werktätigen zu kämpfen und sich Schritt um Schritt zu einer revolutionären Massenpartei zu entwickeln. Damit wuchs ihr Einfluß auf die linken Mitglieder der USPD, auf Teile der SPD-Mitglieder und auf demokratisch gesinnte Schichten des Bürgertums. Das zeigte sich besonders deutlich im Spätsommer 1920 während der Kampfaktionen unter der Losung „Hände weg von Sowjetrußland" gegen die konterrevolutionäre Intervention der polnischen Großgrundbesitzer gegen die junge Sowjetmacht und gegen die Waffenlieferungen der Entente.

Erfurter Arbeiter folgten dem gemeinsamen Aufruf des Allgemeinen Deutschen Gewerkschaftsbundes (ADGB), der SPD, der USPD und der KPD vom 7. August 1920, Waffentransporte aus Frankreich für das antisowjetische Regime Polens zu verhindern, und kontrollierten auf dem Erfurter Güterbahnhof solche sogenannte Poloniazüge. Am 4. September entdeckten Erfurter Eisenbahnarbeiter unter Leitung des Kommunisten Otto Kühn in einem solchen „Poloniazug" Waffen und Munition. Sie hängten den Waggon ab und brachten die ausgeladene Munition zur Explosion.[20]

Die Massenaktionen der Arbeiterklasse im Jahre 1920 beflügelten immer mehr revolutionär gesinnte Mitglieder der USPD, sich der III. Internationale anzuschließen und die Vereinigung mit der KPD anzustreben. Am 20. September 1920 beschloß die Erfurter USPD-Ortsgruppe mit Zweidrittelmehrheit ihren Anschluß an die III. Internationale. Innerhalb der Ortsgruppe der USPD entbrannte ein heftiger Kampf um den Zusammenschluß zwischen den Anhängern des rechten Flügels um Scholz und Heinrich Mehrhof und den Anhängern der Einheitsbestrebungen um Paul Petzold, Paul Schnetter und Hermann Kellermann. Er endete nach dem Parteitag der USPD im Volkspark in Halle mit der Entscheidung der Mehrheit der USPD-Mitglieder für

die III. Internationale und führte im Dezember 1920 zu deren Vereinigung mit der KPD.

Der Offene Brief der Zentrale der Vereinigten Kommunistischen Partei Deutschlands (VKPD) vom 8. Januar 1921, in dem alle Arbeiterorganisationen zum einheitlichen Handeln im Kampf um die Lösung wirtschaftlicher Tagesfragen und die Sicherung der sozialen und politischen Rechte der Arbeiter aufgerufen wurden, leitete die Einheitsfrontpolitik der Kommunisten ein. Bereits die Wahlen zum Preußischen Landtag am 20. Februar 1921 zeigten in Erfurt erste Erfolge.[21] Bei den Reichstagswahlen am 6. Juni 1920 hatten die KPD 1792 Stimmen (2,6 Prozent), die USPD 24 828 Stimmen (36,3 Prozent) und die SPD 4687 Stimmen (6,9 Prozent) erhalten. Bei den Wahlen zum Preußischen Landtag am 20. Februar 1921 errang die VKPD mit 11 460 Stimmen einen Anteil von 17,5 Prozent. Der Stimmenanteil der von den rechten Spaltern aufrechterhaltenen USPD sank auf 8760 Stimmen (13,4 Prozent) und jener der SPD erhöhte sich geringfügig auf 5309 Stimmen (8,1 Prozent). Auch in Erfurt begann sich damit die VKPD immer mehr zu einer revolutionären Massenpartei zu entwickeln. Die Wahlergebnisse der folgenden Jahre zeigten, daß sie feste Positionen in der Arbeiterklasse besaß.

Gleichzeitig gewannen im bürgerlichen Lager die rechtsreaktionären Parteien des Monopolkapitals zunehmend an Einfluß. Im Vergleich zu den Reichstagswahlen am 6. Juni 1920 erhöhten sich die Stimmenanteile der DVP und der DNVP bei den Preußischen Landtagswahlen am 20. Februar 1921 um 6,5 bzw. 2,4 Prozent. DNVP und DVP zusammen erhielten 1921 über 48 Prozent der abgegebenen Stimmen. Dem vor allem auf eine religiös eingestellte Wählerschaft gestützten Zentrum gaben demgegenüber ziemlich konstant nur rund 5 Prozent der Wähler ihre Stimme.[22]

Den wachsenden Einfluß der VKPD offenbarten in besonderer Weise die Solidaritätsaktionen, die die Erfurter Arbeiter während der Märzkämpfe 1921 nach dem provokatorischen Einmarsch von Polizeitruppen in das Industriegebiet Halle-Merseburg-Leuna führten. Auch in Erfurt bereiteten die Kommunisten solidarische Streikaktionen vor. Ihre Organisatoren, Karl Orphal und vier weitere Arbeiter,

[20] Erfurter Rundschau, 7.9.1920.

[21] Wilhelm Erfurt, Die Vereinigung der lokalen Organisationen der KPD und der USPD in Erfurt 1920, in: AVE, Bd. 4, Erfurt 1964, S. 31 ff.

[22] StAE, 1-2/vorl. Arch. Nr. 042-3120, Aufstellung des Wahlamtes Erfurt über die Ergebnisse sämtlicher Wahlen in Erfurt 1919 bis 1936.

wurden zu fünf bis sieben Jahren Zuchthaus und zehn Jahren Ehrverlust verurteilt. Wegen der Vorbereitung eines Generalstreiks wurden auch Mitglieder der Bezirksleitung der KPD, unter ihnen ihr politischer Leiter Walter Ulbricht, am 29. März 1921 in Erfurt vorübergehend verhaftet.

1922 verstärkte die KPD ihre Anstrengungen, den Kampf gegen die Verelendung der Arbeiterklasse und gegen die Bedrohung der in der Novemberrevolution erkämpften Rechte in organisierte Bahnen zu lenken. Sie verlegte die Bezirksleitung von Erfurt nach Jena, um den veränderten Kampfbedingungen nach der Bildung des Landes Thüringen zu entspre-

Abb. 328. Sitz der Nebenstelle der Bezirksleitung der KPD (1922), des Verlages „Der Kommunist" (1919) und der Volksbuchhandlung „Prolet" in der Magdeburger Straße, heute Karl-Marx-Allee 22

chen und die Erfolge der Bezirksorganisation bei der Festigung der eigenen Reihen nach den mitteldeutschen Märzkämpfen von 1921, den Ergebnissen bei den Wahlen zum II. Thüringer Landtag (10,9 Prozent der abgegebenen Stimmen) und im Ringen um die Vergrößerung des Masseneinflusses im Kampf um die proletarische Einheitsfront besser zu nutzen.[23] Im Unterbezirk Erfurt organisierten Willy Albrecht, Georg Schumann, Karl Klein, Hermann Jahn und andere Führer der KPD Zusammenkünfte, Versammlungen und Demonstrationen, um immer mehr Arbeiter für den antiimperialistischen Kampf zu gewinnen. So trafen sich am 4. August 1922 die Erfurter Kommunisten im „Kaisersaal", heute „Optima-Klubhaus" zu einer Versammlung mit dem Thema „Die bayrische Reaktion und ihre Abwehr". Unter Leitung von Albrecht wurden Kontrollausschüsse gebildet und die Streikbereitschaft der Arbeiter bei den Firmen Hagans, Deutsche Werke (vorher Reichswerk) und Pels für die Mobilisierung der Kräfte genutzt. Von den verstärkten Bemühungen um Einheitsfrontaktionen waren auch die Erwerbslosendemonstrationen vor dem Rathaus am 8. Dezember 1922 sowie die Beratung des Bezirksparteitages der KPD am 21. und 22. Januar 1923 in den Stadthaussälen, heute Haus der DSF, getragen.

Im Herbst 1923 führten die verschärften Krisenerscheinungen und Widersprüche zu einer revolutionären Situation. Rapide Geldentwertung, Schließung von Betrieben und damit wachsende Arbeitslosikeit hatten die sozialen Gegensätze aufs äußerste zugespitzt. Die von nationalistischen Kreisen organisierte Hetze gegen die Besetzung des Ruhrgebiets durch französische und belgische Truppen sowie der sogenannte passive Widerstand gegen die Ruhrbesetzung verschärften die politischen Auseinandersetzungen. Der „Ruhrkampf" beflügelte auch die revolutionären Erfurter Arbeiter, ihre Aktionen gegen die Umtriebe des Monopolkapitals und die Verschlechterung der sozialen Bedingungen zu verstärken. Den Ausweg aus der Krise erblickten sie in der Bildung proletarischer Hundertschaften, in der Festigung ihrer Positionen in den Betrieben und in der Organisation von Einheitsfrontaktionen.

Im Gegensatz zur konsequenten Haltung der revolutionären Kräfte verbanden die rechten sozialdemokratischen Führer ihre Proteste gegen die Ruhrbesetzung mit einer schroffen Ablehnung jeglicher Einheitsfront mit den Kommunisten. Die von der Vollversammlung der Betriebsräte beschlossene

[23] Erhard Wörfel, Die Arbeiterregierung in Thüringen im Jahre 1923, Erfurt 1974, S. 23.

Bildung von Hundertschaften lehnten sie ebenfalls ab. Damit verhinderten sie wirksame Maßnahmen zur Verteidigung der Interessen der Arbeiterklasse. Diese Haltung der rechten SPD-Führer wurde von vielen mit der Arbeiterklasse verbundenen sozialdemokratischen Mitgliedern und Funktionären auf örtlicher Ebene, die sich in der Kommunalpolitik engagiert für die Tagesinteressen der Arbeiter einsetzten, nicht verstanden.

Immer offensichtlicher erwies sich die KPD als die einzige Partei, welche die Lebensinteressen der Arbeiterklasse über die Tagesinteressen hinaus verteidigte und den Ausweg aus der wirtschaftlichen, sozialen und politischen Krise der monopolkapitalistischen Gesellschaft wies. Im August 1923 stand die KPD an der Spitze einer Massenbewegung, die den gesamten Thüringer Raum erfaßte. Mit Hungerstreiks, Demonstrationen und anderen Kampfaktionen forderte sie die Sicherung der Ernährung der arbeitenden Massen und einschneidende Maßnahmen gegen das luxuriöse Leben der herrschenden Klasse.[24]

Die Erfurter Arbeiter beteiligten sich auch erfolgreich am Generalstreik gegen die Cuno-Regierung, obwohl der sozialdemokratische Bezirksvorstand die Zusammenarbeit mit den kommunistischen Arbeitern im August abgelehnt hatte. Auf die zum Kampf entschlossenen Sozialdemokraten hatte der Kongreß oppositioneller Sozialdemokraten im Juli 1923 in Weimar starken Einfluß ausgeübt.

Angesichts der zunehmenden Kampfbereitschaft aller Arbeiter zur Abwehr der konterrevolutionären und faschistischen Machenschaften vor allem in Bayern und unter Druck der oppositionellen Kräfte innerhalb der SPD war es möglich, in Sachsen und Thüringen Arbeiterregierungen zu bilden. Nachdem am 10. Oktober 1923 unter dem Sozialdemokraten Erich Zeigner in Sachsen eine solche Regierung konstituiert worden war, entstand am 16. Oktober eine linkssozialdemokratisch-kommunistische Arbeiterregierung in Thüringen unter der Leitung des Sozialdemokraten August Frölich. Sie faßte auf der Grundlage eines Programms des Kampfes gegen Faschismus, Revanchepolitik, Reaktion und verfassungswidrige Militärdiktatur alle demokratischen Kräfte des Landes zusammen.

In diesen Wochen machte der Aufbau proletarischer Hundertschaften unter Leitung von Theodor Neubauer, der der Thüringer Arbeiterregierung als Staatsrat im Ministerium des Innern angehörte, rasche Fortschritte. In Erfurt setzten sich vor allem Kommunisten wie Klein, Jahn, Albrecht, Willy Hoffmann und Wilhelm Döll für ihre Bildung ein. So

konnte die Bezirksorganisation der KPD bis zum Oktober 1923 über 350 Stützpunkte der zum Teil bewaffneten Hundertschaften aufbauen.[25] Die rechten SPD-Führer sowie die in Erfurt unter ihrem Führer Ritter auftretenden Anarchosyndikalisten der „Freien Arbeiter Union Deutschlands" widersetzten sich den Bestrebungen, Einheitsfront- und Kampforgane der Arbeiterklasse vor allem gegen die heraufziehende faschistische Gefahr zu schaffen.

Mit der Bildung der Arbeiterregierungen in Sachsen und Thüringen nahmen die Ereignisse in Deutschland einen immer stürmischeren Verlauf. Die Zentrale der KPD machte in einem Rundschreiben auf die Bedeutung des geschlossenen Kampfes für die Arbeiterregierungen aufmerksam: „Nur wenn im ganzen Reich die KPD und die Gesamtarbeiterschaft den Kampf vorbereitet wie einen revolutionären Krieg, kann sich das rote Mitteldeutschland halten und wird die eiserne Barriere in Sachsen und Thüringen der Ausgangspunkt zum erfolgreichen revolutionären Kampf der gesamten deutschen Arbeiterklasse gegen die Diktatur der Großindustriellen und der weißen Generale."[26]

Angesichts der zugespitzten politischen Lage hatte die Zentrale der KPD am 20. Oktober für den Fall, daß die Reichswehr gegen die Arbeiterregierungen in Sachsen und Thüringen vorginge, beschlossen, am 21. Oktober von einer Betriebsrätekonferenz in Chemnitz aus die gesamte Arbeiterklasse Deutschlands zum Generalstreik gegen die Stresemann-Regierung und zum Kampf für eine Arbeiter-und-Bauern-Regierung aufzurufen. In ganz Thüringen kam es am 20. und 21. Oktober zu Massenkundgebungen für eine deutsche Arbeiter-und-Bauern-Regierung. Die Bezirksleitung der KPD organisierte militärische Übungen mit 1000 Mitgliedern der Hundertschaften auf thüringischem Gebiet bei Stotternheim. Während sich die Mehrheit der Arbeiterklasse zum Kampf formierte, mobilisierten die sozialdemokratischen Mitglieder der Reichsregierung und der sozialdemokratische Oberpräsident der Provinz Sachsen Otto Hörsing den Polizeiapparat, um die KPD zu zerschlagen.[27]

Am Sonntag, dem 21. Oktober 1923, wurden auf Hörsings Befehl auch in Erfurt 16 Kommunisten verhaftet, unter ihnen Hermann Kellermann, Karl Klein, Hermann Jahn und Paul Schäfer. Das löste

---

[24] Institut für Marxismus-Leninismus, Zentrales Parteiarchiv (im folg.: IML, ZPA), St. 17/189.
[25] Wörfel, S. 210.
[26] IML, ZPA, St. 12/2, Bd. 2.
[27] Staatsarchiv Weimar, Außenstelle Gotha (im folg.: StAW), vorl. Arch. Nr. 8109, Journal Nr. 14905 I; Wörfel, S. 151.

eine Protestwelle in der Stadt aus. Die Stadtverordnetenversammlung verlangte vom Magistrat, bei der Regierung die sofortige Freilassung der Verhafteten zu erwirken.[28] Wie sich später herausstellte, dachten jedoch weder der Oberbürgermeister noch der Magistrat daran, diesen Auftrag auszuführen.

In Chemnitz konnte jedoch der Beschluß zum Generalstreik gegen die sozialdemokratischen Vertreter nicht durchgesetzt werden. Weil sich der Einfluß der KPD auf die Massen noch nicht als stark genug erwies, nahm ihn die Führung der KPD zurück.[29] Ohne Kenntnis dessen begannen die Hamburger Arbeiter unter Führung Ernst Thälmanns am Dienstag, dem 23. Oktober, mit dem bewaffneten Aufstand. Am gleichen Tage mobilisierten die Kommunisten in Erfurt alle kampfbereiten Arbeiter und Arbeitslose zu einer machtvollen Kampfdemonstration auf dem Anger, um die Freilassung der Verhafteten zu erzwingen. Gegen die Demonstranten setzten die örtlichen Staatsorgane schwerbewaffnete Schutzpolizei zu Fuß und zu Pferde sowie einen Panzerwagen ein. An der Hauptpost kam es um 17 Uhr 30 zum Zusammenstoß mit den Demonstranten, bei dem die Polizei rücksichtslos von der Schußwaffe Gebrauch machte und in die zurückflutende Menge feuerte. Ein Toter und fünf Schwerverletzte blieben auf dem Anger zurück.

Wenige Tage später stürzte die Reichswehr die Thüringer Arbeiterregierung in Weimar. Am 25. Oktober brachen die Hamburger Arbeiter den bewaffneten Kampf ab. Mit dem Verbot der KPD und einer Serie von Prozessen wegen Landfriedensbruchs begann ein Terrorfeldzug gegen die Arbeiterklasse, der die revolutionäre Nachkriegskrise beendete. Die Kommunisten führten jedoch auch in Erfurt den Kampf illegal weiter und erzwangen am 12. November die Freilassung der am 21. Oktober verhafteten Arbeiter. Unter der Redaktion von Alexander Abusch setzten und druckten die jungen Kommunisten Paul Hockarth sowie Paul und Willi Kehr in der Druckerei Oesterle in der Gneisenaustraße 54, heute Lassallestraße, die illegale Zeitung „Die Revolution".

Mit der Währungsstabilisierung am 16. November und der Neubildung der Reichsregierung unter dem Zentrumspolitiker Wilhelm Marx versuchte die herrschende Klasse nach dem Rücktritt Stresemanns, ihre Macht mit vornehmlich parlamentarischen Mitteln zu festigen. Argwöhnisch beobachteten jedoch die Erfurter Polizeibehörden jede Aktivität der revolutionären Arbeiter, die sich nunmehr illegal in Betriebszellen organisierten und „Die Revolution" sowie Flugblätter verbreiteten, um ihre Kräfte wieder zu sammeln.[30]

2.
Relative Stabilisierung des Kapitalismus
(1924 bis 1929)

Wie in anderen Städten Deutschlands hatten Weltkrieg und Inflation auch in Erfurt, dessen Einwohnerzahl Ende 1923 134 493 betrug,[31] tiefe Spuren hinterlassen. Zahlreiche kleinere und mittlere Betriebe waren ruiniert worden. Eine Anzahl von Großbetrieben brach noch unter den Folgeerscheinungen der Inflation zusammen; andere, wie z.B. die Eduard Lingel AG, hatten größere Gewinnverluste hinnehmen müssen. Einigen Großbetrieben war es jedoch gelungen, ihre Unternehmen weitestgehend vor den Erschütterungen der Inflation zu bewahren. Eine besondere Rolle spielten dabei Lieferungsverträge mit der Sowjetunion. So hatte die Berlin-Erfurter Maschinenfabrik „Henry Pels & Co" bereits 1920/1921 als einer der ersten Betriebe in Deutschland selbständig solche Verträge mit der neu ins Leben gerufenen sowjetischen Handelsvertretung in Berlin abgeschlossen. Auf ihrer Grundlage lieferte Pels regelmäßig Maschinen für Werften,

Eisenbahnbetriebe und Neuausstattungen von Fabriken in die Sowjetunion.

Die Verträge mit der Sowjetunion bildeten den Anfang einer langen traditionsreichen Beziehung Erfurter Betriebe zum ersten sozialistischen Staat, dessen Aufträge besonders in Zeiten wirtschaftlicher Krisen ein verläßliches Geschäft boten und mit Arbeitsplätze sicherten. Andere Erfurter Betriebe, wie die Lokomotivenfabrik Hagans, die Erfurter Maschinenfabrik Franz Beyer & Co sowie die Firma J. A. Topf & Söhne folgten diesem Beispiel.

---

[28] StAE, 1-1/1 e 68, Bl. 106, Protokolle der Erfurter Stadtverordnetenversammlung.

[29] Siehe dazu: Wolfgang Ruge, Weimar – Republik auf Zeit, 2. Aufl., Berlin 1980, S. 110 ff.

[30] IML/ZPA, St. 14/19, 14/13; Alexander Abusch, Der Deckname, Berlin 1981, S. 125.

[31] StAE, 3/311-2, Mitteilungen des Statistischen Amtes der Stadt Erfurt. Die Bevölkerung der Stadt Erfurt im Jahre 1923.

Abb. 329. Das 1925 errichtete Verwaltungsgebäude der Berlin-Erfurter Maschinenfabrik Henry Pels & Co
an der Schwerborner Straße

Die Periode der relativen Stabilisierung 1924 bis 1929 – oft auch irreführend als die „Goldenen zwanziger Jahre" bezeichnet – wurde durch eine Stabilisierung der Währung eingeleitet. Die am 1. Dezember 1923 gebildete erste Regierung Marx (Zentrum), an der Vertreter der DDP, der Bayrischen Volkspartei (BVP) und der DVP beteiligt waren, verfolgte das Ziel, die langjährige Krise des Imperialismus mit ökonomischen und politischen Notstandsmaßnahmen zu überwinden und die Herrschaft des Monopolkapitals durch den schrittweisen Abbau des Ausnahmezustandes und die Überleitung zu bürgerlich-parlamentarischen Herrschaftsmethoden zu stabilisieren. Mit Hilfe amerikanischen Kapitals, das nach Annahme des Dawes-Planes in die deutsche Wirtschaft floß, und durch verschärfte Ausbeutungsmethoden kam es zu einem wirtschaftlichen Aufschwung. Er konnte aber nur von kurzer Dauer sein, da die relative Stabilisierung in der allgemeinen Krise des Kapitalismus erfolgte.

Das politische Kräfteverhältnis in der Stadt zu dieser Zeit spiegelte das Ergebnis der Wahlen zur Stadtverordnetenversammlung im Jahre 1924 wider. Unter Leitung des parteilosen Oberbürgermeisters Dr. Bruno Mann setzte sich die Stadtverordnetenversammlung aus acht Vertretern einer bürgerlichen Gemeinschaftsliste, sieben Abgeordneten der DNVP, fünf Abgeordneten der SPD, zehn Abgeordneten der KPD und 20 Vertretern verschiedener anderer bürgerlicher Gruppierungen zusammen. Die bürgerliche Mehrheit betrieb eine Kommunalpolitik, die auf eine Stabilisierung der kapitalistischen Verhältnisse gerichtet war. Demgegenüber ergriff die im Dezember 1922 gebildete KPD-Fraktion immer wieder die Initiative zu Anträgen, die Unterstützungen für Sozialrentner, Kriegsopfer, Erwerbslose und andere Hilfsbedürftige forderten. Von der Mehrheit der Stadtverordnetenversammlung einschließlich der SPD-Fraktion zumeist abgelehnt, mußten jedoch die Forderungen – wenn auch

Abb. 330. Werkhalle der Berlin-Erfurter Maschinenfabrik 1930

abgeschwächt – in anderen Beschlüssen berücksichtigt werden.[32]

Mitte der 20er Jahre nahm die Metallindustrie den ersten Platz in der Erfurter Wirtschaft ein. Sie erstreckte sich von der Großproduktion im Maschinen- und Apparatebau bis zur Metallverarbeitung. Zu den größten Betrieben dieses Industriezweiges zählten die Deutschen Werke (Schreibmaschinen), Hagans, J. A. Topf & Söhne (Mälzerei und Speicherbau), J. A. John AG (Gebrauchsgegenstände des täglichen Bedarfs), Pels (Stanzen, Scheren, Pressen), die Erfurter Maschinenfabrik Franz Beyer & Co (Werkzeugmaschinen) und die Erfordia-Maschinenbau AG (Holzbearbeitungsmaschinen). Besondere Bedeutung hatten darüber hinaus die Lampenfabrikation, die Bekleidungsindustrie, die Malzfabriken, die zum größten Teil dem Eiva-Mittland-Mälzerei-Konzern und der Mälzerei-Industrie AG angehörten, die Riebeck-Brauerei, das graphische Gewerbe, Gartenbau und Samenhandel sowie die traditionelle Schuhindustrie, die allein 25 Prozent der Erfurter Arbeiter beschäftigte.

Auf Grund der geographischen Lage der Stadt im Zentrum Deutschlands nahmen neben den Industriebetrieben das Versicherungs- und Bankwesen sowie der Großhandel eine herausragende Stellung im Wirtschaftsleben ein. Neben den ansässigen Privatbanken hatten die vier größten deutschen Banken sowie die Commerz- und Privatbank in Erfurt eigene Niederlassungen.

Den allgemeinen Tendenzen entsprechend vollzog sich der Prozeß der Konzentration und Zentralisation sowie der Monopolbildung rascher als zuvor. Typisch dafür war die Entwicklung der „Deutschen Werke AG". Nachdem 1918 in der ehemaligen kö-

[32] Helmut Schmidt, Zur gesundheits- und sozialpolitischen Entwicklung Erfurts in den Jahren 1919–1933 unter besonderer Berücksichtigung des Kampfes der revolutionären Arbeiterbewegung auf diesem Gebiet, in: Beiträge zur Geschichte der Universität Erfurt, H. 18, Erfurt 1975–1978, S. 190.

niglich-preußischen Gewehrfabrik die Produktion von Waffen und Munition eingestellt worden war, war der Betrieb unter der Bezeichnung „Reichswerk", später „Deutsche Werke AG", unter der Leitung des Reichsschatzministeriums in der Hand des Staates geblieben. 1923 wurde der Erfurter Betriebsteil der Deutschen Werke AG durch Übergang von 50 Prozent der Aktien in den Besitz des AEG-Konzerns zum Teil privatisiert und nannte sich nun AEG-Deutsche Werke AG. 1930 gelangten dann alle Aktien in die Hände der AEG. Von da an führte der Betrieb die Bezeichnung Europa Schreibmaschinen AG. Nachdem zunächst Jagd- und Sportwaffen produziert worden waren, erfolgte seit 1924 die Umstellung auf die Herstellung von Schreibmaschinen.

1926 wurde im Zuge der kapitalistischen Rationalisierung nach amerikanischem Muster in der Vor- und Teilfertigung und 1927 in der Montage die Fließbandarbeit eingeführt und damit die Ausbeutung intensiviert. Täglich konnten 35 bis 40 Maschinen des AEG-Modells 6 hergestellt werden. Gleichzeitig dehnte der Betrieb seine Monopolstellung auf die Herstellung von Büromöbeln und Maschinenzubehör aus. 1930 hatte er sich Zweigniederlassungen in der ganzen Welt geschaffen. Seine Leitung lag in den Händen des Direktors Joachim Wussow – Sohn des Direktors und Aktionärs der Berliner Verkehrs-Gesellschaft – sowie des Aufsichtsratsvorsitzenden der AEG Dr. Hermann Bücher, seit 1921 geschäftsführendes Präsidialmitglied des Reichsverbandes der Deutschen Industrie und nach 1930 Vorstandsvorsitzender der AEG.[33]

Auch innerhalb der Stadt verstärkten sich die Tendenzen monopolistischer Konzentration und Zentralisation. So kam es durch gegenseitige Beteiligung und Austausch von Aktienpaketen und Aufsichtsratsitzen zu einer engen Verflechtung der Maschinenfabriken Pels und J. A. John. Zudem verfügte Pels durch Tochtergesellschaften in London und New York über Verbindungen zum internationalen Monopolkapital.

Bereits 1921 war durch den Zusammenschluß der meisten Erfurter Schuhfabriken der Lingel-Konzern mit rund 4000 Arbeitern und Angestellten und einer täglichen Produktion von etwa 10000 Paar Schuhen entstanden. In kurzer Zeit hatte er die Beschäftigtenzahl nahezu verdoppelt und weitere Schuhfabriken aufgesaugt.

Die Interessen der Monopolbourgeoisie wurden in der Erfurter Stadtverordnetenversammlung unmittelbar durch einige ihrer Repräsentanten vertreten, so z. B. durch Otto Rollert, Direktor der Thuringia-Versicherungsgesellschaft zu Erfurt und der

Aachener und Münchener Lebensversicherungs-AG in Erfurt, Alfred Koch, Direktor der Dresdner Bank, Filiale Erfurt, und Alfred Heß, dessen Schuhfabrik u. a. mit der Dresdner Bank verbunden war.

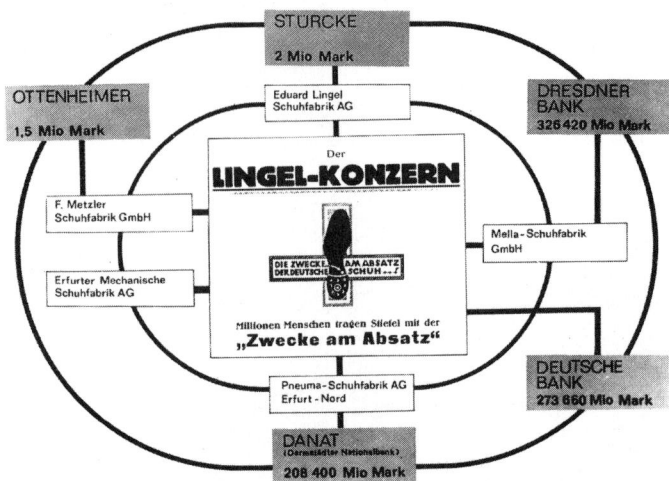

Abb. 331. Der Lingel-Konzern und seine Verbindungen zum Großkapital

Die Westmächte, insbesondere die USA, die das politische und ökonomische Wiedererstarken des deutschen Imperialismus förderten, unterstützten die Entwicklung der deutschen Monopole und deren politischen Machtzuwachs. Nach Abschluß des Dawes-Plans schufen amerikanische Kapitalien die Voraussetzungen für die technische Neuausrüstung von Produktionsstätten und Neubauten. Die Mittel, von denen ein Teil auch in Erfurter Großbetriebe floß, dienten der Rationalisierung auf Kosten der Werktätigen. Sie führte zu Entlassungen, verstärkter Arbeitshetze, Intensivierung der Arbeit und zu einem Ansteigen von Betriebsunfällen. Allein in einem Jahr, von 1927 bis 1928, erhöhte sich die Anzahl der Betriebsunfälle in Erfurt von 2450 auf 2860.[34] Trotz des gesetzlich garantierten 8-Stunden-Tages betrug die Arbeitszeit in den meisten Erfurter Betrieben zehn Stunden täglich.

Ende 1925 zeichnete sich in der Erfurter Wirtschaft eine allgemeine Arbeitsmarkt- und Kreditverschlechterung ab. Sie betraf besonders die Metallindustrie. Die Rationalisierungsmaßnahmen ließen die Arbeitslosenzahl wieder rapide ansteigen.

[33] Olympia-Rundschau. Werkzeitung der Olympia-Büromaschinenwerke AG, Erfurt 1943, Ausg. A, 12. Jg., Nr. 7–9, S. 7.

[34] StAE, 3/311-2, Mitteilungen des Statistischen Amtes der Stadt Erfurt.

Abb. 332. Spielmannszug des RFB in Erfurt. Stabführer: Max Sorbe.
Erste Reihe, zweiter von links: Artur Albrecht; dritter von hinten: Ernst Lamm; sechster von hinten: Kurt Rückbeil

Innerhalb des Jahres 1925 verdreifachte sie sich von 1810 auf 6043, um nach einigen Schwankungen im März 1929 11327 zu erreichen. Die Löhne hielten nicht mit der ständigen Preissteigerung Schritt. Allein von Januar bis Dezember 1925 stieg der Lebenshaltungsindex in Erfurt von 128,4 auf 152,2, also um rund 18,5 Prozent. In den Jahren 1927 bis 1929 lag er bei 167,0, das hieß mehr als neun Prozent über dem Reichsdurchschnitt.[35]

Gegen den Abbau ihrer sozialen Rechte kämpften die Erfurter Arbeiter immer wieder mit Streiks. Bereits 1924 hatten die Gärtner und Gartenarbeiter, die Buchdrucker und Schriftsetzer der „Thüringer Allgemeinen Zeitung" und der „Mitteldeutschen Zeitung" sowie die Bauarbeiter für höhere Löhne und für die Herabsetzung der Arbeitszeit auf acht Stunden gestreikt. 1925 trat die gesamte Belegschaft der Schleiferei der Deutschen Werke drei Tage lang in den Ausstand, weil ihr Lohn um 30 Prozent gekürzt werden sollte. In den meisten Fällen endeten die Streiks mit Kompromissen zwischen den rechten Gewerkschaftsführern und den Unternehmern.

An der Spitze der Kämpfe der Werktätigen gegen den Abbau sozialer Errungenschaften standen die Kommunisten, die sich nach der Wiederzulassung ihrer Partei, Anfang März 1924, das Ziel gesetzt hatten, die werktätigen Massen für den Kampf gegen Imperialismus, Militarismus und Ausbeutung zu gewinnen. Eine entscheidende Voraussetzung für den erfolgreichen Kampf der KPD wurde durch die Bildung des Thälmannschen ZK geschaffen. Die KPD orientierte sich auf die Politik der verstärkten Hinwendung zu den Massen, insbesondere in den Gewerkschaften. Damit sich auch die Kommunisten der Erfurter Ortsgruppe den Leninismus umfassend zu eigen machen konnten, galt es, die Kräfte der Partei neu zu formieren und zu organisieren sowie Auseinandersetzungen in den eigenen Reihen zu überwinden. Die Zurückdrängung eines in Thüringen relativ starken ultralinken Einflusses wurde deshalb auf dem Bezirksparteitag Großthüringens der KPD in Erfurt vom 8. bis 9. März 1924 als eine der Hauptaufgaben bezeichnet.

Zur Erweiterung des Einflusses der Partei entstanden Ortsgruppen von kommunistisch orientierten Massenorganisationen, wie des Roten Front-

[35] StAE, 1-2/052-8702; ebenda, 3/311-2 und 3/130-0.

Kämpferbundes (RFB), der Internationalen Arbeiterhilfe (IAH), der Roten Hilfe, des Roten Frauen- und Mädchenbundes sowie des Kommunistischen Jugendverbandes Deutschlands (KJVD).

Am 15. August 1924 fand die Gründungsversammlung der Erfurter Ortsgruppe des RFB statt. Die Organisation, der bereits bei ihrer Gründung 300 Arbeiter beitraten, war aus den proletarischen Hundertschaften hervorgegangen und wurde von Albrecht geleitet. Aufgabe des RFB, der Kommunisten und parteilose Arbeiter vereinigte, war es, die Arbeiterklasse vor Übergriffen der militaristisch-faschistischen Wehrverbände durch eine eigene Kampforganisation zu schützen sowie gegen Militarismus und Kriegsvorbereitung und für die Verteidigung der Sowjetunion zu kämpfen. Im September 1926 fand in Erfurt ein Gau-Treffen des RFB statt, an dem auch Ernst Thälmann teilnahm. Nach einem eindrucksvollen Marsch der Kämpfer durch die Stadt hielt Thälmann auf dem Friedrich-Wilhelm-Platz eine Ansprache, in der er die Notwendigkeit der Einheitsfront gegen das kapitalistische System hervorhob und zum Kampf gegen die kapitalistische

Rationalisierung sowie zur Abwehr der Unternehmeroffensive aufrief.

Unmittelbar nach der Gründung der Erfurter Ortsgruppe der KPD war Anfang 1919 die Jugendorganisation „Roter Jungsturm" für Jugendliche im Alter von 16 bis 21 Jahren gegründet worden, die sich ab 1. Januar 1926 „Rote Jungfront" nannte. Im Rahmen der „Roten Hilfe" und der IAH wurde Opfern revolutionärer Kämpfe, politischen Gefangenen sowie Angehörigen gefallener Kämpfer Unterstützung gewährt.

Bedeutsame Aktivitäten entfalteten die Kommunisten in der Arbeitersportbewegung. Das Spiel einer Erfurter Bezirksmannschaft gegen die sowjetische Fußballmannschaft „Roter Putilowetz" aus Leningrad auf dem für die Arbeitersportbewegung traditionsreichen Johannesplatz am 27. August 1927 zeugte von der Freundschaft der Erfurter Arbeitersportler mit der Sowjetunion. Die revolutionären Mitglieder der Ortsgruppe „Die Naturfreunde" organisierten Wanderungen und knüpften Kontakte zu anderen Arbeiter-Sportvereinen. Auch sie nahmen aktiv am Kampf für die Verteidigung der Rechte

Abb. 333. Ankunft einer Delegation deutscher Arbeiter in Moskau 1925.
Vierter von rechts mit Fahne der Erfurter Schuhfabrikarbeiter: Paul Schäfer

Abb. 334. Die sowjetische Fußballmannschaft „Roter Putilowetz" aus Leningrad
während des Freundschaftsspieles in Erfurt am 27. August 1927 auf dem Johannesplatz

Abb. 335.
Aufruf
zum deutsch-
sowjetischen
Fußballtreffen
in Erfurt 1927

der Arbeiterklasse teil. Dabei war die von ihnen geschaffene Nauendorfer Hütte in der Nähe der Stie-
felburg ein wichtiger Treffpunkt.

1925 reiste eine Arbeiterdelegation, der die Erfurter Schuharbeiter Paul Schäfer (KPD) und Karl Horn
(SPD) angehörten, in die Sowjetunion, um sich dort
mit dem Aufbau des Sozialismus vertraut zu machen. Nach ihrer Rückkehr setzten sie sich auf Veranstaltungen öffentlich für die Sowjetunion ein.
Paul Schäfer, Mitglied des Betriebsrates im Lingel-
Konzern, Mitbegründer der Erfurter Ortsgruppe des
RFB und zeitweiliger Leiter der Ortsgruppe der IAH,
wurde wegen seiner politischen Aktivitäten von der
Konzernleitung mit Unterstützung rechter Gewerkschaftsführer aus dem Betrieb entlassen. Karl Horn
wurde wegen seines Auftretens aus der SPD ausgeschlossen. Der 10. Jahrestag der Sowjetmacht am
5. November 1927 wurde in zahlreichen Betrieben
mit Veranstaltungen begangen. Den Höhepunkt bildete eine Demonstration auf dem Friedrich-Wilhelm-Platz, an der trotz Unternehmer- und Polizei-
schikanen rund 8000 Erfurter Arbeiter teilnahmen.

Abb. 336. Komplexer Wohnungsbau 1930 an der Hamburger Straße

Für die erfolgreiche Durchsetzung der Massenpolitik der KPD war deren Bezirksparteitag am 21. Juni 1925 im „Deutschen Hof" in Erfurt von großer Bedeutung, auf dem der Beschluß gefaßt wurde, die unmittelbare bewaffnete Auseinandersetzung als Kampfmittel zurückzustellen und statt dessen verstärkt alle progressiven Kräfte für eine proletarische Einheitsfront zu gewinnen. Zugleich wurden die im Stadtparlament vertretenen KPD-Mitglieder beauftragt, ihren Einfluß auf die Kommunalpolitik im Interesse der Arbeiter zu verstärken.

Die zehn KPD-Abgeordneten im Erfurter Stadtparlament, unter ihnen Paul Schäfer, die nach den Wahlen von 1924 die Interessen von 12 904 Wählern vertraten,[36] nutzten jede Möglichkeit, die soziale Lage der Werktätigen der Stadt durch eine Verbesserung des städtischen Gesundheits- und Schulwesens sowie durch die Überwindung der Arbeitslosigkeit zu erreichen. Durch ihre erfolgreiche Tätigkeit festigten sich die Beziehungen der KPD zu weiten Kreisen der Mittelschichten und des Kleinbürgertums. Auch in der Frauen- und Erwerbslosenbewegung sowie bei Wirtschaftskämpfen stellten sich die Kommunisten an die Spitze der Erfurter Arbeiterschaft.

Der erste größere Erfolg dieser Politik zeigte sich im Kampf gegen die Fürstenabfindung. Ihren Willen zur Aktionseinheit gegen die Entschädigung der 1918 gestürzten Fürstenhäuser brachten die Erfurter Schuharbeiter in einer Resolution zum Ausdruck, der sich die Belegschaften zahlreicher Betriebe anschlossen. Am 19. Juni 1926 führte die KPD auf dem Friedrich-Wilhelm-Platz eine Massendemonstration gegen die Fürstenabfindung durch, auf der 30 000 Erfurter Bürger jede Entschädigung der Fürsten ablehnten. Bei dem durch ein Volksbegehren herbeigeführten Volksentscheid am 20. Juni 1926, bei dem die erforderliche Stimmenzahl im Reichsgebiet nicht erreicht wurde, sprachen sich 35 046 Erfurter Bürger (37,41 Prozent der Stimmberechtigten) für eine Enteignung der Fürsten aus.[37] Mobilisiert von der KPD unter der Losung „Kinderspeisung statt Panzerkreuzer" nahmen 1928 zahlreiche Bürger gegen die Bereitstellung von mehreren Mill. RM. für den Bau des ersten Schiffes einer aus vier

[36] Archivalische Quellennachweise zur Geschichte der deutschen Arbeiterbewegung im Stadtarchiv Erfurt, hrsg. vom Stadtarchiv Erfurt, Erfurt 1966, S. 14.

[37] StAE, 1-2/042, vorl. Arch. Nr. 8701, Volksentscheid „Enteignung der Fürstenvermögen".

Einheiten bestehenden Panzerkreuzerserie Stellung. Trotz verstärkter antikommunistischer Hetze, besonders durch reformistische SPD-Führer, konnte bei dem von den Kommunisten eingeleiteten Volksbegehren in Erfurt eine Wahlbeteiligung von zehn Prozent (im Reich lag sie nur bei vier Prozent) erreicht werden.[38] Das Ergebnis des Volksbegehrens reichte jedoch nicht für die Durchführung eines Volksentscheids aus.

Der opportunistische Einfluß der SPD wurde durch die wirtschaftlichen und politischen Bedingungen der Periode der relativen Stabilisierung begünstigt. Die zeitweilige Verbesserung der wirtschaftlichen Lage verleitete viele Bürger dazu, der reformistischen Parole vom „Silberstreif am Horizont" Glauben zu schenken. Nur ein geringer Teil der Bevölkerung erkannte die wahren gesellschaftlichen Ursachen für den Abbau sozialer und demo-

Fraktion wurden angesichts der Wohnungsnot größere Vorhaben im kommunalen Wohnungsbau verwirklicht. Mit dem Ziel, die Wohnungsnot schneller abzubauen und preisgünstige Wohnungen zu schaffen, gewannen der genossenschaftliche und der öffentlich finanzierte Wohnungsbau zunehmend an Bedeutung. Insbesondere für Angestellte und Arbeiter mit festem Arbeitsplatz boten diese Formen des Wohnungsbaues Chancen, eine relativ preisgünstige Kleinwohnung zu erhalten. Im Zuge dieses Wohnungsbaues entstanden Bauten der „Mitteldeutschen Heimstätte" Wohnungsfürsorgegesellschaft m.b.H., Zweigstelle Erfurt, in der Victor-Scheffel-Straße, des Spar- und Bauvereins Bund der Kinderreichen e.G.m.b.H. am Papiermühlenweg, der Baugenossenschaft Gartenstadt Erfurt e.V. an der Binderslebener Straße und der Wohngemeinschaft Erfurt G.m.b.H. in der Barkhausenstraße.

Abb. 337. Demonstration gegen die Fürstenabfindung im Frühjahr 1926

kratischer Errungenschaften, da die herrschenden Kreise, unterstützt von rechten SPD-Führern, den zeitweiligen wirtschaftlichen Aufschwung als Anbeginn einer neuen Ära des „wachsenden Wohlstandes und des allgemeinen Friedens, des organisierten Kapitalismus der Wirtschaftsdemokratie und des Hineinwachsens in den Sozialismus" hinstellten.

Solche Illusionen wurden auch durch einige Ergebnisse der Kommunalpolitik begünstigt. Vom Rat der Stadt war eine Reihe von Maßnahmen zur Verbesserung sozialer und kommunaler Einrichtungen eingeleitet worden. Unter dem Druck der KPD-

Ausgehend von sozialreformerischen Zielstellungen wurde in diesen Jahren auch die Anlage einiger Siedlungen, z.B. am Peterborn, im Tiergarten sowie am Ringelberg gefördert. Komplexe Wohnbebauungen mit Mehrfamilienhäusern erfolgten vorrangig im Bereich der Hamburger-, Dortmunder- und Biereyestraße sowie in der damaligen Roon-, Flensburger- und Clausewitz-Straße. Ein- bis Zweifamilien-

---

[38] Ebenda, vorl. Arch. Nr. 8704, Volksbegehren „Panzerkreuzerverbot".

Abb. 338. Gebäude des 1925 eröffneten Flughafens Erfurt-Ilversgehofen, heute Neubaugebiet „Roter Berg"

häuser wurden überwiegend im sogenannten Dichter- und Malerviertel sowie in Hochheim und am Brühler Herrenberg errichtet.

Obwohl die Bevölkerungszahl in den Jahren 1923 bis 1929 nur um rund 6000 anstieg, konnte die Wohnungsnot mit diesen Baumaßnahmen nicht überwunden werden. In der Innenstadt beschränkte sich die Bautätigkeit auf Geschäfts- und Verwaltungsgebäude, wie das Gebäude der heutigen Poliklinik Mitte am Anger – Ecke Johannesstraße, heute Leninstraße (1928), die Mitteldeutsche Landesbank, Filiale Erfurt, heute Stadtsparkasse, auf dem Anger (1928) und die Oberpostdirektion am Beethovenplatz (1929). Anfänge einer Altstadtsanierung wurden im Moritzhof gemacht. Außerdem entstanden vier neue Schulen, das Kühlhaus (1926), eine Neuanlage der Radrennbahn im Andreasried (1925) und das Volksbad im Nordpark (1925).

Die flächenmäßige Ausdehnung der Stadt machte die Erschließung neuer Verkehrswege und -mittel erforderlich. Zur Unterstützung des Straßenbahnverkehrs, dessen Netz nach 1924 erweitert wurde, richtete die Erfurter Elektrische Straßenbahn-AG

1925 drei Stadtomnibuslinien, vom Anger nach Neudaberstedt, vom Anger zum Schlachthof und vom Hauptbahnhof zum Nordpark, ein. Ihnen folgten in den nächsten Jahren auch Überlandlinien in die umliegenden Dörfer. 1926 wurde die Kleinbahnlinie Erfurt–Nottleben eröffnet. Mit der Einweihung des Flughafens an der Stotternheimer Landstraße am 11. Mai 1925 erhielt Erfurt Anschluß an das nationale und internationale Flugnetz.

Auch im städtischen Gesundheitswesen entstanden nach langen Jahren der Stagnation dringend notwendige neue Einrichtungen zur medizinischen und sozialen Betreuung der Bevölkerung. 1925 wurde das alte Hospital am Johannesring abgerissen und an seiner Stelle das neue Hospital errichtet. 1926 begann der Bau der Chirurgischen Klinik, der 1928 fertiggestellt wurde. Besonders bemühte sich die Stadtverwaltung um die Verbesserung der Kinderfürsorge. Für gesundheitsgefährdete Kinder aus schlechten Wohnverhältnissen wurde 1927 auf dem Gelände der alten Walderholungsstätte im Tannenwäldchen ein Waldheim bzw. eine Waldschule errichtet. Trotz dieser Teilerfolge konnten die sozialen Bedingun

Abb. 339. Eröffnung des Erfurter Flughafens am 25. Mai 1925

gen der Erfurter Werktätigen nicht grundlegend verbessert werden. Die für das Gesundheits- und Sozialwesen 1927 verausgabten Mittel in Höhe von 1 556 400 M waren so gering, daß die soziale Not nicht wesentlich gelindert werden konnte.[39]

Der vorübergehende wirtschaftliche Aufschwung bot günstigere Bedingungen für die Entwicklung des geistig-kulturellen Lebens. Dazu kam, daß im Ergebnis der Novemberrevolution Künstler und Angehörige der Intelligenz mehr als zuvor nach neuen Wirkungsmöglichkeiten und Ausdrucksformen suchten. In diesem Aufbruch aus der geistigen Enge militaristisch-preußischer Herrschaft wurden Kultur- und Geistesleben der Stadt von gegensätzlichen Kräften beeinflußt. Proletarische und bürgerlich-progressive Künstler und Kulturschaffende brachten beachtliche kulturelle, humanistische Leistungen hervor. Die Arbeiterklasse und ihre Verbündeten knüpften nach 1945 an diese Elemente einer demokratischen und sozialistischen Kultur an und fügten sie als kulturelles Erbe in die antifaschistisch-demokratische und sozialistische Umwälzung auf dem Gebiet der Ideologie und Kultur ein.

Da aber die gesellschaftlichen Grundlagen des alten Herrschaftssystems nicht überwunden worden waren, wirkten noch starke reaktionäre Traditionen weiter. Nebeneinander und in ständiger Auseinandersetzung miteinander entfalteten sich zwei entgegengesetzte Kulturströmungen, von denen die eine in die Zukunft weisende kulturelle Werte hervorbrachte, die andere zunehmend Züge bürgerlicher Dekadenz und reaktionärer Ideologie annahm und sich faschistisches Gedankengut zu eigen machte.

Geschickt verstanden es bürgerliche Ideologen, neue demagogische Theorien der ökonomisch und politisch gestärkten Monopolbourgeoisie zu entwickeln und diese mit dem Ziel zu verbreiten, die Massen vom Klassenkampf abzuhalten und sie den Interessen der reaktionären imperialistischen Kräfte unterzuordnen. Bei der Verbreitung ihrer Ideologie bedienten sich die herrschenden Kreise der Massenmedien und der Vergnügungsindustrie. Den Bestrebungen nach Kommerzialisierung des spätbürger-

[39] Ebenda, 3/121-0, Haushaltsplan der Stadt Erfurt.

lichen Kulturbetriebs kam wegen der langanhalten-
den geistigen und materiellen Entbehrungen im ersten Weltkrieg und zur Zeit der Inflation ein weit-
verbreiteter Drang nach Vergnügungen entgegen.
1928 gab es in Erfurt drei Kabaretts, zwei große Säle,
in denen Varieté- und Revueveranstaltungen stattfanden, 300 Restaurants und Weinstuben und außerdem rund 600 Vereine (einschließlich Parteien) mit
eigenen kulturellen Aktivitäten.[40]

Nicht überwundene „Kaisertreue", reaktionär-
militaristisches Gedankengut sowie Glaube an die
verschiedensten prophetischen Verkündigungen
beherrschten neben progressiven Ideen die Szene.
Eindeutig revanchistischen Charakter trugen die
über 40 Kriegervereine und über 30 Vereine zur
Pflege des „Deutschtums" und des „Heimatge-
fühls".

Charakteristisch für das in bürgerlichen Kreisen
der Stadt nach wie vor verbreitete Obrigkeitsden-
ken war die Erfurter Köpenickiade Harry Domelas,
eines Arbeitslosen aus dem Baltikum, der sich die
monarchistische Ideologie zunutze machte. Da man

In zunehmendem Maße nahmen Konzerne bestimmenden Einfluß auf die Presse und die neuen
Medien der Massenbeeinflussung – Film und Rundfunk. Am 17. Februar 1924 fand der erste Radiovor-
trag in Erfurt im Anger-Lichtspieltheater statt. 1925
wurde die erste Rundfunkbesprechungsanlage im
Thüringer Mode- und Ausstattungshaus Richard
Reibstein AG in der Schlösserstraße, heute Hermann-Jahn-Straße, eingerichtet. Nach der Umstellung vom Stumm- auf den Tonfilm im Jahre 1929
wurde dieses Medium zum wirksamsten Mittel der
Massenbeeinflussung.

Neben wenigen künstlerisch-wertvollen Filmen
bestimmten rührselige Streifen, seichte Unterhal-
tungs- und Revuefilme nach Hollywood-Manier sowie Filme zur Verherrlichung des Krieges die Pro-
gramme der fünf Erfurter Kinos. Chauvinistische
und antikommunistische Hetze sowie völkische Parolen beherrschten auch die vom Hugenberg-Kon-
zern herausgegebene „Mitteldeutsche Zeitung".
Daneben konnten rechtsorientierte Gruppierungen
ihre antidemokratischen und nationalistischen

Abb. 340.
Das Arbeiterbläser-Corps
Erfurt

ihn auf Grund seines Aussehens für den inkognito
reisenden ältesten Sohn des ehemaligen Kronprin-
zen hielt, öffneten sich Baron von Korff – wie sich
Domela nannte – die Türen der Erfurter Fabrikan-
ten- und Offiziersvillen. 1926 empfing der Direktor
des Hotels „Kossenhaschen", heute „Erfurter Hof",
den vermeintlichen Hohenzollernprinzen mit offenen Armen.[41]

Phrasen in einer Vielzahl kleinerer Zeitungen und
Zeitschriften ungehindert verkünden.

Andererseits wurde das geistig-kulturelle Leben
in den Jahren der Weimarer Republik in zunehmen-

[40] Einwohnerbuch der Stadt Erfurt, 1928.
[41] Thüringer Allgemeine Zeitung, 12. 7. 1927; Harry Domela,
Der falsche Prinz, Berlin 1983 (1. Aufl. 1927).

Abb. 341. Kundgebung während des Gau-Sänger-Treffens 1925 auf dem Friedrich-Wilhelm-Platz

dem Maße von der erstarkenden revolutionären Arbeiterbewegung beeinflußt. Viele Künstler und Angehörige der Intelligenz fanden den Weg zur Zusammenarbeit mit der Arbeiterklasse. Besonders im Gefolge der Orientierung der KPD auf die Massenpolitik Mitte der 20er Jahre entstanden proletarische kulturelle Organisationen, deren Ziel es war, eine neue proletarisch-sozialistische Kultur und Kunst zu schaffen, die Arbeiterklasse mit den Traditionen des werktätigen Volkes und des progressiven kulturellen Erbes des deutschen Volkes vertraut zu machen, eigene schöpferische Aktivitäten zu wecken und zu fördern. So wurden 1925 der Spielmannszug und die Schalmeienkapelle des RFB geschaffen. Stabsführer des Spielmannszuges war Max Sorbe, Mitglied des Betriebsrates bei Pels. 1928 wurde ein Arbeiterbläserchor gebildet. Sein Repertoire umfaßte sowohl Arbeiter-Kampflieder als auch Werke des klassischen Erbes.

Weitere kulturelle Organisationen der Erfurter Arbeiterbewegung waren die „Interessengemeinschaft für Arbeiterkultur", das „Linkskartell geistiger Arbeiter und freier Berufe", dem der „Bund der

sozialistischen Geistesarbeiter", der „Bund proletarisch-revolutionärer Schriftsteller" und der „Bund der Freunde der Sowjetunion" angeschlossen waren, sowie der Arbeiter-Theaterbund „Vorwärts". Die Arbeiter-Schauspieler brachten z. B. im Kaisersaal das Stück „Die Matrosen von Cattaro" von Friedrich Wolf zur Aufführung. Auch „Die Maßnahme" von Bertolt Brecht stand auf ihrem Spielplan. Zu machtvollen Kundgebungen wurden die Gau-Treffen der Arbeitersänger Thüringens im Juli 1925 und im Juli 1930, an denen jeweils 8000 bis 10 000 Sängerinnen und Sänger beteiligt waren. Das Massensingen auf den Domstufen wurde von rund 6000 Menschen bestritten.

Gemeinsam mit dem „Bund der Freunde der Sowjetunion" organisierte die IAH zahlreiche Informations- und Kulturveranstaltungen zugunsten der Sowjetunion, um die allgemein verbreiteten Lügen über den ersten sozialistischen Staat zu widerlegen. 1925 wurde im „Kaisersaal" erstmals der Film „Panzerkreuzer Potemkin" aufgeführt. 14 Tage lang waren die rund 1000 Plätze ausverkauft. Ähnliche Erfolge brachte die Aufführung der Filme „Sturm über

Abb. 342. Der sowjetische Geiger Julius Eduard Soermus mit seiner Begleiterin

Asien" und „Die Mutter". Russische Künstler, Balalaikagruppen, Tanzensembles usw. gastierten in Erfurt mit großem Erfolg. Einen Höhepunkt bildete der Auftritt des „Roten Geigers" Julius Eduard Soermus, der nach seinem begeistert aufgenommenen ersten Gastspiel 1922 am 6. Februar 1927 erneut mit seiner Frau, der Pianistin Virginia Tschaikowski-Soermus, in der „Harmonie", bis 1926 „Tivoli", heute Klubhaus des Schuhkombinates „Paul Schäfer", auftrat. Trotz der Versuche der Thüringischen Landesregierung, diese Veranstaltung zu verhindern, wurde sie ein voller Erfolg.[42]

Aber auch bürgerlich-progressive Kräfte engagierten sich im künstlerischen und kulturellen Leben Erfurts und trugen wesentlich dazu bei, daß einige vorwärtsweisende Leistungen erreicht wurden. Ihre Bestrebungen wurden durch die vorübergehende Verbesserung der wirtschaftlichen Lage Mitte der 20er Jahre begünstigt, die es gestattete, mehr öffentliche Mittel auch für kulturelle Zwecke

auszugeben. Die Stadtverwaltung stand solchen Tendenzen relativ aufgeschlossen gegenüber. Sichtbaren Ausdruck fand das vor allem in der Bauplanung und -gestaltung, in der Entwicklung des städtischen Museums sowie des Theaters.

Die rege Bautätigkeit in Erfurt während der Periode der relativen Stabilisierung wurde in der architektonischen Gestaltung von neuen Tendenzen beeinflußt. Das städtische Bauwesen erlangte unter Leitung von Stadtbaurat Ludwig Boegel vor allem durch den aus Süddeutschland stammenden Johannes Klaß einen bedeutenden Aufschwung. Seine Bauten, zu denen die Chirurgische Klinik (1928), das große Hospital am Johannesring 40 (1925) mit einem Wandbild von Carl Crodel (1926), die Filiale der Mitteldeutschen Landesbank am Anger (1928) mit

Abb. 343. Programm eines Solidaritätskonzertes zugunsten des Kinderheims der „Internationalen Organisation zur Unterstützung von Kämpfern der Revolution" (MOPR) in Elgersburg bei Ilmenau

---

[42] Horst Benneckenstein, Soermus – der „Rote Geiger" in Thüringen, in: Beiträge zur Geschichte Thüringens, Bd. II, Erfurt 1970, S. 161 ff.

Abb. 344. Die 1928 eröffnete Chirurgische Klinik der städtischen Krankenanstalten an der Nordhäuser Straße

figürlichem Portalschmuck von Hans Walther, das Gebäude des Landesarbeitsamtes in der Schillerstraße 44 (1929, heute FDGB-Schule) gehören, sind Zeugen hoher künstlerischer Meisterschaft. Die Durchsetzung der sogenannten neuen Sachlichkeit war vor allem den Architekten Theo Kellner (Allgemeine Ortskrankenkasse Erfurt 1929/1930 mit Portaleinfassungen von Hans Walther, Augustinerstraße 38), Heinrich Herrling und Ernst Flemming zu verdanken. In den neu errichteten Wohnvierteln wurde eine einfache Formensprache mit einer größeren Wirtschaftlichkeit des Wohnungsbaus verbunden.

Um die Förderung eines humanistischen Kultur- und Geisteslebens erwarben sich auch einige Vertreter des städtischen Bürgertums Verdienste. So erfuhr das städtische Museum durch das Mäzenatentum des Stadtverordneten der DDP und Schuhfabrikanten Alfred Heß besondere Unterstützung. Als Vorsitzender des Erfurter Museumsvereins begann Heß 1919 bedeutende deutsche Künstler in sein Haus in der Richard-Breslau-Straße 14 einzuladen. Zu seinen Gästen zählten so bedeutende zeitgenössische Maler und Grafiker wie Max Pechstein, Emil Nolde, Karl Schmidt-Rottluff, Erich Heckel, Otto Mueller, Lyonel Feininger, Johannes Molzahn, Wassily Kan-

dinsky, Christian Rohlfs, Paul Klee und Otto Dix, weltbekannte Musiker wie Kurt Weill und Paul Hindemith sowie Kunstwissenschaftler wie Wilhelm Worringer, Richard Hamann und Ludwig Justi.

Durch eine dem fortschrittlichen bürgerlichen Kunstschaffen geöffnete Ankaufspolitik der Museumsdirektoren Edwin Redslob (bis Dezember 1919), Walter Kaesbach (seit April 1920) und später Herbert Kunze (seit 1925), die ebenfalls zu den Gästen des Hauses Heß zählten, gelang es, den Bestand an Malerei und Grafik im städtischen Museum besonders auf dem Gebiet der zeitgenössischen Kunst in großem Umfang zu erweitern.

Wegen der beschränkten öffentlichen Geldmittel orientierte sich das Museum daneben hauptsächlich auf den Ankauf von Thüringer Kunst und heimatgeschichtlichen Exponaten. Museumsdirektor Kaesbach gab den drei Erfurter musealen Einrichtungen ein neues Profil. 1922 wurde im Erdgeschoß des Angermuseums die Mittelalterhalle in neuer Gestalt eröffnet. Seit 1922 wurde im Haus „Zum Stockfisch" etappenweise die naturgeschichtliche und vorgeschichtliche Sammlung aufgebaut, die historische Abteilung und die volkskundliche Heimatsammlung befanden sich im Herrenhaus des großen Hospitals, heute Museum für Thüringer Volkskunde.

Abb. 345. Die Barfüßerkirche. Gemälde von Lyonel Feininger (Aquarell auf Japanpapier, 1923)

Zu Beginn der 30er Jahre besaß das Erfurter Museum eine bedeutende Sammlung zeitgenössischer Kunst, zu der Werke von so bekannten Künstlern, wie Oskar Kokoschka, Otto Dix, Paul Klee, Paula Modersohn, Johannes Driesch, Oswald Baer, Otto Hofmann, Ernst Ludwig Kirchner, Emil Nolde, Otto Mueller, Christian Rohlfs, Wilhelm Lehmbruck, Erich Heckel, Carl Crodel, Karl Schmidt-Rottluff

bis 1945 Lehrer an der Kunstgewerbeschule in Erfurt war, Robert Sandrock (1897 bis 1956), Schüler der Kunstgewerbeschule in Erfurt, der seit 1928 in Erfurt freischaffend wirkte, und Hans Walther (1888 bis 1965), der seit 1919 in Erfurt tätig war und neben freien Plastiken eine Vielzahl baugebundener Arbeiten an öffentlichen Gebäuden, eine Friedhofsplastik und Arbeiten für Sakralbauten schuf.

Abb. 346. Portal des 1928 errichteten Gebäudes der Mitteldeutschen Landesbank am Anger (heute Filiale der Stadtsparkasse) mit Portalschmuck von Hans Walther

und Hans Walther zählten. Gegen die progressive Kulturpolitik der Museumsleitung protestierten jedoch konservative und rechtsorientierte Kreise der Stadt. Die Anfeindungen gegen die moderne Kunst nahmen schließlich politischen Charakter an und wurden sogar Teil des Wahlprogramms der Großdeutschen Volkspartei. Ebenso protestierten diese Kreise gegen den modernen Baustil neu errichteter Gebäude, wie der Allgemeinen Ortskrankenkasse und der UfA-Palast-Filmlichtspiele in der Bahnhofstraße 41/42. Sie verleumdeten die Plastiken des Bildhauers Hans Walther als „entartet" und verlangten deren Entfernung. Die Mitteldeutsche Zeitung diffamierte eine Ausstellung des Dresdner Malers Otto Dix im städtischen Museum als „bolschewistische Kunst".[43]

Zu den herausragenden Künstlern, die in Erfurt über einen längeren Zeitraum wirksam wurden, zählten Franz Markau (1881 bis 1968), der von 1926

Das moderne Kunsthandwerk wurde von der 1898 gegründeten Erfurter Kunstgewerbeschule beeinflußt, die – ähnlich dem Weimarer Bauhaus – bestrebt war, neuzeitliche Formgestaltung zu verwirklichen. Diese städtische Fachschule für die Aus- und Weiterbildung von Kunsthandwerkern, die seit 1925 unter der Leitung von Regierungsbaumeister Julius Ballin stand, besaß einen guten Ruf über Erfurts Grenzen hinaus. Viele bekannte Künstler begannen hier ihre Ausbildung. Zu ihnen zählten Max Karl Beyer (geb. 1899), von 1918 bis 1920 Schüler und von 1945 bis 1955 Lehrer an dieser Einrichtung, Otto Knöpfer (geb. 1911), Schüler von 1931 bis 1935, und Margarethe Reichardt (1903 bis 1984), Schülerin von 1921 bis 1926.

Auch in anderen Bereichen belebte sich das geistig-kulturelle Leben Erfurts in den Jahren der rela-

---

[43] Mitteldeutsche Zeitung, 13.7.1929.

tiven Stabilisierung oder wurde von neuen Tendenzen geprägt. So erfuhr die Erfurter Stadtbücherei seit Mitte der 20er Jahre unter Leitung von Dr. Wolfram Suchier ihren bis dahin größten Bestandszuwachs. Nicht zuletzt war diese Entwicklung dem Wirken der 1925 gegründeten Erfurter Bibliotheksgesellschaft unter Leitung von Prof. Dr. Johannes Biereye zu verdanken.

Auf dem Gebiet der Geschichtsforschung entstanden zahlreiche vom bürgerlichen Standpunkt geprägte Studien zur Stadtgeschichte, die in den beiden Erfurter Publikationsreihen „Mitteilungen des Vereins für Geschichte und Altertumskunde von Erfurt" sowie „Jahrbuch der Akademie gemeinnütziger Wissenschaften zu Erfurt" veröffentlicht wurden. Besondere Verdienste um die Herausgabe dieser Schriften, die noch heute wegen ihres Faktenreichtums unentbehrlich für die Erforschung der Stadtgeschichte sind, erwarb sich der Leiter des Stadtarchivs Alfred Overmann.

Einen neuen Aufschwung nahm das Musikleben, als sich 1926 die beiden traditionsreichen bürgerlichen Vereine, der „Sollersche Musikverein" und der „Erfurter Musikverein" zur „Erfurter Chorvereinigung" zusammenschlossen. Auch die im gleichen Jahr gegründete „Erfurter Konzertvereinigung" unter Leitung von Franz Jung setzte jahrhundertealte Erfurter Musiktraditionen fort. Da die Stadt über ungenügende Mittel verfügte, gab Jung zeitweilig Konzerte seiner Symphonie-Konzertreihe unentgeltlich. Wesentliche Anregungen erhielt das Erfurter Musikleben auch durch Prof. Richard Wetz, der neben seiner Tätigkeit als Leiter des Erfurter Musikvereins (bis 1925) als Musikkritiker und Lehrer am Thüringer Konservatorium sowie als Komponist wirkte.

Das Profil des Erfurter Theaters, das bis 1923 ein nach kommerziellen Gesichtspunkten geleitetes Privatunternehmen gewesen war, veränderte sich. Nachdem die Folgen der Inflation allmählich überwunden worden waren, entwickelte es sich unter der Intendanz von William Schirmer, ab 1928 unter Leitung von Herbert Maisch, von einem relativ unbedeutenden zu einem guten Provinztheater. Es galt als „Sprungbühne" für die größeren und bedeutenden Bühnen Deutschlands.

In den Spielplan wurden neben „Kassenfüllern" auch progressive Werke und Experimentierstücke aufgenommen. Vor allem unter Maisch wurden Stücke von Friedrich Wolf, Leo Tolstoi, August Strindberg und Bertolt Brecht gespielt. Als zweites Theater in Deutschland führte das Erfurter Theater die Oper „Der Protagonist" von Kurt Weill auf. In der neu eingerichteten Kammerspielbühne standen ständig zeitgenössische Werke auf dem Spielplan.

Diese Veränderungen in der Spielplangestaltung führten zu erbitterten Auseinandersetzungen zwischen den Anhängern der neuen progressiven Richtung und konservativen Kräften. So verwahrte sich die Mitteldeutsche Zeitung im Namen des konservativen „theaterliebenden Erfurter Publikums" gegen die Aufführung von Tendenz- und Diskussionsstücken „kommunistischer Prägung".[44]

An der Spitze dieser Kräfte stand der Führer der Großdeutschen Volkspartei Adolf Schmalix (siehe S. 395), der in seinem „Echo Germania" gegen Stücke von Brecht (Die Dreigroschenoper) und Zuckmayer sowie gegen progressive Inszenierungen von Shakespeare-Stücken in der „Erfurter Kunstscheune" protestierte und statt dessen die Aufführung „völkisch-bodenständiger" Stücke oder die Schließung des Theaters forderte. Die rechtsgerichteten Kräfte inszenierten Theaterboykotte und Pfeifkonzerte und entfachten ein regelrechtes Kesseltreiben gegen den Intendanten Herbert Maisch, den sie mit der Behauptung diffamierten, er habe „Juden und Ausländer in großer Zahl ans Erfurter Theater" gebracht, während „deutsche Künstler stellenlos dem Elend ausgeliefert" blieben.[45] 1930 gelang es den reaktionären Kräften, Maisch aus Erfurt zu vertreiben.

Die in der zweiten Hälfte des Jahres 1926 einsetzende wirtschaftliche Belebung machte sich auch im Erfurter Wirtschaftsleben durch ein starkes Anwachsen der Produktion, besonders in den rationalisierten Großbetrieben, bemerkbar. Dieser konjunkturbedingte zeitweilige Aufschwung führte jedoch nicht, wie die reformistischen Führer der Sozialdemokratie behaupteten, zu einer „Demokratisierung der Wirtschaft" oder zu einer dauerhaften und generellen Verbesserung der Lebenslage der Werktätigen, sondern zur Festigung der Macht der Monopole und zur Erweiterung ihres politischen Einflusses sowie zur Verschärfung der Ausbeutung.

Während in diesen Jahren die organisierten Arbeiter durch Streikaktionen zum Teil eine vorübergehende Verbesserung ihrer Lebenslage erreichen konnten, trafen Lohnabbau und Entlassungen besonders hart Angestellte und Mitglieder der jungen Intelligenz sowie ältere Arbeiter. Zur schlechten sozialen Lage kamen die seelische Not und die Erniedrigung der Betroffenen, von denen jedoch nur wenige den Weg zur Arbeiterbewegung fanden und statt

---

[44] Mitteldeutsche Zeitung, 27.10.1928.
[45] Echo Germania, Nr. 47a, 1929.

dessen bei politischen Strömungen Unterstützung zu finden hofften, die sich mit leeren Versprechungen für eine bessere Zukunft eine Massenbasis für ihre reaktionären Ziele zu verschaffen suchten.

Mit der ökonomischen Konsolidierung der Monopolbourgeoisie, die sich deutlich nach der Bildung der ersten Bürgerblockregierung unter Reichskanzler Hans Luther und der Wahl Hindenburgs zum Reichspräsidenten (1925) abzeichnete, begann sich die Reaktion auch politisch fester und umfassender zu organisieren. Im zweiten Wahlgang der Reichspräsidentenwahl stimmten von den 90 720 Wahlberechtigten der Stadt 44 315 für den Kandidaten der Rechtsparteien Paul von Hindenburg, während 10 111 Stimmen auf den kommunistischen Kandidaten Ernst Thälmann entfielen.[46]

Die Furcht des kleinen und mittleren Bürgertums vor erneuten revolutionären Erhebungen, vor Inflation und Wirtschaftskrisen bildete einen günstigen Angriffspunkt für völkische und faschistische Ideologien. Militante Organisationen, wie der „Stahlhelm", der „Jungsturm", der „Jungdeutsche Or-

Nachdem es 1924/1925 unter den verschiedenen Ortsgruppen rechtsgerichteter Verbände zum Teil heftige Auseinandersetzungen und Differenzen gegeben hatte, schlossen sich „völkische" und „vaterländische" Gruppierungen in wachsendem Maße zu nationalistischen Interessenverbänden, wie dem „Tannenberg-Bund" zusammen. Sämtliche rechtsstehende Organisationen einschließlich der Krieger- und Militärvereine wurden im „Schwarz-weiß-roten Ring" aktiv, der offen gegen die Weimarer Republik agierte. Ihm gehörten u.a. der „Wehrwolf", der „Stahlhelm", der „Wikingbund", dessen Angehörige in der Nacht vom 12. zum 13. März 1926 den jüdischen Friedhof der Stadt verwüsteten, der „Jungsturm", der „Nationalverband deutscher Offiziere" und der „Reichsoffiziersbund" an. Hinter diesen Verbänden und Organisationen standen die DNVP, die Deutsch-völkische Freiheitspartei sowie die NSDAP.

Ein Teil der Anhänger des „Schwarz-weiß-roten Ringes" unterstützte, zunächst versteckt, später offen, faschistische Elemente, die in zunehmendem

Abb. 347. Propagandawagen der KPD im Wahlkampf (1921). Vordere Reihe, 4. von links: Hermann Jahn

den", der in Thüringen besonders stark konzentriert war, der „Alldeutsche Verband" und andere nationalistische Vereinigungen verstärkten ihre demagogische Arbeit. Sie bildeten die Basis für die Rechtsentwicklung, weil die großen bürgerlichen Parteien ihre antirepublikanischen Pläne vorerst parlamentarisch verbrämten.

Maße Anschläge auf Kommunisten verübten. Die großen bürgerlichen Rechtsparteien, besonders die DNVP, gaben in der zweiten Hälfte der 20er Jahre ihre Zurückhaltung auf. So offenbarte ein Redner

---

[46] StAE, 1-2/042-8696, Reichspräsidentenwahlen. Zweiter Wahlgang, 20.4.1928, Bl. 179f.

Abb. 348. Demonstration für die Verweltlichung des Schulwesens
während des Schulstreiks 1928 auf dem Friedrich-Wilhelm Platz, heute Domplatz

der DNVP das Konzept dieser Partei mit der Forderung: „Wir brauchen einen Mann an der Spitze, der deutsch denkt und handelt und auch deutscher Abstammung ist. Wir werden noch weiter verelenden, wenn wir nicht endlich Schluß machen mit der Erfüllungspolitik."[47]

Obwohl die KPD eindringlich vor der Gefahr des Faschismus warnte, gewannen auch in Erfurt faschistische Elemente seit 1925/1926 zunehmend vor allem innerhalb der Großbourgeoisie und der kleinbürgerlichen Schichten an Einfluß. Seit Anfang 1925 existierte in der Stadt nach anfänglichen Niederlagen wieder eine Ortsgruppe der NSDAP, die zunächst 30 Mitglieder zählte. Sie stand unter Leitung des Kontoristen Fritz Bonsack. Im gleichen Jahr entstand eine Sturmabteilung der NSDAP (SA) mit 16 Mitgliedern.

Während jedoch die NSDAP erst 1930 einen größeren Anhang gewinnen konnte, gelang es dem Schriftleiter und „Führer" der ebenfalls faschistischen Großdeutschen Volkspartei Adolf Schmalix bereits seit 1924, in Erfurt beträchtlichen Einfluß zu gewinnen. Schmalix, Herausgeber des antisemitischen Wochenblattes „Echo Germania", in dem Bürger der Stadt mit üblen Klatschgeschichten angegriffen und erpreßt wurden, wurde in Erfurt zu einem Wegbereiter des Faschismus. Durch Verleumdungen und völkische und antisemitische Demagogie suchte er sich vor allem im Mittelstand eine Massenbasis zu sichern. Sein Programm, das er von Programmen anderer völkischer Parteien und Vereine kopiert hatte, ähnelte besonders dem der NSDAP.[48] In der Arbeiterklasse fand Schmalix kaum Widerhall. Er wurde von den Arbeitern spöttisch „Schmieriax" genannt. Die Kommunisten, die Schmalix schon 1923 als faschistischen Provokateur angeprangert hatten, traten offen gegen ihn auf. Ein großer Teil der Bevölkerung erkannte jedoch die

[47] Ebenda, 1-2/154, vorl. Archiv. Nr. 1508, Berichte über die politische Lage.
[48] Monika Kahl, Adolf Schmalix und die faschistische „Großdeutsche Volkspartei", in: Zeitschrift für Geschichtswissenschaft, H. 5/1976, S. 547 ff.

Gefährlichkeit dieses faschistischen Demagogen nicht. Viele erblickten in seinen Auftritten nur eine „Harlekinade".

Das Ergebnis dieser Ignoranz wurde bei den Kommunalwahlen 1929 sichtbar, als Schmalix, gestützt auf den relativ höchsten Anteil von rund 10 000 Wählerstimmen, als Führer einer der beiden stärksten Fraktionen und als stellvertretender Stadtverordnetenvorsteher in das Stadtparlament einzog. Schmalix' Großdeutsche Volkspartei errang zehn Sitze, die bürgerliche Vereinigung (DNVP, DVP, Zentrum und DDP) dreizehn, die SPD elf, die KPD sechs, die NSDAP einen und zwei weitere bürgerliche Gruppierungen elf Sitze.

Weil die großen traditionellen bürgerlichen Parteien mit ihrer Politik beim größten Teil des Bürgertums unglaubhaft geworden waren, wandten sich viele seiner Angehörigen in zunehmendem Maße solchen faschistischen Gruppierungen wie der Schmalix-Partei zu. In deren Programmen und Versprechungen erblickten sie eine Alternative zu den bestehenden Verhältnissen, insbesondere im Kampf gegen die erstarkende KPD. Die fortschreitende Proletarisierung großer Teile des Kleinbürgertums schuf günstige Voraussetzungen dafür, daß die Demagogie solcher Abenteurer wie Schmalix gerade hier auf fruchtbaren Boden fiel. Schmalix, so stellten die Erfurter Kommunisten treffend fest, konnte nur werden, was er war, „durch die Unterstützung der bürgerlichen Gesellschaft, und diese wird sich mit ihm abzufinden haben, wenn nicht das revolutionäre Proletariat solchen Elementen und der bürgerlichen Gesellschaft, in der sie doch nur gedeihen können, ein Ende bereitet".[49]

3.
Auswirkungen der Weltwirtschaftskrise und Kampf der Arbeiterklasse gegen Krise, Kriegsgefahr und Faschismus (1929 bis 1933)

Mit dem sogenannten schwarzen Freitag an der New Yorker Börse am 25. Oktober 1929 setzte eine neue zyklische Krise ein, die als Weltwirtschaftskrise in die Geschichte einging. Sie erreichte bis dahin unbekannte Ausmaße. Mit ihren Auswirkungen schwanden auch die Illusionen dahin, die viele Einwohner Erfurts unter dem Einfluß der bürgerlichen und sozialdemokratischen Propaganda von „ewiger Prosperität" bzw. von einem „organisierten" oder „demokratischen Kapitalismus" gehegt hatten.

Auch in Erfurt kam es zu einer krassen Verschärfung der sozialen und politischen Gegensätze. Die Produktion ging fast um die Hälfte zurück. In den Kontobüchern von Pels und J. A. John, der Erfurter Maschinen- und Waffenfabrik GmbH (ERMA) und des Lingel-Konzerns waren Produktionsrückgang und Nichtauslastung der Produktionskapazitäten auch am Rückgang der Gewinne abzulesen.[50] Wenn Pels nicht in so starkem Maße wie andere Unternehmen betroffen wurde und 1931 sogar noch die üblichen acht Prozent Dividende an die Aktionäre auszahlen konnte, so war das nicht zuletzt auf den auch während der Krise sicheren Absatz in die Sowjetunion, die sogenannten Russenaufträge, zurückzuführen.

Wie schon während der Inflation wälzte die Bourgeoisie die Lasten der Krise auf die Werktätigen ab. Am härtesten wurden sie durch die Arbeitslosigkeit getroffen, die bis dahin unvorstellbare Ausmaße erreichte. Waren in der Stadt 1929 6538 Arbeitslose registriert worden, so stieg ihre Anzahl bis Sommer 1932 auf fast 20 000. Das hieß, daß zu dieser Zeit etwa 30 Prozent der Werktätigen ohne Arbeit waren. 75 Prozent von ihnen erhielten keinerlei Krisen- oder Arbeitslosenunterstützung.

Aber auch die Lebenslage jener Arbeiter und Angestellten, die ihren Arbeitsplatz noch nicht verloren hatten, verschlechterte sich durch ständigen Lohnabbau und Kurzarbeit. So schwankte die wöchentliche Arbeitszeit beim Lingel-Konzern von September 1930 bis Oktober 1931 zwischen 37,5, 25,5 und 31 Wochenstunden. Die Löhne wurden bei den bestbezahlten männlichen Facharbeitern vom Dezember 1929 bis Januar 1932 von 92 auf 76 Pf., bei weiblichen von 69 auf 57 Pf. gedrückt, wobei der Reichsdurchschnitt der Löhne in dieser Zeit höher lag als in Erfurt.

Auch die Mittelschichten wurden hart von der Krise getroffen. Die Anzahl der selbständigen Gewerbetreibenden ging bis 1933 um über 300 zurück. Bei größeren Firmen, wie bei der Erfurter Mechanischen Schuhfabrik AG und bei der Schuh-

---

[49] Das Rote Echo, 16. 11. 1929.
[50] Betriebsarchiv VEB Kombinat Umformtechnik „Herbert Warnke", 00-1, 007; StAE, 1-2, vorl. Arch. Nr. 94 – 3801, Bl. 10.

Abb. 349. Der Anger mit dem Kaufhaus „Römischer Kaiser" (heute Centrum-Warenhaus) um 1930

fabrik Cerf & Bielschowsky im Jahr 1932, kam es nicht selten zu Konkursen.

Die allgemeine Zerrüttung der Lebensverhältnisse spiegelte sich auch im Rückgang der Geburtenzahl von 2306 im Jahr 1929 auf 1861 im Jahr 1932 wider, obgleich die Anzahl der Eheschließungen gestiegen war. Die Sparkasseneinlagen schmolzen von 24 auf 19 Mill. RM zusammen.

Eine besonders traurige Bilanz der Krisensituation bieten die Statistiken der Selbstmorde und der Kriminalität. Hatten sich im Inflationsjahr 1921 43 Erfurter das Leben genommen, waren es 1931 59. Die Zahl der schweren Straftaten stieg zwischen 1931 und 1932 von 5464 auf 6515. Der Rückgang des Wohnungsbaues von 1188 Wohnungen 1930 auf nur 289 im Jahr 1932 wirkte sich ebenfalls ungünstig auf die Lebensbedingungen der Werktätigen aus.[51]

Wie überall versuchten die reaktionären Kräfte auch in Erfurt, die sich in den werktätigen Massen und im Kleinbürgertum ausbreitende Verzweif-

lungsstimmung und Unzufriedenheit für ihre antidemokratische und antikommunistische Demagogie zu nutzen. Vor allem die vom Monopolkapital ausgehaltenen Hitlerfaschisten erhielten mit der Vertiefung der Krise einen bedrohlichen Auftrieb. Mit antikommunistischer Hetze und sozialer Demagogie suchten sie ihre Massenbasis zu verbreitern, um auf diese Weise mit den „legalen" Mitteln des bürgerlichen Parlamentarismus die offene, terroristische Diktatur der reaktionärsten Elemente des Monopolkapitals zu errichten.

Von Anfang an hatte die KPD die werktätigen Massen gegen die faschistische Gefahr zu mobilisieren versucht, den Klassencharakter der faschistischen Bewegung, ihrer Ideologie und ihrer sozialen Basis immer klarer herausgearbeitet und unter maßgeb-

[51] Kurt Ludwig, Der Kampf der Erfurter Arbeiter gegen den Faschismus 1931 bis 1932, Erfurt 1957, S. 16, 21, 26, 28, Anhang S. 125 ff.

lichem Einfluß Ernst Thälmanns in Auseinandersetzung mit der nationalistischen Demagogie ihren Standpunkt zur nationalen Frage auf der Grundlage des Marxismus-Leninismus weiter ausgearbeitet.[52] Einen bemerkenswerten Platz bei der Klärung dieser für den politischen Kampf der Partei wichtigen Frage nahm das große Reichstreffen der Roten Sportler zu Pfingsten 1930 in Erfurt ein. Im Zusammenhang mit dem Kampf gegen die faschistische Gefahr bewegte die Vorbereitung des Treffens der Arbeitersportler die gesamte Partei. Der Beschluß, das Treffen in Erfurt durchzuführen, wurde im Januar gefaßt,[53] um die massiven Angriffe der rechtssozialdemokratischen Spalter der Arbeitersportbewegung abzuwehren und die Arbeitersportler für den antifaschistischen Kampf zu mobilisieren.

Nachdem die NSDAP in Thüringen bei den Landtagswahlen vom Dezember 1929 erhebliche Stimmengewinne erzielt hatte und am 23. Januar 1930 mit Dr. Wilhelm Frick in Thüringen zum ersten Male in Deutschland ein Faschist als Minister in eine Landesregierung gelangt war,[54] sah die Parteiführung der KPD in der weitgefächerten öffentlichen Vorbereitung des Treffens der Arbeitersportler gerade in Erfurt die Möglichkeit, ihre antifaschistische, den wahren nationalen Interessen des deutschen Volkes dienende Politik vor den werktätigen Massen wirksam darzulegen.

Der Bezirksparteitag der KPD, der kurz vor dem Treffen am 24. und 25. Mai 1930 in der „Harmonie" in Erfurt stattfand, hob die politische Bedeutung dieser Massendemonstration der Roten Sportler ebenfalls hervor. Um die Kräfte der KPD in Thüringen und die nun günstigeren politischen Bedingungen im preußischen Gebiet besser für den Klassenkampf nutzen zu können, beschloß er, die Bezirksleitung von Jena wieder nach Erfurt zu verlegen und die vier Presseorgane der Bezirksorganisation – „Gothaer Volksblatt", „Rotes Echo", „Neue Zeitung" und „Ostthüringische Tribüne" – im „Thüringer Volksblatt" zusammenzufassen. Der Sitz der Bezirksleitung der KPD, der Redaktion des „Thüringer Volksblatts", des Thüringer Volksverlags und der Druckerei Fortschritt befand sich von da an in der Leipziger Straße 12, heute Nr. 19. Hier wirkten so bewährte Kommunisten wie Fritz Apel, Friedrich Wilhelm (Fritz) Heilmann, Hermann Grosse, Otto Trillitzsch und Josef Ries als Redakteure sowie Richard Eiling, Paul Hockarth und Wilhelm Döll als die für Verlag und Vertrieb verantwortlichen Funktionäre der KPD.

In einem Artikel in der Roten Fahne, der unter dem Titel: „Rüstet für Erfurt! Alle Kräfte angespannt für das Reichstreffen der roten Sportler!" am 2. Juni 1930 auch im Bezirksorgan der KPD, dem „Thüringer Volksblatt", erschien, erläuterte der Vorsitzende der KPD Ernst Thälmann den Zusammenhang von Sport und Gesellschaft, Körperkultur und Klassenkampf und wies den entgegengesetzten Charakter der proletarischen und der bürgerlichen Sportbewegung nach. Thälmann orientierte die revolutionären Sportler auf die „geistige und körperliche Stärkung der Kräfte der Arbeiterklasse im Kampf gegen den Faschismus".

Thälmann fuhr selbst nach Erfurt, um zu den dicht gedrängten Massen auf dem Friedrich-Wilhelm-Platz zu sprechen. Bei strahlendem Sommerwetter herrschte unter den über 30000 Teilnehmern eine kämpferische Stimmung. In der Ansprache Ernst Thälmanns kam die seit dem XIII. Parteitag der KPD im Juni 1929 geleistete politische und theoretische Arbeit zur Abwehr der faschistischen Gefahr, zur Entlarvung der nationalistischen Demagogie der NSDAP und zur Herausbildung der Grundlagen des Programms zur nationalen und sozialen Befreiung des deutschen Volkes zum Ausdruck, das auf Initiative Ernst Thälmanns wenige Wochen später, am 24. August 1930, vom ZK der KPD beschlossen wurde. „Wir Kommunisten", rief Thälmann den Arbeitersportlern zu, „kämpfen auch für eine Nation, aber nicht für eine Nation der Thyssen und Klöckner, Borsig und Siemens, Blohm & Voß und Cuno ... Wir kämpfen statt dessen für eine Nation, in der die Werktätigen das Staatsruder selbst in die Hand nehmen, in der sie die Schlüsselindustrien, die Eisenbahn, die Schiffahrt, die Banken in die Hand der Allgemeinheit überführen und den Weg zum Sozialismus einschlagen."[55]

Einige Wochen später kam Thälmann im Reichstagswahlkampf am 8. September 1930 nochmals nach Erfurt und erläuterte den im „Kaisersaal" und in der „Harmonie" versammelten Arbeitern die antifaschistische Politik der KPD auf der Grundlage

[52] Elfriede Lewerenz, Zur Bestimmung des imperialistischen Wesens des Faschismus durch die Kommunistische Internationale (1922 bis 1935), in: Faschismus-Forschung. Positionen, Probleme, Polemik, hrsg. von Dietrich Eichholtz und Kurt Gossweiler, Berlin 1980, S. 21f.

[53] IML, ZPA, St. 10/175.

[54] Kurt Ludwig, Die Arbeiterklasse in Thüringen im Kampf gegen das Vordringen des Faschismus und die Bildung der Frick-Regierung 1928–1930, phil. Diss., Jena 1959 (Ms), S. 205ff.

[55] Ernst Thälmann, Reden und Aufsätze zur Geschichte der Deutschen Arbeiterbewegung, Bd. II, Berlin 1956, S. 449f.; Ernst Thälmann, Eine Biographie, hrsg. vom IML beim ZK der SED, Autorenkollektiv: Günter Hortzschansky, Walter Wimmer, Lothar Berthold u.a., zweite Aufl., Berlin 1980, S. 469f.

des Programms zur nationalen und sozialen Befreiung des deutschen Volkes. Am gleichen Tag sprach er vor den Redakteuren des „Thüringer Volksblatts" über die Pressepolitik der KPD.

Vom Erfurter Pfingsttreffen der revolutionären Sportler gingen auch starke Impulse auf den weiteren Kampf der Erfurter Arbeiter um die antifaschistische Aktionsgemeinschaft aller Demokraten gegen die Gefahr des Faschismus aus. Die Schaffung einer antifaschistischen Front auf breitester Grundlage war dringend geboten, da die vom Großkapital ausgehaltenen faschistischen Kräfte immer unverhüllter die Errichtung einer Diktatur anstrebten. Zu dieser Zeit wurden die Überfälle von SA-Leuten und Stahlhelm-Anhängern auf Erfurter Arbeiter immer zahlreicher und brutaler. Sie verstärkten ihren Terror vor allem in den Arbeiterwohngebieten des Stadtzentrums und in Erfurt-Nord.

Unter diesen Bedingungen setzten die Werktätigen der Stadt ihren Kampf gegen die Abwälzung der Krisenlasten auf die Volksmassen entschieden fort. Die Brüningsche Notverordnung vom 1. Dezember 1930, die eine Senkung der sozialen Ausgaben und der Löhne vorsah, hatte auch die mitteldeutschen Metallindustriellen zur Senkung der Löhne ermuntert. Von den Angriffen der Industriellen des Bergbaus auf die Löhne der Bergarbeiter und von den Tarifkündigungen der sächsischen und thüringischen Textilindustriellen ermutigt, wollte auch die Direktion der Maschinenfabrik Pels, ohne die Verbindlichkeitserklärung des Reichsarbeitsministers abzuwarten, die beabsichtigte Lohnsenkung rückwirkend ab 1. Januar 1931 in Kraft setzen. Am 2. Januar teilte sie diese Absicht dem Betriebsrat mit. Dieses Vorgehen führte zu den heftigsten politischen und sozialen Kämpfen. In ihrem Mittelpunkt stand der Streik der Pels-Arbeiter, der durch eine Lohnkürzung am 8. Januar 1931 ausgelöst wurde und in Massendemonstrationen und Kundgebungen am 12. und 13. Januar in Erfurt-Nord gipfelte.

Eine Polizeihundertschaft umstellte das Betriebsgelände, schützte etwa 60 Streikbrecher und ging gegen die Demonstranten mit Gummiknüppeln vor. Bei dem Zusammenstoß zwischen Streikenden, Erwerbslosen und unter Polizeischutz stehenden Streikbrechern ließ in der Nähe der Adler-Apotheke ein Polizeileutnant ein Kommando mit gezogenen Pistolen in die Menge vordringen und gab Feuerbefehl. Der aus der Stadt kommende und völlig unbeteiligte Arbeiter Hugo Hoffmann sank tödlich getroffen zusammen. Diese Ereignisse brachten die Erregung auf den Höhepunkt. Der Betrieb blieb geschlossen. Der Streik ging weiter.

Die verräterische Haltung der rechten Gewerkschaftsführer des Metallarbeiter-Verbandes verhinderte jedoch einen Erfolg der Streikenden. Nach dem Spruch des staatlichen Schlichters, der die Lohnsenkung anerkannte, drängten sie die Arbeiter, den Kampf abzubrechen.

Weil die KPD an der Spitze des Kampfes der Pels-Arbeiter stand und mit der Revolutionären Gewerkschaftsopposition (RGO) und der IAH die Streikenden und ihre Familien zu Solidaritätsaktionen zu gewinnen suchte, traf sie die Gewalt der Polizeimacht und der Haß der reaktionären politischen Kräfte in besonderem Maße. Bereits am 5. Januar ließ der Polizeipräsident mit etwa 280 Kriminal- und Polizeibeamten den Sitz der Bezirksleitung der KPD in der Leipziger Straße 12 überfallen und durchsuchen. Die Pels-Direktion entließ fünf Betriebsratsangehörige wegen ihrer Mitgliedschaft in der KPD. Ein von Paul Schäfer in der Stadtverordnetenversammlung eingebrachter Antrag, die Angehörigen des erschossenen Arbeiters Hoffmann und der Streikenden zu

Abb. 350. Aufmarsch während des Reichstreffens der Roten Sportler in Erfurt, Pfingsten 1930

Abb. 351. Der Vorsitzende der KPD Ernst Thälmann spricht anläßlich des Reichstreffens der Roten Sportler am 8. Juni 1930 auf dem Friedrich-Wilhelm-Platz, heute Domplatz

unterstützen, wurde von der Mehrheit der Stadtverordneten einschließlich der SPD-Fraktion niedergestimmt. Vier Wochen nach dem Streik wurde elf Arbeitern und Arbeiterinnen vom großen Schöffengericht der Prozeß gemacht. Trotz einer Protestkundgebung auf dem Friedrich-Wilhelm-Platz wurden acht von ihnen wegen angeblichen Landfriedensbruchs zu insgesamt 52 Monaten Gefängnis verurteilt.

Zwar hatten die Pelsarbeiter nach 14tägigem Kampf infolge des Verrats der reformistischen Partei- und Gewerkschaftsführer und der rigorosen Unterdrückungspolitik der örtlichen Staatsorgane eine Niederlage erlitten. Der Kampfgeist der Pelsarbeiter wirkte jedoch fort, wie es sich in den folgenden Streiks der Bauarbeiter im April 1931, der Schuharbeiter im März und April 1932 und der Straßenarbeiter sowie der Arbeiter der Lampenfabrik Stübgen im Herbst 1932 zeigte.

Die KPD hatte sich als einzige Partei erwiesen, die sich konsequent für die Lebensinteressen des werktätigen Volkes und seine sozialen und demokratischen Rechte einsetzte und den Massen den Weg zur Verhinderung einer faschistischen Diktatur wies. Dabei konnte sie ihren Masseneinfluß ausweiten und vertiefen, obwohl sich alle reaktionären bür-

gerlichen Kräfte und auch die rechten sozialdemokratischen Führer auf eine antikommunistische, verleumderische Kampagne eingeschworen hatten und der bürgerliche Staatsapparat mit wiederholten Verboten des „Thüringer Volksblattes" und mit Polizeiüberfällen die revolutionären Kräfte des Proletariats einzuschüchtern und ihren Einfluß auf die Massen zurückzudrängen versuchte.

Bei den Reichstagswahlen am 24. September 1930 stimmten 18 509 Erfurter Wähler (22,4 Prozent) für

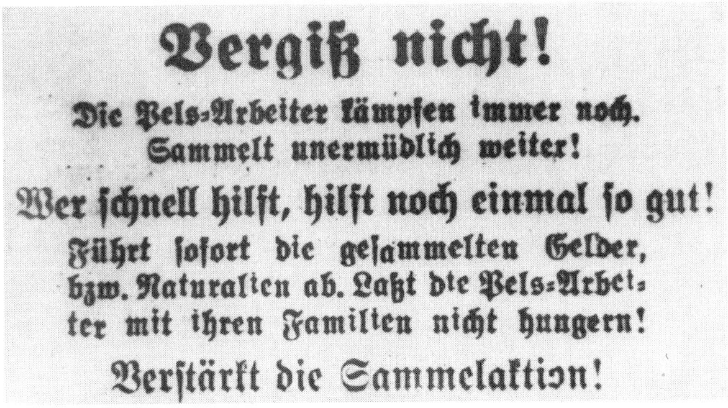

Vergiß nicht!

Die Pels-Arbeiter kämpfen immer noch. Sammelt unermüdlich weiter!

Wer schnell hilft, hilft noch einmal so gut!

Führt sofort die gesammelten Gelder, bzw. Naturalien ab. Laßt die Pels-Arbeiter mit ihren Familien nicht hungern!

Verstärkt die Sammelaktion!

Abb. 352. Flugblatt zur Unterstützung des Streiks der Pels-Arbeiter im Januar 1931

die KPD und 14 980 (18,1 Prozent) für die SPD. Die NSDAP erhielt 17 058 Stimmen (17 Prozent). Auch bei dem ersten großen Einbruch der Hitlerfaschisten in die Wählermassen bei den preußischen Landtagswahlen am 24. April 1932, bei denen die NSDAP 30 920 Stimmen (37,8 Prozent) erhielt, blieben 16 523 (20,1 Prozent) Wähler der KPD treu, während der Anteil der SPD auf 12 857 Stimmen (15,7 Prozent) absank. Bei den Reichstagswahlen am 31. Juli und am 6. November 1932 konnte die KPD ihre Wählerbasis festigen. Sie erhielt 19 600 (23,2 Prozent) bzw. 19 960 Stimmen (24,3 Prozent). Für die SPD wurden 12 200 (14,5 Prozent) bzw. 12 700 (15,4 Prozent) Stimmen abgegeben.

Auch bei den Reichspräsidentenwahlen am 13. März und 10. April 1932 konnte die KPD mit ihrem Kandidaten Ernst Thälmann ihre Positionen in der Erfurter Arbeiterschaft im wesentlichen behaupten. 21 243 Wähler, das waren 23,7 Prozent, stimmten für Thälmann. Auch im zweiten Wahlgang waren es noch 14 734 oder 17,4 Prozent. Hindenburg hatte im ersten Wahlgang 31 420 Stimmen (35,1 Prozent) und Hitler 23 555 Stimmen (26,3 Prozent) erhalten. Die Wahlergebnisse der KPD in Erfurt unterschieden sich erheblich vom Reichsdurchschnitt. Wie auch bei den voraufgegangenen Wahlen hatte die KPD in Erfurt die stärksten Positionen in der Arbeiterklasse inne. Ihre Wählerzahlen lagen zumeist über den Ergebnissen der KPD im Reich und waren stets höher als die der SPD.

Bis auf das Zentrum ging der – vorwiegend kleinbürgerliche – Wähleranhang der bürgerlichen Parteien 1932 in erheblichem Maße zur NSDAP über. Durch Zulauf aus den bürgerlichen Parteien erhielt die NSDAP im Juli 1932 35 000 Stimmen (42,2 Prozent). Der Wegbereiter des Hitlerfaschismus in Erfurt, Adolf Schmalix, verlor seinen Anhang fast völlig an die Hitlerpartei und stellte schließlich die auf ihn entfallenen Stimmen Hitler zur Verfügung.[56]

Die DNVP tat sich in nationalistischer, gegen die Weimarer Republik gerichteter Phraseologie besonders hervor und verstärkte gleichzeitig den offenen Terror gegen die Arbeiterklasse mit den Kolonnen des unter ihrem Einfluß stehenden Stahlhelm. Immer häufiger war er an Überfällen auf Arbeiterdemonstrationen beteiligt. Unter Leitung des Lehrers und Stadtrats Hans-Phillip Willich biederte sich die DNVP vor allem nach der Bildung der „Harzburger Front" im Oktober 1931 immer mehr den Hitlerfaschisten an. In der Reichspräsidentenwahlkampagne „rebellierte" sie sogar in Erfurt gegen das Idol aller militaristischen und erzreaktionären Gruppierungen, den Reichspräsidenten Paul von Hindenburg, weil er sich mit den Stimmen des „Hauptfeindes" SPD wählen lassen wolle und seinen „alten Kameraden" nicht mehr sein Ohr leihe.[57] Sie unterstützte die NSDAP in ihren Massenkampagnen in Erfurt und Thüringen, indem sie in ihrer „Mitteldeutschen Zeitung" stets umfangreich und mehr als wohlwollend über Naziversammlungen berichtete.

Schützenhilfe und direkte Unterstützung erhielten die Hitlerfaschisten nicht nur durch die reaktionärsten und aggressivsten Kräfte der Monopolbourgeoisie im Reich, sondern auch von Unternehmern in Erfurt. So stellte der Besitzer der Erfurter Pumpenfabrik Hans-James Schwade den SA-Kolonnen sein Fabrikgelände an der Melchendorfer Straße für Übungen und Aufmärsche zur Verfügung. Die Aufdeckung einer Spende der Niederlassung des Woolworth-Konzerns an die SA in Erfurt erregte in der Presse Aufsehen.[58] Diese Zusammenhänge wurden bisher nur zum Teil bekannt, weil sie damals ganz bewußt verschleiert worden sind.

In diesem Klima konnten die Hitlerfaschisten gut gedeihen. Mit ihrer hemmungslosen nationalistischen Demagogie und durch den vor allem von den

Abb. 353. IAH-Solidaritätsaktion für ausgesperrte Schuharbeiter in Erfurt. Ohne Kopfbedeckung: Adolf Helbig

[56] StAE, 1-2, vorl. Arch. Nr. 042 – 3120, Abstimmungsergebnisse 1919–1936.
[57] STAW, vorl. Arch. Nr. 10 971, Bd. 3 (1931/1932), Bl. 83.
[58] Ebenda, vorl. Arch. Nr. 1403, Bl. 23.

SA-Horden ausgeübten Terror in den Arbeiterwohngebieten sowie gegen Arbeiterversammlungen zogen sie zunehmend in soziale Verzweiflung getriebene und verwirrte Kleinbürger und Werktätige in ihre Netze. Zugleich verschärften die örtlichen Staatsorgane ihre Repressivmaßnahmen gegen die KPD. Seit Sommer 1931 häuften sich polizeiliche Untersuchungen mit Überfallkommandos im Parteihaus in der Leipziger Straße 12. Druckschriften wurden beschlagnahmt und Verbote gegen das „Thüringer Volksblatt" erlassen. Polizeikommandos schützten SA-Aufmärsche, vor allem bei Auftritten bekannter Nazi-Führer wie dem Reichspropagandaleiter der NSDAP, Josef Goebbels, im Reichshallentheater im Juni 1931.

Im Frühjahr 1932 spitzte sich die politische Lage weiter zu. Die monopolistischen, junkerlichen und militaristischen Kreise der herrschenden Klasse zweifelten daran, daß die Brüning-Regierung noch in der Lage wäre, ihre Interessen bei der weiteren Vertiefung der Krise des kapitalistischen Systems zu wahren. Sie ersetzten deshalb am 1. Juni Brüning durch Franz von Papen.

Der fortschreitende Faschisierungsprozeß erforderte neue Kraftanstrengungen der Arbeiterklasse und ihrer revolutionären Partei, um den Hitlerfaschisten den Weg an die Macht zu verlegen. Auf Initiative von Ernst Thälmann rief das ZK der KPD auf seinem Mai-Plenum zur Bildung der Antifaschischen Aktion auf. Damit wurde eine starke Bewegung in der Partei und in der Öffentlichkeit ausgelöst, die Grundlagen der Bündnispolitik gegen den Hitlerfaschismus zu verbreitern. Die Erfurter KPD-Organisation war bei der Entfaltung der Antifaschistischen Aktion stark behindert, weil das „Thüringer Volksblatt" von Ende Mai bis Anfang Juni 1932 wegen seiner wahrheitsgemäßen Berichterstattung über Zusammenstöße zwischen Erwerbslosen und der Thüringer Polizei in Waltershausen, bei der der Arbeiter Walter Kaufmann ermordet worden war, unter Polizeiverbot stand und gegen führende Funktionäre Hochverratsverfahren eingeleitet worden waren.

Der Staatsstreich der Papen-Regierung am 20. Juli 1932 gegen die sozialdemokratisch geführte preußische Regierung war ein weiterer wesentlicher Schritt zur Faschisierung. Am gleichen Tage strömten über 40000 Kundgebungsteilnehmer aus Erfurt und der Thüringer Umgebung in die Mitteldeutsche Kampfbahn, heute Georgi-Dimitroff-Stadion, um an einer Massenversammlung der Antifaschistischen Aktion teilzunehmen. Ernst Thälmann war als Redner angekündigt. Er hatte schon am 10. Juli 1932 in

Berlin vor dem Reichs-Einheitskongreß der Antifaschistischen Aktion und auf zahlreichen Großkundgebungen, zuletzt am 19. Juli 1932 in Dresden, auf die Notwendigkeit der antifaschistischen Einheitsfront und eines überparteilichen Sammelbeckens gegen den Faschismus in Gestalt der Antifaschistischen Aktion hingewiesen. Wegen des Papenstaatsstreichs konnte er jedoch nicht nach Erfurt kommen. Einmütig bekundeten die Versammelten ihren Willen zum Widerstand gegen die Faschisierung und den Staatsstreich in Preußen und stimmten der Bildung der Antifaschistischen Aktion zu.

Wie groß die Gefahr einer faschistischen Diktatur bereits war, zeigte wenige Tage später ein Aufmarsch von 50000 Faschisten aus Thüringen im gleichen Stadion, auf dem Adolf Hitler während seines vom Finanzkapital bezahlten „Deutschlandfluges" zur Vorbereitung der Reichstagswahlen sprach. Ferner wirkte das Wahlergebnis der Hitlerfaschisten am 31. Juli 1932 im Land Thüringen alarmierend, das Ende August zur Bildung einer Landesregierung von NSDAP und Landbund mit dem Faschisten Fritz Sauckel als Ministerpräsidenten führte.

Gegen den wachsenden faschistischen Terror verstärkten sich die Bestrebungen des Zusammenschlusses aller demokratischen Kräfte in der Antifaschistischen Aktion. Ein erstes Ergebnis wurde im Juni 1932 im Erfurter Wohngebiet „Am Dämmchen" im Stadtzentrum erzielt. Kommunistische, sozialdemokratische und parteilose Arbeiter schlossen sich zusammen, um gemeinsam die Überfälle der SA-Horden abzuwehren, die diese zumeist von ihrem Versammlungslokal „Pilse" aus organisierten.[59] In der ersten Nummer des Wochenblattes der KPD-Stadtverordnetenfraktion „Das Echo" riefen sie am 7. Juni die gesamte Bevölkerung dazu auf, ebenso zu handeln und so eine faschistische Diktatur zu verhindern.

Obwohl die sozialdemokratische „Tribüne" die Antifaschistische Aktion ständig verleumdete und die SPD-Arbeiter von einem Zusammengehen mit Kommunisten durch Ausschlußandrohungen abzuhalten versuchte, kam es in der Stadt immer öfter zu gemeinschaftlichen Aktionen von Kommunisten, Sozialdemokraten und Parteilosen gegen die Provokationen der Hitlerfaschisten. So entstand z. B. im Erfurter Kraftpostamt ein antifaschistisches Komitee. Schon damals erwiesen sich die Kommunisten als Vorkämpfer im Ringen um die Erhaltung des Friedens. Wie in jedem Jahr, so nutzte die KPD auch

---

[59] Ebenda, vorl. Arch. Nr. 10971, Bl. 43.

Abb. 354. Die Mitteldeutsche Kampfbahn, heute Georgi-Dimitroff-Stadion, erbaut von 1927 bis 1931

1932 den 1. August, den Antikriegstag, um die Hintergründe imperialistischer Kriege aufzudecken und im Sinne der Antifaschistischen Aktion die NSDAP als Kriegspartei zu entlarven. Zugleich bereitete sie den Internationalen Kampfkongreß gegen den Krieg vom 27. bis 29. August 1932 in Amsterdam vor, an dem auch 16 Delegierte aus Erfurt und Thüringen teilnahmen. Wegen eines Leitartikels im „Thüringer Volksblatt" unter dem Titel „Krieg dem Kriege" leitete der Regierungspräsident erneut ein Verbotsverfahren gegen das Organ der KPD ein.

Wie in ganz Deutschland war auch in Erfurt die KPD die einzige Kraft, die sich vorbehaltlos und opferbereit gegen den Vormarsch der NSDAP, gegen die Faschisierung des gesamten politischen Lebens und damit für die Erhaltung der politischen und sozialen Rechte der Werktätigen einsetzte. Als Hermann Jahn im November 1932 zum Bezirksparteitag der KPD im Reichshallentheater als Leiter des Unterbezirks Erfurt der KPD die Delegierten begrüßte, konnte er berichten, daß sich die Mitgliedschaft der Bezirksorganisation verfünffacht habe. Die Thüringer Parteiorganisation der KPD war seit 1930 um über 5000 auf 10 163 Mitglieder gewachsen.[60] In kritischer Auseinandersetzung mit Mängeln in der politischen Arbeit orientierte der Parteitag auf die Massenkämpfe im Winter 1932/1933 unter der Losung: „Vereinigt Euch im gemeinsamen Kampf gegen die faschistische Diktatur".

Zugleich mit dem Kampf gegen die drohende faschistische Gefahr begann sich die Partei auch mit der Frage zu beschäftigen, was werden würde, wenn der Machtantritt der Hitlerfaschisten nicht verhindert werden könnte. Entsprechend den Hinweisen Ernst Thälmanns wurden Vorkehrungen getroffen, daß die Partei auch unter einer faschistischen Diktatur ihre Arbeit illegal fortsetzen konnte. So ließ z. B. der für die Literatur und die Agit-Prop-Arbeit verantwortliche Funktionär der Bezirksleitung der KPD Richard Eyermann unter dem Druck der laufenden Hausdurchsuchungen im Parteihaus in der Leipziger Straße den Literaturbestand mehrere Male verlegen.[61] Schon nach dem 6. Juni 1932, dem Regierungsantritt des Kabinetts Papen, traf das ZK verstärkte Vorkehrungen für die Sicherung der Arbeit der Partei auch unter illegalen Bedingungen und wirkte entsprechend auf die Bezirksleitung ein.[62]

Der Bezirksparteitag der KPD im November 1932 hatte die Kräfte der Partei noch einmal auf die Lösung der Hauptaufgabe orientiert und zum Kampf gegen den Hitlerfaschismus zusammengefaßt. Es war für lange Jahre das letzte Mal, daß die bewährten Vertreter der Arbeiterklasse Erfurts und Thüringens über ihre Aufgaben und Ziele legal und ohne Lebensgefahr beraten konnten.

Im Januar 1933 überstürzten sich die Ereignisse. Für die reaktionärsten Kräfte des Finanzkapitals, der Junker und der Militaristen war offensichtlich geworden, daß der am 3. Dezember 1932 von dem

[60] Thüringer Volksblatt, 20. 11. 1932.
[61] IML, ZPA, St. 4/15, Bd. 2; Ernst Thälmann, Eine Biographie, S. 634, 648.
[62] IML, ZPA, St. 10/42, Bd. 3.

unter ihrem Einfluß stehenden Reichspräsidenten Hindenburg zum Reichskanzler einer Übergangsregierung berufene Reichswehrgeneral Kurt von Schleicher die zugespitzte politische Situation nicht mehr in ihrem Sinne beherrschen konnte. Seit dem Herbst 1932 sank der Masseneinfluß der Hitlerfaschisten. Bei den Reichstagswahlen im November 1932 verloren sie Millionen Stimmen. In Erfurt ging die Zahl ihrer Wähler um über 10 000, d. h. von einem Anteil von 42,2 auf 29,8 Prozent zurück. Unter diesen Umständen entschlossen sich die reaktionärsten Teile des Monopolkapitals, Hitler an die Macht zu schieben. Über den ehemaligen Reichskanzler und Intimus Hindenburgs Franz von Papen waren die Verhandlungen mit Hitler und den Vertretern des Monopolkapitals in vollem Gange.

Mit einer provokatorischen Terrorwelle im ganzen Reich suchten die Faschisten ihren monopolistischen Hintermännern zu beweisen, daß sie ihr Versprechen, den „Marxismus in Deutschland auszurotten" und mit einer zügellosen Kriegsvorbereitung einen wirtschaftlichen Aufschwung herbeizuführen, einlösen würden. Vom NSDAP-Parteilokal „Schweizerhalle" in der Magdeburger Straße, heute Karl-Marx-Allee, aus überfielen SA-Kolonnen unter dem Beifall der reaktionärsten Kräfte des Bürgertums fast täglich das Arbeiterviertel Erfurt-Nord und die traditionellen Versammlungsstätten der Arbeiterbewegung „Volkshaus" und „Harmonie" und suchten die Arbeiter durch SA-Aufmärsche am 5., 12. und 19. Januar 1933, die stets unter dem Schutz eines großen Polizeiaufgebots standen, einzuschüchtern. Mit Gummiknüppeln und gezogenen Pistolen wur-

Abb. 356. Ehemalige Mitarbeiter der Bezirksleitung Großthüringen der KPD im Hof des früheren Parteihauses der KPD in der Leipziger Straße 12 (heute Nr. 19): Von links vordere Reihe: Alfred Noll, ehemaliger Organisationsleiter der Bezirksleitung, Else Noack, Arno Voigt, Walter Opitz

den die immer mächtigeren Gegendemonstrationen der Arbeiter von der Polizei auseinandergetrieben oder in die Seitenstraßen abgedrängt. Bei diesen Gegendemonstrationen zeigten die Arbeiter erneut ihre Entschlossenheit zu gemeinsamen antifaschistischen Aktionen von Kommunisten, Sozialdemokraten und parteilosen Arbeitern, obgleich die rechten SPD-Führer dies mit allen Mitteln zu verhindern suchten.

Während die faschistischen Horden ihren Terror unter Polizeischutz ausüben konnten, wurden Versammlungen der KPD von der Polizei aufgelöst oder vom Polizeipräsidenten verboten. Die reaktionäre Presse, insbesondere die „Mitteldeutsche Zeitung", erhob die Forderung: „Wann endlich erfolgt das Verbot aller kommunistischen Versammlungen und die Auflösung aller kommunistischen Organisationen?"[63]

Mitten in diesen harten Auseinandersetzungen zwischen Hitlerfaschisten und profaschistischen Staatsorganen und den Erfurter Arbeitern traf am 30. Januar 1933 die Nachricht von der Ernennung Hitlers zum Reichskanzler ein.

Im Manifest der Antifaschistischen Aktion im Juli 1932 hatte die KPD gewarnt: „Galgen und Zuchthäuser des Faschismus bedrohen das deutsche Proletariat und die Werktätigen in Stadt und Land" und die

Abb. 355. Flugzettel des provisorischen Angestellten-Erwerbslosenausschusses 1931

[63] Mitteldeutsche Zeitung, 24. 1. 1933.

arbeitenden Massen „zum gemeinsamen brüderlichen Freiheitskampf gegen die faschistischen Todfeinde des werktätigen Volkes und ihre Handlanger" aufgerufen. Viele Arbeiter und aufrechte bürgerliche Demokraten hatten entsprechend diesem Aufruf gehandelt. Viele sozialdemokratische und parteilose Arbeiter sowie große Teile des Bürgertums aber hatten sich von gemeinsamen Kampfaktionen mit den Kommunisten durch die Demagogie der Faschisten und die selbstmörderische antikommunistische Politik der reformistischen sozialdemokratischen Partei- und Gewerkschaftsführer abhalten lassen, die noch im Augenblick höchster Gefahr, am 30. Januar 1933, einen erneuten Einheitsfrontappell der KPD zurückwiesen.

So konnten die reaktionärsten Kreise des Monopolkapitals die bürgerlich-demokratische Republik beseitigen und eine faschistische Diktatur errichten, die auch zum dunkelsten Kapitel in der Geschichte der Stadt Erfurt werden sollte.

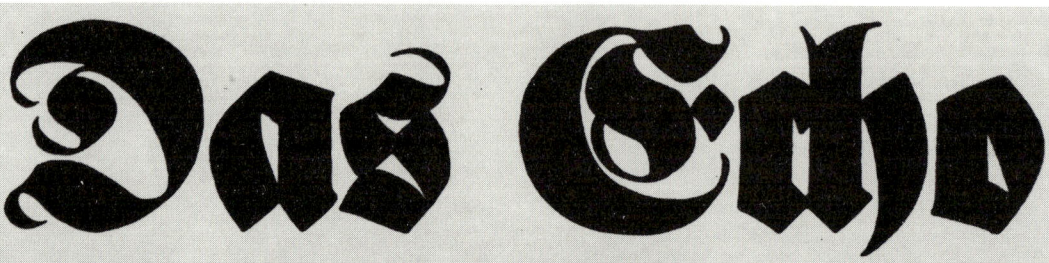

Abb. 357. Erste Nummer des Wochenblattes der Kommunistischen Stadtverordnetenfraktion und der Kommunistischen Kreistagsfraktion vom 7. Juni 1932

KAPITEL
XIII

Faschistische Diktatur und Zweiter Weltkrieg
(1933 bis 1945)

Von Rolf Weißenstein und Gitta Müller

1.

Faschistischer Terror und Beginn des illegalen Widerstandskampfes

Am 30. Januar 1933 beauftragte Reichspräsident Paul von Hindenburg den Führer der sogenannten Nationalsozialistischen Deutschen Arbeiterpartei (NSDAP), Adolf Hitler, mit der Bildung einer Regierung der „nationalen Konzentration". Mit der faschistischen Diktatur begann auch für Erfurt eines der dunkelsten Kapitel seiner Geschichte. Im Interesse der reaktionärsten, am meisten chauvinistischen Elemente des Monopolkapitals, der Junker und Militaristen schufen die Faschisten ein System der Gewalt und des Terrors, um die Arbeiterbewegung zu zerschlagen, alle bürgerlich-demokratischen Freiheiten zu beseitigen und einen Krieg um die Neuaufteilung der Welt zugunsten des deutschen Finanzkapitals vorzubereiten und durchzuführen.

Wie überall in Deutschland wurden auch in Erfurt noch im Verlauf des 30. Januar 1933 Flugblätter mit dem Aufruf des ZK der KPD an die gesamte deutsche Arbeiterklasse und ihre Organisationen zum Generalstreik und zur Bildung der antifaschistischen Einheitsfront zum Sturz der Hitlerdiktatur verbreitet. Bei der Verteilung dieser Flugblätter verhaftete die Polizei in der Stadt neun Mitglieder der KPD. Ein Zeichen dafür, daß viele Arbeiter gewillt waren, dem Appell der KPD zu folgen, war eine „von hinreißendem Kampfgeist getragene Demonstration" am 31. Januar 1933, „an der sich Tausende von Arbeitern beteiligten".[1] Sie endete mit einer Kundgebung auf dem Friedrich-Wilhelm-Platz, heute Domplatz.

Auch an den folgenden Tagen hielten die Proteste an, obwohl der Erfurter Regierungspräsident schon am 1. Februar alle kommunistischen Kundgebungen und Versammlungen unter freiem Himmel verboten hatte. Der Demonstration der SPD und der sozialdemokratisch geführten Eisernen Front am 1. Februar schlossen sich zahlreiche Mitglieder der KPD an. Als der Zug den Friedrich-Wilhelm-Platz erreichte, formierte sich dort gerade ein Fackelzug der SA und des Stahlhelms, dessen Teilnehmer es jedoch angesichts der Entschlossenheit der Arbeiter nicht wagten, die Kundgebung zu stören. Auch am 2. Februar versuchten größere Gruppen von Kommunisten, Sozialdemokraten und Angehörigen des Reichsbanners von Erfurt-Nord aus in die Innenstadt zu gelangen. Sie wurden aber von einem großen Polizeiaufgebot immer wieder brutal auseinandergetrieben.

Viele Mitglieder der Erfurter Ortsgruppe der SPD, die schon vorher mit ihren kommunistischen Klassengenossen zusammengearbeitet hatten, forderten jetzt noch energischer, mit den Kommunisten zusammenzugehen. Eine Reihe von ihnen erklärte in einem Antrag an den geplanten SPD-Parteitag im Februar 1933: „Die Einigung des deutschen Proletariats muß kommen, wenn es nicht unter der Herrschaft der faschistischen Reaktion zugrunde gehen will."[2] Aber die rechten sozialdemokratischen Führer lehnten ein gemeinsames Handeln mit den Kommunisten nach wie vor ab. Sie glaubten, den Fa-

---

[1] Thüringer Volksblatt, 3.2.1933.
[2] Zit. nach: Rundbrief Nr. 7 der SPD-Ortsgruppe Weimar vom 8.2.1933 (Stadtmuseum Weimar).

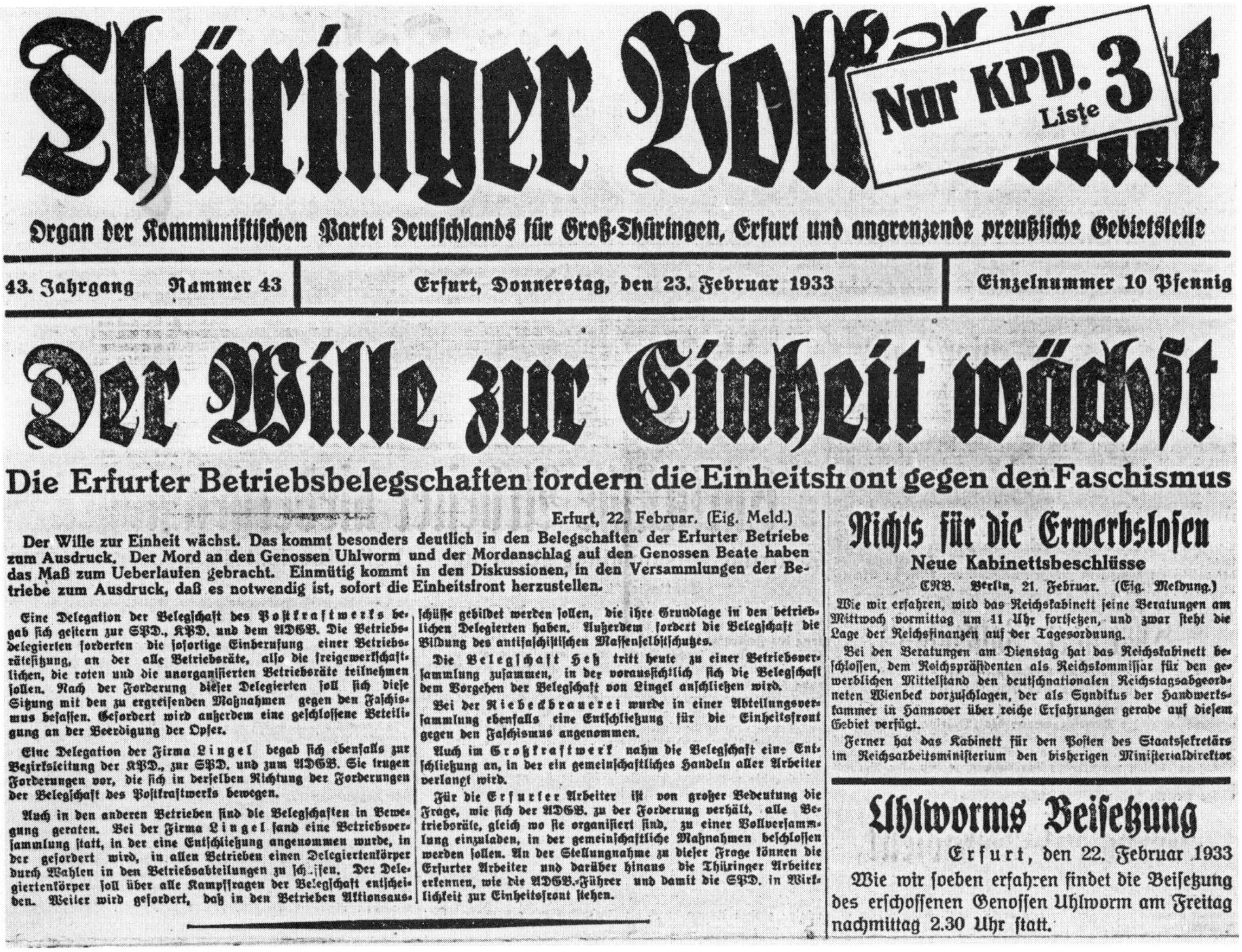

Thüringer Volk

Nur KPD. Liste 3

Organ der Kommunistischen Partei Deutschlands für Groß-Thüringen, Erfurt und angrenzende preußische Gebietsteile

43. Jahrgang Nummer 43 | Erfurt, Donnerstag, den 23. Februar 1933 | Einzelnummer 10 Pfennig

Der Wille zur Einheit wächst

Die Erfurter Betriebsbelegschaften fordern die Einheitsfront gegen den Faschismus

Erfurt, 22. Februar. (Eig. Meld.)

Der Wille zur Einheit wächst. Das kommt besonders deutlich in den Belegschaften der Erfurter Betriebe zum Ausdruck. Der Mord an den Genossen Uhlworm und der Mordanschlag auf den Genossen Beate haben das Maß zum Ueberlaufen gebracht. Einmütig kommt in den Diskussionen, in den Versammlungen der Betriebe zum Ausdruck, daß es notwendig ist, sofort die Einheitsfront herzustellen.

Eine Delegation der Belegschaft des Postkraftwerks begab sich gestern zur SPD., KPD. und dem ADGB. Die Betriebsdelegierten forderten die sofortige Einberufung einer Betriebsrätesitzung, an der alle Betriebsräte, also die freigewerkschaftlichen, die roten und die unorganisierten Betriebsräte teilnehmen sollen. Nach der Forderung dieser Delegierten soll sich diese Sitzung mit den zu ergreifenden Maßnahmen gegen den Faschismus befassen. Gefordert wird außerdem eine geschlossene Beteiligung an der Beerdigung der Opfer.

Eine Delegation der Firma Lingel begab sich ebenfalls zur Bezirksleitung der KPD., zur SPD. und zum ADGB. Sie trugen Forderungen vor, die sich in derselben Richtung der Forderungen der Belegschaft des Postkraftwerks bewegen.

Auch in den anderen Betrieben sind die Belegschaften in Bewegung geraten. Bei der Firma Lingel fand eine Betriebsversammlung statt, in der eine Entschließung angenommen wurde, in der gefordert wird, in allen Betrieben einen Delegiertenkörper durch Wahlen in den Betriebsabteilungen zu schaffen. Der Delegiertenkörper soll über alle Kampffragen der Belegschaft entscheiden. Weiter wird gefordert, daß in den Betrieben Aktionsausschüsse gebildet werden sollen, die ihre Grundlage in den betrieblichen Delegierten haben. Außerdem fordert die Belegschaft die Bildung des antifaschistischen Massenselbstschutzes.

Die Belegschaft Heß tritt heute zu einer Betriebsversammlung zusammen, in der voraussichtlich sich die Belegschaft dem Vorgehen der Belegschaft von Lingel anschließen wird.

Bei der Riebeckbrauerei wurde in einer Abteilungsversammlung ebenfalls eine Entschließung für die Einheitsfront gegen den Faschismus angenommen.

Auch im Großkraftwerk nahm die Belegschaft eine Entschließung an, in der ein gemeinschaftliches Handeln aller Arbeiter verlangt wird.

Für die Erfurter Arbeiter ist von großer Bedeutung die Frage, wie sich der ADGB. zu der Forderung verhält, alle Betriebsräte, gleich wo sie organisiert sind, zu einer Vollversammlung einzuladen, in der gemeinschaftliche Maßnahmen beschlossen werden sollen. An der Stellungnahme zu dieser Frage können die Erfurter Arbeiter und darüber hinaus die Thüringer Arbeiter erkennen, wie die ADGB.-Führer und damit die SPD. in Wirklichkeit zur Einheitsfront stehen.

Nichts für die Erwerbslosen

Neue Kabinettsbeschlüsse

CNB. Berlin, 21. Februar. (Eig. Meldung.)

Wie wir erfahren, wird das Reichskabinett seine Beratungen am Mittwoch vormittag um 11 Uhr fortsetzen, und zwar steht die Lage der Reichsfinanzen auf der Tagesordnung.

Bei den Beratungen am Dienstag hat das Reichskabinett beschlossen, dem Reichspräsidenten als Reichskommissar für den gewerblichen Mittelstand den deutschnationalen Reichstagsabgeordneten Wienbeck vorzuschlagen, der als Syndikus der Handwerkskammer in Hannover über reiche Erfahrungen gerade auf diesem Gebiet verfügt.

Ferner hat das Kabinett für den Posten des Staatssekretärs im Reichsarbeitsministerium den bisherigen Ministerialdirektor

Uhlworms Beisetzung

Erfurt, den 22. Februar 1933

Wie wir soeben erfahren findet die Beisetzung des erschossenen Genossen Uhlworm am Freitag nachmittag 2.30 Uhr statt.

Abb. 358. Bericht des KPD-Bezirksorgans „Thüringer Volk" über den Kampf um eine antifaschistische Einheitsfront

schismus auf legalem Wege überwinden zu können. Noch am 22. März 1933 hieß es in einer Information des Vorstandes des Unterbezirks Erfurt der SPD an die Ortsvereine: „Die Führerschaft der Partei und aller Arbeiterorganisationen steht trotz aller Verfolgung und vielfacher persönlicher Bedrohungen auf ihrem Platz, um die Arbeiterbewegung auf legalem Wege zu verteidigen."[3] Der SPD-Bezirksvorstand stellte es den Unterbezirken sogar frei, ihre Organisationen freiwillig aufzulösen.

Die Faschisten sahen in den Kommunisten ihre Hauptgegner. Sie wollten die KPD vernichten, bevor sich diese ganz auf die Bedingungen der Illegalität umgestellt hatte. Am Vormittag des 2. Februar 1933 unternahm ein großes Aufgebot der Erfurter Polizei einen Überfall auf das Parteihaus der KPD in der Leipziger Straße Nr. 12. Die hier befindlichen Büros der Bezirksleitung der KPD sowie der Redaktion und des Verlages des „Thüringer Volksblattes" wurden besetzt und durchsucht. In einer Literaturstelle der KPD auf dem Grundstück Sangerhäuser Str. 57 beschlagnahmte die Polizei Tausende von Broschüren und Flugblättern, um den Wahlkampf der KPD für die Reichstagswahlen am 5. März 1933 zu behindern. Als sich vor dem gleichzeitig besetzten Büro des Erwerbslosenausschusses in der Weidengasse eine größere Menschenmenge versammelte, die gegenüber der Polizei eine drohende Haltung einnahm, wurde die Straße durch Schutzpolizei geräumt. Wie in allen deutschen Städten wurde am 8. Februar auch in Erfurt die Stadtverordnetenver-

[3] Rudolf Bergen, Probleme des Kampfes der KPD gegen den Faschismus in Erfurt 1933–1939, Staatsexamensarbeit, Potsdam 1965 (Ms), S. 9.

sammlung für aufgelöst erklärt und angekündigt, daß am 12. März Neuwahlen stattfinden würden.

Am Abend des 8. Februar fanden zwei gewaltige Massenversammlungen der KPD in der „Harmonie" und im „Reichshallen-Theater" statt. Sie erhielten ihre besondere Bedeutung dadurch, daß an ihnen auch viele Sozialdemokraten und Mitglieder des Reichsbanners teilnahmen, obwohl die Erfurter

Nach diesen Meuchelmorden rief die KPD in Flugblättern zum verstärkten Widerstand auf: „Die furchtbaren Bluttaten sind ein Alarmsignal. Sie fallen auf das Konto des Reichskanzlers Hitler, der Abend für Abend durch den Rundfunk die SA-Banditen zu Gewalttaten aufhetzt ... Die Erfurter Arbeiterschaft muß der braunen Mordpest zeigen, daß in den Mauern Erfurts für sie kein Platz ist."[4] Die Be-

Abb. 360.
Kurt Beate
(1906 bis 1933)

Abb. 359. Werner Uhlworm (1899 bis 1933)

SPD- und Reichsbannerführung die Teilnahme an diesen Versammlungen verboten hatte. Die Massen bekundeten durch den Gesang revolutionärer Lieder ihren Willen, den Kampf gegen den Faschismus mit allen Mitteln fortzusetzen.

Dem Naziterror fielen bald die ersten Erfurter Antifaschisten zum Opfer. Am Abend des 19. Februar 1933 erschossen SA-Banden an der Ecke Blücher- und Bülowstraße, heute Breitscheid- und Josef-Ries-Straße, den Arbeitersportler Werner Uhlworm und verletzten seinen Kameraden Kurt Beate so schwer, daß er am 25. Februar seinen Verletzungen erlag.

erdigung Werner Uhlworms auf dem Hauptfriedhof am 24. Februar gestaltete sich zu einer machtvollen Aktion des Widerstandes. Der Redakteur des „Thüringer Volksblattes" Josef Ries hielt die Gedenkansprache, nachdem es ihm gelungen war, unbemerkt durch die Polizeiabsperrung zu gelangen.

Ende Februar 1933 wurde auch in Erfurt aus SA- und SS-Männern eine mit Gummiknüppeln und Pistolen bewaffnete Schlägertruppe gebildet, deren Angehörige weiße Armbinden mit der Aufschrift „Hilfspolizei" trugen. Gemeinsam mit der Polizei terrorisierten sie die Bevölkerung und gingen mit brutaler Gewalt gegen antifaschistische Arbeiter vor.

Am Abend des 27. Februar 1933 inszenierten die Faschisten in Berlin den Brand im Reichstagsgebäude. Sie beschuldigten die KPD, sie habe mit der Brandstiftung das Signal für einen allgemeinen kommunistischen Aufstand geben wollen. Diese Provokation diente jedoch in Wirklichkeit als Vorwand für Mas-

[4] Zentrales Staatsarchiv, Potsdam, Akten des Oberreichsanwalts, 8 J, 1114/33.

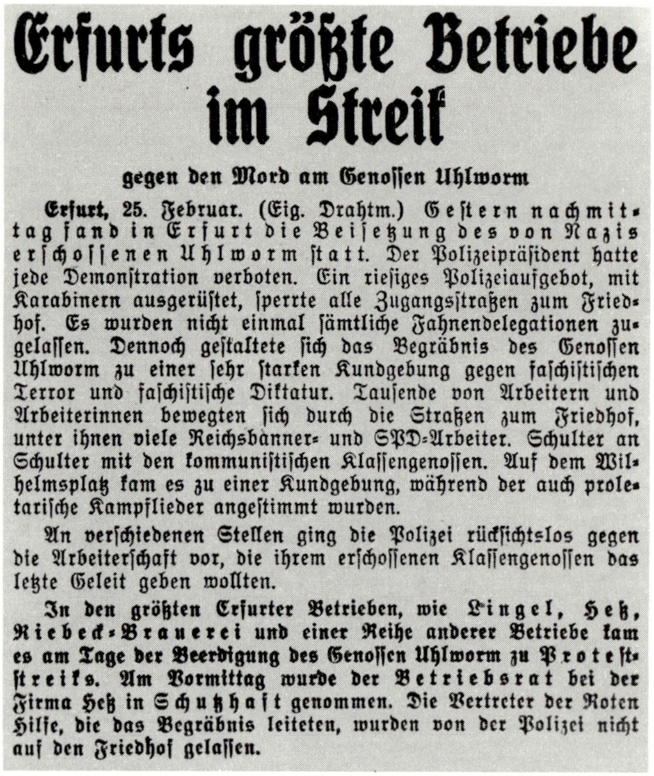

Erfurts größte Betriebe im Streik

gegen den Mord am Genossen Uhlworm

Erfurt, 25. Februar. (Eig. Drahtm.) Gestern nachmittag fand in Erfurt die Beisetzung des von Nazis erschossenen Uhlworm statt. Der Polizeipräsident hatte jede Demonstration verboten. Ein riesiges Polizeiaufgebot, mit Karabinern ausgerüstet, sperrte alle Zugangsstraßen zum Friedhof. Es wurden nicht einmal sämtliche Fahnendelegationen zugelassen. Dennoch gestaltete sich das Begräbnis des Genossen Uhlworm zu einer sehr starken Kundgebung gegen faschistischen Terror und faschistische Diktatur. Tausende von Arbeitern und Arbeiterinnen bewegten sich durch die Straßen zum Friedhof, unter ihnen viele Reichsbanner- und SPD-Arbeiter. Schulter an Schulter mit den kommunistischen Klassengenossen. Auf dem Wilhelmsplatz kam es zu einer Kundgebung, während der auch proletarische Kampflieder angestimmt wurden.

An verschiedenen Stellen ging die Polizei rücksichtslos gegen die Arbeiterschaft vor, die ihrem erschossenen Klassengenossen das letzte Geleit geben wollten.

In den größten Erfurter Betrieben, wie **Lingel, Heß, Riebeck-Brauerei** und einer Reihe anderer Betriebe kam es am Tage der Beerdigung des Genossen Uhlworm zu **Proteststreiks.** Am Vormittag wurde der Betriebsrat bei der Firma Heß in **Schutzhaft** genommen. Die Vertreter der Roten Hilfe, die das Begräbnis leiteten, wurden von der Polizei nicht auf den Friedhof gelassen.

Abb. 361. Bericht der „Roten Fahne" über die Beisetzung von Werner Uhlworm und Proteststreiks der Erfurter Arbeiter am 24. Februar 1933

senverhaftungen von Kommunisten, Sozialdemokraten und anderen Hitlergegnern. Allein bis Mitte März wurden im Regierungsbezirk Erfurt 315 Antifaschisten, davon allein 106 in Erfurt. verhaftet. Unter ihnen befand sich auch der Direktor des „Thüringer Volksblattes" Paul Hockarth, der im Juli 1931 die Nachfolge von Richard Eiling angetreten hatte. In den folgenden Wochen setzte sich dieser Terror fort. Bis Ende Juni folgten im Regierungsbezirk weitere 678 Verhaftungen.[5]

Am 1. März schlossen die faschistischen Staatsorgane die Geschäftsstellen der KPD, der Revolutionären Gewerkschaftsopposition (RGO), der Roten Hilfe und des Kommunistischen Jugendverbandes (KJVD) nach einer erneuten Durchsuchung und verboten die kommunistische Presse. Am 3. März entdeckte die Polizei das illegale Büro des Bezirksvorstandes des Kampfbundes gegen den Faschismus und beschlagnahmte dort eine große Anzahl Flugblätter und Broschüren.

Trotz des Terrors, der sich von Tag zu Tag steigerte, erhielten bei den Reichstagswahlen am 5. März 1933 im Wahlkreis Erfurt die KPD 18679 und die SPD 12397, zusammen also 31076 Stimmen (33,2 Pro-

zent). Damit hatten die beiden Parteien gegenüber der letzten Reichstagswahl im November 1932 nur 4,8 Prozent Stimmen verloren. Von den 93728 abgegebenen Stimmen entfielen jedoch 41835 (rund 45 Prozent) auf die NSDAP, während für die anderen bürgerlichen Parteien (Kampffront Schwarz-Weiß-Rot: 11994; Deutsche Volkspartei (DVP) 2456; Zentrum: 4396) insgesamt 18846 Stimmen (rund 20 Prozent) abgegeben wurden. Bei den Wahlen zur Stadtverordnetenversammlung am 11. März, bei denen sich nur 75163 Wahlberechtigte beteiligten, standen den 29939 Stimmen für die NSDAP (39,8 Prozent) 21832 Stimmen für die beiden Arbeiterparteien (29,0 Prozent) gegenüber. Im Vergleich zu den letzten Stadtverordnetenwahlen vom November 1929 bedeutete das sogar einen Stimmenzuwachs um rund 20 Prozent.[6]

Die Faschisten hatten ihren bedeutenden Stimmenzuwachs, der bei den Reichstagswahlen im Vergleich zum November 1932 über 70 Prozent betrug, also kaum aus der traditionellen Arbeiterwählerschaft von KPD und SPD gewonnen, sondern im überwiegenden Maße aus den politisch schwankenden Mittelschichten und der Bourgeoisie. Er rekrutierte sich insbesondere aus ehemaligen Wählern der Deutschnationalen Volkspartei (DNVP), der DVP, der faschistischen Partei von Schmalix und bürgerlichen Splitterparteien sowie aus rund 10000 Wahlberechtigten, die sich im November 1932 nicht an der Reichstagswahl beteiligt hatten. Auch die Wahlergebnisse vom März 1933 zeigen, daß eine antifaschistische Einheitsfront der KPD, der SPD und aller demokratischen Kräfte, zu der die KPD immer wieder aufgerufen hatte, eine faschistische Diktatur hätte verhindern können.

Nach den Wahlen wurden – wie überall in Deutschland – die acht kommunistischen Mandate im Erfurter Stadtparlament sofort für ungültig erklärt. Den sechs dort noch verbliebenen Sozialdemokraten rief in der Sitzung am 31. März 1933 der der NSDAP angehörende Stadtverordnetenvorsteher Erich Drechsel drohend zu: „Wer aber unsere Arbeit und Ordnung durch Zwischenrufe und Quertreibereien stört, den werden wir unschädlich machen."[7] Die Nazis nötigten den Oberbürgermeister Dr. Bruno Mann am 4. Mai zurückzutreten. Bereits am folgenden Tag „wählte" die Stadtverordnetenversammlung auf Antrag der NSDAP den ehemali-

---

[5] Zentrales Staatsarchiv, Merseburg, Rep. 77, Tit. 4043, Nr. 18.
[6] Stadtarchiv Erfurt (im folg.: StAE), 1-2/042-3120, Aufstellung des Wahlamtes.
[7] Mitteldeutsche Zeitung, 1.4.1933.

gen Landrat in Wolmirstedt Theodor Pichier, einen Parteigänger der Faschisten, zu seinem Nachfolger. Ebenfalls am 5. Mai wurden zehn neue unbesoldete Stadträte berufen, von denen sieben Mitglieder der NSDAP und drei Mitglieder der DNVP waren. Die völlige Liquidierung aller bürgerlich-parlamentarischen Parteien und Organisationen ließ nicht lange auf sich warten.

Den 1. Mai 1933 erklärten die Faschisten demagogisch zum „Feiertag der nationalen Arbeit". Auch in Erfurt versuchten sie die Werktätigen unter Nazifahnen demonstrieren zu lassen. Dieses Ziel wurde jedoch nicht erreicht. Viele Arbeiter blieben der Veranstaltung fern. Selbst in Gefängnissen und Zuchthäusern feierten die revolutionären Arbeiter ihren 1. Mai. Im KZ in der Feldstraße organisierte das Lagerkomitee für diesen Tag einen Hungerstreik.

Am 2. Mai 1933 um 10 Uhr besetzten mit Karabinern ausgerüstete SA-Leute das Gewerkschaftshaus (Haus „Zum Regenbogen") in der Johannesstraße, heute Leninstraße. Das gesamte Vermögen der Gewerkschaften wurde beschlagnahmt. 44 Funktionäre wurden verhaftet. Die SA-Schläger führten sie mit erhobenen Händen durch die Stadt zum Polizeigefängnis auf dem Petersberg. Anstelle der zerschlagenen Gewerkschaften gründeten die Faschisten am 10. Mai 1933 die Deutsche Arbeitsfront (DAF), in die die Werktätigen zwangsweise eintreten mußten. Am 12. Mai 1933 wurde das gesamte Eigentum der SPD, darunter das Gebäude der Parteizeitung „Tribüne" in der Kleinen Arche 1, beschlagnahmt und am 22. Juni der Sozialdemokratischen Partei Deutschlands jede politische Tätigkeit untersagt. Danach lösten sich alle noch bestehenden bürgerlichen Parteien selbst auf.

Am Morgen des 10. Mai 1933 durchsuchten rund 175 Polizisten und Hilfspolizisten unter Leitung von Beamten der Anfang Mai 1933 in Erfurt gebildeten Staatspolizeistelle längere Zeit planmäßig das Barackengelände auf dem Johannesplatz und nahmen dabei sechs Personen fest. Eine ähnliche Razzia fand am 12. Mai in der Sulzer Siedlung statt. An einer Aktion am 2. Juni in der Tiergartensiedlung waren 200 Polizisten und 65 Kriminalbeamte beteiligt.[8]

Da die Zellen im Polizeipräsidium in der Kasinostraße 2, heute Meister-Eckehart-Straße, und im Polizeigefängnis auf dem Petersberg die Häftlinge nicht mehr fassen konnten, richteten die Faschisten im April 1933 in einem leerstehenden Fabrikgebäude in der Feldstraße Nr. 18 eines der ersten Konzentrationslager in Thüringen ein, in dem etwa 100 Antifaschisten, zumeist Kommunisten, inhaftiert wurden.

Von Tag zu Tag stieg die Zahl der politischen Häftlinge. Viele von ihnen wurden in Konzentrationslager in anderen Teilen Deutschlands verschleppt. So wurden z. B. aus dem Polizeigefängnis auf dem Petersberg am 5. Juli 40, am 1. September 137 und am 1. Dezember 203 sogenannte Schutzhäftlinge in Konzentrationslager eingeliefert.

Tabelle 24
Anzahl der Häftlinge im Polizeigefängnis Petersberg
von Juli bis November 1933[9]

Stichtag	Gesamtzahl der Häftlinge	Stichtag	Gesamtzahl der Häftlinge
29. 7. 1933	126	14. 10. 1933	209
14. 8. 1933	157	29. 10. 1933	216
29. 8. 1933	174	14. 11. 1933	232
14. 9. 1933	182	29. 11. 1933	241
29. 9. 1933	195		

Der Terror gegen Antifaschisten, besonders gegen Mitglieder der KPD, nahm immer größere Ausmaße an. Die Erfurter Organisation der KPD machte im September 1933 die Bevölkerung durch ein Flugblatt mit neuen Mordtaten der Faschisten bekannt. In dem Dokument hieß es u. a.: „. . . In Erfurt wurden die drei Genossen Josef Ries, Heinz Sendhoff und Waldemar Schapiro von den Nazis im Auftrag des Polizeipräsidenten Werner von Fichte ermordet. Die Begleitumstände sind so grausiger Art, daß einem das Blut in den Adern stockt beim Anhören der Einzelheiten. Am 28. Juni wurde Genosse Ries, der seit April sich in Schutzhaft befand, zusammen mit noch vier Genossen der SA zum Verhör übergeben. Auf dem Gelände des Polizeihundevereins im Blumenthal wurden alle fünf Genossen aufs grausamste mißhandelt. Die Schreie der Gemarterten konnten weit im Umkreis gehört werden. Nachdem Genosse Ries bereits bewußtlos zusammengebrochen war, wurde er mit zwei Schüssen vollends getötet. Diese Schreckenstat war aber nur die Einleitung zu massenhaften Folterungen an wehrlosen Gefangenen. Wöchentlich zweimal, mittwochs und sonnabends, wurden aus dem Lager in der Feldstraße und vom Petersberg eine Anzahl Genossen zum SA-,Verhör' geführt. Anfang Juli fielen dann als weitere Opfer faschistischer Mörder die Genossen Heinz Sendhoff und Waldemar Schapiro. Genosse Sendhoff wurde in einem Garten am Steiger (zwischen Hubertus und Waldschlößchen) zu Tode geprügelt.

---

[8] Thüringer Allgemeine Zeitung, 11. 5. 1933, 13. 5. 1933, und 3. 6. 1933.
[9] Staatsarchiv Weimar, Regierung zu Erfurt, Nr. 10020, Bl. 72 ff.

Seine Leiche wies keine Schußverletzungen auf. Noch toller benahmen sich die SA-Mordgesellen gegenüber dem Genossen Schapiro. Er wurde im selben Gartengrundstück ermordet. Nach ihrer Mordtat ließen die Mörder ihr Opfer einfach liegen. Von Spaziergängern wurde die Leiche gefunden und in der Leichenhalle abgegeben. Insgesamt wurden bis jetzt 40 bis 50 Gefangene gefoltert (auch Frauen). Einige von ihnen wurden zu Krüppeln geschlagen."[10] Diese Morde und Folterungen erfolgten unter persönlicher Leitung des berüchtigten SA-Sturmführers Walter Laudien.

Nach dem Verbot der kommunistischen Presse unternahmen die Erfurter Kommunisten große Anstrengungen, das „Thüringer Volksblatt" illegal herauszugeben. Bereits am 18. März erschien die erste Ausgabe. Bis zum 1. Mai 1933 waren schon fünf Nummern der Zeitung hergestellt und verbreitet. Die Artikel stammten zum großen Teil aus der Feder von Heinz Sendhoff und Hermann Grosse. Die Zeitung, deren Auflage jeweils 1000 Stück betrug, wurde auf dem Grundstück von Wilhelm Beetz am Drosselberg bei Melchendorf hergestellt. Hans Jopp organisierte dann ihre Verteilung. Im Juli 1933 wur-

den 18 Erfurter Antifaschisten, die das illegale „Thüringer Volksblatt" und andere Druckschriften hergestellt und verbreitet hatten, verhaftet und am 14. September 1933 vom Oberlandesgericht Kassel zu insgesamt 27 Jahren Zuchthaus verurteilt. Unter den Verurteilten befanden sich Hans Jopp, Wilhelm Beetz, Wilhelm Messing, Fritz Kranhold, Otto und Elly Dörr und Irmgard Lotz.[11] Ende September 1933 nahm die Gestapo sieben Kommunisten wegen gemeinschaftlichen Empfangs von Radio Moskau fest und verschleppte sie in Konzentrationslager.

Walter Jopp nahm am Antifaschistischen Arbeiterkongreß Europas teil, der vom 4. bis 6. Juni 1933 in Paris stattfand. Er gehörte zu den 120 Antifaschisten Deutschlands, die von den Delegierten, die drei Millionen Werktätige aus allen Ländern Europas vertraten, begeistert begrüßt wurden. Der Kongreß beschloß ein Manifest, in dem der Faschismus als eine internationale Gefahr charakterisiert und zur Bildung von Hilfskomitees für die Opfer des faschistischen Terrors aufgerufen wurde. Der Bericht, den Jopp nach seiner Rückkehr seinen Genossen übermittelte, wirkte aktivierend auf den Widerstandskampf.

2.
FASCHISTISCHE KRIEGSVORBEREITUNGEN

Erfurt hatte am 16. Juni 1933 148853 Einwohner. Der größte Teil der arbeitenden Bevölkerung war in der Industrie und im Handwerk beschäftigt. Von den 68583 Erwerbstätigen waren 32031 (46,7 Prozent) Arbeiter, 16180 (23,6 Prozent) Angestellte, 8708 (12,7 Prozent) Selbständige, 5968 (8,7 Prozent) Beamte, 3534 (5,1 Prozent) Hausangestellte und 2162 (3,2 Prozent) mithelfende Familienangehörige.[12] Industrie und Handwerk beschäftigten 31155, Landwirtschaft und Gartenbau 2196 und Handel und Verkehrswesen 23191 Personen.[13] Von den 8648 gewerblichen Betrieben der Stadt entfielen 2410 auf den Einzelhandel, 1246 auf das Bekleidungsgewerbe einschließlich der Schuhindustrie, 430 auf Metallindustrie und Elektroindustrie und 530 auf den Großhandel.[14] Am 1. April 1938 wurden die beiden am Rande der Stadt liegenden Orte Hochheim und Melchendorf Erfurt eingemeindet. Dadurch erweiterte sich das Stadtgebiet um 823 ha auf 5754 ha.

Erfurt gehörte auch in der Zeit des Faschismus verwaltungsmäßig zum preußischen Regierungsbezirk Erfurt, der am 1. April 1944 aus der Provinz Sachsen herausgelöst und eine selbständige preußi-

sche Provinz wurde, wobei der Reichsstatthalter für Thüringen, Fritz Sauckel, die Aufgaben des Oberpräsidenten übernahm. Da der Regierungsbezirk Erfurt seit 1918 mit dem Land Thüringen zum Reichstagswahlkreis 36 zusammengeschlossen war, bestanden einheitliche politische Organisationen für beide Gebiete. Erfurt gehörte dadurch zum Gau Thüringen der NSDAP, dessen Gauleiter Sauckel seinen Sitz in Weimar hatte.

Infolge der andauernden Weltwirtschaftskrise zählte man am 31. März 1933 in Erfurt noch 25618 Arbeitslose. Davon erhielten 12646 keinerlei Unterstützung. Das war fast die Hälfte aller Erwerbslosen, die wegen jahrelanger Arbeitslosigkeit aus allen

---

[10] Institut für Marxismus-Leninismus beim ZK der SED, Zentrales Parteiarchiv (im folg.: IML, ZPA), St 17/157.

[11] Thüringer Allgemeine Zeitung, 16.9.1933.

[12] Vierteljahresmitteilungen des Statistischen Amtes der Stadt Erfurt, Nr. 86, Oktober–Dezember 1935, S. 37 f.

[13] Statistik des Deutschen Reiches, Bd. 454, H. 9, Provinz Sachsen, Berlin 1936, S. 36.

[14] Vierteljahresmitteilungen des Statistischen Amtes der Stadt Erfurt, Nr. 86, Oktober–Dezember 1935, S. 37 f.

Abb. 362. 1936 erbautes Verwaltungsgebäude,
heute Staatliche Versicherung der DDR, am Kaiserplatz, heute Karl-Marx-Platz

Unterstützungsarten ausgesteuert war. Dazu gehörten auch erwerbslose Familienangehörige eines noch arbeitenden Lohnempfängers sowie Jugendliche, die nach der Schulentlassung noch nie eine Arbeitsstelle erhalten hatten. Nur 1632 Personen empfingen Arbeitslosenunterstützung, die auf eine Zeit von sechs Wochen begrenzt war. Sie wurde aus dem Durchschnittsverdienst der letzten 13 Arbeitswochen errechnet. Nach der sechswöchigen Unterstützungszeit erfolgte eine Hilfsbedürftigkeitsprüfung. Wurde festgestellt, daß der Erwerbslose noch Ersparnisse besaß, konnte ihm jede weitere Unterstützung verweigert werden. Sonst erhielt der Arbeitslose nun für 13 Wochen eine sogenannte Krisenunterstützung, die im Juni 1933 an 3640 Beschäftigungslose gezahlt wurde. Nach der Krisenunterstützung bekam der Arbeitslose dann die Wohlfahrtsun-

terstützung, deren Betrag weit unter den vorher gezahlten Unterstützungsarten lag. Im März 1933 waren auf sie in Erfurt 7700 Personen angewiesen.[15]

Die Faschisten hatten nach Errichtung ihrer Diktatur eine rasche Beseitigung der Arbeitslosigkeit und eine Verbesserung der sozialen Lage versprochen. Aber noch im Juni 1935 gab es in Erfurt 8044 Erwerbslose. Der Kreisleiter der NSDAP mußte auf einer Veranstaltung im Januar 1935 eingestehen, daß es nur wenige deutsche Großstädte gäbe, die noch so viele Arbeitslose hätten wie Erfurt. Erst durch die forcierte Aufrüstung und die Einführung der Wehr- und Arbeitsdienstpflicht sank ab 1936 die Zahl der Arbeitslosen in stärkerem Maße. Aber noch im März 1938 waren 1774 Arbeiter beschäfti-

[15] Ebenda, Nr. 78, Oktober–Dezember 1933, S. 18, 47.

gungslos. In bestimmten Zweigen der Rüstungsindustrie machte sich nun jedoch ein Facharbeitermangel bemerkbar.

Die Löhne eines großen Teils der Arbeiter blieben unverändert, während die Lebenshaltungskosten anstiegen. Bestimmte Arbeitergruppen, insbesondere in der Rüstungsindustrie, konnten jedoch, vor allem durch Überstunden, ihr Einkommen etwas erhöhen. Die Lohnunterschiede in den verschiedensten Berufsgruppen waren beträchtlich. Während die Arbeiter in den Rüstungsbetrieben wöchentlich 35 bis 40 RM netto verdienten, zahlte die übrige Industrie höchstens 25 bis 30 RM. Ungelernte Arbeiter erhielten nach allen Abzügen höchstens 22 bis 23 RM.[16]

Die Nazis beseitigten die kommunale Selbstverwaltung der Städte und Gemeinden und damit jedes Mitbestimmungsrecht der Bevölkerung. Nach dem am 15. Dezember 1935 erlassenen Preußischen Gemeindeverfassungsgesetz und der am 1. April 1935 in Kraft getretenen Deutschen Gemeindeordnung stand nun an der Spitze der Erfurter Stadtverwaltung der Oberbürgermeister als der allein Verantwortliche. Seine Vertreter für die einzelnen Fachgebiete waren fünf hauptamtliche Beigeordnete, von denen der Bürgermeister und der Kämmerer vom Preußischen Minister des Innern nach Zustimmung des Gauleiters der NSDAP, die anderen vom preußischen Regierungspräsidenten berufen wurden. Als „Gemeindevertretung" wurden in Erfurt 24 ehrenamtliche Ratsherren ernannt, die ihre Tätigkeit am 11. Januar 1935 aufnahmen. Sie sollten die Verbindung zwischen Stadtverwaltung und Bürgern herstellen. Sie konnten den Oberbürgermeister in einigen gesetzlich festgelegten Fällen beraten, aber keine Beschlüsse fassen. Die Berufung der Erfurter Ratsherren erfolgte durch den Beauftragten der NSDAP, den Kreisleiter Constantin Rembe.

Die geringe Bautätigkeit in den Jahren der Weltwirtschaftskrise hatte die Wohnungsnot, unter der besonders die Arbeiter zu leiden hatten, verschärft. 1936, 1937 und 1938 kam es vorübergehend zu einem gewissen Aufschwung im Wohnungsbau. So entstanden am Rande der Stadt die Hungerbach- und die Cyriaksiedlung mit 22 bis 40 qm großen sogenannten „Volkswohnungen" in Reihenhäusern. Die Wohnungsnot wurde dadurch aber nicht beseitigt. Auch öffentliche Gebäude für zivile Zwecke wurden kaum errichtet. Erwähnenswert sind lediglich der Neubau der Städtischen Sparkasse am Fischmarkt (1934/1935), ein Verwaltungsgebäude in der heutigen Klement-Gottwald-Straße (1937 bis 1939) und ein Neubau für die Innere Abteilung des Städtischen

Krankenhauses (1937). Dringend benötigte Schulgebäude wurden nicht gebaut. 1939 stellte man dann die zivile Bautätigkeit wieder vollständig ein.

Im März 1935 begann mit der Verkündung des Gesetzes für den Aufbau der Wehrmacht die offene Kriegsvorbereitung. Um ein 36 Divisionen umfassendes Heer und eine Luftwaffe aufzustellen sowie die Kriegsmarine zu vergrößern, wurde die allgemeine Wehrpflicht eingeführt. Die bis dahin insgeheime Entwicklung und Herstellung neuer, bisher für Deutschland verbotener Waffen, wie Panzer, schwere Artillerie und Kampfflugzeuge, ging nun ganz unverhüllt vonstatten. Durch das am 26. Juni 1935 erlassene Gesetz über den Reichsarbeitsdienst wurden alle jungen Männer gezwungen, vor dem Dienst in der Wehrmacht für sechs Monate eine vormilitärische Arbeitsdienstpflicht abzuleisten.

Erfurt wurde in starkem Maße in den Aufbau der Wehrmacht einbezogen. Bei Bindersleben entstand ein Militärflugplatz, auf dem die Gruppe eines Kampfgeschwaders der Luftwaffe stationiert war. Im Süden und Südosten der Stadt wurden umfangreiche Kasernenanlagen errichtet, in denen ein Panzerregiment der 1. Panzerdivision, zwei Bataillone eines Infanterieregiments, ein Artillerieregiment sowie die Nachrichten- und die Panzerabwehrabteilung der 29. Infanteriedivision untergebracht waren. Die 29. Infanteriedivision, deren Stab sich in den Kasernen auf dem Petersberg befand, wurde 1937 in eine motorisierte Infanteriedivision umgewandelt. Sie war eine der vier bis 1939 aufgestellten motorisierten Infanteriedivisionen, die zusammen mit den Panzerdivisionen den Stoßkeil der faschistischen Armee bei den Blitzkriegsfeldzügen gegen Polen, Frankreich und die Sowjetunion bildeten. An der Schützenhausstraße, heute Werner-Seelenbinder-Straße, errichtete man ein großes Standortlazarett. Ferner richtete die Militärverwaltung in Erfurt ein Heeresbekleidungsamt mit eigenen Werkstätten zur Herstellung von Uniformen und Schuhen mit über 1000 Beschäftigten ein, das mehrere Divisionen zu versorgen hatte. 1938 war die Stadt zu einer der größten Garnisonen des Deutschen Reiches geworden. In ihren Kasernen lagen im Mai 1939 6414 Angehörige der Wehrmacht.[17]

Auch die wirtschaftliche Entwicklung Erfurts wurde in wachsendem Maße von der Kriegsvorbereitung bestimmt. Unter der Losung „Kanonen statt Butter" wurde die Einfuhr von kriegswichtigen Rohstoffen beträchtlich gesteigert, die Einfuhr von

---

[16] IML, ZPA, St 3/40/I.
[17] StAE, 1-2/011-23, Bl. 112.

Konsumgütern und Nahrungsmitteln dagegen eingeschränkt. Zu den bereits seit 1937 zum Teil für die Rüstung arbeitenden Großbetrieben, wie der Olympia Büromaschinen-Werke AG und der Berlin-Erfurter-Maschinenfabrik Henry Pels & Co. AG, traten neue Werke, die von Anfang an ausschließlich Kriegsmaterial für die Wehrmacht erzeugten, wie die Feinmechanischen Werke GmbH (Feima) und ein Werk der Telefunken, Gesellschaft für drahtlose Telegraphie mbH.

Die Olympia Büromaschinen-Werke AG (bis 1935 Europa Schreibmaschinen AG), eine Tochtergesellschaft des AEG-Konzerns, hatte sich 1935 zum größten Produzenten von Schreibmaschinen in Deutschland entwickelt. Der Anteil des Unternehmens am deutschen Schreibmaschinenexport war von 13,2 Prozent im Jahre 1933 auf 17,6 Prozent im Jahre 1935 gestiegen. 1935 wurden 22,6 Prozent der Gesamtfertigung des Werkes exportiert.[18] 1937 ging jedoch die „Olympia", in der sich die Beschäftigtenzahl von rund 1000 im Jahre 1933 auf 3500 im Jahr 1939 erhöhte, auch zur Herstellung von Kriegsmaterial – Flakmagazine, Patronengurte für Maschinengewehre und Werkzeuge für die Kriegsmarine – über. In einer im Werk neu eingerichteten Abteilung der ebenfalls zum AEG-Konzern gehörenden Pallas Apparate Werke, einem Berliner Rüstungsbetrieb, nahm man die Fertigung von Flugzeugmotoren auf. Bis 1939 machte jedoch die Rüstungsproduktion nur einen kleinen Teil des Umsatzes aus. Aufsichtsratsvorsitzender der „Olympia" war der Generaldirektor der AEG, Hermann Bücher.

Er gehörte seit 1935 dem Beirat der Wirtschaftsgruppe Elektroindustrie und dann dem 1942 gebildeten Reichsrüstungsrat an, der die grundlegenden Direktiven für die Rüstungsindustrie ausarbeitete.

---

[18] Jürgen John, Faschistische Rüstungswirtschaft und regionale Industrie. Probleme der industriellen Entwicklung in Thüringen 1933 bis 1939, phil. Diss., Jena 1969 (Ms), S. 254.

Abb. 363. Parade einer Panzereinheit der faschistischen Wehrmacht auf dem Fischmarkt im Oktober 1935

Abb. 364. Motorisierte Artillerie nach einem Manöver auf der Fahrt durch die Stadt

Unter seiner Leitung entwickelte sich die AEG zu einem der bedeutsamsten deutschen Rüstungskonzerne.

Ein wichtiges Unternehmen des Maschinenbaus war die Berlin-Erfurter Maschinenfabrik Henry Pels & Co. AG, die Stanzen, Pressen und Scheren herstellte. Das Werk wurde 1935 „arisiert" und ging 1937 in das Eigentum des Konzerns Deutsche Waffen- und Munitionsfabriken AG über. Im gleichen Jahr wurde von den Deutschen Waffen- und Munitionsfabriken AG die Erfordia, Maschinenbau AG erworben, der Berlin-Erfurter Maschinenfabrik einverleibt und dort eine Fabrikationsstätte für Flugzeugabwehrgeschütze eingerichtet. Durch die Rüstungsproduktion erweiterte das Werk seine Kapazität bedeutend. Hatte es am 1. Juli 1934 nur 413 Arbeiter und Angestellte beschäftigt, so stieg deren Zahl bis zum Kriegsbeginn 1939 auf 1547. Vorsitzender des Aufsichtsrates war der Generaldirektor der

der Aufrüstung die Produktion von Karabinern, Pistolen, Maschinenpistolen und Maschinengewehren in ihr Programm auf. 1939 beschäftigte der in der Ziethenstraße, heute Rathenaustraße, befindliche Betrieb 724 Personen. 1935 gründete die ERMA mit Hilfe des Heereswaffenamtes die Feinmechanischen Werke GmbH (Feima), die als reines Rüstungsunternehmen ebenfalls Gewehre, Maschinenpistolen und -gewehre herstellten. Geschäftsführer war der Hauptgesellschafter der ERMA, Wehrwirtschaftsführer Berthold Geipel. 1939 ging die Feima mit einer Beschäftigtenzahl von 2000 in das Eigentum des Deutschen Reiches über und wurde vom Oberkommando des Heeres weitergeführt.[19]

Ende des Jahres 1936 begann die Telefunken, Gesellschaft für drahtlose Telegraphie mbH, die je zur Hälfte den Elektrokonzernen AEG und Siemens gehörte, in Erfurt ein neues Werk zu errichten, in dem von Anfang an nur für die Wehrmacht gearbeitet wurde. Hergestellt wurden vor allem Nachrichtengeräte für Heer, Luftwaffe und Kriegsmarine. Die Zahl der in diesem Werk Beschäftigten stieg von April 1938 bis April 1939 von 300 auf rund 1100, von denen die meisten angelernte Arbeiterinnen waren.

Abb. 365.
Vorführung der sogenannten Volksgasmaske auf dem Friedrich-Wilhelm-Platz, heute Domplatz, 1939

Deutschen Waffen- und Munitionsfabriken AG und Wehrwirtschaftsführer Günther Quandt, der während des zweiten Weltkrieges für die unmenschliche Ausbeutung von KZ-Häftlingen und ausländischen Zwangsarbeitern mitverantwortlich wurde.

Überwiegend für die Wehrmacht arbeitete die Waffenfabrik ERMA, Erfurter Maschinen- und Werkzeugfabrik Berthold Geipel GmbH. Die 1924 von einem ehemaligen Betriebsdirektor der königlich-preußischen Gewehrfabrik gegründete Firma stellte Sport- und Jagdwaffen her, nahm aber im Zuge

1936 wurde im Norden Erfurts, am Rande des Zivilflughafens, unter der Firmenbezeichnung Reparaturwerk Erfurt GmbH ein Werk zur Reparatur von Flugzeugen der Luftwaffe eingerichtet,[20] das während des zweiten Weltkrieges auch die Produktion von Kriegsflugzeugen aufnahm. Am Ende des Krieges arbeiteten dort über 2800 Arbeitskräfte.

[19] Ebenda, S. 237.
[20] REWE-Luftpost, 1. Jg., 1939, Heft 1, S. 2.

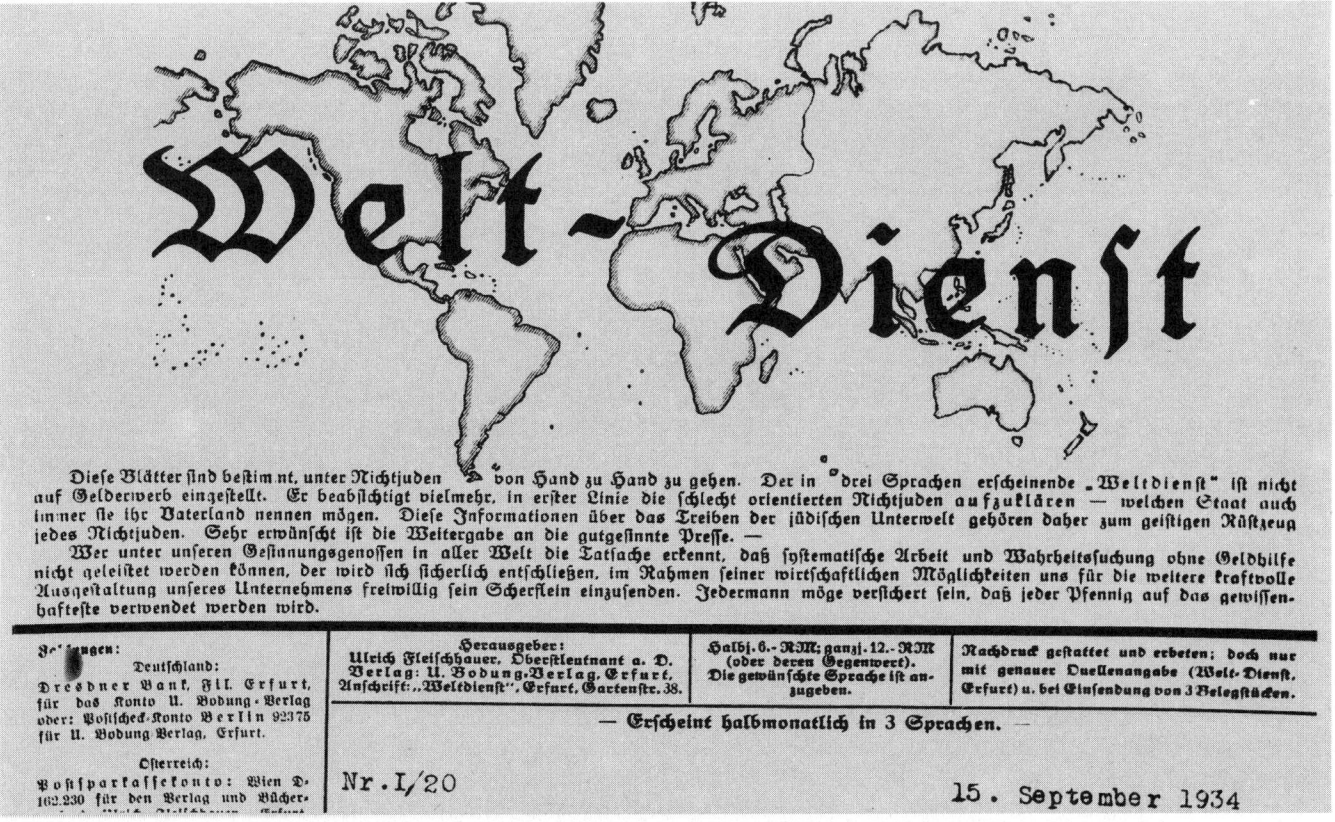

Abb. 366. Titelseite der antisemitischen Zeitschrift „Weltdienst" (1934)

Zu den Aggressionsvorbereitungen gehörte auch das am 1. Mai 1933 verkündete Autobahnprogramm. Der Autobahnbau, bei dessen Planung militärische Stellen die letzte Entscheidung trafen, entsprach der strategischen Grundkonzeption des deutschen Generalstabes. Die breiten betonierten Fahrbahnen umgingen grundsätzlich jede Ortschaft und schufen die günstigsten Fernverbindungen zwischen den einzelnen Teilen Deutschlands. Sie erlaubten damit der Wehrmachtsführung, in kürzester Zeit große Truppenverschiebungen durchzuführen. Die im Jahre 1934 konzipierte Linienführung einer den Thüringer Raum von West nach Ost durchquerenden Reichsautobahn führte so weit südlich an Erfurt vorbei, daß die Kasernen am Steiger und bei Melchendorf nicht von dem Truppenübungsplatz auf dem Drosselberg getrennt wurden. Der Bau der von Weimar nach Erfurt führenden Teilstrecke begann 1937. Am 1. Juli 1940 wurde dieser Abschnitt der Reichsautobahn Berlin–Hermsdorf–Eisenach für den öffentlichen Verkehr freigegeben.[21] Der Putsch des faschistischen Generals Francisco Franco gegen die spanische Republik im Sommer 1936 war für die Hitlerregierung ein willkommener Anlaß, die neuentwickelten Waffen auf einem Kriegsschauplatz zu erproben. In der von der deutschen Führung gegen die Armeen der spanischen Volksfrontregierung eingesetzten „Legion Condor" befanden sich auch etwa 100 Angehörige der in Erfurt stationierten Luftwaffeneinheit sowie Soldaten des Erfurter Panzerregiments.

Eng verbunden mit der wirtschaftlichen und militärischen Vorbereitung des Krieges durch die Faschisten war die ideologische Beeinflussung der Bevölkerung, in deren Mittelpunkt Antikommunismus, Chauvinismus und eine maßlose antisemitische Hetze standen. Die unwissenschaftliche Rassenlehre und die These vom „Volk ohne Raum" sollten als Begründung und Rechtfertigung für die geplante Eroberung fremder Länder und die Versklavung anderer Völker dienen. Die Jugend wurde in den Schulen nicht mehr zu selbständigem Denken, sondern zu blindem Gehorsam erzogen und für den Krieg vorbereitet. Die gleichen Aufgaben hatte die Hitlerjugend (HJ) zu erfüllen. Nach einem Gesetz vom 1. Dezember 1936 wurde die Zwangsmitglied-

[21] StAE, 1-2/010-21, Bl. 39.

Abb. 367. Ausgebrannte Synagoge am Kartäuserring, heute Juri-Gagarin-Ring,
am Morgen nach der „Reichskristallnacht" im November 1938

schaft in dieser Organisation für alle Jungen und Mädchen im Alter von 10 bis 18 Jahren eingeführt.

Bei der Hetze gegen die Juden tat sich besonders der vom ehemaligen Oberstleutnant der kaiserlichen Armee Ulrich Fleischhauer geleitete U. Bodung-Verlag hervor, der sich im Haus Gartenstraße 38 befand. Fleischhauer hatte sich in der Weimarer Republik als Geschäftsführer des Landesverbandes Thüringen der Deutschnationalen Volkspartei sowie als Redner bei Veranstaltungen des Stahlhelms und des Alldeutschen Verbandes betätigt. Von 1924, als der Sitz des Verlages von Perleberg nach Erfurt verlegt worden war, bis zum Jahre 1944 erschienen im U. Bodung-Verlag 27 antisemitische Bücher und Broschüren.[22] Fleischhauer gab auch seit 1933 die Halbmonatsschrift „Weltdienst" heraus, die, ähnlich wie der von den Nazis publizierte „Stürmer", die jüdischen Bürger in der gemeinsten Weise verleumdete und Lügen über eine angeblich bevorstehende „jüdisch-kommunistische Weltrevolution"

verbreitete. Seit 1934 fanden alljährlich in Erfurt von Fleischhauer organisierte sogenannte Weltdienst-Kongresse statt, auf denen Vertreter antisemitischer Organisationen aus vielen Staaten Europas und aus Amerika Vorträge hielten.

Auch in Erfurt war es bereits am 1. April 1933 zu einem von der NSDAP organisierten Boykott jüdischer Geschäfte, Ärzte und Rechtsanwälte gekommen. Vor allen jüdischen Geschäften waren SA-Posten aufgestellt worden, die die Bevölkerung am Betreten der Läden hindern sollten. Die sich von Jahr zu Jahr steigernden Judenpogrome erreichten in der Nacht des 9. November 1938, der sogenannten Reichskristallnacht, ihren ersten Höhepunkt. Ein Attentat auf den Beamten der deutschen Botschaft in Paris, Ernst vom Rath, bildete den willkommenen Anlaß für eine großangelegte Aktion gegen Leben

---

[22] Deutsche Bücherei Leipzig, Verlagskartei des U. Bodung-Verlages.

Abb. 368. Die Synagoge am Kartäuserring, heute Juri-Gagarin-Ring, vor ihrer Vernichtung (Ölgemälde)

Abb. 369. Gebäude der Oberrealschule, heute Humboldt-Oberschule, im Februar 1945 durch Luftangriff zerstört

und Eigentum der jüdischen Bevölkerung. Dabei wurden in Erfurt jüdische Geschäfte in der Innenstadt zerstört und ausgeplündert. SA-Horden umstellten die Synagoge am Kartäuser Ring, heute Juri-Gagarin-Ring, erbrachen die Tür und legten Feuer in dem Gebäude. Nach kurzer Zeit stand die Synagoge in Flammen.

Inzwischen rasten mit SA- und SS-Leuten besetzte Autos durch die Stadt. Nach vorbereiteten Listen verhaftete man systematisch jüdische Männer und brachte sie in die Oberrealschule, heute Humboldt-Schule, wo sie in der Turnhalle grausam mißhandelt wurden. Organisator der Kristallnacht in Erfurt war der Nazikreisleiter Franz Theine. Er beteiligte sich selbst an den Folterungen. Eines der Opfer, Rechtsanwalt Karl Heilbrunn, berichtete: „Der Lärm in der Halle war fürchterlich. Das Schreien und Toben dauerte stundenlang. Es war die Hölle. Ich habe niemals in meinem Leben etwas so Entsetzliches durchgemacht."[23] 197 der festgenommenen Juden wurden am Morgen des 10. November in das Konzentrationslager Buchenwald übergeführt. Von den am 16. Juni 1933 in Erfurt lebenden 831 jüdischen Bürgern gelang es nur etwa 180 rechtzeitig zu emigrieren. Kurz vor der Kristallnacht, im Oktober 1938, wurden dann etwa 100 von ihnen als polnische

Staatsbürger nach Polen „abgeschoben". Viele der Zurückgebliebenen wurden in den folgenden Jahren Opfer des faschistischen Terrors. So denunzierte Oberbürgermeister Walter Kießling im Januar 1941 die jüdische Frau des verdienstvollen Stadtarchivars Prof. Dr. Alfred Overmann. Dies führte zu ihrer Verhaftung am 28. August 1944 und zu ihrer Verschleppung in das KZ Auschwitz, wo man die 74jährige Frau zu Tode quälte. Am 1. September 1941 waren noch 223 jüdische Bürger in Erfurt nachweisbar, im Mai 1942 noch 76.[24] Nur 15 jüdische Bürger kehrten 1945 aus den Vernichtungslagern in ihre Heimatstadt zurück.

Im Sommer 1937 wurden im Angermuseum über 600 Werke der bildenden Kunst, die die Faschisten als „entartet" diffamierten, auf Anordnung des Reichspropagandaministers Joseph Goebbels beschlagnahmt. Einen Teil ließ man später in der Schweiz versteigern, um zusätzliche Devisen für die Vorbereitung des Krieges zu erlangen. Im Zuge die-

[23] Karl Heilbrunn, Aus der Geschichte der Juden in Erfurt, in: Nachrichtenblatt der Jüdischen Gemeinde von Berlin und des Verbandes der Jüdischen Gemeinden in der DDR, Dezember 1978, S. 8.
[24] StAE, 1-2/931-20 989, Bl. 3 ff., 33 f.

Abb. 370. Begonien. Ölgemälde von Emil Nolde, 1937 als „entartete Kunst" aus dem Angermuseum entfernt.

ser Aktion, die unter der Losung „Bekämpfung jüdischer und dekadenter Erscheinungen in Kunst und Kultur" stand, wurden aus dem Erfurter Museum Werke so bedeutender Maler und Grafiker wie Erich Heckel, Max Pechstein, Emil Nolde, Karl Schmidt-Rottluff, Franz Marc, Max Beckmann, Karl Hofer, Christian Rohlfs, Alfred Kubin, Fernand Lé-

ger, George Grosz, Conrad Felixmüller, Lyonel Feininger und Käthe Kollwitz sowie hervorragender Bildhauer wie Wilhelm Lehmbruck, Ernst Barlach und Gerhard Marcks entfernt. 1942 erhielt die Stadtverwaltung den in keinem Verhältnis zum Wert der Kunstwerke stehenden Betrag von 5380 RM als „Entschädigung".[25]

3.

Kampf der KPD und anderer antifaschistischer Kräfte gegen Faschismus und Kriegsvorbereitung

Die Arbeit der Kommunisten war unter den Bedingungen des faschistischen Terrors und der Illegalität mit großen Schwierigkeiten verbunden. Unter strengster Beachtung der Regeln der Konspiration

mußte der Widerstandskampf organisiert werden. Das verlangte von jedem Mut, Initiative, Selbstbe-

[25] StAE, 1-2/322-4 873, Bl. 3 ff.

herrschung, Disziplin, Standhaftigkeit und die Bereitschaft, über lange Zeit mühevolle Kleinarbeit zu leisten.

Während der großen Verhaftungswelle nach der Reichstagsbrandprovokation verließen einige führende Funktionäre der Bezirksleitung der KPD vorübergehend Thüringen und gingen nach Leipzig, da sie in Thüringen zu bekannt waren. Von Leipzig aus hielten Hermann Grosse als politischer Leiter und Otto Trillitzsch als Organisationsleiter die Verbindung mit den thüringischen Parteiorganisationen aufrecht. Sie leiteten zusammen mit Hermann Danz den Bezirk Großthüringen der KPD bis Juni 1933. Dann wurde Jacob Boulanger vom ZK der KPD als Bezirkssekretär berufen. Er wurde aber bereits am 27. Juli 1933 in seinem illegalen Quartier in Erfurt verhaftet. Im Polizeigefängnis auf dem Petersberg bei den Vernehmungen brutal mißhandelt, wurde er nach 17 Monaten Untersuchungshaft zu fünf Jahren Zuchthaus verurteilt.

Von Dezember 1933 bis zu seiner Verhaftung Ende Januar 1934 leitete Martin Schwantes die Bezirksorganisation der KPD. Große Verdienste bei der illegalen Neuformierung der Partei im Unterbezirk Erfurt der KPD erwarben sich auch der Instrukteur der Bezirksleitung Ernst Frommhold und der Leiter des Unterbezirkes Hermann Jahn. Der Tätigkeit Frommholds war es zu verdanken, daß in Erfurt und Umgebung bei 800 Mitgliedern der KPD wieder Beiträge kassiert wurden und daß sich die Genossen in Dreier- und Fünfergruppen organisierten.

Großen Wert legte die illegale Bezirksleitung der KPD auf den Aufbau von illegalen Betriebszellen in der Industrie. Im Oktober 1933 gab es solche bereits im Lingel-Konzern, in der Europa Schreibmaschinen AG, bei der Erfurter Elektrischen Straßenbahn AG und in der Schuhfabrik Hofmann und Stenger. Im April 1934 bestanden weitere Betriebszellen in der Schuhfabrik Cerf & Bielschowsky, im Elektrizitätswerk Erfurt, bei J. A. Topf und Söhne und in der Berlin-Erfurter Maschinenfabrik Henry Pels & Co. AG.[26]

Im März und April 1934 veranstalteten die Faschisten entsprechend dem sogenannten Gesetz zur Ordnung der nationalen Arbeit vom 20. Januar 1934 die ersten Vertrauensrätewahlen in den Betrieben. Das Gesetz zur Ordnung der nationalen Arbeit hatte das von der Arbeiterklasse 1918 in der Novemberrevolution erkämpfte Recht auf die Wahl von Betriebsräten beseitigt. An deren Stelle sollten nun sogenannte Vertrauensräte gewählt werden. Sie tagten unter Vorsitz des Unternehmers und hatten nur beratende Funktion. Der Unternehmer entschied allein über alle innerbetrieblichen Fragen, wie Arbeitszeit, Lohn, Einstellung und Entlassung der Arbeiter. Mit diesem Gesetz wurde das faschistische „Führerprinzip" auch in den Betrieben eingeführt.

Anläßlich der ersten Vertrauensrätewahlen charakterisierten Erfurter Kommunisten die „Vertrauensräte als Handlanger der Ausbeuter und Lohnräuber!" und riefen dazu auf, „in allen Betrieben revolutionäre Vertrauensleute der Arbeiter"[27] zu schaffen. Viele Arbeiter blieben den Wahlen fern. Von den abgegebenen gültigen Stimmzetteln waren 20,9 Prozent Nein-Stimmen. Auch die am 11. und 12. April 1935 abgehaltenen zweiten Vertrauensratswahlen brachten ein ähnliches Ergebnis. Die Staatspolizeistelle Erfurt mußte in ihrem Lagebericht vom 6. Juni 1935 eingestehen: „Noch immer werden die Vertrauensleutewahlen von der KPD in der Arbeiterschaft propagandistisch ausgenutzt. Man errechnet aus den Wahlergebnissen, daß die KPD . . . weit über 30 % der Arbeiterschaft hinter sich habe."[28] Aus Angst vor neuen Niederlagen ließen die Faschisten in den folgenden Jahren keine Wahlen zum Vertrauensrat mehr abhalten. Diese Erfolge im Kampf gegen das faschistische Arbeitsgesetz gaben den Bestrebungen zur Herstellung der antifaschistischen Einheitsfront aller Teile der Arbeiterklasse neuen Auftrieb.

Im Reichstagsbrandprozeß vor dem Reichsgericht in Leipzig im Herbst 1933 hatte Georgi Dimitroff schonungslos die Verbrechen der Faschisten aufgedeckt und eine treffende Analyse des Klassencharakters der Hitlerdiktatur gegeben. Er hatte die Tribüne des Gerichts benutzt, um die Ideen und Ziele der kommunistischen Weltbewegung darzulegen und wichtige Grundsätze für den Kampf um die Aktionseinheit der Arbeiterklasse zu entwickeln. Das übte einen mobilisierenden Einfluß auf die gesamte antifaschistische Bewegung in Deutschland aus. Im Oktober 1933 nahm die Bezirksleitung Großthüringen der KPD eine Zwischenauswertung des Reichstagsbrandprozesses vor. Der Entwurf eines Flugblattes mit einer Einschätzung des Prozesses wurde an alle Unterbezirke geschickt. Dort vervielfältigte man das Flugblatt und verteilte es. Die Wahrheit über den Reichstagsbrand wurde auch durch das illegal aus dem Ausland eingeführte „Braunbuch über Reichstagsbrand und Hitler-Terror" verbrei-

[26] Staatsarchiv Meiningen, Thüringisches Kreisamt Meiningen, Nr. 4 814, Bl. 64.

[27] Manfred Weißbecker, Gegen Faschismus und Kriegsgefahr. Ein Beitrag zur Geschichte der KPD in Thüringen 1933–1935, Erfurt 1967, S. 128.

[28] IML, ZPA, St 3/38/II.

tet, von dem 1934 auch 20 Exemplare in Erfurt kursierten.

Wiederholt gelang es der Geheimen Staatspolizei (Gestapo), führende Funktionäre der Thüringer Bezirksorganisation der KPD festzunehmen. Am 9. September 1934 verhaftete sie auf dem Erfurter Hauptbahnhof einen Kurier aus Prag, bei dem man eine große Anzahl illegaler Zeitungen und Rundschreiben beschlagnahmte. Außerdem nahm sie neun Funktionäre der Bezirksleitung fest. Jedoch konnte bereits Anfang November wieder eine provisorische Bezirksleitung gebildet werden.

Gegen den Willen rechter Führer nahmen klassenbewußte Sozialdemokraten und Gewerkschafter am antifaschistischen Kampf teil. Auch in Erfurt fanden Verhandlungen zwischen der KPD und SPD-Gruppen statt. Mitte 1935 vereinbarten sozialdemokratische Gruppen und die Rote Hilfe gemeinsame Maßnahmen zur Unterstützung politischer Gefangener und ihrer Angehörigen. Das Mitglied der SPD Gustav Brack, bis zur Zerschlagung der Gewerkschaften Bezirksleiter des Zentralverbandes der Angestellten für Großthüringen, hielt Verbindung mit anderen Sozialdemokraten und unterstützte die Widerstandstätigkeit des Mitgliedes der Sozialistischen Arbeiterpartei (SAP) Ernst Hosenfeld. Gemeinsam hielten sie Schulungskurse ab, stellten Flugblätter her und verbreiteten sie. Anfang Juni 1935 verhaftete die Gestapo Brack, Hosenfeld und andere Mitglieder dieser Widerstandsgruppe. Hosenfeld wurde zu vier Jahren, Brack zu drei Jahren und acht Monaten Zuchthaus verurteilt.

Anfang 1935 bildeten ehemalige Gewerkschafter eine illegale Gruppe des Deutschen Metallarbeiterverbandes (DMV), die aus etwa 25 Personen bestand. Sie verteilte Exemplare der über die Grenze gebrachten Zeitung „Die Aktion" und des in Dresden illegal gedruckten „Vorwärts". Eine andere, sozialdemokratische Gruppe umfaßte zu dieser Zeit etwa 20 aktive Mitglieder. Über sie hieß es im Lagebericht der Staatspolizeistelle Erfurt für den Monat Juli 1935: „Die illegale SPD hält sich im Gegensatz zur KPD sehr zurück. Im allgemeinen beschränkt sie sich darauf, ihre Anhänger in der bisherigen geistigen Haltung zu bestärken. Hierzu benutzt sie vielfach getarnte Zusammenkünfte. Im Kreis der Anhänger der SPD wird damit gerechnet, daß die Zersetzung des Nationalsozialismus fortschreite und daß bald die Zeit zu aktiverem Vorgehen kommen werde."[29]

Vom 25. Juli bis zum 20. August 1935 tagte in Moskau der VII. Kongreß der Kommunistischen Internationale. Er zog Schlußfolgerungen aus der veränderten internationalen Lage und arbeitete eine den neuen Bedingungen entsprechende Strategie und Taktik der kommunistischen Weltbewegung aus. Der Kongreß forderte die Herstellung der Einheitsfront der Arbeiterklasse sowie die Schaffung einer breiten antifaschistischen Volksfront. Ausgehend von seinen Beschlüssen erklärte die Brüsseler Parteikonferenz der KPD, die vom 3. bis 15. Oktober

Abb. 371.
Paul Schäfer
(1894 bis 1937)

1935 in der Nähe von Moskau stattfand, daß die Herstellung der Aktionseinheit der Arbeiterklasse und die Bildung einer Volksfront aller Hitlergegner die wichtigsten Aufgaben der Partei seien. Die Beratung orientierte die Parteimitglieder auf die Herstellung eines kameradschaftlichen Verhältnisses zu den sozialdemokratischen Genossen und die Ausnutzung aller legalen und illegalen Möglichkeiten des Kampfes. Indem die KPD die Leninsche Revolutionstheorie auf die konkrete Situation des Klassenkampfes in Deutschland anwandte, zeigte sie den Weg zum Sturz der faschistischen Diktatur und zur Errichtung einer antifaschistisch-demokratischen Ordnung.

Eine wichtige Aufgabe der KPD bestand darin, die illegalen Parteiorganisationen in Deutschland mit den Beschlüssen der Brüsseler Parteikonferenz bekannt zu machen. Heinrich Herrmann (nach 1945 stellvertretender Vorsitzender des Kreises Erfurt-Land) berichtete, daß die Erfurter Kommunisten

[29] Ebenda, St 3/38/II.

durch den Moskauer Rundfunk über die Ergebnisse der Konferenz informiert wurden. Über Hermann Jahn erhielten sie außerdem Flugblätter über deren Beschlüsse. Die Kommunisten knüpften Verbindungen zu Sozialdemokraten und Gewerkschaftern sowie zu anderen Bürgern, die Gegner des Hitlerregimes waren. Dies gelang ihnen vor allem deshalb, weil sie noch viele Kontakte zu ehemaligen Häftlingen aus dem KZ in der Feldstraße unterhielten, die anderen Parteien angehört hatten.

So arbeiteten sie in der Riebeck-Brauerei innerhalb der Deutschen Arbeitsfront gegen das Naziregime. In der Feima wurde unter Leitung von Willy Albrecht eine illegale Gruppe aufgebaut, die mit früheren SPD-Mitgliedern und Parteilosen zahlreiche politische Gespräche führte. Willy Albrecht berichtet: „Unter strenger Beachtung der Regeln der Konspiration konnten wir unseren Einfluß im Betrieb vergrößern. Unser Verhältnis zu den ehemaligen sozialdemokratischen Genossen wurde immer besser. Der immer stärker werdende faschistische Terror gegen alle antifaschistischen Kräfte trug dazu bei, den Prozeß des Umdenkens zu beschleunigen."[30]

Die Staatspolizeistelle Erfurt mußte in ihrem Lagebericht für den Monat September 1935 einräumen: „Die Kurve der illegalen Propagandatätigkeit zeigt in letzter Zeit eine ansteigende Tendenz, die durch kommunistische Beschriftungen, Postsendungen beleidigender Art und hauptsächlich durch überhandnehmende Mundpropaganda in Erscheinung tritt. In Auswirkung des VII. Weltkongresses der Komintern hat sich die Stimmung unter den Anhängern des Kommunismus gehoben, die Arbeit für den Wiederaufbau der Organisation hat neuen Auftrieb erhalten. Die Nachrichtenverbreitung durch den Moskauer Sender liefert den illegalen Organisationen der KPD und SPD das wertvollste Agitationsmaterial und stärkt ganz wesentlich ihre Aktivität. Es werden auch Teile des Mittelstandes mitgerissen und dem Kommunismus in die Arme getrieben."[31]

Als das ZK der KPD am 7. August 1936 die deutschen Antifaschisten aufrief, sich der spanischen Volksfront als Kämpfer zur Verfügung zu stellen, gehörten zu den Freiwilligen, die nach Spanien eilten, auch Erfurter Widerstandskämpfer, unter ihnen Paul Schäfer und Herbert Grünstein. Paul Schäfer geriet als Führer eines Meldezuges der XI. Internationalen Brigade an der Guadalajarafront im März 1937 in einen Hinterhalt italienischer Faschisten und opferte sein Leben für die Freiheit des spanischen Volkes. Herbert Grünstein war zuerst im

Abb. 372. Hermann Jahn (1894 bis 1946)

Thälmann-Bataillon vor Madrid eingesetzt und danach in den Jahren 1937 und 1938 Kompanieführer, später Bataillonskommandeur in einer Einheit der spanischen Volksarmee. Nachdem die spanische Republik der Übermacht ihrer Feinde erlegen war, begann sein Weg durch mehrere Internierungslager in Frankreich und Nordafrika, bis er im Jahre 1943 in die Sowjetunion gelangte. Dort kämpfte Grünstein während des Großen Vaterländischen Krieges in der Roten Armee gegen die Faschisten und war dann in der DDR lange Jahre Erster Stellvertreter des Ministers des Innern.

Auch in Erfurt brachten einzelne Angehörige des Bürgertums ihre Opposition gegen das Hitlerregime zum Ausdruck. So unterstützte z. B. Professor Dr. med. Alfred Machol, Direktor der Chirurgischen Klinik des Städtischen Krankenhauses, und der Stationsarzt Dr. med. Hans Jäger den politischen Mitar-

[30] Bergen, Probleme des Kampfes der KPD, Anlage 33, S. 1 f.
[31] IML, ZPA, St 3/39/II.

beiter der Bezirksleitung Großthüringen der KPD Hans Scholz während seines Aufenthalts in der Klinik im Jahre 1933. Scholz konnte ungestört marxistische Literatur studieren und vom Krankenzimmer aus eine illegale Widerstandsgruppe leiten. Auch Dr. med. Anton Henze, dessen Praxis sich im Hause Anger 74/75 befand, und der jüdische Arzt Dr. med. Richard Herzberg, der 1937 aus Deutschland emigrierte, halfen Widerstandskämpfern der KPD.

Seit 1934 traten protestantische Kreise, die sich in der Bekennenden Kirche zusammengeschlossen hatten, gegen die faschistische Kirchenpolitik auf und wandten sich gegen den Antisemitismus. Die Hälfte der in Erfurt tätigen Pfarrer gehörte der Bekennenden Kirche an. 1938 weigerten sich 100 Lehrer der Stadt, anstelle des evangelischen Religionsunterrichts nationalsozialistischen Weltanschauungsunterricht zu erteilen. Der Dompropst und spätere katholische Weihbischof Joseph Freusberg verbarg von 1938 bis 1945 die aus der brennenden Synagoge geretteten Thorarollen im Erfurter Dom.

Angesichts der drohenden Kriegsgefahr verstärkte die KPD ihre Bemühungen um den Zusammenschluß aller Hitlergegner, um das faschistische Regime zu beseitigen und einen neuen Weltkrieg zu verhindern. Ein wichtiges Ereignis in diesem Kampf war die Berner Parteikonferenz der KPD, die vom 30. Januar bis 1. Februar 1939 südlich von Paris stattfand. Der Parteivorsitzende Wilhelm Pieck erklärte in seinem Referat, daß es notwendiger denn je sei, die Aktionseinheit der deutschen Arbeiterklasse herzustellen und eine Volksfront aller Antifaschisten zum Sturz des Hitlerregimes zu schaffen. Die Konferenz beschloß ein Programm für eine antiimperialistische deutsche demokratische Republik, in der die Werktätigen unter Führung der Arbeiterklasse den bestimmenden Einfluß besitzen sollten.

Im Unterschied zu anderen Gebieten Deutschlands war in Erfurt die Zahl der am aktiven Widerstand teilnehmenden Antifaschisten am Vorabend des zweiten Weltkrieges relativ gering. Es bestanden nur noch wenige organisierte Gruppen, die untereinander Verbindung hatten und Nachrichten und Informationen austauschten. An der Spitze des Erfurter Widerstandskampfes stand Hermann Jahn, von seiner Entlassung aus dem Zuchthaus im Jahre 1936 bis zu seiner erneuten Verhaftung 1944. Bei den Zusammenkünften, die man als Familienfeiern und Skatabende tarnte, wurden vor allem die Nachrichtensendungen des Moskauer Rundfunks abgehört und besprochen. Kurz vor Beginn des zweiten Weltkrieges, im Juli 1939, wurde Fritz Noack, einer der bekanntesten Erfurter Funktionäre der KPD, verhaftet und am 1. August von der Gestapo auf dem Petersberg ermordet.

Trotz aller Anstrengungen gelang es der KPD und den anderen antifaschistischen Kräften nicht, den Ausbruch des Krieges zu verhindern. Große Teile des deutschen Volkes waren durch die jahrelange ideologische Beeinflussung zu Anhängern oder Befürwortern des faschistischen Regimes geworden oder verharrten – durch den zügellosen Terror eingeschüchtert – in Passivität und Resignation. So konnte der deutsche Faschismus den Krieg entfesseln, ohne in der Bevölkerung auf größeren Widerstand zu stoßen.

4.
Beginn des Zweiten Weltkrieges und Kampf um den Sturz der faschistischen Diktatur

Am 1. September 1939 begann der faschistische deutsche Imperialismus mit dem Überfall auf Polen seinen seit langem geplanten und vorbereiteten Eroberungskrieg. Seit dem 1. September waren Erfurter Truppenteile direkt an den Kriegshandlungen beteiligt. Erfurts Oberbürgermeister Walter Kießling war in den ersten beiden Kriegsmonaten als Stadtkommissar von Thorn (Toruń) tätig, um die Verwaltung dieser von ihm als „urdeutsch" bezeichneten polnischen Stadt nach den „Grundsätzen der deutschen Gemeindeordnung" einzurichten. Für seine „Verdienste" um die Okkupationspolitik verlieh ihm Hitler das Kriegsverdienstkreuz.[32] Die faschistischen Machthaber in der Stadt setzten alles daran, die „Erfüllung der Kriegsaufgaben in der Heimat" sicherzustellen.

Die Kriegsgesetzgebung berührte alle Bereiche des gesellschaftlichen Lebens. In der „Thüringer Allgemeinen Zeitung" war bereits am 28. August 1939 die „Verordnung zur vorläufigen Sicherstellung des lebenswichtigen Bedarfs des deutschen Volkes" vom Tag zuvor veröffentlicht worden, nach der Fleisch, Fett, Butter, Käse, Vollmilch, Zucker, Marmelade, Nährmittel, Ersatzkaffee, Seife und

---

[32] StAE, 1-2/004-72, Bl. 20.

fetthaltige Waschmittel, Textilien, Schuhe, Lederwaren und Kohle rationiert wurden. Diese Waren konnten ab Montag, dem 28. August 1939, nur noch auf „Karten" bzw. „Bezugsscheine" gekauft werden. Am 11. September 1939 wurde aufgrund der verschlechterten Rohstofflage die Fahrradbereifung kontingentiert. Ab 25. September erfolgte die Ausgabe der „Reichsbrot-" und der „Reichseierkarte". Die „Verordnung über die Beschränkung des Arbeitsplatzwechsels" vom 1. September 1939 und die Kriegswirtschaftsverordnung vom 4. September 1939 beseitigten u. a. den Achtstundentag und die freie Arbeitsplatzwahl.[33]

Die Lebensmittelzuteilungen lagen trotz Ausgabe der Karten noch relativ hoch. Die wöchentliche Lebensmittelration für Normalverbraucher betrug 2400 g Brot, 700 g Fleisch- und Wurstwaren, 420 g Fett. Für Schwer- und Schwerstarbeiter gab es Zusatzrationen. Das war nicht nur darauf zurückzuführen, daß die Versorgungslage noch einigermaßen gesichert war. Trotz ihres terroristischen Systems befürchteten die Faschisten Äußerungen der Unzufriedenheit der Massen, die sich zu einem neuen „November 1918" ausweiten könnten. Zwar war es, wie in den meisten deutschen Städten, auch in Erfurt nach dem 1. September 1939 nicht zu größeren Widerstandsaktionen gekommen. Aber es war nicht gelungen, eine dem 1. August 1914 vergleichbare chauvinistische Stimmung großer Teile der Bevölkerung zu erzeugen.

Terror und Strafrecht wurden nach Kriegsausbruch verschärft und erweitert. Einer am 1. September 1939 beginnenden Verhaftungswelle, die seit Februar 1936 für den Kriegsfall vorbereitet worden war, fielen in Deutschland rund 2000 Kommunisten und andere Antifaschisten zum Opfer. Mit dieser Aktion sollten jede demokratische Regung und jeder Widerstand schon im Keim erstickt werden. In Erfurt wurden etwa 20 Antifaschisten, unter ihnen Hermann Jank, Oskar Dünnebeil, Ernst Lamm, Alfred Kotzer, Walter Noack, Ernst Niekranz und Karl Specht, verhaftet und in das KZ Buchenwald eingeliefert.[34] Besonders schwer hatte die Familie Lamm zu leiden. Ernst Lamm wurde mehrfach verhaftet. Am 6. April 1946 starb er an den Folgen der KZ-Haft. Gegen ihn, seine drei Söhne und seinen Schwiegersohn wurden insgesamt 20 Jahre Zuchthaus, Gefängnis und KZ-Haft verhängt. Dieser Terror behinderte zunächst den Widerstand in der Stadt. Dazu kam, daß in vielen Betrieben die Widerstandsgruppen durch die zahlreichen Einberufungen klassenbewußter Arbeiter zur Wehrmacht geschwächt wurden. Die antifaschistische Tätigkeit beschränkte

sich deshalb zu dieser Zeit auf Diskussionen über die veränderte Lage und auf Flüsterpropaganda in den Großbetrieben.

Die vorbeugende Verhaftung von Kommunisten und anderen Antifaschisten war Bestandteil der Gesetzgebung „zur Aufrechterhaltung der inneren Ordnung", die für eine ganze Reihe „staatsfeindlicher Vergehen" – wie Abhören ausländischer Sender, Verstöße gegen die Bezugsscheinregelung, Nichtsammeln von Küchenabfällen zur Futtergewinnung, freundlicher Umgang mit Kriegsgefangenen – in vielen Fällen sogar Todesstrafe androhte. Allein der Satz „... wird mit dem Tode bestraft", der in immer mehr Gesetzen und Verordnungen auftauchte, die größtenteils an Litfaßsäulen und in der Presse veröffentlicht wurden, übte neben der laufenden Veröffentlichung von Todesurteilen der Sonder- und Schnellgerichte eine abschreckende Wirkung auf große Teile der Bevölkerung aus. Sondergerichte verurteilten z. B. im Oktober 1939 einen Kaufmann wegen Vergehens gegen die Bezugsscheinregelung zu acht Monaten und zwei Arbeiter, die einen Tag nicht zur Arbeit erschienen waren, zu je vier Monaten Gefängnis.[35] Allein vom 1. September 1939 bis zum 21. Juni 1941 wurden in der „Thüringer Allgemeinen Zeitung" etwa 50 Gefängnis-, Zuchthaus- oder Todesurteile gegen Hörer ausländischer Sender veröffentlicht.

Die Verschärfung des Terrors und des Strafrechts war von einer auf die jeweilige Kriegssituation abgestimmten ideologischen Beeinflussung der Bevölkerung begleitet. Die nationalistische und chauvinistische Demagogie erreichte einen neuen Höhepunkt. Bereits in den ersten Kriegsmonaten wurden von der faschistischen Propagandamaschinerie den Tatsachen widersprechende Parolen über Ursachen, Charakter und Ziele des Krieges verbreitet. Sie sollten davon ablenken, daß der zweite Weltkrieg als imperialistischer Eroberungskrieg begonnen hatte und aus den Widersprüchen zwischen den imperialistischen Mächten entstanden war. Kern der Nazipropaganda war die Behauptung, der Krieg sei Deutschland aufgezwungen worden; es müsse ihn führen, um das mit dem Versailler Vertrag ver-

[33] Reichsgesetzblatt 1939, Teil I, 2. Halbjahr, S. 1685, 1609.

[34] Fred Pritzschke, Die Berner Konferenz der KPD und ihre Auswirkungen auf den antifaschistischen Widerstandskampf. Einige Probleme des illegalen Kampfes gegen Faschismus und Krieg der Erfurter Antifaschisten in den Jahren 1939 bis 1942, Erfurt 1967, Anlage 4, Nr. 7, Bericht des Gen. Specht vom 10. Mai 1967; Klaus Drobisch, Widerstand in Buchenwald, Berlin 1977, S. 32 f.

[35] STAE, 1-2/009-26, Heimatbrief der NSDAP, Kreis Erfurt/Weißensee, 1. Folge, Dezember 1939, S. 4.

Abb. 373. Vorbeimarsch des Panzer-Regiments Nr. 1 der faschistischen Wehrmacht vor dem Behördenhaus in der Arnstädter Straße (heute Klement-Gottwald-Allee) nach dem Überfall auf Polen, am 13. Oktober 1939. Auf der Tribüne rechts: Der Kreisleiter der NSDAP Franz Theine

übte Unrecht aus der Welt zu schaffen und seine Zukunft für alle Zeiten zu sichern.

Die wahren Kriegsziele enthüllte nur die KPD, z.B. im „Brief der Parteileitung an die Leitungen und Funktionäre der KPD im Lande über die Aufgaben der Partei" vom 21. Oktober 1939 und in der „Politischen Plattform der Kommunistischen Partei Deutschlands" vom 30. Dezember 1939. Diese Materialien erreichten aber nur einen kleinen Teil der Bevölkerung. Bei ihrer Verbreitung und Diskussion nutzten die Kommunisten als Anlaufstelle, die von der Gestapo noch nicht hatte ermittelt werden können, die Volksfeuerbestattung in der Johannesstraße, heute Leninstraße.

Die Masse der Bevölkerung stand unter dem Einfluß der Nazipropaganda in Presse, Rundfunk und Film. Diese wurde von einer umfangreichen Propagandawelle der NSDAP unter dem Motto „Die kämpfende und opfernde Heimatfront" unterstützt. Im Erfurter Kreisgebiet sprachen allein in den ersten sechs Kriegswochen Gau- und Kreisredner der Nazipartei auf über 80 Kundgebungen über den „Schick-

salskampf des deutschen Volkes".[36] Ab 15. Oktober 1939 fanden an jedem Sonntagvormittag „Kriegsfeierstunden der NSDAP" statt, auf denen Parteiredner der Bevölkerung das Kriegsgeschehen im faschistischen Sinne erläuterten. Die Block- und Zellenleiter der Partei wurden angewiesen, ihrer „Betreuungs- und Beeinflussungsfunktion" in Verbindung mit der Ausgabe von Lebensmittelkarten, der Auszahlung der Kinderbeihilfen und der Kassierung von Spenden vor allem für das „Winterhilfswerk" nachzukommen. Dabei sollten sie zugleich auch in jedem Haushalt kontrollieren, ob das Verbot zum Abhören ausländischer Rundfunksender und die Vorschriften zur Verdunkelung eingehalten wurden.

Der Arbeitskräftemangel war neben der Rohstoffknappheit für das Regime das größte Problem bei der Absicherung der Rüstungsproduktion. In Erfurt fanden deshalb auch umfangreiche Werbeaktionen unter Frauen und Jugendlichen statt, um sie zur Aufnahme einer Tätigkeit in den Rüstungsbetrieben zu

[36] Thüringer Allgemeine Zeitung, 4. u. 14. 10. 1939.

bewegen. Bis September 1940 konnten rund 400 Frauen zum ständigen und etwa 50 Frauen zum zeitweiligen Einsatz in der Rüstungsindustrie „geworben" werden.[37] Neben gewissen sozialen Vergünstigungen für Berufstätige spielten dabei Versprechungen für die Nachkriegszeit eine Rolle, in denen von einem großzügigen Wohnungsbauprogramm, von einer Reichslohnordnung für alle Berufe und von einem System sozialer Gesundheitspflege die Rede war. Außerdem wurde behauptet, nach Kriegsende würden 6,5 Mrd. RM für zusätzliche soziale Leistungen wie neue Seebäder und KdF-Schiffe zur Verfügung gestellt werden. Weiter wurde versichert, daß die freie Arbeitsplatzwahl, die schon vor dem Krieg völlig aufgehoben worden war, wieder ermöglicht werden würde. Thüringens Gauleiter Sauckel verbreitete die demagogische Losung: „Wir gewinnen den Krieg für die deutsche Arbeiterschaft".[38]

Zur Mobilisierung der Bevölkerung trugen zunächst auch die „Blitzsiege" der Wehrmacht in Polen, Dänemark, Norwegen, den Niederlanden, Belgien und Luxemburg und im Juni 1940 der Sieg über den „Erzfeind" Frankreich bei. Die ideologischen Auswirkungen dieser militärischen Siege waren unverkennbar. In Erfurt begrüßten am 10. und 12. Juli 1940 auf großen Kundgebungen auf dem Friedrich-Wilhelm-Platz, heute Domplatz, Tausende fanatisierte Erfurter Bürger die aus Frankreich heimkehrenden Truppen.[39]

Der chauvinistische Mythos der „Unbesiegbarkeit der Wehrmacht" und eines großen „Endsieges" beeinflußte zu Beginn des Krieges auch Menschen, die dem Faschismus bisher noch abwartend gegenübergestanden hatten. Zudem zogen Teile der Bevölkerung materielle Vorteile aus der Ausplünderung der okkupierten Gebiete und wurden so korrumpiert. Darauf spekulierten auch die Machthaber. Oberbürgermeister Kießling gab am 15. Mai 1940 in einem Brief an Oberst Walter von Boltenstern, einen Kommandeur Erfurter Truppenteile, seiner Hoffnung Ausdruck, daß sich nun auch in Erfurt die Gemüseversorgung durch die Einfuhr holländischer Erzeugnisse bessern würde.[40] In einem der „Heimatbriefe", die die NSDAP regelmäßig an Erfurter Truppenteile an die Front schickte, wurde im August 1940 mitgeteilt, daß die Versorgung der Bevölkerung gut sei. In den letzten Wochen hätte es vorzügliches dänisches Schweinefleisch, Rippenspeck und Schinken gegeben.

Durch Terror, Demagogie und Korrumpierung war ein Zustand geschaffen worden, in dem sich die Faschisten ihrer Macht völlig sicher waren und den

Zeitpunkt für weitere Eroberungen und vor allem zur Vernichtung des Sozialismus in der UdSSR für gekommen glaubten.

Nach dem verbrecherischen Einfall des faschistischen Deutschland in die Sowjetunion am 22. Juni 1941 stiegen die Profite der Erfurter Rüstungsbetriebe weiter an. Im Schuhkonzern Lingel waren bereits seit Kriegsbeginn 80 Prozent der Produktion für die Wehrmacht bestimmt. Einige Betriebe stellten nun ihre Produktion völlig auf die Interessen der Rüstung um. In den Olympia-Büromaschinen-Werken stieg der Anteil der Rüstungsproduktion von 1940 bis 1944 von 22 auf 72 Prozent. Anstelle von Schreibmaschinen wurden nun vorwiegend Kraftstoffpumpen und Vergaser für Flugzeuge, Geräte für die Kriegsmarine sowie Flak-Magazine und Patronenstahlgurte für Maschinengewehre hergestellt.

Tabelle 25
Entwicklung der Rüstungsproduktion des Olympia-Werkes 1939 bis 1944[41]

Jahr	Produktion in T-Mark				Beschäftigte			
	gesamt	Schreibmaschinen	Rüstung	%	gesamt	Schreibmaschinen	Rüstung	%
1939	14 203	13 206	997	7	3 532	(nicht unterteilt)		
1940	14 088	10 900	3 188	22,6	3 598	2 144	1 454	40,4
1941	15 048	9 400	5 648	37,5	3 410	1 810	1 600	46,9
1942	18 099	7 399	10 700	59	3 300	1 320	1 980	60
1943	18 153	7 180	10 973	60	3 427	913	2 514	73,4
1944	20 292	5 657	14 635	72	3 647	731	2 916	80

Ein „ganz besonders gutes Geschäft" nutzte die Erfurter Firma J. A. Topf & Söhne. Am 20. Januar 1942 fand in Berlin-Wannsee eine geheime Konferenz hoher Ministerialbeamter und SS-Führer statt. Sie beschloß koordinierende Maßnahmen zur Ermordung von über elf Millionen Juden aus allen europäischen Ländern. Diese „Untermenschen" sollten in Ghettos konzentriert, in Vernichtungslager verschleppt und dort ermordet werden. Im Sommer 1942 wurde festgelegt, die „Vergasungsaktion" in den großen Vernichtungslagern außerordentlich zu

---

[37] StAE, 1-2/009-26, Heimatbrief, Folge 13, September 1940, S. 20.

[38] Gausonderdienst. Die innere Front Gau Thüringen, hrsg. vom Gaupresseamt der Gauleitung Thüringen der NSDAP, 18. 10. 1940.

[39] StAE, 1-2/009-26, Heimatbrief, Folge 11, Juli 1940, S. 6.

[40] Ebenda, Bl. 3.

[41] Information des Leiters des Betriebsarchivs des VEB Optima Büromaschinenwerk Erfurt vom 27. 3. 1973.

erweitern und technisch zu vervollkommnen. Unmittelbar nach einem Besuch des Reichsführers SS, Heinrich Himmler, in Auschwitz gab die dortige Lagerleitung in einem Schreiben vom 3. August 1942 der Erfurter Firma J. A. Topf & Söhne den Auftrag, riesige Krematorien im KZ Birkenau zu installieren. Mit ihrem Bau wurde sofort begonnen. Die Direktoren und die Techniker der Firma, insbesondere der Chefingenieur Prüfer und der „Erfinder" Martin Klettner, stellten sich in den Dienst der Massenvernichtung. Schon in der zweiten Hälfte des Jahres 1943 übergab die Firma J. A. Topf & Söhne der Lagerverwaltung die ersten großen Krematorien. Die Verbrennungsöfen des neuen Krematoriums II im KZ Auschwitz, die dem Bericht des Prüfungsprotokolls zufolge „einwandfrei funktionierten", waren nach einer Patentanmeldung konstruiert, die die Firma J. A. Topf & Söhne am 26. Oktober 1942 dem Reichspatentamt in Berlin unter dem Kennwort „Kontinuierlich arbeitender Leichen-Verbrennungsofen für Massenbetrieb" eingereicht hatte. Nach Ende des zweiten Weltkrieges „verlagerte" die Firma Topf & Söhne ihre Zentrale nach Wiesbaden. Das BRD-Patentamt bestätigte mit Patentschrift Nr. 861731 am 5. Januar 1953 diese „Erfindung".[42]

Während die großen Erfurter Betriebe aus dem Krieg ein Riesengeschäft machten, mußte die Mehrheit der Bevölkerung die wachsenden Lasten des Krieges tragen. Sie wurden jedoch in den ersten drei Kriegsjahren noch nicht so stark empfunden, weil die Faschisten durch die Ausplünderung der okkupierten Gebieten die Versorgung noch einigermaßen gewährleisten konnten. Nicht zuletzt durch ihre demagogische nationalistische Propaganda gelang es ihnen bis in den Krieg hinein, große Teile der Bevölkerung zum „Durchhalten" zu bewegen. Immer wieder wurden die Lebensmittelrationen gekürzt und die Arbeitszeit verlängert. Die bis dahin größte Lebensmittelkürzung erfolgte am 6. April 1942. Reichspropagandaminister Goebbels vermerkte dazu zynisch in seinem Tagebuch: „Am 6. April werden nun auch die Lebensmittelrationen gekürzt. Es ist Wert darauf gelegt, die Schwerstarbeiter und Kinder nicht allzu stark heranzunehmen ... Es kann aber nicht bezweifelt werden, daß die vom 6. April an abgegebenen Rationen nicht mehr zur absoluten Sicherstellung der Gesundheit und der Erhaltung der Reserven der menschlichen Arbeitskraft ausreichen."[43] Die Arbeitszeit für Männer erhöhte sich bis auf 60 Stunden, für Frauen auf 56 Stunden, für Jugendliche, Teilinvaliden und Kriegsbeschädigte auf 56, 53 bzw. 48 Stunden in der Woche. Durch die Arbeitshetze stieg die Zahl der Unfälle. In den Jahren 1941 bis 1943 waren es allein im Telefunken-Werk bei rund 2000 Belegschaftsmitgliedern durchschnittlich 300 im Jahr.

---

[42] Heinz Kühnrich, Der KZ-Staat 1933–1945, Berlin 1980, S. 177.

[43] Goebbels' Tagebücher aus den Jahren 1942/1943, hrsg. von L. P. Lochner, Zürich 1948, Eintragung vom 10. 2. 1942.

Abb. 374. Von der Erfurter Firma J. A. Topf & Söhne hergestellte Verbrennungsöfen im Konzentrationslager Buchenwald

Abb. 375. Markenzeichen der Firma J. A. Topf & Söhne an einem Verbrennungsofen

Abb. 376. Dr. Theodor Neubauer (1890 bis 1945)
mit seiner zweiten Frau Elisabeth und seinem Sohn

Abb. 377.
Magnus Poser
(1907 bis 1944)

5.
Verstärkter Widerstandskampf nach der Wende des Krieges

Nach den für die Wehrmacht sehr verlustreichen Schlachten vor Moskau, bei Stalingrad und Kursk zeichnete sich die totale Niederlage des Naziregimes ab. Damit begann eine neue Phase des antifaschistischen Widerstandskampfes. Bereits in einem Aufruf vom 24. Juni 1941 und in einer Erklärung vom 15. Oktober 1941 hatte das ZK der KPD erste Schlußfolgerungen aus der durch den Überfall auf die Sowjetunion veränderten Situation gezogen. In diesen Materialien wurde besonders die Verbindung des Widerstandskampfes in Deutschland mit dem Befreiungskampf der unterdrückten Völker betont und der Zusammenhang zwischen dem militärischen Sieg der Roten Armee und dem Sieg der deutschen Antifaschisten über die Hitler-Diktatur umfassend dargelegt.

Auf der Grundlage dieser Orientierung des ZK der KPD beschlossen Dr. Theodor Neubauer, der in Tabarz wohnte, und der Jenaer Arbeiter Magnus Poser, gestützt auf die vorhandenen Parteikader in Thüringen, eine Bezirksorganisation der KPD aufzubauen, aus der sich durch Einbeziehung nichtkommunistischer Hitlergegner eine Widerstandsorganisation entwickelte. Auf einer Beratung am 1. Januar 1942 wurde eine zentrale Leitung zur Organisierung des

antifaschistischen Kampfes für ganz Thüringen geschaffen, mit Parteiorganisationen bzw. -gruppen in Bad Salzungen, Eisenach, Zella-Mehlis, Erfurt, Gotha, Jena, Suhl und Weimar. An der Spitze der Erfurter Organisation stand Hermann Jahn. Den Beschlüssen des ZK der KPD entsprechend, legte die von Neubauer und Poser geleitete Bezirksorganisation den Schwerpunkt ihrer Arbeit auf die Bildung von Betriebszellen als Keime von Widerstandsgruppen kommunistischer, sozialdemokratischer und parteiloser Arbeiter.

Magnus Poser traf sich im Frühjahr 1942 in Erfurt in der Wohnung der Schwester von Hermann Jank mit Hermann Jahn, Jank und Fritz Hotze. Auf diesem Treffen wurde beschlossen, in den Erfurter Großbetrieben neue Betriebszellen der KPD zu schaffen. Einige Tage später wurde auf einer zweiten Beratung im Steigerwald festgelegt, daß in der Lampenfabrik Stübgen Karl Mäurer und im Reparaturwerk Erfurt-Nord Sigismund Schmidt die Leitung der Zellen übernehmen sollten. Jank leitete die Zelle in der Maschinenfabrik Henry Pels.[44]

[44] Erinnerungsbericht von Hermann Jank, in: Pritzschke, S. 49 f.

Auch in den Olympia-Büromaschinen-Werken bildete sich eine Betriebsgruppe, in der die Genossen Hermann Driene, Franz Metz, Hans Tschacher, Otto Kalinowski, Elsa Geyer, Gertrud Spannaus u.a. organisiert waren.[45] Diese Zellen entwickelten sich zu Widerstandsgruppen, in denen Kommunisten und Antifaschisten der verschiedensten Richtungen zusammenarbeiteten. Erstmals nach 1935/37 war es wieder gelungen, organisierte Widerstandsgruppen zu bilden. Enge Verbindungen wurden auch zu ehemaligen SPD-Funktionären hergestellt.

Die Thüringer Widerstandsorganisation konnte zu über 80 Betrieben Verbindungen herstellen und auf Dreiergruppenbasis die illegale Arbeit organisieren. Dieses Dreiergruppenprinzip bedeutete, daß niemals mehr als drei Mann zusammenkamen und gemeinsame Aktionen durchführten. Man kannte in der Gruppe nur jeweils seinen „Vorder-" und „Hintermann". Schriftliche Unterlagen über die Mitglieder der Gruppe gab es nicht. Die Gruppen führten Sabotageakte gegen die Rüstungsproduktion durch und wirkten auf langsames Arbeiten ein, dessen Ziel es war, die täglichen Arbeitsnormen regelmäßig zu unterbieten. In den Olympia-Büromaschinen Werken gab es zeitweilige Produktionsstörungen durch Beschädigungen des Transportbandes. Laufend wurden Hilfsaktionen für Angehörige inhaftierter und illegal lebender Antifaschisten sowie für ausländische Zwangsarbeiter organisiert.

Die verstärkte Rüstung erhöhte den Bedarf an Arbeitskräften. Um ihn zu decken, gingen die Faschisten zum System der Zwangsverschleppung vor allem sowjetischer und polnischer Arbeiter nach Deutschland über. Auch durch eine mit brutalem Druck und Repressalien durchgeführte „Werbung" von Fremdarbeitern in anderen besetzten Gebieten sowie durch den Einsatz von Kriegsgefangenen

---

45 Horst H. Müller, Unser Werk Optima, Kleine Chronik, VEB Optima Büromaschinenwerk Erfurt, Erfurt o.J., S. 30.

Abb. 378. Kriegsgefangenenlager der Berlin-Erfurter Maschinenfabrik Henry Pels & Co.

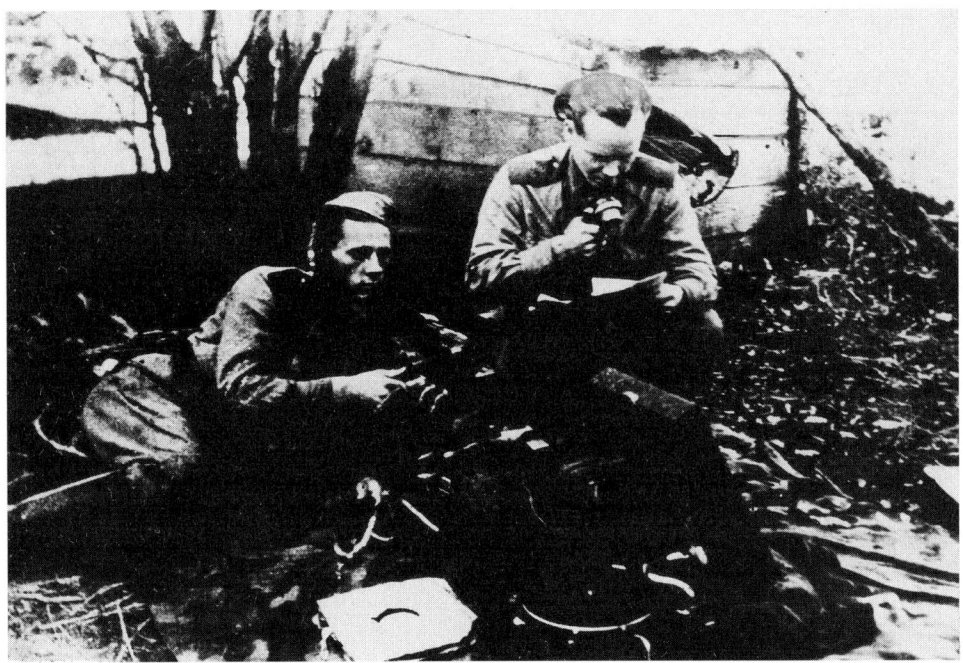

Abb. 379. Heribert Hövelmanns als Frontbevollmächtigter des NKFD an der sowjetischen Front bei Augustowo 1944

Abb. 380. Flugblatt von Theodor Neubauer (1944)
▽

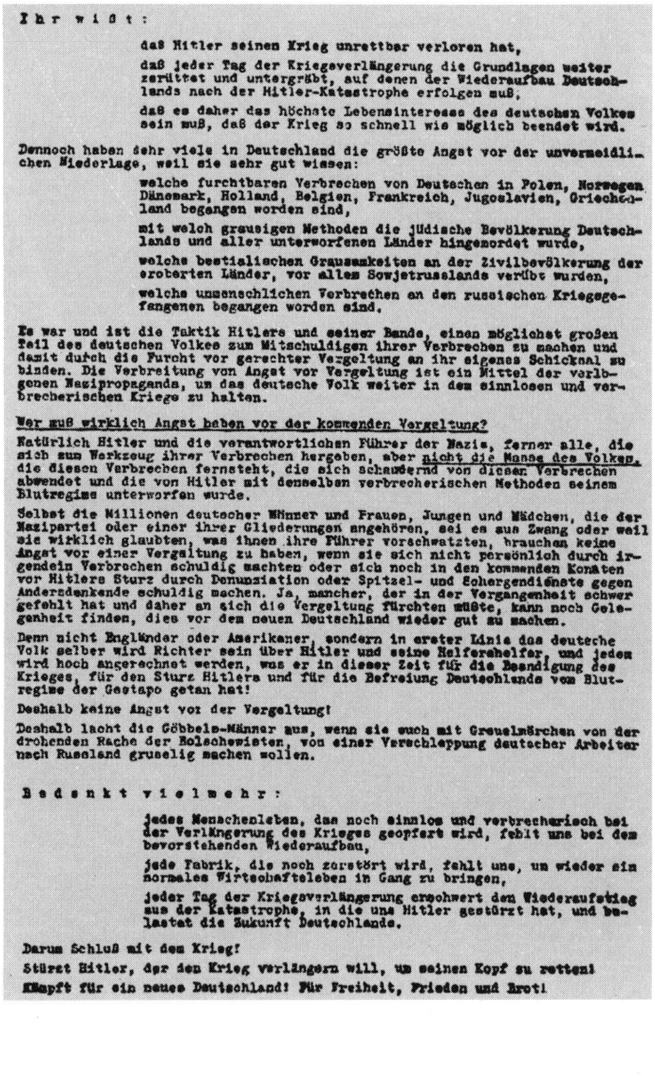

Ihr wißt:

daß Hitler seinen Krieg unrettbar verloren hat,

daß jeder Tag der Kriegsverlängerung die Grundlagen weiter zerüttet und untergräbt, auf denen der Wiederaufbau Deutschlands nach der Hitler-Katastrophe erfolgen muß,

daß es daher das höchste Lebensinteresse des deutschen Volkes sein muß, daß der Krieg so schnell wie möglich beendet wird.

Dennoch haben sehr viele in Deutschland die größte Angst vor der unvermeidlichen Niederlage, weil sie sehr gut wissen:

welche furchtbaren Verbrechen von Deutschen in Polen, Norwegen Dänemark, Holland, Belgien, Frankreich, Jugoslavien, Griechenland begangen worden sind,

mit welch grausigen Methoden die jüdische Bevölkerung Deutschlands und aller unterworfenen Länder hingemordet wurde,

welche bestialischen Grausamkeiten an der Zivilbevölkerung der eroberten Länder, vor allem Sowjetrusslands verübt wurden,

welche unmenschlichen Verbrechen an den russischen Kriegsgefangenen begangen worden sind.

Es war und ist die Taktik Hitlers und seiner Bande, einen möglichst großen Teil des deutschen Volkes zum Mitschuldigen ihrer Verbrechen zu machen und damit durch die Furcht vor gerechter Vergeltung an ihr eigenes Schicksal zu binden. Die Verbreitung von Angst vor Vergeltung ist ein Mittel der verlogenen Nazipropaganda, um das deutsche Volk weiter in dem sinnlosen und verbrecherischen Kriege zu halten.

Wer muß wirklich Angst haben vor der kommenden Vergeltung?

Natürlich Hitler und die verantwortlichen Führer der Nazis, ferner alle, die sich zum Werkzeug ihrer Verbrechen hergeben, aber nicht die Masse des Volkes, die diesen Verbrechen fernsteht, die sich schaudernd von diesen Verbrechen abwendet und die von Hitler mit denselben verbrecherischen Methoden seinem Blutregime unterworfen wurde.

Selbst die Millionen deutscher Männer und Frauen, Jungen und Mädchen, die der Nazipartei oder einer ihrer Gliederungen angehören, sei es aus Zwang oder weil sie wirklich glaubten, was ihnen ihre Führer vorschwatzten, brauchen keine Angst vor einer Vergeltung zu haben, wenn sie sich nicht persönlich durch irgendein Verbrechen schuldig machten oder sich noch in den kommenden Monaten vor Hitlers Sturz durch Denunziation oder Spitzel- und Schergendienste gegen Andersdenkende schuldig machen. Ja, mancher, der in der Vergangenheit schwer gefehlt hat und daher an sich die Vergeltung fürchten müßte, kann noch Gelegenheit finden, dies vor dem neuen Deutschland wieder gut zu machen.

Denn nicht Engländer oder Amerikaner, sondern in erster Linie das deutsche Volk selber wird Richter sein über Hitler und seine Helfershelfer, und jedem wird hoch angerechnet werden, was er in dieser Zeit für die Beendigung des Krieges, für den Sturz Hitlers und für die Befreiung Deutschlands vom Blutregime der Gestapo getan hat!

Deshalb keine Angst vor der Vergeltung!

Deshalb lacht die Göbbels-Männer aus, wenn sie euch mit Greuelmärchen von der drohenden Rache der Bolschewisten, von einer Verschleppung deutscher Arbeiter nach Russland gruselig machen wollen.

Bedenkt vielmehr:

jedes Menschenleben, das noch sinnlos und verbrecherisch bei der Verlängerung des Krieges geopfert wird, fehlt uns bei dem bevorstehenden Wiederaufbau,

jede Fabrik, die noch zerstört wird, fehlt uns, um wieder ein normales Wirtschaftsleben in Gang zu bringen,

jeder Tag der Kriegsverlängerung erschwert den Wiederaufstieg aus der Katastrophe, in die uns Hitler gestürzt hat, und belastet die Zukunft Deutschlands.

Darum Schluß mit dem Krieg!

Stürzt Hitler, der den Krieg verlängern will, um seinen Kopf zu retten!

Kämpft für ein neues Deutschland! Für Freiheit, Frieden und Brot!

suchten sie dem Arbeitskräftemangel in den Rüstungsbetrieben zu begegnen. So wurden in den Olympia-Werken 1940 115 Belgier, Italiener, Dänen und Tschechen beschäftigt. Diese Zahl stieg 1943 auf 502 ausländische Arbeiter an. 1944 waren 550 Ausländer, davon 236 sowjetische Zwangsarbeiter allein in den Olympia-Werken tätig.[46] Im städtischen Tiefbauamt arbeiteten seit dem 31. Juli 1942 29 sowjetische Zwangsarbeiter.[47]

Die Arbeitsbedingungen der sowjetischen Kriegsgefangenen und Zwangsarbeiter waren besonders schlecht. Der Haß der Nazis auf den ersten sozialistischen Staat der Welt, der ihnen die ersten bedeutenden militärischen Niederlagen zufügte, richtete sich vor allem gegen sie. Eine Dienstanweisung der Gruppe Verwaltung der M-Stammlager IX C über die Lohnsätze und die Versorgung der Kriegsgefangenen bestimmte u. a., daß „westliche und südöstliche" Kriegsgefangene 0,70 RM, sowjetische Kriegsgefangene dagegen nur 0,20 RM Tagesnettolohn erhalten durften. Weiter wurde festgelegt: „An jeden nicht sowjetischen Kriegsgefangenen ... dürfen höchstens 120 Zigarretten oder 150 g Rauchtabak monatl. ausgegeben werden. An jeden sowjetischen Kg. ... dürfen höchstens 100 g Machorka-Tabak im Monat ausgegeben werden ... Besonders fleißige und gut arbeitende sowjetische Kriegsgefangene

[46] Information des Leiters des Betriebsarchivs des VEB Optima Büromaschinenwerk Erfurt vom 27. 3. 1973.

[47] StAE, 1-2/604-77185.

können mit zwei Stück Machorka-Zigaretten am Tag, höchstens 40 Stück im Monat, belohnt werden. Die für die Leistungszulage in Frage kommenden Kriegsgefangenen sind einzeln festzustellen ..., läßt die Arbeitsleistung des belohnten Kriegsgefangenen wieder nach, so ist die Tabakzulage sofort wieder zu entziehen."[48]

Gegen die Unterdrückung und Ausbeutung entwickelten die ausländischen Arbeiter in Betrieben und Arbeitslagern verschiedenste Formen des Widerstandes. Viele deutsche Arbeiter begannen im täglichen Umgang mit ihren ausländischen Kollegen den unmenschlichen Charakter des Regimes zu erkennen. Durch Solidaritätsgaben von Lebensmitteln und Bekleidungsstücken oder durch Übernahme zusätzlicher Arbeiten, um den Kollegen eine Pause zu ermöglichen, versuchten sie deren schweres Los zu lindern.

Die Betriebszellen der Bezirks-Organisation der KPD bemühten sich von Anfang an, Kontakte zu den ausländischen Arbeitern herzustellen und sie, soweit das möglich war, in die illegale Arbeit einzubeziehen. Unter großen Gefahren gelang es z.B. Hermann Jank bei Pels und Karl Bornberg in der Samengroßhandlung Kallmeyer solche Verbindungen aufzunehmen und aufrechtzuerhalten.[49]

Die KPD-Organisation gab für die Kriegsgefangenen und Zwangsarbeiter in den Rüstungsbetrieben Flugblätter in deutscher, französischer und russischer Sprache heraus. Sie wurden in der Schlosserwerkstatt Albert Bauer in Jena hergestellt, wo die Organisation eine illegale Druckerei aufgebaut hatte. Im Herbst 1943 kursierte z.B. im Ostarbeiterlager am Lauentor in Erfurt ein hektographiertes Flugblatt, das in seinem Stil stark an die Aufrufe der von sowjetischen kriegsgefangenen Offizieren in München geschaffenen Geheimorganisation „Brüderliche Zusammenarbeit der Kriegsgefangenen"

---

[48] StAE, 1-2/036-7331.   [49] Pritzschke, S. 48.

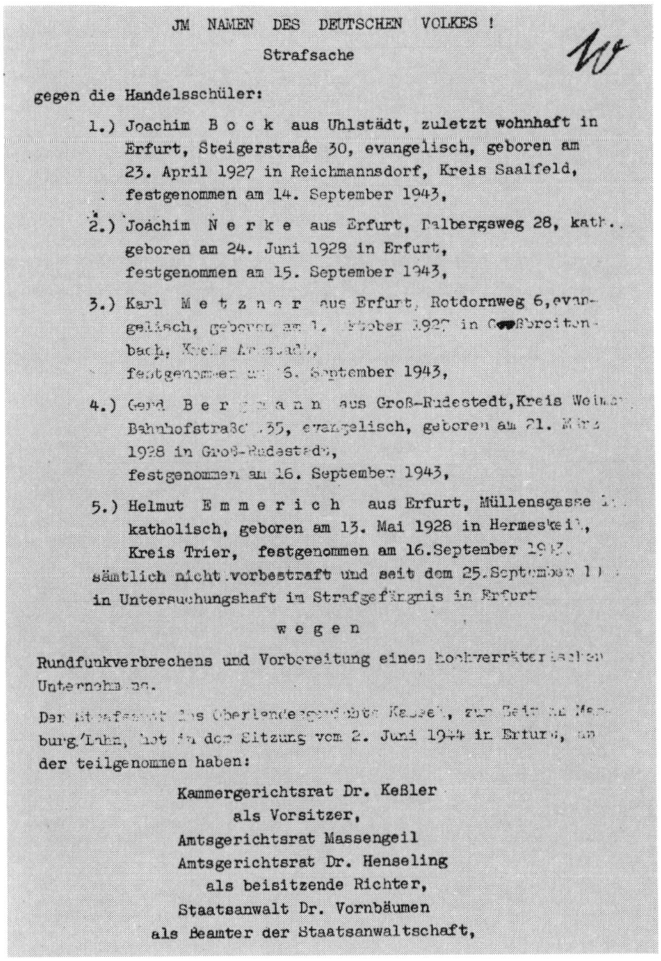

JM NAMEN DES DEUTSCHEN VOLKES !
Strafsache

gegen die Handelsschüler:

1.) Joachim B o c k aus Uhlstädt, zuletzt wohnhaft in Erfurt, Steigerstraße 30, evangelisch, geboren am 23. April 1927 in Reichmannsdorf, Kreis Saalfeld, festgenommen am 14. September 1943,

2.) Joachim N e r k e aus Erfurt, Talbergsweg 28, kath., geboren am 24. Juni 1928 in Erfurt, festgenommen am 15. September 1943,

3.) Karl M e t z n e r aus Erfurt, Rotdornweg 6, evangelisch, geboren am 1. ober 1927 in Großbreitenbach, Kreis Arnstadt, festgenommen am 15. September 1943,

4.) Gerd B e r g m a n n aus Groß-Rudestedt, Kreis Weimar, Bahnhofstraße 35, evangelisch, geboren am 21. März 1928 in Groß-Rudestedt, festgenommen am 16. September 1943,

5.) Helmut E m m e r i c h aus Erfurt, Müllensgasse 2, katholisch, geboren am 13. Mai 1928 in Hermeskeil, Kreis Trier, festgenommen am 16. September 1943, sämtlich nicht vorbestraft und seit dem 25. September 1943 in Untersuchungshaft im Strafgefängnis in Erfurt

w e g e n

Rundfunkverbrechens und Vorbereitung eines hochverräterischen Unternehmens.

Der Strafsenat des Oberlandesgerichts Kassel, zur Zeit in Marburg/Lahn, hat in der Sitzung vom 2. Juni 1944 in Erfurt, an der teilgenommen haben:

Kammergerichtsrat Dr. Keßler
als Vorsitzer,
Amtsgerichtsrat Massengeil
Amtsgerichtsrat Dr. Henseling
als beisitzende Richter,
Staatsanwalt Dr. Vornbäumen
als Beamter der Staatsanwaltschaft,

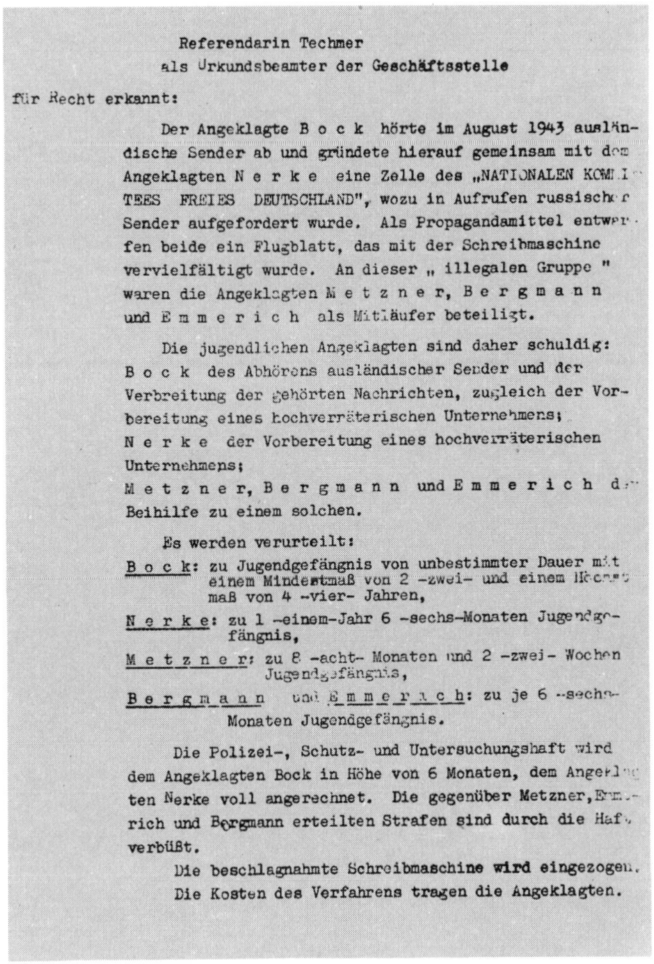

Referendarin Techmer
als Urkundsbeamter der Geschäftsstelle

für Recht erkannt:

Der Angeklagte B o c k hörte im August 1943 ausländische Sender ab und gründete hierauf gemeinsam mit dem Angeklagten N e r k e eine Zelle des „NATIONALEN KOMITEES FREIES DEUTSCHLAND", wozu in Aufrufen russischer Sender aufgefordert wurde. Als Propagandamittel entwarfen beide ein Flugblatt, das mit der Schreibmaschine vervielfältigt wurde. An dieser „ illegalen Gruppe " waren die Angeklagten M e t z n e r, B e r g m a n n und E m m e r i c h als Mitläufer beteiligt.

Die jugendlichen Angeklagten sind daher schuldig:
B o c k des Abhörens ausländischer Sender und der Verbreitung der gehörten Nachrichten, zugleich der Vorbereitung eines hochverräterischen Unternehmens;
N e r k e der Vorbereitung eines hochverräterischen Unternehmens;
M e t z n e r, B e r g m a n n und E m m e r i c h der Beihilfe zu einem solchen.

Es werden verurteilt:
B o c k : zu Jugendgefängnis von unbestimmter Dauer mit einem Mindestmaß von 2 -zwei- und einem Höchstmaß von 4 -vier- Jahren,
N e r k e : zu 1 -einem-Jahr 6 -sechs-Monaten Jugendgefängnis,
M e t z n e r : zu 8 -acht- Monaten und 2 -zwei- Wochen Jugendgefängnis,
B e r g m a n n und E m m e r i c h : zu je 6 -sechs- Monaten Jugendgefängnis.

Die Polizei-, Schutz- und Untersuchungshaft wird dem Angeklagten Bock in Höhe von 6 Monaten, dem Angeklagten Nerke voll angerechnet. Die gegenüber Metzner, Emmerich und Bergmann erteilten Strafen sind durch die Haft verbüßt.

Die beschlagnahmte Schreibmaschine wird eingezogen. Die Kosten des Verfahrens tragen die Angeklagten.

Abb. 381 a/b. Urteil gegen fünf Handelsschüler, die eine illegale Gruppe des NKFD gegründet hatten

erinnerte, deren Erfurter Gruppe enge Verbindung zu der von Neubauer und Poser geleiteten Organisation unterhielt.

Das Flugblatt wandte sich an alle „Arbeiter" aus dem Osten: „Genossen! Arbeiter und Arbeiterinnen, Jugendliche der UdSSR in Deutschland! Bereits das dritte Jahr blutet die Rote Armee, kämpft sie auf den Schlachtfeldern, um das Land, die Ehre und die Freiheit der UdSSR zu verteidigen. Tausende ihrer besten Söhne haben den Heldentod gefunden. Sie haben damit ihre Eltern, ihre Frauen und Kinder vor dem Tode und dem Hunger in diesem grausamen und blutigen Kampfe bewahrt. Hunderttausende Männer, Frauen und Jugendliche haben sich in den Partisanenabteilungen organisiert und fügen dem Feinde im Hinterlande schwere Schläge zu. Sie ver-

teilungsweise oder geschlossen in ganzen Werken nieder. Organisiert Euch in Abteilungen und nehmt auf den ersten Ruf hin den Kampf gegen den Faschismus auf! Die Rote Armee wird Euch befreien! Helft auch Ihr der Roten Armee! Vorwärts zu Sieg und Freiheit!"[50]

Als theoretische Grundlage zur Führung des antifaschistischen Widerstandskampfes arbeitete Dr. Theodor Neubauer im Herbst 1943 einen „Bericht zur Lage" aus. Darin analysierte er das neue Kräfteverhältnis nach der Wende des Krieges und wies nach, daß die Sowjetunion der beste Freund des deutschen Volkes sei. Falsch sei es jedoch, auf die Befreiung vom Faschismus durch die Rote Armee zu warten. Die Befreiung sei in erster Linie Aufgabe des deutschen Volkes selbst. Dieser Bericht stimmte

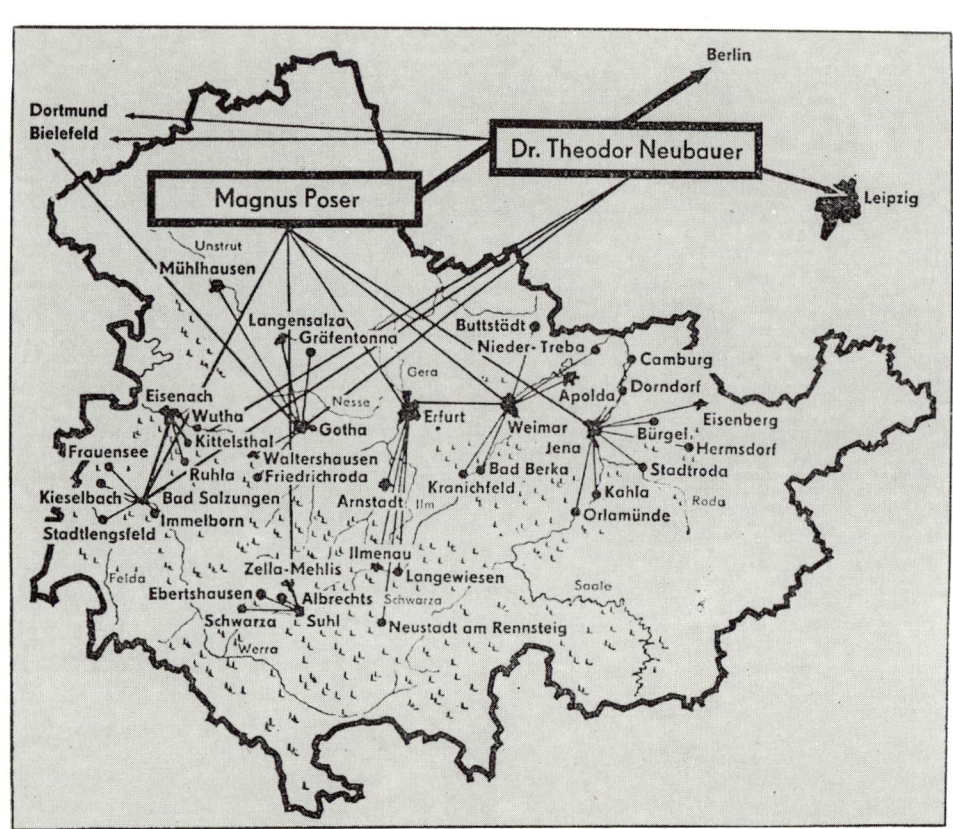

Abb. 382. Die KPD- und Widerstandsorganisation in Thüringen 1943/44

teidigen ihr Leben und ihre Freiheit und helfen damit der Roten Armee, die Faschisten schneller aus den besetzten Gebieten unserer Heimat zu verjagen. Jeder Widerstand bei der Ausführung von Anordnungen und Aufträgen der deutschen Verwaltung, jede als Ausschuß erzeugte Schraube, jede falsch montierte Maschine oder Waffe, jedes verspätete Liefern oder Verladen von Erzeugnissen hilft der Roten Armee. Legt die Arbeit gruppen-, ab-

in vielen Punkten mit dem „Friedensmanifest an das deutsche Volk und an die deutsche Wehrmacht" vom 6. Dezember 1942 überein.

Ende 1942 nahm die Leitung der Thüringer KPD- und Widerstandsorganisation Verbindung zu Funk-

---

[50] I. A. Brodski, Die Lebenden kämpfen. Die illegale Organisation „Brüderliche Zusammenarbeit der Kriegsgefangenen (BSW)", Berlin 1968, S. 202 f.

Abb. 383.
Friedrich Wilhelm (Fritz) Heilmann
(1892 bis 1963)

tionären der Leipziger Partei- und Widerstandsorganisation auf. Eine der Anlaufstellen für Mitteilungen und Sendungen aus Leipzig wurde die Praxis des Erfurter Arztes Dr. Anton Henze am Anger 74/75, deren Bedeutung nur die Kommunisten Hermann Jahn und Hermann Driene kannten.[51] Seit Frühjahr 1943 erfolgte die Zusammenarbeit mit der von Georg Schumann geleiteten KPD- und Widerstandsorganisation in Leipzig, mit der Organisation unter Anton Saefkow und Franz Jacob in Berlin und mit der unter Martin Schwantes in Magdeburg-Anhalt. Daraus entwickelte sich eine neue Landesleitung der KPD und des antifaschistischen Widerstandskampfes, der neben Neubauer die genannten Funktionäre und – nach seiner Flucht aus dem Zuchthaus Anfang 1944 – auch Bernhard Bästlein angehörten. Dr. Theodor Neubauer half im Januar und Februar 1944, die von Jacob und Saefkow entworfene Plattform „Wir Kommunisten und das Nationalkomitee ‚Freies Deutschland'" fertigzustellen.

Unter Führung der Landesleitung gelang ein neuer Aufschwung des Widerstandskampfes in Deutschland, mit dem sich entscheidende Grundlagen für die Überwindung der Spaltung der deutschen Arbeiterbewegung und für die Schaffung der Aktionseinheit entwickelten. Bis zum Sommer 1944 erreichte die deutsche Widerstandsbewegung ihre größte Wirksamkeit. Dann erlitt sie schwere Verluste. Die Gestapo zerschlug die Landesleitung und die Bezirksleitung. Darauf ist es wohl zurückzuführen, daß aus den letzten Kriegsmonaten keine Nachrichten über Widerstandsaktionen in der Stadt überliefert sind.

Am 14. Juli 1944 wurden Dr. Theodor Neubauer und Magnus Poser verhaftet. Auf der Flucht aus dem Gefängnis in Weimar wurde Poser schwer verletzt und erlag am 21. Juli 1944 im KZ Buchenwald seinen Verletzungen. Dr. Neubauer wurde am 8. Januar 1945 vom Volksgerichtshof zum Tode verurteilt und am 5. Februar 1945 im Zuchthaus Brandenburg-Görden hingerichtet.

Ende Juli 1944 setzte als Reaktion auf das Attentat auf Adolf Hitler vom 20. Juli 1944 unter der Bezeichnung „Aktion Gitter" eine neue große Verhaftungswelle ein, der bekannte Kommunisten und Antifaschisten zum Opfer fielen, darunter in Erfurt u.a. Willy Albrecht und Hermann Jahn. Sie wurden in das KZ Buchenwald eingeliefert. Hier setzten sie ihren illegalen Widerstandskampf ungebrochen fort.

Bestandteil der deutschen Widerstandsbewegung war die antifaschistische Bewegung unter den deutschen Kriegsgefangenen in der Sowjetunion. Die Gründung des „Nationalkomitees Freies Deutschland" (NKFD) im Juli 1943 war ein großer politischer Erfolg bei der Verwirklichung der von der KPD auf der Brüsseler und der Berner Konferenz ausgearbeiteten Volksfrontpolitik unter den spezifischen Bedingungen des Krieges. Deutsche Kommunisten, wie die Erfurter Christian Anacker und Heribert Hövelmanns halfen als Frontbevollmächtigte des NKFD, Wehrmachtsangehörige für die Bewegung „Freies Deutschland" zu gewinnen.

Der Deutsche Volkssender und der Sender „Freies Deutschland" berichteten über die politische und militärische Situation und strahlten Aufrufe des NKFD und der Führung der KPD aus. Der Erfurter Kommunist Friedrich Wilhelm (Fritz) Heilmann, in der Weimarer Republik Mitarbeiter am „Thüringer Volksblatt", war während dieser Zeit als Sprecher der deutschsprachigen Redaktion am Moskauer Rundfunk tätig. Diese Sendungen fanden auch in Er-

---

[51] Rudolf Zabel-Langhennig, Zur antifaschistischen Tätigkeit Erfurter Ärzte, in: Beiträge zur Geschichte Thüringens, Erfurt 1968, S. 270.

Abb. 384. Die zerstörte Barfüßerkirche nach dem Luftangriff vom 26. November 1944

furt Widerhall. So schlossen sich mehrere Schüler der städtischen Handelsschule im Sommer 1943 zu einer Widerstandsgruppe zusammen, stellten Flugblätter her und schrieben antifaschistische Losungen an die Wände einiger Schutzhütten im Steiger. Sie wurden verhaftet und im April 1944 wegen Hochverrats angeklagt und zu Haftstrafen bis zu vier Jahren verurteilt.

Die sich nach der Niederlage bei Stalingrad im Februar 1943 und der Schlacht bei Kursk im Sommer 1943 entwickelnde innenpolitische Krise hatte das faschistische Regime zu dem Versuch veranlaßt, durch eine totale Mobilisierung aller Kräfte des deutschen Volkes seine Niederlage zu verhindern. Seit Anfang 1943 wurden vom Monopolkapital in enger arbeitsteiliger Zusammenarbeit mit dem Staats- und Parteiapparat Maßnahmen zur Schaffung einer „totalen" Kriegswirtschaft vorangetrieben, um die immer offener zutage tretenden Widersprüche zwischen Kriegspotential und Kriegszielen zu überbrücken. Auch in Erfurt wurden die Produktion von

Rüstungsgütern und vor allem die Entwicklung und Produktion neuer Waffen weiter gesteigert.

Die im Rahmen des „totalen" Krieges getroffenen Maßnahmen verschärften die Ausbeutung der Zwangsarbeiter und Kriegsgefangenen. Aber auch für die deutschen Werktätigen verschlechterten sich die Arbeitsbedingungen durch kriegswirtschaftliche Rationalisierungsmaßnahmen und Verlängerung der Arbeitszeit. Es wurden immer neue schärfere Akkordsysteme ausgearbeitet. Die Arbeitspflicht für alle Arbeitsfähigen bezog verstärkt Frauen und Jugendliche in die Kriegswirtschaft ein. Kleinere, nicht kriegswichtige Betriebe, Handwerksbetriebe und Geschäfte wurden geschlossen und ihre Eigentümer, Arbeiter und Angestellte, zur Arbeit in der Rüstungsfertigung gezwungen. Auch mittlere Betriebe mußten Arbeitskräfte an Großbetriebe abgeben und ihre Produktion einschränken. Anfang April 1943 waren von den etwa 750 Einzelhandelsgeschäften der Stadt ca. zehn Prozent stillgelegt.

Auf Anordnung des Gauleiters Sauckel schlossen im August 1944 das Theater und die im November 1942 gegründete Musikschule aus kriegsbedingten Gründen ihre Pforten. Am 1. September 1944 stellte die seit 95 Jahren bestehende „Thüringer Allgemeine Zeitung" ihr Erscheinen ein. Deren Leser erhielten nun die „Thüringer Gauzeitung".[52]

Alle diese Maßnahmen waren von einer spürbaren Verschlechterung der Lebenslage der Bevölkerung begleitet. Im Mai 1943 erfolgte eine erneute Kürzung der Lebensmittelrationen. „Normalverbraucher" erhielten nun nur noch 250 g Fleisch pro Woche. Waren im Winter 1942/1943 pro Person und Woche noch 3,5 kg Speisekartoffeln ausgegeben worden, so gab es in Erfurt jetzt nur noch 1,5 kg Kartoffeln. Diese Menge lag weit unter dem wöchentlichen Reichsdurchschnitt von 2,4 kg pro Person. Die einschneidenden Kürzungen konnten auch nicht durch eine zeitweilige Erhöhung der Brotrationen um 100 g pro Person in der Woche ausgeglichen werden. Ab Frühjahr 1943 wurden in allen Erfurter

Arbeitszeit bis zu zwölf Stunden. Sonderschichten und Luftschutzdienst kamen hinzu. Bei Telefunken lieferte man Frauen, die nicht bereit waren, mehr als 65 Stunden in der Woche zu arbeiten, wegen Arbeitsvertragsbruchs in Konzentrationslager ein. Mehrere Jugendliche wurden wegen des gleichen „Delikts" mit Jugendarrest bis zu vier Monaten bestraft.[54]

Ende 1944 verwandelte sich Deutschland endgültig in einen Kriegsschauplatz. Die faschistische Führung befahl, die „Taktik der verbrannten Erde", die sie jahrelang beim Verlassen besetzter europäischer Länder angewandt hatte, nun auch im eigenen Land zu praktizieren. Sinnlos wurden Industrie-, Versorgungs- und Verkehrsanlagen zerstört. Jede Stadt, jedes Dorf sollte zur Festung erklärt und damit der Vernichtung preisgegeben werden. Bedenkenlos wurden immer mehr Menschen in die Kriegshandlungen einbezogen und Verluste an Wohngebäuden und wertvollen Kulturschätzen in Kauf genommen.

Abb. 385. Luftschutzkeller im Haus Marktstraße 50 während eines Fliegeralarms im Februar 1945

Parks und Anlagen Kartoffeln, Gemüse und Gewürze angebaut und dadurch 110 Morgen Land für Ernährungszwecke gewonnen.[53]

Auch die Versorgung mit Gebrauchsgütern, besonders mit Textilien verschlechterte sich weiter. Ihr Umfang entsprach nur noch zehn bis 15 Prozent des Vorkriegsstandes.

In den Rüstungsbetrieben betrug unter ständiger Bedrohung durch Luftbombardements die tägliche

Auch in Erfurt ertönten immer häufiger die Luftschutzsirenen, je näher die Front kam. Frauen, Kinder und Greise waren die unmittelbar Betroffenen des von Goebbels propagierten „totalen Krieges",

[52] StAE, 5/100-65.
[53] StAE, 5/100-65.
[54] Unser Werk. VEB Funkwerk – Gestern – heute – morgen, Erfurt o. J., S. 10.

denn oft mußten sie acht bis zehn Stunden am Tag im Luftschutzkeller zubringen. Für viele von ihnen wurden die Keller zu Gräbern. Nach den schweren anglo-amerikanischen Bombenangriffen, vor allem im November 1944, bei denen am 26. November u. a. die Barfüßerkirche fast völlig zerstört wurde, und im Februar 1945, waren die Tage und Nächte des 1., 15., 17. und 20. März für die Stadt besonders verlustreich. Außer zahlreichen Wohnhäusern fielen den Luftangriffen kunstgeschichtliche Bauwerke, so das Collegium majus der alten Universität und das ehemalige Augustinerkloster, zum Opfer. Beim Angriff vom 25. Februar 1945 kamen allein im Luftschutzkeller des Augustinerklosters 267 Menschen ums Leben.

Die Furcht vor einer Vergeltung für die während des Krieges an anderen Völkern begangenen Verbrechen nutzte die faschistische Propaganda, um die Bevölkerung zum „Durchhalten" zu nötigen. Zugleich verbreiteten Standgerichte, die jeden, der die Front verließ, zum Tode verurteilten und hängen ließen, mit ihrem Terror Angst und Schrecken. Noch in den letzten Kriegswochen wurden Soldaten von Kriegsgerichten in Erfurt zum Tode verurteilt und an der alten Kirchenmauer auf dem Petersberg erschossen.

Die letzten Kriegstage (Anfang April) belasteten die Einwohner besonders schwer. Wenn sie auch das Ende des Terrors und des Krieges herbeisehnten, fürchteten sie doch die letzten Stunden, die noch Tod und Vernichtung bringen konnten. Der Volkssturm, durch ein Gesetz vom 25. September 1944 als letztes Aufgebot gebildet, wurde mobilisiert. Die Vereidigung der Erfurter Volkssturmbataillone, in

denen alle noch verfügbaren „waffenfähigen Männer" im Alter vom 16. bis zum 60. Lebensjahr Dienst zu leisten hatten, erfolgte auf einer großen Kundgebung auf dem Friedrich-Wilhelm-Platz am 12. November 1944. Hitlerjungen und alte Männer sollten Panzersperren und Drahtverhaue anlegen. Sie erhielten Handgranaten und Panzerfäuste.

Abb. 386. Plakat „Wer plündert, wird erschossen!" (April 1945)

Mit diesen Aktionen hoffte das Regime jedoch vergeblich, sein sich deutlich abzeichnendes Ende hinauszögern zu können. Am 8. April 1945 hatten sich die Kampffronten dem Stadtgebiet genähert. Amerikanische Tiefflieger kreisten fast ununterbrochen über der Stadt und schossen in die Straßen. Die Nazipropaganda ließ nach und verstummte schließlich. Die Stunde der Befreiung von der braunen Barbarei stand unmittelbar bevor.

KAPITEL
XIV

Befreiung der Stadt
und antifaschistisch-demokratische Umwälzung
(1945 bis 1949)

Von Bodo Fischer

1.
ERFURT UNTER AMERIKANISCHER BESATZUNG

Am 1. April 1945 überschritten Einheiten der dritten USA-Armee unter Befehl des Generals George S. Patton westlich von Eisenach die thüringische Landesgrenze und näherten sich nach wenigen Tagen dem Erfurter Gebiet. Obwohl das Vordringen der amerikanischen Streitkräfte nicht mehr aufzuhalten war und jeder Widerstand neues Leid für die Stadt bedeutete, veröffentlichte der Kreisleiter der NSDAP Franz Theine noch am 10. April einen Aufruf in der faschistischen „Thüringer Gauzeitung": „Erfurter werdet nicht mutlos! Für Feiglinge ist kein Platz in unserer Stadt! Je näher der Feind, desto unbeugsamer unsere Haltung!"

An den vorangegangenen Tagen hatten die Tieffliegerangriffe erheblich zugenommen. In den späten Abendstunden des 10. April lag die Stadt unter dem Beschuß amerikanischer Artillerie. Schon am folgenden Tag war sie vollständig von amerikanischen Truppen eingeschlossen. Bei dem Versuch, Gispersleben-Kiliani zurückzuerobern, fanden 46 Angehörige einer faschistischen Wehrmachtseinheit einen sinnlosen Tod. Bemühungen des faschistischen Oberbürgermeisters Walter Kießling, angesichts der aussichtslosen Situation die Einwilligung zur kampflosen Übergabe beim Wehrmachtskommandanten der Stadt, Oberst Merkel, und beim Gauleiter der NSDAP, Reichsverteidigungskommissar Fritz Sauckel, zu erreichen, wurden kategorisch zurückgewiesen. Vom Führerhauptquartier wurde nochmals befohlen, Erfurt mit allen Mitteln zu verteidigen.

Da die Kapitulation der in der Stadt stationierten Wehrmachtsverbände nicht erfolgte, wurde Erfurt in den frühen Morgenstunden des 12. April erneut beschossen. Amerikanische Verbände rückten an den Stadtrand vor. Zur gleichen Zeit flüchtete der Stadtkommandant, der seine Befehlsstelle auf dem Petersberg gehabt hatte, aus Erfurt. Ebenso hatten der Regierungspräsident des preußischen Regierungsbezirkes Erfurt, SS-Standartenführer Dr. Otto Weber, und andere faschistische Amtsträger beim Herannahen der amerikanischen Truppen die Stadt verlassen.

Schließlich gaben die meisten der in der Stadt befindlichen Verbände der faschistischen Wehrmacht die Verteidigung auf. An einigen Stellen – so in den Bunkern am Stadtpark, am Bahnhof, am Güterbahnhof und am Steinplatz – leisteten faschistische Einheiten Widerstand. Er wurde jedoch von den vorrückenden amerikanischen Truppen schnell gebrochen. In den Mittagsstunden des 12. April erreichten US-Infanterieeinheiten das Zentrum. Von Westen und Süden drangen Panzer ein. Am Abend war die gesamte Stadt in der Hand amerikanischer Verbände. [1]

Die militärische Besetzung der Gebiete Thüringens und Sachsens durch amerikanische Truppen ging über die Vereinbarung über die Demarkations-

---

[1] Fritz Wiegand, Erfurt. Eine Monografie. Rudolstadt 1964, S. 272f.; Stadtarchiv Erfurt (im folg.: StAE). 1-5/1100-1949, Notizen über die Zustände in Erfurt um den 8. Mai 1945.

linie künftiger Besatzungszonen hinaus, die am 11. Februar 1945 auf der Konferenz der alliierten Regierungschefs in Jalta getroffen worden war. Sie war das Ergebnis des Kampfverlaufs in der Endphase des zweiten Weltkrieges. Die Streitkräfte der USA und Großbritanniens waren in den letzten Kriegswochen kaum noch auf ernsthafte Abwehr gestoßen. Demgegenüber mußten die sowjetischen Truppen erst den erbitterten Widerstand starker faschistischer Wehrmachtsverbände im Raum um Berlin brechen, ehe am 8. Mai 1945 in Berlin-Karlshorst die faschistische Wehrmacht bedingungslos kapitulierte.

Mit der Kapitulation war der furchtbarste und verlustreichste Krieg der europäischen Geschichte beendet. Das internationale Kräfteverhältnis veränderte sich durch den Sieg der Sowjetunion und ihrer Verbündeten grundlegend zugunsten des Friedens und des Sozialismus und leitete eine neue Epoche des revolutionären Weltprozesses ein. Mit dem Sieg über die faschistischen Aggressoren, mit der Befreiung von der offenen terroristischen Diktatur der reaktionärsten und aggressivsten Kräfte des deutschen Monopolkapitals war auch für Erfurt die furchtbare Zeit des Blutvergießens und der Bombennächte, der Massenmorde, der Konzentrationslager, der grenzenlosen Ausbeutung, des Gesinnungsterrors und des Rassenwahns endlich zu Ende. Faschismus und zweiter Weltkrieg waren aber nicht spurlos an Erfurt vorübergegangen. Sie hatten auf allen Gebieten ein schreckliches Erbe hinterlassen.

Voller Ungewißheit über die Zukunft verließen die Menschen Luftschutzkeller und Bunker. Die Stadt bot ein trostloses Bild. Viele Straßen lagen in Trümmern, überall sah man zerschossene oder noch brennende Häuser, zerstörte Wohnungen, herabhängende Telegraphenleitungen, entwurzelte Bäume, zerstörte Anlagen, Reste von Panzersperren

Abb. 387. Kriegszerstörungen an der Schlösserbrücke, heute Hermann-Jahn-Straße, nach einem Luftangriff im Dezember 1944

und weggeworfene Ausrüstungs- und Uniformstücke der faschistischen Wehrmacht.[2]

Die Arbeit in den Erfurter Betrieben war fast ganz zum Erliegen gekommen. 40 Industriegebäude waren vollständig, 62 schwer und über 300 leicht zerstört. Das Gas- und Wasserwerk sowie das Elektrizitätswerk waren teilweise oder vollständig lahmgelegt; alle Verkehrsmittel ruhten und sämtliche Verkaufsstellen waren geschlossen. 9110 Gebäude waren durch Bomben oder durch Artilleriegeschosse der amerikanischen Armee noch kurz vor Kriegsende schwer beschädigt oder zerstört worden; 8250 Wohnungen waren nicht mehr bewohnbar.

Die durch Kriegseinwirkung entstandenen Gebäudeschäden in der Stadt betrugen 85,5 Mill. Reichsmark. 5000 Erfurter Männer kehrten nicht von den Schlachtfeldern Europas zurück, viele andere nur als Krüppel. Dem Bomben- und Granatenhagel waren 1392 Greise, Frauen und Kinder zum Opfer gefallen. Hunderte Antifaschisten und jüdische Bürger der Stadt waren verschleppt, viele von ihnen in den faschistischen Konzentrationslagern ermordet worden.

Lange Züge heimatloser Menschen mit ihren wenigen Habseligkeiten kamen aus den Kampfgebieten und zogen durch die Stadt, in der Hoffnung, eine Unterkunft oder eine neue Heimat zu finden. Mitte April lebten 37430 Kriegsevakuierte und Flüchtlinge in der Stadt. In der Neuerbeschule, im „Schützenhaus", heute Volkspolizei-Kreisamt, in einem Barackenlager der Oberpostdirektion, am alten Nordhäuser Bahnhof, im Gymnasium, heute POS 24 „Friedrich Schiller", und in den Gebäuden Allerheiligenstraße 9/10 wurden Durchgangslager für Um-

---

[2] Fritz Wiegand, Blick in die Vergangenheit der Stadt Erfurt von ihren Anfängen bis zur Gegenwart, in: Aus der Vergangenheit der Stadt Erfurt (im folg.: AVE), Bd. III, Erfurt 1963, S. 30.

Abb. 388. Kriegszerstörungen am Anger,
April 1945

Abb. 389. Baracken des Erfurter Umsiedlerlagers

siedler und Rückwanderer eingerichtet. Die geringen Lebensmittelvorräte waren bald aufgebraucht und die Versorgungslager wurden geplündert, so daß sich die Lebenslage der Bevölkerung weiter verschlechterte. Die Verpflegungsrationen betrugen täglich 250 g Brot, wöchentlich 125 g Fett und 150 g Fleisch, und die Menschen waren froh, wenn die bekanntgegebenen Mengen ausgeliefert wurden.

An kaum einer Familie waren Hitlerdiktatur und Krieg spurlos vorübergegangen. Die Mehrzahl der Menschen dachte nur an den nächsten Tag. Noch verhängnisvoller als die materielle Not war das geistige Chaos, das die nazistische Ideologie, der extreme und brutale Antikommunismus und Antisowjetismus, Völker- und Rassenhaß, hinterlassen hatten. Viele Einwohner der Stadt hatten die wahren Ursachen der Katastrophe noch nicht erkannt und standen der neuen Lage völlig verständnislos gegenüber.

Die im Regierungsgebäude am Hirschgarten, heute Platz der DSF, stationierte amerikanische Militärverwaltung, die unter dem Kommando des Ma-

jors Noble O. Moore stand, übte die vollziehende Gewalt in der Stadt aus. Ihre Befehle und Veröffentlichungen waren widerspruchslos zu befolgen. Es durften nicht mehr als fünf Personen zusammenkommen. Jede politische Betätigung war untersagt. Der Post- und Eisenbahnverkehr für die Bevölkerung wurde zunächst völlig eingestellt. Erst ab 29. April setzte wieder in beschränktem Umfang ein Güterzug- und Kurzstreckenverkehr ein. Sämtliche Behörden außer der Stadtverwaltung, alle Schulen und Einrichtungen waren geschlossen.

Die amerikanische Militärregierung verhaftete wohl den faschistischen Oberbürgermeister, aber der alte nazistische Verwaltungsapparat arbeitete weiter. Auf Anordnung des amerikanischen Stadtkommandanten wurde der Kaufmann Otto Gerber, der einige Jahre in den USA gelebt hatte, am 15. April 1945 als Oberbürgermeister eingesetzt.[3] Das Amt des Regierungspräsidenten hatte nach der Flucht Webers kommissarisch Regierungsdirektor Martin

---

[3] StAE, 5/602-1a, Bekanntmachung v. 16.4.1945.

Lux übernommen. Er wurde am 17. Mai vom amerikanischen Stadtkommandanten suspendiert und durch Dr. Franz Pallinger als kommissarischer Leiter ersetzt. Nachdem am 5. Juni wieder eine preußische Regierung in Erfurt eingerichtet worden war, wurde der preußische Regierungsbezirk Erfurt am 16. Juni der provisorischen Provinz Thüringen eingegliedert, als deren Regierungspräsident am 9. Juni der Sozialdemokrat Dr. Hermann Brill eingesetzt worden war. Am 1. Juli stellte die preußische Regierung in Erfurt ihre Tätigkeit ein.

Mit Billigung der amerikanischen Militärverwaltung bildete Oberbürgermeister Gerber im Juni einen Beirat, der im Dezember 1945 in einen 15köpfigen Stadtbeirat umgebildet wurde. In ihm sowie in der Stadtverwaltung waren jedoch neben einigen Hitler-Gegnern nach wie vor zahlreiche ehemalige Angehörige faschistischer Organisationen tätig. Unter diesen Umständen konnten die reaktionären Kreise der Erfurter Bourgeoisie Versuche unternehmen, ihre Reihen wieder zu schließen.

Unter diesen komplizierten Bedingungen sammelten sich Kommunisten und klassenbewußte Sozialdemokraten und ergriffen erste Maßnahmen, um die Voraussetzung für einen wirklichen politischen Neubeginn und für den wirtschaftlichen Wiederaufbau zu schaffen. Für die Antifaschisten gab es keine Atempause. In den Jahren der faschistischen Diktatur waren 85 von ihnen ermordet und weitere 582 zu insgesamt 1537 Jahren Haft verurteilt worden. Die Überlebenden kehrten aus den Konzentrationslagern und Zuchthäusern zurück. An ihrer Spitze standen Mitglieder der KPD, die mit anderen fortschrittlichen Kräften unmittelbar nach der Besetzung der Stadt durch amerikanische Truppen an die Lösung der ersten Aufgaben einer demokratischen Umgestaltung gingen.

Trotz des strikten Verbots jeglicher politischer Tätigkeit begann bereits unmittelbar nach der Besetzung des thüringischen Gebietes der Aufbau einer legalen Thüringer Parteiorganisation der KPD. Am 12. April, einen Tag nach der Selbstbefreiung der Häftlinge des KZ Buchenwald konstituierte sich dort bereits die provisorische Bezirksleitung der KPD für Thüringen. Mit der Unterstützung der Arbeit der Erfurter Parteiorganisation wurden deren Mitglieder Richard Eyermann und Willi Zimmermann beauftragt.[4]

Die Ortsgruppe der KPD war durch das Verbot der politischen Betätigung der Partei gezwungen, weiter illegal bzw. halblegal zu arbeiten. Ihr Parteibüro befand sich im Keller des Hauses Nettelbeckufer 23, unter der Wohnung des Antifaschisten Karl Rei-

mann. Ihre Beratungen führte die Leitung der Erfurter Parteiorganisation illegal in den Gaststätten „Sonneborn" und „Gambrinus" durch.[5] Am 26. April fand in Erfurt die erste Parteikonferenz der KPD mit über 100 Teilnehmern statt; eine weitere folgte im Mai. Sie orientierten vor allem darauf, in den wichtigsten Betrieben Betriebszellen aufzubauen, die Gründung freier Gewerkschaften vorzubereiten und Betriebsratswahlen durchzuführen. Darüber hinaus suchten sie den Einfluß der KPD in der Polizei und in der Stadtverwaltung zu verstärken.

Beide Konferenzen hoben die Aufgabe hervor, alle antifaschistischen Kräfte in die Lösung dieser Aufgaben einzubeziehen. Bereits Ende April bestanden in über 30 Betrieben, u. a. in den Firmen J. A. John AG, Berlin-Erfurter Maschinenfabrik Henry Pels & Co AG, J. A. Topf & Söhne, „Olympia" Büromaschinen-Werke AG, im Werk Erfurt der Telefunken, Gesellschaft für drahtlose Telegraphie m. b. H., in der Eduard Lingel AG, in den städtischen Betrieben sowie bei Reichsbahn und Post Betriebszellen der KPD. Sie entwickelten sich zu starken Stützen der Arbeiterklasse.

Unter Führung der Kommunisten begannen die antifaschistisch-demokratischen Kräfte erste entscheidende Aufgaben auch auf ökonomischem Gebiet zu lösen. Sie bemühten sich darum, Betriebe, die beim Einmarsch der amerikanischen Truppen die Produktion eingestellt hatten, wieder in Gang zu bringen, beschädigte Produktionsstätten zu enttrümmern und instandzusetzen.[6]

Zur Vorbereitung weiterer antifaschistischer Aktivitäten fand am 22. April unter Leitung des Vorsitzenden der Unterbezirksleitung der KPD, Hermann Jahn, im „Café Hohenzollern", heute Presseklub, eine Zusammenkunft mit 113 parteilosen Antifaschisten statt. Die Teilnehmer der Beratung, zu denen Richard Eyermann sprach, beschlossen die Entsendung von sieben Mitgliedern in das auf Initiative der Ortsleitung der KPD gebildete Antifaschistische Komitee. Ein Hauptanliegen dieses Komitees, dessen erste Sitzung am 30. April stattfand und in dem Antifaschisten aus allen Bevölkerungsschichten mitarbeiteten, war die rasche Entfernung aller akti-

[4] Rosemarie Collet, Über den Kampf um die Schaffung der Einheit der Arbeiterklasse in Erfurt, in: Beiträge zur Geschichte Thüringens, Erfurt 1968, S. 113; Thüringer Volkszeitung, 12.7.1945, Bezirksparteiarchiv der SED Erfurt, 1/2-1, Protokoll der Bezirksleitungssitzung der KPD vom 12.4.1945.
[5] SED-Stadtleitung Erfurt, Fakten-Probleme, 1975; Horst Friedrich, In der ersten Stunde, in: Der Wille zur Einheit siegt, Erfurt 1961, S. 37 ff.
[6] Änne Anweiler, Nur vereint zwingen wir des Volkes Feind, in: Der Wille zur Einheit siegt, S. 28 f.

ven Nazis aus der Stadtverwaltung und anderen Ämtern und die Besetzung der Stellen mit bewährten Antifaschisten sowie die Sammlung aller antifaschistisch-demokratischen Kräfte der Stadt.

Um möglichst legal arbeiten zu können, und Verfolgungen durch die Besatzungsmacht zu verhindern, wurde das Antifa-Komitee nach außen als „Auskunftsbüro" für die Bevölkerung bezeichnet. Führend im Antifa-Komitee wirkten u. a. die Kommunisten Ernst Busse, Hermann Jahn, Richard Eyermann, Willy Albrecht, Oskar Dünnebeil, Gerda Holzmacher, Käthe Schön, Else Noack, Heinrich Herrmann, der Sozialdemokrat Heinrich Hoffmann und die bürgerlichen Demokraten Otto Krauss und Alois Henning.

Auf Initiative der Kommunisten im Antifa-Komitee waren bereits bis Ende April in fast allen Erfurter Betrieben die nazistischen Betriebsobleute abgesetzt und antifaschistische Betriebsvertrauensleute gewählt worden. Auf Veranlassung des Komitees bildete sich am 6. Mai 1945 unter Leitung von Willy Albrecht im Gasthaus „Sonneborn" ein Ausschuß, der die Gründung freier Gewerkschaften vorbereitete. Schon bis zum Juni 1945 erklärten sich mehr als 6000 Arbeiter der Stadt bereit, einer antifaschistischen freien Gewerkschaft beizutreten.

Das Antifa-Komitee wandte sich entschieden gegen die Kaderpolitik der amerikanischen Militärverwaltung und Otto Gerbers in der Erfurter Stadtverwaltung. In einem Flugblatt rief es alle Antinazisten auf, offen zu zeigen, daß sie einen Oberbürgermeister ablehnten, der Antinazisten aus ihren Stellen werfe und stattdessen Nazis und Militaristen einsetze. Am 19. Mai schrieben ehemalige Buchenwaldhäftlinge, unter ihnen Richard Eyermann, an den Kommandanten der Alliierten Militärregierung in Erfurt: „Nach Erfurt zurückgekehrt, müssen wir feststellen, daß die Nationalsozialisten noch nicht aus dem öffentlichen Leben verschwunden sind ... Wir werden niemals damit einverstanden sein, daß die Naziverbrecher in Erfurt mit uns auf eine gleiche Stufe gestellt werden."[7] Unter dem Druck der Antifaschisten erfolgte zwar die Entlassung einzelner Faschisten, eine grundlegende Säuberung der Verwaltung von ehemaligen Nazis fand jedoch nicht statt.

Am 1. Juni 1945 gründeten ehemalige Mitglieder der SPD eine Ortsgruppe des „Bundes demokratischer Sozialisten". Grundlage ihres Wirkens bildete das „Manifest der demokratischen Sozialisten des ehemaligen Konzentrationslagers Buchenwald" vom 13. April 1945. Dieses von einem siebenköpfigen Komitee von rechten Sozialdemokraten unter

Leitung Hermann Brills entworfene Manifest enthielt zwar antifaschistische Forderungen, war jedoch seinem Wesen nach eine antimarxistische Plattform. In völliger Fehleinschätzung der objektiven Möglichkeiten erklärte es den Sozialismus zur Tagesaufgabe, um – ganz im Sinne der von Kurt Schumacher von Hannover aus verfolgten antikommunistischen Linie – eine „Sozialdemokratisierung" der Arbeiterorganisation zu erreichen. Irreführend wurde behauptet, daß an der Abfassung des Manifests auch Kommunisten beteiligt gewesen seien. Die provisorische Bezirksleitung der KPD wandte sich sofort entschieden gegen diese Entstellungen und die den gesellschaftlichen Bedingungen widersprechenden Illusionen des Manifests und erklärte, daß die Verwirklichung des Sozialismus nur durch die proletarische Revolution möglich sei.[8]

Trotz des Verbots jeder politischen Betätigung und in Auseinandersetzung mit den vom „Bund demokratischer Sozialisten" ausgehenden Aktivitäten war die Ortsgruppe der KPD ständig bestrebt, eine einheitliche Kampffront aller antifaschistischen Kräfte zu schaffen. Die amerikanische Militärregierung versuchte jedoch mit allen Mitteln, die Aktivitäten der Kommunisten und der anderen antifaschistischen Kräfte zu verhindern. Sie lehnte alle Anträge auf Zulassung der KPD und von Gewerkschaftsorganisationen ab.

Die amerikanische Besatzung nutzte die Wochen ihrer Besatzungszeit in enger Zusammenarbeit mit den Vorständen und Direktionen der kapitalistischen Unternehmungen für eine planmäßige ökonomische Ausplünderung der vorübergehend besetzten Gebiete. Sie beschlagnahmte bedeutende Werte, die für den Wiederaufbau der Wirtschaft notwendig waren, insbesondere Patente, Konstruktionsunterlagen, Betriebsausrüstungen, Halb- und Fertigfabrikate sowie Transportmittel und überführte sie eilig in die amerikanische Besatzungszone. Davon waren insbesondere solche wichtige Betriebe wie die „Olympia" Büromaschinen-Werke, das Telefunken-Werk, die Berlin-Erfurter Maschinenfabrik, die Mitteldeutschen Metallwerke G. m. b. H., das technische Büro der Siemens-Schukkert-Werk AG, die Firmen Otto Schwade & Co, J. A. Topf & Söhne, J. A. John und der Stahlhoch- und Brückenbau Ernst Pfeffer betroffen. In den „Olympia" Büromaschinen-Werken, im Bahnbetriebs-

---

[7] Ludwig Fuchs, Die Besetzung Thüringens durch die amerikanischen Truppen, in: Beiträge zur Geschichte Thüringens, Erfurt 1968, S. 99 ff.

[8] Volker Wahl, Der Beginn der antifaschistisch-demokratischen Umwälzung in Thüringen, Promot. B, Jena 1976 (Ms), S. 113 ff.

werk und anderen Betrieben leiteten die Betriebsräte und Teile der Arbeiterschaft eine Reihe Gegenmaßnahmen ein, um eine vollständige Ausplünderung durch die amerikanische Besatzungsmacht zu
verhindern. Den Schließfächern der Banken und
Sparkassen entnahm die Besatzungsmacht alle
Wertpapiere, Edelmetalle und Schmuckgegenstände. Allein in den letzten beiden Besatzungstagen
passierten 65 Züge mit über 3000 Waggons den
Bahnhof Gotha in Richtung amerikanische Besatzungszone.[9] Mit diesen Maßnahmen fügte die imperialistische amerikanische Besatzungsmacht dem
Wirtschaftsaufbau der Stadt schweren Schaden zu.
Sie richteten sich gegen die Bevölkerung und verfolgten das Ziel, den reaktionären Kräften eine
Atempause zur Sammlung und Umgruppierung ihrer Kräfte zu schaffen, um Deutschland dem imperialistischen System zu erhalten.

2.
KONSEQUENTE VERWIRKLICHUNG DER BESCHLÜSSE DER ANTIHITLERKOALITION DURCH DIE SOWJETISCHE BESATZUNGSMACHT

Entsprechend der Vereinbarung der Alliierten Mili-
tärkommandanten in Deutschland vom 5. Juni 1945
und den Beschlüssen von Jalta lösten am 3. Juli 1945
sowjetische Truppen die amerikanische Besatzungsmacht auch in Erfurt ab. Die unter dem Befehl
des Majors Kislakow einrückenden sowjetischen
Einheiten, zu deren Empfang das „Antifaschistische
Komitee" der Stadt ein Flugblatt verbreitet hatte,
wurden von vielen Bürgern, vor allem den Erfurter
Antifaschisten, begrüßt. Am gleichen Tag erschien
auch die erste Nummer der „Thüringer Volkszeitung", des Organs des KPD-Bezirkes Großthüringen, wieder legal. Auf der Titelseite wurde die Be-
grüßungsadresse des antifaschistischen „Thürin-
gen-Ausschusses" an die Soldaten der Sowjetarmee
und der Aufruf des ZK der KPD vom 11. Juni 1945 veröffentlicht.[10]

Die Haltung der Sowjetunion als Siegermacht des
zweiten Weltkrieges gegenüber dem deutschen
Volk wurde durch den sozialistischen und interna-
tionalistischen Charakter der Sowjetarmee bestimmt. Ihre konsequente Politik war auf die Vernichtung des deutschen Faschismus und Militarismus gerichtet und unterstützte alle antifaschistisch-
demokratischen Bestrebungen des deutschen Volkes für die Errichtung eines friedliebenden, demokratischen deutschen Staates. Von Anbeginn handelte die sozialistische Besatzungsmacht als Verbündete der Arbeiterklasse und förderte in enger
Zusammenarbeit mit den Erfurter Antifaschisten
eine demokratische Entwicklung der Stadt.

Schon einen Tag nach ihrem Eintreffen führten
Vertreter der sowjetischen Militärregierung mit leitenden Angestellten der Stadtverwaltung erste In-
formationsgespräche über die politische und wirtschaftliche Situation und halfen – soweit es in ihren
Kräften stand – die bitterste Not zu lindern. Mit der
sowjetischen Militärverwaltung, die ihren Sitz im
Regierungsgebäude und in der heutigen Versicherungsanstalt am Karl-Marx-Platz hatte, entwickelten sich sehr schnell auf allen Gebieten enge Kontakte. Gemeinsam mit den antifaschistisch-demokratischen Kräften leitete sie erste Schritte zum Wiederaufbau der Stadt, zur Beseitigung der Trümmer
von den Straßen und Plätzen sowie Maßnahmen zur
Eindämmung der Seuchengefahr ein.

Am 7. Juli 1945 enthob der sowjetische Stadtkommandant Oberstleutnant Urew Oberbürgermeister
Gerber seines Amtes und setzte die Kommunisten
und Antifaschisten Hermann Jahn als Oberbürgermeister und Willy Friemel als Bürgermeister ein.
Ihnen zur Seite standen solche bewährte Antifaschisten wie Willy Albrecht, Oskar Dünnebeil, Wilhelm
Döll, Erich Beyer, Walter Erler, Karl Specht u. a.
Hatten während der amerikanischen Besatzungszeit die in der Stadtverwaltung beschäftigten Faschisten ihre Position zumeist behalten, so wurden
jetzt innerhalb weniger Stunden 150 faschistische
Beamte und Angestellte entlassen. Ihre Zahl erhöhte sich in kurzer Zeit auf 400. Schrittweise wurden
diese Funktionen durch zu einem Teil aus Konzentrationslagern kommende Antifaschisten besetzt.[11]
Der am 10. Juni 1945 durch die Sowjetische Militär-
Administration (SMAD) erlassene historische Be-

---

[9] StAE, 1-5/1100-4411, Verzeichnis Erfurter Industriebetriebe,
bei denen Maschinen und Material von den Amerikanern beschlagnahmt und abtransportiert wurden; siehe dazu: Ludwig
Fuchs, Die Besatzungspolitik der USA in Thüringen vom April bis
Juli 1945, phil. Diss., Leipzig 1966 (Ms).

[10] Thüringer Volkszeitung, 3. 7. 1945.

[11] StAE, 1-5/1100-7140, Sonderrundverfügung Nr. 12; Änne Anweiler, Zur Geschichte der Vereinigung von KPD und SPD in Thüringen 1945–46, in: Beiträge zur Geschichte Thüringens, Erfurt
1971, S. 72.

Thüringer Volkszeitung

Organ der Kommunistischen Partei Thüringen

Nr. 1   Dienstag, den 3. Juli 1945   Preis 20 Pf.

Wir grüßen die Soldaten der Roten Armee

Voll Freude und Scham zugleich begrüßen wir die Soldaten der Roten Armee.

Voll Freude, weil die Rote Armee und die mit ihr verbündeten Armeen der demokratischen Staaten den nazistischen Militarismus zerschlagen und uns vom Hitlerschen Terror befreit haben.

Voll Scham, weil es uns nicht gelungen ist, aus eigener Kraft diesen weltverbrecherischen Militarismus zu zerschlagen und der Hitlertyrannei ein Ende zu setzen und der Welt diese Katastrophe zu ersparen.

Das bekunden wir im Namen aller — selbst derer, die zwölf Jahre hindurch gegen die Hitlerdiktatur kämpften — die guten Willens sind und aus dem Schuldbekenntnis zu einer antifaschistischen und ganz neuen demokratischen Denkungsart und Freiheit gelangen wollen.

„Scham ist eine Art Zorn, der in sich gekehrte. Und wenn eine ganze Nation sich wirklich schämte, so wäre sie der Löwe, der sich zum Sprunge in sich zurückzieht, die wir der Scham ist in Deutschland noch nicht vorhanden, im Gegenteil, diese Elenden sind noch Patrioten."   (Marx an Ruge 1843.)

Von echtem Patriotismus gegen den Nazismus beseelt, werden wir die Wiedergutmachung, den Wiederaufbau Deutschlands und die Sicherung des Weltfriedens ermöglichen.

Aus solcher Erkenntnis werden wir den neuen deutschen freiheitlichen und friedliebenden Menschen formen und bilden, werden wir im unerbittlichen Kampfe zur restlosen Beseitigung des Nazismus jedwede Wiederholung eines Ueberfalles auf die Sowjetunion und andere friedfertige Staaten und Völker unmöglich machen helfen.

So arbeiteten, so wirkten und kämpften wir Antifaschisten vom ersten Tage der Befreiung an, die wir der Roten Armee und ihren Verbündeten zu danken haben.

So treten wir aktiven Antifaschisten erneut vor die Thüringer Bevölkerung und rufen sie auf, uns auf diesem Wege aus der Katastrophe zu folgen.

So werden wir sie immerfort arbeiten und kämpfen lehren bis zur völligen Ueberwindung des volksfeindlichen Nazismus.

Versammelt im Geiste einer zähen Kampfgemeinschaft und aufrichtiger Zusammenarbeit mit den Besatzungsbehörden gegen den Nazismus, für Wiedergutmachung und Friedenssicherheit aus vollen Kräften, treten wir vor die Soldaten der Roten Armee und ihre Führung und grüßen sie.

Wir grüßen die Soldaten der siegreichen Roten Armee in antifaschistischer Aufrichtigkeit und Verpflichtung zum Kampfe gegen jegliche Störung der Wiedergutmachung, des Wiederaufbaues und des Friedens.

Anti-Nazi-Komitee, Thüringen-Ausschuß.

An das deutsche Volk!

Aufruf der Kommunistischen Partei Deutschlands!

Schaffendes Volk in Stadt und Land!
Männer und Frauen, Deutsche Jugend!

Wohin wir blicken, Ruinen, Schutt und Asche. Unsere Städte sind zerstört. Weite, ehemalige fruchtbare Gebiete verwüstet und verlassen. Die Wirtschaft ist desorganisiert und völlig gelähmt. Millionen und aber Millionen Menschen hat der Krieg verschlungen, den das Hitlerregime verschuldete. Millionen werden in tiefste Not und tiefstes Elend gestoßen. Eine Katastrophe unvorstellbaren Ausmaßes ist über Deutschland hereingebrochen und aus den Ruinen schaut das Gespenst der Obdachlosigkeit, der Seuchen, der Arbeitslosigkeit, des Hungers.

Und wer trägt die Schuld daran?

Die Schuld und Verantwortung tragen die gewissenlosen Abenteurer und Verbrecher, die die Schuld am Kriege tragen. Es sind die Hitler und Göring, die Himmler und Goebbels, die aktiven Anhänger und Helfer der Nazipartei. Die Träger des reaktionären Militarismus, der Keitel, Jodl und Konsorten. Es sind die imperialistischen Auftraggeber der Nazipartei, die Herren der Großbanken und Konzerne, die Krupp und Röchling, die Pönsgen und Siemens.

Gewaltig ist diese Schuld

Sie wurde von den Naziführern selbst offen bekannt, als sie auf der Höhe ihrer trügerischen Triumphe standen, als ihnen Sieg und Beute gesichert erschienen. Uns allen, ihr Männer und Frauen des schaffenden Volkes.

Das größte und verhängnisvollste Kriegsverbrechen Hitlers aber war der heimtückische, wortbrüchige Ueberfall auf die Sowjetunion, die nie einen Krieg mit Deutschland gewollt, aber seit 1917 dem deutschen Volke zahlreiche Beweise ehrlicher Freundschaft erbracht hat.

Deutsche Arbeiter! Konnte es ein größeres Verbrechen als diesen Krieg gegen die Sowjetunion geben?

Und ungeheuerlich sind die Greueltaten, die von den Hitlerbanditen in fremden Ländern begangen wurden. An den Händen der Hitlerdeutschen klebt das Blut von vielen, vielen Millionen gemordeter Kinder, Frauen und Greise. In den Todeslagern wurde die Menschenvernichtung Tag für Tag fabrikmäßig betrieben, bei lebendigem Leibe verbrannt, bei lebendigem Leibe verscharrt, bei lebendigem Leibe in Stücke geteilt — so haben die Nazibanditen gehaust! Millionen Kriegsgefangene und nach Deutschland verschleppte ausländische Arbeiter wurden zu Tode geschunden, starben an Hunger, Kälte und Seuchen.

Die Welt ist erschüttert und zugleich von tiefstem Haß gegenüber Deutschland erfüllt angesichts dieser beispiellosen Verbrechen dieses grauenerregenden Massenmordes, das von Hitlerdeutschland als System betrieben wurde.

Abb. 390. Begrüßung der Soldaten der Roten Armee durch das Anti-Nazi-Komitee, Thüringen-Ausschuß, und Aufruf der KPD an das deutsche Volk in der Thüringer Volkszeitung vom 3. Juli 1945

fehl Nr. 2, der antifaschistisch-demokratische Parteien und freie Gewerkschaften gestattete, wurde nun auch in Erfurt umfassend wirksam.

Die KPD-Ortsgruppe konnte nun wieder legal arbeiten und bezog ihr neues Parteihaus in der Johannesstraße, heute Leninstraße, Poliklinik Mitte. Der Aufruf der KPD vom 11. Juni 1945, der in der Stadt rasch Verbreitung fand, gab vielen Menschen neue Hoffnung. Nach zwölfjähriger Illegalität lud die Ortsgruppe der KPD die Einwohner der Stadt zu ihrer ersten öffentlichen Versammlung am 10. Juli 1945 in die „Reichshallen", heute Klub der Jugend und der Sportler, ein. Vor über tausend Erfurtern sprachen der Oberbürgermeister und Vorsitzende der Unterbezirksleitung der KPD Hermann Jahn und der Politische Leiter der Bezirksleitung der KPD, Ernst Busse, zur Lage in der Stadt und erläuterten das Aktionsprogramm der KPD vom 11. Juni.[12] Damit begann die KPD, der am 28. Juli 580 Mitglieder angehörten, die Werktätigen der Stadt für die

Überwindung des faschistischen Erbes und die Errichtung einer antifaschistisch-demokratischen Ordnung zu mobilisieren.

Nachdem der Landesausschuß des „Bundes demokratischer Sozialisten" Anfang Juli vom Zentralausschuß der SPD in Berlin als sozialdemokratische Landesorganisation anerkannt worden war und sich auf die Basis des Aufrufs des Zentralausschusses der SPD vom 15. Juni gestellt hatte, nahm am 15. Juli eine Erfurter Ortsgruppe der SPD ihre Tätigkeit auf, die am 28. Juli 250 registrierte Mitglieder hatte. Der Sitz ihres Vorstandes, in dem solche bewährte Genossen wie Paul Wiegand, Lotte Tenzer, Walter Erler und Paul Henkel wirkten, befand sich in der Bahnhofstraße 15. Die Erfurter Mitglieder des ehemaligen „Bundes demokratischer Sozialisten" stellten sich auf den Boden des Aufrufs des Zentralausschusses der SPD.[13] Eine erste zentrale Versammlung der Er-

---

[12] Thüringer Volkszeitung, 23. 7. 1945.   [13] Wahl, S. 122 ff.

furter Sozialdemokraten fand am 30. Juli in den „Reichshallen“ statt, wo der Landesvorsitzende der SPD, Dr. Hermann Brill, zur Geschichte und zu den Aufgaben der Sozialdemokratie sprach.

Aus dem unmittelbaren Erleben der faschistischen Herrschaft und des zweiten Weltkrieges entstanden 1945 auch in Erfurt Ortsgruppen bürgerlich-demokratischer Parteien. Ihre besten Kräfte stellten sich das Ziel, gemeinsam mit KPD und SPD alle Überreste des Faschismus zu überwinden und eine friedliche Entwicklung des deutschen Volkes zu sichern. Nach dem Gründungsaufruf der Christlich-Demokratischen Union (CDU) am 26. Juni 1945 in Berlin, bildete in den ersten Julitagen der Dompropst Dr. Joseph Freusberg eine Ortsgruppe der CDU, in der sich vor allem religiös gebundene Kreise der Mittelschichten vereinigten. Wenige Tage nach der Gründung der Liberal-Demokratischen Partei Deutschlands (LDPD) am 5. Juli 1945 im zentralen Maßstab wurde durch den Bankdirektor Otto Krauss, den Schlossermeister Heinrich Mangner, den Kaufmann Julius Meyer, den Lehrer Hermann Krieghoff u. a.[14] auch eine Ortsgruppe der LDPD gegründet, die Ende Juli 80 Mitglieder zählte.[15]

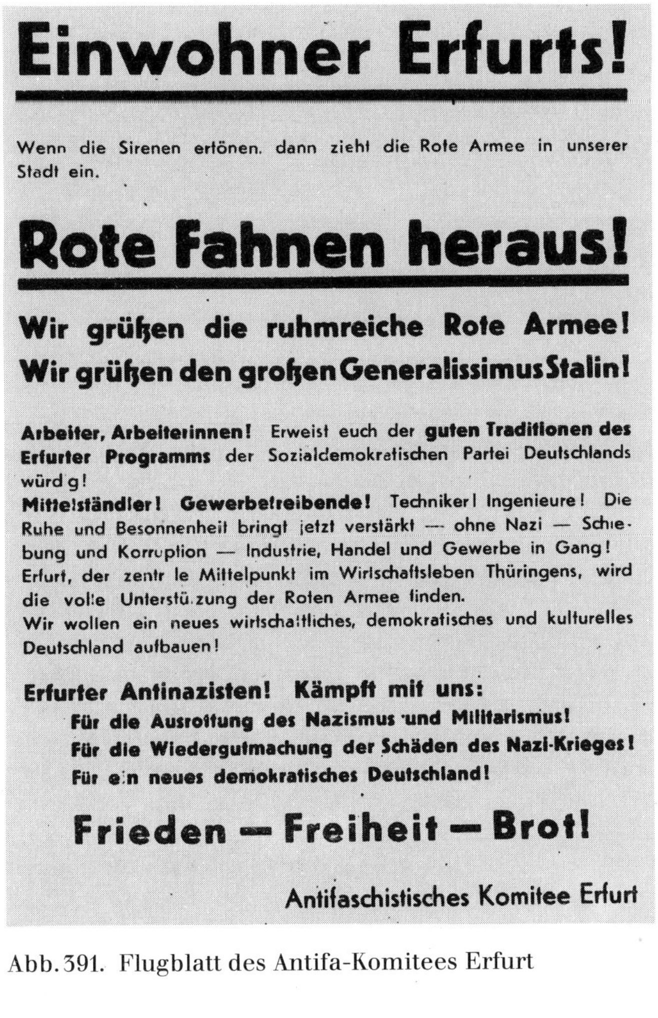

Einwohner Erfurts!

Wenn die Sirenen ertönen, dann zieht die Rote Armee in unserer Stadt ein.

Rote Fahnen heraus!

Wir grüßen die ruhmreiche Rote Armee!
Wir grüßen den großen Generalissimus Stalin!

Arbeiter, Arbeiterinnen! Erweist euch der guten Traditionen des Erfurter Programms der Sozialdemokratischen Partei Deutschlands würdig!
Mittelständler! Gewerbetreibende! Techniker! Ingenieure! Die Ruhe und Besonnenheit bringt jetzt verstärkt — ohne Nazi — Schiebung und Korruption — Industrie, Handel und Gewerbe in Gang!
Erfurt, der zentrale Mittelpunkt im Wirtschaftsleben Thüringens, wird die volle Unterstützung der Roten Armee finden.
Wir wollen ein neues wirtschaftliches, demokratisches und kulturelles Deutschland aufbauen!

Erfurter Antinazisten! Kämpft mit uns:
Für die Ausrottung des Nazismus und Militarismus!
Für die Wiedergutmachung der Schäden des Nazi-Krieges!
Für ein neues demokratisches Deutschland!

Frieden — Freiheit — Brot!

Antifaschistisches Komitee Erfurt

Abb. 391. Flugblatt des Antifa-Komitees Erfurt

Der Charakter dieser beiden Parteien war noch sehr widersprüchlich. Auch in Erfurt gehörten ihnen sowohl Mitglieder an, die für eine entschiedene Abrechnung mit dem Nazismus und Militarismus eintraten, als auch solche, die sich für die Erhaltung des Privateigentums an Produktionsmitteln, die Zulassung von Unternehmerorganisationen und eine „Neuauflage“ der Weimarer Republik einsetzten. Trotz des noch beträchtlichen Einflusses reaktionärer Kräfte in den bürgerlich-demokratischen Parteien sahen Kommunisten und klassenbewußte Sozialdemokraten in ihnen auch in Erfurt die Basis für eine Zusammenarbeit und orientierten sich darauf, die Masse ihrer Mitglieder für die antifaschistisch-demokratische Umwälzung zu gewinnen.

In engem Zusammenwirken mit den in der Stadt stationierten Einheiten der Sowjetarmee ergriffen Erfurter Kommunisten, klassenbewußte Sozialdemokraten, Gewerkschafter und weitere Antifaschisten und Aktivisten der ersten Stunde die Initiative und begannen mit dem demokratischen Neuaufbau. Entsprechend dem Aktionsprogramm der KPD trafen sie erste Maßnahmen, um die Versorgung der Bevölkerung mit Lebensmitteln zu sichern, die Wasser-, Strom- und Gasversorgung aufrechtzuerhalten, die Verkehrsmittel wieder voll in Gang zu bringen und die Schulen, Theater, Kinos und Museen neu zu eröffnen.

Zu einer entscheidenden Frage wurde im Sommer und Herbst 1945 die Überwindung des wirtschaftlichen Zusammenbruchs. Die wichtigste Aufgabe bestand darin, die in der Mehrzahl auf Kriegsproduktion eingerichteten Erfurter Betriebe wieder auf eine Friedensproduktion umzustellen und so schnell wie möglich ein geordnetes Wirtschaftsleben in Gang zu bringen. Die Struktur der Erfurter Wirtschaft, insbesondere die Konfektions- und Schuhindustrie, erleichterte den Übergang zur Friedenswirtschaft. Aber auch die metallverarbeitende Industrie konnte innerhalb kurzer Zeit umgestellt werden.

Durch die unermüdliche Arbeit der Betriebszellen der KPD und der neu gebildeten antifaschistischen Betriebsräte und dank der Unterstützung durch die Befehle der SMAD entfaltete sich das ge-

---

14 Victor Thiel, Christen Thüringens in der Bewährung, hrsg. vom Sekretariat des Hauptausschusses der CDU, Berlin 1970; StAE, 1-5/1104-5273, Information des Kreisvorstandes der LDPD, Erfurt-Stadt.

15 StAE, 1-5/1104-5273, Politische Parteien.

Abb. 392. Beratung des sowjetischen Stadtkommandanten mit Vertretern der antifaschistisch-demokratischen
Parteien und kirchlichen Würdenträgern im ehemaligen Regierungsgebäude am Hirschgarten,
heute Platz der Deutsch-Sowjetischen Freundschaft, Sommer 1945

sellschaftliche und wirtschaftliche Leben vor allem in den Großbetrieben sehr schnell. Die Berlin-Erfurter Maschinenfabrik „Henry Pels" beschäftigte wieder 500 Arbeiter. Ihr Produktionsprogramm reichte im Herbst von der Reparatur von Kochtöpfen bis zur Herstellung von Maschinen für das Bauhandwerk, für Buchdruckereien und für landwirtschaftliche Betriebe. Die Modelltischlerei fertigte Fensterrahmen für die vielen zerstörten Wohnungen der Stadt. Andere Werksabteilungen reparierten Lokomotiven der Deutschen Reichsbahn.[16]

Unterstützt durch sowjetische Produktionsaufträge produzierten die Arbeiter der „Olympia" Büromaschinen-Werke AG wieder Schreibmaschinen. Von Juli bis September 1945 war die Anzahl der Beschäftigten auf 1700 Mitarbeiter angestiegen. Monatlich wurden bereits wieder über 1000 Schreibmaschinen hergestellt.

Bei der Firma J.A.John AG hatten 500 Beschäftigte die Arbeit wieder aufgenommen. Das Produk-

tionsprogramm umfaßte Waschwannen, Badewannen, Einkochapparate, Schornsteintüren, Dachreiter, Sparöfen und andere dringend benötigte Haushaltsgegenstände. Die Eduard Lingel Schuhfabrik AG hatte im September wieder 50 Prozent der Vorkriegsproduktion erreicht. Die Arbeiter stellten sich das Ziel, täglich 1500 Paar Schuhe zu produzieren. Große Schwierigkeiten traten jedoch bei der Beschaffung von Leder auf, da dieses vormals ausnahmslos aus Gebieten der westlichen Besatzungszonen bezogen werden mußte. Man ging deshalb mit Erfolg dazu über, das dringend benötigte Schuhwerk nicht nur aus Leder, sondern auch aus Ersatzmitteln herzustellen. Bei Telefunken begann die Produktion von Rundfunkröhren, und auch die Mehrzahl der anderen Erfurter Betriebe, insbesondere der Bekleidungsindustrie, nahm die Produktion wieder auf.

---

[16] Thüringer Volkszeitung, 8.9.1945.

Von großer Bedeutung war die schnelle Ingangsetzung des schwer beschädigten Gas- und Elektrizitätswerkes. Durch den unermüdlichen Einsatz der Kommunisten und aller antifaschistischen Arbeiter dieser Betriebe konnten die Schäden schnell behoben und mit der Gas- und Stromerzeugung begonnen werden. Waren im Juni nur 8000 Kubikmeter Gas für Industrie und Haushalte erzeugt worden, so konnte die Leistung bis September auf 40 000 Kubikmeter gesteigert werden. Bei der Stromversorgung wurde im Herbst wieder eine Leistung von 170 000 bis 180 000 Kilowattstunden erreicht.[17] In enger Zusammenarbeit von Arbeitern der Betriebe und Soldaten der Sowjetarmee wurden erste Schritte zur schnellen Überwindung der so lebensnotwendigen Transportfrage eingeleitet. Für jeden Haushalt konnten vorerst fünf Zentner Kohlen bereitgestellt werden. Alle übrigen Mengen wurden für die Gas- und Elektrizitätsgewinnung sowie die Betriebe benötigt.

schaft. Die vom Hitlerfaschismus in Erfurter Betriebe „zwangsverpflichteten" 31000 Arbeitskräfte aus der Sowjetunion, Polen, der Tschechoslowakei, Frankreich, Italien, Jugoslawien, Rumänien, Holland und Bulgarien waren nach Kriegsende in ihre Heimatländer zurückgekehrt. Da der Mangel an qualifizierten Fachkräften in den Betrieben rasch überwunden werden mußte, wurde sehr bald auf die Qualifizierung und Umschulung von Arbeitskräften orientiert. Einen besonderen Schwerpunkt bildeten dabei die Bauberufe.

Am 19. Juli 1945 nahmen die Erfurter Straßenbahn und die ersten Omnibuslinien den Betrieb wieder auf. Auch die Deutsche Reichsbahn konnte trotz großer Schwierigkeiten wichtige Abschnitte zerstörter Strecken und Anlagen wieder instandsetzen. Nachdem der Zugverkehr im örtlichen Bereich aufgenommen worden war, fuhren ab 23. Juli 1945 in beschränktem Umfang wieder Züge nach Naumburg,

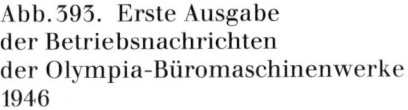

Abb. 394. Lokomotivenreparatur in der Henry Pels AG

Abb. 393. Erste Ausgabe der Betriebsnachrichten der Olympia-Büromaschinenwerke 1946

Mit dem Anlauf der Produktion in den Betrieben machte sich in der Stadt ein akuter Arbeitskräfte-, insbesondere Facharbeitermangel bemerkbar. Viele Bürger befanden sich als ehemalige Angehörige der faschistischen Wehrmacht noch in Kriegsgefangen-

Halle und Berlin. Wenige Tage danach begann die Oberpostdirektion Erfurt mit der Postbeförderung innerhalb der sowjetischen Besatzungszone.

---

[17] Ebenda, 22. 9. 1945, 5. 10. 1945.

Um die ersten wirtschaftlichen Erfolge sichtbar zu machen, wurde von der Stadtverwaltung eine Ausstellung unter dem Motto „Erfurts Wirtschaft im Aufbau" in den Gebäuden der Feima-Werke, Altonaer Straße, vorbereitet. In seiner Eröffnungsansprache am 29. September 1945 dankte Oberbürgermeister Jahn vor allem dem sowjetischen Stadtkommandanten, Oberst Krimoff, und dessen Vertreter, Oberstleutnant Schölesowski, für ihre tatkräftige Unterstützung bei der Wiederingangsetzung der Betriebe. Die Exponate der verschiedenen örtlichen Wirtschaftszweige, insbesondere der Schuh- und Bekleidungsindustrie, der Metall- und Holzverarbeitungsindustrie, des Gartenbaues, des Druckereigewerbes und des Handwerks zeigten, wie es ihnen in relativ kurzer Zeit gelungen war, sich auf Friedensproduktion umzustellen. Die Ausstellung gewährte einen Einblick, wie die Arbeiter der Betriebe oft mit Behelfsmitteln, bedingt durch Rohstoffknappheit und viele andere Schwierigkeiten, die Produktion in Gang gesetzt hatten. Unter der Losung: „Erfinder ans Werk! Ein neues Leben beginnt! Eigene Initiative tut not!" wurde die gesamte Bevölkerung zur Mitarbeit aufgerufen.

Gleichzeitig wurde eine erste Kunstausstellung unter der Thematik „Künstler im antifaschistischen Kampf" eröffnet. Sie zählte über 56000 Besucher. Wie in allen Schulen der sowjetischen Besatzungszone nahmen am 1. Oktober 1945 auch die Erfurter Schulen in allen Klassen – die Mehrzahl der ersten bis vierten Unterrichtsstufen bereits am 24. Juli – den Unterricht wieder auf. Aus diesem Anlaß versammelten sich über 5000 Schulkinder auf dem Domplatz, um diesen bedeutenden Tag feierlich zu begehen.

Tags darauf legte der Oberbürgermeister in einer öffentlichen Einwohnerversammlung in den „Reichshallen" Rechenschaft über ein Vierteljahr Aufbauarbeit ab. In einer durch den Kreisvorsitzenden der KPD Fritz Gäbler vorgeschlagenen und einstimmig beschlossenen Entschließung gelobten alle Teilnehmer, „auf der Grundlage des Aktionsprogrammes der KPD alles daranzusetzen, um so schnell wie möglich alle Hindernisse auf dem Wege

Abb. 395. Oberbürgermeister Hermann Jahn spricht zu Schülern anläßlich der Wiedereröffnung der Schulen

zur weiteren Normalisierung des wirtschaftlichen, politischen und kulturellen Lebens zu beseitigen".[18]

Alle Bürger vor Hunger zu bewahren und den Obdachlosen eine Unterkunft zu verschaffen, war die schwerste Aufgabe, die vor den sich entwickelnden demokratischen Selbstverwaltungsorganen stand. Erfurts Einwohnerzahl war im Herbst 1945 von 165 000 auf mehr als 200 000 angestiegen. Zeitweise befanden sich über 50 000 Umsiedler in der Stadt, die verpflegt, weiterbefördert und in vielen Fällen medizinisch betreut werden mußten. Über zwei Millionen Menschen wurden durch Thüringen transportiert und täglich trafen weitere Transporte in Erfurt ein.

Zur Betreuung der durch Kriegseinwirkungen evakuierten Bevölkerung und der Transporte ehemaliger Wehrmachtsangehöriger wurde im August 1945 beim Rat der Stadt ein „Umsiedlerstab" gebildet. Zur Unterbringung mußten sechs weitere Umsiedlerlager und in der ehemaligen Polizeikaserne ein Notkrankenhaus eingerichtet werden. 1945/1946 wurden 201 381 Personen durch diese Lager geschleust. Als im August 1949 das letzte Lager „Petersberg" geschlossen werden konnte, hatten 667 570 Umsiedler und ehemalige Wehrmachtsangehörige die Erfurter Lager durchlaufen.[19]

Vieles wurde getan, um die Trümmer wegzuräumen und den Menschen zeitweilige Unterkünfte oder Wohnungen zur Verfügung zu stellen. Bis Oktober 1945 wurden in der Innenstadt 30 000 cbm Schutt von den Straßen geräumt und etwa ein Drittel der beschädigten Wohnungen instandgesetzt.

Besondere Anstrengungen erforderte die Sicherung der gesundheitlichen Betreuung der Stadtbevölkerung und der Umsiedler. Die Anzahl der an Typhus, Diphtherie, Lungentuberkulose und Geschlechtskrankheiten Erkrankten war in erschreckendem Maße angestiegen. Es galt, die Seuchenüberwachung planmäßig auszubauen. Große Anstrengungen wurden zur Herabsetzung der hohen Säuglingssterblichkeit unternommen. Bei all diesen Maßnahmen konnten sich die Mitarbeiter des städtischen Gesundheitswesens auf die Hilfe der Offiziere des Medizinischen Dienstes der in Erfurt stationierten sowjetischen Streitkräfte stützen.

Das von den Regierungschefs der drei Großmächte der Antihitlerkoalition am 2. August 1945 unterzeichnete „Potsdamer Abkommen" unterstützte wesentlich den Kampf der demokratischen Kräfte der Stadt. Es entsprach mit seinen Grundsätzen dem Charakter des gerechten Krieges gegen den Hitlerfaschismus und den Interessen aller friedliebenden Völker. Sein Abschluß war ein bedeutender Erfolg der sowjetischen Außenpolitik und Ausdruck des gestiegenen internationalen Einflusses der UdSSR. Verbindlich wurde festgelegt, den deutschen Militarismus und Nazismus auszurotten, damit er niemals mehr den Frieden in der Welt bedrohen könne. In den Erfurter Betriebsgruppen von KPD und SPD sowie in einer öffentlichen Versammlung der Ortsgruppe der KPD am 14. August 1945 in den „Reichshallen", wo Richard Eyermann zum Thema: „Die Potsdamer Konferenz – Deutschlands Zukunft" sprach[20], fanden die Potsdamer Beschlüsse breite Zustimmung. Der Befehl Nr. 124 der SMAD verfügte die Beschlagnahme und Übernahme des Eigentums des deutschen Staates, der Kriegsverbrecher und Naziaktivisten. Dementsprechend wurde im Dezember 1945 bei der Stadtverwaltung eine Sequesterkommission gebildet, der Vertreter aller Blockparteien und des FDGB angehörten.

Es war ein Grundprinzip der sowjetischen Stadtkommandantur, die Arbeiterklasse und die gesamte werktätige Bevölkerung in die Verwirklichung der von ihr beschlossenen Maßnahmen einzubeziehen. So gelang es z.B. den Erfurter Werktätigen trotz Kohlenknappheit und Materialmangel bis Ende des Jahres 1945, 63 der größten und wichtigsten Betriebe sowie eine beträchtliche Anzahl Klein- und Handwerksbetriebe wieder in Gang zu bringen. Schon im ersten Jahr der Aufbauarbeit konnten etwa 4000 Wohnungen, das waren fast 45 Prozent der beschädigten, wieder bewohnbar gemacht werden. Erfurt war die erste Stadt in Thüringen, der der Bau von 56 Wohnungsneubauten im Neubürger-Wohnungsprogramm für das Jahr 1946 genehmigt wurde, von denen ein Teil auf dem Gelände der Tiergarten-Siedlung gebaut wurde.

Durch die Befehle der SMAD wurden wesentliche Voraussetzungen für die Ingangsetzung und Steigerung der Produktion und für die Möglichkeiten geschaffen, daß die Werktätigen die Wirtschaft unter ihre Kontrolle nehmen konnten. Die sowjetische Militärverwaltung beriet viele ihrer Maßnahmen mit den Antifaschisten der Stadt und übertrug ihnen immer höhere Aufgaben auf politischem, wirtschaftlichem und kulturellem Gebiet. In der täglichen praktischen Zusammenarbeit mit den sowjetischen Kommunisten der Militärverwaltung machten sich die Mitglieder der Ortsgruppe und der Betriebszellen der KPD und andere fortschrittliche Kräfte die Erfahrungen der KPdSU (B) und des Sowjetstaates zu eigen.

[18] Ebenda, 26. und 29.9.1945, 2. und 3. und 5.10.1945.
[19] StAE, 1-5/1100-1949, Bl. 105, Bericht des Sozialamtes.
[20] Thüringer Volkszeitung, 12.8.1945, 14.8.1945.

3.
Der Kampf um die Aktionseinheit der Arbeiterklasse und das Bündnis mit allen Werktätigen

Mit dem Aufruf vom 11. Juni 1945 hatte die KPD eine Plattform für die Aktionseinheit von KPD und SPD und für das Zusammenwirken aller antifaschistisch-demokratischen Kräfte geschaffen. Auf der Grundlage der Generallinie des VII. Weltkongresses der Kommunistischen Internationale hatte die KPD ihre Politik weiterentwickelt. Dabei konnte sie auf den Beschlüssen der Brüsseler und der Berner Parteikonferenz, dem Wirken des Nationalkomitees „Freies Deutschland", den Lehren des antifaschistischen Widerstandskampfes und den Erfahrungen der Aktivisten der ersten Stunde aufbauen.

verbrecher, die demokratische Bodenreform und die Forderung nach der Schaffung eines antifaschistisch-demokratischen Regimes einer parlamentarisch-demokratischen Republik mit allen Rechten und Freiheiten für das Volk fanden die breite Zustimmung der Erfurter Kommunisten. Auch die Mehrheit der Erfurter Sozialdemokraten hatte aus den bitteren Erfahrungen der Vergangenheit die Lehre gezogen, daß ein neuer Weg beschritten werden mußte und insbesondere die Einheit der Arbeiterklasse das Gebot der Stunde war. Viele Forderungen des Aufrufs des Zentralausschusses der SPD

Abb. 396.
Der Vorsitzende der KPD, Wilhelm Pieck, während seines Aufenthaltes in Erfurt am 13. Oktober 1945

Die im Aktionsprogramm geforderte vollständige Liquidierung der Überreste des Hitlerregimes, der Kampf gegen Hunger und Arbeitslosigkeit und die Sicherung der sozialen Rechte der Werktätigen, der Aufbau demokratischer Verwaltungsorgane, die grundlegenden Reformen der Justiz und des Bildungswesens, die Enteignung der Nazi- und Kriegs-

vom 15. Juni 1945 entsprachen dem Aktionsprogramm der KPD oder kamen diesem nahe.

Wenige Tage nach einer gemeinsamen Beratung zwischen der Bezirksleitung der KPD und dem Landesvorstand der SPD am 8. August auf Landesebene kam es auf der Grundlage des gemeinsam herausgegebenen Aufrufes: „An das werktätige Volk

Thüringens" auch in Erfurt zu Vereinbarungen zwischen KPD und SPD.[21] Beide Parteien verpflichteten sich, beim antifaschistisch-demokratischen Aufbau eng zusammenzuarbeiten sowie gemeinsame Veranstaltungen und Beratungen zur Klärung ideologischer Fragen durchzuführen.

Ein Höhepunkt in der Geschichte der örtlichen Arbeiterbewegung wurde das Auftreten des Vorsitzenden der KPD, Wilhelm Pieck, am 13. Oktober 1945 vor 10 000 Werktätigen der Stadt anläßlich einer Großkundgebung der KPD in der Halle des „Rewe" unter der Thematik: „Der Weg aus dem Chaos". In eindrucksvoller Weise legte Pieck dar, daß die bevorstehenden großen Aufgaben, insbesondere die vollständige Liquidierung des Hitlerfaschismus, der Kampf gegen Hunger, Arbeitslosigkeit und Wohnungselend sowie die Durchsetzung der demokratischen Rechte und Freiheiten für das Volk, nur durch die Einheit der antifaschistisch-demokratischen Kräfte gelöst werden könnten. Entsprechend der Zielstellung der KPD rief er dazu auf, „den werktätigen Massen einen ständig wachsenden Einfluß auf alle Angelegenheiten des öffentlichen Lebens, der Wirtschaft, der Kultur und des Gemeinschaftslebens" zu sichern.[22] Er versicherte, daß die Mitglieder der KPD alles daransetzen würden, um den aufrichtigen Wunsch und die Forderungen der Arbeiterschaft nach weiterer Vertiefung der Aktionseinheit und Schaffung einer geeinten Partei der Arbeiterklasse zu erfüllen. Diese gewaltige Massenkundgebung war ein wichtiger Schritt auf dem Weg zur Einheit der Arbeiterklasse in der Stadt.

Am folgenden Tag sprach Pieck in den „Reichshallen" vor über 1000 Funktionären der KPD aus Thüringen über die weiteren Aufgaben bei der Herstellung der Einheit der Arbeiterklasse und ihrer Führung im antifaschistischen Kampf.

Bei vielen Mitgliedern der SPD zeigte sich ein immer stärkerer Wille zur Einheit. Auf einer Versammlung des Ortsvorstandes am 27. September 1945 in den „Reichshallen" zum Thema: „Unsere Aufgaben nach dem Zusammenbruch" sprachen sich Paul Wiegand, Lotte Tenzer und andere Mitglieder der Ortsleitung der SPD für das einheitliche Handeln der Arbeiterklasse aus.[23] Aber auch in Erfurt konnte der Weg zur Aktionseinheit und zur Vereinigung der beiden Arbeiterparteien nur in heftigen Auseinandersetzungen mit opportunistischen Kräften beschritten werden, die – entsprechend der antikommunistischen und antisowjetischen Konzeption rechter sozialdemokratischer Führer um Kurt Schumacher in den westlichen Besatzungszonen – tiefgreifende antiimperialistische Verände-

rungen verhindern wollten und eine Zusammenarbeit mit der KPD ablehnten. Diese Bestrebungen gingen vor allem vom Landesvorsitzenden der SPD Brill aus, der die Kreis- und Ortsleitungen der SPD im November 1945 zum Widerstand gegen eine Vereinigung der beiden Arbeiterparteien aufrief und damit bei einigen rechten SPD-Funktionären in Erfurt, wie z. B. Niehoff, Widerhall fand. Diesen Versuchen traten die Kommunisten und klassenbewußte Sozialdemokraten erfolgreich entgegen. Aus Anlaß des Jahrestages der Großen Sozialistischen Oktoberrevolution am 7. November 1945 und anläßlich des 125. Geburtstages von Friedrich Engels am 28. November 1945 fanden die ersten gemeinsamen Kundgebungen von KPD und SPD statt. Auf der Kundgebung am 28. November sprach der Chefredakteur des Organs der KPD, der „Thüringer Volkszeitung", und ehemalige Sprecher und Redakteur des Senders des Nationalkomitees Freies Deutschland in Moskau, Friedrich Wilhelm (Fritz) Heilmann.

Auch in den Betrieben und Verwaltungen der Stadt fanden in den Monaten November und Dezember 1945 und im Januar 1946 gemeinsame Versammlungen von Mitgliedern beider Arbeiterparteien statt, die zur Klärung ideologischer Fragen beitrugen. Die Herstellung der Aktionseinheit der Arbeiterparteien bildete den Kristallisationspunkt für den Zusammenschluß aller demokratischen Kräfte der Stadt.

Am 20. August 1945 versammelten sich im Erfurter „Kaisersaal", heute Optima-Klubhaus, die Delegierten aller Gewerkschaftsausschüsse des Landes zur ersten Landeskonferenz des FDGB. Über 700 Delegierte berieten über den Aufbau der Thüringer Gewerkschaftsorganisation und wählten das Landessekretariat. Zum Landesleiter des FDGB wurde Willy Albrecht (KPD) gewählt. Die Konferenz beschloß eine erste Richtlinie zur Bildung vorläufiger Betriebsräte sowie ein Sofortprogramm, das die Aufgabe stellte, bei der Säuberung der Verwaltungen und Betriebe von Nazis mitzuwirken, die Produktion wieder anzukurbeln und vor allem um die Durchsetzung der führenden Rolle der Arbeiterklasse in den Betrieben zu kämpfen.

Mitte September fand in Erfurt die erste Betriebsrätekonferenz statt. Zu einem weiteren Höhepunkt in der Arbeit der Gewerkschaftsorganisation wurde

---

[21] Dokumente und Materialien zur Geschichte der Arbeiterbewegung in Thüringen 1945–1950, Erfurt 1967, S. 39 f.
[22] Thüringer Volkszeitung, 15.10.1945, 16.10.1945.
[23] Tribüne, 22.9.1945, 13.10.1945.

Abb. 397. Oberbürgermeister Hermann Jahn spricht auf einer Großkundgebung anläßlich des Tages der Opfer des Faschismus am 9. September 1945

die Großkundgebung des Ortsausschusses des FDGB am 12. Dezember 1945 im „Kaisersaal". Auf ihr sprach das Mitglied des Sekretariats des ZK der KPD, Walter Ulbricht, über den Kampf um die Demokratie und die Rolle der Gewerkschaften. In einer Entschließung bekannten sich die Teilnehmer zur beschleunigten Entwicklung der Aktionseinheit der beiden Arbeiterparteien, zu einer einheitlichen Partei der Arbeiterklasse.

Bereits Ende des Jahres 1945 waren in den Erfurter Betrieben über 37000 Arbeiter und Angestellte im FDGB organisiert. Am 8. Januar 1946 wurden zur Ortsdelegiertenkonferenz im „Kaisersaal" von 650 Delegierten Otto Lang, Hermann Fechter, Elsa Geyer, Max Richter, Karl Reichert, Albin Möckel und Karl Bornberg in den Ortsausschuß des FDGB gewählt. Von der Versammlung wurde gefordert, „daß bei den bevorstehenden Betriebsrätewahlen keine getrennte Einzelaktionen, sondern nur, und überall, die Einheitsliste der Betriebe aufgestellt" werden

sollte.[24] Auf der Grundlage der Aktionseinheit entstand eine Gewerkschaftsorganisation, die den Kampf für die Tagesinteressen der Werktätigen mit dem Ringen um eine grundlegende antiimperialistisch-demokratische Umgestaltung der Gesellschaft verband und so in den Erfurter Betrieben wesentlich zur Mobilisierung der Arbeiterklasse beitrug.

In der zweiten Augusthälfte 1945 wurde in der Stadt auf der Grundlage der Aktionseinheit von Kommunisten und Sozialdemokraten und der Gewerkschaftseinheit der Block der antifaschistisch-demokratischen Parteien gebildet.[25] Alle vier Parteien, zu denen 1948 die Nationaldemokratische Partei Deutschlands und die Demokratische Bauernpartei Deutschlands hinzukamen, schlossen sich auf Vorschlag der KPD zusammen. Zu ihrem gemeinsamen Ziel erklärten sie die restlose Überwindung des Faschismus, den Aufbau des Landes auf antifaschistisch-demokratischer Grundlage und ein freundschaftliches Verhältnis zu allen Völkern.

Die Blockpolitik, eine politische Form des breiten Bündnisses der Arbeiterklasse mit den anderen Klassen und Schichten, diente der umfassenden Einbeziehung der Bevölkerung der Stadt in die antifaschistisch-demokratische Umwälzung. Sie schuf günstige Möglichkeiten, die fortschrittlichen Kräfte in den bürgerlich-demokratischen Parteien zu unterstützen und die reaktionären Elemente zu isolieren. Am 9. September, dem „Tag der Opfer des Faschismus", führte der antifaschistisch-demokratische Block auf dem Domplatz seine erste öffentliche Großkundgebung durch. Oberbürgermeister Jahn gedachte der vielen Millionen Opfer und bekundete den Willen der vier Parteien, das Erbe des Hitlerfaschismus gemeinsam und konsequent zu überwinden.

Zwei weitere Kundgebungen führte der Antifaschistische Block gemeinsam mit dem Ausschuß „Opfer des Faschismus" am 13. Februar 1946 im „Kaisersaal" und in der „Harmonie" anläßlich des Nürnberger Kriegsverbrecher-Prozesses durch. Tausende Erfurter waren erschienen und füllten beide Säle bis zum letzten Platz. Nach Eröffnungsworten der Vertreter der KPD und der SPD, Dünnebeil und Wiegand, die im Auftrag des Antifaschistischen Blocks die Kundgebungen leiteten, sprachen Vertreter der vier Parteien sowie Pfarrer Floßdorf als ehemaliger KZ-Häftling. In einstimmig ange-

[24] Thüringer Volkszeitung, 8. 8. 1945, 23. 8. 1945, 12. 11. 1945, 13. 11. 1945, 1. 12. 1945, 15. 12. 1945, 10. 1. 1946.
[25] Collet, S. 118.

nommenen Entschließungen forderten die Teilnehmer beider Versammlungen die härteste Bestrafung der in Nürnberg angeklagten Kriegsverbrecher.[26]

Zu einem wichtigen Feld der Blockpolitik wurde neben der Arbeit im Blockausschuß die Zusammenarbeit der vier Parteien in den neuen Staatsorganen.

Ihre Leitung übernahm 1947 der Kommunist und Spanienkämpfer Willi Salden.

Das Bündnis der Arbeiterklasse mit den werktätigen Bauern war eine wichtige Grundlage für die Schaffung der antifaschistisch-demokratischen Ordnung. Nach der Bildung der demokratischen

Abb. 398. Flurbegehung „Stadt und Land – Hand in Hand!" in Erfurt-Hochheim

Die KPD ging – entsprechend dem Aktionsprogramm vom 11. Juni 1945 – davon aus, daß die Schaffung neuer demokratischer Selbstverwaltungsorgane in der Stadt eine entscheidende Voraussetzung für die antifaschistisch-demokratische Umwälzung war. Noch im Dezember 1945 war der Stadtbeirat umgebildet worden, dem nunmehr je sechs Vertreter der KPD, der SPD, der LDP und der CDU sowie ein Mitglied des antifaschistischen Jugendausschusses angehörten. Dieser Beirat und andere Selbstverwaltungsorgane wie Ernährungsbeirat, Wohnungs-, Bau-, Gesundheits-, Schul-, Kulturausschuß u. a., halfen, die Verbindung der Verwaltung zur Bevölkerung herzustellen und boten dieser die Möglichkeit, unmittelbar am Aufbau teilzunehmen.

Zur Umgestaltung des Staatsapparates gehörte auch die Schaffung einer antifaschistisch-demokratischen Polizei, die – den kommunalen Selbstverwaltungsorganen unterstellt – einen aufopferungsvollen Kampf gegen faschistische und kriminelle Banden, gegen Schieber und Spekulanten führte.

Verwaltung rückte deshalb das Ringen um eine demokratische Bodenreform in den Mittelpunkt der Klassenauseinandersetzung. Die Aufgabe einer demokratischen Bodenreform, wie sie das Aktionsprogramm der KPD vom 11. Juni 1945 gefordert hatte, wurde mit dem Gesetz des Landes Thüringen vom 10. September 1945 über die Bodenreform verwirklicht.

Auf der I. Landeskonferenz in Weimar am 2. September 1945 brachten über 1000 gewählte Bauerndelegierte ihre Bereitschaft für die sofortige Durchführung der Bodenreform zum Ausdruck. Im Erfurter Gebiet wurden im Rahmen der Bodenreform auf 313 ha Ackerland 45 Neubauernstellen geschaffen. 35 ha wurden nach Antrag durch Umsiedler und 5 ha für die Einrichtung einer Mustergärtnerei und eines Schulgartens genutzt. In den Bodenfonds der Stadt wurde das Gelände der ehemaligen militärischen Anlagen am Drosselberg und des Flugplatzes in Er-

---

[26] Thüringer Volkszeitung, 12. 9. 1945, 16. 2. 1946.

Abb. 399. Erster „Bauernmarkt" auf dem Domplatz

furt-Nord mit über 200 ha einbezogen.[27] Bereits im Frühjahr 1946 waren allen Neubauern die Besitzurkunden ausgehändigt und die Eintragung im Grundbuch vorgenommen worden, so daß sich die Bodenreform-Kommission nun voll der weiteren Förderung der Neusiedler widmen konnte. Viele Arbeiter der Erfurter Betriebe erwiesen sich durch selbstlose Hilfe beim Bau von Neubauernhöfen und bei der Einbringung der Ernte der Neubauern als starke Verbündete der Bauern.

Einen wesentlichen Bestandteil der revolutionären Umwälzung bildete die Durchsetzung der demokratischen Schulreform. Auf der Grundlage des Aufrufs des Zentralkomitees der KPD galt es, das Bildungs- und Erziehungsziel durch die hohen Ideale des Friedens und der Völkerfreundschaft neu zu bestimmen und das alte Bildungspriveleg zu brechen. Das vom Faschismus auf dem Gebiet der Erziehung und Bildung hinterlassene Erbe war besonders verheerend. Etwa 70 Prozent aller Schulen waren beschädigt bzw. zerstört. Unter großen Anstren-

gungen wurden die Gebäude und Unterrichtsräume – oft erst notdürftig – wiederhergerichtet. In den meisten Schulen fehlte das Mobiliar, Tafeln, Kreide, Unterrichtsmittel, Schulbücher, Hefte, aber auch Glühbirnen und Heizmaterial. Lehrer und vielfach auch Eltern ließen nichts unversucht, um die Voraussetzungen für eine ordnungsgemäße Abwicklung des Unterrichts zu schaffen. Erfurter Betriebe stellten Fabrikräume zur Verfügung, Gaststätten und Kantinenbetriebe nahmen Schulklassen in ihre Räumlichkeiten auf.

Das entscheidende und zugleich schwierigste Problem war aber die Lage unter der Lehrerschaft. 94,5 Prozent der Erfurter Lehrer hatten der ehemaligen Nazipartei und anderen faschistischen Organisationen angehört. Der gemeisame Erfurter Kulturaus-

[27] Harry Sieber, Der gemeinsame Kampf der Arbeiter und der werktätigen Bauern zur Durchführung der Bodenreform in Thüringen in der Zeit vom September bis November 1945, in: Beiträge zur Geschichte Thüringens, Erfurt 1968, S. 153; StAE, 1-5/1100-4573, Bl. 30, 84, Bericht über die Durchführung der Bodenreform.

schuß der KPD, der SPD und des FDGB legte fest, daß die neuen Lehrkräfte vorwiegend aus den Kreisen der antifaschistisch-demokratischen Bevölkerung, insbesondere aus der Arbeiterklasse, gewonnen werden sollten. Darum forderte er Arbeiter und Angestellte auf, sich sofort als Schulhelfer oder als Anwärter für Kurse zur Ausbildung von Neulehrern zur Verfügung zu stellen. Unter schwierigsten Bedingungen wurden kurzfristig die dringend benötigten neuen Lehrkräfte ausgebildet. Am 15. Februar 1946 konnte eine Pädagogische Fachschule in der Aula der Gutenbergschule eröffnet werden, an der bis zum Jahresende 500 neue Lehrer eine erste Ausbildung erhielten. Im Zuge der Schulreform erhöhte sich die Zahl der Grundschulen Mitte des Jahres 1946 von 21 auf 29. Die Schülerzahl betrug 21200. Den Unterricht erteilten 312 Altlehrer und schon 244 Neulehrer.[28]

Besondere Aufmerksamkeit widmete die KPD der Jugend. Die zehn Punkte des Sofortprogramms der KPD für die demokratische Umgestaltung Deutschlands stellten der Jugend die Aufgabe, gemeinsam mit der älteren Generation an der Überwindung von Hunger, Arbeits- und Obdachlosigkeit zu arbeiten. In der Stadt lebten 1945 rund 15000 Jugendliche im Alter von 15 bis 22 Jahren. Die Jugend war im besonderen Maße von der faschistischen Ideologie vergiftet und für menschenfeindliche Pläne des Imperialismus mißbraucht worden. Politische Unklarheiten der jungen Menschen, ihr relativ hoher Anteil an den Arbeitslosen sowie an Schwarzmarktgeschäften und eine allgemeine Skepsis charakterisierten die Situation eines nicht geringen Teiles der Jugendlichen. Es galt, die Jugend im Geiste des Antifaschismus und der Demokratie zu erziehen und sie für die aktive Teilnahme am politischen, ökonomischen und kulturellen Leben zu gewinnen.

Bei der Stadtverwaltung wurde am 11. August 1945, gestützt auf die Erlaubnis der SMAD vom 31. Juli 1945, ein Antifaschistisches Jugendkomitee gebildet. Kurt Jonas wurde mit seiner Leitung beauftragt. Das Komitee hatte die Aufgabe, Jugendausschüsse in den Wohngebieten zu gründen, Möglichkeiten einer sinnvollen Freizeitgestaltung zu schaffen und die Jugendlichen der Stadt in den demokratischen Neuaufbau einzubeziehen.[29] Am 10. September führte der Antifaschistische Jugendausschuß unter der Losung: „Jugend – wir bauen auf!" seine erste öffentliche Kundgebung in den „Reichshallen", heute Klub der Jugend und Sportler, durch. Fortschrittliche Jugendliche, vor allem aus der Arbeiterjugend, bildeten im Verlauf weniger Wochen zahlreiche Ausschüsse in den Stadtteilen, Wohngebieten

und Betrieben. Anfang des Jahres 1946 bestanden in allen wichtigen Betrieben Betriebsgruppen. Die zahlenmäßig stärkste Gruppe mit fast 300 Mitgliedern hatte sich im „Olympia"-Werk gebildet. Bewährte Antifaschisten leisteten als Berater eine verantwortliche und erfolgreiche Arbeit.

Mit einer Vielzahl freiwilliger Arbeitseinsätze erwarb sich die Antifa-Jugend Vertrauen bei der Bevölkerung und zeigte durch ihr Beispiel vielen noch abseits stehenden Jugendlichen den Weg. Große Verdienste errangen die Jugendgruppen bei der Enttrümmerung der Stadt und der Betriebe. Mit einem Aufruf vom 6. Oktober 1945 wurde der Jugend der Wiederaufbau des Stadtparks als erstes Jugendobjekt übergeben. Mit einem Jugendheim in der Talstraße, dem in einer Feierstunde am 16. Dezember 1945 der Name des Erfurter Antifaschisten Fritz Noack verliehen wurde, schuf sich die Jugend im Arbeiterbezirk Erfurt-Nord ein politisches und kulturelles Zentrum.

Am 23. März 1946 wurde in dem bis zum letzten Platz gefüllten Saal des Anger-Theaters die „Freie Deutsche Jugend" auf örtlicher Ebene gegründet. Schon wenige Tage später, am 10. April 1946, fand die erste Delegiertenkonferenz des Kreises Erfurt-Weißensee statt. Einstimmig wurden Lothar Wand, Rolf-Dietrich Nottrodt, Margarete Goldammer, Lothar Huxhafen und Willi Suckert in das Kreisorganisations-Komitee gewählt.[30] Über 2000 Jugendliche waren zu dieser Zeit in der Stadt in der FDJ organisiert.

Nicht minder intensiv widmeten sich Kommunisten und mit ihnen in Aktionseinheit verbundene Sozialdemokraten der Einbeziehung der werktätigen Frauen in den gemeinsamen Kampf zur Überwindung der Folgen des Hitlerfaschismus. Im Oktober 1945 entstand in der Stadt ein antifaschistischer Frauenausschuß. In ihm, um den sich Martha Gäbler (KPD) als Vorsitzende große Verdienste erwarb, arbeiteten fortschrittliche Frauen verschiedener sozialer Herkunft sowie unterschiedlicher politischer und weltanschaulicher Auffassungen zusammen. Mitglieder waren Vertreterinnen der vier Blockparteien, der Gewerkschaft, der Jugend und parteilose Frauen. Das Ziel des Ausschusses bestand

---

[28] Thüringer Volkszeitung, 5. 10. 1945, 8. 2. 1946, 29. 6. 1946; 30 Jahre DDR – 30 Jahre sozialistische Schule, Zeitdokumentation zur Entwicklung der sozialistischen Schule in Erfurt 1945–1979.

[29] H.-J. Große, Der Kampf um die einheitliche Jugendorganisation der FDJ in Erfurt, Staatsexamensarbeit, Dresden 1964 (Ms).

[30] Thüringer Volkszeitung, 14. 9. 1945, 15. 12. 1945, 26. 3. 1946; Thüringer Volk, 10. 4. 1946.

Abb. 400. Aufruf zur KPD-Frauenversammlung
im „Herrenkrug" am 31. Oktober 1945

Abb. 401. Erste Delegiertenkonferenz
des DFD Erfurt-Stadt in den „Reichshallen",
heute Klub der Jugend und der Sportler, 1947

in der breiten Einbeziehung der Erfurter Frauen in den demokratischen Neuaufbau. Die Mitglieder des Ausschusses übernahmen Arbeiten in Nähstuben, Wärmehallen und Schulen sowie die Betreuung alter Leute. Aber sehr bald beschäftigten sie sich nicht nur mit sozialen Fragen, sondern nahmen entsprechend den Erfahrungen vieler Frauen aus der Vergangenheit aktiv am politischen Leben teil.

Ein Höhepunkt im Leben der antifaschistischen Frauenausschüsse war die am 9. und 10. März 1946 in den „Olympia"-Büromaschinen-Werken durchgeführte I. Landeskonferenz der Frauenausschüsse in der damaligen sowjetischen Besatzungszone. Untrennbar mit der antifaschistisch-demokratischen Umwälzung verband sich der Kampf um die Durchsetzung der Gleichberechtigung der Frau, die zu den grundlegenden Forderungen der revolutionären Arbeiterbewegung gehörte. Aus dieser Arbeit entstand dann 1947 auch in Erfurt der Demokratische Frauenbund Deutschlands (DFD).

In Fortführung bewährter Traditionen der Arbeiterbewegung wurde entsprechend einem Aufruf des Landespräsidenten, der antifaschistisch-demokratischen Parteien und kirchlicher Würdenträger am 15. November 1945 die „Thüringenaktion gegen Not" ins Leben gerufen. In dem Aufruf vom 3. November 1945 hieß es u. a.: „Die ,Thüringenaktion gegen Not' soll für Hunderttausende von Umsiedlern Wohnung, Kleidung und Nahrung schaffen. Sie soll den Armen, Alten, Kranken und Kindern helfen, ihnen Schutz gegen die Gefahren und die vielfachen Nöte des Winters geben. Sie soll helfen bei der Wiederherstellung von Wohnraum. Sie soll in den Be-

trieben die Kräfte entwickeln, die in gesteigertem Ausmaß dringendst benötigten Güter herzustellen."[31] Eine große Zahl freiwilliger Helfer, unter ihnen die Mitglieder der antifaschistischen Frauen- und Jugendausschüsse, beteiligten sich an Sammelaktionen im gesamten Erfurter Stadtgebiet. Gesammelt wurden Möbel, Hausrat, Kleidung und Wäsche. In einigen Gaststätten richtete man Wärmestuben ein. Mit den zur Verfügung stehenden bescheidenen Mitteln konnte so einer großen Zahl von Notleidenden geholfen werden.

Die „Thüringen-Aktion gegen Not" entwickelte sich in der Stadt zu einer großen Massenbewegung der Solidarität. Die erste Landeskonferenz der

---

[31] Ida Lein, Die Frauen – Mitgestalter der Zukunft, in: Der Wille zur Einheit siegt, Erfurt 1961; StAE, 1-5/1104-1364, Frauenausschuß der Stadt Erfurt; Thüringer Volkszeitung, 13. 3. 1946, 3. 11. 1945; Thüringer Volk, 16. 11. 1946.

Abb. 402. Sowjetisches Ehrenmal auf dem Hauptfriedhof

„Thüringen-Aktion" fand am 12. Mai 1946 in Erfurt statt. Sie beschloß, daß die Organisation nach dem Beispiel Dresdens künftig den Namen „Volkssolidarität" tragen solle.[32]

Kommunisten, klassenbewußte Sozialdemokraten und bürgerliche Antifaschisten führten – in engem Zusammenwirken mit Offizieren der sowjetischen Militärverwaltung – von Anfang an einen energischen Kampf um die geistig-kulturelle Erneuerung. War während der amerikanischen Besatzungszeit in Thüringen die Genehmigung zur Eröffnung des Stadttheaters versagt worden, so erteilte die sowjetische Kommandantur bereits am 15. Juli 1945 der Theaterleitung den Auftrag, sofort mit der Spieltätigkeit zu beginnen. Unter Leitung seines Intendanten Ernst Wiegand leistete das Künstlerkollektiv einen wichtigen Beitrag zum geistigen Neuaufbau.

Auch der Kulturbund zur demokratischen Erneuerung Deutschlands entwickelte sich sehr bald zu einem bedeutenden Faktor des kulturellen Lebens. Er wurde zur Keimzelle einer antifaschistisch-demokratischen Kulturpolitik. Entsprechend den Forderungen des „Thüringer Manifestes des Kulturbundes" wandten sich Kulturschaffende der Stadt in einem „offenen Brief" an alle Geistesschaffenden und riefen sie auf, „auch in Erfurt dem richtungsweisenden Beispiel Berlins zu folgen und in Erfurt einen Kulturbund zur demokratischen Erneuerung Deutschlands zu gründen".[33] Diese Initiative wurde vom Kulturoffizier der sowjetischen Stadtkommandantur und vom städtischen Kulturamt tatkräftig unterstützt. Im festlichen Rahmen fand am 12. Oktober 1945 im Festsaal der Goethe-Schule die Gründungsversammlung einer Ortsgruppe des Kulturbundes statt.

Als Präsident der Erfurter Wirkungsgruppe wurde am 14. März 1946 der seinerzeitige Schauspieldirektor der Städtischen Bühnen in Erfurt, Johannes Arpe, gewählt. Die Leitung des Kulturbundes hatte ihren Sitz im Hause Walkmühlstraße 13. Das Interesse an der Arbeit des Kulturbundes wuchs sehr schnell. Schon wenige Monate nach Gründung zählte er über 1000 Mitglieder, die in den Sektionen Literatur, Musik und Musikgeschichte, Bildende Kunst und Kunstgeschichte, Theater und Film, Gymnastik, Tanz und Sport, Geisteswissenschaft einschließlich Pädagogik, Naturwissenschaften und Technik, Medizin sowie Wirtschaft und Recht wirkten.

Die Erfurter Buchhandlungen wurden nach Aussonderung nazistischer und militärischer Schriften am 1. November 1945 wieder eröffnet. Am 1. März 1946 wurde die Städtische Musikschule in ein „Thüringisches Landeskonservatorium" umgebildet. Die auf der I. Zentralen Kulturtagung der KPD im Februar 1946 gezogene Bilanz der geistig-kulturellen Umwälzung fand so auch in Erfurt ihre volle Bestätigung.

4.

Die Schaffung einer einheitlichen marxistischen Partei der Arbeiterklasse

Im gemeinsamen Kampf für antifaschistisch-demokratische Verhältnisse und um die Klärung politisch-ideologischer Grundfragen hatte sich die Aktionseinheit von KPD und SPD in Erfurt gefestigt. Das Ringen um die politisch-organisatorische Einheit der Arbeiterklasse wurde zu einer umfassenden Bewegung, die nicht nur die Mitglieder beider Arbeiterparteien, sondern auch zahlreiche parteilose Werktätige der Stadt erfaßte. Besonders in den Betrieben und den Gewerkschaftsorganisationen verstärkten sich die Forderungen, eine einheitliche Arbeiterpartei zu schaffen.

Die Vereinigung von Kommunisten und Sozialdemokraten in einer sozialistischen Einheitspartei war die Grundbedingung, um die bereits erzielten revolutionären Errungenschaften zu sichern und die antifaschistisch-demokratische Umwälzung weiter voranzutreiben. Mit der auf Initiative der KPD am 20. und 21. Dezember 1945 in Berlin durchgeführten Konferenz des Zentralkomitees der KPD und des Zentralausschusses der SPD „begann eine neue Etappe im Kampf um die Einheit der Arbeiterklasse"[34] auf revolutionärer Grundlage. Diese Konferenz, die entsprechend der Anzahl ihrer Teilnehmer als „Erste Sechziger-Konferenz oder Dezemberkonferenz" in die Geschichte eingegangen ist, beschloß, die Einheitspartei ideologisch und organi-

[32] Chronik zur Geschichte der Arbeiterbewegung in Thüringen 1945 bis 1952, Erfurt 1975, S. 51.

[33] Volker Wahl, Demokratische Erneuerung der Kultur, in: Sozialistische Heimat DDR, H. 7/79, S. 24; Thüringer Volkszeitung, 11.10.1945, 18.10. 1945; Das Erfurter Rad, Nr.10, Oktober 1959, S. 141.

[34] Geschichte der SED, Abriß, Berlin 1978, S. 107, 109.

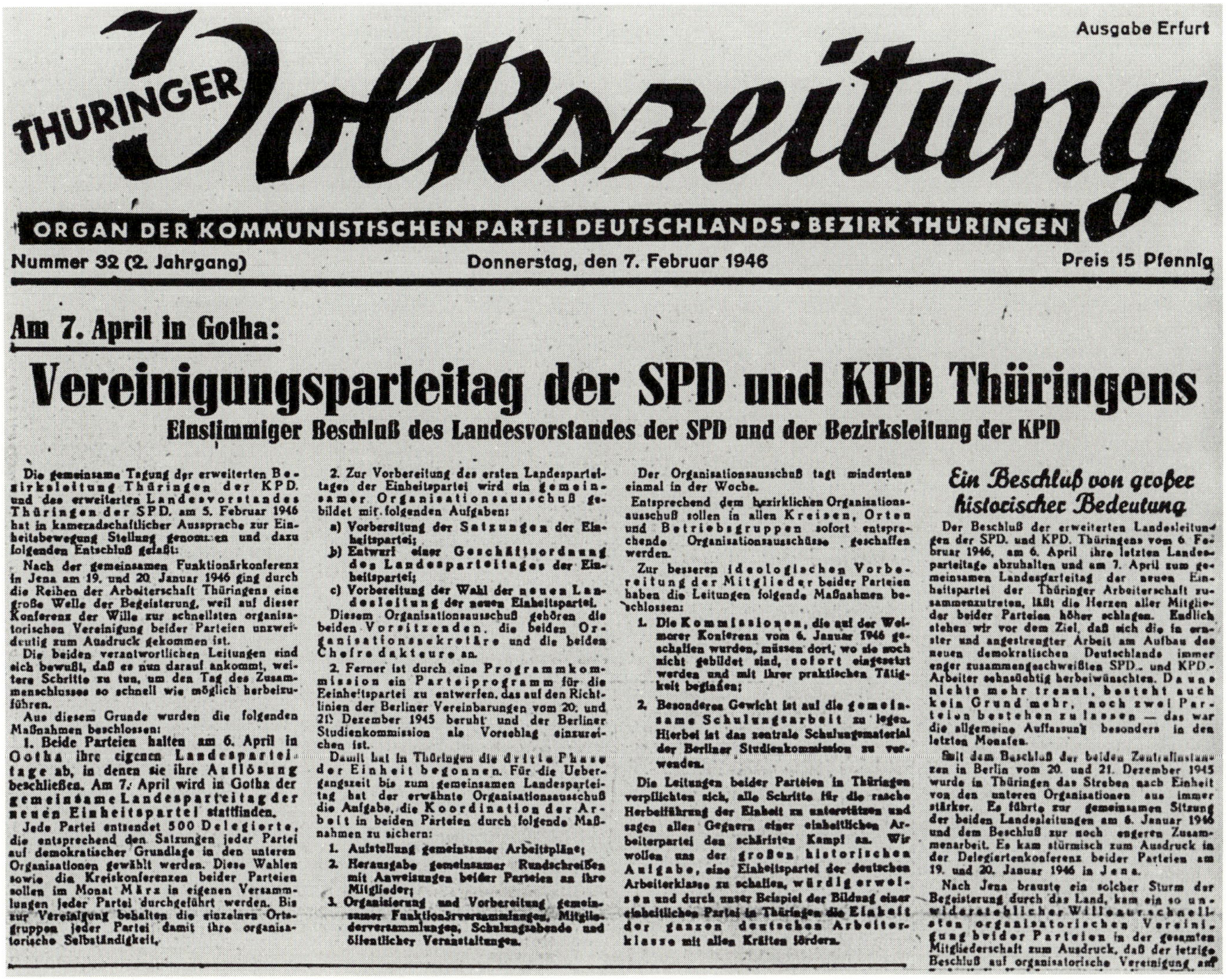

Ausgabe Erfurt

Thüringer Volkszeitung

ORGAN DER KOMMUNISTISCHEN PARTEI DEUTSCHLANDS • BEZIRK THÜRINGEN

Nummer 32 (2. Jahrgang) Donnerstag, den 7. Februar 1946 Preis 15 Pfennig

Am 7. April in Gotha:

Vereinigungsparteitag der SPD und KPD Thüringens

Einstimmiger Beschluß des Landesvorstandes der SPD und der Bezirksleitung der KPD

Die gemeinsame Tagung der erweiterten Bezirksleitung Thüringen der KPD und des erweiterten Landesvorstandes Thüringen der SPD am 5. Februar 1946 hat in kameradschaftlicher Aussprache zur Einheitsbewegung Stellung genommen und dazu folgenden Entschluß gefaßt:

Nach der gemeinsamen Funktionärkonferenz in Jena am 19. und 20. Januar 1946 ging durch die Reihen der Arbeiterschaft Thüringens eine große Welle der Begeisterung, weil auf dieser Konferenz der Wille zur schnellsten organisatorischen Vereinigung beider Parteien unzweideutig zum Ausdruck gekommen ist.

Die beiden verantwortlichen Leitungen sind sich bewußt, daß es nun darauf ankommt, weitere Schritte zu tun, um den Tag des Zusammenschlusses so schnell wie möglich herbeizuführen.

Aus diesem Grunde wurden die folgenden Maßnahmen beschlossen:

1. Beide Parteien halten am 6. April in Gotha ihre eigenen Landesparteitage ab, in denen sie ihre Auflösung beschließen. Am 7. April wird in Gotha der gemeinsame Landesparteitag der neuen Einheitspartei stattfinden.

Jede Partei entsendet 500 Delegierte, die entsprechend den Satzungen jeder Partei auf demokratischer Grundlage in den unteren Organisationen gewählt werden. Diese Wahlen sowie die Kreiskonferenzen beider Parteien sollen im Monat März in eigenen Versammlungen jeder Partei durchgeführt werden. Bis zur Vereinigung behalten die einzelnen Ortsgruppen jeder Partei damit ihre organisatorische Selbständigkeit.

2. Zur Vorbereitung des ersten Landesparteitages der Einheitspartei wird ein gemeinsamer Organisationsausschuß gebildet mit folgenden Aufgaben:

a) Vorbereitung der Satzungen der Einheitspartei;
b) Entwurf einer Geschäftsordnung des Landesparteitages der Einheitspartei;
c) Vorbereitung der Wahl der neuen Landesleitung der neuen Einheitspartei.

Diesem Organisationsausschuß gehören die beiden Vorsitzenden, die beiden Organisationssekretäre und die beiden Chefredakteure an.

2. Ferner ist durch eine Programmkommission ein Parteiprogramm für die Einheitspartei zu entwerfen, das auf den Richtlinien der Berliner Vereinbarungen vom 20. und 21. Dezember 1945 beruht und der Berliner Studienkommission als Vorschlag einzureichen ist.

Damit hat in Thüringen die dritte Phase der Einheit begonnen. Für die Uebergangszeit bis zum gemeinsamen Landesparteitag hat der erwähnte Organisationsausschuß die Aufgabe, die Koordination der Arbeit in beiden Parteien durch folgende Maßnahmen zu sichern:

1. Aufstellung gemeinsamer Arbeitspläne;
2. Herausgabe gemeinsamer Rundschreiben mit Anweisungen beider Parteien an ihre Mitglieder;
3. Organisierung und Vorbereitung gemeinsamer Funktionärversammlungen, Mitgliederversammlungen, Schulungsabende und öffentlicher Veranstaltungen.

Der Organisationsausschuß tagt mindestens einmal in der Woche.

Entsprechend dem bezirklichen Organisationsausschuß sollen in allen Kreisen, Orten und Betriebsgruppen sofort entsprechende Organisationsausschüsse geschaffen werden.

Zur besseren ideologischen Vorbereitung der Mitglieder beider Parteien haben die Leitungen folgende Maßnahmen beschlossen:

1. Die Kommissionen, die auf der Weimarer Konferenz vom 6. Januar 1946 geschaffen wurden, müssen dort, wo sie noch nicht gebildet sind, sofort eingesetzt werden und mit ihrer praktischen Tätigkeit beginnen;
2. Besonderes Gewicht ist auf die gemeinsame Schulungsarbeit zu legen. Hierbei ist das zentrale Schulungsmaterial der Berliner Studienkommission zu verwenden.

Die Leitungen beider Parteien in Thüringen verpflichten sich, alle Schritte für die rasche Herbeiführung der Einheit zu unterstützen und sagen allen Gegnern einer einheitlichen Arbeiterpartei den schärfsten Kampf an. Wir wollen uns der großen historischen Aufgabe, eine Einheitspartei der deutschen Arbeiterklasse zu schaffen, würdig erweisen und durch unser Beispiel der Bildung einer einheitlichen Partei in Thüringen die Einheit der ganzen deutschen Arbeiterklasse mit allen Kräften fördern.

Ein Beschluß von großer historischer Bedeutung

Der Beschluß der erweiterten Landesleitungen der SPD. und KPD. Thüringens vom 6. Februar 1946, am 6. April ihre letzten Landesparteitage abzuhalten und am 7. April zum gemeinsamen Landesparteitag der neuen Einheitspartei der Thüringer Arbeiterschaft zusammenzutreten, läßt die Herzen aller Mitglieder beider Parteien höher schlagen. Endlich stehen wir vor dem Ziel, daß sich die in ernster und angestrengter Arbeit am Aufbau des neuen demokratischen Deutschlands immer enger zusammengeschweißten SPD.- und KPD.-Arbeiter sehnsüchtig herbeiwünschten. Da uns nichts mehr trennt, besteht auch kein Grund mehr, noch zwei Parteien bestehen zu lassen — das war die allgemeine Auffassung besonders in den letzten Monaten.

Seit dem Beschluß der beiden Zentralinstanzen in Berlin vom 20. und 21. Dezember 1945 wurde in Thüringen das Streben nach Einheit von den unteren Organisationen aus immer stärker. Es führte zur gemeinsamen Sitzung der beiden Landesleitungen am 6. Januar 1946 und dem Beschluß zur noch engeren Zusammenarbeit. Es kam stürmisch zum Ausdruck in der Delegiertenkonferenz beider Parteien am 19. und 20. Januar 1946 in Jena.

Nach Jena brauste ein solcher Sturm der Begeisterung durch das Land, kam ein so unwiderstehlicher Wille zur schnellsten organisatorischen Vereinigung beider Parteien in der gesamten Mitgliederschaft zum Ausdruck, daß der jetzige Beschluß auf organisatorische Vereinigung auf

Abb. 403. Veröffentlichung des Beschlusses über den bevorstehenden Vereinigungsparteitag der KPD und der SPD Thüringens

satorisch vorzubereiten. In Auswertung dieser Konferenz führten die Bezirksleitung der KPD und der Landesvorstand Thüringens der SPD unter Teilnahme der Kreisleitungen der KPD und Kreisvorstände der SPD am 6. Januar 1946 im Hotel „Augusta", heute Hotel „International", in Weimar eine gemeinsame Tagung durch. Sie begrüßten die Festlegungen der Berliner Konferenz und bezeugten ihren festen Willen, alle Kräfte für die Verwirklichung der gestellten Aufgaben einzusetzen. In einer Entschließung riefen sie die Mitglieder beider Parteien auf, in allen Betrieben und Orten gemeinsame Ausschüsse zur Einigung der Arbeiterklasse zu bilden.

Das Bekenntnis der „Dezemberkonferenz" und die Festlegungen der gemeinsamen Tagung der Parteivorstände in Weimar fanden in Erfurt ein lebhaftes und breites Echo. In den Erfurter Ortsleitungen von KPD und SPD wurden wichtige Festlegungen zur engeren Zusammenarbeit getroffen. Eine Feier zum 70. Geburtstag des Vorsitzenden der KPD, Wilhelm Pieck, im „Kaisersaal", die von KPD und SPD gemeinsam vorbereitet worden war, wurde zu einer beeindruckenden Kundgebung für die Einheit der Arbeiterklasse. Paul Wiegand (SPD) würdigte das Lebenswerk Wilhelm Piecks als Wegbereiter der Einheit und betonte: „Auch ich glaube sagen zu können, daß diese Einheit nicht mehr lange auf sich warten lassen wird."[35] Fritz Gäbler (Kreisvorsitzender der KPD) unterstrich in seinem Referat, daß über allen Fragen des Alltags als größte und wichtig-

[35] Thüringer Volkszeitung, 5.1.1946.

ste Aufgabe die schnelle Schaffung der geeinten Arbeiterpartei stehe. Im Auftrag des Oberbürgermeisters Jahn wurde der Versammlung bekanntgegeben, daß in Würdigung der Verdienste des Vorsitzenden der KPD ein Straßenzug in „Wilhelm-Pieck-Straße" umbenannt werde.

In den Erfurter Betrieben und Verwaltungen fanden die Beschlüsse von Berlin und Weimar große Zustimmung. Zu einer gewaltigen Manifestation für die Einheit der Arbeiterklasse gestaltete sich die FDGB-Delegiertenkonferenz am 8. Januar 1946 im „Kaisersaal". 650 Delegierte aus allen Erfurter Betrieben und Einrichtungen begrüßten die auf der „Dezemberkonferenz" gefaßten Beschlüsse zur Zusammenführung beider Arbeiterparteien mit dem Ziel der Einheitspartei.

Am 16. Januar 1946 fand in der „Harmonie" die erste gemeinsame Ortskonferenz der KPD und der SPD statt. In eindrucksvoller Geschlossenheit hatten sich je 300 Funktionäre der KPD und der SPD zusammengefunden. Die Referenten Gäbler (KPD) und Hoffman (SPD) ließen keinen Zweifel darüber, daß die „engste Zusammenarbeit und der schließliche Zusammenschluß der KPD und der SPD unumgängliche Voraussetzungen für das Werk des Wiederaufbaus sind".[36] In einer Entschließung begrüßten alle Teilnehmer die Berliner Beschlüsse des ZK der KPD und des Zentralausschusses der SPD. Die Versammlung beschloß, in allen Grundeinheiten „gemeinsame Mitgliederversammlungen beider Parteien durchzuführen". Um das Zusammenwachsen weiter zu beschleunigen, wurde festgelegt, ab sofort in allen Stadtteilen gemeinsame Schulungsabende vorzubereiten.

Am 19. und 20. Januar 1946 fand die von den Mitgliedern beider Parteien mit Spannung erwartete gemeinsame Landesfunktionärskonferenz der KPD und der SPD in Jena statt. Vor 1200 Teilnehmern im „Volkshaus" sprachen als Hauptredner der Vorsitzende der KPD, Wilhelm Pieck, und der Vorsitzende der SPD, Otto Grotewohl, zu Fragen der Einheit der deutschen Arbeiterbewegung. Beide Redner legten ein leidenschaftliches Bekenntnis zum baldigen Zusammenschluß der beiden Parteien ab. Angesichts der Umtriebe gegen eine Vereinigung von KPD und SPD, die besonders vom Landesvorsitzenden der SPD, Brill, ausgegangen waren, der sich gerade in die Westzonen abgesetzt hatte, wandten sich Pieck und Grotewohl nochmals sehr entschieden gegen Versuche opportunistischer Kräfte aus den Reihen der SPD, insbesondere der Gruppe in den westlichen Besatzungszonen um den rechten Sozialdemokraten Dr. Kurt Schumacher, die Einigung der Ar-

beiterklasse zu verhindern, und gegen deren zügellose antikommunistische Hetze. Diesen einheitsfeindlichen Kurs unterstützten selbst einige rechte Funktionäre des Zentralausschusses der SPD, die hofften, ihre reformistischen Auffassungen durchsetzen zu können. Diese Kräfte, so betonte Wilhelm Pieck, „arbeiten gegen die Lebensinteressen der deutschen Nation".[37] Die überwiegende Mehrheit der Mitglieder der SPD, so unterstrich Otto Grotewohl, treten energisch für die Verwirklichung der Einheit der Arbeiterklasse ein.

Von der Jenaer Konferenz gingen mächtige Impulse für die weitere Entwicklung der Einheitsbewegung in der Stadt Erfurt aus. In vielen Veranstaltungen, so in den Betriebsteilen der Post, der Reichsbahn, der „Olympia", der Schuhfabrik „Lingel", der Firma J. A. John, des Stahlbaues Gispersleben, der Landespolizeischule, des Erfurter Stadttheaters, wurde die Konferenz ausgewertet. Diese Versammlungen waren vom Geist der Freundschaft und der ehrlichen Zusammenarbeit getragen. In der auf der gemeinsamen Betriebsgruppenversammlung von KPD und SPD des Olympia-Werkes einstimmig angenommenen Entschließung hieß es: „Die in der ersten gemeinsamen Betriebsgruppenversammlung anwesenden Genossinnen und Genossen beider Arbeiterparteien der Olympia-Büromaschinenwerke AG, Erfurt, begrüßen den gemeinsamen Weg, welchen uns die Genossen Pieck und Grotewohl gewiesen haben. Sie geloben, alle Kräfte in ehrlicher Zusammenarbeit einzusetzen, bis jenes große Ziel der Arbeiterklasse, der Sozialismus, verwirklicht worden ist, und die Reaktion, der Militarismus und verbrecherische Nazismus zerschmettert am Boden liegen."[38]

Von der überwiegenden Mehrheit der Mitglieder von KPD und SPD wurde der Wille zur baldigen Vereinigung der beiden Arbeiterparteien zum Ausdruck gebracht und in Entschließungen gefordert. Es wurde aber auch die Haltung einiger Erfurter SPD-Mitglieder kritisiert, die im Geist des ehemaligen Regierungspräsidenten und Vorsitzenden der SPD in Thüringen, Brill, versuchten, den Zerfall der Bewegung für die Einheit zu erreichen.

Der Torpedierung der Bewegung zur Vereinigung von KPD und SPD in Erfurt sollte auch eine öffentliche Kundgebung dienen, auf welcher der frühere Reichstagspräsident Paul Löbe (SPD) zusammen

---

[36] Ebenda, 10.1.1946, 18.1.1946.
[37] Ebenda, 22.1.1946.
[38] Ebenda, 23.1.1946, 14.1.1946, 21.1.1946, 25.1.1946, 26.1.1946, 30.1.1946.

mit dem früheren thüringischen Landtagsabgeordneten Hermann Gründler auftraten. Sie konnten sich aber weder in den Betrieben noch unter anderen Schichten der Bevölkerung einen Kreis von Anhängern schaffen. Die gemeinsame Arbeit hatte Kommunisten und Sozialdemokraten der Stadt immer mehr zusammengeführt. Das so gewachsene Vertrauen bildete eine solide Grundlage für die organisatorische Vereinigung.

den Aufbau". Entsprechend einem weiteren Beschluß des Erfurter Organisationsausschusses wurden am 19. Februar für alle Funktionäre beider Parteien gemeinsame Schulungsabende über das „Kommunistische Manifest" durchgeführt.

Der am 26. Februar 1946 von der zweiten gemeinsamen Konferenz des ZK der KPD und des Zentralausschusses der SPD gefaßte Beschluß, den Vereinigungsparteitag für den 21. und 22. April nach Berlin

Abb. 404. Übergabe des sogenannten Bebelstabes an den Parteivorstand der SED durch den Arbeiterveteranen Amborn

Am 5. Februar 1946 nahm die gemeinsame Tagung der erweiterten Bezirksleitung der KPD und des erweiterten Landesvorstandes der SPD Thüringens in kameradschaftlicher Aussprache zur Einheitsbewegung Stellung und beschloß die weiteren Schritte bis zur Vereinigung beider Parteien auf Landesebene. Damit begann in Thüringen eine neue, höhere Phase der Zusammenarbeit beider Arbeiterparteien.[39] Der Vereinigungsbeschluß fand in Erfurt große Zustimmung. Auf seiner Grundlage wurde durch die Ortsleitung beider Parteien ein gemeinsamer Organisationsausschuß gebildet, der bis zur Vereinigung alle wichtigen Fragen und Maßnahmen gemeinsam erörtern und festlegen sollte.

In einer Vielzahl von Betriebsgruppen nahmen in den folgenden Tagen und Wochen Mitglieder der KPD und der SPD in gemeinsamen Versammlungen zu den Beschlüssen der beiden Landesleitungen Stellung. In öffentlichen Versammlungen sprachen Funktionäre der KPD und der SPD zum Thema: „Die Einheit der Arbeiterklasse als Voraussetzung für

einzuberufen, löste bei den Erfurter Mitgliedern beider Parteien weitere Initiativen aus. In einer Vielzahl Versammlungen wurde zu diesem für die Arbeiterklasse so bedeutenden Ereignis Stellung genommen. Entsprechend den Festlegungen der Berliner Konferenz wurden in den Schulungsabenden in den Betrieben und Wohngebieten im Monat März die Entwürfe der Grundsätze und Ziele der Sozialistischen Einheitspartei Deutschlands und das Parteistatut behandelt. Im Mittelpunkt der umfassenden Aussprache über diese Dokumente standen das sozialistische Ziel der Arbeiterklasse und der Weg zum Sozialismus. Dabei konnte in den wesentlichen Fragen eine Übereinstimmung erreicht werden.

Zur Vorbereitung der Vereinigung von KPD und SPD in Thüringen begann am 1. März 1946 das „Go-

[39] Rosemarie Collet, Über den Kampf um die Schaffung der Einheit der Arbeiterklasse in Erfurt, S. 126 f., 133; Thüringer Volkszeitung, 7. 2. 1946; zum folg. auch: Geschichte der SED, Abriß, S. 88 ff.

Stadt-Delegierten-Konferenz
der Sozialistischen Einheitspartei Deutschlands

Am **Freitag, dem 12. April,** 19.30 Uhr, findet im **Kaisersaal** eine **Stadt-Delegierten-Konferenz der Sozialistischen Einheitspartei Deutschlands,** Ortsgruppe Erfurt, statt.

An dieser Konferenz müssen alle Genossen, die zu den Kreiskonferenzen der KPD und SPD delegiert waren, teilnehmen.
Um 18 Uhr findet eine Besprechung der ehem. Delegierten der SPD im Kaisersaal statt. Für die Delegierten der KPD findet diese Besprechung im Ratskeller statt.

Organisationskomitee Stadt Erfurt

Abb. 405. Ankündigung
der Stadtdelegiertenkonferenz der SED
am 12. April 1946

thaer Aufgebot". Die durch dieses Aufgebot neu gewonnenen Mitglieder sollten nicht mehr in eine der beiden Arbeiterparteien, sondern am 1. Mai 1946 in feierlicher Form in die Sozialistische Einheitspartei aufgenommen werden.[40] Eine große Zahl Werktätiger aus Erfurter Betrieben übernahm im Rahmen dieses „Aufgebots" zusätzliche Produktionsverpflichtungen und brachte damit ihren Willen zur Einheit der Arbeiterklasse zum Ausdruck. In vielen Sonderschichten fertigten sie dringend benötigte Bedarfsgüter an und stellten sie der „Thüringen-Aktion gegen Not" zur Verfügung.

Ihren Willen zur Überwindung der Spaltung der Arbeiterklasse und zur Schaffung einer sozialistischen Einheitspartei brachten die Erfurter Mitglieder beider Parteien überzeugend am 22. März 1946 in zwei Kundgebungen zum Ausdruck. In der „Harmonie" sprach der Bezirksvorsitzende der KPD, Werner Eggerath, der sich um die Vereinigung beider Parteien besondere Verdienste erworben hatte, und im „Kaisersaal" der neue Landesvorsitzende der SPD, Heinrich Hoffmann. Beide Referenten erläuterten die Hauptaufgaben der zukünftigen Sozialistischen Einheitspartei. Entschieden wies der Landesvorsitzende der SPD die „... verschiedentlich in Umlauf gesetzten und propagandistischen ‚Märchen' von einem ‚Druck' und ‚Zwang' zur Vereinigung" zurück.[41]

---

[40] Änne Anweiler, Zur Geschichte der Vereinigung von KPD und SPD in Thüringen 1945–46, in: Beiträge zur Geschichte Thüringens, Erfurt 1978, s. 130 ff.; Thüringer Volkszeitung, 15. 2. 1946.
[41] Thüringer Volkszeitung, 25. 3. 1946.

Abb. 406.   Vertreter der antifaschistisch-demokratischen Parteien an der Spitze der Demonstration am 1. Mai 1946

Zwei Tage nach diesen machtvollen Kundgebungen fanden die Kreisdelegiertenkonferenzen der KPD und der SPD statt, auf denen die Vereinigung der Erfurter Kreisorganisationen zur Sozialistischen Einheitspartei beschlossen wurde. Ihnen waren Anfang März getrennte Mitgliederversammlungen der Ortsgruppen vorausgegangen, auf denen jedes Mitglied zur Vereinigung hatte Stellung nehmen können und auf denen die Delegierten zu den Kreiskonferenzen gewählt worden waren.

Die Delegierten der Kommunistischen Partei des Kreises Erfurt-Weißensee hatten sich am 24. März 1946 im großen Speisesaal der „Olympia" zu ihrer letzten Kreiskonferenz vor der Vereinigung zusammengefunden. Der Vorsitzende der KPD Fritz Gäbler unterstrich im Rechenschaftsbericht, daß in den vergangenen zehn Monaten unter Führung der KPD, in gemeinsamem Handeln von Kommunisten und Sozialdemokraten und in enger Zusammenarbeit mit allen anderen gesellschaftlichen Kräften wichtige Schritte auf dem Weg aus einem „Chaos von unvorstellbarem Ausmaß" gegangen wurden und schloß mit den Worten: „Wir sind bei uns so-

weit, daß die Einheitspartei hergestellt werden kann." Nach einer konstruktiven Diskussion und einem unter großem Beifall aufgenommenen Schlußwort Richard Eyermanns wurden die Delegierten zum Gothaer Parteitag sowie die Kreisleitung und Ortsleitung der Stadt einstimmig gewählt.

Am 6. April 1946 hielten in Gotha die Thüringer Parteiorganisationen der KPD im Volkshaus und der SPD in den Lichtspielen am Karolinenplatz ihre abschließenden Parteitage vor der Vereinigung zur Sozialistischen Einheitspartei ab. Einen Tag später, am 7. April 1946, fand in der Stadthalle in Gotha der Vereinigungsparteitag der KPD und der SPD Thüringens unter Teilnahme von Wilhelm Pieck und Otto Grotewohl statt. Dabei wurde auch festgelegt, die „Thüringer Volkszeitung" und die „Tribüne" zu vereinigen und ab 9. April 1946 als neues Organ der SED die Tageszeitung „Thüringer Volk" erscheinen zu lassen.

Dem Oberbürgermeister Hermann Jahn, der infolge seiner schweren Krankheit nicht mehr an dieser bedeutenden Tagung teilnehmen konnte, sandten die Delegierten des KPD-Bezirksparteitages in

Abb. 407. Maikundgebung auf dem Domplatz 1946

Gotha ein Begrüßungsschreiben, in dem sie ihm für sein unermüdliches Wirken für die Einheit der Arbeiterklasse in Erfurt dankten. Ausdruck der Würdigung der Leistungen Hermann Jahns war auch der Besuch Wilhelm Piecks im städtischen Krankenhaus Erfurt.[42]

Am 12. April 1946, wenige Tage nach dem Vereinigungsparteitag in Gotha, fand im „Kaisersaal" die erste Stadtdelegiertenkonferenz der SED, Ortsgruppe Erfurt, statt. An dieser Konferenz nahmen alle Genossen, die zu den Kreiskonferenzen der KPD und der SPD delegiert waren, teil. In ihren Referaten würdigten Gäbler und Wiegand die ereignisreichen Tage in Gotha für die Thüringer Arbeiterklasse und erläuterten die nächsten Aufgaben der Partei in Erfurt. In einer einstimmig verabschiedeten Entschließung wurden als dringende Aufgaben genannt: „1. Sicherung der Ernährung . . ., 2. Beseitigung des großen Wohnungselends . . ., 3. Planmäßige Gestaltung und Entwicklung der Produktion . . ., 4. Die Eingliederung der Frauen und der Jugend in den Aufbau . . ., 5. Straffe Organisierung der Partei und gute Schulung der Funktionäre und Mitglieder."

In die Ortsleitung, die sich paritätisch aus je zehn Genossen der ehemaligen KPD und SPD zusammensetzte, wurden einstimmig von den Delegierten u. a. gewählt: „Fritz Gäbler, Franz Hirsch, Willi Hauck, Paul Wiegand, Käthe Schön, Erich Jakob, Willi Kalinke, Karl Buchmann, Hans Tschacher, Lothar Wand, Max Richter, Willy Friemel, Hermann Fechter, Hans Fritzen, Rolf-Dietrich Nottrodt (Jugend), Lotte Tenzer, Martha Gäbler (Frauen), Erich Hebestreit, Karl Bornberg. Fritz Gäbler und Franz Hirsch wurden zu gleichberechtigten Vorsitzenden des Ortsausschusses gewählt."[43] Folglich war in Erfurt nach drei Jahrzehnten die Spaltung der Arbeiterklasse überwunden und eine einheitliche, revolutionäre Parteiorganisation entstanden, die zielgerichtet auf der Grundlage des Marxismus-Leninismus die führende Rolle im Prozeß der antifaschistisch-demokratischen Umwälzung verwirklichen konnte.

Die gewählten Delegierten aus Erfurt fuhren, beauftragt von den 8300 Mitgliedern der Parteiorganisation der Stadt, nach Berlin, um dort am 21. und 22. April 1946 die Vereinigung von der KPD und der SPD mit zu vollziehen. Auf dem Vereinigungsparteitag überreichte der Parteiveteran Amborn dem Parteivorsitzenden Wilhelm Pieck symbolisch einen Bambusstab aus dem Nachlaß August Bebels. Die Hauptarbeit bei der Schaffung der Einheitspartei und bei der Mobilisierung der Arbeiterklasse hatten auch in Erfurt die im Geiste des Marxismus-Leninismus erzogenen Kader der KPD geleistet. Sie hatten dem Ringen um die Einheit der Arbeiterklasse Richtung und Ziel gewiesen. An ihrer Seite hatten jene sozialdemokratischen Genossen gekämpft, die bestrebt waren, Lehren aus der Vergangenheit zu ziehen.

Der 1. Mai 1946 stand in der Stadt ganz im Zeichen der Einheit der Arbeiterklasse. Im Mai-Aufruf hieß es: „Vor wenigen Tagen wurde das große Einigungswerk in Berlin endgültig vollzogen. Die Sozialistische Einheitspartei Deutschlands, die mächtige Zusammenballung der fortschrittlichsten Arbeiter, geeint durch ein Programm, erfüllt von einem Willen, getragen durch einen großen Plan für den wirtschaftlichen und kulturellen Aufbau eines einigen und demokratischen Deutschlands, ist zur Tatsache geworden."[44] Die Ausführungen des Landesvorsitzenden der SED, Werner Eggerath, über die Bedeutung des 1. Mai nach zwölf Jahren Hitlerfaschismus und einem Jahr demokratischen Aufbaus fanden bei den 100 000 Kundgebungsteilnehmern auf dem Domplatz begeisterte Zustimmung.

5.

Ausbau und allseitige Festigung der antifaschistisch-demokratischen Verhältnisse

Die Einheit der Arbeiterklasse und ihrer Partei war für die weiteren Klassenauseinandersetzungen von grundlegender Bedeutung. „Unmittelbar nach ihrer Gründung führte die SED die Arbeiterklasse und deren Verbündete in den Kampf zur Beseitigung des Monopolkapitals."[45] Gestützt auf die völkerrechtlichen Festlegungen des Potsdamer Abkommens hatte die SMAD mit den Befehlen Nr. 154/181 am 21. Mai 1946 die Übergabe des sequestierten Eigentums in Besitz und Nutznießung der Selbstverwaltungsorgane bestimmt. Auch in Erfurt entwickelte sich eine im-

[42] Ebenda, 28. 3. 1946; Thüringer Volk, 9. 4. 1946, 13. 4. 1946.
[43] Thüringer Volk, 18. 4. 1946.
[44] Ebenda, 1. 5. 1946.
[45] Grundriß der deutschen Geschichte, Berlin 1979, S. 529.

mer breitere revolutionäre Massenbewegung gegen die monopolistischen Kriegsverbrecher und Kriegsprofiteure.

In einer Vielzahl Betriebs- und Betriebsräteversammlungen, u. a. in den Betrieben Olympia, Telefunken, Lingel, Erfurter Malzfabrik, Klöckner-Deutz, Betonbau Erfurt, Allgemeine Elektrotechnische Werke und Generatorkraft Thüringen, nahmen die Werktätigen zur entschädigungslosen Enteignung der Kriegsverbrecher und aktiven Faschisten Stellung und forderten, deren Betriebe in die Hände der Selbstverwaltung zu überführen.

Unter Berufung auf den Volksentscheid in Sachsen und die vielfältigen Forderungen und Zustimmungserklärungen von Werktätigen der Betriebe begrüßten der Block der antifaschistischen Parteien der Stadt und der Ortsausschuß des FDGB das Gesetz der Thüringer Landesverwaltung, die von der SMAD an das Land übergebenen Betriebe entschädigungslos zu enteignen. Entsprechend den Festlegungen der Sequesterkommission der Stadt gingen von den in Erfurt beschlagnahmten 330 Objekten 224 in Volkseigentum über. 106 wurden an die alten Besitzer zurückgegeben. Von den sonstigen sequestierten Vermögen wurden 71 eingezogen und 46 den Eigentümern zurückgegeben.[46] Bei 111 Betrieben wurde die Stadt Rechtsträger. Zu ihrer Verwaltung wurde das Kommunale Wirtschaftsunternehmen (KWU) gebildet.

Drei ehemaligen faschistischen Monopolherren und Kriegsverbrechern gehörende Rüstungsbetriebe der Stadt, das „Olympia"-Büromaschinen-Werk, das Telefunken-Werk und die Berlin-Erfurter Maschinenfabrik „Henry Pels & Co", die auf Grund des Potsdamer Abkommens zur Wiedergutmachung der der Sowjetunion und anderen Ländern zugefügten Schäden hätten demontiert werden können, wurden in Sowjetische Aktiengesellschaften (SAG-Betriebe) umgewandelt und sicherten so viele Arbeitsplätze. Sie lieferten aus ihrer Produktion die im Potsdamer Abkommen festgelegten Reparationen, doch wuchs auch der für den einheimischen Bedarf bestimmte Teil ihrer Produktion. In enger Zusammenarbeit mit den sowjetischen Kommunisten lernten hier Erfurter Arbeiter und Wirtschaftsfunktionäre nicht nur die Beherrschung komplizierter technischer und technologischer Prozesse und die Anwendung sozialistischer Leitungsprinzipien. Die SAG-Betriebe wurden auch zu Schulen sozialistischer Arbeits- und Lebensweise und Pflanzstätten

deutsch-sowjetischer Freundschaft. Bereits am 5. März 1947 wurde das Telefunken-Werk als erster SAG-Betrieb der Stadt an die Landesregierung Thüringen und damit in Volkseigentum übergeben.

Mit der entschädigungslosen Enteignung der Unternehmen von aktiven Nazi- und Kriegsverbrechern wurden auch in Erfurt die ökonomischen Machtgrundlagen des Imperialismus, Militarismus und Faschismus beseitigt. Es entstand ein starker volkseigener Sektor in der Industrie, der die entscheidende ökonomische Grundlage der antifaschistisch-demokratischen Verhältnisse bildete.

Untrennbarer Bestandteil der Entmachtung der Nazi- und Kriegsverbrecher war die Durchsetzung des Befehls Nr. 201 der SMAD. Die Entnazifizierungskommission, die vom 1. Oktober 1947 bis 10. März 1948 tätig war, entschied in 3822 Fällen.

Zur Zerschlagung des alten Staatsapparates wurde laut Kontrollratsgesetz Nr. 68 vom 25. Februar 1947 auch die Auflösung des preußischen Staates verfügt. Damit endete für die Stadt Erfurt endgültig die 145jährige Zugehörigkeit zum preußischen Staat, wurde sie organischer Bestandteil des Landes Thüringen, dessen natürlichen ökonomischen und politischen Mittelpunkt sie eigentlich schon lange gebildet hatte. Am 7. Juli 1948 wurde Erfurt zur Landeshauptstadt Thüringens erklärt.

Innerhalb einer relativ kurzen Zeitspanne waren auch in Erfurt die Keime der neuen revolutionären Macht geschaffen worden. Klassenbewußte Arbeiter und Antifaschisten aus anderen Bevölkerungsschichten hatten die staatlichen Funktionen übernommen und bauten unter Anleitung und mit ständiger Hilfe der sowjetischen Besatzungsmacht neue Staatsorgane auf. Nach dem Gesetz vom 12. Juni 1946 über die Bildung beratender Körperschaften bei der Stadtverwaltung im Land Thüringen wurde der Stadtbeirat aufgelöst und eine aus 40 Mitgliedern bestehende Stadtversammlung mit beratender Funktion gebildet. Die von der SED, LDPD, CDU, FDGB, FDJ, VdgB, dem Frauenausschuß, der Volkssolidarität, der Industrie- und Handelskammer sowie der Handwerkskammer vorgeschlagenen Vertreter wurden am 29. Juni 1946 durch den neuen Oberbürgermeister Georg Boock (SED) berufen, der am 5. Mai 1946 diese Funktion für den am 15. April 1946 verstorbenen verdienstvollen ersten antifaschistischen Oberbürgermeister Jahn übernommen hatte. In der konstituierenden Sitzung der beratenden Stadtversammlung am 5. Juli 1946 wurden Karl Buchmann (SED) als Vorsitzender, Otto Krauss (LDPD) als Stellvertreter, August John (CDU) und Max Richter (FDGB) als Beisitzer gewählt.

---

[46] StAE, 1-5/1100-7082, S. 5, Rechenschaftsbericht des Rates der Stadt 1948.

Abb. 408. Sichtwerbung an der Kreisleitung der SED Erfurt-Stadt anläßlich der Gemeindewahl am 8. September 1946

Im Herbst 1946 fanden in der sowjetischen Besatzungszone die ersten demokratischen Wahlen statt. In einem Aufruf zu den Gemeindewahlen erklärten sich die antifaschistisch-demokratischen Parteien des Landes Thüringen bereit, gemeinsam das friedliche Aufbauwerk fortsetzen zu wollen. Die Kreisleitung der SED wandte sich am 1. August 1946 mit einem Wahlaufruf unter der Losung: „Durch das Volk – Mit dem Volk – Für das Volk" an die Bürger der Stadt.

In einer Vielzahl von Versammlungen in den Betrieben und auf Kundgebungen in den Stadtteilen, so im Brühler Garten, im Stadtpark, auf dem Wenigemarkt, auf dem Leipziger Platz und dem Nordplatz, im „Gasthaus Hirsch" in Neudabersstedt und in der „Gaststätte Eisenhut" in Melchendorf, traten führende Mitglieder der Stadtparteiorganisation der SED mit ihrem demokratischen Aufbauplan vor die Öffentlichkeit.

An den Wahlen zur Stadtverordnetenversammlung am 8. September 1946 beteiligten sich 87 Prozent der wahlberechtigten Bürger. Von den gültigen Stimmen wurden auf den Wahlvorschlag der SED 34 925, der CDU 25 036, der LDPD 44 058 und des Frauenausschusses 902 abgegeben.[47] Zum Unterschied zu den Stadtverordnetenwahlen ging die SED aus den Wahlen zum Thüringer Landtag am 20. Oktober 1946 als stärkste Partei hervor.[48] Im Stadtkreis Erfurt entfielen von den gültigen Stimmen auf die SED 42 151, die LDPD 45 018, die CDU 17 391 und die VdgB 175 Stimmen. Es zeigte sich, daß sich der Umdenkungsprozeß innerhalb der Werktätigen der Stadt im Vergleich zu anderen Thüringer Orten und Kreisen angesichts der noch wirksamen bürgerlichen und opportunistischen Einflüsse langsamer vollzog.

Die ersten demokratischen Wahlen gestalteten sich zu einem echten Bekenntnis der Thüringer Bevölkerung zum Aufbau wahrhaft antifaschistisch-demokratischer Verhältnisse. Auf einer Kundgebung in Vorbereitung der Landtagswahlen sprach am Nachmittag des 1. Oktober in der SAG „Henry Pels" und am Abend in den „Reichshallen" der Vor-

---

[47] StAE, 1-5/1100-4573, Bl. 15, Wahlergebnisse zur Stadtverordnetenversammlung; ebenda, 1-5/1000-1, Protokoll der Stadtverordnetenversammlung.

[48] Regierungsblatt für das Land Thüringen 1947, Teil II, S. 9/10.

sitzende der SED Pieck zu den Erfurter Werktätigen. Am 4. Oktober 1946 trat die neugewählte Stadtverordnetenversammlung zu ihrer ersten Sitzung zusammen. Von den 60 Stadtverordnetensitzen entfielen auf die SED 20, auf die CDU 14 und auf die LDPD 26 Sitze. Auf Vorschlag der LDPD wurde am 26. September 1946 Paul Hach als Oberbürgermeister gewählt. Die Stadtverordneten wählten Otto Krauss (LDPD) als Stadtverordnetenvorsteher, Karl Buchmann (SED) und August John (CDU) als 1. und 2. Stellvertreter, Anni Niemuth (LDPD) als Beisitzer sowie 14 Ratsmitglieder. Auf Antrag der LDPD ging am 6. Dezember 1946 das Vorschlagsrecht für den Oberbürgermeister an die SED über und nach Absprache mit den Vertretern der Blockparteien wurde Georg Boock erneut als Oberbürgermeister vorgeschlagen und gewählt.

Weitere Erfolge bei der revolutionären Umgestaltung hingen wesentlich von einer schnellen und umfassenden Verbesserung der Lebensverhältnisse ab. Trotz großer wirtschaftlicher Schwierigkeiten hatten bis zum Oktober 1946 in der Stadt 333 Industriebetriebe, 2372 Handwerksbetriebe, 634 ambulante Gewerbetreibende, 1570 Einzel- und 740 Großhändler ihre Tätigkeit wieder aufgenommen.[49] Diese ersten Erfolge reichten jedoch nicht aus, um die Not völlig zu überwinden. Insbesondere fehlte es an Rohstoffen. Noch mangelte es an vielen notwendigen Bedarfsgütern; das Angebot reichte nicht aus, um den riesigen Bedarf auch nur annähernd zu befriedigen.

Diese Schwierigkeiten der Nachkriegszeit wurden durch einen ungewöhnlich strengen Winter

Abb. 410. Wahlplakat der SED 1946

1946/1947 erheblich vergrößert. Die Temperaturen sanken in Erfurt über mehrere Wochen bis unter −23 °C. All dies stellte die Stadtverwaltung vor eine schwere Bewährungsprobe. Eine große Anzahl Betriebe der Stadt mußte wegen Kohle- und Rohstoffmangel die Produktion einstellen oder zur Kurzarbeit übergehen, wodurch die Produktion um nahezu 50 Prozent sank. Die Bereitstellung von Gas und Strom mußte für Industriebetriebe und Bevölkerung einschneidend verkürzt und der Straßenbahnverkehr eingestellt werden. Die Schulen, Bibliotheken und das Stadttheater wurden vorübergehend geschlossen. In vielen Haushalten waren die Brennstoffvorräte in kurzer Zeit aufgebraucht und die Wasserleitungen und Ableitungen eingefroren. Erst ab Mitte März 1947 trat wieder eine Normalisierung der extremen Situation in der Stadt ein.

Um eine bessere Versorgung der Bevölkerung mit Brennstoffen zu gewährleisten, erwarb die Stadtverwaltung 1947 die Nutzungsrechte an den Braunkohlengruben Oberlödla bei Altenburg und Esperstedt bei Frankenhausen sowie das Torfvorkommen bei Wangenheim. Zur Verarbeitung wurde in Erfurt-Nord ein Braunkohlenpreßwerk eingerichtet, das jahrelang zusätzliches Brennmaterial für Haus-

Abb. 409. Stimmzettel
für die Gemeindewahl am 8. September 1946

[49] StAE, 5-100/66, Otto Rollert, Chronik der Stadt Erfurt.

Abb. 411. Friedrich Wilhelm (Fritz) Heilmann spricht auf dem Domplatz
während einer Kundgebung anläßlich des ersten Jahrestages der Gründung der SED

halte und Wirtschaft lieferte. Bei der Überwindung der eingetretenen Schäden und beim weiteren wirtschaftlichen Wiederaufbau vollbrachten die Arbeiter in den volkseigenen Betrieben und im Verkehrs- und Transportwesen hervorragende Leistungen.

Am 12. April 1947 eröffnete Oberbürgermeister Boock mit einer Kundgebung auf dem Domplatz die freiwillige Enttrümmerungsaktion „Erfurt im Aufbau". Alle Bürger wurden aufgerufen, sich aktiv an der weiteren zielstrebigen Beseitigung der Kriegsschäden an Gebäuden und Straßen zu beteiligen.

In den Erfurter Betrieben lag trotz großer Anstrengungen, nicht zuletzt durch die schwierigen Lebensverhältnisse hervorgerufen, die Arbeitsproduktivität noch weit unter dem Vorkriegsniveau. In Auswertung des II. FDGB-Kongresses im April 1947 wurden durch die Ortsgewerkschaftsleitung Aufgaben und Verantwortung der Gewerkschaften für die Produktion, die Erfüllung der Wirtschaftspläne und die Festigung der volkseigenen Betriebe festgelegt.

Die Steigerung der Produktion in einer großen Zahl Erfurter Betriebe ließ erkennen, daß bei immer mehr Arbeitern die Erkenntnis von der Notwendigkeit einer höheren Produktion für die Verbesserung des Lebens gereift war.

In einer öffentlichen Rechenschaftslegung am 11. Juni 1947 konnte Oberbürgermeister Boock berichten, daß in den Betrieben der Stadt die Produktion im Monat Mai 1947 im Vergleich zum Vorjahr in der Metallindustrie um 21 Prozent, in der Bau-Industrie um 82 Prozent, in der Elektrotechnik um 34,3 Prozent und in der Papier- und Zellstoffindustrie um 5,1 Prozent gestiegen war. Die gesamte Industrieproduktion stieg gegenüber dem Vorjahr um 27,5 Prozent.[50]

Auf dem II. Parteitag im September 1947 hatte die SED ihre Haltung zu der Beratung über die Vorbe-

---

[50] Ebenda, 1-5/1100-7082, Öffentliche Berichterstattung des Oberbürgermeisters 1947.

reitung einer gesamtdeutschen Regierung und zu einem Volksentscheid bekräftigt. Die auf Initiative der SED entstandene Bewegung des deutschen Volkskongresses für Einheit und gerechten Frieden wurde von der Bevölkerung der Stadt begrüßt und unterstützt. Am 1. Deutschen Volkskongreß im Dezember 1947 in Berlin nahmen aus Erfurt 20 Delegierte, unter ihnen Oberbürgermeister Boock, teil.

Die Bestrebungen der amerikanischen, englischen und französischen Besatzungsmächte zur Bildung einer separaten Regierung für die von ihnen besetzten Gebiete löste bei den Bürgern Erfurts heftige Proteste aus. Auf dem ersten Kreiskongreß in Erfurt am 23. Januar 1948 sprach das Mitglied des Ständigen Ausschusses des Deutschen Volkskongresses Otto Nuschke (CDU) vor über 1000 Mitgliedern aller Parteien und Organisationen aus den Erfurter Betrieben und Verwaltungen. In einer Entschließung verpflichteten sich die Delegierten, für die Einheit Deutschlands, für einen gerechten Frieden und für die Verständigung mit den anderen Völkern einzutreten. Einmütig begrüßten sie die Einberufung des 2. Deutschen Volkskongresses, auf dessen Initiative ein Volksbegehren für einen Volksentscheid über die Einheit Deutschlands vorbereitet wurde.

Die Kundgebung am 1. Mai auf dem Domplatz bildete den Auftakt für das am 23. Mai 1948 beginnende Volksbegehren. In zahlreichen Versammlungen in den Betrieben und Wohngebieten der Stadt kam es zu einer umfassenden Aussprache über das Ziel eines einheitlichen antifaschistisch-demokratischen Deutschlands, das nur im Kampf um die Beseitigung der imperialistischen Machtpositionen in Westdeutschland erreicht werden konnte. Im Mai und Juni 1948 hatten 121690 stimmberechtigte Bürger der Stadt, das waren 94,64 Prozent, in ausgelegten Listen einen Volksentscheid über die Einheit Deutschlands gefordert. In einer Entschließung sprach sich die Stadtverordnetenversammlung gegen die Spaltung Deutschlands aus und rief alle Bürger auf, die Bewegung für Einheit und Frieden zu unterstützen.

Der II. Parteitag der SED rief unter der Losung: „Mehr produzieren, gerechter verteilen, besser leben!" die Arbeiterklasse und alle anderen Werktätigen zu erhöhten Anstrengungen bei der Festigung der revolutionären Errungenschaften, im Kampf gegen Hunger und Kälte, für die Verbesserung ihrer Lebensbedingungen auf. Im Kampf gegen den imperialistischen Marshallplan entwickelte die SED den Plan des Aufbaus aus eigener Kraft und forderte, zur planmäßigen Gestaltung der Wirtschaft überzugehen. In einer Kreiskonferenz, in allen Betriebs-

und Wohngebietsgruppen der SED, in Gewerkschaftsversammlungen und Beratungen des Blocks der antifaschistisch-demokratischen Parteien wurden die vorwärtsweisenden Beschlüsse des II. Parteitages ausgewertet und Maßnahmen zur Überwindung der großen wirtschaftlichen Schwierigkeiten festgelegt.

Eine wirksame Hilfe bei der weiteren Erhöhung der Effektivität in den Betrieben der Stadt bildete der Befehl Nr. 234 der SMAD im Oktober 1947, der wichtige Maßnahmen zur Steigerung der Arbeitsproduktivität und zur Verbesserung der Arbeits- und Lebensbedingungen der Werktätigen vorsah. Trotz großer Schwierigkeiten bei der Materialzuführung wurde der Halbjahresplan 1948 der Stadt mit 122 Prozent erfüllt. Ende des Jahres 1948 konnte auf wichtigen Teilgebieten der Erfurter Wirtschaft der Produktionsstand des Jahres 1936 wieder erreicht werden. Führend dabei war der SAG-Betrieb „Henry Pels", der durch umfassende Zulieferungen von sowjetischem Walzmaterial und anderer Rohstoffe

Abb. 412. Plakat zur Kulturwoche der SED 1947

sehr schnell den Vorkriegsstand erreicht hatte. Der Anteil des volkseigenen Sektors an der Produktion der Stadt betrug 1948 51,0 Prozent. 1949 erhöhte er sich auf 62,4 Prozent.[51] Die erreichten Ergebnisse schufen günstige Voraussetzungen für den Anlauf des Zweijahresplanes in den Erfurter Betrieben, der die Wiederherstellung und den Ausbau der Friedenswirtschaft vorsah.

Die vom Imperialismus verhängte Wirtschaftsblockade führte dazu, daß die ohnehin unzureichenden Lieferungen gänzlich ausblieben und damit auch Erfurter Betriebe vor große Schwierigkeiten gestellt wurden. Kurze Zeit nach Inkrafttreten des Zweijahrplanes, vom 25. bis 28. Januar 1949, tagte in Berlin die erste Parteikonferenz der SED. Die Entwicklung der SED zu einer marxistisch-leninistischen Kampfpartei wurde in der neuen Phase des Kampfes zur entscheidenden Aufgabe für die Partei und für die weitere Entwicklung in der sowjetischen Besatzungszone. Als wichtigstes Ziel stellte die Parteikonferenz die Aufgabe, die führende Rolle der Arbeiterklasse in allen Bereichen zu verwirklichen und ihre Aktivitäten auf allen Gebieten zu entfalten. In Auswertung dieser Konferenz konzentrierte sich die Kreisparteiorganisation Erfurt-Weißensee unter Vorsitz von Erich Heyl auf die verstärkte Arbeit der Betriebsgruppen, die Verbesserung der Parteischulung und der gesamten ideologischen Arbeit, vor allen Dingen auf die Aneignung der Erfahrungen der KPdSU und nicht zuletzt auf die Überwindung des noch vorhandenen opportunistischen Einflusses in der SED.

Im Kampf um die Erfüllung der Pläne begannen sich neue Formen der Initiative der Werktätigen in den Betrieben zu entwickeln. Allmählich gewannen viele Werktätige eine neue Einstellung zur Arbeit. Anfänge der Aktivistenbewegung waren bereits im Frühjahr 1947 in den SAG-Betrieben „Olympia", „Henry Pels" und „Telefunken" zu verzeichnen. Aber noch oft zeigte sich bei vielen Werktätigen der Stadt mangelndes Vertrauen zu dem von der SED gewiesenen Weg des demokratischen Neuaufbaus aus eigener Kraft. In unzähligen Diskussionen und Betriebsversammlungen zum Zweijahrplan erläuterten die Mitglieder der SED und klassenbewußte Gewerkschafter den Werktätigen beharrlich, daß erst mehr produziert werden mußte, um besser leben zu können. Das Bewußtsein, daß sie jetzt nicht mehr für kapitalistische Ausbeuter, sondern für sich selbst arbeiteten, begann sich nur allmählich in hartem ideologischem Ringen zu entwickeln.

Mit der Aktivistenbewegung entfaltete sich die bis dahin breiteste Bewegung zur Steigerung der Arbeitsproduktivität. Schon am Anfang des Jahres 1949 wurden – gestützt auf die Beschlüsse der 1. Parteikonferenz der SED – in einer größeren Anzahl Erfurter Betriebe die ersten Wettbewerbe durchgeführt. Die Leistungen des Bergmanns Adolf Hennecke

Abb. 413. Martha Hagedorn, erste Aktivistin in den Optima-Büromaschinenwerken

gaben der Aktivisten- und Wettbewerbsbewegung einen starken Impuls. Zu den ersten Aktivisten, die seinem Beispiel folgten, gehörten im SAG-Betrieb „Henry Pels" die Dreher Willy Sorge, Waldemar Jentsch, Walter Thiele und Kurt Tanneberger und im SAG-Betrieb „Olympia" die Montagearbeiterin Martha Hagedorn.

Besondere Verdienste erwarben sich in der Aktivistenbewegung die in der FDJ organisierten jungen Arbeiterinnen und Arbeiter der SAG-Betriebe. Als am 2. und 3. April 1949 in Erfurt der zweite Jungaktivistenkongreß zusammentrat, gab es bereits über 50 Jungaktivisten in den Betrieben der Stadt. In dem Referat unter der Losung: „Jeder ein Meister seines Fachs", orientierte das Mitglied des Zentralsekretariats der SED, Walter Ulbricht, auf eine rasche Steigerung der Arbeitsproduktivität, die Erhöhung der Qualität, eine große Sparsamkeit bei der Verwendung der Rohstoffe sowie auf die Senkung der Selbstkosten.

[51] Ebenda, 1-5/1100-123, Bericht über die Erfüllung des Volkswirtschaftsplanes 1949.

In großzügiger Weise unterstützte die Sowjetunion, entsprechend ihren Möglichkeiten, die volle Ingangsetzung der Wirtschaft durch die Lieferungen von Maschinen und Rohstoffen. Die ersten der 25 für Thüringen bestimmten Traktoren aus der Sowjetunion waren am 9. April 1949 auf dem Erfurter Güterbahnhof eingetroffen. Außer den bereits eingesetzten 55 LKW erhielten die Maschinenausleihstationen (MAS) in Thüringen noch weitere dringend benötigte sowjetische landwirtschaftliche Geräte.

Die wirtschaftlichen Erfolge führten zu einer allmählichen Verbesserung des Lebensstandards der Werktätigen. Die Lebensmittelkarte 6 konnte entfallen. Eine Reihe Lebensmittelsätze wurden erhöht. Am 24. November 1948 eröffnete die Staatliche Handelsorganisation (HO) die ersten Läden in der Predigerstraße 1/2 und Hermann-Jahn-Straße 7 sowie eine Gaststätte am Anger 19/20. Der Käuferstrom war groß, konnten doch wieder verschiedene Lebensmittel und Gebrauchsgüter ohne Marken bzw. Bezugsscheine gekauft werden. Die HO-Preise waren zunächst im Gegensatz zu den niedrigen und stabilen Preisen des Kartensystems sehr hoch (1 kg Butter = 130,00 M, 2 kg Brot = 60,00 M, 1 kg Zucker = 35,00 M), doch konnten sie schon bis zum Sommer 1949 um die Hälfte herabgesetzt werden. Die HO-Preise zielten auf eine schrittweise Angleichung an die Kartenpreise und waren ein wirksames Instrument gegen den Schwarzmarkt.

Auch auf vielen anderen Gebieten zeigten sich beim Wiederaufbau Erfolge. 1949 waren die meisten Erfurter Straßen und Plätze trümmerfrei. Insgesamt waren durch die Bevölkerung 40 000 m³ Trümmerschutt weggeräumt und über 90 Prozent der beschädigten Wohnungen sowie fast alle Schulen und Industrieanlagen der Stadt wieder nutzungsfähig gemacht worden. Der Rat der Stadt hatte zwei Altersheime, eine Schule, zwei Kliniken und etwa 100 Wohnungen geschaffen. Als neuartig für Erfurt wurden am 6. April 1948 die Poliklinik Nord im alten Garnisonslazarett in der Nordhäuserstraße und am 22. Dezember die Poliklinik Süd in der Schillerstraße eingerichtet. Außerdem wurden der Betriebsgesundheitsschutz erweitert, im Städtischen Krankenhaus eine Rettungsstelle gebildet, die Tbc-Station ausgebaut und ein Mütter- und Säuglingsheim geschaffen.

Entsprechend den kulturpolitischen Aufgaben, die von der I. Parteikonferenz der SED beschlossen worden waren, erfaßte das geistig-kulturelle Leben der Stadt immer mehr Arbeiter und andere Werktätige. Ein sichtbares Zeichen der neuen Kulturpolitik war die Schaffung eines zweiten Theaters, des heu-

Abb. 414. Begrüßung Thomas Manns durch Oberbürgermeister Georg Boock

tigen Schauspielhauses, das am 29. August 1949 zu Ehren des 200. Geburtstages von Johann Wolfgang von Goethe eröffnet wurde.

Im engen Zusammenwirken zwischen dem Kulturamt der Stadt, FDGB, FDJ und Kulturbund waren ab 1947 jährlich Kulturwochen veranstaltet worden, die breite Kreise der Bevölkerung in die kulturpolitische Arbeit einbezogen. Bereits 1948 begann auf Beschluß der Stadtverordnetenversammlung der Aufbau des Erfurter Kulturparks „Cyriaksburg" mit Unterstützung vieler freiwilliger Helfer. Eine Wertschätzung der Stadt war der Besuch Thomas Manns am 2. September 1949, der anläßlich des Goethe-Jubiläums in der sowjetischen Besatzungszone weilte.

Großen Einfluß auf die geistige Umerziehung der Bevölkerung der Stadt hatte die am 19. Juli 1947 gegründete „Gesellschaft zum Studium der Kultur der Sowjetunion". Viele Erfurter – bei der Gründung zählte die Gesellschaft bereits 840 Mitglieder – hatten hier ihre erste Begegnung mit dem russischen humanistischen Kulturerbe und der sowjetischen Wissenschaft und Kunst. 1948 wurde ein Haus der

Abb. 415. Großkundgebung auf dem Domplatz anläßlich der Übergabe sowjetischer Traktoren

Gesellschaft zum Studium der Kultur der Sowjetunion in der Maxim-Gorki-Straße eingeweiht. Sowjetische Filme, beginnend mit der thüringischen Erstaufführung „Lenin 1918" im Januar 1946 im Anger-Theater, förderten die geistige Auseinandersetzung und halfen mit, antisowjetische Vorurteile zu überwinden. Zu einem Höhepunkt des kulturellen Lebens der Stadt gestaltete sich im Juni 1948 das Gastspiel des Alexandrow-Ensembles in der Thüringenhalle. Bei der Umbenennung in „Gesellschaft für Deutsch-Sowjetische Freundschaft" im Jahr 1949 zählte die Organisation schon über 5000 Mitglieder.

Am 15. und 16. Mai 1949 fanden in der sowjetischen Besatzungszone die Wahlen zum 3. Deutschen Volkskongreß statt. In Vorbereitung der Wahlen wandten sich am 13. Mai 100 000 Erfurter auf dem Domplatz gegen die imperialistische Restauration in den Westzonen und forderten, alle Kräfte einzusetzen, um die Bildung eines reaktionären Separatstaates zu verhindern und Bedingungen für einen Weg der Demokratie und des Sozialismus zu schaffen. Auf einer außerordentlichen Stadtverordnetenversammlung erhob der Stadtverordnetenvorsteher Krauss im Namen der Abgeordneten des Stadtparlamentes die Forderung, die Frage der staatlichen Einheit Deutschlands auf der Grundlage des Potsdamer Abkommens zu lösen. In einer Entschließung rief die Stadtverordnetenversammlung alle wahlberechtigten Bürger auf, der gemeinsamen Kandidatenliste der Volkskongreßbewegung ihre Zustimmung zu geben.

Die Wahlbeteiligung von 93,4 Prozent bewies, daß die Werktätigen Erfurts in ihrer Mehrheit die Ziele der Volkskongreßbewegung bejahten und der erfolgreichen Aufbauarbeit aus eigener Kraft im sowjetischen Besatzungsgebiet zustimmten. Angesichts des nationalen Verrats der imperialistischen Kräfte, die unter Mißachtung des Selbstbestimmungsrechts des deutschen Volkes und gegen den Widerstand der revolutionären Arbeiterbewegung und anderer Demokraten eine separate Währungsreform durchführten und den Bonner Separatstaat bildeten, wurde in Resolutionen an den Volksrat aus einer großen Zahl Erfurter Betriebe die Forderung nach einer „wahrhaft demokratischen deutschen Regierung" erhoben.[52]

Diesen Forderungen aus allen Teilen der sowjetischen Besatzungszone entsprechend, beriefen das Präsidium des Deutschen Volksrates und der zentrale Ausschuß des demokratischen Blocks den Deutschen Volksrat am 7. Oktober 1949 zu einer Tagung ein und forderten ihn auf, sich entsprechend der vom 3. Deutschen Volkskongreß beschlossenen Verfassung zur Provisorischen Volkskammer umzubilden.

[52] Ebenda, 1-5/1530-16952, Protokolle und Ergebnisse der Wahl zum 3. Deutschen Volkskongreß; Thüringer Volk, 16. 5. 1949, 17. 5. 1949, 18. 5. 1949.

KAPITEL
XV

Die Entwicklung der Stadt in den Jahren der Errichtung der Grundlagen des Sozialismus (1949 bis 1961)

Von Horst Benneckenstein

1.
DIE HERAUSBILDUNG DER SOZIALISTISCHEN STAATSMACHT UNTER FÜHRUNG DER PARTEI DER ARBEITERKLASSE

Die Oktobertage 1949, in denen ein neues Kapitel in der Geschichte des deutschen Volkes aufgeschlagen wurde, waren auch für Erfurt bewegend und durch besondere Aktivitäten seiner Bürger und Höhepunkte des gesellschaftlichen Lebens gekennzeichnet. Am 7. Oktober 1949 gründeten die Arbeiterklasse und ihre Verbündeten die Deutsche Demokratische Republik. Dieses international bedeutsame Ereignis markierte, wie es im Grußtelegramm des Vorsitzenden des Ministerrates der UdSSR, J.W. Stalin, hieß, „einen Wendepunkt in der Geschichte Europas". Die Verfassung der DDR verankerte die Errungenschaften der antifaschistisch-demokratischen Umwälzung und sicherte die politischen und sozialen Grundrechte, für die die Arbeiterklasse über ein Jahrhundert eingetreten war. Diese welthistorischen Entscheidungen, die auch für die weitere Entwicklung Erfurts neue Perspektiven eröffneten, trafen auf die volle Zustimmung der Werktätigen der Stadt. Am 7. Oktober 1949 begrüßte die Belegschaft des VEB Funkwerk (ehemals „Telefunken") telegrafisch die bedeutungsvolle Konstituierung des Deutschen Volksrates in Berlin zur Provisorischen Volkskammer der DDR und die Inkraftsetzung der vom III. Deutschen Volkskongreß bestätigten Verfassung der Deutschen Demokratischen Republik.[1]

Die Werktätigen des SAG-Betriebes „Henry Pels", des Helmitin-Werkes, heute VEB Schuhchemie, und anderer Betriebe, der Orthopädischen Klinik, aus Verwaltungen und Organisationen sowie Einzelpersönlichkeiten schlossen sich den Glückwünschen an. Das Kollektiv des Städtischen Krankenhauses erklärte, es werde „Schulter an Schulter mit der neuen demokratischen Regierung in den Kampf für ein besseres Deutschland eintreten".[2] Erfurts Oberbürgermeister, Georg Boock (SED), und der Vorsteher der Stadtverordnetenversammlung, Otto Krauss (LDPD), beglückwünschten Wilhelm Pieck mit folgendem Telegramm zu seiner Wahl: „Ihnen, Herr Präsident der Deutschen Demokratischen Republik, unsere aufrechten Glückwünsche zu Ihrer Wahl und das Gelöbnis, mit allen Kräften am großen Werk mitzuarbeiten, an einem einheitlichen, freien und glücklichen Deutschland."[3]

Am Abend des 12. Oktober fand sich die Jugend Erfurts zu einem großen Fackelzug durch die Stadt und einer anschließenden Kundgebung auf dem Domplatz zusammen. Eine der eindrucksvollsten Kundgebungen in der Geschichte vereinigte über 100 000 Erfurter am 13. Oktober auf dem Domplatz. Das Mitglied der Provisorischen Volkskammer und des Parteivorstandes der SED, Helmut Lehmann, erläuterte unter

---

[1] Thüringer Volk, 8. 10. 1949.
[2] Ebenda, 10. und 11. 10. 1949.
[3] Stadtarchiv Erfurt (im folg: StAE), Beschlüsse der Stadtverordnetenversammlung, 13. 10. 1949.

stürmischem Beifall der Teilnehmer die Politik und das Programm der Regierung der DDR, die am 12. Oktober unter Leitung des Ministerpräsidenten Otto Grotewohl gebildet worden war.

Mit der Deutschen Demokratischen Republik errichtete und festigte die Arbeiterklasse im Bündnis mit den Bauern, der Intelligenz und den anderen Werktätigen ihre politische Herrschaft. Sie schuf sich einen sozialistischen Staat der Arbeiter und Bauern als eine Form der Diktatur des Proletariats, der seine Funktion als Hauptinstrument des sozialistischen Aufbaus voll erfüllen konnte. Mit seiner Hilfe galt es, sozialistische Produktionsverhältnisse zu entwickeln und die Produktivkräfte zu entfalten sowie die Revolution auf dem Gebiet der Ideologie und Kultur durchzusetzen. Auf der Grundlage der seit 1945 erreichten Errungenschaften der antifaschistisch-demokratischen Umwälzung trat die Revolution in eine höhere, in ihre sozialistische Etappe ein.[4]

Der 13. Oktober 1949, an dem sich zum erstenmal die entscheidende Tat des Bergmannes Adolf Hennecke für die Erhöhung der Arbeitsproduktivität jährte, war in allen größeren Betrieben der Stadt gekennzeichnet durch Henneckeschichten, Bildung von Qualitätsbrigaden, massenweise Übererfüllung der Normen und weitere Fortschritte bei der Durchsetzung des Leistungslohnes. 95 Prozent der Werktätigen in der Konsum-Süßwarenfabrik Erfurt erklärten ihre Bereitschaft, nach Leistungslohn zu arbeiten.

In einer außerordentlichen Stadtverordnetenversammlung am gleichen Tag verpflichteten sich die gewählten Volksvertreter Erfurts einmütig, „die schwere und verantwortungsvolle Arbeit der Regierung in jeder Weise zu unterstützen" und riefen die Bevölkerung der Stadt auf, „mit allen ihr zu Gebote stehenden Kräften die Nationale Front zu stärken und dadurch die Einheit Deutschlands und den Frieden der Welt zu verwirklichen und die deutsche Not zu überwinden."[5] Nachdem am 10. Oktober 1949 durch den Obersten Chef der SMAD im Auftrage der Regierung der UdSSR die bis dahin vor ihr ausgeübten Verwaltungsfunktionen der Regierung der DDR übergeben worden waren, teilte der Stadtkommandant der sowjetischen Militäradministration in Erfurt, Major Kutschik, am 12. November 1949 Oberbürgermeister Boock mit, daß die Stadtkommandantur „ihre politischen und administrativen Arbeiten mit sofortiger Wirkung einstelle und die Aufgaben nunmehr an die deutschen Verwaltungstellen abgebe".[6]

Unter Führung der SED begannen die Werktätigen in dem über 1200jährigen Erfurt erstmals die politischen, wirtschaftlichen und kulturell-geistigen Geschicke der Stadt in ihre eigenen Hände zu nehmen und zu gestalten. Große überkommene materielle und kulturelle Werte aus der jahrhundertelangen Geschichte Erfurts galt es zu wahren, die durch die Arbeiter geschaffenen Produktivkräfte nicht nur in Besitz zu nehmen, sondern zu mehren und im Interesse des werktätigen Volkes zu nutzen und schnell die Wunden, die der Krieg der Stadt geschlagen hatte, zu überwinden. Die ersten Erfolge des Wiederaufbaues zeichneten sich dabei bereits ab. Die Aufgaben, die sich den Werktätigen bei der endgültigen Überwindung der Hinterlassenschaft des Hitlerfaschismus stellten, waren nicht leicht zu lösen. Noch mußten Trümmer weggeräumt, zerstörte Produktionsanlagen, Schulgebäude, Wohnungen und soziale Einrichtungen wiederaufgebaut oder instandgesetzt werden.

Zugleich galt es, den Einfluß der Arbeiterklasse und ihrer Partei im politischen Leben der Stadt zu stärken sowie die Demokratisierung des Staatsapparates weiterzuentwickeln und die Revolution im Kultur- und Bildungswesen konsequent fortzuführen. Unter Leitung des bewährten Antifaschisten und erfahrenen Kommunalpolitikers Georg Boock setzte der Rat der Stadt, dem neben dem Oberbürgermeister zwölf Kommunalpolitiker aus der SED und den verbündeten Blockparteien angehörten, den nach der Befreiung vom Faschismus beschrittenen Weg erfolgreicher demokratischer Umgestaltung konsequent fort.

Im Oktober 1949 hatte Erfurt 179 807 Einwohner. Ausdruck der nicht ersetzbaren Verluste, die der Faschismus verursacht hatte, war ein Mißverhältnis von 101 776 weiblichen gegenüber 78 031 männlichen Bürgern.[7] Das Territorium der Stadt dehnte sich über 61,20 km² aus. Durch die Eingemeindung der Dörfer Dittelstedt, Bindersleben, Bischleben, Gispersleben-Viti und -Kiliani, Marbach, Möbisburg, Rhoda und Schmira am 1. Juli 1950 vergrößerte sich die Fläche der Stadt auf 106,22 km², stieg die Anzahl ihrer Einwohner auf 189 988.[8] In den 270 Industriebetrieben waren im Oktober 1949 17 625 Werktätige

---

[4] Erich Honecker, Auf sicherem Kurs. Zum 30. Jahrestag der DDR, in: Reden und Aufsätze, Bd. 4, Berlin 1977, S. 279.

[5] StAE, Beschlüsse der Stadtverordnetenversammlung vom 13. 10. 1949.

[6] StAE, 1-5/1100-123, 5.5, Beschluß der sowjetischen Regierung, die Verwaltungsfunktionen an die DDR zu übergeben; Vgl. auch: ebenda, Rechenschaftsbericht des Oberbürgermeisters vom 28. 11. 1949.

[7] Erfurter Statistik 1949, H. 3, S. 10; Erfurter Statistik 1951–1955, S. 15.

[8] Erfurter Statistik 1951–1955, S. 10.

beschäftigt. Der volkseigene Sektor hatte sich als der bestimmende Faktor der weiteren gesellschaftlichen Entwicklung durchgesetzt. Der Anteil der VEB an der Industrieproduktion betrug 62,4 Prozent. 63,7 Prozent der Werktätigen waren in ihnen tätig.[9]

Die Regierung der BRD beantwortete die Gründung der DDR mit der Verschärfung des kalten Krieges und einem abenteuerlichen Expansionsprogramm. Unter Ausnutzung der offenen Grenzen verstärkten imperialistische Geheimdienste und Agenten ihre konterrevolutionäre Tätigkeit in der DDR,

eine kapitalistische Restauration hinarbeiteten, auch im Stadtparlament wider.[10]

Die reaktionären Machenschaften und republikfeindlichen Handlungen des damaligen Finanzministers des Landes Thüringen, Leonhard Moog (LDPD)[11], beantworteten die Belegschaften Erfurter Betriebe mit Protestkundgebungen und dem Auftreten von Abordnungen der Werktätigen in der Stadtverordnetenversammlung am 20. Januar 1950. Die Delegierten der Belegschaften forderten Aufklärung über den Fall Moog und distanzierten sich von seinen finanzpolitischen Manipulationen, die dem

Abb. 416.
Volkskammerabgeordnete
Lydia Ungewiß (Dimitrivici),
rechts im Bild

um deren Festigung zu verhindern, den Prozeß der ständig wachsenden politischen und ideologischen Einheit der Arbeiterklasse aufzuhalten und die vertrauensvolle Zusammenarbeit der SED mit den bürgerlich-demokratischen Parteien im Demokratischen Block zu sprengen. In Thüringen konnten sie sich dabei auf einige einflußreiche reaktionäre Elemente stützen, die in den Staats- und Wirtschaftsorganen des Landes und auf örtlicher Ebene noch wichtige Positionen einnahmen. Obwohl sich die Arbeiterklasse noch enger um die SED und ihre Politik zusammenschloß und auch die fortschrittlichen und demokratischen Kräfte der mit der SED verbündeten Blockparteien immer maßgebenderen Einfluß auf die politische Linie ihrer Parteiorganisationen in der Stadt Erfurt gewannen, spiegelten sich die Auseinandersetzungen mit Kräften, die auf

Land Thüringen Millionenschäden zufügten. So hatte eine Gruppe von Agenten der Deutschen Bank, die im Ministerium für Finanzen des Landes Thüringen und in Kreditinstituten beschäftigt waren, versucht, wertvollen Schmuck und Wertpapiere aus den Tresoren der ehemaligen Filiale der Deutschen Bank in Erfurt nach dem Westen zu verschieben.[12] Durch ihr Auftreten trug die Arbeiterklasse mit zum demokratischen Klärungsprozeß in den verbündeten Parteien bei. Zahlreiche Arbeiterdelegationen aus volkseigenen Betrieben forderten vom Landesvorstand der

---

[9] Erfurter Statistik 1949, H. 3.
[10] Thüringer Volk, 20. 1. 1950.
[11] Bericht des Ministerpräsidenten des Landes Thüringen, Werner Eggerath, vom 24. 2. 1950 an den Thüringer Landtag, in: Beiträge zur Geschichte Thüringens, Erfurt 1978, S. 40 ff.
[12] Thüringer Volk, 20. 1. 1950.

LDPD Antwort auf die Fragen, warum reaktionäre Kräfte in der Partei geduldet würden und mit welchen Maßnahmen der Landesvorstand eine demokratische Entwicklung in der Partei zu sichern gedenke. Eine Delegation des SAG-Betriebes „Henry Pels" lud den Landessekretär der LDPD zu einer Belegschaftsversammlung ein, um sich über die Schritte zur demokratischen Entwicklung dieser Partei zu informieren.[13]

In einer außerordentlichen Sitzung des Erfurter Stadtparlaments am 7. April 1950 wiesen die gewählten Volksvertreter einmütig Angriffe einflußreicher Kirchenvertreter, zu denen auch Probst Gottfried Hein aus Erfurt gehörte, gegen die Staatsmacht und die Hochschulpolitik der DDR zurück und traten entschieden allen Versuchen entgegen, einen Gegensatz zwischen konfessionell gebundenen Kreisen der Bevölkerung und den Staatsorganen der DDR zu provozieren. Vertreter der Landesregierung und gesellschaftlicher Organisationen trafen Anfang Oktober 1950 in Erfurt mit Geistlichen aller Konfessionen zusammen, um gemeinsam

Schritte zu beraten, die das Zusammenwirken von Christen und Marxisten beim Aufbau einer neuen Gesellschaft förderten.

Die Kreisparteiorganisation der SED unter Vorsitz von Alwin Günther unternahm große Anstrengungen, um ihrer führenden Rolle gerecht zu werden und den Prozeß der Entwicklung zur Partei neuen Typus zu beschleunigen. Die Kreisdelegiertenkonferenz des Kreises Erfurt-Weißensee der SED, die am 24. und 25. Juni 1950 tagte, arbeitete die besondere Verantwortung der Partei der Arbeiterklasse für die Blockpolitik und für die gute Vorbereitung der Volkswahlen am 15. Oktober 1950 in der Stadt heraus. Ständige Unterstützung erhielt die Erfurter Parteiorganisation durch den Landesvorstand der SED. Die Landesdelegiertenkonferenz der SED forderte am 2. Juli 1950 die soziale Zusammensetzung der Kreisorganisation Erfurt-Weißensee zu verbessern und „Anzeichen der Überalterung der Mitgliedschaft der Partei" entgegenzutreten.[14] Der Arbeiteranteil betrug in der Kreisorganisation zu diesem Zeitpunkt nur 34,9 Prozent.

Die ideologischen Auseinandersetzungen mit bürgerlichen und revisionistischen Auffassungen innerhalb der SED führten zur weiteren Stärkung der Partei und zur Entlarvung parteifeindlicher Elemente, wie des Agenten des Ostbüros der SPD, Franz Lepinski, der sich als Stadtrat für Kultur der demokratischen Erneuerung des Kulturlebens widersetzte und mit dafür verantwortlich war, daß in Erfurt die Säuberung der Volks- und Jugendbüchereien von faschistischer und militaristischer Literatur erst 1950 abgeschlossen werden konnte.

Als wichtiges Instrument der Massenpropaganda und zur politischen Erziehung der Mitglieder der SED profilierte sich in diesen Jahren das Organ des Landesvorstandes der SED „Thüringer Volk" (ab 6. April 1950 „Das Volk"). Immer besser wurde es durch die Partei genutzt, um seiner Aufgabe als Agitator und Propagandist bei der Vermittlung des Marxismus-Leninismus, aber auch als Tribüne des Klassenkampfes, gerecht zu werden. Die Auseinandersetzungen in der Parteipresse mit feindlichen Ideologien, reaktionären Anschauungen und Handlungen von Feinden einer demokratischen und antifaschistischen Entwicklung, spiegelten die Schwere des Klassenkampfes um die Frage „Wer-Wen?" in dieser Zeit wider. Die Landesdelegiertenkonferenz der SED am 1. und 2. Juli 1950 analysierte eingehend

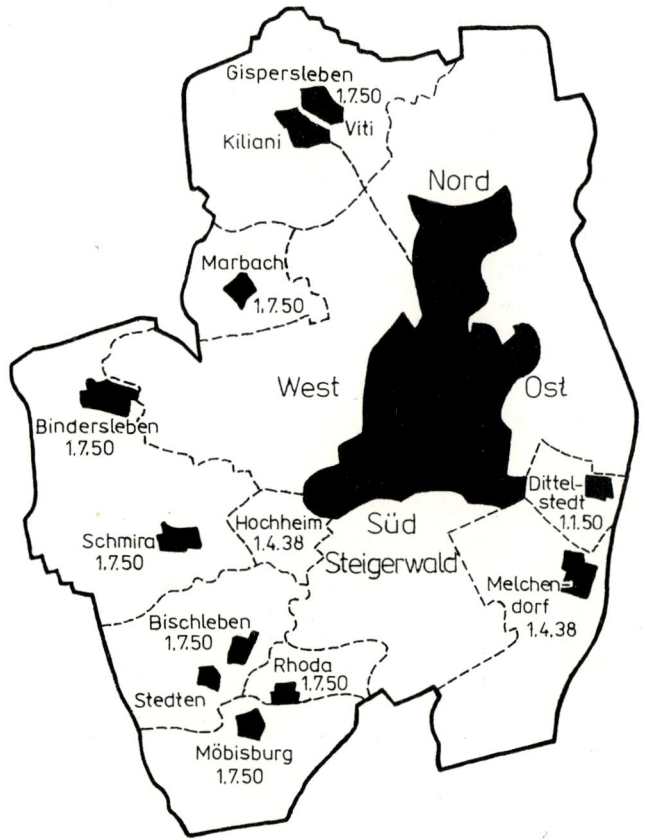

Abb. 417. Die territoriale Entwicklung der Stadt Erfurt
Das Datum unter dem Ortsteil
bezeichnet den Tag der Eingemeindung

---

[13] StAE, Beschlüsse der Stadtverordnetenversammlung vom 7.4.1950.
[14] Beiträge zur Geschichte Thüringens, Erfurt 1978, S. 84.

die Arbeit des Staatsapparates und deckte schonungslos noch vorhandene Schwächen in der Verwaltungsarbeit auf. Erich Mückenberger, der 1. Landessekretär der SED, beschäftigte sich in seinem Referat mit dem notwendigen Vertrauensverhältnis zwischen der Bevölkerung und der neuen demokratischen Verwaltung und setzte sich kritisch mit Erscheinungen der Mißachtung dieses Prinzips durch Mitarbeiter der Stadtverwaltung in Erfurt auseinander.[15] Die Entschließung der Konferenz wies ausdrücklich auf die Verantwortung der Mitglieder der Partei im Staatsapparat hin.

Zielgerichtet erhöhte die Arbeiterklasse durch den Einsatz von Volksrichtern und Staatsanwälten ihren Einfluß in den Justizorganen. Dazu waren auch in Erfurt harte Auseinandersetzungen mit Kräften notwendig, die sich diesem Prozeß entgegenstemmten und durch reaktionäre Elemente im Ministerium für Justiz des Landes Thüringen ermuntert und offen begünstigt wurden. Die Landesdelegiertenkonferenz der SED am 1. und 2. Juli 1950 stellte sich diesen Problemen und forderte konsequente demokratische Veränderungen im Bereich

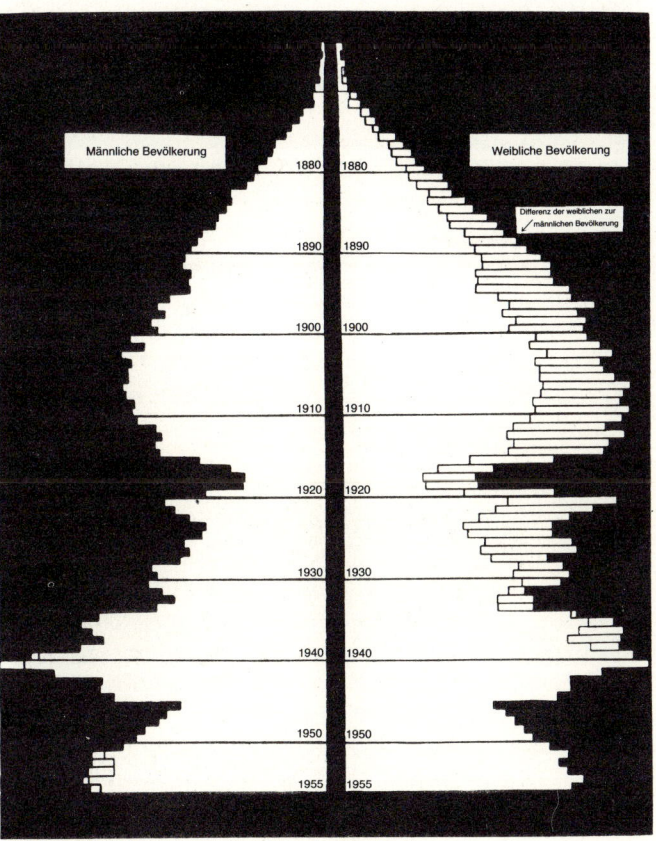

Abb. 418. Lebensbaum der Erfurter Bevölkerung 1955 (Stand vom 31. Dezember 1955)

der Justiz. Auf der Konferenz wurde der Brief einer Erfurter Mutter an den Präsidenten der DDR, Wilhelm Pieck, verlesen, wonach das Landgericht Erfurt am 24.10.1949 beschlossen hatte, ihren zwölfjährigen Sohn dem in Westdeutschland lebenden geschiedenen Mann, einem ehemaligen aktiven Nazi, mit der Begründung zuzusprechen, „daß der Junge eine bessere Berufsausbildung bei dem Vater im Westen bekäme".[16] Eine Beschwerde der Mutter beim Oberlandesgericht Erfurt war abgewiesen worden. Erst durch den Einspruch des Präsidenten der DDR konnte das Urteil revidiert werden.

Die Delegierten der Erfurter Parteiorganisation zum III. Parteitag der SED, der vom 20. bis 24. Juli 1950 in Berlin stattfand, konnten insgesamt mit einer guten Bilanz auf dem Wege zur Partei neuen Typus, zur Festigung der Staatsmacht und des wirtschaftlichen Fortschrittes auftreten. Die Beschlüsse des III. Parteitages dienten der weiteren revolutionären Umwälzung in der DDR. Mit dem Beschluß über den 1. Fünfjahrplan ging die DDR zur langfristigen sozialistischen Wirtschaftsplanung über. Ausdruck des Ringens der SED um die Durchsetzung des Marxismus-Leninismus in der Partei war die Eröffnung des Parteischulkombinates der Landesleitung Thüringen in der Altonaer Straße am 6. Oktober 1951.

Im Klärungsprozeß um die Perspektive aller demokratischen Kräfte und Parteien der DDR formierte sich die Nationale Front in der Stadt als eine bedeutende politische Kraft im gesellschaftlichen Leben. Der Beschluß des Zentralen Blocks vom 1. Februar 1950 zur Weiterführung der Blockpolitik und der notwendigen Entlarvung und Ausschaltung reaktionärer Elemente stellte dabei eine wesentliche Hilfe dar. Er ermöglichte die Überwindung des Einflusses der Bourgeoisie und erleichterte den Sieg der fortschrittlichen Kräfte in LDPD und CDU, die sich zu kleinbürgerlich-demokratischen Parteien entwickelten.

Die Konstituierung des Landesausschusses Thüringen der Nationalen Front des demokratischen Deutschland am 31. Januar 1950 war ein wichtiger Schritt auf diesem Weg. Auf der am 18. und 19. März in Erfurt tagenden Landesdelegiertenkonferenz forderten die 800 Delegierten aus den verschiedensten sozialen Klassen und Schichten Thüringens in einer einstimmig angenommenen Entschließung, ein-

[15] Das Volk, 3.7.1950.
[16] Bezirksparteiarchiv der SED Erfurt, (im folg.: BPA Erfurt), Akte 4, Sten. Niederschrift der Landesdelegiertenkonferenz, 1. und 2. Juli 1950, S. 129 ff.

heitliche Kandidatenlisten und ein einheitliches Programm der Nationalen Front für die Wahlen am 15. Oktober aufzustellen. Die Entschließung des Blocks der antifaschistisch-demokratischen Parteien und des FDGB im Land Thüringen vom 24. März 1950 zur gemeinsamen Vorbereitung der Wahlen am 15. Oktober bildete die Grundlage für eine enge Zusammenarbeit der in der Nationalen Front vereinigten Kräfte in Erfurt.

Auf Anregung der SED legte der Rat der Stadt mit der „Aufgabenstellung der Stadt Erfurt zum Wahlprogramm der Nationalen Front des demokratischen Deutschland" den Bürgern das erste Programm für die umfassende Entwicklung aller gesellschaftlichen Bereiche der Stadt unter den Bedingungen des ersten Fünfjahrplanes zur Diskussion vor. Herzlich empfingen am 8. September 1950 die Werktätigen des VEB Olympia den Ministerpräsidenten der DDR, Otto Grotewohl, in Vorbereitung der Volkswahlen. Er erläuterte mit großer Überzeugungskraft die Friedenspolitik der Regierung der DDR. Eindringlich wies er auf die gemeinsame Verantwortung aller Bürger für die Verbesserung des Lebensniveaus hin, wenn er feststellte: „Wir sagten nicht: abwarten, sondern wir sagten den deutschen Menschen, ihr müßt euch, wenn ihr ein besseres Leben haben wollt, aus eigener Kraft, ohne fremde Hilfe und Verschuldung eure Wirtschaft wieder aufbauen, um ein besseres und schöneres Leben zu bekommen."[17] Einhellig stimmten 120000 Erfurter Otto Grotewohl am 10. September 1950 auf dem Domplatz zu, der auf einer eindrucksvollen Kundgebung die Erhaltung des Friedens als wichtigste Aufgabe der Politik bezeichnete. Er würdigte die großen Leistungen der Werktätigen, die mit der vorfristigen Erfüllung des Zweijahresplanes eine gute Ausgangsposition für den beginnenden Fünfjahrplan geschaffen hatten.

Die Volkswahlen zur Volkskammer, zum Landtag und zur Stadtverordnetenversammlung am 15. Oktober 1950 gestalteten sich zu einem überwältigenden Vertrauensbeweis der Wähler zur Politik der Arbeiter-und Bauern-Macht. 97,3 Prozent der Wahlberechtigten Erfurts stimmten für die Kandidaten der Nationalen Front. In der Stadtverordnetenversammlung am 24. November konnte Oberbürgermeister Boock feststellen: „In seltener, in der Erfurter Geschichte noch nie dagewesener Einmütigkeit hat die Erfurter Bevölkerung am 15.10. diesem gemeinsamen Wahlprogramm und dieser Wahlliste ihre Zustimmung erteilt."[18]

Die Stadtverordnetenversammlung, der 60 Abgeordnete angehörten, wählte nach der demokrati-

schen Gemeindeordnung den Rat der Stadt, das Exekutivorgan, mit neun Mitgliedern, sieben besoldeten und zwei ehrenamtlichen. Georg Boock wurde wieder zum Oberbürgermeister berufen. Neben ihm gehörten dem Rat erfahrene Kommunalpolitiker aller demokratischen Parteien an. Die politische und soziale Zusammensetzung der Stadtverordnetenversammlung und der Aufbau sowie die Arbeitsweise des örtlichen Organs der Staatsmacht gewährleisteten den entscheidenden Einfluß der Arbeiter und Bauern auf die Kommunalpolitik.

Tabelle 26
Sitzverteilung in der Stadtverordnetenversammlung
1950

SED	12	NDPD	4	Konsum	2	Kulturbund	3
CDU	8	DBD	5	FDJ	5	VVN	2
LDPD	8	FDGB	5	DFD	4	VDGB	2

Mit dem Ziel, Verwaltung und Bevölkerung enger zu verbinden, die Werktätigen in die Leitung der gesellschaftlichen Prozesse einzubeziehen und zur aktiven Mitarbeit zu gewinnen, beschloß die Stadtverwaltung am 22. April 1952, das Stadtgebiet in fünf Stadtbezirke – Mitte, Nord, Süd, Ost und West – aufzuteilen. Durch Beschluß der Stadtverordnetenversammlung vom 27. April 1957 wurden die fünf Stadtbezirke in Verbindung mit der Kommunalwahl vom 21. Juni 1957 zu drei Stadtbezirken – Süd, Mitte und Nord zusammengefaßt. Der Stadtverordnetenversammlung gehörten danach 150, den Stadtbezirksversammlungen je 65 Bürger an. Gleichzeitig bildeten die Stadtverordnetenversammlung und die Stadtbezirksversammlungen zahlreiche ständige Kommissionen, denen neben Abgeordneten auch andere Bürger angehörten. Insgesamt arbeiteten 1955 über 8000 Bürger ehrenamtlich in Kommissionen und Elternbeiräten sowie als Haus- und Straßenvertrauensleute.

1950 wurde der Sitz der staatlichen Organe des Landes Thüringen von Weimar nach Erfurt verlegt. Mit dem Bau des Hochhauses in der Johann-Sebastian-Bach-Straße (1950 bis 1952) erhielt die Regierung des Landes Thüringen eine neue Wirkungsstätte. Seit dem 1. Dezember 1950 amtierte hier der Ministerpräsident Thüringens, Werner Eggerath.

In Vorbereitung auf die 2. Parteikonferenz der SED tagte im Juni 1952 die Delegiertenkonferenz der Kreisorganisation der SED Erfurt-Weißensee.

---

[17] Das Volk, 9.9.1950.
[18] StAE, 1-5/1000, 4, Beschlüsse der Stadtverordnetenversammlung 1950.

Sie beschloß die Trennung der Parteiorganisationen des Stadt- und Landkreises Erfurt. Die bisher in der Kreisorganisation Erfurt-Weißensee vereinigten Mitglieder der SED bildeten die Kreisorganisationen Erfurt-Stadt und Erfurt-Land.[19]

staatlichen Organe die Arbeiter-und-Bauern-Macht zu stärken und sie enger mit den Volksmassen zu verbinden. Das „Gesetz über die weitere Demokratisierung des Aufbaus und der Arbeitsweise der staatlichen Organe in den Ländern der Deutschen

Abb. 419.
Ministerpräsident
Otto Grotewohl
auf dem Domplatz
anläßlich einer Kundgebung
zum 1. Mai

Die 2. Parteikonferenz der SED, die im Juli 1952 in Berlin tagte, faßte den historischen Beschluß, in allen Bereichen der Gesellschaft planmäßig die Grundlagen des Sozialismus zu schaffen. Eine der Hauptaufgaben beim planmäßigen Aufbau des Sozialismus war die weitere Festigung und Stärkung der sozialistischen Staatsmacht als Hauptinstrument der Arbeiterklasse zur Errichtung der sozialistischen Gesellschaft.

Zur Überwindung des Widerspruchs zwischen dem neuen Stand der gesellschaftlichen Entwicklung und der alten Form des Staatsapparates[20] wurde vorgeschlagen, durch die Reorganisation der

Demokratischen Republik" vom 23. Juli 1952 bildete die rechtliche Grundlage für die Umgestaltung der Struktur des Staatsapparates. Am 25. Juli 1952 beschloß der Thüringer Landtag, auf dem Territorium Thüringens die Bezirke Erfurt, Gera und Suhl zu schaffen. Am 1. August eröffnete August Frölich als ältester Abgeordneter die konstituierende Sitzung des Bezirkstages Erfurt, der den ehemaligen Innenminister des Landes, Willy Gebhardt, zum Vorsitzenden des Rates des Bezirkes Erfurt wählte. Erfurt entwickelte sich als Bezirksstadt zum administrativen, ökonomischen und wissenschaftlichen Zentrum des Bezirkes.

2.
DIE FESTIGUNG UND PLANMÄSSIGE WEITERENTWICKLUNG DER SOZIALISTISCHEN EIGENTUMSVERHÄLTNISSE UND DIE ERSTEN ERFOLGE DER WIRTSCHAFTSPOLITIK

In der Stadtverordnetenversammlung vom 20. Januar 1950, die in dem neuen Kulturhaus des SAG-Betriebes „Henry Pels" stattfand, konnte Oberbürgermeister Boock in seinem Bericht über die Erfüllung des Volkswirtschaftsplanes 1949 feststellen: „Auf die bange Frage Anfang des Jahres 1949, ob dieser Plan zu erfüllen wäre, ... können wir heute mit Stolz und Selbstbewußtsein erklären, wir haben es geschafft!"[21]

Der Produktionsplan der meldepflichtigen Industriebetriebe im Stadtkreis Erfurt wurde im Jahr

[19] BPA Erfurt, Kreisdelegiertenkonferenz der SED, 1952, Erfurt-Weißensee, S. 74.
[20] Grundriß zur Geschichte der deutschen Arbeiterbewegung, Berlin 1963, S. 245.
[21] StAE, Beschlüsse der Stadtverordnetenversammlung 1950, Januar–Dezember 1950.

1949 mit 107 Prozent erfüllt, wobei der Maschinenbau mit 156 Prozent Planerfüllung führte.

Die Struktur der Erfurter Industrie war noch durch die vom Kapitalismus überkommene Zersplitterung der Produktion und einen hohen Anteil von Klein- und Kleinstbetrieben mit einer z. T. veralteten Ausrüstung und schwierigen Arbeitsbedingungen gekennzeichnet. Soziale Einrichtungen für die Werktätigen waren nur ungenügend vorhanden und konnten erst entsprechend den wachsenden materiellen Bedingungen schrittweise geschaffen werden.

1949, im ersten Jahr des Zweijahresplanes, stieg die Industrieproduktion der Stadt im Verhältnis zu 1948 um 38,5 Prozent, während der Volkswirtschaftsplan nur eine Erhöhung von 21 Prozent vorsah. Die führende Rolle des volkseigenen Sektors in diesem Entwicklungsprozeß zeigte sich in einer Steigerung der Produktion um 47,7 Prozent und der Arbeitsproduktivität um 24,9 Prozent, während sie in der Gesamtwirtschaft der Stadt 21,5 Prozent betrug. Diese Ergebnisse wurden durch bessere Auslastung der vorhandenen Anlagen „und zu nicht geringem Teil durch die sich entwickelnde Aktivisten- und Wettbewerbsbewegung in der volkseigenen Wirtschaft erzielt."[22] Bis 1949 konnten als Ausdruck dieser Bewegung in den volkseigenen Betrieben, in denen 96 Aktivistengruppen arbeiteten, 1848 Aktivisten, davon 119 Angehörige der technischen Intelligenz, mit dem Aktivistentitel ausgezeichnet werden. Dem Aufruf der FDJ-Grundeinheit des SAG-Betriebes „Olympia" zur Bildung von Jugendbrigaden folgten 400 Jugendliche, die sich in 54 Brigaden zusammenschlossen.

Die Einführung und Durchsetzung der Leistungslöhne und technisch begründeten Arbeitsnormen begünstigte den Leistungsanstieg in der Industrieproduktion. In den vier volkseigenen Schuhfabriken „Koralle", „Thuringia" (ehemals Eduard Lingel AG), „Dr. Diehl" und „Vereinigte Erfurter Schuhfabriken" arbeiteten 1949 bereits 70 bis 80 Prozent und im VEB Funkwerk 75 Prozent der Werktätigen im Leistungslohn. Immer mehr Arbeiter verstanden den Inhalt der Losung „Erst mehr arbeiten, dann besser leben!" Einen wesentlichen Schritt zur Einbeziehung der Werktätigen in die Planung und Leitung der Produktion stellte die Einführung der Betriebspläne im Jahr 1950 dar. Die Arbeiterklasse nutzte dabei die Möglichkeit, in den Plandiskussionen ihrer gesellschaftlichen Verantwortung gerecht zu werden.

Am 6. Mai 1950 wurde z. B. ein Betriebsvertrag zwischen Betriebsleitung und Betriebsgewerkschaftsleitung (BGL) des VEB Vereinigung Volkseigener Betriebe (VVB) Rundfunk- und Fernmeldetechnik (RFT) und der Industriegewerkschaft (IG) Metall abgeschlossen, in dem die Verpflichtungen zur Erfüllung des Volkswirtschaftsplanes 1950 und des Zweijahresplanes sowie Maßnahmen zur Erhöhung der Produktion und der Arbeitsproduktivität, zur Verbesserung der Qualität und zur Senkung der Selbstkosten enthalten waren. Gleichzeitig legte der Vertrag Maßnahmen auf sozialem und kulturellem Gebiet fest, die der Verbesserung der Lebenslage der Werktätigen dienten. Durch die Anstrengungen der Werktätigen des VEB Funkwerk, insbesondere durch die Entwicklung neuer Technologien und Erzeugnisse, gelang es dem Betrieb bereits am 11. Juli, die Aufgaben des Zweijahresplanes vorfristig zu erfüllen.

Die Belegschaften des VEB Funkwerk und der volkseigenen Schuhfabriken trugen eine besondere Verantwortung für die Erfüllung der Volkswirtschaftspläne und die Stärkung des volkseigenen Sektors. Nachdem der VEB Funkwerk bereits 1949 den Bedarf der DDR an Meßgeräten für Rundfunktechnik, Empfängerröhren, Senderöhren u. a. decken konnte, waren damit die notwendigen Voraussetzungen geschaffen, um den Exportanteil des Betriebes zu erweitern. Die Erzeugnisse der Erfurter Schuhindustrie waren bedeutungsvoll für die Volkswirtschaft der DDR und halfen, die empfindliche Lücke in der Versorgung der Bevölkerung mit Schuhwaren zu schließen. Unter der Leitung erfahrener sowjetischer Spezialisten entwickelten die SAG-Betriebe „Olympia" und „Henry Pels" planmäßig ihre Produktion und wurden zu Schulen der sozialistischen Wirtschaftsführung und des proletarischen Internationalismus. Von ihnen gingen wertvolle Impulse für das wirtschaftliche und politische Leben der Stadt aus. Durch eine schnellere Steigerung der Produktion als im privaten Sektor, aber auch durch die Übergabe des SAG-Betriebes „Olympia" in die Hände des Volkes am 16. Juni 1950 wurde der volkseigene Sektor wesentlich gestärkt. Er erhöhte seinen Anteil an der Industrieproduktion gegenüber 1949 von 62,4 auf 76,1 Prozent am Ende des Jahres 1950. Die Struktur der Arbeiterklasse in der Stadt veränderte sich weiter zugunsten der in der volkseigenen Industrie Beschäftigten, z. B. von 63,7 Prozent im Oktober 1949 auf 77,2 Prozent am 30. September 1950.[23]

---

[22] Ebenda.
[23] StAE, 1-5/1000/5, Stadtverordnetenversammlung vom 26.1.1951, Bericht des Oberbürgermeisters.

Abb. 420. Gitterwickelei des VEB Funkwerk Erfurt

Die VEB „Funkwerk" und „Olympia" sowie der SAG-Betrieb „Pels" erfüllten vorfristig den Zweijahresplan. Diese Erfolge wogen um so schwerer, als auch die Erfurter Industriebetriebe von den gezielten Störmaßnahmen der BRD-Regierung gegen die politische und wirtschaftliche Entwicklung in der DDR hart betroffen waren. Die Wirtschaftsblockade gegen die DDR, insbesondere die Einstellung aller Stahllieferungen aus der BRD zu Beginn des Jahres 1950, brachten den Handel zwischen beiden deutschen Staaten zeitweilig nahezu vollständig zum Erliegen. Die selbstlose Arbeit von Angehörigen der technischen Intelligenz und von Betriebsarbeitern half diese Schwierigkeiten zu überwinden. So wurden durch Neuentwicklungen im VEB Funkwerk Empfängerröhren aus Glas statt aus Metall produziert und damit die Abhängigkeit von Importen aus der BRD verringert.

Die Aufnahme der DDR in den Rat für Gegenseitige Wirtschaftshilfe (RGW) im September 1950 sicherte die Lieferung wichtiger Roh- und Brennstoffe für die Volkswirtschaft der DDR und eröffnete besonders den auf Export orientierten Betrieben einen großen Absatzmarkt. Die Mitgliedschaft im RGW trug wesentlich zur Stabilisierung der Volkswirt-schaft der DDR und zur Sicherung gegen imperialistische Störmanöver bei. Die Ziele des Zweijahresplanes wurden in der Stadt 1950 mit 145 Prozent erfüllt. Damit überschritt das Produktionsvolumen jenes von 1936 um fast die Hälfte.

In Landwirtschaft und Gartenbau gelang es, die Produktion in der Feld- und Viehwirtschaft zu stabilisieren. Erhebliche Ertragssteigerungen sowie die Erhöhung der Viehbestände trugen zu weiteren Fortschritten in der Versorgung der Bevölkerung bei. Verbesserte Bodenbearbeitung und Kunstdüngerbereitstellung bildeten die Grundlagen für größere Hektarerträge. Sie erhöhten sich 1949 gegenüber dem Vorjahr bei Roggen um 20, bei Gerste um 50, bei Weizen um acht, bei Hafer um 63 und bei Raps um 25 Prozent. Gleichzeitig konnte die Anbaufläche um 2,8 Prozent erweitert werden. 1950 überstiegen die Ernteerträge bei Roggen, Kartoffeln und Zuckerrüben die des letzten Vorkriegsjahres und erreichten bei Weizen und Wintergerste die Erträge von 1938.[24] Die Eingemeindungen am 1. Juli 1950 erweiterten die landwirtschaftliche Nutzfläche von 3160 auf 6339 ha.

---
[24] Ebenda.

Am 24. November 1950 konnte der Oberbürgermeister die Bilanz ziehen, daß viele Werktätige für die schöpferische Mitarbeit in der Plandiskussion und Planerfüllung gewonnen worden waren. „Durch aktive Teilnahme an Wettbewerben, Bildung von Arbeits- und Qualitätsbrigaden wurden sie zur Entfaltung ihrer Initiative angeregt, und so können wir feststellen, daß die Zahl der Aktivisten in den volkseigenen Betrieben Erfurts von 1848 im Jahre 1949 auf 3381 im Jahre 1950 anstieg."[25] Wachsende Bedeutung erlangte das Neuererwesen. 1950 unterbreiteten allein die Werktätigen des VEB Funkwerk Verbesserungsvorschläge mit einem Nutzen von 235 438 M. Die Neuerer erhielten dafür Bezugscheine für Schuhe und Textilien sowie Geldprämien in Höhe von insgesamt 12 259 M. Mit der Unterstützung der Aktivistenbewegung, durch die Entfaltung des sozialistischen Wettbewerbs und der politischen Erziehungsarbeit, besonders in den vielfältigen Formen der Gewerkschaftsschulung, leistete der Freie Deutsche Gewerkschaftsbund (FDGB) einen bedeutenden Beitrag zur Erfüllung der volkswirtschaftlichen Aufgaben und für die Erhöhung des Bewußtseins der Arbeiterklasse.

Die Hilfe der UdSSR für die Entwicklung der Friedenswirtschaft in der DDR kam auch in der Unterstützung der Neuererbewegung zum Ausdruck. Selbstlos wurden den Werktätigen der DDR die neuesten sowjetischen Methoden zur Erhöhung der Arbeitsproduktivität übermittelt. Große Aktivität entwickelten dabei auch die Betriebsgruppen der Gesellschaft für deutsch-sowjetische Freundschaft (Gesellschaft für DSF). Erfahrungsaustausche mit dem bekannten sowjetischen Schnelldreher Pawel Bykow in der SAG „Henry Pels" und am 14. Dezember 1950 in Gotha, an denen sich auch Arbeiter aus Erfurter Betrieben beteiligten, stellten erste Höhepunkte im Studium sowjetischer Neuerermethoden dar. Die Demonstration seiner Methoden und das hohe fachliche Können Bykows trugen dazu bei, antisowjetische Vorbehalte abzubauen und die von der SED formulierte Losung „Von der SU lernen, heißt siegen lernen" zu verwirklichen.

Große Verdienste im Kampf gegen den Antisowjetismus und für die Herausbildung freundschaftlicher Beziehungen zur UdSSR erwarb sich die Gesellschaft für DSF, die sich zu einer einflußreichen Massenorganisation der Freunde der Sowjetunion entwickelte. Ihre Mitgliederzahl in Erfurt wuchs von 2300 im Jahre 1949 auf 38 348 im Jahre 1951. Nach dem III. Kongreß der Gesellschaft für DSF im Januar 1951 widmete sie sich in besonderem Maße der Popularisierung sowjetischer Neuerermethoden. Gemeinsam mit dem FDGB gründete sie in zahlreichen Betrieben Zirkel zum Studium sowjetischer Erfahrungen, die einen bedeutenden Beitrag zur Erfüllung der Produktionspläne und zur Zurückdrängung antisowjetischer und nationalistischer Auffassung leisteten. In der Jungaktivistenbewegung zur vorfristigen Erfüllung der ökonomischen Aufgaben, bei der Stärkung der Staatsmacht und im geistig-kulturellen Leben eroberte sich die FDJ einen achtungsvollen Platz im gesellschaftlichen Leben der Stadt.

Der historische Beschluß der 2. Parteikonferenz der SED über den planmäßigen Aufbau der Grundlagen des Sozialismus in der DDR löste bei den Werktätigen der Stadt neue Initiativen aus. Der parteilose Aktivist Heinz Messer aus dem SAG-Betrieb „Henry Pels" sprach die Überzeugung aus, „daß in unserer gemeinsamen Kraft der Sieg des sozialistischen Aufbaus liegt". Der Arbeiterveteran Willy Kreß im VEB Optima (bis 1952 VEB „Olympia") äußerte seine tiefe Befriedigung darüber, daß der Sozialismus, „dieses größte Ziel der Menschheit, auf deutschem Boden, in dem Lande von Karl Marx und Friedrich Engels in Angriff genommen wird". In diesem Sinne bekundeten viele Einzelpersönlichkeiten und Arbeitskollektive der VEB ihre Bereitschaft, mit all ihrer Kraft am Aufbau des Sozialismus mitzuarbeiten.

Die Belegschaft des VEB Erfurter Ventilatoren- und Anlagenbau gestaltete den am 1. Juli 1952 begonnen innerbetrieblichen Wettbewerb zu einem sozialistischen. Sie stellte in den Mittelpunkt ihrer Tätigkeit die Erhöhung der Produktivität der Arbeit durch Senkung der Selbstkosten und des Ausschusses sowie die Steigerung der Qualität. Viele Arbeiter schlossen sich der SED an, wie der parteilose Aktivist Rudi Fleischmann, der auf einer Belegschaftsversammlung im VEB Abus Thüringer Stahlbau Gispersleben (ehemals Ernst Pfeffer) um Aufnahme in die Partei der Arbeiterklasse bat.[26]

Am 22. Juli 1952 legte die Stadtverordnetenversammlung ein einmütiges Bekenntnis zu der großartigen Perspektive ab, die mit der Parteikonferenz eingeleitet wurde. Als Ausdruck der immer engeren Zusammenarbeit aller verbündeten Parteien sprach der Stadtverordnete Robert Müssing für die Fraktion der CDU: „Die CDU erklärt ihre volle Bereitschaft und Unterstützung zum Aufbau des Sozialismus. Wir werden mit dazu beitragen, unter Führung der

[25] StAE, Stadtverordnetenversammlung vom 24. 11. 1950, Bericht des Oberbürgermeisters.
[26] Das Volk, 15. 7. 1952.

Sowjetunion den Frieden zu erhalten und Glück und den Wohlstand des Volkes zu sichern." Der Abgeordnete Günter Steinbach (LDPD) versicherte: „Die LDPD erkennt die Anstrengungen der SED zum Aufbau des Sozialismus an. Trotz der weltanschaulichen Unterschiede wissen wir, daß diese Beschlüsse dem Wohle des Volkes dienen. Es lohnt sich für uns und unser Vaterland, alles zu dessen Wohl zu tun."[27]

Die Perspektiven des Aufbaus des Sozialismus in der DDR und die Erfolge der Werktätigen bei ihrer ökonomischen Festigung beantwortete der wiedererstandene deutsche Imperialismus mit einer außerordentlichen Verschärfung des kalten Krieges. Er verfolgte das Ziel, die neue soziale Ordnung in der DDR zu vernichten. Mit Wirtschaftsboykott und planmäßiger Abwerbung von Fachkräften und Spezialisten, Verschärfung der Hetze gegen die Staatsmacht und ihre führende Partei, die SED, und ihre Funktionäre, mit Sabotageakten und Anschlä-

gen versuchte er den sozialistischen Aufbau aufzuhalten und die wirtschaftlichen Grundlagen des Arbeiter-und-Bauern-Staates zu untergraben. Vor dem ersten Strafsenat des Bezirksgerichts Erfurt mußte sich z. B. Anfang 1953 eine Terrorbande aus dem Kreis Weimar-Land verantworten, die einen Arbeiterfunktionär überfallen und schwer verletzt hatte und die Bildung der landwirtschaftlichen Produktionsgenossenschaften verhindern wollte sowie Mord- und Boykotthetze gegen fortschrittliche Bürger betrieb.

Anfang Juni leiteten das ZK der SED und der Ministerrat der DDR Maßnahmen ein, um die Arbeiter-und-Bauern-Macht zu stabilisieren und die Lebenslage der Bevölkerung zu verbessern. Diese als „Neuer Kurs" bezeichnete Politik entzog konterrevolutionären Kräften die erhoffte Basis unter den

[27] Das Volk, 24.7.1952.

Abb. 421. Produktionshalle der SAG „Henry Pels"

Werktätigen. Deshalb unternahmen imperialistische Agentenzentralen am 17. Juni 1953 den Versuch, durch einen konterrevolutionären Putsch die Macht der Arbeiterklasse zu beseitigen. Unter Führung der Stadtparteiorganisation unter Leitung des 1. Kreissekretärs Alois Bräutigam und der Betriebsparteiorganisationen der SED konnten in den Betrieben der Stadt durch die bewußtesten Arbeiter Provokationen zurückgewiesen werden. Im VEB Funkwerk, im VEB „Optima" und im SAG-Betrieb „Henry Pels" sowie in den anderen Betrieben der Stadt arbeiteten die Werktätigen bis auf wenige Ausnahmen ohne Unterbrechung. Der örtliche Staatsapparat bewies in diesen Tagen seine Festigkeit.

Die Arbeiterklasse organisierte unter der Führung der Betriebsparteiorganisationen in vielen Betrieben den Selbstschutz und legte damit die Grundlage für die Bildung bewaffneter Arbeiterwehren, die in den Monaten Juli und August 1953 entstanden. Am 13. August 1953 bekundeten auf dem Domplatz die Erfurter Werktätigen ihre Entschlossenheit, die Errungenschaften des sozialistischen Aufbaus mit allen Mitteln zu verteidigen.

Die Stadtleitung der SED und die Leitungen der Betriebsparteiorganisationen unterstützten mit allen Kräften die aus den Arbeiterwehren entstehenden Kampfgruppen der Arbeiterklasse.

Vom 15. bis 18. August 1953 weilte eine sowjetische Arbeiterdelegation im SAG-Betrieb „Henry Pels". Vielfältige Begegnungen mit Werktätigen des Betriebes dienten der Vermittlung von Erfahrungen des Aufbaus des Sozialismus in der UdSSR und der Demonstration von Neuerermethoden. Der sowjetische Zahnradfräser und Stachanowarbeiter Ponomarjow trat in diesem Zusammenhang in einer Belegschaftsversammlung am 18. August auf, um den deutschen Werktätigen die herzlichsten Grüße der Arbeiter des Werkes „Uralmasch" in Swerdlowsk zu überbringen und gute Erfolge bei der Verwirklichung des „Neuen Kurses" zu wünschen. In seiner Rede setzte er sich mit den Ereignissen des 17. Juni auseinander und wies am Beispiel der sowjetischen Arbeiterklasse nach, daß es in der Hand und der Verantwortung der Arbeiter liege, das Leben allseitig zu verbessern.[28]

Die Unterzeichnung der Pariser Verträge im Oktober 1954 durch den Kanzler der BRD Konrad Adenauer legte die Aufrüstung der BRD und ihre Eingliederung in das militärische System der NATO fest. Die BRD erhielt die Möglichkeit, eine moderne Armee aufzustellen und ihre aggressive, auf die Einverleibung der DDR gerichtete Politik verstärkt fortzusetzen. Mit dem beschleunigten Aufbau der

NATO, der Aufrüstung der BRD und die damit verbundene Gefährdung des Friedens war eine neue Lage in Europa entstanden, der die sozialistischen Länder Rechnung tragen mußten.

Im Mai 1955 schlossen die Vertreter der sozialistischen Länder Europas in Warschau einen Vertrag über Freundschaft, Zusammenarbeit und gegenseitigen Beistand. Der Warschauer Vertrag dient der Geschlossenheit der sozialistischen Gemeinschaft und der kollektiven Sicherheit in Europa. Für die DDR ist die Mitgliedschaft von historischer Bedeutung. Sie bedeutet Schutz vor imperialistischen Anschlägen und sichert günstige Bedingungen für den weiteren sozialistischen Aufbau. Zur militärischen Sicherung der DDR beschloß die Volkskammer der DDR im Januar 1956 die Bildung der Nationalen Volksarmee. Erfurt wurde Garnisonstadt einer deutschen Armee neuen sozialistischen Typs. Die steingrauen Uniformen der NVA gehören seitdem zum Straßenbild der Stadt.

Mit Wirkung vom 1. Januar 1954 übergab die Regierung der UdSSR die restlichen 33 SAG-Betriebe, darunter das bedeutende Werk für Pressen- und Scherenbau „Henry Pels" der DDR. Bis 1953 hatte die sowjetische Generaldirektion für den Wiederaufbau und die Modernisierung des Werkes 12 Mill. M an Investitionsmitteln zur Verfügung gestellt. Vier neue Werkhallen wurden errichtet und durch die Lieferung von Material und die Übergabe von technischen Unterlagen die Voraussetzungen für die Entwicklung des Betriebes geschaffen.

Auf der Kreisdelegiertenkonferenz Erfurt-Stadt der SED am 20. und 21. Februar 1954 würdigte der 1. Sekretär der Kreisleitung, Alois Bräutigam, die unentgeltliche Übergabe dieses „auf einem hohen technischen Niveau"[29] befindlichen Betriebes in die Hände des Volkes. Damit veränderte sich die ökonomische Basis der Stadt weiter zugunsten des Volkseigentums an Produktionsmitteln. Der Werkleiter des neuen volkseigenen Betriebes, Paul Herold, konnte den Delegierten berichten: „Die Betriebsparteiorganisation des Werkes Pels hatte sich die Worte unseres damaligen sowjetischen Generaldirektors Fomenko zu eigen gemacht, den letzten Produktionsplan als SAG mindestens in dem Maße der vorhergehenden Pläne zu erfüllen, um am 1. Januar 1954 ehrenvoll in die große Familie der Volkseige-

[28] Beiträge zur Geschichte Thüringens. Dokumente und Materialien zur Geschichte der Arbeiterbewegung im Bezirk Erfurt 1952–1961, Erfurt 1982, S. 45 ff.
[29] Wilhelm Zieseniß, Ein Erfurter Repräsentant auf dem Weltmarkt, in: Erfurt 1949–1959, Erfurt 1959, S. 25.

Abb. 422. Übergabe des SAG-Betriebes „Henry Pels"
in Volkseigentum durch Generaldirektor Fomenko

nen Betriebe aufgenommen zu werden."[30] Tatsächlich wurde der Betriebsplan des Jahres 1953 mit 123
Prozent erfüllt.

Der IV. Parteitag der SED, der vom 30. März bis
zum 6. April 1954 in Berlin stattfand, kennzeichnete
die Modernisierung des Maschinenbaues als eine
der vordringlichsten Aufgaben für die weitere Errichtung der materiell-technischen Basis des Sozialismus. Hieraus erwuchs besonders dem VEB „Henry Pels" außerordentliche Verantwortung. Im Juli
1955 rief die Jugendbrigade Kurt Wolter des VEB
Reifenwerk Berlin-Schmöckwitz zur Vorbereitung
des 80. Geburtstages Wilhelm Piecks zum Wilhelm-
Pieck-Aufgebot auf, dem sich die Brigade „Walter
Ulbricht" aus dem VEB „Henry Pels" bereits am
18. Juli als erste Brigade des Bezirkes anschloß. Die
Brigademitglieder verpflichteten sich, den Jahres-
plan bis zum 21. Dezember 1955 mit 110 Prozent zu
erfüllen.[31]

Im VEB „Optima" (früher „Olympia") entwickelte sich eine breite Bewegung der Aktivisten und
Neuerer. Im Verlauf des ersten Fünfjahrplanes wur-

den in diesem Betrieb 5357 Neuerervorschläge mit
einem Gesamtnutzen von 2533337 M eingereicht
und realisiert. Während der VEB Verkehrsbetrieb
Erfurt bereits im Massenwettbewerb des II. Quartals 1955 als einer der Siegerbetriebe ausgezeichnet
werden konnte, wurden für besonders gute Ergebnisse im Wilhelm-Pieck-Aufgebot die VEB „Henry
Pels" und Funkwerk sowie das HO-Warenhaus, der
Konsum-Kreisverband und das Hauptpost-Fernmel-
deamt als Republiksieger geehrt. Der 1. Sekretär
der Stadtleitung Erfurt der SED, Kurt Damm, konnte
auf der Stadtdelegiertenkonferenz am 18. und 19. Februar 1956 die Bilanz ziehen: „Das Neue dieses
Wettbewerbes war, daß er einen Massencharakter
trug. Rund 70 Prozent aller Werktätigen der VEB
waren daran beteiligt."[32] Die Initiativen der Erfurter Werktätigen erbrachten 8299000 M überplan-
mäßigen Gewinn, wobei die geplanten staatlichen
Zuschüsse nur zu 59 Prozent in Anspruch genommen wurden.

Der Konzentrationsprozeß in der örtlichen volkseigenen Industrie verbesserte nicht nur ihre Pro-
duktionsstruktur, sondern vor allem ihre ökonomische Leistungskraft. Aus 40 Kleinstbetrieben der
örtlichen volkseigenen Industrie wurden im Verlauf
des ersten Fünfjahrplanes sechs Kleinkombinate
gebildet, und zwar die VEB (K) Hobema, Lebensmittelindustrie, Konfektionsbetriebe, Holzindustrie,
Feinkostfabrik und Elektro-Rohrleitungsbau. Diese
Betriebe entwickelten sich zu einem wichtigen Faktor im Wirtschaftsleben der Stadt, da das Schwerge-
wicht ihrer Produktion vor allem in der Konsumgü-
terfertigung lag. Die Steigerung ihrer Produktion
von rund 8 Mill. M im Jahr 1950 auf 28 Mill. M im
Jahre 1955 bestätigte ihren erfolgreichen Aufschwung.[33]

Vor allem waren es jedoch die sozialistischen
Großbetriebe, die das industrielle Antlitz der auf-
wärtsstrebenden Großstadt bestimmten und immer
größere Bedeutung für die gesamte Volkswirtschaft
der DDR erhielten. Der VEB „Henry Pels" steigerte
seine Warenproduktion von 23 auf 57 Mill. M. Im
Verlauf des ersten Fünfjahrplanes wurden im Werk
98 neue Maschinen konstruiert, durch das Überspringen konventioneller Entwicklungsetappen in
kürzester Zeit entwickelt und ohne Nullserie für
den sofortigen praktischen Einsatz produziert. Der

---

[30] BPA Erfurt, IV/5 01-2, S. 204.
[31] Beiträge zur Geschichte Thüringens. Chronik zur Geschichte der Arbeiterbewegung im Bezirk Erfurt 1952–1961,
Erfurt 1979, S. 107.
[32] BPA Erfurt, 5. 01-4, S. 233 f.
[33] Erfurter Statistik 1951-55, S. 39.

Betrieb exportierte 90 Prozent der Gesamtproduktion in fast alle Länder Europas, den Hauptanteil in die sozialistischen Staaten. Im VEB Funkwerk erhöhte sich die Warenproduktion bei einem wachsenden Exportanteil von 23 auf 45,5 Mill. M. Der Export an Geräten und Röhren stieg von drei Mill. M 1951 auf über fünf Mill. M 1953, auf über zehn Mill. M 1955. Die Erhöhung der Produktion von 23 auf 30 Mill. M im VEB Optima trug zur verbesserten Inlandversorgung mit Schreibmaschinen bei, ermöglichte es aber auch, den Export der Erzeugnisse, die auf dem Weltmarkt einen guten Ruf erobert hatten, zu erweitern. Mit diesen Leistungen der Werktätigen in den Betrieben der Stadt verdoppelte sich die industrielle Bruttoproduktion gegenüber 1936. Dank der schöpferischen Tätigkeit der Werktätigen wurden trotz der Belastungen, die der kalte Krieg zur Folge hatte, die Ziele des ersten Fünfjahrplanes erfüllt.

Die Zusammenfassung der volkseigenen Schuhfabriken der Stadt im Januar 1953 zum VEB Schuhfabrik Erfurt bildete die Grundlage für die schnelle Entwicklung dieses Betriebes zu einem modernen sozialistischen Industriebetrieb und einem der bedeutendsten Erzeuger von Schuhwaren in der DDR. Mit der Verleihung des Namens Paul Schäfer an den Betrieb am 7. Oktober 1953 fand das Vermächtnis des früheren Betriebsratsmitgliedes der Firma Lingel und Spanienkämpfers seine Würdigung.

In Erfurt stieg die industrielle Bruttoproduktion im Verlauf des Fünfjahrplanes von 296,721 Mill. M im Jahre 1951 auf 488,497 Mill. M im Jahre 1955.

Tabelle 27
Entwicklung der Bruttoproduktion von 1951 bis 1955
in Millionen Mark[34]

1951	1952	1953	1954	1955
297	368	418	455	488

Das wichtigste sozialökonomische Ergebnis des ersten Fünfjahrplanes war die weitere Stärkung des sozialistischen Sektors der Stadt in der Industrie von 76,5 Prozent 1950 auf 84,9 Prozent 1955. Dabei war das Gewicht des privaten Sektors mit 15,1 Prozent der industriellen Bruttoproduktion noch immer beachtlich. Die Errichtung der Industrie- und Handelskammer nach einer Verordnung der Regierung vom 6. August 1953 ermöglichte die zweckdienliche Einbeziehung der privatkapitalistischen Betriebe in die sozialistische Wirtschaftsplanung. Die privaten Industriebetriebe waren in fast allen Wirtschaftszweigen mit einer vielseitigen Produktion vertreten. Be-

sonders auf dem Gebiet der Konsumgüterproduktion besaßen sie einen hohen Anteil. Er betrug z. B. in der Konfektionsindustrie noch 50,9 Prozent. Auch im Export hatten sie sich wieder einen beachtenswerten Platz erobert. Trotz des relativen Zurückbleibens am Anteil der Produktion gegenüber der volkseigenen Industrie erweiterte sich ihr Produktionsvolumen im Fünfjahrplanzeitraum absolut von 63,405 Mill. M im Jahre 1951 auf 73,856 Mill. M. Mit 10 300 Beschäftigten im Jahre 1955 arbeiteten im privaten Sektor elf Prozent der Werktätigen der Stadt.

Das Gesetz zur Förderung des Handwerks vom 9. August 1950 bot die rechtliche Grundlage für die Einbeziehung der Handwerksbetriebe in den planmäßigen Aufbau der Volkswirtschaft. Am wirtschaftlichen Aufschwung der Stadt im Fünfjahrplanzeitraum war auch das Handwerk mit wachsenden Leistungen beteiligt. Die 2489 Handwerksbetriebe erbrachten 1955 Betriebsleistungen in Höhe von über 98 Mill. M und damit eine Steigerung gegenüber 1952 auf 130,2 Prozent. Es reifte die Notwendigkeit heran, die Teilnahme der Mittelschichten am sozialistischen Aufbau noch wirksamer zu gestalten und weitere Schritte für ihren allmählichen Übergang zu sozialistischen Produktions- und Lebensformen einzuleiten. Am 11. März 1953 schlossen sich Erfurter Handwerker zur ersten Produktionsgenossenschaft des Handwerks (PGH) in der Stadt, zur PGH des Malerhandwerks „Johann Heinrich Huhn", zusammen. Huhn war einer der Erfurter Barrikadenkämpfer gewesen, die am 24. November 1848 auf dem Anger von Soldaten der preußischen Armee ermordet worden waren.

Die gesellschaftlichen Veränderungen erfaßten auch die Landwirtschaft. Am 11. November 1952 schlossen sich in Erfurt-Bischleben neun Landwirtschaftsbetriebe mit 21 Neubauern und Landarbeitern auf einer landwirtschaftlichen Nutzfläche von 62 ha zur ersten Landwirtschaftlichen Produktionsgenossenschaft (LPG) der Stadt Erfurt zusammen. Mit der Gründung dieser LPG, der ihre Mitglieder den verpflichtenden Namen „Thomas Müntzer" gaben, wurde ein Beispiel der sozialistischen Umgestaltung der Landwirtschaft in den folgenden Jahren gegeben. Die SED und die Arbeiterklasse widmeten der Entwicklung enger Bündnisbeziehungen mit den werktätigen Bauern große Aufmerksamkeit und unterstützten mit Rat und Tat die jungen Genossenschafter. Besondere Bedeutung erlangte die Bereitstellung der neuen Technik für den allmähli-

[34] Ebenda, S. 40 ff.

Abb. 423. Aufbau der Internationalen Gartenbauausstellung der sozialistischen Länder
auf der Cyriaksburg (iga) 1960

chen Übergang zur Großflächenwirtschaft. Die Maschinenausleihstationen (MAS) als Stützpunkte der Arbeiterklasse auf dem Lande trugen eine besondere Verantwortung gegenüber der sich herausbildenden Klasse der Genossenschaftsbauern. Eine wesentliche Unterstützung für die Entwicklung der Genossenschaftsbewegung stellten die Lieferungen von Landwirtschaftsmaschinen aus der SU dar. So trafen z. B. am 22. Juli 1952 auf dem Erfurter Hauptbahnhof sowjetische Mähdrescher für Thüringen ein. Nach dem Beispiel der LPG „Thomas Müntzer", die einen beträchtlichen Aufschwung genommen hatte, wurden am 2. März 1953 die LPG „Neuer Weg" und im Oktober 1954 in Gispersleben die LPG „17. Oktober" mit einer landwirtschaftlichen Nutzfläche von 198 ha gegründet. Am 1. April 1955 entstanden die LPG „Fortschritt" im Ortsteil Dittelstedt mit einer Fläche von 339,5 ha und die LPG „8. März". 1955 bearbeiteten in der Stadt fünf LPG mit 171 Mitgliedern 993 ha landwirtschaftliche Nutzfläche. Mit Ausnahme der LPG „Neuer Weg" (Typ I) gehörten sie alle dem Typ III an.

In kurzer Zeit erreichten die Genossenschaftsbauern eine Konsolidierung der Produktion. Die ersten Erfolge der LPG zeigten sich in der Steigerung der Hektarerträge und im Anwachsen der Viehbestände, die zur weiteren Verbesserung der Versorgung beitrugen. Einer Forderung der Bezirksparteiaktivtagung der SED vom 26. Januar 1955 entsprechend, um die Stadt einen Gemüsegürtel anzulegen und Tbc-freie Rinderbestände zu schaffen[35], begann die LPG „Fortschritt" mit dem Anbau von zwölf ha Gemüsekulturen. Die sechs Treibhäuser für die Pflanzenaufzucht wurden mit Dampfreserven des Kraftwerkes Gispersleben beheizt. Die LPG „8. März" lieferte keimfreie Milch zur Verbesserung der Trinkmilchversorgung der Stadt. 1955 wurden auf 220 ha hochwertige Gemüsesorten angebaut und vermehrt; auf 117 ha wurde Blumensamenanbau betrieben. Im gleichen Jahr konnten die Erfurter Gartenbaubetriebe für 64 900 Rubel Samen

[35] BPA Erfurt, IV/5. 01-4, Bd. 2, S. 244, Bezirksparteiaktivtagung der SED, 26. 1. 1955.

und andere Erzeugnisse des Gartenbaus exportieren. Der Fortführung der Tradition des Erfurter Gemüse- und Blumensamenanbaus wurde durch die Stadtleitung der SED und den Rat der Stadt große Unterstützung geschenkt. Besonders Oberbürgermeister Georg Boock setzte sich für das Gelingen der Ausstellung „Erfurt blüht" 1950 und der Gartenbauausstellung 1955 auf dem Gelände der Cyriaksburg ein, auf denen die Erfurter Gartenbaubetriebe ihre gestiegene Leistungskraft nachweisen konnten. Bedeutenden Einfluß im Erfurter Gartenbau besaßen solche Privatbetriebe wie F. C. Heinemann und N. L. Chrestensen.

Auf der Grundlage einer Verordnung vom 23. Februar 1956 über die Neuordnung des Saatgutwesens wurde das volkseigene Gut (VEG) Saatzucht Erfurt gegründet. Bereits im gleichen Jahr konnte das VEG Saatzucht für sich und damit auch für Erfurt eine „Premiere Classe"-Auszeichnung auf einer internationalen Gartenbauausstellung in Genf erringen. 1957 folgte auf der Frühjahrsblumenschau in Mos-

Abb. 424. Die Haupthalle der iga
bei der Eröffnung 1961

Abb. 425. Haupteingang der iga
mit Plastik „Der Aufbauhelfer" von Fritz Cremer

kau eine Goldmedaille für ein umfangreiches Sortiment an Frühlingsblumen, und auf der Bundesgartenschau in Köln wurde der sozialistische Gartenbaubetrieb gegen stärkste westeuropäische Konkurrenz neben weiteren Auszeichnungen mit einer Goldmedaille für seine Exponate belohnt.[36]

Der sozialistische Gartenbau begann damit Schritt für Schritt den durch den zweiten Weltkrieg verursachten Niedergang des Blumensamenanbaus in Erfurt zu überwinden und den verlorenen Einfluß auf dem internationalen Markt zurückzugewinnen. Die Erfolge der Ausstellungen und der Anklang, den sie bei den Erfurtern gefunden hatten, ermöglichten es, unter breitester Einbeziehung aller Schichten der Bevölkerung das ehrgeizige Projekt der Gestaltung einer internationalen Ausstellung auf dem Gebiet des Gartenbaues in Angriff zu nehmen.

Auf der Grundlage einer Empfehlung der Arbeitsgruppe für Landwirtschaftsausstellungen der Ständigen Kommission für ökonomisch-technisch-wissenschaftliche Zusammenarbeit auf dem Gebiet der Landwirtschaft beim RGW, eine internationale Gartenbauausstellung in der DDR durchzuführen, beschloß das Kollegium für Land- und Forstwirtschaft der DDR, die erste internationale Gartenbauausstellung der sozialistischen Länder auf dem Gelände der Cyriaksburg zu gestalten. Auf einer Fläche von 54 ha begann rund um das Gelände der Cyriaksburg mit aktiver Unterstützung der Erfurter Bevölkerung die Umgestaltung dieses Gebietes, der Aufbau der Ausstellungshallen, Gewächshäuser und Versorgungseinrichtungen. Betriebskollektive und Schulen, FDJ-Organisationen und Soldaten der NVA sowie der Sowjetarmee leisteten in freiwilligen Einsätzen bis 1961 über 416 000 Aufbaustunden. Allein bei Investitionsobjekten war es dadurch möglich, 132 000 M einzusparen.[37] Außer dem materiellen Nutzen trugen diese Aufbauleistungen gleichzeitig dazu bei, das Interesse der Bevölkerung für das bedeutsame Projekt der Neugestaltung des Ausstellungsgeländes zu wecken und die Verantwortung für das Gelingen der Leistungsschau auf dem Gebiet des Gartenbaus zu vertiefen. Am 28. April 1961 eröffnete der Minister für Landwirtschaft der DDR, Hans Reichelt, die 1. Internationale Gartenbauausstellung der sozialistischen Länder (iga). Auf einer Gesamtfläche von 54 ha und in 14 Hallen mit insgesamt 9500 m² Standfläche gestalteten die beteiligten Länder eine Sinfonie von Farben und Früchten mehrerer Klimazonen. Erfurt war mit der iga um ein Kleinod bereichert und hatte endgültig seinen internationalen Ruf als Blumenstadt und Stätte der Begegnung für Fachleute des Gartenbaus zurückerobert.

Mitte der fünfziger Jahre änderte sich das industrielle Profil der Stadt. In immer stärkerem Maße wurde es durch den Schwermaschinenbau, die Feinmechanik, die Elektrotechnik und die Schuh- und Bekleidungsindustrie geprägt. Von der Gesamtproduktion der 48 volkseigenen Betriebe in Höhe von 455,768 Mill. M im Jahre 1956 entfielen auf die vier VEB im Schwermaschinenbau 94,138 Mill. M, die VEB der Elektrotechnik 63,890 Mill. M, die zwei VEB der Feinmechanik/Optik 38,570 Mill. M und die drei VEB der Schuh- und Lederindustrie 68,072 Mill. M.[38]

Abb. 426. Plakat
anläßlich des Nationalen Aufbauwerkes (NAW) 1953

[36] Otto Wohlhaupt, Erfurter Blumensamen gehen wieder in die ganze Welt, in: Erfurt 1949–1959, S. 89.
[37] Helmuth Lehmann, Die Planung, der Aufbau und die Durchführung der 1. Internationalen Gartenbauausstellung der sozialistischen Länder 1961 in Erfurt und Schlußfolgerungen für weitere Gartenbauausstellungen, Diplomarbeit, Hochschule für Landwirtschaft, Bernburg 1962 (Ms).
[38] Vgl. Erfurter Statistik 1956, S. 60 ff.

In Vorbereitung des V. Parteitages der SED entwickelte sich in den Betrieben der Stadt unter der Losung „Zu Ehren der Partei – zum Nutzen aller" eine Wettbewerbsbewegung, die von der politischen Reife und Verantwortung der Arbeiterklasse für die Festigung der sozialistischen Produktionsverhältnisse zeugte. Die Werktätigen des VEB Pressen- und Scherenbau „Henry Pels" verpflichteten sich, bis zum 30. Juni 1958 52 Prozent des Jahresexportplanes zu erfüllen und im gleichen Jahr noch weitere fünf schwere Pressen im Wert von 1,5 Mill. M für den Export in die UdSSR fertigzustellen. Das Kollektiv des VEB Starkstromanlagenbau kämpfte um sieben Tage Planvorsprung bis zum 30. Juni und die Erarbeitung eines zusätzlichen Gewinns von 0,18 Mill. M. Die Belegschaft des VEB Funkwerk beschloß, bis Jahresende 120 000 Empfängerröhren ohne Inanspruchnahme von weiterem Material zusätzlich herzustellen. Die Produktion stieg gegenüber 1957 auf 119 Prozent, und der Exportplan konnte mit 2,4 Mill. M übererfüllt werden.

Bedeutungsvoll für die Volkswirtschaft der DDR und den Ruf der Erfurter Industrie auf dem Weltmarkt war der wachsende Export im Zeitraum des zweiten Fünfjahresplanes, der 1958 einen Wert von 122 Mill. M erreichte. Der Schwermaschinenbau war an diesem Ergebnis mit über 57 Mill. M, vor allem durch den Export in die sozialistischen Länder, beteiligt, während die Betriebe im Bereich Feinmechanik/Optik mit 27 Mill. M einen großen Anteil ihrer Erzeugnisse, besonders mit dem Gütezeichen „Q" ausgezeichnete Schreibmaschinen, in das nichtsozialistische Ausland verkaufen konnten.

Die Stadtdelegiertenkonferenz der SED im Mai 1958 orientierte auf die Gewinnung der Privatunternehmer für die staatliche Beteiligung.[39] Zu dieser Zeit hatten in Erfurt sieben Betriebe staatliche Beteiligung aufgenommen. Demgegenüber bestanden aber noch 151 private Betriebe mit 6639 Beschäftigten. Es gelang in einer Reihe von Betrieben, in die Betriebsvereinbarungen einen Passus aufzunehmen, in dem sich die Arbeiter verpflichteten, auf die Unternehmer einzuwirken, um sie für die staatliche Beteiligung zu gewinnen. Die Stadtdelegiertenkonferenz rief auch eindringlich zur Gewinnung der Handwerker und Einzelhändler für den sozialistischen Weg auf. Den elf PGH standen noch 2392 private Handwerksbetriebe mit 11 093 Beschäftigten gegenüber. Von den 1200 privaten Einzelhändlern hatten bis Mai 1958 nur elf Kommissionsverträge abgeschlossen.

Der 1. Sekretär der Stadtleitung der SED, Kurt Damm, orientierte außerdem auf die Fortführung der sozialistischen Entwicklung auf dem Lande. Neben fünf LPG und zwei Volksgütern existierten noch 1142 bäuerliche Einzelwirtschaften bis 20 ha und 156 Gärtnereibetriebe, von denen viele kapitalistische Betriebe mit über 10 ha waren. Mit Recht wurden die guten Leistungen der Genossenschaftsbauern bei der Festigung ihrer sozialistischen Betriebe hervorgehoben. Besonders die LPG „8. März" und die LPG „Fortschritt" konnten bedeutende Produktionserfolge nachweisen.

Die Leistungen der Arbeiterklasse beim sozialistischen Aufbau, ihr gewachsenes politisch-ideologisches Bewußtsein und die zunehmende Bereitschaft ihrer Bundesgenossen, insbesondere der Bauernschaft, gemeinsam mit ihr den Weg der sozialistischen Umgestaltung zu gehen, bildeten die notwendigen Voraussetzungen, „um die abschließende Etappe der Übergangsperiode vom Kapitalismus zum Sozialismus in der DDR einzuleiten".[40]

3.

Wachsende soziale Sicherheit und Erhöhung des Lebensniveaus

Zu den unabdingbaren Prinzipien der Arbeiter-und-Bauern-Macht gehörten seit der Gründung der DDR die Sorge um die Gesundheit der Menschen und der ständige Ausbau der sozialen Leistungen. Dabei wurden bereits in den ersten Jahren der Existenz der DDR bedeutende Erfolge bei der Schaffung der materiellen Grundlagen für die Sicherung der sozialen Interessen der Einwohner der Stadt erreicht.

Obwohl Erfurt nicht zu den im zweiten Weltkrieg stark zerstörten Städten gehörte, erforderte die Zunahme der Stadtbevölkerung die Überwindung der wachsenden Wohnungsnot. Die schrittweise Beseitigung der Kriegsschäden ermöglichte dabei erste Erfolge. Auf der Grundlage des bereits 1946 erarbeiteten Baunotprogramms der Stadt konnten bis 1949 etwa 80 Prozent der fast 12 000 leichtbeschädigten Wohnungen, die überwiegende Anzahl der Schulen und viele Industrieanlagen und Werkstätten wieder-

[39] BPA Erfurt, IV/5, Bd. 1, S. 61 ff.
[40] Geschichte der DDR, von einem Autorenkollektiv unter Leitung von Rolf Badstübner, Berlin 1981, S. 197.

hergestellt werden. Auf dem Gelände des ehemaligen Erfurter Flughafens am Roten Berg begann der Aufbau der Rote-Berg-Siedlung. Es war symbolisch, daß die ersten 40 Familien im Gründungsmonat der DDR, im Oktober 1949, ihre neuen Häuser bezogen. Obwohl bis 1949 die restliche Enttrümmerung der Stadt und die Instandsetzung beschädigter Gebäude den Vorrang hatten, wurden 100 neue Wohnungen in verschiedenen Stadtteilen, u.a. in der Riethstraße und im Fuchsgrund, fertiggestellt. 1950 konnten in der Siedlung am Roten Berg weitere Häuser bezogen und am ersten Neubaustandort der Stadt, am Steinplatz, mehrere Wohnblocks errichtet und 100 Wohnungen übergeben werden. Bis 1955 entstanden in der Jenaer-, Veilchen-, Kieler- und Günterstraße die ersten größeren Wohnkomplexe.

Während 1949 für den Wiederaufbau von 466 zerstörten Wohnungen im Finanzplan der Stadt 1 276 800 M zur Verfügung standen, mußten noch 635 000 M für Enttrümmerungsarbeiten bereitgestellt werden. Gezielte Anstrengungen ermöglichten es, bis 1949 die Stadt bis auf wenige verbleibende Reste von Trümmern zu befreien.[41] Dafür waren allerdings bis 1955 noch weitere erhebliche Summen aufzubringen, z.B. 1953 750 000 M für die Beseitigung der Trümmer in der Ruine der Barfüßerkirche, 1954 514 000 M für die Beseitigung der Ruine des ehemaligen Kaufhauses Reibstein in der Hermann-Jahn-Straße und 1955 445 000 M für die Räumung der Marstallstraße.[42]

Der Krieg hatte seine Spuren auch in den Park- und Grünanlagen hinterlassen. Der Stadtpark war

Abb. 427. Erfurter Blumentage

durch den Einbau eines großen Luftschutzbunkers völlig zerstört. Splittergräben und Feuerlöschteiche verunstalteten die Grünflächen der Stadt. Besonders in Vorbereitung und Durchführung der Gartenschau „Erfurt blüht" im Jahre 1950 unternahmen die Mitarbeiter des Gartenamtes große Anstrengungen, um die Verwüstungen in den Parkanlagen zu beseitigen und geräumte Ruinen- und Trümmerflächen neu zu begrünen. Bis 1950 konnten der Stadtpark, der Brühler Garten, der Leipziger Platz und die Ringanlagen der Stadt wiederhergestellt und neu gestaltet werden. Der Platz der Jungen Pioniere hatte sich zu einer blühenden Oase im bis dahin auch in dieser Hinsicht vernachlässigten Arbeiterwohnbezirk Erfurt-Nord verwandelt. Bis 1959 wurden in Erfurt 146 ha Grünanlagen instandgesetzt und 78 ha neu geschaffen. 1951 erweiterte man den Dreienbrunnenpark um 4 ha, und ab 1957 wurde mit der Gestaltung des Dendrologischen Gartens begonnen. Die großen Anstrengungen auf diesem Gebiet gipfelten in der unter großem Anteil der Erfurter Bevölkerung begonnenen Umgestaltung des Geländes auf der Cyriaksburg zu einem Kulturpark der Stadt. Die Beschlüsse der Stadtverordnetenversammlung, den Roten Berg in einer Ausdehnung von 40 ha aufzuforsten und auf ihm einen Zoopark zu errichten, erwiesen sich als weitsichtige Entscheidungen, die dem natürlichen Wachstum der Stadt in Richtung Norden entsprachen und die Möglichkeit boten, für das bisher benachteiligte Arbeiterwohngebiet ein natürliches Erholungszentrum zu schaffen.

Nach dem Beispiel des Nationalen Aufbauwerkes (NAW) in Berlin diente der „Plan der Stadt Erfurt" und der im April 1952 von der Stadtverordnetenversammlung beschlossene „Plan der zusätzlichen Aufgaben" der weiteren Entwicklung des wirtschaftlichen und kulturellen Lebens. Unter der Losung „Erfurt schafft aus eigener Kraft" umfaßte er 133 Vorhaben auf kommunalem Gebiet und 38 Maßnahmen im Bereich der Kultur.[43] Bereits im Juni 1952 konnte Oberbürgermeister Boock auf der Kreisdelegiertenkonferenz der SED erklären: „Gerade die Erfurter lieben ihre Heimatstadt außerordentlich und sind gern bereit, zu ihrer Verschönerung beizutragen. Dieser Plan ist eine wertvolle Ergänzung zum Volkswirtschaftsplan. Obwohl der ‚Plan der zusätzlichen Aufgaben' erst Ende April beschlossen wurde, ist er bereits zu 71 Prozent erfüllt.

---

[41] StAE, Beschlüsse der Stadtverordnetenversammlung, Januar bis Dezember 1950. Bericht des Oberbürgermeisters über die Erfüllung des Volkswirtschaftsplanes 1949.
[42] Erfurter Statistik 1951–1955, S. 72.
[43] Plan der Stadt Erfurt 1952.

Abb. 428. Eröffnung des Nationalen Aufbauwerkes in Erfurt durch Oberbürgermeister Georg Boock

20 Projekte sind vollkommen und elf zu 50 Prozent fertiggestellt.“[44]

Auf Vorschlag der Kreisleitung der SED beschloß der Rat der Stadt am 31. Juli 1952, weitere 14 Aufgaben in diesen Plan aufzunehmen, z. B. den Ausbau einer Steinbaracke in der Melchendorfer Straße zu einem Jugendklub des Stadtbezirkes Süd. Die Erfüllung und Übererfüllung des „Erfurtplanes 1952“ gab der Nationalen Front des demokratischen Deutschland die Möglichkeit, für das Jahr 1953 noch anspruchsvollere Aufgaben im Rahmen des Nationalen Aufbauwerkes in Angriff zu nehmen. In Verbindung mit den Industriebetrieben begann der Rat der Stadt vier Wohnhäuser unter Nutzung vorhandener Ruinengrundstücke in der Geschwister-Scholl-, Gustav-Adolf-, Wilhelm-Busch- und Windthorststraße wiederaufzubauen. Eine Kundgebung auf dem Domplatz am 21. Februar gab den Auftakt zum NAW in der Stadt mit dem Schwerpunkt der Gestaltung eines Kulturparkes auf dem Gelände der Cyriaksburg. Den ersten symbolischen Spatenstich führte Oberbürgermeister Boock aus.

In zusätzlicher freiwilliger Arbeit erzielten die Erfurter Bürger auch 1953 bedeutende Erfolge. In den Mittelpunkt der Masseninitiative rückte dabei immer stärker der Bau von Wohnungen, Kindergärten und -krippen. 1954 leisteten die Bürger an 145 Objekten in den fünf Stadtbezirken 395 688 Aufbaustunden und schufen damit zusätzlich zum Volkswirtschaftsplan Werte in Höhe von 482 644 M.[45] Bedeutungsvoll für die Weckung der Initiativen der

Werktätigen war die konkrete Information über die Aufgaben im NAW. Der Planentwurf 1955 wurde in Einwohnerversammlungen 11 700 Bürgern vorgestellt, von denen 1030 zur Diskussion sprachen und dabei 93 Vorschläge unterbreiteten. Die steigende Mitarbeit am NAW als Ausdruck des sich festigenden Staatsbewußtseins der Bürger erreichte in Vorbereitung der Internationalen Gartenbauausstellung einen ersten Höhepunkt. 1959 wurden für nahezu sechs Mill. M Gesamtleistungen erbracht, die sich auf über sieben Mill. M im Jahre 1961 steigerten. Im Jahr der Eröffnung der iga 1961 leisteten die Bürger insgesamt 1 917 613 Aufbaustunden.

Seit 1956 stieg das Bautempo in der Stadt sichtbar. Die Gründung der Arbeiterwohnungsbaugenossenschaften (AWG) 1954 war dafür eine wesentliche Voraussetzung. Die AWG erbrachten bis Anfang der 60er Jahre die Hauptleistungen im Wohnungsbau. 1956 bestanden elf AWG mit annähernd 1500 Mitgliedern. In den ersten beiden Jahren ihres Bestehens wurden durch die AWG 276 Wohnungen fertiggestellt. 1956 konnten insgesamt 308 Wohnungen bezugsfertig übergeben und 362 Wohnungseinheiten rohbaufertig oder z. T. fertiggestellt werden.[46]

Mit der Errichtung des neuen Betonwerkes in Erfurt-Nord wurden auch in Erfurt, wie bereits seit

---

[44] BPA Erfurt, IV/5. 01-1, Bd. 1.

[45] StAE, Stadtverordnetenversammlung vom 10. 3. 1955, Rechenschaftsbericht des Rates der Stadt.

[46] StAE, Stadtverordnetenversammlung vom 26. 2. 1957, Bericht des Oberbürgermeisters, als Mskr. gedruckt.

Mitte der 50er Jahre in anderen Städten der DDR, die Voraussetzungen für die Montagebauweise geschaffen. Im Mai 1959 wurde sie im Wohnkomplex Tiergarten erstmalig angewandt und damit eine entscheidende Beschleunigung des Bautempos erreicht. 680 Wohnungen konnten dadurch 1959 übergeben und mit 1024 bezugsfertigten Wohnungen 1960 ein erster Höhepunkt im Baugeschehen der Stadt erreicht werden. Der stürmische Aufschwung des Bauwesens verlangte objektiv auch in der Bauindustrie die Konzentration der Kräfte, die Einführung neuer Technik und Technologie. Das setzte gebieterisch die sozialistische Umgestaltung des Bauwesens auf die Tagesordnung. Mit Recht forderte auf der Stadtdelegiertenkonferenz der SED im Mai 1960 der Vertreter der Bauunion, Horst Hoffmann, in seinem Diskussionsbeitrag, die Zersplitterung im Bauwesen zu überwinden.[47] Mit der Bildung des Wohnungsbaukombinates (WBK), aber auch mit der staatlichen Beteiligung an privaten Baubetrieben, 1958 an fünf Betrieben und 1961 an 16, wurde dieser Forderung entsprochen. Der Zusammenschluß der VEB (ST) Ausbau, VEB (St) Bau, VEB (K) Kies- und Betonwerk und der Abteilung industrieller Wohnungsbau der VEB Bauunion zum VEB Wohnungsbaukombinat half die Zersplitterung im industriellen Wohnungsbau der Stadt zu beseitigen und die Produktivität der Arbeit zu heben.

Tabelle 28
Der Wohnungsbau in den Jahren 1956 bis 1961

Jahr	Wohnungseinheiten	Jahr	Wohnungseinheiten
1956	ca. 270	1959	680
1957	ca. 380	1960	1024
1958	635	1961	1060

Mit dem Aufschwung des Wohnungsbaues begannen auch Bauvorhaben von Institutionen und Organisationen das Bild der Stadt zu verändern. Als erste Zweckbauten wurden 1950 bis 1952 das Hochhaus des Rates des Bezirkes, 1952 bis 1954 das Gewerkschaftshaus, die Landesjugendschule in der Arnstädter Straße, heute Hautklinik, das Haus der Jungen Pioniere in der Schillerstraße und seit 1952 die ersten Gebäude des Pädagogischen Institutes errichtet. Die 1955 beginnende Umgestaltung der Bahnhofstraße führte durch den Einbau von Arkaden zur Verbesserung des Verkehrsflusses und zur Modernisierung von Geschäften des staatlichen und privaten Einzelhandels. Im Dezember wurde die vierte Kunsteisbahn der DDR im Georgi-Dimitroff-Stadion übergeben. Ab 1955 folgten unter anderem das moderne

Verwaltungsgebäude der VVB Kali, ein Erweiterungsbau des Funkwerkes am Philipp-Müller-Platz, der Werkneubau des VEB Starkstrom-Anlagenbau, das Gebäude des VEB Industrieprojektierung und die ersten größeren Schulneubauten.

Mit den Erfolgen im Aufbau erlangte Erfurt wachsende Bedeutung als Gastgeberstadt von Begegnungen und Kongressen und als Stätte sportlichen Wettstreits. Im Mai 1955 tagte in der Thüringenhalle das V. Parlament der FDJ. Den Rechenschaftsbericht des Zentralrates erstattete Erich Honecker. Im April 1958 kamen in Erfurt 1800 junge Arbeiter aus der BRD und der DDR zum I. Kongreß der Arbeiterjugend Deutschlands zusammen. Der erste Sekretär des ZK der SED, Walter Ulbricht, erläuterte vor den

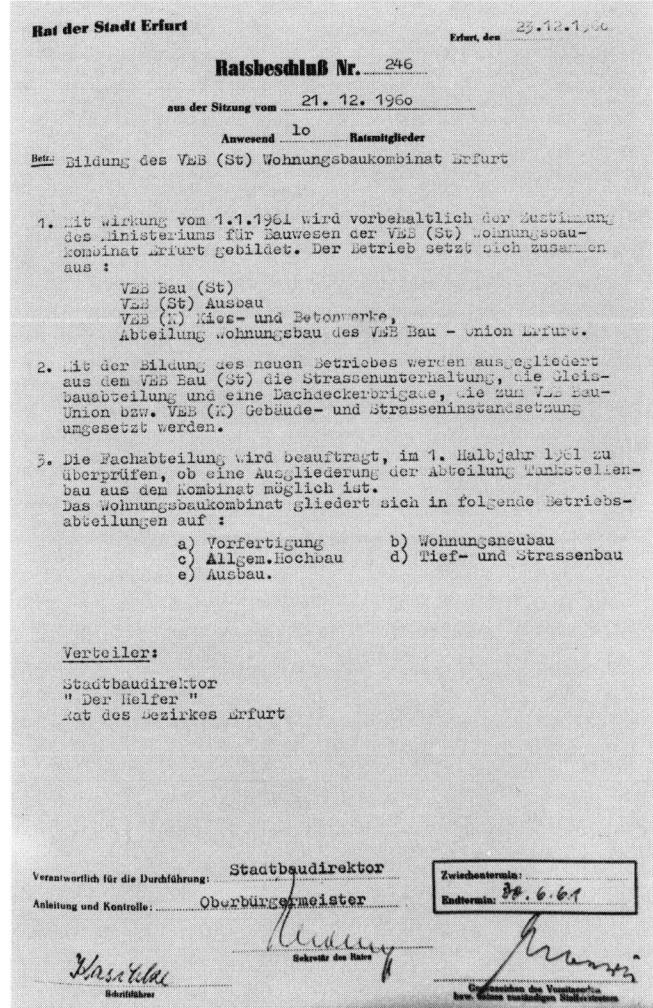

Abb. 429. Ratsbeschluß
über die Bildung des VEB Wohnungsbaukombinat Erfurt

---

[47] BPA Erfurt, IV/5. 01-7.

jungen Arbeitern die Friedenspolitik der DDR und entlarvte die Atomrüstungspolitik der Regierung der BRD. Die Delegierten beschlossen ein „Manifest an die Arbeiterjugend, an die junge Generation beider deutscher Staaten". Bei der Abschlußkundgebung vereinten sich nahezu 100 000 Einwohner der Stadt mit den Teilnehmern des Kongresses auf dem Domplatz. Ebenfalls in der Thüringenhalle fand 1959 der II. Kongreß der Arbeiterjugend Deutschlands statt. Einer Internationalen Eisenbahnerkonferenz mit Verkehrsexperten aus der UdSSR und allen volksdemokratischen Staaten sowie der Hauptversammlung und wissenschaftlichen Tagung der Pharmazeutischen Gesellschaft der DDR mit 750 Pharmazeuten aus der DDR und dem Ausland im Jahre 1956 schlossen sich viele internationale Kongresse in den folgenden Jahren an.

Die in den Jahren 1955 bis 1958 errichtete Hals-Nasen-Ohren- und Augenklinik, ausgestattet mit modernen Operationsräumen, je einer Poliklinik und dem größten Hörsaal auf dem Gelände der Medizinischen Akademie bildete den Auftakt für die baulichen Erweiterungen des Hochschulkomplexes. Damit wurden die Bemühungen um die Entwicklung des Gesundheitswesens und die Gewährleistung einer umfassenden medizinischen und sozialen Betreuung der Bevölkerung verstärkt fortgesetzt. Der Aufbau des Netzes von Polikliniken, beginnend im Jahre 1948 mit der Errichtung der Polikliniken Nord und Süd, der Poliklinik Mitte 1952, der Betriebspoliklinik der VEB Optima/Funkwerk sowie zwei Betriebsambulatorien, 26 Arzt- und

Abb. 431. Großblockbauten 1963

Abb. 430. Wohnungsneubauten in der Tschaikowskistraße

Schwesternsanitätsstellen bis 1961, bildeten entscheidende materielle Voraussetzungen für die Verwirklichung des Rechtes auf Gesundheit. Die Aufwendungen der Stadt für das Gesundheitswesen stiegen von 8,5 Mill. M 1950 bis 1958 auf 29,334 Mill. M an.

Besondere Anstrengungen wurden zur Unterstützung der werktätigen Mütter unternommen. Der Ministerpräsident des Landes Thüringen, Werner Eggerath, mußte sich in seinem Bericht über die Ergebnisse des Volkswirtschaftsplanes 1951 noch kritisch mit fehlenden Krippenplätzen in Erfurt auseinandersetzen; für 35 000 beschäftigte Frauen standen nur 384 Plätze für Kinder unter drei Jahren zur Verfügung.[48] Ihre Zahl stieg bis 1961 auf 1233, wofür

[48] Beiträge zur Geschichte Thüringens. Dokumente und Materialien zur Geschichte der Arbeiterbewegung in Thüringen 1949–1952, Erfurt 1978, S. 236.

über zwei Mill. M aufgewandt wurden. Das entsprach jährlichen Aufwendungen pro Krippenplatz von 2016 M in Tages- bzw. 3260 in Wochenkrippen.

Große Beachtung widmeten die örtlichen Organe der Staatsmacht auch dem Wohlbefinden der alten Bürger der Stadt. Neben der Betreuung älterer Menschen durch die Volkssolidarität nahmen mit der wirtschaftlichen Stärkung der DDR systematisch auch die Plätze und der Komfort in den Feierabend- und Pflegeheimen zu. Standen 1950 in den sechs staatlichen Feierabendheimen 418 und in den zwei Pflegeheimen 197 Plätze zur Verfügung, so wurde die Platzkapazität ständig erweitert und durch den Neubau des modernen Feierabendheimes „Georg Boock" auf 829 Plätze erhöht. Die 1945 in Erfurt-Nord von einem blinden Privatmann gegründete Abrichteanstalt für Blindenhunde entwickelte sich mit Unterstützung der Sozialversicherungsanstalt zur ersten staatlichen Einrichtung der DDR auf diesem Gebiet. 1955 wurde sie vom Deutschen Roten Kreuz übernommen und so ausgebaut, daß jährlich

bis 70 Blindenhunde ausgebildet und danach kostenlos an sehgeschädigte Bürger übergeben werden konnten.

Die großen Leistungen der Werktätigen beim Aufbau der Volkswirtschaft und die erfolgreiche Durchführung des Zweijahresplanes bildeten die Voraussetzung für die systematische Verbesserung der Lebensbedingungen. Mit der Verordnung der Regierung der DDR vom 22. Dezember 1950 wurde die Rationierung von Getreideprodukten und Hülsenfrüchten aufgehoben. Die Brotmarken gehörten seitdem der Vergangenheit an.

Bedeutungsvoll für die sich ständig verbessernde Versorgung der Bevölkerung erwies sich die Hilfe der UdSSR und der Länder der Volksdemokratien. Zusatzabkommen zu den Handelsverträgen mit der UdSSR vom Juli 1950 ermöglichten eine beträchtliche Steigerung der Importe. Die Aufnahme der DDR in den RGW im September 1950 bildete eine wesentliche Grundlage für die Erweiterung der ökonomischen Beziehungen und des Warenaustausches. So

Abb. 432. Neubaugebiet Stolzestraße mit Kaufhalle

erhielt die Stadt vom Mai bis Dezember 1950 aus sowjetischen Lieferungen über 190 und aus der Volksrepublik Polen 28,6 Tonnen Butter. Vom 30. September bis zum 31. Dezember 1950 wurden aus der UdSSR und den volksdemokratischen Ländern 447 Tonnen Schweinefleisch, 110 Tonnen Rindfleisch und 43 Tonnen Speck eingeführt. Seit Mitte September entwickelte sich der Erfurter Schlachthof zu einem Knotenpunkt der Importe aus der Sowjetunion und den Volksdemokratien für das Land Thüringen. Vom 20. September bis 3. Dezember wurden allein am Erfurter Schlachthof 379 Waggons mit insgesamt 3368,7 Tonnen Fleisch aus der Sowjetunion und den Volksdemokratien entladen.[49] Die ständige Erhöhung der Tierproduktion und wachsende Importe aus sozialistischen Ländern bildeten die Voraussetzungen für die weitere Stabilisierung und schrittweise Verbesserung der Versorgung der Bevölkerung. Der Umsatz an Fleisch und Wurstwaren stieg 1951 gegenüber dem Vorjahr um 28,9 Prozent, bei Fisch um 28,5 Prozent, bei Fetten um 64,6 Prozent und bei Zucker um 40,2 Prozent. Spürbar erweiterte sich das Angebot an Textilien und Schuhwaren einschließlich Berufskleidung. Die Aufhebung der Rationierung von Textilien führte zu einem weiteren Fortschritt in der Versorgung, wozu die fleißige Arbeit der in der Erfurter Textil- und Bekleidungsindustrie Beschäftigten entscheidend beitrug.

Systematisch wurde das Netz des staatlichen und genossenschaftlichen Handels erweitert. Die im Spätherbst 1948 mit einem sogenannten „Freien Laden" in Erfurt entstehende staatliche Handelsorganisation verfügte Ende 1951 über 31 Verkaufsstellen der HO Industriewaren und 131 der HO-Lebensmittel. Über 141 Verkaufsstellen gehörten der Kreiskonsumgenossenschaft. Die Erfolge in allen Bereichen

der Volkswirtschaft ermöglichten es im Mai 1958, die Rationierung von Lebensmitteln vollständig aufzuheben und ein einheitliches Preisniveau für alle Waren zu schaffen. Werktätige mit niedrigem Einkommen, Familien mit Kindern und Rentner erhielten Lohn- bzw. Rentenzuschläge. Sichtbarer Ausdruck der sich ständig verbessernden Lebenslage der Bevölkerung war die Entwicklung des Einzelhandelsumsatzes in den 50er Jahren. Von 1953 bis 1961 stieg er von 381,366 auf 650,370 Mill. M. Daran war der sozialistische Handel mit 69,8 Prozent bzw. 76,4 Prozent beteiligt.

Mit über 2166 Verkaufsstellen aller Einzelhandelsformen, davon 908 Privatbetriebe, verfügte Erfurt 1961 über ein gut ausgebautes Netz von Versorgungseinrichtungen.[50] Mit der Modernisierung des Verkaufsstellennetzes durch den sozialistischen Handel setzten sich neue Formen des Verkaufs durch, die das wachsende Angebot an Industriewaren und Lebensmitteln erforderte. Die Eröffnung des modernen Selbstbedienungsgeschäftes der HO für Lebensmittel am Anger 1956 bildete den Auftakt für die Einrichtung weiterer Selbstbedienungsläden durch die HO und den Konsum, die zu einer spürbaren Erleichterung für die werktätigen Frauen führten. Sowohl die Presse als auch die Stadtverordnetenversammlung hoben die verbesserte Schaufenstergestaltung als eine Form des Dienstes am Kunden hervor. Der regelmäßige Bauernmarkt auf dem Domplatz wurde zu einer beliebten Einkaufsmöglichkeit. Er diente der umfassenderen Versorgung mit Erzeugnissen der Landwirtschaft und als Anreiz für die Erhöhung der landwirtschaftlichen Produktion. Mit der Gestaltung des Weihnachtsmarktes 1953 auf dem Domplatz wurden neue Verkaufsformen gefunden, die sich zu schönen Traditionen des vorweihnachtlichen Einkaufs entwickelten.

4.
Die Revolution in Bildung, Wissenschaft und Kultur

Anläßlich der Wahl des Rates der Stadt Erfurt am 24. November 1950 steckte der Oberbürgermeister in der Stadtverordnetenversammlung auch die Linien der weiteren Entwicklung des Kultur- und Bildungswesens ab. Die „Aufgabenstellung der Stadt Erfurt zum Wahlprogramm der Nationalen Front des demokratischen Deutschland" enthielt konkrete Forderungen, um das geistig-kulturelle Leben im Interesse der Werktätigen zu gestalten. Schritt für Schritt wurde begonnen, die materiellen Grundla-

gen für das Bildungswesen und Kulturleben in der Stadt zu verbessern. Am 24. Oktober 1952 trat das Kindertheater mit dem Stück „Der Weg ins Leben" an die Öffentlichkeit. Das im SAG-Betrieb „Henry Pels" für die Belegschaft errichtete Klubhaus war erstes Beispiel einer Betriebskulturstätte in Erfurt.

---

[49] StAE, Stadtverordnetenversammlung vom 26.1.1951, Bericht des Oberbürgermeisters.

[50] Vgl.: Erfurter Statistik 1961 und folg. Jahrgänge.

Abb. 433 Feierliche Übergabe der neuerbauten Erfurter Synagoge
an die jüdische Gemeinde durch den stellvertretenden Ministerpräsidenten Otto Nuschke

Am 31. August 1952 übergab Otto Nuschke, Stellvertretender Ministerpräsident der DDR, der jüdischen Gemeinde die neuerbaute Synagoge. Sie wurde an der Stelle errichtet, wo die in der „Kristallnacht" am 9. November 1938 durch faschistische Banden vernichtete alte Synagoge gestanden hatte. Namhafte Beträge wurden durch die staatlichen Organe für die Erhaltung und Sicherung bzw. Wiederherstellung bedeutender Werke der Baugeschichte in der Stadt, unabhängig ob weltlichen oder sakralen Charakters, zur Verfügung gestellt. So erhielten u. a. der Dom, die im Krieg bis auf den Chor zerstörte Barfüßerkirche und die Schottenkirche für eine neue Orgel beträchtliche staatliche Zuschüsse. Die Ägidienkirche auf dem Wenigemarkt wurde restauriert und wieder als Kirche eingerichtet.

Eine enge Zusammenarbeit entwickelte sich zwischen den Werktätigen und den Theaterschaffenden. Schritte dazu waren der Abschluß von Freundschaftsverträgen mit den VEB „Optima" und Funkwerk 1952 und die Aussprachen mit Produktionsarbeitern sowie die festen Kontakte zwischen Brigaden und Betrieben und Mitgliedern des Schauspielensembles. Die Schauspieler Albert Hetterle und Alexander Stillmark gaben Laienspielgruppen in Betrieben Hilfe und Anleitung. Anfang der 50er Jahre gelang es, der Gegenwartsdramatik, aber auch der Pflege der Klassiker mehr Raum im Spielplan einzuräumen. Mit großem Erfolg führte das Theater im Juli 1953 eine „Festwoche der Klassik" durch. Ende der 50er Jahre errangen die Städtischen Bühnen auf Grund ihres progressiven Spielplanes, ihrer ausgezeichneten Inszenierungen und künstlerischen Leistungen einen guten Ruf weit über die Grenzen Erfurts hinaus. Bedeutende Werke des sowjetischen Bühnenschaffens und DDR-Gegenwartsdramatik sowie der russischen Klassik standen auf dem Spielplan. Mit Bertolt Brechts „Der kaukasische Kreidekreis" und „Schwejk im zweiten Weltkrieg", Hedda Zinners „Die Lützower", Harald Hausers „Am Ende der Nacht", dem „Tagebuch der Anne Frank" und „Julius Fucik" begründete das Schauspielerensemble diesen Ruf. Zahlreiche Gastspiele, u. a. mit „Der kaukasische Kreidekreis" am 18. Dezember 1956 im Theater am Schiffbauerdamm, in Anwesenheit von Helene Weigel, und „Schwejk im zweiten Weltkrieg" (Deutsche Erstaufführung am 1. März 1958 in Erfurt) zu den Berliner Festwochen 1958, bewiesen die Leistungsfähigkeit des Ensembles. Mit der Eröffnung der „Kleinen Bühne" 1957 erfüllten sich die Wünsche der Bevölkerung nach einem Experimentiertheater.

Unter der Leitung von Ude Nissen formierte sich das Orchester der Städtischen Bühnen zu einem leistungsfähigen Klangkörper, der das Musikleben der Stadt maßgebend bestimmte. Die monatlichen Sinfoniekonzerte mit namhaften Solisten und Dirigenten trugen durch die bewußte Verbindung von Tradition

Abb. 434. Portal
der neuen Synagoge am Juri-Gagarin-Ring

und Pflege der Klassik und des zeitgenössischen Musikschaffens zur Herausbildung eines aufgeschlossenen und musikinteressierten Konzertpublikums bei. Zu einem unvergeßlichen Höhepunkt im Konzertleben gestaltete sich am 30. Juni 1961 ein Sonderkonzert des Orchesters der Städtischen Bühnen unter dem Dirigat des berühmten sowjetischen Komponisten Aram Chatschaturjan, der erstmals in der DDR weilte. 1950 erfolgte die Gründung der Volksmusikschule. Sie dient der Bildung des musikalischen Nachwuchses und der künstlerischen Selbstbetätigung. Viele heutige Musiker eigneten sich hier die ersten musikalischen und musiktheoretischen Kenntnisse an.

Die bildenden Künstler Erfurts organisierten sich im Jahre 1949 mit dem Ziel, den neuen gesellschaftlichen Anforderungen zu entsprechen und die Verbindung mit den Werktätigen zu festigen, in dem „Aktiv Erfurter bildender Künstler" und dem „Schutzverband der bildenden Künstler im FDGB". Auf der III. Deutschen Kunstausstellung in Dresden war Albert Habermann mit einer Sonderausstellung vertreten. Nach der Bildung des Verbandes Bildender Künstler im Juni 1950 folgte die Gründung eines örtlichen Arbeitskreises unter der Leitung von Otto Knöpfer. Die Landeskunstausstellung auf dem Gelände der Cyriaksburg bot den Erfurter Künstlern die Möglichkeit, ihre Arbeiten vorzustellen. So wurde unter anderem erstmals Knöpfers „Glasbläser" gezeigt. Immer stärker wandten sie sich seit Mitte der 50er Jahre der Verbindung von Kunst und Architektur zu, wie Helmut Braun mit der Gestaltung der Attika am Auditorium maximum und vier Gipsschnitten für die Mensa des Pädagogischen Instituts 1956 und 1957, Otto Knöpfer, Otto Kayser, Franz Markau und Carlos Goetjes mit Wandbildern in der Hals-Nasen-Ohren-Klinik der Medizinischen Akademie und Otto Knöpfer mit dem Sgraffito „Arbeitskollektiv in der AWG Ernst Thälmann" 1959. Anläßlich der Eröffnung der iga fand 1961 die bis dahin bedeutendste Kunstausstellung der Stadt im Angermuseum statt, an der sich 29 Erfurter Künstler beteiligten.

Profilbestimmend für die künstlerische Entwicklung war besonders der Bereich Kunsthandwerk. Mit der Bildung der Genossenschaft der Kunsthandwerker (Einkaufs- und Liefergenossenschaft) am 16. Juni 1950 begann eine produktive und erfolgreiche Entwicklung des Kunsthandwerks in der Stadt. Mit großem Erfolg beteiligten sich die Erfurter Kunsthandwerker an den Leipziger Messen und an Ausstellungen im In- und Ausland. Zur Eröffnung der iga 1961 leisteten sie einen spezifischen Beitrag.

Abb. 435.
Die Schottenkirche
nach ihrer
Rekonstruktion

Abb. 436.
Glasbläser. Ölgemälde
von Otto Knöpfer
(1950)

Abb. 437 Probe zu Bertolt Brechts „Der kaukasische Kreidekreis" im Stadttheater

Mit nahezu 3000 Aufbaustunden bereiteten sie die erste große Ausstellung des Kunsthandwerks im alten Aussichtsturm auf dem Gelände der iga vor. Unter den Exponaten ragten besonders die Arbeiten von Margarethe Reichardt, Karl Baumbach, Otto Panser, Edgar Noßmann, Friedrich Kucharski und Kurt Hentschel hervor.

Große Anstrengungen wurden durch Betriebe, Organisationen und Rat der Stadt unternommen, um die materiellen Voraussetzungen für die kulturelle Massenarbeit zu verbessern. Im Interesse des kulturell-geistigen Lebens der Werktätigen erweiterte sich das Netz kultureller Einrichtungen. Stand 1949 der Bevölkerung erst ein Klubhaus im SAG-Betrieb „Henry Pels" zur Verfügung, so waren es 1961 neun Klubhäuser, in denen 4659 Veranstaltungen mit über 274 000 Besuchern stattfanden. 1952 konnte das Haus der DSF in der Meister-Eckehart-Straße als ein neues kulturelles Zentrum übergeben werden. Als Stätte der Begegnung mit der sowjetischen Kunst

und Literatur, aber auch als Domizil der Selbstbetätigung in Sprachzirkeln, Foto-, Literatur- und dramatischen Zirkeln erfreute es sich wachsender Beliebtheit. Einen festen Platz im kulturellen Leben der Stadt eroberte sich auch das Ensemble der sowjetischen Streitkräfte Nohra.

191 Volkskunstgruppen mit über 3000 Mitgliedern waren 1961 tätig. Das Theo-Neubauer-Ensemble des VEB Pressen- und Scherenbau führte Gastspiele u. a. nach Finnland und in die BRD. Mit ihren Liedern und Tänzen brachte dieses Ensemble Hunderttausenden Werktätigen Freude und Entspannung. Zu einem der bedeutendsten Volksfeste entwickelte sich das im Juli 1955 erstmalig durchgeführte Pressefest des Organs der Bezirksleitung der SED „Das Volk". Zu Ehren der VI. Weltfestspiele der Jugend und Studenten in Moskau fanden am 8. Mai 1957 Erfurter Chortage statt. 23 Erfurter Betriebs- und Volkschöre und 750 Sängerinnen und Sänger vereinigten sich zu einem Massensingen auf den Domstu-

fen. Als Ausdruck der neuen Beziehungen zwischen Berufs- und Volkskunst entwickelten sich nach 1953 unter Leitung des Kunstmalers Albert Habermann die Zirkel für Bildnerisches Volksschaffen. Die Zirkelmitglieder wiesen bereits in den 50er Jahren in Ausstellungen und durch erfolgreiche Teilnahme an Wettbewerben ihr künstlerisches Wachstum nach.

der Künstler zu entfalten und den einzelnen Fachgruppen eine Heimstatt zu geben.

Besondere Erwähnung verdient die Öffentlichkeitsarbeit, die sich in solchen Publikationsorganen widerspiegelte wie „Das Erfurter Rad", das von 1956 bis 1961 vom Kulturbund herausgegeben wurde, den „Beiträgen zur Geschichte der Stadt Erfurt" und den sogenannten „gelben Heften" mit dem Titel „Aus

Abb. 438. Mitglieder des Wissenschaftlichen Kollektivs zur Erforschung der Erfurter Stadtgeschichte im Kulturbund der DDR (von links: Willibald Gutsche, Kurt Göldner, Siegfried Orth)

In den Jahren nach der Gründung der DDR ließ die Stadt das durch eine Luftmine beschädigte Gebäude des Angermuseums wieder vollständig herstellen und alle Räume den Besuchern zugänglich machen. Schrittweise wurden die mittelalterliche Abteilung, die Galerie, die städtebauliche Abteilung, die kunsthandwerklichen Fachsammlungen und die vor- und frühgeschichtliche Abteilung übergeben. Das Museum für Volkskunde öffnete 1955 im ehemaligen Herrenhaus des Großen Hospitals seine Pforten. Großen Zuspruchs erfreute sich das im Rahmen des Nationalen Aufbauwerkes errichtete Aquarium, das am 5. Juli 1953 eröffnet wurde und seitdem Zehntausende Besucher anzog. Seit seiner Eröffnung 1954 entwickelte sich der Klub der Intelligenz in der Walkmühlstraße zu einem Zentrum des geistig-kulturellen Lebens. Er bot dem Kulturbund zur demokratischen Erneuerung Deutschlands die Möglichkeit, ein interessantes Klubleben mit Zirkeln, der Pflege von Geselligkeit und Ausstellungen bilden-

der Vergangenheit der Stadt Erfurt", die vom „Wissenschaftlichen Kollektiv zur Erforschung der Erfurter Stadtgeschichte" mit Unterstützung des Rates der Stadt und der Kreisleitung des Kulturbundes unter der redaktionellen Leitung von Willibald Gutsche und Stadtarchivdirektor Fritz Wiegand 1955 bis 1967 erschienen.

Zielgerichtet wurde der weitere Ausbau des Netzes der Bibliotheken betrieben. Mit der Wissenschaftlichen Bibliothek verfügte Erfurt über eine Einrichtung, die wegen ihrer bedeutsamen Sammlungen und reichen Buchbestände den Mittelpunkt des Bibliothekwesens bildete. Mit 267 274 Bänden und 42 061 Lesern im Jahre 1961 war sie die bedeutungsvollste Bibliothek. Besonders nach dem Aufbau der Hoch- und Fachschulen in Erfurt nutzten die Studierenden ihre Bestände und das gut funktionierende System der Fernleihe. Ihre wissenschaftlichen Verbindungen erstreckten sich über die ganze Welt. Besucher aus allen Ländern interessierten sich besonders für die Amplonianische Handschriftensammlung. Die Stadt- und Bezirksbibliothek, aus der Vereinigung der Städtischen Volksbüchereien hervorgegangen, erweiterte ständig Zweigstellen und Buchbestand. 1961 verfügten die 24 Zweigstellen, davon zwei Kinderbibliotheken, über 116 431 Bände und verzeichneten 462 000 Ausleihen. Gleichzeitig erhöhten die Bibliotheken in Klubs und Kulturhäusern, z.B. die Bibliothek im Haus der DSF und die Betriebsbüchereien und Gewerkschaftsbibliotheken, ihre Wirksamkeit.

Eine Bestandaufnahme im Bildungswesen im Gründungsjahr der DDR bestätigte die völlige Vernachlässigung der Schulverhältnisse unter dem bürgerlichen und faschistischen Herrschaftssystem. Obwohl sich die Einwohnerzahl Erfurts von 1919 bis 1938 von 116 000 auf 165 000 erhöht hatte, war in diesen Jahren nur eine einzige Volksschule und zwar die Herderschule im Jahre 1922 und eine höhere Schule, die ehemalige Himmelspforte (heute Heinrich-Mann-Oberschule), erbaut worden. Diese negative Bilanz bürgerlicher und faschistischer Schulpolitik wurde durch die Kriegszerstörungen an Schulgebäuden, ein völlig in Trümmern liegendes Schulgebäude in der Schillerstraße, die nur noch teilweise nutzbare Humboldtschule und erhebliche Teilschäden an anderen Schulen, verstärkt. Die Schulverhältnisse, besonders in den Stadtrandgebieten, bedurften dringender Verbesserungen. Die sanitären Einrichtungen entsprachen nicht den Anforderungen und das Mobiliar war zum Teil über 80 Jahre alt und stark erneuerungsbedürftig.

Mit der Erhöhung der Einwohnerzahl der Stadt auf 178 000 im Jahre 1949 stieg die Anzahl der schulpflichtigen Kinder auf 23 120. Die in der ehemaligen Gaststätte „Weißes Haus" am Ringelberg 1947 eingerichtete Grundschule 28 konnte die Schulraumnot nicht wesentlich lindern. Erste Schritte zur Überwindung der Schulraumsorgen begannen mit dem Neubau der Grundschule 29 in der Cyriakssiedlung im Jahre 1950, dem Erweiterungsbau der Grundschule im Ortsteil Bischleben 1952, dem Neubau der Südschule am Schwemmbach 1953 und der Grundschule in Erfurt-Hochheim 1959. Ausbau bzw. Erweiterungsbauten an Schulgebäuden wurden in diesem Jahr in den Ortsteilen Gispersleben, Schmira, Melchendorf, Möbisburg und Daberstedt sowie an der Lessing-Oberschule vorgenommen. Aus der Orientierung der II. Parteikonferenz der SED, in allen Bereichen der Gesellschaft planmäßig die Grundlagen des Sozialismus zu schaffen, zog die Stadtleitung der SED im August 1952 Schlußfolgerungen für die Erhöhung des wissenschaftlichen Ni-

veaus der Ausbildung und des Unterrichts sowie für die Verbesserung der Parteiarbeit an den allgemeinbildenden Schulen. Die Kreislehrerkonferenz am 25. September 1952 gab den Auftakt zur Bildung von Pädagogischen Räten, zur Durchsetzung des Kabinettsystems und der weiteren Qualifizierung der Lehrer. Mit Beginn des Schuljahres traten neue Lehrpläne und eine neue Stundentafel in Kraft. Neue Lehrbücher, zum erstenmal seit 1945 auch für den Geschichtsunterricht, konnten den Schülern zur Verfügung gestellt werden.

Die Kapazität der Oberschulen wurde entsprechend der Erfordernisse von 1370 auf 1450 Schüler erhöht. Im Oktober 1952 übergab der Oberbürgermeister die wiederaufgebaute Humboldtoberschule feierlich an das Lehrerkollegium und die Schüler. Ausdruck der Verwirklichung der Bildungspolitik der Arbeiterklasse war der ständig steigende Anteil der Arbeiter- und Bauernkinder an den Oberschulen auf 50,9 Prozent im Jahr 1955. Der interessanten und sinnvollen Gestaltung der Pionierarbeit diente das in der Schillerstraße eröffnete „Bezirkshaus der Jungen Pioniere", dem in Anwesenheit des Ministerpräsidenten der DDR, Otto Grotewohl, am 22. April 1953 sein Name verliehen wurde.

Als Ausdruck der Verantwortung der Arbeiterklasse für die Erziehung und Bildung der Schüler entwickelten sich in der Mitte der fünfziger Jahre enge Patenschaftsbeziehungen zwischen sozialistischen Betrieben und Schulen. Ein Beispiel dafür war die fruchtbare Zusammenarbeit des VEB „Henry Pels" mit der achten Grundschule und der Lessing-Oberschule. Die Vorbereitung des polytechnischen Unterrichts fand die Hilfe und Unterstützung der sozialistischen Betriebe. Die enge Zusammenarbeit zwischen den volkseigenen Betrieben und den Schulen legte die Grundlagen für die obligatorische Einführung des Werkunterrichts ab 1. September 1957. Gleichzeitig war es möglich, das neue Schuljahr nun ohne Schichtunterricht zu beginnen.

Das Gesetz über die sozialistische Entwicklung des Schulwesens in der DDR vom 2. Dezember 1959, das die zehnklassige allgemeinbildende polytechnische Oberschule zur Grundlage des Erziehungs- und Bildungsprogramms in der DDR bestimmte, leitete auch in Erfurt einen bis dahin unbekannten Aufschwung in der Entwicklung des Bildungswesens ein. Das am 27. April 1960 in der Stadtverordnetenversammlung beschlossene „Programm für den sozialistischen Aufbau des Schulwesens der Stadt Erfurt bis zum Jahre 1965"[51] bildete den notwendi-

---

[51] Ebenda; StAE, 1-5, 1000-17.

Abb. 439. Festakt anläßlich der Gründung der Medizinischen Akademie Erfurt im Festsaal des Erfurter Rathauses

gen Rahmen für die weitere und schnellere Umgestaltung der Schule nach sozialistischen Prinzipien. Die Stadtverordneten wandten sich an die „Bürger der Stadt Erfurt und die Arbeiter der sozialistischen Betriebe", an der Verwirklichung des großen Zieles mitzuwirken und die erfolgreiche Umgestaltung des Schulwesens sicherzustellen.

Die Einführung der Zehnklassenschule und des polytechnischen Unterrichts ab 1. September 1959 markierte eine neue Etappe der Durchsetzung eines einheitlichen sozialistischen Bildungssystems. Waren es 1959 48 Prozent der Schüler der 8. Klasse, die mit dem Übergang in die 9. Klasse einen Schritt zu einer höheren Bildungsstufe gingen, so waren es 1961 bereits 70 Prozent, wobei durchaus noch nicht das Verständnis aller Eltern für den Besuch einer höheren Klassenstufe vorhanden war. Oft war noch viel Überzeugungsarbeit durch Lehrer und ehrenamtliche Elternvertreter notwendig, um Eltern die höheren Bildungsanforderungen der sozialistischen Gesellschaftsordnung zu verdeutlichen.

Der Aufbau der Grundlagen des Sozialismus erforderte die Bildung und Erziehung wissenschaftlicher Kader, die mit hohem fachlichen Wissen und gesellschaftlichem Engagement gemeinsam mit der Arbeiterklasse bereit waren, ihre Kraft für die Errichtung einer neuen Gesellschaft einzusetzen. Diesem Ziel diente die Neugründung von Hoch- und Fachschulen in den verschiedensten Bereichen.

Mit 48 Lehrkräften und 471 Studenten begann am 12. September 1953 der Unterrichtsbetrieb des Pädagogischen Institutes Erfurt. In wenigen Jahren entwickelte es sich zu einer der größten Lehrerbildungseinrichtungen der DDR. 1961 waren 1322 Direkt- und 417 Fernstudenten immatrikuliert[52], die unter anderem in den Fachrichtungen Deutsch-Russisch, Deutsch-Kunsterziehung, Mathematik-Physik, Mathematik-Werken und Physik-Werken ausgebildet wurden. Die internationale Ausstrahlung

---

[52] 10 Jahre Pädagogisches Institut, Erfurt, 1959–1968, Erfurt 1969.

des Pädagogischen Institutes erhöhte sich spürbar mit der regelmäßigen Durchführung internationaler Sommerkurse für ausländische Lehrer der deutschen Sprache und Literatur.

Mit der Gründung der Medizinischen Akademie am 7. September 1954 im Festsaal des Rathauses wurde eine den Universitäten bzw. Medizinischen Fakultäten vollkommen gleichgestellte Hochschule mit Prüfungs-, Promotions- und Habilitationsrecht geschaffen. Unter Leitung ihres ersten Rektors, Prof. Dr. med. Egbert Schwarz, nahmen an diesem Tag 50 Studenten der Humanmedizin ihr Studium auf. Anknüpfend an die reichen Traditionen der alten Universität wurde Erfurt wieder Hochschulstadt, es entstand mit der Medizinischen Akademie ein neues wissenschaftlich-geistiges Zentrum. In nur wenigen Jahren entwickelte sich die Akademie allen westdeutschen Unkenrufen zum Trotz, die die Gründung Medizinischer Akademien in der DDR als „Ausbildungsstätten für Arzthelfer, die nach zweijähriger Ausbildung gewisse ärztliche Funktionen übernehmen sollen"[53], zu disqualifizieren versuchten, zu einer leistungsfähigen Bildungseinrichtung. 22 medizinisch-wissenschaftliche Einrichtungen wurden seit 1954 geschaffen. Neu erbaut wurden so bedeutende Objekte wie die Hals-Nasen-Ohren-

und Augenklinik; neu eingerichtet wurden wichtige Institute wie das Institut für Pharmakologie, für Sozialhygiene, für Allgemeine Hygiene und für Arbeitshygiene.[54] Mit der schnellen Profilierung als Hochschuleinrichtung wuchs das Ansehen der Akademie als Gesundheitseinrichtung bei der hochspezialisierten medizinischen Betreuung von Patienten, die gleichfalls die Aufgaben eines Krankenhauses für den Stadt- und Landkreis sowie die eines Bezirkskrankenhauses erfüllte und auch die gesundheitliche Betreuung von Patienten des Bezirkes Suhl übernahm. Unter der Leitung der Rektoren Prof. Dr. Schwarz (1954–1959) und Prof. Dr. Harry Güthert (1959–1963) leistete die Akademie auch Beachtliches auf dem Gebiet der Forschung. Publikationen, Kongresse, aber vor allem die Tagungen der der Akademie zugehörenden Medizinischen Gesellschaft zeugten von dieser Entwicklung. Der Ausbildung von mittlerem medizinischen Personal diente die 1950 eröffnete Medizinische Fachschule.

Den Bedürfnissen nach qualifizierten Fachkräften im Gartenbau und im Bauwesen entsprachen

---

[53] Der Spiegel, 22.9.1954.
[54] Helmut Schmidt, Die Gründung und allgemeine Entwicklung der MAE in den Jahren 1954–1979 (unveröff. Mskr.).

Abb. 440. Das neuerrichtete Pathologische Institut der Medizinischen Akademie Erfurt

der systematische Ausbau der Fachschule für Gartenbau und der Ingenieurschule für Bauwesen.

Erfurter Sportler leisteten schon in den Anfangsjahren der DDR einen wichtigen Beitrag zur erfolgreichen Entwicklung der demokratischen Sportbewegung. Durch ihre Erfolge auf nationaler und internationaler Ebene stärkten sie das Ansehen der DDR in der Welt. Eine herausragende Leistung vollbrachte Jutta Langenau 1954 in Turin mit dem Gewinn der Europameisterschaft im 100-m-Schmetterlingsschwimmen. Im Vorlauf stellte sie einen neuen Weltrekord auf. Mit ihren Leistungen begründete sie die erfolgreiche Entwicklung des Erfurter Schwimmsports.

Einen guten Ruf erkämpfte sich die Fußballmannschaft des SC Turbine in den 50er Jahren im DDR-Sport. 1954 und 1955 konnte der Erfurter Club die Fußballmeisterschaft der DDR erlangen. Im Radsport, Faustball, Boxen, Kegeln und Billard sowie in vielen leichtathletischen Disziplinen errangen Erfurter Sportler Meistertitel oder erzielten Rekordleistungen. Die 1956 gegründete Kinder- und Jugendsportschule entwickelte sich zu einem wichtigen Nachwuchszentrum des Erfurter Sportclubs Turbine, aus dem viele hoffnungsvolle Talente und Spitzensportler der DDR, wie Roland Matthes u.a., hervorgingen.

Die sportlichen Erfolge Erfurter Athleten und die hervorragenden Anlagen des Georgi-Dimitroff-Stadions gaben den Ausschlag für die Durchführung der Ausscheidungswettkämpfe der Leichtathleten der DDR und der BRD am 7. August 1960 in Erfurt für die Olympischen Sommerspiele in Rom. 40 000 Zuschauer, unter ihnen Erich Honecker, verfolgten die 14 Wettbewerbe, bei denen die DDR-Vertreter einen Weltrekord, die Egalisierung eines Europarekords und einen DDR-Rekord erzielen konnten. Am gleichen Tag erkämpfte sich bei den Rad-Welt-Meisterschaften der Amateure in Leipzig der Erfurter Georg Stoltze den Titel eines Steher-Weltmeisters.

5.
Der Kampf um den Sieg der sozialistischen Produktionsverhältnisse

Für die Erfüllung der vom V. Parteitag der SED im Juli 1958 gestellten Aufgabe, die sozialistischen Produktionsverhältnisse zum Sieg zu führen und damit die Übergangsperiode vom Kapitalismus zum Sozialismus im wesentlichen abzuschließen, waren auch in Erfurt durch die erfolgreiche Tätigkeit der Werktätigen unter Führung der Stadtparteiorganisation wichtige Voraussetzungen geschaffen worden. Das sozialistische Eigentum hatte sich eindeutig als bestimmender Faktor der ökonomischen Entwicklung durchgesetzt. In der Landwirtschaft und im Gartenbau entwickelte sich ebenfalls eine sozialistische Basis in Gestalt der LPG und GPG. Neue Fortschritte wurden bei der Bildung von PGH, der Aufnahme staatlicher Beteiligung an Privatbetrieben und dem Abschluß von Kommissionsverträgen erzielt. Auf dem V. Parteitag sprach der 1. Sekretär der Stadtleitung der SED, Kurt Damm, über Probleme der Einbeziehung der Mittelschichten in den sozialistischen Aufbau, wobei er sich auf die Erfahrungen der engen Zusammenarbeit der Arbeiterklasse mit den Inhabern kleiner Betriebe, Gärtnereien, Geschäfte und Gaststätten sowie mit Handwerkern in Erfurt stützen konnte.[55]

In Auswertung des V. Parteitages schlug die Stadtleitung der SED am 4. August einen Perspektivplan der Stadt bis 1960 und einen Kampfplan für das zweite Halbjahr 1958 vor. Ausdrücklich wurde dabei festgestellt, daß diese Pläne eine Ergänzung der Entschließung der Stadtdelegiertenkonferenz darstellten, die mit den Vertretern des demokratischen Blocks beraten und der Stadtverordnetenversammlung zur Beschlußfassung vorgelegt werden sollten. Bereits während der Zeit des Parteitages erhöhte der VEB Pressen- und Scherenbau „Henry Pels" seinen Staatsplan um zwei Mill. M und verpflichtete sich, eine neue 2500-Tonnen-Schneidepresse bis zum Probelauf zu entwickeln und dabei weitere 400 000 M zu erwirtschaften. Die Werktätigen des VEB Erfurter Mälzerei- und Speicherbau (EMS) erreichten zu Ehren des Parteitages sieben Tage Planvorsprung und produzierten zusätzlich Massenbedarfsgüter im Werte von 100 000 M. Im VEB Bekleidungswerk wurden 80 000 Stück Bekleidung bis Jahresende über den Plan gefertigt; der Betrieb verzichtete auf staatliche Zuschüsse in Höhe von 650 000 M für Kinderbekleidung.

Auf der Grundlage der Aktivitäten der Arbeiterklasse in der Stadt und im ganzen Bezirk war es der

---

[55] Protokoll der Verhandlungen des V. Parteitages der SED, Berlin 1959, S. 314 ff.

Abb. 441. Das neuerbaute Pädagogische Institut „Dr. Theodor Neubauer" an der Nordhäuser Straße

Bezirksleitung der SED möglich, „Maßnahmen zur Durchführung der Beschlüsse der IV. Bezirksdelegiertenkonferenz und des V. Parteitages" zu ergreifen und allen Werktätigen des Bezirkes vorzuschlagen, bis zum Jahresende 1958 in der sozialistischen Industrie zusätzlich für 180 Mill. M industrielle Erzeugnisse zu produzieren.[56] 300 Parteiaktivisten aus den sozialistischen Betrieben der Stadt berieten diesen Vorschlag der Bezirksleitung und beschlossen, von dieser Zielstellung „. . . unter Ausnutzung aller Reserven bis Jahresende in Erfurt einen Anteil von 35 Millionen Mark zu übernehmen".[57]

Neue Formen des Wettbewerbs, die besonders durch den FDGB und die Gesellschaft für DSF propagiert wurden, ermöglichten, die Pläne auf jeden Tag und jeden Arbeitsplatz aufzuschlüsseln. Diese nach dem Beispiel des sowjetischen Neuerers Nikolai Mamai von Günter Christoph und Willy Wehner entwickelte, kurz Christoph-Wehner-Methode genannte Form, und die von Erich Seifert angewandte Methode zur Rationalisierung des Fertigungsablaufs fanden auch in den Erfurter Betrieben breite Anwendung. Erfahrungsaustausche, wie z. B. am 21. Juli 1958 mit 600 Aktivisten und Bestarbeitern des Bezirkes mit Erich Seifert sowie in den Großbetrie-

ben der Stadt, trugen zur schnellen Anwendung der besten Methoden und Erfahrungen in den sozialistischen Betrieben bei und bildeten einen bedeutenden Beitrag der Arbeiterklasse für die Erhöhung der Arbeitsproduktivität.

Das Entwicklungstempo der industriellen Produktion ermöglichte es, für 1959 und 1960 neue Planziele festzulegen und die Volkswirtschaftspläne 1959 und 1960 mit dem Siebenjahrplan zu einem Perspektivplan zusammenzufassen. In diesem Zusammenhang wurden neue Aufgaben für die sozialistische Rekonstruktion der Betriebe und die notwendige Konzentration, Spezialisierung und Standardisierung der Produktion gestellt. Dafür standen Betrieben der Stadt 30,5 Mill. M für Investitionen zur Verfügung.

Der von der Jugendkomplexbrigade „Nikolai Mamai" des VEB Elektrochemisches Kombinat Bitterfeld am 3. Januar 1959 aus Anlaß des 10. Jahrestages der Gründung der DDR ausgelöste sozialistische Wettbewerb unter der Losung „Sozialistisch arbeiten, lernen und leben" führte auch in Erfurt zu einer Massenbewegung des Kampfes um den Titel „Bri-

---

[56] Das Volk, 8. 8. 1958.   [57] Ebenda, 13. 8. 1958.

gade der sozialistischen Arbeit". Ihr schloß sich als eine der ersten Brigaden der Stadt die Jugendbrigade „Sophie Scholl" vom VEB Thüringer Bekleidungswerke an. In Vorbereitung des 10. Jahrestages der DDR nahmen in Erfurt 85 Prozent der Produktionsarbeiter am sozialistischen Wettbewerb teil. 266 Brigaden beteiligten sich am Wettbewerb um den Titel „Brigade der sozialistischen Arbeit" und in 220 Gemeinschaften der sozialistischen Arbeit rangen die Arbeiter und Angehörigen der wissenschaftlichen und technischen Intelligenz um hohe Produktionsleistungen. Zu Ehren des 10. Jahrestages der DDR übernahmen die Erfurter Werktätigen 37200 Verpflichtungen mit einem Nutzen von rund 25 Mill. M. 1083 Brigaden, das waren 31 Prozent der Produktionsarbeiter, beteiligten sich am Titelkampf. Als Ergebnis der sozialistischen Gemeinschaftsarbeit wurde im November 1959 im VEB Pressen- und Scherenbau „Henry Pels" eine bisher in dieser Größe noch nicht produzierte Reckziehpresse fertiggestellt. Bedeutungsvoll für die Durchsetzung des wissenschaftlich-technischen Fortschritts sowie die weitere Perspektive des VEB Funkwerk erwiesen sich die Umprofilierung der im Juli 1950 gebildeten Entwicklungsstelle „Senderöhren" auf die Entwicklung von Hochleistungstransistoren und Dioden im Juni 1959 und die am 1. Juli des gleichen Jahres beginnende Einrichtung einer hochsauberen Fertigungsstrecke zur Herstellung von Legierungstransistoren.

Die Beschlüsse des V. Parteitages aktivierten nicht nur die Mitglieder der SED. Sie erwiesen sich auch als bedeutungsvoll für die weitere Tätigkeit der Nationalen Front. Der Aufruf des III. Kongresses der Nationalen Front, die DDR unter der Losung „Plane mit – arbeite mit – regiere mit" allseitig zu stärken, traf auf die Bereitschaft der Bürger aller Klassen und Schichten. Entsprechend den Beschlüssen des Kongresses, daß der Sozialismus allen Bürgern, unabhängig von ihrer sozialen Herkunft und Weltanschauung eine Perspektive gibt, setzten sich auch die Mitglieder der Blockparteien aktiv für die Gewinnung der Handwerker, Besitzer von Privatbetrieben, Einzelbauern und -gärtnern für die weitere sozialistische Umgestaltung ein.

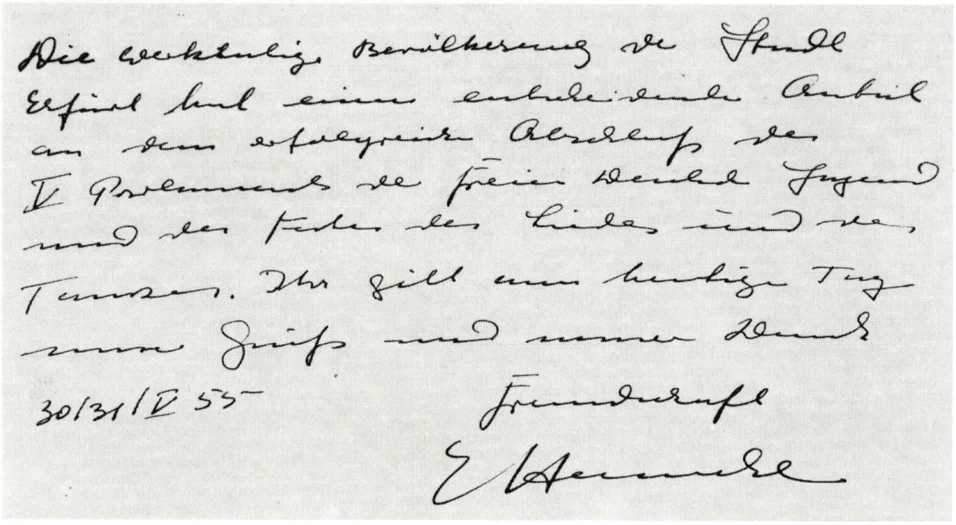
Die werktätige Bevölkerung der Stadt Erfurt hat einen entscheidenden Anteil an dem erfolgreichen Abschluß des V Parlaments der Freien Deutschen Jugend und der Feier des Liedes und des Tanzes. Ihr gilt am heutigen Tag mein Gruß und mein Dank

30/31/V 55

Freundschaft

E Honecker

Abb. 442.
Eintragung Erich Honeckers in das Gästebuch der Stadt

Viele Mitglieder dieser Parteien gaben das Beispiel für neue Wege der Produktion, z. B. die Mitglieder der Nationaldemokratischen Partei Deutschlands (NDPD) Frieda May und Karl Wagner im Handwerk, der LDPD Niels-Lund Chrestensen, Kleemann und Kaißer sowie Artur Jungk bei der Aufnahme staatlicher Beteiligung für ihre Betriebe, die Mitglieder der CDU Boy, Hagenbring und Hagemann, die Initiatoren bei der Bildung von Produktionsgenossenschaften des Handwerks (PGH) waren, sowie die Mitglieder der Demokratischen Bauernpartei Deutschlands (DBD) Rosst, Vorsitzender der LPG in Marbach, und der Stadtverordnete Wilfried Birnbaum von der LPG „8. März" bei der Bildung und Festigung der LPG und GPG. Das Beispiel des NDPD-Mitgliedes und Verdienten Erfinders des Volkes Dr. Friedrich Hagans, Nachkomme des Erfurter Lokomotivenfabrikanten Christian Hagans, der für seinen Betrieb, die Friedrich Hagans KG, 1958 staatliche Beteiligung aufnahm, half vielen Privatunternehmern, einen gleichen Schritt zu tun.

Die Errichtung einer Maschinen- und Traktorenstation (MTS) für die Stadt Erfurt auf dem Teichmannshof 1958 trug wesentlich zur Festigung der sozialistischen Eigentumsverhältnisse auf dem Land bei. Mit einem Maschinenbesatz von 32 Traktoren, drei Mähdreschern, drei Kartoffelkombines, Drillmaschinen, Pflügen und Eggen und zahlreichen anderen Geräten entwickelte sie sich in kurzer Zeit zu einer wertvollen Hilfe für die Genossenschaftsbäuerinnen und -bauern. Am 18. Juli 1958 bildeten in Schmira werktätige Einzelbauern eine LPG Typ I. Bis zum 27. Juli traten ihr alle Bauern Schmiras bei. Schmira wurde damit erster vollgenossenschaftlicher Ortsteil der Stadt. Am 29. Juli folgte die Gründung einer LPG in Hochheim. In Marbach schlossen sich am 1. September 1958 mehrere Einzelgärtner zur ersten Gärtnerischen Produktionsgenossenschaft, der GPG „Erfolg", zusammen. Mit diesen Neugründungen erstarkte der sozialistische Sektor in der Landwirtschaft und im Gartenbau. Dank der politischen, aber auch finanziellen und materiellen Unterstützung durch den Rat der Stadt und die Tätigkeit der MTS festigten sich die neuen Genossenschaften in einem relativ kurzen Zeitraum. Die Versorgung der Stadtbevölkerung mit Frischgemüse, Milch, Eiern und anderen landwirtschaftlichen Erzeugnissen verbesserte sich spürbar. Die Bilanz der am 1. April 1955 von 37 Land- und Industriearbeitern gegründete LPG „Fortschritt" nach den ersten fünf Jahren genossenschaftlicher Arbeit bietet dafür ein anschauliches Beispiel:

Tabelle 29
Entwicklung der LPG „Fortschritt" 1955 bis 1959[58]

	1955	1959
Landwirtschaftliche Nutzfläche in ha	339,50	520
Mitglieder	37	107
Kuhbestand	41	131
Schweinebestand	350	717
Getreideproduktion in dt/ha	26,6	30,4
Rindfleisch in dt/ha	0,24	1,37
Milch in kg/ha	296	667
Grundmittel in Mark	898 000	3 358 000
Erlös je ha in Mark	1223	2569

Die praktischen Beispiele der Vorteile der genossenschaftlichen Produktion und die verstärkte Überzeugungsarbeit mit dem Ziel, die Widersprüche zwischen den entwickelten Produktivkräften und den überholten Produktionsverhältnissen in der Landwirtschaft zu lösen, bereitete den „sozialistischen Frühling" in der Landwirtschaft vor. Bis zum Frühjahr 1960 schlossen sich alle Bauern und größeren Gärtner in Erfurt in Genossenschaften zusammen. Gegenüber fünf LPG zu Beginn des Jahres 1958

mit 1231 ha bestanden nun 17 LPG mit einer landwirtschaftlichen Nutzfläche von 3766 ha. Die Anzahl der GPG erhöhte sich, beginnend mit der 1958 in Marbach gegründeten, auf elf mit 544 ha Nutzfläche. Kapitalistisch arbeitende Gartenbaubetriebe, wie die Firmen F. C. Heinemann und N. L. Chrestensen, nahmen staatliche Beteiligung auf. Ende März 1960 war in Erfurt die sozialistische Umgestaltung der Landwirtschaft, eines der kompliziertesten Probleme beim Übergang vom Kapitalismus zum Sozialismus, im wesentlichen abgeschlossen. Die Arbeiterklasse leistete den Genossenschaftsbauern und -gärtnern wirksame Hilfe bei der Bewältigung der neuen Aufgaben, insbesondere bei der Bewirtschaftung großer Flächen und der Organisation der Arbeit in großen Kollektiven. Auf der Stadtdelegiertenkonferenz der SED im Mai 1960 bedankte sich der Viehzuchtbrigadier Richard Pfaut von der LPG „17. Oktober" in Erfurt-Gispersleben bei der Baubrigade von der Bau-Union unter Leitung von Werner Weiß, die den Umbau der Scheune des ehemaligen Einzelbauern Karl Kühr im NAW durchführte und damit Platz für 120 Mastschweine und sechs bis acht Sauen mit Ferkeln geschaffen hatte.[59]

Das Bündnis der Arbeiterklasse mit der neu entstehenden Klasse der Genossenschaftsbauern bewährte sich besonders bei der ersten vollgenossenschaftlichen Ernte. Viele Betriebsarbeiter leisteten beim Einbringen des Getreides und der Hackfrüchte sozialistische Hilfe, wie z. B. am 25. August 1960 über 600 Funkwerker. Angehörige der Sowjetarmee halfen mit schwerer Technik z. B. bei der Anlage von Maissilos.

Von 1958 bis 1961 vollzog sich auch ein entscheidender Umschwung in der sozialistischen Umgestaltung der Eigentumsverhältnisse in der privaten Industrie, des Handwerks und des Handels. Obwohl dieser Prozeß noch nicht abgeschlossen werden konnte, entwickelten sich in diesen Bereichen die Eigentumsverhältnisse in einem so starken Maße in Richtung Sozialismus, daß die Aufgaben der Übergangsperiode vom Kapitalismus zum Sozialismus im wesentlichen erfüllt werden konnten. Betrug der Anteil der 130 Privatbetriebe 1957 an der Gesamtindustrieproduktion 13,8 Prozent, so produzierten 1960 68 halbstaatliche Betriebe bereits 10,5 Prozent der Gesamtindustrieproduktion gegenüber 3,3 Prozent der restlichen 64 Privatbetriebe. Standen den

[58] 25 Jahre genossenschaftliche Arbeit. LPG Pflanzenproduktion „Gemüse", Erfurt, Erfurt-Dittelstedt 1980 (ohne Seitenangaben).

[59] BPA Erfurt, IV/5 01-7.

Anfang 1958 bestehenden fünf PGH noch 2387 individuelle Handwerksbetriebe gegenüber, so existierten 1960 bereits 51 PGH, die über 44 Mill. M Leistungen erbrachten; das waren 35,8 Prozent der Gesamtleistungen des Handwerks, im Bauhandwerk sogar 42,5 Prozent.

1961 hatten 251 Einzelhändler Verträge mit dem sozialistischen Großhandel abgeschlossen. Der Anteil am Warenumsatz des privaten Einzelhandels hatte sich bis 1961 auf 49,5 Prozent erhöht. Der Abschluß der Kommissionsverträge bildete eine wesentliche Grundlage für die bessere Belieferung der Kommissionshändler mit Waren des täglichen Bedarfs und damit auch der gesicherten Versorgung der Bevölkerung. Die staatliche Beteiligung bzw. der Abschluß von Kommissionsverträgen bezogen große Teile der ehemaligen Bourgeoisie und der Mittelschichten in den sozialistischen Aufbau ein und bewiesen, daß jeder Bürger in der DDR eine gesicherte Perspektive im Sozialismus besitzt.

Unter der zielgerichteten Führung der SED hatte die Arbeiterklasse gemeinsam mit der Bauernschaft und großen Teilen der Mittelschichten auch in Erfurt die komplizierten Aufgaben des Übergangs zur sozialistischen Produktionsweise vollzogen. In diesem Prozeß festigte sich das Bündnis der in der Nationalen Front zusammengeschlossenen Parteien und Organisationen. Erfurt trat in einen neuen Abschnitt seiner Geschichte, die Entwicklung zu einer sozialistischen Großstadt, ein.

Dem erfolgreichen Aufbau der Grundlagen des Sozialismus setzte besonders der westdeutsche Imperialismus erbitterten Widerstand entgegen. Den Wünschen der Bevölkerung in beiden deutschen Staaten nach einem Abkommen des guten Willens zwischen der DDR und der BRD widersprach die Regierungspartei in der BRD, die CDU, in einer Grundsatzerklärung, in der sie sich erneut zur Politik der Aggression gegen die DDR, die sie in das imperialistische Machtsystem eingliedern wollte, bekannte. Der Wirtschaftskrieg gegen die DDR wurde verschärft und von der BRD das Handelsabkommen mit der DDR einseitig gekündigt. Imperialistische Geheimdienste organisierten verstärkt Diversionsakte in der DDR; die Abwerbung von Spezialisten und anderen Werktätigen wurde mit den schmutzigsten Mitteln und Methoden durchgeführt; mit Hilfe einer bisher unbekannten Flut von Verleumdungen und Fälschungen durch die imperialistischen Massenmedien wurde der Versuch unternommen, Unruhe und Unsicherheit in der DDR zu erzeugen.

Eine breite Protestwelle der Erfurter Werktätigen entwickelte sich im Sommer 1961 gegen diese Politik des westdeutschen Imperialismus. In Stellungnahmen von Einzelpersönlichkeiten, z.B. von Dr. Friedrich Hagans, der das illegale Verlassen der DDR als „nicht nur politisch dumm, sondern auch unkollegial" wertete, von Arbeitern und Bauern, in Belegschaftsversammlungen und Foren wurde die Forderung erhoben, entscheidende Maßnahmen gegen die Einmischungsversuche und Störmanöver der herrschenden Kreise der BRD zu treffen und dem gezielten Menschenhandel einen Riegel vorzuschieben. Ein Frauenforum im FDGB-Haus distanzierte sich in einer Resolution an den Nationalrat der Nationalen Front von „den Menschen, die unsere Republik verlassen". Die Belegschaft der Lackfabrik Erfurt protestierte gegen die Störmanöver gegen die DDR. Belegschaftsversammlungen im VEB Optima und im VEB Reparaturwerk „Clara Zetkin" wiesen die Versuche, Spezialisten aus der DDR abzuwerben, zurück und bildeten Komitees gegen den Menschenhandel. Am 2. August organisierte sich im VEB Funkwerk ein Komitee „Kampf gegen die Abwerbung von Bürgern der DDR". Vertreter der bautechnischen Intelligenz versicherten am 3. August im Haus der DSF auf einer Tagung mit dem Minister für Bauwesen, Ernst Scholz, ihre ganze Kraft für die Stärkung der DDR einsetzen zu wollen. Im VEB Industrieprojektierung, im VEB Hochbauprojektierung und in anderen Betrieben wurden ebenfalls Komitees gegen die gezielte Abwerbung gebildet.

Der Bezirksblockausschuß setzte sich am 7. August mit den verstärkten Aktivitäten des westdeutschen Imperialismus auseinander und wandte sich entschieden gegen alle Störversuche im Handel zwischen der DDR und der BRD sowie gegen die organisierte Abwerbung von Spezialisten und Facharbeitern. Er begrüßte die Initiativen vieler Betriebe zur Bildung von Komitees gegen die Abwerbung.

In Abstimmung mit den Ersten Sekretären der kommunistischen und Arbeiterparteien der Teilnehmerstaaten des Warschauer Vertrages beschloß der Ministerrat der DDR am 12. August 1961 auf Vorschlag der Volkskammer, „eine solche Kontrolle an den Grenzen der Deutschen Demokratischen Republik einschließlich der Grenzen zu den Westsektoren von Groß-Berlin" einzuführen, „wie sie an den Grenzen eines jeden souveränen Staates üblich ist".[60] In einer hervorragend koordinierten Aktion verwirklichten am 13. August 1961 Einheiten der NVA, Kampfgruppen der Arbeiterklasse und Angehörige der Grenz- und Volkspolizei diesen Beschluß in kürzester Zeit.

[60] Neues Deutschland, 14.8.1961.

KAPITEL
XVI

Entfaltung zur sozialistischen Großstadt (1961 bis 1971)

Von Horst Benneckenstein

1.

FESTIGUNG DER SOZIALISTISCHEN PRODUKTIONSVERHÄLTNISSE UND DER SOZIALISTISCHEN STAATSMACHT

Am Sonntag, dem 13. August 1961, bewegten die Meldungen über die Schließung der bis dahin offenen Grenze zu Westberlin, die über den Rundfunk und ein Extrablatt der Zeitung „Das Volk" übermittelt wurden, die Erfurter Bürger. Unmittelbar unter dem Eindruck dieser Informationen nahmen Kollektive in Betrieben, Hausgemeinschaften und Versammlungen zum IV. Pioniertreffen sowie Einzelpersönlichkeiten zu dieser dem Frieden dienenden Maßnahme Stellung. Dr. Elisabeth Völlkopf, Bezirksärztin, erklärte: „Endlich wird Schluß gemacht mit den Machenschaften in Westberlin. Lange genug haben wir Geduld gehabt." Die Hausgemeinschaft Adam-Ries-Straße 9 begrüßte die Beschlüsse der Regierung der DDR, und die Brigade „Völkerfreundschaft" des Gaswerkes verband ihre Zustimmung mit dem Ruf an alle sozialistischen Brigaden, „ihre Wachsamkeit zu erhöhen und neue Produktionsverpflichtungen einzugehen".[1]

Am Montag, dem 14. August, fanden in den Erfurter Betrieben Kurzversammlungen und Brigadeaussprachen statt. Die Jugendbrigade „Deutsch-Sowjetische Freundschaft" im VEB Pressen- und Scherenbau vertrat den Standpunkt: „Es war höchste Zeit!" Ein Jugendfreund der Brigade, Harald Walenta, verpflichtete sich, in die Reihen der Nationalen Volksarmee einzutreten. Neun Reservisten der Brigade erklärten, zu jeder Zeit und Stunde bereit zu sein, wenn der Staat sie brauche.[2]

Am 16. August 1961 sandten die Mitglieder der Brigade Zahnstangenrichterei des VEB Optima ein Telegramm an den Staatsrat der DDR. Sie verpflichteten sich, „. . . mit höchsten Produktionsleistungen unsere Republik wirtschaftlich weiter zu stärken . . ., um mit besten Ergebnissen am 17. September 1961 zu den Wahlurnen zu gehen, und den Kandidaten der Nationalen Front unsere Stimme zu geben".[3] So zeichnete sich die Entwicklung einer breiten Initiative der Werktätigen zur bewußten Ausnutzung der ökonomischen Gesetze des Sozialismus und zur Verteidigung der Arbeiter-und-Bauern-Macht ab.

Unmittelbar nach der Sicherung der Staatsgrenze verstärkten unter Führung der Stadtparteiorganisation der SED alle in der Nationalen Front vereinigten demokratischen Parteien und Organisationen die ideologische Auseinandersetzung mit den Kräften des Imperialismus und erläuterten der Bevölkerung die Notwendigkeit der Maßnahmen zum ungestörten Aufbau des Sozialismus in der DDR und zur Festigung seiner Errungenschaften. Besonders die Arbeiter in den sozialistischen Großbetrieben, die Genossenschaftsbauern und -gärtner und die Vertreter der sozialistischen Intelligenz unternahmen weitere Anstrengungen, um die DDR politisch, wirtschaftlich und militärisch zu stärken. FDJler verpflichteten sich, den Ehrendienst in der Nationalen Volksarmee zu leisten; Reservisten der NVA, wie acht Angehörige des VEB Bau-Union Erfurt, erklärten, wieder in die Reihen der bewaffneten Organe einzutreten.[4]

---

[1] Vgl. dazu: Das Volk, 14.–19.8.1961.
[2] Ebenda.
[3] Ebenda, 17.8.1961.
[4] Ebenda, 19.8.1961.

Abb. 443. Demonstration auf dem Anger anläßlich des IV. Pioniertreffens in Erfurt im August 1961

Der Optimismus der Werktätigen und ihre Bereitschaft, alle Kraft für die allseitige Stärkung der DDR einzusetzen, kam besonders eindrucksvoll während des IV. Pioniertreffens zum Ausdruck, das im August in Erfurt stattfand. Die große Pionierparade von 70 000 Pionieren am 20. August in Anwesenheit des Ersten Sekretärs des ZK der SED und Vorsitzenden des Staatsrates der DDR, Walter Ulbricht, auf dem Anger wurde zu einem Bekenntnis der Jugend und der Bevölkerung zur Politik von Partei und Regierung. Einen Höhepunkt erreichte das Treffen mit dem Vorbeimarsch des Ersten Erfurter FDJ-Regiments der NVA. Es hatte sich entsprechend dem Kampfauftrag der Jugendorganisation auf freiwilliger Grundlage gebildet. Am 25. August fand die Verabschiedung der 1275 jungen Angehörigen des FDJ-Regimentes unter starker Beteiligung der Bevölkerung auf dem Bahnhofsvorplatz durch den 1. Sekretär der Bezirksleitung der SED, Alois Bräutigam, statt.

Trotz des offenkundigen Scheiterns ihrer aggressiven und revanchistischen Politik verschärften die imperialistischen Kräfte der BRD ihre Provokationen gegen die DDR. Anschläge gegen die Staatsgrenze, die Ermordung von Angehörigen der Grenzsicherungskräfte sowie die Forderungen führender Politiker der BRD, mit militärischen Mitteln den antifaschistischen Schutzwall zu beseitigen, zwangen die Regierung der DDR, die Sicherung der Staatsgrenze zu verstärken und der Abwehr militärischer Konflikte hohe Aufmerksamkeit zu widmen. Die Volkskammer verabschiedete im September 1961 das Verteidigungsgesetz und im Januar 1962 das Gesetz über die Allgemeine Wehrpflicht.

Der Schutz der Grenzen der DDR veränderte die Wirkungsbedingungen der ökonomischen Gesetze des Sozialismus. Der imperialistische Einfluß auf den sozialistischen Aufbau in der DDR konnte wesentlich eingeschränkt werden. Die Arbeiterklasse der DDR beantwortete mit dem von den Elektrodendrehern des VEB Elektrokohle Berlin-Lichtenberg am 6. September 1961 unter der Losung: „In der gleichen Zeit für das gleiche Geld mehr produzieren!" ausgelösten Produktionsaufgebot die von westlichen Politikern und Massenmedien entfachte Kriegshysterie. Bereits am 7. September beschlossen die Arbeiterinnen und Arbeiter des Bodensaales des VEB Paul Schäfer, sich dem Produktionsaufgebot anzuschließen. Ihre Verpflichtung zur ökonomischen Stärkung der DDR sah u. a. vor, durch die volle Ausnutzung des Arbeitstages und Übergabe der Maschinen in sauberem und arbeitsfähigem Zustand täglich 50 Paar Schuhe mehr zu produzieren, die Arbeitsproduktivität um 1,5 Prozent zu steigern, 95 Prozent erste Wahl zu liefern und bis Jahresende durch die Senkung des Materialverbrauchs eine Einsparung im Wert von 5000 M zu erreichen. Das Kollektiv der Abteilung rief die ganze Belegschaft auf, sich seiner Initiative anzuschließen.[5] Brigaden des VEB Funkwerk, des VEB Optima, des VEB Pressen- und Scherenbau, anderer volkseigener Betriebe sowie von PGH schlossen sich dem Produktionsaufgebot an. So gingen die Erfurter Werktätigen an die Überwindung der Schwierigkeiten, die der DDR durch die Einwirkung des westdeutschen Imperialismus in der Zeit der offenen Grenze in der Volkswirtschaft entstanden waren.

wirklichung zu gewinnen. Von den Betriebsparteiorganisationen der SED und den Gewerkschaften systematisch vorbereitet und geleitet, entwickelte sich eine umfassende Produktionsinitiative.

Der Leitung dieses schöpferischen Prozesses und der Verallgemeinerung der besten Erfahrungen widmeten Bezirks- und Stadtleitung der SED große Aufmerksamkeit. Am 21. September führte das Büro der Bezirksleitung der SED in Erfurt einen Erfahrungsaustausch mit Arbeitern, Angehörigen der technischen Intelligenz und Genossenschaftsbauern über die bisherigen Ergebnisse und die Weiterführung des Produktionsaufgebotes durch. Der Nutzung sowjetischer Neuerermethoden diente am 31. September im Haus der Gewerkschaften eine Konferenz mit Werkleitern, Ingenieuren und Technologen sowie Partei- und Gewerkschaftsfunktionären des Bezirkes zur Anwendung der Mitrofanow-Methode, die zu einem wichtigen Bestandteil des Produktionsaufgebotes wurde.

Das Produktionsaufgebot leitete einen Umschwung in der ökonomischen Entwicklung der DDR ein, der zur Stabilisierung der Volkswirtschaft, zur Überwindung entstandener Disproportionen und zur rascheren Entwicklung der Produktivkräfte führte. Eine erste Bilanz der Aktivitäten im Produk-

Abb. 444.
Produktionsaufgebot im
VEB Schuhfabrik „Paul Schäfer"

Der Sieg der sozialistischen Produktionsverhältnisse und die Errichtung eines sicheren Schutzwalles gegen alle Versuche des westdeutschen Imperialismus, den sozialistischen Aufbau in der DDR zu stören, ermöglichten es auch in Erfurt, die Vorzüge der sozialistischen Produktionsverhältnisse besser zur Geltung zu bringen. Die SED konzentrierte ihre politische Führungstätigkeit darauf, entsprechend den neuen Bedingungen ihre Wirtschaftspolitik zu konkretisieren und alle Werktätigen für deren Ver-

tionsaufgebot anläßlich der Feierlichkeiten zum 12. Gründungstag der DDR ergab bereits bedeutende ökonomische Leistungen der Erfurter Werktätigen. Die Erhöhung der Warenproduktion bei annähernd gleichbleibendem Lohn- und Zeitfonds war ein wesentliches Ergebnis dieser Initiativen.

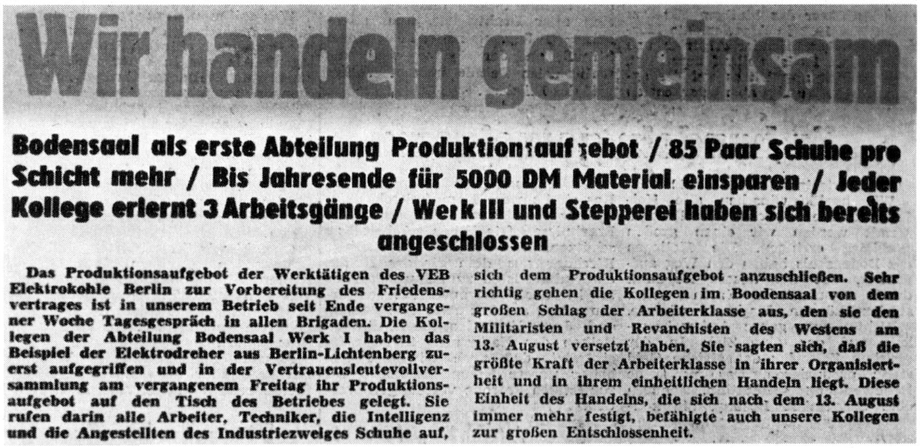

Im VEB Pressen- und Scherenbau hatten sich von 64 Brigaden 46 dem Produktionsaufgebot ange-

[5] Ebenda, 12.9.1961.

Abb. 445. Bodensaal des VEB Schuhfabrik „Paul Schäfer“, Werk I

schlossen. So verpflichteten sich die vier Brigaden des Bereiches Brennerei, bis Ende des Jahres einen nachweisbaren Nutzen von 119 000 M zu erreichen. Insgesamt lagen in diesem Betrieb bis zum Tag der Republik Verpflichtungen zur Einsparung von über 157 000 Stunden mit einem ökonomischen Nutzen von über 580 000 M vor.[6] Im VEB Optima war es der Brigade „Anne Frank“ möglich, aus Anlaß des Jahrestages der DDR die ersten Erfolge im Produktionsaufgebot abzurechnen und weitere Verpflichtungen zu übernehmen, u. a. die, bis zum Jahresende 14 400 Minuten der vorgegebenen Arbeitszeit zurückzugeben.[7]

Die Aktivitäten der Arbeiterklasse lösten auch in anderen Bereichen Initiativen aus. So unterstützte das Kollektiv der Zentralen Betriebspoliklinik Optima/Funkwerk die Masseninitiative der Werktätigen durch neue Organisationsformen, wie die Verbesserung des Bestellsystems und die damit verbundene Verkürzung der Wartezeiten sowie die Einführung des telefonischen Abrufsystems. Bereits im Monat Oktober 1961 konnten so im VEB Optima 51 000 M eingespart werden. Unter Leitung ihres Direktors, Dr. Hans-Joachim Rädel, riefen die Mitarbeiter der Betriebspoliklinik alle Kollegen des Betriebsgesundheitswesens der DDR auf, das Produktionsaufgebot zu unterstützen. Diesem Aufruf

schlossen sich andere medizinische Einrichtungen an. Die Erfolge der Betriebspoliklinik Optima/Funkwerk wurden im Februar 1962 zur Grundlage eines Erfahrungsaustausches mit anderen Einrichtungen des Gesundheitswesens.[8]

Der Elan der Werktätigen zur allseitigen Stärkung der DDR mündete in die Vorbereitung der Wahlen zu den Kreistagen, Stadtverordneten- und Stadtbezirksversammlungen sowie Gemeindevertretungen am 27. September 1961. Am Vorabend der Wahlen, am 16. September, sprach der 1. Sekretär der Bezirksleitung der SED, Alois Bräutigam, auf einer Kundgebung auf dem Domplatz. Die Kundgebungsteilnehmer brachten ihre Übereinstimmung mit der Politik der SED und der Regierung der DDR zur Sicherung des Friedens in Europa und zur allseitigen Stärkung der DDR zum Ausdruck. Die Wahlen wurden zu einer überzeugenden Manifestation der politisch-moralischen Einheit der Bevölkerung. 99,95 Prozent der wahlberechtigten Erfurter Bürger gaben ihre Stimme den Kandidaten der Nationalen

[6] Ebenda, 9., 11., 13. 10. 1961.

[7] Ebenda, 7. 10. 1961.

[8] H. J. Rädel, Kürzere Wartezeiten – bessere Betreuung, in: humanitas, Nr. 3/62; vgl. auch: Stadtarchiv Erfurt (im folg.: STAE), Beschlüsse der Stadtverordnetenversammlung, Teil I-IV, 1962, Teil III: Referat des Oberbürgermeisters, S. 3f.

Front für die Stadtverordnetenversammlung. In die Stadtverordnetenversammlung wurden 160 Volksvertreter, darunter 68 Arbeiter, sieben Genossenschaftsbauern bzw. Gärtner und sechs Genossenschaftshandwerker (= 50,7 Prozent der Volksvertreter) gewählt. Sie bestätigten Rolf-Dietrich Nottrodt als Oberbürgermeister, der am 17. August als Nachfolger des verstorbenen Georg Boock gewählt worden war. Getragen vom Vertrauen der Bürger stellten sich die Stadtverordneten neue Aufgaben zur besseren und qualifizierteren Tätigkeit des Rates der Stadt, mit dem Ziel, maximale Ergebnisse bei der weiteren Umgestaltung der Stadt Erfurt zur sozialistischen Großstadt zu erreichen. Die Erfolge blieben nicht aus. 1961 stieg die industrielle Bruttoproduktion gegenüber 1960 um acht Prozent. Damit lag Erfurt um 2,7 Prozent über der Zuwachsrate der Republik. Besonders das Verhältnis zwischen der Erhöhung der Arbeitsproduktivität auf 109,5 Prozent und der Steigerung des Durchschnittslohnes auf 100,4 Prozent bedeutete einen Fortschritt gegenüber dem Vorjahr.

Mit Hilfe des Produktionsaufgebotes war es möglich, Plan- und Exportschulden sowie die Störanfälligkeit der Betriebe abzubauen und bis zum Jahresende Rückstände aufzuholen. Das Ziel, die Abhängigkeit von Lieferungen aus der BRD zu verringern, wurde erreicht. Die umfassende Masseninitiative der Werktätigen im Produktionsaufgebot schuf entscheidende Voraussetzungen für den kontinuierlichen Aufschwung der Industrieproduktion in den 60er Jahren und die systematische Erfüllung der Planaufgaben der Erfurter Industrie. Unbeeinflußt von westlichen Störversuchen konnten sich nun die sozialistischen Produktionsverhältnisse auf ihrer eigenen sozial-ökonomischen Grundlage voll entfalten. Die schöpferische Tätigkeit der Werktätigen zeigte sich besonders in der schnellen Entwicklung der Neuererbewegung. Auf der Stadtdelegiertenkonferenz der SED im März 1962 hob der 1. Sekretär der Stadtleitung, Gerhard Schinkel, besonders die Leistungen der Verdienten Neuerer Fall, Strebe, Körner, Sorg und Hertel hervor, die bewiesen, daß die Losung des Produktionsaufgebotes den ureigensten Interessen der Werktätigen entsprach und in den Betrieben der Stadt Erfurt auf fruchtbaren Boden fiel.[9]

Das systematische Studium sowjetischer Erfahrungen bekam durch den persönlichen Einsatz hervorragender Arbeiter und Vertreter der technischen Intelligenz einen entscheidenden Auftrieb. Vor allem in den Erfurter Großbetrieben entwickelten sich unter der Losung „Von der Sowjetunion lernen,

Abb. 446. Aktivist Werner Gräser

heißt siegen lernen" Zirkel „zum Studium der Presse der Sowjetunion", die durch die organisierte Beschäftigung mit sowjetischen Neuerermethoden die Steigerung der Arbeitsproduktivität förderten. Der parteilose Ingenieur Rudolf Hertel aus dem VEB Funkwerk wurde einer der Pioniere zur Durchsetzung der Methode des sowjetischen Leninpreisträgers Mitrofanow, einer Technologie zur Gruppenbearbeitung von Werkstücken in den Betrieben der Stadt und des Bezirkes. Deren Anwendung erbrachte allein bis zum Frühjahr 1962 im VEB Funkwerk einen Nutzen von über 172 000 M. Die Jugendbrigade „Geschwister Scholl" im VEB Optima schuf mit der Anwendung der Mitrofanow-Methode, der strikten Einhaltung der Arbeitszeit, der pausenlosen Schichtübergabe usw., die Voraussetzung zur Steigerung der Arbeitsproduktivität um zehn Prozent und gab damit ein hervorragendes Beispiel für das gesamte Werk.[10]

Die stürmische Entwicklung Erfurts zu einer sozialistischen Großstadt vollzog sich auf der Grundlage

---

[9] Bezirksparteiarchiv der SED Erfurt (im folg.: BPA, Erfurt), IV/501–508, S. 49.

[10] Ebenda, S. 51.

Abb. 447. Mitrofanow-Neuerer mit Ingenieur Rudolf Hertel

einer veränderten sozialökonomischen Struktur. Die neuen sozialistischen Produktionsverhältnisse wirkten als mächtiger Hebel für den Aufschwung der industriellen und landwirtschaftlichen Produktion. Trotz aller Störmanöver des Gegners hatte sich in Erfurt die industrielle Bruttoproduktion seit der Gründung der DDR kontinuierlich erhöht. 1961 erreichte sie einen Wert von 917,514 Mill. M. Im Verlauf von zehn Jahren konnte sie mehr als verdreifacht werden. Das schnelle Wachstum der Industrieproduktion wurde durch die schöpferische Arbeit der Werktätigen in 171 Industriebetrieben, davon 48 sozialistischen, 71 Betrieben mit staatlicher Beteiligung und 52 Privatbetrieben, ermöglicht. An diesem Ergebnis hatte die volkseigene Industrie mit 86,4 Prozent einen überragenden Anteil, während sich der Anteil der Betriebe mit staatlicher Beteiligung auf 10,9 Prozent und der Privatbetriebe auf 2,7 Prozent belief.

Entsprechend der sozialökonomischen Struktur entwickelten sich auch die Klassenverhältnisse. Der Anteil der Arbeiter und Angestellten hatte sich 1961 in Erfurt auf 84,9 Prozent der Gesamtbeschäftigten erhöht. Von den in der Industrie tätigen Arbeitern und Angestellten arbeiteten 83,5 Prozent in sozialistischen, 13 Prozent in halbstaatlichen und 3,5 Prozent in privaten Betrieben.

An die 1961 erreichten Ergebnisse wurde 1962 angeknüpft. Der Aufruf der Belegschaft des VEB Großdrehmaschinenbau „8. Mai", Karl-Marx-Stadt, unter der Losung „Gründlich denken, wirtschaftlich rechnen, technisch verbessern, ehrlich arbeiten!" das Produktionsaufgebot fortzuführen, fand auch in den Erfurter Betrieben starken Widerhall. Die Belegschaft des VEB Schuhfabrik „Paul Schäfer" rief alle Arbeiter, Meister, Techniker, Wissenschaftler und Angestellten der Schuhindustrie der DDR auf, geschlossen am Produktionsaufgebot teilzunehmen.[11] Bereits 1961 beteiligten sich 75 Prozent aller Produktionsarbeiter dieses Betriebes mit 3306 Einzelverpflichtungen und 440 Kollektivverpflichtun-

---

[11] Aufruf der Belegschaft des VEB „Paul Schäfer" Erfurt vom 15.3.1962, (im Besitz des Verfassers).

gen am Produktionsaufgebot. Dadurch konnten bis Jahresende 24 700 Normstunden zurückgegeben, Material im Werte von über 100 000 M eingespart und die geplante Steigerung der Arbeitsproduktivität um 3,6 Prozent überboten werden. Der Lohnfonds wurde nur mit 98,3 Prozent in Anspruch genommen. Damit wuchs das Produktionsaufgebot über den Rahmen von Arbeitskollektiven hinaus, schloß es Betriebe und Industriezweige im sozialistischen Wettbewerb zusammen.

Auf der Grundlage des Wirtschaftsaufschwungs stieg auch das Exportvolumen der Erfurter Betriebe. Die Erzeugnisse der Erfurter Industriebetriebe wurden in mehr als 80 Staaten der Welt exportiert. Hauptabnehmer der schwergewichtigen Pressen waren die UdSSR, die ČSSR und die VR Polen. Optima-Büromaschinen arbeiteten in den Büros und Verwaltungen der UdSSR, der VR Polen, der VR Bulgarien, der VAR, Österreichs, Englands, Frankreichs, Spaniens, der BRD, Brasiliens, Australiens und vieler anderer Länder der Erde. Die Erzeugnisse des VEB Funkwerk waren auch in Belgien und Großbritannien begehrt.

Abb. 448. Ernte 1966

Auch in der Landwirtschaft und im traditionellen Gartenbau hatten die sozialistischen Produktionsverhältnisse gesiegt. Ende 1961 verfügten 17 LPG mit 827 Mitgliedern über 3846 ha, elf GPG mit 396 Mitgliedern über 540 ha und das VEG Saatzucht (seit 1964 VEG Saatzucht-Zierpflanzen) über 84 ha landwirtschaftlicher Nutzfläche. Die MTS (Maschinen-Traktoren-Stationen) hatten sich zu Zentren der sozialistischen Umgestaltung auf dem Land entwickelt und trugen durch die schnelle Erweiterung und Modernisierung ihrer Maschinenparks wesentlich zur Festigung des Bündnisses zwischen der Arbeiterklasse und den Genossenschaftsbauern sowie zur Erhöhung der landwirtschaftlichen Produktion bei. Damit war auch die sozialökonomische Voraussetzung für einen weiteren dynamischen Aufschwung des traditionsreichen Gartenbaus unter neuen sozialistischen Bedingungen gegeben. Besonders die Erfolge des VEG Saatzucht waren Ausdruck der Überlegenheit des sozialistischen Eigentums an Produktionsmitteln und der Leistungsfähigkeit großer spezialisierter Betriebe im Gartenbau. Am 13. und 14. Oktober 1961 fand in Erfurt die erste Konferenz der Genossenschaftsgärtner der DDR statt.

Die iga 1961 wurde den hohen Erwartungen und Anforderungen gerecht. Am 19. August besuchte sie Walter Ulbricht, Erster Sekretär des ZK der SED und Vorsitzender des Staatsrates der DDR. Über 3,5 Mill. Besucher, davon 29 000 aus der BRD und 32 000 aus sozialistischen Ländern und vielen westeuropäischen Staaten, aber auch aus Übersee konnten sich von der Leistungskraft des Gartenbaus der sozialistischen Länder überzeugen. Bis 1970 fanden auf dem iga-Gelände im Wechsel mehrere nationale und internationale Ausstellungen statt. Durch ständige Erweiterung der Gesamtflächen auf 100 ha und der Hallenflächen auf 11 000 m² sowie durch den Neubau gärtnerischer und gastronomischer Einrichtungen (Karl-Foerster-Staudengarten, Café am Südhang, Gewächshausanlagen) gewann die iga ständig größere Anziehungskraft als Ausstellungsgelände, aber auch als beliebtestes Naherholungsgebiet der Stadt. Bis 1970 besuchten über 14 Mill. Bürger der DDR und anderer Länder das Gelände auf der Cyriaksburg. Die Anregungen der Leistungsschauen im Gartenbau blieben nicht ohne Rückwirkungen auf den sozialistischen Gartenbau in der Stadt selbst. In den 60er Jahren konnte Erfurt durch die Leistungen der sozialistischen Gartenbaubetriebe seinen Ruf als Blumenstadt und Metropole des sozialistischen Gartenbaus der DDR festigen. Die Erfurter Samenzuchtbetriebe erwiesen sich auf den internationalen Ausstellungen der iga als die erfolgreichsten.

1970 wuchsen auf den Feldern um Erfurt 28,4 Prozent des staatlichen Aufkommens des Bezirkes an Gemüse und 22,5 Prozent der gesamten DDR-Produktion an Blumenkohl. Die Steigerung der Gemüseproduktion konnte vor allem durch die Vervollständigung der Freilandbewässerung auf 95,5 Prozent der Gemüseanbaufläche und die Erweiterung der Glas- und Folienflächen erreicht werden. Die Samenzuchtbetriebe steigerten die Auslieferung an hochwertigem Saatgut an die Bevölkerung und die gärtnerischen Produktionsbetriebe sowie den Exportanteil. Neuzüchtungen von Gemüse- und Zierpflanzen festigten den guten Ruf der Erfurter Gärtner im In- und Ausland. Der Wert der Zierpflanzenproduktion betrug 1970 rund 13,5

Mill M. 92 Prozent des gesamten Blumensamens der DDR kamen aus Erfurt.

Der VI. Parteitag der SED im Januar 1963 konnte dank der großen Leistungen der Werktätigen in Industrie und Landwirtschaft und der Ergebnisse der sozialökonomischen Veränderungen feststellen, daß in der DDR die sozialistischen Produktionsverhältnisse gesiegt hatten. Die Grundlagen des Sozialismus waren im wesentlichen errichtet und damit die Übergangsperiode vom Kapitalismus zum Sozialismus abgeschlossen. Die vom Parteitag bestätigte strategische Aufgabe, den umfassenden Aufbau des Sozialismus in Angriff zu nehmen, erforderte die Gestaltung der sozialistischen Volkswirtschaft im Rahmen des RGW

und die planmäßige Nutzung der ökonomischen Gesetze des Sozialismus, um auf der Basis eines hohen Standes von Wissenschaft und Technik die Produktion und die Arbeitsproduktivität schnell zu steigern.

Notwendige Strukturveränderungen in der volkseigenen Industrie und die vorrangige Entwicklung solcher Industriezweige, die unmittelbar den wissenschaftlich-technischen Prozeß beeinflußten, betrafen in Erfurt vor allem die sozialistischen Großbetriebe. Im VEB „Optima" Büromaschinen-Werke begann die planmäßige Umstellung der Produktion zugunsten peripherer Geräte der modernen Datenverarbeitung. Die Serienproduktion der elektromechanischen Korrespondenzschreibmaschine M 100

wurde aufgenommen. Die Verbindung der wissenschaftlich-technischen Revolution mit den Vorzügen des Sozialismus erforderte vom VEB Funkwerk auf dem Gebiet der Elektrotechnik und Elektronik sowie vom VEB Pressen- und Scherenbau bei der Vergrößerung des Anteils der spanlosen Verformung im Produktionsprozeß eine quantitative und qualitative Erweiterung ihrer Produktionsprogramme.

In den Blickpunkt der Produzenten, die ja bei Waren der Konsumgüterindustrie selbst als Käufer ihrer Produkte auftraten, rückte immer stärker die Qualität der Erzeugnisse. Im Ringen um eine hohe Qualität setzten sich besonders die Betriebspartei-

Abb. 449.
iga-Gelände

Abb. 450.
Der Erste Sekretär
des ZK der SED und Vorsitzende
des Staatsrates der DDR
Walter Ulbricht
und der 1. Sekretär
der Bezirksleitung der SED
Alois Bräutigam
bei einem iga-Besuch.
Bildmitte:
iga-Direktor Helmuth Lehmann

organisationen der SED für eine ständige Kontrolle und Erhöhung des Gebrauchswertes der Waren ein. Während in diesen Jahren über 90 Prozent der Erzeugnisse des VEB Optima mit dem Gütezeichen „Q" den Betrieb verließen, der Anteil im VEB Funkwerk 25 Prozent und beim Pressen- und Scherenbau 56 Prozent betrug, häuften sich kritische Stimmen der Bevölkerung über die Qualität der Schuhe des VEB Schuhfabrik „Paul Schäfer". Das Organ der Bezirksleitung der SED „Das Volk" beschäftigte sich im November 1963 in einem grundsätzlichen Artikel mit dem Problem der Qualitätsarbeit in diesem Betrieb.[12] Unter Führung der Betriebsparteiorganisation begann eine umfassende Diskussion in der Belegschaft. In Zusammenarbeit mit den Zulieferbetrieben, insbesondere des VEB Schuhchemie, kam es zu einer schrittweisen Verbesserung der Qualität der Erzeugnisse.

Am 18. und 19. Oktober 1963 begrüßte die Erfurter Bevölkerung mit großem Enthusiasmus Juri Gagarin, der am 12. April 1961 mit seinem Raumschiff „Wostok I" als erster Mensch die Erde umkreist hatte. Liebevoll waren Häuser und Straßen geschmückt; ein Meer vom Blumen grüßte den Vertreter des Sowjetvolkes, der als erster das Tor in den Kosmos aufgestoßen hatte. Alle Erfurter Bürger schienen sich am 18. Oktober auf dem Domplatz versammelt zu haben, um auf einer gewaltigen Kundgebung mit einer Woge von Sympathie und Begeisterung Juri Gagarin für seine kühne Tat Bewunderung zu zollen.

Im Oktober 1965 fand im Raum Erfurt die bis dahin größte Truppenübung von Streitkräften der Mitgliedstaaten des Warschauer Vertrages auf dem Territorium der DDR statt. An dem Manöver „Oktobersturm" nahmen außer Truppenverbänden der NVA Streitkräfte der UdSSR, der VR Polen und der ČSSR teil. Auf Hunderten von Zusammenkünften und Meetings mit den Werktätigen der Stadt und des Bezirkes bekräftigten die Militärangehörigen der verbündeten Länder ihre Entschlossenheit, die Sicherheit und Integrität der Grenzen des sozialistischen Lagers zu verteidigen. Das Manöver klang mit einer großen Feldparade in der Karl-Marx-Allee aus.

In Vorbereitung des VII. Parteitages der SED nahmen in Erfurt 148 Kollektive erstmalig den Kampf um den Staatstitel „Kollektiv der sozialistischen Arbeit" auf. Die Zahl der am Wettbewerb beteiligten Brigaden stieg auf insgesamt 1652 mit 34 500 Werktätigen. Die positive Bilanz des Aufbaus einer leistungsfähigen und stabilen Volkswirtschaft in der Mitte der 60er Jahre ermöglichte dem VII. Parteitag

der SED im April 1967, neue Aufgaben zur proportionalen Entwicklung aller gesellschaftlichen Bereiche zu stellen. Die wirtschaftspolitische Zielstellung des Parteitages wurde im Fünfjahrplan 1966 bis 1970 verankert. Bedeutung für die Erfurter Industrie hatte besonders die Orientierung auf die Elektronik, die Herstellung von Datenverarbeitungsanlagen und modernen Werkzeugmaschinen. Die Rolle der Erfurter Industriebetriebe im Rahmen der Volkswirtschaft zeigt der Anteil an folgenden Erzeugnissen der Industrieproduktion der DDR im Jahre 1966: Großschreibmaschinen 95 Prozent, Maschinen für spanlose Formung 35 Prozent, Lederschuhe 13 Prozent und Braumalz 29 Prozent.

Am 22. September 1967 konnte nach mehrjähriger Bauzeit zur Traktionsumstellung der Deutschen Reichsbahn die elektrifizierte Strecke Neudietendorf–Apolda freigegeben werden.

Der 20. Jahrestag der DDR wurde zu einem Höhepunkt des politischen, wirtschaftlichen und geistig-kulturellen Lebens in Erfurt. Mit großem Enthusiasmus hatte sich die Arbeiterklasse mit hohen Produktionsleistungen auf diesen Feiertag vorbereitet. Der Republikgeburtstag war aber auch ein Tag des Rückblicks auf die Erfolge in Industriebetrieben und landwirtschaftlichen und gärtnerischen Einrichtungen sowie bei der Gestaltung Erfurts zu einer sozialistischen Großstadt.

44 880 Werktätige – das waren 45 Prozent der Gesamtbeschäftigten der Stadt – kämpften 1969 in 2390 Kollektiven im Rahmen des sozialistischen Wettbewerbs um den Staatstitel „Kollektiv der sozialistischen Arbeit". In 605 sozialistischen Arbeitsgemeinschaften arbeiteten 4152 Werktätige an der Lösung wichtiger Rationalisierungsmaßnahmen und der Durchsetzung des wissenschaftlich-technischen Fortschritts in der sozialistischen Produktion.

Die Bilanz der sozialistischen Betriebe beleuchtete eindrucksvoll den stürmischen Aufschwung, den die industrielle Entwicklung der Stadt im Zeitraum von 20 Jahren genommen hatte. Seit der Gründung der Republik hatte der VEB Pressen- und Scherenbau seinen Produktionsausstoß um 800 Prozent erhöht. Der Export in über 40 Länder der Welt war auf das Zehnfache gestiegen. Das war aber nicht nur ein quantitatives Wachstum. Die Pressen der neuen Generation waren nicht mehr mit den kleinen und mittleren Einzelmaschinen der 50er Jahre zu vergleichen. Nun kennzeichneten „hochproduktive Maschinen der Massiv- und Blechumformung und komplette automatisierte und teilautomatisierte

---

[12] Das Volk, 7. 11. 1963.

Abb. 451. Maidemonstration auf dem Domplatz 1963

Maschinensysteme das Produktionsprofil".[13] Ganze Abteilungen führender Betriebe der PKW-, Bus- und Lastwagenproduktion in der DDR, der UdSSR, der ČSSR, der VR Polen, der VR Ungarn, der SR Rumänien und der VR Bulgarien wurden mit Maschinen des VEB Pressen- und Scherenbau ausgerüstet.

In Vorbereitung des 20. Jahrestages der DDR standen von 119 Gewerkschaftsgruppen des Betriebes 114 mit über 3000 Mitgliedern im Kampf um den Titel „Kollektiv der sozialistischen Arbeit". 1800 Kol-

lektiv- und 2000 Einzelverpflichtungen dienten der Erhöhung der Produktivität und der Qualität der Arbeit. Schrittmacherkollektive wie „Weltfrieden" oder die Brigaden „Fritz Noack" und „Albert Schweitzer" vollbrachten hervorragende Leistungen zur Stärkung der ökonomischen Position der DDR. Karl Hildebrand, Werner Scholz, Wolfgang Otto,

[13] Unser Wissen – unser Können – unsere Taten, hrsg. vom Rat des Bezirkes Erfurt, Erfurt 1969, S. 20.

Günther Pfaff und Gerhard Schmidt wurden in diesem Betrieb zu Schrittmachern im sozialistischen Wettbewerb.[14] Hervorragende Qualitätsarbeit leistete über Jahre hinweg die Druckerei „Fortschritt", Erfurt. Auf der internationalen Buchmesse 1969 in Leipzig konnten Erzeugnisse dieser Druckerei je eine Gold-, Silber- und Bronzemedaille im

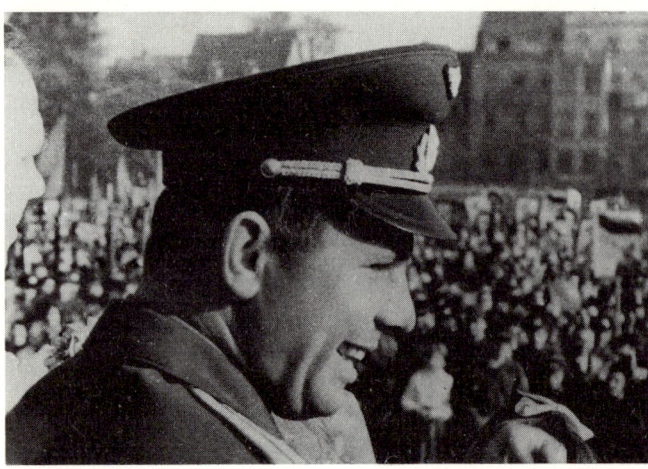

Abb. 452. Der sowjetische Kosmonaut Juri Gagarin in Erfurt

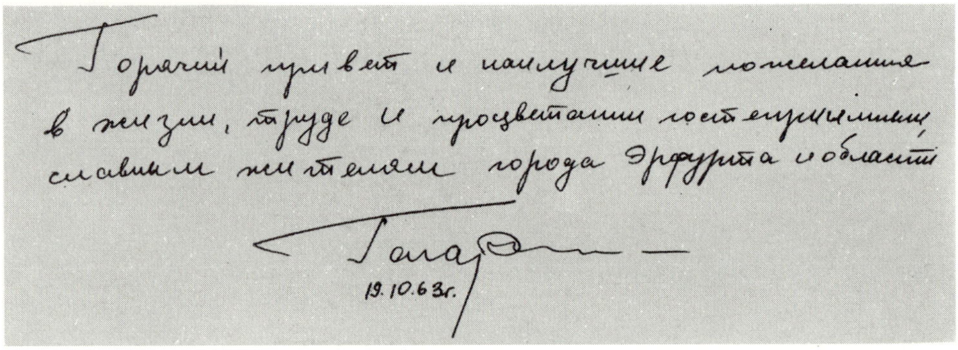

Горячий привет и наилучшие пожелания в жизни, труде и процветании гостеприимным славным жителям города Эрфурта и области

Гагарин —
19.10.63г.

Abb. 453. Eintragung Juri Gagarins im Gästebuch der Stadt

Wettbewerb um die „Schönsten Bücher der Welt" und „Das populäre Kunstbuch" erringen.[15]

Auf einer Großkundgebung auf dem traditionellen Veranstaltungsplatz der Erfurter, dem Domplatz, würdigte der 1. Sekretär der Bezirksleitung der SED, Alois Bräutigam, die Erfolge beim umfassenden Aufbau des Sozialismus und steckte neue Aufgaben für die Entwicklung des Bezirkes und der Stadt Erfurt für das kommende dritte Jahrzehnt der DDR ab. Dank der Leistungen der Werktätigen konnten bei der weiteren Errichtung der sozialistischen Gesellschaft die Produktionsverhältnisse gefestigt und die sozialökonomische und ökonomische Struktur im Sinne des Sozialismus ausgebaut werden. Es wurden „grundlegende Prozesse eingeleitet, die sich als Schritte auf dem Wege zur entwickelten sozialistischen Gesellschaft in der Praxis bewährten",[16] wie die Orientierung auf die Erfordernisse der wissenschaftlich-technischen Revolution und die internationale sozialistische Arbeitsteilung sowie auf die komplexe sozialistische Rationalisierung und die Bildung von volkseigenen Kombinaten in den Schlüsselindustriezweigen. Am 5. November 1969 wurde der VEB „Thüringer Bekleidungskombinat" gebildet. Danach entstanden am 23. November durch den Zusammenschluß mehrerer Schuhfabriken der VEB Schuhkombinat „Paul Schäfer", am 11. Dezember 1969 das Kombinat VEB Funkwerk und am 1. Januar 1970 der VEB Kombinat Umformtechnik Erfurt.

Auf der Basis der wirtschaftlichen Entwicklung der Stadt, des stetigen Wachstums und der Vervollkommnung der materiell-technischen Grundlage der sozialistischen Produktion vollzog sich die weitere Ausprägung der sozialistischen Produktionsverhältnisse und aller Bereiche des gesellschaftlichen Lebens. Die örtlichen Volksvertretungen (Stadtverordnetenversammlung und Stadtbezirksversammlungen) bezogen eine wachsende Zahl von Bürgern in die gesellschaftliche Arbeit und Leitungstätigkeit ein. Die aus den Wahlen zu den örtlichen Volksvertretungen am 22. März 1970 hervorgegangene Stadtverordnetenversammlung bestätigte den am 8. Januar 1969 gewählten Oberbürgermeister Heinz Scheinpflug in seinem Amt. Die eingehende Volksaussprache und die Rechenschaftslegung der Abgeordneten über die Erfüllung der Wähleraufträge in den Wahlversammlungen der Nationalen Front stärkten die Beziehungen der Bürger zu den Volksvertretungen. Unter Führung der Arbeiterklasse und ihrer Partei festigte sich im Prozeß der sozialistischen Entwicklung die Zusammenarbeit

[14] Erfurter Wochenzeitung, 20. 8. 1969.

[15] Jürgen Taudien, Unveröffentl. Mskr., S. 3.

[16] Heinz Heitzer, DDR. Geschichtlicher Überblick, Berlin 1979, S. 205.

der Klassen und Schichten sowie der Parteien und Massenorganisationen im Demokratischen Block und in der Nationalen Front. Die gemeinsamen Anstrengungen zur Festigung der Staatsmacht und zur Erfüllung der ökonomischen Aufgaben waren ein sichtbares Zeichen der vertrauensvollen Zusammenarbeit.

Als Ausdruck des wachsenden internationalen Ansehens begann die DDR die insbesondere vom BRD-Imperialismus ausgehende internationale Isolierung zu durchbrechen. Die 1969 beginnende und sich 1970 fortsetzende Aufnahme diplomatischer Beziehungen zur DDR durch Staaten Afrikas, des Nahen Ostens und Asiens führte auch in der BRD zur wachsenden Einsicht, daß der Alleinvertretungsanspruch Bonns auf die Dauer nicht aufrecht zu erhalten sei. Die Bundestagswahlen im September 1969 offenbarten das Streben der Mehrheit der Wähler in der BRD nach demokratischen Veränderungen und nach einer realistischen, dem Frieden und der Entspannung dienenden Außenpolitik. Erstmals seit

der Gründung der Bundesrepublik kam es zur Bildung einer von SPD und FDP gebildeten Koalitionsregierung. Diese neue Regierung unter Bundeskanzler Willy Brandt war gezwungen, „einige unhaltbar gewordene Positionen der bisherigen Bonner Politik" aufzugeben.[17]

Das ZK der SED und der Ministerrat der DDR bekräftigten die Bereitschaft der DDR, normale Beziehungen zur BRD auf der Grundlage der Prinzipien der friedlichen Koexistenz aufzunehmen. Dem Bundespräsidenten, Gustav Heinemann, wurde der Entwurf eines Vertrages über die Aufnahme gleichberechtigter völkerrechtlicher Beziehungen zwischen beiden Staaten übermittelt. Ohne auf den Vertragsentwurf einzugehen, erklärte sich die BRD-Regierung zu Gesprächen zwischen den Regierungen der beiden deutschen Staaten bereit. Am 19. März 1970 begannen in Erfurt im Hotel „Erfurter Hof" zwischen dem Vorsitzenden des Ministerrates der DDR,

[17] Grundriß der deutschen Geschichte, Berlin 1979, S. 767.

Abb. 454. Parade anläßlich des Manövers „Oktobersturm"

Abb. 455. Moderne Pressen des VEB Kombinat Umformtechnik
(bis 1969 VEB Pressen- und Scherenbau Erfurt „Henry Pels")

Abb. 456. Andruck der ersten Tageszeitung
der DDR „Das Volk" im Rollenoffsetdruck
in der Druckerei „Fortschritt"
durch das Mitglied des ZK der SED
Prof. Albert Norden (zweiter von links)
im Oktober 1966.
Erster von links: Alois Bräutigam

Willi Stoph, und dem Bundeskanzler der BRD, Willy Brandt, Verhandlungen über die Normalisierung der Beziehungen zwischen beiden deutschen Staaten. Der Bereitschaft der DDR zum sofortigen Beginn der Verhandlungen über den Vertragsentwurf und zur unverzüglichen Aufnahme diplomatischer Beziehungen setzte Brandt die Formel von einem „besonderen innerdeutschen Verhältnis" entgegen. Die Begrenztheit der realistischen Tendenz in der Politik der SPD/FDP-Regierungskoalition zeigte sich in der Verweigerung der völkerrechtlichen Anerkennung der DDR und ihrer Staatsgrenzen sowie im Beharren auf „besonderen deutschen Beziehungen". „Das Erfurter Treffen endete deshalb ergebnislos, ebenso der Gegenbesuch Willi Stophs am 21. Mai 1970 in Kassel."[18]

In enger Zusammenarbeit und in Abstimmung mit der UdSSR und den anderen sozialistischen Staaten erwies es sich als notwendig, das politische und ökonomische Gewicht der DDR weiter zu erhöhen, um „die Voraussetzungen für ihre gleichberechtigte Teilnahme am internationalen Leben zu verbessern".[19] Gestützt auf die Initiative der Werktätigen der Stadt im Wettbewerb zu Ehren des 100. Geburtstages Lenins konnten in Erfurt die anspruchsvollen Ziele des Fünfjahrplanes 1966 bis 1970 erfüllt werden. Die Industrieproduktion der Stadt war im Fünfjahrplanzeitraum durchschnittlich um 8,2 Prozent jährlich gestiegen. Die industrielle Warenproduktion hatte sich damit um 32,8 Prozent gegenüber 1966 bei einer Steigerung der Arbeitsproduktivität um 30 Prozent und einem Anwachsen des Durchschnittslohnes um 18,3 Prozent erhöht. Eine bessere Qualität der Erzeugnisse ermöglichte die Erweiterung des Exportvolumens.

Im Ergebnis der angestrengten und schöpferischen Tätigkeit der Arbeiter, der Genossenschaftsbauern und -gärtner, der Angehörigen der Intelligenz und der Mitarbeiter im Staatsapparat sowie der Angehörigen der bewaffneten Organe waren gute Voraussetzungen für einen wirksamen Beitrag der Stadt zur weiteren Gestaltung der entwickelten sozialistischen Gesellschaft in der DDR geschaffen worden.

2.
Verbesserung der Wohn- und Lebensverhältnisse

Mit dem erfolgreichen Aufbau des Sozialismus konnte das Lebensniveau der Werktätigen ständig weiter verbessert werden. Die sozialen Leistungen für die Arbeiterklasse, die Genossenschaftsbauern und -gärtner und für die Familien mit Kindern erhöhten sich. Spürbare sozialpolitische Auswirkungen für die Bevölkerung waren mit der Verwirklichung des vom VI. Parteitag der SED beschlossenen Programms für die umfassende und langfristige Hebung des Volkswohlstandes verbunden. Die Beschlüsse des VI. Parteitages orientierten auf die allmähliche Verringerung der Unterschiede zwischen hohen und niedrigen Löhnen, auf die Verlängerung des Grundurlaubs sowie auf die Verkürzung der Arbeitszeit in Abhängigkeit von der Steigerung der Arbeitsproduktivität. Als ein wesentliches Element der Sozialpolitik wurden neue Maßnahmen zur Förderung des Wohnungsbaues eingeleitet.

Daß die Werktätigen die Vorzüge der sozialistischen Produktionsweise immer besser zu nutzen verstanden, spiegelte sich in den Erfolgen des Wohnungsbaues in Erfurt wider. Zum ersten Mal seit mehreren Jahren war es 1961 gelungen, „das gestellte Ziel in bezugsfertigen Wohnungen nicht nur zu erfüllen, sondern überzuerfüllen. Das Soll von 1041 Wohnungen wurde mit 1060, also mit 19 bezugsfertigen Wohnungseinheiten, überboten."[20] Dabei betrug der Anteil der industriellen Bauweise 72 Prozent. Ausdruck der besseren Nutzung der ökonomischen Gesetze des Sozialismus und der gestiegenen Arbeitsproduktivität war die Tatsache, daß die mit 20500 M geplanten Kosten pro Wohnungseinheit im Durchschnitt nur mit 19500 M in Anspruch genommen wurden. Damit wurde das Jahr 1961 zu einem ersten Höhepunkt im sozialistischen Wohnungsbau der Stadt.

Eine wesentliche Voraussetzung für die Durchsetzung der 1960 eingeführten Großblockbauweise war die Bildung des VEB Wohnungsbaukombinat Erfurt (WBK) im Januar 1961. Es bewies bald seine Überlegenheit gegenüber anderen Organisationsformen im Bauwesen und verhalf dem industriellen Bauen mit seiner höheren Effektivität endgültig zum Durchbruch.

[18] Geschichte der DDR, von einem Autorenkollektiv unter Leitung von Rolf Badstübner, Berlin 1981, S. 284.
[19] Ebenda.
[20] StAE, Beschlüsse der Stadtverordnetenversammlung 1961, Teil I, S. 20.

Abb. 457. Aktivist Konrad Platzdasch

Die Bildung des volkseigenen WBK war Ausdruck der neu herangereiften gesellschaftlichen Verhältnisse und der neuen technologischen Erfordernisse in der Umsetzung der industriellen Bauweise mit vorgefertigten Bauelementen. Gleichzeitig begann die Konzentration des Wohnungsbaues in ausgewählten Gebieten wie Stolzestraße, Riethstraße, Daberstedter Feld, Am Schwemmbach, Am Fuchsgrund und im Hansaviertel. Bis 1964 wurden 3580 Wohnungen errichtet.

Abb. 458. Die alte Krämpferstraße
vor ihrem Abriß

Während Anfang der 60er Jahre der genossenschaftliche Wohnungsbau überwog – 1961 wurden z. B. 922 Wohnungen im genossenschaftlichen Wohnungsbau gegenüber 48 Wohnungen im staatlichen errichtet –, veränderte sich das Verhältnis in den folgenden Jahren grundlegend zugunsten des staatlichen Wohnungsbaues. Von 1967 bis 1969 wurden allein im staatlichen Wohnungsbau 3519 Wohnungen errichtet. Die Gesamtzahl der neugeschaffenen Wohnungseinheiten von 1961 bis einschließlich 1970 betrug 10112.

Tabelle 30
Wohnungsbau in Erfurt von 1961 bis 1970 (in WE)

Jahr	Wohnungsbau insgesamt	davon volkseigen	genossenschaftlich
1961	1060	48	922
1962	925	196	721
1963	745	26	424
1964	1120	485	622
1965	879	416	460
1966	628	342	280
1967	1224	1221	–
1968	1333	1128	–
1969	1175	1170	–
1970	1023	886	132

Abb. 459. Neubauten im Daberstedter Feld

Mitte der 60er Jahre vollzog sich im Erfurter Wohnungsbau eine weitere qualitative Veränderung. Auf der Grundlage des wissenschaftlich begründeten Generalverkehrs- und Generalbebauungsplanes verlagerte sich der Schwerpunkt des Baugeschehens im Rahmen des komplexen Wohnungsbaues nach dem Norden der Stadt. 1966 begann auf dem Johannesplatz die Errichtung des ersten sozialistischen Wohngebietes mit 3300 Wohnungseinheiten. In einem bis dahin beispiellosen Tempo wuchsen auf dem früher vom deutschen Militarismus als Exerzierplatz und Gefangenenlager genutzten Gelände in wenigen Jahren moderne Hochhäuser, Schulen, Geschäfte und gesellschaftliche Einrichtungen empor, die das Bild des bisher vernachlässigten Arbeiterviertels Erfurt-Nord gründlich wandelten und die Arbeits- und Lebensbedingungen der Bevölkerung verbesserten. Es war bezeichnend, daß sich in diesem Gebiet, in dem ein bedeutender Teil der Industrie und ein Großteil der Arbeiterklasse Erfurts konzentriert waren, die Ergebnisse der sozialistischen Umgestaltung der Stadt am augenfälligsten durchzusetzen begannen.

Die Silhouette der Stadt erhielt durch den Ausbau des östlichen Juri-Gagarin-Ringes mit seinen 16geschossigen Punkthochhäusern und elfetagigen Wohnscheiben ein neues, charakteristisches Bild. In kurzer Zeit, von 1968 bis 1971, konnten hier im Zuge der planmäßigen Umgestaltung des Stadtzentrums, nach dem Abbruch nichterhaltenswerter Altbausubstanz, 1140 moderne Wohnungen – „im Rhythmus industrieller Bauprozesse montiert – fertiggestellt werden".[21]

Großen Anteil an den Erfolgen im städtischen Bauwesen hatten die Neuerer und Aktivisten der sozialistischen Baubetriebe. Heinz Hartung, Brigadier im Bau- und Montagekombinat (BMK), Betriebsteil

---

[21] Walter Nitsch, Erfurt – Entwicklungsprobleme und Perspektiven, in: Architektur der DDR, H. 9/1974, S. 524.

Abb. 460. Bauarbeiterhotel
und Museum für Thüringer Volkskunde
am Juri-Gagarin-Ring

Erfurt, hatte sich schon seit Jahren für eine hohe Produktivität und Qualität im Bauwesen eingesetzt. Seine Brigade, die auf vielen Schwerpunktvorhaben des Bezirkes und der DDR zu finden war, wurde zu einer Kaderschmiede sozialistischer Bauarbeiter. Für seine hervorragenden Leistungen wurde Hartung, der seit 1963 als Abgeordneter der Volkskammer angehörte, als Verdienter Aktivist und mit dem Vaterländischen Verdienstorden in Bronze ausgezeichnet. Konrad Platzdasch, Brigadier im WBK Erfurt, wurde zu einem der Schrittmacher im industriellen Wohnungsbau. Im Juni 1967 legte er in einem Brief an „Das Volk" seine Gedanken zur Verbesserung der Arbeitsorganisation im WBK dar, die mit dem vorgelegten Tempo seiner Brigade bei der Montage der Wohnblocks auf dem Johannesplatz nicht Schritt hielt. Gestützt auf die Betriebsparteiorganisation gelang es, seine Forderungen nach wissenschaftlicher Arbeitsorganisation mit Hilfe der

Bauarbeiter und der Leitung im WBK durchzusetzen. „Spitzenleistungen" im Bauwesen verkörperte das Tempo bei der Errichtung des Bauarbeiterhotels am Ring. Erstmalig in der DDR wurde ein 16geschossiges Hochhaus in Plattenbauweise errichtet. Die Verpflichtung „In 100 Arbeitstagen werden wir das Bauarbeiterhotel fertigstellen", war am 7. Oktober 1969, zum 20. Jahrestag der DDR, erfüllt.

Wenn in der Stadtverordnetenversammlung lakonisch berichtet wurde: „Der Plan der komplexen Werterhaltung im Bereich Leninstraße 166–178, der Nahtstelle zwischen der Altstadt und dem Neubauzentrum, wurde anläßlich des 20. Jahrestages erfüllt", so verbarg sich dahinter ein sozialistisches städtebauliches Meisterstück, eine gelungene Synthese modernen Städtebaus mit der Rekonstruktion wertvoller Altbausubstanz. Einfühlsam wurde die Leninstraße mit ihren Renaissancegebäuden („Zum Grünen Sittich und gekrönten Hecht", „Zum

Abb. 461. Neubaugebiet „Rieth"

Abb. 462 Baubezogene Kunst im Neubaugebiet Johannesplatz

Stockfisch", „Zum Mohrenkopf", „Mühlhaue") modernisiert. Baulücken wurden „unter Wahrung der
Maßstäbe der Traufhöhen, der Kleinteiligkeit und
differenzierter Gestaltung"[22] geschlossen. 1969
konnte nach mehrjähriger umfassender Rekonstruktion die „Hohe Lilie" als ein repräsentatives
Weinrestaurant wieder eröffnet werden. Aus Anlaß
des 20. Jahrestages der DDR erhielt der Fischmarkt
ein neues Gesicht. Das Renaissancegebäude „Zum
Breiten Herd" war in Zusammenarbeit mit dem Institut für Denkmalpflege in liebevoller Kleinarbeit
erneuert und farblich so gestaltet worden, daß die
mit vegetabilem und figürlichem Schmuck- und Be-
schlagwerk reichlich gegliederte Fassade in ihrer
ursprünglichen Schönheit wiedererstand.[23]

Auf der Krämerbrücke wurden die Fassaden aller
32 unter Denkmalschutz stehenden Gebäude mit
neuem Farbanstrich versehen, erste Geschäfte des
Kunsthandels eingerichtet und eine Musikalien-
handlung des Volksbuchhandels eröffnet. Damit
entstand vom Fischmarkt über die Krämerbrücke
und die Futterstraße bis zur Leninstraße ein kom-

plexes Beispiel für die Rekonstruktion und Renovierung baukünstlerisch und historisch bedeutsamer
Altstadtgebiete.

Der Aufschwung im Bauwesen der Stadt, besonders im Wohnungsbau seit 1961 und die Entstehung
neuer Wohnkomplexe stimulierten die künstlerische Gestaltung der neuen Bauten und neue Bezüge
zwischen Architektur und Kunst. Das Auditorium
maximum des Pädagogischen Instituts (1961) mit einem neoklassizistischen Portikus und einer Giebel-
plastik von Helmut Braun sowie Mosaiken von Gottfried Schüler im Foyer setzte nicht nur neue Akzente
der Kunst am Bau, sondern war auch Auftakt für eine
immer innigere Verbindung von neuen Bauwerken
mit der Kunst. Im Zusammenhang mit der Verleihung des Namens „Dr. Theodor Neubauer" wurde
1965 im Freigelände dieser Bildungseinrichtung die
von Walter Arnold gestaltete Porträtbüste des bedeutenden, mit der Geschichte der Stadt eng ver-

---

[22] Ebenda.
[23] Architekturführer DDR. Bezirk Erfurt, Berlin 1979, S. 18.

Abb. 463. Lehrausbildung
im VEB Kombinat Umformtechnik „Herbert Warnke"

Sechs neue Werkhallen, ein Hochhaus für die Forschung und Entwicklung sowie ein neuer Speisesaal dienten der weiteren Modernisierung dieses bedeutenden Schwermaschinenbaubetriebes und der Verbesserung der Arbeits- und Lebensbedingungen der Werktätigen. 1968 konnte dem VEB „Optima" ein neues Produktionsgebäude übergeben werden. Im VEB Funkwerk entstanden in den 60er Jahren neue Forschungsgebäude und eine Rechenstation R 300. Mit dem Bau eines Verwaltungsgebäudes und der Neugestaltung des Werkeinganges – als Symbol der Arbeit formte Reppold eine Betonplastik mit Metallkonstruktion –, verliehen diese Neubauten dem Gothaer Platz einen völlig neuen, modernen Charakter.

Zu den Baumaßnahmen, die das Gesicht einer modernen Großstadt prägten, gehörte auch die Rekonstruktion des Flughafens Erfurt entsprechend den Anforderungen des modernen Flugverkehrs und die damit verbundene Errichtung eines Empfangsgebäudes mit Abfertigungshalle und Restaurant sowie des Towers im Jahre 1961. In Vorbereitung des 20. Jahrestages der DDR entstand der VEB Milchhof, eine der bis dahin größten und modernsten Molkereien unseres Landes. Von den Kombina-

bundenen kommunistischen Erziehers und Politikers aufgestellt. Mit der Übergabe des Internatshochhauses 1963 konnte der Aufbau des Pädagogischen Institutes im wesentlichen abgeschlossen werden.

Die Errichtung des ersten sozialistischen Wohnkomplexes „Johannesplatz" erforderte die künstlerische Gestaltung seines gesellschaftlichen Zentrums. Werke wie das Wandbild im Schülerspeisesaal von Otto Knöpfer, die Freiplastik „Jugend" von Helmut Braun und die „Schreitende" von Eberhard Reppold bereicherten das neue Wohngebiet.

Die notwendige Steigerung der Produktion stellte höhere Anforderungen an die Intensivierungstätigkeit, besonders in den profilbestimmenden volkseigenen Großbetrieben. Die Bildung des VEB Bau- und Montagekombinates (BMK) Erfurt im Jahre 1964 war ein objektives Erfordernis, um die herangereiften Aufgaben für den Reproduktionsprozeß in der Stadt und im Bezirk Erfurt sowie darüber hinaus in den industriellen Schwerpunkten der DDR zu lösen. Von 1964 bis 1967 wurden allein etwa 100 Mill. M im VEB Pressen- und Scherenbau investiert.

Abb. 464. Übergabe
einer modernen Verkaufseinrichtung

Abb. 465. Die Krämerbrücke nach vollständiger Renovierung

ten, Betrieben und Einrichtungen der Stadt wurden von 1966 bis 1970 insgesamt mehr als zwei Mrd. M investiert. Dienten die Investitionen bis 1967 vor allem der extensiv erweiterten Reproduktion, so wurden sie danach immer stärker für die Intensivierung des Produktionsprozesses eingesetzt.

Zur Lösung der auf Grund zunehmender Motorisierung immer schwierigeren Verkehrssituation an der Kreuzung Schmidtstedter Brücke begann 1969 die Umgestaltung dieses Verkehrsknotenpunktes. Die Arbeiten erforderten völlig neue Lösungen, weil die Aufweitung der unter der internationalen Eisenbahnmagistrale Erfurt–Berlin liegenden Unterführung bei Aufrechterhaltung des vollen Fernreise- und Güterverkehrs der Deutschen Reichsbahn erfolgen mußte. Gleichzeitig wurde der Bau einer neuen Zugangsstraße zum Containerzentrum des Güterbahnhofes notwendig, das im Jahre 1969 seiner Bestimmung übergeben werden konnte.

Besondere Bedeutung für die weitere Entwicklung des geistig-kulturellen Lebens in der Stadt hatte die schrittweise Einführung der Fünftagearbeitswoche ab April 1966, vorerst in jeder zweiten Woche, seit August 1967 wöchentlich. Für über 69000 Werktätige der Stadt verkürzte sich die Arbeitszeit von wöchentlich 48 auf 45 Stunden.

Der VII. Parteitag faßte im April 1967 bedeutsame Beschlüsse für die weitere Erhöhung der Arbeits- und Lebensbedingungen. Neben der Einführung der Fünftagewoche wurden die Mindestlöhne und der Mindesturlaub erhöht sowie die freiwillige Zusatzrentenversicherung eingeführt. Für Zehntausende Erfurter erhöhten sich der Mindesturlaub von 12 auf 15 Tage sowie die Löhne. Im Juli 1968 konnten die Mindestrenten heraufgesetzt werden. Größere materielle und finanzielle Unterstützung wurde kinderreichen Familien gewährt. Das Realeinkommen pro Kopf der Bevölkerung stieg von 1966 bis 1970 um 22 Prozent.

In den 60er Jahren wurden auch der medizinischen Betreuung und der Entwicklung des Gesundheitswesens besonderes Augenmerk gewidmet. 1961

stellte der Stadthaushalt 15 Mill. M für das Gesund-
heits- und Sozialwesens zur Verfügung. Das entsprach, ohne die Ausgaben für die Kliniken der Medizinischen Akademie, 80,52 M pro Kopf der Bevölkerung. Die Förderung und Erhaltung der Gesundheit als humanistisches Grundanliegen der Politik
der SED und unseres Staates fand ihren Ausdruck in
der weiteren Verdichtung des Netzes von Einrichtungen des Gesundheits- und Sozialwesens. Bis 1970
wurden das bisherige Ambulatorium des VEB Pres-
sen- und Scherenbau zu einer Betriebspoliklinik erweitert und ausgebaut und die Ambulanz Ammer-
talweg sowie das Stomatologische Zentrum am
Anger neu errichtet.

Abb. 466. Das restaurierte Haus
„Zum Breiten Herd" (1584) am Fischmarkt.
Rechts: Gildehaus (1892)

Abb. 467. Haus „Zum Stockfisch".
Museum für Stadtgeschichte

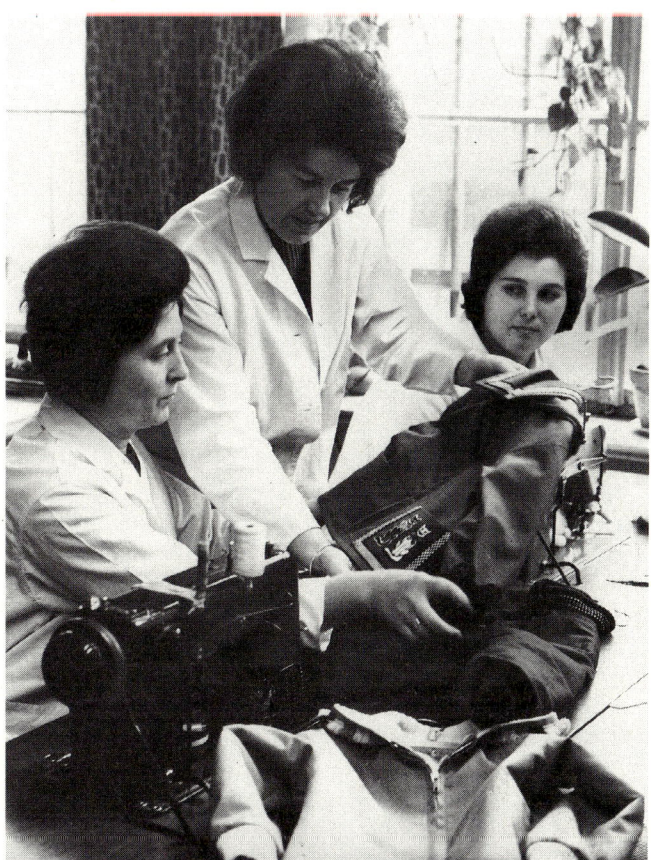

Abb. 468. Musterwerkstatt
des Betriebes „Reh-Kinderbekleidung"

Die Aus- und Weiterbildung von Medizinern trug
zu einer Verbesserung der medinizischen Grund-
versorgung und der spezialisierten und hochspezialisierten Versorgung bei. 1970 waren in Erfurt 504
Ärzte, 112 Zahnärzte und 34 Apotheker tätig. Dadurch war es möglich, die Prophylaxe gegenüber
der kurativen Medizin stärker in den Mittelpunkt
der Bemühungen um die Gesundheit der Bürger zu
rücken. So traten dank des vorbeugenden Impf-
schutzes z. B. seit 1963 in Erfurt Neuerkrankungen
und Sterbefälle an Polyomyelitis nicht mehr auf,
während es 1954 noch 26 Erkrankungen und drei
Sterbefälle gegeben hatte. Die hervorragend organisierten vorbeugenden Reihenuntersuchungen,
Impfungen und Betreuungsmaßnahmen erbrachten
beachtliche Erfolge auf dem Gebiet der Bekämpfung der Tuberkulose. Diese frühere Geißel besonders der ärmeren Schichten der Bevölkerung wurde
als Volkskrankheit überwunden. Auch durch den
Ausbau weiterer Dispensaires auf den Gebieten der
Herz- und Kreislauferkrankungen, des rheumati-
schen Formenkreises und des Diabetes mellitus
verbesserte sich die Gesundheitsfürsorge.

Abb. 469. Büste Dr. Theodor Neubauers
im Gelände der Pädagogischen Hochschule
Dr. Theodor Neubauer Erfurt-Mühlhausen

Unter Leitung des Verdienten Arztes des Volkes Magnifizenz Professor Dr. med. habil. August Sundermann trug die Medizinische Akademie zur wissenschaftlichen Grundlagenforschung und zur Lösung zahlreicher Probleme auf dem Gebiete der Medizin bei. Die Entwicklung des Antifibrinolytikums „PAMPA" durch den Direktor des Institutes für Pharmakologie Professor Dr. Dr. Fritz Markwardt und seine Auszeichung mit dem Nationalpreis sowie eine hohe Zahl wissenschaftlicher Veröffentlichungen, Patente und Patentanmeldungen legten dafür Zeugnis ab.

Die Aufwendungen für das Gesundheits- und Sozialwesen im Stadthaushalt stiegen 1970 auf über 20 Mill. M. Das war nach Volksbildung, Berufsbildung und Sport der zweithöchste Posten der Ausgabenseite des Stadthaushaltes. Zu dieser positiven Bilanz auf dem Gebiet des Gesundheitswesens trugen auch die steigenden finanziellen Leistungen der Sozialversicherung bei. Von 1965 bis 1970 wurden sie mehr als verdoppelt (1965: 21,3 Mill. M, 1970: 50,5 Mill. M). 1970 erreichten die jährlichen Aufwendungen pro Bürger 258 M.

Eine der größten Errungenschaften des Sozialismus ist die Gewährleistung des Rechtes auf Arbeit und einer gesicherten Perspektive für jeden Jugendlichen. In der zweiten Hälfte der 60er Jahre wurde deshalb das System der Berufsausbildung weiter vervollkommnet. Auf der Grundlage der Ergebnisse des berufsvorbereitenden Unterrichts in der allgemeinbildenden polytechnischen Oberschule wurden neue Grundberufe und die Berufsausbildung mit Abitur eingeführt. Die von der Volkskammer der DDR beschlossenen Grundsätze zur weiteren Entwicklung der Berufsausbildung bildeten dafür die gesetzliche Grundlage. Der Anteil der volkswirtschaftlich wichtigen Berufe am Ausbildungsprofil der Lehrlinge veränderte sich von 1966 bis 1970 zugunsten der Gebiete Elektrotechnik/Elektronik, Metallverarbeitung, Bauwesen und Gesundheitswesen. Damit stieg zugleich der Anteil jener Lehrlinge, die mit dem erfolgreichen Abschluß ihrer Lehrausbildung die Fach- bzw. Hochschulreife erwarben. 1970 betrug er bereits 70 Prozent.

Auf Grund der stabilen und kontinuierlichen Entwicklung des Lebensniveaus und des steigenden Realeinkommens pro Kopf der Bevölkerung erhöhte sich in den Jahren 1961 bis 1970 der Ausstattungsgrad der Erfurter Haushaltungen mit langlebigen Industriewaren. In der Bereitstellung hochwertiger Nahrungsmittel konnte ein stabiles und verbessertes Angebot erreicht werden. Der Einzelhandelsumsatz wuchs von rund 650 auf 939 Mill. M.

Die Erfolge der Landwirtschaftspolitik der SED und der Regierung der DDR ermöglichten eine weitere Verbesserung der Warenbereitstellung. So stieg z. B. der Pro-Kopf-Verbrauch in der Stadt von 1958 bis 1970 bei Fleisch- und Wurstwaren von 31,6 auf 68,8 kg, bei Butter von 8,5 auf 11,3 kg, bei Trinkvollmilch von 43,9 auf 74,2 kg und bei Eiern von 58 auf 196 Stück.

Zur Verwirklichung der Beschlüsse des VII. Parteitages der SED über die weitere Verbesserung der Arbeits- und Lebensbedingungen der Werktätigen unternahm der sozialistische Einzelhandel der Stadt verstärkte Anstrengungen, um durch neue Verkaufsmethoden den Einkauf zu erleichtern und den dafür notwendigen Zeitaufwand zu verkürzen. Durch Neubauten und Rekonstruktion erweiterte sich das bestehende Netz der Handels- und Dienstleistungseinrichtungen.

Besonders in den Neubaugebieten der Stadt, z. B. auf dem Johannesplatz, entstanden moderne Kaufhallen sowie große Einkaufszentren. Neu errichtet wurden die Kaufhallen Riethstraße, Liebknechtstraße und Hallesche Straße. Annähernd 200 Objekte des sozialistischen Einzelhandels wurden modernisiert und auf Selbstbedienung umgestellt, z.B. das Feinkosthaus Löberstraße, das Jugendmodehaus „Sonnidee", das Haus für die Dame sowie die RFT-Verkaufsstelle am Anger, der Industrieladen Fleischwaren in der Hermann-Jahn-Straße und andere Einrichtungen. Von 1965 bis 1970 erhöhte sich die Anzahl der Kaufhallen in Erfurt von vier auf 14.

Auf dem Gebiet der Gastronomie wurde den wachsenden Bedürfnissen der Gäste in höherem Maße Rechnung getragen. So entstand der gesamte Gaststättenkomplex auf dem Gelände der iga neu. Durch Umstellung auf Selbstbedienungssysteme in hochfrequentierten Gaststätten und Modernisierung von Restaurants verbesserte sich die gastronomische Betreuung in der Stadt quantitativ und qualitativ. Unter anderem wurden die Nationalitätengaststätte „Lowetsch", der „Alte Schwan", die „Hohe Lilie" und die Gaststätte „Goldbroiler" rekonstruiert. Der „Treffpunkt Johannesplatz" konnte fertiggestellt werden. Die Rekonstruktion des Interhotels „Erfurter Hof" wurde abgeschlossen.

3.
DIE WEITERE ENTFALTUNG DES GEISTIG-KULTURELLEN LEBENS

Der weitere Aufschwung des geistig-kulturellen Lebens in Erfurt und die Entwicklung der Stadt zu einem Zentrum der Wissenschaft und Kultur im Bezirk gründete sich auf die bisherigen Ergebnisse der kulturellen Umwälzung in der sozialistischen Gesellschaft und die sorgsame Pflege und Aneignung der humanistischen und progressiven Traditionen, die besonders in Erfurt zu erschließen waren. Als nachahmenswertes Beispiel sozialistischer Traditionspflege erwies sich die 1963 auf Initiative der FDJ-Hochschulleitung begonnene und durch Rektor und Senat sowie den Rat der Stadt unterstützte Rekonstruktion der Humanistenstätte „Engelsburg" und deren Ausbau als FDJ-Studentenklub der Medizinischen Akademie.

Außerordentliche Bedeutung für das geistig-kulturelle und wissenschaftliche Profil der Stadt erlangten der weitere Ausbau und die fortschreitende Konsolidierung der Hoch- und Fachschulen, besonders der Medizinischen Akademie und des Pädagogischen Institutes. 1961 wurde der Medizinischen Akademie eine Medizinische Fachschule angeschlossen, die in sieben Fachrichtungen u.a. Hebammen und Physiotherapeuten ausbildete und damit eine empfindliche Lücke in der Qualifizierung von mittleren medizinischem Personal schloß.

Stürmisch entwickelte sich das 1953 begründete Pädagogische Institut. Waren es 1953 624 Studenten gewesen, so standen 1963 schon 3394 Studierende in den verschiedenen Studienformen im Ausbildungsprozeß. Die Zahl der Studierenden hatte sich also in zehn Jahren mehr als verfünffacht. Das setzte eine Erweiterung der materiell-technischen Bedingungen voraus. Bis 1963 wurden für den Auf- und Ausbau des Pädagogischen Institutes insgesamt 17,5 Mill. M zur Verfügung gestellt, die unter anderem der Errichtung von zwei modernen Lehrgebäuden, einem Wirtschaftsgebäude, dem Auditorium maximum und sechs Wohnheimen, davon fünf Neubauten dienten. Aus Anlaß des 75. Geburtstages des hervorragenden Kommunisten und Widerstandskämpfers und progressiven Pädagogen Dr. Theodor Neubauer wurde dem Pädagogischen Institut 1965 der Ehrenname „Dr. Theodor Neubauer" verliehen. Damit fanden auch die Leistungen Neubauers bei der Erforschung der Erfurter Stadtgeschichte ihre Würdigung. Die Entwicklung des Instituts zur sozialistischen Hochschule zeigte sich auch in der Herausbildung neuer Leitungsstrukturen. Im Frühjahr und Sommer 1969 leitete die Bildung von Sektionen einen neuen Abschnitt in der Geschichte dieser Lehrerbildungseinrichtung ein. Nachdem das Pädagogische Institut seit seiner Gründung 1953 bis zum 30. August 1969 insgesamt 11400 Studenten (davon 5350 im Direktstudium) immatrikuliert hatte, erhielt es am 1. September 1969 den Status einer Pädagogischen Hochschule. Auf der Grundlage eines Beschlusses des Ministerrates der DDR vom 14. April 1969 wurde die Umwandlung am 5. September 1969 in einem Festakt im Auditorium maximum durch den Minister für Volksbildung, Margot Honecker, vollzogen. Gleichzeitig wurde das Pädagogische Institut Mühlhausen mit der neuen Hochschule zur „Pädagogischen Hochschule Dr. Theodor Neubauer, Erfurt-Mühlhausen" vereinigt und damit eine der größten Hochschulen für die Erziehung und Ausbildung sozialistischer Lehrerpersönlichkeiten in der DDR geschaffen.[24]

---

[24] Folgner/Lange, Die Entwicklung der Pädagogischen Hochschule „Theodor Neubauer". 25 Jahre Fachlehrerausbildung in Erfurt-Mühlhausen, Erfurt 1977, S.20.

Der Sieg der sozialistischen Produktionsverhältnisse leitete auch in Erfurt eine neue Etappe der sozialistischen Kulturrevolution ein. Die weitere Ausprägung der sozialistischen Nationalkultur erforderte die komplexe sozialistische Kulturentwicklung und eine neue Qualität im Verhältnis der Künstler zu den arbeitenden Menschen. In den Mittelpunkt des künstlerischen Schaffens rückte deshalb die Gestaltung der komplizierten Probleme des Aufbaus der entwickelten sozialistischen Gesellschaft und ihrer Schöpfer, der Werktätigen der DDR, vor allem der Arbeiterklasse.

Die wachsende gesellschaftliche Verantwortung des Künstlers erforderte immer stärker, dem werktätigen Menschen den Prozeß des sozialistischen Aufbaus sichtbar und emotional erlebbar werden zu lassen und mitzuhelfen, daß die Arbeiterklasse Kunst nicht nur empfängt, sondern auch als aktiver Teilnehmer des kulturellen Lebens ihre eigene Schöpferkraft entfaltet. Die Entwicklung der schöpferischen Fähigkeiten der Arbeiter unter den Bedingungen des Sozialismus fand ihren sichtbaren Ausdruck bei den IV. Arbeiterfestspielen, die während der Pfingsttage vom 9. bis 11. Juni 1962 im Bezirk und in der Stadt Erfurt, einem der Hauptfestspielorte, stattfanden. In 250 Veranstaltungen mit 850 000 Besuchern im Bezirk und Veranstaltungen mit 115 690 Besuchern in der Stadt[25] waren die Arbeiterfestspiele ein bedeutendes kulturpolitisches Ereignis, eines der größten Volksfeste und ein kultureller Höhepunkt in der Geschichte der Stadt. Viele Arbeitertheater, Ensembles, Zirkel der bildenden Kunst, Gruppen und Solisten traten mit neuen, von Laien- und Berufskünstlern geschaffenen Werken auf, in deren Mittelpunkt der neue sozialistische Mensch stand.

Die Bedeutung der IV. Arbeiterfestspiele erschöpfte sich aber nicht nur darin, daß sie eine eindrucksvolle Demonstration der kulturell-schöpferischen Kräfte der Werktätigen der DDR waren. Sie zeigte sich auch darin, daß die Festspiele durch ihre zielgerichtete Vorbereitung dazu beitrugen, die kulturelle Massenarbeit in den Betrieben der Stadt Erfurt weiterzuentwickeln. So gelang es, neue Kulturgruppen aufzubauen und viele Werktätige in die aktive schöpferische Selbstbetätigung einzubeziehen. Mit gutem Erfolg beteiligten sich das Theo-Neubauer-Ensemble mit seinem Programm „Lachend singt die Welt", der Chor des VEB Erfurter Mälzerei- und Speicherbau sowie das Blasorchester und die „Funkblitze" des VEB Funkwerk an der kulturell-politischen Leistungsschau der Werktätigen. Ausdruck der zunehmend engeren Verbindung von Be-

rufs- und Laienkünstlern war die Beteiligung des Sprechtheaters der Städtischen Bühnen Erfurt mit dem Schauspiel „Die Holländerbraut" von Erwin Strittmatter. Mit 10 000 Besuchern erfreute sich die Ausstellung „Bildnerisches Volksschaffen" großen Zuspruchs, die im Rahmen der Arbeiterfestspiele auf dem Gelände der iga gestaltet wurde. Die hervorragenden Ergebnisse der IV. Arbeiterfestspiele in Erfurt zeugten nicht nur von der gesellschaftlichen Wertschätzung der kulturellen Massenarbeit in unserer Republik; sie demonstrierten auch, daß die Arbeiterklasse von den Schätzen der nationalen und internationalen Kultur Besitz ergriffen hatte, um sie zu bewahren und schöpferisch weiterzuentwickeln.

Als eine Bestätigung der von der ersten Bitterfelder Konferenz im Jahre 1959 ausgegangenen Bewegung konnte die Bilanz der Delegiertenkonferenz der SED-Stadtparteiorganisation vom 30. bis 31. Mai 1964 über die Entwicklung der kulturellen Massenarbeit in Erfurt angesehen werden. Danach gab es 1964 in Erfurt insgesamt 220 künstlerische Kollektive mit 3800 Mitgliedern. Davon waren sechs Zirkel schreibender Arbeiter, sieben Zirkel für bildnerisches Volksschaffen, 13 dramatische Zirkel, Laientheater und Kabaretts, acht Schmalfilmkollektive, 26 Chöre und 31 Musikgruppen. Es konnte festgestellt werden, daß die beiden großen Volkskunstensembles der VEB Optima und Pressen- und Scherenbau in den letzten Jahren in enger Zusammenarbeit mit Berufskünstlern Leistungen mit hohem künstlerischem Wert gezeigt hatten.[26]

Besondere künstlerische Ausstrahlungskraft erlangten jene Zirkel, die eine enge Verbindung zu profilierten Kunstschaffenden der Stadt bzw. des Bezirkes suchten, wie der Zirkel für bildnerisches Volksschaffen unter Leitung des Malers Albert Habermann, das Theo-Neubauer-Ensemble des VEB Pressen- und Scherenbau und der Klub der Erfurter Filmamateure. Das Theo-Neubauer-Ensemble wurde 1968 für seine hervorragenden volkskünstlerischen Leistungen mit dem Kulturpreis der Stadt Erfurt ausgezeichnet. Beispiel für das geistig-kulturelle Leben in der Stadt war der Aufschwung, den in Vorbereitung des 20. Jahrestages der DDR das politische Liedschaffen und die Singebewegung der Jugend nahm. Im Klub der Jugend und Sportler fand der Singeklub „Mikis Theodorakis" seine Heimstatt.

[25] Archiv des Bezirksvorstandes FDGB, Nr. 648/50.
[26] BPA, Erfurt, IV/501/001, Stadtdelegiertenkonferenz der SED 1964, S. 130.

Wie die Vorbereitung und Durchführung der Arbeiterfestspiele und die kulturelle Massenarbeit sinnvoll in die Lösung der Aufgaben zur ökonomischen Stärkung der DDR einbezogen wurden, zeigte das Beispiel der Betriebsbibliothekarin des VEB „Paul Schäfer", Erna Schmidt. Sie gewährte vor allem Brigaden ihres Betriebes bei der Erschließung der Schönheit und der Probleme der schöngeistigen Literatur Unterstützung. In Verbindung mit dem Produktionsaufgebot entwickelte sich durch die von ihr und anderen Bibliothekarinnen in den Brigaden der sozialistischen Betriebe durchgeführten Buchbesprechungen über das Buch von Galina Nikolajewa „Schlacht unterwegs" eine schöpferische Diskussion über die Verantwortung der Werktätigen in der sozialistischen Produktion. Diese Diskussion trug

Abb. 470. Aufbau am Juri-Gagarin-Ring. Ölgemälde von Engelbert Schoner

nicht zuletzt zu dem großen Widerhall des Films „Schlacht unterwegs" nach dem Roman von Galina Nikolajewa in der Stadt bei.

Von 1961 bis 1971 entwickelte sich das Netz der Bibliotheken und deren Buchbestand in Erfurt weiter. Sowohl die Stadt- und Bezirksbibliothek (19 394 Leser 1961 mit 462 000 Ausleihen) und die Wissenschaftliche Bibliothek mit 17 862 Lesern und 42 061 ausgeliehenen Büchern im gleichen Jahr als auch die Gewerkschafts-, Hoch- und Fachschulbibliotheken trugen durch ihre wachsenden Buchbestände dem zunehmenden Lesebedürfnis der Bevölkerung Rechnung. Am 1. Januar 1969 wurde unter Leitung von Bibliotheksrat Walter Strobel die Wissenschaftliche Allgemeinbibliothek durch die Vereinigung der Wissenschaftlichen Bibliothek mit ihren reichen Sondersammlungen wie der Amploniana, der Boyneburgsammlung und den Beständen zur Geschichte des Erfurter Buchdruckes und der Stadt- und Bezirksbibliothek gebildet. 1970 liehen die Wissenschaftliche Allgemeinbibliothek 545 500 Bücher und die Gewerkschaftsbibliotheken der Stadt 274 286 Bücher aus. Der weitere Aufbau des Sozialismus trug zur schnellen Entwicklung der Möglichkeiten und Bedürfnisse vieler Werktätiger zur geistig-kulturellen Betätigung bei.

Die verbesserten Arbeits- und Lebensbedingungen und die neuen sozialistischen Beziehungen in den Arbeitskollektiven führten, besonders sichtbar in den sozialistischen Brigaden, zur Verbindung des Strebens nach hohen Produktionsleistungen mit dem Bemühen um höhere Bildung. Ausdruck dafür waren die 300 Brigaden, die im Jahre 1964 auf der Grundlage von Kultur- und Bildungsplänen arbeiteten und sich damit das Ziel stellten, die Losung „Sozialistisch arbeiten, lernen und leben" zu verwirklichen. Die Mehrzahl dieser Pläne war in den Brigaden der sozialistischen Großbetriebe der Stadt entstanden. Darin drückte sich die Bedeutung der „Kollektive der sozialistischen Arbeit" für die Erhöhung des kulturellen Niveaus und der wachsenden geistigen Bedürfnisse der Arbeiterklasse aus.[27] Auf der zweiten Bitterfelder Konferenz im April 1964 wurde die weitere Herausbildung einer eng mit dem Volk verbundenen sozialistischen Nationalkultur bekräftigt und das enge Bündnis zwischen Arbeiterklasse und künstlerischer Intelligenz als wesentliche Grundlage für die eigene künstlerische Selbstbetätigung der Werktätigen hervorgehoben.

Zu einer echten Leistungsschau der kulturell-schöpferischen Aktivitäten der Arbeiterklasse entwickelten sich seit Anfang der 70er Jahre die Betriebsfestspiele, die 1971 bereits in 15 Betrieben der Stadt mit 58 000 Teilnehmern durchgeführt wurden. Die ökonomisch-kulturellen Leistungsvergleiche der Brigaden gaben Aufschluß über den Erfüllungsstand ihrer Verpflichtungen im Produktionsprozeß und bestätigten die qualitativ neue Etappe der Entwicklung kultureller Interessen in den Industriebetrieben. Diese konkrete Form der Tätigkeit der Arbeiterklasse strahlte auf die Entwicklung des geistig-kulturellen Lebens der Stadt wesentliche Impulse aus.

Das Musik- und Theaterleben in Erfurt wurde vor allem durch die Tätigkeit der Städtischen Bühnen und ihrer drei Häuser – Opernhaus, Schauspielhaus und Kleine Bühne – geprägt. Die Pflege des klassischen Erbes war ein besonderes Anliegen des Ensembles. Immer mehr wandte sich aber besonders das Sprechtheater auch dem zeitgenössischen dramatischen Schaffen der DDR und der sozialistischen Länder zu. Solche Inszenierungen wie „Das Leben des Galilei" von Bertolt Brecht, „Die Holländerbraut" von Erwin Strittmatter oder „Die optimistische Tragödie" von Wselowod Witaljewitsch Wischnewski und die „Irkutsker Geschichte" von Alexej Nikolajewitsch Arbusow entsprachen den Forderungen der Arbeiterklasse nach künstlerischer Darstellung der Probleme und Kämpfe unserer Zeit. Es entwickelte sich zu einer guten Tradition, daß es besonders bei Werken der sozialistischen Dramatik im Anschluß an die Aufführungen zu anregenden Diskussionen zwischen Arbeitskollektiven und Theaterschaffenden kam.

Der Abschluß von Theateranrechten und niedrige Eintrittspreise ermöglichten jedem Bürger der Stadt den Besuch dieser Kunststätten. Leider konnte auch in den 60er Jahren die sich seit der Einführung des Fernsehens abzeichnende Tendenz eines gewissen Rückgangs der Besucherzahlen nicht aufgehalten werden. Seit Anfang der 70er Jahre setzte jedoch eine erfreuliche gegenläufige Entwicklung ein, die sich in dem wachsenden Bedürfnis der Erfurter Bevölkerung nach Konzertbesuchen äußerte. Die steigende Nachfrage nach Karten für die Sinfoniekonzerte konnte nicht mehr befriedigt werden. Unter der Leitung von Generalmusikdirektor Ude Nissen nahm das Orchester der Städtischen Bühnen einen bedeutenden Platz im Musikleben Erfurts ein. Von der hohen künstlerischen Qualität dieses Klangkörpers zeugte nicht zuletzt der 3. Platz im Orchesterwettbewerb der DDR im Jahre 1964.

Besondere Verdienste erwarben sich Generalmusikdirektor Ude Nissen und sein Orchester bei der

---

[27] Ebenda, S. 128.

Abb. 471. Der Zoo-Park Erfurt. Elefantenfreigehege

liebevollen Unterstützung des zeitgenössischen sinfonischen Schaffens. Vielen Uraufführungen, auch von Komponisten aus der Stadt und aus dem Bezirk Erfurt, verhalf das Orchester zum Erfolg, so der „Heiteren Ouvertüre" des Erfurter Komponisten und Nationalpreisträgers sowie langjährigen Rektors der Hochschule für Musik „Franz Liszt" in Weimar, Johann Cilenšek (1963), der „Erfurter Suite" von Heinrich Becker (1961), dem Klavierkonzert von Antonius Streichard (1968), dem „Konzert für Solobläser und Orchester" von Kurt Kunert (1965) sowie der „Erfurter Suite" des Berliner Komponisten Jean Kurt Forest (1969). Im gleichen Jahr wurde die Erfurt gewidmete Kantate „Unsere Stadt" nach einem Text von Kurt Steiniger und der Musik von Kurt Kunert durch das Orchester der Städtischen Bühnen uraufgeführt.

Großer Beliebtheit erfreute sich in Erfurt die seit 1947 bestehende Kammermusikvereinigung, die von dem Kammervirtuosen Kurt Kunert ins Leben gerufen wurde. Kunert, selbst Komponist, erwarb sich vor allem durch die Aufführung vieler zeitgenössischer Werke Anerkennung. Ihm war es zu verdanken, daß Werke alter Erfurter Komponisten wie Johann Wilhelm Häßler, Johann Christian Kittel und Johann Pachelbel wieder öfter erklangen. Der Wunsch der Kammermusikvereinigung nach Zusammmenwirken von Architektur, bildender Kunst und Musik war ausschlaggebend für die regelmäßig in der Mittelalterhalle des Angermuseums stattfindenden Museumskonzerte. Zu unvergeßlichen Theatererlebnissen für Zehntausende Bürger und Gäste der Stadt gestalteten sich Anfang der 60er Jahre die Aufführungen der Städtischen Bühnen auf den

Domstufen. Im Sommer 1963 war es z.B. Goethes Schauspiel „Egmont", das unter Einbeziehung der gewaltigen Kulisse des Doms und der Severikirche die Besucher in seinen Bann zog. Die vorerst letzte Aufführung fand 1966 mit der Verdi-Oper „Der Troubadour" statt.

Erfurt verfügt aus seiner jahrtausendalten Geschichte über viele Zeugnisse seiner historischen und kulturellen Vergangenheit. Sie für die Gegenwart und Zukunft zu erhalten und den Interessenten zugänglich zu machen, war eine der wesentlichen Aufgaben der Erfurter Museen. Die bedeutendste Stellung unter ihnen nahm das Angermuseum ein. Durch die Gestaltung von Sonderausstellungen und Konzerten in der Mittelalterhalle (1970 fanden sechs Ausstellungen und 15 Konzerte statt) entwickelte es sich immer mehr zu einer Stätte des harmonischen Zusammenklangs von Architektur, geschichtlicher Tradition, bildender Kunst und Musik. Mit der Eröffnung der Gedenkstätte „Erfurter Parteitag" in dem historischen „Kongreßsaal" im Jahre 1964 fand ein bedeutungsvoller Abschnitt der revolutionären deutschen Arbeiterbewegung, der unmittelbar mit Erfurt in Verbindung steht, seine historische Würdigung. Die Gedenkstätte in der Futterstraße stellte den Erfurter Parteitag der deutschen Sozialdemokratie und das von ihm beschlossene Programm, aber auch den erfolgreichen Aufbau des Sozialismus in der DDR, in den Mittelpunkt ihrer Schausammlung. Von 1964 bis 1970 besuchten über 56 000 Besucher dieses Museum der deutschen Arbeiterbewegung.

Eine echte Bereicherung für die systematische Erforschung der Geschichte der Stadt und für die mit der Geschichte ihrer Stadt verbundenen Erfurter war der seit 1965 beginnende Aufbau eines historischen Museums, das im Jahre 1968 mit der Übergabe der ersten Ausstellungsabschnitte aus Anlaß des 50. Jahrestages der Novemberrevolution 1918 im Gebäude des Volkskundemuseums zum ersten Male an die Öffentlichkeit trat. 1965 öffnete auch nach mehrjähriger Renovierung das Schloß Molsdorf wieder seine Pforten. Schloß und Park entwickelten sich in wenigen Jahren zu einem beliebten Naherholungs- und Kulturzentrum der Erfurter Bevölkerung. Besonders die Schloßkonzerte und die Aufführung kleinerer Spielopern und Kammerspiele durch das Ensemble der Städtischen Bühnen fanden großen Anklang.

Mit der iga 1961 hatte Erfurt nicht nur endgültig seinen internationalen Ruf als Blumenstadt und Stätte der Begegnung für Fachleute des Gartenbaus zurückerobert, sondern zugleich einen Kultur- und Erholungspark gewonnen, der zu einem festen Bestandteil des geistig-kulturellen Lebens wurde. Durch ihre Lage, den Fundus an Ausstellungshallen und den natürlichen Zauber ihres Blumenschmukkes entwickelte sie sich auch als Veranstaltungsort für Kunstausstellungen und zu einem der größten Freiluftparks für Plastik in der DDR. Werke bedeutender Bildhauer wie Walter Arnold, Fritz Cremer, Heinrich Drake, Ludwig Engelhardt, Gerhard Geyer, Waldemar Grzimek, Christa Sammler und dem Erfurter Helmut Braun wurden erworben und einfühlsam in das Freigelände eingeordnet. In Verbindung mit der iga entstand auf dem Gelände der Cyriaksburg ein für Erfurt charakteristisches Gartenbaumuseum. Es bietet einen interessanten Einblick in die Geschichte des Gartenbaus, besonders in und um Erfurt.

Einen raschen Aufschwung nahm der 1959 gegründete Thüringer Zoopark, der nicht nur seinen Tierbestand ständig erweitern, sondern sich zu einer zoologischen Einrichtung für die Erhaltung vom Aussterben bedrohter Haustierrassen entwickeln konnte. Der Bau attraktiver Tiergehege, der Freianlage für Elefanten, eines Giraffenhauses und eines Seelöwenbeckens erhöhten den Schauwert dieser Erholungs- und Bildungsstätte. Die Eröffnung eines modernen Affenhauses 1966 erwies sich als bedeutungsvoll für die weitere Entwicklung des Thüringer Zooparks, der wachsende internationale Aufmerksamkeit und Anerkennung fand, insbesondere durch seine erfolgreiche Haltung und Zucht von Affen und Halbaffen. 1970 betrug der Tierbestand auf dem 60 ha großen Gelände des Roten Berges im Norden der Stadt 790 Tiere in 181 Arten, davon 78 Affen und Halbaffen in 24 Arten. Eine viertel Million Besucher erfreuten sich im gleichen Jahr an der Vielfalt von Tieren aus allen Gebieten unserer Erde.

1967 formierte sich das Erfurter Jugendsinfonieorchester unter Leitung von Waldemar Doss an der Bezirksmusikschule. Auftritte nicht nur im Rathausfestsaal und im Erfurter Opernhaus, sondern auch in Karlsbad, Marienbad, Vilnius sowie im Fernsehen zeugten von seinem beachtlichen künstlerischen Niveau.

Das literarische Schaffen gewann in Erfurt eine neue Heimstatt. Johanna Hoffmann, seit 1962 in Erfurt wohnhaft, legte 1966 ihren Roman „Die verratene Heilige" vor. Kurt Steiniger veröffentlichte Gedichte, Kinderbücher, Hörspiele, Kantaten und Romane. Sein Gedicht „Meine Stadt" war eine Liebeserklärung an Erfurt.

Auch Körperkultur und Sport nahmen in den 60er Jahren in Erfurt einen großen Aufschwung. Durch

Abb. 472. Sportzentrum Georgi-Dimitroff-Stadion. Schwimmhalle

die Errichtung neuer und die Renovierung bestehender Sportanlagen wurde das Netz von Einrichtungen für den Massen- und Leistungssport erweitert. 1961 standen in Erfurt 69 Sportanlagen (Stadien,
Sportplätze, Turn- und Übungshallen, Schwimmbä-
der) der sporttreibenden Bevölkerung zur Verfügung. 12 284 im Deutschen Turn- und Sportbund
(DTSB) organisierte Sportler waren in 24 Grund-
organisationen zusammengeschlossen. Auf dieser
Grundlage konnte sich besonders durch die aktive
Förderung und Konzentration der sportlichen Talente im Sportclub Turbine der Leistungssport entwickeln.

Aus der Massensportbewegung, die sich nicht zuletzt auf die höhere Qualität des Schulsportes gründen konnte, gingen international bekannte Lei-
stungssportler hervor. Siegfried Hermann, der

zweimalige Europameister im 800-m-Lauf (Belgrad 1962 und Budapest), Manfred Matuschewski,
Europameister im 800-m-Lauf (Athen 1969), Dieter
Fromm, Paul Friedrich (mehrfacher Weltmeister
im Moto-Cross) und Roland Matthes trugen durch
ihre überragenden sportlichen Leistungen nicht nur
zur weiteren Profilierung des Sports in Erfurt, sondern zu wachsendem internationalen Ansehen der
DDR auf sportlichem und politischem Gebiet bei.

1968 wurden dem Olympischen Komitee der DDR
die Rechte eines Nationalen Olympischen Komitees
zuerkannt. Die DDR konnte deshalb an den Olympischen Spielen 1968 in Mexico erstmals mit einer
eigenen Mannschaft teilnehmen und errang in der
Medaillenwertung den dritten Platz nach den USA
und der UdSSR. Die Alleinvertretungsanmaßung der
BRD auf dem Gebiet des Sports war auch dank

Abb. 473. Neubaugebiet „Johannesplatz"

der Leistungen Erfurter Sportler gescheitert. Dem mehrfachen Weltrekordler Roland Matthes gelang es vor allem mit seinen Olympiasiegen über 100- und 200-m-Rücken 1968 in Mexico-Stadt in die Phalanx der USA-Schwimmer einzudringen. Er trug entscheidend zu den großen Erfolgen des Schwimmsports in der DDR in den folgenden Jahren bei. Der erste Olympiasieger in der Geschichte der Stadt Erfurt konnte mit der Silbermedaille in der 4×100-m-Staffel diesen Triumph noch vervollkommnen.

Es war eine Anerkennung der guten Breitenarbeit im Volkssport und der Leistungen im Spitzensport, daß 1968 die XIX. Deutschen Leichtathletikmeisterschaften der DDR vom 8. bis 11. August 1968 nach Erfurt vergeben wurden. Die Rekonstruktion des Georgi-Dimitroff-Stadions, insbesondere die Errich-

tung einer modernen, den internationalen Anforderungen entsprechende Tartanbahn, hatte dazu die notwendigen Voraussetzungen geschaffen. Der Ausbau des Sportzentrums Süd mit Sporthalle und die Eröffnung einer modernen Schwimmhalle mit acht 50-m-Bahnen am 4. Juni 1970 verbesserten die Trainings- und Wettkampfmöglichkeiten für die Erfurter Sportler grundlegend. 1970 standen somit insgesamt 126 Sportanlagen für die 15 923 organisierten DTSB-Mitglieder und für die sportliche Betätigung der Bevölkerung in massensportlichen Veranstaltungen zur Verfügung.

Zu einer Schule der Sportbewegung entwickelte sich seit 1966 die Spartakiadebewegung, aus deren Reservoir an Talenten viele spätere Spitzensportler hervorgingen. Auch Roland Matthes erkämpfte sich seine ersten Medaillen bei Spartakiaden.

Das Gesetz über die sozialistische Entwicklung des Schulwesens in der DDR vom 2. Dezember 1959, das die zehnklassige allgemeinbildende polytechnische Oberschule in den Mittelpunkt des Erziehungs- und Bildungsprogramms der DDR stellte, leitete auch in Erfurt einen weiteren Aufschwung des Schulwesens ein. Hatten schon vor dem Beschluß der Volkskammer Probleme der sozialistischen Schulentwicklung und des Aufbaus der zehnklassigen allgemeinbildenden polytechnischen Oberschule einen gewichtigen Platz in der Tätigkeit des Rates der Stadt und der Stadtverordnetenversammlung eingenommen und waren viele Maßnahmen zur Verbesserung der materiellen Bedingungen durch Neu- und Erweiterungsbauten ergriffen worden, so bildete nun das auf Initiative der SED-Stadtleitung am 27. April 1960 in der Stadtverordnetenversammlung beschlossene „Programm für den sozialistischen Aufbau des Schulwesens der Stadt Erfurt bis zum Jahre 1965"[28] den Rahmen für dessen weitere Umgestaltung.

Der Aufschwung der Produktivkräfte im Prozeß des umfassenden Aufbaus des Sozialismus stellte höhere Anforderungen an die Volksbildung. Die im April 1964 vorgelegten Grundsätze für das einheitliche sozialistische Bildungssystem wurden von der Bevölkerung der DDR diskutiert und Vorschläge und Anregungen für die weitere Verbesserung der Bildungs- und Erziehungsarbeit eingereicht. In Erfurt fanden dazu bis zum 31. Juli 1964 in 38 Betrieben pädagogische Betriebskonferenzen, u.a. im VEB Optima, VEB Fleischkombinat und HO-Warenhaus Erfurt, statt.

Im Februar 1965 gab das ZK der SED dem Entwurf des neuen Bildungsgesetzes seine Zustimmung und forderte die Erziehung allseitig gebildeter sozialistischer Staatsbürger, „die in der Lage sind, Wissenschaft und Technik zu meistern und ihre ganze Kraft dem umfassenden Aufbau des Sozialismus" zu widmen.[29] Die Stadtverordnetenversammlung stellte am 24. Juni 1965 das am 25. Februar 1965 durch die Volkskammer beschlossene Gesetz über das einheitliche sozialistische Bildungssystem in den Mittelpunkt ihrer Beratung. Den „Tag des Abgeordneten" am 19. Mai nutzten die Abgeordneten und Stadträte sowie die Mitglieder von zwölf ständigen Kommissionen zu Hospitationen in den Unterrichtsstunden mehrerer Schulen, um die Stadtverordnetenversammlung umfassend vorzubereiten. Sie konnten feststellen, daß sich auch in Erfurt die allgemeinbildende polytechnische Oberschule als Kernstück des einheitlichen sozialistischen Bildungssystems durchgesetzt hatte.

Mit der Einführung der Zehn-Klassen-Schule und dem polytechnischen Unterricht ab 1. September 1959 begann auch in Erfurt eine neue Etappe in der Entwicklung des sozialistischen Bildungswesens. Waren es 1959 48 Prozent der Schüler der 8. Klasse gewesen, die mit dem Übergang in die 9. Klasse einen Schritt zu einer höheren Bildungsstufe gegangen waren, so waren es 1961 bereits 70 Prozent der Schüler. Jedoch war durchaus noch nicht das Verständnis aller Eltern für den Besuch einer höheren Klassenstufe durch ihre Kinder vorhanden.

Im Mittelpunkt der schulpolitischen Entwicklung stand der Übergang zur polytechnischen Erziehung. Die Unterstützung der Erfurter Großbetriebe ermöglichte es, gute Bedingungen für den Unterrichtstag in der Produktion zu schaffen. Besonders enge Verbindungen bildeten sich zwischen dem VEB Optima und dem VEB Funkwerk und den Polytechnischen Oberschulen ihres Einzugsbereiches heraus. 1961 fanden von 237 Grundlehrgängen im polytechnischen Unterricht 222 in Produktionsbetrieben statt.

Die neuen Anforderungen, die die weitere sozialistische Umgestaltung des Schulwesens vor allem an die Lehrer stellten, fanden in steigendem Maße das Verständnis und die Unterstützung der Arbeiterklasse und hierbei vor allem der fortgeschrittensten Produktionsbrigaden. Patenschaftsverträge, wie der zwischen der Brigade „Karl Liebknecht" des VEB Pressen- und Scherenbau und der Pioniergruppe der Klasse 6c der 8. Oberschule Erfurt, kennzeichneten das neue Verhältnis der Werktätigen zur Schule und ihr gewachsenes Verantwortungsgefühl für die sozialistische Erziehung der Kinder und Jugendlichen. Diese Entwicklung wirkte auch auf die Verbindung zwischen Elternhaus und Schule und auf das öffentliche Interesse an schulpolitischen Fragen ein. Dafür waren die Elternbeiratswahlen beredter Ausdruck. Nahmen 1955/1956 nur 35 Prozent der Wahlberechtigten an den Elternbeiratswahlen teil, so nutzten 1960/1961 63 Prozent und 1962 über 70 Prozent der Eltern ihr Wahlrecht.[30]

Die ständig steigenden Schülerzahlen erforderten gebieterisch die Bereitstellung neuer Schulen und Klassenräume. 1950 bis 1960 waren zwar fünf neue Schulen errichtet und an fünf Schulen Ausbau- und

---

[28] StAE, 1-5/1000-17, Protokolle der Stadtverordnetenversammlung.

[29] Beschluß zum Gesetz über das einheitliche sozialistische Bildungssystem, in: Dokumente der SED, Bd. X, Berlin 1967, S. 295.

[30] StAE, 1-5/1000-23, Protokolle der Stadtverordnetenversammlung.

Erweiterungsarbeiten durchgeführt worden; aber das reichte nicht aus, um den neuen Anforderungen an die Qualität des Unterrichtes, speziell des Fachunterrichtes, und dem Bemühen um die Verringerung der Klassenfrequenzen gerecht zu werden. Mit der Übergabe der „Juri-Gagarin-Oberschule" am 1. September 1961 begann eine neue Etappe der Errichtung neuer und moderner Schulgebäude, die besonders die Schulsituation in den Arbeiter- und Neubaugebieten schrittweise zu verändern begann. 1962 folgte die POS 16 „Ernst Thälmann", 1966 die POS 34 „Friedrich Engels", 1968 die POS 36 „Wilhelm Pieck", 1969 die POS „Otto Grotewohl", 1970 die POS 17 „Hermann Jahn".

Eine wesentliche Voraussetzung für die weitere Formierung der polytechnischen Oberschule war der Ausbau von Schulhorten und Hausaufgabeneinrichtungen. Bis 1961 wurden 49 Kinderhorte – darunter das erste Beispiel für die Ganztagserziehung in der Stadt Erfurt an der 7. Oberschule „Gutenbergschule" – mit insgesamt 3462 Plätzen geschaffen. Damit verbesserte sich für die Mütter die Möglichkeit zur Teilnahme am wirtschaftlichen und gesellschaftlichen Leben. Dem Ausbau der Vorschuleinrichtungen widmete der Rat der Stadt ebenfalls große Beachtung. 1961 bestanden in Erfurt 66 Kindergärten und Wochenheime mit 3864 Plätzen. Bis 1970 hatte sich das Netz der Einrichtungen für die außerschulische und die Vorschulerziehung so erweitert, daß 6905 Plätze in Kinderhorten und 6508 Plätze in 96 Kindergärten und Wochenheimen zur Verfügung standen. Ausdruck der großzügigen Förderung des Bildungswesens waren die stetig steigenden Zuwendungen durch den Rat der Stadt; sie stiegen von 24,5 Mill. M 1965 auf 33,3 Mill. M 1970.

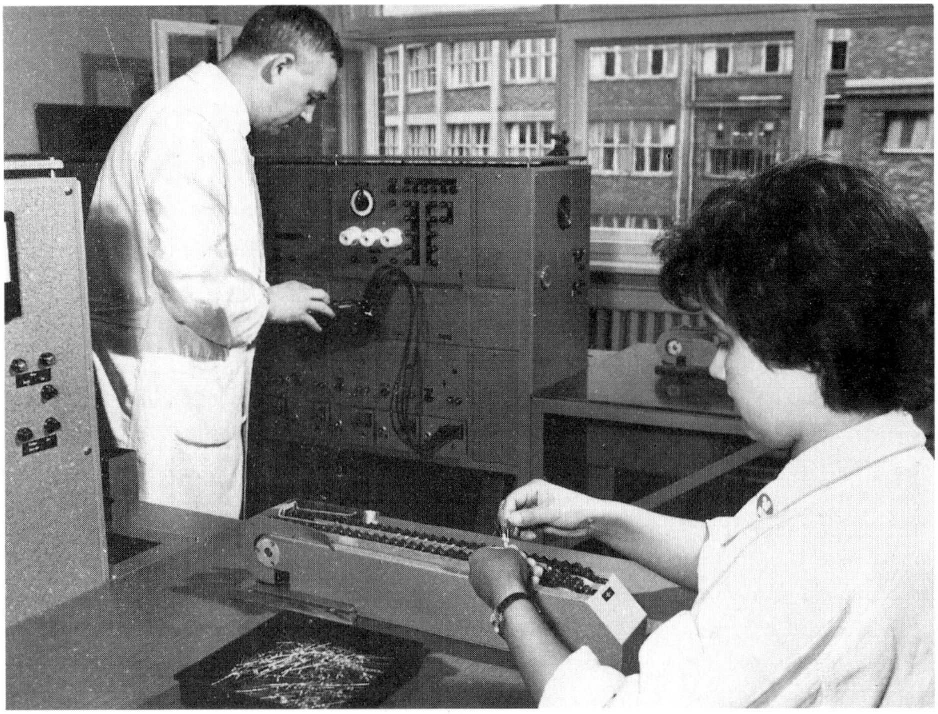

Abb. 474. Diodenfertigung im VEB Erfurt mikroelektronik „karl marx"

Neben den Schulneubauten verbesserten sich auch in den anderen Schulen durch die Rekonstruktion der Klassenräume und die Einrichtung von Lehrkabinetten die materiellen Voraussetzungen für einen auf hohem theoretischem und politischem Niveau stehenden Unterricht.

Tabelle 31
Entwicklung des Erfurter Schulwesens
von 1961 bis 1970

	Klassenräume	Schüler	Lehrer
1961	789	22772	789
1970	894	29875	1448

Der wachsende Anteil der Schüler, die nach dem Abschluß der achten Klasse die neunte und zehnte Klasse der POS besuchten, und die steigende Zahl von Schulanfängern (sie nahm von 2947 1961 auf 3464 1970 zu) erforderten trotz der bisherigen Anstrengungen und der Verbesserung der materiellen Unterrichtsbedingungen den Bau weiterer Schulgebäude, denn wie es in der Zeitung „Das Volk" am 30. Dezember 1969 hieß, platzten die „Schulen aus den Nähten".[31] Diese Aufgabe wurde im folgenden Jahrzehnt gelöst.

[31] Das Volk, 30. 12. 1969.

KAPITEL
XVII

Erfurt verjüngt sein Gesicht (1971 bis 1981)

Von Horst Benneckenstein und Bodo Fischer

1.
DIE WEITERE FESTIGUNG DER ÖKONOMISCHEN BASIS DES SOZIALISMUS

Der VIII. Parteitag der SED im Juni 1971 leitete einen für die Geschichte der DDR und damit auch der Stadt Erfurt neuen und bedeutsamen Entwicklungsabschnitt, die Gestaltung der entwickelten sozialistischen Gesellschaft, ein. Die Entwicklung der Stadt wurde in den siebziger Jahren von dem entscheidenden Anliegen des Sozialismus geprägt, alles für das Wohl des Menschen, für das Glück des Volkes, für die Interessen der Arbeiterklasse und aller Werktätigen zu tun. Die damit verbundenen Aufgaben rückten in den Mittelpunkt der Politik der SED und des sozialistischen Staates.

Der Aufschwung des sozialistischen Wettbewerbs zur Vorbereitung des VIII. Parteitages und die hohen Leistungen der Werktätigen bei der Planerfüllung führten auch in Erfurt zu neuen Erfolgen in der sozialistischen Produktion, im Wohnungsbau, im sozialen Bereich sowie im geistig-kulturellen Leben. Davon kündeten 31 820 Einzel- und Kollektivverpflichtungen mit einem Jahresnutzen von 31,2 Mill. M., die zu Ehren des Parteitages abgegeben wurden. Allein im Stammbetrieb des VEB Kombinat Umformtechnik gingen die Betriebsangehörigen 4285 Einzel- und Kollektivverpflichtungen ein. 143 Kollektive dieses sozialistischen Großbetriebes kämpften um den Staatstitel „Kollektiv der sozialistischen Arbeit". Der Parteitagsdelegierte Günther Pfaff aus dem Kombinat Umformtechnik überbrachte dem Parteitag die Verpflichtungen. Für hervorragende Leistungen im Wettbewerb zum VIII. Parteitag der SED wurden der VEB Wohnungsbaukombinat Er-

furt, der VEB Bekleidungskombinat Erfurt und der VEB Schuhkombinat „Paul Schäfer" mit je einem Ehrenbanner des ZK der SED ausgezeichnet.

Während des Parteitages zeugten erste Stellungnahmen von der grundsätzlichen Übereinstimmung zwischen dessen Grundorientierung und den Interessen der Erfurter Bürger. Hugo Kalausch, Radialbohrer im VEB Kombinat Umformtechnik, erklärte: „Von Parteitag zu Parteitag ist sichtbarer, wie unsere Anstrengungen zum Wohle aller führen. Das ist der Sinn des Sozialismus . . ."[1].

Die vom VIII. Parteitag beschlossene Hauptaufgabe des Fünfjahrplanes zur weiteren Entwicklung des materiellen und kulturellen Lebensniveaus des Volkes auf der Grundlage eines hohen Entwicklungstempos der sozialistischen Produktion, der Erhöhung der Effektivität, des wissenschaftlich-technischen Fortschritts und des Wachstums der Arbeitsproduktivität löste in der Stadt bedeutende Aktivitäten aus. Besonders die Forderung nach einer engen Verbindung der wissenschaftlich-technischen Revolution mit den Vorzügen des sozialistischen Wirtschaftssystems bewirkte eine weitere Profilierung der bestimmenden Betriebe der Stadt.

Die Orientierung des Parteitages auf die Weiterentwicklung der Halbleitertechnik und Mikroelektronik und auf „die Beherrschung moderner technologischer Verfahren zur kostengünstigen Herstellung diskreter Bauelemente und integrierter Schalt-

---

[1] Das Volk, 17.6.1971.

Abb. 475. Auszeichnung des VEB Schuhkombinat „Paul Schäfer"
mit einem Ehrenbanner des ZK der SED durch den Generalsekretär des ZK der SED Erich Honecker

kreise"[2] stellte langfristige Aufgaben für das Kombinat VEB Funkwerk. Die Forderung nach einem verstärkten Übergang „von der spanabhebenden Fertigung zur Umformtechnik" mündete in den für den Bezirk Erfurt verbindlichen Auftrag, in den Betrieben des Maschinenbaus „insbesondere die Produktion von Maschinen der Umformtechnik" zu erweitern.[3] Im Kombinat VEB Funkwerk und im VEB Kombinat Umformtechnik wurden die Produktionskapazitäten und der Produktionsausstoß schnell erhöht.

Die Beschlüsse des VIII. Parteitages leiteten überhaupt einen neuen Entwicklungsabschnitt in der Geschichte der Produktivkräfte der Stadt ein. Unmittelbar nach der Rückkehr der Erfurter Parteitagsdelegierten begannen die Erfurter Werktätigen mit deren Verwirklichung. Günther Pfaff vom VEB Kombinat Umformtechnik, Konrad Platzdasch vom VEB Wohnungsbaukombinat (WBK), die Zugführerin Helma Scholz von der Deutschen Reichsbahn, die Meisterin Gisela Bohnes vom VEB „Optima"

Büromaschinenwerke, Helga Schieke vom VEB Schuhkombinat „Paul Schäfer", Roswitha Klein vom VEB Bekleidungskombinat Erfurt, Lothar Bornhake vom VEB Starkstromanlagenbau und andere Delegierte berichteten in ihren Betrieben und Arbeitskollektiven von den neuen Aufgaben und erläuterten die richtungweisende Politik der SED.

Am 26. Juni 1971 berieten über 300 Parteiaktivisten der Stadt, wie die neuen höheren Anforderungen erfüllt werden könnten. Das Mitglied des ZK der SED und 1. Sekretär der Bezirksleitung Erfurt, Alois Bräutigam, konnte feststellen, daß die guten Ergebnisse des sozialistischen Wettbewerbs im Funkwerk, im Büromaschinenwerk „Optima", im WBK und im Bekleidungswerk unter Führung der Parteiorganisation erreicht worden seien. Delegierte des Parteitages, wie Rudi Fleischmann vom VEB Stahlbau Gispersleben, teilten mit, daß die Beschlüsse

---

[2] Dokumente des VIII. Parteitages der SED, Berlin 1971, S. 83
[3] Ebenda, S. 134.

des Parteitages im Mittelpunkt des Interesses der Werktätigen stünden und neue Impulse für den weiteren Aufbau des Sozialismus auslösten. Über 25 000 Werktätige beteiligten sich allein im Monat Juni an der Volksaussprache über die Parteitagsbeschlüsse. Dabei beantragten 111 Erfurter Arbeiter, darunter 65 Jugendliche, ihre Aufnahme als Kandidaten in die Partei der Arbeiterklasse. Ausgehend von der Stadtparteiaktivtagung fanden sich auch in den Betrieben die Parteiaktivisten zusammen, so am 28. Juni im VEB Starkstromanlagenbau in Anwesenheit Alois Bräutigams.[4]

Die Parteitagsinitiative führte zur vorfristigen Erfüllung der Planaufgaben. So rechneten die 3825 Werktätigen des VEB Bekleidungskombinat Erfurt ihre Leistungen im ersten Halbjahr 1971 mit einem Planplus von 630 000 Mark ab. Möglichkeiten für eine weitere Erhöhung der Produktivität sahen sie vor allem in der Nutzung der Vorzüge der Kombinatsbildung, im Einsatz der Rechentechnik, in der weiteren Spezialisierung und in der Durchsetzung moderner Technologien im Produktionsprozeß.

Am 7. Juli beschäftigte sich die Stadtverordnetenversammlung mit den neuen Maßstäben, die der VIII. Parteitag auf dem Gebiet der Kommunalpolitik gesetzt hatte. Insbesondere die Hauptaufgabe der Verbindung von Wirtschafts- und Sozialpolitik mit ihrem Kernstück, dem Wohnungsbauprogramm, stellte höhere Anforderungen. Die Beschlüsse des VIII. Parteitages orientierten auf die feste Verankerung der DDR in der sozialistischen Staatengemeinschaft und auf die Vertiefung des Bündnisses mit der UdSSR. Die XXV. Tagung des Rates für Gegenseitige Wirtschaftshilfe (RGW) im Juli 1971 beschloß ein Komplexprogramm für die weitere Vertiefung und Vervollkommnung der wirtschaftlichen Zusammenarbeit und die Entwicklung der sozialistischen Integration der Mitgliedsländer des RGW. Seine Grundsätze über die künftige Zusammenarbeit der sozialistischen Länder waren für die weitere Entwicklung der profilbestimmenden Betriebe Erfurts von großer Bedeutung. Auch die Industrie- und Gartenbaubetriebe der Stadt Erfurt verfügten für den bewußt und planmäßig gestalteten „Prozeß der internationalen sozialistischen Arbeitsteilung, der Annäherung ihrer Wirtschaften und der Herausbildung einer modernen hocheffektiven Struktur der nationalen Wirtschaften" über wichtige Potenzen.[5]

Die auf Initiative der Stadt- und Betriebsparteiorganisationen der SED eingeleiteten Rationalisierungsmaßnahmen führten bald zu weiteren Erfolgen in der Planerfüllung. Die Anzahl der fertiggestellten Neubauwohnungen erhöhte sich auf 1993 im Jahre 1971. Die Versorgung der Bevölkerung mit Nahrungsmitteln und Konsumgütern wurde verbessert.

Die erfolgreiche Entwicklung der Volkswirtschaft erlaubte es, früher, als ursprünglich vorgesehen, weitreichende Maßnahmen des sozialpolitischen Programms zu realisieren.[6] 1972 konnten die Renten erhöht und großzügige zusätzliche soziale Leistungen für Mütter mit drei und mehr Kindern gewährt werden. Außerdem traten Beschlüsse über die Erhöhung des Wochenurlaubs und über Geburtsbeihilfen, über Ehekredite für junge Ehepaare sowie über Mietsenkungen für Neubauwohnungen in Kraft.

Die vom VIII. Parteitag beschlossene Politik der Hauptaufgabe förderte die Entwicklung des sozialistischen Bewußtseins und die Entfaltung der schöpferischen Initiative der Arbeiterklasse. Es zeigte sich, daß sich fleißige und ideenreiche Arbeit unmittelbar auf das Lebensniveau der Bevölkerung auswirkte. Unter der Losung „Was der VIII. Parteitag beschloß, wird sein" vollbrachten die Erfurter Werktätigen wesentliche Leistungen zur Erfüllung der ökonomischen Aufgaben.

Mit der Gestaltung der entwickelten sozialistischen Gesellschaft zu Beginn der siebziger Jahre verstärkte sich der Widerspruch zwischen den vorherrschenden sozialistischen Produktionsverhältnissen und den Eigentumsverhältnissen in den noch auf Privateigentum beruhenden Industrie- und Baubetrieben, Betrieben mit staatlicher Beteiligung und industriell produzierenden PGH. In Erfurt waren 1971 85 Betriebe mit staatlicher Beteiligung und 5155 Beschäftigten sowie 26 Privatbetriebe mit 745 Arbeitern und Angestellten mit 11,5 Prozent an der Gesamtindustrieproduktion der Stadt beteiligt. Auf der Grundlage eines Beschlusses des Politbüros des ZK der SED legte der Ministerrat der DDR Maßnahmen zur Umwandlung von Betrieben mit staatlicher Beteiligung, Privatbetrieben und PGH, die ausschließlich Produktionsleistungen durchführten, in sozialistische Betriebe fest. In enger Zusammenarbeit mit den örtlichen Vorständen der befreundeten Parteien gewann die Stadtparteiorganisation der SED Komplementäre und Privatunternehmer für diesen historisch bedeutsamen Schritt.

Niels Chrestensen, Komplementär der bekannten halbstaatlichen Erfurter Gartenbaufirma N. L.

---

[4] Das Volk, 30. 6. 1971.

[5] Vgl.: Dokumente des RGW über die Vertiefung und Vervollkommnung der Zusammenarbeit und Entwicklung der sozialistischen ökonomischen Integration, Berlin 1971, S. 15.

[6] Geschichte der SED, Abriß, Berlin 1978, S. 582.

Chrestensen, erläuterte am 26. Februar 1972 auf der Tagung des Erfurter Kreisausschusses der Nationalen Front die Ergebnisse des 11. Parteitages der LDPD und legte dabei seine persönlichen Schlußfolgerungen dar: „Die Mitglieder der LDPD haben den tiefen Humanismus der sozialistischen Gesellschaftsordnung erkannt. Täglich erweist sich

Abb. 476. Mitglied des ZK der KPdSU Nikolai A. Tichonow im VEB Kombinat Umformtechnik „Herbert Warnke" im Gespräch mit Werktätigen (Juni 1976)

die Wahrheit: Je stärker der Sozialismus, desto sicherer der Friede . . . Ich sehe es daher als eine logische Konsequenz an, wenn ich unter dem Einfluß dieses 11. Parteitages mich dazu bereiterkläre, meine persönlichen Anteile an dem von mir geleiteten Betrieb mit staatlicher Beteiligung dem sozialistischen Staat zu verkaufen."[7]

Ähnlich wie Niels Chrestensen stellten viele ehemalige Besitzer und Komplementäre ihre fachlichen Erfahrungen den neuen VEB zur Verfügung und übernahmen in ihnen leitende Funktionen. So entstanden vom Februar bis Juni 1972 88 neue volkseigene Betriebe, davon 23 im Bereich der örtlichen Wirtschaft. Der Anteil der volkseigenen Betriebe an der Industrieproduktion der Stadt erhöhte sich auf 100 Prozent. Damit wurden der auf der 3. Parteikonferenz der SED 1956 eingeleitete revolutionäre Prozeß der schrittweisen Einbeziehung von privaten Industriebetrieben in den sozialistischen Aufbau zum Abschluß gebracht und nahezu 7500 Arbeiter und Angestellte voll in die sozialistischen Produktionsverhältnisse einbezogen. In den neuen VEB

veränderten sich die Einkommensverhältnisse zugunsten der Arbeiter. Prämien-, Kultur- und Sozialfonds wurden den in volkseigenen Betrieben gültigen Regelungen angeglichen. Die Arbeit wurde von den letzten Erscheinungsformen der Ausbeutung befreit.

Die Bildung von Parteiorganisationen in diesen Betrieben erleichterte die Durchsetzung der sozialistischen Wirtschaftsführung und die Einbeziehung der Arbeiter und anderen Werktätigen in den sozia-

Abb. 477. Neuerer Hüller (links im Bild) im VEB Schuhkombinat „Paul Schäfer"

listischen Wettbewerb sowie die Anwendung fortgeschrittener Arbeitsmethoden im Produktionsprozeß. Die Verbesserung der Arbeits- und Lebensbedingungen für die Betriebsangehörigen trug dazu bei, volkswirtschaftliche Störungen zu vermeiden und die Produktion zum Teil erheblich zu steigern.

Die Anforderungen des VIII. Parteitages verlangten auch einen gewichtigen Beitrag der Wissenschaft zur Verwirklichung der Hauptaufgabe. Die Beratung des 1. Sekretärs des ZK der SED, Erich Honecker, mit dem Präsidenten der Akademie der Wissenschaften der DDR, Prof. Dr. Hermann Klare, über die weiteren Perspektiven und Aufgaben der wissenschaftlichen Forschung im Mai 1972 orientierte auf das intensivere Zusammenwirken zwischen Wissenschaft und Volkswirtschaft. Der schnellen Überleitung wissenschaftlicher Kenntnisse in die Praxis und der effektiven Zusammenarbeit zwischen der Akademie und den Produktionsbetrieben galt ein Arbeitsbesuch des Präsidenten der Akade-

---

[7] Thüringische Landeszeitung, 26. 2. 1972.

mie der Wissenschaften der DDR und mehrerer ihrer führenden Mitglieder im VEB Funkwerk Erfurt am 25. Januar 1976.

Die Jahre 1971 bis 1975, die im Zeichen der Vorbereitung des 25. Jahrestages der Gründung der DDR standen, waren von beachtlichen Initiativen und Leistungen der Erfurter Werktätigen zur Erfüllung

in der Steigerung der Arbeitsproduktivität widerspiegelte.

Diese Leistungen wären nicht möglich gewesen ohne die große Bereitschaft der Arbeiterklasse, unter Führung der SED ihre ganze Kraft für die Gestaltung der entwickelten sozialistischen Gesellschaft einzusetzen. Besonders die Mitglieder der SED so-

Abb. 478.
Das Mitglied des Politbüros des ZK der SED Günter Mittag (Mitte) und der 1. Sekretär der Bezirksleitung der SED Alois Bräutigam (rechts) während eines Arbeitsbesuches im VEB Erfurt mikroelektronik „karl marx"

der vom VIII. Parteitag beschlossenen wirtschaftspolitischen Gesamtkonzeption geprägt. Die Wettbewerbsbewegung „Aus jeder Mark, jeder Stunde Arbeitszeit, jedem Gramm Material einen höheren Nutzeffekt" erlangte seit 1974 zunehmende Popularität. Sie trug mit dazu bei, daß 1975, wie der 1. Sekretär der Stadtleitung der SED, Hans Dose, auf der Stadtdelegiertenkonferenz im Februar 1976 feststellte, „alle uns übertragenen Ziele des vergangenen Fünfjahrplanes erfüllt bzw. überboten wurden".[8]

Eine eindrucksvolle Bilanz des Fünfjahrplanzeitraumes 1971 bis 1975 wurde auf der Stadtdelegiertenkonferenz der SED am 28. Februar 1976 gezogen. Die Einwohnerzahl der Stadt hatte 200 000 überschritten. Die Vorzüge des Sozialismus traten sichtbar hervor. Die industrielle Bruttoproduktion hatte einen Umfang von 3,6 Mrd. M erreicht und sich damit gegenüber 1966 verdoppelt, gegenüber 1952 sogar verzehnfacht. Von grundsätzlicher Bedeutung war die zunehmende Kontinuität und Stabilität der Produktion, die sich im Wirtschaftswachstum und

wie Tausende Aktivisten und Neuerer trugen zur schnellen Umsetzung der ökonomischen Politik der SED in den Betrieben bei. Ausdruck dafür war die Neuererbewegung, die nach dem VIII. Parteitag einen bedeutenden Aufschwung nahm und die zeitweilige Stagnation zu Ende der 60er Jahre überwand.

Die breite Einbeziehung der Werktätigen in den sozialistischen Wettbewerb und die Übergabe konkreter Rationalisierungsaufgaben an sozialistische Arbeitsgemeinschaften und Neuerer förderten die schöpferische Initiative zur Erfüllung der Volkswirtschaftspläne. Die Anzahl der Neuerer in den Betrieben der Stadt verdoppelte sich von 1971 bis 1975. Über 23 400 Neuerer erbrachten 1975 einen ökonomischen Nutzen von über 32,3 Mill. M.[9] Allein die von 1971 bis 1975 im Kombinat Umformtechnik realisierten 6000 Neuerervorschläge ermöglichten

[8] Bezirksparteiarchiv der SED Erfurt (im folg.: BPA Erfurt, Protokoll der Stadtdelegiertenkonferenz der SED, 28. 2. 1976.
[9] Ebenda, S. 34.

einen gesellschaftlichen Gewinn von mehr als 14 Mill. M.

Bedeutenden Anteil an der wachsenden Leistungskraft der Industrie in der Stadt hatten die sozialistischen Großbetriebe. So stieg im VEB Kombinat Umformtechnik Erfurt von 1970 bis 1975 die industrielle Warenproduktion auf 152,1 Prozent. Die Arbeitsproduktivität erhöhte sich auf 142,7 Prozent.

Abb. 479. Der Vorsitzende des FDGB Herbert Warnke besucht den VEB Kombinat Umformtechnik

Der Export konnte auf 154 Prozent gesteigert werden. Durch Investitionsmaßnahmen im Stammbetrieb, die zum Teil aus Krediten der Internationalen Investbank, Moskau, finanziert wurden, war es möglich, fünf neue Werkhallen für die Rationalisierung und Erweiterung der mechanischen Teilefertigung zu errichten. Das Kombinat mit seinen elf Produktionsbetrieben und einem Forschungszentrum für Umformverfahren in Zwickau entwickelte sich durch Nutzung der Vorzüge sozialistischer ökonomischer Integration und sozialistischer Wirtschaftsführung zu einem der größten Produzenten von Maschinen, Fertigungslinien und Werkzeugen für Blechformung innerhalb der sozialistischen Staatengemeinschaft. Die Warenproduktion stieg von 100 Mill. M. Ende der sechziger Jahre auf 200 Mill. M 1975. Für diese Leistungen wurde das Kollektiv des Werkes 1974 mit dem „Karl-Marx-Orden" ausgezeichnet.

Die Einberufung des IX. Parteitages der SED und die Veröffentlichung der Dokumentenentwürfe lösten 1976 in den Parteiorganisationen und bei den Werktätigen der Stadt ein lebhaftes Echo und Initiativen im Wettbewerb aus. So wie der Radialbohrer Nationalpreisträger Jürgen Recla vom Kombinat Umformtechnik oder der Jugendbrigadier Hans

Doye vom WBK brachten die Arbeiter übereinstimmend zum Ausdruck, „daß sie in den Dokumenten ihre eigenen Gedanken und Vorstellungen wiederfinden, daß diese Dokumente die Handschrift der Arbeiterklasse tragen".[10] Von den langfristigen Perspektiven der gesellschaftlichen Entwicklung in der DDR gingen wesentliche Impulse aus, „die von der geschichtlichen Überlegenheit und Zukunftsgewißheit des Sozialismus und Kommunismus, von seinen Werten und Vorzügen kündeten".[11]

Der IX. Parteitag der SED beschloß im Mai 1976, den erfolgreichen Weg des Aufbaues der entwickelten sozialistischen Gesellschaft fortzusetzen. Die nächsten Aufgaben wurden in der Direktive für den Fünfjahrplan 1976 bis 1980 umrissen. Hier waren auch spezifische Forderungen an die Stadt Erfurt und den Bezirk Erfurt formuliert. So hieß es: „Die städtebauliche Gestaltung Erfurts als Zentrum der Industrie, als Stadt der Internationalen Gartenbauausstellung und des Tourismus ist vor allem im Zusammenhang mit dem Bau moderner Wohnkomplexe und der Fertigstellung des Interhotels weiterzuführen."[12] Dem Bezirk Erfurt wurde die Aufgabe übertragen, „durch einen hohen Leistungs- und Effektivitätszuwachs besonders in den Betrieben der Elektrotechnik/Elektronik, des Maschinenbaus und der Leichtindustrie" einen wichtigen Beitrag zur Entwicklung der Volkswirtschaft zu leisten und im Maschinenbau vor allem die Produktion von Hochleistungspressen sowie den Export im Kombinat Umformtechnik zu steigern.[13]

Für die Erweiterung und Modernisierung der Erfurter Industrie wurden zunehmend größere finanzielle Mittel zur Verfügung gestellt. Die Investitionen überschritten 1976 erstmals die Milliardengrenze. Das führte nicht nur zu einem schnellen Wachstum der Produktion und zur Erhöhung der Effektivität des Produktionsprozesses, sondern auch zu einer spürbaren Verbesserung der Arbeits- und Lebensbedingungen für die Werktätigen.

Trotz der politisch und außenwirtschaftlich schwierigen Bedingungen gelang es, die vom IX. Parteitag gestellten ökonomischen Aufgaben nicht nur zu erfüllen, sondern, gestützt auf die Initiativen und die Einsatzbereitschaft der Arbeiter in den Produktionskollektiven, die Leistungen der Genossenschaftsbauern und Gärtner und der wissenschaft-

---

[10] Ebenda, S. 6.
[11] Geschichte der SED. Abriß, S. 642.
[12] Direktive des IX. Parteitages der SED zum Fünfjahrplan für die Entwicklung der Volkswirtschaft der DDR in den Jahren 1976–1980, Berlin 1976, S. 131.
[13] Ebenda, S. 130 f.

Abb. 480. Stadtdelegiertenkonferenz der SED 1979.
Der 1. Sekretär der Bezirksleitung der SED Gerhard Müller (3. von links) und der 1. Sekretär
der Stadtleitung der SED Hans Dyballa (3. von rechts) im Gespräch mit Delegierten

lichen und technischen Intelligenz bis Ende der siebziger Jahre zu überbieten.

Auf der Grundlage einer erfolgreichen Bilanz bei der Erfüllung der Hauptaufgabe wurden zur Stadtdelegiertenkonferenz der SED am 27. Januar 1979 die Schritte zur weiteren Verwirklichung der Beschlüsse des IX. Parteitages und bei der Vorbereitung des 30. Jahrestages der Gründung der DDR beraten.

Im Namen von Arbeitskollektiven wurden neue Initiativen und Verpflichtungen dargelegt, die von dem Willen zeugten, im sozialistischen Wettbewerb zum Jubiläumsjahr der DDR den Plan zu verwirklichen und gezielt zu überbieten. Im Mittelpunkt standen dabei Maßnahmen zur Beschleunigung des wissenschaftlich-technischen Fortschritts. Als 1. Sekretär der Stadtleitung der SED wurde Hans Dyballa gewählt.

Die Verwirklichung der Vorhaben war jedoch nicht einfach. „Jeder weiß", erklärte der Generalsekretär des ZK der SED und Vorsitzende des Staatsrates der DDR, Erich Honecker, rückblickend, „wie

hart die Anstrengungen dieser Jahre waren, wieviel Initiative und Fleiß unser Volk an den Tag legte und welche Schwierigkeiten oftmals überwunden werden mußten. Aber nicht nur das. Nie hat uns der Imperialismus, insbesondere von der BRD aus, unbehelligt gelassen, im Gegenteil. Stets mußten wir unseren Weg unter seinem aggressiven, revanchistischen Trommelfeuer beschreiten, und wir haben ihn unbeirrt, mit Erfolg zurückgelegt. Im harten Klassenkampf, vor allem mit der kapitalistischen BRD, ihrem ständigen Drang, sich massiv in unsere inneren Angelegenheiten einzumischen, erstarkte die Deutsche Demokratische Republik als politisch stabiler, wirtschaftlich gesunder Staat mit aufblühender Wissenschaft und Kultur."[14]

Dazu trugen auch die Leistungen der Erfurter Werktätigen bei. Die Wirtschaft der Stadt wurde immer mehr von einer modernen sozialistischen Industrie bestimmt. Die leistungsfähigen Kombinate und

---

[14] Erich Honecker, Zu aktuellen Fragen der Innen- und Außenpolitik der DDR, in: Neues Deutschland, 14. 10. 1980, S. 3.

Großbetriebe erzeugten 1980 bereits 92 Prozent der industriellen Warenproduktion, deren Gesamtumfang von 2 Mrd. M 1970 auf 5,8 Mrd. M im Jahre 1980 stieg. Voraussetzung dafür war die ständige Erhöhung der Leistungsfähigkeit der materiell-technischen Basis, vor allem die Erweiterung der Grundfonds der Industrie. Das Produktionsvolumen der profilbestimmenden Betriebe wurde systematisch erweitert. Deshalb konnte bei der Herstellung solcher volkswirtschaftlich wichtiger Erzeugnisse wie schwere Pressen der Umformtechnik und hochintegrierte Schaltkreise der Mikroelektronik ein überdurchschnittliches Wachstumstempo erreicht werden. Gleichzeitig wurde der Exportanteil kontinuierlich gesteigert. Unter Führung der Betriebsparteiorganisation gelang es im Stammbetrieb des VEB Kombinat Umformtechnik, das am 15. Januar 1976 den Namen „Herbert Warnke" erhielt, durch die zielgerichtete Orientierung auf Wissenschaft und Technik, koordiniert mit einer planmäßigen Investitionstätigkeit und der ständigen politischen und fachlichen Qualifizierung der Werktätigen, ein Höchstmaß an Effektivität und Qualität des Rekonstruktionsprozesses zu sichern und damit gleichzeitig zur Verbesserung der Arbeits- und Lebensbedingungen der Belegschaft beizutragen.

Ende der siebziger Jahre hatte sich in diesem Betrieb der wissenschaftlich-technische Fortschritt so beschleunigt, daß nicht nur hohe Wachstumsraten in der industriellen Warenproduktion erzielt werden konnten, sondern vor allem auch mit niedrigem Produktionsverbrauch und sinkenden Kosten ein hoher Beitrag zum Nationaleinkommen erbracht wurde.[15] 1980 verfügte der VEB Kombinat Umformtechnik „Herbert Warnke" über ein Produktionsvolumen von 1,5 Mrd. M. Das entsprach annähernd der industriellen Bruttoproduktion der gesamten Stadt im Jahre 1967.

Wichtige Impulse für diese Erfolge gingen von der wissenschaftlich-technischen Zusammenarbeit mit Forschungseinrichtungen der UdSSR und anderer sozialistischer Länder aus. Die umfassende ökonomische und wissenschaftlich-technische Zusammenarbeit mit der UdSSR und den anderen Mitgliedsländern des RGW war eine entscheidende Voraussetzung für die weitere stabile ökonomische und soziale Entwicklung in der DDR. Das Kombinat erhöhte seit 1970 den Export um das Dreifache. Davon entfielen 80 Prozent auf das sozialistische Wirtschaftsgebiet.

Die Zusammenarbeit mit den RGW-Staaten erfolgte auf der Basis von fünf multilateralen und acht bilateralen Spezialisierungsverträgen. Die wissenschaftlich-technische Zusammenarbeit vollzog sich schwerpunktmäßig mit der UdSSR und der ČSSR auf der Grundlage eines gemeinsamen Konstruktionsbüros. Dadurch konnten parallele Entwicklungen weitgehend vermieden, die Entwicklungszeiten wesentlich verkürzt und eine hohe Spezialisierung für rationelle und technologische Lösungen erreicht werden.

Die sozialistische ökonomische Integration sicherte dem VEB Kombinat Umformtechnik „Herbert Warnke" einen nahezu unbegrenzten Markt für seine Erzeugnisse im sozialistischen, aber auch im nichtsozialistischen Wirtschaftsgebiet. Der Stammbetrieb des VEB Kombinat Umformtechnik in Erfurt konnte sein Produktionsvolumen an kaltumformenden Werkzeugmaschinen, Pressen und Scheren besonders für die Fahrzeugindustrie, für Walzwerke und für die Schmiedeindustrie spürbar erhöhen.

Für den VEB Funkwerk stellte die langfristige Orientierung auf die Anwendung der Mikroelektronik hohe wissenschaftliche und leitungsmäßige Anforderungen. Der Betrieb entwickelte sich zu einem wichtigen Zentrum der Mikroelektronik in der DDR. Durch die Produktion von elektronischen Schaltkreisen, Halbleiterbauelementen, Unipolaren und integrierten Schaltkreisen und Mikroprozessoren leistete er einen wesentlichen Beitrag zur Meisterung der wissenschaftlich-technischen Revolution und ihrer dialektischen Verknüpfung mit den Vorzügen des Sozialismus. Seit 1978 konnte die Schaltkreisproduktion jährlich verdoppelt werden. Die industrielle Warenproduktion in diesem Betrieb stieg von 1970 bis 1979 überdurchschnittlich auf 450 Prozent.

Auf der Grundlage hervorragender Vorbedingungen im VEB Funkwerk wurde am 1. Januar 1978 das Kombinat Mikroelektronik gebildet. Die Neubildung von Kombinaten stellte in der gesellschaftlichen Entwicklung der DDR einen „tiefgreifenden ökonomischen und politischen Prozeß dar", der es ermöglichte, „die sozialistische Wirtschaftstätigkeit dort umfassend zu organisieren, wo sich der Reproduktionsprozeß vollzieht".[16] Innerhalb des Kombinates entwickelte sich der VEB Funkwerk zu einem der führenden Betriebe auf dem Gebiet der Mikroelektronik mit wachsender Bedeutung für die Durchsetzung der wissenschaftlich-technischen Re-

[15] BPA Erfurt, Rechenschaftsbericht auf der Stadtdelegiertenkonferenz der SED, 24. 1. 1981, S. 24.

[16] Heinz Heitzer, DDR. Geschichtlicher Überblick, Berlin 1979, S. 266.

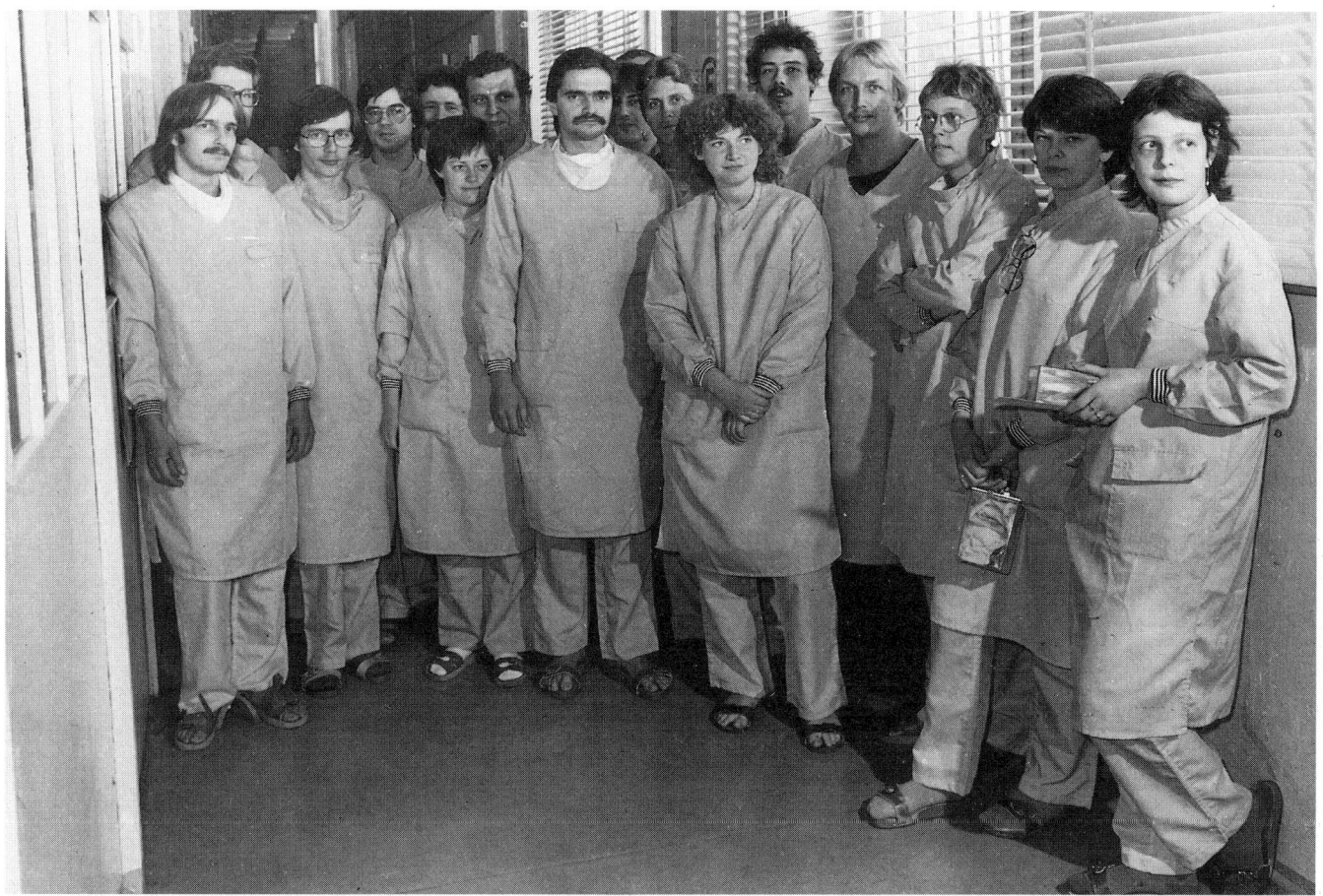

Abb. 481. Das Kollektiv „Hermann Jahn" im VEB Funkwerk Erfurt

volution in der Volkswirtschaft der DDR. Von 1976 bis 1980 stieg die Produktion mikroelektronischer Schaltkreise mit einem höheren Integrationsgrad um das Dreieinhalbfache; davon allein im Jahre 1980 um das Doppelte. Für den weiteren Ausbau der materiell-technischen Basis wurden dem Werk neue Investitionsmittel zur Verfügung gestellt. Die Stadt entwickelte sich damit zu einem Zentrum modernster zukunftsträchtiger Produktionsprozesse.

Der VEB Robotron „Optima" Büromaschinenwerk Erfurt erweiterte und qualifizierte sein Erzeugnissortiment an Geräten der modernen Schreibtechnik. 1980 produzierte dieser größte Produzent von Büroschreibmaschinen in der DDR und einer der bedeutendsten Betriebe auf diesem Gebiet im RGW rund 135000 mechanische und 71000 elektronische Großschreibmaschinen und konnte damit seine Produktion von 1970 bis 1980 auf über 200 Prozent steigern.

Der VEB Schuhkombinat „Paul Schäfer" (seit 1979 VEB Schuhfabrik „Paul Schäfer" im Kombinat Schuhe, Weißenfels) erhöhte seine Produktion im gleichen Zeitraum ebenfalls auf über 200 Prozent und entwickelte sich mit einer Tagesproduktion von rund 22000 Paar Schuhen im Jahre 1980 zum größten Damenschuhproduzenten der DDR.[17] Die abrechnungspflichtigen Betriebe Erfurts fertigten in den Jahren 1971 bis 1980 Industrie- und Konsumgüter in einem Wertumfang von 49,6 Mrd. M. Damit stieg die industrielle Warenproduktion von 1970 bis 1981 auf 179 Prozent, d. h. pro Jahr durchschnittlich um 6 Prozent bei einer Steigerung der Arbeitsproduktivität um jährlich 4,5 Prozent.

1980 waren 31,9 Prozent der Werktätigen der Stadt als Neuerer tätig. Allein im VEB Funkwerk erwuchs aus Neuerervorschlägen 1971 ein vergütungspflichtiger Nutzen von rund 2,157, 1980 von 5,711 Mill. M. Insgesamt erbrachte die Arbeit der Neuerer in diesem Betrieb von 1971 bis 1980 einen Nutzen von rund 33,5 Mill. M. Solche verdienten Neuerer wie Helga Gröbe, Roland Sockol, Dankmar Leffler, Kurt Ditt-

[17] Die Stadt Erfurt nach dem VIII. und IX. Parteitag der SED. Hrsg.: Stadtleitung der SED und Rat der Stadt Erfurt, 1981, S. 9 f.

mar aus dem Kombinat Mikroelektronik, Helga Sykulla, Harry Müller und Jutta Gehlhaar aus dem
VEB „Paul Schäfer" und Horst Schmidt, Peter Fröh-
lich, Peter Gautie, Erwin Wadel vom VEB Funkwerk, durch deren schöpferische Tätigkeit über
Jahre hinweg der Neuererbewegung starke Impulse
verliehen wurden, seien stellvertretend genannt. Ihr
persönlicher Einsatz war Ausdruck des gestiegenen
politischen Bewußtseins der Arbeiterklasse.

Gestützt auf die Initiativen der Werktätigen war
es möglich, in der Stadt den Volkswirtschaftsplan
1980 in der industriellen Warenproduktion mit 3,7
Arbeitstagen Planvorsprung – das entsprach einem
ökonomischen Nutzen von 78,3 Mill. M – vorfristig
zu erfüllen.

Tabelle 32
Volumen der industriellen Warenproduktion (IWP)
der Stadt Erfurt
in den Jahren 1970 bis 1980[18]

Jahr	IWP (Mill. M)	Jahr	IWP (Mill. M)
1970	3 508,2	1976	5 107,4
1971	3 701,2	1977	5 388,4
1972	4 030,6	1978	5 663,2
1973	4 260,3	1979	6 036,9
1974	4 550,0	1980	6 242,2
1975	4 795,7		

Auch im Erfurter Gartenbau wurden neue Erfolge
erzielt. Erfurter Gartenbaubetriebe nahmen an den
regelmäßig stattfindenden Gartenbauausstellungen der DDR, der Internationalen Rosenausstellung
1972 und den Internationalen Gartenbauausstellungen 1971 und 1974 auf dem Gelände der iga teil, die
eine ständig wachsende Anzahl von Besuchern aus
dem In- und Ausland anzogen. In mehr als 40 Länder
exportierten nun Erfurter Firmen Blumen- und Gemüsesamen. Voraussetzung für die wachsenden
Erfolge des Gartenbaus wurden durch die Stärkung des volkseigenen und genossenschaftlichen
Eigentums in den spezialisierten Gartenbaubetrie-
ben des VEB Erfurter Blumensamen und des VEG
Saatzucht Erfurt sowie durch die Umwandlung bisher kapitalistisch arbeitender Gärtnereibetriebe
und den Aufbau großer spezialisierter sozialistischer Gartenbaubetriebe geschaffen.

Schrittweise gingen die Gartenbaubetriebe in den
siebziger Jahren zu industriemäßigen Produktionsmethoden, zur Kooperation und Spezialisierung der
Produktion über. Damit vollzogen sich auch im Charakter der Arbeit und in der Lebensweise der Landarbeiter, der Genossenschaftsbauern und -gärtner
grundlegende Veränderungen. Von den Leistungen
der Werktätigen in der Land- und Nahrungsgüter-

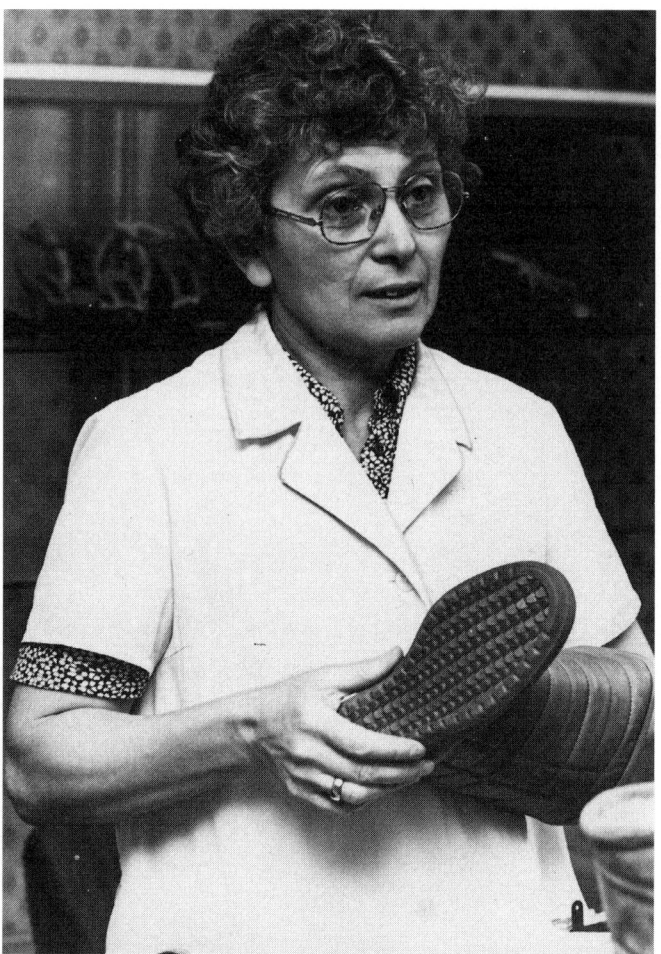

Abb. 482. Aktivistin Helga Sykulla
im VEB Schuhfabrik „Paul Schäfer"

wirtschaft zeugte die Tatsache, daß bei weniger Arbeitskräften und trotz des durch die städtische Entwicklung absolut abnehmenden Bodenfonds die
Hektarerträge und die Viehbestände ständig stiegen. Aus den 1971 vorhandenen 27 volkseigenen, genossenschaftlichen und halbstaatlichen landwirtschaftlichen und gärtnerischen Betrieben entwik-
kelten sich bis 1980 sieben leistungsstarke sozialistische Betriebe: die LPG Pflanzenproduktion „Gemüse", die GPG „Georg Boock", „Voran" und „Blumenstadt", die LPG „Thomas Müntzer", das VEG
„Saatzucht – Zierpflanzen" und der VEB „Erfurter
Blumensamen". Für die Samengewinnung wurden
auf 200 ha 34 Sorten Gemüse, über 400 Arten von
Zierpflanzen und über 200 Sorten Topfpflanzen –
vorwiegend als hohe Zuchtstufen – sowie Elitema-
terial angebaut und züchterisch bearbeitet. Jährlich

[18] Nach Unterlagen der Stadtplankommission Erfurt.

verließen den VEB „Erfurter Blumensamen" über 60 Mill. Samentüten, die in der ganzen Welt von dem züchterischen Können und Fleiß der Erfurter Gartenbauer kündeten.

Mit Investitionen in Höhe von 159,1 Mill. M von 1971 bis 1975 in den sozialistischen Landwirtschaftsbetrieben der Stadt wurden u.a. eine neue Gewächshausanlage in Mittelhausen, ein Obst- und Gemüselagerkomplex in Erfurt-Gispersleben und ein Agrochemisches Zentrum in Erfurt-Bindersleben geschaffen. Dank vielfältiger Intensivierungsmaßnahmen konnte die Gemüse- und Blumenproduktion erheblich erhöht werden.

Nach der Vereinigung von sieben landwirtschaftlichen und gärtnerischen Produktionsgenossenschaften in den Jahren 1973/1974 zu den GPG „Er-furt-Ost" und „Christian Reichart" bildete sich 1978 durch den Zusammenschluß dieser beiden GPG die LPG „Pflanzenproduktion Gemüse Erfurt" mit einer Nutzfläche von 1040 ha. Ihre Felder erstreckten sich in einer Länge von 10 km vom Roten Berg im Norden der Stadt bis zu den Gemarkungen von Melchendorf und Urbich. Das Profil des Betriebes wurde von zwei Hauptproduktionsrichtungen, Gemüseanbau und Schafzucht, geprägt. Mit einer Fläche von 516 ha im Jahre 1979 stellte dabei der Blumenkohl den Hauptanteil der in diesem Betrieb erzeugten zwölf Gemüsearten. Als einer der größten Betriebe der DDR für Gemüsebau trug die LPG eine große Verantwortung für immer bessere Versorgung der Bevölkerung weit über die Grenzen der Stadt und des Bezirkes hinaus.

Abb. 483. Ausstellungshalle auf der iga

Abb. 484. Ausstellungshalle auf der iga

Im Ergebnis der züchterischen Zusammenarbeit mit der Sowjetunion gelang den Genossenschaftsbauern, aufbauend auf einer Stammherde des Merinolandschafes, durch Einkreuzung der sowjetischen Hochleistungsrasse „Nordkaukasisches Fleischwollschaf", die Neuzüchtung des Merino-Langwollschafes. Dadurch steigerten sich Aufkommen und Qualität der Wolle erheblich. Die Genossenschaft leistete so einen hervorragenden Beitrag zur Schafzucht im Rahmen des RGW. Mit annähernd 9000 Schafen, darunter 5000 Muttertieren, gehört die LPG „Gemüse" als Elite-Stammzuchtbetrieb zu den größten und erfolgreichsten Schafzuchtbetrieben der DDR.

Für seine hervorragenden Leistungen wurden das Kollektiv der Genossenschaft mit vielen staatlichen Auszeichnungen und je ein Genossenschaftsmit-

glied mit dem Ehrentitel „Verdienter Genossenschaftsbauer der DDR" geehrt.

Auf Beschluß der einzelnen Mitgliederversammlungen schlossen sich am 1. März 1974 acht leistungsstarke LPG zu der GPG „Georg Boock" mit einer landwirtschaftlichen Nutzfläche von 925 ha zusammen. Bereits 1976 wurde der neuen GPG auf Grund der Leistungen der Genossenschaftsgärtner der Titel „Staatlich anerkannter Spezialbetrieb für Gemüsebau" verliehen.

Eine stürmische Entwicklung vollzog sich auch in der LPG „Voran", die sich in zwanzig Jahren genossenschaftlicher Arbeit zu einem bedeutenden Zierpflanzenbetrieb des Bezirkes Erfurt herausbildete. Durch die gute Unterstützung der Stadtleitung der SED und des Rates der Stadt gelang es, aus einem Grundstock von fünf kleinen Betrieben mit reparaturbedürftigen Gewächshäusern bis 1980 eine industriemäßig produzierende Gewächshauswirtschaft auf einer Fläche von 7,5 ha zu schaffen.

Allein in den Jahren 1974 bis 1980 wurden 20 Gewächshäuser des Typs „EG 1" mit je 1800 qm Produktionsfläche errichtet. Dadurch erweiterten sich die Grundfonds von 0,056 Mill. M im Jahre 1960 auf 17,263 Mill. M 1979 und stieg die Bruttoproduktion von 0,214 Mill. M im Jahr 1960 auf 7,297 Mill. M im Jahr 1979.

2.
VERWIRKLICHUNG DER EINHEIT VON WIRTSCHAFTS- UND SOZIALPOLITIK

Die bedeutenden wirtschaftlichen Erfolge ermöglichten wesentliche Fortschritte auf sozialpolitischem Gebiet. In der langen Geschichte der Stadt Erfurt wurden noch nie so eindrucksvolle sozialpolitische Leistungen vollbracht wie in den siebziger Jahren. Das galt vor allem für die Bautätigkeit. Mit dem vom VIII. Parteitag beschlossenen Wohnungsbauprogramm wurden in der Stadt völlig neue Maßstäbe gesetzt. Die Forderung, die Wohnungsfrage als soziales Problem zu lösen, stellte die Aufgabe, Neubau, Modernisierung, Instandhaltung und Instandsetzung von Wohnraum als Einheit zu behandeln.

In den Jahren 1971 bis 1975 verbesserten sich die Wohnverhältnisse von mehr als 35000 Bürgern durch den Neubau von 10231 Wohnungen mit den dazugehörigen gesellschaftlichen Einrichtungen grundlegend. Zudem erhöhten 13 neue zweigeschossige Polytechnische Oberschulen für etwa 10000 Schüler und sieben Schulturnhallen sowie 14 kombinierte Einrichtungen für Kinder und wichtige Versorgungseinrichtungen in den Zentren der Neubaugebiete die Arbeits- und Lebensbedingungen der Bürger. Im gleichen Zeitraum wurden 1506 Wohnungseinheiten innerhalb der Altbaugebiete um- und ausgebaut. Bei der Instandhaltung von Wohngebäuden waren beispielhafte Initiativen der Bevölkerung im Rahmen des Mach-Mit-Wettbewerbes „Schöner unsere Städte und Gemeinden!" sowie der Mieterselbsthilfen in Zusammenarbeit mit dem VEB Kommunale Wohnungsverwaltung Erfurt zu verzeichnen. Allein im Jahre 1975 wurden dabei Eigenleistungen in Höhe von über 11 Mill. M erbracht.

Die mehr als zehnjährige Konzentration des Wohnungsbauprogramms auf Standorte im Norden der Stadt mit den Wohnkomplexen Riethstraße, Nordhäuser Straße und Roter Berg veränderte das Bild des typischen Arbeiterwohnbezirkes der kapitalistischen Ära nachhaltig zu einem modernen Stadtbezirk. Aber auch die Gesamtstadt erhielt ein völlig neues Antlitz.[20] Oberbürgermeister Heinz Scheinpflug konnte deshalb in seinem Rechenschaftsbericht auf der Stadtverordnetenversammlung am 14. Januar 1976 rückblickend die Jahre seit dem VIII. Parteitag der SED als die bisher erfolgreichste Entwicklungsetappe in der Geschichte Erfurts bezeichnen. Diese Ergebnisse festigten den Stolz der Erfurter Bürger auf das Erreichte und förderten neue Initiativen zur weiteren allseitigen Stärkung der DDR und zur Vorbereitung des IX. Parteitages der SED.

Unter der Losung „Zu Ehren des IX. Parteitages der SED: Aus jeder Mark, jeder Stunde Arbeitszeit, jedem Gramm Material einen größeren Nutzeffekt!" berieten die Werktätigen in der Industrie, im Bauwesen und anderen Bereichen, wie die staatlichen Vorgaben entsprechend der Direktive zur Entwicklung der Volkswirtschaft der DDR 1976 bis 1980 nicht nur erreicht, sondern überboten werden könnten. Dabei standen vor allem qualitative Faktoren der Leistungsentwicklung, insbesondere höhere Maßstäbe für die umfassende Intensivierung als dem entscheidenden Kettenglied bei der Erhöhung der Produktivität und Effektivität der gesellschaftlichen Arbeit im Mittelpunkt und führten zu einem weiteren sichtbaren Leistungsanstieg des Bauwesens der Bezirksstadt. Großen Anteil an diesem Prozeß hatten, wie in der Industrie, die Neuerer und Aktivisten im Bauwesen, z. B. Erich Lösel vom Straßentiefbaukombinat Erfurt, Träger des Karl-Marx-Ordens, Gerhard Scholz, das Mitglied der Volkskammer Heinz Hartung und Konrad Platzdasch, Träger des Karl-Marx-Ordens, deren „Spur der Steine" nicht nur in Erfurt und Berlin, sondern auch auf Baustellen der Erdgastrasse Orenburg – in Bar und Tscherkassy – zu finden war.

In der Periode 1976 bis 1980 wurden für die weitere Lösung der Wohnungsprobleme bedeutende Mittel

---

[19] Vgl. dazu: GPG „Voran" 1960–1980, Erfurt 1980; 25jähriges Bestehen der GPG „Georg Boock" Erfurt-Gispersleben, von einem Autorenkollektiv unter Leitung von O. Peil, Erfurt 1979; 25 Jahre genossenschaftliche Arbeit. LPG Pflanzenproduktion „Gemüse" Erfurt, von einem Autorenkollektiv der LPG, Erfurt 1980.

[20] Walter Nitsch, Erfurt – Entwicklungsprobleme und Perspektiven, in: Architektur der DDR, H. 9/1974, S. 522.

Abb. 485. Der Berliner Platz im Neubaugebiet „Rieth"

für den komplexen Wohnungsbau in der Stadt eingesetzt. 40 Prozent der Leistungen der Bauwirtschaft des Bezirkes wurden in der Stadt Erfurt realisiert. Von 1976 bis 1980 erhöhte sich die Bauproduktion in Erfurt auf über 117,4 Prozent. Die Leistungen der Kombinate und Betriebe in der Bauproduktion in diesem Zeitraum erreichten insgesamt über 2,5 Mrd. M. Der Anteil der Baubetriebe des stadtgeleiteten Bauwesen betrug 327,2 Mill. M. Das entsprach einer Leistungssteigerung auf 119,7 Prozent. In zielstrebiger Fortführung des Wohnungsbauprogramms wurden in diesem Zeitraum 11529 Wohnungseinheiten im komplexen Wohnungsbau fertiggestellt.[21] Die Bautätigkeit war dabei insbesondere auf die Fortführung bzw. Fertigstellung der Wohnkomplexe Nordhäuser Straße, Roter Berg und Südring konzentriert. Mit dem Baubeginn am Wohnkomplex „Herrenberg" im Jahre 1979 wurde in Erfurt-Südost der größte Wohnungsbaustandort des Bezirkes in Angriff genommen. Im April 1981, 13 Mo-

nate nach der Grundsteinlegung, übergab der 1. Sekretär der Stadtleitung, Heinz Dyballa, dem Ehepaar Zeisberg die Schlüssel für die erste Neubauwohnung in diesem Gebiet.

Die Leistungen der Bauarbeiter und Architekten im Wohnungsbau der Stadt wurden durch zahlreiche Auszeichnungen gewürdigt. So erhielt ein Erfurter Architektenkollektiv den Nationalpreis 3. Klasse für die Entwicklung der rationellen Wohnungsbaureihe „Erfurt" und ihre städtebauliche Anwendung, insbesondere in den Erfurter Wohngebieten. Die Wohngebietsplanung „Riethstraße" wurde mit dem Architekturpreis der DDR und die Wohngebietsplanung für das Zentrum Nordhäuser Straße–Berliner Straße/Berliner Platz mit dem „Architekturpreis des Bezirkes Erfurt 1979" ausgezeichnet.

Mit der städtebaulich-architektonischen Gestaltung des Berliner Platzes im Wohngebiet Nordhäu-

---

[21] Erfurt nach dem VIII. und IX. Parteitag der SED, S. 20.

ser Straße entstand eine gesellschaftliche Kommunikationsachse, die sich wirkungsvoll zwischen dem südlich gelegenen Versorgungszentrum an der Warschauer Straße und dem nördlichen Versorgungszentrum an der Moskauer Straße einfügt. Ausschließlich den Fußgängern vorbehalten, bietet sie den Benutzern attraktive Einkaufsmöglichkeiten, aber auch Gelegenheit zum Verweilen unter Pergolen, in einem Lesegarten vor der Bücherei, auf der Terrasse des Cafés „Berolina" oder im „Minirosarium" an dem Pavillon „Erfurter Blumen". Im Zusammenhang mit anliegenden gesellschaftlichen Objekten entstand eine interessante Platzfolge, die das erste Mal in solcher Form im Bezirk Erfurt in einem Neubaugebiet konzipiert wurde.[22]

Betrug der Anteil der Neubauwohnungen am gesamten Wohnungsbestand der Stadt 1971 noch 25 Prozent, so erhöhte er sich bis 1980 auf über 45 Prozent. Für fast die Hälfte aller Bürger Erfurts verbesserten sich damit die Wohnverhältnisse erheblich, verfügten sie doch 1980 über eine Wohnung, die nach 1949 gebaut worden war. Für die Erhaltung und Modernisierung des volkseigenen und genossenschaftlichen Wohnungsbestandes wurden – neben dem vollen Einsatz der Mieteinnahmen – zur Sicherung niveauvoller Wohnbedingungen aus dem Haushalt 1971 bis 1975 Zuschüsse in Höhe von 33,7 Mill. M, 1976 bis 1980 von 100,9 Mill. M gewährt.[23]

[22] Günter Andres, Städtebaulich-architektonische Gestaltung des Berliner Platzes in Erfurt, Wohngebiet Nordhäuser Straße, in: Architektur der DDR, H. 3/1980, S. 162.

[23] Die Entwicklung der Stadt Erfurt nach dem VIII. Parteitag der SED. Hrsg.: Rat der Stadt Erfurt, Erfurt 1983, S. 24.

Abb. 486. Gesellschaftliches Zentrum des Neubaugebietes „Rieth" mit Wandfries von Erich Enge

Dabei verbesserten sich die Wohnverhältnisse z.B. von 1976 bis 1980 in 1623 Wohnungen durch Modernisierung. Einen Schwerpunkt bildete der Rekonstruktionskomplex „Auenstraße". Bis Ende 1980 wurden allein hier 702 Wohnungseinheiten bei gleichzeitiger Erneuerung der stadttechnischen Versorgungsleitungen, der Wohnhöfe, Freiflächen usw. umgestaltet. Zur Beibehaltung niedriger Mietpreise und Heizungsentgelte zahlte der Staatshaus-

ditionellen Geschäftsgebiet. Durch konzentrierten Einsatz von Kräften und Mitteln konnte hier in einer nur zweijährigen Bauzeit eine entscheidende Qualitätsverbesserung erreicht und ein für Erfurt typisches, milieuprägendes Stadtbild geschaffen werden.[25] Im Rahmen der umfassenden Rekonstruktion und Umgestaltung des Angerbereiches wurden 135 Gebäude von Grund auf renoviert, Gestaltungselemente und Straßenleuchten eingebaut, 70 Handels-

Abb.487. Der Anger während seiner völligen Rekonstruktion

halt von 1971 bis 1975 8,3 Mill. M, von 1976 bis 1980 19,2 Mill. M.

Die besondere Fürsorge des Staates galt nach wie vor kinderreichen Familien. Sie erhielten qualitativ guten und ausreichenden Wohnraum. Von 1971 bis 1975 konnten für über 1100 kinderreiche Familien die Wohnverhältnisse verbessert und von 1976 bis 1979 850 Familien mit vier und mehr Kindern Wohnraum entsprechend ihren Erfordernissen zur Verfügung gestellt werden. Junge Ehepaare erhielten von 1971 bis 1975 über 1500 und von 1976 bis 1979 fast 2600 Wohnungen.[24]

Besondere Aufmerksamkeit galt der funktionellen Aufwertung der Innenstadt, insbesondere im Bereich des Angers und der Bahnhofstraße, dem tra-

einrichtungen und Gaststätten rekonstruiert sowie die gesamte Stadttechnik erneuert.

Am 11. November 1977 übergab der 1. Sekretär der Bezirksleitung der SED, Alois Bräutigam, den Hauptabschnitt vom Platz der DSF bis zur Hauptpost als Fußgängerbereich der Öffentlichkeit. In einer Ansprache würdigte er die hervorragenden Leistungen der Bauschaffenden aus allen Kreisen des Bezirkes. Er hob hervor, daß gerade durch die sozialistische Gemeinschaftsarbeit zwischen den Architek-

[24] Die Stadt Erfurt nach dem VIII. und IX. Parteitag der SED. S. 20 f.

[25] Walter Nitsch, Aspekte der Stadtgestaltung, in: Panorama Kommunal – Stadt und Gemeinde, H. 4/1978, S. 28.

Abb. 488. Der Anger nach seiner vollständigen Rekonstruktion

ten und bildenden Künstlern sowie den Bau-, Maler-
und Montagekollektiven eine solch wirkungsvolle
Gestaltung erreicht werden konnte. In diese Würdigung waren auch die sowjetischen Streitkräfte und
die NVA eingeschlossen, die in zahlreichen Aufbau-
einsätzen umfangreiche Schachtarbeiten ausgeführt hatten.[26]

Für die Leistungen bei der Umgestaltung des Angerbereiches, der zu einem Musterbeispiel für derartige Bemühungen in der DDR wurde und heute einen Anziehungspunkt für die Bürger der Stadt und
ihre Gäste darstellt, wurde das Architektenkollektiv
unter Leitung des Stadtarchitekten Professor Walter
Nitsch mit dem Architekturpreis der DDR 1978 ausgezeichnet. Als eine besonders gelungene Synthese

von Rekonstruktion und Neubau bereichert das
neuerrichtete Gebäude des Reisebüros mit seinem
Café „Angereck" und seiner Besucherterrasse die
belebte Kreuzung Anger/Bahnhofstraße. Das Hotel
„Kosmos", der Gaststättenkomplex „Vilnius" und
das Restaurant „Stadt Berlin" tragen zur besseren
gastronomischen Versorgung der Erfurter und ihrer
Gäste bei.

Der Erhaltung des historischen Stadtkerns als bedeutsames Zeugnis mittelalterlicher Stadtbaukunst
wurde seit Jahren durch die Stadtverordnetenversammlung und den Rat der Stadt große Bedeutung
beigemessen. Sichtbar veränderte sich das Gebiet

---

[26] Das Volk, 12. 11. 1977.

zwischen Großer Arche und Domplatz, wo historisch wertvolle Bausubstanz komplex rekonstruiert wurde.

Die räumliche und zeitliche Konzentration der Bauprozesse schloß die Entwicklung des städtischen Verkehrwesens ein. 1971 hatte das Gleisnetz der Erfurter Straßenbahn eine Länge von 24,8 km Doppelgleis. Es wurde durch umfangreiche Arbeiten wie Verlegen der Gleise in Großverbundplattenbauweise schrittweise rekonstruiert. Zur Anbindung der neuen Wohngebiete „Rieth" und „Nordhäuser Straße" an das Stadtzentrum erfuhr es außerdem eine Erweiterung um 5 km. Entsprechend dem Generalverkehrsplan erfolgten erste Maßnahmen zur schrittweisen Entwicklung der Straßenbahn zur Schnellstraßenbahn mit Tatra-Fahrzeugen. Am 1. Mai 1976 eröffnete Oberbürgermeister Scheinpflug den offiziellen Fahrbetrieb mit einer neuen Generation attraktiver Gelenkzüge aus der ČSSR. Die Tatra-Züge, von denen 1971 bis 1980 44 in Dienst gestellt wurden,[27] fuhren im Zweierverbund und bestimmten zunehmend den Verkehrsrhythmus in den Neubaugebieten. Durch die Erweiterung der Linie 3 von der Bukarester Straße zur Melchendorfer Straße wurde auch bereits der Bau eines Schienenweges in das projektierte Wohngebiet „Erfurt-Südost" in Angriff genommen. Am Vorabend des IX. Parteitages der SED konnte außerdem eine S-Bahn-Verbindung der Deutschen Reichsbahn vom Hauptbahnhof in das Riethviertel eröffnet werden. Mit 13 Minuten Fahrzeit ist sie die schnellste Verbindung vom Zentrum in das nördliche Neubaugebiet.[28]

In den siebziger Jahren fanden zwei Straßenbauprojekte für die innere und äußere Erschließung der Stadt ihre Verwirklichung: der Ausbau des östlichen und des südlichen Juri-Gagarin-Ringes zur vierspurigen Straße und der Umbau des Verkehrsknotens Wilhelm-Pieck-Straße/Adolf-Hennecke-Straße in eine vierspurige Industrieradiale. Diese Vorhaben bildeten die Voraussetzung für den Baubeginn der beiden wichtigsten Verkehrsbaukomplexe der Stadt: des Verkehrsknotens Schmidtstedter Brücke und der Ost-Tangente. Nach mehrjähriger Bauzeit konnten am 6. Oktober 1976 die ersten sechs Fahrspuren und ein Teil der dazugehörigen Nebenanlagen des Schmidtstedter Knotens für den Verkehr freigegeben werden. Der Sekretär der Bezirksleitung Erfurt der SED, Siegfried Stange, durchschnitt das symbolisch über die Straße gespannte Band und gab so das Zeichen für „Freie Fahrt" durch das Tunnelbauwerk unter den Eisenbahnanlagen. In seiner Ansprache würdigte er die Leistungen der Bauarbeiter und Ingenieure der über 100 Kooperationsbetriebe, die damit ihre Verpflichtung termingerecht und in hoher Qualität erfüllt hatten.[29] 1979 wurde die neue Fernverkehrsstraße Nr. 4 und ein Jahr danach die „Nördliche Querverbindung" zwischen Stotternheimer und Bukarester Straße dem Verkehr übergeben. Im Zuge dieser Baumaßnahmen mußten von 1971 bis 1980 23 Brücken neu gebaut werden, darunter die Flutgraben-Brücke in der Leninstraße, die neue Schmidtstedter Brücke, die Gera-Brücken in der Mittelhäuser Straße und Vilniuser Straße, die Schlüterbrücke sowie die Gerabrücke in Möbisburg. Fünf weitere Brücken wurden rekonstruiert.

Die ökonomischen Erfolge ermöglichten wesentliche Fortschritte im Gesundheits- und Sozialwesen der Stadt. Zur Verbesserung der medizinischen Betreuung der Bürger kam es im Bereich der Medizinischen Akademie zu weiteren bedeutenden Baumaßnahmen. Entsprechend der territorialen Struktur der Stadt wurden zur Erhöhung der Leistungsfähigkeit der Polikliniken Nord, Mitte und Süd sowohl auf dem Gebiet der ambulanten Grundbetreuung als auch der spezialisierten medizinischen Versorgung weitere ärztliche Außenstellen bzw. Fachbereiche,

Abb. 489. Modell
der Rekonstruktion des Verkehrsknotens
„Schmidtstedter Brücke"

[27] Die Stadt Erfurt nach dem VIII. und IX. Parteitag der SED, S. 17.

[28] Von der Pferdebahn zum Tatrazug. Hrsg.: VEB (K) Erfurter Verkehrsbetriebe, o. O. u. J. (ohne Seitenzahl).

darunter 1977 die Ambulanz im Rieth, geschaffen. Von 1971 bis 1980 erhöhte sich die Anzahl der ambulanten ärztlichen Arbeitsplätze von 122 auf 211. Die Zahl der zahnärztlichen Arbeitsplätze stieg von 61 auf 101, so daß ein Versorgungsgrad von einem Arzt auf 759 Einwohner und von einem Zahnarzt auf 1642 Einwohner erreicht wurde.[30] Die gleiche Aufmerksamkeit wurde dem weiteren Ausbau des Betriebsgesundheitswesens gewidmet.

Besondere Anstrengungen galten der Durchsetzung des sozialpolitischen Programms der SED auf dem Gebiet des Sozialwesens. So entstanden zur Unterstützung der werktätigen Mütter in den Jahren 1971 bis 1980 insgesamt 2082 neue Kinderkrippenplätze. Damit standen nun 4538 Kinderkrippenplätze in 64 Einrichtungen zur Verfügung. Für die Betreuung der Kinder in den Kinderkrippen stellte der Rat der Stadt 1971 bis 1975 30,4 Mill. M und im Zeitraum 1976 bis 1980 34,4 Mill. M bereit. Dabei wurden für einen Kinderkrippenplatz in einer betrieblichen Einrichtung 1617 Mark und in einer kommunalen Einrichtung 4415 Mark aufgewendet.[31]

Die vom Ministerrat der DDR zur Förderung junger Ehen beschlossenen Maßnahmen zur Gewährung von zinslosen Krediten ab Mitte 1972 wurden bis 1980 von über 13000 jungen Ehepaaren mit einem Gesamtbetrag von 67,6 Mill. M in Anspruch genommen. Durch die Geburt von Kindern, so für das 1. Kind in 8981 Fällen, für das 2. Kind in 3350 Fällen und für das 3. Kind in 394 Fällen wurden Kredite in Höhe von über 15 Mill. M erlassen.

Besondere gesellschaftliche Fürsorge und Pflege erfuhren nicht zuletzt die Veteranen der Arbeit. Zahlreiche Initiative und Maßnahmen des sozialistischen Staates sowie gesellschaftlicher Organisationen, erhebliche Zuschüsse aus dem Haushalt der Stadt für die Unterhaltung der Feierabend- und Pflegeheime, Hauswirtschaftsfürsorgezuschüsse für Mindestrentner, kostenlose Renovierung von Wohnungen sowie andere Dienstleistungen trugen dazu bei, daß sich die Erfurter Bürger im höheren Lebensalter wohl und geborgen fühlten.

Mit der Übergabe eines der größten und modernsten Feierabend- und Pflegeheime der DDR im Dezember 1975 im Neubaugebiet „Rieth" durch den 1. Sekretär der Bezirksleitung der SED, Alois Bräutigam, fand die Sozialpolitik des VIII. Parteitages auch auf diesem Gebiet sichtbaren Ausdruck. Die Einrichtung, für deren Bau 15,5 Mill. M aus dem Staatshaushalt zur Verfügung gestellt wurden, bietet 468 älteren Bürgern eine Heimstätte, „in der wir Alten uns wohlfühlen können", wie der 76jährige Karl-Bruno Seidel meinte, der zu ihren ersten Bewohnern zählte.[32] Neben freundlichen 1- bis 4-Bett-Zimmern mit geräumigen Balkons dienen behagliche Aufenthaltsräume, Wannenbäder, Hobbyräume, Tee- und Kleinküchen, Bibliothek und Nähstube und der Innenhof mit Springbrunnen dem körperlichen und geistigen Wohlbefinden der Bewohner. 1980 verfügte die Stadt über 19 derartige Einrichtungen mit insgesamt 2085 Betten.

[29] Das Volk, 7. 10. 1976.
[30] Vgl.: Friederike Funk, Schutz der Gesundheit aller Bürger, in: Panorama Kommunal – Stadt und Gemeinde, H. 4/1978, S. 64; Die Stadt Erfurt nach dem VIII. und IX. Parteitag der SED, S. 31.
[31] Ebenda, S. 24.
[32] Das Volk, 22. 12. 1975.

Abb. 490. Haupteingang des VEB Erfurt mikroelektronik „karl marx" mit Plastik von Eberhard Reppold

3.
Aufschwung des politischen und gesellschaftlichen Lebens

Ganz im Zeichen der Umsetzung der Beschlüsse des VIII. Parteitages der SED standen im Herbst 1971 die Vorbereitungen und die Durchführung der Wahlen zur Volkskammer und zu den Bezirkstagen der DDR. Die von den Parteien und Massenorganisationen nominierten Kandidaten stellten sich in einer Vielzahl von Veranstaltungen in Betrieben und Wohnbezirken sowie in differenzierten Gesprächen ihren Wählern vor und legten Rechenschaft über die zurückliegende Legislaturperiode ab. In einer lebhaften Aussprache berieten die Kandidaten gemeinsam mit den Bürgern über die Wege zur weiteren Verwirklichung der Beschlüsse des VIII. Parteitages der SED. Im Ergebnis dieser umfassenden Aussprache gaben am Wahltag, dem 14. November 1971, über 99,8 Prozent der Bürger der Stadt den Kandidaten der Nationalen Front der DDR ihre Zustimmung und legten damit ein überzeugendes Bekenntnis zu den Beschlüssen des VIII. Parteitages der SED ab.[33] Die Werktätigen der Stadt lösten ihr Versprechen ein, mit erfüllten Plänen zur Wahl zu gehen. Bis zum Wahltag wurde der Plan der industriellen Warenproduktion mit 102,7 Prozent erfüllt.[34]

Die neuen Dimensionen und die qualitativen Veränderungen in der Volkswirtschaft, die intensive Verflechtungen ihrer Zweige untereinander und mit den anderen Bereichen des gesellschaftlichen Lebens stellten auch in Erfurt höhere Anforderungen an die Leitung und Planung der gesellschaftlichen Entwicklung. Die mit den Beschlüssen des VIII. Parteitages der SED eingeleitete neue Phase der staatlichen Entwicklung fand in dem im Juni 1973 von der Volkskammer der DDR beschlossenen Gesetz über die örtlichen Volksvertretungen und ihre Organe seinen Ausdruck. Es erhöhte die Verantwortung der Stadtverordneten- und der Stadtbezirksversammlungen, ihrer Räte, Kommissionen und Abgeordneten für die Erfüllung der staatlichen Pläne und für die Verbesserung der Arbeits- und Lebensbedingungen der Werktätigen im Zusammenwirken mit den volkseigenen Betrieben und Kombinaten.

Die mit dem neuen Gesetz erstrebte weitere Ausprägung der sozialistischen Demokratie fand auch in Erfurt lebendigen Ausdruck. Gab es 1970 192 Abgeordnete und Nachfolgekandidaten der Stadtverordnetenversammmlung, so stieg deren Zahl mit den Wahlen zu den örtlichen Volksvertretungen vom 20. Mai 1979 auf 290.[35] In der gleichen Zeit nahm die Zahl der Abgeordneten und Nachfolgekandida-

ten in den drei Stadtbezirksversammlungen insgesamt von 234 auf 495 zu. Ebenfalls erhöhte sich die Anzahl der berufenen Mitglieder der ständigen Kommissionen und Aktive der Stadtverordneten- und Stadtbezirksversammlungen auf 418.[36] Darüber hinaus wuchs die Zahl derjenigen, die, gestützt auf ihre Kenntnisse, Fähigkeiten und Erfahrungen, demokratische Mitarbeit in der Stadt leisten. Die SED und die in der Nationalen Front vereinten demokratischen Parteien und die gesellschaftlichen Organisationen förderten die Bereitschaft der Werktätigen, sich für die Lösung der staatlichen und gesellschaftlichen Aufgaben einzusetzen und Verantwortung zu übernehmen. Über 45000 Bürger – das hieß jeder dritte wahlberechtigte Einwohner – übten 1978 eine ehrenamtliche Funktion aus.[37] Mit beachtlichem Schwung und Sachverstand waren 1980 8639 Bürger in den Elternvertretungen der Schulen und Kindergärten und 1630 Bürger in den Beiräten des staatlichen Einzelhandels und den Verkaufsstellenausschüssen der Konsumgenossenschaft tätig. Über 1000 Bürger wirkten in Schiedskommissionen der Betriebe oder als Schöffen der Gerichte sowie 2564 in den Organen der Arbeiter-und-Bauern-Inspektion. Mitglieder aus allen Parteien und Organisationen sowie zahlreiche weitere Bürger, insgesamt fast 9500, arbeiteten in den Wohnbezirksausschüssen der Nationalen Front, in Hausgemeinschaftsleitungen sowie anderen gesellschaftlichen Gremien mit.[38]

Die Tätigkeit der Stadtverordneten- und Stadtbezirksversammlungen und die aktive Anteilnahme und Initiative der Werktätigen der Stadt waren darauf gerichtet, die vom VIII. Parteitag der SED beschlossenen Hauptaufgaben zum Wohle des Volkes und im Interesse jedes Bürgers umfassend zu erfüllen. Es wurde zum Grundprinzip der Ratsmitglieder und Abgeordneten, sich mit Leitern oder Vertretern von Betrieben und Arbeitskollektiven sowie gesell-

[33] Das Volk, 17.11.1971.
[34] StAE, 1-5/1000-76, Bd.1, Referat des Oberbürgermeisters zur Stadtverordnetenversammlung am 26.1.1972.
[35] StAE, 2/123-2, Transitus der Stadtverordnetenversammlung.
[36] Die Stadt Erfurt nach dem VIII. und IX. Parteitag der SED, S.4.
[37] Heinz Scheinpflug, Erfurt gestern und heute, in: Panorama Kommunal – Stadt und Gemeinde, H.4/1978, S.8.
[38] Die Stadt Erfurt nach dem VIII. und IX. Parteitag der SED, S.4.

schaftlichen Kräften aus den Wohngebieten regelmäßig über alle Vorhaben, die Einfluß auf die Arbeits- und Lebensbedingungen der Bürger im Territorium haben, zu beraten, so daß die Vorschläge, Anregungen und Bedürfnisse in die Entscheidungen der Volksvertretungen der Stadt und ihrer Organe einflossen. Diese konstruktive Zusammenarbeit von Volksvertretungen und Betrieben, Abgeordneten und Bürgern führte dazu, daß sich die Funktion der örtlichen Volksvertretungen ständig weiter vervollkommnete. Im Rahmen von Bürgerinitiativen – insbesondere im Rahmen des sozialistischen Wettbewerbs „Schöner unsere Städte und Gemeinden – mach mit!" – wurden von den Einwohnern im Fünfjahrplan 1971 bis 1975 Leistungen in Höhe von 77,3 Mill. M erbracht.[39] Für diese vorbildlichen Leistungen wurde die Stadt Erfurt 1974 durch den Ministerrat und den Nationalrat der Nationalen Front der DDR ausgezeichnet. Die Eigenleistungen der Bürger für die Erhaltung des Wohnraumes betrugen von 1976 bis 1982 über 148 Mill. M. 1982 konnte eine Leistung von 171 M pro Bürger erreicht werden.[40]

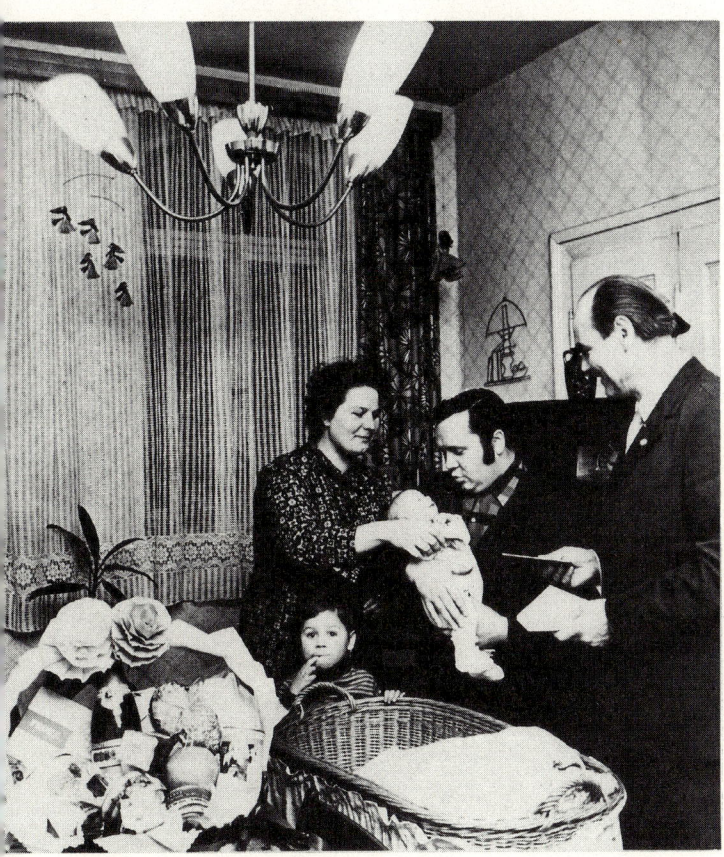

Abb. 491. Oberbürgermeister Heinz Scheinpflug begrüßt den 200000. Bürger der Stadt, Bianka Beuert, im April 1973

Große Aufmerksamkeit galt der Renovierung und Schaffung von Räumen in Einrichtungen der Volksbildung sowie des Gesundheits- und Sozialwesens, der Verbesserung von Versorgungseinrichtungen, der Straßen- und Wegeverhältnisse und der Wasserversorgung, der Pflege von Grünanlagen sowie der Erfassung von Sekundärrohstoffen.

Erfurt unterhielt zahlreiche Partnerschafts- und Freundschaftsbeziehungen zu Städten sowohl in sozialistischen als auch in nichtsozialistischen Ländern. Stadtverordnetenversammlung und Rat trugen dazu bei, die brüderlichen Beziehungen zur Sowjetunion und zu den anderen Ländern der sozialistischen Staatengemeinschaft zu festigen sowie die Kontakte zu den nichtsozialistischen Ländern auf der Grundlage der friedlichen Koexistenz, der auf Frieden, Volksverständigung und Zusammenarbeit gerichteten Politik des sozialistischen Staates weiter auszuprägen. Beispielgebend dafür waren die freundschaftlichen Beziehungen zu Vilnius, der Hauptstadt der Litauischen SSR (seit 1972), zu Lowetsch in der VR Bulgarien (seit 1971), zu Györ in der VR Ungarn (seit 1971) und ebenfalls zu Kalisz in der VR Polen. In den Beziehungen zu den sozialistischen Partnerstädten wurde der Ausbau der effektivsten Methoden zur Förderungen des Leistungsanstiegs in allen Bereichen des gesellschaftlichen Lebens in den Mittelpunkt gestellt.

Neben vielen Aussprachen der Abgeordneten der Partnerstädte über die Arbeit der Volksvertretungen und ihrer Organe zu kommunalpolitischen Belangen tauschten Spezialisten der verschiedensten Bereiche des gesellschaftlichen Lebens ihre Erfahrungen aus. So sparte das Wohnungsbaukombinat durch die Anwendung sowjetischer Erfahrungen und Methoden in erfolgreicher Zusammenarbeit mit der Häuserfabrik in Vilnius hohe Entwicklungskosten ein. Wie bei der Vorfertigung der kompletten Badzellen wurden in Erfurt auch Vilniuser Erfahrungen bei der Montage, bei der Entwicklung der Technologie für Hochhäuser und bei der Bebauung hängigen Geländes für den Wohnungsbaustandort Erfurt-Südost genutzt.

Sehr enge Beziehungen entwickelten sich zwischen Betrieben des Straßenwesens, der Dienstleistungen, des Handels, der Gastronomie und der Landwirtschaft. Der Erfahrungsaustausch in den

[39] Heinzgeorg Oette, Erfurt in drei Jahrzehnten, Erfurt 1978, S. 3.
[40] Die Entwicklung der Stadt nach dem VIII. Parteitag der SED, S. 27.

Bereichen der Volksbildung betraf nicht nur die Pädagogen, sondern auch den Schüleraustausch während der Ferien. Die freundschaftlichen Bindungen zwischen Kultureinrichtungen der sozialistischen Partnerstädte führten zu regelmäßigen Gastspielen von Solisten und Ensembles. Auch die Straßennamen von Vilnius, Lowetsch und Györ im nördlichen Neubaugebiet der Stadt dokumentieren die freundschaftlichen Beziehungen.

Außerhalb der sozialistischen Staatengemeinschaft bestehen seit 1960 mit Lille in Frankreich und seit 1968 mit Piacenza in Italien Partnerschaftsverträge.[41] Durch vielfältige Initiativen wie Delegationsaustausch, Übersendung von Ausstellungsmaterialien sowie von Informationen und Dokumentationen werden die Bürger dieser Städte mit der Entwicklung des sozialistischen Erfurt vertraut gemacht.

4.
ENTFALTUNG ALS HOCHSCHULSTADT
UND GEISTIG-KULTURELLES ZENTRUM DES BEZIRKES

In den 70er Jahren konnte Erfurt seinen Ruf als ein wichtiges wissenschaftliches und geistig-kulturelles Zentrum des Bezirkes weiter festigen. Den Hoch- und Fachschulen der Stadt gelang es, ihre wissenschaftlich-theoretische und politisch-ideologische Ausstrahlung zu erweitern und die Qualität und Leistungsfähigkeit der Lehrer und der Forscher zu erhöhen. Unter Anleitung ihrer Hoch- und Fachschullehrer erbrachten die über 5600 Studenten hohe Studienleistungen. Die Beschlüsse des VIII. und IX. Parteitages der SED und der V. Hochschulkonferenz wurden zum Maßstab der Tätigkeit der Wissenschaftler, Lehrer und Erzieher bei der kommunistischen Erziehungen der Studenten und in der Forschungsarbeit. Die Medizinische Akademie profilierte sich weiter als eine anerkannte Hochschuleinrichtung. In ihren 34 Kliniken, Instituten und selbständigen Abteilungen waren 1980 auf dem Gebiet der Humanmedizin und seit 1973 auch der Stomatologie 438 Studenten und an den ihr angeschlossenen Fachschulen 891 Studenten immatrikuliert. Einen besonderen Schwerpunkt der Forschungsarbeit nahmen Probleme der Herz-Kreislauf-Erkrankungen ein.

Zu einer wesentlichen Verbesserung der medizinischen Betreuung trug die Einrichtung eines neuen Bettenhauses der Frauenklinik im Jahre 1974 bei, das für 11 Mill. M errichtet wurde. Mit diesem Zuwachs von 388 Betten konnte die stationäre Behandlung auf dem Gebiet der Gynäkologie, insbesondere aber die Betreuung der Mütter und Neugeborenen sowie der Risikoschwangeren, wesentlich verbessert werden. Ein Teil dieser Baumaßnahmen wie Erweiterungsbauten der Chirurgischen Klinik und der Radiologischen Klinik konnte durch die erfolgreiche sozialistische Gemeinschaftsarbeit von 23 VEB und PGH mit Kliniken der Akademie realisiert

werden. Im Interesse der Verbesserung der Patientenbetreuung und der Arbeitsbedingungen für das Klinikpersonal wurden dabei im Laufe von fünf Jahren (von 1974 bis 1979) Werte von über 2 Mill. M geschaffen. Durch Rekonstruktionsmaßnahmen wurden ehemalige große Krankensäle in moderne Krankenzimmer mit zwei bis drei Betten umgewan-

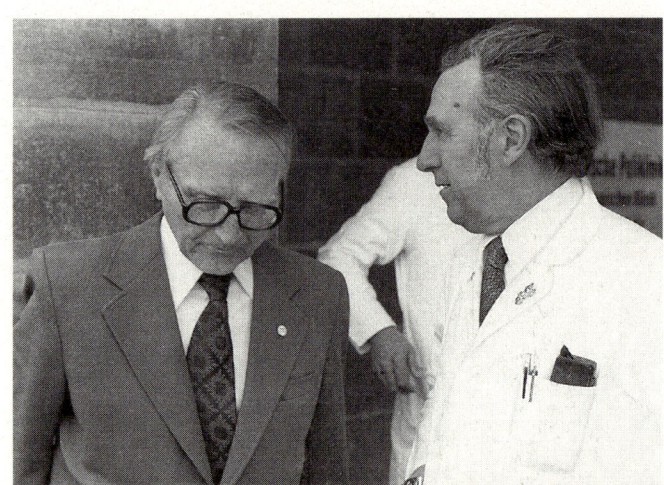

Abb. 492. Übergabe des Anbaues der Chirurgischen Klinik der Medizinischen Akademie durch den 1. Sekretär der Stadtleitung der SED Hans Dose (links) an den Rektor der Medizinischen Akademie, Prof. Dr. Werner Usbeck

delt. Mit der Errichtung und Inbetriebnahme der Stomatologischen Klinik im Jahre 1975 wurde im Rahmen der Medizinischen Akademie Erfurt eine neue Hochschuleinrichtung geschaffen, die nicht nur dazu beitrug, die stomatologische Versorgung

---

[41] Heinz Steinbach, Städtepartnerschaft zum beiderseitigen Nutzen, in: Panorama Kommunal – Stadt und Gemeinde, H. 4/ 1978, S. 70.

der Bevölkerung der Stadt spürbar zu verbessern. Diese achte stomatologische Hochschuleinrichtung in der DDR erlangte auch für die wissenschaftliche Arbeit der Hochschule und für die gesundheitspolitische Weiterentwicklung der Stomatologie in der DDR Bedeutung.

In wenigen Jahren gelang es dem Kollektiv der Stomatologischen Klinik, in der zahnärztlichen Versorgung sowie in Lehre und Forschung Erfolge zu erzielen, die nicht nur im nationalen, sondern auch im internationalen Maßstab Beachtung fanden. Davon zeugen viele internationale Veranstaltungen an der Sektion Stomatologie, wie zum Beispiel das WHO/FDI-Meeting im September 1980 über Probleme, Ursachen und Verhütung der Karies sowie das Auftreten vieler Angehöriger der Sektion auf internationalen wissenschaftlichen Konferenzen im In- und Ausland. Diese Erfolge trugen dazu bei, daß das Kollektiv der Sektion 1980 die wissenschaftliche Führung der Hauptforschungsrichtung „Karies und Paradontalerkrankungen" in der DDR bis 1985 durch einen Beschluß des Politbüros beim ZK der SED vom 16. Januar 1980 übertragen bekam.[42]

Die am 9. Februar 1955 gegründete Medizinisch-wissenschaftliche Gesellschaft an der Medizinischen Akademie, die sich der Pflege der Traditionen der ehemaligen „Akademie nützlicher (gemeinnütziger) Wissenschaften zu Erfurt" verpflichtet fühlt, trug durch ihre wissenschaftlichen Veranstaltungen nicht nur zu einer qualifizierten Weiterbildung von Angehörigen der medizinischen Intelligenz „im Interesse einer möglichst schnellen Umsetzung neuer Erkenntnisse in die Praxis zwecks Verbesserung der Betreuung kranker Menschen und der Gesunderhaltung von Angehörigen aller sozialen Klassen und Schichten"[43] bei, sondern verkörpert gleichzeitig ein wesentliches Element der über die Stadt hinaus wirkenden wissenschaftlich-geistigen Aus-

[42] Walter Künzel, Stomatologie – eine neue Grundstudieneinrichtung an der Medizinischen Akademie Erfurt (1975–1980), in: Beiträge zur Geschichte der Universität Erfurt (im folg.: BGUE), H. 19, Leipzig 1983, S. 330.
[43] Harry Güthert/Horst Rudolf Abe, Zur Entstehungsgeschichte der Medizinisch-wissenschaftlichen Gesellschaft an der Medizinischen Akademie Erfurt – Gedanken, Reflexionen, Erinnerungen, in: BGUE, H. 19, Leipzig 1983, S. 356.

Abb. 493. Das neue Bettenhaus der Frauenklinik der Medizinischen Akademie Erfurt

strahlungskraft der Erfurter medizinischen Hohen Schule.

Mit den Beschlüssen des VIII. und IX. Parteitages der SED begann auch für die Pädagogische Hochschule „Dr. Theodor Neubauer" Erfurt-Mühlhausen eine neue Etappe in der Erziehung und Ausbildung sozialistischer Lehrerpersönlichkeiten. Das auf dem IX. Parteitag der SED beschlossene Programm der SED stellte neue Anforderungen an die sozialistische Bildungspolitik, besonders im Hinblick auf die kommunistische Erziehung der jungen Generation und die weitere Ausprägung des polytechnischen Charakters der sozialistischen Schule. Daraus ergaben sich auch weitere Anforderungen an das Niveau der Ausbildung und vor allem an die politisch-ideologische Erziehung der Lehrerstudenten. Auf der Grundlage eines neuen Studienplanes für die Ausbildung von Diplomlehrern zu Beginn des Studienjahres 1975/1976 und entsprechenden neuen Lehrprogrammen strebten das Erzieherkollektiv und die FDJ-Grundorganisation nach hohen Studienleistungen.

Neben neuen Ausbildungserfolgen entwickelte sich die Pädagogische Hochschule zu einer anerkannten Stätte wissenschaftlicher Arbeit. Die Ergebnisse der Forschungsarbeit wurden zu einer wesentlichen Voraussetzung erfolgreicher Lehre und des gesamten wissenschaftlichen Lebens. Während sich die Sektion Marxismus-Leninismus Probleme der Imperialismusforschung zuwandte, befaßten sich die Sektionen Pädagogik/Psychologie und Polytechnik mit Fragen der Arbeitserziehung, die Sektion Philologie, Literatur- und Kunstwissenschaft mit Untersuchungen des Verhältnisses von Individuum und Gesellschaft in der DDR-Literatur sowie der Erberezeption. Die mathematisch-naturwissenschaftliche Forschung in der Sektion Mathematik/Physik konzentrierte sich auf optische und Hochfrequenzspektroskopie, Funktionsanalysis und theoretische Mathematik.

Die Pädagogische Hochschule knüpfte vielfältige enge Beziehungen mit dem Territorium der Stadt Erfurt, das ein bedeutendes Einzugsgebiet der angehenden Studenten und bevorzugtes Feld ihrer gesellschaftlichen Praxis ist.[44] Besonders enge Beziehungen entwickelten sich zu den Polytechnischen Oberschulen 8, 34 und 39 in Erfurt-Nord, die als Forschungsschulen zu Partnern für eine praxisverbundene pädagogische Ausbildung und Forschung wurden. Darüber hinaus spielte die Zusammenarbeit mit den Schulen, vor allem mit denjenigen mit erweitertem Russischunterricht, und mit Pioniereinrichtungen der Stadt Erfurt eine wichtige Rolle.

Wachsende Bedeutung erlangten die internationalen Aktivitäten der Hochschule, die enge Beziehungen zu Partnereinrichtungen in sozialistischen Ländern pflegt und als anerkannte Stätte zur Weiterbildung von Deutschlehrern aus sozialistischen und nichtsozialistischen Ländern zur Vertiefung der Kenntnisse der deutschen Sprache und zur gesellschaftlichen Entwicklung der DDR beigetragen hat. Die 1959 entstandenen internationalen Sommerkurse (ISK), die Kurse für Germanisten aus der UdSSR zur Vervollkommnung ihrer Sprachfertigkeiten sowie Sommerkurse für Pädagogen und Lehrerstudenten aus nordeuropäischen Ländern trugen zum wachsenden internationalen Ansehen der Pädagogischen Hochschule und des Volksbildungswesens der DDR bei.

Die Studenten und Lehrer der Ingenieurschulen für Bauwesen und Gartenbau lösten über ihre Ausbildungsaufgaben hinaus auch in der Stadt wichtige Aufgaben durch ihre Mitwirkung an der Gestaltung der Heizungs-, Lüftungs- und Sanitärtechnik volkswirtschaftlicher Industrieobjekte, der Rekonstruktion der Altstadt, der Lehr- und Leistungsschau der iga, der Intensivierung des sozialistischen Gartenbaus, sowie durch ihre Mitarbeit an der Gestaltung von Grünflächen und der Schaffung von Naherholungszentren.

Immer stärker belebten die Studenten auch das geistig-kulturelle Leben der Stadt. Wissenschaftliche Studentenkonferenzen und Leistungsschauen, aktives Klubleben und Auftritte von Studentenensembles gehören inzwischen zum städtischen Alltag. Allein an der Pädagogischen Hochschule sind zwölf Volkskunstgruppen tätig, von denen neun der Titel „Hervorragendes Volkskunstkollektiv der DDR" zuerkannt wurde. Bei wachsenden Studienanforderungen lernen die Studenten in der Gewißheit, als gebildete sozialistische Persönlichkeiten in einem Staat tätig zu sein, der die Einheit von Wissen und Macht verkörpert. Deshalb engagierten sie sich aktiv im gesellschaftlichen Leben. Studenten wirkten als gleichberechtigte Partner neben Arbeitern, Genossenschaftsbauern und Angehörigen der Intelligenz in den gesellschaftlichen Räten der Hochschulen sowie in der Stadtverordnetenversammlung und in den Stadtbezirksversammlungen als Abgeordnete. Der FDJ-Studentenklub „Engelsburg" der Medizinischen Akademie wahrte die progressiven Traditionen der ehrwürdigen Humanistenstätte

---

44 Folkner/Lange, Die Entwicklung der Pädagogischen Hochschule „Theodor Neubauer". 25 Jahre Fachlehrerausbildung in Erfurt-Mühlhausen, Erfurt 1977, S. 42.

durch ein reges kulturell-geistiges Leben, und der FDJ-Hochschulklub der Pädagogischen Hochschule leistete eine wertvolle kulturpolitische Arbeit, entwickelte sich aber zugleich zu einer Stätte interessanter persönlicher Begegnungen zwischen Studenten und Hochschullehrern.

Mit dem Neubau und der Einweihung der Bezirksparteischule der SED „Ernst Thälmann" durch Werner Lamberz im Jahre 1972 wurde ein für den

werkschaftsfunktionären trug die in Erfurt ansässige Zentralschule des FDGB „Pierre Timbaud" ebenso Verantwortung wie eine Abteilung Fernstudium der Hochschule des FDGB „Fritz Heckert" in Bernau.

Die Konzentration hochqualifizierter Vertreter der wissenschaftlichen und technischen Intelligenz in den Kombinaten und volkseigenen Betrieben wie zum Beispiel im Zentrum der Forschung und Technologie der Mikroelektronik und dem Forschungs-

Abb. 494. Hörsaal
der Pädagogischen Hochschule
„Dr. Theodor Neubauer"

ganzen Bezirk wichtiges, auch architektonisch herausragendes politisch-ideologisches Zentrum geschaffen, das den Studierenden beste Studien- und Lebensbedingungen bei der Aneignung des Marxismus-Leninismus ermöglichte. Regelmäßig traten hier hervorragende Vertreter der Partei- und Staatsführung, Repräsentanten ausländischer Bruderparteien und Propagandisten des Marxismus-Leninismus auf, um in wissenschaftlichen Veranstaltungen, Propagandistenkonferenzen und Foren Probleme der Innen- und Außenpolitik der sozialistischen Länder und ihrer marxistisch-leninistischen Parteien sowie neueste wissenschaftliche Erkenntnisse auf dem Gebiet des Marxismus-Leninismus zu vermitteln. Für die Ausbildung und Qualifizierung von Ge-

zentrum des Kombinates Umformtechnik erhöhten das Forschungspotential in der Stadt. Entsprechend der volkswirtschaftlichen Bedeutung der beschleunigten Entwicklung und Anwendung der Mikroelektronik wurden im Bezirk Erfurt rund 40 Prozent des Forschungs- und Entwicklungspotentials des Bezirkes im Bereich Elektrotechnik/Elektronik, d. h. vor allem in Erfurt, konzentriert.[45]

Die weitere Entwicklung des kulturell-geistigen Lebens in der Stadt vollzog sich in enger Wechselwirkung mit der wachsenden künstlerischen Wirksamkeit und Ausstrahlungskraft der Städtischen

[45] Bezirk Erfurt, Bilanz vor dem X. Parteitag der SED, Erfurt 1981, S. 26.

Bühnen Erfurts. Sowohl das Musiktheater als auch das Schauspielhaus profilierten sich weiter als Stätten der künstlerischen Begegnung mit der Klassik sowie mit der sozialistischen Gegenwartskunst. Die kontinuierliche Auseinandersetzung mit dem Werk Bertolt Brechts fand ihren künstlerischen Ausdruck besonders anläßlich des 80. Geburtstages dieses bedeutenden Dramatikers und Theatertheoretikers mit vielfältigen Aktivitäten, wie: „Anregung b.b." (Bertolt Brecht-Abend) und auf der Kleinen Bühne „Flüchtlingsgespräche" und „Alle Laster sind zu etwas gut". Damit wurde auch in den 70er Jahren, wie z.B. 1971 mit der Aufführung von „Herr Puntila und sein Knecht Matti", die beispelhafte Interpretation der Werke Brechts fortgesetzt.

Das Kollektiv des Schauspielhauses erwarb sich weitere Verdienste in der zielgerichteten Hinwendung zur Gegenwartsdramatik. Viele neue Werke von DDR-Autoren und der sowjetischen Dramatik standen im Mittelpunkt des Zuschauerinteresses. Eine große Rolle spielten dabei die Theatertage der Betriebe, die sich von 23 im Jahre 1973 auf 40 im Jahre 1980 erhöhten. Damit gelang es, neue Besucherkreise anzusprechen und für den regelmäßigen Theaterbesuch zu gewinnen. 1980 besuchten über 300 000 Einwohner und Gäste der Stadt die 745 Vorstellungen der Städtischen Bühnen. Anteil an dieser Entwicklung hatten auch die erfolgreichen Bemühungen um die weitere Entwicklung des heiteren Musiktheaters und Musicals. Dabei können besonders die gelungenen Musical- und Operetteninszenierungen von Joachim Franke hervorgehoben werden. Die Tätigkeit des Erfurter Librettisten Jürgen Degenhardt und des gebürtigen Erfurters Helmut Bez in Verbindung mit Erfurter Komponisten wie Dieter Brand, Joachim Gocht und Harry Sander vermittelten Erfurter Lokalkolorit mit dem im Auftrag der Städtischen Bühnen Erfurt entstandenen Musical „Der Prinz von Preußen", das die Gaunergeschichte des kleinen Hochstaplers Harry Domela aus den 20er Jahren zum Vorwurf hatte. Dazu gehörte aber auch das Musical „Terzett" mit einer modernen Version der Geschichte des Grafen von Gleichen mit Musik von Gerd Natschinski.

Unter Leitung von Generalmusikdirektor Ude Nissen, Kulturpreisträger der Stadt Erfurt, vollzog sich die weitere Entwicklung des Orchesters der Städtischen Bühnen zu einem bedeutenden Klangkörper. Die langjährigen Bemühungen um die Pflege des klassischen Erbes und die schöpferische Interpretation des zeitgenössischen Musikschaffens wurden 1981 mit der Umbenennung in Philharmonisches Orchester Erfurt gewürdigt. Die jahrzehntelangen Bemühungen des Orchesterkollektivs um hohe künstlerische Qualität und eine interessante Programmgestaltung trugen zur Herausbildung eines festen und großen Stammes von Musikfreunden in der Stadt bei.

Eine nicht geringe Bedeutung für die Entwicklung des Erfurter Musiklebens erlangte die den Städtischen Bühnen angeschlossene Erfurter Singakademie, die unter Leitung von Manfred Jäckel 100 musikbegeisterte und sangesfreudige Erfurter vereint und mit ihrem umfangreichen Repertoire nicht nur in der DDR, sondern auch auf Gastspielen in der VR Polen und in der VR Bulgarien beachtenswerte Erfolge erringen konnte. Die künstlerischen Leistungen wurden mit einer Goldmedaille der XV. Arbeiterfestspiele und dem Titel „Ausgezeichnetes Volkskunstkollektiv der DDR" gewürdigt. Auch das „Ausgezeichnete Volkskunstkollektiv der DDR" Erfurter Puppenbühne gehörte seit 1977 den Städtischen Bühnen an. Durch seine hervorragenden Leistungen gewann es ständig neue Freunde unter Kindern und Jugendlichen, aber auch Erwachsenen der Stadt und des Bezirkes. Zu einer Belebung des Kulturlebens der Stadt führte auch die Gründung des Berufs-Kabaretts „Die Arche" im Jahre 1979.

Das Erfurter Musikleben wurde durch die regelmäßigen Erfurter Anrechtskonzerte des Staatlichen Sinfonieorchesters Thüringen, die „Stunden der Musik", vielfältige Veranstaltungen im Rathausfestsaal, das Jugendsinfonieorchester der Bezirksmusikschule und das Auftreten von Schülern und Lehrern dieser Schule bereichert. Zu Höhepunkten des Kulturlebens entwickelten sich die seit 1966 jährlich im Oktober stattfindenden „Erfurter Festtage der internationalen Kunst" durch Gastspiele bekannter in- und ausländischer Künstler und Ensembles der verschiedensten Genres.

Das Pressefest des Bezirksorgans der SED „Das Volk" wurde immer mehr zu einem großen Volksfest und zu einem Anziehungspunkt für Einwohner des Bezirkes. Aber auch die Volksfeste der Stadtbezirke wie das „Steigerfest", das Volksfest „Rund um die Krämerbrücke" und das „Zooparkfest" entwickelten sich zu festen Traditionen eines abwechslungsreichen geistig-kulturellen Lebens der sozialistischen Großstadt. Ausdruck der kultur-schöpferischen Aktivitäten der Arbeiterklasse waren die XV. Arbeiterfestspiele 1974 im Bezirk Erfurt. Über 250 000 Besucher nahmen an den in Erfurt durchgeführten 85 Veranstaltungen teil. Herausragende Leistungen der Erfurter Volkskünstler konnten mit 15 Goldmedaillen gewürdigt werden, davon sieben für Volkskunstkollektive der Stadt.

1974 fand zum ersten Mal die Quadriennale des Kunsthandwerks der sozialistischen Länder in Erfurt statt. Die Vergabe dieser internationalen Veranstaltung, die eine Kollektion bedeutender Leistungen des Kunsthandwerks der sozialistischen Länder geschlossen vorstellte, an Erfurt war eine Aner-

volution bis zum IX. Parteitag der SED geschlossen veranschaulichte.

1980 gehörten dem Museumsverband zehn museale Einrichtungen an, von denen acht nach 1945 entstanden waren, davon zwei im 30. Jahr der Gründung der DDR 1979. Hunderte neue wertvolle

Abb. 495.
Generalmusikdirektor
Ude Nissen
während einer Probe

kennung der Leistungen der Erfurter Kunsthandwerker. Mit der Eröffnung der Galerie am Fischmarkt im Haus „Zum Roten Ochsen" erhielt die Quadriennale eine würdige Heimstatt und Erfurt zugleich eines der modernsten Ausstellungszentren der DDR. Auch die zweite und dritte Quadriennale wurden mit großem Erfolg in Erfurt durchgeführt.

Die 1968 zu einem Verband zusammengeschlossenen Museen der Stadt trugen wesentlich zur sinnvollen Gestaltung der Freizeit und zur Vermittlung des kulturellen Erbes und der revolutionären Traditionen des deutschen Volkes und der deutschen Arbeiterbewegung bei. Im Mai 1974, anläßlich der XV. Arbeiterfestspiele, wurde in dem 1972/1973 rekonstruierten Renaissancehaus „Zum Stockfisch" in der Leninstraße ein eigenes Museum für Stadtgeschichte eröffnet. Nach seinem völligen Aufbau unter Leitung von Prof. Dr. Willibald Gutsche verfügte Erfurt damit seit 1978 zum ersten Mal über ein Museum, das die an progressiven Traditionen reiche Geschichte der Stadt von der Frühbürgerlichen Re-

Sammlungsobjekte wurden im Verlauf der 70er Jahre erworben und den Besuchern zugänglich gemacht. Die Anziehungskraft der Museen widerspiegelte sich in wachsenden Besucherzahlen und liebevoll gestalteten Sonderausstellungen, Kunstgesprächen und neuen Formen der Museumsarbeit. Waren 1970 2468 differenzierte Veranstaltungen in den Museen durchgeführt worden, so waren es 1980 nahezu 5000. Dabei verdoppelten sich auch die Führungen, also die direkte und indirekte Betreuung der Besucher. Neubau, Rekonstruktion und Modernisierung kultureller Einrichtungen, so der Galerie am Fischmarkt, des größten Glockenspiels in der DDR im Bartholomäusturm auf dem Anger und die Entwicklung der größten Zweigbibiliothek im Neubaugebiet „Rieth" erhöhten das kulturelle Angebot spürbar.

Klubs und Kulturhäuser wurden immer mehr zu Stätten aktiver und kulturvoller Begegnungen und weltanschaulicher Bildung und Erziehung. 1980 fanden allein hier über 5700 Veranstaltungen mit

327000 Besuchern statt. In diesem Zusammenhang nahm auch die aktive schöpferische Selbstbetätigung der Werktätigen, besonders in den Volkskunstkollektiven, zu. Das spiegelte sich sowohl in deren Zahl als auch in neuen bedeutenden Werken der Volkskunst wider. 1980 arbeiteten in der Stadt 245 Volkskunstkollektive mit 5233 Mitgliedern, davon

nisse, überlieferte Bräuche und Trachten sowie Hausrat und architektonische Werte.

Die in Erfurt und seiner Umgebung beheimateten Künstler und Kulturschaffenden beeinflußten immer stärker das kulturell-geistige Leben der Stadt und trugen dazu bei, die Ausprägung der sozialistischen Lebensweise in allen gesellschaftlichen Be-

Abb. 496.
Der Vorsitzende des FDGB
Herbert Warnke (links),
der 1. Sekretär
der Bezirksleitung der SED
Alois Bräutigam (2. von rechts)
und der Vorsitzende
des Rates des Bezirkes
Richard Gothe (Mitte) während
der XV. Arbeiterfestspiele
in Erfurt

169 in Betrieben. Darüber hinaus entstanden viele neue Zirkel in Schulen und anderen Einrichtungen.[46]

Für ihre volkskünstlerische Arbeit konnten bis 1977 34 Volkskunstkollektive als „Ausgezeichnetes Volkskunstkollektiv der DDR" gewürdigt werden. Stellvertretend seien der vom Kunstmaler Albert Habermann geleitete Zirkel für bildnerisches Volksschaffen im VEB Kombinat Umformtechnik „Herbert Warnke", das Theodor-Neubauer-Ensemble, das Jugendsinfonieorchester der Bezirksmusikschule Erfurt und das Collegium musicum der Medizinischen Akademie hervorgehoben.

Der Bewahrung spezifischer progressiver Traditionen widmete sich das am Bezirkskabinett für Kulturarbeit gebildete Thüringer Folklorezentrum. Mit dieser Einrichtung wurde für alle Thüringer Bezirke ein wissenschaftlich-methodisches Zentrum zur Erforschung, Bewahrung und Aneignung der thüringischen Folklore geschaffen. Es pflegt und bewahrt neben Liedern und Tänzen auch schriftliche Zeug-

reichen zu fördern. Dietmar Beetz veröffentlichte Erzählungen wie „Arzt im Atlantik" (1971), „Blinder Passagier für Bombay" (1974) und „Skalpell und Sextant" (1977). Harald Gerlach trat mit Gedichten, mit dem Roman „Das Graupenhaus" und mit seinen Erzählungen „Vermutungen um einen Landstreicher" sowie dem Libretto zu der Oper „Der Preis" von Carl Treibmann (1978) hervor. Johanna Hoffmann veröffentlichte 1973 einen Roman über Friedrich Fröbel „Spiele fürs Leben" sowie 1976 den Hussiten-Roman „Der rote Kelch". Kurt Steiniger konnte nach mehreren Hörspielen und dem Libretto nach Friedrich Wolfs Erzählung „Die Weihnachtsgans Auguste" u. a. die Romane „Melde mich vom Knast zurück" (1974) und „Die Sonnenbrüder" (1979) vorstellen. Jochen Wiesigel veröffentlichte sein Erstlingswerk „Wir wollten doch alles anders machen" (1979).

[46] Günter Steppat, Erfurter Kulturalltag, in: Panorama DDR, H. 4/1978, S. 55.

Abb. 497. Das Theo-Neubauer-Ensemble des VEB Kombinat Umformtechnik „Herbert Warnke"
während des Krämerbrückenfestes 1979

Im Bereich der Denkmalpflege konzentrierten sich die Bemühungen vor allem auf die Rekonstruktion des alten Stadtkerns und auf die Neugestaltung des Angers. Was auf diesem Gebiet in den 70er Jahren geleistet wurde, übertraf bei weitem die Bemühungen vorausgegangener Zeiträume. Genannt seien Dom und Severikirche, Große Arche, die Häuser „Zum Roten Ochsen" und „Zum Breiten Herd", die Krämerbrücke, das Augustinerkloster und zahlreiche weitere Einzelobjekte.

Eine wichtige Anregung für die Erbepflege im Territorium gab die 1977 vom Bezirkstag beschlossene „Langfristige Orientierung zur Pflege, Verbreitung und sozialistischen Aneignung des kulturellen Erbes und der revolutionären Traditionen im Bezirk Erfurt". Sie legte Schwerpunkte der Erhaltung sowie der gesellschaftlichen Erschließung und Nutzung der bedeutenden Kulturdenkmale fest.

Im Bereich der Malerei, Grafik und Plastik vermittelten einerseits einige Ausstellungen wertvolle Anregung, andererseits entstanden – meist in Verbindung mit neuen Wohngebieten – bedeutende auftragsgebundene Arbeiten. Ein erster Höhepunkt war die Ausstellung junger Künstler der Bezirke Erfurt, Suhl und Gera, die unter dem Motto „Junge Kunst" anläßlich der X. Weltfestspiele 1973 auf der iga stattfand. Damals meldeten sich als Nachwuchs diejenigen zu Wort, die heute das Gesamtbild des Territoriums maßgeblich mitprägen und zum Teil in verantwortlichen Funktionen des Verbandes Bildender Künstler tätig sind. Zu ihnen gehörten Siegfried Besser – seit Mitte der 70er Jahre Bezirksvorsitzender des Verbandes Bildender Künstler der DDR –, dessen damals ausgestellter „Singeklub" (1971) ebenso in die VII. Kunstausstellung der DDR aufgenommen wurde wie die Bildwerke „Käthe

Abb. 498. Roland Matthes

Abb. 499. Johanna Klier

Kollwitz" von Anke Besser-Güth und „Karl Specht" von Monika Hellmuth-Claus. Auch Lutz Gode, Gisela Richter, Ulf Raecke und Lutz Hellmuth gehörten damals zu den jungen Künstlern der Stadt.

Als Bezirkskunstausstellungen haben im vergangenen Jahrzehnt auf dem Gelände der iga „Auftakt 72" (1972), die Leistungsschau anläßlich des 30. Jahrestages der Befreiung vom Faschismus 1975 und „Standpunkt 30" anläßlich des 30. Jahrestages der DDR 1979 stattgefunden. Die Leistungsschau des Jahres 1975 spiegelte deutlich die seit Anfang der 70er Jahre, vor allem nach dem VIII. Parteitag der SED 1971 und der 6. Tagung des ZK der SED zu Fragen der Kulturpolitik 1972, eingeleitete Kunstentwicklung wider. An diesem Prozeß waren auch Erfurter Künstler maßgeblich beteiligt. Neben großformatig-repräsentativen Bildern (Lutz Gode: „X. Weltfestspiele"; Erich Enge: „Neubaugebiet" und „Pflug und Schwert") regten zahlreiche Werke – meist aus dem Bereich der Landschaftsmalerei und -grafik und oft intimen Formats – zum liebevollen Betrachten an. Hierzu zählten die stark beachteten „Wiesenstücke" und die „Landschaft mit den Drei

Gleichen" (1973/1974) von Otto Knöpfer, die Bildnisse von Siegfried Besser, die Arbeiten von Gisela Richter, Lothar Hammer, Siegfried Körber, Ernst Wallenburger und Helmut Ziemer. In der Ausstellung von 1979 konzentrierte sich das Interesse des Publikums ebenfalls auf die Werke der genannten Künstler, zu denen nun auch Alfred Traugott Mörstedt und Ulf Raecke zu zählen waren. Bemerkenswert war der unverkennbare Aufschwung der Plastik, an dem vor allem die Erfurter Monika Hellmuth-Claus („Die Trauernde"), Lutz Hellmuth („Wellentöchter") und Anke Besser-Güth mitbeteiligt waren.

Die Arbeiten Erfurter Kunsthandwerker zeigten nach wie vor ein hohes Niveau. Namen wie Uta Feiler, Helmut Griese, Joachim Kaiser, Otto Panser, Margarethe Reichardt, Barbara Ruge, Helmut Senf und andere sind weit über die Grenzen des Territoriums hinaus bekannt. Zugleich zeigten die Gebrauchsgrafiker in der zweiten Hälfte des Jahrzehnts einen deutlichen Schritt nach vorn.

An dem der bildenden Kunst günstigen Klima hatten die gesellschaftlichen Organisationen und ihre Klubhäuser, vor allem der Kulturbund der DDR, die

Im Bereich der auftragsgebundenen architektur-bezogenen Kunst entstanden in den 70er Jahren zahlreiche bedeutende Arbeiten, die das Gesamt-bild der Stadt maßgeblich mitprägten. Zu nennen sind hier vor allem die monumentale Wandgestal-tung von Erich Enge am Bibliotheksgebäude im Rieth zum Thema „Die Idee wird zur materiellen Gewalt, wenn sie die Massen ergreift" und der dortige Brunnen „Völkerfreundschaft" von Eberhard Hei-land (Weimar). Am Ende des Jahrzehnts wurden für das Interhotel „Kosmos" und den Gaststättenkom-plex „Stadt Berlin" weitere Bildwerke geschaffen, an denen neben Gottfried Schüler (Weimar), Horst Sakulowski (Weida) und einem Glasgestalterkol-lektiv aus Magdeburg die Erfurter Siegfried Besser, Erich Enge, Otto Damm, Alfred Traugott Mörstedt, Roland Ginzkey, Gisela Richter, Kurt Buchspieß und

Abb. 500.
Ministerpräsident Willi Stoph
zeichnet Siegrun Siegl
mit dem Vaterländischen
Verdienstorden in Silber
aus

Abb. 501.
Volker Beck

Gesellschaft für Deutsch-Sowjetische Freundschaft, der FDGB und die URANIA durch regelmäßige Vor-trags- und Ausstellungstätigkeit großen Anteil. Das Haus der Lehrer unterstützt diese Bemühungen durch Ausstellungen, Vorträge, Diskussionen und regelmäßige Zirkelarbeit. Auch die jährlich statt-findende „Galerie der Freundschaft", deren Träger die FDJ und die Pionierorganisation ist, gehörte zum festen Bestand des kulturellen Lebens. Der gesamt-gesellschaftliche Aufschwung der 70er Jahre in der DDR spiegelte sich somit in der bildenden Kunst auf vielfältige Weise wider.

Arnold Bauer beteiligt waren. In diesem Zusam-menhang sei auch auf das Wandgemälde „Volksfest auf der Krämerbrücke" von Lutz Gode im Mehr-zwecksaal des Reparaturwerkes Clara Zetkin ver-wiesen.

Als untrennbarer Bestandteil der sozialistischen Lebensweise entwickelten sich Körperkultur und Sport. Besondere Aufmerksamkeit widmeten die Partei der Arbeiterklasse und die staatlichen Organe dem Neubau und der Rekonstruktion von Sportein-richtungen in der Stadt, um die materiellen Voraus-setzungen für eine zielgerichtete sportliche Betätigung der Bürger zu verbessern und Grundlagen für die Erweiterung des Massensports, aber auch für Spitzenleistungen zu schaffen. Dazu gehörten die Schwimmhallen im Rieth und auf dem Johannesplatz, die moderne Radrennbahn mit ihrer 333 m langen Piste, der Leichtathletikkomplex Süd, neue Sportplätze und der Sport- und Spielkomplex auf der iga sowie neue Gebäude und Trainingseinrichtungen der Kinder- und Jugendsportschule. Viele Initiativen der Kombinate und Betriebe, wie die Errichtung des Kultur- und Sportzentrums (einschießlich einer niveauvollen Kegelanlage) durch das Kombinat Umformtechnik „Herbert Warnke" im Neubaugebiet „Rieth", führten zu weiteren Möglichkeiten sportlicher Betätigung für die Werktätigen der Stadt. Eine Grundlage für den Aufschwung des sportlichen Lebens bildete die Entwicklung des Deutschen Turn- und Sportbundes der DDR auch in Erfurt. Die Zahl seiner Mitglieder stieg von 16 236 im Jahre 1971 auf 26 249 im Jahre 1982, die in 42 Betriebssportgemeinschaften und Sportclubs organisiert waren. Einen wesentlichen Aufschwung nahm die Spartakiadebewegung der Kinder und Jugendlichen.

Gestützt auf diese breite Basis entwickelte sich, Erfurt, repräsentiert durch die beiden Sportclubs Turbine und Rot-Weiß, immer mehr zu einem Zentrum des sportlichen Lebens im Bezirk und in der DDR. Während bei dem besonders publikumswirksamen Fußball die Spieler des FC Rot-Weiß noch nicht wieder an die Erfolge der 50er Jahre anknüpfen konnten und noch nicht zu den Spitzenklubs des DDR-Fußballs zählten, errangen Sportler des Sportclubs Turbine durch ihre Leistungen internationales Ansehen und bestimmten – wie der herausragende und erfolgreichste Athlet Roland Matthes – zum Teil über einen langen Zeitraum das nationale und internationale Niveau in ihren Disziplinen. Seine Weltrekorde und Olympiasiege, der Weltrekord von Siegrun Siegl im Weitsprung (6,99 m) und die Siege und Medaillenränge weiterer Sportler des SC Turbine bei den Olympischen Spielen 1972 in München, 1976 in Montreal und 1980 in Moskau trugen zum wachsenden internationalen Ansehen der DDR bei.

Während Roland Matthes 1972 in München an seine Erfolge von 1968 in Mexiko anknüpfen konnte und mit zwei Goldmedaillen, einer Silber- und einer Bronzemedaille wiederum erfolgreichster Erfurter Teilnehmer an der Olympiade war, konnten 1976 in Montreal auch Siegrun Siegl und Johanna Schaller mit ihren Siegen Goldmedaillen im Fünfkampf der Frauen bzw. 100-m-Hürden erobern; Christine Laser vervollständigte mit dem Gewinn der Silber-

medaille im Fünfkampf der Frauen diese schönen sportlichen Erfolge. Auch die Olympischen Spiele 1980 in Moskau zeugten von dem hohen Leistungsniveau der Sportler des SC Turbine durch die Erringung einer Goldmedaille durch Volker Beck im 400-m-Hürdenlauf sowie einer Silbermedaille in der 4×400-m-Staffel, einer Goldmedaille durch Hartwig Gauder im 50-km-Gehen und je einer Silbermedaille in 100-m-Hürden durch Johanna Klier und Ina Kleber in 100-m-Rückenschwimmen. Neben den Leichtathleten und Schwimmern gelang es auch der Sektion Radsport durch den mehrmaligen Gewinn eines Weltmeistertitels durch Detlef Macha und herausragende Leistungen anderer Athleten nationales und internationales Ansehen zu erringen. Die gewachsene Leistungsdichte der Erfurter Spitzensportler wurde durch weitere Siege und Medaillenplätze bei Welt- und Europameisterschaften sowie DDR-Meisterschaften nachdrücklich bestätigt.

Hand in Hand mit der Entwicklung des Volkssports wurden auch neue Anstrengungen unternommen, um Naherholung und Tourismus zu fördern. In Erfurts größtem und beliebtestem Naherholungsgebiet, dem Steiger, wurden umfangreiche Pflegearbeiten durchgeführt, über 20 km Wanderwege neu beschildert und mit Wegmarkierungen versehen, eine Waldsportstätte geschaffen, Schutzhütten erneuert und das Niveau der gastronomischen Versorgung erhöht. Der Nordstrand, der seit 1971 auf einer Fläche von 30 ha durch Kultivierung und Gestaltung eines ausgebeuteten Kiessees entstand, entwickelte sich durch das Anlegen von Sandstränden und Versorgungseinrichtungen schnell zu einem gern besuchten Naherholungszentrum. Systematisch wurde das Gelände der iga als international beachtetes Ausstellungszentrum weiter als Kultur- und Erholungsgebiet für die Erfurter Bürger und ihre Gäste gestaltet.

Spürbare Veränderungen vollzogen sich in den 70er Jahren auch im Bildungs- und Erziehungswesen.[47] Der Aufbau der zehnklassigen polytechnischen Oberschule konnte in den Jahren zwischen dem VIII. und X. Parteitag abgeschlossen werden. Die vom VIII. Parteitag der SED beschlossene Aufgabe, bis 1975 den Übergang zur allgemeinen zehnklassigen Oberschulbildung im wesentlichen abzuschließen und die zehnklassige allgemeinbildende polytechnische Oberschule inhaltlich auszugestalten, wurde auch in Erfurt Schritt für Schritt verwirklicht. Auftakt dafür bildete die Tagung des Volksbil-

---

[47] Geschichte der DDR, von einem Autorenkollektiv unter Leitung von Rolf Badstübner, Berlin 1981, S. 329.

dungsaktivs der Stadt am 25. August 1971, auf der der Erste Sekretär der Stadtleitung der SED, Hans Dose, diese Aufgaben für die Stadt präzisierte. Die Stadtverordnetenversammlung beschäftigte sich am 9. September 1973 mit der weiteren Entwicklung insgesamt 25 Schulneubauten auf die Jahre 1971 bis 1980 fiel. 1979 konnte die mit einem Investitionsaufwand von 20 Mill. M eingerichtete POS für Körperbehinderte „N. K. Krupskaja" ihrer Bestimmung übergeben werden.

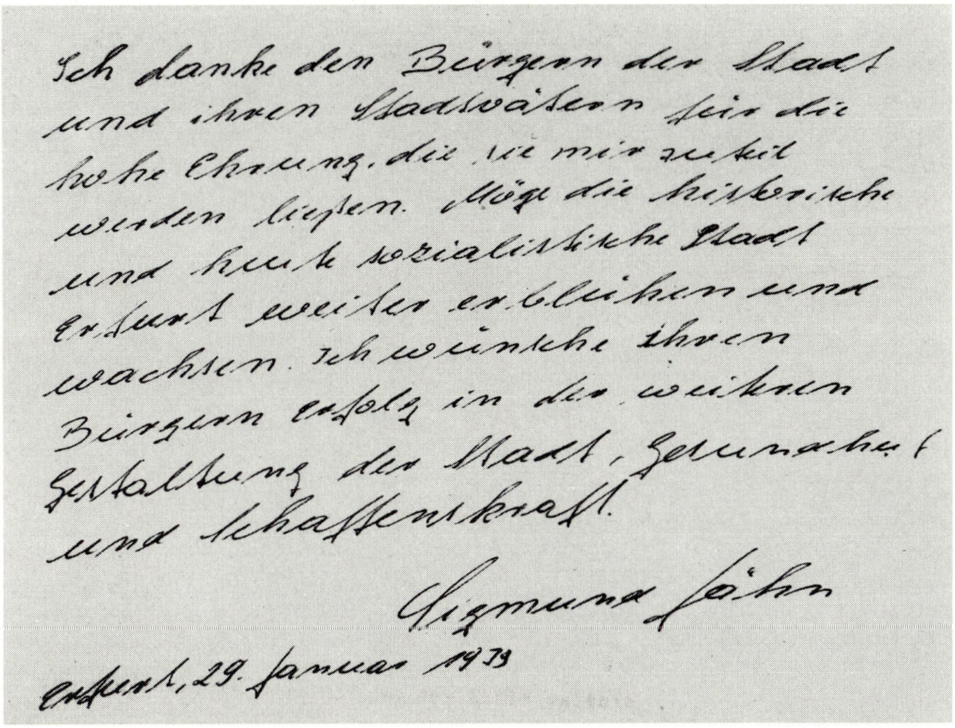
Ich danke den Bürgern der Stadt und ihren Stadtvätern für die hohe Ehrung, die sie mir zuteil werden ließen. Möge die historische und heute sozialistische Stadt Erfurt weiter erblühen und wachsen. Ich wünsche ihren Bürgern Erfolg in der weiteren Gestaltung der Stadt, Gesundheit und Schaffenskraft.

Sigmund Jähn

Erfurt, 29. Januar 1979

Abb. 502. Eintragung des ersten Kosmonauten der DDR Sigmund Jähn im Gästebuch der Stadt

des Bildungswesens und faßte den „Beschluß zur weiteren Verwirklichung des Gesetzes über das einheitliche sozialistische Bildungswesen auf dem Gebiet der Volksbildung in den Schuljahren 1973/1974 und 1974/1975". Er sah u. a. vor, den Aufbau der zehnklassigen POS bis 1975 zu vollenden. Stadtschulrat Harald Hönel konnte am 3. Juli 1975 im Beisein des Bezirksschulrates, Dr. Günter Lange, vor der Stadtverordnetenversammlung feststellen, daß diese von der Partei der Arbeiterklasse gestellte Aufgabe verwirklicht wurde.

Der IX. Parteitag der SED orientierte auf die weitere Vervollkommnung des sozialistischen Bildungswesens, insbesondere der polytechnischen Oberschulen. Während im Fünfjahrplanzeitraum von 1971 bis 1975 13 neue Schulgebäude errichtet worden waren, darunter die erweiterte Lessing-Oberschule in der Vilniuser Straße, kamen von 1976 bis 1980 zwölf weitere Schulneubauten hinzu. Damit waren über ein Drittel aller Schulgebäude und Unterrichtsräume in Erfurt nach der Gründung der DDR errichtet worden, wobei der größte Anteil mit

An kommunalen Vorschuleinrichtungen entstanden von 1971 bis 1979 20 neue Kindergärten. Damit erhöhte sich die Anzahl der Kindergärten ohne die betrieblichen Vorschuleinrichtungen auf 91 mit nahezu zehntausend Plätzen. Große Aufmerksamkeit wurde auch dem Neu- bzw. Ausbau von Schulhorten gewidmet. Die Ausgaben im Haushaltsplan der Stadt für die Volksbildung stiegen von rund 44 Mill. M 1971 auf über 92 Mill. M 1980, d.h. sie wurden mehr als verdoppelt.

Auf der Grundlage der Beschlüsse der Stadtverordnetenversammlung und des Rates der Stadt entstand von 1971 bis 1980 ein leistungsfähiges Netz polytechnischer Einrichtungen und Arbeitsgemeinschaften sozialistischer Kombinate, Betriebe und Genossenschaften.[48]

[48] Dieter Fuchs, Aufgaben bei der weiteren Ausprägung des polytechnischen Charakters der sozialistischen Oberschulen und ihrer engen Verbindung mit den Anforderungen des wissenschaftlich-technischen Fortschritts, in: Protokoll zur Stadtkonferenz vom 26. 1. 1983. Hrsg.: Rat der Stadt Erfurt, Abteilung Volksbildung, Erfurt 1983, S. 7.

Einen sichtbaren Aufschwung nahm die sinnvolle außerunterrichtliche Tätigkeit der Schüler, die besonders im Pionierhaus „Otto Grotewohl" ein reiches Betätigungsfeld fanden. So erhielten die Mitglieder der Pionier- und Jugendakademie seit 1971 die Möglichkeit, sich mit elektronischen Datenverarbeitungsanlagen zu beschäftigen und sich in dem Numerik-Klub effektiv auf Beruf und Studium vorzubereiten. 1976 entstand am Ringelberg die Station Junger Techniker und Naturforscher. Insgesamt fanden die Jungen und Mädchen 1980 in über 1248 Arbeitsgemeinschaften mit 18 271 Schülern vielfältige interessante Freizeitbeschäftigung.

In Verwirklichung der Beschlüsse des VIII. und IX. Parteitages der SED und seines großartigen sozialpolitischen Programms entwickelte sich Erfurt zu einer pulsierenden sozialistischen Großstadt. Zum ersten Mal in ihrer wechselhaften Geschichte wurde Erfurt zur wahren Heimstatt ihrer werktätigen Bürger. Die Hinterlassenschaft des Kapitalismus wurde überwunden und allen Werktätigen ein lebenswertes Leben gesichert. Unter Führung der Arbeiterklasse und ihrer Partei hatte sich das Gesicht der Stadt in dem historisch kurzen Zeitraum von nur dreieinhalb Jahrzehnten in einem bislang unvorstellbaren Tempo verändert und verjüngt.

KAPITEL
XVIII

Der Zukunft zugewandt
(Ausblick)

Von Horst Benneckenstein

Vom 11. bis 16. April 1981 tagte in der Hauptstadt der DDR der X. Parteitag der SED. Seine Vorbereitung war auch in Erfurt von der bisher größten Volksinitiative und politischen Massenbewegung zur Sicherung eines weiteren wirtschaftlichen Leistungsanstieges gekennzeichnet. Wichtige Rationalisierungsmaßnahmen wurden abgeschlossen und bedeutende Vorhaben in Industrie und Landwirtschaft sowie im Wohnungsbau vorfristig verwirklicht. Neue Werke der Wissenschaft und Kunst trugen zur Bereicherung des geistig-kulturellen Lebens bei. Die Bauschaffenden des Kombinatsbetriebes Industriebau im VEB Bau- und Montagekombinat übergaben im Beisein des Mitgliedes des Politbüros des ZK der SED und Präsidenten der Volkskammer der DDR, Horst Sindermann, am 25. März 1981 den Werktätigen des VEB Funkwerk sieben Monate vorfristig ein neues neunstöckiges Forschungs- und Laborgebäude.[1] Am 25. März 1981 überreichte Horst Sindermann den Werktätigen des Stammbetriebes im Kombinat Umformtechnik „Herbert Warnke" für hervorragende Wettbewerbsleistungen in Vorbereitung des Parteitags ein Ehrenbanner des ZK der SED.

13 Monate lang hatten die 4850 Umformtechniker kontinuierlich ihre Planziele erfüllt und zu Ehren des Parteitages eine zusätzliche Tagesproduktion erarbeitet. Seit 1979 waren in diesem Betrieb 23 neu- und weiterentwickelte Erzeugnisse in die Serienproduktion gegangen. Mit Stolz konnten die Werktätigen des Betriebes dem Volkskammerpräsidenten in der Montagehalle Maschinen der neuen Pressengeneration vorstellen, die durch den Einsatz von Robotern und anderen Automatisierungseinrichtungen gegenüber ihren Vorgängern einen

mehr als doppelt so hohen Gebrauchswert bei wesentlich niedrigerem Materialverbrauch verkörperten und für den Export in die UdSSR, nach Frankreich, Italien und Mexiko vorgesehen waren. Mit zehn automatischen Pressenlinien wird das Kombinat in den kommenden Jahren bei der Rekonstruktion des Moskauer Moskwitsch-Werkes Unterstützung geben.[2]

Als Schlüssel für die Erfolge auf wissenschaftlich-technischem Gebiet bezeichneten der Monteur Günther Pfaff und der Konstrukteur Manfred Schneider übereinstimmend die enge sozialistische Gemeinschaftsarbeit, und der Schlosser Werner Schulze betonte: „Bei uns herrscht ein gutes Arbeitsklima, das jeden von uns anspornt."[3]

Den 800 Beschäftigten des VEB Saatzucht-Zierpflanzen war es möglich, ab Februar 1981 40 000 Schnittstiele Chrysanthemen durch eine veränderte, energiesparende Technologie auszuliefern und damit die Grundlagen für ihr Vorhaben zu legen, 44 Mill. Chrysanthemen für die Blumengeschäfte der DDR bereitzustellen.[4]

Die Bauschaffenden trugen mit der Übergabe der 100 000. seit dem VIII. Parteitag durch Neubau oder Modernisierung im Bezirk Erfurt geschaffenen Wohnung an eine Arbeiterfamilie im Neubaugebiet „Roter Berg" zur Verwirklichung der Aufgabe bei, die Wohnungsfrage in der DDR bis 1990 als soziales Problem zu lösen. In der Initiativwoche zu Ehren des Parteitages erreichten die Angehörigen des Wohnungsbaukombinates Erfurt die bisher höchsten

---

[1] Das Volk, 27. 3. 1981.
[2] Ebenda, 17. 6. 1981.
[3] Ebenda, 26. 3. 1981.
[4] Ebenda, 10. 4. 1981.

Leistungen in der Geschichte ihres Betriebes. Auf dem größten Neubaugebiet des Bezirkes – am Erfurter „Herrenberg" – gelang es dem Kollektiv Ernst Seebonn durch gute Arbeitsvorbereitung und hohe Leistungen 25 statt wie geplant 17 Wohnungen zu montieren.

Aber nicht nur solche Produktionserfolge schlugen in der Vorbereitung des Parteitages zu Buche. In der Nacht vom 25. zum 26. März 1981 wurden in der

ten, „das materielle und kulturelle Lebensniveau des Volkes auf der Grundlage eines hohen Entwicklungstempos der sozialistischen Produktion, der Erhöhung der Effektivität, des wissenschaftlich-technischen Fortschritts und des Wachstums der Arbeitsproduktivität zu erhöhen"[5], fand die volle Zustimmung der Bürger der Stadt. In Briefen an den Parteitag, in Stellungnahmen, auf Vertrauensleutevollversammlungen in den Kombinaten und Betrie-

Abb. 503. Der Präsident der Volkskammer der DDR, Horst Sindermann, besucht den VEB Funkwerk Erfurt

Bäckerei des Bäckermeisters Hans-Georg Bayer in der Marktstraße nach längerer Rekonstruktionszeit wieder Brot und Brötchen gebacken. Damit wurde ein neues Kapitel im Sanierungsgebiet zwischen Arche und Domplatz aufgeschlagen. Mit der Wiedereröffnung der Bäckerei, in der nach der Erfurter Stadtchronik schon seit über 300 Jahren Backwaren hergestellt werden, zeichneten sich die ersten Ergebnisse der liebevollen Rekonstruktion eines der ältesten Stadtviertel ab. Der weiteren Verschönerung des Stadtbildes diente auch die im April 1981 in wenigen Tagen als Parteitagsobjekt vollzogene Modernisierung des Bahnhofsvorplatzes. Er erhielt ein großstädtisches Aussehen und durch die Anlage von Hochbeeten und Ruhepunkten eine der Blumenstadt entsprechende Gestaltung. Die 183 Parteitagsdelegierten des Bezirkes Erfurt – unter ihnen die Delegation der Stadtparteiorganisation – konnten also die Reise in die Hauptstadt der DDR mit einer guten Bilanz antreten.

Die Orientierung des X. Parteitages, auch in den achtziger Jahren den bewährten Kurs beizubehal-

ben bekräftigten sie ihre Übereinstimmung mit den vom Parteitag beschlossenen Aufgaben.

Im Rechenschaftsbericht an den X. Parteitag erklärte der Generalsekretär des ZK der SED, Erich Honecker: „Die DDR gehört heute zu den wenigen Ländern der Welt, die auf wichtigen Gebieten über das Potential verfügen, um mikroelektronische Bauelemente zu entwickeln und zu produzieren, ausgewählte Vormaterialien herzustellen und hochwertige technologische Ausrüstungen dafür zu fertigen."[6] Damit würdigte er auch die bisherigen Leistungen der Werktätigen des VEB Kombinat Mikroelektronik und des VEB Funkwerk in Erfurt. Christine Spindler, Diplomingenieur im VEB Funkwerk, berichtete in ihrem Diskussionsbeitrag unter großer Zustimmung der Parteitagsdelegierten: „In den letzten beiden Jahren konnten wir in unserem Betrieb die Produktionsstückzahlen integrierter

---

[5] Erich Honecker, Bericht des ZK an den X. Parteitag der SED, in: Protokoll des X. Parteitages der SED, Berlin 1981, S. 64.
[6] Ebenda, S. 55.

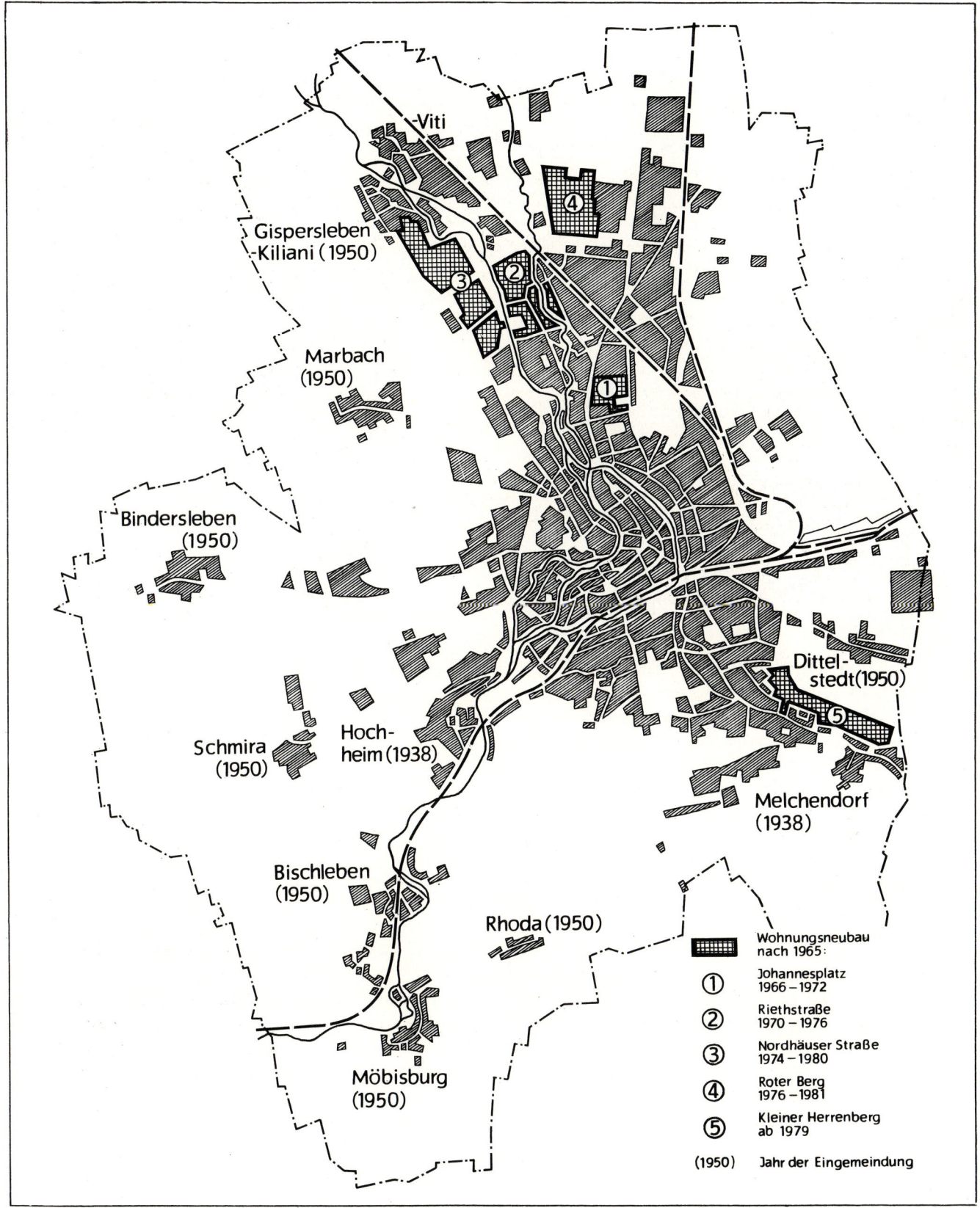

Abb. 504. Die Entwicklung der Stadt Erfurt 1965 bis 1983

Abb. 505. Auswertung des X. Parteitages der SED
durch den 1. Sekretär der Bezirksleitung der SED, Gerhard Müller, im Bahnbetriebswerk Erfurt im April 1981

Schaltkreise jährlich verdoppeln. Im vergangenen Fünfjahrplan erhöhten wir sie insgesamt von 1,8 Mill. Stück auf 6,4 Mill. Stück 1980 – aber in einer ganz anderen Qualität und mit völlig neuen Anwendungsmöglichkeiten. Während wir vor drei Jahren auf einem Schaltkreis von 3,8 mal 3,8 Millimeter 4500 Transistoren unterbrachten, fertigen wir in diesem Jahre Bauelemente, die bis zu 40 000 Transistoren auf einer Fläche von 5 mal 5 Millimeter enthalten."[7]

Der 1. Sekretär der Bezirksleitung der SED, Gerhard Müller, zog in seinem Diskussionsbeitrag eine beeindruckende Bilanz der Entwicklung des Bezirkes Erfurt und der damit verbundenen bedeutenden Erhöhung des materiellen und kulturellen Lebensniveaus der Werktätigen in den siebziger Jahren: „Der entscheidende Beitrag des Bezirkes Erfurt zur Verwirklichung der 10 Schwerpunkte der ökonomischen Strategie der Partei", erklärte er, „ist die Entwicklung und Anwendung der Mikroelektronik, der Grundlagenindustrie für den Kampf um höchste Arbeitsproduktivität, Effektivität und Qualität!"[8] Deshalb stelle die Bezirksleitung der SED in den Mittel-

punkt ihrer Tätigkeit die Aufgabe, das Tempo der Entwicklung und Anwendung der Mikroelektronik weiter zu beschleunigen und die Produktion von Schaltkreisen 1985 gegenüber 1980 bei weiterer steiler Erhöhung des Integrationsgrades auf mindestens das Dreifache zu steigern.[9]

Noch im Parteitagssaal formulierte der Erfurter Bohrwerksdreher Jürgen Recla seine ersten Überlegungen zur Wirtschaftsstrategie der Partei: „Als Arbeiter fühle ich mich für ihre Verwirklichung persönlich mit verantwortlich. Ich will mit guter und immer besserer Arbeit dazu beitragen, daß wir . . . ein hohes Leistungswachstum sichern. Nur durch Arbeit entsteht im Sozialismus gesellschaftlicher Reichtum. Dieser einfache, aber so wichtige Gedanke des Parteitages schließt die Konsequenz ein, daß es zwischen den Erfordernissen unserer Wirtschaftsstrategie und dem Wettbewerb keine Trennwand geben kann."[10]

---

[7] Protokoll des X. Parteitages der SED, S. 188.
[8] Ebenda, S. 325.
[9] Ebenda.   [10] Das Volk, 14. 4. 1981.

Unmittelbar nach ihrer Rückkehr begannen die Delegierten mit der Auswertung der Parteitagsbeschlüsse. Das Mitglied des ZK und 1. Sekretär der Bezirksleitung der SED, Gerhard Müller, sprach auf einem eindrucksvollen Meeting im Bahnbetriebswerk Erfurt. Dabei verpflichteten sich die 1200 Bahnbetriebswerker, 1981 u. a. 200 t Dieselkraftstoff und 400 Megawattstunden Energie einzusparen und durch gut vorbereitete Wartungs- und Instandsetzungsarbeiten täglich zwei Triebfahrzeuge mehr als bisher zur Verfügung zu stellen. Die Betriebsangehörigen im VEB Fleischkombinat beschlossen in Anwesenheit des 1. Sekretärs der Stadtleitung der SED, Hans Dyballa, Maßnahmen, um bis zum Jahresende durch höhere Qualität und Ausnutzung der Arbeitszeit für 3,2 Mill. M mehr industrielle Warenproduktion zu erbringen.[11]

Überhaupt waren die Tage und Wochen nach dem X. Parteitag der SED mit Taten erfüllt, welche die Übereinstimmung der Werktätigen der Stadt mit dem Kurs des X. Parteitages eindrucksvoll manifestierten. Sie verbanden sich mit der Vorbereitung und Durchführung der Wahlen zur Volkskammer und den Bezirkstagen am 14. Juni 1981. In Versammlungen und Aussprachen mit den Bürgern gaben die Kandidaten der Nationalen Front der DDR Rechenschaft über ihre Tätigkeit. Gestützt auf die Beschlüsse des X. Parteitages, legten sie ein zukunftsorientiertes Programm für die weitere Gestaltung der Stadt in allen Lebensbereichen vor und nahmen entsprechende Aufträge ihrer Wähler entgegen.

Auf einer Kundgebung in der Thüringenhalle am 11. Juni 1981 konnte der Spitzenkandidat für die Volkskammer im Stadtkreis Erfurt, Günter Mittag, eine erfolgreiche Bilanz der fleißigen, angestrengten Arbeit in den siebziger Jahren ziehen. Er fand anerkennende Worte für die Leistungen der Erfurter Werktätigen, wenn er feststellte: „Läßt man vor seinem geistigen Auge vorüber ziehen, was sich in den letzten Jahren in Erfurt verändert hat, dann darf mit Recht von großen und bedeutsamen Wandlungen gesprochen werden. Die alte Blumenstadt ist heute jünger und attraktiver denn je. Heute spricht man jedoch nicht nur von Erfurts Blumen, sondern auch von Mikroprozessoren. Erfurt heute – das ist ein Zentrum der Mikroelektronik und ist also wahrlich mit der Zukunft im Bunde. Auf das, was in dieser Stadt für die Mikroelektronik geleistet wird, können die Erfurter mit Recht stolz sein. Heute hat das Kombinat Mikroelektronik, das seinen Sitz in Erfurt hat, bereits international ein hohes Ansehen. Man anerkennt seine Leistungen in der Sowjetunion, in anderen sozialistischen Bruderländern und auch in

kapitalistischen Industriestaaten. Erfurt entwickelte sich also zu einer Stadt des wissenschaftlich-technischen Fortschritts. Das gilt nicht nur für die Mikroelektronik, sondern ebenso für das Kombinat Umformtechnik Erfurt, für das Büromaschinenwerk Optima und für weitere Betriebe in der Stadt.

Abb. 506. Bohrwerksdreher Jürgen Recla vom VEB Kombinat Umformtechnik „Herbert Warnke"

Erfurt hat sich auch zu einer Stadt der Wissenschaft entwickelt. Das bestätigen die Forschungen, die in den Kombinaten und Betrieben durchgeführt werden. Das beweisen ebenso die Arbeiten an der Medizinischen Akademie Erfurt, an der Pädagogischen Hochschule Erfurt-Mühlhausen und in weiteren Forschungseinrichtungen. In Erfurt sind Wissenschaftler von internationalem Ruf tätig. Und nicht zuletzt wollen wir festhalten: Die schöne alte Stadt Erfurt erhält in unserer Zeit in vielfältiger Hinsicht neue Gestalt. Für alle sichtbar ist, wie die Innenstadt in architektonischer Geschlossenheit und ausgewogener Gestaltung neu entstanden ist. Sich in Erfurt aufzuhalten, ist immer eine Bereicherung, ist ein geistig-kultureller Gewinn."[12]

Fleiß und Initiative der Erfurter Werktätigen trugen dazu bei, daß die staatlichen Planaufgaben für 1981 trotz schwierigerer außenpolitischer und außenwirtschaftlicher Bedingungen überboten werden konnten. So ermöglichten die Maßnahmen der Intensivierung und Modernisierung die Neu-

[11] Ebenda, 20. 4. 1981.   [12] Ebenda, 12. 6. 1981.

Abb. 507. Auszeichnung eines Kollektivs des VEB Kombinat Umformtechnik „Herbert Warnke"
durch Erich Honecker mit dem Nationalpreis I. Klasse für Wissenschaft und Technik am 6. Oktober 1981

bzw. Umgestaltung von 4481 Arbeitsplätzen und die Verbesserung der Arbeitsbedingungen für viele Werktätige. Damit wurden wesentliche Voraussetzungen geschaffen, um die anspruchsvollen Aufgaben der achtziger Jahre in allen gesellschaftlichen Bereichen zu erfüllen.

Die erfolgreiche Arbeit widerspiegelte sich in der weiteren Verbesserung des materiellen und geistig-kulturellen Lebensniveaus. Der Schwerpunkt des Wohnungsbaues verlagerte sich in den Südosten der Bezirksstadt. Im größten Neubaugebiet des Bezirkes Erfurt, am „Herrenberg", nahmen die ersten Mieter ihre Wohnungen in Besitz. 234 Kindergarten- und 90 Kinderkrippenplätze, 48 Unterrichtsräume, eine Turnhalle sowie ein weiteres Feierabend- und Pflegeheim mit 210 Plätzen wurden fertiggestellt.

1982 setzte sich der dynamische Leistungsanstieg in der sozialistischen Wirtschaft der Stadt Erfurt fort. Die industrielle Warenproduktion wurde mit 101,2 Prozent erfüllt, die Intensivierung des Produktionsprozesses wesentlich vertieft und das Verhältnis von Aufwand und Ergebnis verbessert. Einen wesentlichen Anteil daran hatten die Arbeitskollek-

tive in der Industrie. Über den Plan hinaus konnten Erzeugnisse im Wert von 76,4 Mill. M für die Versorgung der Bevölkerung und für den Export zur Verfügung gestellt werden. Die Verpflichtung der Kombinate und Betriebe, 1982 zwei Tagesleistungen zusätzlich zum Plan zu erarbeiten, wurde übererfüllt. In den Industriebetrieben der Stadt wurden 231 neue Industrieroboter in Betrieb genommen, so daß am Jahresende 1982 insgesamt 470 eingesetzt waren.

Die der Gleichberechtigung und Förderung der Frauen dienenden Gesetze der DDR erhöhten auch in Erfurt den Anteil der Frauen an den Leistungen in der Volkswirtschaft sowie auf wissenschaftlichem und kulturellem Gebiet und im gesellschaftlichen Leben. 1982 besaßen 76,8 Prozent der berufstätigen Frauen der Stadt, die die Hälfte aller Werktätigen ausmachten, einen Facharbeiter-, Meister-, Fachschul- oder Hochschulabschluß. Ihr Anteil an den Hochschulabsolventen betrug 35,3 und an den Fachschulabsolventen 51,1 Prozent.[15] Viele Frauen be-

---

[15] Die Entwicklung der Stadt Erfurt nach dem VIII. Parteitag der SED, 5.1.1983, S. 5 f. (Ms).

kleideten verantwortliche Funktionen. In der Stadtverordnetenversammlung und in der Stadtbezirksverordnetenversammlung war z.B. fast jeder zweite Abgeordnete eine Frau; und am 20.Oktober 1982 wählte die Erfurter Stadtverordnetenversammlung den langjährigen 2.Sekretär der Stadtleitung der SED, Rosemarie Seibert, zum Oberbürgermeister und damit zum ersten weiblichen Stadtoberhaupt in der Geschichte Erfurts.

Zielstrebig wurde das Wohnungsbauprogramm in seiner Einheit von Neubau, Modernisierung und Werterhaltung realisiert. 1982 wurden 2667 Wohnungen neu gebaut bzw. modernisiert. Damit verbesserten sich die Wohnverhältnisse für rund 8000 Erfurter Bürger grundlegend. Bei der Übergabe neuer Aufgaben für das Stadtjugendprojekt „Modernisierungskomplex Auenstraße" verwies Oberbürgermeister Seibert darauf, daß seit 1970 allein in diesem Gebiet mehr als 700 Wohnungen mit einem höheren Komfort ausgestattet worden waren.

Große Anstrengungen galten auch der weiteren Ausgestaltung und Verbesserung des städtischen Verkehrswesens. Zur Erschließung des Neubauge-

und des 100.Todestages von Karl Marx zur weiteren allseitigen Entwicklung der sozialistischen Volkswirtschaft, zur Gestaltung eines vielseitigen geistig-kulturellen Lebens und zur Stärkung der sozialistischen Staatsmacht. Ausgehend vom Wettbewerbsaufruf der Werktätigen des VEB Numerik „Karl Marx" und der Willenserklärung der Karl-Marx-Kollektive der DDR trafen sich am 14.Januar 1983 Mitglieder von Karl-Marx-Kollektiven sowie Träger des Karl-Marx-Ordens des Bezirkes Erfurt zu einem von der Bezirksleitung der SED einberufenen Erfahrungsaustausch, der dem Ziel diente, „das Karl-Marx-Jahr zum Jahr des politischen Massenkampfes für ein hohes Wachstum der Arbeitsproduktivität und die allseitige Stärkung der DDR zu gestalten".[14] Die Teilnehmer riefen alle Kollektive des Bezirkes auf, die geplante Steigerung der Arbeitsproduktivität um sechs Prozent gegenüber dem Vorjahr nicht nur zu erfüllen, sondern um ein Prozent zu überbieten.

Im Auftrag des Jugendkollektivs „Karl Marx" des VEB Schuhfabrik „Paul Schäfer" informierte Angelika Stengel über dessen Verpflichtungen, 1983 die

Abb.508.
Die Brigade „Karl Marx"
des VEB Schuhfabrik
„Paul Schäfer"

bietes „Erfurt-Südost" wurden 1981/1982 insgesamt 2,8 km Straßenbahngleise neu verlegt und durch neue Tatra-Straßenbahnen die Verkehrsbedingungen, besonders im Berufsverkehr, spürbar verbessert. Außerdem konnten die nördliche Querverbindung zwischen Stotternheim und Bukarester Straße sowie der Südost-Zubringer fertiggestellt werden.

1983 stellten sich die Werktätigen unter Führung der Stadtparteiorganisation anspruchsvolle Aufgaben im Wettbewerb zu Ehren des 165.Geburtstages

Qualität um 0,2 Prozent zu erhöhen, zwei Tage im wesentlichen mit eingespartem Material zu arbeiten, in der Materialökonomie einen Nutzen von 150 000 M zu erwirtschaften, Fehl- und Nacharbeit um zwei Prozent zu senken und im Neuererwesen eine Selbstkostensenkung von 40 000 M zu errei-

14 Willenserklärung der Karl-Marx-Kollektive und Karl-Marx-Ordensträger des Bezirkes Erfurt vom 14.Januar 1983 und Protokoll der Konferenz, Erfurt 1983, S.46.

Abb. 509. Neubaugebiet „Roter Berg"

chen.[15] Das Jugendkollektiv rief im März 1983 alle Arbeitskollektive des Bezirkes auf, die Woche vom 14. zum 19. März zu einer Woche höchster Arbeitsleistungen zu machen und bis Ende des I. Quartals mindestens 25,2 Prozent des Jahresplanes zu erfüllen.[16] Wie im gesamten Bezirk fand diese Initiative in allen Erfurter Betrieben, vor allem in den Karl-Marx-Brigaden, starken Widerhall.

Dem Ziel, durch hohe Leistungen im Karl-Marx-Jahr zu einem überdurchschnittlichen Wirtschaftswachstum der DDR beizutragen, diente auch eine

Beratung von über 200 Werktätigen der Stadt mit dem Mitglied des Politbüros und Sekretär des ZK der SED Günter Mittag am 24. März. Gestützt auf die Erfolge der Woche höchster Arbeitsleistungen stellten sich die Erfurter Werktätigen die Aufgabe, den Plan der industriellen Warenproduktion mit 70 Mill. M zu überbieten und dabei zusätzlich Konsumgüter im Wert von 37 Mill. M zu erzeugen. Der Bohrwerksdreher im Kombinat Umformtechnik „Herbert

---

[15] Ebenda, S. 35.   [16] Das Volk, 4. 3. 1983.

Abb. 510. Neubaugebiet „Herrenberg"

Warnke", Hans Mindt, berichtete, wie die Kollegen seines Werkes im Interesse der bestmöglichen Nutzung hochproduktiver Anlagen damit begonnen hätten, sie im Bereich Großkörperbau „rund um die Uhr", d. h. auch am Wochenende, auszulasten.[17]

Bedeutende Anstrengungen unternahm z. B. das Kollektiv des VEB Funkwerk im Karl-Marx-Jahr, um „einen eigenen hohen Beitrag zur allseitigen Stärkung" der DDR zu leisten. In Auswertung der Rede des Generalsekretärs des ZK der SED, Erich Honecker, vor den 1. Kreissekretären am 18. Februar 1983 übermittelte die Zentrale Parteileitung der SED dieses wichtigen Betriebes dem Generalsekretär einen Brief mit der Verpflichtung, auf der Grundlage des Kampfprogramms der Betriebsparteiorganisation den Kampf um den Ehrennamen „Karl Marx" zu führen.[18] Das Gewerkschaftsaktiv des Werkes schloß sich dieser Verpflichtung an. Es beschloß, die Arbeitsproduktivität 1983 um 3,9 Prozent über die Planaufgabe hinaus zu steigern und

[17] Ebenda, 25. 3. 1983.   [18] Funkwerk-Echo, Nr. 5/1983.

eine zusätzliche Warenproduktion im Wert von 22,1 Mill. M zu erzeugen.[19] Ein wissenschaftliches Kolloquium, das am 26. März durch die Zentrale Parteileitung der SED-Betriebsparteiorganisation aus Anlaß des Karl-Marx-Jahres veranstaltet wurde, vertiefte die Erkenntnisse von der Lebenskraft und der aktuellen Bedeutung des Marxismus-Leninismus und gab wichtige Impulse für die Umsetzung der Ideen von Karl Marx im täglichen Arbeitsprozeß der Partei- und Arbeitskollektive.[20]

Der Aufruf des Jugendkollektivs „Karl Marx" des VEB Schuhfabrik „Paul Schäfer" für eine Woche der höchsten Arbeitsleistungen fand auch im Funkwerk lebhaftes Echo. Die Funkwerker erreichten in dieser Woche eine durchschnittliche Tagesleistung von 105,5 Prozent und damit einen beachtlichen Vorlauf für die Erfüllung der Volkswirtschaftsaufgaben im I. Quartal.[21]

Anläßlich des 34. Jahrestages der DDR wurde dem Werkkollektiv in Anerkennung hervorragender ökonomischer und wissenschaftlicher Leistungen der Ehrenname veb mikroelektronik „karl marx" Erfurt verliehen. Zur positiven Bilanz bis zum

[19] Das Volk, 18. 3. 1983.
[20] Funkwerk-Echo, Nr. 7/1983.
[21] Ebenda, Nr. 6/1983.

Abb. 511. Fertiggestellte Wohneinheiten im Neubaugebiet „Herrenberg"

34. Jahrestag der DDR gehörte nicht nur die Übererfüllung der volkswirtschaftlichen Aufgaben mit 3,7 Arbeitstagen Vorsprung, sondern, wie Betriebsdirektor Dr. Sven-Olaf Neviak hervorhob, die Erfüllung des Planes Wissenschaft und Technik, der in entscheidenden Bereichen mit einem Vorsprung zu den Planzielen abgerechnet werden konnte.[22]

Die 6. Tagung des ZK der SED im Juli 1983 forderte, „das im Bezirk Erfurt entstandene bedeutende geistige und materielle Potential der Mikroelektronik, des Rationalisierungsmittelbaues sowie der Konsumgüterproduktion für die Bevölkerung und den Export noch umfassender zu nutzen."[23] Unter Führung der Stadtpartei- und der Betriebsparteiorganisationen setzten die Werktätigen der Stadt ihre Kraft ein, um dieser Aufgabe gerecht zu werden. Ihre Bemühungen waren erfolgreich.

Mit einem Planvorsprung von 5,1 Tagesproduktionen, das entsprach einer zusätzlichen Warenproduktion von 127 Mill. M, konnte der Volkswirtschaftsplan 1983 übererfüllt werden. Damit lösten die Erfurter Werktätigen alle im Karl-Marx-Jahr abgegebenen Verpflichtungen ein. In den zentralgeleiteten Betrieben wurde die höchste Steigerung der Arbeitsproduktivität seit Bestehen der DDR erzielt. Die industrielle Warenproduktion erreichte ein Volumen von 7,34 Mrd. M. Sie war somit seit dem X. Parteitag der SED jährlich durchschnittlich um sechs Prozent gestiegen. In entscheidenden Bereichen der Wirtschaft, z. B. im Bereich der Elektronik, lag das Entwicklungstempo 1983, entsprechend den volkswirtschaftlichen Erfordernissen, sogar noch bedeutend höher.[24] Von 1970 bis 1983 stieg die Warenproduktion z. B. im veb mikroelektronik „karl marx" Erfurt um mehr als das Zehnfache, im VEB Kombinat Umformtechnik „Herbert Warnke" um 363,3 Prozent, im VEB Schuhfabrik „Paul Schäfer" um 204,8 Prozent und im VEB Optima Büromaschinenwerk um 213,9 Prozent.[25]

Die Fortsetzung des Kurses der Hauptaufgabe unter den Bedingungen verschärfter internationaler Klassenauseinandersetzung führte zu neuen bedeutenden Schritten der Intensivierung der Produktion. Die intensiv erweiterte Reproduktion, der Hauptweg des wirtschaftlichen Fortschritts bei der weiteren Gestaltung der entwickelten sozialistischen Gesellschaft, stellte hohe Ansprüche an die Fähigkeit, moderne Technologien zu entwickeln und zu nutzen. Diesen wachsenden Anforderungen stellten sich die Erfurter Werktätigen unter Führung der Stadtparteiorganisation mit Erfolg. Besonders in den Kombinaten konnte eine überdurchschnittliche Steigerungsrate der Produktion auf der Grundlage

der Reproduktionsfonds erreicht werden. Der Einsatz von Industrierobotern in den volkswirtschaftlichen Schwerpunkten trug zur weiteren Erhöhung der Arbeitsproduktivität und zur planmäßigen Freisetzung von Arbeitskräften bei. Allein 1983 wurden 364 weitere Industrieroboter in Betrieb genommen und damit deren Gesamtzahl auf 834 erhöht. Eine weitere wesentliche Verbesserung der Arbeitsbedingungen wurde durch Maßnahmen der wissenschaftlichen Arbeitsorganisation erzielt. Seit dem X. Parteitag der SED konnten 9618 Arbeitsplätze um- bzw. neugestaltet sowie 1293 Arbeitsplätze mit erschwerten Bedingungen beseitigt werden. Insgesamt wurden von 1980 bis 1983 4380 Arbeitsplätze eingespart.[26]

Abb. 512. Übergabe der ersten fertigen Wohnungen am „Kleinen Herrenberg" an die Mieter im Juli 1983

Mit großer Verantwortung wandten sich unter Führung der Betriebsparteiorganisationen der SED die staatlichen Leitungen in Zusammenarbeit mit den Betriebsgewerkschaftsleitungen den Problemen zu, die sich aus dem wissenschaftlich-technischen Fortschritt für einzelne Werktätige oder für

22 impuls, Nr. 21/1983.
23 Horst Dohlus, Aus dem Bericht des Politbüros an das ZK der SED, Berlin 1983, S. 57.
24 Hans Dyballa, Rechenschaftsbericht auf der Stadtdelegiertenkonferenz der SED am 21. Januar 1984, S. 19 (Ms).
25 Die Stadt Erfurt nach dem X. Parteitag der SED, Erfurt 1984, S. 9.
26 Ebenda, S. 19.

Arbeitskollektive ergaben. Gemeinsam mit den Werktätigen wurde nach Wegen gesucht, um bei einem Wechsel des Arbeitsplatzes und notwendigen Qualifizierungsmaßnahmen Härten und materielle Nachteile zu vermeiden. Damit wurde gewährleistet, daß das Grundrecht auf Arbeit, eine der bedeutenden Errungenschaften des Sozialismus, gesichert bleibt.

Die organische Verbindung der wissenschaftlich-technischen Revolution mit den Vorzügen des Sozialismus erwies sich als eine wichtige Quelle für ein hohes und stabiles Wirtschaftswachstum. Wesentlichen Anteil an der weiteren Durchsetzung des wissenschaftlich-technischen Fortschritts hatte die wachsende Zahl von Neuerern und Rationalisato-

ren. 1983 arbeiteten 33,1 Prozent der Werktätigen Erfurts in der Neuererbewegung. Mit der Entwicklung von 9870 Neuerungen halfen sie, einen ökonomischen Nutzen von 109,7 Mill. M zu erwirtschaften.[27] Der von den Gewerkschaften organisierte Wettbewerb erlangte durch das vorbildliche Wirken solcher Initiatoren wie Rudolf Beucke aus dem Stammbetrieb des VEB Kombinat Umformtechnik „Herbert Warnke" und Dr. Erich Maut aus dem VEB Starkstromanlagenbau neue Impulse. Am Ringen um den Titel „Kollektiv der sozialistischen Arbeit" beteiligten sich 1983 4692 Produktionskollektive mit 91632 Werktätigen.

[27] Dyballa, S. 27.

Abb. 513. Modell der Umgestaltung des südlichen Teiles des Juri-Gagarin-Ringes

Ein tiefgehender Wandel hatte sich in der Qualifikation der Werktätigen vollzogen. Von den 214 231 Einwohnern der Stadt – 100 183 männlichen und 114 048 weiblichen – waren 129 700 berufstätig, wobei 40,2 Prozent in der Industrie, 13,1 Prozent im Handel, 10,3 Prozent in der Bauwirtschaft und 2,5 Prozent in der Landwirtschaft tätig waren. Der Anteil der Berufstätigen mit abgeschlossener Hoch bzw. Fachschulausbildung erreichte mit über 32 000 24,7 Prozent aller Werktätigen. So verfügte z. B. im VEB Kombinat Mikroelektronik jeder vierte Beschäftigte über eine solche Qualifikation.[28]

Nach rund 1200 Tagen Bauzeit wurde am 15. Juni 1983 der erste Bauabschnitt des Bezirksjugendobjektes „Neubaugebiet Südost" zur Nutzung übergeben. Rund 6400 Bürger fanden auf dem „Kleinen Herrenberg" in den 1983 errichteten Wohnungen ein neues Zuhause. Gleichzeitig entstanden drei kombinierte Kindereinrichtungen mit 540 Kindergarten- und 270 Kinderkrippenplätzen, zwei polytechnische Oberschulen mit 48 Unterrichtsräumen sowie Verkaufseinrichtungen für den Handel. Zahlreiche Bäume und Sträucher wurden gepflanzt sowie Freiflächen und Vorgärten angelegt.

Der in der Futterstraße in Großblockbauweise errichtete mehrgeschossige Erprobungsbau der Wohnungsbaureihe 85 (WBR 85) für die innerstädtische Rekonstruktion fügt sich mit Erker und Giebeldach harmonisch in das mittelalterliche Stadtbild unweit der Krämerbrücke ein. Mit der WBR 85, die von einem Kollektiv des Wohnungsbaukombinates Erfurt, der Hochschule für Architektur und Bauwesen Weimar und der Bauakademie der DDR entwickelt worden war, begann eine neue Etappe im Baugeschehen der Stadt. Mit variantenreicher Fassadengestaltung, besserer Wärmedämmung sowie reduziertem Zement- und Stahleinsatz ist diese Baureihe besonders für die innerstädtische Rekonstruktion geeignet. Sie wird mit der 1984 an der östlichen Leninstraße, zwischen Johannisturm und Huttenplatz, verstärkt einsetzenden Umgestaltung innerstädtischer Wohngebiete erstmals im großen Maße zur Anwendung kommen.

Für die neuartige Lösung der direkten Einspeisung von Kühlwasser in die Fernwärmeversorgung des Neubaugebietes „Herrenberg", die Modellcharakter für alle Fernheizungsanlagen der DDR besitzt, wurde das Entwicklungskollektiv „Fernwärmeversorgung" zum Jahrestag der Republik 1983 mit dem Nationalpreis der DDR II. Klasse für Wissenschaft und Technik ausgezeichnet.

Den großen Leistungen der Werktätigen im Bauwesen war es zu danken, daß das vom VIII. Parteitag

Abb. 514. Rekonstruierte Wohnhäuser in der Auenstraße

der SED beschlossene umfassende Sozialprogramm mit seinem Kernstück, dem Wohnungsbauprogramm, Schritt für Schritt verwirklicht wurde. Von 1971 bis 1983 entstanden in Erfurt im komplexen Wohnungsbau 33 117 Wohnungen, davon von 1981 bis 1983 8228. Damit verbesserten sich für rund 96 000 Bürger die Wohnverhältnisse entscheidend. Über die Hälfte der Erfurter wohnte 1983 in Wohnungen, die nach 1949 errichtet worden waren. Im gleichen Zeitraum wurden große Anstrengungen für die Wohnungswerterhaltung unternommen. Allein von 1981 bis 1983 wurden 1995 Wohnungen modernisiert und dafür 220 Mill. M aufgewendet. Allein im Modernisierungskomplex Auenstraße konnten bis 1983 insgesamt 992 Wohnungseinheiten bei gleichzeitiger Erneuerung der Versorgungsleitungen rekonstruiert werden. Damit verbesserte sich auch der Ausstattungsgrad der Wohnungen erheblich. So stieg der Anteil der Wohnungen mit Fern- oder Zentralheizung auf über 52 Prozent.[29]

[28] Heinz Wedler, Menschen, Mikroelektronik und die Vorzüge unserer Planwirtschaft, in: Neues Deutschland, 16. 3. 1984.
[29] Die Stadt Erfurt nach dem X. Parteitag der SED, S. 20.

In diese gute Bilanz reihen sich die Ergebnisse der Bürgerinitiative „Schöner unsere Städte und Gemeinden – mach mit!" würdig ein. Für die hervorragenden Leistungen der Erfurter Bürger im Jahre 1983, die Ausdruck ihrer engen Verbundenheit mit der auf das Wohl des Volkes gerichteten Politik der SED und der Regierung der DDR sind, wurde Erfurt mit der Ehrenurkunde des Vorsitzenden des Ministerrates der DDR und des Präsidenten des Nationalrates der Nationalen Front der DDR ausgezeichnet.

Am Vorabend des Nationalfeiertages der DDR, am 6. Oktober 1983, eröffnete das Mitglied des ZK und 1. Sekretär der Bezirksleitung Erfurt der SED, Gerhard Müller, im Rekonstruktionskomplex „Große Arche/Marktstraße" die neue Zentrale Kinder- und Jugendbibliothek der Wissenschaftlichen Allgemeinbibliothek der Stadt. Mit zwei Mill. M war damit eines der schönsten Gebäude Erfurts, das über 400 Jahre alte „Hoffmannsche Haus" in der Marktstraße 21 zu neuem Leben erweckt und mit der größten Kinder- und Jugendbibliothek des Bezirkes zu einem Zentrum für Bildung und sinnvolle Freizeitgestaltung der Erfurter Kinder und Jugendlichen umgestaltet worden.

Am gleichen Tag gab der 1. Sekretär der Stadtleitung der SED, Hans Dyballa, die neue 1,5 km lange Straßenbahnstrecke zur Wendeschleife in Melchendorf sowie den Straßenabschnitt des Südostzubringers in das Neubaugebiet „Herrenberg" frei. Mit der insgesamt 10,7 km langen Straßenbahnstrecke der Linie 3 verfügten die Erfurter nun über eine direkte Verkehrsverbindung von Gispersleben nach Melchendorf. Zugleich trugen die in Erfurt erstmals erprobten und im regelmäßigen Linienverkehr eingesetzten Tatra-Dreierzüge mit einer Länge von 57 m und einer Kapazität von über 560 Fahrgästen zur Verbesserung der Verkehrsbedingungen für die Bewohner des Neubaugebietes „Südost" und die Werktätigen des neu entstehenden Werkes des veb mikroelektronik „karl marx" Erfurt unter Beibehaltung des niedrigen Fahrpreises von 12 Pf. wesentlich bei.

Wie in der ganzen Republik rückte auch in Erfurt zu Beginn der achtziger Jahre das Karl-Marx-Jahr wie selten zuvor die Frage des Friedenskampfes in den Mittelpunkt des gesellschaftlichen Lebens.[30] Die Erfurter Bürger erhoben leidenschaftlich gegen die Stationierung von USA-Mittelstreckenraketen auf dem Gebiet der BRD und in anderen westeuropäischen Ländern und die dadurch heraufbeschworene Verschärfung der internationalen Situation Protest und unternahmen außerordentliche Anstrengungen, um durch hohe Leistungen die Wirt-

schafts- und Verteidigungskraft der DDR zu stärken. Auf einer machtvollen Friedenskundgebung am 20. Mai 1983 brachten rund 100 000 Jugendliche und Werktätige auf dem traditionsreichen Domplatz ihre Entschlossenheit zum Ausdruck, ihre ganze Kraft für die allseitige Stärkung der DDR, für die weitere Festigung der sozialistischen Gemeinschaft und für die Erhaltung des Friedens einzusetzen.

Einen Höhepunkt der an Begegnungen und Kongressen reichen Geschichte der Stadt stellte der Besuch des Präsidenten der Republik Österreich, Dr. Rudolf Kirchschläger, und des Generalsekretärs des ZK der SED und Vorsitzenden des Staatsrates der DDR, Erich Honecker, am 12. und 13. Oktober 1983 in Erfurt dar. Die hohen Gäste besichtigten Neubaugebiete und historische Baudenkmale, unter anderem die Krämerbrücke und den Dom. Bei einem Angerbummel wurden die höchsten Repräsentanten Österreichs und der DDR von Tausenden Erfurtern herzlich begrüßt. Rudolf Kirchschläger zeigte sich tief beeindruckt von den sichtbaren Erfolgen der Sozialpolitik, insbesondere des Wohnungsbaues, und von den großen Anstrengungen, die zur Erhaltung und Pflege der reichen Kultur- und Kunstschätze der Stadt unternommen werden. Der Staatsbesuch des Österreichischen Bundespräsidenten und seine Ergebnisse – Ausdruck des engen Zusammenwirkens zwischen der Republik Österreich und der DDR – bewies, daß eine vom Prinzip der Gleichberechtigung getragene vertrauensvolle Zusammenarbeit zwischen Staaten verschiedener gesellschaftlicher Systeme gerade in komplizierten Zeiten zur Beruhigung der außenpolitischen Lage beitragen kann.

Im Jahr der Luther-Ehrung der DDR 1983 nahmen die Erfurter und Zehntausende Gäste aus dem In- und Ausland Besitz von den wiedererrichteten Lutherstätten der Stadt, dem Portal des Collegium majus – des Hauptgebäudes der alten Erfurter Universität, den restaurierten Teilen des Augustiner-Klosters mit der Lutherzelle, der Georgenburse und der als Museum für mittelalterliche Kunst gestalteten Barfüßerkirche. Durch die sorgsame Arbeit der Restauratoren und Handwerker vieler Gewerke hatte Erfurt weitere der im Krieg zerstörten Kulturstätten zurückgewonnen.

Erfurt als ein für das Werden und Wirken Luthers bedeutungsvoller Ort hatte sich umfassend auf den 500. Geburtstag des Reformators vorbereitet. Ausstellungen und zahlreiche Veranstaltungen der URANIA und des Kulturbundes der DDR trugen dazu bei, „das Verständnis der Werktätigen für die umwäl-

---

[30] Neues Deutschland, 31. 12. 1983/1. 1. 1984.

Abb. 515. Der österreichische Bundespräsident Dr. Rudolf Kirchschläger (Mitte) und der Generalsekretär des ZK der SED und Vorsitzende des Staatsrates der DDR, Erich Honecker (2. von rechts), sowie der 1. Sekretär der Bezirksleitung der SED, Gerhard Müller (1. von rechts), der Vorsitzende des Rates des Bezirkes Erfurt, Richard Gothe (2. von links), der Oberbürgermeister Rosemarie Seibert (1. von links) und Stadtarchitekt Prof. Walter Nitsch (3. von links) bei der Besichtigung des rekonstruierten Angers

zenden historischen Vorgänge jener Epoche zu vertiefen", in der sich die Reformation vollzog.[31] So fand am 14. und 15. April 1983 im Sitzungssaal im Erfurter Rathaus ein zentrales Kolloquium der Gesellschaft für Heimatgeschichte im Kulturbund der DDR zum Thema „Martin Luther – Ergebnisse heimatgeschichtlicher Forschungen, Aufgaben regionalgeschichtlicher Propaganda" statt. Am 5. Mai wurde die Ausstellung „Erfurt-Luther-Dialoge" in der Galerie am Fischmarkt als eine der zentralen Ausstellungen im Rahmen der staatlichen Martin-Luther-Ehrung eröffnet. Über 30 000 Besucher, darunter Gäste aus der UdSSR und anderen sozialistischen Ländern sowie aus der BRD, aus den skandinavischen Ländern, aus England, Frankreich, Italien, den USA, Australien, Neuseeland und Japan erhielten anhand interessanter Exponate Einblick in die wechselvolle Geschichte der Stadt Erfurt in der Zeit der frühbürgerlichen Revolution.

Nur wenige Schritte vom Fischmarkt entfernt, im Ostflügel des ehemaligen Predigerklosters, gab die Zentrale Ausstellung des Lutherkomitees der evangelischen Kirchen der DDR „Martin Luther Leben und Werk" mit wertvollen Leihgaben aus Beständen staatlicher Museen, Kunstsammlungen und Bibliotheken sowie kirchlicher Einrichtungen der DDR Einblick in den Lebensweg Luthers und die sich auf dem Boden gesellschaftlicher Veränderungen vollziehenden geistigen Auseinandersetzungen im 16. Jahrhundert.

[31] Ebenda, 30./31. 10. 1982.

Mit den vielfältigen Aktivitäten zur Würdigung des großen Reformators fand das fruchtbare Zusammenwirken des Martin-Luther-Komitees der DDR und des Lutherkomitees der evangelischen Kirchen der DDR sichtbaren Ausdruck. Der Vorsitzende des Staatsrates der DDR und Vorsitzende des Martin-Luther-Komitees der DDR, Erich Honecker, wies ausdrücklich auf die Bedeutsamkeit dieser gemeinsamen Bemühungen um die Ehrung Luthers hin, wenn er feststellte: „Diese Zusammenarbeit können wir als ein gutes Beispiel für die Möglichkeiten einer Kirche im Sozialismus und eines konstruktiven Verhältnisses von Staat und Kirche ansehen, wie es in meinem Gespräch mit dem Vorstand der Kirchenleitungen am 6. März 1978 als beiderseits wünschenswerte Entwicklung gekennzeichnet wurde."[32]

Die Begehung des Karl-Marx-Jahres und der leidenschaftliche Kampf gegen die zunehmende Bedrohung der Völker durch die Hochrüstungspolitik der Reagan-Administration der USA und der aggressivsten Kreise der NATO spiegelten sich auch in der Tätigkeit und den Werken der Künstler der Stadt wider. Der 1. Sekretär der Stadtleitung der SED, Hans Dyballa, würdigte auf der Stadtdelegiertenkonferenz der SED im Januar 1984 die schöpferische Tätigkeit der annähernd 500 Künstler und Kulturschaffenden der Stadt, die sich „auch in den harten Kämpfen unserer Zeit erneut als enge Kampfgefährten der Partei erwiesen".[33]

Das Erfurter Künstlerehepaar Anke Besser-Güth und Siegfried Besser schufen mit einem plastischen Ensemble für die Gedenkstätte „Eisenacher Parteitag" ein würdiges Denkmal für die Begründer des Marxismus und den jahrhundertelangen Kampf der nationalen und internationalen Arbeiterbe-

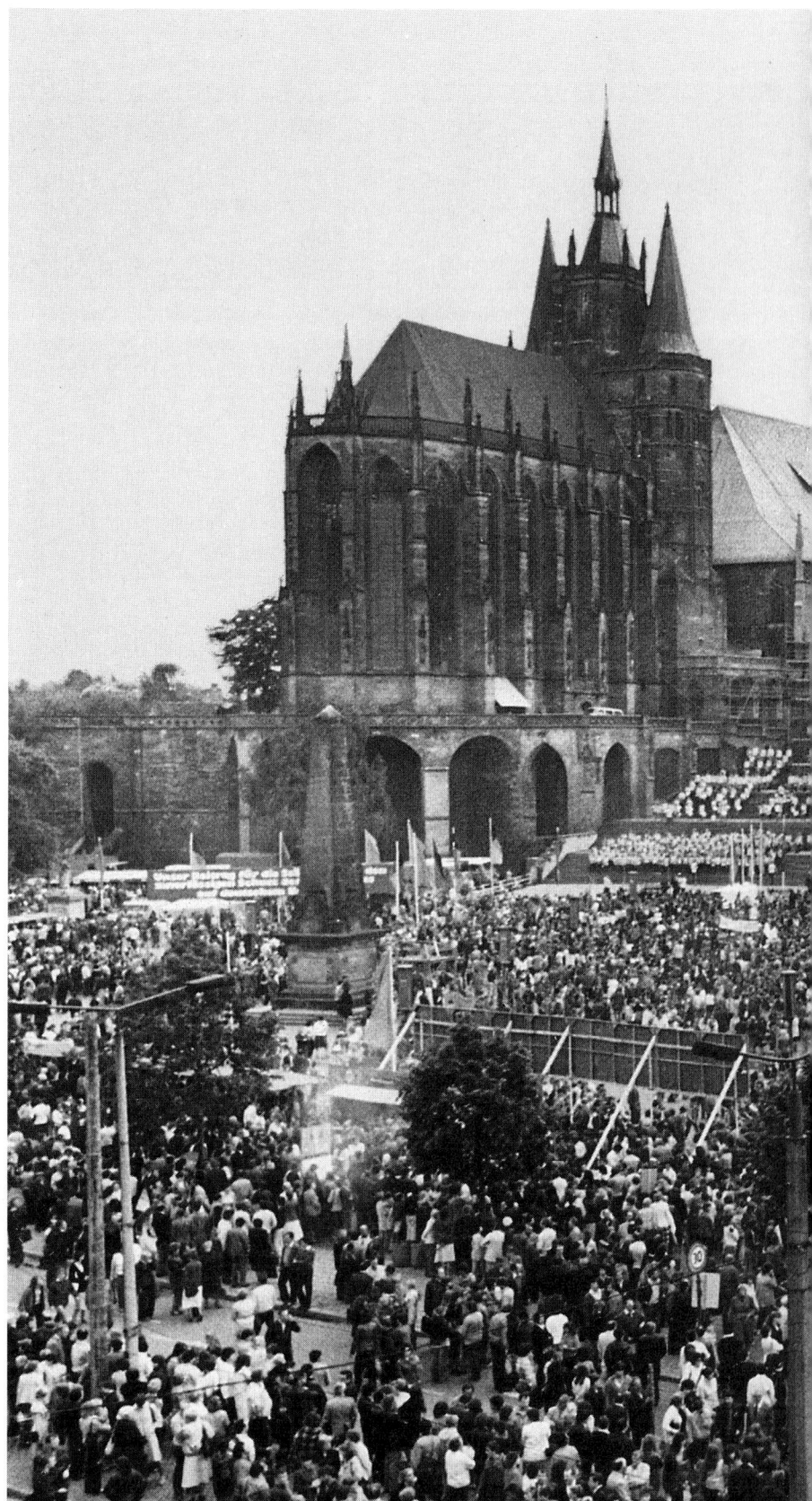

Abb. 516. Friedensdemonstration der Erfurter Bevölkerung auf dem Domplatz 1983

[32] Ebenda, 10. 11. 1983.   [33] Dyballa, S. 53.

wegung. Der Erfurter Karikaturist Otto Damm fand auf der internationalen Ausstellung „Satire im Friedenskampf" in Moskau durch die Auszeichnung mit einer Bronzemedaille eine beachtenswerte Anerkennung seines künstlerischen Schaffens.

Bedeutsame Inszenierungen im Karl-Marx-Jahr und insgesamt 46 Premieren, darunter sechs Ur- bzw. DDR-Aufführungen seit dem X. Parteitag, erhöhten die künstlerische Ausstrahlungskraft der

Städtischen Bühnen.[34] Künstler der Städtischen Bühnen traten mit einem literarischen Programm „Salut an alle – Marx" zu Ehren des Begründers der wissenschaftlichen Weltanschauung der Arbeiterklasse auf, das den Zuhörern die tiefe Menschlichkeit wie die revolutionäre Ungeduld von Karl Marx nahebrachte. Diesem Ziel diente auch die Wiederauffüh-

[34] Ebenda.

Abb. 517. Anläßlich der Luther-Ehrung der DDR 1983 rekonstruierte Teile des Augustinerklosters

rung der Karl-Marx-Kantate von Karl-Heinz Dieck-
mann. In dem Schauspiel von Michail Schatrow
„Blaue Pferde auf rotem Gras" unter Regie von Ek-
kehard Kiesewetter gelang es dem Kollektiv des
Schauspielhauses, besonders durch die eindrucksvolle Gestaltung W.I.Lenins durch Klaus Schleiff,
das Ringen um die Verwirklichung der Ideen von
Karl Marx in Sowjetrußland nacherlebbar zu machen. Mit der DDR-Erstaufführung des Brechtstük-
kes „Baal" setzten die Städtischen Bühnen ihre erfolgreiche Interpretation des Werkes von Bertolt
Brecht fort. Für die Rolle des Baal wurde Klaus
Schleiff mit der Helene-Weigel-Medaille für die beste Schauspielleistung des Jahres 1983 in der DDR
ausgezeichnet. Die „Kleine Bühne" wandte sich mit
dem Programm „Das Erfurter Kuriosum" Begebnis-
sen und Alltäglichkeiten aus der Geschichte und Gegenwart der Stadt zu, die von Karlheinz Welzel liebevoll zusammengetragen, inszeniert und gespielt
wurden.

Abb.518. Anläßlich der Luther-Ehrung der DDR 1983
rekonstruiertes Portal des 1945 durch einen Luftangriff
zerstörten Collegium majus der alten Erfurter Universität

Das auch auf sportlichem Gebiet für die Erfurter
Leichtathleten, Schwimmer und Radsportler erfolgreiche Jahr 1983 klang mit dem „Lauf für den Frieden" aus, an dem sich 4728 Erfurter beteiligten, und
mit dem 10. Erfurter Silvesterlauf, an dem solche
international erfolgreiche Athleten wie der zwei-
fache Olympiasieger im Marathonlauf, Waldemar
Cierpinski, der Vizeweltmeister im 5000- und
10000-m-Lauf, Werner Schildhauer, und der Olympiasieger im 50-km-Gehen, Hartwig Gauder, teilnahmen.

In den ersten dreieinhalb Jahrzehnten des sozialistischen Aufbaues erlebte das über 1250jährige Erfurt bedeutende Fortschritte beim Bau seiner neuen
Wohngebiete, bei der Errichtung, Erweiterung und
Modernisierung seiner Werke und Fabriken, in der
Entwicklung seines Gartenbaues und im geistig-
kulturellen Leben, wie sie die Geschichte der Stadt
bisher nicht kannte. Unter Führung der Arbeiterklasse und ihrer marxistisch-leninistischen Partei
schufen die Bürger der Stadt neue unvergängliche
Werke, prägten sie das unverwechselbare Gesicht
einer modernen pulsierenden sozialistischen Großstadt, in der die Leistungen vergangener Generatio-
nen in Gestalt ehrwürdiger Bauten und Denkmäler,
unschätzbarer Werte der materiellen und geistigen
Kultur, humanistischer und revolutionärer Traditionen, liebevoll gepflegt und bewahrt werden. Diese
blühende Stadt ist zur wahren Heimstatt ihrer Bürger, der Arbeiter, der Genossenschaftsbauern und
-gärtner, der Angehörigen der Intelligenz, der Veteranen der Arbeit und der Jugend und zu einem Anziehungspunkt für Zehntausende Besucher aus
aller Welt geworden. Die Schöpferkraft aller hier
lebenden Menschen trägt den Ruf der Blumenstadt
weit über die Grenzen der DDR hinaus. Mit der allseitigen Gestaltung der entwickelten sozialistischen
Gesellschaft und der weiteren Ausprägung der Vorzüge des Sozialismus leisten die Erfurter Werkäti-
gen ihren spürbaren Beitrag für die weltbewegen-
den Veränderungen in unserer Zeit.

Das auf dem X. Parteitag der SED beschlossene
Parteiprogramm orientiert darauf, „daß die wachsenden Arbeitsleistungen, die Fortschritte in der
Produktion sowie die zunehmende Anwendung wis-
senschaftlich-technischer Errungenschaften der Arbeiterklasse und aller anderen Werktätigen zugute
kommen und das Lebensniveau des Volkes und seine
Kultur ständig weiter gehoben werden, daß sein gei-
stiges Leben reicher wird".[35] Daraus ergeben sich

---

[35] Programm der SED, in: Protokoll des IX. Parteitages der
SED, Bd. 2, Berlin 1976, S. 221.

Abb. 519. Der Schauspieler Klaus Schleiff als Baal in dem gleichnamigen Bühnenstück von Bertolt Brecht bei der DDR-Erstaufführung an den Städtischen Bühnen Erfurt 1982

für Erfurt weitreichende Perspektiven. Die Bedeutung der Bezirksstadt als ein Zentrum der Mikroelektronik, der Produktion von Rationalisierungsmitteln und hochwertigen Konsumgütern für die gesamte Volkswirtschaft in der DDR wächst weiter.[36]

Davon ausgehend, „daß Erfurt als Bezirksstadt das politische, ökonomische und ein wichtiges geistig-kulturelles Zentrum sowie sozialistische Garnisonstadt eines bedeutenden Bezirkes unserer Republik"[37] ist, wurden auf der Stadtdelegiertenkonferenz der SED am 21. Januar 1984 die weiteren Perspektiven und Aufgaben der politischen, ökonomischen und geistig-kulturellen Entwicklung abgesteckt. Wie das Mitglied der ZK und 1. Sekretär der Bezirksleitung der SED, Gerhard Müller, betonte, bedeutet die umfassende Intensivierung der Volkswirtschaft vor allem eine Herausforderung an die Stadtparteiorganisation, um auf der Grundlage der bisherigen Ergebnisse „die weitere Entwicklung, Produktion und Anwendung der Mikroelektronik zu beschleunigen".[38] Zielstrebig werden die dazu notwendigen materiellen und geistigen Ressourcen des bisher schon bestehenden beachtlichen Potentials des VEB Kombinat Mikroelektronik Erfurt und seines Betriebes veb mikroelektronik „karl marx" Erfurt z.B. durch den Produktionsbeginn im neuen Zweigwerk „Südost" erweitert. Seit dem 2. Januar 1984 führt der frühere VEB Starkstrom-Anlagenbau den verpflichtenden Namen VEB Erfurt electronik „Friedrich Engels". Dieser Betrieb trägt besondere Verantwortung für die Intensivierung des Produktionsprogrammes durch die Entwicklung und Produktion moderner mikroelektronischer Steuerun-

gen für den Werkzeug- und Plastmaschinenbau der DDR. Bereits 1984 wird der Betrieb den Anteil elektronischer Steuerungen auf über die Hälfte der Gesamtproduktion erhöhen, um Grundfonds in der Industrie mit hoher Effektivität modernisieren zu können.

Der Beitrag des Stammbetriebes des Kombinates Umformtechnik „Herbert Warnke" für die Erhöhung der Effektivität der Produktion in wichtigen Betrieben der Volkswirtschaft der DDR, aber auch für die sozialistische internationale ökonomische Integration sowie für den Export in das nichtsozialistische Ausland steigt weiter. Im Verlauf des Fünfjahrplanes 1981 bis 1985 werden z.B. 32 moderne Fertigungslinien für den Automobil- und Landmaschinenbau der UdSSR geliefert.[39]

Besondere Aufmerksamkeit widmen Bezirks- und Stadtleitung Erfurt der SED der Lösung des Wohnungsproblems bis 1990. „Uns liegt sehr am Herzen", betonte Gerhard Müller auf der Stadtdelegiertenkonferenz, „daß die Wohnungsfrage gerade in der Bezirksstadt, dem größten Arbeiterzentrum des Bezirkes, zügig und in hoher Qualität gelöst wird.

Abb. 520. Die Galerie am Fischmarkt mit einer Ausstellung Erfurter Künstler

[36] Horst Dohlus, Aus dem Bericht des Politbüros an die 6. Tagung des ZK der SED, Berlin 1983, S. 57.

[37] Dyballa, S. 5.

[38] Gerhard Müller, Diskussionsbeitrag auf der Stadtdelegiertenkonferenz der SED vom 21. Januar 1984 (Ms).

[39] Das Volk, 16. 3. 1984.

Abb. 521. Krämerbrückenfest.
Ausschnitt aus dem Wandbild von Lutz Gode im Speisesaal des VEB Reparaturwerk „Clara Zetkin"

Zugleich wollen wir damit das Gesicht Erfurts in den kommenden Jahren in schnellerem Tempo als bisher noch schöner machen".[40] In Übereinstimmung mit der langfristigen Volkswirtschaftsplanung wird auf der Grundlage des Generalverkehrs- und Generalbebauungsplanes sowie der langfristigen Konzeption für den Wohnungsbau der Stadt Erfurt der Wohnungsbau in seiner Einheit von Neubau, Modernisierung und Instandsetzung in den nächsten Jahren, vor allem in der Innenstadt, mit einem wesentlich höheren Tempo fortgeführt. Damit werden bis 1990 wesentliche Voraussetzungen der materiellen Basis für die sozialistische Lebensweise geschaffen und weiterentwickelt. Aus dieser Zielstellung ergeben sich wachsende Anforderungen an die weitere Umgestaltung der Innenstadt.

Im Fünfjahrplanzeitraum 1986 bis 1990 sollen 9700 Wohnungen neu gebaut, 6000 modernisiert und 20000 instandgesetzt werden. Bei ungefähr 220000 Einwohnern wird damit 1990 der Wohnungsbestand der Stadt 94000 Wohnungen betragen, werden 75 Prozent aller Einwohner Erfurts in Wohnungen leben, die nach der Gründung der DDR gebaut bzw. modernisiert wurden. Das ist ein gewaltiges Problem, das zeigt, wie ernst es der sozialistische Staat mit der Lösung der Wohnungsfrage nimmt.

Obwohl sich der Wohnungsneubau bis 1990 noch auf den Südosten der Stadt konzentrieren wird und auch nach 1990 mit dem Wohnkomplex „Buchenberg" noch ein Reservestandort zur Verfügung steht, wird ab 1985 vorrangig die Erschließung innerstädtischer Neubaugebiete in Angriff genommen. In diesen historisch vorgeprägten Bereichen ergeben sich neue Anforderungen, insbesondere bei der Wahrung der Maßstäbe auf kleinteiligen Standorten und in Baulücken und bei der gebührenden Berücksichtigung des Formenreichtums der Nachbarbebauung. Mit dem 1984 beginnenden Muster- und Experimentalbau in der Leninstraße, der besonders für den Neubau und die innerstädtische Rekonstruktion geeignet ist, werden Möglichkeiten für die serienmäßige Anwendung geschaffen und untersucht.

---

[40] Müller.

Abb. 522. Auswertung der
Bezirksdelegiertenkonferenz
der SED mit Bauschaffenden
auf der Baustelle
„Südlicher Juri-Gagarin-Ring".
3. von rechts:
Volkskammerabgeordneter
Gerhard Scholz;
4. von links:
Bauleiter Konrad Platzdasch

Abb. 523. Altstadtsanierung im Rekonstruktionsgebiet Große Arche/Marktstraße

Ein Schwerpunkt des innerstädtischen Bauens wird bis 1990 die nördliche Innenstadt zwischen Andreasstraße / Moritzwallgraben / Schlüterstraße, Leninstraße, Augustinerstraße und Pergamentergasse sein. Weitere Schwerpunkte bilden die Bereiche entlang des Juri-Gagarin-Ringes in seiner gesamten Ausdehnung vom Karl-Marx-Platz bis zur Karl-Marx-Allee sowie die Angrenzungsgebiete zu den bereits entlang des Ringes entstandenen Neubaukomplexen, insbesondere zwischen Juri-Gagarin-Ring und Thomasstraße sowie in nördlicher Richtung bis zum Hirschlachufer.

Im Altstadtkern werden die Maßnahmen der Rekonstruktion vorrangig auf die kulturhistorisch wertvollen Bereiche entlang der Marktstraße, der Hermann-Jahn-Straße und der Michaelis-, Futter- und Leninstraße konzentriert. Entsprechend der

Verpflichtung zur Bewahrung und Pflege des kulturellen Erbes werden diese Bereiche, die das unverwechselbare Stadtbild prägen und Zielpunkte für den nationalen und internationalen Tourismus sowie Stätten der Begegnung und Kommunikation für die Erfurter Bürger sind, funktionell und gestalterisch aufgewertet.

Gestützt auf eine langfristige, kontinuierliche und stabile Planungsarbeit in der Stadt, ist es gelungen, eine effektive Flächennutzung der Stadtstruktur zu entwickeln, in der die Funktionen Wohnung, Arbeitsstätte, Versorgung, Kultur, Bildung und Freizeit sowie Verkehr und Stadttechnik unter Beachtung der historischen Entwicklung und der naturräumlichen Bedingungen in einem optimalen Umfang entfaltet werden können. Dazu trägt auch die planmäßige Schaffung von Freiräumen und Naherholungs-

Abb. 524. Altstadtsanierung im Rekonstruktionsgebiet Große Arche/Marktstraße

gebieten in der Stadt und in ihrer Umgebung bei. So führt die Gewinnung großer Mengen an Bau- und Zuschlagstoffen, die im Bauwesen benötigt werden, zu Veränderungen der Umwelt, in der an Gewässern armen Landschaft Erfurts. Die im Norden der Stadt entstehenden Kiesrestseen gewinnen gesamtbezirkliche Bedeutung. Etappenweise, beginnend mit der Übergabe des Schwerborner Sees im Jahre 1984, entsteht hier mit einer Wasserfläche von zirka 300 ha das größte Wassererholungsgebiet des Bezirkes. Systematisch werden der Ausbau des Grünzuges entlang der Gera zwischen Nordpark und Gispersleben und die weitere Gestaltung des Roten Berges fortgesetzt. Auch innerhalb des Stadtzentrums ist die Erweiterung öffentlicher Freiflächen entlang der Gera und auf dem Petersberg vorgesehen.

Der weiteren Entwicklung des geistig-kulturellen Profils der Stadt mit ihren bedeutenden Zeugen des frühen Mittelalters, der frühbürgerlichen Revolution, der revolutionären und kulturellen Traditionen der deutschen Arbeiterbewegung, den zahlreichen Kulturstätten und historischen Baudenkmalen gilt das besondere Augenmerk der Stadtleitung der SED und des Rates der Stadt. Die langfristige Konzeption zur Verwirklichung der Kulturpolitik des X. Parteitages, die am 13. Oktober 1982 von der Stadtleitung der SED beschlossen wurde[41], bestimmt die Leitlinien für den weiteren Aufschwung des geistig-kulturellen Lebens als Beitrag zur sozialistischen Nationalkultur. Daraus ergeben sich neue, anspruchsvolle Aufgaben für die in 286 Volkskunstkollektiven organisierten über 5000 Volkskunstschaf-

fenden bei der künstlerischen Gestaltung der Kämpfe unserer Zeit und der Pflege der humanistischen und künstlerischen Traditionen unseres Volkes. Den über 500 Künstlern und Kulturschaffenden der Stadt erwachsen weitere Möglichkeiten, dem historischen Prozeß der Gestaltung der entwickelten sozialistischen Gesellschaft in der DDR durch neue Werke der Kunst und Literatur wirklichkeitsnah und eindrucksvoll Ausdruck zu verleihen und den wachsenden, differenzierten kulturellen Bedürfnissen der Bürger immer besser gerecht zu werden.

Große Beachtung wird dem weiteren Ausbau der materiell-technischen Basis des geistig-kulturellen Lebens geschenkt. Dazu gehören langfristig u.a. solche Maßnahmen wie die Umgestaltung des Dacherödenschen Hauses am Anger als Klub der Intelligenz, die Wiedererrichtung des Erfurter Naturkundemuseums in der Großen Arche sowie Vorbereitungsarbeiten für die Schaffung eines Buchmuseums in der Michaelisstraße und eines Mühlenmuseums, der Ausbau weiterer Kultureinrichtungen im Bereich der Großen Arche und die Einrichtung eines „Hauses der Volkskunst". Neben der Fertigstellung des Kultur- und Gaststättenkomplexes im Neubaugebiet Nordhäuser Straße werden mit der weiteren Verdichtung des Netzes der Jugendklubs die Voraussetzungen für eine sinnvolle Freizeitbeschäftigung und kulturelle Selbstbetätigung insbe-

[41] Konzeption zur Verwirklichung der Kulturpolitik des X. Parteitages der SED und der weiteren Ausprägung des geistig-kulturellen Profils der Bezirksstadt Erfurt. Beschluß der Stadtleitung der SED vom 13.10.1982 (Ms).

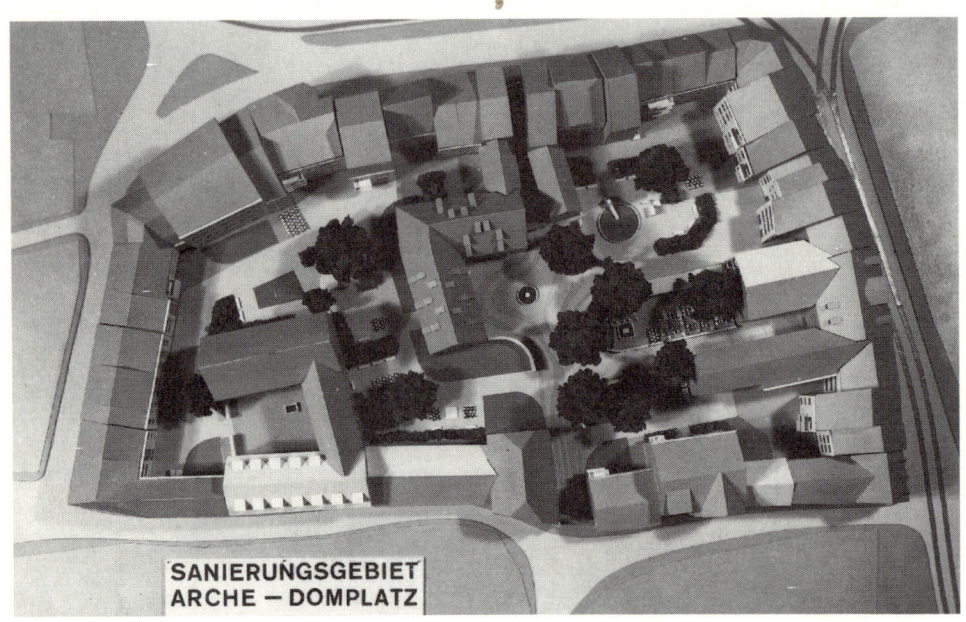

Abb. 525.
Modell des Sanierungsgebietes
Große Arche/Domplatz

sondere für Jugendliche verbessert. Die Attraktivität des Thüringer Zooparks wird durch weitere Baumaßnahmen, z.B. durch die Fertigstellung des Elefantenhauses, erhöht und die „iga" als bedeutendstes Freizeitzentrum der Stadt weiter ausgestaltet.

In Fortführung der großen humanistischen und wissenschaftlichen Tradition der alten Erfurter Universität, der ältesten Hochschulgründung auf dem Boden der DDR, gewinnt das geistige Leben in der Stadt weiter an Bedeutung für die Erhöhung der ökonomischen Leistungskraft der sozialistischen Gesellschaft und die Ausprägung der sozialistischen Lebensweise. Die Pädagogische Hochschule „Dr. Theodor Neubauer", die Medizinische Akademie Erfurt und die vier Fachschulen der Stadt sowie die Forschungszentren der volkseigenen Kombinate und Betriebe verkörpern ein hohes wissenschaftliches Potential, das entsprechend den volkswirtschaftlichen Möglichkeiten und Erfordernissen erweitert wird.

Gestützt auf die erfolgreiche sozialistische Gestaltung ihrer Heimatstadt in den seit der Gründung der DDR vergangenen 35 Jahren, können sich die Bürger Erfurts zu Hause fühlen und voller Zuversicht an die Lösung künftiger Aufgaben gehen. Unter der bewährten Führung der Sozialistischen Einheitspartei Deutschlands vereinen sie ihre Kräfte, um die nächsten Ziele bei der weiteren Ausgestaltung der entwickelten sozialistischen Gesellschaft in der DDR zu verwirklichen. Sie tun dies in der festen Überzeugung, daß sich ihr Wirken für den Sozialismus lohnt, daß es der Sicherung des Friedens und dem weiteren Erblühen ihrer Heimatstadt dient. In dieser Gewißheit bereiten sie auch die nächsten Jubiläen ihrer traditionsreichen Stadt vor: den 100. Jahrestag des Erfurter Parteitages der deutschen Sozialdemokratie im Jahre 1991 sowie den 600. Jahrestag der Gründung der alten Erfurter Universität und den 1250. Jahrestag der ersten urkundlichen Erwähnung der Stadt im Jahre 1992.

Abb. 526. Modell des Neubaugebietes „Drosselberg"

AUTOREN-VERZEICHNIS

Dr. phil. Horst Benneckenstein, Dozent am Institut für Marxismus-Leninismus der Medizinischen Akademie Erfurt. Kapitel XV bis XVIII.

Walter Blaha, Diplom-Archivar, Wissenschaftlicher Mitarbeiter des Stadtarchivs Erfurt. Kapitel V und VI.

Bodo Fischer, Diplom-Historiker, Direktor des Stadtarchivs Erfurt. Kapitel XIV und XVII.

Dr. phil. habil. Willibald Gutsche, Professor, Forschungsgruppenleiter am Zentralinstitut für Geschichte der Akademie der Wissenschaften der DDR. Kapitel X und XI, Gesamtredaktion.

Egon Hennig, Diplom-Philosoph, Abteilungsleiter für den Bereich Volkskunde der Museen der Stadt Erfurt. Kapitel I, Abschnitte 1 und 2.

Dr. phil. Ulrich Heß †, Diplom-Archivar im Staatsarchiv Weimar, Kapitel VII bis IX.

Monika Kahl, Diplom-Historiker, Stellvertretender Abteilungsleiter der Abteilung Stadtgeschichte der Museen der Stadt Erfurt. Kapitel XII.

Dr. sc. phil. Gerhard Krähahn, Professor, 1. Stellvertreter des Direktors der Zentralstelle für Rationalisierungsmittel der Lehrausbildung an der Pädagogischen Hochschule „Dr. Theodor Neubauer" Erfurt-Mühlhausen. Kapitel I, Abschnitt 3.

Dr. phil. Erika Langer, Wissenschaftliche Mitarbeiterin am Museum für deutsche Geschichte, Berlin. Kapitel II und III.

Dr. phil. Kurt Ludwig, 1. Sekretär der Bezirksleitung Erfurt des Kulturbundes der DDR. Kapitel XII.

Dr. sc. phil. Werner Mägdefrau, Ordentlicher Professor, Sektion Geschichte der Friedrich-Schiller-Universität Jena. Kapitel II und III.

Gitta Müller, Diplom-Historiker, Abteilungsleiter der Abteilung Stadtgeschichte der Museen der Stadt Erfurt. Kapitel XIII.

Dr. phil. Ulman Weiß, Wissenschaftlicher Mitarbeiter am Zentralinstitut für Geschichte der Akademie der Wissenschaften der DDR. Kapitel IV.

Rolf Weißenstein, Archivar, Mitarbeiter des Stadtarchivs Erfurt. Kapitel XIII.

BILDNACHWEIS

Die Ziffern bezeichnen die Nummern der Abbildungen

Herbert Adam, Erfurt: 51. ADN-ZB, Berlin: Wittig 423, Link/erd/pe 485, Ludwig 516. – Angermuseum, Erfurt: 62, 72, 115, 169, 188. – Ilse Conradus 140, 162. – Klaus G. Beyer, Weimar: 2, 3, 4, 5, 6, 7, 8, 10, 12, 16, 17, 18, 20, 22, 23, 24, 25, 27, 31, 33, 37, 41, 48, 49, 59, 60, 69, 82, 83, 85, 87, 99, 104, 108, 110, 117, 124, 125, 129, 130, 131, 132, 172, 177, 193, 194, 195, 196, 197, 211, 215, 240, 242, 277, 278, 295, 321, 322, 345, 368, 370, 400, 402, 412, 426, 436, 466, 470, 471, 472, 473, 486, 488, 490, 509, 510, 523, 524. – Walter Blaha, Erfurt: 153. – Büro für architekturbezogene Kunst des Rates des Bezirkes Erfurt: Egon Zimpel 521. – Büro des Stadtarchitekten beim Rat der Stadt Erfurt: 489, 525, 526. – B. Clasens, Erfurt: 103. – Das Volk, Erfurt: 427, 430, 431, 443, 474, 491, 500, Joachim Fieguth 507, Th.-M. Franke 445, 448, 464, 468, Uwe Gerig 456, Siegfried Hartisch 505, Andreas Mußmann 522, Roswitha Riedel 503, 515, Ingrid Rother 463, Uwe Tschacher 481. – Deutsche Fotothek Dresden: 88, 97, 105. – Helmut Diehl, Erfurt: 458. – Günter Dietel, Erfurt: 433, 437, 495, 519. – Dietz Verlag, Berlin: 276, Ewald 249. – Druckerei Fortschritt Erfurt, Traditionskabinett: 356. – FDGB-Archiv, Erfurt: 447, 479, Helmut Diehl 496, 497. – Forschungsbibliothek Gotha: 106, 154. – Friedrich-Schiller-Universität Jena, Sektion Geschichte: 71, 74. – Manfred Fromm, Erfurt: 498, 499, 501. – Willibald Gutsche, Erfurt, Archiv: 281, 290, 304, 320, 323, 376, 380, 424, 438, 451. – Karl-Heinz Hecker, Erfurt: 296, 315, 450. – Foto-Henning, Erfurt: 67. – iga, Erfurt: Keil 425, 449, 483, 484. – Institut für Denkmalpflege, Arbeitsstelle Erfurt: 111. – Institut für Marxismus-Leninismus, Zentrales Parteiarchiv, Berlin: 341, 350, 351, 404. – W. u. E. Lustermann, Erfurt: 419. – Heinz Lutz, Erfurt: 389, 398, 399, 406, 408, 411, 415, 459. – Peter Mai, Erfurt: 517, 518. – Medizinische Akademie Erfurt, Abteilung Geschichte: 63, 64, 65, 66, 90, 121, 127, 439, 440, 492. – VEB Mikroelektronik „karl marx" Erfurt, Betriebsarchiv: 420, Uwe Tschacher 478. – Museum für Deutsche Geschichte, Berlin: 30, 36, 39, 42, 43, 57, 76, 79. – Museum für Stadtgeschichte, Erfurt: 89, 92, 93, 109, 270, 331, 332, 333, 334, 335, 340, 343, 353, 374, 375, 378, 379, 382, 383, 391. – Museum für Thüringer Volkskunde, Erfurt: 1, 19. – Pädagogische Hochschule „Dr. Theodor Neubauer" Erfurt,

Bildarchiv: 469, 494. – Helmut Peinhardt, Erfurt: 34, 35, 40, 44, 52, 58, 61, 68, 73, 80, 95, 98, 100, 107, 112, 119, 123, 139, 141, 143, 144, 145, 146, 147, 148, 149, 150, 151, 152, 157, 158, 159, 160, 165, 166, 167, 168, 170, 171, 173, 174, 175, 176, 180, 182, 184, 186, 187, 189, 191, 192, 193, 200, 201, 202, 203, 204, 205, 206, 207, 208, 209, 210, 212, 213, 214, 217, 218, 219, 220, 239, 244, 247, 253, 257, 258, 260, 264, 266, 272, 283, 291, 293, 299, 301, 310, 363, 381, 390, 410, 434, 435, 441, 454, 465, 467, 487, 493. – Rat der Stadt Erfurt: 428. – VEB Robotron-Optima Büromaschinenwerk Erfurt, Betriebsarchiv: 393. – Sächsische Landesbibliothek Dresden: 361. – Günter Schörlitz, Jena: 70. – Jürgen Schröder, Erfurt: 282, 504. – VEB Schuhfabrik „Paul Schäfer" Erfurt, Betriebsarchiv: 416, 444, 445, 475, 477, 508, Krummrich 482. – Martin Schuster, Weimar: 513, 520. – W. Sonntag, Erfurt: 9, 11, 13, 14, 15, 21, 26. – Staatsarchiv Magdeburg: 120. – Staatsarchiv Weimar: 181, 190, 198, 199, 221, 230, 235, 236, 358, Waltraud Siewert 178, 179, 250, 251, 252. – Stadtarchiv Erfurt: 28, 32, 38, 46, 47, 50, 53, 54, 55, 56, 75, 77, 78, 81, 84, 86, 91, 94, 101, 102, 113, 114, 116, 118, 122, 126, 128, 133, 134, 135, 136, 137, 138, 142, 155, 156, 161, 163, 164, 183, 185, 216, 222, 223, 224, 225, 226, 227, 228, 229, 231, 232, 233, 234, 237, 238, 241, 243, 245, 246, 248, 254, 255, 256, 259, 261, 262, 263, 265, 267, 273, 275, 279, 280, 284, 285, 286, 287, 288, 289, 292, 294, 297, 298, 300, 302, 303, 305, 306, 307, 308, 309, 311, 312, 313, 314, 316, 317, 318, 319, 324, 325, 326, 328, 329, 330, 336, 337, 338, 339, 342, 344, 346, 347, 348, 349, 352, 354, 355, 357, 359, 360, 362, 364, 365, 366, 367, 369, 371, 372, 373, 377, 384, 385, 386, 387, 388, 392, 395, 397, 401, 403, 405, 407, 409, 413, 414, 417, 418, 442, 452, 453, 502, 503. – Stadtleitung der SED, Erfurt: G. Bohne 480. – VEB Kombinat Umformtechnik „Herbert Warnke" Erfurt, Betriebsarchiv: 271, 394, 396, 421, 422, 455, 506, E. Rosenthal 476, G. Wailke 446. – Verlag Enzyklopädie Leipzig, Mitteldeutscher Heimatatlas, 2. Auflage: 29, 45. – VE Wohnungsbaukombinat Erfurt, Betriebsarchiv: 429, 461, Th.-M. Franke 462, Rudi Geil 432, Roland Obst 460, 511, 512, Heinz Rothe 457. – Wissenschaftliche Allgemeinbibliothek Erfurt: 96, 268, 269, 274. – Wissenschaftliche Zeitschrift der Friedrich-Schiller-Universität Jena: 327.

REGISTER

1.
PERSONENREGISTER

632 REGISTER

2.
TOPOGRAPHISCHES REGISTER
(Auswahl)

2.
TOPOGRAPHISCHES REGISTER
(Auswahl)